LA FRANCE

LITTÉRAIRE.

IMPRIMERIE DE FIRMIN DIDOT FRÈRES,
RUE JACOB, N° 56.

LA FRANCE

LITTÉRAIRE,

OU

DICTIONNAIRE BIBLIOGRAPHIQUE

DES SAVANTS, HISTORIENS ET GENS DE LETTRES DE LA FRANCE, AINSI QUE DES LITTÉRATEURS ÉTRANGERS QUI ONT ÉCRIT EN FRANÇAIS, PLUS PARTICULIÈREMENT PENDANT LES XVIIIe ET XIXe SIÈCLES.

Ouvrage dans lequel on a inséré, afin d'en former une Bibliographie nationale complète l'indication 1° des réimpressions des ouvrages français de tous les âges; 2° des diverses traductions en notre langue de tous les auteurs étrangers, anciens et modernes; 3° celle des réimpressions faites en France des ouvrages originaux de ces mêmes auteurs étrangers, pendant cette époque.

PAR J.-M. QUÉRARD.

The chief glory of every people arises from its authors. JOHNSON.

TOME NEUVIÈME.

PARIS,

CHEZ FIRMIN DIDOT FRÈRES, LIBRAIRES,

RUE JACOB, N° 56.

M DCCC XXXVIII.

LA FRANCE

LITTÉRAIRE.

SEA

SÉA, élève du corps du Génie français.

— Mémoire sur la fortification permanente, pour servir à la construction d'un front de fortification sur le terrain. *Saint-Pétersbourg*, *Pluchart*, 1811, ou 1819, in-4, avec Atlas de 12 planches, 24 fr.

SEABRA DE SYLVA (*Joseph de*), conseiller de la chambre des supplications et procureur-général de la couronne de Portugal.

— Recueil chronologique et analytique de tout ce qu'a fait en Portugal la société dite de Jésus, depuis son entrée dans ce royaume, en 1540, jusqu'à son expulsion, en 1759. (Trad. du port.). *Lisbonne*, 1769, 3 vol. in-12.

— Réquisitoire présenté à S. M. T. F., dans une audience publique, contre les jésuites; trad. du portugais. 1768, in-12.

SEALLY (John). — Amours (les) d'Émire et de Calisto, ou la Fatale Succession; trad. de l'angl. par L.-H. NIBEL. *Londres*, *et Paris*, *Desenne*, 1777, in-12.

SEBA (Albert), pharmacien, connu dans les sciences par la description de son cabinet d'histoire naturelle; né en 1665, à Ezeln, village du bailliage de Friedburg en Oost-Frise, mort à Amsterdam, le 3 mai 1736.

— Locupletissimi rerum naturalium Thesauri accurata descriptio, et iconibus artificiosissimis expressio per universam physices historiam; opus, cui in hoc rerum genere nullum par extitit, ex toto terrarum orbe collegit, digessit, descripsit et depinxit, curavit Alb. Seba. Tom. I, *Amstelodami*, 1734, 111 planches; tom. II, *ibid.*, 1735, 114 planches; tom. III, *ibid.*, 1761, 116 planches; tom. IV, *ibid.*, 1765, 108 planches. En tout, 4 vol. grand in-folio.

Il y a deux éditions du texte : l'une latine, avec la traduction hollandaise en regard; l'autre également en latin, avec la traduction française.

La publication de cet ouvrage est due à Jaucourt, Gaubius, Musschenbroeck et P. Massuet. Les tables latine et française sont de Robinet.

« Cet ouvrage n'est pas dans le cas de la plupart des descriptions d'anciens cabinets qu'on ne consulte plus aujourd'hui. C'est encore un trésor d'une richesse infinie pour presque toutes les branches de l'histoire naturelle, et aucun naturaliste ne peut se dispenser d'y avoir souvent recours. Plusieurs des belles figures qu'on y trouve ont été répétées dans d'autres ouvrages, de sorte qu'il est d'un continuel usage pour la vérification de la synonymie. Le cabinet de Séba embrassait les trois règnes de la nature. Il s'y trouvait des choses tellement rares qu'on n'en connaît encore que les mêmes individus existant dans la collection primitive. A la mort de Séba, une partie de ce beau cabinet passa dans celui du stadthouder. Une partie des planches de l'ouvrage n'est pas disposée dans un ordre méthodique, et renferme des objets tout à fait différents; l'autre est un peu plus exacte, et les règnes au moins s'y trouvent distingués. Les figures sont en général bien dessinées, et gravées avec soin. Beaucoup d'exemplaires sont enluminés, et quelques-uns même fort bien. Quant aux descriptions, elles gâtent l'ouvrage, et le texte étant écrit sans jugement et sans critique, ne jouit d'aucune autorité. On peut même dire qu'il a nui à la science pendant plus de soixante ans. Seba avait acheté ses objets indifféremment dans toutes sortes de ventes; il en avait reçu d'une foule de marchands; quelques-uns à la vérité lui étaient venus par des vaisseaux, mais ceux-ci eux-mêmes avaient touché dans plusieurs pays, de sorte que le texte ne donne presque rien de certain sur le climat. Séba lui-même paraît avoir eu peu de connaissance des livres et des auteurs précédents. Tous les noms qu'il impose aux différents objets de son cabinet leur ont été donnés fort à la légère. Très-souvent il applique un nom mexicain d'Hernandez à un animal des Indes orientales, et réciproquement à un animal d'Amérique un nom tiré de Bontius, ou de quelque autre descripteur des pays indiens. La patrie des objets et les noms qu'il donne sont donc tout à fait arbitraires et le plus souvent inexacts. Cependant Séba a été l'auteur principal consulté par Linné, Buffon, Salerne, Klein, en un mot par presque tous les auteurs du XVIIIe siècle jusqu'à peu près vers 1770, parce que ce ne fut qu'alors que les Anglais et les Français, en particulier Buffon, donnèrent un assez grand nombre de figures pour qu'on pût les citer de préférence à Séba, qui jusqu'à cette époque en avait offert le recueil le plus considérable. On a pendant longtemps adopté et répété aveuglément ses idées et tout ce qu'il a dit sur la patrie des différents objets dont il traite, de manière qu'on a commis une foule d'erreurs. Mais on peut avoir assez de confiance dans les figures, particulièrement pour les reptiles, et entre autres pour les serpents. Il y a tel animal qui se trouve répété jusqu'à douze ou quinze fois, seulement avec de légères différences dans les postures. Chaque fois Séba le fait reparaître sous des noms différents et avec des indications de pays relatives à ces noms. Il résulte de là que les naturalistes qui sont venus après lui ont écrit souvent que tel ou tel animal se trouvait dans les quatre parties du monde. Ce n'est que depuis les progrès faits par l'histoire naturelle géographique qu'on a reconnu qu'aucun animal, excepté les très-grands oiseaux de proie, qui peuvent traverser l'Océan, ne se trouve dans des contrées aussi éloignées. Buffon le premier a rendu attentif à cette erreur grossière de Seba, qui avait trompé Linné et tous ses contemporains. » (Note de M. A. J. L. Jourdain, Biogr. médic.)

Vendu chez Mel de Saint-Ceran, 600 f., et en 1786, à l'hôtel de Bullion, le même prix; mais d'ordinaire 250 à 300 francs. Un exemplaire particulier, dont toutes les figures étaient anciennement coloriées, a été vendu 1,550 fr. chez le duc de La Vallière, en 1784; et 4,600 fr. à l'hôtel de Bullion, en 1786. Quant aux exemplaires nouvellement enluminés à Paris, ils sont moins recherchés, et quoiqu'ils coûtent 1800 fr., ils ne conservent pas la moitié de ce prix dans les ventes. Les exemplaires avec le texte en latin et en hollandais sont encore moins chers.

— Planches de Seba (Locupletissimi rerum naturalium Thesauri accurata descriptio), accompagnées d'un texte explicatif mis au courant de la science, et rédigé par une réunion de savants : MM. le baron Cuvier, Desmarest, J. Geoffroy Saint-Hilaire, Audoin, Boisduval, Guillemin, Valenciennes, le baron de Férussac, Lesson, Guérin, Eudes Deslonchamps; ouvrage publié sous les auspices de MM. les professeurs et administrateurs du Muséum royal d'histoire naturelle de Paris, par les soins de M. E. Guérin. *Paris et Strasbourg, Levrault,* 1827 et ann. suiv., in-4.

Cette édition, qui renferme 450 planches, a été publiée en 45 livraisons au prix de 4 fr. l'une.

Ces 450 planches sont tirées de l'ancienne édition. Quant au texte, la rédaction en avait été entreprise par M. de Férussac; mais il est mort après avoir fait imprimer la première feuille.

Déjà au commencement de ce siècle le libraire Pougens avait annoncé une nouvelle édition du Cabinet de Seba, sous le titre de *Description exacte des objets précieux composant le cabinet d'histoire naturelle d'Albert Seba.* Cette édition, qui devait être publiée en 50 livraisons de 9 planches, n'a pas même reçu un commencement d'exécution.

SÉBARRIÈRES (Claude de), maire de Saint-Loup (Haute-Saône).

— * Essai sur l'histoire militaire du bourg de Saint-Loup, chef-lieu de canton, au département de Saône-et-Loire. *Au Champ de Mars, à Saint-Loup,* 1790, in-8 de 43 pag. (D. M.)

SEBASTER. — Éclaircissements au sujet de la maladie d'un officier d'artillerie, qui a donné occasion à la lettre raisonnée de Louis **, etc.; par M. F. S. et S., médecin de la faculté de Perpignan. 1744, in-4 de 39 pag.

Avec Franç. Simon.

SÉBASTIANI (le comte François-Horace-Bastien), l'un des plus braves généraux de Napoléon, ministre d'État après la révolution de 1830, né le 11 novembre 1775, à la Porta, île de Corse, d'où il prend le nom de Sébastiani della Porta, et issu, d'après lui, d'une ancienne famille, tandis que, d'après les uns, elle était toute roturière, et que, d'après les autres, son père n'était même qu'un artisan aisé. M. le comte Sébastiani a dû son avancement rapide à la protection de Napoléon, dont il était le compatriote, et non le parent, comme il l'insinuait. M. Sébastiani fut fait colonel, en 1799, sur le champ de bataille de Véronne; chargé, sous le Consulat, de missions diplomatiques dans le Levant; depuis, et successivement, général de brigade, en 1804; ambassadeur à Constantinople, en 1807; général de division, après la bataille d'Austerlitz; député à la Chambre des représentants, en 1815, et membre (de l'opposition) de la Chambre des députés pour la Corse, en 1819, et pour Vervins, en 1826; ministre d'abord de la marine, ensuite des affaires étrangères, en 1831; ministre sans portefeuille; plus tard, député ministériel; enfin, ambassadeur à Naples, puis à Londres.

— Discours prononcé dans le comité secret du 31 janvier 1821, par MM. Manuel, le général Sébastiani, Chauvelin, etc., etc.

Paris, Brissot-Thivars, 1821, in-8 de 60 p.
— Discours sur le projet de loi relatif aux délits de la presse. (Chambre des députés, séance du 22 janvier 1822). *Paris, de l'impr. de Baudouin*, 1822, in-8 de 12 pag., 50 c.
— Etat actuel de la Corse, caractère et mœurs de ses habitants. *Paris, Kleffer; Moreau*, 1821, in-8, 5 fr.

Cet ouvrage, imprimé sous le nom de P. S. Pompéi, est en grande partie du général Sébastiani.

— Opinion de M. le général Sébastiani, improvisée en réponse à M. le président du conseil des ministres. (Comité secret, séance du 3 février 1823). *Paris, Baudouin frères, etc.*, 1823, in-8 de 8 p. 75 c.
— Opinion sur l'emprunt des 100 millions. *Paris, Baudouin frères*, 1823, in-8 de 16 pag., 75 c.; ou 8 pag, 75 c.
— Opinion de M. le général Sébastiani, député du département de l'Aisne, sur le projet d'adresse de la Chambre des députés. *Paris, Baudouin*, 1827, in-8 de 16 pag.
— Réponse du général Sébastiani, député de l'Aisne, à M. Gay-Lussac, membre de l'Académie des sciences. *Paris, de l'impr. de Fain*, 1828, in-8 de 4 pages.
— Sébastiani (le général) à Messieurs les électeurs de l'arrondissement de Vervins. *Paris, de l'impr. de Fain*, 1825, in-8 de 16 pages.

On doit au comte Sébastiani plusieurs autres Discours comme député et comme ministre, lesquels ont été recueillis par tous les journaux.

SÉBASTIANI (Léopold). — Pharaons (les) d'Abraham, de Joseph et de Moïse, constatés par l'Écriture sainte et par des monuments égyptiens. Dissertation publiée à Rome. Traduite de l'ital. par J.-B. J***. *Lyon, de l'impr. de Pelagaud*, 1837, in-8 de 48 pag.

SÉBILLOTE (l'abbé). — Méthode (nouv.) latine, avec des principes détaillés pour l'explication du latin. *Paris, de l'impr. de Sajou*, 1812, in-12, 2 fr.

SEBIRE, avocat à Paris, l'un des directeurs de l'Encyclopédie du droit (1836).

SEBIZIUS (Melchior), professeur en médecine à Strasbourg, sa patrie, de 1701 à 1704; né le 18 janvier 1664, mort à Strasbourg, le 18 novembre 1704.
— Dissertatio de urinatoribus et arte urinandâ. *Argentorati*, 1700, in-4.

Sebizius avait publié précédemment trois autres dissertations dont la Biographie médicale donne les titres.

SEBIZIUS (Joh.-Geo). — Febre (de) petechiali. *Argentorati*, 1709, in-4.

SÉCHELLES. Voy. Hérault de Séchelles.

SECKENDORF (de). — Histoire de la réformation en Allemagne. *Bâle*, 1784, 5 vol. in-8.
— * Souffrances (les) du jeune Werther, traduites de l'allem. (1776). Voy. Goethe.

SECOND (J. Everts, plus connu sous le nom de Jean). Voy Jean Second.

SECOND (Albéric). — Trichemont fils. Vaudeville en un acte. *Angoulême, de l'imprim. de Texier-Trémeau*, 1836, in-8.

Avec M. Marc Michel.

SECONDAT (Jean-Baptiste, baron de), agronome, ancien conseiller au parlement de Bordeaux, directeur de la ci-devant Académie de cette ville, fils de l'immortel auteur de l'Esprit des lois; né en 1716 à Marthilhac, près de Bordeaux, mort dans cette ville, le 17 juin 1796.
— * Considérations sur la constitution de la marine militaire de la France. *Londres*, 1756, in-8.

L'auteur y donne une idée exagérée de nos ressources.

— * Considérations sur le commerce et la navigation de la Grande-Bretagne, trad. de l'anglais (1750). Voy. Jos. Gée.
— Mémoire sur l'électricité. *Paris, veuve David*, 1746, in-8.

C'est une réfutation de la théorie que l'abbé Nollet venait de donner de cette découverte alors récente.

— Mémoire sur la maladie épizootique des bœufs en 1774. 1775, in-8.
— Mémoires sur l'histoire naturelle du chêne; sur la résistance des bois; sur les arbres forestiers de la Guienne; sur les champignons qui paraissent tirer leur origine d'une pierre; sur la maladie des bœufs en 1774; sur la culture de la vigne et sur le vin de la Guienne. *Paris, Debure*, 1785, in-fol. de 92 pages avec 15 planches.
— Observations de physique et d'histoire naturelle sur les eaux minérales de Dax, de Bagnères et de Barège. *Paris*, 1750, in-12.

On y trouve des remarques intéressantes sur les causes de la chaleur des eaux thermales, et une description exacte de la fontaine d'Aqs.

SECONDS (le P.), prieur de Saintes.
— * État canonial des Dominicains, ou Extrait d'une dissertation excellente et rare,

imprimée à Béziers, en 1750, etc. *Avignon*, *Faure*, 1766, in-12 de 62 pag.

SECONDS (J.-Louis), député extraordinaire à l'Assemblée constituante, et membre de la Convention nationale; né dans le département de l'Aveyron vers 1742, mort à Paris, le 6 décembre 1819.

— Art (l') social, ou les Vrais principes de la société politique. 1792-93, 4 parties en un vol. in-8.

La quatrième partie a d'abord paru sous ce titre : *Idée d'une bonne constitution*; on l'a changé pour l'ajouter aux trois premières.

— * Essai sur les droits des hommes, des citoyens et des nations, ou Adresse au roi sur les États-Généraux et les principes d'une bonne constitution. 1789, in-8.

— Sensitisme (le), ou la Pensée et la connaissance des choses remplacées dans les sens, traitées historiquement dans l'ordre des sensations, et réduites à l'histoire naturelle de l'homme sentant et de l'homme sensible. *Paris, de l'impr. de Gillé*, 1815, in-8 de 304 pag.

SECOUSSE (Denis-François), avocat et historien, membre de l'Académie roy. des inscriptions; né le 8 janvier 1691, à Paris, où il est mort, le 15 mars 1754.

—* Lettre de M*** à un de ses amis retiré dans une terre (sur le portail de Saint-Eustache). *Paris*, *Bullot*, 1753, in-12.

— Mémoire historique et critique sur les principales circonstances de la vie de Roger de Saint-Lary de Bellegarde, maréchal de France. *Paris*, 1764, in-12.

— Mémoires pour servir à l'histoire de Charles II, roi de Navarre, et comte d'Évreux, surnommé le Mauvais. *Paris*, *Durand*, 1755-58, 2 vol. in-4.

Ce sont les Mémoires que Secousse n'avait pas pu faire entrer dans le recueil de l'Académie : le tome second contient les pièces justificatives, sous le titre de : *Recueil de Pièces sur Charles II, dit le Mauvais*, etc. Ce volume avait déjà été impr. en 1755 sous le voile de l'anonyme.

Les principaux travaux de Secousse sont consignés dans le recueil de l'Académie des inscriptions, où l'on trouve de lui, dans la partie historique, l'analyse de divers mémoires qu'il avait lus à ce corps savant; tels sont ceux-ci : Remarques sur quelques Vies de Plutarque (tom. V et VII); — Dissertation sur l'expédition d'Alexandre contre les Perses (tom. V); — Projet d'une nouvelle Notice des Gaules et des pays soumis aux Français depuis la fondation de la Monarchie (tom. VII); — Mémoires et Critiques pour servir à l'histoire des troubles qui s'élevèrent en France, et surtout à Paris, après la bataille de Poitiers (tom. XVI); — Conjectures sur un sceau du moyen âge (tom. VIII). — Les Mémoires suivants, ont été imprimés dans la partie des Mémoires proprement dits de l'Académie des inscriptions; Histoire de Julius Sabinus et d'Epponina, sa femme (tom. VI, 1729); — 2° Mémoire sur l'attentat commis par une partie des chevaliers de Malte, contre le grand-maître de la Cassière (tom. XIII, 1740); — 3° Mémoire sur l'union de la Champagne et de la Brie à la couronne de France; — 4° Mémoire dans lequel on prouve que Charles V était souverain de la Guienne, lorsqu'en 1369, la Cour des pairs de France décerna contre Édouard, prince de Galles et duc de Guienne, un ajournement qui fut suivi d'une déclaration de guerre; — 5° Dissertation où l'on examine s'il est vrai qu'il ait été frappé, pendant la vie de Louis Ier, prince de Condé, une monnaie sur laquelle on lui ait donné le titre de roi de France; — 6° Mémoire historique et critique, pour servir à l'histoire de messire Paul de Foix, conseiller d'État et archevêque de Toulouse (t. XVII, 1751); — 7° Mémoire sur le procès criminel fait vers 1389, à Audouin Chauveron, prévôt de Paris, et prévôt des marchands de cette ville (tom. XX, 1753); — un *Éloge de Laurière*, par Secousse, a été imprimé dans le tome II des Ordonnances des rois de France.

Secousse a été l'éditeur des tomes II à VIII des Ordonnances des rois de France de la troisième race (1723 et ann. suiv.); seul, il a publié les Mémoires de Condé, servant d'éclaircissements et de preuves à l'Histoire de M. de Thou (1743, 6 vol. in-4°).

Il avait encore préparé pour l'impression la Table chronologique des diplômes, chartes, titres et actes imprimés concernant l'histoire de France; mais les trois premiers volumes de cette table, qui n'a pas été continuée, furent publiés par Brequigny et Mouchel.

L'Éloge de Secousse, par Vilevault, a été imprimé en tête du neuvième volume des Ordonnances du Louvre. Cet Éloge a été réimprimé dans le troisième volume de la Bibliothèque de la France du P. Lelong; un autre Éloge du même, par Bougainville, se trouve aussi dans le vingt-cinquième volume des Mémoires de l'Académie des inscriptions et belles-lettres. On a encore un troisième Éloge de Secousse par son frère, l'abbé Fr.-Rob. Secousse, en tête du Catalogue des livres de la bibliothèque de Secousse, rédigé par Barrois (1755, in-8).

SECOUSSE (Jean-François-Robert), frère du précédent, curé de Saint-Eustache; mort à Paris, le 29 mai 1771, âgé de soixante-quinze ans.

—* Lettre d'un curé du diocèse de *** à M. Marmontel, sur son extrait critique de la Lettre de J.-J. Rousseau à d'Alembert. *Paris*, 1760, in-8.

On a du même un *Éloge de D. Fr. Secousse*, son frère, impr. en tête du Catalogue des livres de la bibliothèque de cet académicien, rédigé par Barrois, (1755, in-8).

SECRETAN (Samuel), prem. pasteur à Lausanne depuis 1785.

— Prière prononcée, le 26 mai 1803, lors de la prestation du serment par le grand conseil et le petit conseil du canton de Vaud. Broch. in-8.

—* Théologie chrétienne. Par S. S. *Lausanne*, 1774, 3 vol. in-8.

SECRETAN (Philippe), membre du Directoire helvétique, et plus tard, membre et vice-président de la Cour des appellations suprêmes du canton de Vaud.

— Considérations sur l'état militaire du Danemarck, et Notice sur M. de Falckenskiold (1826). Voyez FALCKENSKIOLD.

— Observations sur la constitution helvétique. *Lausanne*, 1798, in-8.

— Réflexions sur les gouvernements, pour servir de suite à l'ouvrage de Burke sur la révolution en France, et à celui de Payne sur les droits de l'Homme. *Londres*, 1792, in-8.

SECRETAN (David, professeur de phi-

— * Amis (les) de l'ordre et de la paix à tous ceux qui veulent sincèrement le bien de ce pays (pays de Vaud). 1798, in-8 de 16 pages.

A la suite de cet écrit se trouve un Hymne aux habitants du pays de Vaud.

— Dissertation sur le divorce selon la loi de Moïse et selon l'Évangile, présentée au concours pour la chaire destinée à l'interprétation des livres saints. 3 octobre 1808.

Imprimée dans le premier volume des Dissertations présentées aux concours pour les chaires dans l'Académie de Lausanne.

— Philosophisme (le) démasqué, et la philosophie vengée, trad. de l'allem. (1798). Voy. KANT.

— Progrès (des) de l'éducation et de l'instruction publique dans la deuxième moitié du XVIIIe siècle....

Imprimé dans les Notices d'utilité publique. Lausanne, 1805-1807, 2 vol. in-8.

SECRETAN (J.-P.), landammann.

— * Journal des deux conseils de la république helvétique, 12 avril — 14 juillet 1798. *Lausanne*, 1798, in-8.

Avec M. Maret, autre landammann.

— Notes sur le Mémoire des Bernois, ci-devant seigneurs de fiefs et droits de loods, au canton de Vaud. Broch. in-4.

SECRETAN (Louis), membre du grand Conseil de la république helvétique depuis 1798, jusqu'en août 1800.

— Mémoire sur la division territoriale de l'Helvétie, relativement au rétablissement du canton d'Oberland. (1803), br. in-4.

— Mycographie suisse, ou Description des champignons qui croissent en Suisse, particulièrement dans le canton de Vaud, aux environs de Lausanne. *Genève*, 1833, 3 vol. in-8., 30 fr.

— Observations sur les réclamations adressées à la haute Diète, contre la loi du canton de Vaud du 1er juin 1816, relative aux indemnités accordées aux anciens propriétaires de loods non Bernois. *Lausanne*, 1818, in-8.

— * Réflexions sur le fédéralisme en Helvétie, par S. *Berne*, 1800, in-8.

SECRETAN (C.). — Instruction (de l') publique dans ses rapports avec l'état social. *Paris, et Basle*, an XII (1804), in-8.

SECRETAN (Charles), professeur de droit civil à l'Académie de Lausanne.

— Dissertation sur ce sujet prescrit : « De la succession de la mère d'après les lois romaines et la coutume du pays, » présentée au concours pour la chaire destinée à l'enseignement du droit civil. *Lausanne*, mars 1811.

Imprimée dans le second volume des Dissertations présentées au concours pour des chaires dans l'Académie de Lausanne.

SECRETAN (J.-C.-J.), second pasteur de l'église Wallone, à La Haye.

— Sermons sur quelques textes de l'Écriture sainte. *Neuchâtel*, 1835, in-8, 6 f. 50 c.

SECRETI (Louis). — Grammaire italienne pour les dames. *Genève*, 1787, in-12.

SEDAINE (Michel-Jean ou Jean-Michel), architecte et littérateur, membre et ensuite secrétaire perpétuel de l'Académie royale d'architecture de Paris, correspondant de la Société des sciences, arts et belles-lettres d'Auxerre, associé libre honoraire de l'Académie impériale des arts de Saint-Pétersbourg, successeur de Watelet à l'Académie française, le 27 avril 1786; né le 4 juin 1719 à Paris, où il est mort, le 17 mai 1797.

— Acte (l') de bienfaisance. *Paris, de l'impr. de Carpentier-Méricourt*, 1825, in-4 de 4 pages.

Cette pièce a été lue au Lycée des arts le 10 vendémiaire an III et impr. dans la même année. L'auteur y célèbre la belle action de Cange, commissionnaire de Saint-Lazare sous le règne de la terreur, et qui a été le sujet de plusieurs pièces de théâtre.

— Aline, reine de Golconde, ballet héroïque, en trois actes (et en vers libres). *Paris, Delormel*, 1766, in-4.

Il en existe une édition sous le titre de la *Reine de Golconde*. Paris, P.-R.-C. Ballard, 1771, in-8.

— Amphytrion, ballet héroïque en 3 actes (et en vers libres). *Paris, Ballard*, 1786; et *Paris, Delormel*, 1788, in-8.

— Anacréon, pastorale héroïque en un acte (et en vers libres).

Imprimé dans le *Recueil de poésies* de l'auteur.

— Anneau (l') perdu et retrouvé, opéra-comique en deux actes (en prose), mêlé de morceaux de musique. *Paris*, *Cl. Hérissant*, 1764, in-8.

— *Aucassin et Nicolette, ou les Mœurs du bon vieux temps, comédie remise en trois actes et en vers, dont une partie en musique; représentée, pour la première fois, devant Leurs Majestés à Versailles, le 30 décembre 1779, par les comédiens italiens ordinaires du roi, et à Paris, le 3 janvier 1780, et reprise le 7 janvier 1782. Le drame est de M. Sedaine; la musique de M. Grétry. *Paris*, *Brunet*, 1782, in-8.

Cette pièce avait quatre actes avant sa réduction, et c'est ainsi qu'on l'a imprimée à Paris, en 1780, in-8, sous le titre des *Amours du bon vieux temps*, etc.

— Bagatelle, ou Description anacréontique d'une maison de campagne, dans un des faubourgs d'Abbeville. *Abbeville*, 1770, in-8.

— *Basil, ou l'Un trompe l'autre, opéra-comique en un acte. *Paris*, 1792, in-8.

Pièce citée par Fleischer, dans sa Bibliographie française: il est pourtant douteux qu'elle ait été imprimée.

— *Blaise le savetier, opéra-comique (en un acte et en prose), suivi de la Noce de Nicaise, intermède, mêlé de chants et de danse. Par M. S..... *Paris*, *Duchesne*, 1759; ou *Paris*, *Ballard*, 1762, in-8; et *Besançon*, 1765, in-8.

Impr. aussi à La Haye, H. Constapel, 1760, in-8; et à Liége, F. J. Desoer, s. d., in-8.

— Comte (le) d'Albert, drame en deux actes et en prose, mis en musique. *Paris*, *Brunet*, 1787, in-8.

— Déserteur (le), drame en trois actes et en prose, mêlé de musique, joué sur le théâtre de la Comédie Italienne. *Paris*, *Cl. Hérissant*, 1769, 1770, ou 1783, in-8; *Paris*, *Fages*, 1814, in-8.

— *Diable (le) à quatre, ou la Double métamorphose, opéra-comique en 3 actes (et en prose, mêlé d'ariettes). Par M. S..... *Paris*, *Duchesne*, 1757, in-8; ou *Paris*, *veuve Duchesne*, 1770, in-12.

— Diable (le) à quatre, ou la Femme acariâtre, opéra-comique en trois actes, remis au théâtre avec des changements, par M. Auguste. *Paris*, *mad. Masson*, 1810, in-8, 2 fr.

— Discours prononcé à sa réception dans l'Académie française. *Paris*, *Demonville*, 1786, in-4.

— Ernelinde, tragédie lyrique de Poinsinet jeune, mise en cinq actes par Sedaine. *Paris*, *P.-R.-C. Ballard*, 1773, in-8; ou *Paris*, *Delormel*, 1777, in-4.

La pièce de Poinsinet est en trois actes: elle avait été imprimée en 1767.

— Faucon (le), opéra-comique en un acte. *Paris*, *Hérissant*, 1772, in-8; ou avec la grande partition, in-fol.

— Félix, ou l'Enfant trouvé, comédie [illegible] n iq e. *aris*, [illegible] 1777; ou *Paris*, *veuve Ballard et fils*, 1777, in-8.

— Femmes (les) vengées, ou les Feintes infidélités, opéra-comique, en un acte et en vers (libres). *Paris*, *Musier fils*, 1775, in-8.

Il y a des exempl. de cette édition qui ne portent que le premier titre.

— Fête à l'occasion du mariage de Mgr. le comte d'Artois avec Marie-Thérèse, princesse de Savoie, exécutée à Saint-Cyr en leur présence par les demoiselles de la royale maison de Saint-Louis (en un acte et en prose, mêlée de couplets). *Paris*, *veuve Hérissant*, 1773, in-8.

— *Folies (les) de Calot. 1752, in-12.

— *Gageure (la) imprévue, comédie en prose et en un acte. *Paris*, *Cl. Hérissant*, 1768, in-8; et *Paris*, *Prault*, 1788, in-8.

— Guillaume Tell, drame en 3 actes, en prose et en vers. *Paris*, *Maradan*, an II (1793), in-8.

— Guillaume Tell, drame lyrique en trois actes (et en prose) d'après Sedaine, par M. Pélissier. *Paris*, *Duvernois*, 1828, in-8.

— Huître (l') et les plaideurs, ou le Tribunal de la chicane, opéra-comique en un acte en prose, mêlé de morceaux de musique et vaudevilles. *Paris*, *Cl. Hérissant*, 1761, in-12.

— Impromptu (l') de Thalie, ou la Lunette de la Vérité, comédie en un acte et en vers libres.

Impr. dans le *Recueil de poésies* de l'auteur.

— Jardinier (le) et son seigneur, opéra-comique en un acte et en prose, mêlé de morceaux de musique. *Paris*, *Cl. Hérissant*, 1761, in-8; *Besançon*, 1765, in-8.

— Magnifique (le), comédie en 3 actes, en prose et en vers, mise en musique, terminée par un divertissement. *Paris*, *Cl.*

Hérissant, 1763, in-8; ou *Paris, P.-R.-C. Ballard*, 1773, in-8.

— Maillard, ou Paris sauvé, tragédie en 5 actes et en prose. *Paris*, *Prault*, 1788, in-8.

— Mort (le) marié, comédie en 2 actes et en prose. *Paris, Cl. Hérissant*, 1771, in-8.

— On ne s'avise jamais de tout, opéra-comique en un acte, en prose, mêlé de morceaux de musique. *Paris, Cl. Hérissant*, 1761, in-8. — Sec. édition. *Paris, le même*, 1761, in-8; *Paris*, *Christ. Ballard*, 1762, in-8; *Paris*, 1775, in-8.

—* Ouvrage (l') du cœur (comédie en un acte, en prose). Par un Français. *Paris, Cl. Hérissant*, 1763, in-8.

— Philosophe (le) sans le savoir, comédie en 5 actes et en prose. *Paris*, *Cl. Hérissant*, 1765, in-8; ou *Genève*, 1768, in-8; *Troyes*, *Gobelet*, 1815, in-8, 1 fr. 25 c.

L'édition originale a été réimprimée dans la même année.

—* Pièces fugitives de M. S***. *Paris*, 1752, petit in-12.

Réimprimées sous le titre suivant : *Recueil des poésies de M. de Sedaine*. Sec. édition, revue et augmentée de pièces faites depuis la dernière, et de plusieurs airs notés. Londres et Paris, Duchesne, 1760, 2 part. in-12; — IIIe édit. 1780, in-12.

Les éditions sous le dernier de ces titres renferment des *épîtres et discours*, *discours et satires*; des *églogues*; *des fables, etc.*; *le Vaudeville*, poëme didactique en IV chants; des *traductions*, des *contes*, des *épigrammes*, des *chansons*, et deux pièces dramatiques, l'*Impromptu de Thalie* et *Anacréon*, pastorale héroïque.

— Raoul Barbe-Bleue, comédie en prose et en 3 actes, mêlée d'ariettes. *Amsterdam*, *Gabriel Dufour*, 1791, in-8; et *Bruxelles*, *Loiseau*, 1791, in-8.

— Richard Cœur-de-Lion, comédie en trois actes, en prose et en vers, mis en musique. *Paris*, *Brunet*, 1786, in-8. — Nouvelle édition. *Paris*, *Gardy*, 1813; *Paris*, *Fages*, 1815, in-8.

— Roi (le) et le Fermier, comédie en trois actes, mêlée de morceaux de musique, par M. Monsigny. *Paris*, *Hérissant*, 1762, 1770, in-8.

—* Rose et Colas, comédie en un acte, prose et musique. *Paris*, *Cl. Hérissant*, 1764, in-8; *Paris*, *P.-R.-C. Ballard*, 1769, in-8; *Paris*, *veuve Duchesne*, 1770, in-8.

Imprimée aussi à Copenhague en 1767, in-8.

— Sabots (les), opéra-comique en un acte, mêlé d'ariettes. *Paris*, *Hérissant*, 1768, in-8.

Avec Chaspoul.

— Suite du Comte d'Albert, opéra-comique en un acte, en prose et en vers. 1787, in-8.

— Tentation (la) de Saint-Antoine, ornée de figures et de musique. — Le pot-pourri de Lot, orné de figures et de musique. *Londres*, 1784, in-8.

— Thalie au nouveau théâtre, prologue en prose, en vers, ariettes et vaudevilles. *Paris*, *Brunet*, 1783, in-8.

— Thémire, pastorale en un acte et en prose, mêlée d'ariettes. *Paris*, *Cl. Hérissant*, 1770, et 1771, in-8; ou *Paris*, *P.-R.-C. Ballard*, 1770, in-8.

— Troqueurs (les) dupés, 1760.

—* Vaudeville (le), poëme didactique, en IV chants. *Paris*, 1756, in-12.

Sedaine a fait plusieurs couplets de la parodie de Favart, intitulée Pétrine, parodie de Proserpine (1759).

Cet auteur avait présenté à l'Académie royale de musique trois opéras qui n'ont été ni reçus, ni imprimés ; ce sont : *Philémon et Baucis*, en trois actes; *Pagamin de Monègue*, en un acte; *Protogène*.

« Sedaine, a dit Chénier, ne savait pas écrire, « mais il savait peindre : il a présenté sur la scène « lyrique des tableaux variés et nombreux. » Voyez aussi ses éloges, par Ducis, et par mad. la princesse de Salm.

— Œuvres dramatiques. *Paris*, *veuve Duchesne*, 1776, 4 vol. in-8.

Ce n'est point une édition proprement dite du théâtre de Sedaine, mais la réunion, au moyen de frontispices, d'un certain nombre de pièces de cet auteur qui avaient été imprimées séparément.

Une grande partie des pièces de Sedaine ont été insérées dans les diverses éditions du Répertoire du Théâtre-Français; quelques autres ont été recueillies dans le Théâtre de l'Opéra-Comique.

— Œuvres choisies (publiées avec une Notice sur la vie et les ouvrages de l'auteur, par M. Auger). *Paris*, *P. et F. Didot* (**Victor Masson*), 1813, 3 vol. in-18, 3 fr.; sur papier fin, 3 fr. 75 c.; sur papier vélin, 9 fr., et sur grand papier vélin, format in-12, 13 f. 50 c.

Ces Œuvres choisies de Sédaine renferment treize pièces, qui sont : Tom. I, 1° le Philosophe sans le savoir; — 2° la Gageure imprévue; — 3° le Diable à quatre; — 4° le Roi et le Fermier. Tom. II, 5° les Sabots; — 6° le Déserteur; — 7° Rose et Colas; — 8° le Magnifique; — 9° les Femmes vengées. Tom. III, 10° Félix, ou l'Enfant trouvé; — 11° Aucassin et Nicolette; — 12° Richard Cœur-de-Lion; — 13° Raoul Barbe-Bleue.

C'est sur les clichés de cette édition qu'a été faite la réimpression qui fait partie de la Nouv. Bibliothèque des classiques français, publiée en 1830 par le libraire Lecointe.

Le dernier acquéreur des stéréotypes de MM. Didot a réduit le prix de chaque volume à 50 c.

SEDAINE, nommé aussi par quelques bibliographes Sedaine de Sarcey (Jean-François), auteur dramatique, neveu du précédent; né à Paris, le 11 mai 1762.

— Défauts (les) supposés, comédie en un acte et en vers. *Paris, Cailleau*, 1788, in-8.

— * Jean qui pleure et Jean qui rit, comédie en un acte et en prose. *Amsterdam* (*Paris, Cailleau*), 1783, in-8.

— * Malentendu (le), ou Il ne faut jurer de rien, comédie-proverbe en un acte et en prose. *Amsterdam, et Paris, Cailleau*, 1783, in-8.

— * Manteau (le) écarlate, ou le Rêve supposé, comédie-proverbe en un acte. *Paris, Cailleau*, 1784, in-8.

— Marchand (le) d'esprit et le Marchand de mémoire, comédie en un acte et en prose. *Paris, Cailleau*, 1792, in-8.

— * Sérail (le) à l'encan, comédie en un acte et en prose. *Amsterdam, et Paris, Cailleau*, 1783, in-8.

Représentée pour la première fois à Paris, sur le théâtre de l'Ambigu-Comique, en 1781.

Cette pièce est attribuée par Ersch à Sédaine l'oncle; elle serait plus vraisemblablement du neveu; mais on l'attribue aussi à Audinot et Arnould.

— Tout comme il vous plaira, ou la Gageure favorable, comédie en un acte, en prose. *Paris, Cailleau*, an III (1795), in-8.

—* Trois (les) Léandres, ou les Noms changés, comédie (en un acte et en prose). Par M. S...... *Paris, Cailleau*, 1786, in-8.

Ersch cite encore du même auteur trois autres pièces qui ne paraissent pas avoir été imprimées :
1° Ile (l') enchantée, comédie en trois actes et en prose. 1789.
2° Convention (la) matrimoniale, comédie en deux actes et en vers. 1791.
3° Fausses (les) bonnes fortunes, en trois actes et en prose.

SEDGWICK (miss). —Jeune (le) Sauvage, ou les Premières années de la province de Massachusetts, roman américain. (Trad. de l'angl.) *Paris, Mame et Delaunay-Vallée*, 1828, 4 vol. in-12, avec 4 fig., 12 f.

— Redvood, roman américain, trad. de l'anglais. *Paris, Boulland*, 1824, 4 vol. in-12, 12 fr.

Traduction qui a été publiée à tort sous le nom de Cooper.

Quelques *nouvelles* de cette demoiselle ont été traduites en français et insérées dans divers recueils. Le Salmigondis renferme d'elle, *Perdita* (tom. Ier) et la *Cousine de province* (tom. XI). Les Conteurs américains, imprimés en 1832, in-18, en renferment quelques autres.

SEDILLEZ, membre du Tribunat, né à Nemours.

— Unité (de l') en politique et en législation, ou Développement d'un principe naturel applicable à la législation de tous les temps et de tous les peuples, dont la connaissance est utile à ceux qui font la loi et à ceux qui l'exécutent. Suivi d'un Essai sur le droit de propriété considéré comme fondement de tout gouvernement et de toute législation. *Paris, Pougens*, 1802, in-8.

SÉDILLOT (Joseph), chef de service médical et chirurgical du grand hôpital de la Salpêtrière, avant la révolution; membre des anciens Collége et Académie royale de chirurgie de Paris, docteur en médecine de la Faculté de Reims, habile praticien, membre de la Société de médecine et de plusieurs autres sociétés savantes; né à Vire (Calvados), en 1745, d'une famille de médecins distingués de province, mort le 15 février 1825.

Joseph Sédillot a peu écrit; cependant on a de lui deux observations d'un grand intérêt, insérées dans le premier volume du Journal général de médecine: la première est relative à un coma convulsif avec une gourme répercutée, suivi de mort; l'autre concerne une crévasse du vagin et du col de la vessie, suite de gangrène, guérie sans fistule. On trouve dans le « Formulaire magistral » de Gassicourt une formule de pilules mercurielles, généralement adoptée, dont Sédillot est auteur.

SÉDILLOT (Jean), frère et élève du précédent, D. M. P., l'un de nos meilleurs praticiens, membre des anciens Collége et Académie royale de médecine, et de la Société de médecine de Paris, dont il a été le secrétaire; membre du Lycée des arts; associé d'un très-grand nombre de sociétés médicales et littéraires de l'Europe et de l'Amérique; né aux Vaux-de-Cernay (Seine-et-Oise), le 6 février 1757.

— Discours prononcé par M. Sédillot, sur le rapport de la commission chargée d'examiner quelle est la valeur des documents recueillis par M. Chervin, relativement à la solution du problème de la contagion de la fièvre jaune. *Paris, Trouvé*, 1827, in-8 de 24 pages.

— Réflexions sur l'état présent de la chirurgie dans la capitale et sur ses rapports militaires. Suivies d'un Plan pour le traitement des maladies de la milice nationale parisienne. 1791, in-8.

—Réflexions historiques et physiologiques sur le supplice de la guillotine. 1795, in-8.

Le but de cet écrit était de rassurer les familles des suppliciés contre les idées de *survie*, et d'arrière-douleur dans la tête après la décapitation, idées qu'un auteur irréfléchi avait mises en avant.

Il fulmina contre l'invention d'un instrument de supplice dont la facile application a dû prodigieusement augmenter, suivant lui, le nombre des victimes.

Jusqu'au moment où la révolution éclata, M. Sédillot s'était borné à insérer, dans l'ancien Journal de médecine, quelques observations sur divers sujets; il ne tarda pas à publier les deux derniers écrits que nous venons de citer; mais, ce qui surtout lui a fait un nom comme écrivain, c'est la rédaction du journal qui lui fut confiée par la Société de médecine, qui venait d'être nouvellement constituée, et dont il avait été l'un des principaux fondateurs. Le Journal de médecine, qui commença à paraître au commencement de 1797, sous le titre de *Recueil périodique de la Société de médecine de Paris*, et qui a été continué depuis 1812 jusqu'en 1817, sous le titre de *Journal général de médecine, de chirurgie, de pharmacie, etc.*, ou Recueil de la Société de Médecine de Paris, a été rédigé, pendant vingt ans, par M. Sédillot, qui en a publié 63 volumes in-8, avec deux volumes de Supplément, lesquels portent pour titre : Recueil périodique de littérature médicale étrangère, ou Supplément au Recueil périodique de la Société de médecine de Paris (1797). Une seconde série de ce recueil, toujours sous le titre de Journal général de médecine, qui a commencé avec le mois de février 1818, et qui a été continuée jusqu'à la fin de 1826, a été rédigée par M. Ch. Emm. Sim. Gaultier de Claubry : cette seconde série forme 28 volumes. Depuis, la rédaction de ce journal est passée entre les mains de MM. N. Gendrin et Forget. Il n'existe pas en ce genre de plus vaste ni de plus riche collection. M. Sédillot a semé dans ce recueil intéressant, qui lui doit son succès, une quantité innombrable de notes, de faits, de réflexions, toujours dirigées dans un but pratique. La vivacité de son esprit, l'étendue de ses connaissances, la finesse et la profondeur de son jugement, indiquaient assez tout ce qu'on pouvait attendre de lui.

M. Sédillot est aussi auteur de plusieurs écrits d'une haute importance, mais qui ne paraissent pas avoir été imprimés séparément, et l'on cite, entre autres ceux-ci : 1° *Mémoire sur les ruptures musculaires*, inséré dans le premier volume des Mémoires de la Société de médecine de Paris; — 2° *Mémoire sur les propriétés de l'éther acétique*, dont il a enrichi la matière médicale, inséré dans le Journal général de médecine; — 3° *Mémoire sur les nouveaux poids et mesures dans leur application à l'usage médical*; — 4° plusieurs *Rapports* et *Dissertations sur la fièvre jaune*, et sur d'autres sujets de médecine, de chirurgie, de matière médicale; — 5° *Avantages de l'union de l'opium au quinquina, dans le traitement des fièvres intermittentes rebelles*; — 6° *Mémoire sur l'emploi du phosphore en médecine*; — 7° une série d'excellents articles fournis au Dictionnaire des sciences médicales, dont M. Sédillot est un des auteurs. Enfin, cet homme distingué est éditeur des Mémoires et Observations de Bertrand Pelletier, son beau-frère (1798, 2 vol. in-8), ouvrage qu'il a enrichi de l'éloge de l'auteur.

(*Biogr. univ. et port. des Contemp.*).

SÉDILLOT (A.-J.), des Ternes (Seine), D. M., fils du précédent.

— Recherches historiques sur la fièvre puerpérale ; thèse présentée et soutenue à la Faculté de médecine de Paris, le 8 mai 1817. *Paris, de l'impr. de Didot jeune*, 1817, in-4 de 76 pag.

SÉDILLOT (Jean-Jacques-Emmanuel), frère de Joseph et de Jean Sédillot; orientaliste et astronome, ancien élève de l'École polytechnique, ensuite l'un des élèves les plus distingués de M. Silvestre de Sacy, à l'École spéciale des langues orientales vivantes, institution dans laquelle il prit place comme professeur-adjoint pour l'enseignement de la langue turque, place qui fut supprimée en 1816; mais il resta jusqu'à sa mort secrétaire de cette institution; adjoint au Bureau des longitudes pour l'histoire de l'astronomie chez les Orientaux (depuis 1814); né à Enghien-Montmorency, le 26 avril 1777, mort à Paris, le 9 août 1832.

Les travaux de J.-J.-E. Sédillot sont presque tous consignés dans des recueils scientifiques et dans des journaux : ainsi l'on trouve de lui deux articles de critique littéraire dans le Moniteur, l'un sur la partie littéraire des Recherches asiatiques (ann. 1807, nos 219, 220 et 315), l'autre sur la Grammaire arabe par M. Silvestre de Sacy (ann. 1810, n° 245); un autre est inséré au Magasin encyclopédique (ann. 1812, tom. Ier, pag. 175) : c'est une Notice sur le livre intitulée : la Relation de l'Égypte, par Abd-Allatif, traduite par M. Silvestre de Sacy. Le seul des ouvrages de Sédillot qui ait encore été l'objet d'une publication particulière est une traduction de l'arabe Aboul Hhassan Ali, astronome du XIIIe siècle, intitulée : *Collection des commencements et des fins*, et réimprimée sous le titre de *Traité des instruments astronomiques des Arabes*. (Paris, de l'impr. royale, 1834-35, 2 vol. in-4.) Cette traduction, qui avait été présentée pour concourir aux prix décennaux, et qui fut jugée digne d'être couronnée, n'a été publiée qu'après la mort de son auteur, par M. L. Am. Sédillot, son second fils.

Pendant le temps qu'il était élève à l'École polytechnique, Sédillot se livra d'une manière spéciale à l'étude des mathématiques et de leur application, et aida les Delambre, et les La Place dans leurs recherches; tout ce qui est relatif aux Arabes et aux Orientaux, dans « l'Histoire de l'Astronomie au moyen âge » de Delambre (1827), est dû à J.-J.-E. Sédillot, que l'auteur cite à chaque page.

Dans son Rapport des travaux de l'Académie roy. des sciences, pendant l'année 1817, partie mathématique, le célèbre Delambre a rendu un compte très-flatteur des services rendus à la science par Sédillot.

SÉDILLOT (Charles-Emmanuel), D. M. P., fils aîné du précédent; né à Paris, le 14 septembre 1804; chirurgien-major-professeur au Val-de-Grâce, professeur agrégé à la Faculté de médecine de Paris. M. Sédillot a fait la campagne de Pologne de 1831, comme chef d'ambulance, et a dirigé les hôpitaux de Lukow et de Miedzirzec, après les combats de ce nom; il a servi dans l'expédition de Constantine, en 1837, comme chirurgien en chef des 3e et 4e brigades, commandées par le général Rulhières, etc.

— Amputations (des) dans la continuité et la contiguïté des membres. *Paris*, 1836, in-8, 2 fr. 50 c.

— Application (de l') du dynamomètre et du moufle au traitement des luxations. *Paris*, 1834, in-8.

— Bronchotomie (de la). *Paris, de l'impr. d'Éverat*, 1837, in-8 de 16 pag.

— Choix d'observations. (Ligatures d'artères; amputation coxo-fémorale). *Paris*, 1833, in-8.

— Considérations (nouvelles) sur la plique. *Paris*, 1832, in-8.

— Détermination (de la) des différentes espèces de luxations scapulo-humérales, de leur anatomie pathologique, et de leur traitement. *Paris*, 1835, in-8.

— Différentes (des) méthodes de traitement des plaies, et de leurs différents modes de consolidation. *Paris*, 1835, in-4.

— Manuel complet de médecine légale, considérée dans ses rapports avec la législation actuelle. Ouvrage particulièrement destiné à MM. les médecins, avocats et jurés. *Paris*, *Crochard*, 1830, in-18. — Sec. édit., revue et augm. *Paris*, *Crochard*, 1835, in-18, 5 fr.

— Mémoire sur l'amputation de la jambe. *Paris*, 1833, in-8.

— Mémoire sur le muscle de Horner, et nouvelle explication de la marche des larmes, sous l'influence de la pression atmosphérique. *Paris*, 1829, in-8.

Extrait du Bulletin de la Société anatomique.

— Mémoire sur les luxations de la cuisse, en haut et en dehors, ou dans la fosse iliaque externe. *Paris*, 1835, in-8.

— Mémoire sur une luxation de l'épaule en arrière, ou dans la fosse sous-épineuse, réduite au bout d'un an et quinze jours. *Paris*, 1834, in-8.

— Mémoire sur une maladie particulière des pieds, régnant à Paris, sous forme épidémique. *Paris*, 1833, in-4.

Extrait de la Gazette médicale.

— Nerf (du) pneumo-gastrique et de ses fonctions. *Paris*, 1829, in-4.

Thèse pour le doctorat.

— Observations pour servir à l'histoire des blessures artérielles du membre thoracique. *Paris*, 1834, in-4.

Extrait de la Gazette médicale.

— Phlébite (de la) traumatique. *Paris*, 1832, in-4.

— Procédé (nouv.) pour la ligature de l'artère carotide primitive. *Paris*, 1828, in-8.

Extrait du Bulletin anatomique. Ce procédé a fait le sujet d'une thèse soutenue devant la Faculté par M. Labarthe.

— Remarques (nouv.) sur les luxations scapulo-humérales. *Paris*, 1837, in-4.

Extrait de la Gazette médicale, août 1837.

SÉDILLOT (Louis-P.-E.-Amélie), frère du précédent; né à Paris, le 23 juin 1808, orientaliste, et qui semble devoir suivre avec succès les traces de son père; d'abord libraire à Paris (de 1828 à 1831), puis licencié ès-lettres et en droit; secrétaire du Collége royal de France; successivement professeur d'histoire aux colléges Bourbon, Henri IV et Saint-Louis (1831-38).

— Introduction au Traité d'Astronomie d'Aboul Hhassan Ali, intitulé : « Collection des commencements et des fins. » *Paris*, *de l'impr. royale*, 1833, in-8.

Réimprimée en tête du Traité des instruments astronomiques des Arabes d'Aboul Hhassan, trad. par J.-J.-E. Sédillot, et publiée par son fils (1834-35), 2 vol. in-4.

— Lettre au Bureau des Longitudes. *Paris*, 1834, in-8.

Extrait du Moniteur, du 28 juillet 1834.

— * Mac-Carthy (les), ou Qu'est-ce que les gens comme il faut? romain américain, trad. de l'angl. (1829). Voy. Har. SMITH.

— Manuel de Chronologie universelle. *Paris*, *Joubert*, 1834, in-18. — Nouv. (2e) édit., revue et augmentée. *Paris*, *Ducrocq*, 1835, in-18, 2 fr. 50 c.

La première édition ne formait que huit feuilles; la seconde en a dix.

— Manuel de la Bourse, ou Des fonds publics français et étrangers. Des opérations de la bourse de Paris. De la bourse de Londres. Du change. De l'état des finances de toutes les puissances du globe, etc. *Paris*, *Crochard*, 1828, in-18. — Xe édition. *Paris*, *E. Ducrocq*, 1838, in-18, 2 f. 50 c.

Ouvrage publié sous le pseudonyme de LAMST; quelques exemplaires de la cinquième édition, publiée en 1832, portent le véritable nom de l'auteur; il en est peut-être ainsi pour quelques autres éditions, mais seulement pour un très-petit nombre d'exemplaires.

— Notes sur la découverte de la « Variation » par Aboul Wefâ, de Bagdad. *Paris*, *de l'impr. royale*, 1836, in-4.

Extrait des Comptes rendus de l'Académie des sciences, des 14 et 18 mars 1836.

— Notice du Traité des connues géométriques, de Hassan Ben Haithem. *Paris*, *de l'impr. royale*, 1834, in-8 avec planches.

Extrait du Nouveau Journal asiatique.

— Recherches (nouvelles) pour servir à l'histoire de l'Astronomie chez les Arabes. (Découverte de la «Variation» ou troisième inégalité lunaire par les Arabes au Xe siècle.) *Paris, de l'impr. royale*, 1836, in-8.

— Recherches nouvelles pour servir à l'histoire des sciences mathématiques chez les Orientaux, ou Notice de plusieurs opuscules mathématiques qui composent le manuscrit arabe 1104 de la bibliothèque du roi. (Solution des équations du troisième degré par les algébristes arabes. *Paris, de l'impr. royale.* — *Ducrocq*, 1837, in-4, avec planches.

Extrait du tom. XIII des Notices et Extraits des manuscrits de la bibliothèque royale, publiés par l'Académie des inscriptions et belles-lettres.

M. L.-Am. Sédillot, en outre, a donné de nombreux articles à la Revue britanique (1826—1835); à la Revue encyclopédique (1828—1823); au journal le Pirate (1829—1830); au journal les Communes (1830—1831); au Magasin français, au Magasin universel, à la Biographie des Contemporains d'Aucher Eloy et Boisjolin; au Dictionnaire de la Conversation, notamment les articles *Théorie lunaire*, *Observations astronomiques*, etc., etc.

M. L.-Am. Sédillot est l'éditeur de la traduction du Traité des instruments astronomiques des Arabes par J.-J.-E. Sédillot son père; il vient de terminer un nouveau *Mémoire sur les instruments astronomiques employés dans l'antiquité et au moyen âge*, qui servira de complément à l'ouvrage ci-dessus indiqué.

SEDIN, pseudon. Voy. Den. LEFÈVRE.

SEEBACH (l'abbé de), alors aumônier du premier régiment d'artillerie à cheval, ancien chanoine et vicaire-général d'Uzès.

— Discours prononcé à l'église paroissiale de Saint-Vincent, à Metz, le jour de Sainte-Barbe, patronne de l'artillerie (4 décembre 1817). *Metz, de l'impr. de Pierret*, 1818, in-4 de 8 pag.

SÉED (Jérémie). — Discours (deux) sur l'excellence intrinsèque de l'Écriture sainte, trad. de l'anglais. *Paris*, 1754, in-12.

Réimprimés à la suite de la traduction de l'ouvrage de Lyttleton, intitulé la Religion chrétienne démontrée, etc.

SEEDORF (le P. Fr.), jésuite, confesseur du prince de Deux-Ponts.

— Lettres contenant les motifs de la conversion du duc de Deux-Ponts. *Liége*, 1747, in-12.

SEETZEN (Ulrich-Jasper), voyageur allemand; né dans l'Oostfrise, mort victime de son zèle pour les sciences, à Taës, dans l'Orient, en décembre 1811.

«Il n'existe point de relation complète des voyages de cet infortuné : quelques fragments en sont épars dans différents recueils ou journaux, d'après les lettres qu'il adressa à M. le baron de Zach, grand maréchal de la cour de Saxe-Gotha, qui les a insérées dans sa « Correspondance géographique et astronomique. » Indépendamment des détails relatifs aux excursions de Seetzen, ces lettres renferment des Mémoires *sur les tributs d'Arabes nomades, du désert et des contrées voisines.* (Seetzen devait ces détails à un guide qu'il avait pris à Damas, qui avait vécu plusieurs années parmi eux : il convient que Niebuhr a donné les renseignements les plus intéressants sur ces peuples); *sur Ophir* (Seetzen pense que c'est l'Onan sur la côte orientale de l'Arabie); sur le *pays de Souakem et Massouah; sur le Darfour; sur le royaume ou empire de Bournou; sur le Mobbah ou Bergou, et quelques autres pays voisins.* Tous ces morceaux, précieux pour la géographie de l'Afrique, ont été insérés dans les Annales des voyages (1809-14). On regrette que la traduction en soit négligée. D'autres lettres, adressées à Blumenbach et à divers savants, ont été insérées sous forme d'extraits dans le Magasin encyclopédique. Seetzen a aussi coopéré, avec M. Heinemeyer, à la rédaction d'un *Mémoire sur Papenbourg*, ville commerçante du ci-devant évêché de Munster, sur les confins de l'Oostfrise, et presque inconnue des géographes français. Ce morceau, traduit en français par M. Eyriès, est entré dans le tom. XII des Annales des voyages. (Voy. la Notice de M. Eyriès sur Seetzen, dans la Biographie universelle, t. 41, p. 439 et suiv.)

SEGA (Giacomo). — La Fayette, o il Trionfo della virtù. Parte prima. (In versi). *Parigi, da' torchi di Pihan-Delaforest (M.)*, 1835, in-8.

Ce sont les quatre premiers chants.

— Un Giorno in Cielo, cantata, in dovuto omaggio dedicata a sua altezza il principe reale di Francia, duca d'Orléans. *Parigi, dai torchi di Moreau*, 1837, in-8 de 40 pages.

SÉGALAS et quelquefois SÉGALAS D'ETCHEPARE (Pierre-Salomon), D.-M., agrégé libre de la Faculté de médecine de Paris (7 févr. 1823), professeur de physiologie et de pathologie, membre de l'Académie royale de médecine (juin 1824), président de la Société médicale du Temple; né à Saint-Palais (Basses-Pyrénées), le 1er août 1792.

— Cautérisation (de la) des rétrécissements organiques de l'urèthre. *Paris, de l'impr. de Lachevardière*, 1829, in-8 de 24 pag. et une planche.

— Essai sur la gravelle et la pierre, considérées sous le rapport de leurs causes et de leurs effets, et de leurs divers modes de traitement. Première partie : Gravelle. *Paris, J.-B. Baillière*, 1835, in-8 de 76 pag. 2 fr. — Deuxième partie. Pierre : *Paris, le même*, 1836, in-8, avec une planche, 5 fr. 50 c.

— Lettre à M. Magendie sur de nouvelles expériences relatives aux propriétés médicamenteuses de l'urée, et sur le genre de mort que produit la noix vomique. *Paris*, *de l'impr. de Cellot*, 1822, in-8 de 12 pag.

— Note sur le diabète sucré. *Paris*, *de l'impr. de Lachevardière*, 1825, in-8 de 8 pages.

Avec M. Vauquelin. Cet opuscule est extrait du Journal de physiologie, octobre 1824.

— Note sur quelques points de physiologie. *Paris*, *de l'impr. de Lachevardière*, 1824, in-8 de 12 pages.

Ces trois derniers opuscules ont été imprimés sous le nom de Ségalas d'Etchepare.

— Observations sur la lithotritie, suivies de quelques réflexions. *Paris*, *de l'impr. de Lachevardière*, 1831, in-8 de 32 pages, 2 fr.

— Sur un lithotriteur court, fort, simple, et sur une modification du brise-pierre de M. Jacobson. *Paris*, *de l'impr. de Lachevardière*, 1833, in-8 de 18 pages et une pl.

Le IVe volume des Mémoires de l'Académie royale de médecine, imprimé en 1835, renferme, de M. Ségalas, des *Opérations de lithotritie pratiquées avec un brise-pierre à pression et à percussion.*

— Traité des rétentions d'urine et des maladies qu'elles produisent ; suivi d'un grand nombre d'observations. *Paris*, *Méquignon-Marvis*, 1828, in-8 avec atlas in-folio de 10 planches, 15 fr.

Cet ouvrage est plein de faits, et se distingue surtout par l'exellent esprit dans lequel il est rédigé.

On a encore du docteur Ségalas plusieurs *Mémoires sur les maladies des organes génito-urinaires*, imprimés dans divers recueils consacrés aux sciences médicales; un grand nombre de mémoires importants sur divers points de la médecine et de la chirurgie, lus au sein des académies de médecine et des sciences, ainsi qu'à la Société philomatique, mais qui ne paraissent pas avoir été encore imprimés. Il est aussi l'inventeur de plusieurs instruments relatifs au traitement des malades des organes génito-urinaires.

SÉGALAS (madame Anaïs), belle-sœur du précédent ; poëte élégiaque, l'une des muses françaises du XIXe siècle les plus distinguées; née à Paris, le 24 septembre 1814.

— Algériennes (les), poésies. *Paris*, *Mary*, 1831, in-18, 2 fr.

L'auteur n'avait que dix-sept ans lorsqu'elle fit imprimer ce volume.

— Oiseaux (les) de passage (poésies). *Paris*, *Moutardier*, 1836, in-8 avec 5 gravures, 7 fr. 50 c.

Cette dame a enrichi de ses productions poétiques plusieurs des journaux, revues et keepsakes de ces derniers temps. Nous connaissons d'elle, dans le premier volume des « Heures du soir » (1833), une nouvelle intitulée : *Un visage rose et un visage ridé ;* dans le tome premier du « Livre rose » (1833), une autre nouvelle intitulée : *Qui sait le début sait la fin ;* et dans le troisième volume du même recueil (1834), *le Marin*, nouvelle en vers.

SÉGALAS D'ETCHEPARE. Voy. plus haut P.-S. Ségalas.

SEGARD (Pierre-André), alors instituteur à Corbeil (Seine-et-Oise).

— Petit Manuel scholastique, pour apprendre facilement et promptement à lire ; avec un Précis de la grammaire et de l'arithmétique. *Corbeil*, 1800, in-8.

SÉGAUD (le P. Guillaume de), jésuite, célèbre prédicateur, qui a joui, pendant quarante ans, de la réputation d'un des premiers prédicateurs de son siècle ; né en 1674, à Paris, où il est mort, dans la maison professe de sa compagnie, le 19 décembre 1748.

— Oraison funèbre de Léopold Ier, duc de Lorraine. *Nanci*, *Cusson*, 1729, in-4.

— Pensées et Sentiments de piété, tirés des sermons du P. Ségaud. *Paris*, *Desaint*, 1767, in-12.

— Sermons du P. Ségaud pour l'avent, le carême; ses Mystères et Panégyriques (publiés par le P. Berruyer). *Paris*, *Bordelet*, 1750, 6 vol. in-12.

On trouve dans les Sermons du P. Ségaud un grand fonds d'instruction, beaucoup d'élégance et d'énergie, et surtout de l'onction. Quelques-uns de ses discours sont des modèles ; mais ils ne sont pas tous d'une égale force, et l'on en pourrait citer plusieurs qui ne sont que médiocres. Entre les sermons de ce jésuite, on estime surtout *le Pardon des injures*, *les Tentations*, *le Monde*, *la Probité*, *la Foi pratique* et *le Jugement général*. Son *Panégyrique de Saint-François de Sales* a été réimprimé, en 1834, dans un recueil des panégyristes de ce saint.

— Sermons choisis du P. Ségaud. *Paris*, *Salmon*, 1830, in-18, 2 fr.

Ce volume fait partie de la Bibliothèque des orateurs chrétiens.

Ce jésuite a aussi composé plusieurs pièces de vers qui ont eu le suffrage des connaisseurs ; la principale est son poëme latin sur le camp de Compiègne : *Castra Compendiensia.* Un autre poëme de lui sur les *eaux minérales* n'a point été imprimé.

Le P. Ségaud a été l'éditeur des Sermons du P. Pallu, de la même compagnie (1744, 6 vol. in-12).

SÉGAUD (Pierre-Dominique), avocat distingué à Lyon, l'un des fondateurs, en 1807, du Cercle littéraire de cette ville ; né à Montluel (Ain), en 1784, mort à Lyon, le 27 septembre 1821.

— * Académie (l') de Lyon en 1809, ou Analyse raisonnée du Compte rendu des travaux de l'Académie de Lyon pendant l'année 1809; précédée d'une Epître à

S. A. S. monseigneur le prince Lebrun. (*Lyon*, 1810), in-8, 1 fr. 80 c.

C'est une parodie du Compte rendu de cette société.

On a de Ségaud des *Mémoires judiciaires* : plusieurs, qui ont été imprimés, sont remarquables sous le double rapport du savoir et de la rédaction. M. Mahul, dans son Annuaire nécrologique pour 1821, a donné l'indication des principaux. Cet avocat a laissé plusieurs ouvrages en manuscrit cités aussi par M. Mahul.

SÉGAUD (   ), médecin à Marseille, docteur en médecine de l'ancienne Université de Montpellier.

— Aperçu rapide sur les principales fièvres qui règnent à Marseille, dans les différentes saisons de l'année, sur quelques maladies chroniques et sur le choléra-morbus, tant indien qu'européen, avec l'indication des moyens de s'en préserver; suivi d'une Esquisse de la fièvre jaune d'Amérique qui se manifesta dans notre port en 1802, avec des notes, et d'un Discours sur la sobriété. *Marseille, de l'impr. d'Achard*, 1831, in-8 de 72 pages.

— Assainissement (de l') et du nettoiement des rues de Marseille et de son port. *Marseille, de l'impr. de Feissat*, 1832, in-8 de 48 pages.

— Marche naturelle de la vraie vaccine, etc. *Marseille, de l'impr. lithographique de Beisson*, 1829, in-8 de 12 pages, avec une planche.

— Précis historique de la vaccination pratiquée à Marseille, depuis son introduction jusqu'à ce jour. *Marseille, de l'imprim. de J.-Fr. Achard*, 1812, in-8 de 32 pages.

— Projet d'un établissement public pour éteindre et prévenir la mendicité à Marseille, au moyen de souscriptions et dons volontaires. *Marseille, de l'impr. d'Achard*, 1827, in-8 de 44 pages.

Avec M. L. Méry.

— Tableau des prisons de Marseille, précédé d'un Coup-d'œil rapide sur l'état actuel, physique et moral de cette ville. *Marseille, l'Auteur; Paris, Périsse*, 1826, in-8 de 84 pag., avec une planche, 3 fr.

SEGAULD, anc. procureur-général de la table de marbre de Dijon.

— Conférence de l'ordonnance de 1669, avec des observations. *Paris, Brunet*, 1752, 2 vol. in-4.

SEGNERI (le P. Paul), jésuite italien et prédicateur; né en 1624, mort le 9 décembre 1694.

— Chrétien (le) instruit des devoirs de la religion, ou Sermons du P. Paul Segneri. *Avignon, Séguin aîné*, 1836, 5 vol. in-12.

— Considérations pour tous les jours de la semaine, traduction de l'italien. *Besançon, de l'imprimerie de Petit*, 1826, in-24.

— Instruction (l') du confesseur, ou la Méthode pratique du confessional; traduite de l'italien par D. L. de LA GRANGE. *Paris, Coignard*, 1686, in-12.

— Méditations sur des passages choisis de l'Écriture sainte, pour tous les jours de l'année; traduites de l'italien par le P. L. J. (LEAU, jésuite). *Paris, le Comte*, 1713, 5 vol. in-12. — Nouv. édition. *Bruxelles, t'Serstevens*, 1738, 4 vol. in-12.

Le Journal des savants, avril 1724, pag. 277, attribue cette traduction au P. de Courbeville. C'est, dit Barbier, sans doute une erreur.

Il y a des éditions de cette traduction qui portent pour titre : *la Manne céleste de l'âme, ou Méditations, etc.* Heidelberg, 1719, 4 vol. in-4; Paris, Hérissant, 1779, 4 vol. in-12.

— Paraphrase du *Miserere*, traduite de l'italien par l'abbé LAUGIER. *Paris, Guérin*, 1754, in-12.

— Pénitent (le) instruit, trad. de l'italien par l'abbé DELVINCOURT (et publié après sa mort par un de ses amis). *Paris*, 1802, in-12.

— Pratique des devoirs des curés, trad. de l'ital. par le P. BUFFIER. *Lyon*, 1702, in-12.

— Pratique des devoirs des curés, trad. de l'italien par l'abbé DELVINCOURT. *Paris, Berton*, 1782, in-12.

Une nouvelle édition de cet ouvrage a été imprimée à Avignon en 1834; c'est vraisemblablement à la traduction du P. Buffier que le libraire aura donné la préférence. (Avignon, Séguin aîné, in-12, 2 fr.).

—*Quiétiste (le), ou les Illusions de la nouvelle oraison de quiétude (trad. de l'ital. par l'abbé DUMAS). *Paris, Cramoisy*, 1687; *Ibid., Dezallier*, 1690, in-12.

— Véritable (la) connaissance de soi-même, avec les pratiques de l'humilité qu'on doit en tirer. Trad. de l'ital. *Paris*, 1691, in-12.

— Le même ouvrage, sous ce titre : Le Miroir fidèle, pour acquérir l'humilité par la connaissance de soi-même. *Dôle, de l'imprimerie de Joly*, 1829, in-32.

— Véritable (la) dévotion à Marie. Ouvrage suivi de prières et de méditations pour tous les jours de la semaine. (Trad. de l'ital.). *Lyon, Sauvignet; et Paris, Audin*, 1837, in-18.

— Vraie (la) sagesse, trad. de l'ital. par Cl. BOUDET. 1744, in-18.

Traduction qui fut publiée pour la première fois en 1689 in-12 (Paris, Benard).

— Vraie (la) sagesse, ou Considérations très-propres à inspirer la crainte de Dieu, disposées pour tous les jours de la semaine, et augmentées d'une considération sur ce qui est nécessaire pour faire une bonne confession; traduit nouvellement de l'italien. *Avignon, Séguin aîné*, 1834, in-32.

Le P. Segneri avait un neveu, Paul Segneri, qui, comme son oncle, entra dans la société de Jésus, et fut missionnaire : on a plusieurs ouvrages de lui, mais aucun n'a été traduit en français.

SEGOND (Louis). — Ecclésiaste (l'): Étude critique et exégétique présentée à la Faculté de théologie de Strasbourg, pour obtenir le grade de bachelier en théologie. *Strasbourg, de l'imprimerie de Silbermann*, 1835, in-4 de 56 pages.

SÉGOND (A.). — Documents relatifs à la méthode éclectique employée contre la dyssenterie. *Paris, Baillière*, 1836, in-8 de 116 pages, 2 fr. 50 c.

— Essai sur la névralgie du grand sympathique, maladie connue sous les noms de colique végétale de Poitou, de Devonshire, de Madrid, de Surinam, et sous ceux de barbiers, de béribéri, etc. *Paris, de l'imprimerie royale*, 1837, in-8 de xvj et 214 pag., 4 fr.

SEGONDAT, ancien sous-commissaire de la marine.

— Tarif de la réduction des bois. *Rochefort, P. Faye*, 1765, in-8.

— Traité général de la mesure des bois. *Rochefort*, 1782; ou *Toulon*, 1782, in-8.

— Autre édition. *Rochefort, Faye; et Paris, Bachelier*, sans date (1829), 2 vol. in-12, avec 8 planches, 7 f.

SEGRAIS (Jean Regnauld, sieur de), poëte; premier échevin de la ville de Caen, sa patrie, gentilhomme ordinaire de mademoiselle de Montpensier, membre de l'Académie française; né le 22 août 1624, à Caen, où il est mort, le 25 mars 1701.

— Amour (l') guéri par le temps, tragédie lyrique en 5 actes et en vers libres. 1701, in-12.

Non représentée.

Nous avons trouvé citée sous le n° 956 du Catalogue de madame de Pompadour une édition séparée de cette pièce sous cette date ; il n'est pourtant pas certain qu'il y en ait eu une d'imprimée.

— *Bérénice. *Paris*, 1648 et 1650, 4 vol. in-8.

Il y a des exemplaires qui portent au frontispice ; *Par l'auteur de Tarsis et Zélie*. C'est une erreur. Crébillon a pris dans ce roman le sujet de Rhadamiste.

— * Divertissements (les) de la princesse Aurélie, divisés en six nouvelles. (Nouv. édition). *La Haye, P. Paupie*, 1742, 2 vol. in-12.

Cet ouvrage parut pour la première fois en 1656, sous le titre de : *Nouvelles françaises*, etc. 2 vol. in-8.

« Segrais intitula son ouvrage *Divertissements de la princesse Aurélie*, pour faire allusion, sans doute, à Mademoiselle, fille du duc d'Orléans. Cet ouvrage coûta peu de frais à l'imagination de l'auteur. Segrais se contenta d'y revêtir d'un style gracieux et facile quelques historiettes racontées à la cour de Mademoiselle, et d'y tracer les portraits de plusieurs femmes de son temps. On a recueilli une partie de ces portraits, trop flattés pour la plupart, dans la Bibliothèque des Romans, sept. 1775. »

— Églogues, avec Athis, poëme (pastoral, en IV chants). *Paris, Delormel*, 1733, in-8.

Athis, ainsi intitulé du nom d'un passage de la rivière de l'Orne à une lieue de Caen, est le premier ouvrage de quelque importance dû à Segrais. « L'idée de cet ouvrage était singulière et décelait une imagination poétique. Segrais y a personnifié les villages, les hameaux, les rivières des environs, et, renouvelant la fiction d'Amarillis et de Galatée, dans la première églogue de Virgile, il donne la vie, il prête des sentiments et un langage aux lieux muets et inanimés qui avaient été témoins des jeux de son enfance. »

— Enéide (l') de Virgile, traduite en vers français (1668-81). Voyez Virgile.

— Géorgiques (les) de Virgile, traduites en vers français. Ouvrage posthume (1712). Voy. Virgile.

— Poésies de Segrais, précédées d'une Notice historique et d'un Essai sur la poésie pastorale chez les anciens et les modernes; par un professeur de l'Académie royale de Caen. *Caen, Chalopin; et Paris, Delaunay; J.-J. Blaise*, 1823, in-8, avec le portrait de l'auteur, 6 f., et sur papier vélin, 12 f.

— * Princesse (la) de Montpensier, nouvelle française (par la comtesse de La Fayette et J. Regnauld de Segrais). *Paris, de Sercy*, 1660, in-12. — Nouv. édit. *Paris, Renouard*, 1804, in-12.

Voy. l'art. de Mad. de La Fayette.

— Segraisiana, ou Mélange d'histoire et de littérature, recueilli des entretiens de M. de Segrais (avec Foucault, intendant de Caen, et depuis conseiller d'Etat, par Ant. Galland; corrigé par Frémont, avec des notes de La Monnoye, de Moreau de Mautour, de Bordelon et du correcteur.... le tout publié avec une préface par de La Monnoye). Ses Églogues et l'Amour guéri par le temps, tragédie-ballet du même auteur, non imprimée. Ensemble la Relation de l'île imaginaire et l'Histoire de la princesse de Paphlagonie (par mademoiselle de MONTPENSIER), imprimées en 1646, par l'ordre de Mademoiselle. *La Haye (Paris)*, 1722, in-8.

Le duc de Noailles, qui trouva que madame de Maintenon n'était pas traitée avec assez de respect dans cet ouvrage, obtint du chancelier d'Aguesseau la saisie de tous les exemplaires; ce qui fut exécuté, à l'exception d'environ deux cents.

— Tolédan (le), ou Histoire romanesque de D. Juan d'Autriche, fils naturel de l'empereur Charles-Quint. *Paris*, 1659, 5 vol. in-8.

C'est un des premiers ouvrages de l'auteur.

Segrais a eu quelque part au charmant roman de Mad. de La Fayette, intitulé : *la Princesse de Clèves*. Il passe aussi pour n'avoir pas été étranger à la Zaïde du même auteur (voy. l'art. de Mad. de LA FAYETTE).

Segrais a de plus été le réviseur des Mémoires de mademoiselle de MONTPENSIER.

— OEuvres diverses de M. Segrais. *Amsterdam, Fr. Changuion*, 1723, 2 vol. petit in-8, portr.

Le premier volume contient les *Mémoires-Anecdotes*, où l'on trouve quantité de particularités remarquables touchant les personnes de la cour et les gens de lettres du temps de Segrais. Le second volume renferme des *Églogues*, au nombre de sept, avec des lettres y relatives; l'*Amour guéri par le temps*, tragédie lyrique en cinq actes et en vers libres ; la *Relation de l'île imaginaire*, et l'*Histoire de la princesse de Paphlagonie*, de mademoiselle de MONTPENSIER.

— OEuvres de M. de Segrais. Nouv. édit., revue et corrigée avec soin. *Paris, Durand; Dammonneville; Delormel, etc.*, 1755, 2 vol. petit in-12.

Édition qui, au mérite d'être plus jolie que la précédente, réunit celui d'être plus complète : outre plusieurs poésies légères, on y trouve, en plus, *Athys, poëme pastoral en IV chants.*

— OEuvres choisies. *Paris, Allut*, 1810, in-12.

SEGRE (L.). — Drusilla, tragedia (italiana). *Parigi, l'Autore; Heideloff e Campe*, 1833, in-8, 2 fr.

SEGUI. Voyez SEGUY.

SÉGUIER (Jean-François), antiquaire et naturaliste distingué, directeur de l'Académie de Nîmes, correspondant des académies des sciences de Paris et de Montpellier; né le 25 novembre 1703, à Nîmes (Gard), où il est mort, le 1er sept. 1784.
— Bibliotheca botanica, sive Catalogus auctorum et librorum omnium qui de re botanica, de medicamentis ex vegetabilibus paratis, de re rustica et de horticultura tractant, a Joanne-Francisco SEGUIERIO digestus; accessit bibliotheca botanica J.-Ant. BUMALDI, seu potius Ovidii MONTALBANI, cum ejusdem auctuario. *Hagae-Comitum, Néaulme*, 1740, in-4.

Cette Bibliothèque est recherchée. Laurent Théodore Gronovius en a donné, en 1760, une nouvelle édition en un vol. in-4, avec un supplément.

Séguier a suivi l'ordre alphabétique dans sa *Bibliotheca botanica*, plus étendue que celle de Linné. Il y existe une petite erreur à l'article Morison, célèbre botaniste anglais : on lui attribue la première édition de l'Hortus Blesensis, que l'on date de 1635; Morison n'avait alors que quinze ans. Ce livre est l'ouvrage d'Abel Brunyer, médecin du duc d'Orléans, qui l'a publié en 1653, et Morison est auteur de la seconde édition, qui a pour titre : Hortus regius Blesensis auctus ; accessit index plantarum in horto contentarum nemini scriptarum, et observationes, etc. Lond., 1669, in-12.

On voit, dans la Bibliothèque de Séguier, que le premier herbier ayant des planches en bois fut « das Buch der Natur, » ou le Livre de la nature, imprimé à Augsbourg, en langue allemande, en 1475 ou 1478. Il y traite des animaux et des plantes; il est tiré principalement de Pline, d'Isidore et de Platearius.

M. Huzard, membre de l'Institut, possède un exemplaire de la Bibliothèque botanique de Séguier, de l'édition de 1740, surchargé de notes précieuses. Le hasard le lui a procuré dans une vente de bouquiniste. (PEIGNOT, Répert. bibliogr. univ.)

— Dissertation sur l'ancienne inscription de la Maison carrée de Nîmes. *Paris, N.-M. Tillard*, 1759, in-8. — Nouv. édit. *Nîmes, veuve Belle*, 1776, in-8.

L'auteur y prouve que ce monument avait été consacré à Caïus et Lucius, princes de la jeunesse, fils d'Agrippa et petits-fils d'Auguste.

La bibliothèque du roi possède un exemplaire de l'édition de 1776, avec des notes mss. de d'Ansse de Villoison.

— * Mémoires du marquis de Maffey, trad. de l'italien (1740). Voyez MAFFEY.

— Osservazioni sopra la cometa di 1744, e di due eclessi lunari fatte in Verona, con la posizione geographica di detta città. *Verona*, 1744, in-8.

— Plantæ Veronenses, seu stirpium quæ in agro Veronensi reperiuntur methodica synopsis. Accedit Bibliothecæ botanicæ supplementum. *Veronensis*, 1745-54, 3 vol. in-8.

— Viridarium lusitanum. 1749, in-12.

Ce savant a eu part aux ouvrages de Maffei. Voy. la lettre de Chardon de la Rochette à A. L. Millin, dans le Magasin encyclopédique, décembre 1805.

Séguier a laissé en manuscrit un Recueil de toutes les inscriptions existantes. Voy. son Éloge dans le Journal de Paris, ann. 1784, n° 284.

SÉGUIER (Antoine-Louis), un des membres les plus recommandables d'une famille qui depuis plus de quatre siècles, sans interruption, honore la magistrature, descendant de Nicolas, un des frères de Séguier (Pierre Ier), président à mortier sous Henri II; avocat-général au parlement de Paris, depuis 1755 jusqu'en 1790, époque de la dissolution de cette société, membre de l'Académie française en 1757; né à Paris, le 1er décembre 1726, mort pendant l'émigration, à Tournay, le 25 janvier 1792.

— Discours au lit de justice. 1771, in-4 et in-12.

— * Discours au lit de justice de 1774.

Imprimé dans le Procès-verbal de ce qui s'est passé au lit de justice, tenu par le roi, à Paris, le samedi 12 novembre 1774. Paris, P.-G. Simon, 1774, in-4.

— Discours sur la nécessité du rétablissement des maîtrises et des corporations, prononcé devant le roi, au lit de justice tenu à Versailles le 12 mars 1776.

Imprimé dans l'Extrait du procès-verbal du lit de justice, du mardi 12 mars 1776. Paris, P.-G. Simon, 1776, in-4.

Réimpr. à la suite d'un Mémoire de M. Deseine sur le même sujet, publié en 1815.

— Éloge de La Curne de Sainte-Palaye. 1782.

— * Façon de voir d'une bonne vieille qui ne radote pas encore. Sans date (vers la fin de 1788), in-8 de 104 pag.

— Réquisitoire dans l'affaire des trois roués (1786). — Imprimé avec le Plaidoyer de M. Dupaty dans cette affaire. Voyez Dupaty.

— Réquisitoire sur lequel est intervenu l'arrêt du parlement qui condamne à être brûlés sept livres ou brochures intitulés: La Contagion sacrée, ou l'Histoire naturelle de la superstition; Dieu et les hommes, ouvrage théol. mais raisonnable; Discours sur les miracles de J.-C., trad. de l'ang. de Wolston; Examen critique de la religion chrétienne, par Fréret; Examen impartial des principales religions du monde; le Christianisme dévoilé; Système de la nature. 1770, in-4.

« Ce Réquisitoire, dirigé contre les libelles irréligieux et anti monarchiques dont on était alors inondé, et contre lesquels le roi avait enjoint à Séguier d'exercer toute la rigueur de son ministère, lui fit des ennemis de tous les philosophes du temps, et lui procura de très-faibles appuis parmi les gens de bien, qui, effrayés de la peinture trop vraie des maux qui désolaient la France, et des maux plus grands encore qui la menaçaient, ne pouvaient que gémir de la perversité des mœurs et de la faiblesse du gouvernement. Le réquisitoire de l'avocat-général commençait par ces mots fameux de l'orateur romain, que le roi lui-même avait adoptés : « Jusques à quand abusera-t-on de notre patience? ». Ce discours avait été présenté à l'audience. Le parlement balançait à en ordonner l'impression, à cause de ses démêlés avec la cour. Ce fut de l'ordre exprès de Louis XV qu'on le rendit public.» (Biogr. univ.)

Séguier a laissé plusieurs écrits, qui, dit M. Boscheron-Desportes, dans la Notice qu'il lui a consacrée dans la Biographie universelle, l'honorent à jamais; des plaidoyers, des comptes rendus aux assemblées des chambres, des réquisitoires, des mercuriales et des discours académiques. Quelques-unes de ces productions sont imprimées, mais elles sont éparses et difficiles à trouver.

Son éloge a été prononcé à l'Institut, le 2 janvier 1806, par Portalis, et c'est un des meilleurs morceaux qui soient sortis de la plume de cet écrivain.

SÉGUIER (le baron Antoine-Jean-Mathieu), fils du précédent, premier président de la Cour royale de Paris, après l'avoir été (de 1810 à 1814) de la Cour impériale, conseiller d'État, pair de France, membre du conseil général des hospices; membre de la Société royale d'agriculture et du conseil général des prisons; né à Paris, le 21 septembre 1768.

M. Séguier était déjà substitut du procureur général lorsque la révolution éclata : il émigra avec son père, mais il ne tarda pas à rentrer en France, et, dès 1802, il entra dans l'ordre judiciaire. Dans cette longue série d'années, ayant parcouru toute la hiérarchie de la magistrature, M. Séguier a eu à prononcer de nombreux plaidoyers, discours de rentrées, discours de félicitations pour les souverains qui se sont succédé en France, plaidoyers dans des affaires politiques. Tout cela sera recueilli un jour, mais jusque-là c'est dans les journaux qu'il faut aller chercher ce qui peut faire juger du caractère de M. Séguier comme magistrat et comme homme politique; sous ce dernier rapport la «Biographie univ. et portative des Contemporains, de Boisjolin, Rabbe, etc., et celle des hommes du jour, de MM. Sarrut et Saint-Edme» ne présentent pas le premier président de la Cour royale de Paris sous un jour avantageux.

Dans les loisirs que lui ont laissés ses graves et importantes fonctions, M. Séguier à cultivé les lettres avec fruit. Digne admirateur d'Horace, dont il possède toutes les éditions les plus recherchées, il a fait sur ce poëte célèbre un travail dont la publication est vivement désirée. (*Biogr. univ. et port. des Contemp.*)

SÉGUIER (le baron Armand-Louis-Maurice), frère puîné du précédent, auteur dramatique; né à Paris, le 3 mars 1770, fut d'abord page de Louis XVI et officier de dragons à l'armée de Condé; après sa rentrée en France, il fut envoyé comme consul de France à Patna, sur les bords du Gange, et à Pondichéry. Il fut fait prisonnier par les Anglais, qui ne le rendirent qu'à la paix d'Amiens. Nommé consul à Trieste (en 1806), puis consul général dans les Provinces Illyriennes, il remplit ces fonctions jusqu'à l'évacuation de ce pays par les Français. La Restauration l'envoya comme consul général à Londres, où il resta jusqu'au moment de sa mort, survenue le 13 mai 1833.

— Entrevue (l') et le rendez-vous, comédie-vaudeville en un acte. *Paris, Pigoreau*, an VIII (1800), in-8, 1 fr. 50 c.

— * Hasards (les) de la guerre, comédie en un acte (en prose), mêlée de vaud. Par Maurice S..... *Paris, madame Masson*, an X (1802), in-8.

— * Isaure, ou l'Inconstant dans l'embarras,

comédie en un acte et en prose, mêlée de vaudevilles. Par M. Maurice S..... *Paris, mad. Masson*, 1806, in-8.

— *Lawater, comédie en un acte et mêlée de couplets. Par M. Maurice S***. *Paris, Fages*, 1809, in-8.

— Lendemain (le) de la pièce tombée, comédie en un acte (en prose), mêlée de vaudevilles. *Paris, Barba*, an XIV (1805), in-8.

Avec MM. Dupaty et Dubois. M. Séguier ne s'est fait connaître pour sa coopération que sous le nom de Maurice.

— Maréchal ferrant (le) de la ville d'Anvers, pièce anecdotique en un acte et en prose, mêlée de vaudevilles. Par le citoyen Maurice S.... *Paris, au théâtre du Vaudev.*, an VII (1799), in-8.

—Naissance (la) de la mode. *Paris, F. Didot*, 1819, in-8 de 40 pages, 1 fr. 50 c.

Ce petit poëme eût fait plus de bruit à une époque où les esprits auraient été moins occupés des graves intérêts politiques.

— Parisienne (la) à Madrid, comédie en un acte (en prose), mêlée de vaudevilles. Par M. Maurice S..... *Paris, Léop. Collin*, an XIII (1805), in-8.

— Un (l') pour l'autre, comédie-vaudeville en un acte. *Paris, mad. Masson*, 1802, in-8, 1 fr. 20.

Avec Thésigny.

C'est par erreur que nous avons attribué cette pièce, imprimée sous le nom de Maurice, à M. Charles Maurice.

Le baron de Séguier, en outre, a eu part à la Girouette de Saint-Cloud (1800). Voy. BARRÉ.

On cite quatre autres pièces de théâtre du baron Maurice Séguier, mais qui ne paraissent pas avoir été imprimées; ce sont : *les Otages* (avec M. Dupaty); *le Sauvage de l'Aveyron; Arlequin qui rit et Jean qui pleure; le Procès de Scudéry.*

SÉGUIER (le baron Armand-Pierre), fils du premier président de la Cour royale de Paris, conseiller à la même cour, académicien libre de l'Académie royale des sciences; né à Montpellier (Hérault), le 3 juill. 1803.

— Mémoire sur les appareils producteurs de la vapeur, lu à l'Académie des sciences, et rapport fait le 9 janvier 1832 par MM. Arago, Prony, Cordier et Dulong, rapporteurs nommés par l'Académie pour examiner ce travail. *Paris, de l'imprimerie d'Everat*, 1832, in-8 de 60 pages.

SÉGUIER DE SAINT-BRISSON, anc. capitaine d'infanterie; mort en 1773.

— *Ariste, ou les Charmes de l'honnêteté. *Cologne, et Paris*, 1764, in-12.

— * Lettre à Philopéménès, ou Réflexions sur le régime des pauvres. 1764, in-12.

— * Philopéménès, ou du Régime des pauvres. 1764, in-12.

— *Traité des droits du génie, dans lequel on examine si la connaissance de la vérité est avantageuse aux hommes et possible au philosophe. *Carolsrouhe, Macklott*, 1769, in-8.

Catalogue des livres rares et singuliers de M.*** (Leduc). Paris, de Bure frères, 1819, in-8, n° 1745.

Une note écrite sur la première page de l'exemplaire de M. Leduc révélait en effet le nom de Séguier.

C'est donc par une erreur typographique qu'on lit dans le Catalogue le nom *Régnier*, au lieu de *Séguier*. J. J. Rousseau, dans ses Confessions et dans ses lettres, donne quelques détails sur la vie et les opinions de Séguier de Saint-Brisson.

SÉGUIER DE SAINT-BRISSON (Nicolas-Maximilien-Sidoine), fils du précédent et cousin du premier président de la Cour royale de Paris; né à Beauvais, le 7 décembre 1773. M. Séguier de Saint-Brisson a été successivement préfet du Calvados (octobre 1814); de la Somme (à la seconde restauration, jusqu'à la fin de 1816); de la Meurthe (en 1817); de la Côte-d'Or (5 avril 1821), enfin de l'Orne (2 juin 1823); membre de la Société royale académique de Nanci, et académicien libre de l'Académie royale des inscriptions et belles-lettres.

— *Emploi (de l') des conjonctions, suivi des modes conjonctifs dans la langue grecque. *Paris, Eberhart; P. Dufart*, 1814, in-8 de 296 pag.

M. Séguier de Saint-Brisson ne prit aucune part aux affaires publiques sous le gouvernement impérial, auquel il était opposé : tout le temps de sa durée, M. Séguier s'est beaucoup occupé de lettres, particulièrement de la langue grecque, dans laquelle il est très-versé. Outre le volume que nous venons de citer, il a fourni, en 1810, au Journal des Savants, quelques articles philologiques sur divers textes de Sophocle. En 1835, il a lu à l'Académie royale des inscriptions un *Mémoire sur l'origine du polythéisme ancien*. En 1836, le journal l'Institut a donné, de ce savant, des Réflexions à propos de la Grammaire égyptienne de M. Champollion. M. Guyot de Fère, dans sa Statistique des gens de lettres et des savants, 2e édit. (1837), dit qu'il a quelques travaux inédits sur Tacite et sur Horace; mais nous craignons fort que M. Guyot de Fère, qui ordinairement confond tout, n'ait encore attribué à M. Séguier de Saint-Brisson les travaux qui appartiennent au premier président de la Cour royale de Paris. (Voy. ce que nous avons dit à l'article de ce dernier.)

SEGUIN (Antoine-Joseph, ou, suivant M. Weiss, Charles-Antoine), jurisconsulte, professeur en droit de l'Université de Besançon (dès 1748), et membre de l'Académie de cette ville; né à Vaivres, près de Vesoul, le 20 mars 1708, mort dans sa terre de Jallerange, près de Dôle, le 19 septembre 1790.

— Commentaria in Institutiones imperatoris Justiniani, ad usum juris cupidorum accommodata. *Vesuntione, Joseph. Beis; et Parisiis, Le Normant*, 1805, in-8, avec le portr. de l'auteur, 6 fr.

Ouvrage posthume publié par un des élèves de l'auteur, M. Proudhon, aujourd'hui doyen de la Faculté de Dijon.

Il en a été tiré quelques exemplaires sur papier velin.

Seguin avait lu, à l'Académie de Besançon, plusieurs *Dissertations*. M. Weiss, qui a consacré une Notice à ce professeur dans la Biographie universelle, cite cinq dissertations conservées dans les registres de l'Academie de Besançon, et qui sont imprimées par extraits dans les procès-verbaux. L'*Éloge* de Seguin a été lu dans une des séances par Genisset, professeur d'éloquence (Besançon, 1809, in-8). Dès 1790, le professeur Courvoisier s'était rendu l'interprète de la douleur publique, en payant un juste tribut à la mémoire de son confrère, dans le discours de rentrée à l'Université.

SÉGUIN (Sébastien), ancien magistrat.

— Précis historique sur la féodalité et l'origine de la noblesse, et analyse des débats entre les whigs et les torys français. *Vesoul, de l'imp. de Bobillier*, 1822, in-8 de 88 p.

SÉGUIN (Charles), ingénieur des ponts et chaussées, ancien entrepreneur de bâtiments.

— Description mêtrée et estimation d'un pont en fil de fer, construit sur la rivière de la Galore, à Saint-Vallier, département de l'Isère. *Paris, Bachelier*, 1825, in-8 de 16 pages avec une planche.

—Manuel d'Architecture, ou Principes des opérations primitives de cet art, où l'on expose des méthodes abrégées tant pour l'évaluation des surfaces et solides circulaires que pour le développement des courbes, et pour l'extraction des racines carrées et cubiques, par de nouvelles règles fort simples. Cet ouvrage est terminé par une Table des carrés et des cubes, dont les racines commencent par l'unité et vont jusqu'à 10,000. *Paris, Jombert jeune; Didot fils* (**Bachelier*), 1786, in-8, 6 fr.

— Mémoire sur la navigation à vapeur, lu à l'Institut, le 26 décembre 1826. *Paris, Bachelier*, 1828, in-4 de 32 pages.

— Observations sur les différents projets de chemins de fer de Paris à Versailles par la rive gauche. *Paris, de l'imprimerie de Locquin*, 1826, in-4 de 36 pages.

— Ponts (des) en fil de fer. *Paris, de l'impr. de Crapelet. — Bachelier*, 1824, in-8 avec 5 planch. grav., 4 fr. — Seconde édition. *Paris, le même*, 1826, in-4, avec 4 pl., 5 fr.

— Table des carrés et des cubes jusqu'à dix mille; ouvrage utile aux ingénieurs, mécaniciens, géomètres, architectes, aux élèves en mathématiques et aux instituteurs. *Paris, F. Didot*, an IX (1801), in-8, 3 fr.

Extraite du Manuel d'Architecture, publié en 1786. Dans une explication sommaire, dont il a fait préceder ces Tables, M. Séguin donné non seulement les moyens d'abréger les calculs des carrés et des cubes, mais encore ceux d'extraire facilement les racines des puissances plus élevées que les cubes, en n'employant que des additions et des soustractions. Il y a joint une méthode pour trouver les seuls nombres qui ont la propriété de donner sans fraction les racines du carré de l'hypoténuse et des côtés qui forment l'angle droit d'un triangle rectangle, et plusieurs formules intéressantes.

On doit aussi à M. Séguin une nouv. édit. de l'Architecture pratique de M. Bullet, avec une explication de 36 art. de la Coutume de Paris, sur le titre des servitudes et rapports, qui concernent les bâtiments (1788 et 1792, in-8).

SÉGUIN (Fr.), libraire à Paris, en 1787.

— *Apologie de l'égoïsme. *Avignon, Fr. Séguin*, 1790, in-8 de 32 pages.

SÉGUIN (Auguste), frère du précédent, libraire à Montpellier.

— Actes (les) du martyre de Louis XVI, roi de France et de Navarre, recueillis et mis en ordre d'après les témoins oculaires, par Auguste Séguin; suivis de la Correspondance particulière de ce monarque. Ouvrage orné d'un beau portrait de Louis XVI, d'après Boizot. *Valence, Jamonet; et Paris, Dentu; Hivert; Vaton*, 1837, in-8, avec un portrait et un fac-simile, 6 fr.

— *Chemin (le) de la Croix prouvé par les monuments historiques. *Avignon, Aubanel*, 1828, in-18, 75 c.

— *Duc (le) de Berri peint par lui-même, ou Lettres et paroles remarquables de S. A. R. Mgr. Charles-Ferdinand d'Artois, fils de France, duc de Berri. *Montpellier, de l'imprimerie de Jean Martel*, 1821, in-8 de 40 pages.

—*Considérations sur la mort de Louis XVI, pour servir à la béatification et canonisation de ce saint roi, par un habitant de Montpellier. *Montpellier, Aug. Séguin*, 1829, in-8 de 32 pages.

La dédicace *Au roi martyr* est signée: *Auguste Séguin*.

— Curé (le) de village, ou Entretiens sur les matières les plus importantes de la religion et de la morale. *Avignon, Offray fils aîné*, 1828, in-12, 2 fr.

— * Heures (les) du chrétien, ou Prières et Exercices de piété composés par des saints;

suivi du Purgatoire de sainte Catherine de Gênes. *Alais, Martin*, 1826, in-18.

— Innocence (l') de Madame reconnue par ses calomniateurs. *Montpellier, de l'imprim. de Jullien* (1833), in-8 de 4 pag.

— Plaidoyer pour la statue de Louis XIV. *Montpellier, de l'imp. de Martel aîné*, 1833, in-8 de 4 pages.

— * Procès de Louvel. *Montpellier, de l'imp. de J. Martel*, 1821, in-8 de 12 p.

— Proposition pour faire transférer Madame de Blaye à Montpellier. *Montpellier, de l'imp. de Tournel aîné*, 1833, in-8 de 4 p.

En 1826, M. A. Séguin mettait la dernière main à un *Code ecclésiastique* qui devait former un vol. in-8.
M. Aug. Séguin n'a pas toujours été ni si religieux, ni surtout si monarchique : Montpellier lui reproche d'avoir donné dans un excès contraire.

SÉGUIN. — Ruse d'amour, ou l'Or potable, comédie en un acte et en vers libres, mêlée d'ariettes. *Nîmes, veuve Belle*, an VIII (1800), in-8.

SÉGUIN (Armand), très-riche fournisseur, économiste, auteur d'un grand nombre de mémoires scientifiques, principalement sur la chimie appliquée aux arts, et d'un plus grand nombre d'opuscules sur les finances, correspondant de l'Académie royale des sciences (section de chimie); mort en 1835.

— Aperçus sur la situation financière de la France en 1819 et années suivantes. *Paris, de l'impr. de Gueffier*, 1819, in-8 de 28 p.

— Aux créanciers compris dans l'arriéré. *Paris, Petit*, 1816, in-8 de 8 p., 10 c.

— Avenir (de l') financier des contribuables sous l'aspect de la diminution de leur fortune à l'achèvement de la libération de nos rentes actuellement en circulation ; et proposition d'un nouveau mode de médication à administrer dans cet état de choléra-morbus financier. *Paris, de l'imprimerie de Cosson*, 1832, in-8 de 64 pages.

— Barême des contribuables, ou de l'égale répartition de la contribution foncière entre les quatre-vingt-six départements de la France. *Paris, Gallay*, 1824, in-8 de 32 pages.

— Barême des placements dans l'emprunt de 40 millions de la ville de Paris, et position financière sous l'aspect de généralité et de spécialité des capitalistes qui y concourront. *Paris, de l'imp. de Cosson*, 1832, in-8 de 32 pages.

Le faux titre porte : Appendice à l'écrit intitulé : *Des éléments et des résultats de l'emprunt de 150 millions.*

— Bilan (du) financier de la France, et de l'accroissement et du décroissement du chiffre de sa colonne passive, suivant la direction qui sera donnée à notre puissance amortissante. *Paris, de l'imp. de Cosson*, 1833, in-8 de 40 pages.

— Causes de la dernière erreur de M. le président du conseil. *Paris, de l'impr. de Tastu*, 1825, in-4 de 2 pages.

— Combinaison financière ayant pour but de diminuer de moitié l'impôt sur le sel. *Paris, de l'imp. de Cosson*, 1831, in-8 de 16 pages.

— Combinaisons (nouvelles) administratives et financières, ayant pour résultat, 1° de réduire d'un cinquième le service des arrérages de notre dette rentière, 5 pour cent; 2° de fixer à 4 pour cent le taux d'intérêt des placements en rentes; 3° de supprimer immédiatement l'impôt de la loterie; 4° de diminuer de moitié l'impôt du sel; 5° de diminuer de plus d'un tiers l'impôt sur les boissons; 6° néanmoins de n'accroître en aucune manière les charges des contribuables; 7° de les diminuer, au contraire, annuellement de plus de 92 millions; 8° de procurer, en définitive, à l'État une économie de 1,748,000,000 fr.; 9° enfin, de n'influencer aucunement, par suite de ces dispositions, les questions controversées de la fixation du cens électoral et des conséquences de cette fixation. *Paris, de l'imp. de Cosson*, 1830, in-8 de 24 pages.

— Conséquences (des) du projet de réduction relativement à de nouvelles négociations de rentes. *Paris, de l'impr. de Guiraudet*, 1824, in-8 de 8 pag.

— Considérations sur les systèmes suivis en France dans l'administration des finances, et vues générales sur les éléments de la fortune publique; terminées par la proposition d'un nouveau plan de finances, conçu dans l'intention de subvenir aux indemnités réclamées en faveur des anciens propriétaires des biens confisqués, d'améliorer la fortune des propriétaires des domaines nationaux, et d'augmenter les fonds de l'instruction publique, ceux du clergé, surtout la fortune des contribuables. *Paris, de l'impr. de J.-M. Chaignieau*, 1825, 2 vol. in-8.

— Coup-d'œil sur l'emprunt projeté pour satisfaire à l'exigence des besoins du budget de 1832. *Paris, de l'imp. de Cosson*, 1832, in-8 de 16 pag.

— Dommages (des) qu'occasionnerait à l'État, et conséquemment aux contribuables, l'adoption, sans rectification, de la nouvelle loi sur l'amortissement soumise en ce moment à la délibération de la haute chambre. *Paris*,

de l'imp. de Cosson, 1831, in-8 de 96 p.
— Éléments (des) et des résultats de l'emprunt de 150 millions. *Paris, de l'impr. de Cosson*, 1832, in-8 de 32 pag.

Pour un Appendice à cet écrit, voy. plus haut : *Barême des placements, etc.*

— Emprunts (des) comme voies de ressources ouvertes par la loi au gouvernement pour lui faciliter les moyens de se procurer partie ou totalité des 300 millions exigés par le déficit et les besoins extraordinaires du budjet de 1831, et Plan précautionnel pour satisfaire à ces besoins, en cas d'insuffisance d'autres moyens, sans augmentation de charges pour les contribuables, et sans recourir, ni à aucune vente de bois, ni à la surtaxe de 50 pour cent sur le capital foncier, et de 55 pour cent sur le droit des patentes, en réalisant au contraire pour l'État un bénéfice de plus de deux milliards 200,000 fr., enfin en réservant pour d'autres circonstances difficiles et impérieuses la ressource de l'aliénation de nos forêts, au sacrifice desquelles on semble se résigner aujourd'hui. *Paris, de l'impr. de Cosson*, 1831, in-8 de 16 pages.
— Essai sur les causes réelles du malaise qu'éprouvent aujourd'hui généralement en France toutes les fortunes individuelles, particulièrement les aisances de peu d'importance; malaise qu'accroissent encore les besoins de première nécessité, journellement croissants, des classes ouvrières et manufacturières, par suite du ralentissement, et même de la suppression de notre industrie et de notre commerce intérieur et extérieur. *Paris, de l'impr. de Cosson*, 1831, in-8 de 16 pages.
— Évaluation comparative du nombre d'électeurs qui ressortirait du chiffre du cens électoral proposé par la chambre des députés, et du nombre d'électeurs qui ressortirait du chiffre du cens électoral proposé par la chambre des pairs. *Paris, de l'impr. de Cosson*, 1831, in-8 de 12 pag.
— Fiat (le) lux du ministère français et des rentiers, ou spéculateurs sur rentes, français et étrangers. *Paris, de l'impr. de Cosson*, 1830, in-8 de 56 pages. — Conséquences du prix de l'adjudication de l'emprunt de 80 millions, faisant suite au « Fiat lux ». *Paris, de l'impr. de Cosson*, 1830, in-8 de 16 pages. — Motif exceptionnel d'apologie, sans arrière-pensée, du ministère français, sous l'aspect de la préférence qu'il a accordée au 4 pour cent sur le 3 pour cent, comme base de l'emprunt de 80 millions. Deuxième suite au « Fiat lux ». *Paris, de l'impr. de Cosson*, 1830, in-8 de 12 pages.
— Finances (des) de la France, à partir de 1818. *Paris, veuve Courcier*, 1818, in-4, obl., 3 fr.
— Fragments d'un nouvel écrit sur les finances, relatifs à l'amélioration du taux vénal des propriétés particulières dites nationales. *Paris, Guiraudet*, 1823, in-8 de 40 pages.
— Idées sur l'état actuel des finances. In-4.
— Mémoire sur la combustion du gaz hydrogène dans les vaisseaux clos, lu à l'Académie royale des sciences, le 21 mai 1791, par MM. Fourcroy, Vauquelin et Séguin. 1791, in-8.

Les mémoires de chimie de M. A. Séguin sont insérés, partie dans les Annales de chimie, dont il était, depuis 1800, l'un des rédacteurs, partie dans les journaux affectés aux sciences, et plus particulièrement dans le Journal de physique.

— Moyens d'acquitter intégralement le milliard des indemnités, et d'atteindre le but politique auquel elles se rattachent, en parant aux principaux inconvénients des projets ministériels sur l'indemnité et la dette publique. *Paris, impr. de Chaignieau jeune*, 1825, in-8 de 32 pag.
— Moyens d'obtenir le bien que désirent le roi, le dauphin et les chambres, et d'éviter les maux qui dérivent des conceptions financières de M. le président du conseil des derniers ministres. *Paris, de l'impr. de Chaignieau jeune*, 1826, in-8.

Ce volume est suivi d'un appendice.

— Moyens d'obtenir le bien voulu par le roi, et de parer aux maux produits par M. de Villèle. *Paris, Ledoyen*, 1827, in-8 de 56 pages, 50 c.
— Moyens de supprimer la moitié de l'impôt des boissons et la totalité des impôts du sel et de la loterie; de procurer en même temps aux contribuables une décharge annuelle de près de dix millions; d'encourager, par des récompenses, les productions du génie, etc. *Paris, de l'impr. d'Everat*, 1829, in-8 de 40 pages.
— Observations succinctes sur quelques points de finances, et particulièrement sur le crédit public. *Paris, Petit*, 1816, in-8 de 16 pag., 15 c.
— Observations succinctes sur une communication officielle relative à la réduction des 4 pour cent anglais. *Paris, de l'impr. de Cosson*, 1830, in-8 de 16 pages.
— Observations sur deux projets de loi présentés par M. le ministre de l'intérieur,

le 3 avril 1835. *Paris, de l'impr. de Locquin*, 1835, in-4 de 4 pages.

Avec MM. Vergès et Bayard de la Vingtrie.

— Observations sur la nouvelle conception financière présentée à la chambre des députés, par M. le président du conseil des ministres, le 3 janvier 1825. *Paris, de l'impr. de Béraud*, 1825, in-8 de 108 pag.

— Observations sur la vente des 23,114,516 fr. de rentes qui appartiennent au trésor royal. VIIIe édit. *Paris, Guiraudet et Gallay*, 1823, in-8 de 40 pag. — Nouvelles Observations, etc. *Paris, les mêmes*, 1823, in-8 de 8 pag. — Dernières Observations. *Paris, les mêmes*, 1824, in-8.

La première édition du premier de ces écrits est aussi de 1823.

— Observations sur l'amendement de M. Odier, relativement au projet de l'emprunt de 80 millions. *Paris, de l'impr. de Migneret*, 1828, in-8 de 24 pages.

— Observations sur le mode de libération de la France. *Paris, de l'impr. de madame Courcier*, 1818, in-8 de 16 pag.

— Observations sur les comptes par exercices, et sur les comptes de gestion. *Paris, Delaunay*, 1819, in-8 de 16 pag.

— Observations sur les courses de chevaux en France. *Paris, de l'impr. de d'Hautel*, 1820, in-8 de 36 pag. — Seconde édit. *Paris, de l'impr. de Leblanc*, 1821, in-8 de 20 pag.

— Observations sur les courses du Champ de Mars, et sur quelques nouvelles dispositions du règlement de 1822, relatif à ces courses. *Paris, de l'impr. de Leblanc*, 1822, in-8 de 56 pages.

— Observations, 1° sur les courses qui ont eu lieu le 11 octobre pour les prix du roi et du dauphin; 2° sur les conséquences qu'on en peut déduire relativement aux qualités respectives des coursiers qui y ont figuré et qui y ont été couronnés; 3° sur les résultats du système des parties liées, telles qu'on les exécute en France; 4° sur les moyens de remédier à ces inconvénients. *Paris, de l'impr. d'Everat*, 1829, in-8 de 32 pages.

— Observations sur les emprunts, sur l'amortissement et sur les compagnies financières. *Paris, de l'impr. de F. Didot*, 1817, in-8 de 24 pag. — Nouvelles Observations, etc. *Ibid.*, 1817, in-8 de 16 pag.

— Observations sur les propositions de M. Laffitte, imprimées à la suite de ses discours sur l'emprunt de 80 millions. *Paris, de l'impr. de Cosson*, 1828, in-8 de 32 pages.

— Observations sur les résultats possibles du projet de loi relatif au mode de paiement du 1er cinquième des reconnaissances de liquidation. *Paris, de l'impr. de Leblanc*, 1821, in-8 de 24 pag.

— Observations sur quelques assertions de M. Laffitte, relatives au projet d'emprunt de 80 millions. *Paris, de l'impr. de Migneret*, 1828, in-8 de 16 pages.

— Observations sur quelques propositions du discours lu à la chambre des députés par M. Laffitte, le 31 mars 1818. *Paris, de l'impr. de mad. Courcier*, 1818, in-8 de 8 pages.

— Observations sur un moyen donné par la loi de réduire les impositions. *Paris, Delaunay*, 1819, in-8 de 36 pag.

— Observations sur un ouvrage de M. Bricogne, ayant pour titre : Situation des finances au vrai : moyens de porter en 1819, à 40 millions, la réduction des impositions. *Paris, Delaunay; Ladvocat*, 1819, in-8 de 192 pag.

— Observations sur un ouvrage de M. F. D. B., ayant pour titre : Quelle sera notre position financière en 1821, d'après le budget pour 1818. *Paris, de l'imp. de mad. Courcier*, 1818, in-8 de 12 pag.

— Observations sur un ouvrage de M. le duc de Gaëte, ayant pour titre : Aperçu théorique sur les emprunts. *Paris, de l'impr. de mad. Courcier*, 1818, in-8 de 20 pag.

— Observations sur un plan de finances proposé par M. Laffitte, banquier, etc. *Paris, mad. Courcier*, 1818, in-4 de 24 pag., 1 fr. 50 c.

— Pertes (des) qu'occasionnerait à l'État la continuation de l'application actuelle de notre puissance amortissante, et, par suite, de l'urgence d'un changement dans cette direction. *Paris, de l'impr. de Cosson*, 1830, in-8 de 16 pages.

— Pertes (des) qu'occasionnera à l'État l'emprunt de 120 millions adjugé au prix de 84 pour 5 fr., et des moindres pertes comparatives que lui aurait occasionné cet emprunt, fait sur d'autres valeurs à des taux d'intérêt même bien supérieurs à celui qui résulte de ce taux d'adjudication. *Paris, de l'impr. de Cosson*, 1831, in-8 de 48 pages.

— Plan de suppression de l'impôt sur le sel sans vide pour la caisse du trésor royal, et allégement, pour l'ensemble des contribuables, pour une somme annuelle de plus de cinq millions. *Paris, de l'impr. de Cosson*, 1831, in-8 de 28 pages.

— Plan de suppression de l'impôt sur les boissons sans vide pour le trésor royal, et avec allégement, pour l'ensemble des contribuables, d'une somme annuelle de seize millions. *Paris, de l'imp. de Cosson*, 1830, in-8 de 40 pages. — Suite au Plan de suppression de l'impôt sur les boissons sans vide pour le trésor royal, et avec allégement, pour l'ensemble des contribuables, d'une somme annuelle de près de seize millions. *Paris, de l'impr. de Cosson*, 1831, in-8 de 28 pages.

— Projet de l'emprunt qui doit achever la libération de la France. *Paris, de l'impr. de Courcier*, 1818, in-8 de 8 pag.

— Projet (du) de remboursement, ou de réductions des rentes. *Paris, Gallay*, 1824, in-8. — Observations additionnelles; nouveaux détails sur les motifs qui ont fait donner la préférence sur une émission en quatre pour cent, à une émission en trois pour cent. *Paris, de l'impr. de Guiraudet*, 1824, in-8 de 16 pag. — Dernières Observations. *Ibid.*, 1824, in-8 de 16 pag.

Le premier de ces écrits à eu une troisième édition dans la même année.

— Projet d'un nouvel aménagement financier. *Paris, Lecointe*, 1829, in-8 de 188 pag.

— Propositions de nouveaux cadres des budgets de la France, à partir de 1833, ayant pour base un impôt unique, avec allégement annuel, pour l'ensemble des contribuables, de 142 millions. *Paris, de l'imp. de Cosson*, 1831, in-8 de 52 pages.

— Rapport à l'Institut, sur la manière de tanner les cuirs. In-8.

— Redressement de l'aspect sous lequel se présente le dernier rapport fait aux chambres le 6 avril 1827, par la commission de surveillance de la caisse d'amortissement, et réfutation de quelques assertions de M. de Tessière Bois-Bertrand, sur le crédit et sur la direction de l'emploi de notre puissance amortissante. *Paris, Ledoyen*, 1827, in-8 de 32 pages, 40 c.

Cet écrit se vendait au profit des pauvres.

— Redressement des assertions de M. le comte de Mosbourg, déduites par lui des combinaisons qu'il croit qu'on pourrait substituer avec avantage à celles qu'à présentées M. Laffitte, pour procurer à l'État les 200 millions exigés par les besoins extraordinaires du budget de 1831. *Paris, de l'imp. de Cosson*, 1831, in-8 de 32 pag.

— Réduction (de la) de l'intérêt de notre dette 5 pour cent. *Paris, de l'imp d'Everat*, 1829, in-8 de 144 pages.

— Régulateur (le) de la direction qu'on doit donner à l'emploi de notre puissance amortissante. *Paris, Ledoyen*, 1827, in-8 de 88 pages.

Cet écrit a obtenu une troisième édition dans la même année; il s'est vendu au profit des pauvres.

— Régulateur (le) des choix de placements en rentes 5 pour cent, ou en rentes 3 pour cent. *Paris, de l'impr. de Cosson*, 1830, in-8 de 24 pages.

— Régulateur (le) des classements de vitesse des chevaux de course. *Paris, de l'imp. d'Everat*, 1829, in-8 de 176 pages.

— Application du Régulateur des classements de vitesse des chevaux de course aux chevaux vainqueurs de 1829, dans les courses du Champ de Mars, et conséquences qu'on peut en déduire des vitesses de ces vainqueurs, avec les vitesses des chevaux qui ont figuré dans les courses départementales. *Paris, de l'imp. d'Everat*, 1829, in-8 de 20 pages. — Observations sur l'Application du Régulateur des classements de vitesse des chevaux de course aux vainqueurs des courses faites le 4 octobre au Champ de Mars, et sur les ordres de probabilités des chances des paris considérables qu'a fait naître la lutte engagée pour le 18 octobre entre Vesta et Lionel. *Paris, de l'imp. d'Everat*, 1829, in-8 de 24 pages.

— Régulateur des rentiers, ou Guide et résultat des combinaisons et des spéculations rentières qu'engendrera la loi sur la dette publique et l'amortissement; et considérations sur les dispositions que pourraient faire naître et sur les emprunts que pourraient nécessiter dans l'avenir les besoins et les convenances de la nouvelle ère financière de France. *Paris, de l'imp. de Trouvé*, 1825, in-8 de 20 pag.

— Résultat et conséquences du choix des directions possibles de notre puissance amortissante, à partir du 22 juin 1830. *Paris, de l'impr. d'Everat*, 1829, in-8 de 32 pages.

— Résultats de l'emprunt de 120 millions, dans la supposition d'une adjudication à 80 fr. pour 5 fr. *Paris, de l'imp. de Cosson*, 1831, in-8 de 8 pag.

— Résultats inévitables de l'adoption du projet de loi sur la réduction des rentes, etc. *Paris, de l'imp. de Tastu*, 1825, in-8 de 4 pag.

— Résultats (des) sinon assurés, au moins extrêmement probables, des dispositions financières de M. le ministre des finances, relatives au nouvel emprunt de 120 millions sur rentes 5 pour cent. *Paris, Arm. Séguin*,

1831, in-8 de 20 pag. — Suite de l'écrit ayant pour titre : Des Résultats sinon assurés, au moins extrêmement probables, des dispositions financières de M. le ministre des finances, relatives au prochain emprunt de 120 millions sur rentes 5 pour cent. *Paris, de l'imp. de Cosson*, 1831, in-8 de 16 pag.

— Résumé des discussions sur la réduction des rentes. *Paris, de l'imp. de Tastu*, 1825, in-8 de 12 pag.

— Rêve d'améliorations administratives et financières. *Paris, Lecointe et Durey*, 1828, in-8 de 84 pag.

— Surcharges (des) et des pertes absolues qu'occasionnerait aux contribuables la réduction de notre dette rentière par voie d'emprunt à augmentation de capital. *Paris, de l'imp. de Cosson*, 1830, in-8 de 16 pag.

— Un Mot sur l'importante question de l'augmentation du capital nominal, en compensation de la diminution du revenu, etc. *Paris, de l'imp. de Guiraudet*, 1824, in-8 de 28 pag.

SÉGUIN (Richard), riche commerçant à Vire (Calvados).

— Essai sur l'histoire de l'industrie du Bocage en général et de la ville de Vire, sa capitale, en particulier, etc. *Vire, Adam*, 1810, in-18, 3 fr.

« Les compatriotes de M. Séguin furent irrités de cette publication, et ne virent, dans les réflexions de l'auteur, que des injures dirigées contre eux-mêmes. M. Séguin fut informé que sa sûreté personnelle était compromise.... Il ne se le fit pas dire deux fois; et s'enfuit à la hâte. Pendant son absence, il fut pendu et brûlé en effigie par la populace, devant la porte de sa maison. Cette circonstance, néanmoins, ne *refroidit* point chez M. Séguin l'ardeur d'écrire ; il publia son *Histoire militaire des Bocains*, où il commença par s'élever contre les violences de ses persécuteurs ».

— Histoire archéologique des Bocains, contenant les antiquités naturelles, civiles, religieuses et littéraires du Bocage. *Vire, Adam*, 1822, in-18.

— Histoire de la chouannerie et de la restauration, de la religion et de la monarchie en France. *Vire, Adam*, 1826, in-18, 3 fr.

— Histoire du pays d'Auge et des évêques comtes de Lisieux. *Vire, Adam*, 1832, in-18, 3 fr.

— Histoire militaire des Bocains. *Vire, Adam*, 1816, in-18, 3 fr.

M. Dibdin, dans son Voyage bibliographique, archéologique et pittoresque en France et en Allemagne, a parlé de M. Richard Séguin, et a donné l'analyse de deux de ses ouvrages.

SÉGUIN (Auguste). — Exposé aux chambres sur la nécessité et les moyens de changer ou modifier les droits et le mode de perception des contributions indirectes. *Paris, Mongie; Goëtschy*, 1829, in-8 de 32 pages.

SÉGUIN (Jules). — Pont suspendu en fil de fer, construit à Bry-sur-Marne, par M. Jules Séguin. *Paris, Carillan-Gœury*, 1832, in-8 de 32 pag.

Extrait des Annales des ponts et chaussées, année 1832.

SEGUIN DE PAZZIS (l'abbé Maxime), ancien grand-vicaire du diocèse de Troyes ; né à Carpentras, mort de chagrin, à Paris, le 24 août 1817, dans la force de l'âge, à 56 ans environ.

— Éloge de M. Delamotte-d'Orléans, évêque d'Amiens.

L'auteur avait été attaché à ce prélat.

— Éloge, en forme de notice historique, de Malachie d'Inguimbert. An XIII (1805), in-8.

— Mémoire statistique sur le département de Vaucluse. *Carpentras*, 1808, in-4 de 350 pages.

L'auteur promettait dans ce volume (pag. 65) de donner une notice sur les hommes illustres de ce département ; mais elle n'a pas été publiée.

— * Observations sur le récit des troubles du diocèse de Gand, inséré dans l'Ami de la religion et du roi, etc. *Paris, de l'imp. de Doublet*, 1816, in-8 de 80 pag.

C'est une réfutation claire et complète des calomnies insérées dans un ouvrage consacré à la défense de l'Évangile, mais qui manque souvent de charité.

Le rédacteur de l'Ami de la Religion et du Roi (M. Picot) a repondu dans deux articles à ces Observations.

— Vœu de Louis XIII. *Paris, Dehansy*, 1814, in-8 de 40 pag.

Cet ecclésiastique avait entrepris une chaleureuse traduction des *Psaumes*, en prose poétique : sa mort l'a empêché de la publier.

SEGUINEAU. Voyez P. LA SERRE.

SEGUNDO (don J.). — Méthode (nouvelle) pour bien emboucher tous les chevaux, suivie d'observations pour la cavalerie, de la description d'un mors avec lequel le cheval peut manger sans être débridé, et d'un aperçu sur la manière d'acquérir une bonne main, et d'aider le cheval dans ses allures naturelles. *Paris, mad. Huzard*, 1829, grand in-8 de 112 pag. et 5 planch., 10 fr.

SÉGUR (le comte Louis-Philippe de), littérateur et historien, fils aîné du maréchal de Ségur, ministre de la guerre sous Louis XVI (mort le 8 octobre 1801); né à Paris, le 11 décembre 1753, il embrassa d'abord la carrière des armes et parvint au grade de colonel. Bientôt après il abandonna les armes pour la diplomatie, et fut successivement ministre plénipotentiaire à la cour de Russie, de 1783 à 1790; maréch. de camp et ministre plénipotentiaire à la cour de Berlin, ambassadeur à Rome. Appelé par Napoléon dans ses conseils et au Corps législatif, le comte de Ségur prit une part active à la rédaction des codes; grand maître des cérémonies de Napoléon et grand officier de la Légion-d'honneur; sénateur en 1813, et commissaire extraordinaire dans la 18e division militaire en janvier 1814; nommé pair de France par Louis XVIII, et par Napoléon pendant les cent jours. La seconde restauration, pour le punir de son attachement à Napoléon et d'avoir repris du service près de lui, l'élimina de la pairie, où il rentra en 1818, pour y siéger sur les bancs de l'opposition; l'un des fondateurs des célèbres « Dîners du Vaudeville », et de la Société littéraire et politique du Portique républicain; membre de l'Institut national (classe de la langue et de la littérature française), en 1803 et plus tard de l'Académie française, en 1816; le comte de Ségur est mort à Paris, le 27 août 1832.

MORALE ET POLITIQUE.

— Analyse faite par M. le comte de Ségur..., au sujet des ouvrages suivants: 1° État de l'Angleterre au commencement de 1823, écrit publié par le ministère britannique, sec. édit.; 2° Système de l'administration britannique en 1822, par M. Ch. Dupin; 3° Discours prononcé par M. Ch. Dupin à la séance publique de l'Institut, du 2 juin 1823. *Paris, de l'impr. de Plassan,* 1823, in-8 de 12 pages.

Cet opuscule n'a pas été inséré dans les Œuvres de l'auteur.

— Discours sur le projet de loi concernant les faillites et banqueroutes, prononcé au Corps législatif, le 3 septembre 1807. *Paris*, 1807, in-8.

Réimprimé dans les Œuvres de l'auteur, volume des Mélanges, partie politique.

— Examen du pacte fédératif qui peut être le plus convenable à la France...

Imprimé dans la seconde édition de la Politique de tous les cabinets de l'Europe (voy. plus bas).

— Galerie morale et politique. IIIe édit. *Paris, A. Eymery,* 1822-24, 3 volumes in-8, 18 fr.

Ce n'est que successivement que cet ouvrage est arrivé à former trois volumes:
le premier fut publié en 1817;
le second, en 1819;
le troisième, en 1823.

— Galeria moral y politica. *Bordeaux, Lawalle neveu,* 1828, 3 vol. in-12, 8 fr.

— Mémoire sur le pacte de famille...

Imprimé dans la seconde édition de la Politique de tous les cabinets de l'Europe.

— Opinion sur le projet de loi relatif à la répression des délits de la presse. *Paris, A. Eymery,* 1822, in-8 de 28 pag.

La première partie des *Mélanges* de l'auteur contient six autres Discours prononcés par M. de Ségur à la Chambre des pairs, qui ne paraissent pas avoir été imprimés séparément dans le temps où ils furent prononcés.

— Pensées, Maximes et Réflexions de M. le comte de Ségur, extraites de ses ouvrages. *Paris, de l'imp. de P. Didot.— A. Eymery,* 1822, in-18, 3 fr.

— Pensées politiques. 1795, in-8.

— Politique de tous les cabinets de l'Europe pendant les règnes de Louis XV et de Louis XVI. Seconde édition, avec beaucoup de notes et de commentaires, un Mémoire sur le pacte de famille, et l'Examen du système fédératif qui peut être le plus convenable à la France. Par L.-P. Ségur l'aîné. *Paris*, 1801, 3 vol. in-8, 12 fr. — IVe édit., refondue et augmentée. *Paris, A. Eymery,* 1822, 3 vol. in-8, 21 fr.

Le comte de Ségur n'a été, à proprement parler, que l'éditeur de cet ouvrage, composé en grande partie des écrits politiques du publiciste Favier, et qui fut publié pour la première fois, en 1792, par les soins de l'avocat Roussel, sous le titre suivant: *Politique de tous les cabinets de l'Europe, pendant les règnes de Louis XV et Louis XVI*, contenant des pièces authentiques sur la correspondance du comte de Broglie; un ouvrage sur la situation de toutes les puissances, dirigé par lui et exécuté par M. Favier; les Doutes sur le traité de 1756 (entre la France et l'Angleterre), par le même; plusieurs Mémoires du comte de Vergennes, de M. Turgot, etc., manuscrits trouvés dans le cabinet de Louis XVI. Paris, Buisson, 1792, 2 vol. in-8.

On trouve dans cet ouvrage les « Conjectures raisonnées sur la situation actuelle de la France dans le système politique de l'Europe, etc., » ouvrage dirigé par le comte de Broglie, exécuté par Favier, et remis à Louis XV dans les derniers mois de son règne (16 avril 1773). Ce travail a terminé la fameuse correspondance secrète de Louis XV: c'est le seul monument qui en reste avec les pièces authentiques imprimées dans la même collection.

Le comte de Ségur a augmenté ce livre, dans l'édition qu'il a donnée, d'un *Mémoire sur le pacte de famille, d'un Examen de système fédératif qui peut être le plus convenable à la France*, et de notes.

— Quatre (les) Ages de la vie, étrennes à

tous les âges. *Paris*, *A. Eymery*, 1819, in-8, 5 fr.

— Cuatro (las) Edades de la vida, o estrenas a todas las edades. *Bordeaux*, *Lawalle neveu*, 1828, in-18, 3 fr.

Sous le n° 15,837 de ses Anonymes, Barbier attribue au comte de Ségur des *Réflexions sur le plan de constitution présenté à la commission des onze*, par l'auteur des Réflexions sur les bases d'une constitution, Paris, Maret, an III (1795), in-8 de 40 pag.); mais il est fort douteux que l'un et l'autre de ces ouvrages soient de lui; car le comte de Ségur les eût insérés dans ses *Mélanges*, et on ne les y trouve pas.

DISCOURS ACADÉMIQUES.

— Discours de réception de M. le comte de Ségur aîné à l'Institut. 1803.

— Réponse au discours de réception de M. Lacretelle le jeune à l'Académie, le 7 novembre 1811. — Imprimée avec le discours du récipiendaire.

— Cercle des arts. Séance d'ouverture, présidée par M. le comte de Ségur.... le 27 janvier 1822. *Paris*, *de l'impr. de F. Didot*, 1822, in-8 de 16 pag.

— Discours du comte de Ségur, à l'occasion des obsèques maçonniques célébrées en l'honneur du comte de Valence. *Paris*, *de l'imp. de Guiraudet*, 1822, in-8 de 8 pag.

Le volume de *Mélanges* des Œuvres de l'auteur renferme de plus deux autres Discours académiques, qui sont: la réponse au Discours de réception de M. de Tracy à l'Académie, et un Discours sur les funérailles de M. le marquis de Boufflers.

LITTÉRATURE.

— Adèle, ou les Métamorphoses, comédie en un acte et en prose, mêlée de vaudev. *Paris, au théâtre du Vaud.*, an VIII (1800), in-8.

— Caius-Marcius Coriolan, tragédie en 5 actes et en vers, représentée sur le théâtre de l'Hermitage... en 1787.

Impr. dans le Théâtre de l'Hermitage, nouv. édit., publiée par les soins de M. de Ségur (Paris, 1798, 2 vol. in-8).

— Contes, Fables, Chansons et Vers. *Paris*, *F. Buisson*; *Mongie*, an IX (1801), in-8 de 257 pag. — Les mêmes, suivis d'Adèle, ou les Métamorphoses (comédie en un acte, etc.). Seconde édition, revue et corrigée. *Paris*, *F. Buisson*, 1809, in-8 de 220 pag., 3 fr., et sur papier vélin, 6 fr.

Éditions bien différentes par leur composition: la première ne renferme que des *contes*, *fables*, *vers*, et *chansons*. Pages 73 à 107 de cette édition, on trouve *les Deux Génies, ou le Faux et le vrai Bonheur, conte dramatique* (en XVI scènes), fait à Ancenis, le 1er août 1781, pour la fille et le gendre de M. de Malesherbes; et pages 200 à 205, *la Naissance du Vaudeville*, opéra en dix couplets, deux pièces qui n'ont pas été reproduites dans l'édition suivante. Dans la seconde édition, les contes, fables, vers et chansons, ne remplissent que 128 pag. et la comédie, commençant à la pag. 129, termine le volume.

— Crispin duègne, comédie en 3 actes et en prose, représentée sur le théâtre de l'Hermitage, à Pétersbourg, en 1787.

Imprimée dans le Théâtre de l'Hermitage.

— Détenus (les), ou l'heureux Anniversaire (pièce en un acte et en prose), fait à Chatenay, le 1er octobre 1795.

Impr. dans le *Recueil de famille*, de l'auteur.

— Deux (les) Génies, ou le Faux et le vrai Bonheur, conte dramatique (en 16 scènes et en vers libres), fait à Ancenis, le 1er août 1781, pour la fille et le gendre de M. de Malesherbes.

Impr. dans la première édition des *Contes, Fables, Chansons et Vers* (1801), et pag. 157 à 188 du *Recueil de famille*, de l'auteur.

— Enlèvement (l'), comédie-proverbe, en un acte et en prose (jouée sur le théâtre de l'Hermitage).

Impr. dans le Théâtre de l'Hermitage.

— Gondolier (le), ou la Soirée vénitienne, opéra en un acte (prose et vers). *Paris*, *S. A. Hugelet*, an VIII (1800), in-8.

Avec un anonyme (M. Després).

— Homme (l') inconsidéré, comédie en un acte, en prose (jouée sur le théâtre de l'Hermitage).

Impr. dans le Théâtre de l'Hermitage.

— Naissance (la) du Vaudeville, opéra en dix couplets...

Inséré dans la première édition des *Contes*, *Fables*, *Chansons et Vers* de l'auteur (1801).

— Oracle (l'), ou le Portrait de la Sagesse, dialogue en trois scènes, mêlé de vaudev. *Paris*, *Forget*, an VI (1798), in-16.

Réimprimé pag. 189 à 206 du *Recueil de famille*, de l'auteur.

— Premier (le) jour de l'an, chanson. *Paris*, *de l'imp. de Cosson*, 1820, in-18 de 9 pag.

Réimprimé dans le *Recueil de famille*, de l'auteur.

— Recueil de famille, dédié à Mad. la comtesse de Ségur. *Paris*, *de l'imp. de Casimir*, 1826, in-8 de 214 pag.

On lit sur le titre du volume: « Ce recueil, tiré « à très-peu d'exemplaires, ne sera point publié, et « n'a été imprimé que pour la famille et quelques « amis de l'auteur, dont chaque exemplaire portera « la signature. »

Ce volume justifie parfaitement son titre: il est composé en grande partie de poésies fugitives composées en l'honneur de Marie d'Aguesseau, comtesse de Ségur, et de Laure de Ségur, sa fille. En tête de ces poésies, on trouve deux compositions dramatiques : *le Trésor, ou Contentement passe Richesse*, proverbe en un acte, et *les Détenus, ou l'heureux Anniversaire*, pièce en un acte et en prose ; à la suite de ces deux compositions, plusieurs notices biographiques sur des membres de la famille du comte de Ségur : 1° sur le maréchal de Ségur, son père ; 2° sur madame de La Fayette, sa nièce ; 3° sur madame la princesse Auguste d'Aremberg, amie intime de madame de Ségur ; 4° sur la marquise de Chastellux, née Plunkett, cousine de M. de Ségur, etc. Le volume est terminé par deux compositions dramatiques, en vers, qui avaient déjà été imprimées : *les Deux Génies*, et *l'Oracle*.

— Revenants (les), comédie-parade en un acte et en prose, mêlée de vaudev. *Paris, Huet*, an VI (1798), in-8.

— Romances et Chansons. *Paris, A. Eymery*, 1819, in-18, 2 fr.

— Sourd (le) et le bègue, proverbe (en un acte et en prose) (représenté sur le théâtre de l'Hermitage.)

Imprimé dans le Théâtre de l'Hermitage.

— Trésor (le), ou Contentement passe Richesse, proverbe en un acte, mêlé de vaudev. 1790.

Imprimé dans le *Recueil de famille*, de l'auteur.

Le comte de Ségur est auteur d'un plus grand nombre de pièces de théâtre que celui que nous citons ; mais toutes ne paraissent pas avoir été imprimées ; parmi ses pièces inédites on cite *Molière à Lyon* et *le Mamelouk à Paris* (en société avec MM. Deschamps et Després), *les Français au Caire*, opéra (composé avec les mêmes), non représenté. La Biographie univ. et port. des contemporains attribue au comte de Ségur, en société avec son frère le vicomte, un vaudeville imprimé sous le titre du *Nouveau Magasin des modernes*, mais cette pièce paroît être de MM. Deschamps et Després.

La partie littéraire des *Mélanges* de l'auteur ne renferme pas tous les ouvrages que nous venons de citer dans cette section. Sur les treize pièces de théâtre qui ont été imprimées, deux seulement y ont été admises : *Adèle, ou les Métamorphoses*, et *Caïus-Marcius Coriolan*, tragédie ; et on n'a donné qu'un choix des *Poésies diverses* de l'auteur, c'est-à-dire de ses Épîtres, Contes, Fables, Romances et Chansons.

HISTOIRE.

— Abrégé de l'Histoire universelle, ancienne et moderne, à l'usage de la jeunesse. *Paris, A. Eymery*, 1817 et ann. suiv., 44 vol. in-18, avec 150 figures et cartes. — Sec. édit., revue et corr. (et continuée pour l'Histoire de France jusques et y compris le règne de Charles VIII). *Paris, Eymery, Fruger et Comp.*, 1823 et ann. suivantes, 50 vol. in-18 avec 162 fig. et cartes en noir, 108 fr. ; et avec les figures color., .. fr.

On a pu se procurer séparément :

1° *Histoire ancienne*, 2e édit., revue et corr., 9 vol. 18 fr., et avec les figur. color., 23 fr.

2° *Histoire romaine*, 2e édit., 7 vol. 14 fr., et avec les fig. color., 18 fr.

3° *Histoire du Bas-Empire*, 9 vol. 18 fr., et avec les fig. color., 23 fr.

4° *Histoire de France* (jusques et y compris le règne de Louis XI) 22 vol. ; — Histoire de Charles VIII, par le comte Ph. de Ségur, 3 vol. En tout 25 vol., 50 f.

Il existe plusieurs parties de cette collection auxquelles on a mis des titres particuliers, afin d'être vendues séparément aux écoles. C'est d'abord l'Histoire de chaque peuple de l'antiquité, et dans l'Histoire de France, les parties suivantes : 1° *Histoire des Gaules*, 1824, 2 vol., avec cartes et fig., 4 fr. ; — 2° *Histoire de Charlemagne*, précédée d'une Introduction, ou Tableau du règne de Pépin, à l'usage de la jeunesse, 1822, un vol., avec carte et grav., 2 fr. ; — 3° *Histoire de saint Louis*, 1824, un vol., fig., 2 fr. — 4° *Jeanne d'Arc*, épisode historique, 1829, un vol., fig., 2 fr ; — 5° *Histoire de Louis XI*, 1830, 3 vol. in-18, fig., 6 fr.

— Le même ouvrage, sous le titre d'Histoire universelle (histoires ancienne, romaine et du Bas-Empire). *Paris, A. Eymery*, 1821, et 1832, 10 vol. in-8, sans Atlas, 65 fr. ; avec Atlas de 70 pl. en noir, 70 fr., et avec l'Atlas colorié avec beaucoup de soin, 80 fr.

On peut se procurer l'Atlas séparément : prix, en noir 10 fr., et color., 20 fr.

M. Miger a rédigé la table des dix volumes.

— La même. Ve édit. *Paris, Furne*, 1835, 12 vol. in-8, avec cartes et grav., 60 fr.

Dans cette dernière édition, qui a été remise en souscription en 1837, l'histoire ancienne et l'histoire romaine qui formaient chacune trois volumes dans les précédentes, en forment quatre.

Pour rendre l'Histoire universelle dans ce format aussi complète que dans les 50 vol. in-18, il faut joindre les onze premiers volumes de l'Histoire de France (voy. ci-après), et l'on aura une collection de 21 vol., ou 23 vol. avec la réimpr. de 1835 de l'Histoire ancienne, etc.

— Histoire de France (depuis les Gaulois jusques y compris le règne de Louis XI). *Paris, A. Eymery*, 1824-30, 9 vol. — Histoire de Charles VIII, roi de France. Par M. le comte Ph. de SÉGUR. *Paris, Bellizard*, 1834, 2 vol. En tout, 11 vol. in-8, 66 fr.

L'étendue donnée par M. le comte Ph. de Ségur au règne de Charles VIII pourrait faire craindre que l'auteur n'eût agrandi les proportions du plan tracé par son père, et ne voulut augmenter considérablement le nombre des volumes qui termineront l'Histoire de France : cette crainte serait sans fondement.

Avant que la mort vînt frapper M. de Ségur père, l'une des principales gloires de notre littérature, il avait, avec son fils, M. Philippe de Ségur, qu'il considérait comme devant lui succéder dans l'achèvement de son Histoire de France, de fréquentes conversations sur son plan et ses vues à ce sujet ; tous deux étaient d'accord sur ce point : que le règne de Charles VIII, quoique court, était d'une haute importance relativement aux événements remarquables qu'il renferme, et qu'il fallait faire connaître ces faits mémorables que les autres historiens avaient à peine effleurés. Tous deux encore voyaient dans ce règne des signes évidents de la transition du moyen âge à la renaissance, et la véritable époque de la transformation d'une noblesse féodale, sans cesse guerroyante et mutinée, en une noblesse toute militaire, fidèle et dévouée à ses rois. Ils considéraient comme indispensable de bien constater cette transition, l'état de la puissance acquise dans cette période par la monarchie, et de suivre en même temps les progrès du mouvement intellectuel, afin de n'avoir plus à s'en occuper, qu'en passant, dans la suite de l'Histoire de France, et se renfermer alors dans le plan primitif.

C'est là ce que M. Philippe de Ségur a exécuté, non-seulement d'après le plan de son père, mais aussi d'après sa propre conviction, et ce qui expliquera pourquoi le règne de Charles VIII, si court dans les autres historiens, forme deux volumes ici; mais nous pouvons annoncer avec certitude que neuf volumes, au plus, suffiront pour les onze règnes qui restent à traiter jusqu'à 1789. C'était là le terme de la tâche que s'était imposée feu M. le comte de Ségur, et c'est aussi où se bornera celle de M. Philippe de Ségur, l'histoire des années postérieures ayant été écrite d'une manière satisfaisante par plusieurs écrivains distingués.

— Histoire des Juifs. *Paris, A. Eymery*, 1827, in-32, 1 fr. 50 c.

C'est un abrégé de l'Histoire des Juifs, qui, dans l'Histoire ancienne in-18, forme 2 vol.

—Mémoires, ou Souvenirs et Anecdotes. *Paris, A. Eymery*, 1824. — IIIe édit. *Paris, le même*, 1827, 3 vol. in-8, avec un portrait et fac-simile, 21 fr.

Ils contiennent des anecdotes intéressantes, et presque toutes peu connues, sur les personnages les plus illustres de la fin du dernier siècle. « Leur contemporain et leur ami, a dit un critique, M. de Ségur est resté au milieu de la génération présente comme chargé de lui transmettre les exemples et les faits dont il est désormais l'unique témoin; la nature lui a laissé, sous le poids des souffrances, la fraîcheur de la pensée, la puissance de la mémoire, et la plénitude d'un talent brillant de raison, de grâce et de finesse. »

Cet ouvrage forme les trois premiers volumes des Œuvres de l'auteur.

— Notice sur le chancelier d'Aguesseau. *Paris, de l'impr. de Tastu*, 1822, in-8 de 36 pag.

Cette Notice n'a pas été destinée au commerce.

— Tableau historique et politique de l'Europe, depuis 1786 jusqu'en 1796, ou l'an IV, contenant l'histoire des principaux événements du règne de Frédéric-Guillaume II, roi de Prusse; et un Précis des révolutions de Brabant, de Hollande, de Pologne et de France. Sec. édit., revue et corrigée. *Paris, Buisson*, an IX (1801), 3 vol. in-8, avec le portr. de Frédéric-Guillaume II, 12 fr. — IVe édition, entièrement refondue. *Paris, A. Eymery*, 1822, 3 vol. in-8, 21 fr.

M. de Ségur paraît avoir été embarrassé dans le choix du titre à donner à cet ouvrage, car il existe sous quatre intitulés différents. La première édition portait pour titre : *Histoire des principaux événements du règne de Frédéric-Guillaume II, roi de Prusse, et Tableau politique de l'Europe, etc.* Très-peu de temps après on substitua à ce titre celui de *Tableau historique, etc.*, et c'est ainsi que s'est faite la seconde édition, qui n'est réellement que la reproduction de la précédente sous un nouvel intitulé. La véritable seconde édition, publiée en 1803, existe aussi sous deux titres: l'un de *Tableau, etc*, et l'autre d'*Histoire de Frédéric-Guillaume*. Enfin, la cinquième édition est imprimée sous le titre de *Décade historique*, ou Tableau politique de l'Europe, etc., etc. Paris, A. Eymery, 1828, 3 vol. in-8. La quatrième édition fait partie des Œuvres de l'auteur, et en forme les tomes IV - VI.

Chénier, dans son Tableau de la littérature française, dit, en parlant de cet ouvrage:

Sous le titre modeste de *Mémoire sur la révolution de Hollande*, le troisième volume est à lui seul un morceau d'histoire complet; c'est même, dit Chénier, une production très-remarquable. Elle est, ajoute notre critique, entièrement de CAILLARD, qui, après avoir rempli avec succès plusieurs missions diplomatiques, est mort archiviste des relations extérieures. Cet excellent travail honorera toujours l'homme habile à qui on le doit, et M. de Ségur s'est honoré lui-même en le publiant à la suite de ses propres travaux.

Suivant Chénier, déjà cité, « la sagesse et la clarté font le principal mérite du style du comte de Ségur, auquel on ne saurait reprocher ni l'excès de chaleur ni les ornements ambitieux. Content de raconter nettement, l'auteur ne cherche point les effets : on sent qu'il veut instruire et non remuer les lecteurs. »

« M. de Ségur, dit Dussault, est un homme de beaucoup d'esprit; il écrit avec élégance, grâce et clarté; il a autant de pûreté dans le jugement que de doctrine dans le cœur. » — « M. de Ségur, a dit M. Arnault, dans un discours prononcé sur sa tombe, réunissait à ce que la culture des lettres peut apporter de plus piquant dans les habitudes de l'homme du grand monde, ce que les habitudes du grand monde peuvent prêter de plus aimable au commerce de l'homme de lettres. Ni les inquiétudes de l'esprit, ni les chagrins du cœur, ni les souffrances du corps ne purent altérer en lui ces précieuses qualités; quand il souffrait, il semblait que ce fût pour lui un motif de se rendre plus agréable à ses amis, et que ses souffrances lui imposassent l'obligation de les consoler de leurs propres peines. Ce caractère résista aussi à toutes les vicissitudes d'une fortune des plus diverses, à l'abattement du malheur, et, ce qui est plus rare, à l'énivrement de la postérité. »

—

Indépendamment des ouvrages que nous venons de citer, on doit au comte de Ségur un grand nombre d'articles dans divers journaux et recueils, tels que les Nouvelles politiques, l'Historien, le Publiciste, les Archives littéraires de l'Europe, la Bibliothèque française, le Mercure, le Journal de Paris, la Revue encyclopédique. La réunion de ces articles, ou du moins un choix, aurait naturellement dû faire partie des Œuvres de l'auteur; mais M. de Ségur, qui a soigné lui-même l'édition de ses œuvres, n'a pas jugé à propos de les recueillir. Convive des Dîners du Vaudeville, M. de Ségur a fourni au recueil lyrique de cette société un certain nombre de chansons qui ont été recueillies et publiées séparément en 1801.

OEUVRES.

— Œuvres complètes de M. le comte de Ségur, ornées de son portrait, d'un fac-simile de son écriture, et de deux Atlas, composés de 32 planches. *Paris, A. Eymery*, 1824 et ann. suiv., 33 tom. en 34 vol. in-8 et Atlas, 231 fr.

Cette collection est composée des ouvrages suivants que l'on peut se procurer séparément, puisqu'il a été fait des titres particuliers pour chacun d'eux. Tom. I-III, Mémoires ou Souvenirs et Anecdotes (1826); — Tom. IV-VI, Décade historique (anciennement Histoire des principaux événements du règne de Frédéric-Guillaume II); — Tom. VII-IX, Politique des cabinets de l'Europe (1824); — Tom. X-XII, Histoire ancienne (1825); — Tom. XIII-XV et XV *bis*, Histoire romaine (1825): — Tom. XV-XIX, Histoire du Bas-Empire (1826); — Tom. XX-XXVI, Histoire de France, vol. 1 à 6 (1824); — Tom. XXVII-XXIX, Galerie morale et politique (1825). — Tom. XXX, Mélanges (politiques et littéraires), composés de sept discours politiques, trois discours académiques, deux pièces de theâtre (C.-M. Coriolan, et Adèle) et Poésies diverses (1827). Voyez ce que nous avons dit plus haut de ce volume. Tom. XXXI-XXXIII, Histoire de France, vol. 7 à 9. Le dernier volume commence et termine le règne de Louis XI.

Le libraire-éditeur, plus tard, a changé cette primitive distribution.

SÉGUR (Octave de), fils du précédent, anc. élève de l'École polytechnique; né à Paris, en 1778, mort le 16 août 1818, à l'âge d'environ 40 ans (ou, selon Barbier, noyé en 1819).

— Lettres élémentaires sur la Chimie, d'après les cours dirigés par les professeurs de l'École polytechnique, C. Bertholet, Fourcroy, Chaptal, Guyton, etc. *Paris, Migneret*, 1803, 2 vol. in-12, avec 9 planches gravées par Sellier, d'après les dessins de Migneret fils.

Ouvrage rare : 10 fr.

Outre cet ouvrage, on doit à Octave de Ségur la traduction de l'anglais des trois ouvrages suivants : 1° la Flore des jeunes personnes, ou Lettres élémentaires sur la Botanique, etc., par miss Priscilla WAKEFIELD (1801, ou 1802, in-12); — 2° Ethelwina, roman, par Horsley CURTIES (1802, 2 vol. in-12); — 3° Belinde, conte moral, par miss EDGEWORTH (1802, 4 vol in-12). Ces trois traductions ne portent point le nom de leur auteur.

SÉGUR (le comte Philippe-Paul de), frère du précédent, lieutenant général (entré au service en 1799), pair de France; élu, le 25 mars 1830, membre de l'Académie française, en remplacement du duc de Levis; né à Paris, le 4 novembre 1780.

— Histoire de Charles VIII, roi de France. *Paris, Bellizard*, 1834, 2 vol. in-8, 15 fr.

Cet ouvrage, que beaucoup de journaux ont signalé comme une composition historique des plus remarquables, assure à M. le comte Philippe de Ségur une place distinguée parmi nos plus célèbres historiens. *L'Histoire du règne de Charles VIII* est la première partie de la continuation de l'Histoire de France du comte Louis-Philippe de Ségur, restée suspendue au règne de Louis XI par suite de la mort de son auteur, et en forme par conséquent les tomes X et XI. M. de Ségur, son fils, se propose de conduire l'ouvrage jusqu'en 1789, ainsi qu'avait voulu le faire son honorable père (voy. l'art. de ce dernier). Le continuateur s'occupe dans ce moment des règnes de Louis XII et de François Ier, et prépare les matériaux qui doivent servir à l'achèvement de ce précieux travail.

— Histoire de Napoléon et de la Grande Armée pendant l'année 1812. *Paris, Baudouin frères*, 1824, 2 vol. in-8, avec une carte, 15 fr.

Première édition de cet ouvrage, qui en a eu neuf autres : les éditions 2 à 4 sont de 1825, également en 2 vol. in-8 ; la 2e avec une carte et 4 portraits, la 3e avec un Atlas, 19 fr. La 5e est en 2 vol. in-18, avec une carte et 5 planches, 10 fr. La 6e, en 2 vol. in-8 ; la 7e en 2 vol. in-18; Les éditions 5 à 7 sont aussi de 1825; la 8e est de 1826, en 2 vol. in-8, avec une carte et une gravure ; la 9e est de 1827, en 2 vol. in-8 et un Atlas. Enfin la 10e, publiée chez Houdaille, en 1834, est en 2 vol. in-8 et Atlas ; 15 fr. Les deux dernières édition sont été livrées au public par cahiers.

« M. de Ségur raconte les grandes scènes qu'il a vues et les dessins de l'expédition, il trace en tacticien le plan de la campagne, il nous entraîne dans ces marches si fécondes en prodiges ou dans cette retraite marquée par tant d'exploits et d'horreurs. Ce qu'il a vu il le peint; il nous fait assister aux combats comme aux conseils, sous la tente de l'Empereur, au passage du Niémen, à la bataille de Mosaïsk, à l'incendie de Moscou, au retour sur la Bérésina. Il a des couleurs différentes pour des tableaux divers; il fait passer dans l'âme du lecteur les impressions qu'il a senties. Les discours qu'il met dans la bouche de ses héros, les rumeurs qu'il recueille dans l'armée, à la manière de Thucydide et de Tite-Live, donnent à ses récits une physionomie particulière et un mouvement continuel. Cependant on a reproché à cet ouvrage trop de pompe et d'apparat dans le style. On voit que M. de Ségur vise à l'effet et cherche à peindre plutôt qu'à raconter avec la véracité que comporte le genre historique. Il y représente Napoléon dans un affaiblissement complet, tant au moral qu'au physique, et ayant perdu son génie. Le général Gourgaud ayant regardé ces imputations comme injurieuses à la mémoire de Napoléon, réclama contre elles dans les journaux, et avec des expressions tellement énergiques qu'elles donnèrent lieu à une explication, à la suite de laquelle eut lieu un duel dans lequel M. de Segur fut blessé.» (*Biogr. univ. et port. des contemp.*)

Cette Histoire de Napoléon a donné lieu à la publication des divers ouvrages suivants :

1° Un soldat à un soldat, sur l'Histoire de la campagne de Russie publiée par M. de Ségur. Paris, Pélicier, mars 1825, in-8 de 40 pages.

2° Analyse de l'Histoire de Napoléon et de la Grande Armée, en 1812, par M. le général comte de Ségur. Paris, Trouvé, mai 1825, in-8 de 124 pag. — Cette Analyse a paru d'abord en huit articles dans les « Annales de la littérature et des arts. »

3° Critique historique, avec des observations littéraires, sur l'ouvrage du général comte de Ségur, intitulé Histoire de Napoléon, etc.; accompagnée d'éclaircissements et de notes. Par *Alph. de Beauchamp*. Paris, Andriveau, 1825, in-8.

4° Observations sur l'ouvrage de M. de Ségur, intitulé Histoire de Napoléon, etc. Par le baron de *Vœldendorf*. Munich, Finsterlin, 1825, in-8.

5° Napoléon et la Grande Armée en Russie, ou Examen critique de l'ouvrage de M. le comte Ph. de Ségur. Par M. le général *Gourgaud*. Paris, Bossange frères, 1825, in-8 (I—IIIe éditions). — IVe édition, augmentée d'un grand nombre de pièces officielles et inédites. Paris, les mêmes, 1826, 2 vol. in-18.

6° Explications de M. le lieutenant général comte *Partouneaux*, sur le chapitre VII du XIe livre de l'Histoire de Napoléon et de la Grande Armée, par le général comte de Ségur, et sur la réfutation du général Gourgaud. Paris, Baudouin frères, 1826, in-8 de 76 pages. — Sec. édit. Paris, les mêmes, 1826, in-8 de 52 pag.

7° Lettre de sir *W. Scott*, et Réponse du général *Gourgaud*, avec des notes et des pièces justificatives. Paris, Ambr. Dupont, 1827, in-8 de 80 pag. — Le général Drouot, assure-t-on, a concouru à la rédaction de cet écrit; du moins est-il certain qu'à l'époque où parut le livre de M. de Ségur, le général Drouot vint de Nanci à Paris pour se concerter avec son ami le général Gourgaud sur une réponse à faire aux allégations de M. de Ségur.

— Historia de Napoleon y del Egercito grande, durante el anno 1812, traducido al castellano, por D.-J.-C. PAGÈS. *Paris, Parmentier*, 1825, 4 vol. in-12, 20 fr.

—Histoire de Russie et de Pierre-le-Grand. *Paris, Baudouin frères*, 1829, in-8, 8 fr.— Sec. édition. *Paris, les mêmes*, 1829, in-8, avec une carte, 8 fr.

Dans ses Mémoires ou Souvenirs, le comte L.-Ph. de Ségur nous a appris que Catherine II avait composé pour ses petits-fils, dont elle a dirigé avec soin l'éducation, trois ouvrages dont nous avons rappelé les titres à l'article de cette femme célèbre. Parmi ces trois ouvrages, se trouve un « Abrégé de l'Histoire de Russie, » qui, ajoute le comte L. Ph. de Ségur, doit être bientôt connu en France, par la traduction que le général de Ségur, son fils, se propose de donner dans un ouvrage sur les époques les plus reculées des annales russes. On doit inférer de cette note que si le général de Ségur n'a point donné la traduction de l'ouvrage de Catherine II, il l'a, au moins, mis à profit. Les *Nouveaux Contes moraux, pour servir à l'instruction et à l'amusement de l'enfance*, traduits librement de l'allemand, par M. P. (Paul) de Ségur, fils du général (Paris, Eymery, 1829, in-18), paraissent être la traduction d'un second ouvrage de la même princesse.

— Lettre sur la campagne du général Macdonald dans les Grisons, commencée dans le mois de thermidor an VIII (août 1800), et terminée par le traité de Lunéville, signé le 20 pluviôse an IX (9 février 1801). *Paris, Treuttel et Wurtz*, an X (1802), in-8 de 120 pag., 2 fr.

L'auteur était déjà officier d'état-major lorsqu'il publia cet écrit.

SÉGUR jeune (le vicomte Alexandre-Joseph-Pierre de), deuxième fils du maréchal de Ségur, et frère du comte Louis-Philippe; né à Paris, en 1756. Le vicomte de Ségur était maréchal de camp à l'époque de la révolution, mais il quitta le service pour se livrer entièrement à la littérature : il est mort à Bagnères, le 27 ou le 28 juillet 1805.

POLITIQUE ET MORALE.

—* Essai sur l'opinion, considérée comme une des principales causes de la révolution de 1789. 1790, in-8 de 48 pag.

On trouve cette note à la page 46 : « La véritable « cause de nos malheurs actuels est l'étonnante mé« diocrité qui égalise tous les individus. Si un homme « de génie paraissait, il serait le maître. »

— Femmes (les), leurs mœurs, leurs passions, leur influence et leur condition dans l'ordre social, chez différents peuples, depuis les siècles les plus reculés jusqu'à nos jours. *Paris et Strasbourg, Treuttel et Wurtz*, 1803, 3 vol. in-12 avec 6 gravures, 12 fr.; sur papier grand-raisin vélin, 24 fr.

— Le même ouvrage, sous ce titre : Les Femmes, leur condition et leur influence dans l'ordre social, chez les différents peuples anciens et modernes. (Nouv. édit.) *Paris, Raymond; Chaumerot*, 1819, 3 vol. in-12, 9 fr.

Ouvrage agréable et le seul qui ait survécu au vicomte de Ségur ; il est à propos de dire que plusieurs personnes affirment que, quoique publié sous le nom du vicomte, il n'est point de lui. Cette production laisse beaucoup à désirer ; c'est un cadre heureux qui aurait besoin d'une main plus habile pour être rempli convenablement.

Toutes les éditions qui ont suivi celle-ci ont paru sous le dernier titre.

— Le même ouvrage. Nouv. édition, augmentée de l'Influence des femmes sous l'Empire, et de notes historiques par Ch. N*** (Alex. BARGINET). *Paris, Raymond* (* *Corbet*), 1819, 2 vol. in-8, 12 fr., et 4 vol. in-12, 12 fr.; et *Paris, Corbet*, 1820, 4 vol. in-18, 6 fr.

— Le même ouvrage. Nouv. édition, augmentée de l'Influence des femmes sous l'Empire, par S. R. (RATIER, aujourd'hui prof. de philosophie), avocat, et de notes historiques par Ch. N***. *Paris, Thiériot et Belin*, 1821, et 1822, 3 vol. in-18, ornés de 7 gravures, 6 fr.

—Le même ouvrage. Édition augmentée d'un volume qui comprend l'Empire et la Restauration. Par M. S. R., avocat (RATIER). *Paris, Thiériot et Belin*, 1825, 4 vol. in-12 avec 3 grav., 7 f. 50 c., et sur pap. vélin (tiré à petit nombre), 15 fr.; ou *Paris, Thiériot*, 1828, 4 vol. in-18, 6 fr.

Les additions de M. S. R. forment un volume à part.

—Le même. *Paris, Masson et Yonet*, 1826, et 1829, 4 vol. in-18, 6 fr.

—Le même. Édition ornée de gravures, augmentée d'un volume sur les Femmes au XIXe siècle, par mad. de Saint-El***. *Paris, Philippe*, 1828, 4 vol. in-18, 6 fr.

— * Le même. Édition continuée jusqu'en 1834, par M. H. R..... (RAISSON). *Paris, Renault*, 1835, 4 vol. in-18, 6 fr.

L'année suivante, le même libraire en a publié une autre édition, continuée jusqu'en 1836, 4 vol. in-18, avec 4 grav., 6 fr.

— *Réflexions sur l'armée et sur les rapports à établir entre elle et les troupes nationales. *Paris, Desenne*, 1789, in-8 de 24 pag.

LITTÉRATURE.

Théâtre.

— Amant (l') arbitre, comédie en un acte

et en vers. *Paris, Hautbout-Dumoulin*, 1799, in-8, 1 fr.

— Bon (le) Fermier, comédie en un acte et en prose. *Paris*, an III (1795), in-8.

— Cabriolet (le) jaune, opéra-bouffon en un acte et en prose. *Paris*, an VIII (1800), in-8.

— C'est la même, vaudeville en un acte (en prose). *Paris, Huet*, an VI (1798), in-8.

— Chaulieu à Fontenay, comédie en un acte et en prose, mêlée de vaudevilles. *Paris, au théâtre du Vaud.*, an VIII (1800), in-8.

Avec Philipon de la Madelaine.

—Comédies, Chansons et Proverbes. *Paris, Colnet; Debray, etc.* 1802, in-8 de 300 pag., 3 fr.

Les *Chansons* remplissent les 84 premières pages; le reste du volume est composé de pièces dramatiques, qui sont : 1° *le Parti le plus sage*, proverbe; 2° *le Retour du mari*, com.; 3° *les Deux Veuves*, comédie; 4° *l'Amant arbitre*, com.

—Création (la) du Monde, oratorio en trois parties, traduit de l'allemand, mis en vers français par Joseph A. Ségur, musique d'Haydn, arrangée pour être exécutée au théâtre des Arts, par B. Steibelt. *Paris, Ballard*, an IX (1801), in-4.

— Dame (la) voilée, ou l'Adresse et l'Amour, opéra-comique en un acte, en prose. *Paris*, an VIII (1800), in-8.

—Deux (les) Veuves, comédie en deux actes (en prose) en vaudevilles. *Paris, Huet*, an V (1797), in-8.

— Elise dans les bois, fait historique du 14 thermidor, comédie en un acte et en prose. *Paris*, an V (1797), in-8.

— Fou (le) par amour, drame historique en un acte et en vers. *Paris*, 1791, in-8.

—Jacques Dumont, ou Il ne faut pas quitter son champ, comédie en un acte et en prose. *Paris, mad. Masson*, 1804, in-8, 1 fr. 20 c.

— Nice, imitation de Stratonice, en un acte, en prose, mêlée de vaudevilles. *Paris, les march. de nouv.*, 1792, in-8; ou *Paris, Maret*, 1793, in-8.

Avec M. J.-B.-D. Després.

—Opéra-Comique (l'), opéra-comique en un acte en prose et ariettes. *Paris*, 1798.—Nouv. édit. *Paris, Fages*, 1814, in-8, 1 fr. 20 c.

Avec M. Emm. Dupaty.

—Parti (le) le plus gai, ou A bon Chat, bon Rat, proverbe en un acte, en vers libres. *Paris, Desenne*, 1788; ou *Paris, Huet*, an V (1797), in-8.

— Parti (le) le plus sage, proverbe dramatique (en un acte et en vers libres). *Paris, Desenne*, 1788; ou *Paris, Huet*, an V (1797), in-8.

— Portrait (le) de Fielding, comédie en un acte (et en prose), mêlée de vaudevilles. *Paris, de l'impr. du salon littér.*, an VIII (1800), in-8.

Avec MM. Brousse-Desfaucherets et Després.

— Retour (le) du mari, com. en un acte et en vers (libres). *Paris, Gattey*, 1792, in-8.

— Roméo et Juliette, opéra en trois actes. *Paris*, 1794.—Nouv. (4e) édit. *Paris, Fages*, 1821, in-8, 1 fr. 50 c.

Cette pièce avait été refusée par le comité de lecture du premier théâtre lyrique.

— Rosalinde et Floricourt, comédie en deux actes et en vers libres. Par M. le vic. de Sé.... *Paris, Desenne*, 1790, in-8.

— Saint-Elmont et Verseuil, ou le Danger d'un soupçon, drame en 5 actes et en vers libres. *Paris, P.-S. Charpentier*, an V (1797), in-8.

Sujet trop noir pour le pinceau délicat mais faible de Ségur.

— Vieux (les) Fous, ou Plus de peur que de mal, opéra-com. en un acte. *Paris, Huet*, an IV (1796), in-8.

Quelques-unes des pièces du théâtre du vic. de Ségur ont été insérées dans les diverses éditions du Répertoire du Théâtre-Français, 2e série.

On cite du vicomte de Ségur un plus grand nombre de pièces de théâtre que celles que nous venons d'indiquer; mais ce surplus ne paraît pas avoir été imprimé. Ses pièces inédites sont : Astolphe et Alba, opéra en deux actes (1802); — le Chevalier de Senange; — l'Heureux divorce, comédie en 3 actes et en vers libres. Le manuscrit original de cette pièce se trouve dans la précieuse collection de M. de Soleinne. — Grenet (ou Brunet) et Caroline; — l'Indicateur, ou le Bureau des mariages; — l'Intérieur d'un ménage républicain, vaud. en un acte (en société avec MM. Deschamps et Brousse Desfaucherets); — le Juge bienfaisant, drame en trois actes; — les Jugements précipités, ou la suite de Misanthropie et Repentir, opéra-comique en un acte; — la Manie de la danse; — le Mariage clandestin, opéra en un acte, autre pièce dont le manuscrit original se trouve dans la bibliothèque de M. de Soleinne; — l'Original et le Portrait; — le Tuteur portugais; — les Trois dupes.

La Biographie univ. et portat. des contemp. attribue au vic. de Ségur, en société avec son frère, le comte Louis-Philippe, un vaudeville imprimé sous le titre du *Nouveau Magasin des Modernes* (1799), mais cette pièce paraît être de MM. Deschamps et Després.

Romans.

— Correspondance secrète entre mademoiselle Ninon de Lenclos, le marquis de Villarceaux et madame de M*** (Maintenon).

Paris, Lejay, 1789, in-8.—Sec. édit. *Paris*, 1797, 2 vol. in-18. — Nouv. édition. *Paris, Renard*, an XIII (1805), in-12, fig., 2 fr. 50 c.

« Cette Correspondance est supposée; l'auteur ne sut pas même y conserver les mœurs ni le ton de l'époque. On assure qu'il y fit entrer des billets qui lui avaient été adressés par quelques grandes dames de ses maîtresses, car le vicomte de Ségur, partageant toute l'immoralité de son siècle, se faisait un honneur de multiplier ses succès auprès des femmes, et de les afficher ».

La seconde édition porte le nom du prétendu éditeur. M. Fayolle a inséré cette *Correspondance* dans les Œuvres diverses de l'auteur qu'il a publiées en 1819.

— * Femme (la) jalouse. *Paris, Henry*, 1790, in-8 de 228 pag.

C'est une imitation des « Liaisons dangereuses », mais l'auteur est resté loin de son modèle.

HISTOIRE.

— Ma prison depuis le 23 vendémiaire jusqu'au 10 thermidor. *Paris*, an III (1795), in-8 de 30 pag.

—

On a encore du vicomte de Ségur des articles dans les journaux, recueillis en partie par M. Fayolle dans les Œuvres diverses de l'auteur, et des chansons dans les Dîners du Vaudeville. Ses chansons ont été réunies dans le volume publié en 1802, que nous avons cité plus haut.

Il a été éditeur des Mémoires du baron de Besenval, dont l'authenticité n'est pas reconnue. 1805-07, 4 vol. in-8.

—

— Œuvres diverses, précédées d'une Notice sur la vie de l'auteur (par M. Fr.-J.-M. Fayolle). *Paris, Dalibon*, 1819, in-8, 6 f.

Ce volume est composé 1° d'un choix de morceaux de littérature fournis par le vic. de Ségur à divers journaux, et particulièrement au Journal des débats; 2° de la Correspondance secrète entre Ninon de Lenclos et le marq. de Villarceaux; 3° des Chansons de l'auteur : c'est donc bien à tort que la Biogr. univ. et port. de contemp. dit que ce volume renferme des Chansons, des Poésies fugitives et quelques Proverbes dramatiques.

SÉGUR-BOURZELY (le marquis Henri-Philippe), officier supérieur, issu d'une branche qui a sacrifié sa fortune et nombre de distinctions politiques à l'attachement qu'elle a constamment professé pour la religion protestante.

— Lettre de M. Henri-Philippe de Ségur à M. le comte de L....., à L.... *Paris, de l'impr. de Belin*, 1822, in-8 de 4 pag.

— Lettre de M. Henri de Ségur à M. Henri de Bonald. *Paris, de l'impr. de Belin*, 1821, in-8 de 4 pag.

SÉGUR-DUPEYRON (de). — Industrie (de l') en France, et de la situation commerciale de Bordeaux. *Paris, r. des Fossés-Montmartre, n.* 3, 1837, in-8 de 56 pag.

Le nom de l'auteur n'est que sur la couverture : l'écrit deviendra anonyme quand les exempl. l'auront perdue.

SEGURET (F.-L.), directeur des contributions directes du département de Vaucluse, à Avignon.

— Cadastre (du) et des moyens d'obtenir promptement une répartition juste et égale de la contribution foncière. *Avignon*, 1802, in-8.

SEGURET (l'abbé), alors chapelain du garde-meuble de la couronne.

— Discours prononcé le 26 octobre, dans la chapelle des dames bénédictines de l'adoration perpétuelle du saint sacrement..., le jour où mad. Michon, née Dijon de Monteton, abjura les erreurs de Calvin. *Paris, de l'imp. d'A. Cló*, 1814, in-8 de 20 pag.

SÉGUY (l'abbé Joseph), prédicateur du roi, et poëte, abbé de Genlis et chanoine de Meaux, membre de l'Académie française; né à Rodez, en 1689, mort à Meaux, le 19 mars 1761.

— * Discours académiques et Poésies. *La Haye, Néaulme*, 1736, in-12.

L'abbé Séguy avait remporté le prix de poésie à l'Académie française, en 1732.

— Essai (nouvel) de poésies sacrées. *Meaux*, 1756, in-12.

— Oraison funèbre de M. le maréchal de Villars, prononcée dans l'église de St-Sulpice de Paris, le 27 janvier 1735. 1735, in-4.

Très-applaudie dans le temps.

— Oraison funèbre du cardinal de Bissy, prononcée dans l'église cathédrale de Meaux, le 5 décembre 1737. 1737, in-4.

C'est une des meilleures pièces de l'abbé Séguy, et on croit que c'est une de celles, qui lui ont le moins coûté, parce que le cœur devait bien aider l'esprit. L'abbé Séguy était redevable aux bienfaits de ce cardinal d'être placé dans le chapitre de Meaux.

— Oraison funèbre d'Elisabeth-Thérèse de Lorraine, reine de Sardaigne. *Paris*, 1741, in-4.

— Panégyrique de S. Louis, prononcé devant l'Académie, en 1729.

Ce Panégyrique eut un tel succès, qu'on l'attribua à Lamothe; mais Séguy n'avait pas besoin d'emprunter sa plume.

— Panégyrique de la B. mère de Chantal. *Paris*, 1752, in-12.

— Panégyriques des saints. *Paris, Prault*, 1736, 2 vol. in-12.
— Recueil de poésies. 2 vol. in-12.

Cité par la Biographie universelle.

— Sermons pour les principaux jours de carême (c'est-à-dire, pour les dimanches et fêtes). *Paris*, 1744, 2 vol. in-12.

Ces deux volumes ne renferment que dix discours. « L'abbé Séguy écrivait avec assez de noblesse et de pureté, quelquefois avec chaleur. Cependant, fait pour marcher dans les routes battues, et non pas pour se tracer une carrière nouvelle, il a peu de traits de la vraie et grande éloquence. Il avait commencé par versifier; il abandonna cet art ingrat pour la chaire, où il transporta quelquefois, et assez mal à propos, le langage de la poésie. »

Cet ecclésiastique a été, avec l'abbé Trublet, l'éditeur de la seconde édition de l'Introduction à la connaissance de l'esprit humain, etc., par VAUVENARGUES (1747, réimpr. en 1781, in-12).

Un anonyme (l'abbé Roy) a publié : Discours que doit prononcer M. l'abbé Séguy pour sa réception à l'Académie française. Sans date (1736), in-4 de 4 pages.

SÉGUY (. . .), frère du précédent, gouverneur du prince de Wurtemberg.

On lui doit une nouvelle édition des Œuvres de J.-B. Rousseau (1743, 3 vol. in-4, et 4 vol. in-12). L'éditeur avait composé une longue préface, contenant des détails sur la vie et les ouvrages de Rousseau : il paraît que l'autorité la fit supprimer dans la presque totalité des exemplaires. Elle a été réimprimée, en 1825, par la société des bibliophiles, sous le titre de : *Préface historique des Œuvres de J.-B. Rousseau* (Paris, de l'impr. de F. Didot, 1825, in-8 de 12 pages, tiré à cent exemplaires).

SÉGUY (Antoine), du diocèse de Tulle, anc. professeur de philosophie au collége de la Marche, à Paris.
— * Dissertation philosophique sur une difficulté de la langue française. *Paris, Brocas*, 1759, in-12 de 31 pag.

L'auteur prouve que le participe qui suit le verbe *avoir*, et qui est précédé d'un pronom, doit toujours être indéclinable. *Barb.*

— Metaphysica ad usum scholarum accommodata. *Parisiis*, 1718, 2 vol. in-12.
— Philosophia ad usum scholarum accommodata. — Philosophie à l'usage des écoles. *Paris, Desaint et Saillant*, 1762, in-12; 1771, 5 vol. in-12.

SÉID AHMED HATIF, poëte persan, d'Ispahan.
— Deux Odes mystiques, composées par Séid Ahmed Hatif, et traduites du persan par J.-M. J. (J.-M. JOUANNIN). *Paris, Dondey-Dupré fils*, 1828, in-8 de 16 pages.

La traduction précède le texte.

SÉID MOUSTAPHA, ingénieur turc; né à Constantinople, où il est mort en 1807.

—Diatribe sur l'état actuel de l'Art militaire, du Génie et des Sciences à Constantinople. *Scutari, de la nouv. typogr*, 1803, in-4. — Autre édition, publiée d'après l'édit. originale, avec une préface et quelques notes, par LANGLÈS. *Paris, Ferra*, 1810, in-8.

Brochure aussi curieuse par le fond des idées que par la langue dans laquelle elle est écrite.

L'auteur a fait précéder son ouvrage d'un *Avant-propos sur son état*. Les sciences et les arts font le tour du monde, dit Séid-Moustapha dans sa *Diatribe;* les nations de l'Europe, aujourd'hui si éclairées, ont eu pour maîtres les Latins; ceux-ci ont été les disciples des Grecs; et c'est dans la Perse, l'Égypte et l'Inde, qu'était autrefois le foyer des lumières. Dans les premiers temps, les Othomans n'avaient pas besoin de connaître la trigonométrie pour vaincre des ennemis aussi ignorants qu'eux. Plus tard les nations chrétiennes de l'Europe perfectionnèrent leur tactique et leurs armes, tandis que les Musulmans sont restés presque stationnaires; et ils ont éprouvé des revers. Le sultan Sélim III a voulu faire cesser cet état de choses, et mettre ses sujets au niveau des autres nations.

Sous le n° 607 du catalogue de feu Langlès, se trouve portée une édit. de 1807, dont il n'existe qu'un exemplaire, qui n'est composé que d'épreuves qui n'ont été ni corrigées ni tirées définitivement.

SEIDEL (Sabine de). — Contes et Anecdotes à l'usage de la jeunesse. *Brunswick, Pluchart*, 1814, 2 vol. in-12, 4 fr. 50.
—Historiettes, Contes et Nouvelles. *Brunswick, Pluchart*, 1815, 2 vol. in-12, 5 fr.

SEIFFERT ou SAIFFERT (D.-André), médecin à Paris dès 1774, mort dans cette capitale de la France, en 1809.
— Observations sur les maladies chroniques. (Tom. Ier). *Paris, à l'impr. des Amis de la langue allemande (Brunswick et Leipzig)*, 1804, un vol. — Dictionnaire pour servir à l'explication des Observations pratiques, etc. (Tom. II). Sans date, un vol. En tout, 2 vol. in-8. (*En allemand.*)

Ces deux volumes sont une véritable curiosité bibliographique, parce qu'ils n'ont pas été mis en vente. On y trouve l'histoire détaillée et fort exacte de différentes maladies, et particulièrement de celle de la princesse de Lamballe, dont Seiffert avait été le médecin. L'auteur y a joint quelques anecdotes curieuses sur les événements politiques et sur la famille royale. Enfin, l'ouvrage a aussi été publié dans le but de mettre sous les yeux du public allemand des idées et des spécimens d'une nouvelle orthographe, et un nombre assez grand de mots nouveaux, formés de racines allemandes, à l'exclusion de tous les mots étrangers ou dérivés de racines étrangères. Les principes de l'auteur sont développés dans la Préface et dans le Dictionnaire; mais, il faut le dire, plusieurs de ces mots nouveaux ne seraient pas compris, tant ils s'éloignent de l'analogie la plus naturelle et des lois que toutes les langues suivent dans la formation des composés. L'orthographe que Seiffert propose lui a fait inventer quelques signes, pour que chaque son ou articulation fût représenté par un caractère particulier, de façon qu'il a été obligé de faire graver et fondre exprès ces nouveaux caractères. Sous ce rapport, le livre est sûr de fixer l'attention des linguistiques. Du reste, il y a beaucoup de bizarrerie dans les idées de l'auteur, et dans celles de son ami Van-der-Molde, qu'il cite comme le créateur de sa méthode.

Madame de Genlis parle plusieurs fois avec éloge du docteur Seiffert, dans les deux premiers volumes de ses Mémoires.

SEIGNELAY (de), dit de Creuilly. — Recueil de titres de la maison d'Estouteville. *Paris*, 1741, in-4.

SEIGNETTE (Paul). — * Essais politiques, économiques et philosophiques, trad. de l'angl. (1802). Voyez Rumford.

SEIGNEUR-GENS (J.-F.-Augustin). — Nosographie élémentaire, ou Description et traitement rationnel de toutes les maladies. *Paris*, *Gabon*, *et Roret*, 1818-25, 4 vol. in-8, avec 7 planches, 25 fr.

SEIGNEURGENS. — Lettre sur la formation de la société des ouvriers bonnetiers de Paris, dite bourse auxiliaire, adressée à tous ses confrères, à l'occasion de sa dissolution. *Paris*, *de l'imp. de Moessard*, 1836, in-8 de 16 pages.

SEIGNEUX (G.-H. de). — Précis historique de la révolution du canton de Vaud, et de l'invasion de la Suisse, en 1798. *Lausanne*, 1831, 2 vol. in-8.

On a du même un Rapport fait à l'assemblée générale des contribuants des écoles de charité, le vendredi 27 juin 1828, impr. dans le tom. II de l'État des Écoles de charité.

SEIGNEUX DE CORREVON (François), juge civil et criminel de la ville de Lausanne.

— * Essai sur l'usage, l'abus et les inconvénients de la torture dans la procédure criminelle, par M. S. D. C. *Lausanne*, *Grasset*, 1768, in-8; 1779, in-12.

Barbier et les auteurs de la Biographie universelle, qui des deux Seigneux de Correvon n'en font qu'un, attribuent cet *Essai*, ainsi que deux traductions de l'italien citées dans cette notice, à Gabriel.

— Introduction à la pratique du barreau dans les cours de justice qui sont régies par la loi du plaid général. *Lausanne*, 1774, in-8.

— * Lois (les) civiles, relativement à la propriété des biens; ouvrage traduit de l'italien par M. S. D. C. (Seigneux de Correvon). 1766, in-8. — Autre édition, augmentée de quelques remarques par de Félice. *Yverdun*, 1768, in-8.

— * Observations sur des matières de jurisprudence criminelle, traduites du latin (1768, et 1778). Voyez P. Risi.

— Système abrégé de jurisprudence criminelle accommodée aux lois et à la constitution du pays. *Lausanne*, 1756, in-8 de 344 pag.; 1774, in-8.

Ouvrage savant, et d'un usage continuel. Le Code criminel du canton de Berne y est continuellement mis en parallèle avec les lois romaines et la *Caroline*, ou Code pénal de Charles-Quint.

SEIGNEUX DE CORREVON (Gabriel), conseiller et boursier de la ville de Lausanne, fondateur de l'école de charité de cette ville, membre de la Société économique (agricole) de Berne, président de celle de Lausanne; correspondant de la société d'Angleterre pour l'avancement de la doctrine chrétienne, et associé étranger de l'Académie de Marseille; mort à Lausanne en 1776.

— Lettres sur la découverte de l'ancienne ville d'Herculane et de ses principales antiquités. *Yverdun*, 1770, 2 vol. in-12.

— * Mémoires pour servir à l'histoire de Frédéric-le-Grand, avec les pièces justificatives. *Lausanne*, 1760, 2 vol. in-8.

Les auteurs de la Biographie universelle présentent cet ouvrage comme une traduction; et ils paraissent avoir raison, quoique Barbier, en le mentionnant, ne l'ait point relaté.

— * Vœux (les) de l'Europe pour la paix. *Lausanne*, 1744, in-8.

Cette pièce parut un peu avant la paix d'Aix-la-Chapelle. L'auteur, peu de temps après la guerre de Sept Ans donna, sous le même titre, une pièce en prose, 1760, in-8.

Outre les ouvrages que nous venons de citer, Seigneux de Correvon est encore auteur d'articles imprimés dans la Bibliothèque italique (1728-34), et de plusieurs Mémoires et Dissertations qui ont l'agriculture pour objet, imprimés de 1760 à 1765 dans les Mémoires de la société économique de Berne.

On a encore de Seigneux de Correvon, dans les Muses helvétiennes, ou Recueil de pièces fugitives de l'Helvétie (1775, in-8), qu'on lui attribue quelquefois, et qui ont eu pour éditeur Philippe Syrach Bridel, un *Voyage* fait à la fin de juillet 1736, dans les montagnes occidentales de la Suisse, que Seigneux avait déjà publié dans le Mercure suisse de juillet 1737 : c'est une imitation de celui de Bachaumont et de Chapelle.

Gabr. Seigneux de Correvon a traduit aussi de l'allemand et de l'anglais les divers ouvrages suivants: 1° Discours sur l'irréligion, par Haller (1755, in-8; et 1760, in-12); — 2° l'État de la Corse, par Jam. Boswel (1769); — 3° le Sage dans la solitude, etc. de Mart. Crugott (1770, in-8; et 1775, in-12); — 4° la Religion chrétienne d'Addisson, avec une préface, un discours préliminaire, des notes et des dissertations du traducteur qui y a joint une dissertation de feu M. de Cheseaux sur l'année de la naissance de N. S. et celle de sa mort (Genève, 1771, 3 vol. in-8); — 5° Lettres sur les vérités les plus importantes de la religion, par Haller (1772); — 6° Usong, histoire orientale, par le même (1772). Toutes ces traductions ont paru sans nom d'auteur.

Voyez un Mémoire sur l'éducation, la vie, les ouvrages et le caractère de feu M. G. Seigneux de Correvon. *Lausanne*, 1776, in-8 de 24 pag., et son Éloge dans le Journ. helvét., octobre 1776.

SEIGNEUX DE CORREVON (G.-H.). — * Aventures d'Edouard Bomston, pour servir de suite à la Nouvelle Héloïse, trad. de l'allem. (1789). Voy. Werther.

SEIGNEUX-MASSÉ. — Discours prononcé pour l'inauguration de la nouvelle maison des écoles de charité de Lausanne, le 3 décembre 1827. *Lausanne*, 1827, in-8.

SEIGNOT. — Adresse aux Français sur les malheurs de la patrie. *Paris, de l'impr. de Le Normant*, 1815, in-8 de 32 pag.

SEIID ALI ED HAMADANI. — Trésor des rois (Extraits du), par Ch. Solvet (1829). Voy. Ch. Solvet.

SEILER (George-Frédéric), docteur et professeur de théologie protestante à Erlangen, pasteur de l'église de l'Université, et conseiller intime de S. A. S. Mgr le margrave de Brandebourg; mort le 13 mai 1807.

— Abrégé historique du Vieux et du Nouveau Testament, avec des réflexions édifiantes et de courtes prières; trad. de l'allem. (par J.-J. Meynier). *Erlang*, 1784, 2 vol. in-8, avec 20 grav.

Cet Abrégé, en original, eut un grand succès, qui fut pourtant dépassé par celui de l'ouvrage suivant.

— Religion (la) des petits enfants, ébauchée dans de petits entretiens familiers entre un père et son fils, traduite de l'allemand sur la seconde édition, par Albert Hollard, pasteur de l'église française d'Erlang. *Erlang, Wolfgang Walther*, 1783, in-8 de xl et 312 pag.

Ouvrage élémentaire dont la première édition fut publiée en 1772, qui a eu dix-huit éditions, et qui a été traduit en diverses langues.

Seiler fut, sans aucun doute, un des écrivains les plus féconds parmi les théologiens protestants. Le nombre de ses écrits montent à 170. Les deux que nous citons paraissent être les seuls qui aient été traduits en français. Les auteurs de la Biographie universelle disent que l'original de chacun d'eux a été tiré à 500,000 exemplaires.

SEILLANS (Colomb de), de Provence, mort en novembre 1758.

— * Esculapéide (l'), poëme divisé en huit chants, par M. S***. *Amsterdam* (*Paris*), 1757, in-8.

— * Gageure (la) de village, comédie en prose et en un acte. *Paris, veuve Duchesne*, 1756, in-12.

— * Imitation des Odes d'Anacréon, en vers, par M. de S***, avec la traduction de mademoiselle Lefèvre, en prose. *Paris, Prault*, 1754, in-8.

— Triomphe (le) de la foi sur la raison, poëme. 1756, in-8.

SEINE (de), sculpteur. Voy. Dessein.

SEITZ (J.). — Tableau de l'Univers, ou Causes du mouvement annuel et de la rotation des astres; suivi d'un Traité de géologie sur la formation de la terre et de ses organisations. *Paris, veuve Courcier*, 1818, in-8, 2 fr. 50 c.

SEIXAS Y LOVERA (D. Franc. de), capitaine de mer et de terre dans l'armée navale de la mer océane pour S. M. C. et gouverneur de Tacuba au Mexique; né à Mondonedo, dans le royaume de Galice.

— Teatro naval hydrographico de los fluxos y refluxos, etc. *Paris, Gissey*, 1703, in-4.

— Théâtre naval hydrographique des flux et reflux, des courants des mers, détroits, et des variations du compas marin et des effets de la lune, etc. *Paris, P. Gissey*, 1704, in-12.

SÉJOUR (Dionis du). Voy. Dionis.

SÉJOURNANT (Nicolas de), interprète du roi pour la langue espagnole.

— Dictionnaire (nouv.) espagnol-français, et français-espagnol. *Paris, Ch. Ant. Jombert*, 1759, 3 vol. in-4. — Sec. édit. *Paris*, 1790, 3 vol. in-4.

— Dictionnaire (nouveau) espagnol-français et latin, composé sur les dictionnaires des académies royales de Madrid et de Paris. *Paris*, 1789, 2 vol. in-4.

SÉLÉBRAN l'aîné, de Martel en Quercy, doctrinaire, curé de Saint-Xantin de Malemort, membre de la Société d'agriculture de Limoges, et secrétaire perpétuel au bureau de Brive-la-Gaillarde.

— * Discours et Mémoire relatifs à l'Agriculture. *Paris, Moreau*, 1753, in-12.

Avec M. de Massac.

— Mémoire pour l'établissement d'un prix dans chaque paroisse, en faveur des agriculteurs. 1753, in-12.

SELHIER, maître ès-arts, et principal du collége de Crépy en Valois.

— Grammaire française, à l'usage des enfants de l'un et de l'autre sexes. *Paris*, *Brocas*, 1766, in-12 de 328 pag.

SÉLIGNY (de). — * Nouveau Zodiaque, réduit à l'année 1755 (par LE MONNIER, ou sous ses yeux, par de SELIGNY). *Paris, de l'impr. royale*, 1755, in-8. — Nouv. édit. *Versailles, de l'imp. de la marine*, 1773, in-8.

SÉLIGNY (de), l'un des rédacteurs du Journal des audiences de la Cour de cassation, ou Recueil des principaux arrêts rendus par cette Cour depuis 1791.

SELINCOUR (de). — * Apologie de la louange, son utilité et ses justes bornes, avec des médailles, etc. *Paris*, *Josse*, 1717, in-12, avec le portr. du duc d'Orléans, régent de France, gravé par Chereau.

SÉLIS (Nicolas-Joseph), successivement professeur d'éloquence au collége d'Amiens et au collége Louis-le-Grand, et plus tard de belles-lettres à l'école centrale du Panthéon, à Paris, examinateur des élèves du Prytanée, et enfin professeur de poésie latine au collége de France (3 oct. 1796) à la place de Delille qui venait de s'éloigner de Paris; membre des académies de Lyon, Rouen, Amiens, Orléans, la Rochelle; associé étranger de l'Académie royale de Berlin, et membre de la 3e classe de l'Institut national; né le 27 avril 1737, à Paris, où il est mort le 19 février 1802.

— Armée (l') romaine sauvée par les prières de la légion fulminante, poëme. *Paris*, *veuve Dammoneville*, 1760, in-12.

— Discours prononcés le 1er brumaire an VI à l'ouverture de l'École centrale de la rue Saint-Antoine, par les CC. Joubert, président de l'administration de la Seine, Sélis et Costaz. 1797, in-8.

— Dissertation sur Perse. *Paris*, *Ant. Fournier*, 1783, in-8 de 130 pag.

— Epître à M. Gresset. 1762, in-12.

— Epître sur les pédants de société, à M. l'abbé R...... 1771, in-8.

C'est une composition facile et spirituelle.

— Epîtres en vers sur différents sujets. *Paris*, *Fournier*, 1776, in-8.

— Guerre (petite) entre Lemonnier et Sélis. 1778, in-8.

— * Inoculation (l') du bons sens. *Londres*, 1761, in-12.

— * Lettre à un père de famille sur les petits spectacles de Paris, par un honnête homme. *Paris*, 1789, in-8.

— Lettre au citoyen La Harpe, au sujet du Collége de France. *Paris*, 1792, in-8.

Cette lettre de M. Sélis à M. de La Harpe sur le Collége de France a été insérée dans le nouveau Supplément au Cours de Littérature de La Harpe (1818, in-8).

— Lettre d'un grand-vicaire à un évêque sur les curés de campagne. 1790, in-8.

— * Lettres écrites de la Trappe par un novice, mises au jour par M***. *Paris*, *Garnery*, l'an Ier de la liberté (1790), in-12.

— * Relation de la maladie, de la confession, de la fin de M. de Voltaire, et de ce qui s'ensuivit, par moi, Jos. Dubois. *Genève*, 1761, in-12.

C'est une sorte d'imitation, ou contre-épreuve de la Relation de la mort du P. Berthier, par Voltaire : La Harpe vit dans cette pièce de la finesse et et des traits heureux.

Cette facétie obtint dans la même année une 3e édition, rev., corr. et considérablement augm.

— Satires de Perse, trad. en français, avec des remarques (1776). Voy. PERSE.

On a encore de Sélis plusieurs Mémoires et Dissertations littéraires et grammaticales dans le recueil de l'Institut; quelques années avant sa mort, on y a encore imprimé de lui une fable intitulée *la Syrène et le Passant*.

Avant de publier sa traduction de Perse, Sélis avait préludé par celle du prologue et de la première satire, traduction qui a été imprimée en 1772, in-8. Sélis a traduit aussi l'épisode de *Narcisse*, tiré du 3e livre des Métamorphoses d'Ovide, et avec la traduction en regard. Impr. à la suite de « Narcisse dans l'île de Vénus, » poëme de Malfilâtre, édition de 1795, in-12.

Cet académicien a été le réviseur, sous le double rapport de la grammaire et de la typographie, d'une partie de la 5e édition du Dictionnaire de l'Académie française (1798).

SELLE (Chrétien-Théophile), célèbre médecin allemand, professeur de l'hospice de la Charité à Berlin, médecin du roi de Prusse, et membre de l'Académie royale de Berlin; mort le 9 novembre 1800, âgé de 52 ans.

— Introduction à l'étude de la nature et de la médecine, trad. de l'all. par Diamante CORAY. *Montpellier*, an III (1795), in-8, 3 fr.

— Médecine clinique, ou Manuel pratique, trad. de l'all. par D. CORAY. *Montpellier*, *Martel l'aîné; et Paris*, *Croullebois*, 1787, 2 vol. in-8, 9 fr.

— Observations de médecine, trad. de l'all. par Diamante CORAY. *Montpellier*, 1796, in-8, 2 fr. 50 c.

— Réalité (de la) et de l'identité des objets dans nos connaissances. *Berlin*, 1791, in-4.

— Rudiments d'une pyrétologie méthodique, traduits du latin par M. CLANET. *Toulouse*, *Fages*, *Meilhac et compagnie*; *Paris*, *Francart*, 1801, in-8, 3 fr. 60 c.

—Le même ouvrage, sous ce titre : Eléments de pyrétologie méthodique, ouvrage trad. sur l'édition originale latine par Jean-Baptiste MONTBLANC. *Lyon*, *Reymann et compagnie*; *Paris*, *Brunot*, an IX (1801), in-8, 3 fr. 50 c.

— Le même ouvrage, sous ce titre : Pyrétologie méthodique de SELLE, trad. du lat. sur la 3e et dernière édition par J. L. NAUCHE, avec des notes du traducteur et de CHAUSSIER. *Paris*, *veuve Panckoucke*, 1802, in-8, 4 f. 50 c.

— Seconde édition. *Paris*, *L. Colas*, 1817, in-8.

L'original, publié en 1773, l'a été sous le titre de *Rudimenta pyretologiæ methodicæ*.

« Cet ouvrage très-remarquable, et qui restera toujours dans les bibliothèques comme un monument du savoir étendu et profond et de l'esprit méthodique et lumineux de Selle, ne contient pas seulement ses opinions sur les fièvres. Il commence par des vues générales importantes sur la nosologie, et finit par un plan de système naturel des maladies. »

« Selle a joui d'une réputation européenne ; mais elle aurait été plus grande encore sans le mouvement qui se préparait dans les sciences médicales. Ses ouvrages forment le passage des écoles du dernier siècle à l'école de Pinel, qui a marché de très-près sur ses traces, et qui fut, pour ainsi dire, son continuateur. Cullen, Selle, Stoll et Pinel, sont tous quatre remarquables par la clarté qui règne dans leurs productions, par l'esprit d'ordre qu'on y distingue ; mais Pinel a été le moins humoriste ; il est venu le dernier ; il s'est montré plus sévère contre les hypothèses ; il a plus usé de l'anatomie. » (F. G. BOISSEAU, Biogr. médic.)

SELLÉ, chirurgien à Paris, membre du collége royal de chirurgie pour la guérison des descentes.

— Traité des hernies, des différents bandages propres à les contenir, et des autres machines du ressort du chirurgien herniaire. *Paris*, 1789, in-12.

SELLÈQUE (   ), mort à Paris, le 1er janvier 1801, âgé de 34 ans.

—* Voyage autour des galeries du Palais-Égalité, par S......e. *Paris*, *Moller*, an VIII (1800), in-18, fig., 75 c.

Sellèque fut, avec madame Clément, née Hémery, le fondateur du Journal des dames et des modes ; les deux associés s'adjoignirent La Mésangère, pour les gravures seulement. A la mort de Sellèque, La Mésangère devint propriétaire de ce journal, qu'il l'a dirigé jusqu'à sa mort. Voy. l'éloge de Sellèque dans le Journal de Paris, an IX, n° 104.

SELLIER (DU). Voy. OSMONT DU SELLIER.

SELLIER DE MORANVILLE, officier-major dans le régiment de Berri, infanterie.

—* Deux (les) Amis, ou le Comte de Moralbi, conte iroquois. *Amsterdam*, *et Paris*, 1770, 4 vol. in-12.

Dans le registre des permissions tacites, il y a, à la date du 22 août 1770, par SELLIER DE MORAINVILLE, et la permission est donnée à CALVET.

SELLIGUE (A.-F.), impr. et libraire à Paris.

— Dictionnaire général du commerce, ou Tableau industriel et commercial de Paris et des départements. Huitième année de publication. *Paris*, *rue des Jeûneurs*, 14, 1828, in-8, 12 fr.

SELLIGUE (L.). — Liska, ou l'Indien et le Français, dialogue sur la France du dix-neuvième siècle. *Paris*, *Garnier*, 1829, in-8 de 16 pages.

SELLIUS (Godefroy), de Dantzig, historien, membre de l'Académie impériale et de la Société royale de Londres; né au commencement du XVIIIe siècle, mort à l'hospice de Charenton le 25 juin 1767.

—*Anti-Feuilles, ou Lettres à madame de... sur quelques jugements portés dans l'Année littéraire de Fréron. *Paris*, *Quillau*, 1754, in-12.

En société avec La Morlière et Du Jardin.

— * Description historique et géographique du Brabant Hollandais. 1748, in-12.

— Dissertatio philosophico-juridica de imaginario, quod scientiis adhæret, in jurisprudentiâ detegendo. *Lugd.-Batavorum*, 1730, in-4.

— * Double (la) Beauté, roman étranger. *Cantorbery*, 1754, in-12.

En société avec Du Jardin.

—* Histoire générale des Provinces-Unies. *Paris*, *Simon*, 1757-70, 8 vol. in-4.

En société avec Du Jardin.
Ouvrage traduit en grande partie du latin de Wagenaer.

— Historia naturalis teredinis seu Xylophagi marini, tubulo chonchoïdis speciatim. *Ultrajecti*, 1733, seu *Arnheim.*, 1753, in-4, avec 2 planches.

Il y a des exemplaires avec fig. coloriées. C'est l'histoire du ver qui ronge et perce le bois des navires, déjà décrit par Massuet et Rousset ; mais l'ouvrage de Sellius est plus complet et plus intéressant.

— Institutiones physicæ....

— Recueil des traités de médecine. In-12.

Ces deux ouvrages sont cités aussi vaguement par la France littéraire de 1769.

Indépendamment des ouvrages que nous venons de citer, on doit à Sellius diverses traductions de l'allemand et de l'anglais, et entre autres les suivantes : 1° Voyage de la Baye de Hudson, fait en 1746 et 1747, etc., par H. ELLIS (1749, 2 vol. in-12); — 2° Dictionnaire des monogrammes, chiffres, lettres initiales, etc., sous lesquels les plus célèbres peintres, etc., ont dessiné leurs noms, par CHRIST (1750, 1754, in-8); — 3° Histoire naturelle de l'Islande, du Groenland et autres pays du nord, par ANDERSON (1754, 2 vol. in-12); —

4° (en société avec Du Jardin) les Satires de Rabener (1754, 4 vol. in-12); — 5° l'Histoire de l'art chez les anciens, par Winckelmann (1766, 3 vol. in-4). Toutes ces traductions ont paru sans nom d'auteur. Sellius a encore eu part à l'Histoire générale des Voyages : le tome XIX° (1769) contient de lui un extrait des Voyages en Sibérie de Gmelin.

SELLON (le comte Jean-Jacques de), humanitaire suisse, citoyen de Genève, comte du Saint-Empire romain, ancien chambellan de l'empereur Napoléon, membre du conseil souverain du canton de Genève depuis 1816; fondateur, en 1830, de la société de la Paix de Genève et son président; membre de la société des arts de la même ville, correspondant de celle de la morale chrétienne de Paris, des académies de Besançon, de Strasbourg, de Mâcon, d'Abbeville et del Borgo San Sepolcro de Toscane; de la société qui s'est formée à Londres pour l'abolition de la peine de mort; né à Genève, en 1782.

— Adresse aux amis de la paix intérieure et extérieure. *Genève*, 1831, in-8.

— *Adresse du fondateur de la société de la Paix de Genève aux chrétiens de toutes les communions et de tous les pays (en faveur d'une paix permanente et générale). *Genève*, 1834, in-8.

— Allocution adressée à la société de la Paix, le 1er déc. 1830. *Genève*, 1830, in-8.

— Amendement destiné à écarter la peine de mort de la loi sur la presse du 2 mai 1827, et à lui substituer l'emprisonnement. *Genève*, 1834, in-8.

— *Archives de la société de la Paix de Genève. Nos I-III. *Genève*, déc. 1833 — févr. 1834, 3 cah. in-8.

— Charles-le-Téméraire, scènes dramatiques. *Genève*, 1829, in-8.

« Je ne parlerais pas, dit M. de Sellon, dans sa liste raisonnée, de cette production informe, de cette esquisse, si elle ne se rattachait pas au désir que j'ai conçu de faire envisager aux hommes la folie de la guerre. »

— Considérations sur l'initiative. *Genève*, 1830, in-8.

L'auteur s'appuie sur l'autorité des plus célèbres publicistes et des constitutions de presque tous les pays libres, où l'initiative appartient à la nation représentée.

— Développement de la proposition de M. J. J. de Sellon en faveur de l'abolition de la peine de mort, prononcé le 7 décembre 1829, au sein du souverain conseil de Genève. *Genève*, 1830, in-8. — Supplément à ce Discours. *Genève, de l'imp. de Lador*, 1830, in-8 de xxviij et 66 pag.

Les xxviij pages liminaires de ce Supplément sont remplies par une *Liste raisonnée des écrits que j'ai livrés à la presse*, au nombre de ... Viennent ensuite : 1° des Extraits du Courrier et de la Gazette des tribunaux, accompagnés d'observations; 2° un Extrait du Cours complet d'économie politique de Say, sur les moyens de faire la paix : 3° Passages de l'Esprit des Lois, favorables aux opinions émises dans mes écrits ou qui méritent l'attention du lecteur; 4° un Supplément de dix pages en faveur de l'abolition de la peine de mort.

— *Dialogue sur la peine de mort, sur le système pénitentiaire et sur la guerre. *Genève*, 1834, in-8.

— Extraits tirés (du premier numéro) d'un journal allemand distiné à rendre compte de la législation et du droit dans toutes les contrées civilisées. (Traduits de l'allemand.) *Genève*, 1829, in-8.

Le journal en question parait à Heidelberg, sous les auspices de MM. Zacharie et Mittermayer.

— Fragments sur divers sujets. *Genève*, 1833, 2 vol. in-8.

Ces fragments sont extraits de l'Influence des mœurs sur les lois, de M. Matter; des ouvrages sur l'éducation, de mesdames Campan, Guizot, Necker de Saussure, de Rémusat; de J. J. Rousseau et du lord Chesterfield. M. de Sellon a accompagné ces divers fragments de réflexions qui lui sont propres.

— Fragments extraits des Mémoires de Commines et de l'Histoire des ducs de Bourgogne (avec des réflexions), suivis de scènes dramatiques. *Genève*, 1829, in-8.

— Lettre de l'auteur du concours ouvert à Genève en 1826, en faveur de l'abolition de la peine de mort, à l'un de ses honorables collègues du conseil souverain. *Genève*, 1827, in-4. — Histoire de Lesurque, injustement guillotiné à Paris. *Genève*, 1827, broch. in-4.

M. de Sellon y rend compte de l'impression qu'il avait éprouvée par suite de la lecture des trente mémoires qui avaient concouru pour son prix; il y a inséré les *Lois et Ordonnances sur l'organisation militaire fédérale*, en protestant contre leur sévérité. Afin de prouver le danger que peut avoir l'application de la peine capitale, M. de Sellon a donné l'Histoire de Lesurque qui, sous le Directoire, périt sur l'échafaud par suite de la funeste erreur de plusieurs témoins trompés par sa ressemblance frappante avec le véritable meurtrier du courrier de Lyon assassiné entre Lieursain et Melun.

— *Lettre du fondateur et président de la société de la Paix de Genève, sur la séance du 1er décembre 1833 de cette société. *Genève*, 1833, in-8.

— Lettres à M. de Bérenger, vice-président de la chambre des députés, sur la peine de mort. *Genève*, 1830, in-8.

C'est une réfutation de l'ouvrage de M. Urtis, avocat, en faveur de la peine de mort.

— Lettres et Discours en faveur du principe

de l'inviolabilité de la vie de l'homme. Avec cette épigraphe :

La vertu juge l'intention,
La gloire le succès.

Genève, 1828, in-4.

L'auteur y combat l'échafaud et la guerre offensive.

— Motifs d'un amendement proposé par M. de Sellon à la loi sur la presse présentée au souverain conseil de Genève, en mai 1827. *Genève*, 1827, in-8.

— Programme d'un concours ouvert à Genève sur les meilleurs moyens d'assurer une paix générale et permanente. *Genève*, 1830, in-8.

— Quelques Observations sur l'ouvrage (de M. Urtis). *Genève*, 1831, in-8.

— Réflexions (mes). *Genève*, 1829, in-8.

L'auteur y fait un appel aux savants amis de l'humanité pour qu'ils prouvent que la guerre est non-seulement l'œuvre de la barbarie, mais encore une faute grave en économie politique : il y propose d'occuper les bras rendus inactifs par la paix, par de grandes expéditions mercantiles dans le centre de l'Afrique, et par l'essai de l'établissement d'une nouvelle échelle dans les environs de Tripoli.

— Réflexions. *Genève*, 1829, 2 vol. in-8.

Ouvrage que nous ne connaissons que d'après la citation qu'en fait l'auteur, pag. xvj de la Liste raisonnée de ses ouvrages. Ces *Réflexions* sont composées de 37 chapitres dont M. de Sellon donne les titres dans la liste dont nous venons de parler : elles ont trait à une foule d'objets tels que l'histoire, l'éloquence, le Coran, la civilisation de l'Afrique, la paix générale et permanente, la guerre, etc. Plusieurs fragments sont empruntés à J. J. Rousseau, Guibert, J. B. Say, Fauche-Borel, MM. Béranger, Salvador, mad. Necker de Saussure.

— Réflexions sur les scènes dramatiques de Charles-le-Téméraire. *Genève*, 1829, in-8.

— Lettres au Journal de Genève sur les scènes dramatiques de Charles-le-Téméraire, du vendredi 13 novembre 1829. *Genève*, 1829, in-8.

— Revue de quelques propositions individuelles faites ou à faire dans le sein du conseil représentatif. *Genève*, 1831, in-8.

— Un Mot sur la proposition de M. de Sellon, pour la suppression de la peine de mort; suivi des points principaux qui doivent être traités dans le concours et de quelques fragments sur ce sujet. *Genève*, 1826, in-8.

L'auteur y développe toutes les raisons qui, selon lui, militent en faveur de l'abolition de la peine de mort. Il insiste sur l'exemple de la Toscane où il a séjourné dans sa jeunesse, pays qui s'est si bien trouvé de cette suppression prononcée par le grand-duc Léopold en 1763, et confirmée en 1786 dans son Code.

— Vœux adressés au futur congrès. *Genève*, 1830, in-8.

M. de Sellon a encore fait imprimer, en 1833, plusieurs opuscules sur la guerre dans ses rapports avec la civilisation et l'Évangile ; mais ces opuscules ayant été publiés sous le voile de l'anonyme, leurs titres nous échappent.

Il a fourni aux journaux français, suisses, italiens, allemands, anglais et américains, un assez grand nombre d'articles dans lesquels il a défendu les opinions émises par lui soit à la tribune, soit dans ses publications. Enfin, outre tout ce que nous venons d'indiquer, M. de Sellon est encore auteur d'une série d'opuscules inédits sur divers sujets d'utilité publique. En janvier 1834, le nombre s'en élevait déjà à trente-cinq.

Ainsi que le prouve la liste que nous venons de donner, la plume de M. de Sellon est exclusivement consacrée aux intérêts de l'humanité, et cela sans acception de croyances (religieuses et politiques) ni de politique. La mission que M. de Sellon s'est donnée par l'inspiration de sa conscience, est très-grande, et il est à craindre que les potentats, intéressés à conserver ce qui subsiste encore de barbarie, ne voient qu'un utopiste dans le nouvel apôtre humanitaire. Les hautes questions agitées par M. de Sellon, résumées ici afin de rendre plus palpables les travaux de l'auteur des divers écrits que nous venons de citer, sont : 1° l'*Abolition de la peine de mort ;* — 2° l'*Abolition de la guerre ;* — 3° la *Suppression des armées permanentes*, qui donnent aux nations et à leurs gouvernements la tentation de faire des conquêtes et les mettent dans la nécessité de frapper de contributions onéreuses les consommations des classes indigentes et laborieuses. En réclamant la suppression des armées permanentes, M. de Sellon a toujours réservé les droits acquis par des services rendus. La Suisse avec ses milices maintient son indépendance depuis 500 ans. — 4° L'*Introduction du système pénitentiaire.* Le système pénitentiaire étant le remplacement naturel et nécessaire de la peine de mort, et de toutes les peines irréparables, M. de Sellon, dans une brochure sur les prisons, qu'il a publiée en 1833, recommande d'imiter tout ce qu'il y a d'imitable dans celui de l'Amérique septentrionale, et il y signale dans des notes ce qu'on a fait à Gênes pour le perfectionner, et pour l'adapter aux nécessités du continent européen. — 5° L'*Établissement d'un tribunal arbitral* à peu près semblable à celui que Sully propose dans le xxxe livre de ses Mémoires. Depuis 1830, M. de Sellon, appliquant à la Suisse, sa patrie, le système de médiation et d'arbitrage qu'il recommande au monde entier, s'est adressé directement à la haute diète suisse et à tous les cantons pour les inviter à soumettre tous les objets en litige à un tribunal arbitral, nommé par les parties. Il a soutenu cette proposition par une foule de publications adressées à toutes les classes de la société suisse. En adoptant la conférence médiatrice suisse, proposée officiellement par M. de Sellon, la haute diète eût peut-être prévenu la guerre civile qui éclata simultanément dans les cantons de Schwitz et de Bâle, en 1833. — 6° L'*Établissement de milices* pareilles à celles de la Suisse et de l'Amérique septentrionale pour la défense extérieure, en y joignant une bonne gendarmerie à pied et à cheval pour maintenir l'ordre intérieur.

Les écrits publiés par M. de Sellon dans ces hautes questions d'humanité et d'utilité publique ne se recommandent malheureusement ni par l'ordre, ni par ce style qui impressionne ; d'aussi généreuses idées auraient eu besoin, pour fructifier, d'être coordonnées par un habile publiciste : le principal mérite des opuscules de M. de Sellon, et peut être le seul, est de n'avoir jamais sacrifié à l'esprit de parti, à l'esprit de secte, et d'avoir défendu la vie de l'homme contre le machiavélisme quelle que fût sa livrée.

Cet honorable magistrat n'eût jamais songé à faire imprimer le fruit de ses méditations, s'il n'avait éprouvé le besoin d'en appeler au public pour lui faire partager son opinion *en faveur de l'inviolabilité de la vie de l'homme*. Il s'était borné d'abord à plaider cette cause dans le sein du conseil souverain de Genève, de 1816 à 1826; mais, voyant l'inutilité de ses efforts, voyant la peine de mort maintenue et appliquée, il s'adressa alors à l'univers entier en ouvrant un concours sur ce sujet.

Pour mieux faire connaître ses motifs, il publia à cette occasion la brochure pseudonyme intitulée : *Un Mot sur la proposition de M. de Sellon*. Convaincu que les habitudes religieuses réprimaient plus efficacement les crimes que les supplices, M. de Sellon composa un écrit en faveur du culte domestique, mais il n'en publia que des fragments. En 1827, quand le jury qu'il avait nommé pour juger les mémoires présentés au concours qu'il avait ouvert eut couronné l'ouvrage de M. Ch. Lucas, M. de Sellon publia sa *Lettre de l'auteur du Concours*, qui est un rapport des ressources qu'il a trouvées dans les différents mémoires qui avaient été envoyés pour ce concours. En 1830, ayant fondé la société de la Paix de Genève, il ouvrit un concours en faveur d'une paix générale et permanente, et en publia le *Programme* ainsi qu'un volume de trente *Lettres* adressées aux Archives de la société de la Paix, sur les moyens de conserver à l'Europe les bienfaits de la paix d'une manière permanente. Convaincu de l'utilité des monuments pour perpétuer le souvenir des bonnes actions, M. de Sellon en a fait élever un dans sa campagne dite la Fenêtre, près de Genève, sur lequel il a fait graver les noms des hommes qui, selon lui, ont le mieux servi la cause de l'humanité : le monument rappelle aussi par une inscription la date de la fondation de la société de la Paix de Genève.

SELME DAVENAY. — Ménage (le) de Titi, tableau en un acte, mêlé de couplets. *Paris, Boulevard St-Martin*, n° 12, 1836, in-32, 15 c.

Avec MM. T. Lustières et Firmin. Cette pièce fait partie d'un Nouveau Répertoire dramatique.

SELTONNE (Henri). — A Messieurs les membres de la Chambre des députés sur la nécessité de rétablir les écoles centrales et de rendre l'enseignement libre. *Paris, Ladvocat*, 1828, in-8 de 32 pages.

L'auteur rappelle sur le titre de cet écrit qu'il l'est déjà de *Ruperte*, de l'*Auberge de Stockholm*, *etc.*, ouvrages qui ne paraissent pas avoir été annoncés par le Journal de la librairie, et sur lesquels par conséquent nous ne pouvons donner aucune indication.

SELVA (Rasiel de). Voy. RASIEL.

SELVE (le comte A. de). — Ode à Sa Sainteté Grégoire XVI, sur la construction de l'église catholique à Lausanne, avec des documents historiques sur l'ancienne église épiscopale de cette ville, et l'établissement du protestantisme en Suisse. *Besançon, Outhenin-Chalandre*, 1833, in-8 de 28 pages, 1 fr.

— Vitellie, tragédie en cinq actes et en vers. *Paris, Nepveu*, 1810, in-8.

SELVES (Jean-Baptiste), successivement avocat au parlement de Toulouse, élu, en mars 1797, député de Lot-et-Garonne au Conseil des cinq-cents; en 1800 juge au tribunal de première instance du département de la Seine, d'où il passa à la cour criminelle, et fut un des juges qui prononcèrent en 1804 sur le sort de Moreau, Georges, etc. Il perdit son emploi quelques années plus tard. Selves était né à Montauban vers 1760; il est mort à Paris, le 16 juillet 1823.

—* A la Chambre et à la Cour des Pairs. Remontrance très-humble sur quelques erreurs pour les éviter à l'avenir. *Paris, de l'imp. de Chassaignon*, 1822, broch. in-8.

— A S. G. le Garde-des-Sceaux, ministre de la justice et de l'opinion publique. Les Icares nouveaux, ou les Beaux Jours des suppôts de Paris et leur chute prochaine. *Paris, de l'imp. de Chassaignon*, 1822, broch. in-8.

— Au Roi; la Vérité sur l'administration de la justice : cet ouvrage présente particulièrement, 1° la Vérité sur le jugement de Moreau, pour l'exactitude de l'histoire de France, et pour répondre à la brochure de M. Lecourbe, intitulée : Opinion sur la conspiration de Moreau, Pichegru et autres. 2° Ma Défense, avec des motifs urgents pour désigner des juges à la place de la haute cour, à l'effet de juger la prise à partie contre la Cour royale de Paris, et juger surtout MM. Lecourbe, Thuriot et Séguier, etc. 3° Quelques Idées très-simples pour une nouvelle organisation judiciare. *Paris, Dentu*, 1814, in-8, orné du portr. de l'auteur.

— Avis à MM. les électeurs de Seine-et-Marne. Novembre 1822. *Paris, de l'imp. de Chassaignon*, 1822, broch. in-8.

— Chapelet d'une petite partie du milliard d'attentats et d'horreurs qui se commettent impunément depuis plus de douze ans, pour ruiner et priver de la liberté et de ses droits civils J.-B. Selves, par vengeance contre ses ouvrages sur les désordres dans l'administration de la justice, etc., etc. *Paris, de l'imp. de Gueffier*, 1815, in-8.

— Explication de l'origine et du secret du vrai Jury, et comparaison avec le Jury anglais et le Jury français. Ouvrage destiné à perfectionner la procédure criminelle. *Paris, Maradan*, 1811, in-8 de 95 pages, 3 fr.

— Indication de quelques dispositions urgentes pour calmer provisoirement le mal des procès, et surtout les frais. *Paris, Maradan*, 1813, in-8.

— Lettre à MM. les électeurs de la France, en 1822, et surtout ceux de Montauban, mes compatriotes. *Paris, de l'imp. de Chassaignon*, 1822, broch. in-8.

— Mémoires sur les désordres dans l'administration de la justice. Tome Ier, 1ere livraison. *Paris, Dentu*, 1819, in-8 de 154 pages.

— * Mort (la) aux procès, ouvrage destiné à perfectionner la procédure civile, etc. *Paris, de l'impr. de Cellot*, 1811 in-8 de 176 pag.

— * Opinions et Réflexions d'un vieux étudiant en législation criminelle, sur la procédure du maréchal Ney et autres adhérents du dernier attentat de Bonaparte. *Paris*, décembre 1815, in-8.

— Plan d'une nouvelle organisation judiciaire pour le criminel et pour le civil.... pour prévenir à peu près les neuf dixièmes des procès....avec un Essai sur le vrai Jury comparé au Jury français et au Jury anglais, faisant toujours suite aux autres ouvrages de l'auteur, etc. *Paris, de l'imp. de la veuve Cussac*, 1814, in-8, 5 fr.

— Recommandation aux électeurs de la France, et surtout de Paris, en 1822. *Paris, de l'impr. de Chassaignon*, 1822, broch. in-8.

En faveur de M. de Lapanouze, candidat ministériel.

— Résultat de l'expérience contre le Jury français, et Projet succinct d'un nouvel ordre judiciaire. *Paris*, 1808, in-8.

— Révélateur (le) des causes des troubles des États. Première partie : Dénonciation et plaintes contre MM. de Serres et Bellart. Discours préliminaire. *Paris, de l'imp. de Chassaignon*, 1822, in-8.

— Tableau des désordres dans l'administration de la justice, et des moyens d'y remédier. *Paris, Maradan*, 1812. — IIIe édition. *Paris, Nève*, 1813, in-8, 4 fr.

« Selves s'est acquis une célébrité plaisante par la multitude de procès qu'on lui a vu intenter ou soutenir. Les journaux en amusèrent beaucoup le public, et il répondit à leurs plaisanteries par de nouveaux procès, qu'il plaida lui-même avec une chaleur infatigable et avec quelque talent. Les avoués devinrent, par la suite, un des objets principaux de son irritation; il les attaqua tantôt en corps, tantôt personnellement; les juges eux-mêmes ne furent point à l'abri des explosions de sa monomanie. La prison et l'amende furent employées sans succès pour en réprimer les effets; il subit notamment trois mois de prison, par suite d'une plainte rendue contre lui par les avoués Lemit et Normand. La famille de M. Selves, voyant sa fortune dépérir par les procès, avait voulu le faire interdire; mais il lui suffit de parler devant ses juges pour faire tomber une pareille accusation, et il fut établi par jugement qu'il n'avait pas perdu l'usage de la raison. Selves avoue, dans un de ses mémoires, que dans l'espace de quelques années, soixante-douze jugements ont été rendus dans des procès intentés ou soutenus par lui, et que ces procès lui avaient coûté dès lors 400,000 fr. La régie des domaines ayant réclamé de lui 40 fr., il résista et fut obligé définitivement de payer 3,000 fr. de frais. Selves était devenu la terreur du Palais, où les officiers ministériels faisaient effort pour se soustraire à son service, crainte d'avoir sous peu à plaider avec lui. Son fermier Seigle se vit traîner comme les autres dans l'arène judiciaire : à l'audience du 22 septembre 1818, l'on a entendu appeler trois procès entre Selves et son fermier, pour des canards tués, des arbres et des haies abattus. Cet infatigable plaideur, en terminant son orageuse carrière, n'avait pas encore cessé de plaider, car il avait laissé pendante une plainte contre son secrétaire, qui n'a été jugée qu'après la mort du plaignant». Selves a publié des Mémoires à l'occasion de tous ses procès, et M. Mahul, à qui nous empruntons cette notice, en a donné la liste dans son Annuaire nécrologique, ann. 1823, pag. 270-74 : ils sont au nombre de trente et un. Nous n'en donnons point la nomenclature, parce qu'aujourd'hui tous dorment d'un sommeil paisible.

Selves avait eu l'intention de réunir toutes les pièces de ses querelles sous le titre d'*Œuvres sur l'administration de la justice*, par J. B. Selves, etc., dédiées à la ville de Montauban, sa patrie. La dédicace en fut imprimée en 1822, in-8 de 16 pag. La réunion eût pu former cinq volumes dès cette époque.

SELVES, fils du précédent, cultivateur à Villeneuve-Saint-George, et industriel géographe et lithographe de l'Université.

— A Messieurs les cultivateurs et propriétaires voisins du canton de Brie, département de Seine-et-Marne. Première lettre. *Paris, Levavasseur*, 1829, in-8 de 32 pag.

— A MM. les cultivateurs et propriétaires. H. Selves, cultivateur du canton de Brie, dép. de Seine-et-Oise. Deuxième lettre. Nous serons délivrés des bêtes. *Paris, Levavasseur*, 1830, in-8 de 40 pages.

— Analyse des vingt premiers numéros de la collection des cahiers lithographiés pour exercer à la lecture des manuscrits. *Paris, Selves fils*, 1821, in-fol. d'une feuille.

— Atlas géographique. *Paris, Selves; L. Colas*, 1822, in-fol.

— Atlas géographique dressé sous la direction du Conseil royal de l'instruction publique, par H. Selves. Ire partie : Géographie ancienne, 16 cartes. — IIme partie : — Géographie du moyen âge et des temps modernes, 16 cartes. — IIIe partie : Géographie moderne actuelle, 16 cartes. — IVe partie : Supplémentaire de la Géographie moderne actuelle, 16 cartes. *Paris, Hachette*, 1835, 64 cartes cart. en vol. in-8, 18 fr.

— Cahiers d'écriture lithographiés. *Paris, Selves; L. Colas*, 1822, pet. in-fol.

M. Selves a publié plusieurs autres Atlas; mais

ceux-là, aussi bien que les deux que nous citons, n'ont été ni dressés ni gravés par lui. M. Selves a voulu rendre plus populaire l'étude de la géographie par l'application de la lithographie, et sa fortune lui a permis de rendre ce service aux classes secondaires et aux écoles élementaires, auxquelles M. Selves a destiné ses Atlas, des cartes muettes et parlantes, ainsi que divers cahiers d'écriture.

SELVES (D.... de). — Lettres russes. *Paris, Léopold Collin*, 1809, in-12, 2 fr. 50 c.

SELYS-LONGCHAMPS (le baron Michel-Edmond de), naturaliste à Liége; né à Paris, en 1813.
— Essai monographique sur les campagnes des environs de Liége, avec planches. *Liége*, 1836.

On a encore du baron de Selys-Longchamps un *Catalogue des oiseaux du pays de Liége*, disposés d'après une nouvelle méthode, inséré dans le Dictionnaire géographique de la province de Liége, par M. le doct. Meisser, 1831; plusieurs *Notices d'ornithologie et d'entomologie*, lues à la Société des sciences naturelles de Liége: ces notices n'ont point encore été imprimées.

SEMALLÉ (le comte de). — Réponse (sa) aux inculpations de M. le marquis de Brosses, dans son Adresse à la chambre des députés, en faveur de M. de Maubreuil; adresse qui a été renvoyée par la chambre au ministre de la justice. *Paris, L.-G. Michaud*, 1817, in-8 de 24 pag.

SEMALLÉ (la comtesse de). — * Manuel de dévotion à la sainte Vierge (partie latin, partie français). *Paris, de l'imp. de Pochard*, 1826, in-18, 5 fr.

Réimprimé en 1835 avec le nom de l'auteur. Paris, mad. Vignette; Denaix, 1835, in-18.

SEMELET (N.), orientaliste.

Il a publié une édition, en persan, du Parterre de fleurs de SAADI (1828), et une traduction française littérale du même ouvrage (1834).

SEMELIER (le). Voyez LE SEMELIER.

SEMET (L.-T.), poëte. — Guillaume de Nassau, ou la Fondation des Provinces-Unies, poëme en dix chants. *Lille, Bronner-Bauwens; Paris, Abel Ledoux; Levavasseur*, 1832, in-18, 2 fr.
— Jeanne d'Arc, poëme en dix chants. *Paris, Dufour et comp.*, 1828, in-18 avec une gravure. — Seconde édition, corrigée. *Lille, Bronner-Bauwens, et Paris, Abel Ledoux*, 1832, in-18, 2 fr.
— Mélanges littéraires. *Lille, Vanackère fils*, 1836, in-8 de 164 pages, 2 fr. 50 c.

Extraits de la Revue du Nord.

— Souvenirs poétiques de L.-T. Semet. *Lille, Bronner-Bauwens*, 1833, in-12, 2 fr.

SEMICHON (Franç.). — Causes (des) des maladies et des moyens de s'en garantir. *Paris, Langlois*, 1730, in-12.

SEMIDEI (l'abbé Paul-F.), prêtre administrateur de l'église Ste-Marguerite de Paris, ancien aumônier du 10e régiment d'infanterie légère.
— Sycophantologie, ou Réflexions religioso-politiques. *Paris, Prévost; Mansut*, 1835, in-8, 6 fr.
— Visione politica. *Avenione, da' torchi di Aubanel*, 1823, in-8 de 16 pag.

Un autre M. Semidei, avocat à la Cour royale de Corse, vraisemblablement de la même famille que le précédent, a publié, à Bastia, en 1827, le prospectus d'un recueil d'arrêts, sous le titre de: *Jurisprudence de la Cour royale de Corse*. Nous ignorons s'il en a paru quelque chose.

SEMILLARD-DES-OVILLIERS (l'abbé), curé de Tremblay.
— * Manuel des oisifs, contenant 700 folies et plus, avec des notes que plusieurs ont oubliées et que beaucoup ignorent, ou Charades par le doyen des sages. *Paris, de l'imp. des Quinze-Vingts*, 1786, in-8. (D. M.)

SÉMONVILLE (Charles-Louis HUGUET, marquis de), pair de France et ancien grand référendaire de la chambre de ce corps politique; né à Paris, en 1754. M. de Sémonville était conseiller au parlement de Paris, à l'âge de 24 ans. La révolution, dont il embrassa les principes avec chaleur, le fit ambassadeur à Bruxelles, à Turin et à Constantinople, cours qui refusèrent de le recevoir à cause de sa démocratie prononcée; membre du conseil des Cinq-Cents; conseiller d'État après le 18 brumaire, auquel M. de Sémonville avait pris part. Napoléon (que M. de Sémonville trahit pourtant dès la fin de 1813) presque aussitôt après s'être assis sur le trône, le nomma ambassadeur en Hollande, et le créa sénateur et commandant de la Légion d'honneur, en 1805; plus tard, sénateur titulaire de Bourges; enfin, commissaire extraordinaire dans la 21e division militaire. La restauration reconnut les services que M. de Sémonville lui avait rendus, et il fut créé par elle pair de France et grand référendaire de sa chambre. Il a perdu cette dernière dignité en 1835.

— * Réflexions sur les pouvoirs à donner aux États-Généraux. 1788, in-8.

Ouvrage attribué par Barbier à M. de Sémonville.

SEMONVILLE (Élise de), fille du précédent. Voyez la comtesse de MONTHOLON.

SEMPÉ (Jean), prêtre. — Relation de l'empoisonnement du P. Joseph de Labitte-Toupière, ex-capucin, desservant de Bosdarros, canton de Pau (Ouest), sous le nom de Jean Sempé, adressée par lui-même au plus endurci de ses persécuteurs. *Pau, de l'impr. de Véronèse*, 1818, in-8 de 32 pages.

SEMPERE Y GUARINOS (don Juan), ancien procureur du roi en la chancellerie de Grenade, membre honoraire du conseil des finances d'Espagne, et membre de l'Académie d'histoire de Madrid.

— Considérations sur les causes de la grandeur et de la décadence de la monarchie espagnole. *Paris, J. Renouard; Delaunay*, 1826, 2 vol. in-12, 6 fr.

— Histoire des cortès d'Espagne. *Bordeaux, Beaume; et Paris, Delaunay*, 1816, in-8, 5 fr.

— Lettre (sa) à M. l'éditeur de la Gazette de France. *Paris, de l'imp. de Rougeron*, 1820, in-8 de 4 pages.

Réclamation contre la lettre imprimée dans la feuille du 14 avril.

— Lettres à MM. F. G. et Jean Nellerto (Llorente), sur l'Histoire des cortès d'Espagne et sur les réfugiés espagnols. *Bordeaux, Beaume*, 1817, in-8 de 64 pag., 1 fr. 25 c.

— Memorias para la historia de lás constituciones españolas. Memoria primera sobre la constitucion gotico-española. *Paris, Rodriguez*, 1820, in-8, 3 fr. 50 c.

Antérieurement, don-Sempere a publié, dans sa patrie, plusieurs ouvrages importants, parmi lesquels :

1° Ensayo de una biblioteca española de los mejores escritores del reynado de Carlos III. Madrid, en la imprenta real, 1785-89, 6 tom. en 3 vol. in-8,

2° Historia del Luxo, y de las Leyes suntuarias de España. Ibid., 1788, 2 vol. in-8.

3° Biblioteca española economico-politica. Madrid. 1801-04, 3 vol. in-8.

4° Historia de los Vinculos y Mayorazgos. Ibid., 1803, in-8.

5° Historia de las Ventas ecclesiasticas de España. Madrid, 1822, in-12.

SENAC (Jean-Baptiste), médecin dont la réputation a été européenne, premier médecin du roi Louis XV, conseiller d'État, surintendant des eaux minérales du royaume, membre de l'Académie royale des sciences; né près de Lombez en ...., mort le 20 décembre 1770, âgé d'environ 77 ans.

— Anatomie (l') d'HEISTER (traduite du latin en français par SENAC), avec des Essais de physique sur l'usage des parties du corps humain (par le traducteur). *Paris*, 1724, 1735; *Paris, Vincent*, 1753, 3 vol. in-12.

Cette production de la jeunesse de Senac renferme ses opinions sur la structure et les usages des parties du corps humain, ou plutôt un choix très-judicieux des opinions les mieux constatées des anatomistes les plus célèbres du temps, et plusieurs remarques qui lui sont propres. Peu de médecins français ont montré plus de goût que Senac pour l'union de l'anatomie et de la pathologie. La première édition de ce livre a été traduite en anglais en 1734.

— * Cours (nouveau) de chimie, suivant les principes de Newton et de Stahl. *Paris, Vincent*, 1737, 2 vol. in-12.

Les auteurs de la Biographie universelle disent que c'est par une fraude très-condamnable qu'on a attribué à Senac cette mauvaise compilation de quelques étudiants.

— Discours sur la méthode de Franco et sur celle de M. Rau, touchant l'opération de la taille. *Paris*, 1727, in-12.

— Lettres de Julien Morisson sur le choix des saignées. *Paris*, 1730, in-12.

Ces lettres pseudonymes, fort piquantes, dans lesquelles Senac réfute la doctrine de Sylva sur la révulsion et la dérivation, et écrites contre plusieurs médecins du temps, attirèrent des désagréments à Lamétbrie, qui fut accusé d'en être l'auteur, et dont elles occasionnèrent en partie l'expatriation.

— * Recondita (de) febrium intermittentium tum remittentium natura, libri II. *Amstelodami, Detournes*, 1759, in-8, 4 fr.

Excellent ouvrage, mais dont quelques personnes ont douté que Senac fut l'auteur.

— Traité de la structure du cœur, de son action et de ses maladies. *Paris*, 1749, 2 vol. in-4.—Seconde édition, augmentée par A. PORTAL. *Paris*, 1774, 2 vol. in-4, fig., 21 fr.

Les biographes et les bibliographes citent des éditions de ce livre postérieures à 1774; mais il y a lieu de présumer qu'ils ont confondu le *Traité des maladies du cœur*, avec celui qui traite de sa *structure*.

Le *Traité de la structure du cœur*, qui a été traduit en anglais, est le plus important des ouvrages de l'auteur, lequel a profité sans doute des écrits de Lower; mais il s'est montré bien supérieur à l'anatomiste anglais, dont il a relevé des erreurs graves.

La dernière édition, revue et publiée par Portal, est la meilleure; Portal a rectifié plusieurs figures et les explications; les planches du péricarde, du cœur, du trou de Botalli, du ventricule, ont été ajoutées par lui. Si cet immortel ouvrage, dit Sprengel, n'a pas fait une nouvelle époque dans l'histoire des mouvements du cœur, c'est que les travaux de

Haller éclipsaient toutes les recherches des autres physiologistes.

Ouvrage capital, original; première bonne monographie organique publiée en France, et peut-être dans le reste de l'Europe; passée sous silence par Corvisart, et dont il serait à désirer que l'on donnât une nouvelle édition, refondue avec tous les travaux qui ont été faits depuis celle qu'a donnée Portal.

— * Traité des causes, des accidents et de la cure de la peste, avec un recueil d'observations, etc., sur la peste de Marseille et de Provence, fait et imprimé par ordre du roi. *Paris*, *Mariette*, 1744, in-4, 10 fr.

Avec Chicoyneau.

— Traité des maladies du cœur. *Paris*, *Barbou*, 1774, 2 vol. in-12; ou *Paris*, 1778, 2 vol. in-12, 6 fr.

Senac est aussi auteur de divers articles imprimés dans le Journal des Savants; il a inséré dans les Mémoires de l'Académie royale des sciences des *Réflexions sur les noyés*, dans lesquelles il prouve que la mort arrive, non parceque l'eau a inondé l'estomac ou les poumons, mais à cause de la seule interception du passage de l'air dans les voies aëriennes; un *Mémoire sur le diaphragme* et quelques autres mémoires.

Il a revu et publié la traduction de l'Histoire de la Médecine, depuis Galien jusqu'au XVIe siècle, de FREIND, à laquelle traduction il a joint un *Discours sur l'Histoire de la Médecine* (1728, in-4).

SENAC, fils du précédent. Voyez SENAC DE MEILHAN.

SENAC, chef de bureau au ministère du commerce et des travaux publics.

— Manuel des caisses d'épargnes et de prévoyance, ou Traité de l'institution et de l'administration de ces établissements, avec des modèles de statuts, de comptes courants, bordereaux, etc. *Paris*, *Dupont*, 1835, in-8 de 96 pag.; ou 1836, in-8 de 104 p., 3 fr.

Extrait de la Revue commerciale.

— Projet de société d'amélioration des animaux domestiques. *Paris*, *au bureau du Bulletin univ. des sc.*, 1826, in-8 de 12 pag.

— Revue commerciale, recueil de droit administratif et d'économie publique en matière d'agriculture, d'industrie et de commerce. *Paris*, *Dupont*, 1835, in-8.

Revue qui devait paraître mensuellement et par cahiers de 32 pag. Il n'en a été publié que le premier numéro.

M. Senac a été en outre le rédacteur de la section des Sciences agricoles et économiques du Bulletin universel de Férussac; il est aussi l'un des auteurs du Dictionnaire d'agriculture pratique, publié par Ascher-Éloy (1827).

SENAC (l'abbé A.), aumônier du collége Rollin.

— Christianisme (le) considéré dans ses rapports avec la civilisation moderne. *Paris*, *Ch. Gosselin*, 1837, 2 vol. in-8, 15 fr.

— Conférences sur le Christianisme considéré dans ses rapports avec la civilisation moderne, faites dans l'église de St-Etienne-du-Mont. Introduction. *Paris*, *de l'imp. de Rignoux*, 1836, in-8 de 36 pag.

SENAC DE MEILHAN (Gabriel), fils du médecin J.-B. Senac; né à Paris, en 1736, fut d'abord maître des requêtes, et devint ensuite par le crédit de son père et celui de la duchesse de Grammont successivement intendant des pays d'Aunis, de Provence, d'Avignon et de Hainaut. En 1775, le comte de Saint-Germain, nommé ministre de la guerre, choisit Senac de Meilhan pour intendant général de la guerre et des armées du roi; mais la manière d'être, de parler et d'agir de celui-ci ne convint ni aux troupes ni au ministre, qui s'en défit, très-peu de temps après l'avoir appelé. Quand la révolution vint, Senac de Meilhan qui avait perdu ses plus puissants appuis, refusa de prendre part à cette grande œuvre, et mit par là un terme à sa carrière politique. Il émigra de bonne heure et parcourut le nord de l'Allemagne, la Pologne, la Russie, fut à Venise et vint enfin se fixer à Vienne, en Autriche, où il est mort, le 16 août 1803.

— Annales de Tacite, traduct. nouv. Livres I et II. 1790, in-8.

— * Considérations sur l'esprit et les mœurs. *Londres* (*Paris*, *Gastelier*), 1788, in-8; et *Londres* (*Paris*, *Prault*), 1789, in-12.

Réimprimées avec des augmentations dans les Œuvres philosophiques et littéraires de l'auteur.

Senac de Meilhan, prétendant à des succès dans tous les genres, publia cet ouvrage un an après ses *Considérations sur la richesse et le luxe*. On jugea qu'il y avait plus d'esprit que de goût, plus de talent que de profondeur. L'imitateur de La Bruyère et de Duclos laissait voir trop promptement qu'il manquait de ce sentiment, qu iseul, constitue le moraliste; de ce penchant décidé pour la vertu, qui ne cherche à rendre le vice ridicule que dans l'espoir d'en corriger.

On avait cru reconnaître dans les *Mémoires d'Anne de Gonzague* (voy. plus bas), un ouvrage du siècle présent; les *Considérations* parurent être du siècle passé. L'auteur avait porté cependant un œil observateur, non seulement dans la société, mais dans sa famille: il raconte que: « Un mari disait à sa femme: *Je vous permets tout hors les princes et les laquais*; les deux extrêmes déshonorent par le scandale » Or, le mari en question était un fermier général, frère de l'auteur; et sa femme, dit Grimm, se *permit* précisément un prince, le comte de La Marche, depuis prince de Conti. Dans l'article sur le suicide, Senac dit *qu'il est peu de circonstance où l'on puisse taxer de faiblesse la résolution d'une mort volontaire*.

— * Considérations sur les richesses et le

luxe. *Paris*, *Valade*, 1787, in-8. — Nouv. édit., corrigée et augmentée. *Amsterdam* (*Paris*, *veuve Valade*), 1789, in-8.

Senac combattit, dans cet ouvrage, les opinions de Necker; celui-ci devint pour l'auteur un ennemi redoutable. On trouve dans ce livre des aperçus brillants, d'ingénieux raisonnements et des faits curieux. Le dialogue entre Samblançay et l'abbé Terray est fort remarquable. L'élégance du style est soutenue : il y a une grande clarté et des rapprochements souvent aussi justes qu'inattendus. Mais, entre autres reproches, on a trouvé trop de généralité, trop de vague dans cette assertion de l'auteur : « Toute société est fondée sur deux bases : *le besoin de subsistances et l'amour-propre.* » On préfère sa définition du luxe : c'est *l'emploi stérile des hommes et des matières* ».

— * Deux (les) Cousins, histoire véritable. *Paris*, *Desenne*, 1790, in-8 de 176 pag.

Roman dans le genre de Zadig.

— * Émigré (l'), roman historique. *Hambourg*, 1797, 4 vol. in-12.

— * F....manie (la). *Sardanopolis*, 1775, in-8.

Souvent réimprimé. C'est M. de Salgues qui dans une note du tome III de la seconde partie de la Correspondance de Grimm, attribue à Senac de Meilhan cette lubrique production.

— Gouvernement (du), des mœurs et des conditions en France avant la révolution, avec le Caractère des principaux personnages du règne de Louis XVI. *Hambourg*, *Gottlob. Hoffmann*, 1795, in-8.

Tout partisan qu'il était de l'ancien régime, Senac, dans son chapitre des *gens lettrés*, s'élève contre le préjugé qui interdisait à tout homme en place le goût et le talent d'écrire. C'est peut-être pousser un peu trop loin la tolérance, à propos des mœurs des femmes de la cour, de dire que ces dames avaient des *arrangements qui, par leur durée et le calme de la possession, étaient équivalents à des mariages!* Les portraits que l'on trouve à la fin du volume sont ceux de Maurepas, Turgot, Saint-Germain, Pezai, Necker et Brienne. C'était le fort de l'auteur.

Réimprimé la même année à Paris, sous le nom de l'auteur; et avec (quelques notes et) le *Caractère des principaux personnages du règne de Louis XVI.* Paris, Maradan, 1814, in-8, 3 fr.

— * Lettre à Mad. de ***. *Paris*, *Desenne*, 1792, in-8 de 26 pag.

C'est le récit de la première entrevue de l'auteur avec Catherine II. Cette lettre a été réimprimée dans le second volume des Œuvres philosophiques et littéraires de Senac.

— Mélanges de philosophie et de littérature. *Brunswick*, 1789, petit-in-8.

Réimpr. en 1795 pour former le second volume des Œuvres de l'auteur.

— * Mémoires d'Anne de Gonzague, princesse Palatine. *Londres et Paris*, *veuve Valade*, 1786, et 1789, in-8.

Cet ouvrage d'abord, et ensuite la question de savoir s'il était authentique, occupèrent beaucoup le public. Il parut à ce sujet des articles très-bien faits et plusieurs lettres dans le Journal de Paris. Bientôt il fut prouvé que ce n'était qu'une imitation très-habile et très-piquante, un jeu d'esprit plus curieux qu'utile. Le succès que le livre obtint fut en partie dû aux soins qu'avait pris l'auteur de recueillir tout ce qui pouvait, dans les divers mémoires du temps, avoir trait au procès du cardinal de Rohan, qui occupait alors les esprits. L'auteur donna, en avril 1789, une nouvelle édition revue, corrigée et augmentée, à la tête de laquelle il répondit aux objections qui avaient été faites contre l'authenticité, et chercha moins à la prouver que le soin qu'on avait eu de ne rien laisser entrer dans ces Mémoires qui n'eût pu avoir été dit par Anne de Gonzague. La Harpe a parlé de la première édition dans sa Correspondance, tome V.

— Œuvres philosophiques et littéraires. *Hambourg*, *B.-G. Hoffmann*, 1795, 2 vol. petit in-8.

Le premier volume contient les *Considérations sur l'esprit et les mœurs*; et le second, sous le titre de *Mélanges philosophiques et littéraires et Portraits de quelques personnes célèbres de France*, les ouvrages suivants : 1° Dialogues, au nombre de dix; 2° quatre Lettres, dont une à Klopstock, une sur la Russie adressée à madame de ***, une autre sur Potemkin, etc.; 4° les Portraits, etc.

Suivant les auteurs de la Biographie universelle, parmi les morceaux qui composent le second volume il s'en trouve un *sur le masque de fer*; mais le morceau le plus curieux est la *Comparaison de saint Pierre de Rome avec Catherine II.* L'impératrice vivait encore lors de l'impression de ce ridicule et extraordinaire parallèle.

— Portraits et Caractères des personnages distingués de la fin du XVIIIe siècle, suivis de pièces sur l'histoire et la politique, par M. Senac de Meilhan; précédés d'une Notice sur sa personne et ses ouvrages, par M. de Levis. *Paris*, *de l'imp. de Crapelet*; *J. G. Dentu*, 1813, in-8, 5 fr.

Réimpr. avec la 3e édition (de 1814) de l'ouvrage intitulé du *Gouvernement*, *des Mœurs*, *etc.*, de l'auteur.

C'est par erreur que M. Hipp. de La Porte a présenté dans sa Notice sur Senac de Meilhan de la Biographie universelle les *Portraits et Caractères* comme imprimés pour la première fois en 1813, puisqu'ils avaient été publiés à Hambourg, dès 1795, à la suite du livre intitulé *Du Gouvernement*, *des mœurs*, *etc.* (voy. plus haut).

Il existe une autre notice sur Senac de Meilhan : c'est celle de sir Quentin Craufurd, impr. dans ses Essais sur la littérature française, écrits pour l'usage d'une dame étrangère (Paris, 1803, 2 vol. in-4; ou Paris, 1815-18, 3 vol. in-8). Le portrait de Senac de Meilhan a été gravé par Bervic, d'après Duplessis. La souscription indique qu'il lui fut offert par la ville de Valenciennes, en 1783.

— * Principes (des) et des causes de la révolution en France. *Londres et Paris*, 1790; *Saint-Pétersboug*, 1791, in-8.

Senac de Meilhan a laissé un assez grand nombre de manuscrits qui étaient restés en la possession de M. l'abbé Kentzinger, de Vienne. Ils furent rapportés à Paris, en 1809, et quatre ans plus tard M. le duc de Levis fit imprimer un choix de quelques pièces inédites à la suite d'une nouvelle édition des Portraits et Caractères. (*Biogr. universelle.*)

SÉNANCOUR (Etienne-Pierre de), écrivain philosophe et littérateur distingué; né à Paris, en novembre 1770.

— Amour (de l') considéré dans les lois réelles et dans les formes sociales de l'union des deux sexes. *Paris, Cérioux*, 1805, in-8, 5 fr. — Troisième édit., avec des additions et des changements considérables. *Paris, Trinquart*, 1828, in-8, 5 fr. — Quatrième édition (retouchée de nouveau) et la seule complète. *Paris, Ab. Ledoux*, 1834, 2 vol. in-8, 15 fr.

La seconde édition est de 1808, in-8.

Lorsque cet ouvrage parut, il produisit de l'enthousiasme chez quelques-uns, une sorte de rage chez beaucoup d'autres. Ces sentiments s'expliquent à la lecture de l'ouvrage. L'auteur s'y affranchit trop complétement peut-être des préjugés les plus universels; il les attaque avec une vivacité de talent qui dut attirer la colère de ceux qui croient de leur devoir ou de leur intérêt de les défendre; c'est un acte d'accusation contre notre organisation sociale tout entière. Il faut l'avouer, les paradoxes sont nombreux dans ce livre; mais ils sont présentés avec tant d'art, avec une argumentation si pittoresque et si vive, qu'il est difficile de n'être pas séduit. L'auteur, du milieu même de ses sophismes, fait jaillir une foule d'observations neuves et profondes. Au surplus, en donnant ici la table des chapitres, nous ferons mieux juger de tout l'intérêt que présente cet ouvrage si remarquable sous le rapport du style et de la pensée.

De l'ordre général. — Des affections humaines. — De l'amour. — Du sentiment de l'amour. — Du plaisir. — De l'amour, considéré selon la différence des sexes.—De l'amour selon les lieux et selon d'autres circonstances. — Des mœurs austères. — De la continence. — De la chasteté. — Des mœurs chez quelques peuples anciens. — Du système moral consacré maintenant. — Des préventions contre l'amour. — De la liberté sans licence. — Si tout l'honneur des femmes doit consister dans la chasteté. — Des préventions exclusives. — De la constance. — De la pudeur. — De la nudité. — De la possession. — De quelques difficultés. — Des devoirs. — Du mariage. — Des lieus regardés comme incestueux. — De la polygamie. — Du partage et de l'illégitimité. — De l'adultère. — Du viol. — Des rapprochements étrangers à la loi des sexes. — D'un autre abus. — L'ordre moral exige-t-il qu'on se borne à ce que les lois autorisent positivement? — De la diversité des opinions. — Du soin de laisser ignorer durant la première jeunesse ce qui concerne l'amour. — De l'influence de l'âge sur les penchants. —Difficultés de la simple amitié entre des personnes de sexe différent. — De l'affection entre les pères et les enfants. — De quelques usages. — Du style dans la plupart des romans. — De certaines locutions. — Dernières réflexions. — Notes (la 44ᵉ est relative au divorce).

— Isabelle, lettres publiées par de Sénancour. *Paris, Ledoux*, 1833, in-8, 3 f. 75 c.

— Lettre d'un habitant des Vosges, sur MM. Buonaparte, de Châteaubriand, Grégoire, Barruel, etc., publiée par M. de Sénancour. *Paris, Chanson*, 1814, in-8 de 36 pag., 1 fr. — Seconde et dernière Lettre d'un habitant des Vosges. *Paris, Chanson*, 1814, in-8 de 36 pag., 1 fr.

— Libres Méditations d'un solitaire inconnu, sur le détachement du monde et sur d'autres objets de la morale religieuse. *Paris, Mongie aîné*, 1819, in-8, 6 fr. — Sec. édit. (entièrement revue). *Paris, Vielh de Boisjolin*, 1830, in-18, 5 fr.

Le solitaire auquel M. de Sénancour attribue cet écrit plein d'une morale si pure, semble n'avoir conservé de la croyance ordinaire qu'une foi religieuse et indépendante qui est celle des déistes, et même un peu celle des théosophes. Cependant il n'est pas opposé au Christianisme, et il se plaît à en citer les livres sacrés. D'après quelques pages où ce solitaire paraît s'être attaché surtout à joindre à une continuelle justesse l'élévation, la profondeur, ou une sorte de poésie mâle et simple, il est aisé de reconnaître que l'éditeur et l'auteur ne font qu'un, puisque la manière de l'écrivain distingué dont nous parlons n'appartient qu'à lui. Cette manière, plus hardie que celle des auteurs classiques, et plus scrupuleuse que celle des plumes romantiques, se reconnaît assez souvent jusque dans d'excellents articles du Constitutionnel et du Mercure.

M. de Senancour a de nouveau retouché cet ouvrage depuis 1830, et est sur le point d'en mettre sous presse la troisième édition, assez augmentée pour pouvoir former cette fois-ci 2 vol. in-8.

— Napoléon (de). *Paris, Laurent-Beaupré*, 1815, in-8 de 16 pag.

— Obermann. Lettres publiées par M. de Sénancour. Avec cette épigraphe : « Etudie l'Homme, et non les hommes. » Pythag. *Paris, Cérioux*, 1804, 2 vol. in-8, 9 fr.; sur carré fin double d'Angoulême, 11 fr., et sur pap. vélin (tiré à petit nombre), 18 fr. — Seconde édition (augmentée d'un Supplément), avec une préface de Sainte-Beuve. *Paris, Abel Ledoux*, 1833, 2 vol. in-8, 15 fr.

Indépendamment de la préface qui se trouve en tête de ce livre, M. Sainte-Beuve est l'auteur d'un autre morceau fort remarquable : c'est une appréciation des diverses productions de M. de Senancour, plus juste que celle que nous pourrions faire ici; elle a paru d'abord dans la Revue de Paris, janvier 1832, et elle a été réimprimée dans le tome Iᵉʳ des Critiques et Portraits littéraires de cet aristarque distingué.

— Observations critiques sur l'ouvrage intitulé : Génie du Christianisme (par M. de Châteaubriand); suivies de quelques réflexions sur les écrits de M. de B. (de Bonald), relatifs à la loi du divorce. *Paris, Delaunay*, 1816, in-8, 4 fr.

Ouvrage proscrit par la censure d'alors.

Ces Observations n'ont pas été écrites pour le mince avantage de l'emporter en raisonnements sur le célèbre interprète de Chactas, mais pour remettre des choses à la place des mots. A la suite de ces Observations, qui généralement paraissent sans réplique, la métaphysique de Clarke, adoptée par M. de Châteaubriand, est examinée sévèrement. M. de Senancour avait préparé, dit-on, une seconde édition de cet excellent modèle d'une critique si forte et pourtant si impartiale : il eût bien fait de la publier au moment où l'on s'apprêtait à publier les Œuvres complètes de l'écrivain célèbre qui, s'il n'a pas toujours, ainsi que M. de Senancour, de génie dans la pensée, en a toujours du moins comme lui dans le style.

— Quatorze juillet 1815. *Paris, de l'imp. de Lanoë*, 1815, in-8 de 8 pag.

— Résumé de l'histoire de la Chine (surtout d'après le Tong Kein Kang Mou). *Paris, Lecointe et Durey*, 1824, in-18, 2 fr. 50 c.

Réimprimé dans la même année.

— * Résumé de l'histoire romaine. Par M. de S***. République romaine. *Paris, Lecointe et Durey*, 1827, in-18, 3 fr. — Empire romain. *Ibid.*, 1827, in-18, 3 fr.

Indication qui nous est fournie par un prospectus des éditeurs de la collection générale de Résumés historiques; pourtant M. Guyot de Fère, qui paraît avoir eu des communications de M. de Senancour, ne cite point ces deux volumes, et une note qui nous a été communiquée par une personne qui connaît très-bien toutes les productions de l'honorable écrivain qui fait l'objet de cet article, ne parle pas davantage de ce Résumé de l'histoire romaine.

— * Résumé de l'histoire des traditions morales et religieuses chez les divers peuples. Par M. de S***. *Paris, Lecointe et Durey*, 1825, in-18. — Seconde édition, revue. *Ibid.*, 1827, in-18, 3 fr.

C'est une sorte de complément pour la collection des Résumés, publiée par Lecointe et Durey.

Cet ouvrage fut condamné, en 1827, par un jugement qui fut cassé par la Cour royale, le 22 janvier 1828.

— Rêveries sur la nature primitive de l'Homme, sur ses sensations, sur les moyens de bonheur qu'elles lui indiquent, sur le mode social qui conserverait le plus de ses formes primordiales. 1798-99. — Sec. édit. (très-retouchée). *Paris, Cérioux*, 1802, in-8, 3 fr. — Troisième édit. (encore plus retouchée). *Paris, Ab. Ledoux*, 1833, in-8, 7 fr. 50 c.

A l'époque où parut ce livre pour la première fois, les pages descriptives contenues dans ce volume (qui parut avant Atala) étaient alors, avec celles de Bernardin de Saint-Pierre, les seules peut-être où l'on trouvât la peinture des lieux et des choses comme un moyen de ces impressions morales dont la force varie tant selon les caractères, et dont l'étendue avait peu occupé les Anciens.

L'auteur publia les *Rêveries sur la nature de l'Homme* comme le préambule d'un très-grand ouvrage, auquel il travaillait avant la révolution, mais que les orages du temps lui ont fait malheureusement abandonner. Le livre intitulé *De l'Amour* est lui-même un fragment essentiel et bien remarquable de l'ouvrage important dont nous venons de parler : *Obermann*, ainsi que les *libres Méditations d'un solitaire*, se rattachent aussi à ce grand tableau.

Nous avons fait remarquer que chaque fois que M. de Senancour a publié une nouvelle édition de l'un ou de l'autre des quatre ouvrage rappelés dans la dernière note, il y a fait d'importants changements : avis alors aux éditeurs futurs des œuvres de ce littérateur distingué ; ils auront des variantes à donner.

— Simples Observations soumises au congrès à Vienne, et au gouvernement français, par un habitant des Vosges, publiées par M. de Senancour. *Paris, Delaunay, etc.* 1814, in-8 de 32 pag., 1 fr.

— * Vocabulaire (petit) de simple vérité. *Paris, au bureau de la Bibliothèque populaire*, 1833, in-18. — Seconde édition (avec quelques additions et corrections). *Ibid.*, 1834, in-18, 35 c.

Petit ouvrage qui fait partie de la Bibliothèque populaire. Ni l'une ni l'autre de ces éditions n'ont été annoncées par le Journal de la librairie.

Les principaux écrits de M. de Sénancour n'ont pas fait, du moins dans le public, toute la sensation qu'ils auraient pu produire, s'ils n'eussent pas appartenu à l'homme le plus impartial et le moins remuant, plus encore par principe que par caractère. Il en a surtout été ainsi des *Libres Méditations d'un solitaire* ; et cependant, sans parler du style, si pur dans plusieurs pages, les plus belles peut-être de la langue française, ce livre contient les seuls sermons que les générations actuelles demandent à entendre, quelque effort que fassent certains hommes pour les obliger à en écouter d'autres. Mais, en général, on peut faire au vertueux philosophe dont nous nous occupons ici le reproche de ne pas s'adresser assez souvent au plus grand nombre de lecteurs, et de se montrer trop indifférent à sa réputation littéraire. On oserait penser que, dans ces temps d'un mouvement si rapide et si continu, l'homme de génie ne doit pas dédaigner d'aller au-devant de la renommée, non pour la vaine gloire de faire répéter son nom, mais pour que sa haute pensée obtienne plus promptement l'heureuse influence qu'elle doit inévitablement avoir un jour sur les destinées des hommes.

(*Biogr. des gens de lettres vivants.*)

M. de Senancour a participé à plusieurs journaux littéraires, et, entre autres, au Constitutionnel, surtout de 1818 à 1828 ; à l'Observateur, journal royaliste qui n'a eu qu'une existence éphémère ; à la Minerve littéraire et au Mercure du XIXe siècle. L'auteur se propose de réunir les principaux morceaux qu'il a fournis à ces divers journaux et d'en former un ou deux volumes de *Fragments* ; déjà un volume a été annoncé en 1834, sous ce titre, mais il n'a pas été imprimé.

M. de Senancour a aussi fourni de nombreux articles à la Biographie universelle et portative des contemporains. Il a dans son portefeuille quelques manuscrits non achevés.

SENANCOUR (mademoiselle A.-Eulalie-Virginie-P. de), fille du précédent; née à Fribourg, en Suisse, vers.....

— Conquêtomanie (la), ou Aventures burlesques du grand Barnabé. *Paris, Lecointe et Durey*, 1827, 2 vol. in-12, 5 fr.

Roman satirique dont Napoléon est le point de mire.

— Héros (les) comiques, nouvelles adressées aux dames. *Paris, Ch. Malo*; *L. Janet*, 1820, 2 vol. in-12, 5 fr.

—Pauline de Sombreuse. *Paris, Ch. Malo*, 1821, 4 vol. in-12, 10 fr.

« Dans ce dernier roman, un certain comte de Marsame, plein d'une énergie capricieuse ou d'une sorte de bizarrerie attachante, rappelle, et quelquefois avec avantage, mais sans l'imiter, le Lovelace anglais. Dans ce même roman, Hélène est au personnage principal ce que Claire est à Julie dans la Nouvelle Héloïse; et si Pauline reste inférieure à Julie, Hélène est beaucoup plus intéressante que madame d'Orbe.»

— Veuve (la), ou l'Épitaphe. *Paris, Al. Eymery*, 1822, 4 vol. in-12, 9 fr.

« En général, les romans de mademoiselle de Senancour offrent des caractères variés et souvent neufs, des situations pittoresques, une manière moins soignée, moins étudiée que libre et originale ».

Mademoiselle de Senancour débuta dans la littérature en 1814 : ce fut le Mercure de France qui accueillit ses premières inspirations; depuis lors elle a donné un très-grand nombres d'articles, de nouvelles, d'esquisses de mœurs, d'analyses de livres, etc., aux journaux suivants : la Gazette de France (feuilletons, 1820-21); — l'Abeille, rédigée par madame Dufrénoy (1821); — le Panorama des nouveautés parisiennes (1824-26); — le Diable boiteux (1823-25); — le Frondeur impartial (1825-26); — le Mercure du XIXe siècle (1826); — la Pandore (1827-28); — le Bonhomme Richard, journal quotidien (1832-33); — le Journal des Femmes, rédigé par madame Richomme (1833-35); — l'Impartial (1834); — Les Femmes, journal du siècle, rédigé par madame de Montferrand (1836); — la Gazette des Salons (1836).

Mademoiselle de Senancour a divers manuscrits achevés ou près de l'être.

SÉNANGES. — Répertoire (le), ou l'Assemblée comique. Scènes d'ouverture, en vaudevilles. *Bordeaux, Dubois et Coudert*, an IX (1801), in-8.

SENAR (Gabriel-Jérôme) et non Senart (comme on l'a imprimé sur le titre de ses Mémoires), secrétaire rédacteur et agent missionnaire du terrible comité de sûreté générale; né à Châtellerault, en 1760, il était avocat en la sénéchaussée de l'Ile-Bouchard lorsque la révolution de 1789 éclata; il ne tarda pas à aller exercer sa profession à Tours, où, vers la fin de 1791, il fut nommé procureur de la commune; destitué peu après, il parvint à s'introduire au comité de sûreté générale. Après la mort de Robespierre, Senar fut arrêté comme terroriste. Après un an de détention, il fut mis en liberté, et se rendit à Tours, et là, cet homme qui s'était glorifié autrefois d'être révolutionnaire par principes, détesta publiquement sa conduite révolutionnaire. Senar est mort repentant à Tours, le 10 mars 1796.

— Brigands (les) de la Vendée en évidence. An III (1795), in-8.

Cet opuscule donna lieu à la publication d'un écrit intitulé : « Théorie des conspirations mise à découvert, ou Réponse des patriotes de Tours au libelle de Senar, etc.» Tours, Vauquier et l'Héritier, in-8.

— Révélations puisées dans les cartons des comités de salut public et de sûreté générale, ou Mémoires (inédits) de Sénart; publiées par Alex. Dumesnil. *Paris, chez les princ. libr. (Baudouin frères)*, 1824, in-8, 6 fr.

Réimpr. dans la même année.

Senar avait composé un très-gros volume de ses affreux souvenirs; mais voulant le faire imprimer, il le réduisit à moitié, l'intitula *Révélations, etc.*, et y mit cette épigraphe, omise par son éditeur, qui renferme la pensée qui dominait alors l'auteur :

Exterminez, grands dieux, de la terre où nous sommes,
Quiconque avec plaisir répand le sang des hommes.

« On ne sait, dit M. Eckard dans sa Notice sur Senar (Biogr. univ.), ce qu'est devenu le gros volume que cet ancien agent républicain avait composé et qu'il appelait aussi le *Grand-Livre des crimes*. Quant à la partie qu'il voulait faire imprimer de son vivant, elle a été longtemps dans les mains de M. Dossonville, qui l'a vendue à M. de Dumesnil, lequel s'est donné la peine de la revoir et de la publier, sur l'autographe, dans la « Collection des Mémoires relatifs à la Révolution », et sous le titre de *Révélations, etc.* »

« Écrits avec un enthousiasme républicain, continue M. Eckard, les récits de Senar révèlent en effet des crimes ignorés ou mal connus, commis par de grands coupables, et ils indiquent où étaient déposées, de son temps, les preuves peut-être introuvables aujourd'hui, si même elles ne sont pas anéanties, de ces terribles accusations. Mais n'ayant pas été revus par lui, ainsi qu'il se l'était proposé, ces récits, d'un style incorrect et quelquefois cynique, sont restés sans ordre et remplis de noms et de détails obscurs. C'est là qu'on retrouve ces horribles expressions figurées familières aux massacreurs, *broyer du rouge*. Enfin l'ouvrage de Senar ne doit pas être lu sans précaution; les derniers chapitres surtout, fruits d'une imagination exaltée, ne sont pas exempts d'erreurs ni de faussetés. L'éditeur n'a indiqué que par des initiales les noms de quelques hommes vivants, qui n'y jouent pas un rôle honorable. »

M. J. Eckard est auteur d'une lettre à M. Alexis Dumesnil, éditeur des Mémoires de Senar ou Senard (Paris, Ch. Gosselin, 1824, in-8 de 24 pag., avec un fac-simile de l'écriture et de la signature de l'auteur de ces Mémoires). Cette Lettre rappelle des faits historiques importants, et qui, puisés dans des notes de la main de Senar, ne laissent aucun doute.

SÉNART (J.-F.). — Mon Voyage dans les Ardennes, en septembre 1819, en vers. *Paris, Vigor Renaudière*, 1821, in-8.

SENAUD (le docteur). — Courses de chevaux qui ont eu lieu à Aurillac, chef-lieu de la préfecture du Cantal, les 3 et 5 mai 1822 (en vers). *Aurillac, de l'imp. de Picut*, 1822, in-8 de 8 pag.

— Dernier (le) Mot du docteur Senaud. (En vers). *Aurillac, Picut*, 1822, in-8 de 8 pag.

— Réflexions, Lettres, Discours et Ode.

Peaux, Peyrier, 1822, in-8 de 8 pag., 50 c.

SENAUD (C.). — Grammaire (nouv.) latine. *Aurillac, de l'impr. de Picut*, 1823, in-12.

SENAULT (L.-A.-J.). — Pétition aux États-Généraux, suivie d'Observations sur les rapports faits au roi relativement aux moyens de venir au secours de l'agriculture, et concernant le commerce illimité des grains. *Bruxelles, Vanderstraeten*, 1824, in-8, 1 fr. 25 c.

SENBAUZEL, l'un des rédacteurs du Recueil des arrêts de la Cour royale d'Agen (1824).

SENDTNER (J). — * Description de la ville de Munich, capitale de la Bavière, et de ses environs. Avec des vues et un plan. *Munich, Lindauer*, 1820, in-12, 5 fr.

SENÉ (Jean-Antoine-Etienne), docteur en médecine, professeur de chimie à la Faculté des sciences de Dijon, membre de l'Académie de cette ville et de diverses sociétés savantes; né à Marseille (Bouches-du Rhône), en 1777.
— Essai physiologique sur l'habitude, ouvrage mentionné honorablement par la faculté de médecine de Paris. 1812.

L'année suivante, l'auteur donna, dans la Bibliothèque médicale, un Supplément à cet ouvrage, où il considère l'*habitude sous les rapports de la pathologie et de la thérapeutique*. Il a fourni, en outre, au même journal, et à quelques recueils périodiques, plusieurs articles estimés de médecine et de physiologie. (*Biogr. des Bouches-du-Rhône.*)

SENEAUX (F.). — Oppression et abus de pouvoir exercés par M. Chaptal, etc., envers M. Draparnaud, professeur, et envers la famille Seneaux, etc. Exposition de faits et plaintes humblement adressés à ce sujet à S. M. l'empereur des Français et roi d'Italie. *Montpellier*, 1808, in-8.
— Réflexions apologétiques sur le discours prononcé à la rentrée de la faculté de médecine de Montpellier, dans sa séance publique du 30 novembre 1816, par M. Broussonet. *Montpellier, Tournel*, 1817, in-8.

M. J. Seneaux a été l'éditeur du Cours théorique et pratique de matière médicale-thérapeutique sur les remèdes altérants de Barthez, auquel il a joint un Discours préliminaire et des notes additionnelles.

SENEAUX (J.-F.), fils du précédent.
— Principes d'artrologie, ou l'Art d'étudier méthodiquement les articulations du corps humain. Seconde édition, revue, corrigée, et suivie d'un tableau analytique de la vaccination et de ses effets, comparés à ceux de la petite vérole et de l'inoculation. *Montpellier, Delmas*, 1806, in-8.

SENEBIER (Pierre), né à Arles, en 1715, mort en 1778. Senebier, en enseignant l'arithmétique aux négociants, découvrit la bonne route pour les familiariser avec cette science et celle du commerce, et il l'a fait connaître dans les ouvrages suivants :
— Art (l') de tenir les livres en parties doubles. In-4.
— Traité d'arithmétique, où l'on démontre les principes et la pratique du calcul dans l'ordre le plus naturel et avec la plus grande précision, surtout relativement aux affaires ordinaires d'intérêt, à celles du commerce et aux opérations de l'alliage et de l'arpentage. *Lausanne*, 1771, et 1774, in-4.
— Traité des changes et des arbitrages. *Genève*, 1753. in-4. — Nouv. édition. *Paris*, 1797, in-4, 10 a 12 fr.

SENEBIER (Jean), ministre du saint Évangile en 1765, pasteur d'une église de campagne (Chancy), en 1769, l'un des bibliothécaires de la république de Genève en 1773, membre de l'Acad. des sciences de Sienne, de la Société des sciences de Harlem, de la Société météorol. de Manheim, de la Société royale des arts et sciences d'Orléans, de la Société d'agricult. de Turin, de la Société des sciences physiques de Lausanne, corresp. de l'Académie royale de Turin, membre de la Société d'hist. nat. de Bordeaux, de la Société philomatique de Paris, correspondant de l'Institut national, et d'autres académies et sociétés savantes (M. Maunoir, dans son Éloge de Senebier, en indique jusqu'à 27); né en mai 1742, à Genève, où il est mort, le 22 juillet 1809.
— Catalogue raisonné des manuscrits conservés dans la bibliothèque de la ville et république de Genève. *Genève, Barth. Chirol*, 1779, in-8.

« Ce Catalogue est très-curieux, dit M. Peignot, dans son Répertoire bibliographique universel; il est divisé en trois parties : la première contient les manuscrits orientaux, la seconde les manuscrits latins, et la troisième les manuscrits français, italiens et espagnols. Avant Senebier, Baulacre avait déjà fait connaître, dans divers journaux, plusieurs manuscrits de la bibliothèque de Genève. »

Nous ferons la remarque, en passant, que, dans la citation de ce Catalogue, par M. Peignot, il s'est glissé une faute typographique, qui fait remonter sa publication à 1719 : Senebier n'est né qu'en 1742.

Senebier a fait précéder son Catalogue par des Réflexions sur l'utilité des manuscrits et sur les avantages qu'on retirera t de la publication des catalogues de tous ceux qui sont disséminés en Europe. Sans parler des travaux qui ont été faits depuis 1779, un Allemand, M. Gust. Haenel, a récemment rempli les vœux de Senebier en publiant le Catalogue des manuscrits qui se trouvent dans les (principales) bibliothèques de la France, de la Suisse; en Belgique, en Angleterre, en Espagne et en Portugal (Leipzig, 1830, 3 part. in-4).

Senebier a laissé inédit un travail de bibliothécaire dont la publication ne serait pas sans utilité; c'est un *Mémoire sur la disposition d'une bibliothèque*.

— Contes moraux. *Genève*, 1770.

Cités par M. Maunoir dans le Catalogue des ouvrages de Senebier à la suite de son Éloge de cet écrivain. « Ces *Contes moraux*, dit le biographe de Senebier, ne furent pas goûtés en France, et cependant ils obtinrent l'honneur de trois traductions allemandes. Cet ouvrage, dans lequel se trouvent de temps en temps des traits d'une sensibilité douce et aimable, n'était pas fait pour réussir. Senebier trop jeune ne connaissait la société que par ce que les livres lui en avaient appris. L'éducation qu'il avait reçue de ses parents l'avait constamment éloigné du monde; il s'en était fait une fausse idée, et ses Contes se sont ressentis de ses préjugés. Au reste, il les a jugés lui-même plus sévèrement que ses lecteurs. ».

—*Dictionnaire des forêts et bois. (Tom. Ier, première et seconde parties.) *Paris*, *Agasse*, 1790-1815, un vol. in-4, 20 fr.

Ce Dictionnaire fait partie de l'Encyclopédie méthodique. La première partie du volume traite des forêts et des bois et de la physiologie végétale; l'autre partie est consacrée au solivage des bois. Les sections qui traitent des forêts et bois, ainsi que du solivage des bois, sont de Blanquart de Sept-Fontaines; la physiologie végétale est de J. Senebier. M. de Prony a revu la dernière partie, qui traite du solivage des bois, publiée seulement en 1815.

Senebier refondit plus tard la section qui lui appartenait, la développa et la publia en 1800, sous le titre de *Physiologie végétale* (voy. plus bas).

— Dissertatio de polygamiâ. 1765, in-4.

Premier ouvrage de l'auteur.

— *Éloge historique d'Albert de Haller, avec un Catalogue complet de ses œuvres. *Genève*, *Bardin*, 1778, in-8.

— Essai sur l'art d'observer et de faire des expériences. Seconde édition, considérablement augmentée. *Genève*, *Paschoud*; *Paris*, *Fuchs*, 1802, 3 vol. in-8, 12 fr.

La première édition, qui parut en 1775, sous le titre de l'*Art d'observer*, ne forme que deux volumes.

« La seconde édition est un ouvrage entièrement neuf, par les nombreuses additions que l'auteur y a faites. Après avoir établi que l'art d'observer est celui d'acquérir et de communiquer des idées claires et exactes des objets extérieurs, Senebier indique les qualités et les connaissances nécessaires à l'observateur, et les moyens qu'il doit employer pour se garantir de l'erreur. Il passe ensuite à l'examen des méthodes d'observation, et montre comment on peut s'assurer de leur justesse. Il termine enfin par un coup-d'œil sur l'art des expériences. Une table analytique, très-bien faite, complète cet ouvrage, l'un des livres qu'on peut recommander avec le plus de confiance aux personnes qui se livrent à l'étude des sciences physiques. »

— Expériences pour servir à l'histoire de la génération des animaux et des plantes, par l'abbé Spallanzani; avec une ébauche de l'histoire des êtres organisés avant la fécondation. *Genève*, *Barth. Chirol*, 1785, in-8, 5 fr.

Ces deux derniers ouvrages parurent ensuite sous le titre d'*Opuscules de physique animale et végétale*. Paris, 1787, 3 vol. in-8.

— Expériences sur la digestion de l'Homme et des différentes espèces d'animaux, par l'abbé Spallanzani (trad. de l'ital.); avec des Considérations sur la manière de cet auteur pour interpreter la nature et les conséquences pratiques qu'on peut tirer de ses découvertes. *Genève*, 1783, in-8, 5 fr.

— Expériences sur l'action de la lumière solaire dans la végétation. *Genève*, *et Paris*, *Buisson*, 1788, in-8.

— Histoire littéraire de Genève. *Genève*, *Barde*, *Manget et compagnie*, 1786, 3 vol. in-8.

Cet ouvrage présente un tableau complet de l'état des lettres et des sciences à Genève, dans chaque siècle. Senebier y donne l'histoire individuelle des savants, avec un catalogue raisonné de leurs ouvrages et de leurs découvertes; il apprécie leur mérite avec une sage impartialité, et indique aux amateurs quels sont ceux qui sont les plus dignes d'être connus. Senebier a fait précéder son Histoire par un *Essai sur l'utilité de l'histoire littéraire d'un pays pour ses habitants* (en 16 pag.), et par un morceau intitulé : *Influence des lettres sur la religion*, *le commerce*, *les arts et les mœurs dans Genève*, terminé par un Catalogue des histoires manuscrites et imprimées à consulter sur l'histoire de Genève. Dans ce dernier morceau l'auteur retrace les progrès des lumières pendant la période dont il écrit l'histoire; il suit la marche des sciences au milieu des ténèbres du moyen âge, et jusqu'aux beaux temps de la fin des XVIIe et XVIIIe siècles. Il fait voir surtout quel développement la réformation donna au caractère et à l'esprit des habitants de Genève, et quelle fut sur l'Europe l'influence de ce grand événement. Le troisième volume est terminé par un écrit intitulé : *Examen de ce que la république des lettres doit à Genève, et des progrès que les savants génevois ont fait faire à l'esprit humain.*

Cette histoire littéraire a été et sera toujours une source riche et abondante pour les biographes. On y trouve, par ordre chronologique, la notice de quatre cent quatorze écrivains, savants ou artistes génevois, depuis Maximus, évêque en 517, jusqu'à Jacob Vernes, né en 1762. Les auteurs des divers dictionnaires historiques qui ont paru depuis 40 ans en ont tous tiré un grand parti : Meiners s'en est servi dans ses « Vies du moyen âge, etc. » On en a traduit en allemand les vies de Calvin et de Bèze, et l'on peut dire que si cet ouvrage n'existait pas, il y aurait un vide assez considérable dans la littérature de l'Europe, puisqu'on chercherait inutilement ailleurs une foule de renseignements précieux. Il faut convenir cependant que l'on peut faire à Senebier quelques reproches sur de légères inexactitudes ou omissions. Peut-être aussi en parlant des temps anciens de la république, et surtout de ceux qui ont suivi immédiatement la réformation, cite-t-il quelques hommes célèbres qui n'appartiennent pas réellement à Genève, et qui, n'y ayant fait qu'un séjour momentané, ne devaient point trouver place dans un ouvrage uniquement consacré aux Genevois? Mais ces légères usurpations n'empêchent pas que son ouvrage ne soit un des plus utiles et des mieux faits dans ce genre. — Un biographe français des plus savants et des plus laborieux reproche à l'ouvrage de Senebier « quelques erreurs, des inexactitudes et des préventions « dont l'auteur n'a pas toujours su se défendre, un « luxe de citations qui le fait souvent ressembler à « une compilation. » Mais, malgré cela, il ne l'en considère pas moins, ainsi que M. Maunoir, comme l'un des meilleurs de ce genre.

La multitude des savants et d'artistes distingués que Genève a continué de produire avait porté Senebier à donner un Supplément à son Histoire : il l'a conduit jusqu'en 1797. Ce Supplément a été légué par son auteur à la bibliothèque publique de Genève. D'un autre côté, nous savons, de source certaine, que M. J. Humbert, de Genève, professeur distingué, correspondant de l'Académie royale des inscriptions et belles-lettres, s'occupe depuis longtemps de rassembler des matériaux pour la publication d'un Supplément à l'Histoire littéraire de Genève.

— Mémoire historique sur la vie et les écrits de Hor.-Bénéd. De Saussure, pour servir d'introduction à la lecture de ses ouvrages. *Genève et Paris, Paschoud*, an IX (1801), in-8, 2 fr. 50.

A l'*Éloge de Haller* et à ce *Mémoire historique sur H. B. De Saussure* il faut ajouter les autres Éloges et Notices suivants, dont quatre eussent été naturellement reproduits dans le Supplément à l'Histoire littéraire de Genève :

Éloge de C. Bonnet, imprimé dans les Mémoires de la Société d'hist. natur. de Genève.

Notice historique sur Lazarre Spallanzani, impr. dans le recueil précité et dans le Magasin encyclopédique.

Notice historique sur Jacques Paul, impr. dans le Journal de Lausanne, juin 1797.

Notice historique sur la vie et les écrits de Jacob Vernet, impr. en tête de la IXe édition de l'Instruction chrétienne (Genève, Paschoud, 1807).

Éloge de M. J. A. Martin, pasteur et bibliothécaire, impr. à la tête de l'ouvrage intitulé « Dévotions à l'usage des familles » (Genève, Paschoud, 1810, 2 vol. in-8).

— Mémoires physico-chimiques sur l'influence de la lumière solaire pour modifier les êtres des trois règnes de la nature, et surtout ceux du règne végétal. *Genève, Barth. Chirol*, 1782, 3 vol. in-8.

—Mémoires (trois) sur la respiration, traduits en français de l'italien (1803). Voy. SPALLANZANI.

— Mémoires physico-chimiques sur l'influence de l'air et des diverses substances gazeuses dans la germination des différentes graines. *Genève, Paschoud; Paris, Fuchs*, an IX (1801), in-8 de 243 pag., 2 fr. 50 c.

Avec Franç. Huber.

— Météorologie pratique, à l'usage de tous les hommes, et surtout des cultivateurs; avec des considérations générales sur la météorologie et sur les moyens de la perfectionner. IVe édit. *Genève et Paris, Paschoud*, 1810, in-8, 2 fr. 50 c.

Les premières éditions ont paru sous le titre suivant : *Almanach météorologique, ou les Pronostics du temps, à l'usage de tous les hommes et surtout des cultivateurs*. Genève, 1784, in-16. — Ibid., 1785, in-16.

— Observations importantes sur l'usage qu'on peut faire du suc gastrique dans la chirurgie. *Genève, Barth. Chirol*, 1785, in-8.

— Opuscules de physique animale et végétale de l'abbé Spallanzani, trad. de l'ital. et augm. d'une Introduction du traducteur qui renferme l'histoire des découvertes microscopiques dans les trois règnes, et leur influence sur la perfection de l'esprit humain. *Genève et Paris, P. Duplain*, 1777, 2 vol. in-8.

Ces *Opuscules* ne sont pas les seuls ouvrages que Senebier ait traduits de SPALLANZANI : il a aussi publié une traduction des Œuvres du savant napolitain (1787, 3 vol. in-8), et ses voyages dans les deux Siciles (voy. plus bas).

— Physiologie végétale, contenant une description anatomique des organes des plantes, et une exposition des phénomènes produits par leur organisation. *Genève et Paris, Paschoud*, 1800, 5 vol. in-8, 21 fr.

Cet ouvrage est la refonte de celui que Senebier avait fourni à l'Encyclopédie méthodique et dont nous avons parlé plus haut.

La Physiologie végétale de Senebier est l'un des ouvrages de botanique les plus intéressants pour ceux qui ne bornent pas cette science à une nomenclature de plantes et à des divisions systématiques; elle renfermait presque le tableau de nos connaissances en physiologie végétale, dans le moment où l'auteur l'a publiée; et certainement elle est une riche mine qu'on n'exploitera pas sans fruit. L'auteur y a rassemblé, dans un ordre méthodique, les divers systèmes des botanistes, dont il signale avec impartialité les lacunes et les défauts. M. De Candolle a donné l'analyse de cet ouvrage plein d'idées neuves, dans le Magasin encyclopédique, VIe année, tom. III, pag. 28-50.

— Rapport de l'air atmosphérique avec les êtres organisés, ou Traité de l'action du poumon et de la peau des animaux sur l'air, comme aussi de celle des plantes sur ce fluide, tirés des journaux d'observations de Spallanzani, avec quelques mémoires de l'éditeur sur ces matières. *Genève et Paris, Paschoud*, 1807, 3 vol. in-8, 12 fr.

— Recherches analytiques sur la nature de l'air inflammable. *Genève*, 1784, in-8.

— Recherches sur l'influence de la lumière solaire pour métamorphoser l'air fixe en air pur par la végétation, avec des expériences et des considérations propres à faire connaître les substances aériformes. *Genève*, 1783, in-8.

— Réponse à la question proposée par la Société de Harlem sur l'art d'observer (en franç. et en holland.). *Harlem*, 1772, in-8.

Impr. dès 1769 dans les Mémoires de la société de Harlem.

— Voyages de Spallanzani dans les deux Siciles et dans quelques parties des Apennins; trad. de l'italien, avec des Considérations générales sur les volcans, par J. Senebier (1795-97). Voy. SPALLANZANI.

Outre les ouvrages que nous venons d'énumérer, cet estimable savant est auteur de divers *Mémoires* de physique et d'histoire naturelle, imprimés dans le Journal de physique de l'abbé Rozier, et dans les recueils des académies dont il était membre. Senebier lui-même a donné, dans son Histoire littéraire de Genève, t. III, pag. 149 à 153, la liste de ceux qu'il avait fait imprimer de 1769 à 1785, et ce sont ceux dont les titres suivent : 1° *Mémoire sur cette question : En quoi consiste l'art d'observer?* (Mém. de la Soc. de Harlem, 1767) : ce mémoire obtint le premier accessit proposé pour la solution de cette question; — 2° quatre *Mémoires sur le Phlogistique*, considéré comme la cause du développement de la vie et de la destruction de tous les êtres dans les trois règnes (Journ. de physique, tom. VIII-X); — 3° *Lettre à M. l'abbé Rozier*, sur une observation de la reproduction des têtes coupées aux limaçons (Ibid., tom. X); — 4° *Réponse à M. (Mollerat) du Souhey*, médecin du roi (Ibid., tom. XI); — 5° *Mémoires sur les hygromètres* (Ibid., tom XI); — 6° *Mémoires sur des moisissures* qui avaient couvert quelques précipités de fer (Ibid., tom. XII); — 7° *Lettre à M. Volta*, sur la perfection des eudiomètres (Ibid., avril 1779); — 8° *Lettre pour prouver la grande probabilité du système de la lumière*, avec des expériences nouvelles sur la lumière et ses effets (Ibid., sept. 1779); — 9° *Lettre sur la nature de la lumière* et sur ses effets (Ibid., novemb. 1779); — 10° *Mémoire sur l'espèce de conferve* qui croît dans les vaisseaux pleins d'eau exposés à l'air, et sur l'influence singulière de la lumière pour la développer (Ibid., mars 1781); — 11° *Idées sur l'inflammation spontanée* des végétaux serrés humides (Ibid., juin 1781); — 12° Tabulæ meteorologicæ Genevæ factæ, pro anno 1782; — 13° Tabulæ meteorologicæ Genevæ factæ, pro anno 1782, cum observationibus circa vaporem singularem istius anni (Mémoire de la Société météorol. de Manheim); — 14° *Observation de la vapeur qui régna en* 1783 (Journ. de physique, mai 1784); — 15° *Lettre à M. le baron de Marivetz*, pour servir de réponse à la sienne (Ibid., juill. 1784); — 16° *Lettre à M. Ingenhous*, à l'occasion de ses Observations sur l'eau imprégnée d'air fixe (Ibid., 1784); — 17° Mémoire sur l'influence que la lune peut avoir dans les variations du baromètre (Mém. de la Société hollandaise de Harlem (tom. XX); — 18° Mémoires sur les moyens de perfectionner la météorologie (Journ. de phys., oct. 1785). Là se termine la liste donnée par Senebier lui-même des Mémoires qu'il avait fournis aux recueils des diverses sociétés savantes dont il était membre. Son biographe, M. Maunoir, l'a continuée jusqu'en 1807, et nous ajouterons alors d'après lui : — 19° Examen d'un Mémoire de M. Lavoisier, tendant à faire voir que la doctrine du phlogistique n'est pas absurde (Journ. de phys., ann. 1786); — 20° Mémoire sur l'action de la lumière solaire pour blanchir la cire jaune (Ibid., janv. 1791); — 21° Mémoires pour établir par des expériences quelques rapports chimiques entre quelques parties du bois (Ibid., juin 1791); — 22° Observations sur les plaies faites aux feuilles (Ibid., déc. 1791); — 23° Mémoire sur cette question : Les végétaux ont-ils une chaleur propre (Ibid., mars 1792); — 24° Mémoire sur la grande probabilité que le gaz acide carbonique est décomposé par les plantes dans la végétation (Ibid., sept. 1792); — 25° Mémoire sur la cause de l'évolution des boutons (Ibid., juill. 1793); — 26° Mémoire sur les savons (Mém. de l'Acad. de Turin, t. 1er); — 27° Mémoire sur divers phénomènes produits par des feuilles de plantes exposées sous l'eau à l'action de la lumière solaire (Ibid., tom. IV); — 28° Mémoire sur l'importance des observations météorologiques faites dans un pays tel que la Suisse (impr. dans les Mémoires de la Société des sciences physiq. de Lausanne, tom. II); — 29° Observations sur l'action du soleil pour blanchir la cire (Ibid., tom. III); — 30° Sur la chaleur du spadix de *l'arum maculatum* (impr. dans les Neueu Annalen der Botanick); — 31° Expériences sur les feuilles vertes exposées au soleil sous une infusion d'écorce de bois de chêne (Ibid., partie XII); — 32° Sur la végétation des moisissures (Ibid., part. XV); — 33° Essai d'analyse des eaux de Leuk en Valais, avec une Théorie nouvelle de la chaleur des eaux thermales (impr. parmi les Mémoires de la Société d'hist. nat. de Genève); — 34° Mémoire sur la différente conductibilité de la chaleur, reconnue par des expériences dans quelques étoffes employées pour se vêtir (Ibid.); — 35° Mémoire sur les variations des observations thermométriques faites dans le même temps et dans des lieux très-voisins (Ibid.); — 36° Onze *Mémoires* sur la matière verte et les conferves (impr. dans le Journ. de physique, ans VIII et IX) : il n'y en a eu que neuf de publiés; — 37° Lettre d'un protestant à l'occasion d'une dissertation de M. de Bonald sur l'unité de l'Église (impr. dans les Archives de l'Europe, cahier XLII, et dans l'Esprit des journaux, en 1807).

En même temps que Senebier enrichissait les recueils scientifiques de ses Mémoires, il prenait une part très-active à la rédaction du *Journal de Genève*, fondé en 1787 par les membres de la Société des arts : c'est dans ce journal qu'on trouve ses Lettres sur l'emploi du charbon de pierre, quelques observations sur la découverte de l'Amérique, une Lettre sur la prétendue transmutation du blé en ivraie; une autre sur les promotions académiques; plusieurs essais sur Genève ancienne, enfin une Lettre sur l'influence que peuvent avoir sur les bords du lac les établissements faits sur le Rhône; tous ces articles montrent combien il a contribué à rendre ce journal intéressant.

Senebier a eu part à la traduction de la Bible, par les pasteurs et professeurs de l'Église et de l'Académie de Genève (1805) : il a soigné les livres apocryphes.

Les travaux du savant laborieux dont nous nous occupons ne se réduisent pas aux seuls ouvrages, mémoires et dissertations que nous venons de citer, quoiqu'ils soient déjà nombreux. Senebier a laissé inédits huit ouvrages, dont quelques-uns ont non-seulement de l'étendue, mais encore de l'importance. Nous en donnerons ici la nomenclature d'après l'Éloge de M. Maunoir. Mémoire sur l'influence vraie ou soupçonnée des gaz dans l'atmosphère; — Mémoire sur l'influence physique de la lumière sur les différents phénomènes que le spectacle de la nature peut offrir; — Considérations sur la nature des particules odorantes; — Principes de caminologie; Mémoire sur la fabrication des limes; — Mémoire sur les nids de la Selingane; — *Essai de téléologie, ou Théorie des causes finales*, ouvrage dont Senebier avait conçu le plan dans sa jeunesse, œuvre favorite de l'auteur, à laquelle il consacra chaque jour quelques heures pendant quarante ans, et qu'il a eu le regret pourtant de ne pouvoir achever. Dans cet ouvrage, Senebier établit les rapports qui existent entre le Créateur et ses œuvres. — *Présomp-*

tions philosophiques en faveur du Christianisme, ouvrage dans lequel l'auteur montre l'importance d'appliquer la philosophie à l'étude de la religion chrétienne, et où, au moyen de simples observations, il prouve qu'elle est utile pour augmenter la crédibilité que nous devons avoir à l'authenticité des livres saints, et de la doctrine qu'ils renferment.

On peut consulter pour plus de détails, l'Éloge historique de J. Senebier, lu à la Société des arts de Genève, le 19 décembre 1809, par M. J.-P. Maunoir aîné, docteur et professeur en chirurgie (suivi du Catalogue des ouvrages de Senebier, publiés et inédits). Genève et Paris, Paschoud, 1810, in-8 de 54 pages, plus 3 feuillets non paginés du Catalogue.

SENECÉ ou **Senecai** (Antoine Bauderon de), poëte dont la renommée n'est peut-être pas égale à son mérite; né le 13 octobre 1643, à Mâcon, d'un père lieutenant-général au présidial de cette ville, et conseiller d'État. Senecé fut d'abord attaché au cardinal Mazarin, ensuite premier valet de chambre de la reine Marie-Thérèse, femme de Louis XIV, de 1673 à 1683, et après la mort de cette princesse, attaché à madame d'Angoulême, au service de laquelle il resta pendant trente ans; mort le 1er janvier 1737, à Mâcon, où dès 1713, il s'était retiré.

— Épigrammes et autres pièces mêlées de M. de Senecé.... avec un Traité sur la composition de l'Épigramme (le tout publié par le P. Du Cerceau, jésuite). *Paris, Pierre-Franç. Giffart*, 1717, in-12 de lxxxiv et 420 pag., plus 13 feuillets non paginés, contenant la table des épigrammes.

Titon du Tillet, dit M. Barbier, accuse l'éditeur d'avoir tronqué et changé quelques endroits de ces épigrammes qui lui parurent trop libres. Il lui reproche aussi d'avoir réduit ce volume à moitié.

Voici la composition de ce volume, auquel on a donné quelquefois par erreur la date de 1727: d'abord une Épître (en prose) au duc de Noailles, ensuite la *Dissertation sur la composition de l'Épigramme* qui, dans les pièces liminaires, remplit les les pages vij à lxxv; puis vient une seconde Épître (en vers) au duc de Noailles, laquelle remplit quatre feuillets non paginés; six livres d'*Épigrammes*, lesquels renferment ensemble cinq cent-une épigrammes; puis enfin les *Pièces mêlées*, au nombre de onze, et parmi lesquelles les plus remarquables sont: une longue Épître A. R. P. D. C. (au rév. P. Du Cerceau), et une autre pièce adressée au même sous le titre d'Épître; Discours rimé, ou tout ce qui vous plaira; Alceste, fable infernale; une Ode au cardinal de Bouillon, sur le séjour qu'il faisait à sa maison de Pontoise; une Épître à la duchesse de Ventadour, gouvernante du roi; une autre à Fleury, ancien évêque de Fréjus, précepteur du roi; Orphée, paraphrase d'une rondille espagnole de D. Francisco de Quévedo.

« Senecé a fait plus de cinq cents Épigrammes; c'est beaucoup. Chez les anciens, Martial lui-même en fit trop; chez les modernes, Lebrun, qui portait le talent de ce genre à un très-haut degré, aurait mieux servi les intérêts de sa gloire en en faisant moins. Senecé, qui n'avait ni l'esprit et la finesse de Martial, ni la verve satirique et le style mordant qui aiguisent l'épigramme, aurait dû en être plus sobre encore. La plupart des siennes sont beaucoup trop longues; et le trait qui demande à être exprimé dans un tour vif et concis, s'émousse dans sa poésie diffuse et languissante. Aussi son dernier éditeur, homme de goût (Auger), sur plus de cinq cents Épigrammes, n'en a-t-il conservé que soixante-douze, et elles ne sont pas toutes bonnes. Il aurait pu y comprendre, il est vrai, celle qui lui est attribuée dans la première édition du « Ménagiana», et qui est dirigée contre un évêque de Noyon (M. de Clermont-Tonnerre), fameux par ses prétentions hautaines et ses airs fastueux, quoiqu'elle ne vaille pas une lettre de mad. de Sevigné, qui se moque du même prélat, et pour les mêmes travers. »

Si Auger n'a reproduit que soixante-douze Épigrammes du volume de 1717, il a aussi omis plusieurs des pièces qui se trouvent à la fin, ainsi que la Dissertation qui est en tête du volume.

— Lettre de Clément Marot à Monsieur de ***, touchant ce qui s'est passé à l'arrivée de Jean-Baptiste de Lulli aux Champs-Elysées. *Lyon, imp. de Durand et Perrin*, 1825, in-8 de 64 pag.

L'avertissement est signé P.-A. C. (Cap.). Cet opuscule, tiré à cent exempl., est de Senecé; la première édit. est de 1688. La réimpression est faite comme spécimen d'une édition des *Œuvres de Senecé* en 2 vol. in-8. Il y a douze ans que cette édition a été promise; il y a tout lieu de présumer que l'éditeur a renoncé à la publier.

Cette Lettre (en prose) est une satire contre Lulli. M. Auger n'a pas cru devoir l'admettre dans son édition des Œuvres de Senecé.

— Nouvelles en vers. *Paris*, 1695, in-12.

Les Contes dont ce recueil est formé, sont: Filer le parfait amour, conte; — la Confiance perdue, ou le serpent mangeur de Kaïmack, et le Turc son pourvoyeur, conte; — la Roupie, conte; — le Présent ruineux, conte; — Virgile et Mécène, anecdote; — Molière et Cotin, anecdote. Les deux premiers contes sont sans contredit les deux meilleures pièces de Senecé. Les critiques les plus sévères se sont accordés à leur donner de grands éloges.

—* Satires nouvelles (savoir: les Travaux d'Apollon, les Auteurs, le Nouvelliste). *Paris, Auboyn*, 1695, in-8.

Les Satires de Senecé sont généralement faibles et quelquefois semées de traits plus bizarres qu'originaux, comme toutes ses poésies. Mais il faut pourtant distinguer dans ces Satires *les Travaux d'Apollon*, poëme satirique. Rousseau le lyrique en faisait beaucoup de cas, et en estimait surtout la versification. Voltaire y trouve aussi des beautés neuves et singulières.

Il existe encore un assez grand nombre de poésies inédites de Senecé, parmi lesquelles on rencontre des satires, des contes agréables, des stances et des épîtres. M. P.-A. Cap, que nous avons déjà nommé, avait réuni un bon nombre de ces pièces inédites.

— Œuvres complètes de Senecé (publiées avec une Notice sur la vie et les ouvrages de l'auteur, par L.-S. Auger). *Paris, Léop. Collin*, an XIII (1805), in-12 de xxiv et 236 pag. — Seconde édition (sous le titre d'Œuvres diverses). Augmentée de la Critique des Mémoires du cardinal de Retz. *Paris, Léop. Collin*, 1806, in-12 de xxiv et 284 pag.

Ce volume contient 1° les *Nouvelles en vers*, publiées en 1695; 2° les trois *Satires*, publiées dans la même année; 3° trois *Épîtres*; 4° les *Étrennes* à M. Chasselas; 5° le *Chat et le Renard*, fable; *Orphée*; 6° *Lettre* de M. de Senecé à madame Deshoulières, en lui renvoyant de l'argent qu'elle lui avait prêté à la bassette, avec la réponse de mad. Deshoulières; 7° une *Chanson* de mad. Deshoulières; *Pièces diverses*; *Épigrammes* réduites de 501 à 72; 8° enfin les *Remarques historiques, suivies de quelques Observations critiques sur un livre intitulé*: Mémoires de M. le cardinal de Retz.

Quoique sous deux dates différentes cette édition des Œuvres choisies de Senecé est la même. M. Auger en parlant, en 1805, dans sa Notice sur Senecé, p. 20, de la critique des Mémoires de Retz par ce poëte, et que d'après Sabatier il qualifie de Mémoires, dit « qu'il ne peut en rien dire, ne les ayant rencontrés « nulle part. » Il paraît qu'après l'impression de ce volume il fut plus heureux et qu'il put ajouter la critique de Senecé dès l'année suivante. On modifia alors le titre, et la Notice sur Senecé fut réimprimée afin de faire disparaître la phrase que nous avons citée, qui fût devenue un contre-sens.

Les Remarques de Senecé furent imprimées pour la première fois dans le Mercure de France, année 1718; ensuite dans le Choix des Mercures, tom. XLVI, pag. 36; puis dans le quatrième volume des Amusements du cœur et de l'esprit; enfin dans le recueil (de Beaurieu) intitulé : Le Portefeuille français, 1764, in-12. *(Note de Barbier.)*

« Les Observations critiques de Senecé sont une espèce de *Factum* contre les Mémoires du cardinal de Retz, qu'il s'efforce de faire regarder comme apocryphes. La renommée du livre qu'il attaque peut à peine sauver de l'oubli cet écrit dont le style est très-médiocre et les raisonnements faibles et peu concluants. Senecé, dans les *Remarques* qui précèdent ses Observations, commence par une violente diatribe contre le mensonge. Il passe ensuite en revue les auteurs qui ont menti, en remontant jusqu'à Orphée, Hésiode, Homère, Pindare, qui, par leurs mensonges, ont rendu la Grèce *infâme*; Virgile, qui est aussi un grand menteur; Ovide, plus menteur encore; enfin tous les poëtes : puis viennent les romanciers de tous les temps, les voyageurs et historiens de toutes les nations, et presque tous les faiseurs de Mémoires. Jusque-là Senecé n'est qu'un mauvais rhéteur. Il arrive enfin aux Mémoires du cardinal de Retz; et il se fonde sur quatre raisons pour prouver qu'ils ne sont pas du cardinal. »

Titon du Tillet s'est exprimé d'une manière fort inexacte dans son « Parnasse français, » pag. 681, en appelant « Mémoires historiques sur la vie du cardinal de Retz » la Critique des Mémoires de ce cardinal, composée par Senecé. L'abbé Sabatier de Castres, qui probablement n'a connu cette critique que par l'article de Titon du Tillet, dit que Senecé a laissé des « Mémoires sur la vie du cardinal de Retz très-recherchés, malgré l'originalité de ceux que le cardinal a écrits lui-même. » Voy. les Trois Siècles de la littérature française, édit. de 1781, au mot SENECÉ.

— Œuvres choisies de Senecé. *Paris, Delangle*, 1826, in-16, 7 fr. 50 c.

Cette édition fait partie de la Collection des petits classiques français, collection publiée par Nodier; elle n'a pas peu contribué à la ruine du libraire Delangle.

SENEFELDER (Aloys), inventeur de l'art lithographique; mort à Munich, en mars 1834, à l'âge de 68 ans.

— Aqua-tinta (l') lithographique, ou Manière de reproduire les dessins faits au pinceau. *Paris, Treuttel et Wurtz*, 1824, gr. in-4 avec planch., 10 fr.

— Art (l') de la lithographie, ou Instruction pratique contenant la description claire et succincte des différents procédés à suivre pour dessiner, graver et imprimer sur pierre; précédée d'une Histoire de la lithographie et de ses divers progrès (trad. par Nicolas PONCE). *Paris, Strasbourg et Londres, Treuttel et Wurtz*, 1819, 1 vol. in-4, orné du portrait de l'auteur, et d'un recueil de 20 planch. gr. in-4, offrant un modèle des différents genres auxquels la lithographie est applicable, 36 fr.; et avec les planches in-folio, 48 fr.

— Portefeuille lithographique, ou Recueil de sujets de divers genres, dessinés et imprimés sur planches lithographiques nouvellement inventées pour la multiplication de tous dessins, etc. *Paris, Senefelder*, 1823, cahier in-folio de 12 pl., 5 fr.

— Recueil papyrographique. Premiers essais d'impression chimique sur cartons lithographiques nouvellement inventés par M. Aloys Senefelder. In-4, 1 fr. 50 c.

SENEMAUD, alors élève de la Faculté de droit à Paris.

— Détails historiques sur les événements de la première quinzaine de juin 1820. *Paris, Corréard*, 1820, in-8 de 28 pag., 1 fr.

— Stances sur la mort de Napoléon. *Paris, les march. de nouv.*, 1821, in-8 de 8 pag.

SENEN VILANOVA. Voy. VILANOVA.

SÉNÉPART, ancien administrateur du théâtre de la Gaîté, à Paris.

— Explication donnée par les administrateurs, etc., de l'Ambigu-Comique, en réponse à la lettre de M. Marty, l'un des directeurs du théâtre de la Gaîté. *Paris, Dondey-Dupré*, s. d. (1827), in-8.

Avec madame veuve Audinot.

SENÈQUE (Marcus-Annæus Seneca), célèbre rhéteur latin; né à Cordoue, vers 694 de Rome (60 ans avant J. C.), mort vers 793 de Rome (40 ans depuis J. C.), ou, selon les auteurs de la Biographie universelle, né vers l'an 58 avant J. C. et mort l'an 32 de notre ère.

— Rhetoris Opera (præmittitur Notitia literaria de Annæo Seneca, ex Jos. Fabricii

Bibliotheca ab Jos. Aug. Ernesti auctius edita, tom. II, chap. IX). Studiis societatis Bipontinæ. *Biponti*, 1783. — Editio nova. *Argentorati et Parisiis*, *Treuttel et Wurtz*, 1810, in-8, 4 fr.

Les ouvrages de Senèque qui composent ce volume sont : 1° *Controversiarum* libri V; — 2° *Excerpta ex Controversiarum libris*; — 3° *Suasoriarum* liber unus.

Nous n'avons pas les ouvrages de Senèque en entier. Il paraît que le livre des *Suasoriæ* n'est pas complet, et qu'il était suivi de plusieurs autres. Des *Controverses*, nous n'avons que les premier, deuxième, septième, neuvième et dixième livres, et seulement des extraits des cinq autres. Elles ont été traduites en français par Lesfarges, avocat au parlement de Toulouse, Paris, 1639, in-4.

— Les mêmes sous ce titre : Opera declamatoria, quæ recognovit et selectis Fabrii, Schotti, Schultingii aliorumque commentariis illustravit M. N. Bouillet, in Caroli Magni collegio philosophiæ professor. *Parisiis*, *Nic.-Eleg. Lemaire*, 1831, in-8 de 702 p., 15 fr.

Ce volume fait partie de la Bibliothèque classique latine publiée par Lemaire.

A la tête des ouvrages de Marc.-Ann. Senèque les nouveaux éditeurs ont placé : 1° un court avertissement; — 2° une Notice littéraire tirée de la Bibliothèque latine de Fabricius, édition d'Ernesti; — 3° la préface de Nicolas Fabri; — 4° Justi Lipsii Dissertatio de vero Controversiarum auctore (ex Electorum libro primo, cap. 1.)..... 7° Andr. Schottus de auctore, et declamandi ratione; — 8°, etc.

Ce qui nous reste de M.-A. Senèque le rhéteur a été souvent imprimé à la suite des Œuvres philosophiques de son fils le philosophe. M. Lemaire en a formé le sixième volume des Œuvres de ce dernier, dans sa Bibliothèque classique latine.

Quelques commentateurs ont attribué à ce rhéteur les tragédies qui ont paru sous le nom de Senèque.

SENÈQUE (Lucius-Annæus Seneca), second fils du précédent, philosophe latin et poëte dramatique, précepteur et ministre de Néron; né à Cordoue, l'an 2 ou 3 de J. C., sous le règne d'Auguste, mort l'an 68ᵉ de l'ère chrétienne, et la 8ᵉ du règne de Néron.

—

NOTICE

DES ÉDITIONS ET TRADUCTIONS FRANÇAISES DE SES OUVRAGES,

imprimées de 1700 à 1837.

—

OUVRAGES PHILOSOPHIQUES.

— Apocolokyntosis (l') de Senèque, sur la mort de l'empereur Claude....

Traduit en français par l'abbé Esquieu, et impr., d'abord dans le 1ᵉʳ volume des Mémoires de littérature et d'histoire par Desmolets (Paris, 1726), et inséré depuis dans la traduction de Lagrange; traduit par J.-J. Rousseau, et impr. dans la collection complète des Œuvres de Rousseau, Deux-Ponts, tom. XIV.

— Traité des Bienfaits de Senèque, précédé d'un Discours sur la traduction, par M. Dureau de La Malle. *Paris*, *Pissot*, 1776, in-12.

— Traduction nouvelle du livre de Senèque de la Brièveté de la vie (par J. de Labarre), avec le latin. *Paris*, *E. Loyson*, 1703, 1705, in-12.

— Clémence (de la), traduction nouvelle par M. de Vatimesnil (avec le texte en regard), publiée par M. Du Rozoir. *Paris*, *Panckoucke*, 1832, in-8.

Extrait de la traduction complète de Senèque, éditée par M. Du Rozoir. Ce traité ne paraît avoir été tiré à part que pour M. de Vatismenil, son traducteur, et ses amis.

— Annæi Senecæ ad Lucilium Epistolæ morales, ad fidem veterum librorum in his trium mss. argentoratentium, recognovit, emendavit, notisque criticis illustravit Joh. Schweighæuser. *Argentorati et Parisiis*, *Treuttel et Wurtz*, 1809, 2 vol. in-8, 10 fr.

Indépendamment d'un texte purgé de fausses leçons, cette édition offre les variantes de trois manuscrits nouveaux, dont l'un, écrit au IXᵉ siècle, est d'un grand prix.

— Extraits des Épîtres de Senèque, par M. Sablier. *Paris*, *Saillant*, 1770, in-8.

— Sententiæ. *Lutetiæ-Parisiorum*, *Grangé*, 1747, in-12.

Sous le nom de Senèque, de La Mettrie a publié un ouvrage de sa composition : le Traité de la vie heureuse (Postdam, 1748, in-12).

—

— Opera philosophica, ad optimas editiones collata. Præmittitur notitia literaria, studiis societatis Bipontinæ. *Biponti*, 1782, 4 vol. in-8. — Nova editio. *Argentorati et Parisiis*, *Treuttel et Wurtz*, 1809, 5 vol. in-8, 18 fr.

On peut compléter cette édition de Senèque en y ajoutant les *Tragœdiæ*, 1785, 1 vol., et les *ad Lucilium Epistolæ morales*, 1809, 2 vol.

— Omnia Opera quæ vulgò extant sub nomine L.-A. Senecæ, philosophica, declamatoria et tragica. Pars prima, sive Opera philosophica quæ recognovit et selectis tum J. Lipsii, Gronovii, Gruterii, B. Rhenani, Ruhkopfii, aliorumque commentariis, tum suis illustravit notis M. N. Bouillet, in Sanctæ-Barbaræ collegio philosophiæ professor. *Parisiis*, *Lemaire*, 1827-30, 5 vol. in-8, 81 fr.

Cette édition fait partie de la Bibliotheca classica latina, publiée par le même éditeur.

Tom. Ier (1827), de ccxliij et 538 pages : Præfatio novi Editoris ; — De vita et scriptis L. Annæi Senecæ a Lipsio scripta ; — Judicium Lipsii super Seneca ejusque scriptis ; — De Seneca veterum auctorum loci ; — De L. Annæo Seneca veterum auctorum elogia ; — Justi Lipsii Manuductionis ad Stoïcam philosophiam libri tres ; L. Annæi Senecæ aliisque scriptoribus illustrandis ; — *De Ira*, libr. III ; — *De Clementia*, ad Neronem Cæsarem, libr. II ; — *De Tranquillitate animi*, liber unus, ad Annæum Serenum ; — *De Constantia sapientis*, sive quod in sapientia non cadit injuria, ad Annæum Serenum, liber unus ; — *De Otio aut Secessu sapientis*, libri pars ; — *De Brevitate vitæ*, liber unus, ad Paulinum ; — *De Vita beata*, ad Gallionem fratrem, liber unus.

Tom. II (1827), de 720 pages : *De Providentia*, sive quare bonis viris mala accidant quum sit providentia, liber unus ; — *De Consolatione, ad Helviam matrem*, liber unus ; — *Ad Marciam consolatio*, liber unus ; — *Ad Polybium consolatio*, liber unus ; — *De Morte Claudii Cæsaris* ludus, vulgo dictus Apocolokyntosis, cum Friderici Ernesti Ruhkopf præfatione (in quarti voluminis præfatione excerpta) ; — Ad Æbutium Liberalem *de Beneficiis*, libri VII.

Tom. III (1828), de 694 pag., et IV (1829), de viij et 687 pages : *Ad Lucilium Epistolæ morales*, précédées d'un avertissement des nouveaux éditeurs, de la préface de Fréd. Ern. Ruhkopf et de celle de J. Schweighæuser ; — *Fragmenta* librorum L. A. Senecæ qui interciderunt ; — *Fragmenta* ex veterum libris collecta cum Justi Lipsii notis ; — *Nova Fragmenta*, ex palimpsestis eruta ; — *Epigrammata* ; — Ex L. A. *Senecæ libris excerpta* quædam et eidem nonnulla falso tributa ; — *Epistolæ Senecæ et Pauli* ; — Justi Lipsii physiologie Stoïcorum, libri III ; L. Annæi Senecæ aliorumque veterum scriptis, in primis quæstionibus naturalibus illustrandis.

Tom. V (1830) de x de 970 pag. : *Ad Lucilium naturalium Quæstionum* libri VII, précédés d'un avertissement des nouveaux éditeurs, de la préface de Fréd. Ern. Ruhkopf et de G. D. Koeleri Disquisitio de L. Annæi Senecæ naturalibus Questionibus ; — Notitia literaria de L. Annæo Seneca, ex Jos. Alb. Fabricii Bibliotheca latina, à Jos. Aug. Ernesti auctius edita, tom. II, cap. 9, remplissant les pages 715 à 797 ; — Appendix de Seneca, auctore V. C. Garat ; — Index rerum et verborum. Ce cinquième volume, bien que n'ayant qu'une seule pagination, est divisé en deux parties ; la première finit à la page 714.

Sous le titre de *Testimonium*, M. Bouillet a donné à la suite des ouvrages de Senèque qui composent les quatre premiers volumes, de longs passages de l'Essai sur la vie de Senèque, par Diderot, qui se rapportent à ces ouvrages.

La seconde partie est composée des *Œuvres déclamatoires* de Senèque le père, 1 vol. (voy. l'art. précédent), et la troisième partie, du Théâtre, 3 vol. (voy. plus bas) : en tout 9 vol.

— Œuvres (les) de Senèque le philosophe, traduites en français par La Grange, avec des notes critiques d'histoire et de littérature (par Naigeon). — Essai sur la vie de Senèque le philosophe (par Diderot), avec des notes (par Naigeon). *Paris, de Bure*, 1778-79, et 1791, 7 vol. in-12.

Naigeon a terminé cette traduction laissée imparfaite par La Grange, et a revu tout le travail de ce dernier.

Darcet et Desmarést ont fourni à Naigeon plusieurs notes sur les *Questions naturelles*. Elles sont désignées par les lettres initiales de leurs noms. Le chapitre XVI du premier livre des *Questions naturelles*, connu sous le nom du *Miroir*, a été imprimé en latin à cause de son obscénité. La traduction française de ce morceau (par Diderot), ne se trouve que dans un petit nombre d'exemplaires.

Les notes qui se lisent au premier livre des *Lettres* sont presque toutes du baron d'Holbach.

La traduction de l'*Apocolokintose* est celle que l'abbé Esquieu fit insérer dans le tome Ier de la Continuation des Mémoires de littérature de Sallengre, par le P. Desmolets. (Voy. ce que, sous le n° 1010 de son Dictionnaire des ouvrages anonymes, Barbier dit de la traduction de ce morceau satirique, qui a été quelquefois attribué à l'abbé de La Bletterie.)

Le septième volume renferme l'Essai sur les règnes de Claude et de Néron (par Diderot).

On convient généralement, disent les auteurs de la Biographie universelle, que la traduction de Senèque par La Grange est fidèle et précise ; mais ce n'est trop souvent qu'aux dépens de l'élégance et de l'harmonie.

— Les mêmes, de la même traduction, avec notes critiques, historiques et littéraires, suivies d'un Essai sur la vie de Senèque et sur les règnes de Claude et de Néron, par Diderot. *Tours*, an III (1795), 8 vol. in-8, avec portraits, 40 francs ; et 8 vol. in-12.

— Les mêmes, de la même traduction, latin-français en regard. Nouvelle et seule édition, avec le texte en regard et une table des matières formant le dernier volume. *Paris, Aug. Delalain*, 1819-20, 13 vol. in-12 sur papier fin, 45 fr. — Vie de Senèque, ou Essai sur les règnes de Claude et de Néron, par Diderot. Nouvelle édition, enrichie des notes de Naigeon. *Paris, Aug. Delalain*, 1821, in-12 sur papier superfin, 5 fr. 50 cent.

Il existe des exemplaires de cette édition sans le texte, qui ne forment que 6 vol. Leur prix est de 30 f.

— Œuvres de Senèque, traduites par L. H. Bonneville. Tome Ier (et unique). *Paris, Cal. Volland ; Pseaume*, 1803, in-12, 2 fr. 50 cent.

Cette nouvelle *Traduction* devait renfermer tous les ouvrages de *Senèque* qui nous sont parvenus. Chaque *Traité* eût été précédé d'observations, dans lesquelles on eût exposé le plan du *Traité*, l'objet dont il s'agit, la personne à qui il est dédié, les circonstances dans lesquelles il a été composé, sa division, le jugement que l'on croyait devoir en porter ; il devait être suivi de notes critiques, historiques et littéraires. Cette traduction devait former 7 volumes.

Le volume que nous citons est peu répandu : nous ne l'avons pas trouvé à la bibliothèque du roi, et l'auteur de la Notice littéraire, très-étendue, du Senèque édité par M. Bouillet ne l'a point cité ; nous ne pouvons indiquer les traités de Senèque qu'il renferme.

— Œuvres complètes de Senèque le philosophe. Traduction nouvelle (avec le texte en regard), par MM. Ajasson de Grandsagne, Baillard, Charpentier, Cabaret-

Dupaty, Du Rozoir, Héron de Villefosse, Naudet, C. L. F. Panckoucke, Ern. Panckoucke, de Vatimesnil, Alfr. de Wailly, G. de Wailly, Alph. Trognon, etc. (accompagnée de notes tirées des divers commentateurs); publiée par M. Ch. Du Rozoir. *Paris, Panckoucke*, 1832-36, 8 vol. in-8, 66 fr.

Traduction qui fait partie de la Bibliothèque latine-française publiée par le même libraire.

Cette traduction étant l'ouvrage de treize personnes, nous allons faire connaître les traités de Senèque traduits par chacune d'elles.

Tom. Ier, Notice sur Senèque et ses écrits, par M. Ch. Du Rozoir; — De la Colère, trad. par M. J. Baillard; — De la Tranquillité de l'âme, par M. Ch. Du Rozoir; — Épigrammes et Fragments, par le même (1834).

Tom. II, Consolation à Helvie, trad. par M. Cabaret-Dupaty; — Consolation à Polybe, par M. J. Baillard; — Consolation à Marcia, par le même; — Facétie satirique sur la mort du césar Claude, par M. Ch. Du Rozoir; — De la Providence, par M. J. Naudet (1833).

Tom. III, De la Constance du sage, par M. J. Baillard; — De la Clémence, en deux livres, par M. Vatimesnil; — De la Brièveté de la vie, par M. Ch. Du Rozoir; — De la Vie heureuse, par M. Héron de Villefosse; — Du Repos du sage, par le même. (1832).

Tom. IV, Des Bienfaits, en VII livres, traduit, pour le premier, par MM. Alfred et Gustave de Wailly; et pour les six derniers, par M. Ch. Du Rozoir (1836).

Tom. V-VII, Lettres à Lucilius, traduites pour le tome Ier, par M. Charpentier, pour le second, par M. Alph. Trognon, et pour le troisième, par MM. Baillard, Ch. Du Rozoir, C. L. F. Panckoucke et Ern. Panckoucke (1833-34).

Tom. VIII, Questions naturelles, en VII livres, par M. Ajasson de Grandsagne (1833).

M. Du Rozoir a donné pour la première fois une traduction des Fragments de Senèque, tant de ceux qui nous ont été conservés par Quintilien, Lactance, S. Augustin, S. Jérôme, etc., que de ceux que le savant Angelo Mai a récemment déchiffrés sur les palimpsestes.

Tous les arguments, ou sommaires historiques et critiques placés à la tête de chacun des traités de Senèque, sont en très-grande partie de M. Du Rozoir. Les Notes qui suivent ces mêmes traités sont principalement consacrées à des rapprochements entre Senèque et les auteurs qui ont présenté les mêmes idées.

Il faut joindre à ces huit volumes les Tragédies de Senèque de la traduction de M. E. Greslou (voy. plus bas).

THÉATRE (1).

— Tragœdiæ, ad optimas editiones collatæ. Studiis societatis Bipontinæ. *Biponti*, 1785, in-8.

(1) L'opinion que Senèque le philosophe est l'auteur des tragédies qui nous sont parvenues sous ce nom a généralement prévalu; pourtant quelques savants les ont considérées comme l'ouvrage de Senèque le père, et d'autres, au contraire, comme celui d'un de ses autres fils. M. Du Rozoir, dans son article Senèque de la Biographie universelle, a résumé les conjectures des uns et des autres à ce sujet.

— Opera tragica, quæ ad Parisinos codices nondum collatos recensuit novisque commentariis illustravit J. Pierrot, in Ludovici Magni collegio rhetorices professor. *Parisiis, Nic.-Eleg. Lemaire*, 1828-32, 3 vol. in-8, 40 fr.

En tête de cette édition les éditeurs ont placé diverses pièces qui sont : 1° une préface des nouveaux éditeurs; — 2° J. Lipsius Franc. Raphelengio Fr.F. Plantiano S.-D. (dissertation sur les tragédies de Senèque); — 3° Dan. Heinsii de tragœdiarum auctoribus Dissertatio; — 4° Johannis Isacii Pontani de auctoribus tragœdiarum ad V. Cl. Petrum Seriverum prolegomenon; — 5° De Annæo Seneca uno tragœdiarum quæ supersunt omnium auctore (a Joanne Georgio Carolo Klotzsch); — 6°. De tragœdiis Senecæ Historia et critica Dissertatio, auctore Jacobs, in gymnasio Gothæ professore; — 7° Hieronymus Avantius veronensis de Generibus carminum apud L. Annæum Senecam tragicum; — 8° Georgius Fabricius chemnicensis de reliquis carminum Generibus; — 9° Notitia literaria de tragœdiis quæ sub L. Annæi Senecæ nomine feruntur, ex Jos. Alb. Fabricii Bibliotheca latina, a Jos. Aug. Ernesti auctius edita, lib. II, cap. 9; — 10° De L. Annæo Seneca Testimonia auctorum ac Judicia. Viennent ensuite les tragédies de Senèque, chacune suivie d'*Animadversiones* et de quelques imitations françaises. Le troisième volume est terminé par un très-ample Index universus verborum et locutionum quæ in contextu tragœdiarum L. A. Senecæ occurrunt, formant 282 pages, avec une pagination particulière.

— Hippolyte, tragédie, traduite par Stan. Boufflers.

Traduction dont il n'existe que des fragments, et qui ont été imprimés dans les Œuvres du traducteur.

— Médée, tragédie, traduction libre en français, par M***.

Traduction qui n'est point citée dans la Notice littéraire du Senèque de M. Lemaire : elle est imprimée dans le volume intitulé : l'Hymen vengé, en v chants (en prose), suivi de la traduction libre en vers français de Médée, tragédie de Senèque, et de quelques pièces fugitives, par M***. Londres, et Paris, 1778, in-12 de 240 pag.

— Théâtre de Senèque, traduction nouvelle, enrichie de notes historiques, littéraires et critiques, et suivie du texte latin corrigé d'après les meilleurs manuscrits, par L. Coupé. *Paris, Honnert*, 1795, 2 vol. in-8.

Quoi qu'en dise le titre, le texte latin n'accompagne pas cette traduction.

Les tragédies de Senèque sont au nombre dix : Hercule furieux; — Thyeste; — les Phéniciens; — Hippolyte; — Œdipe; — les Troyennes; — Médée; Agamemnon; — Hercule sur l'Œta; — Octavie.

— Le même, trad. par J.-B. Levée, avec le texte en regard, augmenté d'un examen des pièces et de notes. Par MM. Amaury Duval et Alex. Duval. *Paris, Chasseriau* (*A. André), 1822, 3 vol. in-8 sur papier fin, 20 fr.

— Tragédies de Senèque, traduction nouvelle (en prose, avec le texte en regard), par M. E. Greslou. *Paris, C.-L.-F. Panckoucke*, 1834, 3 vol. in-8, 21 fr.

Cette traduction fait partie de la Bibliothèque latine-française publiée par le même libraire, et se joint aux Œuvres philosophiques de Senèque qu'il a aussi publiées.

On trouve à la tête de cette traduction une Introduction de M. Greslou qui remplit 32 pages. Chacun des trois volumes est terminé par des notes étendues sur les pièces que contiennent ces volumes.

M. Greslou termine son Introduction par ces mots : « Senèque le tragique n'étant point pour nous un personnage réel et distinct du philosophe, nous renvoyons le lecteur à la vie de Senèque, publiée en tête du premier volume de ses Œuvres, par M. Ch. Du Rozoir. »

EXTRAITS DE SENÈQUE.

— Esprit (l') de Senèque. *Paris, Charpentier*, 1723-25, 2 part. in-8.

— Pensées de Senèque, recueillies par M. Angliviel de La Beaumelle, professeur royal en langue et belles-lettres françaises dans l'université de Copenhague, et traduites en français, pour servir à l'éducation de la jeunesse. *Paris, Lemercier; Desaint et Saillant; Leprieur*, 1752, 2 vol. in-12.

C'est, dit M. Du Rozoir, la traduction souvent très-heureuse d'une compilation de ce genre publiée en 1708, à La Haye, par Janus Gruter.

L'épître dédicatoire, adressée à l'abbé d'Olivet, est datée de Copenhague, le 4 mars 1749. C'est un des premiers ouvrages de l'auteur, mais son impression fut retardée. Dans cette édition, la seule donnée par l'auteur, le texte latin est en regard de la traduction. On trouve une vie de Senèque en tête de l'ouvrage.

Ce recueil a eu de la vogue, parce qu'on a aimé de tout temps les extraits, les abrégés, les esprits et les pensées ; mais cette traduction ne brille ni par la fidélité, ni par un choix judicieusement fait.

Nonobstant cela, ce choix a encore été réimprimé plusieurs fois. Les autres éditions sont celles de Paris, J. Barbou, 1768, un vol. in-12 de xlviij et 425 pag.; Paris, David, 1768, in-12.

Édition retouchée avec soin. Paris, J. Barbou, 1779, in-12 de xlviij et 379 pages, sans le privilége.

Paris, Barbou frères, an III (1795), in-12 de xliv et 403 pag.

Dans ces éditions, le texte, au lieu d'être en regard, est à la fin.

Les Pensées de Sénèque ont été presque entièrement réimprimées dans la Bibliothèque universelle des dames. Paris, 1786 ; petit format, partie morale, tom. 4 et 5.

— Selecta opera, latine et gallice, interprete P.-F.-X.D. (Pierre-François-Xavier Denis). *Paris, Barbou*, 1761, seu 1790, in-12.

Ce volume contient les traités de la *Brièveté de la vie*, de la *Providence*, les nouvelles *Epîtres*, et des notes de l'éditeur.

— Senecæ Eclogæ, avec la traduction de M. de La Beaumelle. *Berlin*, 1765, in-8.

— Analyse des traités de Bienfaisance et de Clémence (par l'abbé H.-Sim. Ansquer de Ponçol), précédés d'une Vie de ce philosophe. *Paris, Barbou*, 1776, in-12.

C'est, suivant M. Du Rozoir, une longue apologie, et la traduction est fort médiocre.

— Pensées morales, littéraires et philosophiques de Senèque, etc. *Utrecht, Wild*, 1780, 2 vol. in-12.

— Morale de Senèque, extraite de ses œuvres, traduite du latin, avec un Discours préliminaire, par M. N. (Naigeon). *Paris, Didot l'aîné*, 1782, 3 vol. in-18.

Ces trois volumes font partie de la Collection des moralistes anciens, dédiée au roi.

— Abrégé analytique de la vie et des ouvrages de Senèque, par Vernier, comte de Montorient. *Paris, Testu*, 1812, in-8, 4 fr.

Le comte Vernier a reproduit par extraits la traduction de Lagrange, en y joignant des réflexions qui décèlent un grand sens et une âme honnête.

Quelques morceaux de Senèque ont encore été traduits par M. Guérin et insérés dans un volume intitulé *les Moralistes latins* (1827, in-12).

SENETERRE ou Senneterre (Henri-Charles, d'abord marquis, ensuite comte de), ancien colonel du régiment d'infanterie de son nom; né le 3 juillet 1714.

— Apollon et Chimène, opéra. 1750.

—* Contes (nouveaux) des fées. *Amsterdam (Paris)*, 1745, in-8, fig.

— Précaution (la) inutile, op.-com. 1756.

Il avait aussi composé *les Jeux Olympiques*, opéra en un acte, 1753, non imprimé.

SENEX. — Atlas d'Angleterre, divisé en 52 cartes levées topographiquement; les plans et ports du royaume ; corrigé et augmenté par M. Senex. 1776, in-4.

SENGENSE (J.-S.), D. M., chirurgien-major du corps des pompiers de Paris.

— Dissertation sur le choléra-morbus. 1801, in-8.

SENGER. — Esprit (l') des lois mosaïques. *Bordeaux*, 1785, in-8.

SENILHES (Mlle de Saint-Brice, dame de), femme d'un chef d'escadron d'état-major.

— * Amour et Devoir, traduit de l'angl. (1825). Voy. Théod. Hook.

— * Georges, nouvelle. Par Mme de S***, auteur de « Amour et Devoir. » *Paris, H. Bossange*, 1827, in-12, 3 fr.

— * Nouvelles pour le jeune âge. Par M. de S***. *Paris, Ch. Gosselin; H. Bossange*, 1833, in-12, fig., 3 fr.

Nous connaissons encore de cette dame *l'Amant singulier*, nouvelle imprimée dans le tom. VIe des Heures du soir (1833). Voy. ce titre aux ouvrages anonymes.

SENIOR (N.-W.), professeur émérite d'économie politique à l'Université d'Oxford.
— Principes fondamentaux de l'économie politique, tirés des Leçons édites et inédites de M. N.-W. Senior, par le comte Jean Arrivabene. *Paris, Aillaud*, 1836, in-8, 7 f. 50 c.

SENKOWSKY (Jos.). — Lettre de Tutundju-Oglou-Moustafa-Aga, traduite du russe et publiée avec un savant commentaire, par Koutlouc-Fouladi. *Saint-Pétersbourg, N. Gretch*, 1828, in-8.

Critique composée par M. Senkowsky. L'objet de cette lettre est de critiquer l'ouvrage de M. J. de Hammer, intitulé : « Sur les origines russes. Extraits des manuscrits orientaux. » Saint-Pétersbourg, 1825, in-4. M. Charmoy, professeur, a pris, dans une lettre publiée en 1830, la défense du livre de M. de Hammer (D. M).

—Supplément à l'Histoire générale des Huns, des Turcs et des Mogols, contenant un abrégé de l'histoire de la domination des Uzbèks dans la grande Bukharie, depuis leur établissement dans ce pays jusqu'à l'an 1709 (par Mouhammed Youssouf El Mounschi, fils de Kodja Bega), et une continuation de l'histoire de Kharèzm, depuis la mort d'Aboul-Ghazi-Kan. *Saint-Pétersbourg, impr. de l'Acad. imp. des sciences*, 1824, in-4.

A la fin du vol. se trouvent 2 feuilles impr. en persan.

SENLI (l'abbé Pierre-Élie), prêtre étranger, anc. aumônier du 15e régiment d'infanterie, ex-aumônier du fort de Pierre-Châtel.
—Cris d'un étranger calomnié qui se défend. *Paris, de l'impr. de Demonville*, 1825, in-8 de 32 pag.
— Cris d'un infortuné; Conférence entre un docteur en théologie et un grammairien espagnol, où l'on dévoile certaines erreurs contre la morale chrétienne et contre la discipline ecclésiastique. *Orléans, de l'impr. de Jacob aîné*, 1815, in-8, de 36 pag.
—Observations de M. l'abbé Senli sur différents articles qui le concernent dans un écrit joint au mandement pour le carême de 1832, intitulé : Avis à lire en chaire le dimanche qui suivra sa réception, et publié par l'abbé Lamotte, vicaire général du diocèse de Nanci. *Nanci, de l'impr. de Bachot*, 1832, in-8 de 20 pages.
— Pièces à consulter sur les mœurs et la doctrine de l'abbé Senli. *Paris, de l'impr. de Fain*, 1829, in-4 de 24 pages.
— Purgatoire de feu M. le comte Joseph de Maistre, anc. ministre de S. M. le roi de Sardaigne, etc., pour l'expiation de certaines fautes morales qu'il a commises dans ses derniers écrits. *Limoges, Chapoulaud*, 1823, in-8 de 92 pag.

SENN (L.), de Genève, interne des hôpitaux de Paris.
—Recherches anatomico-pathologiques sur la méningite aiguë des enfants et ses principales complications (hydrocéphale aiguë des auteurs). *Paris et Montpellier, Gabon et Compagnie*, 1825, in-8, 3 fr.

SENNEMAUD (le P. Pierre), jésuite; né à Limoges, le 10 février 1699.
—* Pensées philosophiques d'un citoyen de Mont-Martre. *La Haye, et Paris*, 1756, in-12.

SENNETERRE. Voy. Senneterre.

SENNEVAS (M. et Mme de), traducteurs.

On doit à ces deux époux plusieurs traductions de l'anglais, que nous ne pouvons toutes citer parce qu'elles ont paru sans nom d'auteur; mais nous en indiquerons six : Splendeur et Souffrance (1807), et Un Hiver à Londres (1810), deux romans trad. de T. S. Surr; le Polonais, par miss Jane Porter (1807); le Fils banni, par Rég. Mar. Roche (1820); Don Sébastien, roi de Portugal, par miss A. M. Porter (1820), et Blanche et Osbright, par Lewis (1822).

SENOCQ (N.), instituteur primaire à Paris.
— Art de représenter les nombres par abréviations. Système formé d'éléments d'une exécution facile et prompte, employés, non pour faire des opérations arithmétiques, mais seulement pour exprimer les nombres qui se rencontrent dans le discours pour les relire ensuite. *Paris, de l'impr. lithog. de Kuhn*, 1837, in-4 de un quart de feuille.
—Méthode décisive d'écriture, ou l'Art d'écrire ramené à ses vrais principes naturels les plus simplifiés. *Paris, l'Auteur*, 1831, in-8, avec 11 planches.
— Quelques Observations de M. Senocq sur le rapport fait à la Société académique des lettres de Metz, relativement à sa méthode d'écrire. *Metz, de l'impr. de Lamort*, 1826, in-8 de 4 pages.
— Système complet de sténographie, ou Art d'écrire aussi vite que parle un orateur qui observe la prosodie. Ouvrage inventé par M. Senocq, sur les véritables bases de l'écriture ordinaire, d'après les données de

M. le général L.... IVme édit., revue. *Paris, l'Auteur; et chez les principaux libraires*, 1836, in-8 de 16 pages, et 2 planches, 3 f.

La cinquième édition, impr. en 1837, est un in-plano-lithogr. La troisième, impr. l'année précédente, forme une feuille in-folio.

SENOLIÈRES, officier. —*Premier (le) Marin, poëme. Trad. de l'allem. (1764). Voy. Gessner.

SENONNES (Alex. de La Motte Baracé, vicomte de), conseiller d'État, membre de l'Institut (Académie des beaux-arts); né à Senonnes (Mayenne), le 3 juillet 1781.

— Choix de vues pittoresques d'Italie, de Suisse, de France et d'Espagne, dessinées d'après nature et gravées à l'eau-forte. *Paris, de l'impr. de F. Didot. — A la Calcographie*, 1821, in-fol.

Cet ouvrage devait avoir trente livraisons, mais il n'en a été publié que sept, ensemble de 43 planches et 16 feuilles de texte; ces sept livraisons ont l'Italie pour objet.

Chaque livraison, composée de deux feuilles de texte et de six planches, a coûté: sur pap. ordin...; sur pap. vélin, 15 fr., et avec les épreuves sur pap. de Chine, 25 fr.

— Lettres de Jacopo Ortis, traduites de l'ital. sur la sec. édit. (1814). Voy. Foscolo.

— Promenades au pays des Grisons, ou Choix des vues les plus remarquables de ce canton, dessinées d'après nature, et lithographiées par Ed. Pingret, accompagnées d'un texte historique et descriptif, par M. le vicomte de Senonnes. *Paris, Noël et compagnie* (* *H. Gaugain*), 1827-29, pet. in-fol. de 86 pages et 38 planches, 60 fr.; et sur pap. de Chine, 90 fr.

Publiées en cinq livraisons.

Le vicomte de Senonnes a participé à la rédaction de plusieurs journaux, particulièrement à la Gazette de France, où, dit la Biographie des hommes vivants de Michaud, il défendit toujours les bonnes doctrines politiques et littéraires. Il a fourni quelques articles à la Biographie universelle.

On doit aussi au vicomte de Senonnes une édition des Œuvres dramatiques de Destouches, précédées d'une *Notice sur la vie et les ouvrages de l'auteur* (1811, 1822, 6 vol. in-8).

SENOVERT (le général Étienne de), d'abord capitaine au corps du Génie français, plus tard major général au service de Russie; né à Toulouse, en 1753, mort à Honfleur, le 22 septembre 1831.

— *Essai analytique sur les impositions. Par M. D. S. *Paris, de l'impr. de F. Didot*, 1825, in-8 de 24 pag.

Tiré à cent exempl.

— *Recherches sur les principes de l'économie politique, traduites de l'angl. (1789-90). Voy. J. Steuart.

— *Théorie (la) pratique des assignats, mémoire lu à la Société de 1789, les 5 et 6 septembre 1790. Sans indication de lieu (1790), in-8 de 42 pag.

Le général de Senovert a été l'éditeur des Œuvres de J. Law, contenant les principes sur le numéraire, le commerce, le crédit et les banques, auxquelles l'éditeur a joint des notes (1790, in-8).

Le général avait un grand nombre d'ouvrages en portefeuille; je fus chargé par lui de proposer à divers libraires plusieurs de ses manuscrits; mais ils ne furent point imprimés. Le plus considérable était une seconde édition de la traduction de l'ouvrage de Steuart, entièrement refondue et augmentée d'un grand nombre de notes. — Il avait eu le projet de donner une édition du manuscrit de Sainte-Hélène, avec des notes: le manuscrit existe. — Il paraissait désirer de publier tôt ou tard un volume de ses *Mémoires*. Je suis convaincu que si le manuscrit en existe encore, il doit être fort intéressant.

(*Note communiquée par M. Anglivicl.*)

SENS (Imbert). — Méthode (nouvelle) ou Principales raisons du plain-chant dans sa perfection. 1780, in-12.

SENS, fils d'un libraire de Toulouse.

On le considère comme l'un des trois auteurs des Satires toulousaines, etc. (1804). Voy. ce titre aux Ouvrages anonymes.

SENSARIC (dom Jean-Bernard), de la congrégation de Saint-Maur, prédicateur du roi; né à la Réole, en 1710, mort à Paris, le 10 avril 1756.

— Art (l') de peindre à l'esprit, ouvrage dans lequel les préceptes sont confirmés par des exemples tirés des meilleurs orateurs et poëtes français (par dom Sensaric, et publié par A.-M. Lottin). *Paris, Lottin l'aîné*, 1758, 3 vol. in-8. — Autres éditions, revues et corr. par M. de Wailly. *Paris, Barbou*, 1771, 3 vol. in-8; et *Paris*, 1783, 3 vol. in-8.

Ouvrage dans lequel les préceptes sont confirmés par les exemples tirés des meilleurs orateurs et poëtes français.

Le troisième volume de cet ouvrage est terminé par un Discours de M. Ch.-Ant. Coypel, peintre, sur l'éloquence et la peinture, dans lequel l'orateur entreprend principalement de prouver les rapports que ces deux arts ont entre eux dans presque toutes leurs parties. (Voy. Coypel.)

— Sermons, Mystères et Panégyriques prêchés dans différentes églises de Paris. *Paris, veuve Desaint*, 1771, 4 vol. in-12.

Des vues neuves dans le choix des sujets, une sage économie dans les plans, une composition soignée, un style abondant, telles sont les qualités de ce prédicateur, à qui l'on pourrait désirer plus de nerf, de force et de profondeur. Ses sermons sur les *grandeurs de Jésus* et sur les *deux alliances* sont regardés comme ses chefs-d'œuvre. Son *Discours sur la vigilance chrétienne* est plein de l'esprit des Pères et des Écritures, et d'un détail qui n'a rien de frivole ni de recherché.

SENSI (Gaspard), dessinateur. — Armeria (la) real de Madrid, ou le Musée d'artillerie espagnol. Dessins de M. Gasp. Sensi, texte de M. Ach. Jubinal. *Paris, A. Jubinal*, 1837, in-fol.

Cet ouvrage se publie par livraisons de 4 planches et une feuille de texte : on en promet vingt, sur lesquelles trois ont déjà paru.

Prix de chaque livraison : en noir, 5 fr. ; sur pap. de Chine, 7 fr. 50 c ; et coloriées, 10 fr. enluminées en or et en argent, 20 fr.

SENSIER, anc. notaire. — Rapport de M. Sensier, ancien notaire, commissaire du 2e arrondissement, chargé de constater le nombre des victimes et les faits mémorables des glorieuses journées des 27, 28 et 29 juillet 1830. *Paris, de l'impr. de Firmin Didot*, 1830, in-8 de 48 pages.

SENTETZ (P.). — Notice descriptive et historique de l'église métropolitaine de Sainte-Marie, d'Auch. Quatrième édition. *Auch, de l'impr. de mad. Duprat*, 1826, in-12 de 72 pages.

SENTEX (L.). — Observations sur l'asthme et le croup, traduit de l'anglais. (1808). Voy. J. Millard.

SENTIES (Joseph), anc. sous-chef à l'administration de la loterie ; né à Toulouse, vers 1756, mort à Paris, le 3 janvier 1814.

— * Doléances (les) des dames de la halle. 1789, in-8.

— * Joueurs (les), ou « le Nouveau Stukéli, par mad. de D...., auteur de « la Pauvre Orpheline. » *Paris, Barba*, 1807, 2 vol. in-12, 4 fr.

L'auteur avait intitulé cet ouvrage : *Les Tripots, ou Mémoires pour servir à l'histoire des maisons de jeu* ; mais le libraire en changea le titre. Il fut saisi peu de temps après sa publication, comme devant nuire à l'administration des jeux.

— * Pauvre (la) Orpheline, ou la Force du préjugé. *Paris, Barba*, an IX (1801), 2 vol. in-12, 3 fr.

Ces trois ouvrages de Jos. Senties sont anonymes.

Cet écrivain a aussi coopéré à la rédaction de la *Notice sur Ahmed*, bey de Soliman, réfugié en France, 1814, in-8.

SENTINI, auteur d'un écrit intitulé : Appel à la nation anglaise sur le traitement éprouvé par l'empereur Napoléon, imprimé à la suite de « Napoléon à Sainte-Hélène » (1829). Voy. ce titre.

SENTY (Ambroise), littérateur ; né à Aix (Bouches-du-Rhône), en avril 1803.

— Censure (la) et la Dissolution, comédie en trois actes. *Paris, Ponthieu*, 1817, in-8, 3 f.

M. de Villèle venait de couronner ses longs méfaits par l'établissement de la censure des journaux. Cette circonstance fut une occasion pour M. Senty de mettre en scène les ministres et leurs censeurs, avec tout le progrès de ridicule que le système avait fait depuis un an.

— * Congrégation (la) et la Diplomatie, ou le Ministre anglais à Paris, comédie politique en 3 actes. *Paris, les march. de nouv.*, 1826, in-8, 3 fr.

« Cette pièce, qui fut lue avec intérêt à l'époque de son apparition, valut à M. Senty une lettre très-flatteuse de M. Canning sur son ouvrage. L'arrivée de ce ministre à Paris avait donné lieu à cette pièce. »

M. Senty est auteur d'une troisième production dramatique, mais qui paraît n'avoir pas été imprimée : c'est une tragédie en cinq actes, intitulée : *Le comte d'Egmond*, composée à l'âge de vingt ans, et qui depuis a été reçue à l'Odéon.

— Résumé de l'histoire ancienne de la Grèce. *Paris, Lecointe*, 1826, in-18, 3 fr.

« Cet essai, écrit d'ailleurs avec talent, n'est pas exempt de cette sorte de *fatalisme* par lequel quelques historiens de l'école moderne prétendent tout expliquer. Mais à travers quelques idées systématiques, le livre contient une foule de vues neuves et ingénieuses sur le gouvernement et l'état social des anciens peuples de la Grèce. »

— Victoire (la) des trois cents, messénienne héroï-comique. *Paris, Ponthieu*, 1827, in-8 de 24 pages.

Petit poëme satirique, composé à l'occasion de la fameuse loi Peyronnet contre la liberté de la presse, et qui partout est empreint d'une moquerie élevée et d'une ironie mordante.

M. Senty débuta dans la littérature, en coopérant, en 1825 et 1826, à la rédaction du « Producteur, journal consacré à la philosophie de l'histoire et à l'économie politique. »

Depuis la chute du ministère Villèle, M. Senty s'est voué aux travaux historiques, particulièrement sur la période qui comprend les 150 dernières années de l'ancienne monarchie française. Il est auteur d'un *Précis* remarquable *de la guerre des Camisards*, servant d'introduction à « la Protestante, ou les Cevennes sous Louis XIV, » ouvrage d'une dame de beaucoup d'esprit, et que M. Demanne a attribué à tort à l'ancien ministre Thiers. M. Senty a été chargé de surveiller l'importante publication des Mémoires complets du duc de Saint-Simon.

(*Biographie des Bouches-du-Rhône.*)

SÉPHER (Pierre-Jacques), bibliophile distingué, docteur de Sorbonne, vice-chancelier de l'église et université de Paris, chefcier et chanoine de Saint-Étienne des Grés ; né vers 1710, à Paris, où il est mort le 12 octobre 1781.

— * Joli (le) Recueil, 2 vol. in-12.

— * Maximes et libertés de l'Église gallicane, avec plusieurs discours. *La Haye (Paris)*, 1755, in-12.

Avec plusieurs autres.

— * Office (l') de Saint-Pierre exorciste, pour l'église de Saint-Eustache : traduction. *Paris*, 1747, in-12.

— * Trois (les) Imposteurs, ou les Fausses Conspirations...

Ouvrage qu'on cite comme étant de l'abbé Sépher, mais qui nous est inconnu.

L'abbé Sépher a plus publié de livres comme éditeur que comme auteur, et on lui doit, entre autres, les éditions suivantes : 1° Vie de saint Charles Borromée, par GODEAU, édit. corr. et augm. de notes (1747, 2 vol. in-12); — 2° Histoire des révolutions anciennes du globe terrestre, trad. de KRUGER (1752); — 3° Histoire de Philippe-Guillaume de Nassau, etc., par Amelot de La Houssaye, ou plutôt par L. AUBERY DU MAURIER (1754, 2 vol. in-12; — 4° Madrigaux de LA SABLIÈRE, avec une Notice sur l'ouvrage et son auteur, par l'éditeur (1756, in-12); — 5° Recueil d'histoires édifiantes, par DUCHÉ, augm. de plusieurs histoires (1756, in-12); — 6° Mémoires sur la vie de Pibrac, par L'ESPINE DE GRAINVILLE, augmentés par Sépher, avec les pièces justificatives, les lettres amoureuses et les quatrains de Pibrac (1758, in-12). L'abbé Sépher a eu part à l'Europe ecclésiastique.

« Le Catalogue de la bibliothèque de l'abbé Sepher, 1786, in-8, est recherché, quoiqu'il y ait beaucoup d'erreurs, qu'on doit attribuer à la précipitation avec laquelle il fut rédigé, et quoiqu'on n'y ait pas joint une table des auteurs pour faciliter les recherches. Cette bibliothèque, composée de plus de trente mille volumes, dont un grand nombre de rares et de singuliers est enrichi de notes du propriétaire, fut vendue moins de 18,000 liv. Une note de Mercier de Saint-Léger nous apprend que l'exemplaire des Mémoires de Niceron, tout chargé de remarques de la main de Sépher, fut acheté 54 liv. par l'abbé Rive, qui annonça que son projet était de donner une nouvelle édition de cet ouvrage. » (*Biog. univ.*)

SEPMANVILLE (Cyprien). Voyez LIEUDÉ DE SEPMANVILLE.

SEPPE (J.). — Charcutier (le) lyonnais, ou le Prétendu baron d'empire. Fait historique. *Lyon, de l'impr. de Boursy*, 1837, in-12 de 12 pag., 25 c.

SÉPRÉS (Pierre-Ypres LA RAMÉE DE), disciple de Jacotot pour l'émancipation intellectuelle par la méthode d'enseignement universel, autrement dit la méthode Jacotot; d'abord professeur en Belgique, aujourd'hui directeur d'un établissement appelé le Lycée national, rue du Monceau du Roule, à Paris.

— Annales de l'enseignement universel, ou Recueil périodique contenant les exercices relatifs à l'application de la méthode de M. Jacotot, et quelques exemples des résultats obtenus par ce nouveau mode d'enseignement. *Paris, rue de Clichy; Johanneau* (* *Mansut*), 1829-33, 15 cah. formant un vol. in-8 avec planches, 7 fr. 50 c.

L'auteur avait déjà publié à Anvers, en 1825 et ann. suivantes, des *Annales de l'enseignement mutuel*. Celles-ci sont-elles un nouvel ouvrage ou la réimpression de celui de 1825 ?

— Arithmétique à l'usage de l'enseignement universel. *Paris, l'Auteur*, 1830, in-8 de 176 pages, 2 fr. 50 c.

— Aventures de Télémaque, fils d'Ulysse (par FÉNÉLON), suivies d'un petit Dictionnaire de mots extraits des six premiers livres, et pouvant fournir les premiers sujets de composition aux élèves de l'enseignement universel. Édition revue et publ. par P.-Y. de SÉPRÉS. *Paris, Johanneau*, 1829, 1834, in-12, 2 fr. 50 c.

Volume à l'usage du lycée national (de M. de Séprés).

— Choix de propositions mathématiques, destiné aux élèves de l'enseignement universel. *Anvers, Roosen*, 1823, in-8 avec deux planches, 3 fr.

Réimprimé à Paris, sous ce titre : Choix de propositions mathématiques, précédé d'un court exposé de la manière d'étudier les mathématiques d'après la méthode de l'enseignement universel. Sec. édition, revue et augm. Paris, l'Auteur, 1830, in-8 de 102 pag., avec une planche, 2 fr.

— Cours complet de langue anglaise. *Paris, au lycée national; Mansut*, 1835, in-8, 6 fr.

— Cours complet pratique de la langue française, ou Développement de tous les exercices de l'enseignement universel, indiqués dans les ouvrages du fondateur de cette méthode. Sec. édition. *Paris, l'Auteur; Mansut*, 1829, in-8, 4 fr.

— Cours complet pratique de mathématiques, à l'usage du lycée national. (Prem. part.) *Paris, l'Auteur; Mansut*, 1834, in-8, 3 fr. 50 c.

— Cours de géographie (ou Guide pratique d'après les leçons données au lycée national). *Paris, l'Auteur; Mansut*, 1835, in-12, 3 f.

— Cours gradué de langue allemande, à l'usage des élèves du lycée national. *Paris, l'Auteur; Mansut fils*, 1834, in-12, 2 fr.

— Epitome d'Histoire, comprenant les douze époques de l'histoire universelle de Bossuet, et un résumé de l'histoire de France et de chronologie, avec une Instruction spéciale à chacune de ces parties pour l'étude de l'Histoire d'après l'enseignement universel par P.-Y. de Séprés. *Paris, l'Auteur; Mansut*, 1830, in-8, 4 fr.

On peut se procurer séparément :
1° *Résumé de l'histoire de France, suivi d'un Epitome de chronologie générale.* Paris, Mansut fils, 1833, in-8, 2 fr. 50 c.
2° *Épitome de chronologie générale*, depuis la création du monde jusqu'à nos jours. Paris, Mansut fils, 1833, in-8 de 24 pages, 75 c.

— Epitome de physique pour servir d'introduction à l'étude de cette science, destiné aux élèves du lycée national. *Paris, l'Auteur; Mansut*, 1834, in-8 de 56 pages, avec 2 planches, 1 fr. 50 c.

— Essai sur l'Homme, par Pope, avec la traduction française en regard (1830). Voy. Pope.

— Instruction normale pour l'étude de la musique, d'après l'enseignement universel, destinée aux personnes qui veulent apprendre seules, et particulièrement aux mères de famille. Première partie. *Paris*, *l'Auteur*, 1829, in-8 de 24 pag., 1 fr. 50 c.

— Guide pratique de l'enseignement universel appliqué à la lecture, l'écriture, etc., etc. (Première partie, comprenant la lecture, l'écriture, la langue maternelle et l'improvisation.) *Paris*, *l'Auteur*; *Ponce*, 1830, in-8 de 130 pages, 2 fr. 50 c.

— Instruction normale pour la lecture, l'écriture et le calcul, d'après l'enseignement universel, destinée aux écoles de l'armée, à toutes les écoles primaires du royaume, et principalement aux pères de famille. *Anvers*, *Ancelle*, 1827, in-12, 1 fl. 58 c.

Réimprimée à Paris, sous ce titre: *Instruction normale pour la lecture, l'écriture et le calcul*, d'après l'enseignement universel, destinée à toutes les écoles primaires du royaume, et particulièrement aux pères de famille. Sec. édition. Paris, l'Auteur; Johanneau, 1829, in-8, 1 fr. 25 c.

— Mémoire au roi des Pays-Bas, au sujet du rapport de M. Kinker sur la méthode de M. Jacotot, imprimé à la suite du Rapport (1829). Voy. Kinker.

— Recueil de morceaux oratoires pour servir à l'étude de l'improvisation, d'après l'enseignement universel. *Paris*, *rue de Monceaux*, *n° 7*; *Johanneau*, 1830, in-8 de 132 pages, 2 fr.

— Rhétorique française, avec des notes à l'usage des élèves de l'enseignement universel. Seconde édition. *Paris*, *rue de Clichy*, n° 54; *rue Thérèse*, n° 4, 1830, in-12, 1 fr. 50 c.

— Varii casus Telemachi, Ulyssis filii, liber primus. Aventures de Télémaque, livre premier (latin-francais). Nouv. édition, à l'usage de l'enseignement universel, et suivie d'une courte instruction sur la manière de se servir du Télémaque pour l'étude de la langue latine. *Paris*, *l'Auteur*; *Johanneau*, 1829, in-8 de 92 pag.

SEPT-CHÊNES (de). Voy. Leclerc de S.

SEPTCHÊNES (Jean de), ancien timbalier de S. M. le roi de Prusse, pseudonyme.

— Histoire des jésuites, en 82 couplets sur les beaux airs de la complainte, avec des notes instructives depuis la naissance de saint Ignace en 1492, jusqu'à cet an de grâce 1826. *Paris*, *chez tous les libraires*, 1826, in-32 de 64 pages, 50 c.

SEPT-FONTAINES. Voy. Blanquart de S.

SEPTFONTS (l'abbé de). — Lettre à mad. de Gache, sa sœur, au sujet des doutes qu'elle avait sur la constitution Unigenitus. *Viviers*, 1721, in-12.

SEPTIER (l'abbé Armand), chanoine honoraire et bibliothécaire de la ville d'Orléans, anc. chanoine régulier de l'abbaye de Saint-Victor et bibliothécaire de son ordre, membre de la Société des sciences, arts et belles-lettres d'Orléans; né à Toulouse, le 15 avril 1744, mort à Orléans, le 17 avril 1824.

— Manuscrits de la bibliothèque d'Orléans, ou Notices sur leur ancienneté, leurs auteurs, les objets qu'on y a traités, le caractère de leur écriture, l'indication de ceux à qui ils ont appartenu, précédées de notes historiques sur les anciennes bibliothèques d'Orléans, et en particulier sur celle de la ville. *Orléans*, *de l'impr. de Rouzeau-Montaut*, 1820, in-8.

Ce catalogue est d'un homme instruit et d'un esprit méthodique : il a été imprimé aux frais du conseil municipal de la ville d'Orléans.

SEPTIMUS SERENUS (Aulus), poète latin, qui florissait sous le règne de Vespasien et de ses fils.

Il nous reste quelques fragments estimables de ce poète, qui ont été recueillis par Wernsdorff, dans ses « Poetæ latini minores ; » et on les trouve dans la collection de M. Lemaire. Les savants s'accordent à penser que le petit poëme intitulé *Moretum*, qu'on voit souvent à la suite des ouvrages de Virgile, n'est point de ce grand poète, mais qu'il est de Septimus. Il en est de même d'une autre pièce placée également d'ordinaire à la suite des poésies de Virgile, et qui porte pour titre : *Copa*. M. Wernsdorff pense qu'elle faisait partie du même recueil (Voy. la Biogr. univ., tom. XLII, pag. 48, art. de M. Sicard).

SEQUELAS, prêtre de la doctrine chrétienne.

— *Oraison funèbre de Henri IV, roi de France et de Navarre, prononcée dans la chapelle du collège royal de la Flèche, le 22 juin 1790, par M. S***, D. L. D. C. *Angers*, *Pavie*, 1790, in-8 de 34 pag.

Sequelas était professeur d'éloquence à la Flèche. Dans le cours de la révolution, il s'attacha au parti des fédéralistes : ayant été obligé de fuir pour se soustraire à ses ennemis, un jour on le trouva mort dans un fossé.

SERAFINI, l'un des deux éditeurs de

l'Encyclopédie, édition de Livourne, 1770, 33 vol. in-fol.

SERAIN (Pierre-Entrope), médecin et homme de lettres, anc. officier de santé; né à Saintes, en 1748. Serain était élève de l'école pratique de Paris; il devint correspondant de la Société d'agriculture et de commerce de Caen, et de celle d'agriculture, d'histoire naturelle, etc., etc., de Lyon. Il est mort au château de Chanon, près Croissanville (Calvados), au mois de décembre 1820. La vie de Serain est tout entière dans ses ouvrages.

— Idée d'une grande entreprise relative aux sciences, aux arts et à l'industrie, qui offrira au public, ainsi qu'aux personnes qui souhaiteront concourir à ce travail, des avantages extraordinaires. *Paris, Migneret; Blaise*, 1817, in-8 de 60 pag., avec un tableau, 1 fr. 20 c.

« C'est le prospectus d'une encyclopédie qui eût été intitulée : *Collection instructive, ou Recueil de toutes les vérités théoriques et pratiques*. L'auteur appelait tout le monde indistinctement, depuis le savant jusqu'au laboureur, à concourir à son ouvrage, qui devait être distribué en huit sections, à chacune desquelles aurait été assigné un rédacteur chargé de coordonner tous les matériaux : les fonds de l'entreprise devaient se faire par actions, et être remboursés à la fin de l'opération ; jusque-là on devait payer les intérêts. On peut sans exagération le qualifier d'une véritable utopie. »

— Instruction sur la manière de gouverner les abeilles. *Paris, Marchant*, 1802, in-8, 2 fr. 50 c.

— Instructions pour les personnes qui gardent les malades; ouvrage utile à toutes les familles, et surtout dans les campagnes. Huitième édition, revue, corrigée et augmentée. *Paris, Le Normant; A.-J. Marchant*, 1803, in-12 de 150 pages, 1 fr. 25 c.

La première édition est de 1777, in-12.

Dès 1788, d'Apples publia à Lausanne une nouvelle édition de ce livre, à laquelle il joignit des notes dont l'auteur profita pour les éditions qu'il publia postérieurement.

Des huit éditions qu'a obtenues ce livre, l'une fait partie de la Bibliothèque physico-économique de 1790, et une autre de l'Encyclopédie méthodique, tom. VII, pag. 529 du Dictionnaire de médecine.

— * Recherches (nouv.) sur la génération des êtres organisés, auxquelles on a joint quelques conjectures sur les principes des corps, et une nouvelle théorie de la terre. *Paris, veuve Humaire*, 1783, in-12.

Barbier présente ces *Recherches* comme un ouvrage anonyme : Bellepierre de Neuve-Église, ann. 1783, en l'annonçant, a pourtant donné le nom de son auteur.

Serain a publié en outre plusieurs mémoires dans les journaux de médecine et de physique.

(*Mahul, Ann. nécrol.*, ann. 1820.)

SERAN, avocat, l'un des rédacteurs du Journal des arrêts de la Cour royale de Toulouse (1820).

SÉRAN DE LA TOUR (l'abbé), littérateur estimable, mais peu connu; né vers le commencement du XVIIIe siècle.

— * Amusements de la raison. *Paris, Durand, etc.* 1747 et 1748, 2 vol. in-12; et 1752, 2 vol. in-12.

Ouvrage qui obtint beaucoup de succès lorsqu'il parut.

— * Art (l') de sentir et de juger en matière de goût. *Paris, Pissot*, 1762, 2 vol. in-12, 5 fr. — Autres éditions. *Strasbourg, de l'impr. de Rolland et Jacob*, 1788, in-8 de xxxvij et 432 pag., sur papier ordinaire, sur beau papier, et sur papier vélin; *Ibid.*, 1790, et an IV (1796), in-8, 4 fr.

« Bien que cette matière ait été souvent rebattue, l'auteur a su trouver quelques idées neuves. Son style est facile et élégant. »

—* Histoire de Catilina, tirée de Plutarque, de Cicéron. *Amsterdam, Rey, et Paris, Durand*, 1749, in-12.

C'est à tort que Moreau, dans la Bibliothèque de madame la Dauphine, attribue cet ouvrage à l'abbé Raynal.

— Histoire d'Épaminondas, pour servir de suite aux Hommes illustres de Plutarque. *Paris, Didot*, 1739, in-12.

— * Histoire de Mouley Mahamet, fils de Mouley Ismaël, roi de Maroc. *Genève (Paris)*, 1749, in-12.

— Histoire de Philippe, roi de Macédoine, père d'Alexandre, pour servir de suite aux Hommes illustres de Plutarque. *Paris, Briasson*, 1740, in-12.

— * Histoire de Scipion l'Africain, pour servir de suite aux Hommes illustres de Plutarque, avec des observations du chevalier de Folard sur la bataille de Zama. *Paris, Didot*, 1738, in-12.

— Histoire de Scipion l'Africain et d'Épaminondas; nouv. édit. (revue par RONDET). *Paris*, 1752, in-12.

— * Histoire du tribunat de Rome, depuis sa création, l'an 261 de la fondation de Rome, jusqu'à la réunion de sa puissance à celle de l'empereur Auguste, l'an 730 de la fondation de Rome; son influence sur la décadence et la corruption des mœurs. *Amsterdam, et Paris, Vincent*, 1774, 2 part. in-8.

« Le fond des différentes histoires de l'abbé Séran, appartient à tout le monde, comme il en convient lui-même dans la préface de ce dernier ouvrage ; mais l'esprit dans lequel elles sont rédigées est bien à lui, et il est excellent. Ces compilations se distinguent par l'exactitude des faits et des citations, ainsi que par une intelligence rare des ressorts de la politique grecque et romaine. »

— Mysis et Glaucé, poëme en trois chants, traduit du grec par M. Séran de La Tour. *Genève* (*Paris*), 1748, in-12.

Ouvrage composé par Séran de La Tour.

— * Parallèle de la conduite des Carthaginois à l'égard des Romains, dans la seconde guerre punique, avec la conduite de l'Angleterre à l'égard de la France, dans la guerre déclarée par ces deux puissances, en 1756. *Paris*, 1757, in-12.

SERAND, docteur médecin, chirurgien-major de la marine.

— De ma Retraite et des motifs qui ont pu y donner lieu. *Brest, de l'impr. de Rozais*, 1828, in-4 de 12 pag.

SERANE (Charles), prof. en médecine à Montpellier, sa patrie; mort au mois de septembre 1756, âgé de 46 ans.

— Questiones medicæ duodecim pro regiâ cathedrâ vacante. 1749, in-4.

— Responsio ad scriptum Francisci Lamure. In-4.

SÉRANE (Philippe), maître d'histoire et de géographie, correspondant de l'Institut de la jeunesse de la ville d'Angers.

— Anecdotes romaines et françaises, ou Parallèle des Romains et des Français, à l'usage des maisons d'éducation. 1797, in-8.

— Aperçu d'une Instruction raisonnable, présenté à la Convention nationale. *Paris*, 1793, in-8.

— Atlas historique, ou Collection des tableaux formant la chaîne des grands événements qui ont caractérisé chaque siècle, avec des tablettes historiques et politiques sur tous les peuples du monde. 1783 et ann. suiv.

— Éléments de l'histoire des rois de France, à l'usage de l'institution de la jeunesse de la ville d'Angers. *La Flèche, de la Fosse; et Paris, Jay*, 1769, in-12.

— Géographie élémentaire enrichie de l'histoire naturelle et industrielle des divers peuples de la terre. 1799, in-12.

— * Newtonianisme de M. de Voltaire, ou Entretiens d'un étudiant avec un docteur newtonien. Par M. S. P. *Paris*, *Morin*, 1779, in-12 de 116 pag.

— Principes généraux et raisonnés de la langue latine, à l'usage des écoles centrales et des maisons d'éducation, d'après les méthodes de Dumarsais et de Lhomond, divisés en deux parties, dont la première offre un tableau raisonné des noms, des déclinaisons, des conjugaisons, des verbes, des adverbes, des prépositions, des conjonctions et autres parties du discours. La seconde partie renferme les principales règles de la grammaire latine, et leur application aux fables de Phèdre, avec des signes qui caractérisent les divers genres des noms et les temps des verbes. *Paris*, *Lauren jeune*, 1800-01, in-12.

La première partie de ces Principes généraux de la langue latine se vendait séparément sous le titre de Nouvelle Grammaire latine.

— Tableau de l'histoire universelle du globe de la terre. *Angers et Paris*, 1767, 1770, in-12.

— Tableau du globe, ou nouveau Cours de géographie, enrichi de l'histoire naturelle et politique des divers peuples de la terre. *Angers*, *Barrière; et Paris*, *Guillyn*, 1779, in-12.

— Théorie de l'éducation, ou Institution de la jeune noblesse, avec un Essai sur diverses sciences par un enfant de neuf ans, élève de l'auteur. *Paris*, *Delalain*, 1787, in-12.

SÉRANG (le marquis de), maréchal de camp.

— Prisonniers (les) français en Russie. Mémoires et Souvenirs de M. le marquis de Sérang, recueillis et publiés par M. Puibusque. *Paris*, *Arthus Bertrand*, 1836, 2 vol. in-8, 15 fr.

SÉRAPHIN (le P.), de Paris. Voyez Cl. Rob. Hurtault.

SÉRAPHIN (J.). — Dissertation sur les fièvres bilieuses en général, présentée et soutenue à la Faculté de médecine de Paris, le 25 juillet 1815; grec-franç. *Paris*, 1815, in-8, 2 fr. 50 c.

SERARIUS (Nic.). Dissertatio de typographiæ inventione....

Réimprimée dans l'Histoire de l'origine et des progrès de l'imprimerie (par Prosp. Marchand), 1740, in-4.

SERAS. — * Commerce (le) anobli. *Bruxelles*, 1756, in-12.

SERCES (Jacques), d'abord vicaire d'Appleby, dans le comté de Lincoln, ensuite ministre de la chapelle royale de St-James à Londres; né à Genève, en 1695, mort en 1762.

— Traité sur les miracles, dans lequel on prouve que le diable n'en saurait faire pour confirmer l'erreur, et où l'on examine le système opposé tel que l'a établi le docteur Sam. Clarke. *Amsterdam, Humbert*, 1729, in-12.

« Serces a composé encore quelques ouvrages de controverse, dont je sais l'existence, dit Senebier; mais dont je n'ai pu parvenir à connaître les intitulés. »

SERCY (l'abbé de).—Imitation de J. C., traduction nouvelle, dédiée au cardinal de Noailles (1750). Voyez KEMPIS.

SERÉ (de). Voyez SERRÉ DE RIEUX.

SÉREL-DESFORGES (F.-A.-V.), alors avocat à Saint-Malo.
— Influence (de l') de l'instruction élémentaire du peuple sur la manière d'être et sur les institutions politiques; discours qui a remporté le prix à la Société royale d'Arras, en 1820. *Paris, de l'impr. de Crapelet.— Ant.-Aug. Renouard*, 1820, in-8 de 64 p., 1 fr. 50 c.

SERÈNE (le docteur).—Histoire médicale, anatomique et physiologique d'un enfant atteint d'aphotaistésie. *Marseille, de l'impr. d'Achard*, 1829, in-8 de 16 pag.

SERENT (l'abbé J.-R.-Sébastien de), président de la société littéraire militaire de Besançon; né à Vannes.
— Apologues latins et français. 1753, in-12.
—Bornetin et Monsonine, histoire genevoise. 1754, in-16.
— Description ecclésiastique et civile de la Franche-Comté, etc.
— Laus arbosiana adversus vicinos cavillatores vindicata, oratio. 1755, in-4.
— Parallèle de la poésie pastorale française avec la latine. 1749, in-12.
— Pélerinage littéraire et pieux en Champagne, Franche-Comté, Lyonnais et Bourgogne. 1756, in-12.
—Polignii panegyricon oratio. 1753, in-4.
— Recueil de compliments, bouquets, allégories, satires, épîtres et autres pièces de poésie française et latine. 1756, in-12.
— Sault (le) périlleux, ou le Ramoneur tombé dans la chaire de rhétorique. 1755, in-12.
— Sénat (le) asinique, comédie en 3 actes. 1753.
—* Trio (le) merveilleux, ou la Théologie embourbée, la Cure embéguinée et la Canonicité boiteuse, conte burlesque. Par un chevalier thébain. 1756, in-12.
— Veau (le) tonsuré, ou l'Anéantissement du bon sens en dignité. 1755, in-12.

(*Miorcec, Notice sur les écriv. de la Bretagne.*)

SERENT (le marquis de). —* Exposition des objets discutés dans les états généraux de France depuis l'origine de la monarchie. Par M. le marquis de S***. *Londres, et Paris, Maradan*, 1789, in-8 de 180 pag.

SÉRENT (le duc de). — * Portraits et pièces intéressantes relatives à la famille royale. *Paris, de l'impr. d'Herhan*, 1814, in-8 de 40 pag.

Cette brochure, tirée à un petit nombre d'exemplaires, n'a pas été mise en vente.

SERGÉ (l'abbé), curé de Chauvincourt.
— Canons des conciles et Pensées des Pères pour tous les jours de l'année, lat. et franç. *Paris, Nic. Couterot*, 1706, in-12.
—* Dogmes orthodoxes, ou Sentiments de théologie morale. *Paris, Nic. Couterot*, 1700, in-12.
—* Essais de maximes et de poésies morales. *Paris, veuve Cl. Thiboust*, 1682, in-12.

SERGENT (Frédéric). — Manuel alphabétique du propriétaire et du locataire ou du sous-locataire, tant des biens de ville que des biens ruraux, etc. *Paris, Mongie*, 1826, in-18, 3 fr. — IIIe édition. *Paris, Roret*, 1829, in-18, 2 fr. 50 c.
— Manuel des engagistes et des échangistes, ou Recueil complet et méthodique des lois, décrets, ordonnances, etc., etc., concernant les domaines de l'État concédés, engagés ou échangés, etc. *Paris, Mongie; l'Auteur*, 1829, in-12, 4 fr.

SERGENT (A.). — Tables complètes de conversion des anciennes mesures agraires du département de la Marne en nouvelles mesures métriques, et des nouvelles mesures métriques en anciennes mesures locales. *Reims, Quélon-Moreau*, 1829, in-8.

SERGENT-MARCEAU (A.-F.), né à Chartres, en 1750, artiste, graveur et hommes de lettres, élève d'Augustin Saint-Aubin; dès que la Révolution éclata, M. Sergent s'en montra un des partisans les plus ardents il devint successivement secrétaire de la Société des Jacobins, officier municipal et l'un des quatre administrateurs de la police, en 1791 et 1792, membre de la Convention nationale, député de Paris, créateur du Musée de peinture et de sculpture, et plus tard commissaire du gouvernement près les hopitaux militaires. Au 18 brumaire, M. Sergent perdit le dernier emploi, fut banni de la capitale, et se rendit en Italie, où il obtint la place de bibliothécaire-adjoint de la bibliothèque de l'Université de Turin ; membre de l'Athénée de Brescia. M. Sergent-Marceau, aujourd'hui âgé de 87 ans, vit à Nice.

— Costumi dei populi antichi e moderni. *Brescia e Milano*, ..., in-4 de 300 pag., orné de 23 pl. grav. et color.

Ouvrage dont l'impression a été commencée à Brescia et terminée à Milan.

— Fragment de mon album et nigrum, écrit en 1811, revu et augmenté de souvenirs en 1836. *Brignoles, de l'impr. de Perreymond-Dufort*, 1837, in-8 de 164 p., avec un portrait et un fac-simile.

Volume imprimé au nombre de deux cents exemplaires et dont aucun n'est destiné au commerce.

Un premier titre ou faux-titre porte : *Hommage de l'amour à la vertu. Par un époux. Souvenirs. A mes amis. Imprimé aux frais de MM. Sergent-Marceau et Agathophile, leur fils adoptif, et neveu du général.*

Ce sont des Mémoires sur Émira Marceau-Desgraviers, sœur du général, et femme de M. Sergent, écrits avec une minutieuse complaisance par un époux encore passionné, quoique plus qu'octogénaire.

Madame Sergent-Marceau, née à Chartres, en 1754, et morte à Nice, le 6 mai 1834, a gravé quelques-uns des portraits de la collection publiée par son mari, de 1787 à 1789 (voy. plus bas), et elle a laissé 6 vol. in-4 intitulés : *Glanures*.

— Notices historiques sur le général Marceau, mort dans la campagne de 1796. *Milan, Giusti*, 1820 in-8 et in-12.

Dès 1797, Jos. Lavallée avait publié un Éloge historique du général Marceau, in-8 de 52 pag.

— Portraits des grands hommes, femmes illustres, et Sujets mémorables de France, gravés et imprimés en couleur. *Paris, Blin*, 1787-89, in-fol.

Il en a paru 25 livraisons. Plusieurs de ces portraits ont été gravés, sur les dessins de M. Sergent, par mademoiselle Émira Marceau, d'abord épouse de M. Champion de Cernel, et plus tard de M. Sergent.

Acteur dans le grand drame de la Révolution, M. Sergent nous a donné le récit de quelques-unes de ses journées : ses morceaux sur cette époque ont été imprimés successivement dans la Revue rétrospective, où l'on trouve : 1° Détails historiques sur les diamants de la couronne volés et retrouvés en 1792 (Ire série, tom. IV, pag. 137 et suiv., 1834) ; on se rappelle que M. Sergent fut, dans le temps, accusé de cette spoliation ; 2° Relation de la journée du 17 juillet 1791 (Ibid., tom. V, pag. 277 et suiv.) ; — 3° Projets républicains de quelques émigrés français (IIe série, tom. Ier, pag. 311 et suiv.) ; — 4° Notice historique sur les événements du 10 août 1792, et des 20 et 21 juin précédents (Ibid., tom. III) ; — 5° des Notices historiques sur le général Marceau (Ibid., tom. IV, pag. 12 et suiv., 1835). Plusieurs de ces morceaux ont dû être tirés à part, notamment le premier.

Pendant son séjour en Italie, M. Sergent a traduit de l'italien plusieurs ouvrages que nous ne pouvons tous indiquer, parce qu'ils ne sont pas venus à notre connaissance ; mais nous citerons les deux suivants : l'Iconologie de PISTRUCCI (1821), et les Monuments du Musée Chiaramonti, par Ph.-Aur. VISCONTI (1822).

En 1802, M. Sergent-Marceau a fait imprimer à Milan le spécimen d'un ouvrage intitulé : *Tableaux de l'Univers et des connaissances humaines*, représentés par des gravures en couleur, in-8 oblong. Cet ouvrage devait contenir 300 pl., qui eussent été accompagnées d'une explication en cinq langues.

SÉRI-LANAUZE, l'un des éditeurs du Recueil de jurisprudence (Agen, 1837, in-8).

SÉRIEUX (Jean-Adrien), avocat à Paris.

—* Géographie sacrée et historique de l'ancien et du nouveau Testament (par J.-Adr. SÉRIEUX et ROBERT DE VAUGONDY), avec plusieurs dissertations des sieurs SAMSON et autres, mise au jour par ROBERT. *Paris, Durand*, 1747, 3 vol. in-12.

— Mémoires sur la question de l'indissolubilité du mariage des infidèles, recueillis, etc. 177., 1 vol. in-fol., ou 2 vol. in-12.

Sérieux a publié comme éditeur divers ouvrages de jurisprudence, dont les principaux sont : 1° les Œuvres de RENUSSON, édition augm. de la nouvelle jurisprudence (1760, in-fol.) ; — 2° le Traité des contrats de mariage, par DUPERRAY, augm. par l'éditeur (1761, 2 vol. in-12) ; — 3° le Traité des droits honorifiques des seigneurs dans les églises, par MARESCHAL, édition augmentée par Sérieux (1762, 2 vol. in-12) ; — 4° le Traité des successions de Denis LE BRUN, avec des nouvelles décisions et des remarques critiques, par F. Bernard ESPIARD DE SAUX, nouv. édit., 1775, in-fol. ; — 5° le Traité de la subrogation de ceux qui succèdent au lieu et à la place des créanciers, par RENUSSON, édition augmentée. Toulouse, 1783, in-4.

SERIEYS (Antoine), fécond écrivain, ou, pour nous servir d'une épithète que Mercier, auteur du Tableau de Paris, s'appliquait à lui-même, *livrier*, non moins charlatan que fécond ; professeur d'histoire et bibliothécaire au Prytanée français, puis censeur au lycée de Cahors et ensuite à celui de Douai ; né à Pont-de-Ceyron (Aveyron), en 1755, mort à Paris, le 7 août 1819.

— Amour (l') et Psyché, poëme en VIII chants. *Paris, Leroy*, 1789, in-12. — Nouv. édit. *Paris, Tiger*, 1803, in-12.

Volume reproduit avec un nouveau titre portant : *seconde édition, revue, corrigée et précédée d'une Épître au consul Lebrun*. Paris, Tiger, 1804, in-12, avec une figure, 1 fr. 50 c.

—* Anecdotes inédites de la fin du XVIIIe siècle, pour servir de suite aux Anecdotes françaises. *Paris, de l'impr. de Didot jeune. — Monory*, an IX (1801), in-8, 2 fr. 50 c.

Avec J.-Fr. André.

On trouve dans cet ouvrage la clef de plusieurs événements majeurs ; des particularités inconnues sur la princesse de Lamballe, sur le directeur Carnot, sur le président d'alors des États-Unis d'Amérique ;

deux conversations intéressantes de Louis XVI avec Bailly, etc. Ces deux conversations ont été prises par l'abbé Proyart pour authentiques, et insérées comme telles dans son Louis XVI et ses vertus, etc.

Cet ouvrage a été reproduit ou réimprimé sous le titre suivant :

La Fin du dix-huitième siècle, ou Anecdotes curieuses et intéressantes, tirées de manuscrits originaux, de pièces officielles, ou transmises par les auteurs mêmes des faits, ou par des témoins non suspects, pour servir de matériaux et de pièces justificatives à l'histoire de la république française, etc. Nouv. édit., très-soignée. Paris, Monory, an XIV (1805); ou Paris, Debraux, 1807, in-8 de 11 et 274 pag., 1 fr. (Anon.)

—* Bulletin (premier) de l'île d'Elbe, donnant des nouvelles de Napoléon Buonaparte, son souverain, de ses occupations, de ses projets de réforme et d'embellissements, avec la liste des pièces de théâtre données par son ordre. *Paris, de l'impr. d'Herhan*, 1814, in-8 de 8 pag.

—* Carnot; sa vie politique et privée, contenant des particularités intéressantes qui n'ont jamais été imprimées; suivi d'un Précis de la conduite de Robert Lindet à la Convention nationale. *Paris, Plancher; Eymery; Delaunay*, 1816, in-12, avec un portrait, 2 fr. 50 c.

—* Chefs-d'œuvre d'éloquence, tirés des œuvres de Bossuet, Fléchier, Fontenelle et Thomas, publiés avec une Notice sur ces grands hommes. *Paris, Obré*, 1806, in-12.

—* Chefs-d'œuvre de poésie française, tirés des œuvres de Racine, Molière, Boileau et Voltaire, publiés avec une Notice sur ces grands hommes. *Paris, Obré*, 1806, in-8.

Ces deux derniers ouvrages ont été réimprimés ensemble sous ce titre :

Chefs-d'œuvre d'éloquence et de poésie française, tirés des œuvres de Bossuet, Fléchier, Fontenelle, Thomas, et de Racine, Molière, Boileau et Voltaire, avec une Notice sur ces grands hommes. Paris, Depelafol, 1820; ou Paris, Denn, 1824, 2 part. en un vol. in-12. La dernière édition porte : par un ancien professeur de l'Université.

—* Comte (le) d'A*** (d'Artois), ou les Aventures d'un jeune voyageur sorti de la cour de France en 1789; ouvrage publié d'après le manuscrit original. *Paris, Monory*, an VIII (1800), 2 vol. in-12, avec fig., 3 fr.

Avec J.-Fr. André.

— Décades (les) républicaines, ou Histoire abrégée de la république française. 4 vol. in-12; ou 1795, 7 vol. in-18.

— Dictionnaire généalogique et critique de l'Écriture sainte, où sont réfutées plusieurs fausses assertions de Voltaire et autres philosophes du XVIIIe siècle, par l'abbé ***; revu, corr. et publié par M. l'abbé Sicard. *Paris, Bertrandet*, an XII (1804), in-8, 7 f.

Composé par Serieys.

Dans sa dédicace à M. Portalis, conseiller d'État, chargé de toutes les affaires des cultes, l'abbé Sicard a poussé la complaisance envers Serieys jusqu'à dire que l'auteur de cet ouvrage était mort en septembre 1792.

— Éléments de la grammaire latine de Lhomond, abrégée en faveur des commençants. *Paris, Cretté*, 1812, in-12, 80 c. — Additions. *Ibid.*, 1812, in-12 de 48 pag.

— Éléments de l'Histoire des Gaules, suivis de deux vocabulaires, l'un géographique, et l'autre d'anciens mots gaulois; d'une table chronologique et d'une notice sur l'ancien état de Paris; à l'usage de la jeunesse. *Paris, Capelle et Renand*, an XIII (1804), in-12, 2 fr. 50 c.

— Éléments de l'histoire du Portugal, contenant les causes de la grandeur et de la décadence des Portugais; leurs lois, leur commerce, les révolutions de ce royaume, etc. *Paris, Demoraine*, 1805, in-12, 1 fr. 50 c.

On assure que cet ouvrage est de l'abbé Raynal, et qu'il parut en 1786, sous le titre de : « Introduction à l'histoire du Portugal. » Serieys avait eu le manuscrit en communication. Quoi qu'il en soit, M. de Macedo, second secrétaire de la légation portugaise à Paris, a prouvé, dans trois articles de la « Revue philosophique et littéraire, » tom. XLV, que cette Histoire du Portugal était un tissu d'erreurs.

La seconde partie, intitulée « Mémoire sur les faits les plus mémorables de l'histoire secrète de Portugal, » est la réimpression de l'Histoire de don Antoine, par madame de Saintonge, 1696, in-12. (*Note de Barbier*).

M. Beuchot, dans sa Bibliographie de la France, ann. 1825, pag. 176, dit : « Serieys m'a avoué n'être l'auteur que du discours préliminaire de ce volume; le reste, me dit-il, est de Raynal. »

— Éloge historique de L.-Fr. de Paule Le Fèvre d'Ormesson de Noiseau. *Paris*, 1789, in-8.

Cet ouvrage, qui a été imprimé sous le nom de l'abbé Gaubert, a été revendiqué par Serieys, et voici ce qu'il raconte à ce sujet, dans ses *Anecdotes inédites de la fin du XVIIIe siècle* :

« L'abbé Gaubert se faisait un revenu annuel de 10 à 12,000 francs en mettant à contribution la bourse des grands seigneurs, des princes, des empereurs. Tous les ans il leur envoyait un ouvrage de sa prétendue composition, dont le sujet pouvait les flatter. Le dernier dont il les gratifia, ce fut le panégyrique de Le Fèvre d'Ormesson, premier président au parlement de Paris : cette oraison funèbre, qu'il avait achetée 48 fr. à crédit, lui rapporta 6000 fr., et lui valut, entre autres gratifications, 3000 roubles de la part de l'impératrice de Russie; le prince Henri lui envoya juste de quoi payer le salaire de l'auteur. »

Mais doit-on ajouter foi à cette anecdote? Serieys ne s'est-il pas montré un industriel littéraire fort rusé?

— Entretiens historiques et politiques de plusieurs grands personnages qui ont vécu depuis 1789 jusqu'à la fin de 1815, recueillis et publiés par M. S***. *Paris, Tiger*, 1816, 2 vol. in-18, 1 fr.

— Épigrammes anecdotiques inédites, concernant des hommes célèbres et des événements mémorables de nos jours, avec des commentaires et des pièces justificatives, par l'Hermite de la chaussée du Maine. *Paris, veuve Péronneau; Delaunay*, 1813, in-12, 2 fr. 50 c.

Cet ouvrage a été reproduit sous le titre suivant : *L'Hermite de la chaussée du Maine, ou Anecdotes inédites concernant des hommes célèbres et des événements mémorables de nos jours*. Seconde édit. Paris, Roux, 1819, in-12.

— Epitome de l'Histoire ancienne, contenant un précis de ses principales époques, suivi de l'Epitome de l'Histoire romaine de Sextus Rufus, trad. du lat. pour la première fois. *Paris, Eymery*, 1813, in-12, 2 f. 50 c.

— Epitome de l'Histoire de France, depuis l'établissement de la monarchie jusqu'au couronnement de Napoléon Ier. Ouvrage destiné à l'enseignement des lycées, des écoles secondaires, et des pensionnats des deux sexes. *Paris, Samson*, 1805, in-12, 3 fr.

— Epitome de l'Histoire des Papes, depuis saint Pierre jusqu'à nos jours, avec un précis historique de la vie de Pie VII, depuis son élévation au trône pontifical jusqu'à son arrivée à Paris. Ouvrage élémentaire à l'usage de la jeunesse, revu par l'abbé Sicard. *Paris, Hénée*, 1804, et 1807, in-12, avec le portrait de Pie VII, 1 fr. 80 c.

— Epitome de l'Histoire moderne, contenant les synchronismes des principales époques, depuis la chute de l'empire d'Occident jusqu'à 1812. *Paris, Eymery*, 1812, in-12, 2 fr. 50 c.

—* Epître de Voltaire aux nombreux éditeurs de ses Œuvres complètes, avec notes et pièces justificatives, publ. par N. *Paris, de l'impr. de Lefèbvre*, 1818, in-8 de 20 p., 1 fr.

—* Esprit des orateurs chrétiens, ou la Morale évangélique; extrait des ouvrages de Bossuet, Bourdaloue, Massillon, Fléchier et autres célèbres orateurs. Deuxième édition, augmentée de morceaux choisis des orateurs du second ordre qui ont vécu dans le cours des XVIIe et XVIIIe siècles. Par E. L. *Paris, Dentu*, 1819, 4 vol. in-12, 10 fr.

Ouvrage attribué par M. Demanne à Serieys, qu'il écrit *Seyries* (Voyez plus bas : *Génie de Bossuet*).

—* Fouché de Nantes, sa vie privée, politique et morale, depuis son entrée à la Convention nationale jusqu'à ce jour. *Paris, Germain Mathiot*, 1816, in-12, 2 fr. 50 c.

—* Génie (le) de Bossuet, ou Recueil des plus grandes pensées et des plus beaux morceaux d'éloquence répandus dans tous les ouvrages de cet écrivain, précédé de son Éloge, par d'Alembert. Publié par E. L. *Paris, Dentu*, 1810, in-8, 5 fr., et sur papier vél., 6 fr.

Ouvrage attribué par M. Demanne à Serieys, qu'il écrit *Seyries*. L'auteur, dit-il, a reproduit beaucoup de fragments de cet ouvrage dans son *Esprit des orateurs chrétiens* (voy. plus haut).

—* Histoire abrégée de la campagne de Napoléon-le-Grand, en Allemagne et en Italie, jusqu'à la paix de Presbourg; avec un exposé des principaux faits depuis ce traité jusqu'au retour de S. M. à sa capitale; suivie d'une table analytique des matières. Par ***. Revue et corrigée d'après les observations d'un témoin oculaire, et dédiée à la Grande Armée. *Paris, Henée; Demoraine*, 1805, un fort vol. in-12, avec fig., 2 fr. 50 c.

—* Histoire de l'établissement du Christianisme dans les Indes orientales, par les évêques français et autres missionnaires apostoliques; imprimée sur le manuscrit original inédit, communiqué pendant le cours de l'impression à M. Sicard; dédiée à S. E. Mgr. le cardinal Caprara, légat *a latere*. *Paris, Ouvrier*, 1803, 2 vol. in-12, 5 fr.

Serieys avait pour ainsi dire sauvé la vie à l'abbé Sicard dans une crise de la révolution, et sans doute, dans les fréquents besoins d'argent qu'il éprouvait, il s'adressa à l'abbé Sicard, qui était d'un caractère très-reconnaissant; mais l'obligé, ne pouvant toujours répondre aux demandes de son bienfaiteur, se contenta plusieurs fois de prêter son nom pour faciliter la vente des compilations que Serieys mettait au jour. (*Note de Barbier*).

— Histoire de Marie-Charlotte-Louise, reine des Deux-Siciles, ouvrage présenté à S. A. R. Mgr. le duc de Berri, orné du portrait de cette princesse, donné par S. M. elle-même à S. A. madame la duchesse douairière d'Orléans. *Paris, Plancher; Petit, etc.*, 1816, in-12, avec le portr., 3 fr.; sur pap. vél., 6 fr.

— Histoire ecclésiastique et politique de l'État de Liége, ou Tableau des révolutions qui y sont survenues depuis son origine jusqu'à nos jours. Par le comte de B**. *Paris, Fuchs*, 1802, in-8, 4 fr. 50 c.

Cet ouvrage a reparu sous le titre suivant : *Histoire de l'État de Liége*, par le comte Mirabeau, 2e édit., revue avec soin, et publiée par un de ses amis, membre de l'Institut. Paris, Bidault, 1806, in-8.

M. le comte de B...., le comte de Mirabeau, un

de ses amis, membre de l'Institut, ne sont tous les trois que des pseudonymes de Serieys.

La prétendue seconde édit. n'est que celle de 1802, rajeunie par un nouveau titre.

— La Harpe peint par lui-même: ouvrage contenant des détails inconnus sur sa conversion, sur son exil à Corbeil, en 180.; ses jugements sur les écrivains les plus distingués de son temps, etc.; terminé par une exposition impartiale de la Philosophie du XVIIIe siècle, par un membre de l'Académie française. Par M***. *Paris, Plancher,* 1817, in-18.

— * Lanterne (la) magique de l'île d'Elbe: Entrez, messieurs, c'est la clôture. *Paris, de l'impr. de Setier,* 1814, in-8 de 8 pag.

— * Lettre de l'éditeur de la Correspondance complète de l'abbé Galiani à l'éditeur de cette Correspondance incomplète (M. Salfi). *Paris, Dentu,* 1818, in-8 de 16 p., 60 cent.

Pour l'édit. de cette Correspondance donnée par Serieys, voy. Galiani.

— * Martyr (le) de la liberté : Lettres originales de l'infortuné Patkul, ambassadeur et général de Pierre-le-Grand, empereur de Russie. *Paris, le Roy,* 1790, 2 vol. in-12.

— * Mémoires politiques et militaires pour servir à l'histoire secrète de la révolution française, puisés dans les mémoires manuscrits de différents généraux, commandants de places, espions et agents secrets, tant en France que chez l'étranger. Avec cette épigraphe : « Il est temps que les hommes et les faits révolutionnaires soient remis à leur place. » *Paris, Buisson,* an VI (1798), 2 vol. in-8, 6 fr.

— * Mort (la) de Robespierre, tragédie en 3 actes et en vers. Par ***. *Paris, Monory,* an IX (1801), in-8, 3 fr. 60 c.; — ou avec des Notes où se trouve une relation de l'abbé Sicard sur les journées de septembre, et autres pièces intéressantes. Nouv. édition. *Paris, Monory,* an X (1802), in-8.

Cet ouvrage contient des particularités inconnues, relatives aux journées de septembre et au régime intérieur des prisons, concernant Gandolphe, secrétaire de Montmorin; Beauharnais, Béhourt, Chatria, etc., et un soldat suisse qui, pour échapper à la mort, le 10 août, s'était caché dans une cheminée du château, etc. Il est précédé du poëme de *l'Anarchie* en 1791 et 1792, et de quatorze *Dialogues* entre les plus célèbres personnages de la révolution, connus par leurs vertus ou par leurs crimes.

La seconde édit. contient, parmi les notes, une Relation de l'abbé Sicard sur les journées de septembre 1792. Ces deux éditions ne doivent différer que par l'addition de quelques pages.

— Napoléon au Salon, poëme en IX chants; suivi du Palais de la Gloire, du Temple de la Volupté, et de deux Epîtres, l'une au docteur Wenck, et l'autre à M. Malte-Brun; avec des notes historiques et littéraires. *Paris, Samson,* 1811, in-18, 1 fr. 50 c.; avec les portraits de l'Empereur et de l'Impératrice, 2 fr. 20 c.; et sur papier fin carré double d'Annonay, enrichi des portraits coloriés en or et en argent, 4 fr.

— Précis de l'Abrégé chronologique de l'Histoire de France, du président HÉNAULT, adopté pour les lycées et les écoles secondaires; augmenté de plusieurs pièces inédites du même auteur, relatives à cette histoire; d'un choix de beaux traits historiques, recueillis par Millot, et continué jusqu'au sacre de Napoléon, par A. Serieys. *Paris, Demoraine,* 1805, in-12 avec portraits, 2 fr. 50 c.

Réimprimé ou reproduit sous ce titre : *Précis chronologique de l'Histoire de France*, du président HÉNAULT; continué jusqu'à la conquête du royaume de Naples par S. M. l'empereur des Français et roi d'Italie; suivi d'un choix de beaux traits historiques recueillis par MILLOT, pour les élèves de l'École royale militaire : ouvrage élémentaire à l'usage des lycées, écoles secondaires et autres maisons d'éducation. Par un ancien professeur d'histoire. Paris, Hénée; Demoraine, 1806, in-12 avec portrait, 2 fr. 50.

— * Recherches historiques sur les dignités et leurs marques distinctives. *Paris, Léop. Collin,* 1808, in-8.

— * Règne (le) de Louis XVII, contenant des détails sur la régence de MONSIEUR; diverses particularités, etc. Par un ancien professeur d'histoire. *Paris, Plancher,* 1817, in-8, 3 fr.

— Révolutions (les) de France, ou la Liberté, poëme national en X chants, avec des notes qui renferment un précis historique de la révolution, et d'autres détails intéressants. *Paris, Guillot,* 1790, in-8 de 245 pag.

— Romulus Second, en vers latins et franç. *Paris, Patris et comp.,* 1811, in-4 de 40 p.

Pièce relative à la naissance du roi de Rome. Serieys a composé sur le même sujet trois autres pièces qu'on trouve dans les « Hommages poétiques, » savoir, le *Magnificat ou la Naissance du roi de Rome,* dans le tome II; *Tiberis et Augustus,* dans le même vol.; et une *Ode* latine, dans l'appendice.

— Selecta e recentioribus poetis carmina, quorum unum typis, prima vice, mandatum, cui titulus, *le Jour des morts*, latino redditum carmine et gallico egregioque domini de FONTANES adjuncto poemate, cum notis gallicis et cum vocabulario latino gallico, ad studiosæ juventutis documentum, ab uno ex professoribus in regia Galliarum universitate. *Parisiis, Crapart,* 1815, in-18.

— * Selectæ nostrates recentioresque e scriptoribus, tum græcis, tum latinis, Historiæ, juxta ordinem epitomes historiæ sacræ, ad documentum studiosæ juventutis, dispositæ ab anno 1789 usque à Ludovici XVIII reditum; accesserunt poemata J. Albini de Mutatione imperiorum, J. Capmani de Turcarum Imperatoribus, et Cisneri de Ludis apud Germanos; cum notis gallicis historicisque illustrationibus, ab historiarum professore in gallicâ universitate. *Parisiis*, *Crapart*, 1814, in-18.

— Sermons inédits du P. Bourdaloue, imprimés sur un manuscrit authentique, publiés par M. l'abbé Sicard (ou plutôt composés et publiés par Ant. Serieys). *Paris*, *Dentu*, 1823, in-8, 6 fr. et in-12, 4 fr.

Le public n'a pas été la dupe de la fraude de Serieys; ces Sermons n'ont pas eu de succès. C'est en vain qu'ils ont été encore annoncés sous leur titre frauduleux dans « l'Oriflamme » de février 1824. Il est fâcheux que les auteurs de la « Biographie universelle » aient présenté ces Sermons comme ayant été réellement publiés par l'abbé Sicard (*Barbier*).

Dans l'avis du libraire, qui est en tête du volume, il est dit que les trois derniers sermons (qui remplissent les pages 233 à 348) sont de M. Duparc.

Ainsi que nous l'avons dit précédemment, l'abbé Sicard, par reconnaissance d'un service que Serieys lui avait rendu, a souvent aidé ce dernier de sa bourse, et quand il ne l'a pu, il l'a autorisé à mettre son nom sur des ouvrages auxquels il n'a pas pris la moindre part. Cette complaisance, relativement aux Sermons soi-disant inédits de Bourdaloue, serait très-coupable, s'il n'y avait pas lieu de penser que Serieys avait trompé ce respectable abbé sur leur authenticité. Il paraît que ce vol. était imprimé dès 1810, et que quelques exemplaires auraient été clandestinement mis en circulation, puisque Barbier en cite portant cette date; mais l'on attendait encore pour le mettre en vente la notice sur Bourdaloue, que devait donner l'abbé Sicard, et qu'il n'a pas fournie. Ils n'ont donc paru publiquement qu'après la mort du trop complaisant abbé.

— Souvenirs du comte de Caylus, imprimés sur ses originaux, inédits, pour faire suite aux Souvenirs de mad. de Caylus, sa mère....; précédés d'une Notice sur la vie et les ouvrages de cet académicien. *Paris*, *Hubert et compagnie*, 1805, in-8, ou 2 vol. in-12.

C'est, disent les auteurs de la Biographie universelle, une supercherie, à laquelle personne n'a été pris. Barbier présente ce volume comme un ramassis publié par Serieys. On trouve dans cette compilation la fameuse lettre du P. Caussin, jésuite, à mademoiselle de Lafayette, sur les intrigues qui l'éloignèrent de la cour de Louis XIII; mais elle a été imprimée très-incorrectement.

— Tablettes chronologiques de l'histoire ancienne et moderne jusqu'à la paix d'Amiens, à l'usage du Prytanée français; ouvrage adopté par le gouvernement pour l'enseignement des lycées. *Paris*, *Obrée*, 1803, in-12, 3 fr., et sur pap. vél., 6 fr.

L'auteur de cet ouvrage a suivi le plan du président Hénault. Il y a joint des développements historiques propres à montrer le caractère des hommes célèbres, les causes et les suites des événements qui ont influé sur les destinées des États.

Serieys a publié cinq éditions de ce livre; chacune est continuée jusqu'à l'année de sa publication; la dernière qu'il a publiée, continuée jusqu'au premier octobre 1816, est de Paris, Eymery, 1817, in-12. Depuis la mort de l'auteur, il en a encore été publié une nouvelle édition, qui a paru sous le titre suivant:

Tablettes chronologiques de l'histoire ancienne et moderne, avec des développements historiques depuis la création du monde jusqu'à ce jour; ouvrage anciennement adopté pour la 3e classe des lycées et écoles. Édit. revue et continuée jusqu'au 1er juillet 1822, par B. Paris, A. Eymery, 1822, in-12.

— Vie de madame la Dauphine, mère de S. M. Louis XVIII; contenant un plan inédit d'éducation tracé de sa main pour Mgr. le Dauphin, depuis Louis XVI; un extrait de son oraison funèbre et du discours de Mgr. l'évêque de Sens (lisez de Boulogne, évêque de Troyes), prononcés en 1816 devant S. A. R. madame la duchesse d'Angoulême; publiée par M. l'abbé Sicard. *Paris*, *Audot*, 1817, in-12, 2 fr.; et sur pap. vélin, 4 fr.; — ou *Lyon*, *Rolland*, 1820, in-12.

L'abbé Sicard est resté aussi étranger à la publication de ce volume qu'à celle de quelques autres déjà cités.

— * Vie publique et privée de Joachim Murat, composée d'après des matériaux authentiques, la plupart inconnus, et contenant des particularités inédites sur ses premières années. Par M***. *Paris*, *Dentu*, 1816, in-8, 2 fr. 50 c.

— * Voyage en Orient, ou Tableau fidèle des mœurs, du commerce de toute espèce, des intrigues, des filouteries, des amours particulières, des productions agréables, etc., de différents peuples du Levant. Par M. A. B. D***, ayant séjourné ou voyagé dans ces contrées pendant 40 ans, tant pour M. Peyssonnel que pour son propre commerce, son instruction et ses plaisirs. *Paris*, *Obré*, an IX (1801), in-8, 4 fr.

Outre les ouvrages que nous venons de citer, Serieys en a encore publié un grand nombre d'autres, soit comme rédacteur, soit comme traducteur, soit enfin comme éditeur. A la première de ces catégories appartiennent les ouvrages suivants: Voyage du ci-devant duc du Chatelet (par Desoteux de Cormatin), 1798, 2 vol. in-8; — le Voyage de Dimo et Nicolo Stephanopoli en Grèce, pendant les années 1797 et 1798; 1800, 2 vol. in-8; — l'Année littéraire an IX (1800) composée par MM. Geoffroy, Grosier, etc., rédigée par Serieys; 1800-01, 7 vol. in-12; — (en société avec J.-Fr. André): Bibliothèque académique, ou Choix fait par une société de gens de lettres de différents mémoires des académies françaises et étrangères, la plupart traduits, pour la première fois, du latin, de l'italien, de l'anglais (1810-11, 12 vol. in-8). Comme traducteur, Serieys a publié: (en société avec J.-Fr. André) Pierre-le-Grand, trad. de l'ital. de Denina (1809, in-8); — (en société avec plusieurs littérateurs) les Affinités electives, roman de Gœthe (1810, 3 vol. in-12), et, seul, une nouvelle Histoire de Henri IV, traduite pour la première fois du latin de R. Boutrays (1816).

Enfin, Sérieys a publié, comme éditeur, une série de quatorze ouvrages, dont voici la liste chronologique : 1° Lettres historiques et critiques sur l'Italie, par Ch. de Brosses, avec des notes (1799, 3 vol. in-8); — 2° Histoire critique de l'établissement des Français dans les Gaules, présentée comme ouvrage inédit du président Hénault (1801, 2 vol. in-8); — 3° Voyage de l'abbé Barthélemy en Italie (1801, in-8); — 4° Lettres inédites de Henri IV et de plusieurs personnages célèbres, tels que Fléchier, La Rochefoucauld, Voltaire, le comte de Caylus, Anquetil-Duperron, etc. (1802, in-8); — 5° Nouv. Mémoires du maréchal de Bassompierre, recueillis par le prés. Henault (1802, in-8); ces Mémoires sont supposés; — 6° Lettres sur Constantinople, de l'abbé Sevin (1802, in-8; — 7° Lettres de Paciaudi, bibliothécaire et antiquaire du duc de Parme, au comte de Caylus (1802, in-8); — 8° Œuvres de La Rochefoucauld, marquis de Surgères, imprimées sur les mss. inédits, avec des notes (1802); — 9° une édition latine de Justin, à l'usage des classes (1806, in-12); — 10° Œuvres inédites du président Hénault, (1806, in-8); — 11° Delilliana (par Cousin, d'Avalon), 1813, in-18; — 12° Dictionnaire pour l'intelligence des auteurs classiques grecs et latins, par F. Sabathier, tom. XXXVII et dernier (1815, in-8); — 13° Correspondance inédite de l'abbé Ferd. Galiani (1818, 2 vol. in-8); — 14° (avec M. Eckard) Lettres inédites de mad. la marq. du Chatelet, et suppl. à la Corresp. de Voltaire avec le roi de Prusse, etc. (1818, in-8).

Serieys a dû laisser des manuscrits; il doit en exister dans les mains de quelques libraires. M. Beuchot assure en avoir vu un intitulé : *Histoire des treize dernières années de la vie de J. J. Rousseau, ou Supplement à la quatrième partie de ses Confessions*, d'après ses écrits, etc., des mémoires authentiques du temps et les récits de trois vieillards encore existants, pet. in-4 de 337 pag. (*Beuchot*).

Le libraire Gérard avait en sa possession, il y a quelques années, plusieurs manuscrits de Serieys.

SERIEYS (J.-J.-S.), notaire à Aurillac.

— Répertoire (nouveau) de la jurisprudence et de la science du notariat, depuis son organisation jusqu'à présent, contenant, dans l'ordre alphabétique, l'extrait et l'analyse des meilleurs ouvrages et de tout ce qu'il y a de plus intéressant sur cette matière, avec des notes et des formules. *Paris, Charles-Béchet; Aurillac, l'Auteur*, 1828, in-8, 7 fr.

SERINGE (Nicolas-Charles), naturaliste suisse, membre de la Société de physique et d'histoire naturelle de Genève.

— Esquisse d'une monographie du genre scutellaria, ou toque, par Arthus Hamilton; suivie du rétablissement du genre scorodonia de Mœnch, et d'un Mémoire sur le fruit et l'embryon des labiées. Par M. N.-C. Seringe. *Lyon, de l'impr. de Perrin*, 1832, in-8 de 68 pag.

— Essai de formules botaniques, représentant les caractères des plantes par des signes analytiques qui remplacent les phrases descriptives; suivi d'un vocabulaire organographique et d'une synonymie des organes. *Paris, Merklein*, 1837, in-4 de 132 p., 4 fr.

Avec M. Guillard.

— Essai d'une monographie des saules de la Suisse. In-8, fig., 3 fr.

— Hybridité (de l') dans les plantes et les animaux. *Lyon, de l'impr. de Perrin*, 1835, in-8 de 12 pag.

— Monographie des céréales de la Suisse. *Berne*, 1818, in-8.

— Musée helvétique d'histoire naturelle (partie botanique), ou Descriptions et représentations des plantes les plus rares et les plus remarquables de la Suisse (en allem. et en franç.). *Berne, Burgdorfer*, 1818-23, 6 livr. en 12 cah. in-4, avec 16 planch., 45 fr.

Nous connaissons encore de M. N.-C. Seringe un *Mémoire sur les cucurbitacées*, avec 4 planches, inséré dans le Recueil de physique et d'histoire naturelle de Genève, tom. III, prem. part., 1826.

SERINGE (J.-Ch.), membre titulaire de la Société d'histoire naturelle helvétique, de la Société de philosophie de Genève et de la Société linnéenne de Lyon; né à Berne, le 13 novembre 1810, mort le 13 février 1833.

— Notice sur quelques monstruosités d'insectes, lue en 1832 à la Société linnéenne de Lyon. *Lyon, de l'impr. de Perrin*, 1833, in-8 de 12 pag.

Il existe une Notice historique sur J.-Ch. Seringe, par Levrat fils, impr. à Lyon, chez Boursy, 1833, in-8 de 12 pag.

SERIONNE (de). Voy. Accarias de Serionne.

SERIOT (Antoine). — Poids, titre et valeur des différentes espèces d'or et d'argent. *Genève*, 1786, in-4.

SERIZI (R.). Voy. Richer Serizy.

SERIZIAT, l'un des rédacteurs de la Jurisprudence de la Cour royale de Lyon (1824).

SERMET (Antoine-Pascal-Hyacinthe), religieux de l'ordre des Carmes déchaussés, prédicateur du roi et évêque métropolitain de Toulouse de 1791 jusqu'à l'époque du concordat qu'il donna sa démission; membre de l'Académie des sciences de Toulouse, sa patrie; né en 1732, mort à Paris, le 24 août 1808.

— * Briève Instruction sur le calendrier. *Toulouse, J.-J. Despax*, an IX (1801), in-8.

— Discours sur la foi...

C'est le seul des sermons de Sermet qu'on ait imprimé. Sa famille en possède, dit-on, la collection manuscrite : les sermons de Sermet sont supérieurs à ceux du P. Élysée, dont il fut l'émule et le confrère.

—Extraits des SS. Pères sur les devoirs ecclésiastiques. 1799.

L'auteur vendit une partie de sa bibliothèque pour faire imprimer son livre.

— Imposteur (l') condamné par lui-même. *Toulouse*, 1796, in-8.

Publié sous le pseudonyme de Bertadier.

On a encore de Sermet un *Mémoire sur l'inscription de Toulouse*, impr. dans le troisième volume du recueil de l'Académie de cette ville, et dans le quatrième des Recherches historiques et curieuses sur l'inquisition de la même ville.

SERMET (J.-B.-Philémon), juge d'instruction au tribunal civil de Toulon.

— Domaines (des) engagés. *Toulon, Laurent*, 1829, in-8.

— Institutions (des) judiciaires : discours historique servant d'introduction à la théorie de l'application des lois. *Paris, Gobelet*, 1834, in-8, 7 fr.

— Observations sur le jury. *Paris, Ponthieu; Sautelet*, 1827, in-8 de 100 pag.

—Théorie de l'application des lois. Tom. Ier. *Paris, Alex. Gobelet*, 1836, in-8.

SERMET (Pierre-Sophie-Alexandre), né à Paris, le 14 novembre 1802.

— Horoscope de Sa Majesté Louis-Philippe Ier, ou son glorieux avènement au trône vacant des Français. Poëme impromptu, adressé à la grande, valeureuse et admirable nation française, et dédié au respectable et patriotique Athénée de Marseille. *Marseille, de l'imp. de Feissat*, 1831, in-8 de 92 pag.

SERNA DE SANTANDER. Voyez La Serna.

SERON (André-Joseph), médecin.

— Quæstio medica de naturali et præternaturali judicii exercitio. In-8.

SEROUX D'AGINCOURT (Jean-Baptiste-Louis-George), antiquaire distingué, ancien fermier général; né à Beauvais d'une famille noble, le 5 avril 1750, mort à Rome, le 24 septembre 1814.

—Histoire de l'Art par les monuments, depuis sa décadence au IVe siècle jusqu'à son renouvellement au XVIe siècle; pour servir de suite à l'Histoire de l'Art chez les anciens, par Winckelmann. *Paris, Treuttel et Würtz*, 1810-23, 24 livraisons formant 6 vol. in-fol., accompagnés de 325 planches, 720 fr., et sur pap. vélin, 1440 fr.

L'histoire de l'art, si étroitement liée à celle de l'esprit humain, peut être divisée en trois grandes périodes : la première, depuis l'invention de l'art jusqu'à sa décadence; la seconde, depuis sa décadence jusqu'à son renouvellement; la troisième, depuis son renouvellement jusqu'à nos jours.

Les monuments de la première ont été souvent publiés, et l'immortel Winckelmann en a écrit l'histoire. Les monuments de la troisième, beaucoup plus nombreux, nous sont aussi plus familiers; et si elle n'a point encore trouvé d'historien tel que Winckelmann, elle a été l'objet de tant d'écrits, que son histoire est encore plus connue. Mais il n'en est pas de même de la seconde période : arrivé là, on se trouve tout à coup arrêté par un vide immense, dans l'obscurité duquel, faute de guide, on n'ose pénétrer. C'est sur cette longue période de ténèbres que M. d'Agincourt a essayé de porter la lumière; c'est cette lacune de douze siècles entiers qu'il s'est proposé de remplir par l'ouvrage que nous citons.

L'auteur a consacré quarante années de sa vie à cette grande entreprise. Après avoir perfectionné son goût à l'école des Crozat, des Caylus et des Mariette, dans la société des Bailly, des Buffon et des Barthélemi; après avoir voyagé trois ans en Angleterre, en Hollande, en Flandre, en Allemagne, en Italie, il alla se fixer à Rome en 1780 : et c'est là qu'entouré des gens de lettres et des artistes les plus distingués qui affluent de toutes parts dans cette terre classique, il a employé trente années à revoir, augmenter, mettre en ordre et faire graver les monuments dont il avait rassemblé les dessins.

M. d'Agincourt a divisé son histoire en trois parties principales, consacrées aux trois arts principaux, l'architecture, la sculpture et la peinture, sans négliger aucune des branches accessoires qui viennent s'y rattacher.

Outre l'histoire de l'art, on y trouve une histoire abrégée des événements et des règnes qui ont influé sur le sort des monuments du Bas-Empire; trois dissertations historiques sur l'architecture, la sculpture, et la peinture; sur le sort et la marche de ces arts pendant les mêmes époques, et des notices explicatives des planches.

Les planches sont au nombre de 325, dont 73 pour l'architecture, 48 pour la sculpture, et 204 pour la peinture. Les monuments qu'elles représentent excèdent le nombre de 1400, dont plus de la moitié sont inédits. Gravées à Rome par d'habiles artistes, sous les yeux et la direction de l'auteur, ces planches sont exécutées avec une grande fidélité, et le véritable caractère des originaux y est soigneusement conservé; ce qui était de la dernière importance pour l'objet de l'ouvrage.

Cet ouvrage était disposé depuis longtemps pour l'impression; mais les orages de la révolution ne permirent pas de le commencer avant 1810. Dufourny se chargea de diriger, à Paris, l'impression et le classement des planches et du texte; mais malgré les soins qu'il y donna, la publication n'en fut terminée qu'en 1823, plus de neuf ans après la mort de l'auteur. Après la mort de Dufourny, sa publication a été dirigée par M. Éméric-David, de l'Académie des inscriptions, et par M. Feuillet, bibliothécaire de l'Institut.

La table des matières des trois sections a été rédigée par M. Gence.

Avec la vingt-quatrième livraison on a distribué une Notice sur la vie et les travaux de Seroux d'Agincourt (par M. Gigault de la Salle), en dix pag.

—* Recueil de fragments de sculpture antique en terre cuite. (Ouvrage posthume, publié par M. Gigault de la Salle). *Paris, Pillet; Treuttel et Würtz*, 1814, in-4, orné de 37 planches, 24 fr.; et sur papier vélin, 27 fr.

C'était la description d'une collection que Seroux d'Agincourt avait formée, et qu'il se proposait de léguer au Vatican. Il en avait confié la publication à M. Lasalle, auteur de son article biographique, dans la Biogr. universelle. On trouve dans ce dernier ouvrage des détails intéressants sur l'emploi que les anciens faisaient de la terre cuite pour la décoration des édifices, pour le culte et pour les usages habituels de la vie. Le portrait de l'auteur est placé à la tête de ce recueil. Il avait été gravé d'après un dessin de Cochin, lorsqu'il n'avait que quarante ans; mais sa modestie avait exigé qu'il n'en fût tiré d'épreuves qu'après sa mort. Un médaillon qui le représente dans ses dernières années, a été mis au premier volume de *l'Histoire de l'art*.

SERPA (Luiz-Francisco). — Refutaçaõ justificativa contra o foletho a verdade e arazao, de Manoel Luiz dos Santos. *Paris, de la impr. di F. Didot*, 1823, in-8 de 40 pages.

SERPETTE (le P.), bibliothécaire de la Doctrine chrétienne.

—*Gens (les) de communauté sont-ils aussi propres à l'éducation publique que les particuliers?..... 1763, in-12.

SERPETTE DE MARINCOURT ( ) avocat à la cour royale de Paris; né à Péronne (Somme), en 1792.

— Discours de rentrée, prononcé à l'une des conférences du barreau de Paris. *Paris, de l'imp. de P.-N. Rougeron*, 1819, in-8 de 24 pag.

Tiré à cent.

— Histoire de la Gaule. *Paris, Dufart*, 1822, 3 vol. in-8, 18 fr.

Reproduite en 1825 avec des titres portant : seconde édition.

Cet écrivain s'occupe d'une *Histoire de France depuis Clovis jusqu'à Louis XIV*, qui formera 8 vol. in-8.

SERPILLON (François), lieutenant général criminel honoraire et conseiller civil au bailliage, chancellerie aux contrats et siége présidial d'Autun; mort en 177 .

— Code civil, ou Commentaire de l'ordonnance de 1667. *Lyon et Paris, Delaguette*, 1776, in-4.

Cet ouvrage a été publié après la mort de l'auteur.

— Code criminel, ou Commentaire sur l'ordonnance de 1670. *Lyon, les frères Périsse, et Paris, Delalain*, 1767, 4 vol. in-4; ou *Lyon*, 1784, 2 vol. in-4.

— Code du faux, ou Commentaire sur l'ordonnance du mois de juillet 1737, avec des notes sur chaque article, une instruction pour les experts en matière de faux, plusieurs questions de droit concernant le crime de faux, et un recueil des arrêts, édits et réglements concernant les peines contre les faussaires. (Ouvrage posthume.) *Lyon, G. Regnault*, 1775, in-4.

SERRA (Jean-Charles), ministre près le roi de Saxe; né à Gênes, en 1760, mort à Dresde, en 1813.

—*Commentarii de bello germanico, auctore J. C. S. *Parisiis*, 1806-1807, 2 part. in-8.

SERRATRICE (F.-V.-G.). — Prodrome d'atomie, nouvelle science universelle; détermination géométrique de la forme des atomes; découverte de la cause de la gravité et du mouvement, de l'affinité et de la cohésion; explication de la nature de la chaleur et de la lumière, de l'électricité et du magnétisme, de l'organisation et de la vie, etc. *Paris, Bacheller; Crochard*, 1834, in-8 de 24 pag.

SERRE (Jean-Adam), peintre, chimiste et musicien; né à Genève, en 1704.

— Essai sur les principes de l'harmonie, occasionné par quelques écrits modernes sur ce sujet, et particulièrement sur le mot *fondamental* dans le tome VII de l'Encyclopédie, le Traité de la théorie musicale de Tartini et le Guide harmonique de Geminiani. *Genève*, 1763, in-8.

—Lettre à M. Clairaut sur les seiches du lac.

Imprimée dans le Journal des savants, mars 1764.

— Observations sur les principes de l'harmonie, occasionnées par quelques écrits modernes sur ce sujet. *Genève, Gosse*, 1763, in-8.

Catal. mss. de la biblioth. du roi, et Catal. de la biblioth. de Genève, publié par M. Vaucher. Senebier, dans son Histoire littéraire de Genève, donne à ce volume la date de 1766, et le dit impr. à Paris.

— Théorie de l'harmonie en général, ou des Observations sur la base fondamentale, l'origine du mode mineur, la base fondamentale et les droits respectifs de la mélodie et de l'harmonie. *Genève*, 1753, in-8.

Comme chimiste, Serre a tiré le premier de la platine une couleur brune pour l'émail; il avait aussi imaginé un baromètre pour montrer les variations de sa hauteur en l'absence de l'observateur, et son Mémoire fut présenté à l'Académie royale des sciences par Clairaut, son ami.

(*Senebier, Hist. littér. de Genève.*)

SERRE (P.). — Théorie (nouv.) des facultés de l'âme. *Paris, Henrichs*, 1804, in-8.

SERRE (le comte Pierre-Hercule de), ministre d'État dont la versatilité fut fatale à la France. Né à Pagny-sous-Prény, arrondissement de Toul, en 1777, d'une famille honorable de Lorraine, de Serre était bien jeune lorsqu'il émigra pour aller servir en qualité de simple soldat, sous les drapeaux de l'armée de Condé. Rentré en France à la faveur de l'amnistie de 1802, il fit ses cours de droit et fut reçu avocat à Metz. Lors de l'organisation générale des tribunaux, en 1811, de Serre fut envoyé comme premier président de cour impériale à Hambourg (1); après la restauration, il passa à la cour royale de Colmar dans la même qualité; le département du Haut-Rhin le nomma député à la chambre de 1815, et dès lors sa bonne fortune s'accrut rapidement : il fut président de la chambre en remplacement de M. Pasquier, jusqu'au moment où M. Ravez vint lui succéder (fin de 1816 jusqu'à la fin de 1818), garde des sceaux de 1819 à 1822, époque à laquelle, pour mettre une fin à son dangereux dévouement, on lui assigna le brillant exil de Naples et le titre d'ambassadeur de France près cette cour. De Serre est mort à Castellamare, près de Naples, dans la nuit du 20 au 21 juillet 1824.

— Opinions sur la loi de haute police, par MM. le comte Lanjuinais, pair de France, Tournemine, Royer-Collard, Le Voyer d'Argenson, de Serre, le baron Pasquier, tous cinq députés. *Paris, Plancher*, 1815, in-8 de 32 pag. — Réimpr. dans la même année.

— Discussion à la chambre des députés sur la loi de la liberté individuelle (session de 1816) : 1° opinion de M. Camille-Jordan; 2° opinion de M. Royer-Collard; 3° discours de M. de Serre, rapporteur de la commission; 4° discours de M. le comte Decazes, ministre de la police générale. *Paris, de l'impr. de Gueffier*, 1817, in-8 de 72 pag.

De Serre, comme avocat, s'était acquis un rang distingué : il a fait imprimer, de 1805 à 1808, sept *Mémoires* dans des causes d'un *intérêt* trop secondaire pour que nous les rappelions ici. Comme député et comme ministre, on a de lui un plus grand nombre de *discours* que ceux que nous avons cités : on ne les croirait guère de la même personne, à cause de la différence d'esprit qui s'y fait remarquer. A son arrivée à la chambre, de Serre s'était constitué le défenseur de nos libertés contre le côté droit de 1815 de celle législature; mais il ne tarda pas à se déclarer le plus redoutable ennemi de ces mêmes libertés, et sa fougue contre elles dépassa de beaucoup celle des membres qui, en 1815, le rappelaient à l'ordre.

Dans son Annuaire nécrologique pour 1824, pag. 282-93, M. Mahul a consacré une notice à cet ancien ministre; elle est peu propre à faire regretter l'homme. « Nul ne se présente pour glorifier sa mé« moire : à peine quelques apologistes timides osent « réclamer pour lui du silence et de l'oubli : ils ne « seront point exaucés. »

SERRE (H.), médecin à Uzès.

— Cautérisation (de la) de la cornée, comme moyen propre à corriger d'une manière prompte et sûre les aberrations de la vue, avec dilatation des pupilles. *Paris, Gabon*, 1827, in-8 de 20 pag.

SERRE. — Mémoire sur l'efficacité des injections avec le nitrate d'argent cristallisé, dans le traitement des écoulements anciens et récents de l'urètre. *Paris, Baillière*, 1836, in-8 de 92 pag., 2 fr.

— Mémoire sur l'emploi des préparations d'argent dans le traitement des maladies vénériennes. *Paris, Germer-Baillière; Montpellier, Castel*, 1836, in-8 de 88 pages, 2 fr. 50 c.

— Recherches sur l'origine et les progrès futurs de la clinique, et sur la méthode à suivre dans la partie chirurgicale de cette science. *Paris, Rouvier et Lebouvier; Montpellier, Sevalle et Castel*, 1834, in-8 de 140 pag., 2 fr. 50 c.

— Traité de la réunion immédiate et de son influence sur les progrès récents de la chirurgie dans toutes les opérations. Ouvrage dans lequel on compare les principes suivis dans les diverses écoles et les résultats obtenus dans les grands hôpitaux de France. *Paris, Gabon*, 1830, in-8 avec 3 planches, 7 fr. 50 c.

Voy. aussi La Serre et (au Supp.) Puget de La Serre.

SERRÉ (Adrien), arithméticien. — * Livre utile aux négociants de l'Europe, contenant la théorie complète et facile des opérations de change, le rapport des valeurs de différentes monnaies de l'Europe, la connaissance des mesures, poids et aunages des principales villes qui commercent avec la France, etc. *Tournay, Serré*, 1773, in-12. — *Paris, Valade*, 1774, in-12; *Bruxelles, Desjardins*, 1785, in-8.

Il existe de ce livre une cinquième édition, *très-exactement revue et considérablement augmentée*. Tournay, A. Serré, et Bruxelles, Vander Berghen, sans date, in-8.

— Théorie (la) ou la pratique de l'arithmétique des marchands, ouvrage utile à ceux

(1) Toutes les biographies modernes disent qu'après l'évacuation de Hambourg par les Français, M. de Serre, premier président de la cour de cette ville, fut nommé à la place d'avocat général près la cour impériale de Colmar. C'est une erreur.

M. de Serre, d'abord avocat à Metz, fut nommé premier avocat général de la cour impériale de Metz, puis, de là, premier président à Hambourg.

En février 1815, il fut nommé, non avocat général à Colmar, mais premier président, place qu'il fit ensuite accorder à son ami, M. Millet de Chevers, alors procureur général.

(Note de M. Teissier, mort préfet de l'Aude.)

qui veulent apprendre cette science sans le secours des maîtres. *Tournay, Serré*, 1773, in-12; *Paris, Mérigot le jeune*, 1775, in-12.

SERRÉ DE RIEUX (J. de).

— *Apollon, ou l'Origine des spectacles en musique, poëme.... *Paris*, 1733, in-8, fig.

— *Désespérés (les), histoire héroïque, traduite de l'italien (1732). Voy. MARINI.

— * Dons (les) des enfants de Latone, la Musique et la Chasse du cerf, poëmes. *Paris, Prault*, 1733, et 1734, in-8.

Éditions vraiment différentes; la dernière est plus ample que la première.

— Maximes et Réflexions morales, traduites de l'angl. (en prose) (par de SERRÉ), avec une traduction nouvelle en vers de l'Essai sur l'Homme, de POPE (par le même de Serré). *Londres (Paris)*, 1739, in-8.

— Musique (la), épître....

— *Musique (la), poëme en IV chants. Par M. D..... *Amsterdam, Est. Roger*, 1714, in-12; ou *Lyon, André Laurens*, 1717, in-4; et *La Haye*, 1737, in-12.

Réimprimé dans les *Dons de Latone*, de l'auteur, et en 1812 à la suite d'une Épître à Gresset, par Cubières Palmezeaux, qui a présenté le poëme de Serré comme un ouvrage de Gresset.

— Nouvelle Chasse au cerf, divertissement.

SERREAU (Jean-Edme), grammairien, receveur principal des contributions indirectes.

— Grammaire raisonnée, ou Principes de la langue française, appropriés au génie de la langue. Ouvrage élémentaire. *Paris, Richard, Caille et Ravier*, an VII (1799), in-8, 2 fr. 50 c.

— Grammaire (la) ramenée à ses principes naturels, ou Traité de grammaire générale appliquée à la langue française, avec deux tableaux synoptiques contenant la conjugaison de tous les verbes. *Paris, Pélicier*, 1824, in-8 avec tableaux, 7 fr.

Avec M. F.-N. Boussy.

Ce volume a été reproduit en 1829, au moyen d'un titre portant: *seconde édition*. Paris, Dauthereau.

SERREAU (Mademoiselle Sophie). — Grammaire progressive, à l'usage des écoles élémentaires et des pensionnats. *Paris, Alex. Johanneau*, 1835, in-18, 75 c.

SERRES (Olivier de), seigneur DU PRADEL, célèbre agronome français du XVIe siècle; né à Villeneuve de Berg dans le Vivarais, en 1539, mort le 2 juillet 1619.

— Théâtre d'Agriculture et Ménage des champs, où l'on voit avec clarté et précision l'art de bien employer et cultiver la terre, en tout ce qui la concerne, suivant ses différentes qualités, et climats divers, tant d'après la doctrine des anciens que par l'expérience. Remis en français par A.-M. GISORS. *Paris, chez Meurant*, libraire pour l'agriculture, an XI (1803), 4 vol. in-8, avec 4 grav., 25 fr.

Ouvrage qui avait été souvent réimprimé depuis la première édition qui parut en 1600, in-fol., mais qui l'avait été pour la dernière fois, à Lyon, en 1675.

Nous emprunterons à la Notice bibliographique des différentes éditions du Théâtre d'Agriculture d'Olivier de Serres, par M. J. B. Huzard, de l'Institut (Paris, 1806, in-4 de 24 pag.) la description que ce savant a faite de cette édition d'un livre célèbre et le jugement qu'il en a porté.

« Quatre volumes in-8; le premier de XXVIJ pages pour les titres, l'avis de l'éditeur et la préface de l'auteur; au verso de la dernière page est un avis de librairie; 632 pages pour le texte des trois premiers livres et pour la table du volume. Le second, de deux feuillets non chiffrés pour les titres, 627 pages pour le texte des quatre et cinquième livres et pour la table. Le troisième, de deux feuillets non chiffrés pour les titres, 614 pages pour le texte du sixième livre et pour la table. Enfin, le quatrième, de deux feuillets non chiffrés pour les titres, IV pages pour l'avant-propos du septième livre, 639 pages pour le texte des sept et huitième livres et pour la table.

« En tête du premier volume il y a une planche qui représente les travaux de la moisson et quelques autres occupations champêtres: on lit au bas ces vers des *Géorgiques de Virgile*, de la traduction de Delille, livre II:

Le laboureur en paix coule des jours prospères;
Il cultive le champ que cultivoient ses pères:
Ce champ nourrit l'État, ses enfants, ses troupeaux,
Et ses bœufs, compagnons de ses heureux travaux.

« Celle qui est en tête du second volume représente la vendange, et on lit également au bas ces quatre autres vers des mêmes:

Ah! loin de tous ces maux que le luxe fait naître,
Heureux le laboureur, trop heureux s'il sait l'être!
La terre libérale et docile à ses soins
Contente à peu de frais ses rustiques besoins.

« L'éditeur pouvait en choisir, à la même source, qui fussent plus analogues au sujet de l'estampe. Ces deux planches sont dessinées par Monsiau, et gravées par Aug. Delvaux ».

« Celle qui est en tête du troisième volume représente un bosquet au milieu duquel est, sur un piédestal porté sur un socle, le buste d'Olivier de Serres, dont on lit le nom sur la face antérieure du piédestal, qui est entouré d'instruments d'agriculture; on voit dans le fond, un berger avec son troupeau, et une campagne dans l'éloignement; ce prétendu portrait d'Olivier de Serres, qui a été fait d'imagination, et qui ne ressemble en rien au portrait original, est une véritable caricature, également dessinée par Monsiau, et gravée par Devilliers. Il n'y a point de frontispice au quatrième volume.

L'éditeur a supprimé de son édition l'épître dédicatoire d'Olivier de Serres à Henri IV, les poésies, les titres et les sommaires des lieux, les notes marginales, et la table générale des matières qu'il aurait fallu refaire. Il a aussi supprimé les figures du sixième lieu et tout ce qui y est relatif, ainsi qu'un assez grand nombre de mots anciens qu'il aurait fallu traduire en français, et que l'éditeur entendait d'autant moins, qu'il n'est pas du métier; j'ai déjà fait connaître quelques bévues qu'il avait commises, en voulant en conserver plusieurs (1): j'en citerai encore une.

(1) Voyez tome I, page 588, colonne II, note (7); page 630, colonne I, note (116), etc., de l'ouvrage de Serres, publié par la Société d'agriculture.

« On lit dans *Olivier de Serres*, tome I, page 310, colonne II, *beu qu'on aye le pommé et le poiré...... est necessaire d'en desfoncer tout aussi tost les tonneaux* (pour les conserver)...... Cela veut dire, en français d'aujourd'hui : aussitôt qu'on a vidé les tonneaux de cidre ou de poiré, il est bon, pour les conserver, de les défoncer...... M. Gisors a lu dans l'édition in-folio (page 250) *VEV qu'on aie le pommé et le poiré, etc.*; il ne s'est pas douté que le mot *veu* était là une faute d'impression, qu'il fallait BEU, parfait du verbe *boire*; qu'un *v* avait été substitué à un *b*, comme cela arrive souvent dans la prononciation des habitants du midi, et que cette faute était corrigée dans les éditions suivantes; il en a trouvé une dans le mot *aie* dont il a fait *aime*, et il a dit (tome I, page 620) *vu qu'on aime le pommé et le poiré.... il est nécessaire d'en défoncer tout aussitôt les tonneaux....*, ce qui ne présente pas plus de sens que la faute de la première édition. Au surplus, c'est à ceux qui liront *Olivier de Serres* dans son français original, et qui le compareront avec la traduction de M. Gisors, à juger s'il a rempli le but qu'il se proposait; cette traduction ne s'est pas étendue jusqu'aux noms anciens d'un assez grand nombre de plantes, qu'il a conservés, et qu'on n'entend plus aujourd'hui, si l'on n'en donne pas la synonymie.

« Cette édition est faite sur celle in-folio de 1600; il y manque donc, outre les retranchements de l'éditeur, toutes les additions qu'Olivier de Serres a faites à la seconde et aux suivantes, et dont j'ai indiqué les principales ci-devant, page xxxij, colonne première. J'avais fait faire le dépouillement de ces additions et l'indication des pages où elles manquent, dans l'édition de M. Gisors; je me proposais de les faire connaître ici, mais cela m'aurait mené fort loin assez inutilement. J'en trouve dix principales pour le premier volume, seize pour le second, non compris le chapitre XVI du cinquième lieu que j'ai dit manquer entièrement; onze pour le troisième, dont quelques-unes contiennent des articles entiers, et une douzaine pour le quatrième. »

« Je termine en ajoutant, à tout ce qui précède, une observation que faisaient MM. les rédacteurs du Journal de Paris, dans leur n° 309, samedi 9 thermidor an XII (28 juillet 1804), en rendant compte du premier volume de l'édition publiée par la Société d'agriculture; c'est que celle de M. Gisors, sans notes, nous laisse bien loin de l'état actuel de la science. »

— * Théâtre (le) d'Agriculture et Mesnage des champs, dans lequel est représenté tout ce qui est requis et nécessaire pour bien dresser, gouverner, enrichir et embellir la maison rustique; nouv. édit., augment. de notes et d'un vocabulaire, publiée par la Société d'agriculture du département de la Seine. *Paris, madame Huzard*, 1804-07, 2 vol. in-4, fig., 30 fr.

Outre les notes et le vocabulaire dont cette édition est enrichie, on y trouve encore, 1° un Éloge d'Olivier de Serres, par M. François de Neufchateau, suivi de pièces qui y sont relatives; 2° un Essai historique sur l'état de l'agriculture en Europe au XVIe siècle, par Grégoire, l'anc. évêque de Blois, insérés au tom. Ier; 3° une Notice bibliographique des ouvrages de l'auteur, par M. Huzard, de l'Institut, insérée au tom. II.

M. Huzard, dans sa Notice bibliographique, dont nous avons parlé précédemment, nous apprend qu'il y a eu deux prospectus de cette édition : « Quoique « le fond de ces prospectus soit le même, le titre « du premier, publié en l'an V et en l'an VI, diffère « assez de celui de la Société d'agriculture, pour « faire croire qu'ils appartiennent à deux éditions « parfaitement distinctes; en effet, la Société d'a« griculture n'existait pas encore en l'an V, et on « lit, en tête du premier, qui a été rédigé d'après « le vœu de la lettre du ministre Benezech : *Nou« velle édition, publiée sous les auspices et par ordre du « gouvernement, avec des notes, par les CC. Cels, Du« bois, Vilmorin, Parmentier, Huzard, Teissier, Gil« bert, Rougier-la Bergerie, membres du conseil d'a« griculture du ministère de l'intérieur; et par les CC. « Daubenton, Thouin, Broussonnet, l'Héritier, Chap« tal, etc.*; tandis que dans le prospectus publié « par la Société, en l'an X, on lit : *Nouvelle édition.... « publiée d'après un arrêté de la Société d'agriculture du « département de la Seine, par une commission prise « dans son sein, et composée des CC. Cels, Chaptal, « François (de Neufchâteau), Grégoire, Huzard, Las« teyrie, Parmentier, Silvestre, Teissier, Vilmorin, « Yvart.* » Il faut donc que les bibliographes qui trouveront ces deux prospectus sous leurs dates différentes, dans les ouvrages périodiques où ils ont été insérés, sachent que, si nous avons à regretter, sous un grand nombre de rapports, que les noms de plusieurs savants illustres qu'on trouve dans le premier prospectus ne se retrouvent plus dans le second, ces deux prospectus n'appartiennent néanmoins qu'à une seule et même édition. »

Nous avons fait plus haut la remarque qu'on a été cent-vingt-huit ans sans réimprimer le Théâtre d'Olivier de Serres; mais vers la fin du siècle dernier, et au commencement de celui-ci, plusieurs savants songèrent à en publier de nouvelles éditions et ramassèrent des matériaux pour les enrichir. Nous indiquerons ici ces diverses éditions projetées du Théâtre d'Agriculture, et cela d'après la Notice bibliographique de M. Huzard; « cette indication « paraît d'autant plus utile, que ces éditions ayant « été annoncées et les prospectus de quelques-unes « publiés, elle empêchera au moins les bibliogra« phes de se livrer à de vaines recherches, pour « en suivre et en trouver les traces. »

1° On lit dans un avis qui est en tête du tome VII du « Cours d'agriculture, imprimé en 1786, » ce qui suit : « Nous croyons devoir prévenir MM. les souscripteurs du Cours complet d'Agriculture, que M. l'abbé Rozier donnera immédiatement après son ouvrage, le Théâtre d'Agriculture d'Olivier de Serres, en un ou deux volumes in-quarto, ornés de planches. La plupart de ceux qui ont écrit après Olivier de Serres, en se contentant de puiser dans son Théâtre d'Agriculture ce qu'ils ont donné de meilleur, ont prouvé la bonne opinion qu'ils avaient de cet ouvrage, un des plus complets que nous eussions en ce genre, et depuis lequel il avait été fait bien peu de découvertes vraiment intéressantes en économie rurale. M. l'abbé Rozier, dont les travaux sont sans doute précieux, y a puisé lui-même : il n'a pas manqué d'en faire l'éloge toutes les fois qu'il y a eu recours; et si, après en avoir profité avec reconnaissance, il désire en donner une nouvelle édition pour servir de suite à son ouvrage, c'est afin de rendre un hommage complet au père de l'agriculture en France, et pour ne rien laisser à désirer aux agriculteurs de ce qui leur est utile. Il y ajoutera des notes, soit pour éclaircir quelques passages, soit pour faire connaître les changements, en bien ou en mal, qui ont eu lieu en agriculture depuis Olivier de Serres, soit enfin pour ne point laisser ignorer les connaissances que les modernes ont acquises dans cette science. »

Dans la notice sur la vie et les écrits de Rozier, placée en tête du tome X, imprimé en 1800 (an VIII), on lit, page xv : « Une perte non moins grande (que celle de l'article *vin*), ce sont ses commentaires et ses notes sur le Théâtre d'agriculture d'Olivier de Serres. Il y avait travaillé pendant dix ans. En 1786, il écrivait à un de ses amis : *Olivier de Serres est, dans son genre, aussi sublime que Bernard Palissy; je l'ai chanté toute ma vie, et je le chanterai jusqu'à ma mort.* On n'a même pas trouvé dans sa bibliothèque d'exemplaire de cet ouvrage. »

Il faut dire, pour l'explication de ce qui précède, que Rozier fut tué dans son lit par une bombe, pendant le siége de Lyon, la nuit du 28 au 29 septembre 1793, et que son cabinet et sa maison étant restés ouverts et exposés au pillage pendant quinze jours, ses papiers et ses manuscrits furent en grande partie perdus.

2° On trouve dans les registres de la Société d'Agriculture de Paris, dont les travaux ont cessé en 1793, plusieurs documents qui prouvent que cette Société s'occupait de publier l'ouvrage d'Olivier de Serres, avec des notes. La Société d'Agriculture du département de la Seine n'a donc fait qu'acquitter la dette qu'elle avait contractée sous un autre nom et dans un autre temps.

3° M. Silvestre, alors correspondant de la Société, aujourd'hui son secrétaire, s'était chargé de rédiger des notes à ajouter à une nouvelle édition du Théâtre d'Agriculture, qu'il se proposait de donner au public.

4° « J'avais projeté, dit M. Lefebvre, membre de la Société, de donner, conjointement avec MM. Broussonet et Dubois, une nouvelle édition d'Olivier de Serres. L'engagement pris par Rozier, dans son septième volume, de remplir cette tâche, avait retardé l'exécution de ce projet. Mais l'empressement que le public témoigne de nous voir faire cette entreprise, et le retard que Rozier a apporté à le satisfaire, nous y autorisent suffisamment, pour que nous nous livrions à ce travail aussitôt que les circonstances le permettront. » Cette édition n'a point été exécutée, et les circonstances ont dispersé les coopérateurs.

5° Notre collègue M. Parmentier, un des plus ardents promoteurs de l'ouvrage du Columelle français, avait aussi promis une édition du Théâtre d'Agriculture, avec des notes. Ses notes et celles de M. Silvestre ont enrichi notre édition.

Ces trois projets d'éditions se trouvent annoncés dans le Compte rendu à la Société d'Agriculture de Paris, par J. L. Lefebvre, son agent général, etc. Paris, an VII, in-8, pages 230, 5; 244, 9; et 249, 9.

6° On voit dans la lettre de M. Faujas, professeur au Muséum d'histoire naturelle, insérée parmi les pièces liminaires du Théâtre d'agriculture, édition de la Société d'agriculture, tome I, page LXXIX, n° VIII, qu'il avait rassemblé toutes les éditions du Théâtre d'Agriculture, des notes sur la vie de l'auteur, plusieurs dessins du Pradel, etc. De pareils matériaux étaient bien propres à orner une édition nouvelle d'Olivier de Serres, et M. Faujas s'en occupait; l'éditeur des Œuvres de Bernard Palissy avait droit de compter sur les suffrages du public, et sans doute qu'il répondra quelque jour aux amis d'Olivier et de l'agriculture.

Cette Notice, ainsi que nous l'avons dit précédemment, est extraite de celle que M. J. B. Huzard, de l'Institut, a fait imprimer en 1806.

SERRES (Claude), avocat et professeur de droit français à Montpellier.

— Institutions du Droit français, suivant l'ordre de celles de Justinien. *Paris*, 1753, in-4; *Toulouse*, 1778, in-4.

— Traité des saisies réelles. In-12.

SERRES (Jean de), président de la chambre des Comptes de Montpellier.

— *Gouvernement politique et économique. *Amsterdam* (*Pezenas*, *Joseph Fazier*), 1766, 3 vol. in-12.

SERRES (Jean-Joseph), né en 1776, au château de La Hoche (Hautes-Alpes), ou peut-être la Roche des Arnaulds (d'après Ersch), s'embarqua, jeune encore, en qualité de botaniste, sur les bâtiments de l'État qui portèrent dans l'Inde l'illustre bailli Suffren. De retour en France, il fut nommé capitaine dans le 2e bataillon des voltigeurs des Hautes-Alpes; bientôt après député à la Convention, puis au conseil des Cinq-Cents. Après le 18 brumaire Serres retourna dans son département, où il fut nommé membre du conseil général; il est mort sous-préfet d'Embrun, en 1831.

— Mémoire sur la suppression des jachères et sur le meilleur mode d'assolement à introduire dans les Hautes-Alpes, couronné par la Société d'émulation de ce département. *Gap*, 1805, in-8.

— Opinion prononcée à l'Assemblée nationale le 28 nov. 1792 sur cette question : Louis Capet est-il jugeable? 1792, in-8.

M. Henrion, dans son Annuaire biographique, dit qu'on doit à Serres des *Mémoires* sur une multitude d'améliorations dans les procédés agricoles et industriels, lesquels sont répandus dans presque tous les journaux de science et d'industrie.

SERRES. — Grammaire latine, à l'usage des colléges. *Cahors*, *Grenier*, an X (1802), in-8.

SERRES (Marcel de), naturaliste et voyageur, petit-fils du président de la chambre des Comptes de Montpellier; ancien inspecteur des arts et manufactures.

— Autriche (l'), ou Mœurs, usages et coutumes des habitants de cet empire; suivi d'un Voyage en Bavière et dans le Tyrol. *Paris*, *Nepveu*, 1820, 6 vol. in-18, ornés de 48 grav. représentant plus de 120 personnages différents, 20 fr., et avec les grav. color., 30 fr.

— Discours sur la méthode suivie actuellement dans l'étude des sciences. *Montpellier*, *Virengue*, 1834, in-8 de 104 pag.

— Essai pour servir à l'histoire des animaux du midi de la France. *Paris et Montpellier*, *Gabon*, 1822, in-4, 2 fr.

— Essai sur les arts et les manufactures de l'empire d'Autriche. *Paris*, *Chaignieau aîné*, 1814 (1817), 3 vol. in-8, 21 fr.

Ouvrage qui diffère du *Voyage en Autriche* du même auteur. Celui-ci est, en grande partie au moins, la réunion d'articles qui avaient paru dans les « Annales des arts et des manufactures. »

L'auteur présenta cet ouvrage à l'empereur d'Autriche, le 11 mai 1814, c'est-à-dire pendant la première invasion de la France par les puissances étrangères.

— Géognosie des terrains tertiaires, ou

Tableau des principaux animaux invertébrés des terrains marins tertiaires du midi de la France. *Montpellier*, *Pomathio-Durville, et Paris, Gœury*, 1829, in-8, avec 5 planches, 7 fr.

— Mémoire sur les yeux composés et les yeux lisses des insectes, et sur la manière dont ces deux espèces d'yeux concourent à la vision. *Montpellier*, *Tournel*, 1813, in-8, avec 3 planches, 1 fr. 50 c.

— Recherches sur l'identité des forces chimiques et électriques, traduites de l'allem. (1813). Voy. Oersted.

— Voyage dans le Tyrol et une partie de la Bavière pendant l'année 1811. *Paris*, *Nepveu*, 1823, 2 vol. in-8, ornés de 7 planches, dont 5 col., 15 fr.

Tiré à 500 exemplaires. Cet ouvrage paraît extrait de l'ouvrage de l'auteur, intitulé : *l'Autriche*, *etc.*

— Voyage en Autriche, ou Essai statistique et géographique sur cet empire, avec une carte physique des coupes de nivellement, et divers tableaux comparatifs sur l'étendue et la population de l'Autriche. *Paris*, *Arth. Bertrand*, 1814, 4 vol. in-8, avec tableaux et planches, 30 fr.

Les ouvrages que nous venons de citer de M. Marcel de Serres sont les plus importants par leur étendue; il nous resterait à énumérer, pour compléter la liste des travaux de ce savant modeste, les Mémoires assez nombreux dont il a enrichi des recueils consacrés aux sciences naturelles ; mais nous ne sommes pas dans la possibilité de le faire : outre les articles qu'il a fournis aux *Annales des arts et des manufactures*, dont une partie a formé plus tard « l'Essai sur les arts et les manufactures d'Autriche, » M. Serres a encore fourni à notre connaissance, I. au *Journal des mines*, 1° des Considérations générales sur la minéralogie du département de l'Hérault (tom. XXIV, 1808) ; — 2° l'Extrait d'un Mémoire sur la préparation du blanc de Krems, ou carbonate de plomb (tom. XXVI, 1809) ; — II. aux *Annales du Muséum d'histoire naturelle* : 3° Observations sur la *Velella Mutica* de M. Lamarck (tom. XII, 1808) ; — 4° Comparaison des organes de la Mastication des orthoptères avec ceux des autres animaux (tom. XIV, 1809); — 5° De l'Odorat et des organes qui paraissent en être le siége chez les orthoptères (tom. XVII, 1811) ; — 6° Observations sur les diverses parties du tube intestinal des insectes, avec 3 pl. (tom. XX, 1813); — III. aux *Mémoires du Muséum d'histoire naturelle*, recueil qui fait suite au précédent : 7° Observations sur les usages du vaisseau dorsal ou sur l'influence que le cœur exerce dans l'organisation des animaux articulés, et sur les changements que cette organisation éprouve, lorsque le cœur ou l'organe circulatoire cesse d'exister, avec 5 pl. (tom. IV et V, 1818-19); — 8° Observations sur les terrains d'eau douce (tom. V, 1819) ; — 9° Observations sur les ossements humains découverts dans les crevasses secondaires, et en particulier sur ceux que l'on observe dans la caverne de Durfort, dans le département du Gard (tom. XI, 1824).

SERRES (Marcel de), conseiller à la Cour royale et professeur à la Faculté des sciences de Montpellier.

— Manuel des cours d'assises, ou Examen de la procédure par jurés, d'après l'ordre adopté dans les jugements, suivi d'un tableau des principales nullités en matière criminelle, et d'une table analytique des matières. *Paris*, *Nève*, 1823-24, 3 vol. in-8, 21 fr.

SERRES (Étienne-Renand-Augustin), célèbre anatomiste et physiologiste, médecin en chef de l'hôpital de la Pitié (à trente-trois ans), membre de l'Académie royale de médecine, de l'Institut (Académie des sciences), le 28 juillet 1828, en remplacement du célèbre Chaussier, et de plusieurs sociétés médicales et scientifiques; né le 28 décembre 1787, à Clayrac (Garonne), d'un père médecin de l'hospice de cette ville.

— Anatomie comparée du cerveau, dans les quatre classes des animaux vertébrés, appliquée à la physiologie et à la pathologie du système nerveux. Ouvrage qui a remporté le grand prix à l'Institut royal de France. *Paris et Montpellier*, *Gabon et compagnie*, 1824-26, 2 vol. in-8, et Atlas in-4 de 16 pl., 24 f.

— Essai sur l'anatomie et la physiologie des dents, ou nouvelle Théorie de la dentition. *Paris*, *Méquignon-Marvis*, 1817, in-8, 4 fr. 50 c.

— Recherches d'anatomie transcendante et pathologique. Théorie des formations et des déformations organiques, appliquée à l'anatomie de Ritta-Christina, et de la duplicité monstrueuse. *Paris*, *J.-B. Baillière*, 1832, in-4, et un Atlas gr. in-fol. de 20 planches, 20 fr.

Extraites du XIe volume des Mémoires de l'Académie royale des sciences, lequel n'a été publié qu'en 1833.

— Réponse de M. Serres à M. Tiedemann. *Paris*, *de l'imp. de Migneret*, 1826, in-8 de 12 pages.

— Traité de la fièvre entéro-mésentérique, observée, reconnue et signalée publiquement à l'Hôtel-Dieu de Paris, dans les années 1811, 1812 et 1813, par M. A. Petit, etc., composé en partie par E.-R.-A. Serres. *Paris*, *Hacquart*; *Caille et Ravier*; *Crochard*, 1813, in-8, avec une planche color., 5 fr.

Outre les ouvrages que nous venons de citer on a encore de M. Serres, dans divers recueils scientifiques et médicaux, un grand nombre de *Mémoires*, dont les principaux ont pour objet les *apoplexies*, les différentes maladies du *cervelet*, la *paralysie*, la *variole*, et les lois de la *formation des organes* ; et dans les Annales des sciences naturelles : *les Lois de l'ostéogénie*, qui obtinrent en 1820 le prix de physiologie ;

M. Serres est encore auteur de deux ouvrages importants, mais qui sont encore inédits:

1° *Anatomie comparée des monstruosités animales*, ouvrage présenté à l'Institut en 1825;

2° *Traité des maladies organiques du cerveau et de la moelle épinière*, autre ouvrage présenté à l'Institut en 1828.

« On voit que la plupart des travaux de M. Serres se rapportent à trois objets principaux, savoir: 1° l'anatomie et la physiologie du cerveau et des autres parties du système nerveux, considérés chez l'homme et les animaux, soit à l'état d'adulte, soit à l'état du jeune âge, de fœtus ou d'embryon, soit à l'état normal, soit dans leurs monstruosités; 2° les maladies du cerveau et de la moelle épinière, au traitement desquelles M. Serres a rapporté les connaissances nouvelles qui sont le résultat de ses nombreuses découvertes anatomiques et physiologiques; 3° les lois de l'organisation animale. Les recherches que M. Serres a entreprises sur ce dernier objet, et qui opèrent une grande révolution dans la science, l'ont conduit à établir que le développement des animaux et de leurs divers organes se fait de la circonférence au centre, et non du centre à la circonférence, comme on l'avait toujours pensé, et comme il était dit dans toutes les écoles. C'est la découverte de ce fait capital, qui a ouvert à M. Serres une voie si féconde en beaux résultats, en l'obligeant à envisager sous un nouveau point de vue la plupart des théories anatomiques établies depuis longtemps, et qui semblaient sanctionnées par l'accord unanimes des auteurs. »

SERRES (le capitaine J.-J.). — Flore abrégée de Toulouse, ou Catalogue méthodique des végétaux phanérogames qui croissent naturellement aux environs de cette ville, indiquant les stations et les époques de floraison de chaque plante; suivi d'une clef analytique des genres et des espèces, et d'un dictionnaire des termes. *Toulouse, de l'impr. de Corne*, 1836, in-8 de 248 pages.

SERRES (Hector). — Notice sur la culture du pin maritime dans les Landes, et sur la fabrication des produits appelés matières résineuses. *Bordeaux, de l'imp. de Guizonnier aîné*, 1837, in-8 de 44 pag., avec une planche.

SERRES DE LA TOUR. — Bonheur (du), suivi de l'Éducation des anciens et des modernes. *Amsterdam et Paris, Dufour*, 1767, in-12.

— * Gazetin (le), ouvrage périodique, par l'ancien rédacteur du « Courrier de l'Europe. » 1er juin 1790 au 1er mars 1791, in-4.

Le Courrier de l'Europe est un journal qui a paru à Londres, en 1776 et années suivantes.

— Lettre à M. de Calonne, en réponse à son ouvrage sur l'état de la France présent et à venir. 1790.

Réimprimée dans la même année.

— * Londres et ses environs, ou Guide des voyageurs curieux, dans cette partie de l'Angleterre; par M. D. S. D. L. *Paris, Buisson*, 1788, 2 vol. in-12.

— * Plaisir (du), par M. Alp. L***. *Paris, Dufour*, 1767, in-12.

— * Remarques historiques et politiques sur le tarif du traité de commerce conclu avec la France et l'Angleterre, etc.; trad. de l'angl. (1788). Voy. ce titre aux ouvr. anonymes.

SERREY (de). Voy. DESERREY.

SERRIE (la). Voy. LA SERRIE.

SERRIÈRES (Sébastien), D. M., professeur à l'école secondaire de médecine de Nanci, de la Société royale académique de cette ville; né le 23 juillet 1776.

— Considérations médicales sur la femme enceinte, les causes des accidents de la grossesse, suivies de vues générales d'hygiène. *Paris*, 1802, in-8.

— Considérations sur la médecine. Discours prononcé le 3 avril 1835, à la séance publique de la Société royale des sciences, lettres et arts de Nanci. *Nanci, de l'imp. de madame Hissette*, 1835, in-8 de 20 pages.

— Éloge historique de M. J.-F. Bonfils, docteur en médecine. *Nanci, de l'imp. de Hissette*, 1831, in-8 de 20 pages.

— Éloge de J.-B. Lafitte. *Nanci*, 1809, in-8 de 12 pages.

— Observations sur une gastro-entéralgie compliquée, suivie de réflexions. *Nanci, de l'imp. de Hissette*, 1828, in-8 de 52 pages.

SERRURE (Constant-Philippe), docteur en droit, archiviste de la Flandre-Orientale depuis 1833 jusqu'en décembre 1835, aujourd'hui professeur d'histoire belgique et d'histoire du moyen âge à l'Université de Gand; membre de la Société de littérature de Leyde; de celle des antiquaires de la Morinie, à Saint-Omer; de celles d'agriculture, sciences et arts d'Évreux, de Douai, de Valenciennes, de la Société royale des beaux-arts et de littérature de Gand; de celle des sciences, lettres et arts d'Anvers, et de plusieurs autres sociétés savantes; né à Anvers, en 1805.

— Catalogue du cabinet des médailles et monnaies du baron du Bois de Vroylande. *Anvers, Ancelle*, 1828.

M. Serrure a écrit, mais on n'a pourtant de lui aucun livre à proprement dire; tout ce qu'on doit à sa plume a été inséré dans divers recueils de la Belgique consacrés soit aux sciences soit à la littérature. On lui doit des poésies flamandes, dans les années 1826, 1827 et 1828 du « Muzen-almanack, » qui paraît à Gand, chez Stevens; il a fourni des documents et des notes aux « Archives historiques» de M. de Reiffenberg, aux « Mengelingen » de M. Willems. En 1834, il fut l'un des principaux rédacteurs des « Nederduytsche letteroefiningen » (Exercices de littérature flamande), publiés à Gand chez Snoeck. Il inséra entre autres, dans ce dernier recueil, pag. 104, une *Dissertation sur les livres en langue flamande, imprimés en Angleterre et en France*, et pag. 231-268, un *Mémoire sur les services rendus à la littérature flamande par les auteurs nés à Louvain; accompagné d'un Précis historique sur les chambres de rhétorique qui existaient autrefois* dans cette ville. L'un des fondateurs de la nouvelle série du Messager des sciences et des arts de la Belgique, etc., M. Serrure y a fourni : un Mémoire *sur les relations de Christiern II avec les Pays-Bas; le jeu d'Esmorée*, drame du XIIe siècle, trad. du flamand par l'éditeur. Il a été tiré de ce drame 120 exemplaires à part. — *Mausolée de deux dames d'honneur de Marie Stuart qui se trouve à Anvers.*

Comme éditeur, M. Serrure a publié, en société avec M. Auguste Voisin, le Livre de Baudoyn, comte de Flandre, suivi de fragments du roman de Trasignyes, précédés d'une Introduction historique et littéraire, et terminés par un glossaire (Bruxelles, Berthot et Périchon, 1836, in-8, avec le fac-simile de 10 gravures sur bois). On promet pour prochainement une autre publication de M. Serrure : c'est celle du Cartulaire de Saint-Bavon-lez Gand, qui contiendra les chartes de cette abbaye célèbre, depuis 655 jusqu'au XIVe siècle, et formera un vol. in-4.

SERRURE (L.-A.), architecte à Anvers, vraisemblablement frère du précédent, professeur adjoint à l'Académie royale des beaux-arts, et membre de la Société des sciences, lettres et arts, et de celle d'encouragement des beaux-arts de la ville d'Anvers; correspondant de la Société d'encouragement des beaux-arts de Gand, etc.; né à Anvers.

Nous ne connaissons de lui aucun ouvrage publié jusqu'à ce jour; mais il va prochainement livrer au public les dessins de la *tour de Notre-Dame d'Anvers*, qu'il a mesurée et dessinée au moyen d'échafaudages. Cet ouvrage, qui sera tout à fait classique et le premier qui paraîtra en ce genre en Belgique, sera gravé sur cuivre et publié en trois livraisons : les deux premières se composeront chacune d'un tiers de l'élevation de la tour, un tiers de la coupe et une feuille de plan; la troisième comprendra un tiers de la tour et un de la coupe, ensemble 8 feuilles sur grand aigle vélin. L'ouvrage sera accompagné du portrait de P. Appelmans, architecte de la tour, et d'un texte explicatif in-fol. Les dessins ont été exécutés sur l'échelle de 25 millimètres par mètre.

SERRURIER (H.-C.). — Chronique ou Exposé succinct des événements les plus importants relatifs en particulier à la révolution française, tirés principalement de la Gazette française de Leyde; trad. du hollandais. *La Haye, Vosmær*, 1802-03, ... cah. in-8.

SERRURIER (Jean-François). — Dictionnaire fruitier, trad. de l'allem. (1805). Voy. J.-C. CHRIST.

SERRURIER (Jean-Baptiste-Toussaint), docteur-médecin, secrétaire général de la Société de médecine pratique, membre de plusieurs sociétés savantes; né à Orléans, en 1776.

— Compte rendu des travaux de la Société de médecine pratique pendant les années 1829 et 1830. *Paris, de l'imp. de Migneret*, 1832, in-8 de 60 pag. — Compte rendu des travaux de la Société de médecine pratique pendant les années 1832 et 1833. *Paris, de l'imp. de Migneret*, 1834, in-8 de 92 pag.

— Lettre sur les conseils de discipline....

— Mariage de Mgr. le duc de Berri (en prose). *Paris, Dentu*, 1816, in-8 de 8 pag.

L'auteur était chirurgien-major du 4e bataillon de la 10e légion de la garde nationale parisienne lorsqu'il publia cet écrit : il est aujourd'hui chirurgien aide-major du même bataillon et de la même légion.

— Mémoire sur la mobilité des os du crâne....

On a encore de M. Serrurier des articles dans le Dictionnaire des sciences médicales.

SERRUROT (B.), de Troyes. — Dialogue militaire sur la mort de Napoléon, entre une compagnie de braves sortis de l'ex-garde. *Paris, les march. de nouv.*, 1821, in-8 de 16 pag.

SERRY (le P. Jacques-Hyacinthe), théologien, né à Toulon, d'un médecin de la marine, entra jeune dans l'ordre de S. Dominique, fit sa licence à Paris, et fut envoyé à Rome, où il devint théologien du cardinal Altieri, et consulteur de l'Index. En 1697, il fut nommé professeur de théologie dans l'Université de Padoue, et il mourut dans cette ville, le 12 mars 1738, dans sa 79e année.

—D. Augustinus, summus prædestinationis et gratiæ doctor, à calumnia vindicatus, adversus Jo. Launoii traditionem, fœtu posthumo recens editam, et peculiari Clementis XI decreto nuper inusitam. *Coloniæ, Nic. Schouteten*, 1704, in-12.

Le P. Serry, dans cette publication, a pour but de réfuter et de venger S. Augustin, qu'il croyait calomnié dans la « Véritable tradition de l'Église sur la prédestination et la grâce » (1702), attribuée au doct. Launoy. Indépendamment de la *Schola Thomistica* de Serry, il y a du même auteur quelques lettres au P. Daniel, écrites à ce sujet.

— Ambrosii Catharini Vindiciæ de necessaria in perficiendis sacramentis intentione. Theologica disputatio. Nova editio. *Parisiis, Chaubert*, 1728, in-12.

— Confutatio responsi epistolaris Gabrielis Daniel, e societate Jesu. *Coloniæ, Schouteten (Venetiæ)*, 1706, in-8.

— Epistola Joannis Launoii (P. Hyacinthi Serry) ex Elysio ad generalem Soc. Jesu præpositum data, quâ conceptum ex latâ in suam de gratiâ et prædestinatione sententiâ dolorem amicè significat. *In Campis Elysiis*, 1705, in-12 de 24 pag.

— Exercitationes historicæ, criticæ, polemicæ de Christo, ejusque Virgine matre. *Venetiæ*, 1719.

— Historiæ Congregationum de Auxiliis divinæ gratiæ, sub summis pontificibus Clemente VIII et Paulo V, libri IV. Quibus etiam datâ operâ confutantur recentiores hujus historiæ depravatores, maxime verò nuperrimus autor libelli gallicè inscripti «Remontrance à M. l'archevêque de Reims, sur son ordonnance du 15 juillet 1697 (par le P. Daniel, jésuite),» et actorum fides adversus inanes epistolæ Leodiensis (Livini Meyeri, jesuitæ) argutias vindicatur. Autore Augustino Le Blanc, S. theol. doctore (Jac.-Hyac. Serry, dominic.). *Lovanii* (*vel potius Bruxellis, Foppens*), 1700, in-fol. — Addenda suis locis in præcedenti Historiâ. *Iisdem typis*, in-fol.

Quesnel a été l'éditeur de ce volume.

— Ejusdem Historiæ. Editio nova, longè auctior, adjecta libro 5° contra Theodori Eleutherii (L. Meyer) historiam. *Antwerpiæ* (*vel potius Bruxellis*), 1709, in-fol.

Serry était thomiste fort zélé; dans son Histoire des Congrégations *de Auxiliis*, il laissa tout l'avantage aux thomistes sur leurs adversaires. Aussi, sitôt qu'il parut, l'auteur eut-il à défendre son livre contre les attaques des jésuites. Il fut publié divers écrits dans cette polémique, et entre autres les suivants :

1° Lettre de M. l'abbé Le Blanc (le P. Serry), auteur de l'Histoire *de Auxiliis*, pour servir de réponse au secrétaire de Liége. 1699, in-12.

2° Questions importantes, à l'occasion de l'Histoire des Congrégations *de Auxiliis* (par le P. Germon), Liége, 1700, in-8.

L'auteur répliqua par :

Histoire (l') des Congrégations de Auxiliis, *justifiée contre l'auteur des Questions importantes*. Louvain (ou plutôt Bruxelles, Foppens), 1702, in-8.

3° Errata de l'Histoire de la Congrégation *de Auxiliis*, et Réfutation du livre précédent (par le P. Germon). Liége, 1702, in-8.

Serry publia en réponse :

Correcteur (le) corrigé, suite de la justification de la même Histoire, contre le faux Errata, avec une Lettre, etc. Liége, Bronkart, 1704, in-fol.

4° Une brochure d'un syndic de l'Université de Trèves.

Théodore Eleuthère (le P. Meyer, jésuite) ne publia son Histoire des Congrégations *de Auxiliis* qu'en 1705 (Anvers); et Serry ne lui répondit que dans la seconde édition de son ouvrage.

—* Mahométisme (le) toléré par les jésuites dans l'île de Chio. 1711, in-12.

— Schola Thomistica vindicata, seu Gab. Danielis S. J. Tractatus theol. adversùs gratiam se ipsâ efficacem, censoriis animadversionibus confutatus. *Coloniæ, Nic. Schouteten*, 1706, in-8.

— Theologia supplex. 1736, in-12.

—* Théologie (la) suppliante aux pieds du souverain Pontife, pour lui demander l'intelligence et l'explication de la bulle *Unigenitus* (traduit du latin, par Le Paige). *Cologne, P. Marteau* (*Paris*), 1756, in-12.

Traduction qui n'est pas très-fidèle; et comme Serry était soumis à la bulle, l'auteur des Nouvelles ecclésiastiques, 1756, pag. 115, dit que son livre est ennuyeux, et que ses explications pèchent contre la sincérité.

— Vrais sentiments des jésuites sur le péché philosophique....

Outre les ouvrages que nous venons de citer on en doit encore au P. Serry plusieurs autres; ils sont aussi bien oubliés que ceux dont nous avons donné la liste. Ce sont : un écrit italien sur les rits chinois; —une Dissertation sur la profession de S. Thomas-d'Aquin au mont Cassin, fable refutée par le P. Touron; — un Traité pour concilier S. Augustin et S. Thomas; — deux dissertations sur l'infaillibilité du pape, etc.

SERS (P.). — Satire sur les auteurs du jour. *Paris, de l'imp. de Carpentier-Méricourt*, 1824, in-8 de 16 pag.

SERTET (l'abbé). — Abus (les) de la philosophie, par rapport à la littérature française. 1775.

SERTOR (don Gaëtan), littérateur italien.

— Essai historique et critique sur l'insuffisance et la vanité de la philosophie des anciens, comparée à la morale chrétienne; trad. de l'ital. (par Chassanis). *Paris, Berton*, 1783, in-12.

SERTORIUS (le docteur). — Projet de paix générale; trad. de l'allem. *Dresde*, 1759, in-8.

SERULLAS (Georges-Simon), d'abord pharmacien-major et pharmacien principal aux armées, plus tard pharmacien en chef et premier professeur à l'hôpital militaire de Metz, où il ne tarda pas à se distinguer dans la carrière que lui ouvrait l'enseignement, et à se placer au nombre des professeurs remarquables de l'époque; enfin professeur de chimie à l'hôpital militaire d'instruction (le Val-de-Grâce) de Paris, depuis 1825, membre de l'Académie royale de médecine et de l'Institut (Acad. roy. des sciences); né à Poncin (Ain), le 21 novembre 1774, mort à Paris, le 25 mai 1832.

— Analyse succincte des travaux de M. Sérullas. *Paris*, *de l'imp. d'Henri*, 1829, in-4 de 24 pag.

— Charbon fulminant, ou carbure de potassium et d'antimoine. 1821.

Ce Mémoire, cité par la Biograph. univ. et port. des Contemp., paraît avoir été imprimé dans quelque recueil scientifique.

— Moyen d'enflammer la poudre sous l'eau, à toutes les profondeurs, par le seul contact de l'eau. Préparation des matières nécessaires pour obtenir ce résultat. *Metz*, *Antoine*, 1822, in-8 de 28 pag.

— Notes sur l'hydriodate de potasse et l'acide hydriolique. Hydriodure de carbone; moyen d'obtenir, à l'instant, ce composé triple. *Metz*, *Antoine*, 1822, in-8 de 40 p.

— Sur l'iodure de carbone; nouveau moyen de l'obtenir. 1823.

— Nouveau composé d'iode et de carbone, ou proto-iodure de carbone. 1824.

— Nouveau composé d'iode, d'azote et de carbone, ou cyanure d'iode; Mémoire présenté à l'Académie royale des sciences de l'Institut. *Metz*, *impr. de Dosquet*, 1824, in-8 de 20 pag.

Extrait du tom. XXVII des *Annales de chimie*.

— Nouveaux composés de brôme-éther hydrobromique et cyanure de brôme : solidification du brôme et de l'hydrocarbure du brôme. 1827.

— Observations physico-chimiques sur les alliages du potassium et du sodium avec d'autres métaux; propriétés nouvelles de ces alliages servant à expliquer le phénomène de l'inflammation spontanée du pyrophore et la cause des mouvements du camphre sur l'eau. — Antimoine arsenical dans le commerce. *Metz*, *Antoine*, 1821, in-8 de 64 pag. — Second Mémoire sur les alliages de potassium et sur l'existence de l'arsenic dans les préparations antimoniales usitées en médecine. *Ibid.*, 1821, in-8 de 48 pag.

— Observations sur la Notice historique publiée par M. Davy, concernant les phénomènes électro-chimiques. 1827.

Tous les résultats des recherches scientifiques de Serullas sont consignés dans des recueils de sociétés savantes ou dans les journaux consacrés aux sciences.

Lorsque le système continental eut été étendu à tous les pays où dominait la France, on proposa de remplacer le sucre par le sirop de raisin, et Serullas avait fourni des produits assez considérables pour suffire pendant plusieurs années à la consommation des hôpitaux d'Italie et d'autres contrées. Plus tard, il répondit aux concours établis pour le perfectionnement des moyens d'obtenir la matière sucrée des végétaux indigènes, par deux *mémoires* couronnés, l'un, en 1810, par la Société d'agriculture de la Seine, l'autre, en 1813, par la Société de pharmacie de Paris. En 1817, il publia, dans les Mémoires de médecine, de chirurgie et de pharmacie militaires, deux autres mémoires : le premier sur la *Conversion du sirop de raisin en alcool*; le deuxième sur les *Fumigations chloriques*. Serullas entreprit sur l'*iode* découvert en 1814 par Courtois, et employé dès lors en médecine, soit seul, soit combiné, une série d'expériences d'un grand intérêt dont il fit part au public dans un mémoire publié en 1821. Serullas publia, en 1830, dans les Annales de physique et de chimie, le résultat de ses recherches *sur quelques composés d'iode*, tels que le *chlorure d'iode*, sur l'*action mutuelle de l'acide iodique et de la morphine ou de ses sels*, sur l'*acide iodique cristallisé* : la partie de ce mémoire qui traite de l'*action mutuelle de l'acide iodique et de la morphine* est d'une grande importance sous le rapport de la médecine légale. Il donna, en 1831, dans les mêmes Annales, trois *Mémoires sur la cristallisation de l'acide oxychlorique, perchlorique et sur quelques propriétés nouvelles de cet acide*. Enfin, le XIe volume du recueil de l'Académie royale des sciences, publié en 1832, renferme dix mémoires, lus par Serullas depuis 1827 jusqu'en 1832, dans le sein de cette Académie, et ce sont ceux dont suivent les titres : 1° Mémoire sur la combinaison du chlore et du cyanogène ou cyanure de chlore; — 2° Mémoire sur le bromure du sélenium; — 3° Mémoire sur un nouveau composé de chlore et de cyanogène, ou perchlorure de cyanogène; acide cyanique; — 4° Mémoire sur l'action de l'acide sulfurique sur l'alcool, et sur les produits qui en resultent; — 5° Mémoire sur l'action de différents acides sur l'iodate neutre de potasse; iodates acides de cette base ou bi-iodate et tri-iodate de potasse-chloro-iodate de potasse. Nouveau moyen d'obtenir l'acide iodique; — 6° Recherches sur quelques composés d'iode; — 7° Mémoire sur les chlorures d'iode; sur un nouveau procédé pour obtenir l'acide iodique absolument pur; et sur un moyen de précipiter la plus petite quantité de l'un quelconque des alcalis végétaux de leur dissolution alcoolique; — 8° Mémoire sur la séparation du chlore et du brôme contenus dans un mélange de chlorure et de bromure alcalins. Moyen de reconnaître si une dissolution de chlorure d'iode est à l'état de chlorure ou à l'état d'acide iodique et d'acide hydrochlorique. — Action de l'acide bromique et de l'acide chlorique sur l'alcool; — 9° Mémoire sur l'acide perchlorique (chlorique oxigéné); — 10° Mémoire sur la cristallisation de l'acide oxichlorique (perchlorique), et sur quelques propriétés nouvelles de cet acide.

On doit encore à ce savant plusieurs discours ou rapports remarquables, faits en différentes circonstances en sa qualité de membre ou de président de différentes sociétés savantes.

On a de M. Lodibert un Éloge historique de M. Serullas (Paris, de l'impr. de Fain, 1837, in-8 de 24 pag.).

SÉRUZIER (le baron Théodore-Jean-Joseph), colonel d'artillerie légère, commandant de la Légion d'honneur, chevalier de plusieurs ordres, l'un des braves capitaines de l'armée napoléonienne; né le 22 mars 1769, à Charmes (Aisne), d'un laboureur qui avait fait toutes les campagnes de Hanovre comme grenadier. Séruzier s'engagea dès l'âge de quatorze ans, et passa rapidement par tous les grades, jusqu'à celui de colonel. Napoléon le créa baron à l'issue de la bataille de Wagram, à laquelle Séruzier avait brillamment contribué : mort à Château-Thierry, le 11 mai 1825.

— Mémoires (ses), mis en ordre et rédigés par son ami M. Le Mière de Corvey, officier supérieur. *Paris*, *Anselin et Pochard*, 1823, in-8 de viij et 344 pag., 5 fr.

« Les Mémoires du colonel Séruzier offrent parfois une lecture attachante ; mais l'on y a signalé des inexactitudes involontaires, qu'il faut attribuer à la position secondaire de l'auteur, et à l'absence d'une éducation primitive, à laquelle l'activité non interrompue de la guerre ne lui permit pas de suppléer. Il y règne, d'un bout à l'autre, un enthousiasme naïf pour Napoléon, qui distribuait si fort à propos les dotations et les baronnies à ceux qui savaient mépriser la mort pour le servir ; mais on se sent bien disposé à le pardonner à un soldat plein de bravoure et d'intelligence de son métier. » (A. Mahul, Ann. nécrol., ann. 1826.)

M. Devisme, dans son Manuel historique du département de l'Aisne, a consacré une Notice intéressante à son compatriote.

SERVADIO (César). — Cours de lecture graduée, ou Choix de narrations (en italien), avec des notes explicatives sur les phrases et les mots. *Paris*, *Heideloff et Campe*, 1833, in-12, 3 fr.

— Leçons de littérature italienne. Nouveau choix de morceaux, en prose et en vers, extraits des meilleurs auteurs italiens, depuis l'origine de cette langue jusqu'à nos jours, avec des notices sur chaque siècle et sur les écrivains les plus célèbres. *Paris*, *Baudry*, 1833, in-12, 3 fr. 50.

— Teatro di Cesare Servadio. Drammi storici. *Paris*, *Baudry*, 1836, in-18, 3 fr. 50 c.

C'est la réunion de plusieurs pièces qui ont paru d'abord séparément, en 1834 et 1835 : Genevra, ossia gli Austraci in Genova, drama in 3 atti ; Civetteria e Sentimento ; comedia in tre atti, etc.

SERVAIS (C.-M. de). — Art (l') de la Correspondance, renfermant les règles de l'art de la correspondance, lettres de commerce, lettres sur divers sujets, traduit en allemand, avec le texte français à côté. *Francfort-sur-le-Mein*, *Esslinger*, 1805, in-8, 5 fr.

— Dialogues français et allemands. *Vienne*, *Doll*, 1817, in-8, 2 fr. 50 c.

— Mythologie (la) des dames, ou Traité de l'histoire des dieux de la fable. *Vienne*, 1813, in-12, 8 fr.

— Vollständige Sammlung französischer Redensarten, nach dem Dictionnaire de l'Académie française, dem neuern Vocabulaire de M. de Wailly, und den vorzüglichsten Dictionnairen bearbeitet. *Frankfurt*, 1805, in-8, 7 fr. 50 c.

SERVAJEAN. — Manuel (nouveau) du plâtrier, plafonneur-fumiste, ou l'Art d'employer le plâtre. *Romorantin*, *l'Auteur*, 1836, in-12, avec 5 pl., 4 fr.

SERVAL. — Traduction des statuts civils de la Corse. 1770, in-8.

SERVAN (Antoine-Joseph-Michel), publiciste distingué, avocat général au parlement de Grenoble dès 1764, n'étant pas encore âgé de vingt-sept ans, charge dont il se démit en 1772 ; magistrat à qui appartient la gloire d'être le premier qui ait signalé les réformes qui depuis ont eu lieu dans l'administration de la justice criminelle ; député aux États-Généraux, où il ne se rendit pas, s'excusant sur sa santé, et plus tard au Corps législatif, où il refusa de siéger ; né à Romans (Drôme), le 3 novembre 1737, mort à Saint-Remy, près de Tarascon, le 4 novembre 1807.

PHILOSOPHIE.

— Commentaire sur les deux premiers livres des Essais de Montaigne....

Imprimé dans le premier volume des Œuvres inédites de l'auteur, publiées pas M. X. de Portets.

— Discours sur les avantages de la vraie philosophie, prononcé à la rentrée du parlement de Grenoble, en 1765.

Il fit pressentir ce que le jeune orateur serait bientôt.

— * Discours sur l'administration de la justice criminelle, prononcé par M. S***, avocat général. *Genève* (*Grenoble*), 1767, 1768, in-8 de 152 pag.

Ce Discours commença la brillante réputation de Servan, que ses talents devaient lui faire obtenir. Depuis les discours de d'Aguesseau, on n'avait rien entendu au barreau de si éloquent, et le choix du sujet mettant l'ouvrage à portée d'être apprécié du petit nombre d'esprits supérieurs qui s'occupaient alors de philosophie, qui touche de si près aux fondements véritables de toute législation, Voltaire, Buffon, D'Alembert, Helvétius, témoignèrent à Servan la surprise mêlée d'admiration que leur avait causé son discours. De tels suffrages durent l'encourager.

Ce discours a été inséré, en 1821, à la suite de la traduction de l'ouvrage de Beccaria, édition publiée avec des notes par J. S. Dufey.

— Discours sur les mœurs, prononcé au parlement de Grenoble, en 1769. *Lyon*, sans date (1770), in-12.

Discours qui obtint un très-brillant succès.

Bacon-Tacon (voy. ce nom) a publié en l'an III (1795), et sous le même titre, un ouvrage qui est pillé presque entièrement de celui-ci : la troisième partie seulement paraît être du plagiaire.

— * Discours sur le progrès des connaissances humaines en général, de la morale, et de la législation en particulier, par M. S***, ancien magistrat. 1781, in-8.

Prononcé à une séance publique de l'Académie de Lyon.

— Influence (de l') de la philosophie sur la législation criminelle....

Imprimé dans le premier volume des Œuvres inédites de l'auteur, publiées par M. X. de Portets.

—* Lettres (trois) à M. Rabaut-St.-Etienne. 1790, in-8.

Ces lettres ont paru successivement. La première, datée de mars 1790, est *sur la charité chrétienne*, elle forme 48 pag.; la seconde, *sur la raison et la logique*, forme 4 pag., et la troisième, *sur l'humanité*, forme 25 pag.

— Pensées diverses....

Imprimées dans le tome deuxième des Œuvres inédites de l'auteur, publiées par M. X. Portets.

— Révolutions (des) dans les grandes sociétés civiles, considérées dans leur rapport avec l'ordre général....

Imprimé dans le tome deuxième des Œuvres inédites de l'auteur, publiées par M. X. de Portets.

ŒUVRES JUDICIAIRES.

—* Discours au parlement de.... dans une déclaration de grossesse. *Lyon*, 17.., in-12 de 63 pag.

— Discours dans la cause d'une femme protestante. *Genève* (*Grenoble*), 1767, in-12.

Plaidoyer pour Jacques Roux contre Marie Robequin.

— *Discours de M. S***, ancien avocat général au parlement de***, dans un procès sur une déclaration de grossesse. *Lyon*, *Grabit*, 1760, in-12.

—* Discours d'un ancien avocat général dans la cause du comte de*** (Suze) et de la demoiselle *** (Bon), chanteuse de l'Opéra. *Lyon*, *Sulpice Grabit*, 1772, in-12.

—* Discours prononcé le 23 mars 1765, par les gens du roi du parlement du Dauphiné, relativement aux « Lettres d'un chevalier de Malte à l'évêque de.....» (de l'abbé Patouillet, ex-jésuite). In-4 de 12 pages.

—* Glose et remarque sur l'arrêt du parlement de Paris, du 5 décembre 1788. *Londres*, 1789, in-8 de 59 pag.

—* Mémoire pour la veuve Game. *Lyon*, 1773, in-12.

—* Réflexions sur quelques points de nos lois, à l'occasion d'un événement important. *Genève*, 1781, in-8.

Publiées à l'occasion du procès de M. de Vocance, conseiller au parlement de Grenoble, accusé d'empoisonnement.

Toutes ces pièces, célèbres dans le barreau, ont été réunies dans les OEuvres choisies de l'auteur.

L'éloquence de Servan qui avait eu pour admirateurs, avec la France entière, tous les hommes du plus grand génie, et auxquels on peut joindre, dans un rang inférieur, Grimm, La Harpe et Chénier, a trouvé de nos jours un contradicteur. M. Delamalle, dans son « Essai d'institutions oratoires » (1818), a protesté avec détails contre une réputation qui lui semblait usurpée. Un homme d'esprit et de talent (M. Parent-Réal), tout en répondant à ce qu'il y avait d'injuste dans ces critiques, a examiné, dans sa réfutation intitulée : « Petite Revue », l'ouvrage qui les contenait, et il y a fait voir qu'il y avait assez à reprendre pour que son auteur se montrât à l'avenir plus indulgent envers autrui.

ÉCRITS POLITIQUES.

—* Adresse à MM. les Curés. 1789, in-8 de 30 pag.

— Adresse aux Amis de la paix. *Paris*, *les marchands de nouveautés*, 1789, in-8.

Cet écrit excita un enthousiasme général.

—* Supplément de l'Adresse aux Amis de la paix, ou l'unique Moyen de sauver la France. 1790, in-8.

—* Apologie de la Bastille. Pour servir de réponse aux Mémoires de M. Linguet sur la Bastille; avec des notes politiques, philosophiques et littéraires, par un homme en pleine campagne. *Lausanne*, *Fr. Lacombe*, 1784, in-12, et *Kehl*, 1784, in-12.

— Assassinats (des) et des vols politiques, ou des proscriptions et des confiscations, par G.-T. Raynal. *Paris*, 1795, in-8.

Ouvrage imprimé sous le nom de Raynal, mais désavoué par lui : on l'attribue à Servan. Dans la table des matières de l'un des volumes de la compilation de M. Bérenger, intitulée la Morale en exemples (Lyon, 1801, 3 vol. in-12), cet ouvrage est faussement attribué à M. de Fontanes.

—* Aux Grands : La première aux Grands. Février 1789, in-8 de 41 pag.—La seconde aux Grands. In-8 de 49 pag.—La troisième aux Grands, pour servir à l'histoire de la révolution, depuis la convocation des États-Généraux jusqu'à la prise de la Bastille, inclusivement. *Paris*, *Garnery*, l'an 1 de la liberté, in-8 de 141 pag.

On croit que le frère de l'auteur, le général Servan, a fait quelques additions à ces trois ouvrages, et que les notes, surtout, sont de sa façon.

—* Avis au Public, et principalement au tiers état, de la part du commandant du château des îles de Sainte-Marguerite, et du médecin et du chirurgien du même lieu, du 10 novembre 1788. In-8 de 55 pag.

C'est une plaisanterie sur M. d'Esprémenil, auteur d'une détention arbitraire.

—* Avis salutaire au tiers état sur ce qu'il est et sur ce qu'il peut être, par un jurisconsulte allobroge. 1789, in-8 de 63 pag.

—*Commentaire sur un passage du dernier

ouvrage de Necker (De l'Administration des finances). 1785, in-8 de 72 pag.

— * Commentaire très-roturier sur le noble Discours adressé par le prince de Conti à MONSIEUR, frère du roi. 1788, in-8 de 42 p.

Réimprimé en 1789 avec de légers changements.

—* Conseils au clergé de Provence, 28 décembre 1788. 1789, in-8.

— * Délibération de la Viguerie de Tarascon, en Provence, etc. *Avignon*, 1788, in-8 de 17 pag.

—Discours du citoyen Servan, président du collége électoral du département du Rhône. *Tarascon*, 1803, in-8.

—*Éclaircissement (premier) amiable entre le peuple et moi, sur quelques points importants, et spécialement sur le mot *aristocrate*. 1790, in-8 de 15 pag.

— Éclaircissements demandés à MM. les commis de la poste, préposés à décacheter les lettres. 1785.

Publiés à l'occasion du Rapport de M. Necker sur l'administration des finances.

— * Entretien de M. Necker avec madame la comtesse de Polignac, M. le baron de Breteuil et l'abbé de Vermont. *Londres*, 1789, in-8 de 108 pag.

— * Essai sur la conciliation de l'intérêt et de la justice, ou Réflexions sur la liquidation du papier-monnaie en France. Mars 1795, pet. in-8 de 177 pag. ;—*Paris*, 1795, in-12 de 108 pag.

— Essai sur la formation des assemblées nationales, provinciales et municipales en France. Sans date (1789), in-8; *Paris*, 1791, in-8.

— * Essai sur la situation des finances de la France et la libération des dettes de l'État. 1789, in-8 d'environ 200 pag.

Contre le papier-monnaie.
Quoique cet ouvrage soit attribué à Servan, il est encore douteux qu'il en soit vraiment l'auteur. *Barbier.*

— * Événements remarquables et intéressants, à l'occasion des décrets de l'auguste Assemblée nationale, concernant l'éligibilité de MM. les comédiens, le bourreau et les juifs. 1790, in-8 de 37 pag.

Attribué à Servan.

— * Exhortation pressante aux trois ordres de la province de Languedoc. 1788, in-8 de 44 pag.

— * Feuille jetée aux vents. — Seconde Feuille jetée aux vents, suite sur la tolérance. Vers 1789, in-8 de 72 pag.

— Idées sur le mandat des députés aux États-Généraux. 1789, in-8.

— * Lettre aux commettants du comte de Mirabeau. 1789, in-8.

— * Observations adressées aux communes de Provence, sur la constitution de leurs états. 1789, in-8 de 35 pag.

— * Observations adressées aux représentants de la nation, sur le rapport du comité de constitution concernant l'organisation du pouvoir judiciaire. 1790, in-8.

—*Observations succinctes sur le cens politique établi par la nouvelle constitution française. Par un disciple des anciens législateurs. 1790, in-8 de 38 pag.

— Projet de déclaration des droits et des devoirs des citoyens, proposé aux députés des communes aux États-Généraux de France. 1789, broch. in-8.

— Recherches sur la réformation des états provinciaux. 1789, in-8.

— * Réfutation de l'ouvrage de M. l'abbé Sieyes sur les biens ecclésiastiques. Par M. S***. *Paris*, 1789, in-8 de 24 pag.

— * Remontrances à un journaliste. 1790, in-8 de 29 pag.

Aucun des écrits de cette section n'a été inséré jusqu'à ce jour dans les choix des OEuvres de l'auteur, qui ont été publiés.

LITTÉRATURE ET CRITIQUE.

— * Doutes d'un provincial proposés à MM. les médecins commissaires chargés par le roi de l'examen du magnétisme animal. *Lyon* (*et Paris*, *Prault*), 1784, in-8 de 126 pag.

— * Lettre en réponse à un Mémoire d'un médecin de Lyon. Sans date, in-8 de 16 pages.

—*Lettres adressées au rédacteur des « Affiches du Dauphiné », sur une cure opérée par le magnétisme animal. 1785, in-8 de 24 pag.

— Questions du jeune docteur Rhubarbini de Purgandis, au sujet de Mesmer et du magnétisme animal. *Padoue, dans le cabinet du docteur*, 1784, in-8 de 72 pag.

Les divers écrits de Servan contre le magnétisme sont très-piquants : ils n'ont pas été recueillis jusqu'à ce jour.

— Réflexions sur les Confessions de J.-J. Rousseau, sur le caractère et le génie de cet écrivain, sur les causes et l'étendue de son influence sur l'opinion publique, enfin sur quelques principes de ses ouvrages. *Genève, et Paris*, 1783, in-12.

Extrait du Journal encyclopédique.
J. Chas a publié contre cet écrit : J.-J. Rousseau

justifié, ou Réponse à M. Servan. (Neufchâtel, 1784, in-12).

OUVRAGES HISTORIQUES.

— * Correspondance entre quelques hommes honnêtes, ou Lettres philosophiques, politiques et critiques sur les événements et les ouvrages du temps, par un homme désintéressé, à l'usage de tous les amis de la raison et de la vérité. *Lausanne, et Paris, Pougens*, 1794 et 1795, 3 vol. in-8.

Avec Ph.-Jacq.-Et.-V. Guilbert, de Rouen.

Toutes les lettres du *Correspondant suisse* sont de Servan.

— Discours du citoyen Servan, professeur d'Histoire. In-8 de 8 pag.

L'ancien avocat-général fournit ce discours à son second frère, prêtre, qui accepta momentanément l'emploi de professeur d'Histoire à l'École centrale de Lyon.

— * Oraison funèbre de Charles-Emmanuel III, roi de Sardaigne. Par M...., vicaire de Chambéri en Savoye. *Chambéri*, 1773; *Hambourg*, 1774, in-8.

Le cardinal Maury croit ce morceau digne d'être inséré dans un Répertoire des plus beaux sermons composés par nos orateurs du second rang. Voyez le détail de cet intéressant projet dans l'Essai sur l'éloquence de la chaire, tom. II, pag. 44 et suiv.

Cette Oraison funèbre est attribuée à Servan; d'une autre part, Denina a dit à Barbier que le baron de Patono (voy. ce nom) avait été considéré comme son auteur.

— * Recueil de pièces intéressantes pour servir à l'histoire de la révolution de 1789 en France..... 2 vol. in-12.

Ouvrage cité par Barbier sous le n° 15516 de ses Anonymes, et par plusieurs biographes.

OEUVRES.

— OEuvres diverses. *Lyon*, 1774, 2 vol. in-12.

Ces deux volumes ne renferment que quelques-uns des premiers ouvrages de l'auteur.

— OEuvres choisies, partie du barreau. Nouv. édition. *Limoges, Bargeas*, 1818, 2 vol. in-8.

Ces deux volumes contiennent, savoir : Tom. Ier, 1° Discours sur l'administration de la justice criminelle; — 2° Discours prononcé dans la cause d'une femme protestante; — 3° Discours prononcé sur une déclaration de grossesse; — 4° Discours prononcé dans la cause de M. le comte de*** et de la demoiselle***, chanteuse de l'Opéra. Tom. II. — 5° Mémoire pour la veuve Gaine; — 6° Discours sur les mœurs; — 7° Réflexions sur un événement important; — 8° Discours sur l'état actuel des connaissances humaines en général, et sur celui de la morale et de la législation en particulier; — 9° Réflexions sur les Confessions de J. J. Rousseau.

Cette édition a été réimprimée l'année suivante à Liége, chez Collardin, 2 vol. in-8.

— OEuvres choisies. Nouv. édit., augmentée de plusieurs pièces inédites, avec des observations et une Notice historique (sur la vie et les ouvrages de Servan, avec des pièces justificatives), par M. X. de Portets. *Paris, de l'imp. de J. Didot l'aîné. — rue du Pot-de-Fer*, n° 8, 1825, 3 vol. — Choix des OEuvres inédites de Servan. *Paris, de l'imp. de J. Didot l'aîné. — rue du Pot-de-Fer*, 1825, 2 vol. En tout 5 vol. in-8, 35 fr.

Il y a des exemplaires dont les titres des deux premiers volumes portent la date de 1822.

On a reproché à l'éditeur, et avec juste raison, d'avoir tronqué plusieurs ouvrages de Servan : en se rendant l'éditeur des OEuvres de ce courageux magistrat, M. de Portets ne pouvait faire autrement.

Les trois premiers volumes renferment plus d'ouvrages que les deux publiés en 1819. Quant au *Choix d'OEuvres inédites*, il est composé des ouvrages dont suivent les titres : Tom. Ier, 1° *De l'Influence de la philosophie sur la législation criminelle*, traité en plus de 80 paragraphes; — 2° *Commentaires sur les deux premiers livres des Essais de Montaigne*; Tom. II, 3° — *Des Révolutions dans les grandes sociétés civiles, considérées dans leur rapport avec l'ordre général*, traité divisé en deux parties; — 4° *Extrait d'un portefeuille*; *Pensées diverses* (par ordre alphabétique de sujets.)

La Notice de M. X. de Portets, en tête du premier volume de la collection, remplit 160 pages. Il en a été tiré des exemplaires à part. « Cette Notice est « écrite avec une élégance remarquable, mais dont « la couleur eût convenu beaucoup mieux à un mem« bre défunt de la feue Société royale des bonnes« lettres, et qui semble avoir été plutôt redigée pour « montrer que son auteur avait de la littérature, que « pour raconter la vie de Servan. Entre les digres« sions qui y fourmillent, celle où le biographe « (pag. 154) arrive de note en note à la coupole « de Sainte-Geneviève, peinte par M. Gros, à « propos des écrits de Servan sur le *magnétisme ani« mal*, n'est pas la moins singulière ni la moins « habilement écrite. »

On a dû trouver parmi les manuscrits de C. Jordan un Éloge de Servan, dans lequel le caractère et les écrits de cet homme distingué doivent être présentés sous un jour bien différent; du moins est-il certain que Camille Jordan, ayant composé un éloge de Servan, qu'il se proposait de faire imprimer, fit, au préalable, et sous l'Empire, un voyage à Grenoble, dans le but de recueillir de ceux qui avaient connu Servan quelques particularités qui auraient pu lui échapper sur notre publiciste célèbre, et qu'il lut à la Société des sciences de Grenoble l'éloge dont il était l'auteur. Cam. Jordan le mit en relation avec M. Pison de Galland (voy. ce nom), qui, en 1772, avait été l'adversaire de Servan dans l'affaire de la chanteuse Bon, contre le comte de Suze, affaire qui fut cause que Servan se démit de sa charge d'avocat général. M. Pison de Galland avait connu très-particulièrement notre avocat général, et put fournir à son apologiste des renseignements précis sur sa vie.

SERVAN (Joseph), frère du précédent, ministre de la guerre sous Louis XVI (en 1792), et, peu de temps après, général en chef des armées de la république, inspecteur général des troupes stationnées dans le midi, en 1799, etc.; né à Romans, en Dauphiné, le 12 février 1741, mort en 1808.

— Histoire des guerres des Gaulois et des Français en Italie, avec le tableau des événements civils et militaires qui les accompagnèrent, et leur influence sur la civilisation et les progrès de l'esprit humain, depuis Bellovèse jusqu'à la mort de Louis XII, par JUBÉ..., et depuis Louis XII jusqu'au traité d'Amiens, en 1802, par SERVAN. Dédiée à S. M. l'Empereur et Roi. *Paris, Bernard*, 1805, 7 vol. in-8, avec Atlas in-fol. de 12 cartes et de 2 vues, et le portrait de Napoléon, dessiné par Isabey, gravé par Alex. Tardieu : 65 fr. sans l'Atlas ; avec l'Atlas 67 fr. ; sur papier vélin 130 fr. ; papier vélin, et l'Atlas sur colombier vélin, 150 fr.

Jubé, baron de La Perelle, est auteur du premier volume, qui contient les guerres depuis l'irruption de Bellovèse, chef des Gaulois, en Italie, l'an 591 avant J. C., jusqu'à 1515, époque de la mort de Louis XII. Le général Servan est auteur des six autres volumes.

Il a été fait un tirage à part des six derniers volumes, avec des titres particuliers qui portent : *Histoire des guerres des Français en Italie, etc.* Paris, 1805, 6 vol. in-12, accompagnés de 4 cartes, qui offrent le théâtre de la guerre pendant cet espace de temps, 15 fr.

— * Notes sur les Mémoires du général Dumouriez, et sa Correspondance avec le général Miranda. *Paris*, 1795, in-8.

— * Projet d'une constitution pour l'armée des Français. *Paris*, 1789, in-8.

Avec M. Lacuée de Cessac.

— * Soldat (le) citoyen, ou Vues patriotiques sur la manière la plus avantageuse de pourvoir à la défense du royaume. *Paris, Esprit*, 1781, in-8.

Barbier cite une édition de Neufchâtel, 1780, in-8.

— Supplément à l'Art militaire de l'Encyclopédie méthodique. *Paris, Agasse*, 1802, in-4.

Le général Servan a fourni plusieurs articles à cette partie de l'Encyclopédie méthodique dont s'était chargé M. Lacuée de Cessac, et il l'a terminée.

— Tableau historique de la guerre de la révolution de France, etc. (1808). Voy. GRIMOARD.

Jos. Servan est mort laissant la réputation d'un homme de bien, d'un administrateur habile, et d'un général médiocre.

SERVAN (Félix). — Chant (le) de l'âme. *Paris, Vimont*, 1833, in-18, 4 fr.

Recueil de pièces de vers.

— Claudia, ou les Prières d'une jeune fille. *Paris, Vimont*, 1833, in-8, 7 fr. 50 c.

— Maria Joubert, ou les Chagrins d'une jeune mariée. *Paris, Roux*, 1836, 2 vol. in-8, 15 fr.

— Sans cela ! elle serait ma femme. *Paris, Roux*, 1835, 2 vol. in-8, avec 2 gravures, 15 fr.

SERVAN DE SUGNY (Pierre-Marie-François (1)), littérateur, avocat à la cour royale de Lyon, et que la Biographie des hommes vivants, de Michaud, présente comme parent de l'avocat général Servan ; membre du Cercle littéraire et de l'Académie de Lyon, et de la Société philotechnique de Paris ; né à Lyon, le 25 décembre 1796 (et non vers 1790, comme le disent quelques biographies), suicidé près d'Orléans, le 12 (ou le 20) octobre 1831.

— Almanach des Muses latines. *Grenoble, de l'impr. de David. — Paris, Audin, et Lyon, l'Auteur*, 1817. — Deuxième année. *Paris, Audin*, 1818, in-12 : en tout 2 vol., 5 fr.

Recueil de vers latins envoyés à l'éditeur par plusieurs auteurs. Servan de Sugny y a pourtant fourni plusieurs pièces.

— Chaumière (la) d'Oullins. *Paris, Urbain Canel ; Lavavasseur*, 1830, in-8, 6 fr.

Roman moral, que le vicaire de Goldsmith a inspiré.

— Clovis à Tolbiac, tableau historique en deux parties et en vers. *Paris, J. Pinard*, 1830, in-8 de 30 pag.

Cet opuscule, tiré à 100 exemplaires seulement, n'a pas été mis dans le commerce.

— Discours en vers sur la culture des lettres en province, lu à l'Académie de Lyon.... .

Cité par M. Alph. de Boissieu dans son Éloge de Servan de Sugny, pag. 16.

— Famille (la) grecque, ou l'Affranchissement de la Grèce, poëme dialogué, suivi de Poésies diverses. *Paris, de l'impr. de Crapelet. — Ét. Cabin*, 1824, in-18, 3 fr.

On trouve dans ce volume des fragments d'une tragédie inédite.

— Idylles de Théocrite, traduites en vers français, précédées d'un Essai sur les poëtes bucoliques (1822). Voy. THÉOCRITE.

— * Neveu (le) du chanoine, ou Confessions de l'abbé Guignard, écrites par lui-même. *Paris, Werdet ; veuve Charles-Béchet*, 1831, 4 vol. in-12, 12 fr.

— Noces (les) de Pelée et Thétis, poëme de Catulle, traduit en vers français (1829). Voy. CATULLE.

(1) Ces prénoms nous ont été communiqués par M. Beuchot, lié d'amitié avec Servan de Sugny, et de qui, nous avons tout lieu de le croire, M. Beuchot les tenait : pourtant M. Alph. de Boissieu, dans son Éloge de Servan de Sugny (Lyon, mars 1832, in-8 de 20 pag.), lui donne les prénoms de *Jules-François*, et MM. B. et P. dans leur « Nécrologe lyonnais, 1826—1835, ceux de *Pierre-François-Jules*.

— Prologue pour l'ouverture de la nouvelle salle du grand théâtre de Lyon. *Lyon, de l'impr. de Boursy*, 1831, in-8 de 4 pag.
— Réveil (le) de la liberté, ode dédiée aux Polonais. *Paris, Riga; Werdet*, 1831, in-8 de 16 pag.
— Satires contemporaines et Mélanges. *Paris, mad. Charles-Béchet; Werdet; Lecointe et Pougin*, 1832, in-8, 6 fr.
— Suicide (le). *Paris, mad. Charles-Béchet; Werdet*, 1832, in-8, 6 fr.

Ouvrage posthume, précédé d'une Notice sur la vie et les ouvrages de l'auteur, par M. BIGNAN. Nous avons déjà cité un Éloge de Servan de Sugny, par M. Alph. de BOISSIEU.

On a en outre de Servan de Sugny quelques plaidoyers et de nombreux *articles* sur des questions philologiques et scientifiques dans le Mercure, les Revues encyclopédique et britanique, la Gazette universelle de Lyon, et les Archives du département du Rhône.

SERVAN DE SUGNY (Édouard). — Pays (le) de Gex. Croquis poétique. *Lyon, de l'impr. de Rossary*, 1836, in-8 de 16 pages.

Nous connaissons encore de cet écrivain une *Ode au roi sur la bonté, la sagesse et la fermeté qui ont inspiré le discours prononcé par S. M. à l'ouverture de la session de* 1816, imprimée à Lyon en 1817 avec deux autres odes sur le même sujet, par MM. Gonod et Bendu (in-8 de 32 pag.).

SERVANDONI (Jean-Nicolas), habile architecte, peintre et architecte ordinaire du roi Louis XV, et membre de l'Académie royale de peinture et de sculpture, premier architecte et décorateur de l'électeur de Saxe, roi de Pologne; né à Florence, le 2 mai 1695; il vint en France en 1724; son habileté le fit admettre, dès le 26 mai 1737, à l'Académie de peinture et de sculpture. Servandoni est mort le 19 janvier 1766.
— Chute (la) des anges rebelles, pantomime. *Paris*, 1758, in-12.
— Conquête (la) du Mogol par Thamas Koulikan. *Paris, J. Chardon*, 1756, in-8.
— Constance (la) couronnée, pantom. *Paris, Delormel*, 1757, in-8.
— Descente (la) d'Enée aux enfers, pantomime. *Paris, veuve Pissot*, 1740, in-8.
— Description du nouveau spectacle donné sur le grand théâtre des Tuileries, le 31 mars 1754, etc. *Paris, Ballard*, 1754, in-4.
— Forêt (la) enchantée, pantomime. *Paris, Ballard*, 1754, in-8.
— Leandre et Héro, pantomime. *Paris, veuve Pissot*, 1742, in-8.
— Pandore, pantomime. *Paris, Pissot*, 1739, in-8.
— Travaux (les) d'Ulysse, pantomime. *Paris, veuve Pissot*, 1741, in-8.
— Triomphe (le) de l'amour conjugal, pantom. *Paris, Ballard*, 1755, in-8.

Ce ne sont point des pièces, à proprement parler, que nous venons de citer, mais des programmes des spectacles de décorations et machines faits par Servandoni pour le théâtre des Tuileries; ces sortes de représentations, pour lesquelles Servandoni excellait, avaient lieu pendant les trois semaines où les spectacles étaient fermés.

SERVANT, grammairien; né, en 1740, à Orléans, où il est mort, le 25 février 1767.
— France (la) sauvée, ou le Siége d'Orléans levé, épître; suivie d'une autre sur le bon usage de la poésie, et d'une ode tirée du psaume *Miserere. Orléans, le Gal, et Paris, le Jay*, 1772, in-8.

La première épître est adressée à M. J. du Coudray, et la seconde à l'abbé Reyrac, auteur de l'Hymne au Soleil. Les pièces qui composent ce volume avaient été d'abord imprimées séparément.

SERVANT. — Corbeaux (les) accusateurs, ou la Forêt de Cercottes, mélodrame (1816). Voy. CAIGNEZ.

SERVANT BEAUVAIS (l'abbé), professeur de l'Université.
— Manuel classique de philosophie. *Paris, Papinot; Maire-Nyon*, 1831, in-8, 7 fr. 50 c.
— Sec. édit., augm. d'un nouveau programme de l'Académie de Paris, et de toutes les réponses exigées pour le baccalauréat. *Paris, Papinot; Maire-Nyon*, 1833, in-8, 6 fr.

SERVATIUS (le colonel Mathias), chef de bataillon à la fin de l'Empire, et après la révolution de 1830, à laquelle il prit une part active, d'abord commandant de la 4e légion de gendarmerie, à Caen; ensuite commandant de la 24e légion, à Arras en 1833, colonel; membre de plusieurs académies; né le 9 juillet 1791, à Paris, d'un père banquier dans cette ville, en 1794 et 1795.
— Coup-d'œil sur le recrutement et le remplacement dans l'armée. *Douai, de l'impr. de Wagrez aîné*, 1836, in-8 de 144 p.
— Réfutation des principes posés par M. le comte Aymeric de Narbonne, dans sa lettre à M. le président de la cour d'assises, au sujet des fonctions de juré. *Arras, de l'impr. de Thierry*, 1835, in-8 de 20 pag.

MM. Sarrut et Saint-Edme dans leur « Biographie des hommes du jour » ont, tom. II, 2e part. pag. 109, consacré une Notice à ce brave officier.

SERVEZ (Claude). — Explication de l'ordonnance de 1747, concernant les substitutions. *Avignon*, 1748, in-12.

Il existe une édition postérieure in-8.

SERVIER (Félicité). — Bienfaisance (de la), mémoire par mademoiselle Félicité SERVIER, de La Ferté-Loupière (Yonne); suivi de la Bienfaisance, mémoire de Louis VERROLLOT, cultivateur, et de l'analyse et extrait des deux Mémoires qui ont mérité une mention honorable. *Auxerre, de l'impr. de Gallot-Fournier*, 1832, in-4 de 48 pag.

SERVIÈRE. — Causes (des) de ma ruine, ou Historique de mes rapports avec M. E. Gaussart, mon associé, négociant à Oges, canton d'Avize, arrondissement d'Epernay. *Paris, de l'impr. de Bellemain*, 1829, in-4 de 60 pag.

Voy. aussi LA SERVIÈRE.

SERVIÈRES (le baron de), officier au régiment d'Orléans Cavalerie, correspondant de l'ancienne Société royale des sciences de Montpellier, et de celle d'agriculture de Paris, corresp. associé de la Société patriot. de Hesse-Hombourg, membre de la Société royale patriotique de Suède.

—Observations sur le thermomètre. *Vesoul*, 1777.

— Preuve de cette vérité peu connue et à laquelle on n'a pas fait assez d'attention : que les extrêmes produisent souvent le même effet. *Vesoul*, 1777.

Il a donné divers mémoires à la collection de l'ancienne Académie d'agriculture de Paris.

Nous ne savons d'après quelle autorité les rédacteurs du Catalogue manuscrit de la bibliothèque du roi ont attribué au baron de Servières l'ouvrage intitulé :

Mémoires pour servir à l'histoire de M. de Voltaire; dans lesquels on trouvera divers écrits de lui, peu connus, sur ses différends avec J.-J. Rousseau et d'autres gens de lettres; un grand nombre d'anecdotes et une Notice critique de ses pièces de théâtre. Amsterdam, 1785, 2 parties in-12.

Barbier qui, sous le n° 11,746 de ses anonymes, nous fait connaître Chaudon comme réviseur de cet ouvrage, n'en nomme pas l'auteur.

SERVIÈRES (Joseph), auteur dramatique, d'abord attaché à Lucien Bonaparte, en Italie, ensuite employé au trésor public, enfin conseiller-référendaire à la Cour des comptes, depuis le 8 septembre 1818; né à Figeac, le 20 juillet 1781, mort à Paris, le 2 février 1826.

— Alphonsine, ou la Tendresse maternelle, mélodrame en 3 actes et en prose (tiré du roman de mad. de Genlis). *Paris, Fages*, 1806, in-8.

Avec M. Dumersan.

— Arlequin double, vaudeville en un acte et en prose. *Paris, Barba*, 1807, in-8.

Avec Désaugiers.

— Belle (la) Milanaise, ou la Fille femme, page et soldat, mélodrame en 3 actes, à grand spectacle, orné de chants, combats, évolutions militaires, pantomimes, etc. *Paris, Fages*, an XII (1804), in-8.

Avec M. Lafortelle.

— Bombarde, ou les Marchands de chansons, parodie d'Ossian, ou les Bardes, mélodrame lyrique en 5 actes. *Paris, madame Cavanagh*, an XII (1804), in-8, 1 fr.

Avec Daudet et Léger.

— Bouquet (le) de pensées pour l'an X. *Paris, Roux*, an X (1802), in-18, fig., 1 fr. 20 c.

— Brisquet et Jolicœur, comédie-vaudeville en un acte. *Paris, mad. Cavanagh*, 1804, in-8.

Avec Dumaniant.

— Charbonniers (les) de la forêt Noire, comédie en 3 actes, mêlée de vaudevilles. *Paris, madame Cavanagh*, an XII (1804), in-8, 75 c.

Avec MM. Sewrin et Lafortelle.

— Dansomane (le) de la rue Quincampoix, ou le Bal interrompu, folie-vaudeville en un acte, en prose. *Paris, mad. Masson*, 1804, in-8, 1 fr.

Avec **** (M. Moreau).

— Dieux (les) à Tivoli, ou l'Ascension de l'Olympe, folie non fastueuse, arlequinade, impromptu, en un acte et en vaudevilles. *Paris, Chollet*, an VIII (1800), in-8, 1 fr. 50 c.

Avec MM. Étienne, Morel et Francis (d'Allarde).

— Drelindindin, ou le Carillonneur de la Samaritaine, parade en un acte, mêlée de vaudevilles. *Paris, Barba*, an XI (1802), ou an XII (1804), in-8.

Avec C. Henrion.

— Fanchon la vielleuse de retour dans ses montagnes, comédie en 3 actes, mêlée de vaudevilles. *Paris, Roux*, an XI (1803), in-8.

Avec J. Aude.

— Fontenelle, comédie-anecdote en un acte

et en prose, mêlée de vaudevilles. *Paris*, *mad. Masson*, an XI (1803), in-8.

Avec M. Petit aîné.

— Jean-Bart, comédie historique en un acte et en prose, mêlée de vaudevilles. *Paris*, *mad. Cavanagh*, an XII (1804), in-8, 75 c.

Avec MM. Ligier et Geo. Duval.

— Jeanneton colère, vaudeville grivois, en un acte et en vaudevilles. *Paris*, *mad. Masson*, 1804, in-8, 1 fr. 20 c.

Avec M. Georges Duval.

— Jocrisse suicide, drame tragi-comique, en un acte et en prose. *Paris*, *mad. Masson*, an XII (1804), in-8, 1 fr. 20 c.

Avec Sidony.

— Madame Scarron, vaudeville en un acte. *Paris*, *Barba*, 1806, in-8.

Avec Désaugiers.

— Manon la ravaudeuse, comédie en un acte et en prose, mêlée de vaudevilles. *Paris*, *madame Cavanagh*, an XI (1803), in-8.

Avec MM. Désaugiers et C. Henrion.

— Martingale (la), ou le Secret de gagner au jeu, arlequinade-vaudeville, en un acte et en prose. *Paris*, *Roux*, an IX (1801), in-8.

Avec MM. Francis (Allarde) et Belurgey.

— Monsieur Botte, ou le Négociant anglais, comédie en 3 actes et en prose, imitée du roman de Pigault-Lebrun. *Paris*, *Barba*, 1803, in-8, 1 fr.

Avec M. Ernest (Clonard). Nous avons entendu dire que le collaborateur de Servières pour cette pièce, qui s'était caché sous le nom d'Ernest, était M. Grille, anc. chef de division à l'Intérieur.

— Nouvelles (les) Métamorphoses, vaudeville en un acte et en prose. *Paris*, *mad. Masson*, 1805, in-8, 1 f.

Avec M. Coupart.

— Père (le) malgré lui, vaudeville en un acte et en prose. *Paris*, *Roux*, an IX (1801), in-8.

Avec R. Philidor (Rochelle).

— Pièce (la) qui n'en est pas une, dialogue analogue aux prologue et épilogue. *Paris*, *Roux*, an IX (1801), in-8, 1 fr.

Avec MM. George Duval et Bonel.

— Rembrandt, ou la Vente après décès, vaudeville anecdotique en un acte. *Paris*, *au mag. de pièces de théâtre* (*Chollet*), an IX (1801), in-8, 1 fr. 20 c.

Avec MM. Étienne, Morel et Moras.

— Télégraphe (le) d'amour, comédie en un acte (en prose, mêlée de vaudevilles). *Paris*, *Petit*, an IX (1801), in-8.

Avec M. C. Henrion.

— Toujours le même, vaudeville en un acte. *Paris*, *mad. Cavanagh*, 1804, in-8, 1 fr.

Avec M. Coupart.

— Un quart d'heure d'un sage, comédie en un acte, mêlée de vaudevilles. *Paris*, *mad. Cavanagh*, 1804, in-8.

Avec F. P. A. Léger.

Servières est encore l'un des neuf auteurs de *Monsieur Girafe, ou la Mort de l'ours blanc*, vaudeville en un acte, impr. sous le nom de M. Bernard, de la rue aux Ours (1807, in-8).

On attribue aussi à Servières : *l'Amant comédien*, et *les Trois n'en font qu'un* : nous ignorons, dit M. Mahul, dans son Annuaire nécrologique, ann. 1827, si ce sont là des seconds titres des pièces déjà indiquées, ou plutôt de pièces représentées et non imprimées. On lui attribue encore un écrit intitulé : *Revue des théâtres*. Plusieurs chansons, tirées de ses vaudevilles, se trouvent dispersées dans les chansonniers les plus répandus, tels que le Chansonnier français, celui des Demoiselles.

SERVIEZ (Jacques ROZEGAS DE), historien, chevalier des ordres de S. Lazare et du Mont-Carmel ; né en 1679, à Saint-Gervais, diocèse de Castries. Ses premières études furent dirigées par le célèbre Percin de Montgaillard, son parent, évêque de Saint-Pons, et c'est à la Faculté de Montpellier qu'il fit ses cours de droit ; après les avoir terminés, il visita l'Italie, et demeura quelque temps à Rome, où il plaida dans le sacré collége la cause d'une religieuse qui réclamait la rupture de ses vœux : le plaidoyer du jeune docteur fut couronné par le succès. De retour en France, Jacques de Serviez se livra tout entier à la culture des lettres. Il est mort à Paris, le 18 janvier 1727.

—* Caprice (le), ou les Effets de la fortune. *Genève*, 1724, in-12.

— Hommes (les) illustres du Languedoc. Tom. 1er. *Béziers*, 1723, in-12.

Ce volume est le seul qui ait paru.

— Impératrices (les) romaines, ou Histoire de la vie et des intrigues secrètes des femmes des douze Césars, de celles des empereurs romains et des princesses de leur sang. *Paris*, *Delaunay*, 1718 ; *Paris*, *S. Ravenel*, 1728 ; *Paris*, *Legras*, 1744 ; et *Paris*, *Prault*, 1758, 3 vol. in-12.

La première édition porte pour titre : *Les Femmes des douze Césars*.

Le régent honorait Jacq. de Serviez de sa bienveillance ; il accepta la dédicace de son livre « qui, « suivant Lenglet-Dufresnoy, est curieux, bien écrit,

« et dont les faits sont puisés aux sources les plus respectables. »

L'édition de 1728 paraît être la troisième : elle fut faite d'après les matériaux que l'auteur, mort l'année précédente, avait laissés.

Indépendamment des quatre éditions de ce livre que nous citons, il en a été fait une autre à Amsterdam qui porte pour titre : *Vies et intrigues secrètes des impératrices et des femmes des douze Césars*, 1722, 3 vol. in-12, et 2 vol. in-8 ; et plus tard une autre qui est présentée comme la quatrième édition.

Jacq. de Serviez paraît avoir composé une *Histoire du brave Crillon* qu'une note manuscrite nous présente comme ayant été imprimée à Béziers, dans le format in-12; mais la Biographie universelle dit qu'elle est restée inédite ; il en est vraisemblablement ainsi d'une *Vie de Battori, roi de Pologne*, que la note dont nous venons de parler, dit avoir été également imprimée à Beziers, in-12

Paulmy attribue, par erreur, à Jacq. de Serviez « l'Histoire secrète des femmes galantes de l'antiquité. » Ce livre qui a pour auteur F.-N. Dubois, avocat à Rouen, donna lieu à une épigramme de l'abbé Yart, que nous avons rapportée à l'article de Dubois.

On peut consulter, pour plus de détails, la Notice sur Serviez, dans les Siècles littéraires de Desessarts, tom. VI, 113-116, et la Lettre aux rédacteurs de la Décade, n° du 20 ventôse an IX, et encore le Magasin encyclopédique, VI année, tom. V, 390-93.

SERVIEZ (Emmanuel-Gervais Roergas de), petit-fils du précédent, né à Saint-Gervais, le 27 février 1755, entra au service en 1772 dans le régiment de Royal-Roussillon, comme sous-lieutenant, et non point comme soldat, ainsi que le dit par erreur la Biographie du général Beauvais. Lieutenant-colonel au même corps lorsque la révolution éclata, Serviez ne quitta point le service; il fut élevé par la suite au grade de colonel, et plus tard à celui de général de brigade. Il fit avec honneur les campagnes d'Italie et fut gouverneur de Crémone. Des infirmités, conséquences inévitables de la carrière des armes, l'obligèrent, après le traité de Campo-Formio, à accepter des fonctions civiles, celles de préfet des Basses-Pyrénées, qu'il remplit jusqu'en 1802; il fut appelé alors à faire partie du Corps législatif, où il prononça dans la session de l'an XI (1803), un discours remarquable et propre à faire sentir les bienfaits de l'institution de l'ordre de la Légion d'honneur, dont la création rencontrait une vive opposition de la part des exaltés du parti démocratique. Le général Serviez est mort à Paris, le 18 octobre 1804. Il a laissé plusieurs écrits qui font honneur à sa plume, à ses talents administratifs et à son caractère. En voici la nomenclature :

— Adresse aux soldats français, pour les exhorter à la discipline militaire. 1790.

— Causes de la décadence du bon esprit militaire; projet de constitution pour le rétablir. 1789.

— Lettre contre le système allemand qu'on veut introduire dans les troupes françaises. 1788.

Contre un système du comte de Saint-Germain, alors ministre de la guerre.

— Mémoire pour l'armée, présenté aux États-Généraux. 1789.

— Mémoire sur l'agriculture, et spécialement sur le défrichement projeté de la lande dite Pontlong, dans le département des Basses-Pyrénées, pour servir de réponse aux articles du conseil général de ce département qui le combattent. *Pau*, 1803, in-8.

Les habitants de la ville de Pau, en reconnaissance d'une administration aussi éclairée que paternelle qui avait assuré de grands avantages au département et procuré au chef-lieu en particulier des embellissements remarquables, ont donné à une rue et à un pont de leur cité le nom du général Serviez.

— Mémoire sur les hôpitaux. 1793, in-8.

— Observations sur la nouvelle formation. 1791.

— Observations sur le projet de prendre les adjudants parmi les officiers. 1790.

— Observations sur les causes des mouvements arrivés dans plusieurs régiments et moyens de les prévenir. 1790.

— * Précis historique du blocus de Landau, avec les détails de tous les événements dont cette commune a été le théâtre, par un témoin oculaire. *Gertruydemberg*, 1802, in-8.

Ouvrage que, sous le n° 14,576 de ses anonymes, Barbier attribue au général Serviez ; mais il est fort douteux que ce général en soit l'auteur.

— * Prémices (les) d'Annette. *Paris*, 1791, 1792, in-12; 1796, in-18.

La troisième édition de ce roman porte le nom de son auteur.

— Statistique du département des Basses-Pyrénées. *Pau*, 1802, in-8.

SERVIEZ (Alfred-Emmanuel Roergas de), petit-fils du précédent, littérateur; né à Paris, en 1807.

— *Aide de camp (l'), ou l'Auteur inconnu. Souvenirs des deux mondes. *Paris*, *Dufey et Vézard*, 1832, in-8, 7 fr. 50 c.

Publié sous le pseudonyme de Maurice de Viarz.

Ce livre renferme sous forme de Mémoires, la relation des divers faits du règne de Napoléon, mais plus particulièrement pendant la guerre d'Espagne, en 1808 ; et l'Histoire de la guerre de l'indépendance colombienne, à partir de l'insurrection de Caracas, en 1810, jusqu'à l'affranchissement du Pérou, en 1823.

Peu d'ouvrages offrent, sur les mœurs et la statistique de la Colombie, des détails aussi curieux et aussi variés.

— Démon (le) du Midi, chronique espagnole. *Paris*, *Lachapelle*, 1836, 2 vol. in-8, 15 fr.

Sombre tableau des troubles de Flandre, et de la fin tragique de don Carlos, infant d'Espagne.

— * Neuf jours d'hymen, ou la Cour en 1610. Par l'auteur de « l'Aide-de-camp. » *Paris*, *Lachapelle*, 1834, 2 vol. in-8, 15 fr.

Roman dont les faits historiques se rapportent aux derniers jours du règne d'Henri IV.

SERVILLE (J.-G. Audinet), l'un des auteurs de la Faune française (1821). Voy. ce titre aux Ouvrages anonymes.

SERVIN (Antoine-Nicolas), avocat au parlement de Rouen; né à Dieppe, le 14 août 1746, mort à Rouen, le 30 mai 1811.

— *Histoire de la ville de Rouen, suivie d'un Essai sur la Normandie littéraire, par M. S***. *Rouen*, *Leboucher*, 1775, 2 vol. in-12.

Servin avait un esprit plus propre aux matières de jurisprudence qu'au genre historique. Son *Histoire de Normandie* est une production estimable et qu'on lit avec intérêt, mais ce n'est pas la meilleure de l'auteur.

— * Législation (de la) criminelle, par Servin; Mémoire fini en 1778 avec des Considérations générales sur les lois et sur les tribunaux de judicature, par Isselin. *Bâle*, 1782, in-8.

L'impression de cet ouvrage ne fut point permise en France. Ayant été défendue en 1778, elle le fut de nouveau en novembre 1783. Cet ouvrage abonde en idées neuves sur la législation criminelle. Le jurisconsulte y combat l'usage trop fréquent de la peine capitale; il y plaide la cause de l'humanité et marche partout précédé du flambeau d'une sage philosophie. Les articles où il traite de l'inceste, des délits contre nature, de désertion, etc., suffisent seuls pour instruire des motifs qui firent interdire l'impression de cet ouvrage aussi bien que son introduction en France, après qu'il eut été imprimé chez l'étranger.

Le livre de Servin peut se lire avec intérêt, même après ceux de Beccaria et de Filangieri.

— * Manuel de jurisprudence naturelle, ou Exposition des lois naturelles qui statuent sur les engagements civils, de particulier à particulier, dans toute société. *Paris*, *Durand neveu*, 1784, in-12.

SERVOIS (F.-J.), professeur de mathématiques aux écoles d'artillerie.

— Solutions peu connues de différents problèmes de géométrie pratique pour servir de supplément aux traités de cette science. *Metz*, *et Paris*, (* *Bachelier*), 1805, in-8, 2 fr. 50 c.

SERVOIS (l'abbé Jean-Pierre), vicaire-général du diocèse de Cambrai, anc. prêtre constitutionnel de Paris, et ancien employé dans l'administration de l'enregistrement et des domaines; l'un des fondateurs de la Société d'émulation de Cambrai, membre de la Société des antiquaires de France, de la Société de géographie de Paris, etc.; né à Coisne-sur-Loire (alors du diocèse d'Auxerre), le 8 août 1764, mort à Cambrai, le 6 juin 1831.

— * Calendrier (nouv.) perpétuel. *Saint-Quentin*, *et Paris*, *Bance*, 1814, in-plano, 50 cent.

— Dissertation sur le lieu où s'est opérée la transfiguration de notre Seigneur, lue à la Société d'émulation de Cambrai, qui en a ordonné l'impression dans ses Mémoires, le 8 août 1829. *Cambrai*, *de l'impr. d'Hurez*, 1830, in-8 de 16 pag.

L'abbé Servois prétend que c'est sur le Liban et non sur le Thabor.

— Notice sur la vie et les ouvrages du docteur Samuel Johnson. *Cambrai*, *Hurez*, 1823, in-8 de 126 pag.

— Observations sur le soleil d'or offert par Fénélon à l'église métropolitaine de Cambrai; lues à la Société d'émulation de cette ville, le 5 décembre 1816 (et autres pièces). *Cambrai*, *de l'impr. de Hurez*, 1817, in-8 de 48 pag.

Extr. des Mém. de la Société de Cambrai.

Un anonyme (l'abbé Gosselin) a refuté cet écrit, sous le titre suivant:

Dissertation sur l'ostensoir d'or offert par Fénélon à son église métropolitaine, pour servir de supplément aux différentes histoires de Fénélon. Paris, Ferra jeune; Adr. Leclère, 1827, in-8 de 40 pag., avec une pl., 1 fr. 25.

L'auteur de cette réfutation établit, contre l'opinion de M. de Beausset et celle de M. Servois, que d'Alembert a eu raison de dire que, dans l'ostensoir donné par Fénélon, parmi les livres foulés aux pieds on lisait sur l'un d'eux: « Maximes des Saints. »

M. Henrion, dans son Annuaire biographique, dit que l'abbé Servois coopéra à la rédaction des Annales de la Religion, ou Mémoires pour servir à l'Histoire du XVIIIe siècle, par une société d'amis de la religion et de la paix, recueil publié par les prêtres constitutionnels, et qui parut de 1795 à 1803. Selon le biographe que nous venons de citer, l'abbé Servois aurait été même chargé de la rédaction de ce recueil après l'abbé Saint-Marc, et avant Pelat.

L'abbé Servois a fourni aux Mémoires de la Société d'émulation de Cambrai plusieurs morceaux, dont nous donnons ici l'indication: Des Spartiates anciens et modernes (extrait en grande partie du Voyage en Turquie, par Galt). (1821). — Observations de M. Antès sur la peste en Égypte, trad. de l'angl. (1822). — Rapport sur les deux concours d'éloquence (1823). — De l'empire de Maroc, et des princes qui l'ont gouverné jusqu'aujourd'hui; extrait d'un Voyage fait dans cette contrée par le docteur J. Buffa, médecin des troupes de S. M. B.; trad. de l'angl. (1825).

Cet ecclésiastique a laissé une traduction du *Code de Manou*, qu'il se disposait à publier au moment où la mort est venue le frapper.

Grégoire, ancien évêque de Blois, cite l'abbé Servois dans son compte rendu au concile national de 1797, comme ayant préparé une traduction de l'*Apologie de la Bible*, par Watson, évêque de Landaff, contre les objections de Payne; mais il est douteux que cette traduction ait vu le jour.

SESLER (le docteur Léon). Voy. V. DONATI.

SESMAISONS (le comte Claude-Louis-Gabriel-Donatien de), né le 23 décembre 1781, d'une famille noble et ancienne de Bretagne (1). Le comte de Sesmaisons fut fait à la Restauration, colonel chef d'état-major de la première division de la garde royale, officier de la Légion d'honneur, commandeur de l'ordre S.-Ferdinand, 2e classe, et gentilhomme de la chambre du roi. Par ordonnance de Louis XVIII, il fut substitué, en 1823, à la pairie du chancelier Dambray, dont il avait épousé la fille en 1805.

— * Crise (la) de l'Espagne, trad. de l'angl. (1823). Voy. MURRAY.

—Discours prononcé à la chambre des pairs dans la séance du 24 décembre 1831. *Paris, de l'impr. de Plassan*, 1832, in-8 de 32 p.

—* Mémoire sur la nécessité de rendre l'existence à un commerce de sel, nommé commerce de la troque. *Paris, de l'imp. de Porthmann*, 1814, in-4 de 24 pag.

Ce Mémoire n'a pas été destiné au commerce.

— Réflexions contre la compétence de la chambre des pairs, dans l'affaire d'avril 1834 : 1° Point de droit politique; 2° Justice et convenance. Impossibilité. Conclusion. Supplément. *Paris, de l'imp. de Béthune*, 1835, in-8 de 56 pag.

Cet écrit ne fut distribué qu'à messieurs les pairs.

— Réflexions sur la nécessité de protéger l'existence des salines de mer. *Paris, de l'imp. de Le Normant fils*, 1825, in-8 de 40 pag. — Note supplémentaire, etc. *Paris, de l'imp. de Tastu*, 1825, in-8 de 16 p.

— Réflexions sur l'esprit du projet de loi des élections, soumises à la chambre des pairs de France. *Paris, de l'imp. de Le Normant*, 1817, in-8 de 96 pag.

Imprimé à 50 exempl. seulement pour MM. les pairs.

— Réflexions sur le recrutement de l'armée. *Paris, de l'imp. de Le Normant*, 1818, in-8 de 44 pag.

— Serment (du) au souverain dans le royaume constitutionnel, et particulièrement dans cette occasion à Mgr. le duc d'Orléans, comme roi des Français. *Paris, de l'imp. de Tastu*, 1830, in-8 de 18 pag.

— Une révolution doit avoir un terme. *Paris, Le Normant*, 1816, in-8 de 100 p.

Réimpr. dans la même année.

« Rapporteur du conseil de guerre assemblé au mois de mai 1816, pour juger le contre-amiral Linois et l'adjudant commandant Boyer, il laissa à la discrétion du conseil l'application des lois pénales contre les crimes dont les accusés étaient prévenus. »

SESMAISONS (le comte Louis-Humbert de), cousin du précédent, inconnu avant la Restauration, en 1814, suivit le roi à Gand en 1815, rentra en France, et fut élu député de la Loire Inférieure au mois de septembre de la même année, mais ne fut point réélu à la chambre de 1816. M. de Courcelles, dans son « Histoire généal. et hérald. des pairs de France », nous apprend que le comte Humbert de Sesmaisons fut, peu de temps après, promu au grade de lieutenant-colonel de cavalerie, et fait chevalier de S.-Louis; il a été aussi renvoyé à la chambre des députés par le département de la Loire-Inférieure, vers 1820, et encore plus tard; il est mort en 1837 (2).

— * Champ (le) des martyrs. Par M. le comte H. de S. (En prose.) *Paris, Goujon*, 1826, in-12, 3 fr.

Ce petit ouvrage s'est vendu au profit du monument de Quiberon.

— Opinion (son) sur le projet de loi relatif aux salines de Vic. *Paris, de l'impr. d'Égron*, 1825, in-8 de 16 pag.

—Opinion de M. le comte H. de Sesmaisons, député du département de la Loire-Inférieure, dans la discussion générale sur la loi de la presse. *Paris, de l'impr. de Pihan-Delaforest*, 1827, in-8 de 20 pag.

— Opinion (son) sur la loi départementale (séance du 1er avril 1829). *Paris, de l'impr. de Tastu*, 1829, in-8 de 16 pag.

— Opinion (son) dans la discussion sur la dotation de la chambre des pairs, à l'article relatif à la transmission (séance du 23 avril

(1) Le père du comte de Sesmaisons, mort en 1804, en émigration, avait été promu, le 10 décembre 1797, au grade de maréchal des camps et armées du roi, à prendre rang du 1er mars 1793. Mort avant la Restauration, les Bourbons rejetèrent sur le fils les faveurs que le père s'était acquises dans l'armée des princes et dans celle de Condé.

(2) Le comte L.-H. de Sesmaisons était fils du vic. L.-H.-Ch.-Donatien de Sesmaisons, qui, en 1792, avait suivi les princes dans l'émigration, et qui, à la Restauration, fut fait lieutenant-général, et, en août 1823, gentilhomme de MONSIEUR, depuis Charles X.

1829). *Paris, de l'impr. de Tastu*, 1829, in-8 de 8 pag.

— Opinion (son) sur les traitements des préfets. Session de 1829, budget de 1830. *Paris, de l'imp. de Tastu*, 1829, in-8 de 8 pag.

— Rapport fait à la chambre des députés le 11 avril 1822, sur la pétition Douglas-Loveday. *Paris, Goujon*, 1822, in-8 de 32 p.

— Réflexions de M. de Sesmaisons sur la proposition de supprimer les conseils d'arrondissement faite par la commission chargée de l'examen du projet de loi départementale. *Paris, de l'impr. de Tastu*, 1829, in-8 de 28 pag.

— Réponse de M. de Sesmaisons à un écrit de M. Le Buhotel. *Cherbourg, de l'impr. de Boulanger*, 1834, in-4 de 24 pag.

Étranger aux nouvelles formes monarchiques, ennemi des libertés garanties par la charte, le comte H. de Sesmaisons fut constamment du parti qui s'efforçait de ravir à la nation ces débris des institutions nouvelles.

La Biogr. des hommes vivants de MM. Michaud dit que, dans les premières années de la Restauration, le comte H. de Sesmaisons fit imprimer, dans la Quotidienne, quelques articles sur *le 21 mars*, sur *l'anniversaire de la mort du duc d'Enghien*, et sur *la mort du prince de Condé*.

SESSEVAL (de), maître des eaux et forêts de Clermont en Beauvoisis.

— Examen de l'Essai sur l'aménagement des forêts de M. Pannelier d'Annel. *Paris, Lottin aîné*, 1779, in-8.

SESTINI (l'abbé Dominique), voyageur, naturaliste, archéologue et savant numismate toscan, membre de plusieurs académies d'Italie et d'Allemagne, correspondant de l'Institut de France (Académie des inscriptions et belles-lettres); mort en août 1832, âgé de 82 ans.

— Dissertation sur un vase antique de verre, trouvé dans un tombeau près de l'antique Populanie, traduite de l'ital. par C.-M. Grivaud de La Vincelle. *Paris*, 1813, in-8.

Extrait du Magasin encycl., XVIIIe année, 1813, tom. II, pag. 77 et suiv.

— Guide (le) du voyageur en Égypte, ou Description des végétaux et des minéraux qui existent en Égypte, trad. de l'italien; ouvrage pouvant faire suite au Voyage de Denon en Égypte. *Paris, Marchant*, 1803, in-8, 5 fr.

Les auteurs de la Biogr. univ. et portative des Contemporains présentent ce volume comme une reproduction, sous un nouveau titre, fort peu convenable, du *Voyage de Constantinople à Bassora en 1781, etc.*, trad. par le comte de Fleury. (Voy. plus bas).

— Lettres (ses) écrites à ses amis en Toscane, pendant le cours de ses voyages en Italie, en Sicile et en Turquie, sur l'histoire naturelle, l'industrie et le commerce de ces différentes contrées; traduites de l'italien, et enrichies de notes par M. Pingeron. *Paris, veuve Duchesne et fils*, 1789, 3 vol. in-8, 15 fr.

— Voyage dans la Grèce asiatique, à la péninsule de Cyzique, à Bresse et à Nicée; trad. de l'ital. (par Pingeron). *Londres, et Paris, Leroy*, 1789, in-8.

C'est la traduction de l'ouvrage intitulé dans l'original : *Lettere odeporiche, ossia Viaggio per la penisola di Constantinopoli di Cisico, etc.* Livorno, 1785, 2 vol. in-8. Cet ouvrage est terminé par une Flore du mont Olympe, contenant la description de 531 plantes observées par Sestini.

— Voyage de Constantinople à Bassora, en 1781, par le Tigre et l'Euphrate, et Retour à Constantinople, en 1782, par le désert et Alexandrie; trad. de l'ital. (par le comte de Fleury). *Paris, Pigoreau*, an VI (1798), in-8 de 350 pag. avec une carte, 3 fr. 50 c.

Il est à remarquer que ce livre est imprimé sur du papier fabriqué pour des assignats de 20 francs.

Les cinq ouvrages que nous venons de citer sont tout ce que nous avons de Sestini traduit en français; mais ce savant est auteur d'un assez grand nombre d'autres écrits, estimés des érudits : le chiffre de ceux qu'il avait publiés jusqu'en 1822, s'élevait déjà à vingt sept.

SESTINI (Barthélemi), poëte et improvisateur italien; né à Pistoja, mort à Paris, dans la fleur de l'âge, le 11 novembre 1822.

— Pia, nouvelle historique de B. Sestini, traduite de l'italien par Cardini. *Paris, Lefebvre*, 1832, in-18, 2 fr.

L'original a paru à Rome en 1822.

SÉTA (l'abbé), aumônier de l'Hôtel-Dieu de Paris.

— Discours prononcé par M. l'abbé Séta sur la tombe de M. Luciani (Antoine), étudiant. *Paris, de l'imp. de Moessard*, 1829, in-4 de 8 pages.

SETIER (L.-P.), imprimeur-libraire du consistoire central des Israélites, à Paris; mort en 1835.

— A Messieurs les président et juges de la Cour royale. *Paris, de l'imp. de Setier*, 1827, in-4 de 4 pag.

— Allocution prononcée le 9 octob. 1831 sur la tombe d'Etienne Charpentier. *Paris, de l'impr. de Setier*, 1831, in-8 de 2 pag.

— Athénienne (l'), ou les Français en Grèce, nouvelle. *Paris, Sanson*, 1826, in-18 de 24 p.

Extrait de la Psyché; il se vendait au profit des Grecs.

— Aux loges et chap.·. de Paris. *Paris, de l'imp. de Setier*, 1827, in-8 de 8 pag.

— Censure (la) déclarée inconstitutionnelle par la chambre des pairs, ou Réflexions sur l'importance de la décision de cette chambre. *Paris, de l'imp. de Setier*, 1814, in-8 de 8 p.

— Discours prononcé en L ▭ par le F.·. Setier, Sec.·., le 26e jour du 6e mois de l'an de la V.·. L.·. 5818 (loge de la triple-harmonie). *Paris, de l'imp. de Setier*, 1819, in-8 de 8 pag.

— Grammaire hébraïque, ou Méthode facile pour apprendre cette langue. *Paris, l'Auteur*, 1814, in-8, 8 fr.

— Mémoire contre le ministère public. *Paris, de l'imp. de Setier*, 1822, in-4 de 4 p.

— Mémoire contre M. le baron de Vigey. *Paris, de l'imp. de Setier*, 1825, in-4 de 8 pag. — Deuxième Mémoire. *Ibid.*, 1825, in-4 de 4 pag.

— Observations sur la liberté de la presse, et Réfutation d'un écrit de M. Duchesne, de Grenoble, avocat, intitulé: Observations sommaires sur le projet de loi qui vient d'être présenté à la chambre des députés, au sujet de la liberté de la presse. *Paris, de l'imp. de Setier*, 1814, in-8 de 12 pag.

— Plan du poëme anglais de Lothaire. *Paris, de l'imp. de Setier*, 1826, petit in-4 de 28 pag.

— Projet d'établissement d'une administration centrale de bienfaisance. *Paris, de l'imp. de Setier*, 1825, in-8 de 8 pag.

Projet d'un établissement maçonnique.

— Quelques observations sur le point de loi relatif aux crieurs publics. *Paris, de l'imp. de Setier*, 1834, in-8 de 4 pag.

— Réflexions sur les articles 58, 59, 61 et 62 du projet de loi sur le budget de 1816. *Paris, de l'impr. de Setier*, 1816, in-8 de 4 pag.

— Réflexions sur les pasquinades débitées par un certain journal, intitulé : la Quotidienne, contre la liberté de la presse. *Paris, de l'imp. de Setier*, 1814, in-8 de 16 p.

— Résumé de l'histoire des révolutions des colonies espagnoles de l'Amérique du Sud. *Paris, Kilian*, 1826, in-18.

L'auteur y ajouta, la même année, la traduction faite par lui de la Relation historique et descriptive d'un séjour de vingt ans dans l'Amérique du Sud, par W. B. Stevenson.

SETIER (Madame). — Cléon, trad. de l'angl. (1823). Voy. ce titre aux Ouvrages anonymes.

SEUR (Jean de), écuyer, premier greffier et commis à la recette de l'épargne du ressort de la chambre du roi à Lille.

— Flandre (la) illustrée par l'institution de la chambre du roi à Lille en 1385, etc. *Lille*, 1713, in-12.

SEURET-GONZALES (F.), arpenteur-géomètre.

— Traité d'Arithmétique, contenant des tables pour la conversion des anciennes mesures en nouvelles, pour le solivage des bois en grume et équarris, pour le calcul des intérêts, etc.; suivi de notions de géométrie, d'éléments d'arpentage et de toisé; par F. Seuret. XIIe édition, entièrement revue et corrigée. (Moine éditeur.) *Langres, Dejussieu*, 1833, in-8 avec une planche, 3 fr. 50 c.

La première édition, la seule publiée par l'auteur, est de Langres, Laurent Bournot, 1823, in-8, avec une planche. Dès l'année suivante, il en fut fait une seconde, entièrement refondue, par un anonyme (M. Isid. Moine). Paris, Werdet et Lequien, in-8.

La dernière édition a paru sous ce titre : *Nouveau Manuel, à l'usage du commerce*, contenant un traité d'arithmétique, etc. XIVe édition, entièrement revue et augmentée par Baudot et Isidore Moine. Langres, Dejussieu, 1836, in-8.

— Le même ouvrage. XVe édition, entièrement revue, corrigée et augmentée d'un Traité sur la tenue des livres, par M. Ortlieb. *Paris, Roret*, 1837, in-8, avec 13 planches.

SEURRAT DE LA BOULLAYE (Jacques-Isaac), député à l'Assemblée constituante ; né à Orléans.

— Motion sur le droit de gruerie. *Paris, Desaint*, 1790, in-8.

SEUTIN (Louis), docteur en chirurgie et en accouchements à Bruxelles, chirurgien en chef de l'hôpital Saint-Pierre, accoucheur en chef de l'hospice de la Maternité, professeur de médecine opératoire à l'Université libre de Bruxelles, etc., membre de la Société des sciences naturelles et médicales de Bruxelles, etc.

M. Seutin n'a publié aucun livre, mais il a inséré dans divers journaux de médecine qui se publient à Bruxelles, une série d'observations et de mémoires, dont nous donnons ici l'énumération : 1° Principes physiologiques appliqués aux commotions et aux congestions cérébrales (dans la Biblioth. médic., tom. III, 1826) ; — 2° Considérations sur l'ophthalmie de l'armée des Pays-Bas ; — 3° Extirpation d'une tumeur cancéreuse située à la partie inférieure et interne du bras gauche (dans les Annales de la Société des sciences naturelles et médicales de Bruxelles, tom. Ier, 1827) ; — 4° Observations de cystotomie (dans la Biblioth. médic., tom. V, 1828) ; — 5° Observation de l'extirpation d'un sarcome tuberculeux et de la glande parotide; — 6° Observation de nécrose de l'os maxillaire supérieur du côté droit ; — 7° Observation sur l'extirpation du péroné droit (dans le Journal de médecine de Bruxelles, tom. II, 1830) ; — 8° Observation d'aphonie remarquable (dans le Compte rendu des travaux de la Société des sciences naturelles et médicales de Bruxelles, par M. Marinus. Brux., 1832); — 9° Observation de gangrène spontanée (dans l'Encyclographie des sciences médicales, première série, n° 19); — 10° Observation d'un anévrisme de l'artère sous-clavière gauche (Ibid., n° 24); — 11° Observation de clinique chirurgicale (Ibid., n° 29); — 12° Observation sur deux cas de hernie étranglée (Ibid., n° 30); — 13° Du traitement des fractures par l'appareil inamovible (Ibid., n° 31); — 14° Mémoire sur les plaies de tête avec fracture du crâne (Ibid., n° 36); — 15° Observation d'un polype des fosses nasales (Ibid., n° 40); — 16° Réflexions sur l'entorse et ses suites (Ibid., 2e série, n° 5); — 17° Observation de gangrène spontanée; — 18° Observation sur deux cas de hernie prolongée (dans les Annales de la Société des sciences natur. et médic. de Bruxelles, 1836).

SEUX (Vincent), docteur en médecine, praticien distingué, vice-président du comité central de vaccine du département des Bouches-du-Rhône, membre de la Société de médecine de Marseille, dont il a été secrétaire général et trois fois le président; né à Marseille, en 1761.

— Exposé des travaux de la Société royale de médecine de Marseille pendant les années 1807, 1808 et 1809. *Marseille*, 1807-09, 3 broch. in-8.

— Mémoire sur la fièvre scarlatine anginale qui a régné à Marseille en 1808.

On doit au doct. Seux plusieurs *éloges*, ceux, entre autres, du doct. Bouge (1805), de M. Tollon (1806), etc.

SEVASTIANOFF (A.), naturaliste russe, membre de l'Académie impériale de Saint-Pétersbourg.

Parmi les Mémoires de l'Académie de Saint-Pétersbourg, nous avons trouvé les deux descriptions suivantes, qui portent le nom de M. Sevastianoff : Description de quelques nouvelles espèces d'animaux du Musée académique (Mémoire de 7 pages, inséré dans le tome III, 1809); Description d'une nouvelle espèce de quadrupède du genre marte, avec une pl. (Mém. de 6 pag., inséré dans le tome IV, 1813).

SEVEIRAC, ancien notaire d'Aramon (Gard).

— Projet d'imposition. *Nîmes, impr. de Durand-Belle*, 1824, in-4 de 36 pag.

SÉVELINGES (Charles-Louis de), littérateur et écrivain politique, chevalier de Saint-Louis; né à Amiens, en 1768, d'une famille originaire du Beaujolois, il fut élevé au collége de Juilly, d'où il sortit en 1782, pour entrer comme aspirant à l'école royale d'artillerie à Metz. Il passa dans les gendarmes du roi, suivit les princes dans leur émigration, et rentra dans sa patrie en 1802. Depuis lors, il se livra à la culture des lettres. Sévelinges est mort à Paris en 1832.

— Belgique (la) redeviendra-t-elle française? Lettre sur cette question, adressée à un ministre d'une cour du Nord. *Paris, Dentu*, 1830, in-8 de 64 pag., 2 fr.

— Contemporaine (la) en miniature, ou Abrégé critique de ses Mémoires. *Paris, Dentu*, 1828, in-8, 7 fr. 50 c.

— * Histoire de la captivité de Louis XVI et de la famille royale, tant à la tour du Temple qu'à la Conciergerie; comprenant le Journal de Cléry, l'extrait des ouvrages les plus authentiques qui ont paru sur ce sujet, et des détails non encore publiés, avec une gravure, le fac-simile du testament du roi, de la dernière lettre de la reine et des billets écrits par les princesses. *Paris, L.-G. Michaud*, 1817, in-8, 6 fr.

— Histoires, Nouvelles et Contes moraux, contenant : Bettina; Clara, ou les Mariages de convenance; Lucy, ou l'Erreur d'un moment; Vertus de toute la vie; Gustave, ou l'Anniversaire de naissance; la pauvre Sara; les Épouseurs; Léonie, ou l'Héroïne de l'amour conjugal; l'Homme à principes; Victorine d'Olmond, ou le double Mariage. *Paris, J.-G. Dentu*, 1809, un gros vol. in-12, 2 fr.

Ces nouvelles avaient d'abord paru dans le cours de l'année 1808, dans le Mercure de France.

— Madame la comtesse de Genlis en miniature, ou Abrégé critique de ses Mémoires. *Paris, Dentu*, 1826, in-8, 6 fr.

— Mémoires de la maison de Condé, imprimés sur les manuscrits autographes et d'après l'autorisation de S. A. R. Mgr le duc de Bourbon, contenant la vie du grand Condé, la correspondance de ce prince avec les souverains et les princes des familles royales de l'Europe, depuis 1789 jusqu'en 1814. Seconde édition (publiée par M. de Sévelinges). *Paris, Boucher; Ponthieu*, 1820, 2 vol. in-8, 12 fr.

De Sévelinges est non-seulement le rédacteur de ces Mémoires, mais encore l'auteur de la *Vie du dernier prince de Condé*, formant le second volume.

— Mémoires secrets et Correspondance inédite du cardinal Dubois, premier ministre sous la régence du duc d'Orléans, recueillis, mis en ordre et augmentés d'un Précis de la paix d'Utrecht et de diverses Notices historiques, par M. L. de Sévelinges. *Paris, Pillet*, 1814, 2 vol. in-8; avec portrait, 12 fr.

Au nombre des Notices diverses qui font partie de ces deux volumes, il s'en trouve une sur le prétendant (le chev. de Saint-Georges), ainsi qu'un Mémoire sur les whigs et les torys.

— * Rideau (le) levé, ou petite Revue de nos grands théâtres. *Paris, Maradan*, 1818, in-8, 3 fr. — Nouv. (2e) édit., rev., corr.

et augm. *Paris, Maradan; Delaunay*, 1818, in-8, 4 fr.

Brochure qui fit dans le temps beaucoup de bruit, et qui fut attribuée lorsqu'elle parut à M. Grimod de La Reynière.

La seconde édition est augmentée de deux morceaux intitulés : Réponse au Factum de M. Valabrègue, et Réplique d'un des chefs de son orchestre.

Il a paru deux critiques de cet ouvrage, sous ces titres : *le Revers du rideau, ou Chacun sa place*. Par G. N***. Paris, Dentu, 1818, in-8 de 96 pag., 2 fr. ;— *la Comédiade, ou le Rideau levé* ; lettre tragi-comico-critique à l'auteur du « Rideau levé. » Par M. Contre-Férule. Paris, mademoiselle Goulet, 1818, in-8 de 54 pag.

— Rovigo (le duc de) en miniature, ou Abrégé critique de ses Mémoires. *Paris, Dentu*, 1828, in-8, 7 fr. 50 c.

De Sévelinges, en outre, a fourni de nombreux articles à divers journaux, tels que l'ancien Journal de France, le Mercure de France, le Mercure étranger, le Journal de Paris, la Gazette de France, la Quotidienne, le Pour et le Contre, le Publiciste, l'Oriflamme, l'Étoile, etc. Outre les articles littéraires qu'il fournissait à ces différentes feuilles, il y était spécialement chargé de la partie des théâtres lyriques, pour lesquels il semblait avoir une prédilection particulière. Sévelinges ayant conservé toute sa vie ses opinions du premier âge, il fut plus d'une fois attaqué par les rédacteurs du Nain jaune.

L'un des auteurs les plus actifs de la Biographie universelle, depuis le XIIe jusqu'au LIIe volume, de Sévelinges y a fait un assez grand nombre de notices, et même sur des personnages très-célèbres, tels que Haydn, Henri VIII, Jacques Ier, Jacques II, Metastase, Mozart, Quinault, Richard III, Richardson, J.-J. Rousseau, madame de Staël, Shéridan, Villars, etc. ; mais celles sur les hommes de la fin du XVIIIe siècle et de la révolution sont malheureusement empreintes d'une telle partialité, que l'histoire, sous sa plume, a été travestie en pamphlet : sa Notice sur J.-J. Rousseau, entre autres, est là comme preuve. «Sévelinges, « disent les auteurs de la Biogr. univ. et port. des « contemp., partisan des institutions anciennes, « professe dans ses écrits des opinions exagérées : « peu curieux ou peu capable de contribuer aux « progrès de l'esprit humain, dont il nie obstiné- « ment la perfectibilité, il a plus volontiers recours « dans ses attaques à l'injure qu'à la raison.» Puisque nous venons de citer les principaux articles biographiques de Sévelinges, nous devons mentionner une autre notice : c'est celle sur Mozart, placée en tête de la messe de requiem de ce grand compositeur, publiée par le Conservatoire de musique.

Sévelinges débuta dans la littérature en prenant part à la traduction du Code prussien, demandée par le conseil d'État, et à la rédaction de la Bibliothèque des romans. Versé dans les langues étrangères, Sévelinges nous a donné plusieurs traductions qui ne sont pas sans mérite. Comme traducteur, on doit à cet écrivain : 1° Alfred, ou les Années d'apprentissage de Wilhelm Meister, par GOETHE (1801, 3 vol. in-12); — 2° Werther, de GOETHE, trad. sur une nouvelle édition augmentée par l'auteur de douze lettres, et d'une partie historique entièrement neuve (1803, in-8); cette traduction est la plus complète et la plus estimée de celles que nous possédons; — 3° Soirées allemandes, ou Recueil de romans, nouvelles, pièces de théâtre et ouvrages de tout genre (1801, 3 vol. in-18); — 4° Voyage dans la caverne du malheur et les repaires du désespoir, par SPIESS (1801, 2 vol. in-12); — 5° Histoire de la campagne de 1800, en Allemagne et en Italie, par BULOW, précédée d'une Introduction critique du traducteur (1804, in-8); — 6° Histoire de Schinderhannes et autres chefs de brigands, dits garrotteurs et chauffeurs, qui ont désolé les deux rives du Rhin et de la Belgique, pendant les dernières années de la révolution (1810, 2 vol. in-12). — 7° Histoire de la guerre de l'indépendance des États-Unis d'Amérique, par Ch. BOTTA (1812 — 13); — 8° la Dernière Heure des Turcs, du baron de B***, trad. de l'allem. (1828).

De Sévelinges a laissée inédite une *Histoire de Marie Stuart*, composée d'après des documents inédits ; elle devait former 2 vol. in-8. Une biographie l'a citée comme étant sous presse en 1829, mais il n'est pas à notre connaissance qu'elle ait été publiée.

SÉVELINGES, fils aîné. — Poésies diverses. *Paris, de l'impr. de Cosson*, 1835, in-8 de 76 pag.

SÉVENET (Louis-Alphonse), avocat, notaire au Châtelet de Melun.

—Coutume du bailliage de Melun, anciens ressorts et enclaves d'icelui, suivant la réformation accordée en l'assemblée des trois états dudit bailliage, au mois d'avril 1760, etc. *Sens, Tarbé, et Paris, veuve Pierres et fils*, 1768, in-4; 1777, in-4.

SEVERIN (le citoyen), pseudonyme. Voy. de BONALD.

SEVERINO. Voy. SAN SEVERINO.

SÉVERT, conseiller au parlement. — Voy. (au Supplément) BOUCHER DE LA RICHARDERIE.

SEVERUS (S.). Voy. SULPICE SÉVÈRE.

SEVERUS (P. Cornelius). — Etna (l') de P. C. SEVERUS et les Sentences de P. SYRUS, traduites en français, avec des remarques, des dissertations, etc., par Jos. ACCARIAS DE SERIONNE. *Paris, Chaubert*, 1736, in-12.

SÉVESTE (Jules et....) frères, directeurs privilégiés des théâtres de la banlieue de Paris.

— Amaglia, ou la Fille du Danube, drame fantastique en 5 actes, mêlé de chants. *Paris, Barba*, 1836, in-8, 2 fr.

De MM. Jul. Séveste et Vander Burch.

— Christophe et Lubin, comédie-vaudeville en un acte. *Paris, Duvernois*, 1825, in-8, 1 fr. 50.

— Élève (l') de la Nature, ou Jeanne et Jenny. Pièce en 5 actes et en deux parties, mêlée de chants. *Paris, Barba*, 1834, in-8, 2 fr.

Par MM. Jules Séveste et Jaime.

— Lanterne (la), vaudeville en un acte, a l'occasion de l'ouverture de la nouvelle salle de Saint-Cloud. *Paris, de l'impr. de J. Didot*, 1827, in-8.

— Sylphide (la), drame en 2 actes, mêlé de chants, imité du ballet de M. Taglioni. *Paris*, *Barba*, 1832, in-8.

De MM. Jules Séveste et Jaime.

SEVESTRE (J.-L.), citoyen belge, jurisconsulte, ancien substitut du procureur général à la Cour impériale de Bruxelles.

— Lois (des) pénales considérées comme moyen de répression; présenté à leurs nobles puissants nosseigneurs des États-Généraux. *Bruxelles*, *P.-J. Demat*, 1827, in-8 de iv et 300 pag., 4 fr. 50 c.

SÉVIGNÉ (Marie de RABUTIN, dame de CHANTAL et de BOURBILLY, marquise de), petite-fille de Françoise Frémiot, dame de Chantal, fondatrice de l'ordre de la Visitation; épistolographe célèbre; née à Paris, le 6 février 1626 (1), morte le 18 avril 1696.

— Lettres de Marie de Rabutin-Chantal, marquise de Sévigné, à madame la comtesse de Grignan, sa fille. (*La Haye et Rouen*), 1726, 2 vol. in-12.

Ce fut Bussy-Rabutin qui contribua le premier à faire connaître quelques Lettres de mad. de Sévigné, en les insérant dans ses Mémoires, publiés en 1696, trois ans après sa mort, par la marquise de Coligny, sa fille. L'année suivante, cette dernière en donna un plus grand nombre parmi celles de son père.

Jusques en 1726, les lettres de madame de Sévigné à sa fille ne faisaient encore que le bonheur de sa famille. Il paraît que, vers ce temps, Bussy-Rabutin (sans doute le fils aîné de l'auteur des Mémoires) obtint de madame de Simiane la communication d'un recueil, au moins partiel, des lettres de sa grand'mère à madame de Grignan, sa mère; que, de plus, ce manuscrit n'avait été confié que sous la promesse qu'il ne serait divulgué d'aucune façon. Cette promesse fut mal tenue : il faut croire aussi que cette copie n'était pas la seule qu'on eût livrée à la curiosité de quelques amis; il en existait une autre entre les mains d'un abbé d'Amfreville (voy. le Mercure de France, mai 1726, et l'Histoire littéraire de l'Europe, septembre de la même année), ami de ce Thiriot si connu par la correspondance de Voltaire. Thiriot ayant emprunté le manuscrit de l'abbé, se hâta de le faire imprimer dans le même temps où on en préparait une édition en Hollande : ainsi l'année 1726 vit paraître tout à la fois celle de la Haye et celle de Rouen, l'une et l'autre composées seulement de deux volumes. Lequel de ces deux recueils était le mieux fait? c'est ce qu'il serait difficile de dire; mais celui de la Haye fut imprimé sur un manuscrit confié par Bussy; il s'y trouve une préface écrite par lui-même, contenant des détails sur la personne de madame de Sévigné, et une lettre de madame de Simiane, qui est un éloge naïf et touchant de ce recueil. (*Note extraite du Sommaire bibliographique concernant les principales éditions des Lettres de madame de Sévigné*, en tête de la belle édition de ses Lettres dirigée par M. Grouvelle. Paris, Bossange, Masson et Besson, 1806, 8 vol. in-8 et 11 vol. in-12.)

Cette note peut servir à expliquer un passage des Lettres de La Beaumelle à Voltaire, édition de 1763, in-12, pag. 155, où il est dit qu'un certain manuscrit des Lettres de madame de Sévigné, que Thiriot avait prêté à Voltaire, s'était trouvé imprimé à Troyes. Il est plus vraisemblable que cette impression a été faite à Rouen, et elle fut dirigée par Thiriot plutôt que par Voltaire.

— Recueil des Lettres de madame la marquise de Sévigné à madame la comtesse de Grignan, sa fille (publiées par le chevalier Denis-Marius PERRIN, ami de mad. de Simiane). *Paris*, *Simart*, 1734, 4 vol. in-12.

— Le même. *Paris*, *Rollin fils*, 1738, 6 vol. in-12. — Le même Recueil. Nouv. édition, augmentée (avec des notes et des éclaircissements). *Paris*, *Bauche; David l'aîné*, 1754, 8 vol. in-12.

Dès 1751, le même éditeur, le chev. Perrin, avait publié un nouveau volume, intitulé : *Recueil de Lettres choisies, pour servir de suite aux Lettres de madame de Sévigné*. Paris, 1751, in-12.

— * Lettres de madame de S*** à M. de Pomponne, sur le procès de Fouquet. *Amsterdam* (*Paris*), 1756, in-12.

— Lettres nouvelles, ou nouvellement recouvrées de mad de Sévigné et de la marquise de Simiane, sa petite-fille (publiées avec une préface par LA HARPE). *Paris*, *Lacombe*, 1773, in-12; ou *Maestricht*, *J.-E. Dufour*, 1774, in-12.

— Recueil des Lettres de madame la marquise de Sévigné à madame la comtesse de Grignan, sa fille. Nouv. édition, augmentée du recueil des Lettres choisies de madame de Sévigné à madame de La Fayette, mad. la duchesse de Chaulnes, et autres. *Paris*, *les libraires associés*, 1775, 8 vol. in-12, petit caractère, 18 fr.; et 8 vol. in-12, gros caractère, 24 fr.

Barbier cite encore de cette réimpression, faite sur le Recueil publié par le chev. Perrin, une édition de 1785, en 8 vol. in-12, et une autre de 1786, en 9 vol. in-12.

— Recueil des Lettres de madame la marquise de Sévigné, etc. *Maestricht*, 1779, 10 vol. in-12.

— Recueil des Lettres de madame de Sévigné à madame la comtesse de Grignan, sa fille. Nouv. édition, augmentée. *Rouen*, *J. Racine*, 1784, 10 vol. in-12.

— Lettres de madame de Sévigné au comte de Bussy-Rabutin, tirées du recueil des Lettres de ce dernier, pour servir de suite au Recueil des Lettres de madame de Sévigné à mad. de Grignan, sa fille. *Paris*, *Delalain*, 1775, in-12, petit et grand pap.

(1) Madame de Sévigné elle-même dans ses Lettres des 5 février 1674 et 18 septemb. 1680 nous apprend qu'elle était née le 5 février 1627. M. Ravenel, sous-bibliothécaire de l'hôtel de ville, a retrouvé récemment dans les archives du département l'acte de naissance de mad. de Sévigné : il en résulte qu'elle est née le 6 février 1626, à Paris, et non au château de Bourbilly, en Bourgogne, comme le conjecture M. de Saint-Surin dans son article Sévigné de la Biographie universelle.

— Recueil des Lettres de mad. de Sévigné. Nouv. édition, augmentée d'un Précis de la vie de cette femme célèbre, de Réflexions sur ses Lettres par S.-J.-B. de VAUXCELLES. *Paris, Bossange, Masson et Besson*, 1801, 10 vol. in-12, ornés de 2 portr., 25 fr.

L'abbé Bourlet de Vauxcelles s'est contenté de suivre les éditions de Maestricht, 1777, et de Rouen, 1784, 10 vol. in-12.

Cet éditeur hasarde sur mad. de Sévigné des observations peu fondées. Les moindres recherches semblent avoir effrayé ce critique plus agréable que judicieux. Il était si peu versé dans la connaissance des Mémoires du temps, qu'il confond souvent les personnages, et qu'il ignore jusqu'au véritable nom de mad. de Sévigné, puisqu'il reproche à Ménage de l'avoir appelée *Sevigny*. Ce dernier nom se trouve presque toujours dans les ouvrages contemporains; Bussy l'a consigné dans sa généalogie; il fut changé assez tard en celui de Sévigné.

Cette édition a été réimprimée à Avignon, en 1803 et en 1810 (Guichard), et 1812, 10 vol. in-12.

— Lettres de madame de Sévigné à sa fille et à ses amis. Nouvelle édition, mise dans un meilleur ordre; enrichie d'éclaircissements et de notes historiques; augmentée de lettres, fragments, notices sur madame de Sévigné et sur ses amis; éloges et autres morceaux inédits ou peu connus, tant en prose qu'en vers. Par Ph.-A. GROUVELLE. *Paris, Bossange, Masson et Besson*, 1806, 8 vol. in-8, ornés de 2 portr. : sur papier d'Auvergne, 48 fr.; sur papier d'Angoulême, 54 fr.; et sur papier vélin, exemplaires cartonnés à la Bradel, 92 fr.; — ou 11 vol. in-12, impr. sur pap. d'Auvergne, et ornés de 2 portr., 33 fr.

Bonne édition, plus complète que les précédentes, et à laquelle on trouve souvent ajoutés les vingt portraits qu'a publiés M. Renouard.

On peut se procurer séparément les 20 portraits qui ont été faits pour cette édition ; ils sont pour la plupart gravés par Saint-Aubin. Ces portraits sont ceux de Bossuet, Bourdaloue, Fénélon, Boileau, P. Corneille, Molière, La Fontaine, La Rochefoucauld, Montaigne, Pascal, Racine, La Vallière, le cardinal de Retz, Louis XIV enfant, Louis XIV, Mademoiselle, madame de Maintenon, madame de Montespan, Condé, Turenne. Prix de la collection, 15 fr.

Aux Lettres imprimées dans les précédentes éditions, Grouvelle en a ajouté d'autres : celles de mad. de Grignan et du marquis de Sévigné. Celles de Bussy-Rabutin, de Coulanges, de Corbinelli, forment, par les différences de leur style, des contrastes piquants et une agréable variété. L'idée d'avoir classé dans l'ordre de dates où elles furent écrites toutes les Lettres indistinctement, qui jusqu'alors formaient autant de recueils séparés, qu'il y avait de correspondances particulières, est très-heureuse; elle ôte les lacunes où, pendant la réunion de la mère et de la fille, on les perdait totalement de vue : mais par ce moyen, depuis l'âge de vingt-deux ans jusqu'au moment de sa mort (car on a recueilli sa dernière, que l'éditeur nomme ingénieusement *le chant du cygne*), on suit tous les instants de cette femme intéressante, et le recueil de ses lettres devient presque l'histoire de sa vie. C'est à l'ancien bibliothécaire de Napoléon et du conseil d'État, A.-A. Barbier, que Grouvelle était redevable du plan de son édition ; notre érudit bibliographe avait indiqué ce plan dans le Magasin encyclopédique. Une autre idée non moins heureuse est celle d'avoir fait graver quelques fragments d'une de ces lettres d'après un original qu'à force de soins on est parvenu à se procurer : l'imitation exacte des caractères nous met pour ainsi dire en plus intime connaissance avec l'auteur.

Les notes sont beaucoup plus exactes que celles des précédentes éditions ; elles servent de complément à ce que les lettres ne laissent quelquefois qu'entrevoir, et elles lèvent l'anonyme des noms qui n'étaient auparavant indiqués que par des initiales. Une amélioration non moins importante est une table des matières très-étendue.

Une histoire abrégée des éditions qui ont paru jusqu'à ce jour, et qu'on a ajoutée à celle-ci, atteste son mérite plus que tout ce qu'on en pourrait dire par les comparaisons qu'elle fera naître.

M. de Saint-Surin, dans son article de la Biographie universelle, reproche pourtant quelque chose à cette édition : « Grouvelle, dit-il, croit ajouter à la renommée de mesdames de Sévigné et de Grignan, en les transformant, l'une et l'autre, en incrédules ; il affecte de prendre à la rigueur, ou plutôt il dénature des plaisanteries, innocentes qu'elles se font mutuellement. Sur la foi du continuateur de Bayle, il attribue à la première des opinions anticatholiques contre lesquelles déposent toutes ses Lettres. Il voudrait faire passer pour un pur badinage ses plaintes de ne pouvoir mettre en pratique la religion avec assez de ferveur ; plaintes qui annoncent la défiance de soi-même, modeste compagne d'une piété sincère. Enfin, il travestit en attachement pour la *fatalité*, la soumission la plus entière à la volonté de Dieu. »

A ces huit volumes on ajoute : *Lettres inédites de madame de Sévigné* (publ. par Ch. MILLEVOYE et A. X. GIRAULT), Paris, Klostermann, 1814, in-8, 6 fr., parmi lesquelles il en est quelques-unes de fort intéressantes.

— Les mêmes (de la même édition). Édition stéréotype. *Paris, de l'impr. de Mame. — Bossange et Masson*, 1811 ; ou *Paris, Nicolle; D. Belin; Bossange et Masson*, 1812, 12 vol. in-18, 25 fr., et sur papier vélin, 50 fr.; ou avec les Lettres inédites (publiées en 1814). *Paris, de l'impr. de Belin et Cosson. — Bossange et Masson; Dabo; Tremblay, etc.*, 1819, 13 vol. in-18, 36 f.

Les Lettres inédites se vendent séparément : in-12, 4 fr., et in-18, 3 fr. : elles ont été réimprimées en 1824, in-18, pour M. Bossange.

Les mêmes éditeurs avaient promis une édition in-8 et une in-12; mais elles n'ont été publiées ni l'une ni l'autre.

— Recueil de Lettres de mad. la marquise de Sévigné à mad. la comtesse de Grignan, sa fille. Nouv. édit. *Paris, à la librairie écon.*, vers 1806, 12 vol. in-18, avec un portr., 15 fr.

— Lettres de mad. de Sévigné, de sa famille et de ses amis. Nouvelle édition (augmentée de Lettres inédites et de fragments de lettres), avec des portraits (de mad. de Sévigné, mad. de Grignan, mad. de Simiane, etc., gravés par Masquelier d'après les originaux les plus estimés), des vues (des châteaux qui y sont cités, tels que Bourbilly, les Rochers, l'abbaye de Livry, Grignan, l'hôtel Carnavalet, etc., etc., gravées par Lorieux), des fac-simile (de l'écriture des auteurs de ces lettres, tous copiés sur des lettres inédites et gravés avec la plus grande exactitude). (Edition publiée, avec des notices et des notes, par MM. de MONMERQUÉ et de SAINT-SURIN). *Paris, de l'imp. de Didot aîné.* — *J.-J. Blaise*, 1818-19, 10 vol. in-8, impr. sur pap. fin, ornés de gravures, 100 fr.

« M. de Monmerqué a fait jouir le public du véritable texte de madame de Sévigné, par une édition augmentée de quatre-vingt-quatorze Lettres inédites, de deux cent quarante-six Lettres auxquelles il a restitué des passages également inédits, et de deux cent cinquante-six Lettres, ou qui n'avaient pas été réunies à la collection, ou dans lesquelles il a été rétabli des passages imprimés en 1726, en 1734, mais retranchés ensuite par des considérations qui n'existent plus. En conférant les diverses éditions originales, en méditant les mémoires du temps, il a rétabli une foule de passages omis ou altérés, et il a résolu des difficultés sans nombre. Les avantages d'un travail aussi précieux sont développés par l'éditeur dans une *Notice bibliographique*; et M. de SAINT-SURIN y a joint une *Notice* fort étendue *sur madame de Sévigné, sur sa famille et ses amis*. Cette édition est le résultat de tant de recherches, qu'on peut la considérer comme la source où puisent avec plus ou moins de liberté tous ceux qui réimpriment les Lettres de notre inimitable épistolaire. »

Le dernier volume est terminé par une table analytique et alphabétique.

Il a été tiré de cette édition, fort belle, des exemplaires sur papier vélin, avec lettre grise; sur carré vélin double, avec les eaux-fortes, dont il n'existe que 15 exemplaires; avec figures sur papier de Chine. Enfin, il existe un exemplaire unique avec tous les dessins, dont quelques-uns n'ont pas été gravés, et des épreuves sur papier de Chine, et autres avec des différences.

On pouvait se procurer séparément : 1° la Collection de 20 portraits du siècle de Louis XIV qui font partie de cette édition, avec les Notices sur la vie des personnages qu'ils représentent. Paris, de l'impr. de P. Didot aîné, 1818, in-8 de 48 pag., avec 20 port., 20 fr., et sur papier vélin, lettre grise, 25 fr. — 2° Portraits de MM. Henri et Charles de Sévigné, gravés, pour la première fois, par M. Dien, semblables à ceux qui ornent l'édition in-8 des Lettres de madame de Sévigné. Prix, avec la lettre, 6 fr., avant la lettre, 12 fr., et avec les eaux-fortes, 18 fr.

— Les mêmes (de la même édition) avec portraits et fac-simile. *Paris, de l'impr. de Clô.* — *J.-J. Blaise*, 1818-19, 12 vol. in-12, ornés de 3 portr., et de 3 fac-simile, 36 fr., et sur pap. vélin, 72 fr.

Édition terminée comme la précédente, par une table générale, analytique et alphabétique.

Il faut joindre à ces deux éditions le volume suivant:

Mémoires de M. de Coulanges, suivis de Lettres inédites de madame de Sévigné (au nombre de vingt), de son fils, de l'abbé de Coulanges, d'Arnauld d'Andilly, d'Arnauld de Pomponne, de Jean de La Fontaine et d'autres personnages du même siècle; publiés par M. de MONMERQUÉ. Paris, de l'impr. de P. Didot. — J. J. Blaise, 1820, in-8 avec figures, 10 fr.; ou in-12, 6 fr.

— Les mêmes. (Édition faite sur la précédente.) *Paris, de l'impr. de P. Didot aîné.* — *J.-J. Blaise*, 1820-21, 10 vol. in-8, sur papier fin, ornés de 8 portr., de 13 vues, et de 10 fac-simile et d'armes, 100 fr.; et sur pap. vélin, lettres grises, 200 fr.

Des éloges furent accordés à ces magnifiques éditions des Lettres de madame de Sévigné, par tous les journaux et par toutes les classes de lecteurs. Les notices et les notes qui les accompagnent leur ont assigné une réputation durable.

L'éditeur a encore publié pour leur faire suite: *Lettres de madame de Sévigné, de sa famille et de ses amis : lettres inédites*, portraits, vues, fac-simile, etc. Paris, Blaise, 1826-27, in-8, avec 7 planches, 18 fr., et avec les épreuves avant la lettre et les eaux-fortes, 54 fr.

On y trouve une lettre écrite par madame de Sévigné à madame de Grignan, le 21 juin 1671, rétablie pour la première fois d'après le manuscrit autographe.

— Lettres de mad. de Sévigné, de sa famille et de ses amis. Édition ornée de 25 portr. dessinés par Devéria, augmentée de plusieurs lettres inédites, de cent cinq lettres publiées en 1814, par Klostermann, des notes et notices de Grouvelle, et des Réflexions de l'abbé de Vauxcelles; précédée d'une nouvelle Notice biographique sur madame de Sévigné, et accompagnée de notes géographiques, historiques, politiques, critiques et de mœurs. Par M. GAULT DE SAINT-GERMAIN. *Paris, Dalibon*, 1822 et ann. suiv., 12 vol. in-8 avec 25 fig.: sur papier d'Auvergne, 84 f.; sur pap. superfin des Vosges, 108 fr.; sur carré vélin, portr. avant la lettre, 192 fr.; sur grand raisin vélin, portr. avant la lettre, 288 fr.; sur grand raisin vélin, portr. avant la lettre, tirés sur papier de Chine et eaux-fortes, 660 fr.

Un exemplaire tiré sur papier grand raisin de Chine, auquel sont joints les 25 dessins originaux, plus les portraits avant la lettre tirés sur papier de Chine et eaux-fortes, 6,000.

— Les mêmes. Édition précédée d'un Essai biographique et littéraire (par CAMPENON). *Paris, de l'impr. de Didot aîné.* — *Janet et Cotelle*, 1822, 12 vol. in-8, ornés de 2 portr.: sur pap. des Vosges, 54 fr.; sur pap. fin d'Annonay, 72 fr., et sur papier vélin, 120 fr.

MM. Janet et Cotelle ayant cédé les exemplaires tirés sur papier des Vosges à leur confrère Sautelet, celui-ci fit faire, en 1826, de nouveaux frontispices à son nom, lesquels sont ainsi conçus:

Lettres de madame de Sévigné, de sa famille et de ses amis, *avec les notes de tous les commentateurs*. Paris, Sautelet, 1826, in-8. L'acquéreur reduisit le prix de 54 fr. à 42 fr.

— Lettres de mad. de Sévigné à sa fille et à ses amis (précédées d'une Notice sur sa vie, par M....). *Paris, Ménard et Desenne*, 1827, 12 vol. in-18, avec un portr., 24 fr.; et sur pap. vél., 48 fr.; — ou 12 vol. in-12, 30 fr., et sur pap. vélin, 60 fr.

Ces prix ne se sont pas soutenus.

Cette édition fait partie de la Bibliothèque française.

— Les mêmes, précédées d'une Notice sur sa vie et ses ouvrages, par Charles NODIER. Nouv. édit., enrichie de lettres inédites, et ornée de portraits et fac-simile. *Paris, Lavigne; Chamerot*, 1835 et ann. suiv., 2 vol. gr. in-8, impr. à 2 colon., 15 fr.

Cette édition a été publiée en trente livraisons.

—

— Lettres choisies de mesd. de Sévigné et de Maintenon, avec une préface et des notes par de LEVIZAC, pour servir à l'instruction de la jeunesse. *Londres*, 1798, in-12. — *Paris, et Amsterdam, Dufour*, 1801, in-12, 2 fr. 50 c. — Seconde édition. *Paris, Guilleminet*, an XI (1803), in-12.

Ce choix a obtenu une quatrième édition, publ. chez Gabr. Dufour, 1819.

— Quelques Lettres de madame de Sévigné. Édition destinée à la jeunesse et aux maisons d'éducation. *Paris, mademoiselle Charaux*, an XI (1803), 3 vol. in-16; — *Paris, Démonville*, 1805, 3 vol. in-18 avec figures, 3 fr.

Ce recueil a été réimprimé fréquemment sous ce titre : *Lettres choisies de madame de Sévigné, édition destinée à la jeunesse et aux maisons d'éducation*, et entre autres dans les villes suivantes :
Avignon, Chaillot, 1813, 3 vol. in-18, 2 fr.
Ibid., Joly, 1819, 3 vol. in-24, 3 f. 25 c.
Ibid., Offray, 1829, 3 vol. in-18.
Paris, Hiard, 1832, 3 vol. in-18, 1 fr. 95 c. — Édition qui fait partie de la Bibliothèque des amis des lettres.
Paris, Beaujouan, 1836, 4 vol. in-32.

— Lettres choisies en français et en anglais, le texte et la traduction en regard. *Paris, Léopold Collin*, 1808, 2 vol. in-12, 6 fr.

— Choix des Lettres de mad. de Sévigné. *Paris, Jusserand*, 1810, 2 vol. in-12.

— Lettres choisies de mesdames de Sévigné, de Grignan, de Simiane et de Maintenon. *Paris, Robert*, 1813, 3 vol. in-18.

Autres éditions de ce choix :
Paris, Chassaignon; Lécrivain, 1817, 3 vol. in-18.
Avignon, Guichard aîné, 1818, 1819, 3 vol. in-18, avec 2 portr. — Il n'y a point de Lettres de madame de Maintenon dans ces deux éditions.
Paris, Leclère, 1822, 3 vol. in-32.
Paris, Garnery, 1825, 1827, 1828, 1833, 3 vol. in-18; ou 1828, 1829, 3 vol. in-32.
Édition pour servir de modèle aux jeunes personnes dans le style épistolaire, publiée par J.-R. MASSON. Paris, H. Bossange, 1835, 2 vol. in-12, avec 2 portr., 5 fr.; ou Paris, Pougin, 1836, 4 vol. in-18, 2 fr. 40 c.

— Les mêmes, précédées des Réflexions de l'abbé de Vauxcelles, et accompagnées des notes historiques de M. Grouvelle. *Paris, Bossange et Masson*, 1817, 2 vol. in-12, 6 fr., ou 3 vol. in-18, 5 fr.

— Choix moral des Lettres de madame de Sévigné, précédé d'une Notice sur sa vie et ses ouvrages et orné de son portrait. *Paris, de l'impr. de F. Didot. — A. Boulland et compagnie*, 1824, 3 vol. in-18.

— Lettres choisies de madame de Sévigné et de ses amis, à l'usage de la jeunesse; publiées par M. de MONMERQUÉ. *Paris, J.-J. Blaise*, 1829, 2 vol. in-18, 5 fr.

Cette édition fait partie de la Bibliothèque des familles chrétiennes.

— Choix de Lettres morales, etc., précédé d'une Notice par Ch. NODIER. *Paris, Lavigne*, 1835, 2 vol. in-12, avec un portr., 6 fr.

—

— Sévigniana, ou Recueil de pensées ingénieuses, d'anecdotes littéraires, historiques et morales, tirées des Lettres de madame de Sévigné. Avec des remarques pour l'intelligence du texte (par l'abbé BARRAL). *Grignan (Paris)*, 1756, 1767, 1787, in-12.

L'abbé Barral n'a presque compilé, dans ce recueil, que ce qui regardait les solitaires de Port-Royal et leurs amis.

SÉVIGNÉ (le marq. Charles de), fils de la précédente, sous-lieutenant des gendarmes du Dauphin; né en 1647, mort à Paris, le 27 mars 1713.

On a de Charles de Sévigné, en société avec André Dacier, une *Dissertation critique sur l'Art poétique d'Horace, où l'on examine si un poëte doit préférer les caractères connus aux caractères inventés* (Paris, 1698 (au lieu de 1618), in-12). Cette Dissertation a été insérée par Grouvelle dans le 8e volume de son édition des Lettres de mad. de Sévigné, ainsi que quelques *Lettres* de lui; on en trouve aussi quelques autres à la suite des Mémoires de l'abbé Coulanges.

SÉVILLE (Armand), homme de lettres.

THÉATRE.

— Dernier (le) Bulletin, ou la Paix! impromptu en un acte et en prose, mêlé de vaudevilles. *Paris, Tiger*, 1806, in-8.

Avec MM. Léopold et Darrodes de Lillebone.

— Café (le) du Ventriloque, folie-vaudeville en un acte, en prose. *Paris, M.-J. Hénée*, an XII (1804), in-8.

Avec M. Debarges.

— Famille (la) Gérard, ou les Prisonniers français, tableau militaire en un acte. *Paris, Duvernois*, 1826, in-8, 1 fr. 25 c.

Avec MM. L. Ponet et Leroy de Bacre.

— J'essaie, monologue (en prose) mêlé de vaudevilles. *Paris, Cordange*, 1805, in-8.

Avec M. Debilly.

— Laissez-moi faire, ou la Soubrette officieuse, vaudeville en un acte. *Paris, Fages*, 1813, in-8.

Avec M. Varez.

— Liquidation (la), vaudeville en un acte et en prose. *Paris, Duvernois*, 1826, in-8, 1 fr. 50 c.

Avec MM. Benjamin (Antier) et Ponet.

— Métusko, ou les Polonais, mélodrame en 3 actes (et en prose). *Paris, Barba*, 1808, in-8.

Avec M. E.-F. Varez.

— * Quaterne (le), vaudeville en un acte, en prose. Par le citoyen Armand. *Paris, Fages*, an IX (1801), in-8.

— Un Quart-d'Heure dramatique, scènes folie-vaudeville (en prose). *Paris, Hugelet*, an XIII (1805), in-8.

Avec M. Debilly.

VARIA.

— Chansonnier des joyeux, première année. *Paris, Tiger*, 1813, in-18, 1 fr. 50 c.

— Grammaire française de Lhomond, revue, augmentée par Armand Séville, professeur. *Langres, Defay*, 1812; *Neufchâteau, impr. de Godefroy*, 1813; ou *Neufchâteau, de l'impr. de Petri*, 1824, in-12.

— La même. Nouv. édition, plus complète, à laquelle on a joint une idée de la grammaire générale. *Paris, de l'impr. de P. Didot l'aîné. — Tiger*, 1812, in-12 de 96 pag., 60 cent.

— * Habit (l') de cour, ou le Moraliste de nouvelle étoffe. Par M. Armand S***. *Paris, Dentu*, 1815, 3 vol. in-12, 6 fr.

— Portefeuille (le) galant, recueil varié et amusant. *Paris, Tiger*, an XIII (1805), in-16.

— Précis de l'histoire de France, depuis l'établissement de la monarchie jusqu'au règne de Napoléon Ier. *Paris, Tiger; Le Normant*, 1813, in-12, 1 fr. 50 c.

M. Arm. Séville a été en outre le rédacteur en chef de la feuille quotidienne intitulée *le Mentor*, qui a commencé à paraître en 1824.

SEVIN (l'abbé François), philologue, garde des manuscrits de la bibliothèque du roi, de 1737 à 1741, membre de l'Académie royale des inscriptions et belles-lettres; né à Villeneuve-le-Roi, en 1682, mort à Paris, le 12 septembre 1741.

— De Nic. Damasceno Dissertatio. *Lipsiæ*, 1804, in-8.

— * Dissertation sur Menès, ou Mercure, premier roi d'Égypte, contre le système de Marsham et de Bochart. *Paris, Musier*, 1709, in-12.

L'auteur y soutient que Ménès ne diffère point de Misraïm ou Mezraïm, fils de Cham, et que c'est ce prince qui a été le Mercure des Égyptiens.

On a attaqué cette Dissertation, et l'auteur a répondu en 1710. Voyez le Journal des Savants, Paris, in-4; 1710, pag. 339; 1712, pag. 36, et de l'édition de Hollande, in-12, juin 1711, p. 618. Dans sa Réponse, qui a été tirée à part sous le tire d'*Opuscule, etc.*, Paris, 1710, in-12, Sevin traita, par occasion, différents points de la théologie égyptienne, jusqu'alors négligée par les savants.

— Lettres sur Constantinople, de l'abbé Sevin; suivies de plusieurs lettres de Peyssonel et de la Relation du consulat d'Anquetil à Surate; le tout imprimé sur les originaux inédits (par les soins de Sérieys), et revu par Bourlet de Vauxcelles. *Paris, Obrée*, an XI (1802), in-8.

Le voyage à Constantinople, en 1728, que fit l'abbé Sevin en société avec Ét. Fourmont, son ami d'enfance, pour y rechercher des manuscrits grecs, n'eut pas tout le succès qu'on s'en était promis, d'après des indications exagérées et entièrement fausses; mais il ne fut pas non plus inutile, puisque l'abbé Sevin en rapporta plus de 600 manuscrits grecs, d'une conservation qui ne laissait rien à désirer; et il continua d'en recevoir, des correspondants qu'il s'était faits dans le Levant, un assez grand nombre, qui font partie de la bibliothèque royale.

Quant aux *Lettres sur Constantinople*, de l'abbé Sevin au comte de Caylus, publiées par Sérieys, on ne trouve que quatre lettres de cet auteur, dont une seule offre quelque intérêt; c'est celle qui contient des détails sur le théâtre des Turcs; elles sont suivies de l'extrait de son Voyage dans le Levant, tiré du tom. VII des Mémoires de l'Académie des inscriptions. Sérieys, l'éditeur de ce volume, l'a grossi de lettres adressées au comte de Caylus par Lironcourt, Legrand, Castellane, Peyssonel père et fils, et Julien Leroy. Il y a réuni : un Mémoire sur les mœurs des Mainottes, extrait d'un rapport de deux envoyés de Bonaparte dans la Morée; la Relation du consulat d'Anquetil-Briancourt (frère de l'historien et d'Anquetil du Perron) à Surate; un Voyage dans l'intérieur de l'Afrique, trad. de l'angl. de Paterson; un Mémoire de C. J. Bescat sur le calendrier de l'Inde, revu par Lalande. L'*Appendix* contient les Observations de Caylus sur Constantinople; la lettre de Desalleurs sur les honneurs du sopha; le portrait de la comtesse de Caylus, par Rémond, dit le Grec; et une Lettre de l'abbé Conti, sur la mort de cette dame.

Le recueil de l'Académie des inscriptions, dont l'abbé Sevin fut un des membres les plus laborieux, contient de lui une foule de *Remarques philologiques*, et des corrections sur des passages d'Anacréon, d'Hésiode, de Pline et d'autres auteurs grecs et latins; des *Recherches* sur l'histoire d'Assyrie, sur celle de la Lydie, de la Carie, sur les rois de Pergame, et sur ceux de la Bithynie; des Dissertations sur la vie et les ouvrages de Juba, roi de Mauritanie; sur Hécatée de Milet, Nicolas de Damas, Évhémère, Callisthène, Tyrtée, Archiloque, Panaetius, Thrasile, Philiste, Jérôme de Cardie, Athénodore, Charron de Lampsaque et Théophane.

De concert avec Fourmont et Mélot, l'abbé Sevin commença, dès 1737, à rédiger les deux premiers volumes du Catalogue des manuscrits de la bibliothèque du roi, qui contiennent les manuscrits en langues orientales et en langue grecque.

Sevin et son collaborateur et ami, l'abbé Sallier, avaient préparé une édition des Lexiques grecs de Phrynicus, de Th. Magister et de Mœris; elle n'a point été publiée. Leurs notes sur le Trésor de la langue latine de Robert Estienne se trouvent dans l'édition de Londres, 1734-35, 4 vol. gr. in-fol.; et celles sur le Lexique d'Hésychius, dans l'édition qu'en a donnée Alberti.

L'Éloge de l'abbé Sévin, par de Boze, se trouve dans le tom. VI des Mémoires de l'Académie des inscriptions.

SEVIN, substitut de M. le procureur du roi.
— Discours sur les avantages et l'utilité de la retraite, particulièrement pour le magistrat, prononcé le 3 novembre 1817, à la rentrée du tribunal de première instance d'Orléans. *Orléans, de l'impr. de Jacob aîné*, 1823, in-8 de 16 pag.

SÉVIN (F.), avocat. — Mémoire sur le régime hypothécaire. *Le Mans, Belon; Paris, Videcoq*, 1833, in-8, 3 fr.

SEVIN-MAREAU. — Mémoire sur les causes de la décadence de l'industrie manufacturière et commerciale à Orléans, sur les moyens d'y remédier en partie, et principalement sur la nécessité d'un entrepôt pour les marchandises exotiques soumises au droit de douanes. *Orléans, Alexandre Jacob*, 1828, in-8 de 56 pag.

SEVOY (François-Hyacinthe), prêtre de la congrégation des Eudistes et l'un des directeurs du séminaire de Rennes; né à Jugon, diocèse de Saint-Brieuc, en 1707, mort à Rennes, le 11 juin 1765.
— Devoirs ecclésiastiques, ou Instructions tirées des œuvres des saints Pères, des conciles et des auteurs ecclésiastiques, sur les saints ordres, et sur les dispositions pour les bien recevoir. *Paris, Thomas Hérissant*, 1760-65; — ou *Paris, Pillot*, 1770, 4 vol. in-12.

« Zélé pour l'instruction du jeune clergé, que Sevoy regardait comme la portion la plus chérie du troupeau de Jésus-Christ, et l'espérance la plus flatteuse de l'Église, il entreprit les *Devoirs ecclésiastiques* où les jeunes clercs trouveraient le détail des dispositions nécessaires pour bien recevoir les saints ordres, et les prêtres un tableau fidèle de leurs devoirs et de leurs obligations. Les matières sont traitées, dans son ouvrage, d'une manière nouvelle, avec exactitude et solidité. Le style en est concis, nerveux et plein de chaleur. » (MIORCEC, *Notice sur les écrivains de la Bretagne.*)

Éditions de ce siècle :
Saint-Brieuc, Prudhomme, 1816, 4 vol. in-12.
Besançon, Déis, 1828, 4 vol. in-12.
Ibid., Gauthier, 1830, 2 vol. in-8.

SEVRIN (L.-J.), maître en pharmacie.
— Dictionnaire des nomenclatures chimique et minéralogique anciennes, comparées aux nomenclatures chimique et minéralogique modernes, d'après les ouvrages des chimistes et le « Traité de Minéralogie » de M. Haüy, auquel on a joint trois tableaux synoptiques destinés à offrir les principaux caractères des corps simples, et un quatrième tableau qui présente les caractères des acides, par M. Fourcroy, avec trois planches pour les signes chimiques. *Paris, Samson*, 1807, in-8 de XXX et 232 pag., 5 fr.

SEWEL. Voy. Ph. LAGRUE.

SEWERGUINE (Basile), minéralogiste russe, membre de l'Académie impériale de Saint-Pétersbourg.

Nous ne connaissons de ce savant aucun ouvrage écrit en français; mais les divers recueils de l'Académie de Saint-Pétersbourg renferment de lui plusieurs mémoires et dissertations écrits en notre langue. En voici l'indication :

1° *Exposition de quelques expériences docimastiques faites sur les mines de cuivre* (Mém. de 12 pag., inséré dans le tom. XV des Nova Acta Acad. scientiarum imper. Petropolitanæ, 1806).

2° *Nouvelles observations sur les pierres de roche* (de 16 pag., insérées dans le tom. XV du même recueil, 1806).

3° *Sur un mélange granitique particulier de Finlande* (Mém. de 8 pag. inséré dans le même volume, 1806).

4° *Exposition systématique des minéraux de Finlande* (Mém. de 18 pag., inséré dans le tom. 1er du rec. de l'Acad. des sciences de St-Pétersb., 1809).

5° *Sur les mines des environs du fleuve Toura dans les Ourales* (Mém. de 18 pag., inséré dans le même volume, 1809).

6° *Sur la pierre chinoise nommée You* (Mémoire de 4 pages).

7° *Sur une cochlide du gouvernement de Twer* (Mém. de 3 pag.).

8° *Observations minéralogiques faites dans le gouvernement de Twer* (Mém. de 12 pag.).

Ces trois derniers Mémoires sont imprimés dans le tom. II du recueil précité, 1810.

9° *Sur les pierres alumineuses des monts Ararats* (Mém. de 6 pag., ins. dans le tom. III du même recueil, 1811).

10° *Examen ultérieur des cristaux de sélénite de Poltova* (Mém. de 6 pag., ibid, tom. IV, 1813).

SEWRIN (1) (Charles-Augustin), fécond et spirituel auteur dramatique et romancier; né à Metz, le 9 octobre 1771. Après avoir fait ses études au collége de Metz, M. Sewrin vint à Paris pour y remplir une place

(1) M. Bégin, dans sa Biographie de la Moselle, n'a point consacré d'article à M. Sewrin.

que la révolution lui fit perdre presque aussitôt; alors il travailla pour le théâtre. Nommé, en 18.., secrétaire général archiviste de l'Hôtel royal des Invalides, M. Sewrin perdit encore cette place par suite de la révolution de 1830.

THÉATRE.

Comédies en vers.

— Demain! ou la Filleule, comédie en cinq actes et en vers. *Rouen, François; Paris, Barba*, 1834, in-8.

— Leçon (la) conjugale, ou l'Avis aux maris, comédie en 3 actes et en vers. *Paris*, an XIII (1804), in-8.

Avec M. Alissan de Chazet.

— Ordre et Désordre, comédie en 5 actes et en vers. *Paris, madame Masson*, 1808, in-8.

Avec M. Alissan de Chazet.

— Politique (le) en défaut, comédie en un acte et en vers. *Paris, mad. Cavanagh*, 1806, in-8, 1 fr. 20 c.

Avec M. A. de Chazet.

— Pour (le) et le Contre, ou le Procès du mariage, comédie en 5 actes et en vers. *Paris, J.-N. Barba*, 1822, in-8, 2 fr. 50 c.

— Satires (les) de Boileau, comédie en 3 actes et en vers, précédée d'un prologue en vers. *Paris, mad. Masson*, 1809, in-8, 1 fr. 50 c.

Opéras-comiques.

— Chasse (la) aux loups, opéra-comique en un acte (en prose) et vaudevilles. *Paris, Barba*, an V (1797), in-8.

— Crescendo (le), opéra bouffon en un acte, imité de l'italien. *Paris, mad. Masson*, 1810, in-8.

— École (l') de village, opéra-comique en un acte et en vaudevilles. *Paris, L. Vente*, an II (1794), in-8.

— Emmeline, ou la Famille suisse, opéra-comique, traduit de l'allemand, paroles de M. Sewrin. *Paris, Bezou*, 1827, in-8, 2 f.

— Fête (la) du village voisin, opéra-comique en 3 actes. *Paris, Vente*, 1816. — IIIe édition. *Paris, Vente*, 1828, in-8, 2 f.

— Folie et raison, comédie en un acte et en vers, mêlée de vaudevilles. *Paris, Léop. Collin*, 1805, in-8, 1 fr. 20 c.; ou *Paris, Fages*, 1819, in-8, 1 fr. 50 c.

— * Forgeron (le) de Bassora, opéra-comique en deux actes (en prose). *Paris, Fages*, 1813, in-8.

— François Ier, ou la Fête mystérieuse, comédie en deux actes et en vers, mêlée d'ariettes. *Paris, Barba*, 1807, in-8.

Avec M. A. de Chazet.

— Grotte (la) des Cévennes, opéra-comique en un acte (et en prose). *Paris, Louis*, an VI (1798), in-8.

— Héritier (l') de Paimpol, opéra-comique en 3 actes. *Paris*, 1814, in-8, 1 fr. 50 c.

— Hermitage (l'), opéra-comique en 2 actes et en vaudev. *Paris, Barba*, 1793, in-8.

Avec M. Lefranc.

— Homme (l') sans façon, ou les Contrariétés, comédie en 3 actes, mêlée d'ariettes. *Paris, Barba*, 1812, in-8, 1 fr. 80 c.

— Jadis et Aujourd'hui, opéra bouffon en un acte (et en prose). *Paris, Barba*, 1808, in-8.

— Maçon (le), opéra-comique en un acte (et en prose). *Paris, André*, an IX (1801), in-8.

— Moisson (la), opéra-comique en 2 actes et en vaudevilles. *Paris, Mongie, et Barba*, 1793, in-8.

— Racine, ou la Chute de Phèdre, comédie en 2 actes et en vers, mêlée de vaudevilles. *Paris, madame Cavanagh*, 1806, in-8.

Avec M. Alissan de Chazet.

— Roi (le) René, ou la Provence au XVe siècle, opéra-comique en 2 actes. *Paris, Duvernois*, 1824, in-8, 2 fr.

Avec M. Belle. (Voy. notre article DIEULOUFET.)

— Rose (la) villageoise, opéra-comique en un acte, en prose et en vaudevilles. *Paris, Toubon*, 1794, in-8.

Avec M. Alissan de Chazet.

— Vallée (la) suisse, opéra-comique en 3 actes. *Paris, Fages*, 1812, in-8, 1 f. 50 c.

Vaudevilles.

— Acteurs (les) à l'épreuve, vaudeville épisodique en un acte. *Paris, mad. Cavanagh*, 1808, in-8, 1 fr.

Avec M. A. de Chazet.

— Amélie, ou le Chapitre des contrariétés, comédie-vaudeville en 2 actes. *Paris, Quoy*, 1822, in-8, 1 fr. 50 c.

— Amour (l') gagne-petit.....

Cette pièce, jouée sur le théâtre de la Gaîté, porta d'abord le titre de l'*Amour rémouleur*.

— Amours (les) du Port-au-Blé, comédie grivoise en un acte, mêlée de couplets. *Paris*, *Quoy*, 1820, in-8, 1 fr. 25 c.

Avec M. Dumersan.

— Anglaises (les) pour rire, ou la Table et le Logement, comédie en un acte, mêlée de couplets. *Paris*, *madame Masson*, 1815. — IVe édition. *Paris*, *madame Huet*, 1822, in-8, 1 fr. 50 c.

Avec M. Dumersan.

— Anna, ou les deux Chaumières, comédie en un acte et en prose, mêlée de chants. *Paris*, *mad. Cavanagh*, 1808, in-8.
— Atelier (l') de peinture, tableau-vaudeville en un acte. *Paris*, *Bezou*, 1823, in-8, 1 fr. 50.

Avec M. Léon (....).

— Béarnais (les), ou Henri IV en voyage, comédie en un acte, mêlée de chants. *Paris*, *Vente*, 1814, in-8, 1 fr. 25 c.
— Blonde (la) et la Brune, ou les Deux n'en font qu'une, comédie en un acte et en prose. *Paris*, *Barba*, an III (1795), in-8.
— Boïeldieu aux Champs-Élysées, et son apothéose, tableau en un acte, mêlé de chants et de couplets, arrangés sur des airs tirés de ses différents ouvrages, offert à sa ville natale. *Rouen*, *François*; *Paris*, *Barba*; 1834, in-8, avec un fac-simile de Boïeldieu.
— Bourgeois (les) campagnards, comédie en un acte (en prose), mêlée de vaudevilles. *Paris*, *mad. Cavanagh*, 1808, in-8.

Avec M. A. de Chazet.

— Caporal (le) Schlag, ou la Ferme de Muldorf, pièce en un acte (en prose), mêlée de couplets. *Paris*, *mad. Masson*, 1809, in-8, 1 fr. 25 c.

Avec M. A. de Chazet.

— Catherine, ou la Fille du marin, comédie en un acte, mêlée de couplets. *Paris*, *Quoy*; *Barba*, 1824, in-8, 1 fr. 50 c.

Avec M. Dumersan.

— Chambre (la) de Suzon, comédie en un acte (en prose), mêlée de couplets. *Paris*, *J.-N. Barba*, 1825, in-8, 1 fr. 50 c.

Avec MM. Dumersan et Carmouche. M. Sewrin n'est nommé sur la pièce que par son initiale.

— Charades (les) en action, ou la Pension bourgeoise, comédie-vaudeville en un acte. *Paris*, *madame Masson*, 1814, in-8, 1 fr. 25 c.

Avec M. Dumersan.

— Charbonniers (les) de la forêt Noire, comédie en 3 actes (en prose), mêlée de vaudevilles. *Paris*, *mad. Cavanagh*, 1804, in-8, 75 cent.

Avec MM. Servières et Lafortelle.

— * Chemin (le) de Berlin, ou la Halte militaire, divertissement impromptu, mêlé de vaudevilles. *Paris*, *mad. Cavanagh*, 1806, in-8, 1 fr.

Avec M. A. de Chazet.

— Chevalier (le) d'honneur, comédie en un acte, mêlée de vaud. *Paris*, *mad. Huet*, 1823, in-8, 1 fr. 50 c.

Avec MM. Gersain et Tousez.

— Coco Pépin, ou la nouvelle Année, étrennes en un acte (prose), mêlées de vaud. *Paris*, *mad. Cavanagh*, 1810, in-8.

Avec M. A. de Chazet.

— Comédien (le) d'Étampes, comédie en un acte, mêlée de couplets. *Paris*, *Vente*, 1821, ou 1822, et 1827, in-8, 2 fr.

Avec M. Moreau.

— Commères (les), ou la Boule de neige, comédie en un acte et en prose, mêlée de vaudevilles. *Paris*, *mad. Masson*, 1808, in-8.

Avec M. A. de Chazet.

— Criquet, ou l'Arlequin par occasion, comédie en un acte (et en prose). *Paris*, *Barba*, 1813, in-8, 1 fr. 25 c.
— Deux (les) magots de la Chine, comédie en un acte, mêlée de couplets. *Paris*, *Barba*, 1813, in-8, 1 fr. 25 c.
— Deux (les) orphelines, comédie en un acte et en prose, mêlée d'ariettes. *Paris*, *Cretté*, an VI (1798), in-8, 60 c.
— * Deux (les) rôles, comédie en un acte (en prose), mêlée de couplets. *Paris*, *mad. Masson*, 1811, in-8, fig.
— Deux (les) Parisiens, ou le Tirage au sort, comédie en un acte et en prose, mêlée de couplets. *Paris*, *Barba*, 1816, in-8.
— Drôle (le) de corps, comédie en un acte, mêlée de couplets. *Paris*, *mad. Huet*, 1823, in-8, 1 fr. 50 c.
— Duègne (la) et le Valet, comédie en 2 actes et en vaud. *Paris*, *Barba*, an XIV (1806), in-8, 1 fr. 25 c.

Avec M. A. de Chazet.

— Ecu (l') de six francs, ou l'Héritage, comédie en un acte et en prose, mêlée de couplets. *Paris*, *Barba*, 1809, in-8.

Avec M. A. de Chazet.

— Epée (l') et le Billet, ou le Moment de conclure, comédie en un acte et en prose. *Paris, mad. Cavanagh*, 1804, in-8, 1 f. 20 c.

— Fagotier (le), ou la Cabane enchantée, pièce sans féerie, mêlée de vaudevilles. *Paris, mad. Huet*, 1822, in-8, 1 fr. 50 c.

Publiée sous le nom de Charles. M. Ourry a eu part à cette pièce.

— Famille (la) des Innocents, ou Comme l'amour vient, comédie en un acte et en prose, mêlée de couplets. *Paris, mad. Cavanagh*, 1807; ou *Paris, Barba*, 1820, in-8, 1 fr. 25 c.

Avec M. A. de Chazet.

— Famille (la) des lurons, vaudeville en un acte. *Paris, mad. Cavanagh*, 1807, in-8, 1 fr. 20 c.

Avec M. A. de Chazet.

— Femme (la) du sous-préfet, ou le Charlatan, comédie en un acte et en prose, mêlée de couplets. *Paris, Ladvocat; Barba*, 1821, in-8, 1 fr. 50 c.

Avec M. Moreau.

— Femmes (les) de chambre, vaudeville en un acte. *Paris, Duvernois*, 1823, in-8, 1 fr. 50 c.

Avec M. A. de Chazet.

— Ferme (la) et le Château, comédie en un acte et en prose, mêlée de couplets. *Paris, mad. Masson*, 1809, in-8, 1 fr. 20 c.

— Fiancée (la) du pays de Caux, ou les Normands vengés, comédie en un acte (en prose), mêlée de couplets. *Paris, madame Masson*, 1811, in-8, 1 fr. 25 c.

— Garde-moulin (le), comédie-vaud. (en un acte). *Paris, mad. Huet; Barba*, 1822, in-8, 1 fr. 50 c.

Avec M. Moreau.

— Georges Times, ou le Jockei maître, comédie en un acte, mêlée de vaudevilles. *Paris, mad. Masson*, 1802, in-8, 1 fr. 20 c.

Avec M. Du Chaume.

— Grivois la Malice, ou la Flûte du Grand Mogol, comédie en un acte (et en prose), mêlée de couplets. *Paris, Barba*, 1810, in-8.

— Gulliver dans l'île des Géants, comédie en un acte (en prose), mêlée de couplets. *Paris, J.-N. Barba*, 1815, in-8.

— Habitants (les) des Landes, comédie en un acte (et en prose), mêlée de vaudevilles. *Paris, Barba*, 1811, in-8.

— Habits, vieux galons, comédie en un acte, mêlée de vaudevilles. *Paris, mad. Cavanagh*, 1808, in-8, 1 fr.

Avec M. A. de Chazet.

Cette pièce fut jouée d'abord au théâtre de la Cité, sous le titre de l'*Habit de velours*. M. Chazet y ayant mis des couplets, elle fut portée au théâtre Montansier-Variétés, jouée et imprimée sous le nouveau titre que nous venons de donner.

— Hiver (l'), ou les deux Moulins, divertissement-vaudeville en un acte (et en prose). *Paris, Barba*, an V (1797), in-8.

Avec M. Du Chaume.

— Hôtel (l') en vente, ou Encore M. Guillaume, comédie-anecdote en 2 actes et en prose. *Paris, Fages*, 1812, in-8, 1 fr. 25 c.

— Intrigues (les) de la Rapée, comédie grivoise en un acte, mêlée de couplets. *Paris, mad. Masson*, 1813, in-8, 1 fr. 25 c.

Avec MM. Dumersan et Merle.

— Intrigue (l') en l'air, comédie en un acte, mêlée de vaudevilles. *Paris, mad. Cavanagh*, 1807, in-8, 1 fr. 20 c.

Avec M. A. de Chazet.

— Janvier et Nivôse, étrennes en vaudev. (en un acte et en prose). *Paris, mad. Cavanagh*, 1806, in-8.

Avec M. A. de Chazet.

— Jean qui pleure et Jean qui rit, comédie en un acte et en prose, mêlée de vaudev. Sec. édit. *Paris, J.-N. Barba*, 1818, in-8.

Avec M. Brazier. Cette pièce fut représentée pour la première fois en.... et imprimée....

— Jeannette, ou Six mois à Paris, comédie en un acte, mêlée de couplets. *Paris, Martinet*, 1812, in-8, 1 fr.

— Jocrisse corrigé, ou la Journée aux accidents, comédie en un acte (en prose). *Paris, Barba*, 1812, in-8.

— Jocrisse maître et Jocrisse valet, coméd. en un acte et en prose. *Paris, mad. Masson*, 1810; ou *Paris, Barba*, 1834, in-8, 30 c.

— Journée (la) aux enlèvements, comédie en 2 actes et en prose, mêlée de vaudevilles. *Paris, mad. Cavanagh*, 1807, in-8.

Avec M. Alissan de Chazet.

—* Kabri le sabotier, ou les Chiquenaudes, comédie-féerie en un acte (et en prose), mêlée de couplets. *Paris, mad. Huet*, 1822, in-8.

Avec M. Moreau.

— Lagrange Chancel, ou le Valet dans l'embarras, comédie en un acte et en prose, mêlée de vaud. *Paris, mad. Masson*, 1809, in-8, 1 fr. 25 c.

— Laitière (la) de Bercy, comédie anecdotique, en 2 actes et en prose, mêlée de vaudevilles. *Paris, Barba*, 1805, in-8, 1 fr. 20 c.

Avec M. A. de Chazet.

— Laitière (la) Suisse, ou l'Aveugle de Clarens, comédie en un acte, mêlée de couplets. *Paris, mad. Masson*, 1815, in-8, 1 fr. 25 c.

Avec MM. Dumersan et Merle.

— Leçon (la) de danse et d'équitation, comédie en un acte, mêlée de couplets. *Paris, mad. Huet*, 1822, in-8, 1 fr. 50 c.

Avec M. Gersin.

— Leçon (la) de l'oncle, ou Il était temps, comédie en un acte et en prose, mêlée de vaudevilles. *Paris, mad. Cavanagh*, 1809, in-8, 1 fr. 20 c.

Avec M. A. de Chazet.

— Lithographe (le), ou les Scènes populaires, vaudeville en un acte. *Paris, mad. Huet*, 1823, in-8, 1 fr. 50 c.

Avec M. Tousez.

— Locataire (le), comédie en un acte et en prose, mêlée d'ariettes. *Paris, Roux*, an IX (1801), in-8, 1 fr.

—Loups (les) et les Brebis, ou la Nuit d'été, divertissement en un acte et en vaudevilles. *Paris, Barba*, 1793, 1796, in-8.

— Lundi, mardi et mercredi, ou Paris, Melun et Fontainebleau, comédie en trois jours et en vaudevilles. *Paris, mad. Cavanagh*, 1806, in-8, 50 c.

Avec M. A. de Chazet.

—Mai (le), ou la Fête du Printemps, vaudeville villageois en un acte. *Paris, Dondey-Dupré; mad. Cavanagh*, 1808, in-8, 1 fr. 20 c.

Avec M. A. de Chazet.

—Mariniers (les) de Saint-Cloud, impromptu (en un acte et en prose, mêlé de vaud,). *Paris, les march. de nouv.*, an VIII (1800), in-8.

Cette pièce eut deux autres éditions dans la même année.

—Marquis (le) de Moncade, ou la Comédie bourgeoise, comédie en un acte (et en prose), mêlée de couplets. *Paris, mad. Masson*, 1811, in-8.

— Maurico (le) de Venise, parodie d'Othello (en un acte et en prose, mêlée de vaudevilles). *Paris, Barba*, 1793, in-8.

— Mauvaises (les) têtes, ou le Baril de poudre, comédie en un acte, mêlée de vaudevilles. *Paris, C. Letellier*, 1823, in-8, 1 fr. 50 c.

Avec M. Ourry.

— Médecin (le) de Palerme, comédie en un acte, mêlée de vaudevilles. *Paris*, 1794, in-8.

Avec M. A. de Chazet.

—Mon oncle Antoine, ou J'arrive à temps, comédie en un acte et en prose, mêlée de vaudevilles. *Paris, André*, an VIII (1800), in-8.

— M. Blaise, ou les deux Châteaux, comédie-vaudeville en 2 actes, mêlée de vaud. *Paris, Barba*, 1821, in-8, 1 fr. 50 c.

Avec M. Ourry.

— M. de Larguillière, ou mon Cousin de Dreux, comédie en un acte et en prose, mêlée de vaudevilles. *Paris, mad. Cavanagh*, 1805, in-8.

Avec M. A. de Chazet.

— Nicolas Remi, ou le Fermier de la Bresse, comédie en 2 actes, mêlée de vaudevilles. *Paris, Duvernois*, 1823, in-8, 1 fr. 50 c.

— Nouvelles (les) réjouissances, vaudeville. Juin 1811.

Joué aux Variétés.

—Opéra (l') de village, ou la Fête impromptu, divertissement à l'occasion de la paix et du retour de S. M. l'Empereur et Roi (en un acte, et en prose, mêlé de couplets). *Paris, mad. Cavanagh*, 1807, in-8.

— Orgues (les) de Barbarie, comédie en un acte et en prose, mêlée de couplets. *Paris, Barba*, 1811, in-8.

Avec M. A. de Chazet.

— Pauvre Jacques, comédie en 3 actes et en prose, mêlée de vaudevilles. *Paris, mad. Cavanagh*, 1807, in-8, 1 fr. 50 c.

Avec M. A. de Chazet.

— Péchantré, ou une Scène de tragédie, comédie-anecdote en un acte (et en prose), mêlée de couplets. *Paris, mad. Masson*, 1812, in-8.

— Petit (le) Candide, ou l'Ingénu, comédie en un acte, en prose, mêlée de couplets. *Paris, Barba*, 1809, in-8.

Avec M. Alissan de Chazet.

— Petites (les) Marionnettes, ou la Loterie, comédie en un acte et en prose, mêlée de vaud. *Paris, mad. Cavanagh*, 1806, in-8, 1 fr.

Avec M. A. de Chazet.

— Pierre, Paul et Jean, comédie-vaudeville en 2 actes. *Paris, Amyot*, 1821, in-8, 1 fr. 80 c.

Avec M. Ourry.

— Plaisir (le) et la Gloire, scènes patriotiques en vers, mêlées de chants. *Paris, L. Vente*, an II (1794), in-8.
— Plaisirs (les) de l'hiver, comédie en un acte, mêlée de couplets. *Paris, mad. Masson*, 1813, in-8, 1 fr. 25 c.
— Poëtes (les) sans soucis, ou Laisnez et La Monnoye, vaudeville anecdotique, en un acte (et en prose). *Paris, mad. Chazet*, 1808, in-8.

Avec M. Le Franc.

— Rataplan, ou le petit Tambour, vaudev.-anecdote en un acte. *Paris, Barba*, 1822, in-8, 1 fr. 50 c.

Avec M. Vizentini.

— Réjouissances (les) autrichiennes, divertissement en un acte (et en prose), mêlé de couplets. *Paris, Dondey-Dupré*, 1810, in-8.
— Riquet-à-la-Houpe, comédie-féerie en un acte, mêlée de couplets. *Paris, Barba*, 1821 et 1822, in-8, 1 fr. 50 c.

Avec M. Brazier.

— Romainville, ou la Promenade du dimanche, vaudeville grivois, poissard et villageois, en un acte. *Paris, mad. Cavanagh*, 1807, in-8.

Avec M. A. de Chazet.
Cette pièce a eu deux éditions la même année.

— Rustant, ou la Roxelane de Chatou, comédie en un acte, mêlée de couplets. *Paris, mad. Masson*, 1815, in-8, 1 fr. 25 c.
— Simon le Franc, ou l'Origine de ma fortune, vaudeville anecdotique en un acte. *Paris, Barba*, 1831, in-8, 2 fr.
— Sorcière (la), parodie en un acte (en prose) et en vaudevilles de Médée. *Paris, les march. de nouv.*, 1797, in-8.
— Une Heure de prison, ou la Lettre de recommandation, comédie en 2 actes, mêlée de couplets. *Paris, Barba*, 1811, in-8, 1 fr. 25 c.

Avec MM. Dumersan et Merle.

— Une Soirée de carnaval, comédie-folie en un acte et en prose, mêlée de couplets. *Paris, mad. Masson*, 1810, in-8, 1 fr. 25 c.
— Vieillard (le) de Viroflay, tableau villageois en un acte (en prose) et en vaudevilles. *Paris, A.-G. Brunet*, 1826, in-8.

Avec M. de Courcy. M. Sewrin n'est nommé sur la pièce que par son initiale.

— Vieux (le) malin, comédie en 2 actes, mêlée de couplets. *Paris, mad. Masson*, 1814, in-8, 1 fr. 25 c.
— Villageois (le) qui cherche son veau, comédie en un acte, mêlée de couplets. *Paris, Barba*, 1798; ou 1811, in-8, 1 fr. 25 c.
— Vivandière (la), comédie en un acte, mêlée de couplets. *Paris, Fages*, 1813, in-8, 1 fr. 25 c.
— Voyageur (le), comédie en un acte et en prose. *Paris, mad. Cavanagh*, 1804, in-8, 1 fr.

Cette pièce, jouée d'abord au théâtre de Picard, sous le titre de l'*Auberge de Schœnbrunn*, fut jouée ensuite à l'Ambigu-Comique, et imprimée sous le titre que nous venons de donner.

Drames et Mélodrames.

— Cécilia, drame en 3 actes et en vers. *Paris, mad. Cavanagh*, 1805, in-8, 1 fr.
— Julia, ou les Souterrains du château de Mazzini, mélodrame en 3 actes et en prose. *Paris, Fages*, an VII (1799), in-8.

Les pièces que nous venons de citer, quoique déjà assez nombreuses, ne sont pas toutes celles que M. Sewrin a composées : il y en a un certain nombre qui, n'ayant pas réussi, n'ont pas été imprimées.

M. Sewrin débuta dans la carrière dramatique en 1793, et les encouragements qu'obtinrent ses premiers essais sur les théâtres de Favart et Louvois, le déterminèrent à suivre cette carrière qu'il a longtemps parcourue avec succès.

« Les ouvrages dramatiques de M. Sewrin se font généralement remarquer par un but moral, par une grande connaissance de la scène, un style simple et naturel, et l'art de tirer du fond le plus léger des tableaux agréables ou des situations comiques. »

Ainsi que M. Scribe M. Sewrin a essayé de tous les genres : vaudevilles, opéras-comiques, comédies en vers, drames ; il ne manque à la gloire de M. Sewrin que d'avoir été représenté à l'Académie de musique; mais ce n'est pas sans l'avoir essayé, car il a présenté au jury de ce théâtre, en l'an III, *Holopherne*, opéra en 3 actes; en l'an VI et en l'an X, *les Otahitiens*, opéra en 5 actes; et en 1816, *Lasthénie*, en un acte.

PIÈCES DE M. SEWRIN
QUI N'ONT PAS ÉTÉ IMPRIMÉES.

Charrue (la) et l'Antichambre.
Claudinet, ou les Absents ont tort, opéra-comique en 2 actes, joué au théâtre Montansier, et ensuite aux Jeunes Artistes. (Avec Gavaudan.)
Cloche (la), le Tambour et le Tambourin.
Coucou (le).

Cousin (le) de Denières.
Cris (les) de Paris.
Deux (les) Ivrognes.
Fête (la) vénitienne.
Fifre (le) et le tambour, opéra-comique en 2 actes, joué aux Jeunes Artistes.
Holopherne et Judith.
Intrigue (l') vénitienne.
Jeune (la) belle-mère, avec M. Dumersan.
Mari (le) confesseur, vaud. joué aux Délassements-Comiques.
M. Desbosquets.
Nous verrons, pièce de circonstance.
Père (le) enfant.
Pierre, ou le Coupable innocent.
Sac (le) ambulant, vaud. joué aux Variétés.
Surprises (les).
Tuteur (le) malade, vaudeville joué aux Délassements-Comiques. Potier y jouait un rôle.
Valet (le) dans l'embarras, avec M. A. de Chazet.

De la liste que nous venons de donner il résulte que M. Sewrin seul a donné 63 pièces : nous avons dit, à l'article du Mondor des vaudevillistes contemporains, que seulement 38 pièces lui appartenaient. M. Sewrin n'aurait-il que la quantité pour lui, ce que nous sommes bien loin de prétendre, il peut le disputer pour la facilité à M. Scribe, et avec avantage : M. Sewrin a plus créé que le dernier.

POÉSIES.

— Quelques Fables. *Paris, de l'impr. d'Éverat*, 1821, in-12 de 40 pag.

— Quelques moments de récréation, chansons et vaudevilles. 1797, in-18.

— Romances, chansons et autres poésies. *Paris*, 1796, in-8.

Plusieurs des chansons de M. Sewrin, tirées de ses pièces, ont été insérées dans les principaux recueils lyriques, tels que le Chansonnier français, etc., etc.

ROMANS.

— Amis (les) de Henri IV, nouvelles historiques; suivies du Journal d'un moine de Saint-Denis, contenant la relation de la violation des tombeaux des rois en 1793. *Paris, Barba*, 1805, 3 vol. in-12, 5 fr.

— * Brick-Bolding, ou Qu'est-ce que la vie, roman anglo-franco-italien. *Paris, Cailleau*, an VII (1799), 3 vol. in-12, ornés de 3 grav., 4 fr. 50 c.

— * Famille (la) des menteurs, ouvrage véridique. Par l'auteur de « Brick-Bolding, etc. » *Paris, mad. Masson*, an X (1801), in-12, orné de 2 grav., 2 fr.

— Hilaire et Berthille, ou la Machine infernale de la rue Saint-Nicaise. *Paris, Dentu*, an IX (1801), in-12, avec une grav., 2 fr.

Ce roman est suivi de toutes les pièces relatives à cette affaire.

— * Histoire d'un chien, écrite par lui-même, et publiée par un homme de ses amis, ouvrage critique, moral et philosophique. *Paris, mad. Masson*, an X (1802), in-12, orné de 3 grav., 2 fr.

— * Histoire d'une chatte, griffonnée par elle-même, et publiée par madame ***. *Paris, mad. Masson*, an X (1802), in-12 fig., 1 fr. 50 c.

Les autobiographies animales étaient à la mode en l'an IX. Outre les deux que nous venons de citer, on a encore publié la même année : l'*Histoire d'une chienne ; l'Histoire d'une souris*, écrite par elle-même, et publiée par madame ***, qui n'en a pas peur; l'*Histoire d'un perroquet*, écrite sous sa dictée, et publiée par Cahaisse, etc.

— * Papa Brick, ou Qu'est-ce que la mort? roman anglo-franco-italien. Par l'auteur de « Brick-Bolding. » *Paris, Barba*, an IX (1801), 2 vol. in-12, ornés de 2 jol. grav., 3 fr.

— * Première (la) nuit de mes noces, trad. du champenois. Par l'auteur de « Brick-Bolding, de l'Histoire d'un chien, etc. » *Paris, mad. Masson*, an X (1801), 2 vol. in-12, ornés de 2 jol. grav., 3 fr.

— Récollets (les) de Munich, histoire récente arrivée en Allemagne. *Paris, Capelle*, an XI (1803), in-12, fig., 2 fr.

— Trois (les) Faublas de ce temps-là, manuscrit trouvé dans les panneaux d'une ancienne voiture de la cour. *Paris, Barba*, an XI (1803), 4 vol. in-12, avec 4 grav., 6 fr.

M. Sewrin a renoncé de bonne heure à un genre où il annonçait une aussi rare fécondité que dans le genre dramatique, mais qui lui promettait moins de succès.

M. Pigoreau, dans sa Bibliographie biographico-romancière, attribue encore à M. Sewrin la traduction d'un roman anglais intitulé *Mortimer Lasselles* (1800, 2 vol. in-18).

SEX. — Mémoire sur la fortification permanente pour servir à la construction d'un front de fortification sur le terrain. Nouv. édit. *Saint-Pétersbourg, Pluchart*, 1819, in-4, avec Atlas de 12 planches gr. in-4, 24 fr.

SEXTUS le Salyen, pseudon. Voy. P.-J. de HAITZE.

SEXTUS EMPIRICUS. Voy. EMPIRICUS.

SEXTUS POMPONIUS. — Histoire du droit romain, ou Enchiridion de Sextus Pomponius, contenant l'origine et les progrès du droit, de la magistrature et la succession des prudents; trad. par Eug. DUBARLE (le texte en regard), avec des éclaircissements historiques et critiques. *Paris, Videcoq*, 1825, in-8 de 84 pag.

SEXTUS RUFUS. — Epitome de l'histoire romaine, trad. en français (1813). Voy. SERIEYS.

SEYAHSED, pseud. Voy. DESHAYES.

SEYBERT (Adam), et non SCYBERT, comme nous l'avons imprimé par erreur à la fin du tome VIII; membre de la chambre des représentants des États-Unis pour la ville de Philadelphie.
— Annales statistiques des États-Unis, traduites de l'angl. par C.-A. SCHEFFER. *Paris*, *Brissot-Thivars*, 1820, in-8, 8 fr.

SEYBOLD (David-Christophe). — Lusus ingenii et verborum in animi remissionem. *Argentorati*, 1792, in-12.

SEYEZ. — Mémoire sur une opération chirurgicale faite à Rouen, à l'hôpital de Bicêtre, adressé à messieurs les membres composant le collége royal de médecine et de chirurgie de Paris. *Rouen*, *de l'imp. de Mad. Trenchart-Behourt*, 1826, in-4 de 4 pages.

SEYFFARTH (G.). — Réplique aux Observations de J.-F. Champollion le jeune contre le système hiéroglyphique de F.-A.-G. Spohn et G. Seyffarth. *Leipzig*, *Barth*, 1827, in-8 de 32 pag., 1 fr. 50 c.

SEYFRIED (le chev. de). Voy. ALBRECHTSBERGER.

SEYNES (de), ou DESEYNES (Alphonse), architecte dessinateur.
— Essai sur les fouilles faites en 1821 et en 1822 autour de la maison carrée (à Nîmes). *Nîmes*, *Pouchon*, 1823, in-8 de 32 pag., avec 3 planches, dont une color.
— Séc. édit. *Ibid.*, *l'Auteur*, 1824, in-8 de 36 pag, avec 4 pl.
— Monuments romains de Nîmes, dessinés d'après nature et lithogr. *Paris*, *l'Auteur*, 1818, 5 livr. petit in-fol., 25 fr.

SEYNES (Théodore de). — Patriotisme (le) a expiré avec la république : la révolution de 1830 ne l'a pas vu renaître. *Lyon*, *de l'imp. de Charvin*, 1830, in-8 de 8 pag.

SEYTRÉS. — Instruction sur le bail partiaire, connu à Marseille sous le nom de bail à mégerie, et sur les différents travaux qui doivent être faits aux terres dans le courant de l'année. Seconde édition, corrigée et augmentée du calendrier pour le jardin potager. *Marseille*, *Mossy*, 1811, in-12.

SEZE (de). Voy. DESÈZE.

SEZILLE (Charles), chanoine théologal de Noyon.
— Histoire des siéges, prises et reprises de la ville de Noyon, durant la Ligue. *Noyon*, 1772, in-12.

SFORSOZI (L.), de Rome.
—Atalia, oratorio in tre parti; traduzione del signor Sforsozi, musica del celebre maestro G. Fred. Haendel, eseguitasi ne' concerti dell' institutione reale di musica, fondata et diretta del signor Aless. Choron. *Paris*, *rue de Vaugirard*, n. 69, 1831, in-8 de 16 pag., 60 c.
— Compendio della historia d'Italia, divisa in cinque epoche, cioè : 1° dalla fondazione di Roma sino alla battaglia d'Azio; 2° da Ottaviano Augusto sino alla caduta dell' imperio romano occidentale; 3° da Odoacre sino al pontificato di Gregorio VII; 4° da Gregorio VII sino al pontificato di Giulio II; 5° da Giulio II sino al principio del anno 1831. *Parigi*, *Truchy*, 1832, in-12, 4 fr. 50 c.—Sec. ediz., aumentada. *Parigi*, *il medesimo*, 1837, in-12 de 600 pag., sur pap. vél., 6 fr.
— Éléments de la langue italienne, contenant un exposé clair et succinct des règles grammaticales de cette langue, un tableau de la prononciation italienne, et une méthode simple et facile pour obtenir promptement la connaissance parfaite des verbes réguliers et irréguliers, ramenés à une seule conjugaison, suivis d'exercices italiens sur les règles qui les précèdent. *Paris*, *Truchy*, 1834, in-18, 2 fr. 50 c.
— Exercices anecdotiques, ou Thèmes italiens gradués sur toutes les règles de la grammaire, et une série progressive d'anecdotes françaises, pour être traduites en bon italien. *Paris*, *Truchy*, 1836, in-18, 2 fr. 50 c. — Corrigé des Exercices anecdotiques italiens. *Paris*, *Truchy*, 1836, in-18, 2 fr. 25 c.
— Guide pratique de la langue italienne, ou Cours élémentaire et progressif de littérature italienne, pour faciliter l'étude de cette langue par le moyen de deux traductions, l'une interlinéaire, l'autre en regard, aussi fidèle que possible, suivant toutefois le génie de la langue française. *Paris*, *Truchy*, 1833, in-12, 4 fr. 50 c.
— Manuel de conversations françaises et italiennes, contenant : 1° vocabulaire de mots usuels, avec leurs exercices particuliers pour en faciliter l'emploi immédiat; 2° petites phrases familières et élémentaires;

3° dialogues sur différents sujets. *Paris*, *Truchy*, 1831, in-18, 2 fr.

— Naratore (il) italiano, ossia Raccolta di aneddoti, tratti storici e novelle scelte tolte da autori moderni, cui si è aggiunto uno squarcio interessante di Ettore Fieramosca d'Azeglio, e la storia della monaca di Monza di Manzoni e Rosini. *Paris*, *Truchy*, 1834, in-12, 4 fr. 50 c.

— Tesoretto della lingua italiana, o Raccolta di brevi e dilettevoli aneddoti, con note esplicative in francese a piè delle pagine per facilitare la traduzione, e cogli accendi di prosodia collocati sopra ogni parola. *Paris*, *Truchy*, 1834, in-18, 2 fr. 50 c.

M. L. SFORSOZI, en outre, a traduit de l'italien l'Auberge de la poste, comédie de GOLDONI (1834), et le Fou par farce, comédie de COSENZA (1834); il a publié, comme éditeur, la deuxième édition des Dialogues classiques italien-français de E. MORAND, qu'il a revus (1833), et un Teatro comico moderno (1836).

SGANZIN (J.), inspecteur des ponts et chaussées.

— Programmes, ou Résumés des leçons d'un cours de construction, avec des applications tirées principalement de l'art de l'ingénieur des ponts et chaussées, conformément au système d'enseignement adopté par le conseil de perfectionnement de l'an 1806. IIIe édit., revue, corr. et augm. *Paris*, *veuve Courcier*, 1821, in-4, avec 10 planches, 15 fr.

La première édition a dû paraître dans un recueil scientifique; la seconde est de Paris, 1809, in-4.

SGANZIN. — Faune entomologique de Madagascar (1833). Voy. BOISDUVAL.

S'GRAVESANDE. Voy. GRAVESANDE.

SGRICCI (Tom.). — Morte (la) di Carlo primo, tragedia in quinta atti, improvisata. *Parigi*, *Urbain-Canel*; *Audin*, 1824, in-8.

L'année précédente, M. Sgricci avait improvisé, à Turin, une autre tragédie, *Ettore*, qui a été imprimée dans la même année.

SHABBEAR. — * Peuple (le) instruit, ou les Alliances dans lesquelles les ministres de la Grande-Bretagne ont engagé la nation, trad. de l'anglais (par GENEST). 1756, in-12.

SHADWEL. — Avare (l'), comédie, trad. de l'angl. (par DU BOCAGE). 1752.

Imprimée à la suite de la *Lettre* du traducteur *sur le Théâtre anglais*.

SHAFTESBURY (Antoine Ashley Cooper, comte de), moraliste anglais.

— Essai sur l'usage de la raillerie, trad. du latin par P. COSTE. 1710, in-12.

— * Essai sur l'usage de la raillerie et de l'enjouement dans les conversations qui roulent sur les matières les plus importantes, trad. de l'angl. (par VAN EFFEN). *La Haye*, *Scheurleer*, 1710, in-12.

— * Principes de la philosophie morale, ou Essai de M. S*** sur le mérite et la vertu, avec des réflexions (par M. PAILLET). *Amsterdam*, *Z. Châtelain*, 1744, in-8.

— * Principes de la philosophie morale, ou Essai sur le mérite et sur la vertu, par mylord S***; traduit de l'angl. (par DIDEROT). *Amsterdam* (*Paris*), 1745, in-8; 1772, in-12.

Ouvrage réimprimé sous ce titre : *Philosophie morale réduite à ses principes*, ou Essai de S*** sur le mérite et la vertu (trad. librement de l'anglais, par DIDEROT), Venise (Paris) 1751, in-8.

On peut regarder Diderot plutôt comme auteur de ce livre que comme traducteur. Il déclare, dans un avertissement, qu'il a presque fermé le livre de Shaftesbury quand il a pris la plume, et qu'il s'est seulement rempli de son esprit.

— Soliloques (les), ou Entretiens avec soi-même, contenant une méthode nouvelle de perfectionner les connaissances humaines; traduit de l'angl. par SINSON. *Londres*, *et Paris*, *Desventes de Ladoué*, 1771, in-8, et 2 vol. in-12.

Cette traduction a été réimprimée ou peut-être reproduite sous ce titre : *Les Conseils*, traduits de l'anglais (par M. SINSON.) Londres (Paris), Costard, 1773, in-8.

Une *Lettre sur l'enthousiasme*, traduite de l'anglais (par SAMSON), la Haye, 1709, in-12, attribuée ordinairement à Shaftesbury, est reconnue aujourd'hui pour être de Robert Hunter, mort en 1734, gouverneur de la Jamaïque. Voy. le Dictionnaire de Watkins, au mot Hunter.

— Œuvres de milord comte de Shaftesbury, contenant divers ouvrages de philosophie et de morale; trad. de l'anglais. *Genève*, 1769, 3 vol. in-8.

— Characteristicks (les), lettres et ouvrages de milord comte de Shaftesbury; traduits de l'angl., sur la dernière édition, par M. PASCAL, et revus sur l'original, par M. J.-B. ROBINET. *Amsterdam*, *et Leipzig*, 1780, 3 vol. in-8.

L'auteur d'une préface de 26 pages, aussi bien pensée que bien écrite, qui paraît être Robinet, avoue qu'il reproduit les anciennes traductions des *Principes de philosophie morale*, par Diderot, et de l'*Essai sur la raillerie*, par Coste. Pascal, nommé dans le frontispice de 1780, est probablement l'auteur à qui l'on doit les « Lettres semi-philosophiques » publiées en 1757.

SHAKSPEARE (William), le père de la tragédie anglaise.

— Commères (les) de Windsor.

— A trompeur trompeuses et demi, comédie en trois actes, imitée des Commères de Windsor (par M. PORTELANCE). *Manheim, de l'impr. électorale*, 1759, in-8.

— Amant (l') loup-garou, ou M. Rodomont, pièce comique en 4 actes et en prose, imitée de l'anglais (des Commères de Windsor), par COLLOT D'HERBOIS. *Douai*, 1777; *Paris, les march. de nouv.*, 1780, in-8.

Les Commères de Windsor ont été traduites par Le Tourneur, dans le Théâtre de Shakspeare, et par La Place, sous le titre de *les Femmes de bonne humeur, ou les Commères de Windsor*, et insérées par ce dernier dans le Théâtre anglais qu'il a publié.

—

— Hamlet, prince of Denmark, a tragedy in 5 acts, with remarks by Mrs INCHBALD. *Paris, Théop. Barrois*, 1822, in-18, 1 fr. 20 c.; or (without remarks) *Paris, mad. Vergne*, 1827, in-18, 1 fr. 75 c.

— Hamlet, tragédie en cinq actes, de W. Shakspeare, conforme aux représentations données à Paris. *Paris, madame Vergne*, 1827, in-18, 1 fr. 50 c.

— La même tragédie (en anglais et en français), avec la description du costume, des entrées et sorties, des positions relatives des acteurs, et de toute la mise en scène, etc. *Paris, Lance*, 1833, in-18, 1 fr. 50 c.

Cette édition fait partie du Robertson's english theatre.

— Une scène d'Hamlet, traduite en vers par Jules LAINÉ. *Paris, Barba; Reynolds*, 1836, in-8 de 28 pag.

Le texte est en regard de la traduction en vers, qui elle-même est accompagnée d'une traduction en prose collatérale.

Ducis a imité cette pièce en vers français (1769).

—

— Jules-César, tragédie de SHAKSPEARE, en trois actes (trad. en vers blancs), et l'Héraclius espagnol, par D.-P. de CALDERON DE LA BARCA (traduites par VOLTAIRE). *Lausanne*, 1774, in-8.

—

— King Lear, a tragedy in five acts, as performed in Paris. *Paris, Mad. Vergne*, 1828, in-18, 1 fr. 50 c.

— Roi (le) Léar, tragédie en cinq actes, conforme aux représentations données à Paris. *Paris, Mad. Vergne*, 1828, in-18, 1 fr. 50 c.

Autre pièce de Shakspeare imitée par Ducis (1793).

—

— Macbeth, a tragedy in five acts, with remarks by Mrs INCHBALD. *Paris, Théoph. Barrois*, 1822, in-18, 1 fr. 20 c.; or (without remarks) *Paris, Truchy*, 1828, in-18; and *Paris, Mad. Vergne*, 1828, in-18, 1 fr. 50 c.

— Macbeth; tragédie en cinq actes, conforme aux représentations données à Paris. *Paris, Mad. Vergne*, 1828, in-18, 1 fr. 50 c.

Pièce imitée en vers français par Ducis, en 1784.

— Macbeth, mélodrame en cinq actes, avec un prologue, imitation libre de Shakspeare. Par MM. Victor DUCANGE et Anicet BOURGEOIS. *Paris, Quoy*, 1829, in-8, 2 fr.

—

— Merchant of Venice, a comedy in five acts, as performed at the theatres royal in Drury-Lane and Covent-Garden, with explanatory french notes. *Paris, Bobée*, 1827, in-18, 1 fr.

— Marchand (le) de Venise, comédie (en cinq actes et en prose), traduite de l'angl. *Londres (Paris), Grangé*, 1768, in-8.

— Marchand (le) de Venise, comédie en trois actes et en vers, imitée de Shakspeare, par M. LAMARCHE. *Paris, Barba*, 1830, in-8 de 80 pag.

—

— Othello, the More of Venice, a tragedy in five acts, with remarks by Mrs INCHBALD. *Paris, Th. Barrois*, 1822, in-18, 1 fr. 20 c.; or (without remarks) *Paris, Truchy*, 1828, in-18, 1 fr.

— More (le) de Venise, tragédie anglaise du Théâtre de Shakspeare (en cinq actes et en vers), précédée d'un discours préliminaire, par M. DOUIN. *Amsterdam, et Paris, Cellot*, 1773, in-8.

— Othello, drame en cinq actes et en vers imité de Shakspeare, par M. BUTINI, anc. procureur-général de Genève. *Sans nom de ville (Genève), ni d'impr.*, et sans date (1785), in-8.

Pièce arrangée par Ducis, pour la scène française, en vers, en 1793.

— More (le) de Venise, ou Othello, pantomime entremêlée de dialogues (en prose), en trois actes, imitée de la tragédie anglaise, par M. CUVELIER. *Paris, Fages*, 1818, in-8.

— Otello, ossia il Moro de Venezia,

dramma per la musica, in tre atti ed din versi (Franc.-ital.). *Parigi, Roullet*, 1821, in-8.

— Othello, ou le More de Venise, tragédie lyrique en trois actes (en prose). *Paris, Roullet*, 1821, in-8.

— Otello, ou le More de Venise, opéra en trois actes (en prose), d'après les drames anglais, français et italiens, paroles de M. CASTIL-BLAZE. *Paris, Castil-Blaze*, 1823, in-8.

— Othello, tragédie en cinq actes, conforme aux représentations données à Paris. *Paris, Mad. Vergne*, 1827, in-18, 1 fr. 50 c.

— More (le) de Venise, Othello, tragédie traduite de Shakspeare en vers français, par le comte Alfred de VIGNY. *Paris, Levavasseur; Urbain Canel*, 1830, in-8.

—

—Richard the third, a tragedy in five acts, with explanatory french notes, by J.-W. LAKE. *Paris, Truchy*, 1827, 1834, in-18, 1 fr.

—Richard III, a tragedy in five acts, as performed in Paris. *Paris, Mad. Vergne*, 1828, in-18, 1 fr. 50 c.

— Richard III, tragédie en cinq actes, conforme aux représentations données à Paris. *Paris, Mad. Vergne*, 1828, in-18, 1 fr. 50 c.

—

— Romeo and Juliet, a tragedy in five acts; as now performed at the theatre royal London. *Paris, printed by Smith*, 1827, in-18.

— The same play, as performed in Paris. *Paris, Mad. Vergne*, 1827, in-18, 1 fr. 50 c.

— The same play, with explanatory french notes, by A. BROWN. *Paris, Truchy*, 1837, in-18, 1 fr.

Autre pièce adaptée à la scène française, en vers, par Ducis, en 1772.

On trouve quelques scènes de Juliette traduites en français par M. DELECLUSE, dans Roméo et Juliette, nouvelle de Luigi da Porto.

—

— Shylock, drame en trois actes, imité de Shakspeare, par M. DULAC et ALBOIZE. *Paris, Bezou*, 1830, in-8.

—

— Timon d'Athènes, en 5 actes et en prose, imitation de Shakspeare, par L.-Séb. MERCIER. 1794, in-8.

OEUVRES.

— Plays, with the corrections and illustrations of various commentators, to which are added notes by Sam. JOHNSON and G. STEEVENS. A new edition, with a glossary index. *Basel (* Strasbourg, Levrault)*, 1800-02, 23 vol. in-8, 92 fr.

Edition très-commune et fautive, qui n'a pas conservé le tiers de son prix.

— Dramatic (the) works of Shakspeare, from the texte of Johnson, Steevens and Reed; with a biographical memoir, summary remarks on each play, copious glossary and variorum notes. Embellished with a portrait of Shakspeare. *Paris, Baudry; Amyot; Barrois*, 1829, or 1835 and 1836, in-8, 10 fr.

— Complete (the) Works of William Shakspeare, with explanatory and historical notes, by the most eminent commentators. Accurately printed from the correct and esteemed edition of Alexander Chalmers, F. S. A. In two volumes, with nearly 200 wood and steal engravings. *Paris, Baudry*, 1838, 2 vol. gr. in-8, 30 fr.

Le libraire Baudry se propose de réimprimer, pour faire suite à cette belle édition, l'ouvrage intitulé : « Shakspeare and his times», by Nathan DRAKE. Londres, 1817, 2 vol. in-4, fig., bel ouvrage qui coûtait 5 guinées pap. ord. et 7 sur gr. pap.

— Shakspeare (avec des notes des éditeurs anglais : Warburton, Steevens, Johnson, Mrs Griffith, etc., et des Remarques tirées de la traduction allemande de Shakspeare par M. Eschenburg), traduit de l'angl. (en prose) par LE TOURNEUR (le comte de CATUELAN et FONTAINE-MALHERBE). Dédié au roi. *Paris*, 1776-83, 20 vol. in-8, 60 fr. et tirés sur format in-4, 80 fr.

« On estime cette traduction, cependant elle ne fait connaître qu'imparfaitement Shakspeare, qui est le plus souvent imité que traduit.

Cette collection est composée des tragédies et des comédies de Shakspeare, avec les pièces qui leur sont relatives. Voici l'ordre de sa distribution :

Tom. Ier (*Préliminaires*) : Épître des traducteurs au roi, pag. 1—x; — Réflexions sur des opinions sur Shakspeare émises par Marmontel dans le Discours préliminaire placé par lui en tête des Chefs-d'œuvre dramatiques, pag. xi-xiv; — Jubilé de Shakspeare, pag. xv-xxxviij; —Vie de Shakspeare, pag. xxxix-lxxxvij; — Discours extraits des différentes préfaces que les éditeurs de Shakspeare ont mises à la tête de leurs éditions, pag. lxxxiij-cxxxiv. 1° *Othello, ou le More de Venise*, tragédie en cinq actes; suivie d'un Précis de la nouvelle de Geraldi Cynthio, où Shakspeare a puisé le sujet d'Othello.

Tom. II, 2° *la Tempête*, trag. en cinq actes; 3° *Jules-César*, trag. en cinq actes; avec un Fragment d'Euripide, placé là par les traducteurs pour servir de comparaison entre une pièce du tragique grec et le Jules-César du tragique anglais.

Tom. III, 4° *Coriolan*, trag. en cinq actes; — 5° *Macbeth*, trag. en cinq actes.

Tom. IV, 6° *Cymbeline*, trag. en cinq actes; — 7° *Roméo et Juliette*, trag. en cinq actes; — 8° Extrait des Castelvius et des Montéses, pièce de Lopez de Vega, pour servir à comparer la marche de deux pièces sur le même sujet, traité par deux poëtes, et à peu près dans le même temps.

Tom. V, 9° *le Roi Lear*, trag. en cinq actes; — 10° *Hamlet, prince de Danemarck*, trag. en cinq actes.

Tom. VI, 11° *Antoine et Cléopâtre*, trag. en cinq actes; 12° *Timon d'Athènes*, trag. en cinq actes.

Tom. VII, Remarques de mistriss Montaigu sur Hamlet; — Réflexions de M. Richardson sur Hamlet; — Remarques de M. Eschenburg sur onze pièces de Shakspeare; — 13° *la Vie et la mort du roi Jean*, trag. en cinq actes.

Tom. VIII, Précis des sujets des pièces historiques, pag. i à xcviij; — 14° *Richard II*, trag. en cinq actes.

Tom IX, 15° première partie de *Henri IV, roi d'Angleterre*, trag. en cinq actes; — 16° seconde partie de *Henri IV, roi d'Angleterre*, contenant sa mort et le couronnement de Henri V, trag. en cinq actes.

Tom. X, Notes sur la première et la seconde partie de Henri IV; — Recherches sur les danses mauresques (opinion de M. Tollet, Esq., sur les danseurs mauresques qui sont peints sur les lozanges de sa fenêtre); — Anecdotes sur Shakspeare (tirées de divers auteurs); — Extrait d'un Essai sur l'ordre chronologique des pièces de Shakspeare, par M. Malone; — Réflexions de Rowe sur Shakspeare; — Note de M. Eschenburg sur les Femmes joyeuses de Windsor; — 17° *les Femmes joyeuses de Windsor*, com. en cinq actes.

Tom. XI, 18° *Henri V*, drame historique en 5 actes; — 19° première partie de *Henri VI, roi d'Angleterre*, trag. en cinq actes.

Tom. XII, 20° *Henri VI*, seconde partie, trag. en cinq actes; — 21° *Henri VI*, troisième partie, trag. en cinq actes.

Tom. XIII, 22° *la Vie et la mort de Richard III, roi d'Angleterre*, trag. en 5 actes; — 23° *Henri VIII, roi d'Angleterre*, trag. en cinq actes.

Tom. XIV, 24° *Beaucoup de bruit pour rien*, comédie en cinq actes; — Remarques de M. Eschenburg sur cette pièce; — 25° *Comme vous l'aimez*, comédie en cinq actes, suivie des Remarques de M. Eschenburg sur cette pièce.

Tom. XV, 26° *le Marchand de Venise*, com. en cinq actes; suivie des remarques de M. Eschenburg; — 27° *le Songe d'une nuit du milieu de l'été*, comédie en cinq actes.

Tom. XVI, 28° *les Méprises*, comédie en cinq actes; — 29° *la Méchante femme mise à la raison*, comédie en cinq actes.

Tom. XVII, 30° *Troïle et Cresside*, tragédie en cinq actes, précédée des remarques de M. Eschenburg sur cette pièce, et suivie de notes; — 31° *Tout est bien qui finit bien, ou si la fin est bonne tout est bon*, comédie en cinq actes, précédée des remarques de M. Eschenburg sur cette pièce.

Tom. XVIII, 32° *Mesure pour mesure*, comédie en 5 actes; — 33° *les Peines de l'amour perdues en vain*, comédie en cinq actes, précédée des remarques de M. Eschenburg sur cette pièce.

Tom. XIX, 34° *la Soirée des rois, ou Ce que vous voudrez*, comédie en cinq actes; — 35° *le Conte d'hiver*, drame en cinq actes, précédé de remarques de M. Eschenburg sur cette pièce.

Tom. XX, 36° *les Deux Véronois*, comédie en cinq actes, précédée des remarques de M. Eschenburg, et suivie d'une note sur cette pièce; — 37° *Titus Andronicus*, trag. en cinq actes, précédée des remarques de M. Eschenburg.

Plusieurs volumes, dans les derniers surtout, sont divisés en deux parties, quoique ne contenant que deux pièces, et chaque partie a sa pagination particulière; en sorte qu'il ne serait pas impossible que l'on trouvât des pièces séparées qui appartinssent à cette édition.

— **Le même, de la même traduction, sous le titre d'Œuvres complètes. Nouv. édition, revue et corr. par F. Guizot (ou plutôt Mad. Guizot, née Dillon) et A. P*** (Pichot), traducteur du lord Byron, précédée d'une Notice biographique et littéraire sur Shakspeare, par F. Guizot. *Paris, Ladvocat*, 1821, 13 vol. in-8, avec un portrait, 65 fr., et sur gr. pap. vélin, 195 fr.**

Édition plus belle que la précédente: elle est disposée dans un autre ordre. En tête du premier volume on a donné la table générale des pièces contenues dans les treize volumes.

Dans un avis placé en tête du premier volume on lit:

« Nous aurions pu réduire cette édition à dix vo- « lumes seulement selon la promesse du prospectus, « si les auteurs s'étaient contentés de réviser la pre- « mière traduction; mais outre les retranchements « rétablis dans le corps des pièces, retranchements « si nombreux (ils forment au moins deux volumes) « que la modestie seule des traducteurs nous a fait « laisser le nom de Letourneur en tête de cette tra- « duction nouvelle, notre édition s'est encore enrichie « d'une tragédie tout entière (*Périclès*, imprimée « dans le tom. XIII) et de deux poëmes de la jeu- « nesse de Shakspeare (*Vénus et Adonis*, et *la Mort « de Lucrèce*, imprimés pag. 1 à 143 du premier vo- « lume), d'un *choix de sonnets de Shakspeare*, et de « trente-sept notices et de notes qui n'ont pas peu « contribué au succès de cet ouvrage. »

La « Vie de Shakspeare » que Letourneur a donnée en tête de son édition ne remplit que 43 pag.; celle de la nouvelle édition remplit les 152 pag. liminaires du premier volume: elle est signée F. G. (F. Guizot); les notices sur les pièces sont signées des initiales P. B. (Prosper Barante), F.-G. (F. Guizot), A. P. et A....e P....t (Amédée Pichot, qui est aussi le traducteur des deux poëmes qui ont été insérés dans cette édition).

En améliorant cette traduction les nouveaux éditeurs ont aussi fait des changements dans sa composition, en ce qui concerne les pièces relatives aux tragédies et comédies de Shakspeare. Les commentaires des éditeurs anglais et les remarques de M. Eschenburg ont été remplacés par des examens des nouveaux éditeurs, et par un choix de notes de commentateurs anglais.

— **Œuvres de Shakspeare, traduites de l'ang. par Letourneur. Nouvelle édit., corr. et enrichie de notes de divers commentateurs sur chaque pièce (par M. Avenel). *Paris, Brissot-Thivars*, 1822, 12 vol. in-18, 24 fr.**

Faisant partie du Répertoire des théâtres étrangers.

— **Œuvres dramatiques de Shakspeare, précédées de notices historiques et littéraires sur sa vie et ses ouvrages, par J.-A. Havard. *Paris, Ad. Havard (* Am. Saintin)*, 1834, gr. in-8, impr. à 2 colonnes, 12 fr.**

Indépendamment de la comédie des *Commères de Windsor*, traduite par La Place, que nous avons citée plus haut, ce même auteur a traduit deux tragédies de

Shakspeare : *Antoine et Cléopâtre* & *Cymbeline*, qu'il a aussi insérées dans le Théâtre anglais qu'il a publié.

Quelques-unes des pièces de Shakspeare ont été imprimées dans la Bibliothèque anglo-française (1836). Voy. ce titre à la table.

EXTRAITS DE SHAKSPEARE.

— Beauties (the) of Shakspeare. *Paris, Parsons, Galignani and comp.*, 1809, huit numéros formant 2 vol. in-12, 8 fr.

— Chefs-d'œuvre de Shakspeare, traduits conformément au texte original, en vers blancs, en vers rimés et en prose, suivis de poésies diverses, par feu A. BRUGUIÈRE, revus par M. de CHÊNÉDOLLÉ. *Paris, Dondey-Dupré*, 1826, 2 vol. in-8, 12 fr.

— Pensées de Shakspeare, extraites de ses ouvrages (par M. Ch. NODIER). *Besançon, Métoyer*, 1801, in-8.

Il en a été tiré douze exemplaires sur pap. vélin; ils portent le nom du traducteur.

— Pensées de Shakspeare, suivies de quelques scènes de ses tragédies. *Paris, Maccarthy*, 1822, in-18.

OUVRAGES ÉCRITS OU TRADUITS EN FRANÇAIS QUI ONT RAPPORT A CEUX DE SHAKSPEARE.

— Essai de mistriss MONTAIGU sur le génie dramatique de Shakspeare, trad. de l'angl. Vers 1778.

— Fragment sur Shakspeare, tiré des Conseils à un jeune poète; trad. de l'ital. de Mart. SHERLOCK, par M. D. R. *Londres*, 1780, in-8. (Voy. SHERLOCK.)

— Shakspeare et Addison mis en comparaison, ou Imitation en vers des monologues d'Hamlet et de Caton. Par DWALL. 1786, in-8.

— Essais littéraires sur Shakspeare, ou Analyse raisonnée, scène par scène, de toutes les pièces de cet auteur. Par Paulin DUPORT. *Paris, Letellier fils*, 1828, 2 vol. in-8, 14 fr.

SHALER. — Courses vagabondes de Jean-Christophe Lesage dans la vaste étendue de la plaine des fous; présent de carnaval. (En allemand). *Strasbourg*, 1830, in-8. (D. M.).

Publiées sous le pseudonyme d'Apicius Frissgern (glouton).

SHALES (William). — Esquisse de l'État d'Alger, considéré sous les rapports politique, historique et civil, traduit de l'anglais par M. X. BIANCHI. *Paris*, *Ladvocat; Marseille, Camoin*, 1830, in-8, avec un plan, 9 fr.

SHARP (Samuel), né vers la fin du XVIIe siècle, fut l'élève le plus distingué de Cheselden, et l'un des chirurgiens les plus célèbres dont s'honore l'Angleterre. Membre de la Société royale de Londres, associé de l'Académie royale de chirurgie, il occupa pendant long-temps la place de chirurgien en chef de l'hôpital de Guy, et mourut en 1765.

— Recherches critiques sur l'état présent de la chirurgie, traduites de l'angl. par Aug.-Fr. JAULT. *Paris*, 1751, in-12, 2 fr. 50 c.

— Traité des opérations de chirurgie, avec les figures et la description des instruments qu'on y emploie, et une introduction sur la nature et le traitement des plaies, des abcès et des ulcères; trad. en français par A.-F. JAULT. *Paris, Guérin*, 1741, in-12, 2 fr. 50 c.

Traduction faite sur la 3e édition de l'original, publiée en 1740.

SHARP, pseudon. Voy. LAMETHRIE.

SHARPE (J.). — Mesures prises de 1711 à 1713 pour introduire la liturgie anglicane dans le royaume de Prusse, trad. de l'angl. par J.-T. MUYSSON. *Londres*, 1767, in-4.

SHAW (Pierre), premier médecin du roi d'Angleterre, dans le siècle dernier, a publié, sur la médecine et la chimie, des ouvrages écrits avec simplicité, et qui annoncent un homme à la fois modeste et instruit. On a traduit en français, de Shaw, les ouvrages suivants :

— Fragments extraits des œuvres du chancelier Bacon, traduits de l'angl. par MARY DU MOULIN. *Amsterdam, et Paris, Duchesne*, 1765, in-12.

— Leçons de chimie propres à perfectionner la physique, le commerce et les arts; trad. de l'angl. (par Mad. THIROUX D'ARCONVILLE). *Paris*, 1759, in-4.

— Méthode générale d'analyse, ou Recherches physiques sur le moyen de connaître les eaux minérales; trad. de l'angl. par COSTE. 1767, in-12.

— * Secrets (les) et les fraudes de la chimie et de la pharmacie modernes dévoilés, trad. de l'angl. (par Mad. THIROUX D'ARCONVILLE). *La Haye, Gosse*, 1760, in-8.

SHAW (Thomas), théologien d'Oxford, mort le 15 août 1751.

— Voyages dans la Barbarie et le Levant, et Observations sur les royaumes d'Alger, Tunis, Syrie, Égypte, etc., avec des cartes et des figures. Traduits de l'angl. *La Haye*, *Néaulme*, 1743, 2 vol. in-4.

L'auteur a enrichi cette relation de plusieurs faits précieux pour l'histoire naturelle.

— Voyage dans la régence d'Alger, ou Description géographique, physique, philologique, etc., de cet État, par le docteur Shaw, traduit de l'angl., avec de nombreuses augmentations, des notes géographiques et autres, par J. MACCARTHY. *Paris*, *Marlin*, 1830, un vol. in-8, ou 2 vol. in-18 avec un plan.

Tiré du Voyage précédent.

SHAW (James). — Essai sur les Pays-Bas autrichiens, trad. de l'angl. *Londres* (*Bruxelles*), 1788, in-8 de 188 pag.

SHEFFIELD (John Baker HOLROYD, comte de), membre du parlement britannique; mort le 30 mai 1821.

— Observations sur le commerce des États américains (traduites de l'anglais par M. de RUMARE, magistrat à Rouen). *Rouen*, *dame Besogne*, 1789, in-4.

— Observations sur l'état du commerce des États-Unis d'Amérique, traduit de l'angl. (par le comte de MIRABEAU). 1791, in-8.

Cet ouvrage a été réfuté dans un écrit de Clavière et Brissot de Varville qui a pour titre : De la France et des États-Unis.

Le comte Sheffield est auteur de plusieurs opuscules qui n'ont pas été traduits en français : il a été l'éditeur des Mémoires de l'historien Gibbon.

Voy. aussi BUCKINGHAM.

SHELDON, ministre du saint Évangile.

— Croyance religieuse des Baptistes justifiée par quelques-uns des principaux passages de l'Écriture qui s'y rapportent et en sont le fondement. *Paris*, *Risler*, 1836, in-8 de 28 pag.

Avec MM. Villard et Wilmarth.

SHELLEY (Percy-Bysshe), poëte anglais. Voy. COLERIDGE.

SHELLEY (mistriss), fille du célèbre William Godwin, et veuve de Percy-Bysshe Shelley, poëte anglais très-distingué qui périt prématurément le 8 avril 1822, à l'âge de vingt-neuf ans.

— Frankenstein, ou le Prométhée moderne, trad. de l'angl, par J. S*** (Jules SALADIN). *Versailles*, *et Paris*, *Corréard*, 1821, 3 vol. in-12, 5 fr.

— * Last (the) Man. By the author of Frankenstein. (A new edition). *Paris*, *Galignani*, 1825, 3 vol. in-12, 13 fr.

Le tome III du Salmigondis renferme la traduction d'une nouvelle de Mrs Shelley, intitulée : *le Frère et la Sœur.*

SHEPHERD (le rev. William), ministre anglican dissident, et qui appartient à la secte connue sous le nom d'unitaires, grand ami de l'historien Roscoe.

— Vie de Poggio Bracciolini, secrétaire des papes Boniface IX, Innocent VII, Grégoire XII, Alexandre V, Jean XXIII, Martin V, Eugène IV, Nicolas V, prieur des arts, et chancelier de la république de Florence. Traduite de l'anglais, avec des notes (par M. le comte de LAUBEPIN). *Paris*, *Verdière*, 1819, 1823, in-8, 6 fr.

Un *Précis de la rivalité des papes d'Avignon et de Rome*, *ou du Schisme d'Occident au quatorzième et au quinzième siècle*, qui fait partie de cet ouvrage, a été réimprimé en 1837, à la suite d'une Lettre de Poggio Bracciolini à son ami Leonardo d'Arezo. (Voy. POGGIO).

Parmi quelques autres ouvrages imprimés de Shepherd, qui n'ont pas été traduits en français, on en cite un intitulé : *Paris in 1802 and 1814* (1814, in-8).

SHEPPARD (John). — Correspondance entre John Sheppard et lord Byron. *Paris*, *H. Servier*, 1826, in-8 de 8 pag.

SHERIDAN (Thomas), homme distingué autant comme acteur que comme professeur d'éloquence ; né à Quilca, en Irlande, en 1720, mort à Margate, le 14 août 1788.

— Traité de la prononciation anglaise, par M. SHÉRIDAN, trad. de l'angl. (par Canquoin-Chaussier), suivi des Principes les plus clairs et les plus succints pour apprendre en peu de temps la langue anglaise; avec la manière d'en rendre les idiomes et d'en traduire les gallicismes, par CANQUOIN-CHAUSSIER. *Paris*, 1803, in-8, 2 fr. 50 c.

SHERIDAN (mistriss), femme du précédent, morte à Blois, le 17 septembre 1766.

— * Mémoires de miss Sidney Bidulph, trad. de l'angl. (par ROBINET). *Amsterdam*, 1762-68, 5 vol. in-12.

Suivant Barbier, cet ouvrage est une suite à celui de l'abbé Prévost, intitulé : Mémoires pour servir à l'histoire de la vertu.

— Mémoires de miss Sidney Bidulph, extraits de son journal, par Richardson; trad. de l'angl. *Paris*, *Ouvrier*, an IX (1801), 6 vol. in-18, avec le portr. de Richardson, 4 fr. 50 c.

C'est à tort que l'éditeur de cette édition a attribué ce livre à Richardson.

— * Nourjahad, histoire orientale, trad. de l'angl. *Paris, Gauguery*, 1769, in-12.

Insérée dans le « Cabinet des fées. »

Ce roman a été traduit en français par une dame de condition qui a fourni beaucoup de morceaux à Bastide pour la Bibliothèque des romans; mais cet homme de lettres n'a point été autorisé à faire connaître son nom au public.

C'est de ce conte philosophique que madame de Genlis a tiré « le Règne d'un jour. »

SHERIDAN (Charles-François), fils des deux précédents, sous-secrétaire du ministère de la guerre du royaume d'Irlande, et membre du parlement.

— Histoire de la dernière révolution de Suède, arrivée le 19 août 1772, trad. de l'angl. (par Bruyset aîné). *Londres* (*Lyon*), *Bruyset aîné*, 1783, in-8; — *Paris, Belin*, 1794, in-12.

SHERIDAN (Richard-Brindsley), frère du précédent, et troisième fils de Thomas Sheridan, le premier des auteurs comiques anglais de notre époque, et célèbre orateur; membre du parlement anglais; né à Dublin, le 4 novembre 1751, mort à Londres, le 7 juillet 1816, dans un état voisin de la misère, par suite de son insouciance.

DISCOURS PARLEMENTAIRES.

— Select parliamentary speeches of R. B. Sheridan. *Paris, Baudry; Bobée*, 1828, in-32, 2 fr.

Le faux-titre porte : the British Classics, edited by L. W. Lake.

THÉATRE.

— Critique (le), comédie en trois actes, trad. par M. Am. Pichot. *Paris, Delloye; Heideloff et Campé*, 1835, in-8.

Cette édition fait partie du Théâtre européen.

—

— Duègne (la) et le Juif portugais, farce en trois actes pour le carnaval, traduite par A.-H. Chateauneuf. *Paris*, 1826, in-8 de 24 pag. — Sec. édition. *Paris, Hubert*, 1826, in-8 de 24 pag., 1 fr. 50 c.

La première édition, tirée à un très-petit nombre, ne fut pas mise dans le commerce.

— Duègne (la), opéra-comique en trois actes, trad. par M. Gourmez. *Paris, Delloye; Heideloff et Comp.*, 1835, in-8.

Cette édition fait partie du Théâtre européen.

Toutes les pièces de Sheridan furent très-bien accueillies du public, et rapportèrent à l'auteur des sommes considérables : *la Duègne* obtint soixante-quinze représentations consécutives.

—

— Pizarro, a tragic play, in five acts, as performed at the theatre royal in Drury-Lane; taken from the German drama of Kotzbue, and adopted to the English stage, by R. B. Sheridan. *Paris, Théophile Barrois*, 1804, in-18, 1 fr. 20 c.

Ce drame de Kotzebue, intitulé : « les Espagnols au Pérou », fait suite à « la Prêtresse du soleil », autre drame en cinq actes du même auteur. Les principaux personnages, à l'exception de Pizarre, se retrouvent dans les deux ouvrages.

Ce n'est point par la régularité de l'action que se recommande le *Pizarre* de Sheridan; mais il y a beaucoup de force et d'élégance.

—* Pizarro, tragédie (en 5 actes et en vers), traduite librement de l'angl. *Sans nom de ville* (*Paris*), *ni nom d'impr.*, et sans date (vers 1796), in-8.

—

— Rivals (the), a comedy in five acts, with remarks by Mrs Inchbald. *Paris, Théoph. Barrois*, 1817, in-18, 1 fr. 20 c.

— Rivaux (les), comédie en 5 actes (en prose, trad. de l'angl. par mad. de Vasse). *Sans nom de ville, ni d'impr.*, 1784, in-8.

Extrait du Théâtre anglais publié par madame de Vasse, 1784-87, 12 vol. in-8.

— Trois (les) Rivaux, ou la Fille romanesque, comédie en cinq actes et en prose, sans l'unité de lieu; imitée de Sheridan. Par A.-H. Chateauneuf. *Paris, Alph. Leroux*, 1824, in-8.

— Rivaux (les), comédie en cinq actes, trad. par M. Loeve-Veimars. *Paris, rue du Dragon*, n. 20, 1836, in-8.

Cette édition fait partie du Théâtre européen.

—

— School (the) for scandal, a comedy in five acts. *Paris, Théoph. Barrois*, 1804, in-18. — *Paris, Baudry*, 1822, in-18; 1827, in-8, or in-32.

— The same piece, with a biographical sketch, critical Notice, and, for the first time, explanatory french notes, by J.-W. Lake; a prologne written by Garrick. *Paris, Truchy*, 1829. — Second edition, much improved. *Paris, Truchy*, 1833, in-18, 1 fr.

— Édition classique de the School for scandal, précédée d'une Notice sur Sheridan, et de la monodie sur sa mort, par lord Byron; d'une critique sur cette comédie, de l'ode au scandale, par Sheridan, et suivie de notes explicatives, par A. Spiers. *Paris, l'Auteur* (*M. Spiers*), *rue Mazarine, n.* 19; *Baudry; Poilleux*, 1836, in-12, 1 fr. 50 c.

Il y a des exemplaires qui portent sur le fron[t]is

pice : *seconde édition*, et la date de 1837. C'est la même, rajeunie par un nouveau titre.

« Parmi les productions dramatiques de Sheridan, *l'École du Scandale* est son chef-d'œuvre. Cet ouvrage offre un tableau fidèle et piquant des mœurs anglaises, et un dialogue plein de naturel et d'esprit. Le seul défaut de cette pièce, comme de la plupart de celles du théâtre anglais, c'est une double intrigue, qui nuit à la marche de l'ouvrage et fait languir l'auditoire pendant plusieurs scènes, pleines, il est vrai, de détails charmants, mais qui ne tiennent pas au fond de l'intrigue. Malgré cette imperfection, c'est une comédie d'un rare mérite, et qui plaît également aux connaisseurs et au vulgaire. »

M. Villemain, dans sa notice sur Sheridan, écrite avec la grâce et l'élégance qui caractérisent son style, et insérée dans la collection des théâtres étrangers publiée par Ladvocat, porte le jugement suivant sur le chef-d'œuvre de Sheridan :

« Ce n'est pas que dans cette charmante comédie, l'une des plus amusantes et des plus spirituellement comiques qu'on puisse voir, Sheridan se soit tout à fait corrigé de sa mauvaise habitude d'emprunter des situations et des caractères : ses deux principaux personnages, un mauvais sujet dont le cœur est excellent, et un prétendu sage qui n'est qu'un fourbe; le contraste qu'ils présentent, et le dénoûment, où la candeur étourdie de l'un triomphe sur le vice adroit de l'autre, tout cela vient du célèbre roman de Fielding, et l'on reconnaît les physionomies de Tom Jones et de Blifil. Enfin, sans presser les choses rigoureusement, on peut trouver aussi dans l'*École de la médisance* une très-forte imitation de notre Molière. La scène où sir Joseph Surface cherche à séduire, par des beaux raisonnements, la femme de son ami, ressemble beaucoup à la fameuse scène de Tartuffe ; c'est l'hypocrite philanthrope substitué à l'hypocrite religieux; et si la situation ne devient pas aussi vive, c'est apparemment pour la vraisemblance des mœurs, et parce qu'un philosophe doit toujours conserver plus de phlegme qu'un dévot. Dans tous les cas l'emprunt est assez visible et la scène assez décisive pour que, dans l'excellente imitation (celle de Chéron) que l'on a faite sur notre théâtre de la comédie de Sheridan, on ait dû rendre honneur à Molière, et pu appeler fort légitimement et intituler la pièce, *le Tartuffe des mœurs*.... »

— École (l') de la médisance, comédie en 5 actes (et en prose, trad. de l'angl. par mad. de Vasse). *Sans nom de ville, ni d'imp.*, 1784, in-8.

Extrait du Théâtre anglais publié par madame de Vasse, 1784-87, 12 vol. in-8.

— École (l') du scandale, ou les Mœurs du jour, comédie en 5 actes; traduite en franç. (en prose), par M. Bunel-Delille. *Londres, Galabin*, 1789, in-8.

— Faux (le) Usurier, ou le Neveu reconnaissant, comédie en trois actes, imitée de l'angl., de Sheridan, par Th.-P. Bertin. *Paris, l'Auteur*, an VI (1798), in-8, 1 fr. 80 c.

— Homme (l') à sentiments, ou le Tartufe des mœurs, comédie en cinq actes et en vers, imitée en partie de « the School for scandal » de Sheridan (par Chéron). *Paris, Huet et Charon*, 1801, in-8.

Réimprimée avec le nom de Chéron.

Bien faible imitation, et dont le titre bizarre ne convient, sous aucun rapport, à cette charmante pièce.

Selon M. Bonnet, dans sa traduction du Théâtre de Sheridan, tom. II, pag. 4, il n'a manqué à cette imitation qu'un style plus correct et plus fort pour être une comédie du premier ordre.

— École (l') de la médisance, comédie en quatre actes, trad. de l'angl. (par P.-N. Famin). *Paris, A.-A. Renouard*, 1807, in-8.

Cette traduction fait partie du Théâtre des Variétés étrangères.

— Londres au XIXe siècle, ou l'École du scandale, comédie en cinq actes et en prose, librement traduite et en partie imitée de Sheridan, sans changement dans l'intrigue, les caractères et la contexture des scènes. Par A.-H. Chateauneuf. *Paris, Alph. Leroux*, 1824, in-8.

Il en fut fait un second tirage dans la même année.

— École (l') du scandale, pièce en trois actes et en prose, imitée de Sheridan. Par MM. Crosnier, Jouslin de La Salle et Saint-M..... (Maurice). *Paris, Quoy; Barba*, 1825, in-8, 1 fr. 50 c.

« Imitation fort heureuse, dit M. F. Bonnet; j'observerai seulement que les auteurs ou *arrangeurs*, ajoute-t-il, ont donné à leur pièce un titre tout à fait erroné; l'*École du scandale* est un contre-sens s'il en fut jamais. » Mais pour la justification des imitateurs il convient de dire qu'ils ont pourtant respecté le titre que l'auteur anglais lui-même a donné à sa pièce.

— * Deux (les) cousins, comédie-vaudev. (imitée de l'angl. de Sheridan), en 3 actes. Par Saint-Hilaire, Ferd. Laloue et Paulin (Paul Duport). *Paris, Quoy*, 1825, in-8, 2 fr.

Cette pièce a été réimprimée dans la même année.

Les trois auteurs de cette pièce ont, avec autant d'esprit que d'adresse, habillé Sheridan à la française, et ce qu'ils doivent à leur propre imagination est fort bien fondu avec ce qu'ils ont traduit de l'anglais. La scène où madame Denneville (lady Teazle) répète un fragment de comédie avec Charles ne déparerait point l'ouvrage de Sheridan.

— École (l') de la médisance, comédie, traduite par M. Merville, précédée d'une Notice sur Sheridan, par M. Villemain.

Traduction imprimée dans le Théâtre anglais qui fait partie de la collection intitulée Chefs-d'œuvre des théâtres étrangers, publiés chez Ladvocat.

Cette traduction est facile, élégante, en un mot digne d'un poëte comique qui en traduit un autre. On y pourrait seulement signaler quelques fautes contre le sens, mais ce sont rarement de ces erreurs

Quas aut incuria fudit
Aut humana parùm cavit natura

pour lesquelles Horace et tous ceux qui écrivent demandent à bon droit l'indulgence des lecteurs.

— École (l') de la médisance, comédie en

trois actes, trad. par M. Gourmez. *Paris, rue du Dragon*, n. 20, 1836, in-8.

Cette traduction fait partie du Théâtre européen.

— Dramatic (the) works of R. B. Sheridan, with original life of the author (by L.-W. Lake). *Paris, Malpeyre*, 1822; ou avec de nouveaux titres (* *Baudry; Bobée*), 1827, 1828, 4 vol. in-32, 8 fr.

Les faux titres portent : the British Classics, etc., edited by L. W. Lake.

Les éditions de 1827 et 1828 ont des titres aux noms des acquéreurs Baudry et Bobée.

— Théâtre complet de Sheridan, précédé d'une Notice sur sa vie; trad. de l'angl. (librement et en prose) par F. Bonnet. *Paris, Fournier*, 1836, 2 vol. in-8, 15 fr.

Ces deux volumes renferment la traduction de sept pièces de Sheridan, quelques-unes précédées de remarques de mistriss Inchbald et de M. Villemain. On y trouve : tom. Ier, *les Rivaux*, comédie en cinq actes; — *la Sainte-Patrice, ou les Stratagèmes d'un lieutenant*, farce en deux actes; — *la Duègne*, opéra-comique en trois actes; et *Un tour à Scarborough*, comédie en cinq actes. Tom II, *l'École de la médisance*, comédie en cinq actes; — *le Critique, ou la Répétition d'une tragédie*, comédie en trois actes; — *Pizarre*, tragédie en cinq actes. Ce volume est terminé par la *Monodie sur la mort de Garrick*.

La Notice sur Shéridan (*Vie, etc.*) est la traduction de celle que M. W. Lake a donnée en tête de sa petite édition anglaise du théâtre de cet auteur comique; mais, dit le traducteur, dans une note placée au bas de la page 3 : « Cette Notice, « quoique en général assez exacte, m'a paru, dans « certains endroits remarquables de la vie de Sheridan, incomplète et défectueuse. J'ai dû suppléer à ce qui m'a paru manquer à cet essai « biographique par des notes tirées en partie de « l'ouvrage de M. Thomas Moore, intitulé : Mémoires sur la vie privée, politique et littéraire « de R. B. Sheridan », ou, pour parler plus exactement, il a complété sa Notice, comme le dit lui-même M. F. Bonnet, page 30, par « un article « inséré dans le Journal des Débats du 2 août « 1826, qui renferme des observations pleines de « justesse sur Sheridan et ses ouvrages. »

— Select (his) dramatic works, containing the School for scandal, a comedy; the Rivals, a comedy; Pizarro, tragic play. *Lyon, and Paris, Cormon and Blanc*, 1836, in-18, 3 fr.

SHERIDAN (William), romancier anglais.

— Carwel, ou Crime et Douleur, par M.... Sheridan, traduit de l'anglais par M. Levilloux. *Paris, mad. Bréville*, 1830, 2 vol. in-12, 6 fr.

— Délia, ou les Deux Cousines; trad. de l'angl. par Th.-P. Bertin. *Paris, Corbet*, 1817, 2 vol. in-12, 4 fr.

Ces deux traductions ont été publiées à tort sous le nom de R. B. Sheridan.

Nous ferons remarquer que ni Reuss dans sa Gelehrte England, ni l'auteur du Biographical Dictionary of the living Authors of Great-Britain and Ireland, ne citent aucun roman de Sheridan, et qu'alors si les deux qui ont été publiés en France sous ce nom sont d'un Sheridan, il peut bien être autre que Richard-Brinsley.

— Lismor, ou le Château de Clostern, par W. Sheridan; trad. de l'angl. sur la IVe édit., par J.-B.-M.D.......y. *Paris, Chaignieau; Maradan*, an VIII (1800), 2 vol. in-12, avec figures, 3 fr.

C'est *le Lord impromptu* de Cazotte, trad. en anglais par Sheridan, et de l'angl. traduit en français.

— Saint-Clair et Stéphanie, ou l'Ile déserte; trad. de l'angl. par J.-L.M***. *Paris, Langlois*, an VII (1799), in-12, 1 fr. 25 c.

SHERIDAN-KNOWLES. Voy. Knowles.

SHERLOCK (Guillaume), théologien anglais du XVIIe siècle.

— Immortalité (de l')de l'âme, et de la vie éternelle; trad. de l'anglais (par de Marmande). *Amsterdam, P. Humbert*, 1708, 1755, in-8.

— Mort (de la), du jugement et de l'immortalité, trad. par Dav. Mazel. *Amsterdam, Desbordes*, 1696, in-8; ou *Amsterdam*, 1708-12, 3 vol. in-8.

— Préservatif contre le papisme, divisé en deux parties; trad. de l'angl. (par Elie de Joncourt). *La Haye*, 1721, in-8.

L'original est de 1688, in-4. La même année le P. L. Sabran, de la compagnie de Jésus, publia : Sherlock's préservative considered, in-4, auquel l'auteur du livre attaqué répondit par sa Vindication of the préservative against popery, Answer to Lew. Sabran, in-4. Il parut encore la même année : Defence of Sherlok's preservative against popery. Reply to a jesuit's answer, in-4.

— Sermons sur divers textes de l'Écriture sainte; trad. de l'angl. par Elie de Joncourt. *La Haye, Néaulme*, 1723, 2 vol. in-8.

— Sermons sur la mort et le jugement; trad. de l'angl. par Elie de Joncourt. *La Haye*, 1725, in-8; *Utrecht*, 1734, in-8.

— Traité de la Providence, trad. de l'angl. par Elie de Joncourt. *La Haye*, 1721, in-8.

SHERLOCK (Thomas), autre théologien anglais, fils du précédent, doyen de Chichester; maître du Temple et évêque de Bengor.

— Dissertation sur la bénédiction donnée par Jacob à Juda; trad. de l'anglais par Abr. Le Moine. *Amsterdam*, 1729, in-8.

— Dissertation sur la canonicité de la seconde épître de saint Pierre, trad. de l'angl.

par Abr. Le Moine. *Amsterdam, Smith*, 1729, in-8.
— Dissertation sur les idées que les Juifs, avant J. C., se faisaient des circonstances et des suites de la chute d'Adam; trad. de l'angl. par Abr. Le Moine. *Amsterdam, Smith*, 1729, in-8.
— Sermons, trad. de l'angl., par le P. Ch.-Fr. Houbigant. 1768, in-12.

Le traducteur a fait disparaître des longueurs et des répétitions, et quelques autres défauts dont le goût français n'aurait pu s'accommoder.

— * Témoins (les) de la résurrection de J. C., examinés et jugés selon les règles du barreau; trad. de l'angl. par A. Le Moine. *La Haye*, 1732, in-8. — Seconde édition (publiée par l'abbé Guénée). *Paris, Tillard*, 1753, in-12.
— Usage (l') et les fins de la prophétie dans les divers âges du monde, en six discours, auxquels on a joint trois dissertations : la première sur la canonicité de la deuxième épître de saint Pierre, etc.; trad. de l'angl. par Abr. Le Moine. *Amsterdam, Smith*, 1729, in-8; ou *Paris*, 1754, in-12.

SHERLOCK (Martin), chapelain de Frédéric, comte de Bristol, et lord évêque de Derry, en Irlande.
— Fragment sur Shakspeare, tiré des Conseils à un jeune poëte; trad. de l'ital. par M. D. R. *Londres, et Paris, Esprit; veuve Duchesne*, 1780, in-8 de 80 pag., y compris 18 pag. de la préface du traducteur.

Les *Conseils à un jeune poëte* parurent à Naples, en italien, en 1779. Sherlock lui-même a donné une traduction de la plus grande partie de cet ouvrage dans les *Lettres* suivantes: mais la digression sur Shakspeare n'avait point été traduite par lui.

— * Lettres d'un voyageur anglais. *Londres (Genève)*, 1779, in-8.
— * Lettres (nouvelles) d'un voyageur anglais. *Londres, et Paris, Esprit*, 1780, in-8.

Il paraît que le marquis de Marnezia a prêté sa plume à l'auteur de ces deux ouvrages.

SHERWILL (Markham). — Ascension du docteur Edmond Clark et du capitaine Markham Sherwill à la première sommité du Mont-Blanc, les 25, 26 et 27 août 1825. Relation adressée à l'un de ses amis par le capitaine Markham Sherwill; traduit de l'anglais par Alexandre P.....r. *Paris, Nepveu*, 1827, in-8 de 84 pag.

SHERWOOD (madame), moraliste du jeune âge.
— Fleurs (les) de la forêt, de l'angl. sur la 4e édit. *Genève, Suz. Guers*, 1838, in-18.
— Haie (la) d'épines, trad. de l'angl. *Genève, Suz. Guers*, 1826, in-18, 50 c.
— Histoire de la famille Fairchild, trad. de l'angl. (par Mlle Rochat, avec une préface, par A. Rochat, ministre du saint Évangile), *Neufchâtel, P.-J. Michaud*, 1837, in-12, avec 6 grav. lithographiées, 3 fr. 75 c.
— Histoire de Lucie Clare, rapportée par un ecclésiastique et publiée pour l'usage des jeunes personnes; trad. de l'anglais sur la septième édition. *Valence, de l'imp. de Marc-Aurèle*, 1829, in-12, 75 c.
— Histoire de Théophile et de Sophie, trad. de l'angl. sur la VIe édit. *Genève, Suz. Guers*, 1826, in-18 fig., 85 c.
— Histoire du sergent Dale et de sa fille, trad. de l'angl. sur la 19e édition. *Paris, Risler*, 1833, in-18, 90 c.
— * Histoires indiennes : le Petit Henri. — La petite Aline. Trad. de l'angl. *Paris, J.-J. Risler*, (vers 1837), in-18, 50 c.
— Petite (la) fille qui sait se rendre utile et la petite fille qui n'est bonne à rien; trad. de l'angl. *Paris, Risler*, 1833, in-18 de 36 pages, 50 c.
— Voyage et progrès de trois enfans vers la bienheureuse éternité; trad. de l'angl. sur la 4e édition. *Toulouse, K. Cadaux, et Paris, J.-J. Risler*, 1837, in-12, 1 fr.

SHEURLÉER. Voy. Scheurleer.

SHEW, de Londres. — Cours pratique de langue anglaise. *Bordeaux, chez le portier du Vauxhall*, 1838, in-12.

Ce Cours se publie par cahiers.

SHIEL. — *Scènes populaires en Irlande (par Shiel; recueillies et traduites de l'angl. par mesdames L.-Sw. Belloc et A. de Montgolfier.) *Paris, Sédillot; Dondey-Dupré fils*, 1830, in-8.

SHIRLEY (James). — Sœurs (les), tragicomédie en 5 actes, trad. de l'anglais par MM. Am. Pichot et ***. *Paris, rue du Dragon, n° 20*, 1836, in-8.

Cette traduction fait partie du Théâtre européen.

SHOBERL (Frédéric). Voy. Schoberl.

SHORT (J.), professeur de langue anglaise.
— Etude simplifiée de la langue anglaise, d'après un système analytique et interlinéaire. *Paris, l'Auteur; Baudry*, 1826, in-8, 3 fr.

SHORTLAND. — Journal de voyages (1791). Voy. Phillip.

SHOWER. — Réflexions pour arriver à la félicité à venir. *Rotterdam*, 1729, in-8.

SHUCKFORD (Samuel), M. A. et curé de Shelton, dans la province de Norfolk.
— Histoire du monde sacré et profane, depuis la création du monde jusqu'à la destruction de l'empire des Assyriens, à la mort de Sardanaple, et jusqu'à la décadence des royaumes de Juda et d'Israël, sous les règnes d'Achaz et de Pekach (en XII livres), pour servir d'introduction à l'Histoire des Juifs du doct. Prideaux. (Traduite de l'angl. par J.-P. Bernard, prêtre de l'église anglicane, docteur en philosophie, et chapelain de milord le comte de Lorraine; Chaufepié et Toussaint.) *Leyde, Jean et Herm. Verbeek*, 1738, 2 vol. — Tom. III. *Paris, G. Cavelier*, 1752, un vol. En tout 3 vol. in-12, titres noirs et rouges, avec cartes et figures.

J. P. Bernard a traduit le premier vol., Chaufepié le second et Toussaint le troisième.

SHULKOUSKY. Voy. Sulkowsky.

SHUMLANSKY. Voy. Schumlansky.

SIAUVE (Étienne-Marie), antiquaire, d'abord prêtre, vicaire de la Ricamarie, près S.-Étienne, ensuite commissaire des guerres (1), sous-chef au ministère de la guerre, en 1798, et de nouveau commissaire des guerres aux armées de 1800 à 1812; membre de l'Académie celtique; né à Saint-Étienne-en-Forêt, mort dans la retraite de Russie, en 1812.
— Al signore commandatore Somenzari, prefetto del dipartimento di Passariano, lettera sugli ultimi scavi di Zuglio. *Verona*, 1812, in-8.

Siauve explique, dans cette lettre, les inscriptions et les autres antiquités trouvées dans les fouilles commencées sous sa direction, dès 1808.

— Antiquis (de) Norici viis, urbibus et finibus epistola. *Vérone*, 1er déc. 1811, in-8.

Cette Lettre est importante pour la connaissance de la géographie ancienne de la Norique, aujourd'hui la Carinthie et la Styrie.

— Écho (l') des cercles patriotiques et des réunions théophilanthropiques, feuille villageoise.

C'était un journal qui fut ensuite réuni à l'*Ami des théophilanthropes, ou Recueil de morale universelle*, autre ouvrage périodique, rédigé par Geoffroi.

— Éloge funèbre de Mirabeau, prononcé dans l'église de Saint-Étienne-en-Forêt, le 16 avril 1791. In-8.
— Essai sur l'éducation, adressé à l'Assemblée nationale. 1790.

L'auteur, qui était alors vicaire de la Ricamarie, y signalait les abus de celle des colléges.

—* Jacqueline Foroni rendue à son véritable sexe, ou Rapport, réflexions et jugements présentés à l'Académie de Mantoue par la classe de médecine sur le sexe d'un individu vivant (trad. de l'ital.). *Milan*, 1802, in-fol.
— Lettera al signor Giovanni Danese Buri, etc., podestà di Verona, sopra l'inscrizione del console Muciano ultimamente scoperta. *Verona*, 1811, in-8, avec planches.

On doit trouver à la suite une seconde Lettre imprimée un peu plus tard.

— Mémoire sur diverses constructions en terre et argile propres à faire jouir les petits ménages de l'économie des combustibles et applicables à la cuisine du soldat, imprimé par ordre de la Société d'agriculture et du commerce de Poitiers. 1804, in-8, avec 3 pl.
— Mémoires sur les antiquités du Poitou, aujourd'hui département de la Vienne. *Paris*, 1804, in-8 de 270 pag., avec 12 pl.

Ce volume, qui devait être suivi de quelques autres, contient deux *Mémoires* pleins d'érudition: l'un sur les nombreux sarcophages de Civaux, l'autre sur le temple de Saint-Jean, à Poitiers. L'auteur prouve dans ce dernier mémoire que le temple de Saint-Jean était un ancien batistère: en effet, le vocable seul sous lequel il était consacré suffirait pour le prouver.

L'auteur a fait imprimer plus tard un écrit intitulé: *A M. le baron Buri*, Vérone, 21 juillet 1811, in-8. C'est une lettre dans laquelle il relève les fautes qui lui sont échappées dans ses *Mémoires sur les antiquités du Poitou*.

— Mémoires sur les temples des Druides et les antiquités du Poitou. *Utrecht*, 1805, 2 vol. in-8.
— Précis d'un Mémoire sur l'octogone de Montmorillon, connu sous le nom de Temple des Druides. *Utrecht*, 1805, in-8 de 37 pag., avec 5 pl.

Ce *Précis*, que Siauve envoya aux sociétés savantes pour avoir leur avis au sujet de la destination de ce temple singulier par sa forme et par les statues qui le décorent, n'était que le prélude des *Mémoires sur les temples des Druides* qu'il publia dans la même année. M. Eloy Johanneau a donné un

(1) Siauve avait été nommé, par son département, en germinal de l'an VI, député au conseil des Cinq-Cents; mais sa nomination fut annulée par la loi du 22 floréal suivant. Trois représentants avaient fait contre lui un Mémoire, dans lequel ils le traitaient d'*homme sans mœurs*, d'*époux divorcé*, de *dilapidateur* et d'*agent de la faction anarchique*; mais ils étaient mal informés, et ils l'avaient calomnié par esprit de parti, comme il s'en est plaint dans une adresse au Corps législatif.

extrait raisonné de ce précis, dans le tom. III des Mémoires de l'Académie celtique, parce qu'il était persuadé que la description et les gravures que Siauve avait données du temple de Montmorillon et de ses statues étaient les plus exactes, ayant été faites par lui sur les lieux et à loisir, avec la louable émulation de surpasser celles qui en avaient été publiées. Il se proposait même de partir de la description de ce monument pour donner l'explication de deux statues, dont l'une est tétée par deux crapauds, l'autre par deux serpents.

— Projet d'établissement d'une société ambulante de technographes. *Paris*, fructidor an VII (1799), in-8.

Cette société devait avoir ses archives et son domicile à Paris, et se transporter successivement dans chaque département, pour en faire la description géographique, historique, archéologique, etc. Ce projet, qui méritait d'être réalisé, a quelque rapport avec celui de *l'institut nomade*, de Cadet Gassicourt, et celui d'un *corps d'ingénieurs agricoles et manufacturiers*, proposé par M. Bigot de Morogues en 1823.

— Projet d'établissement d'une société d'agriculture et de commerce à Crémone; discours à l'Académie des sciences et beaux-arts, le 10 fructidor an VIII (28 août 1800) (en italien et en franç.). *Crémone*, an VIII (1800), in-8.

— Siauve (E.-M.) au Corps législatif de la république française. In-8.

C'est une adresse dans laquelle il réclame une loi contre la calomnie, à l'occasion de celle qui avait fait annuler sa nomination au Corps législatif.

SIBERSMA (Jérôme). — Caractère (le) du vrai chrétien, et le moyen de le devenir, en forme d'entretien; trad. du flamand. *Delft*, *Adr. Beman*, 1707, in-12.

SIBERT (G. de). Voy. GAUTIER DE S.

SIBIÉ, imprimeur à Marseille.

— Mémoire sur les pilules purgatives du sieur Sibié. *Marseille*, *l'Auteur*, 1770, in-8.

SIBILLANS (le chev.), pseudonyme.

— Diogène à Paris, ou petites Lettres parisiennes à milord Lovekings, pair d'Irlande, sur l'histoire du jour, nos sottises littéraires et nos inconséquences morales et politiques. Première Lettre (et unique). *Paris*, *de l'imp. de Delaguette*, 1817, in-8.

Il devait en paraître douze lettres.

SIBILLE, pseudon. — Essai satirique et amusant sur les vieilles filles, trad. de l'angl. (1788). Voy. HAYLEY.

SIBILLON. — Principes de traduction par ordre alphabétique. *Orléans*, *Rouzeau-Montaut*, 1785, in-8.

SIBIRE (l'abbé), ancien missionnaire du Loango, et ancien curé de Saint-François d'Assise à Paris.

— Aristocrate (l') négrière, ou Réflexions sur l'esclavage et l'affranchissement des noirs. 1789, in-8.

— Buonapartiade (la), ou le Portrait de Buonaparte, poëme en un seul chant, suivi d'un Discours sur la nature et l'effet des conquêtes. Seconde édition, corr. et augm. *Paris*, *Égron; Le Normant*, 1815, in-8, 2 fr. 50 c.

Pensant que personne ne se rappellerait de *l'Hommage civique au héros* qu'il adressait en 1810, l'abbé Sibire, sur le titre de cet écrit, à son ancienne qualité, a ajouté sur le frontispice: et *conséquemment l'une des victimes du héros*: la versatilité, comme on le voit, n'est pas le défaut des seuls vaudevillistes.

La première édition a paru sous ce titre: *Le Portrait de Buonaparte, suivi d'un Discours sur la nature et l'effet des conquêtes*. Paris, le Normant; Delaunay, 1814, in-8 de 32 pag.

— Hommage civique au héros et au sage de la France, créateur de son siècle, couronnant par la paix d'innombrables victoires, en vers français. Nouv. édit., corr. et augm., avec cette épigraphe:

Vivat Napoleo! vivat pax aurea! vivant
Concordes populi! terra sit unus homo!

Paris, *Le Normant*, 1810, in-12, 30 c.

— * Mémoire adressé au gouvernement au nom du clergé constitutionnel français et des diocèses de Paris. *Paris*, 1802, in-8.

— Romance en l'honneur de Louis le Désiré remontant sur le trône. *Paris*, *de l'imp. d'Egron*, 1815, in-8 de 4 pag.

— Triomphe (le) de la France, dépeint en deux langues (latine et française), au sujet de la naissance miraculeuse, du baptême solennel et des brillantes destinées de S. A. R. Mgr. le duc de Bordeaux. *Paris*, *de l'imp. d'Egron*, 1821, in-4 de 16 pag.; ou 1822, in-8 de 20 pag.

SIBUET, à Paris. — Rédacteur, avec Poultier, de l'Ami des lois (1795).

SIBUET (G.), ancien magistrat et ex-député de Seine-et-Oise.

— Manuel (nouv.) du vigneron, ou Méthode simple, facile et économique pour faire de bon vin partout où le raisin de vigne mûrit bien, et particulièrement dans la Vendée, sans recourir aux procédés dispendieux des spéculateurs brevetés, tels que l'appareil Gervais ou autres. *Paris*, *de l'imp. de Constant Chantpie*, 1822, in-8 de 28 pag.

L'auteur a pris sur cet opuscule la qualité de *vigneron* à Étioles.

— Observations à M. le comte de Peyronnet, ministre de la justice, garde des sceaux, sur son projet de loi concernant les successions et le rétablissement d'un droit d'ainesse. *Paris, les libraires du Palais-Royal; Sautelet*, 1826, in-8 de 24 pag., 1 fr. 50 c.

Ces Observations se vendaient au profit des Grecs.

—Opinion prononcée à l'assemblée générale des principaux actionnaires de la Banque de France, du 25 janvier 1821, dans l'intérêt de l'universalité des sociétaires. *Paris, de l'impr. de Constant-Chantpie*, 1821, in-8 de 24 pag., 75 cent.

—Opinion prononcée à l'assemblée générale des deux cents plus forts actionnaires de la Banque de France, le 26 janvier 1826, suivie de notes explicatives. *Paris, Sautelet*, 1826, in-8 de 20 pag., 2 fr.

Cet écrit se vendait au profit du bureau de charité du quartier de la Banque.

SICARD (le P.), jésuite, missionnaire; mort de la peste au Caire, en 1724.

— Notes sur l'Egypte et ses antiquités...

Impr. pag. 199 à 243 dans l'ouvrage intitulé: Réflexions historiques et politiques sur l'empire ottoman. (Paris, Belin, 1802, in-8).

SICARD. —Liberté (la) et l'égalité rendues à la terre, opéra en 3 actes (en vers). *Paris, Pain*, an II (1794), in-8.

En société avec Desforges.

SICARD (l'abbé Roch-Ambroise CUCURRON), avant la révolution instituteur des sourds-muets à Bordeaux, vicaire général de Condom, chanoine de Bordeaux et membre des Académie et Musée de cette ville; depuis directeur en chef de l'institution royale des sourds-muets à Paris (en avril 1790), par suite de la mort de l'abbé de l'Epée; professeur à l'École normale en l'an III (1795) et au Lycée républicain; administrateur de l'hospice des Quinze-Vingts, et de l'institution des aveugles travailleurs; membre de l'Institut national, section de grammaire, conservé par l'ordonnance de réorganisation en 1816; membre de la commission du Dictionnaire de l'Académie; membre de l'Académie royale de Madrid, etc., etc.; né au Fousseret, près de Toulouse, le 20 septembre 1742, mort à Paris, le 10 mai 1822.

— Catéchisme, ou Instruction chrétienne, à l'usage des sourds-muets. 1796, in-8.

— Cours d'instruction pour servir à l'éducation d'un sourd-muet de naissance. 1800. — Sec. édit. *Paris, Adr. Leclère*, 1803, in-8, fig. et tabl.

L'Alphabet-Manuel qui en fait partie a été réimprimé à part in-18.

— Cours d'instruction d'un sourd-muet de naissance, et qui peut être utile à l'éducation de ceux qui entendent et qui parlent. Sec. édit. *Paris, Leclère*, 1803, in-8 de 540 pag., enrichi de 8 tableaux gravés en taille-douce, 6 fr.

— Éléments de grammaire générale appliquée à la langue française. Seconde édition. *Paris, Déterville*, 1808, 2 vol. in-8, 12 fr.

La première édit. est de 1799. Cet ouvrage a été reproduit en 1814, comme nouveau, sous le titre de *Théorie des Signes, ou Introduction à l'étude des langues, où le sens des mots, au lieu d'être défini, est en action, etc.* Paris, Michaud et Delalain; — de nouveau, en 1815; et encore Paris, Roret, 1823, 2 vol. in-8, 10 fr.

Pour les exemplaires portant ces trois dates, on n'a fait que de nouveaux titres et on a supprimé un *Hommage à Napoléon* qui n'existe que dans les exemplaires qui portent la date de 1808.

Une partie de cette Grammaire avait déjà été imprimée dans les cahiers de leçons de l'École normale, où l'abbé Sicard était professeur de grammaire générale.

Il existe un extrait de cet ouvrage sous le titre suivant:

Abrégé de la Grammaire générale de M. Sicard, ou Leçons élémentaires de langue française et de grammaire générale, par M. RAGNEAU. Tours, Letourmy, 1806, in-4 oblong.

— Homme (de l') et de ses facultés physiques et intellectuelles, de ses devoirs et de ses espérances; trad. de l'angl. avec des notes explicatives (1802). Voy. D. HARTLEY.

— Journée chrétienne d'un sourd-muet. 1805, in-12.

— Manuel de l'enfance, contenant des éléments de lecture et des dialogues instructifs et moraux. 1796, in-12.

— Mémoire sur l'art d'instruire les sourds-muets de naissance. *Bordeaux*, 1789, in-8.

Extrait du recueil du Musée de Bordeaux.

— Opinion raisonnée de M. l'abbé Sicard sur l'ouvrage ayant pour titre: les Images, ou Introduction aux principes de lecture et de prononciation; suivies des principes de prononciation et de lecture; destinées à l'usage des écoles primaires de l'un et de l'autre sexe, par M. F.-A. Laussel, anc. prof. de philosophie. *Paris, de l'imp. de Béraud*, 1816, in-8 de 16 pag.

— Rapport de M. l'abbé Sicard, l'un des membres de la commission chargée de l'examen du «Génie du Christianisme,» lu à la séance de la classe de la langue et de la littérature françaises de l'Institut, le 23 janvier 1811. *Paris, Garnery*, 1811, in-8 de 72 pag.

— Relation historique sur les journées des 2 et 3 septembre 1792. *Paris, Arth. Bertrand*, 1806, in-12.

L'abbé Sicard a eu part aux Annales religieuses, politiques et littéraires (1797): ses articles, dans ce recueil, sont signés tantôt de son nom véritable, tantôt de l'anagramme *Draeis ;* ce qui le fit comprendre, au 18 fructidor, dans la proscription des journalistes condamnés à la déportation. C'est dans ce recueil que l'abbé Sicard a donné la relation détaillée des dangers qu'il avait courus dans la prison de l'Abbaye, dans les premiers jours de septembre 1792 (1). Ce respectable ecclésiastique a donné aussi deux *Mémoires sur l'art d'instruire les sourds-muets*, dans le Magasin encyclopédique, et des morceaux de grammaire générale, dans le recueil des séances des Écoles normales ; et dans la collection des Mémoires de l'Institut, les trois morceaux suivants : *Premier Mémoire sur la nécessité d'instruire les sourds-muets de naissance*, et sur les premiers moyens de communication avec ces infortunés (tom. Ier, 1799) ; *Examen de l'Hermès d'Harris, traduction de Thurot* (Id. Id.); *Notice sur la vie et les ouvrages de Noël F. de Wailly*, membre de l'Institut national, et de plusieurs autres sociétés savantes et littéraires (tome V, 1804).

L'abbé Sicard a été, en outre, l'éditeur de la 5e édition des Tropes de DUMARSAIS. La reconnaissance, et peut-être aussi la faiblesse, lui a fait prêter légèrement son nom à Serieys pour diverses publications apocryphes faites par ce dernier, et entre autres pour des prétendus Sermons inédits de Bourdaloue.

SICARD, conseiller à la cour royale de Montpellier.

—Leçons sur la poésie sacrée des Hébreux, traduites pour la première fois du latin (1812). Voy. LOWTH.

SICARD aîné, négociant établi à Odessa.

—Lettres sur Odessa. *Saint-Pétersbourg, et Brunswick, de l'imp. de Pluchart*, 1812, in-12 de 145 pag.

« J'ai divisé ce petit ouvrage en lettres, parce qu'il devait être publié par fragments, dans la *Bibliothèque britannique* (de Genève); la première lettre a déjà été insérée dans ce journal ; des considérations particulières ont empêché l'insertion des trois autres, et m'ont décidé à les donner en corps d'ouvrage, tel que je le présente aujourd'hui au public. » (*Avant-propos*, p, 5.)

« Les occupations continuelles d'un négociant ne lui donnent pas le temps d'orner son esprit, ni de soigner son style, ni de mûrir assez ses réflexions, pour qu'il puisse prétendre à être lu sans beaucoup d'indulgence ; c'est ce dont on s'apercevra dans le cours de ces lettres, et je ne me le suis pas dissimulé; mais j'ai volontiers sacrifié mon amour-propre au plaisir de faire connaître, par des faits, UN PAYS SUR LEQUEL ON N'A QUE DES NOTIONS TRÈS-INCOMPLÈTES, ET MÊME FAUSSES, S'IL FAUT EN JUGER PAR CE QU'ON EN DIT ET ÉCRIT GÉNÉRALEMENT DANS LES PAYS ÉTRANGERS. » (*Id.* p. 5-6.)

« Je n'ai pas eu le temps de présenter le *tableau général d'importation et d'exportation du commerce d'Odessa*, que j'ai annoncé dans la seconde lettre. Je me propose d'ailleurs de le donner dans la suite, avec plus de détails que je ne pourrais le faire maintenant. » (*Id.* p. 6.)

« La population de la ville s'élevait en 1812 à 24 ou 25,000 âmes fixes ; d'après les états annuels, les naissances sont dans la proportion d'un sur trente par année. » En 1835, la population d'Odessa était de 50,000 habitants. S. P-y., de Moscou. (Extrait de la *Russie littéraire*, ouvrage manuscrit.)

SICARD, intendant militaire.

— Administration militaire de l'armée des Pyrénées, du 28 janvier au 21 avril 1823. *Paris, Baudouin frères*, 1825, in-4.

— Renseignements faisant suite au Mémoire sur l'administration militaire de l'armée des Pyrénées, du 28 janvier au 21 avril 1823. *Paris, Baudouin frères*, 1825, in-8 de 24 p., 1 fr.

SICARD (François) (1), capitaine d'infanterie chargé de travaux spéciaux au dépôt de la guerre, membre fondateur de la Société française de statistique universelle (fondée à Paris, le 22 novembre 1829); membre fondateur de l'Académie de l'industrie agricole, manufacturière et commerciale (créée à Paris, le 26 décembre 1830); membre de la Société pour l'émancipation intellectuelle; membre honoraire de la Société de navigation de Londres; membre de l'Institut historique; membre correspondant de la commission départementale des antiquités de la Côte-d'Or ; né à Thionville (Moselle), le 6 juillet 1787 et non 1791, comme le dit une biogr. récente.

— Histoire des institutions militaires des Français, depuis la fondation de la monarchie jusqu'en 1826, avec un atlas de 200 planches, représentant les uniformes militaires anciens et modernes, les armures, machines de guerre, etc., etc.; suivie d'un Aperçu sur la marine militaire, depuis l'établissement des Francs dans les Gaules jusqu'à nos jours. Dédié au roi des Français. *Paris, J. Corréard jeune ; Anselin*, 1831, 4 forts vol. in-8, avec un grand nombre de tableaux en petit texte et un atlas, 50 fr.

— L'atlas séparément : en noir 25 fr., et color. 45 fr.

Cet ouvrage qui, dit la Biographie universelle des Contemporains, fera vivre le nom de M. Sicard, est le fruit d'immenses recherches et de laborieuses élucubrations : il est rédigé avec une sagacité remarquable; il abonde en détails historiques du plus

(1) Un ouvrage intitulé : « Opuscules poétiques », par madame Dufresnoy, contient une « Relation historique sur les journées des 2 et 3 septembre, par M. l'abbé Sicard. » L'abbé Sicard a désavoué cette pièce : la sienne a été insérée parmi les notes de « la Mort de Robespierre », drame, par Serieys (1802, in-8), et dans la collection des Mémoires relatifs à la révolution française, publiée par les frères Baudouin.

(1) On trouve des notices biographiques sur le capitaine Sicard dans la Biographie de la Moselle, par le docteur Bégin, tom. IV, pag. 229; dans la Biographie universelle et portative des Contemporains, tom. V, pag. 755, et dans la Biographie des hommes du jour, par MM. Sarrut et Saint-Edme.

haut intérêt; enfin il rend inutile aujourd'hui « l'Histoire de la milice française », du P. Daniel. Plus familiarisé avec son sujet que son devancier, écrivant aussi avec plus d'indépendance, M. Sicard acquiert des droits incontestables à l'estime des savants et des militaires. Le roi de Prusse, à qui il a fait hommage de ce travail important, l'en a remercié dans une lettre des plus flatteuses, accompagnée d'une bague enrichie de diamants.

Avant M. Sicard, M. SAINTE-CHAPELLE (voy. ce nom) avait publié une Histoire générale des institutions militaires en France pendant la révolution, etc. (1820-21, 3 vol. in-8), mais cet ouvrage n'a point eu et ne devait point avoir de succès.

— Précis historique sur M. le comte Grenier, lieutenant général des armées du roi. *Metz, de l'impr. d'E. Hadamard*, 1828, in-8 de 56 pag., avec portrait et vignette.

Le docteur Em.-Aug. BÉGIN a publié aussi une Vie militaire du comte Grenier, Metz, 1830, in-8 de 48 pag.

— Tableau comparatif des différentes organisations de l'armée de terre en France, depuis 1763 jusqu'en 1825, etc.; précédé d'un Précis historique sur les organisations antérieures.

Cet ouvrage, lithographié par ordre du gouvernement, a été rédigé pour le conseil supérieur de la guerre : il offre des renseignements statistiques fort curieux, dont la plupart n'étaient pas connus.

— Tableau statistique de l'état militaire de la France en 1829 et 1830, dédié à la Société française de statistique universelle. *Paris, Corréard jeune*, 1830, gr. in-plano.

Outre l'ouvrage important, le Précis hist. et les deux tableaux que nous venons de citer, on a de ce brave, savant et laborieux officier un assez grand nombre de mémoires et articles remarquables sur l'histoire militaire de la France, répandus dans plusieurs recueils périodiques; ainsi que plusieurs travaux d'une importance plus majeure, qui sont encore inédits. Nous parlerons d'abord de ce qui a été imprimé, en n'en citant pourtant que les mémoires et articles qui offrent le plus d'intérêt. I. Dans le *Journal des sciences militaires* (1827-32) : 1° Observations sur la nécessité d'établir un nouveau règlement sur le service des places (tom. III); — 2° Coup-d'œil rapide sur les guerres anc. et mod., et les differents genres de tactique employés jusqu'à nos jours (tom. VI, pag. 516-32); — 3° Précis historique sur le corps des ingénieurs-géographes (tom. XVI, pag. 111-121); — 4° Précis historique de la direction générale du dépôt de la guerre (Ibid., pag. 218-27); — 5° Chronologie de la maison militaire des rois de France, et des différentes gardes qui lui ont succédé, depuis Clovis, jusqu'à nos jours (Ibid., tom. XVI, pag. 267 à 289, et 370 à 388); — 6° Chronologie de la marine, des colonies, des découvertes, des institutions, siéges, batailles et combats maritimes, depuis la fondation de la monarchie jusqu'à Charles X (tom. XVII); — 7° Chronologie de l'infanterie française, de l'infanterie étrangère au service de France, et des institutions militaires qui y ont rapport, depuis l'an 89 de J.-C. jusqu'au règne de Charles X (tom. XVII, pag. 56 à 72, 199 à 217, et 273 à 286). II. Dans le *Spectateur militaire* (de 1828 à 1836) : 8° Fragments historiques sur l'état de l'artillerie en France, du XIIIe au XVIIe siècle (tom. VII); — 9° Sur la composition de la maison du roi et des princes, en 1664 (Ibid.); — 10° Recherches historiques sur les guerres, siéges, batailles et traités de paix, depuis l'origine du nom français (Ibid.); — 11° Recherches historiques sur les diverses formations, sur les exercices, les manœuvres et les évolutions de ligne, etc. (tom. VIII); — 12° Recherches sur les troupes suisses au service de la France (tom. XII); — 13° Recherches historiques sur les forces militaires de la France, depuis la conquête des Gaules par les Francs jusqu'en 1832 (tom. XIII-XVI). Indépendamment de ces deux recueils consacrés à l'histoire et à l'art militaires, M. le capitaine Sicard a pris part à la rédaction de plusieurs autres ouvrages périodiques, scientifiques et littéraires, tels que les suivants : le Mémorial encyclopédique et progressif des connaissances humaines (de 1831 à 1836); — le Journal et Mémoires de l'Académie de l'industrie agricole, manufacturière et commerciale (depuis leur origine); — le Journal de la Société française de statistique universelle (depuis son origine); — le Magasin universel (tom. I et II); — le Dictionnaire de la conversation et de la lecture (depuis son commencement); — Paris pittoresque (tom. II, 1837); — enfin M. le capitaine Sicard est le rédacteur en chef de l'*Armée*, journal hebdomadaire consacré aux lois, aux besoins, à la gloire de nos armées de terre et de mer (non politique), commencé en juillet 1837.

Les ouvrages inédits de cet officier sont : 1° un *Almanach militaire, historique, statistique et anecdotique*, pour l'année 1838; — 2° un *Essai historique sur l'art de la castramétation chez les anciens et chez les modernes*, 2 vol. in-8. Cet ouvrage est divisé en trois grandes périodes : *temps anciens*, *moyen-âge*, *temps modernes*. La fin de la première période contient une description des camps romains établis dans la partie des Gaules qui forme aujourd'hui le territoire français; — 3° une *Histoire de la solde des troupes françaises*, depuis l'époque de la conquête des Gaules jusqu'à nos jours, un vol. in-8. Cet ouvrage contient l'origine des impôts, la nature des récompenses militaires, des notes historiques et statistiques sur les dépenses de la guerre, les dettes de l'État, etc., etc. On y fait connaître la valeur du marc d'or et d'argent, le prix du blé et autres denrées de première nécessité aux diverses périodes de notre histoire, etc.; — 4° un *Résumé de l'histoire des arts et des institutions militaires en France, depuis Pharamond jusqu'au règne de Louis-Philippe Ier*, un vol. in-8; — 5° un *Dictionnaire des armes anciennes et modernes, des machines de guerre, et des différents systèmes d'attaque et de défense des places*, un vol. in-8; — 6° enfin une *Histoire de la garde nationale*, qui formerait 2 vol. in-8.

SICARD, contrôleur des contributions indirectes à Montpellier.

— Instruction pour le public sur les marques d'objets d'or et d'argent aux différents titres prescrits par la loi, ou Moyen facile de reconnaître la valeur intrinsèque de ces objets. *Paris, Carpentier-Méricourt*, 1827, in-8 de 32 pag., avec 3 pl.

SICARD (Jean-Joseph). — Grammaire française, divisée en douze leçons, précédée d'un Alphabet grammatical. Seconde édit., rev. et augm. *Marseille, de l'imp. d'Achard*, 1829, in-12.

La première édition a paru sous ce titre : *Alphabet grammatical et Grammaire française, divisés en 12 leçons*. Marseille, de l'impr. de Marius Olive, 1828, in-12.

SICARD aîné. — Physiologie. Traité du cœur spécialement sous le double rapport de la science expérimentale et de la philosophie, ou du siége de l'âme; systèmes clairement démontrés. Ouvrage déposé à l'Académie des sciences, le 18 mars 1834, pour concourir au prix Montyon, et qu'on a soustrait, égaré ou perdu; ce qu'on n'a déclaré, en le dépréciant, qu'après la sixième lettre en réclamation à l'Académie. *Paris, l'Auteur, rue Sainte-Anne, n° 12*, 1835, in-8 de 24 pag.

— Portrait de Paris, dialogue (en vers) entre un diable boiteux et un diable tortueux, portant la parole au nom de tous les autres. *Paris, l'Auteur, rue Sainte-Anne, n° 12; et chez les Marchands de nouveautés*, 1835, in-8 de 32 pag.

SICARD (J.-H.). — Précis élémentaire de l'histoire romaine. *Limoux, Bonté*, 1836, in-12 de 96 pag.

SICARD DE ROBERTI, alors ingénieur du roi.

— Essai sur la plus grande perfection possible d'un ouvrage quelconque. *Avignon, et Paris, Belin*, 1779, in-8.

SICHEL (Jules), de Francfort-sur-le-Mein.

— Propositions générales sur l'ophthalmologie, suivies de l'Histoire de l'ophthalmie rhumatismale. *Paris, Germer-Baillière*, 1833, in-8 de 56 pag., 1 fr. 50 c.

— Revue trimestrielle de la clinique ophthalmique de M. Sichel. Rédigée par le professeur (octobre à décembre 1836). *Paris, de l'imp. d'Everat*, 1837, in-8 de 76 p., 2 fr.

Extr. de la Gazette médicale.

— Traité de l'ophthalmie, la cataracte et l'amaurose, pour servir de supplément au Traité des maladies des yeux, de Weller. *Paris, Germer-Baillière*, 1837, in-8 de 750 pag., avec 4 planches color., 9 fr.

La même année il a été publié un « Examen critique de l'ouvrage de M. le docteur Sichel, concernant l'ophtalmie, la cataracte et l'amaurose, » par le doct. Gondret. Paris, Just Rouvier et Lebouvier, in-8 de 16 pag.

Nous connaissons encore de M. Sichel : *Mémoire et Observations sur la choroïdite*, impr. en 1836 dans le Journ. hebdom. des progrès des sciences médicales.

SICILIA (don Mariano-Jose). — Lecciones elementales de ortologia y prosodia. *Paris, Wincop*, 1827-28, 4 vol. in-12, 24 fr.

Cet étranger, en outre, a traduit en espagnol, sa langue maternelle, plusieurs ouvrages français, et ses traductions ont été imprimées en France. Nous citerons entre autres : les Aventures du dernier des Abencerrages, par M. de Chateaubriand (1826); le Dictionnaire analytique d'Économie politique, par Ganilh (1826); le Manuel diplomatique, de Martens (1826), et les Natchez, de M. de Chateaubriand, traduction arrangée au goût de la littérature espagnole (1830).

SICKELMORE (Richard). — Edgar, ou le Pouvoir du remords; trad. de l'angl. (par T.-P. Bertin). *Paris, Delalain*, an VII (1799), 2 vol. in-12, avec grav., 3 fr.; ou *Paris, Pigoreau*, an IX (1801), 2 vol. in-18.

SICKLER (Frédéric-Charles-Louis), archéologue, directeur du gymnase d'Hildbourghausen; né à Kleinfalurer en Thuringe.

— Lettre à M. A.-L. Millin, sur l'époque des constructions dites cyclopéennes, dans laquelle l'auteur réfute le système de M. Petit-Radel, membre de l'Institut. *Paris, G. Dufour et compagnie*, 1810, in-8 de 32 pag., 75 c.

— Plan topographique de la campagne de Rome, avec une explication. *Rome*, 1821, in-8.

— Spirodiphre (le), ou char à planter (ou plutôt à semer) le blé. *Paris, A.-J. Marchant*, 1805, br. in-8, avec 2 pl., 60 c.

M. Sickler a formé le nom de son char du grec *speirô* semer, *diphros*, char à deux chevaux.

Les deux opuscules imprimés à Paris l'ont été sous les yeux de leur auteur, lorsque fort jeune encore il était précepteur chez M. Delessert.

M. Sickler est auteur de plusieurs autres ouvrages et mémoires savants, mais qui sont imprimés dans les langues latine et allemande et hors de France; leur indication alors ne rentre pas dans notre plan. Les auteurs de la Biographie universelle et portative des Contemporains ont consacré une notice à ce savant, tom. IV, pag. 1332.

SICO DE SAN-MIGUEL (el R. P. Felipe).

— Nuevo (el) Testamento, traducido al español de la vulgata latina. *Paris, Hachette*, 1836, in-12.

SICRE, chirurgien, membre de l'Académie des sciences de Toulouse.

— Mémoire sur les eaux minérales d'Ax. 1758, in-12.

SIDDONS (Henri). — Henri Saint-Léger, ou les Caprices de la fortune; traduit de l'anglais, par madame P*** (Périn). *Paris, Dentu*, 1807, 3 vol. in-12, 5 fr.

SIDI ALY. — Relation des voyages de Sidi Aly, fils d'Housain, nommé ordinairement Katibi Roumi, amiral de Soliman II, écrite en turc, traduite de l'allemand sur la version de M. Diez, par M. Moris. *Paris, Dondey-Dupré père*, 1827, in-8, 4 fr. 50 c.; et sur pap. vél., 9 fr.

SIDNEY (Algernon), ambassadeur de

la république d'Angleterre près le roi de Suède.

— Discours sur le gouvernement; trad. de l'anglais par P.-A. SAMSON. *La Haye, Van Dôle*, 1702, 3 vol. pet. in-8; — *La Haye, (Trévoux)*, 1755, 4 vol. in-12; — Édition conforme à celle de 1702. *Paris, Josse*, an II (1794), 3 vol. in-8.

La première édition de cette traduction est la plus belle. L'original de cet ouvrage est de 1689, in-8.

Voyez ce que dit de cet ouvrage M. Boulay de la Meurthe, dans son Tableau politique du règne de Charles II, édition de 1822, tom. 1er, pag 361.

Sidney était né à Londres en 1617. Victime de la tyrannie et de la perfidie, il fut traduit devant un jury présidé par l'infame Jefferies; condamné à mort, il eut la tête tranchée le 7 décembre 1683. Il avait pris pour devise ces deux beaux vers :

.......Manus hæc inimica tyrannis
Morte petit placidam sub libertate quietem.

SIDONI, auteur dramatique.

— Cadet Roussel maître d'école à Chaillot, ou les Amours du petit Roussel, comédie en un acte. *Paris, mad. Cavanagh*, 1805, in-8, 1 fr.

— Jocrisse suicide, drame tragi-comique en un acte et en prose. *Paris, mad. Masson*, 1804, in-8, 1 fr. 20 c.

Avec Servières.

SIDONIUS APOLLINARIS (Caïus Sollius), épistolographe et poëte latin; né à Lyon, le 5 novembre 430, mort évêque de Clermont, vers l'année 488.

— Traduction des Lettres de S. Loup, évêque de Troyes, et de S. Sidoine, évêque de Clermont, avec un Abrégé de la vie de S. Loup (par Remy BREYER, chanoine de Troyes). *Troyes, de Barry*, 1706, in-12.

Le titre de ce volume, qui est d'une excessive rareté et qu'on croit n'exister dans aucune bibliothèque publique de France, et peut-être même dans aucune bibliothèque particulière, ne nous est connu que par l'indication qu'en ont donnée les auteurs de Moréri, de 1759, art. Breyer, et ceux de la Bibliothèque historique de la France, tom. Ier, 10095.

— Lettres de Caïus Sidonius Apollinaris, avec le recueil de ses poésies (traduites en français par Edme BILLARDON DE SAUVIGNY). *Paris, de l'imp. de Knapen*, 1787, 2 vol. in-8, avec fig.

Ces deux volumes forment les tomes VII et VIII des « Essais historiques sur les mœurs des Français, » publiés par Billardon de Sauvigny (voy. ce nom); on tira à part un certain nombre d'exemplaires de la traduction de Sidonius qui furent mis en vente avec deux titres différents : le premier, sous la date de 1787, c'est celui que nous venons de donner; le second, sous la date 1792, ainsi conçu :

Œuvres de Caïus Sollius Sidonius Apollinaris, évêque de Clermont en Auvergne; précédées de deux Notices, l'une sur toutes les dignités civiles et militaires établies dans les Gaules, l'autre sur les différents peuples qui les habitaient. Par Edme (*sic*) Billardon-Sauvigny, officier décoré. Paris, Maillard d'Orivelle.

Ce titre est gravé. Pour donner un air de nouveauté à cette traduction, on y ajouta une Vie de Sidonius ayant 12 pages d'impression, que l'on intercala après la Notice sur toutes les dignités, etc.

Voyez sur cette traduction, qui est incomplète et qui manque souvent de fidélité, la « Notice sur Sidoine Apollinaire, » par M. A. Péricaud, insérée dans les « Archives du Rhône, tom. II, pag. 169 et suiv. »

— Œuvres de Caïus Sollius Apollinaris Sidonius, traduites en français, avec le texte en regard et des notes, par J.-F. GRÉGOIRE et F.-Z. COLLOMBET; avec cette épigraphe : « Sidoine est pour nos Gaulois le César et le Tacite du moyen âge. » Ch. NODIER, Biblioth. sacrée. *Lyon, Rusand; Paris, Poussielgue-Rusand*, 1836, 3 vol. in-8, 15 fr.

La préface des traducteurs se termine ainsi : « La Notice qui est à la suite de cette préface, avait été publiée voilà quelques années déjà par M. Péricaud, bibliothécaire de la ville de Lyon; elle se trouve reproduite ici avec des changements, des additions ou des suppressions que nécessitait l'ensemble de ces volumes. Nous devons adresser nos remercîments à M. Péricaud et à M. Breghot du Lut, conseiller à la cour royale de Lyon, pour les conseils bienveillants qu'ils nous ont donnés pendant l'impression de notre travail.... » Nous ajouterons que l'on remarque la signature de M. Breghot du Lut et celle de M. Péricaud à la suite de plusieurs notes.

SIEBER (F.-G.). — Découverte sur la guérison de la paralysie, de l'ensiplégie et de l'apoplexie. *Paris, l'Auteur*, 1830, in-8 de 4 pag.

— Découverte sur la guérison de la rage des chiens. *Paris, rue des Saints-Pères*, n. 81, 1829, in-8 de 8 pag.

SIEBERT (F.). — Cours de Thèmes sur le drame allemand ayant pour titre : Édouard en Écosse, ou la Nuit d'un proscrit. *Metz, l'Auteur*, 1835, in-12.

— Édouard en Écosse, ou la Nuit d'un fugitif, drame historique en trois actes, par Auguste de Kotzebue, trad. de l'allemand par F. SIEBERT, d'après l'enseignement universel. *Metz, Thiel*, 1830, in-12 de 60 pag.

Ce volume contient seulement le premier acte. Le texte est en regard de la traduction.

— Entretiens sur les principaux gallicismes et germanismes, et sur les proverbes les plus usités en français et en allemand. *Metz, mad. Thiel; l'Auteur*, 1835, in-12.

— Guide de la conversation allemande. *Metz, mad. Thiel; l'Auteur*, 1835, in-12.

Ce vol. a paru en plusieurs cahiers.

SIEFFERT (P.). — Choix (nouv.) de morceaux les plus intéressants de la littérature française. *Halle*, 1814-15, 2 vol. in-12, 10 fr. 50 c.

SIEGENBECK (Math.). — Précis de l'histoire littéraire des Pays-Bas, trad. du hollandais par J.-H. LEBROCQUY, avocat. *Gand, Vandekerchove; Vassas et Cie*, 1827, in-12, 3 fr. 80 c.

SIÉGES. — Abrégé de la vie de l'abbé T.-J. Mayneau (1829). Voy. l'abbé CAVALIÉ.

SIEPMANN (Alex.-H.). — Constitutions arrêtées à la diète extraordinaire de pacification, tenue à Varsovie, le 25 juin 1736; traduit en français par A.-H. SIEPMANN. *Dresde, veuve Stoesseln*, 1736, in-4.

SIERRA (Bernardo de). — Ramillete de divinas flores, escogidas en el delicioso jardin de la iglesia para recreo des christiano lector. *Paris, Seguin*, 1828, in-24.

SIESTRZENCEWICZ DE BOHUSZ (Stanislas), archevêque de Mohilow (1), unique métropolitain des églises catholiques romaines en Russie, administrateur et prélat doyen de la cathédrale de Wilna, commandeur et chevalier de plusieurs ordres, président du collége catholique romain, première division; associé honoraire de l'Académie impériale de Russie, des Universités de Moscou et de Wilna, et de l'Académie impériale médico-chirurgicale, président des sociétés économique et impériale libre, associé honoraire de la Société d'agriculture d'Abo et de celle de Londres, membre de la Société biblique de St.-Pétersbourg; né le 4 septembre 1731, à Zabludow, diocèse de Wilna, d'une famille protestante, mort à Saint-Pétersbourg, le 13 décembre 1826. Ce prélat avait d'abord suivi la profession des armes et était devenu officier dans un régiment prussien. Ce fut sur les instances du prince Massalski, évêque de Wilna, qu'il entra dans les ordres, en 1762.

— Histoire du royaume de la Chersonèse taurique. Sec. édition. *Saint-Pétersbourg*, 1824, in-4, avec une planche et trois cartes.

— Précis des Recherches historiques sur l'origine des Slaves ou Esclavons et des Sarmates, et sur les époques de la conversion de ces peuples au christianisme. Sec. édition. *Saint-Pétersbourg*, 1824, in-4, avec une planche et trois cartes.

La planche et les cartes de ce volume sont les mêmes que dans le volume ci-dessus.

— Recherches historiques sur l'origine des Sarmates, des Esclavons et des Slaves, et sur les époques de la conversion de ces peuples au christianisme. *Saint-Pétersbourg, Pluchart et Cie*, 1812, 4 vol. in-8, 20 fr. — Edition populaire. *Saint-Pétersbourg, et Londres, Asher*, 1833, 4 vol. in-8, avec tableaux et cartes, 16 fr.

Siestrzencewicz est encore auteur de *Recherches sur l'origine de la Russie*, qu'il paraît avoir écrites en français; car Grégoire, ancien évêque de Blois, possédait une copie de ce Mémoire, laquelle portait: *traduites en russe, et lues dans l'Académie russe.* Saint-Pétersbourg, 1818.

M. Mahul, dans son Annuaire nécrolog. pour 1826, cite aussi de ce prélat quelques pièces relatives aux affaires ecclésiastiques de la Russie.

SIEUVE (Lazare), négociant à Marseille.

— Mémoire et Journal d'observations et d'expériences sur les moyens de garantir les olives de la piqûre des insectes. *Paris, Lambert*, 1769, in-8.

— Méthode de préserver les laines des vers; ouvrage couronné par l'Académie de Besançon. 177., in-8.

— Méthode (nouvelle) pour extraire une huile abondante et plus fine par l'invention d'un moulin domestique. 1769, in-8.

SIÉVERS, l'un des rédacteurs de la Chronique allemande. Voy. ce titre.

SIEVRAC (Juan-Henrique). — Abrégé de l'histoire romaine, en français et en espagnol. *Londres*, ..., in-12, 7 sh. 6 p.

Il y a aussi une édition espagnole et angl.

— Histoire de la république romaine, en français et en espagnol. *Londres*, ..., in-12, 7 sh. 6 p.

— Veni-mecum de la langue française, recueil par ordre alphabétique de diverses façons de parler, impropres ou vicieuses, avec leur corrigé en regard; précédé d'un Abrégé de la grammaire, pour faciliter la connaissance des termes techniques employés dans le corps de l'ouvrage. *Toulouse, J.-B. Paya, et Paris, Belin-Mandar*, ..., in-12, 2 fr.

On lui doit aussi la traduction de l'italien, de Mes Prisons, ou Mémoires de Silvio Pellico, de

(1) L'abbé Bossard a publié des détails circonstanciés sur l'érection de Mohilow en archevêché; son écrit est intitulé : « Recueil de pièces sur l'archévêque de Mohilow. » Paris, Crapart, 1791, in-8 de 128 pag.

Saluces (1836); et des Devoirs des hommes, par le même (1830). Voy. Pellico.

SIEYES (le comte Emmanuel-Joseph), publiciste, législateur et administrateur, qui a joué un grand rôle dans la révolution; né à Fréjus, le 3 mai 1748; d'abord vicaire-général, chanoine et chancelier de l'église de Chartres (en 1784), ensuite et successivement membre de l'assemblée provinciale d'Orléans, en 1787; député de Paris aux États-Généraux, à l'Assemblée nationale; membre du comité de constitution, président de l'Assemblée nationale, en 1790; membre du directoire de Paris, chargé de l'instruction publique (1791); membre du comité de révision de l'Assemblée nationale, après le retour de Varennes; mais en opposition avec l'esprit qui dominait dans ce comité, il fut contraint de se retirer. Après l'Assemblée constituante et pendant la durée de l'Assemblée législative, Sieyes se retira à la campagne et resta étranger aux affaires publiques. Député à la Convention nationale et au Conseil des Cinq-Cents; ministre plénipotentiaire et envoyé extraordinaire de la république française près le roi de Prusse, en 1798; membre du Directoire exécutif, le 17 floréal an VII, et l'un des trois consuls provisoires après la journée du 18 brumaire; Bonaparte se défit de Sieyes, l'envoya au Sénat conservateur et le créa comte; il fit, pendant les Cent-jours, partie de la chambre des pairs. A la seconde restauration Sieyes s'enfuit en Belgique, et ne rentra en France qu'après la révolution de 1830; mais alors trop âgé, il resta étranger aux affaires publiques. Sieyes avait fait partie de la cinquième classe de l'Institut national, classe des sciences morales et politiques dès son origine, il fut rétabli par ordonnance du roi du 26 octob. 1832 : il est mort le 20 juin 1836, âgé de 88 ans.

— Aperçu d'une nouvelle organisation de la justice et de la police en France. *Paris, Baudouin*, mars 1790, in-8 de 64 pag.

Sieyes y organisait à jury applicable un la procédure civile et à la procédure criminelle. Ce projet, qui, sur la demande de l'assemblee, fut lu par le marquis de Bonnay, n'eut aucun résultat.

Il existe une réponse à cet écrit :

Opinion de M. Garat l'aîné, contre les plans présentés par MM. Duport et Sieyes, à l'Assemblée nationale, pour l'organisation du pouvoir judiciaire. Paris, Garnery, 1790, in-8.

Observations sur quelques articles du nouveau projet proposé par le comité de constitution, pour l'organisation de l'ordre judiciaire. Par F.-P.-N. Anthoine. Paris, Clousier, 30 juin 1790, in-8 de 40 p.

— Dire de l'abbé Sieyes sur la question du veto royal. 1789, in-8.

Opinion prononcée à l'Assemblée nationale, dans la séance du 7 septembre 1789, et dans laquelle l'orateur repoussait, comme absurdité, le *veto* absolu que Mirabeau lui-même voulait accorder au roi; Sieyes prétendit que la question ne valait pas la peine d'être discutée : le système représentatif s'y trouvait développé de manière à effrayer les esprits. Sieyes y proposait aussi un système de constitution.

— Discours sur la liberté des cultes. Mai 1791, in-8.

— * Essai sur les priviléges. 1788, 1789, in-8.

— Instruction donnée par S. A. S. Mgr. le duc d'Orléans à ses représentants aux bailliages, suivie de Délibérations à prendre dans ces assemblées (cette dernière partie a été composée par l'abbé Sieyes). IIIe édition, corrigée. 1789, in-8 de 8 pag. pour l'Instruction, et de 68 pages pour les Délibérations.

Dans les premiers troubles, l'abbé Sieyes avait passé pour un des chefs de la faction d'Orléans.

— * Notice sur la vie de Sieyes, écrite à Paris, en messidor an II de la république. *En Suisse*, 1795, in-8.

Cette Notice est attribuée à Sieyes lui-même; mais il est plus vraisemblable qu'elle est de M. Œlsner, à qui l'on doit un commencement de la traduction des Œuvres de cet homme politique, et le volume intitulé : « Des Opinions du cit. Sieyes, etc. » (voy. plus bas).

— * Observations sommaires sur les biens ecclésiastiques, du 10 août 1789. *Paris*, 1789, in-8 de 34 pag.

Lettre en réponse aux Observations sommaires de M. l'abbé Sieyes sur les biens ecclésiastiques. Par A.-B.-J. Guffroy, 1789, in-8.

Réfutation de l'ouvrage de M. l'abbé Sieyes sur les biens ecclésiastiques. Par M. S***. (Servan). Paris, 1789, in-8 de 24 pag.

— Observations sur le rapport du comité de constitution concernant la nouvelle organisation de la France. 1789, in-8.

C'est Sieyes qui, en 1790, fit décréter que la France serait divisée par départements.

— Opinion sur la constitution de 1795. 1795, in-8.

Opinion prononcée le 2 thermidor an III (20 juillet 1795). Sieyes y soutint que « le meilleur régime social est celui où, non pas un, non pas quelques-uns seulement, mais où tous jouissent tranquillement de la plus grande latitude de liberté possible. »

— Opinion sur le jury constitutionnaire. 1795, in-8.

Prononcée le 18 thermidor an III (5 août 1795). L'orateur y présente des développements sur les attributions de ce *jury constitutionnaire*, qui fut rejeté.

— Préliminaires de la constitution. Reconnaissance et exposition raisonnée des droits de l'homme et du citoyen. *Versailles*, 1789, in-8.

— Projet de loi contre les délits qui peuvent se commettre par la voie de l'impression et par la publication des écrits et des gravures. 1790.

Le projet de la première loi commence ainsi : « Le public s'exprime mal lorsqu'il demande une loi « pour accorder ou autoriser la liberté de la presse. « Ce n'est point en vertu de leurs droits naturels, « droits que les hommes ont apportés dans l'asso- « ciation, et pour le maintien desquels ils ont éta- « bli la loi elle-même, et tous les moyens qui la « servent. La loi n'est pas un maître qui accorde- « rait gratuitement des bienfaits ; d'elle-même la « liberté embrasse tout ce qui n'est pas à autrui. « La loi n'est là que pour l'empêcher de s'égarer. « Elle est seulement une institution protectrice « formée par cette même liberté, antérieure à tout. » Il proposait ensuite l'application du jury aux délits de la presse.

— Projet d'un décret provisoire sur le clergé. 1790, in-8.

— Quelques idées de constitution applicables à la ville de Paris. 1789, in-8.

— *Qu'est-ce que le tiers-état? Tout. Qu'a-t-il été jusqu'à présent dans l'ordre politique? Rien. Que demande-t-il? Devenir quelque chose. 1789, in-8. — IIIe édition (très-augmentée). 1789, in-8, 2 fr. 50 c.

Les arguments y sont aussi clairement qu'énergiquement exprimés. Présentant au nombre total de 80,00 têtes ecclésiastiques et de 110,000 têtes nobles, l'auteur émet cette conclusion : « Donc, en « tout, il n'y a pas 200,000 privilégiés des deux « premiers ordres. Comparez ce nombre à celui de « 25 à 26,000,000 d'hommes, et jugez la ques- « tion ». Ce pamphlet, dont il se débita trente mille exemplaires, servit de fanal à l'opinion publique sur les questions fondamentales et entièrement neuves mises à l'ordre du jour par les événements de 1788 et 1789. Malgré l'immense popularité que cette brochure lui avait valu, l'abbé Sieyes ne fut point nommé d'abord aux États-Généraux.

Il existe un écrit qui a pour titre : «Qu'est-ce que l'Assemblée nationale? grande thèse, en présence de l'auteur anonyme de « Qu'est-ce que le tiers? » 1791, in-8.

— Qu'est-ce que le tiers-état? précédé de l'Essai sur les priviléges. Nouv. édition, augmentée de vingt-trois notes de l'abbé Morellet. *Paris*, *Corréard*, 1822, in-8, 3 fr. 50 c.

Sieyes (car il faut parler de lui comme en parlera la postérité), en réclamant les droits de la France, a prophétisé sa révolution. Après 30 ans, il est curieux de comparer la prophétie avec son accomplissement; et si l'on est étonné de la profondeur des vues de ce grand publiciste, c'est qu'on oublie que pour le génie il n'y a point d'avenir.

— Rapport du comité de défense générale, relatif au ministre de la guerre. 1793, in-8.

— * Rapport du nouveau comité de constitution fait à l'Assemblée nationale sur l'établissement des bases de la représentation proportionnelle. 1789.

Les auteurs de la Biographie universelle et portative des Contemporains disent que Sieyes fit, le 29 sept. 1789, le rapport présenté par Thouret, et divisé en deux parties, l'une traitant de *l'établissement des assemblées administratives et des nouvelles municipalités*, et l'autre de *l'établissement de la représentation proportionnelle*. Des deux parties de ce rapport, la première serait donc de Thouret ?

— Rapport sur l'organisation d'un dépôt d'approvisionnement.

— Renonciation à la dignité cléricale...

Cet écrit fut vraisemblablement publié à l'époque où les électeurs de Paris, ayant à nommer l'evêque de la capitale, réunirent leur voix sur Sieyes qui, informé de cette résolution, s'empressa de leur écrire qu'il ne pouvait accepter. Ce refus lui fut imputé à crime : c'était, dit-on, une protestation contre le nouveau clergé.

— * Vues sur les moyens d'exécution dont les représentants de la France pourront disposer. 1789, in-8, 3 fr.

Réimp. dans la même année.

Lorsqu'il fut question d'assembler les États-Généraux, le principal ministre ayant invité tous les publicistes à faire connaître leurs idées sur ces assemblées, Sieyes, convaincu que les états de 1614 n'avaient produit aucun résultat, publia cet écrit, qui parut trois mois après la fameuse brochure : Quest-ce que le tiers-état?

On doit à Sieyes un plus grand nombre de *discours et opinions*, prononcés dans le sein des diverses législatures dont il a fait partie, ainsi qu'un plus grand nombre de *rapports* dans les différents comités où il a été appelé; mais les opinions, discours et rapports cités paraissent être les seuls qui aient été imprimés séparément : les autres sont répandus dans les journaux du temps.

—

— Collection des écrits d'Emm. Sieyes, édition à l'usage de l'Allemagne (publiée par Ch.-Fréd. Cramer). Tom. 1er (et unique). 1796, in-8.

— OEuvres politiques d'Emm. Sieyes, traduites en allem. (par M. OElsner). Tom. I et II. *Paris*, 1796, 2 vol. in-8.

Traduction qui a été attribuée quelquefois, et à tort, à C.-F. Cramer.

Comme politique Sieyes a été l'un des principaux membres de la faction des *constitutionnellistes* et *des diplomates*, dont l'influence fut si fatale à la France. Esprit timide, prudent et ambitieux, la politique de Sieyes a été purement expectative, et tant que dura la lutte des partis il ne balança pas à embrasser la cause des vainqueurs; aussi l'avons-nous vu ramper sous tous les règnes et sympathiser continuellement avec le pouvoir quel qu'il fût. Consultez sur la personne et les écrits de Sieyes les deux écrits suivants : 1° *Des opinions politiques du citoyen Sieyes, et de sa vie comme homme public* (par OElsner, ancien chargé d'affaires des villes de Francfort et de Brême à Paris). Paris, Goujon fils, an VIII (1800), in-8, 3 fr. 50 c. — Ces Opinions, divisées en deux parties, présentent l'analyse politique des ouvrages de Sieyes avant la révolution, et sa carrière législative et administrative, depuis 1789 jusqu'à la fin de l'an VII de la république. 2° *Conversation de Chamfort sur l'abbé Sieyes*, par le comte de LAURAGUAIS, imprimée dans les Lettres de ce dernier à madame *** (Paris, 1802, in-8).

SIFFRAY, d'abord professeur de belles-lettres et d'histoire à l'École polytechnique, ensuite professeur à l'institut Barthélemy.

—Génie (le) des révolutions, ode. *Paris, de l'imp. d'Éverat*, 1823, in-8 de 8 pag.

— Ode à l'occasion du baptême de S. A. R. Mgr le duc de Bordeaux. *Paris, de l'imp. d'Everat*, 1821, in-4 de 8 pag.

Imprimé pour l'auteur.

SIFFREIN. Voy. POTHIER.

SIGAUD (F.-Joseph), médecin; né à Marseille.

— Mémoires sur la fièvre jaune, recueillis et publiés par A. FLORY et J. SIGAUD, docteurs-médecins. Première livraison. *Marseille, et Paris, Gabon*, 1822, in-8 de 100 pag.

Il devait en paraître 3 livaisons de 6 à 8 feuilles qui, ensemble, eussent coûté 10 fr.

— Recherches et observations sur la phthisie laryngée, dissertation présentée, etc., etc., le 7 septembre 1818. *Strasbourg, de l'imp. de Levrault*, 1818, in-4 de 60 pag.

M. Sigaud a été l'un des rédacteurs de l'Observateur provençal des sciences médicales (1821), et le fondateur de l'Asclépiade, répertoire médico-chirurgical (1825), deux recueils qui n'ont eu qu'une très-courte existence.

SIGAUD DE LA FOND (Jean-René), avant la révolution, d'abord maître en chirurgie et accoucheur; ensuite démonstrateur de physique expérimentale et maître de mathématiques en l'Université; depuis, professeur de physique et de chimie à l'École centrale du Cher, à Bourges; membre de la Société roy. des sciences de Montpellier, des académies d'Angers, de Bavière, de Valladolid, de Florence, de Saint-Pétersbourg, et de l'Institut national, classe des sciences mathématiques et physiques, depuis 1796; né à Dijon (Côte-d'Or), en 1740, mort à Bourges, le 26 janvier 1810.

— * Calendrier intéressant pour l'année 1770, ou Almanach physico-économique. *Bouillon, et Paris, Lacombe*, 1770, in-12.

Ce Calendrier parut encore pour l'année 1771. Cette dernière année est du format in-24.

— Cours de physique expérimentale et mathématique, traduction (1769). Voy. MUSSCHENBROECK.

— Description et usage d'un cabinet de physique expérimentale. *Paris, Gueffier*, 1776, 2 vol. in-8, avec plus de 50 fig. — Seconde édition, revue, corrigée et augm. par M. ROULAND, professeur de physique expérimentale, et démonstrateur en l'Université de Paris. *Paris, Gueffier*, 1785, 2 vol. in-8, avec fig. — Troisième édition. *Tours*, an IV (1796), 2 vol. in-8, figures.

— Dictionnaire de physique. *Paris, rue et hôtel Serpente*, 1780, 4 vol. in-8. — Supplément. (Tome V). *Ibid.*, 1782, in-8 de 559 pag., avec 5 pl.

Moins agréable et moins concis, mais moins inexact que l'ouvrage de Paulian, celui-ci a été très-avantageusement remplacé par celui de Brisson et ensuite par celui du professeur Libes.

— * Dictionnaire des merveilles de la nature, par A. J. S. D., professeur de physique. *Paris, rue et hôtel Serpente*, 1781, 2 vol. in-8. — Nouv. édition, revue, corrigée et considérablement augmentée par l'auteur. *Paris, Delaplace*, an X (1802), 3 vol. in-8, 15 fr.

— Discours sur les avantages de la section de la symphyse dans les accouchements laborieux et contre nature. 1779, in-8.

— * École (l') du bonheur, ou Tableau des vertus sociales. *Paris, rue et hôtel Serpente*, 1782, in-12 de 394 pages. — Nouv. édition, augmentée. *Paris*, 1791, 2 vol. in-12.

— * Économie de la Providence dans l'établissement de la religion, suite de la Religion défendue, etc. *Paris, Cuchet*, 1787, 2 vol. in-12.

— Électricité (de l') médicale. *Paris, Delaplace et Goujon*, 1803, in-8, avec fig., 6 fr.

— Éléments de physique théorique et expérimentale, pour servir de suite à la Description et usage d'un cabinet de physique. *Paris, Gueffier*, 1787, 4 vol. in-8.

— Essai sur différentes espèces d'air, qu'on désigne sous le nom d'air fixe, pour servir de suite et de supplément aux « Éléments de physique » du même auteur. *Paris, P.-F. Gueffier*, 1779, in-8, avec fig. — Nouv. édition, revue et augm. par ROULAND. *Paris*, 1785, in-8, fig.

— Examen de quelques principes erronés en électricité. 1795, 1796, in-8.

— Leçons de physique expérimentale. *Paris, Desventes de Ladoué*, 1767, 2 vol. in-8.

— Leçons sur l'économie animale. *Paris, Delalain*, 1767, 2 vol. in-12, avec fig.

— Lettre (sa) sur l'électricité médicale, dans laquelle on expose les effets que la vertu électrique produit sur le corps humain. *Amsterdam, et Paris, Desventes de Ladoué*, 1771, in-12.

— * Physique particulière. 1792, in-12.

Faisant partie de la Bibliothèque des dames.

— Précis historique et expérimental des phénomènes électriques, depuis l'origine de cette découverte jusqu'à ce jour. *Paris, rue et hôtel Serpente*, 1781, 1785, in-8, avec 9 planches.

— * Récit de ce qui s'est passé à la Faculté de médecine de Paris, au sujet de la section de la symphyse des os pubis. 1777, in-8.

Cette opération fut faite le 1er octobre 1777 par Sigaud de La Fond, assisté d'A. Leroy. L'Académie royale de chirurgie, à qui Sigaud avait présenté dès la fin de 1768 un Mémoire sur le même sujet, avait proscrit cette opération même en refutant le mémoire. En 1777, après l'opération, qui fut couronnée de succès, l'Académie nomma alors des commissaires pour l'examen du nouveau mémoire que lui adressait Sigaud à ce sujet : le 6 décembre, elle décida, en corps, que ce mémoire serait imprimé en français et en latin, et envoyé à tous les correspondants de la Faculté. Des jetons d'argent furent frappés en l'honneur de Sigaud et d'A. Leroy, et l'accouchée, la femme Souchot, reçut une gratification.

— * Religion (la) défendue contre l'incrédulité du siècle, contenant un précis de l'histoire sainte, précédée de quelques réflexions. Par l'auteur de « l'École du bonheur. » *Paris, Cuchet*, 1785, 6 vol. in-12.

Pour une suite à cet ouvrage, voy. plus haut : *Économie de la Providence, etc.*

— Traité de l'électricité. *Paris, Desventes de Ladoué*, 1771, in-12; ou *Paris, Laporte*, 1776, in-12.

Sigaud de La Fond a donné une nouv. édit. des Récréations mathématiques et phys. d'Ozanam (1778), et une autre, revue, de la traduction de la Statique des végétaux de Hales, par Buffon (1780).

SIGISBERT (S.), pseudon. Voy. le général HUGO.

SIGNOL (Alphonse), auteur dramatique et romancier.

— Apologie du duel, ou Quelques mots sur le nouveau projet de loi. *Paris, Chaumerot*, 1829, in-8 de 32 pag.

L'auteur de cet écrit a été tué en duel.

— Caporal (le) et le Paysan, comédie en un acte, mêlée de couplets. *Paris, Barba*, 1828, in-8, 1 fr. 50 c.

Avec M. Dartois.

— Chiffonnier (le). *Paris, Renault; Lecointe et Pougin*, 1831, 5 vol. in-12, 16 fr.

Avec M. Stanislas Macaire.

— Commissionnaire (le), mœurs du XIXe siècle. *Paris, Renault*, 1831, 4 vol. in-12, 12 fr.

— * Duel (le), drame en 2 actes (et en prose), par M*****. *Paris, J.-N. Barba*, 1828, in-8, 1 fr. 50 c.

— École (l') de natation, tableau-vaudev. en un acte. *Paris, Barba*, 1828, in-8, 1 f. 50 c.

Avec MM. Charles (de Livry) et Adolphe (de Leuven).

— Jean, pièce en quatre parties, mêlée de couplets. *Paris, Barba*, 1828, in-8, 2 fr.

Avec M. Théaulon.

— Lingère (la). *Paris, rue des Grands-Augustins*, n° 18, 1830, 5 vol. in-12, 16 fr.

Avec M. Stanislas Macaire.

Ce n'est qu'après la mort de Signol, dont il fut le témoin, que M. Stanislas Macaire a fait connaître sa collaboration aux ouvrages de Signol.

— Maçonnerie (de la) considérée dans quelques-uns de ses rapports avec la politique. *Paris, les march. de nouv.*, 1826, in-8 de 40 pag., 1 fr.

Cet écrit se vendait au profit des Grecs.

— * Mémorial de sir Hudson Lowe, relatif à la captivité de Napoléon à Sainte-Hélène, avec le portrait de l'auteur et une vue de Long-Wood. *Paris, Dureuil*, 1830, in-8, 7 fr. 50 c. (D. M.).

Avec M. Léon Vidal.

— Pacha (le) et la Vivandière, ou Un petit épisode de la petite campagne de Morée, folie-vaudeville en trois tableaux. *Paris, Quoy*, 1829, in-8, 1 fr. 50 c.

SIGORGNE (l'abbé Pierre), physicien, docteur de la maison et société de Sorbonne, archidiacre, chanoine, vicaire-général et official de Mâcon, membre de la Société royale de Nancy, correspondant de l'Institut, en 1803; né à Rambercourt-les-Pots, en Lorraine, le 25 octobre 1719, mort à Macon, le 10 novembre 1809.

— * Astronomiæ physicæ juxtà Newtonis principia Breviarium methodo scholastica ad usum studiosæ juventutis. *Parisiis*, 1748, in-12.

C'est un abrégé de *Institutions newtonniennes* de l'auteur.

Cet ouvrage fut trouvé si clair et si commode, qu'on le réimprima à Upsal en 1751; à Tyrnau, dans la haute Hongrie, en 1762. Il a été traduit en français par le P. Bertier de l'Oratoire, et inséré dans ses « Principes de physique » en 1764. Il devint classique dans l'université de Tubingue ; c'est ce qui a occasionné une cinquième édition faite à Tubingue, chez Cotta, en 1769, in-12, corr. et augm. par l'auteur même, et dans laquelle l'éditeur, Aug. Fréd. Boeckius, professeur de philosophie à Tubingue, a ajouté une lettre de trente-deux pages, dans laquelle Sigorgne répond aux objections du célèbre Euler (*Journal des savants, ann.* 1770); cette dernière édition a paru sous le titre de *Prælectiones astronomiæ Newtoni*.

— Cause (de la) de l'ascension et de la suspension de la liqueur dans les tuyaux capillaires, pièce couronnée à Rouen. 1748.

— Défense des premières vérités, ou Réfutation de la théorie physico-mathématique de l'organisation du monde. In-8.

— * Examen et réfutation des leçons de physique expliquées par l'abbé de Molières, au Collége royal. *Paris, Jacq. Clousier*, 1741, in-12.

— * Institutions léibnitiennes, ou Précis de la monadologie. *Lyon, et Paris, Saillant*, 1767, in-4 et in-8.

Réimprimées avec le nom de l'auteur.

— Institutions newtonniennes, ou Introduction à la philosophie de M. Newton. 1747, 2 vol. in-8. — Sec. édition. *Paris, Guillyn*, 1769, in-8.

— * Lettres écrites de la plaine en réponse à celles de la montagne (de J.-J. Rousseau). *Genève, et Paris*, 1765, in-12.

Barbier cite une édition sous la rubrique d'Amsterdam, 1765, in-12.

— Oraison funèbre de monseigneur le Dauphin. 1766, in-4.

— Oraison funèbre de Louis XV, roi de France et de Navarre, prononcée le 10 juin 1774, dans l'église de Mâcon. *Paris, Durand*, 1774, in-4.

— * Philosophe (le) chrétien, ou Lettres à un jeune homme entrant dans le monde, sur la vérité et la nécessité de la religion. *Avignon*, 1765, in-12. — Nouv. édition, rev., corr. et augm. par l'auteur. *Mâcon, J.-P. Goeri*, 1776, in-8.

— Prælectiones astronomiæ Newtonii; emendavit ediditque Aug.-Frid. Boek. *Tubingue, Cotta*, 1769, in-8.

— Réplique à M. de Molières, ou Démonstration physico-mathématique de l'insuffisance et de l'impossibilité des petits tourbillons. *Paris*, 1741, in-12.

SIGOYER (Marie-François-Antoine de), poëte, secrétaire général de la préfecture de la Drôme, membre de l'Académie des Arcades, de l'Académie royale de Bordeaux, de l'Académie provinciale, de l'Athénée de Vaucluse, etc.; né à Apt (Vaucluse), le 15 juillet 1788.

— Chant nuptial, dans le goût antique. *Bordeaux, de l'imp. de Lavigne jeune*, 1819, broch. in-8, sur pap. vél.

— Génie (le) consolé par la religion. *Valence, imp. de Montal*, 1826, in-8 de 8 p.

Opuscule qui n'a point été destiné au commerce; il n'a été tiré qu'à 150 exemplaires.

— Malheurs (les) et les vertus de la noblesse française, poëme élégiaque. *Bordeaux, de l'imp. de Lavigne jeune*, 1816, in-8 de 24 pag.; ou 1821, in-8 de 26 pag.

— Némésis à Barthélemy. *Paris, les march. de nouv.*, 1832, in-8 de 16 pag.

Depuis 1818, M. de Sigoyer a successivement inséré dans les Lettres champenoises, dans les Annales, dans l'Almanach des Muses, dans celui des Dames, etc., plusieurs pièces détachées qui ont obtenu les suffrages des journaux, entre autres du Journal de Paris, du Constitutionnel, du Mémorial bordelais, etc. L'Académie de Bordeaux ayant donné, en 1821, pour sujet de concours, au prix de poésie, la naissance du duc de Bordeaux, M. de Sigoyer l'emporta sur de nombreux rivaux, notamment sur M. de Marcellus; il fut couronné publiquement par l'Académie, le 25 août de la même année; et après avoir reçu une médaille d'or de cent écus, il fut admis unanimement dans le sein de cette docte société.

M. de Sigoyer a pris part, pendant environ quatre ans, à la rédaction de la Ruche d'Aquitaine, soit périodique, soit quotidienne.

Cet auteur a l'intention de publier prochainement un recueil choisi de poésies encore inédites. Ce recueil sera composé d'une trentaine d'élégies ou pièces fugitives, et de sept ou huit poëmes dont voici les principaux titres : *L'Ermite des catacombes ; Aiguebelle, ou le Trapiste; l'Amour silencieux; Orsano, ou le Repentir, etc.*

SIGRAIS (B. de). Voy. Bourdon de S.

SIGUIER (Auguste), né à Bram (Aude), le 2 juillet 1807.

— Christ et Peuple. *Paris, Amb. Dupont*, 1835, in-8, 7 fr. 50 c.

— Espérance. *Paris, Ach. Philippe*, 1836, in-8, 7 fr. 50 c.

— Légitimistes (les) et les Orléanistes. *Paris, Ach. Philippe*, 1837, in-8, 3 fr. 50 c.

On annonce de cet écrivain un ouvrage intitulé : *la France contemporaine*, et qui doit former 4 vol. in-4 qui seront livrés au public par livraisons à un franc chacune.

M. Siguier a en portefeuille un ouvrage intitulé : *la Science politique*, qui formera 2 vol. in-8, et une traduction latine du poëme grec du P. Bonav. Giraudeau, intitulé : *Ulysse*, avec des notes philologiques, devant former un vol. in-8.

SIGWART (Geo.-Frid.). — Pantometrum eruditionis, maxime medico-chirurgiæ novis principiis mathematicis præmunitum, methodo systematico-demonstrativâ. *Parisiis*, *Vincent*, 1752, in-4.

SILBERMANN. — * Manuel métallotechnique, ou Recueil de secrets et de curiosités sur les métaux et les minéraux, etc.; trad. de l'allem. *Paris, Jombert*, 1773, in-12.

SILBERMANN (F.-H.), à Strasbourg.
— Dictionnaire (nouv.) français-allemand, et allemand-français, à l'usage des deux nations. Ve édition. *Strasbourg*, 1800, 2 vol. gr. in-4.

En société avec M***.

SILBERMANN (J.-A.). — Beschreibung von Hohenburg, oder dem Sanct-Odilienberg sammt umliegender Gegend. Neue Auflage besorgt von Adam Walther STROBEL. *Strasburg, gedruckt bey Silbermann*, 1835, in-8, et un atlas de 19 pl.

SILBERMANN (G.), avocat. — Edit sur l'administration des communes, des grands bailliages et des fondations du royaume de Wurtemberg, traduit de l'allemand par G. Silbermann. *Strasbourg, Février; Paris, Al. Mesnier*, 1829, in-8 de 96 pag.
— Notice sur Tschelebi Hadgi Petraki, ancien primat du district de Cythérée, dans l'île de Chypre. *Strasbourg, de l'imp. de mad. Silbermann*, 1827, in-8 de 40 pag.

M. G. Silbermann est aussi, en société avec M. Barthélemy, autre avocat, le fondateur de la Bibliothèque allemande, journal de littérature qui a commencé à paraître en 1826.

SILBERMANN (Gustave), imprimeur à Strasbourg, l'un des administrateurs du Muséum d'histoire naturelle et membre de la Société du Muséum d'histoire naturelle de la même ville; membre de la Société entomologique de la France.
— Enumération des entomologistes vivants, suivie de notes sur les collections entomologiques des principaux musées d'histoire naturelle d'Europe, sur les sociétés d'entomologie, sur les recueils périodiques consacrés à l'étude des insectes, et d'une table alphabétique des résidences des entomologistes. *Paris, Roret; Lunéville, Creuzat*, 1835, in-8 de 122 pag., 3 fr.

M. G. Silbermann est l'éditeur de la « Revue entomologique » qui paraît à Strasbourg depuis 1833 et dont la collection forme aujourd'hui 4 vol. in-8.

SILBERRAD (Jean-Sam.). — De studio medico in genere. *Argentorati*, 1709, in-4.

SILBERRADT (Jean-Martin), professeur de droit à Strasbourg au XVIIe siècle.
— Historia juris Gallicani, epitome. *Argentorati, Bauer*, 1751, in-8; — *Ibid.*, 1763, in-8.

Cet Abrégé, qui est conduit presque jusqu'à nos jours, est imprimé à la suite de l'Histoire du Droit romain et du Droit allemand par Heineccius, éditions données par Silberradt, en 1751, in-8, et en 1763, 2 vol. in-8.

SILBERSCHLAG (Jean-Isaïe), pasteur de Magdebourg et membre de l'Académie royale de Berlin.
— Théorie des fleuves, avec l'art de bâtir dans leurs eaux et de prévenir leurs ravages; trad. de l'allem. (par Cl.-Fr.-Jos. d'AUXIRON). *Paris, Jombert*, 1769, in-4.

SILFVERSTOLPE (Abel-Gabriel), chambellan du roi, secrétaire de l'ordre de la noblesse de Suède, et l'un des dix-huit de l'Académie suédoise; né à Stockholm, le 10 août 1762.
— Réponse à la question : Si, d'après l'accroissement ou le décroissement des beaux-arts, l'on peut juger avec quelque certitude des mœurs d'un peuple. 1790.

Cet ouvrage est le seul que ce Suédois ait écrit en français.

SILHOUETTE (Etienne de), contrôleur-général; né à Limoges, le 5 juillet 1709, mort à Brie-sur-Marne, le 20 janvier 1767.
— * Dissertations sur l'union de la religion, de la morale et de la politique, tirées d'un ouvrage de M. WARBURTON. *Londres, Guill. Darrès*, 1742, 2 vol. in-12.
— Idée générale du gouvernement et de la morale des Chinois, tirée particulièrement des ouvrages de Confucius, et réponse à trois critiques. Sec. édit. *Paris, Quillau*, 1731, in-12.

La première édition, publiée en 1729, ne renferme pas la réponse aux critiques.

— * Lettres sur les transactions publiques du règne d'Élisabeth, contenant plusieurs anecdotes et quelques réflexions critiques sur M. Rapin, relativement à l'histoire de ce règne. *Amsterdam, J.-F. Bernard* (*Londres*), 1736, in-12.
— * Mémoires des commissaires du roi et de ceux de S. M. Britannique sur les possessions et les droits respectifs des deux couronnes en Amérique (par de SILHOUETTE et de LA GALISSONIÈRE, et surtout par l'abbé de LA VILLE, ex-jésuite). *Paris, de l'imp. royale*, 1755, 4 vol. in-4; ou 1756, 8 vol. in-12.
— * Réflexions sur le livre des Mœurs (par de SILHOUETTE), avec une contre-critique

(par un anonyme). *Impr. aux Indes*, 1748, in-12.

— * Voyage de France, d'Espagne, de Portugal et d'Italie, en 1729. Par M. S***. *Amsterdam, et Paris, Merlin*, 1770, 2 vol. in-8, ou 4 vol. in-12.

On doit de plus à Silhouette diverses traductions, et, entre autres, celles des principaux ouvrages de Pope, tels que ses Essais sur la critique et sur l'Homme, ses Épîtres morales et ses Mélanges (Voy. POPE); les Réflexions politiques de Balth. GRACIAN (1730, in-12); les Dissertations de BOLINGBROKE, sur les partis qui divisent l'Angleterre (1739), et le Traité mathématique sur le Bonheur (1741), ouvrage dont l'original a été publié sous le pseudonyme d'Irénée KRANTZOVIUS.

Il existe un *Testament politique de M. de Silhouette*, 1772, in-12, dont la composition est attribuée à M. Le Seure, premier commis de M. Bertin.

SILIUS-ITALICUS (Caïus), poëte épique latin; né vers 782 de Rome (29 ans depuis J. C.), mort l'an de Rome 852.

— C. Silii Italici de bello punico secundo ad fidem vet. monum. castigatum, fragm. auctum. Operis integri editio princeps. Edid. LEFEBVRE DE VILLEBRUNE. 1781, in-8.

— Seconde guerre punique, poëme trad. par M. LEFEBVRE DE VILLEBRUNE, avec le texte en regard. 1781, 3 vol. in-12.

— C. Silii Italici Punicorum libri XVII, ad optimas editiones collati. Studio societatis bipontinæ. *Biponti* (* *Argentorati, Treuttel et Wurtz*), 1784, in-8.

— C. Silius Italicus, Punicorum libri XVII, ad optimas editiones collati, cum varietate lectionum, perpetuis commentariis, præfationibus, argumentis et indicibus, curante N.-E. LEMAIRE. *Parisiis, Lemaire*, 1823, 2 vol. in-8, 30 fr.

— Silius Italicus. Les Puniques. Traduction nouvelle par MM. E.-F. CORPET et N. DUBOIS (avec le texte en regard). *Paris, Panckoucke*, 1837, 2 vol. in-8, 14 fr.

Édition faisant partie de la nouvelle Bibliothèque classique latine-française, publiée par le même libraire.

SILLERY. Voy. BRULART DE SILLERY (Fabio).

SILLERY (Stéphanie-Félicité Ducrest, marquise de). Voy. GENLIS.

SILV*** de M***. — Dialogue entre Marseille la vieille et Marseille la jeune. *Marseille, de l'imp. de Rouchon*, 1828, in-12 de 12 pag.

SILVA (Jean-Baptiste), docteur-régent de la faculté de médecine de Paris, médecin consultant du roi et médecin ordinaire de S. A. R. Mgr. le Duc; né à Bordeaux, le 13 janvier 1682, mort le 19 août 1742.

— Dissertations et consultations médicinales. *Paris*, 1744, in-12.

— Traité de l'usage des différentes saignées, principalement de celle du pied. *Paris, Anisson*, 1727, 2 vol. in-12; *Amsterdam*, 1729, in-12.

Cet ouvrage est dirigé principalement contre Hecquet. Il a pour but de prouver que toute espèce de saignée produit l'évacuation, la dérivation et la révulsion. On y trouve quelques détails anatomiques intéressants, mais qui ont été puisés en grande partie dans Winslow.

Hecquet (voy. ce nom) repondit à Silva en tête de l'édition de 1729 de son ouvrage intitulé : *De la Digestion, etc.*

SILVA (le marquis de), officier d'état-major de l'armée du roi de Sardaigne.

— * Considérations sur la guerre entre les Russes et les Turcs. *Turin, les frères Reycends*, 1773, in-8.

— Pensées sur la tactique et la stratégique, ou Vrais principes de la science militaire. *Turin*, 1778, in-4.

— * Remarques sur quelques articles de l'Essai général de tactique (de M. Guibert). *Turin, frères Reycends*, 1773, in-8.

SILVA (V. A. da). Voy. OSORIO.

SILVA-MOZINHO DE ALBUQUERQUE (L. de). — Georgicas portuguezas. *Paris, Bobée*, 1820, in-18.

SILVA-PASSOS (Joseph da). — Courtes remarques sur la brochure de M. Alexandre de Laborde : Vœu de la justice et de l'humanité en faveur de l'expédition de don Pédro. *Paris, de l'imp. de Mie*, 1832, in-8 de 32 pag.

Avec M. Manuel de Silva Passos, son frère.

— Réponses aux accusations publiées dernièrement dans le Times contre le général comte de Saldanha, dédiées à ses amis personnels et politiques, par les citoyens portugais Joseph et Manuel da Silva Passos. *Paris, de l'imp. de Mie*, 1832, in-8 de 24 pages.

La même Réponse existe en portugais. 1832, in-8.

SILVAIN. — Traité du sublime. *Paris, Prault*, 1732, in-12.

SILVAIN (le chevalier). — Précis sur l'éducation élémentaire, suivi d'un exposé de principes à mettre en pratique pour l'instruction élémentaire. *Paris, l'Auteur*, 1828, in-8 de 8 pag.

SILVELA (Francisco-Augustin). — Colegio de Silvela, distribution des premios de 1828, por do Francisco-Augustin Silvela,

segundo director. *Paris, de l'imp. de Gauthier-Laguionie*, 1829, in-8 de 32 pages.
—Maintien (du) de la peine de mort. *Paris, Delaunay; Videcoq*, 1832, in-8, 7 fr.

SILVELA (Manuel), jurisconsulte espagnol.
— Bibliotheca selecta de literatura española, etc. (1819). Véase P. MENDIBIL.
— Compendio de la historia romana hasta los tempos de Augusto. *Paris, de la impr. de Gauthier-Laguionie*, 1830, in-8.
— En mi compleanos de mil ochocientos veinte y nueve. *Paris, de l'imp. de Gauthier-Laguionie*, 1829, in 8 de 20 pag.

En vers.

— Establecimiento de educacion para españoles, autorizado por la universidad, y dirijido, in Paris. *Paris, de l'imp. de Duverger*, 1828, in-8 de 64 pag.
— Una Cuestion de derecho. *Paris, de l'imp. de Gauthier-Laguionie*, 1829, in-8 de 182 pag.

SILVESTRE (l'abbé de). — * Traité complet d'électricité, trad. de l'angl., sur la seconde édit..(1785). Voy. T. CAVALLO.

SILVESTRE (le baron Augustin-François de), né le 7 décembre 1762, à Versailles (Seine-et-Oise), d'un maître à dessiner des enfants de France; avant la révolution, lecteur et bibliothécaire de MONSIEUR, depuis Louis XVIII (1792), l'un des fondateurs de la Société philomatique (1788), dont il a été quatorze ans le secrétaire perpétuel, membre du bureau de consultation des arts et métiers du département de la Seine, l'une des dernières et des plus utiles institutions de Louis XVI; admis à la Société royale d'agriculture, M. de Silvestre n'y arriva presque qu'au moment de sa suppression, car cette Société partagea bientôt le sort des académies; elle fut, à la vérité, promptement rétablie, comme Société libre du département de la Seine, et depuis elle a été recréée comme Société impériale, puis royale et centrale d'agriculture. M. de Silvestre est secrétaire perpétuel de cette Société depuis plus de trente années sous les diverses formes qu'elle a subies pendant la révolution et sous l'empire. M. de Silvestre a été successivement membre du jury d'instruction pour le département de la Seine; pendant 5 ans professeur d'économie rurale au Lycée républicain, aujourd'hui Athénée de Paris; chef de la maison d'instruction des élèves de l'École des mines, lors de l'organisation de cet établissement; chef de division des bureaux de l'agriculture et des haras près le ministère de l'intérieur, fonction que M. de Silvestre a remplie plus de vingt ans, et à laquelle fut jointe plus tard celle de directeur de la statistique générale; membre du conseil d'agriculture, arts et commerce, et depuis du conseil supérieur d'agriculture au ministère de l'intérieur; membre du conseil de la préfecture du département de la Seine; l'un des fondateurs et membre du conseil de la Société pour l'encouragement de l'industrie nationale. Louis XVIII, lors de sa rentrée en France, en 1814, rendit à M. de Silvestre la place de bibliothécaire particulier, et depuis celle de lecteur, qu'il avait exercées près de lui avant la révolution, et lui conféra le titre héréditaire de baron. M. de Silvestre est membre d'un assez grand nombre de sociétés savantes françaises et étrangères; parmi les premières, indépendamment de deux que nous avons déjà citées, M. de Silvestre est associé de la Société économique, de la Société philotechnique et d'histoire naturelle de Paris, membre de l'Institut (académie royale des sciences) depuis 1806, et associé correspondant des académies et sociétés savantes d'Abbeville, Besançon, Châlons-sur-Marne, Charleville, Dijon, Montpellier, et de presque toutes les sociétés d'agriculture de France. Les académies et sociétés étrangères qui comptent M. de Silvestre au nombre de leurs membres sont celles de Madrid, de Rotterdam, de Turin, de Iéna, de Leipzig, de Londres, de Vienne, de Moscou, de New-York, de Philadelphie, et la Société italienne des sciences.
— * Annuaire de la Société philanthropique, contenant l'indication des meilleurs moyens qui existent à Paris pour soulager l'humanité souffrante, et exercer utilement la bienfaisance. *Paris, M. Baron; mad. Huzard*, 1819, petit in-8, sans fig., 2 fr. 50 c.; avec fig., 4 fr.
— Considérations sur l'ordre à établir dans la série des connaissances qui doivent être donnée à la jeunesse, présentées à la Société des méthodes. (*Paris, de l'impr. d'Éverat*, 1819), in-8 de 24 pag.

Extrait du Recueil industriel, manufacturier..., et des beaux-arts, publié par M. de Moléon. Sous le titre de *Rapport fait à la Société des méthodes d'enseignement*, lu à la séance du comité d'administration, le 9 mai 1837, M. le baron de Silvestre a fait impr. un supplément aux *Considérations* que nous venons de citer, in-8 de 4 pag.

— Enseignement du dessin linéaire, d'après une méthode applicable à toutes les écoles primaires, quel que soit le mode d'instruction qu'on y suive, par L.-B. Francœur. (*Paris, de l'impr. d'Everat*, 1827), in-8 de 16 pages.

Extrait du Recueil industriel..., et des beaux-arts, publié par M. de Moléon.

C'est un rapport sur la seconde édition du livre de M. Francœur. Le baron de Silvestre y prouve qu'un procédé au moins analogue à celui indiqué par M. Francœur, employé par les anciens peintres et les sculpteurs, avait eu une grande influence sur la perfection de leurs ouvrages.

— Essai sur les moyens de perfectionner les arts économiques en France, ouvrage approuvé par l'Institut national. *Paris, mad. Huzard*, 1801, in-8, fig. 2 fr.

— Notices sur la vie et les ouvrages de quelques hommes (membres, soit de la Société philomatique, soit de celle d'agriculture), précédées d'un Rapport sur les travaux d'*Ant.-Aug. Parmentier*, fait au Lycée des arts, le 7 juillet 1793. Notices sur : 1° *P. Bayen*; — 2° *B. Pelletier*; — 3° *Cl.-A.-G. Riche*; — 4° *Alex. Deleyre*; — 5° le marq. *Mancini-Nivernois*; — 6° mad. *Mar.-Eliz. Joly*, actrice; — 7° *Ph.-Nic. Pia*. Paris, de l'impr. de Ballard, sans date (vers 1799), in-8 de 90 pag.; — 8° Notice biographique sur *Arm. Béthune-Charost*, lue au Lycée républicain, le 3 frimaire an IX, et sur 9° *F.-H. Gilbert*, lue à la Société d'agriculture, le 30 fructidor an IX. Paris, de l'imprimerie de madame Huzard, sans date, in-8 de 56 pages; — 10° Discours prononcé le 26 germinal an IX, lors de l'inhumation de *E.-J.-A. Dupuget*, in-8 de 8 pag. — 11° Notice biographique sur *Creuzé-Latouche*, lue à la Société d'agriculture, le 30 fructidor an IX. Paris, de l'impr. de madame Huzard, s. d., in-8 de 8 pag.; — 12° sur *P. Pepin*, lue le 8 floréal an XIII. Ibid., s. d., in-8 de 12 pag.; — 13° Notice biographique sur *P.-V.-L. Vilmorin*, lue le 17 novembre 1805. Ibid., s. d., in-8 de 16 pages; — 14° Discours prononcé à Montrouge, le 16 mai 1806, lors de l'inhumation de *J.-P.-M. Cels*. Ibid., 1806, in-8 de 8 pages; — Notices biographiques sur : 15° *Torchet de Saint-Victor*; — 16° *Vitet*; — 17° *Fourcroy*; — 18° *Barré de Saint-Venant*; — 19° *Bremontier*, lues le 15 juillet 1810. Ibid. s. d., in-8 de 24 pages; — 20° sur *Heurtault de Lamerville*; — 21° *Bourgeois*; lues le 21 juillet 1811. (Ibid., s. d.), in-8 de 24 pag. (1); — Notices biographiques sur : 22° *Hub.-Pasc. Ameilhon*; — 23° *E.-Hil. Garnier-Deschênes*; — 24° *Et. de Vitry*; — 25° *Mich. Beljambe*, lues le 25 avril 1813. Ibid., s. d., in-8 de 28 pag. — 26° Notice biographique sur *Guill.-Ant. Olivier*, lue le 9 avril 1815. Ibid., s. d., in-8 de 24 pag.; — 27° sur *Ant.-Aug. Parmentier*, lue le 9 avril 1815 (Ibid., juillet 1815), in-8 de 24 pages. — Notices biographiques sur MM. : 28° *Journu-Auber*; — 29° *Cotte*; — 30° *Allaire*; — 31° *Desmarest*, — 32° *Tenon*, lues le 28 avril 1816 (Ibid., s. d.), in-8 de 44 pag.; — 33° Notice biograph. sur *P.-A. Dupont* (de Nemours), lue le 29 mars 1818 (Ibid., 1818), in-8 de 41 pages; — 34° sur *Moreau de Saint-Méry*, lue le 18 avril 1819 (Ibid., mai 1819), in-8 de 24 pages; — 35° sur *Léon de Perthuis de Laillevant*, lue le 18 avril 1819 (Ibid., mai 1819), in-8 de 15 pages; — 36° sur *Palisot*, baron *de Beauvois* (Ibid., 1820), in-8 de 29 pages; — 37° sur *Cl.-Aug. Petit*, baron de *Beauverger* (Ibid., 1830), in-8 de 21 pages; — 38° sur le marq. de *Cubières*, lue en 1821 (Ibid., 1822, in-8 de 26 pages; — 39° sur *J.-B. Desplas* (Ibid., avril 1823), in-8 de 15 pages; — 40° sur *Herwyn de Nevèle*, lue le 25 avril 1824 (Ibid., 1824), in-8 de 23 pages; — 41° sur le baron de *Percy* (discours prononcé sur sa tombe), le 19 février 1825 (Ibid.), in-8 de 3 pag.; — 42° sur le baron *P.-F. Percy*, lue le 10 avril 1825 (Ibid., avril 1825), in-8 de 31 pages; — 43° sur *André Thouin*, lue le 10 avril 1825 (Ibid., avril 1825), in-8 de 27 pages; — 44° sur le baron de *Chassiron*, lue le 4 avril 1826 (Ibid., 1826), in-8 de 23 pages; — 45° sur *Vincens-Saint-Laurent*, lue le 4 avril 1826 (Ibid., 1826), in-8 de 23 pages; — 46° sur *Ant.-Balt.-Jos. d'André* (Ibid., 1827), in-8 de 24 pages; — 47° sur *Ant.-Nic. Duchesne* (Ibid., 1827), in-8 de 26 pages; — 48° sur le comte *François* (*de Neufchâteau*), lue le 15 avril 1828. (Ibid., 1828), in-8 de 32 pages; — 49° sur *L.-G. Dela-*

(1) Ces vingt une premières notices sont des extraits tirés à part des Mémoires de la Société d'agriculture. L'auteur ayant eu l'idée d'en former des volumes, a établi une pagination qui se suit depuis la première jusqu'à la dernière, qui finit avec la page 259. Les deux dernières notices sont paginées 237 à 259; c'est donc par erreur qu'on a mis aux cinq notices postérieures, la pagination 237 à 263 au lieu de 260 à 287.

marre, lue le 15 avril 1828. (Ibid., 1828), in-8 de 16 pag.; — 50° sur *L.-Aug. Bosc*, lue le 28 avril 1829 (Ibid., 1829), in-8 de 28 pag.; — 51° Notice nécrologique sur M. *Challan*, prononcée sur sa tombe, le 1er avril 1831 (Ibid., 1831), in-8 de 4 pages; — 52° sur *Aubert Du Petit-Thouars*, prononcé sur sa tombe, le 13 mai 1831 (Ibid., 1831), in-8 de 7 pag.; — 53° Notice biographique sur le baron *C.-E. Coquebert de Montbret*, lue le 29 avril 1832 (Ibid., 1832), in-8 de 24 pages; — 54° sur *J.-A.-V. Yvart*, lue le 29 avril 1832 (Ibid., 1832), in-8 de 18 pages; — 55° sur *Jacq.-Jos. Baudrillard*, lue le 29 avril 1832 (Ibid., 1832), in-8 de 13 pages; — 56° *Jacq.-Jos. Henri*, lue le 4 avril 1833 (Ibid., 1833), in-8 de 16 pag.; — 57° Discours prononcé le 18 janv. 1834, sur le tombe de *J.-N.-P. Hachette* (Ibid., 1834), in-8 de 9 pag.; — 58° Notice biographique sur le baron de *Ternaux*, lue le 6 avril 1834 (Ibid., 1834), in-8 de 18 pages; — 59° sur le comte de *Tournon*, lue le 6 avril 1834 (Ibid., 1834), in-8 de 19 pages; — 60° sur *Gasp. d'Ailly*, lue le 26 avril 1835 (Ibid., 1835), in-8 de 18 pages; — 61° sur *P.-Sim. Girard*, lue le 3 décembre 1836 (Ibid., 1837), in-8 de 4 pag.; — 62° sur *Cl.-P. Molard*, lue le 2 avril 1837 (Ibid., 1837), in-8 de 16 pag.; — 63° sur *Teissier*, membre de l'Institut, etc., lue le 13 décembre 1837 (Ibid., 1838), in-8 de 4 pag.

Toutes ces notices ont été lues dans les séances publiques de la Société d'agriculture, imprimées dans les Mémoires publiés par cette Société, et ensuite tirées à part à petit nombre pour les amis de l'auteur.

Ces notices ont eu, en général, du succès : elles sont consciencieusement rédigées, et l'auteur a eu l'intention de donner une physionomie propre et caractéristique à chacun de ses sujets : il semble avoir suivi la ligne tracée par Vicq d'Azyr, dans ses Considérations générales sur les éloges ; et non-seulement il paraît n'avoir négligé aucune recherche dont le résultat pût intéresser la réputation de ceux qu'il louait, mais encore il paraît avoir cherché le mobile de leurs travaux, et à faire connaître quelle a été leur influence sur le progrès des sciences ou des arts qui les avaient principalement occupé. Les préambules de ces notices tant variées offrent des réflexions philosophiques et morales sur le sujet qui va être traité : elles résument, en un seul tableau, les principales notions d'instruction générale qu'il est possible d'en tirer. L'auteur a souvent eu l'art de commander un plus grand intérêt, en mêlant à ses notices des considérations particulières sur les parties de la science qui avait le plus occupé les personnages dont il retrace l'histoire. C'est ainsi, pour se borner à un petit nombre d'exemples, qu'il semble avoir personnifié la bienfaisance éclairée dans ses éloges de Béthune-Charost, de Desplas, de Pia, de Parmentier; qu'il a su apprécier le mérite de la modération et de l'oubli de soi-même dans ceux de Thouin, de Bosc, de Beljambe; l'utilité des connaissances variées, l'importance d'un travail opiniâtre, et l'avantage d'une éducation bien dirigée, dans ceux de Creuzé Latouche, Moreau de Saint-Méry, François (de Neufchâteau) et Duchesne; qu'il peint les malheurs de la révolution et les effets de la restauration, dans ceux de Journu-Auber, Herwin et Cubières; qu'il donne ses propres vues sur la statistique, la météorologie, et l'influence de la théorie des sciences physiques sur les progrès des arts et métiers, à l'occasion des notices d'Olivier, de Cotte et de Desmarest; enfin, qu'il oppose ses propres principes d'économie publique à ceux des anciens économistes, dans l'éloge de Dupont de Nemours.

Dans toutes ses notices biographiques, l'auteur se plaît surtout à retracer les vertus publiques et privées de ceux dont il écrit l'histoire. La peinture attachante qu'il fait de la fermeté, de la scrupuleuse probité, de la bonne conduite, de la bienfaisance, du vrai patriotisme, de la persistance dans les études et dans les travaux utiles, commande une imitation désirable; il semble s'attacher surtout à montrer sous quels rapports essentiels est la vie dont il retrace l'histoire exemplaire, et il sait choisir avec discernement, et renfermer en un court espace, dans chacune de ses notices biographiques, les actions et les travaux littéraires dont la mémoire mérite d'être soigneusement conservée.

Indépendamment des soixante-trois notices biographiques dont nous venons de parler, M. le baron de Silvestre en a fourni trois autres à la « Galerie française » (Paris, 1823 et ann. suiv., 3 vol. in-4); ce sont celles sur *Olivier de Serres*, imprimée dans le tome Ier; sur *Duhamel du Monceau* et sur *Bern. de Jussieu*, imprimées l'un et l'autre dans le tome III.

— Observations sur l'état de l'agriculture en France, extrait des Voyages d'Arthur Young. (Nouv. édit.) *Paris*, 1800, in-8 de 84 pag.

— Rapports généraux de la Société philomatique de Paris, depuis son installation au 10 décembre 1788 jusqu'au 30 frimaire an VIII. *Paris, Baudouin*, an IX (1801), 4 vol. in-8, 10 fr.

Avec Riche.

Le volume renfermant le Rapport pour les années de 1792 jusqu'à l'an VI, est suivi de l'Éloge de Riche, par CUVIER. Paris, Fuchs, 1798.

Nous avons dit plus haut que M. le baron de Silvestre a été l'un des fondateurs de cette Société et son secrétaire perpétuel pendant quatorze ans.

— Rapport sur les travaux de la Société impériale d'agriculture du département de la Seine pendant l'an XIII (1805). In-8.

— Rapport sur les travaux de la Société royale et centrale d'agriculture, pendant l'année 1822. *Paris, de l'imp. de mad. Huzard*, 1823, in-8 de 28 pag.

Les débuts de M. le baron de Silvestre comme écrivain furent marqués par des *poésies légères*.

Mais, s'étant bientôt livré exclusivement à l'étude des sciences, tout ce qu'il fit imprimer plus tard eut des objets d'utilité pour but. Il a fait imprimer, dans le tome V du Journ. de phys. de La Méthérie (   ), les résultats de ses expériences *sur la décomposition et la recomposition de l'eau par l'étincelle électrique*, au moyen d'un instrument de physique inventé par lui de concert avec l'abbé Chappe. Il publia aussi vers ce temps, dans le Journal de physique, dans les Annales de chimie et dans les Mémoires de la Société royale d'agriculture, divers Mémoires *sur les volcans ; sur les effets de l'électricité artificielle dans la végétation ; sur la culture en grand et l'accroissement des plantes potagères ; sur la nécessité et les moyens d'enseigner l'économie rurale dans les écoles publiques ; sur les effets du sel marin, employé comme engrais ; sur différentes maladies des céréales*, etc.

Outre les *Notices* que nous avons citées ; les *Rapports* généraux sur les travaux annuels de la Société d'agriculture et sur l'état et les progrès de l'économie rurale ; quelques Rapports particuliers sur des ouvrages, et plusieurs *Mémoires* lus par M. de Silvestre au sein de la Société d'agriculture, et insérés dans le recueil publié par la Société, on a encore de ce savant : 1° un *Mémoire sur la minéralogie du département de la Seine*, rédigé sur la demande du préfet, mais resté inédit dans les archives de l'administration ; — 2° Une *Instruction concernant la panification des blés avariés*, instruction rédigée, en 1816, au nom d'une commission nommée par le gouvernement, et qui fut abondamment répandue, pour remédier aux désastreux effets que les pluies excessives avaient occasionnées aux récoltes.

M. de Silvestre a eu part aussi à la dernière édition du Théâtre d'agriculture d'Olivier de Serres, publiée par la Société d'agriculture (1803), ainsi qu'au Nouveau Cours d'agriculture, etc., rédigé par les membres de la section d'agriculture de l'Institut (1821—23, 16 vol. in-8, avec figures).

M. le baron de Silvestre a plusieurs ouvrages qui sont encore inédits, et dans ce nombre se trouvent les suivants : 1° *Cours d'économie rurale*, fait au Lycée républicain ; 2° des *Voyages agronomiques*, qu'il a faits en Suisse, en Flandre et en Hollande ; 3° la traduction des Fondements de l'agriculture allemande de Buckmann, sur l'édition imprimée à Gœttingue, en 1790, et celle de la Botanique économique de Succow, sur l'édition de Manheim, en 1777.

SILVESTRE (F.-P.), maître de pension, ancien membre de l'institut des frères des écoles chrétiennes.

— Abrégé d'arithmétique, à l'usage des pensionnats et des écoles chrétiennes. Nouv. édition, augmentée du calcul décimal, etc. *Rouen*, 1810, in-12 ; — *Rouen, de l'imp. de Herment*, 1814, in-12.

— Traité d'arithmétique, à l'usage des pensionnats et des écoles chrétiennes. IIIe édit., augm. du calcul décimal, comparé au calcul des nombres complexes ; d'une instruction sur la manière de trouver les rapports entre les mesures décimales et les anciennes ; d'une introduction aux changes étrangers, etc. *Rouen, Mégard*, 1822, in-8, 4 fr.

Nous ignorons la date de la première édition : une nouvelle, par conséquent la seconde, parut à Rouen (Paris) en 1809, in-8.

SILVESTRE (l'abbé). — Méthode abrégée de perfection, ou Moyens courts et faciles de ne vivre que pour Dieu seul. *Strasbourg, Leroux*, 1822, in-12 de 96 pag.

SILVESTRE (André). — Biographie allégorique et fantastique des illustrations contemporaines. *Paris, l'Auteur, rue d'Orléans-St-Honoré*, 1831, in-4.

Cette Biographie devait être composée de 48 livraisons, chacune de 4 pages, avec une planche ; mais il n'en a paru que 16 pages, avec 2 planches.

SILVESTRE (Casimir). — Cours d'histoire, à l'usage des écoles primaires, contenant les faits les plus saillants de l'histoire sainte, de l'histoire grecque, etc. *Aix, Pardigon ; Brignoles, l'Auteur*, 1835, in-12, 1 fr. 25 c.

— Guide (nouv.) des instituteurs primaires, ou Manuel des écoles, contenant, sur l'instruction élémentaire, toutes les notions exigées pour l'examen de capacité, et pouvant servir de règle à l'instituteur dans l'enseignement de ses élèves. *Aix, Pardigon ; Paris, Hachette ; Brignoles, l'Auteur*, 1834, ou 1836, in-12, 2 fr. 75 c.

SILVESTRE DE SACY (le baron Antoine-Isaac), l'un des plus célèbres orientalistes de l'Europe, celui auquel la France doit la grande impulsion que la littérature arabe a prise chez elle, et en même temps l'un des hommes les plus honorables dont notre pays s'enorgueillit (ce qui ne l'avait pas empêché de devenir l'un des deux plus éhontés cumulards de l'époque), pair de France, membre de l'Académie des inscriptions et belles-lettres et des principaux corps savants de l'Europe ; né le 21 septembre 1758, à Paris, de Jacques-Abraham Silvestre, notaire dans la même ville. M. Silvestre de Sacy fut successivement : conseiller en la Cour des monnaies, en 1781 ; associé libre de l'Académie des inscriptions, en janvier 1785, et associé ordinaire, en 1792, par suite de la mort d'Ath. Auger ; l'un des commissaires généraux des monnaies en 1791, place dont il se démit au mois de juin 1792 ; membre de l'Institut, dès sa formation ; professeur d'arabe à l'École spéciale des langues orientales, en 1795 ; et de persan au Collége de France, en 1806 ; membre du Corps législatif, pour le département de la Seine, de 1808 à 1815, membre de la Chambre des députés de 1815 ; baron en 1813 ; censeur royal en 1814 ; recteur de l'Université de Paris, en février 1815, et, au mois d'avril suivant, membre de la commission d'instruction publique, puis du conseil royal qui succéda à cette commission. Il donna sa démission, le 1er décembre 1822. Membre de l'Académie des inscriptions, lors de sa réorganisation, en 1816, et son secrétaire-perpétuel, à la mort de Dacier, l'un des rédacteurs du Journ. des Savants, en octobre 1816; l'un des fondateurs de la Société asiatique de Paris, il en fut nommé président, dès l'installation, en 1822, et il a été réélu tous les ans jusque vers la fin de 1830; administrateur du Collége de France, le 30 décembre 1823, et de l'École royale et spéciale des langues orientales, à la fin de 1824, à la place de Langlès (1); inspecteur de la typographie orientale à l'imprimerie royale (2), etc., etc., membre du bureau de charité du 11e arrondissement de Paris, membre du conseil supérieur de la Société anonyme du Bulletin universel, publié sous la direction de M. de Férussac (en janvier 1829), enfin, correspondant littéraire de la Russie; mort à Paris, le 22 février 1838.

POLITIQUE, LÉGISLATION et INSTRUCTION PUBLIQUE.

— Amendements proposés par M. Silvestre de Sacy, dans la chambre des pairs, lors de la discussion du projet de loi relatif à la responsabilité des ministres et autres agents du pouvoir. *Paris, de l'imp. d'Eberhart*, 1836, in-8 de 28 pag.

— Discours, Opinions et Rapports sur divers sujets de législation, d'instruction publique et de littérature. *Paris, Debure frères*, 1824, in-8 de xij et 512 pag., 5 fr.

Presque tous les morceaux dont se compose ce recueil ont été imprimés séparément, aux diverses époques où ils ont été écrits.

— * Où allons-nous, et que voulons-nous? ou la Vérité à tous les partis. Par un ancien membre de la chambre des députés. *Paris, Petit*, 1827, in-8 de 84 pages, 1 fr. 50 c. (D. M.).

— *Retenue (de la) exercée sur les traitements des employés et des fonctionnaires publics. Par M***, ancien membre de la chambre des députés, ancien administrateur, etc. *Paris, Delaunay*, 1832, in-8 de 16 pag.

GRAMMAIRE GÉNÉRALE.

— Principes de grammaire générale, mis à la portée des enfants, et propres à servir d'introduction à l'étude de toutes les langues. *Paris, Fuchs*, an VII (1799), in-12, 1 fr. 50 c. — VIe édition. *Paris, Belin*, 1832, in-12, 2 fr. 50 c.

La seconde édition, publiée dès 1804, renferme déjà des augmentations.

PHILOLOGIE, CRITIQUE ET HISTOIRE ORIENTALES.

1° *Ouvrages de M. Silvestre de Sacy.*

— Anthologie grammaticale arabe, ou Morceaux choisis de divers grammairiens et scholiastes arabes, avec une traduction française et des notes, pouvant faire suite à la «Chrestomathie arabe.» *Paris, Debure frères*, 1829, in-8, 25 fr.

Il en a été tiré des exemplaires sur papier vélin.

Ce volume est divisé en deux parties; la première contient des extraits en arabe, et la seconde la traduction de ces mêmes extraits, suivie de notes, tables, etc. Les extraits contenus dans ce volume sont au nombre de dix, savoir: 1° Extrait du commentaire de Béidhawi sur l'Alcoran; — 2° Extrait du livre intitulé la Perle du plongeur, dans lequel il est traité des fautes du langage où tombent les gens bien nés, par Abou-Mohammed Kasem Hariri Basri, fils d'Ali; — 3° Exposition des règles fondamentales de la syntaxe des désinences, par le scheïkh Abou-Mohammed Abd-allah, fils de Yousouf, et connu sous le nom d'Ebn-Héscham le grammairien; — 4° Extrait du livre intitulé le Flambeau, traité de la syntaxe arabe, par l'iman d'Abou'lfath Nasir Motarrézi, fils d'Abd Alzéyyid; — 5° Extrait de l'ouvrage intitulé: Essai de syntaxe, par l'iman très-savant Djar-allah Mahmoud Zamakhschari, fils d'Omar, avec le commentaire de Djémal-elmillaoueddin Mohammed Ardebili, fils de Schems-eddin Abd-elgani; — 6° Extrait du *Casschaf* ou Commentaire de l'iman Abou'lkasem Djar-allah Mahmoud Zamakhschari, fils d'Omar, sur l'Alcoran; — 7° Extrait de la grammaire arabe connue sous le nom d'*Alfyya*, par Ebn-Malec; — 8° Extrait de l'ouvrage intitulé: Recréations grammaticales, composé par le très-savant scheïkh Abou Mohammed Kasem Hariri de Basra, fils d'Ali; — 9° Extrait du Traité de la syntaxe arabe de Sibawaïh; — 10° Extrait des Prolégomènes historiques d'Ebn-Khaldoun.

Sous le titre d'*Anthologie arabe*, M. Grangeret de la Grange avait aussi publié l'année précédente un

---

(1) «Ces fonctions et toutes celles que M. Silvestre de Sacy a remplies à diverses époques, ne l'ont jamais empêché de professer, avec autant de zèle et d'assiduité que de succès, ses cours de persan et d'arabe dans ces deux établissements. Plusieurs de ses élèves étrangers, tels que MM. Freitag, Kosegarten, Rasmussen, Haughton, etc., remplissent aujourd'hui des chaires de littérature orientale, en Allemagne et en Russie. Parmi ceux qui lui ont fait le plus d'honneur en France, il faut citer MM. Chézy, Étienne Quatremère, Jaubert, Garcin de Tassy, Reinaud, Saint-Martin, etc. C'est principalement à sa recommandation que le gouvernement a créé au collége de France, en 1814, la chaire de samskrit, celle de chinois et de tartare-mandchou, et, en 1828, celle d'indostani. C'est aussi en grande partie, par son influence, que plusieurs orientalistes et érudits sont entrés à l'Académie des inscriptions.»

(2) Sous le ministère déplorable, l'orientaliste et congréganiste Saint-Martin, ancien élève de M. Silvestre, ne sut exprimer de sentiments de reconnaissance à son ancien maître, qu'en se faisant adjuger à l'imprimerie royale une place d'inspecteur de la typographie orientale, qu'il a su rendre lucrative, et que le savant professeur remplissait avant lui gratuitement ou peu s'en faut.

Choix de poésies arabes inédites, traduites pour la première fois en français, avec le texte et des notes (in-8).

—Aperçus (nouveaux) sur l'histoire de l'écriture chez les Arabes du Hedjaz. *Paris, Dondey-Dupré*, 1827, in-8 de 28 pag.

Extrait du Journal asiatique.

—Chrestomathie arabe, ou Extraits de divers écrivains arabes, tant en prose qu'en vers, avec une traduction française et des notes, à l'usage des élèves de l'École spéciale des langues orientales vivantes. *Paris, de l'imp. impér.—Debure frères*, 1806, 3 vol. in-8. — Seconde édition, revue et augm. *Paris, de l'imp. royale. — Debure frères*, 1826-27, 3 vol. in-8, sur pap. gr. raisin, 84 fr., et sur gr. raisin vélin, 100 fr.

La seconde édition se distingue de la première par un grand nombre de corrections et d'améliorations et par des additions considérables.

Cet ouvrage contient divers morceaux inédits, offrant des exemples de toutes les difficultés, pour en donner la solution. On y trouve à la fois, exactitude, correction; critique historique et littéraire, érudition, analyse grammaticale, et l'explication d'un grand nombre de mots ou d'acceptions négligés par tous les lexicographes.

Les extraits qui sont contenus dans ces trois volumes, sont ceux, tom. Ier : de 1° l'ouvrage intitulé Traité de la conduite des rois; et Histoire des dynasties musulmanes, par FAKHR-EDDIN; — 2° des Avertissements et sujets de réflexions que présente le souvenir des anciennes divisions territoriales, et des monuments de l'antiquité, ou Description historique et topographique de l'Égypte et du Caire, par TAKIYY-EDDIN MAKRISI; — 3° du Livre des exemples instructifs et le recueil du sujet et de l'attribut, concernant l'histoire des Arabes et des Berbers, ainsi que celle des souverains les plus puissants qui ont été contemporains de ces nations, par Ald-Alrahman Hadhrami, fils de Mohammed, fils de Khaldoun, connu sous le nom d'EBN-KHALDOUN; — 4° des Preuves les plus fortes en faveur de la légitimité de l'usage du café, par le scheikh ABD-ALKADER ANSARI DJÉZERI HANBALI, fils de Mohammed; — 5° de l'Introduction à la connaissance des dynasties royales, par Takiyy-eddin MAKRISI. Tom. II, 6° de la Crême de l'exposition détaillée des provinces, et du tableau des chemins et des routes, par KHALIL DHAHÉRI, fils de Schahin; — 7° Lettre du sultan Mélic-Alaschraf BARSBAÏ à Mirza Schahrokh, fils de Timour; — 8° Extrait du livre intitulé: Avertissements, etc., ou Description historique et topographique de Misr et du Caire, par Takiyy-eddin MAKRISI; — 9° Extrait des livres des Druzes, qui sont les disciples de Hamza, fils d'Ali; — 10° du Livre des exemples instructifs.... concernant l'histoire des Arabes et des Berbers, etc., par EBN-KHALDOUN; — 11° *Lamiyyat alarab*, poëme de SCHANFARA; — 12° poëme de NABÉGA DHOBYANI; — 13° poëme de Maïmoun, fils de Kaïs, et connu sous le nom d'ASCHA; — 14° poëme de Moïn-almilla-Weddin TANTARANI, client de Mohakkik. Tom. III, 15° Extrait du Divan, ou Recueil des poésies d'Abou'ltayyb Ahmed MOTÉNABBI, fils de Hosaïn; — 16° de l'Étincelle du briquet, ou Recueil de poésies d'ABOU'LALA Ahmed Tenoukhi, natif de Maarrat-alnoman; — 17° du Recueil de poésies du Scheikh Omar, fils de Faredh (connu sous le nom d'EBN-FAREDH); — 18° du Recueil des séances d'Abou-Mohammed Kasem HARIRI Basri, fils d'Ali, fils de Mohammed; — 19° du Recueil des séances d'Abou'lfadhl Ahmed HAMADANI, surnommé Bédi-alzéman; — 20 Choix de lettres et autres pièces diplomatiques; — 21° Extraits du livre des Merveilles de la nature et des singularités des choses créées, par Mohammed KAZWINI, fils de Mohammed, traduits par A.-L. de CHÉZY.

Chaque ouvrage ou extrait est d'abord imprimé en français et suivi de notes. Chaque volume est terminé par une table des mots arabes et par le texte des ouvrages et extraits qui y sont renfermés.

— Discours d'ouverture (de la Société asiatique) prononcé à la première séance générale, le 1er avril 1822, par M. le baron SILVESTRE DE SACY; précédé du prospectus de la Société, et suivi d'un règlement qu'elle a adopté, et de la liste des membres qui la composent: publié par la Société, pour servir d'introduction ou de programme au Journal asiatique. *Paris, de l'imp. de Rignoux*, 1822, in-8 de 52 pag.

— Exposé de la religion des Druzes, tiré des livres religieux de cette secte, et précédé d'une Introduction et de la Vie du khalife Hakem-Biamr-Allah. *Paris, de l'impr. roy. — Const. Potelet; veuve Dondey-Dupré*, 1838, 2 forts vol. in-8, de dxvij—232, et de 708 pag., 25 fr.

Cet ouvrage était rédigé depuis quarante ans, mais l'auteur en avait différé la publication parce-qu'il avait conçu l'espérance de recevoir de l'Orient quelques nouveaux manuscrits des Druzes, qui pourraient jeter de la lumière sur divers points de leur doctrine, lesquels lui paraissaient encore enveloppés d'obscurité.

Divers fragments, qu'à différentes époques M. Silvestre de Sacy avait fait connaître de cet ouvrage soit dans sa Chrestomathie arabe, soit dans le Magasin encyclopédie, et dans les Mémoires de l'Académie des inscriptions et belles-lettres, et encore dans le Journal asiatique, faisaient désirer ardemment que l'auteur put publier son ouvrage complet sur la religion d'un peuple aussi singulier que les Druzes.

En tête de son Exposé de la religion des Druzes, l'auteur a placé les pièces suivantes, servant de préliminaires et remplissant 516 pages.

1° Avertissement de l'auteur; — 2° *Introduction*. L'auteur avait donné dès 1824, dans le Journ. asiatique, un long extrait de cette Introduction; mais revu depuis cette époque, il en résulte que les fragments présentent des différences de rédaction; — 3° *Vie du Khalife Hakem Biamr-Allah*, précédée de l'*Histoire des premiers princes de la dynastie des Fatimis*; — 4° *Extrait de Nowairi relatif à Hakem-Biamr-Allah*; — 5° *Extrait de Nowairi concernant l'origine des Khalifes Fatimis*; — 6° *Notice des manuscrits*, tant de la bibliothèque royale de Paris que d'autres bibliothèques publiques et particulières, contenant des portions de livres religieux des Druzes. L'auteur avait d'abord publié cette notice dans le Journal asiatique, dans le but d'engager les personnes qui possédaient quelques parties du Recueil sacré des Druzes, à lui en accorder communication.

« Mon intention est, dit l'auteur, pag. VI de son avertissement, de réunir dans un troisième volume, si la providence m'en accorde le temps, divers documents relatifs à la croyance actuelle des Druzes, et dont quelques-uns ont déjà été publiés ailleurs: peut-être y joindrai-je, en original et avec des traductions, quelques-uns des écrits d'après lesquels j'ai composé mon Exposé de la religion des Druzes; mais, quand même je ne pourrais point réaliser ce projet, l'ouvrage que je publie aujourd'hui n'en devrait pas moins être regardé comme complet.»

— Grammaire arabe, à l'usage des élèves de l'École spéciale des langues orientales vivantes. Avec figures. *Paris, de l'imp. impér.* — *Debure frères*, 1810, 2 vol. in 8, avec 8 pl. — Seconde édition, corrigée, à laquelle on a ajouté un Traité de la prosodie et de la métrique des Arabes. *Paris, de l'imp. royale.* — *Debure frères*, 1831, 2 vol. in-8, accompagnés de 8 fig. et de tableaux : sur papier gr. raisin, 42 f., et sur gr. raisin vél., 65 f.

Le tome Ier comprend toute la théorie de la langue arabe, le deuxième en donne la syntaxe, distribuée suivant l'ordre de la grammaire générale, et ensuite, d'après le système des grammairiens arabes.

Les deux morceaux ajoutés à la seconde édition avaient déjà été publiés par l'auteur dans l'un des volumes des « Notices et Extraits des manuscrits de la bibliothèque du roi.

Il a été fait un tirage à part du *Traité de la prosodie et de la métrique des Arabes.* In-8 de 48 pages et 3 tableaux, 4 fr.

La Grammaire et la Chrestomathie arabes de M. Silvestre de Sacy, sont devenus des ouvrages classiques dans toute l'Europe.

— * Lettre à M***, conseiller de S. M. le roi de Saxe, relativement à l'ouvrage intitulé : Des Juifs au XIXe siècle (par le chev. C.-J. Bail). Par M. le baron S. de S. *Paris, Debure frères; Treuttel et Wurtz*, 1817, in-8 de 20 pag., 60 c.

M. Mathis Mayer Dalmbert a répondu à cet opuscule par une « Lettre anonyme », datée d'Amsterdam, 1817, in-8; et M. de Cologna y a opposé des « Réflexions à M. le baron S. de S., etc., 1817, in-8.

— Lettre au citoyen Chaptal, ministre..., au sujet de l'inscription égyptienne du monument trouvé à Rosette. *Paris*, 1802, in-8 avec 2 planches.

Extrait du Magasin encyclopédique, VIIIe ann., tom. Ier.

— Mémoire sur l'origine de Calila et Dimna, ou Fables de Bidpaï, et sur les diverses traductions qui en ont été faites dans l'Orient.

Imprimé à la tête de la traduction de Calila et Dimna, par l'auteur de ce Mémoire, 1816. (Voy. ci-dessous aux traductions).

— Mémoire sur le traité entre Philippe-le-Hardi et le roi de Tunis, en 1270, pour l'évacuation du territoire de Tunis par les croisés. *Paris, de l'imp. Dondey-Duprépère*, 1825, in-8 de 16 pag.

Extrait du Journal asiatique.

— Mémoire sur les Samaritains de Naplouse. *Paris, de l'impr. de Poulet*, 1812, in-8.

Extrait des Annales des voyages publiées par Malte-Brun.

Le principal but de ce Mémoire était de faire connaître les résultats les plus essentiels d'une correspondance entretenue, dans les années 1808 et suivantes, avec les Samaritains de Naplouse. Pour l'intelligence des extraits que l'auteur donnait alors de cette correspondance, il fut obligé de mettre en tête de ce Memoire une exposition sommaire de ce que l'on savait déjà sur les Samaritains, leur origine, leurs dogmes, leurs livres, leurs préjugés, et de réunir des notions répandues dans divers ouvrages, relativement à la correspondance que, dans le XVIIe siècle, plusieurs savants avaient entretenue avec cette secte. M. le baron Silvestre de Sacy a donné une suite à ce travail dans le tom. XI des Notices et Extraits des manuscrits de la bibliothèque du roi.

— Mémoires d'histoire et de littérature orientales. *Paris*, 1818, in-4, avec deux planches.

C'est la réunion des divers Mémoires lus par M. Silvestre de Sacy à l'Académie des inscriptions et belles-lettres, depuis sa réorganisation, et imprimés dans les quatre premiers volumes du recueil de ce corps savant. Ces Mémoires sont : 1° Mémoire sur la nature et les révolutions du droit de propriété territoriale en Égypte, depuis la conquête de ce pays par les Musulmans jusqu'à l'expédition des Français (tom. I, 1815). L'auteur a fait imprimer postérieurement, dans les tomes V et VII du recueil de l'Académie des inscriptions, deux autres Mémoires sur le même sujet. — 2° Mémoire sur les monuments et les inscriptions de Kirmanscha et de Bi-Sutoun, et sur divers monuments Sassanides (tom. II, 1815). C'est une addition à l'un des *Mémoires sur les antiquités de la Perse*, publiés de 1793 à 1797. — 3° Mémoires sur quelques inscriptions arabes existant en Portugal, et rapportées dans le voyage de J. Murphy, et dans les Mémoires de littérature portugaise, publiés par l'Acad. royale des sciences de Lisbonne (id., id.); — 4° Rapport sur les recherches faites dans les archives du gouvernement et autres dépôts publics à Gênes, suivi d'une Notice des pièces tirées des archives secrètes du gouvernement à Gênes (dans la partie historique, tom. III, 1818); — 5° Mémoire sur l'origine du culte que les Druzes rendent à la figure d'un veau (tom. III, 1818); — 6° Mémoire sur la dynastie des Assassins, et sur l'étymologie de leur nom (tom. IV, 1818).

Depuis lors, M. Silvestre de Sacy a lu à la même académie assez de Mémoires pour en former un second volume. Ces Mémoires, imprimés dans les tomes V à X du recueil de l'Académie des inscriptions, sont : 7° deuxième et troisième Mémoires sur la nature et les révolutions du droit de propriété territoriale en Égypte, etc., suivis d'Observations sur le premier Mémoire (inséré au t. Ier). (Tomes V, 1820, et VII, 1824); — 8° Mémoire sur une correspondance inédite de Tamerlan avec Charles VI (tom. VI, 1822); — 9° Mémoire sur un traité fait entre les Génois de Péra et un prince des Bulgares (tom. VII, 1824); — 10° Mémoire où l'on examine l'autorité des synchronismes établis par Hamza Isfahani entre les rois de Perse, d'une part, et, de l'autre, les rois arabes du Yémen et de Hira; — 11° Mémoire sur l'origine du recueil de contes, intitulé : « les Mille et une nuits »; —

12° Mémoires sur deux papyrus, écrit en langue arabe, appartenant à la collection du roi ; — 13° Second Mémoire sur les livres religieux des Druzes (tom. X, 1833).

— Mémoires sur diverses antiquités de la Perse et sur les médailles des rois de la dynastie des Sassanides, suivis d'une Histoire de cette dynastie, traduite du persan, de MIRKHOND. *Paris, de l'imp. nation. — Debure frères*, 1793, in-4 avec 9 planches, 15 fr., et sur pap. fort, 21 fr.

On doit trouver à la fin du volume un supplément que l'auteur n'a fait imprimer qu'en 1797 et qui est extrait du Journal des Savants. Ces différents Mémoires avaient été lus par M. Silvestre de Sacy à l'Académie des inscriptions et belles-lettres. Quatre sont imprimés par extraits dans le XLVIIe vol. du recueil de ce corps savant, volume qui n'a été publié qu'en 1808. Une addition à l'un de ces Mémoires : *Mémoire sur les monuments et les inscriptions de Kirmanschah et de Bi-Situon, et sur divers monuments Sassanides*, se trouve dans le volume publié par l'auteur sous le titre de : *Mémoires d'histoire et de littérature orientales* (1818, in-4).

— Monnaies (de quelques) arabes et des monnaies de Tunis, d'Alger et de Maroc. *Paris*, 1797, in-8.

Extrait du Magasin encyclopédique, IIIe ann., tom. III.

—Notice de la Géographie orientale d'Ebn-Haukal, traduite du persan en anglais par W. Ouseley. *Paris, Didot le jeune*, 1802, in-8.

— Notice de l'ouvrage intitulé : Abdollatiphi historiæ compendium arab. et latine, ed. J. White (Oxonii, 1800). *Paris*, 1803, in-8, 1 fr. 50 c.

Extraite du Magasin encyclop., IXe année, tom. II.

—Notice des manuscrits relatifs à l'histoire des croisades, laissés par dom. Berthereau, religieux de la congrégation de St-Maur, mort en 1794. *Paris*, 1801, in-8.

Cette Notice ou ce Mémoire a paru en trois articles dans le Magasin encyclopédique, VIIe ann., tom. II.

— Notice historique des anciens poëmes arabes, connus sous le nom de moallakas. 1798, in-8.

Extraite du Magasin encyclopédique, IIIe ann., tom. VI.

— Notice sur le but et les travaux de la Société biblique anglaise et étrangère, insérée par M. le baron Silvestre de Sacy au Journal des Savants. *Paris, Scherff*, 1818, in-8 de 12 pag.

—Observations sur l'origine du nom donné par les Grecs et les Arabes aux pyramides d'Égypte, et sur quelques autres objets relatifs aux antiquités égyptiennes. *Paris*, 1801, in-8.

Extraites du Magasin encyclopédique, VIe ann., tom. VI.

— Observations sur une pratique superstitieuse attribuée aux Druzes et sur la doctrine des Nosaïriens. *Paris, Dondey-Dupré*, 1827, in-8 de 36 pag.

Extraites du Journal asiatique.

— Recherches sur l'initiation à la secte des ismaëliens. *Paris, Dondey-Dupré fils*, 1824, in-8 de 28 pag., 1 fr.

Extraites du Journal asiatique.

— Recherches sur l'origine du recueil de contes intitulé : les Mille et une Nuits. Mémoire lu à la séance publique de l'Académie des inscriptions et belles-lettres, le 31 juillet 1829. *Paris, de l'imp. d'Everat*, 1829, in-8 de 16 pag.

— Utilité (de l') de l'étude de la poésie arabe. *Paris, de l'imp. de Dondey-Dupré père*, 1826, in-8 de 24 pag.

Extrait du Journal asiatique.

Les ouvrages et opuscules que nous venons de citer de notre savant orientaliste, quoique plusieurs soient importants, ne sont que la partie la plus minime des travaux de cet érudit laborieux. C'est dans les recueils scientifiques et ceux des académies dont il était membre qu'est disséminée la plus grande partie. L'anc. recueil de l'Acad. des inscrip. paraît être le premier recueil où l'on trouve consignés les fruits des études de M. le baron Silvestre de Sacy. Le XLVIIe volume de ce corps savant, qui n'a été publié qu'en 1808, renferme, dans la partie historique, des extraits de quatre *Mémoires historiques sur les antiquités de la Perse*. Tandis que, d'une part, il lisait de savants mémoires à l'Académie des inscriptions, il analysait de l'autre des manuscrits orientaux de la Bibliothèque du roi, et ses analyses sont imprimées dans le recueil publié de 1788 à 1831, sous le titre de Notices et Extraits des manuscrits de la Bibliothèque du roi, et autres bibliothèques (12 vol. in-4). M. Silvestre de Sacy a fourni beaucoup d'analyses aux douze volumes de ce recueil. Après la suppression de l'Académie des sciences, c'est-à-dire dès 1797, les travaux de M. Silvestre de Sacy vinrent enrichir le Magas. encyclop., dont il est resté l'un des co-rédacteurs jusqu'en 1816; il fournit aussi quelques notices aux Annales des voyages, publiées par Malte-Brun. L'Institut national organisé, M. Silvestre de Sacy fournit de nouveau des Mémoires au recueil publié par la classe de littérature ancienne, classe qui n'était que celle de l'Académie des inscriptions sous une nouvelle dénomination. Depuis le rétablissement de cette classe sous son premier nom (en 1816), M. Silvestre de Sacy, dont le nom y a été maintenu, y a lu encore un assez bon nombre de Mémoires.

Nous récapitulerons ici chronologiquement les recueils scientifiques auxquels M. Silvestre de Sacy a pris part, en indiquant les principaux articles dont il a enrichi chacun d'eux.

I. Dans les *Mémoires de l'Académie des inscriptions*, anc. série, les Mémoires de l'Institut, classe d'histoire et de littérature, et dans les Mémoires de l'Académie des inscriptions, nouvelle série. Dans le premier de ces recueils, outre les « Mémoires sur diverses antiquités de la Perse » :

1° Mémoire sur divers événements de l'histoire des Arabes avant Mahomet;

2° Sur la version arabe des livres de Moïse, à l'usage des Samaritains, publié précédemment en latin, mais moins complet dans l'Allgm. Bibl. d. bibl. litter. de M. Eichhorn;

3° Sur l'origine et les anciens monuments de la littérature parmi les Arabes.

II. Dans les Mémoires de l'Académie des inscriptions, nouvelle série, outre les Mémoires réunis sous le titre de « Mémoires d'histoire et de littérature orientales », et ceux indiqués à la suite :

4° Discours sur la traduction d'ouvrages écrits en langues orientales (extrait des discussions sur le rapport du jury des prix décennaux);

5° Rapport sur les recherches faites dans les archives du gouvernement, et autres dépôts publics à Gênes.

III. Dans les *Notices et Extraits des manuscrits de la bibliothèque du roi :*

6° du livre des Étoiles errantes, histoire de l'Égypte et du Caire, par le scheik Schemseddin Mohammed ben Abilsorour al Bakeri al Sadiki (tom. Ier);

7° du livre des Conseils, par le scheik Ferideddin Mohammed-ben-Ibrahim-al-Attar-al-Nischabourg (*Ibid.*);

8° du livre des Perles, recueilli de l'abrégé de l'Histoire des siècles, par Schehabeddin Ahmed almokri Alfassi (tom. II);

9° de l'Histoire des rois de Perses, des Khalifes, de plusieurs dynasties et de Genghizkhan, par Nikbi ben Massoud (*Ibid.*);

10° du livre du Secret de la créature, par le sage Bélinous (tom. IV);

11° de l'Histoire des poètes (au nombre de cent-cinquante, par Douletschah Ben-Alaëddoulet Algazi Alsamarchandi (*Ibid.*);

12° de l'Histoire de la dynastie des Sarbédariens, extraite de la vie de Mahmoud Ebn-Yéminedin Feryoumadi (*Ibid.*);

13° de l'Histoire des conquêtes du sultan Aboulgazi Hossaïn Béhadurkhan, extraite du Tezkirat Alschoara de Douletschah, et Liste des poëtes dont la vie se trouve dans ce recueil (*Ibid.*);

14° du Présent sublime, ou Histoire des poëtes Sam-Mirza, et Liste des articles contenus dans le Tezkirat Alschoara de Sam-Mirza (*Ibid.*);

15° des Sept Moallakas (*Ibid.*);

16° de l'Histoire de Yéminéddoula Mahmoud, fils de Sebectéghin, traduite de l'arabe en persan, par Aboulscheref Nassih Mouschi Djerbadecani (*Ibid.*);

17° de la Foudre du Yémen, ou conquête de Yémen par les Othomans, par le scheïkh Almekki (*Ib.*);

18° du Lever des astres, ou Particularités de l'histoire du Yémen, par Ahmed Ben-Youfsouf Ben-Mohammed Firouz (*Ibid.*);

19° du livre des Couronnes d'un grand prix, ou Histoire du Yémen, depuis l'arrivée du pacha Redhwan jusqu'à celle du pacha de Behram (*Ibid.*);

20° du livre des Vœux accomplis, ou Histoire du gouvernement de Behram, par Mohammed Ben-Yahya Almotayyel Alhanéfi Alzebidi (*Ibid.*);

21° Table géographique pour servir à l'intelligence des quatre notices précédentes (*Ibid.*);

22° Notice sur le livre qui apprend à connaître la ville sainte de Dieu, ou Histoire de la Mecque, par le scheïkh Kothbeddin Alhanéfi (*Ibid.*);

23° sur un manuscrit du Pantateuque, conservé dans la synagogue des Juifs de Caï-foung-fou (*Ibid.*);

24° de deux manuscrits arabico-espagnols (*Ibid.*);

25° d'un manuscrit syriaque des livres de Moïse (*Ibid.*);

26° d'un manuscrit syriaque contenant une partie du Nouveau-Testament (*Ibid.*);

27° de l'Ordre des chroniques, ou Chronologie de l'histoire, par le cadhi Beïdhawi (*Ibid.*);

28° de la règle des Sebiis, ou le Soutien de la loi, par Motahher Ben-Mohammed Almokdadi (*Ibid.*);

29° du livre de l'Indication de l'Admonition d'Abou'lhasan-Ali (tom. VIII);

30° Abrégé de la bibliographie de Hadji-Khalfa, en arabe, pris mal à propos pour le catalogue des livres de Djami-Alazhar, au Caire (*Ibid.*);

31° du Traité sur l'orthographe primitive de l'Alcoran et sur sa ponctuation;

32° du Commentaire sur le poëme Raïya, ou le Moyen de parvenir plus facilement à l'intelligence du poëme Akila, par le scheïkh Alem-eddin-Abou'lhasan-Ali-ben-Mohammed-Schafei (*Ibid.*);

33° d'un Recueil de différents traités relatifs à l'orthographe et à la lecture de l'Alcoran (*Ibid.*);

34° du Traité des repos de voix dans la lecture de l'Alcoran, par Saad-Allah; et d'un autre ouvrage sur le même sujet, par Abou'lkasem-Shatebi (*Ibid.*);

35° du Traité de la prononciation des lettres arabes (tom. IX). Ce morceau important sert de complément à la Gram. arabe de M. Silvestre de Sacy.

36° des Règles orthographiques du Hamza (tom. IX);

37° Notice d'un manuscrit arabe de l'Alcoran, accompagné de notes critiques et de variantes (*Ibid.*);

38° du Capital des objets recherchés, et du chapitre des choses attendues, ou Dictionnaire de l'idiôme balaïban (langue artificielle qui tient de l'arabe, du persan et du turc). (*Ibid.*)

39° des Définitions du seïd scherif Zeïneddin Djordjâni (tom. X);

40° du livre de Calila et Dimna, trad. en persan, par Abou'lmaeli-Nasr-Allah (*Ibid.*);

41° Notice d'un manuscrit hébreu des fables de Bidpai (*Ibid.*);

42° de la mission de Barzouyèh dans l'Inde (*Ibid.*);

43° des Vies des hommes illustres d'Ebn-Khilcan (*Ibid.*);

44° sur la vie d'Abd-Allah-Ebn-Almokaffa, auteur d'une trad. arabe du livre de Calila et Dimna (*Ibid*);

45° sur le Dictionnaire bibliographique de Hadji-Khalfa (*Ibid.*);

46° Chapitre du fils du roi et de l'Oiseau (*Ibid.*);

47° sur le Parangon de la science, traduction persanne du livre de Calila, faite par le visir Abou'lfazl (*Ibid.*);

48° sur l'Electuaire des cœurs, traduction persanne du livre indien intitulé *Hitoupadésa*, par Tady-Eddin (*Ibid.*);

49° Table des fables contenus dans la traduction en hindoustani du Hitoupadésa (*Ibid.*);

50° Notice de l'ouvrage intitulé : Liber de Dimna et Calila (*Ibid.*);

Les douze Notices et Extraits de M. Silvestre de Sacy, insérés dans le tom. X de la collection, ont été réunis par lui sous le titre que porte la collection.

51° Pièces diplomatiques tirées des archives de la république de Gênes (au nombre de seize pièces), (tom. XI);

52° Notice d'un manuscrit espagnol écrit pour l'usage des maures d'Espagne, et contenant un Traité de la croyance, des pratiques et de la morale des musulmans (*Ibid.*);

53° Correspondance des Samaritains de Naplouse (tom. XII, 1831), mémoire de 236 pag., qui complète le travail sur ce sujet que l'auteur a publié en 1812, sous le titre de *Mémoire sur les Samaritains, etc.*, (voy. plus haut);

54° Notice d'un manuscrit syriaque écrit à la Chine, contenant une portion de la version syriaque de l'anc. Testament, des cantiques et diverses prières (*Ibid.*);

55° Haleines (les) de la familiarité, provenant des personnages éminents en sainteté, par Abd-alrahman Djami (*Ibid.*), mémoire de 150 pag.

IV. Dans le *Moniteur*, dès 1793, des Mémoires sur divers bas-reliefs, inscriptions et médailles, appartenant tous à la dynastie des rois de Perse Sassanides. En expliquant le premier ces monuments, M. Silvestre de Sacy a fait connaître quelques débris de la langue des Perses, sous la dernière race de leurs rois, jusqu'à la destruction de la monarchie par les Arabes.

56° Notice sur les Ismaéliens, ou Assassins,* imprimée à part, in-8.

57° Notice sur l'Arte di tradurre, de Carrega*;

58° Sur les Mémoires de M. Ét. Quatremère sur l'Égypte*,

59° Sur une correspondance inédite de Tamerlan avec Charles VI;

60° Ouverture des cours de samskrit et de chinois, au Collége de France;

V. Le *Magasin encyclopédique* renferme de M. Silvestre de Sacy soixante-quatorze articles qui forment une des parties les plus précieuses de cette collection, et dont la réunion pourrait faire trois forts volumes in-8. Nous citerons ici parmi les plus importants ceux qui ne l'ont pas été déjà dans le cours de cette notice bibliographique, en indiquant par une astérique, ainsi que pour ses autres *Mémoires* et *Dissertations*, ceux qui ont été tirés à part:

61° Traité des monnaies musulmanes, trad. de Makrisi, avec le texte arabe*(IIe ann., 1797, tom. VI);

62° Notice sur l'Histoire des rois de Mauritanie.

63° Relation d'une insigne imposture littéraire, et sur une monnaie ou assignat de verre fabriqué en Sicile par les Sarrazins, avec figures (Ve ann., 1799, tom. VI);

64° Observations sur quelques passages des Mémoires sur l'Égypte (VIe ann., 1800, tom. 1er);

65° Nouveaux renseignements sur le « Codice diplomatico de Sicilia sotto il governo degli Arabi », et sur le « Libro del consiglio d'Egitto »; traduits et publiés par l'abbé Vella (VIe ann., 1801, tom. V);

66° Notice du livre d'Enoch;*

67° sur la Bibliotheca arabica;

68° sur les Fables de Loqman;

69° Notice sur les ouvrages de M. Hager, relatifs à la Chine;

70° Extrait de la vie du sultan Almelic-Almansour Kelaoun, manuscrit arabe du fonds de Saint-Germain-des-Prés, n. 118 *bis*, pour servir de suite à la Notice des manuscrits laissés par dom Berthereau (VIIe année, 1801, tom. II);

71° Route de la capitale de l'Égypte à Damas (*Ibid.*, id.);

72° Observations sur quelques médailles et pierres gravées qui portent des légendes en caractère pehlvi ou ancien persan (*Ibid.*, tom. III):

73° Lettre à M. Millin, sur une Lettre de M. Akerblad, relative à l'écriture cursive copte (*Ibid.*, tom. V);

74° Lettre à M. Millin, sur les monuments persépolitains (*Ibid.*, 1803, tom V);

75° Notice d'une Dissertation de M. J. D. Akerblad, intitulée: Inscriptionis Phœniciæ Oxoniensis nova interpretatio (*Ibid.*, 1803, tom. VI):

76° Lettre à M. Millin, sur une Grammaire arabe manuscrite (IXe ann., 1803, tom. II);

77° Sherbi Tohfehi Vebhi. — Commentaire sur le Tohfehi Vehbi (*Ibid.*, 1803, tom. IV);

78° Lettre à M. Millin, sur les Suppléments pour la littérature arabe, par M. de Murr (*Ibid.*, 1804, tom. VI);

79° Discours prononcé sur la tombe de M. Anquetil Duperron (Xe ann., 1805, tom. Ier), Réimpr. dans les Discours, Opinions et Rapports de l'auteur (1824, in-8);

80° Mémoire sur la religion des Druzes (Ibid., tom. IV et V, et XIIIe année, 1809, tom. IV);

81° Mémoire sur les Ismaéliens de Perse et de Syrie (XIVe ann, 1809, tom. IV);

82° Rapport fait au nom de la commission de l'Institut sur le Dictionnaire chinois de M. de Guignes (*Ibid.*, id.);

83° Sur les monuments qui se trouvent dans le voisinage de la ville de Kirmanschah (XVe ann., 1810, tom. IV);

84° Sur les pierres gravées sassanides (*Ibid.*);

85° Sur le sens et l'étymologie du mot *satrape* (*Ibid.*);

86° Mémoire sur l'état actuel des Samaritains (*Ibid.*, 1812, tom. VI);

87° Sur l'histoire des fables de Bidpai ou Pidpai (XVIIIe ann., tom. V).

88° Sur le traité conclu, le 27 mai 1387, entre les Génois et le prince Juanchus (XIXe ann., 1814, tom. IV);

89° Rapport sur les travaux de M. Asselin de Cherville, fait à la classe d'histoire de la littérature de l'Institut roy. de France, au nom d'une commission (XXe ann., 1815, tom. V);

Ces trois derniers morceaux ont été réimpr. en 1824 dans les *Discours, Opinions et Rapports* de l'auteur.

Enfin, plusieurs articles de critique littéraire orientale, dont les auteurs de la Biographie univ. et portative des contemporains ont donné la liste, page 1200 de leur livre, et qui sont: sur la Description des monnaies de Maroc, par Dombay; et sur la Grammatica mauro-arabica; — sur l'Essai sur les inscriptions cunéiformes de Persépolis, par Munter; sur la Chorasmie d'Abou'lFeda, trad. par Dem. Alexandrides*, qui fit une réponse à cet article (Vienne, 1808, in-8); — sur l'Appréciation du monde, trad. par M. Berr*; — sur les deux ouvrages de M. Ét. Quatremère sur l'Égypte*; — sur les Notices des médailles arabes, publiées par M. G. M. Frœhn; — sur les anciens alphabets et hiéroglyphiques de M. de Hammer; — divers articles sur les Mines de l'Orient*; — sur l'Exhortation à Constantinople, par M. de Diez*;

VI. Dans les *Mémoires de l'Académie de Gœttingue*

90° De notione vocum, *Tenzil* et *Tawil*, in libris qui ad usum Druzorum pertinent;

VII. Dans la *Bibliothèque française*, publiée par Ch. Pougens:

91° Plusieurs articles.

VIII. Dans les *Mines de l'Orient*:

92° Sur le Gardjestan;

93° Traduction des vers arabes de Mich. Sabbagh;

94° Pend nameh (livre des conseils), trad. du persan du scheick Attar, avec l'errata inséré au Magasin encyclopédique de 1813;

IX. Dans la *Bibliothèque universelle de littérature biblique* d'Eichhorn:

95° Commentatio de versione samaritano-arabicâ Pentateuchi duobus codicibus parisiensibus. M. Silvestre de Sacy avait déjà publié, en 1783, dans le Repertorium du même auteur, le texte hébreu des Lettres des Samaritains à Jos. Scaliger, écrites en 1609, et qui n'avaient paru qu'en latin dans les Antiquitates ecclesiæ orientalis, de Richard Simon;

X. Dans les *Annales des Voyages* (1808—15):

96° Priviléges accordés aux Chrétiens et aux Juifs de Cochin par les monarques indiens;

97° Sur le Gardjestan et Djouzdjan, provinces de la Perse orientale;

98° Mémoire sur les Samaritains de Naplouse (1812), imprimé à part, et cité précédemment.

XI. Dans le *Journal des Savants*, depuis son rétablissement en 1816:

99° Notice d'un manuscrit espagnol, en caractères arabes;

100° Sur la version persanne du Nouveau-Testament, de Martyn;

101° Sur le tome IV des Mines de l'Orient, 1816. Article réimprimé dans le format in-8;

102° Sur le Rouz-Nameh, ou le Calendrier musulman ;

103° Sur les Moallakat ;

104° Sur la version arabe du Nouveau-Testament, faite au Bengale ;

105° Sur la Lettre d'Akerblad, relative à une inscription phénicienne trouvée à Athènes ;

106° Sur les Mille et une nuits ;

107° Sur les monnaies bulgares, etc., publiées par M. Froelin ;

108° Notice sur le but et les travaux de la Société biblique anglaise et étrangère (1816), article réimpr. à part dans le format in-8.

XIII. Dans le *Journal asiatique :*

109° Un assez grand nombre de *Discours* et de *Mémoires* prononcés et lus dans les assemblées générales de la Société. Nous avons donné précédemment l'indication des principaux, qui ont été tirés séparément.

2° *Ouvrages arabes, publiés par M. Silvestre de Sacy,*

soit comme traducteur, commentateur, soit comme éditeur.

— Extrait de la grande Histoire des animaux d'Eldemiri.

Impr. à la suite de la Chasse, poëme d'Oppien, trad. par Belin de Ballu (1787, in-8).

— Histoire de la dynastie des Sassanides, traduite du persan, de Mirkhond (1793).

Impr. à la suite des « Mémoires sur diverses antiquités de la Perse », publ. par le traducteur (voy. plus haut).

— Traité des monnaies musulmanes, trad. de l'arabe, de Makrisi. *Paris, Fuchs*, an v (1797), in-8.

— Le même ouvr., avec le Traité des poids et des mesures légales des Musulmans, trad. du même. *Paris, Didot le jeune*, an vii (1799), in-8.

Ces deux Traités sont extraits du Magasin encyclopédique.

— Lettre du divan du Kaire au général Bonaparte, en arabe et en français (traduite par MM. Silvestre de Sacy et Jaubert). *Paris, de l'imp. de la république*, an xi (1803), in-fol.

— Colombe (la) messagère, plus rapide que l'éclair, etc.; trad. de l'arabe (1805). Voy. Mich. Sabbagh.

— Traduction latine de l'Histoire des Arabes avant Mahomet. — Impr. à la suite du Spécimen de Pococke. *Oxford*, 1806, in-4.

— Description du pachalik de Bagdad, suivie d'une Notice historique sur les Wahabis, etc., par M*** (Rousseau fils), et publiées par M. Silvestre de Sacy. *Paris, Treuttel et Wurtz*, 1809, in-8, 4 fr. 50 c.

Imprimée aussi dans le Magasin encyclopédique, XIV° année, tom. IV.

M. Silvestre de Sacy a été aussi l'éditeur du Mémoire sur les trois plus fameuses sectes du musulmanisme, du même auteur (1818, in-8).

— Relation de l'Égypte, par Abd-Allatif (Ad-del-Lathyf), médecin arabe du xiii° siècle; suivie de divers extraits d'écrivains orientaux ; d'un État des provinces et des villages de l'Égypte dans le xvi° siècle ; le tout traduit et enrichi de notes historiques et critiques, par M. le baron Silvestre de Sacy. *Paris, de l'imp. impér. — Treuttel et Wurtz*, 1810, in-4, 24 fr.; sur papier fin collé, 36 fr., et sur pap. vélin, 48 fr.

C'est un des plus importants ouvrages de M. Silvestre de Sacy.

— Traité de la chronologie chinoise, composé par le P. Gaubil, missionnaire à la Chine, et publié par M. le baron Silvestre de Sacy (et M. Abel Remusat). *Paris*, 1814, in-4, 15 fr.

Extrait du XV° volume des Mémoires concernant les Chinois.

— Calila et Dimna, ou Fables de Bidpaï, en arabe, précédées d'un Mémoire sur l'origine de ce livre, et suivies de la Moallaka de Lébid, en arabe et en français. *Paris, de l'imp. royale. — Debure frères*, 1816, in-4. 20 fr., et sur pap. vélin, 30 fr.

— Pend-Naméd, ou le Livre des conseils, de Férid-Eddin Attar, en persan et en français. *Paris, de l'imp. royale. — Debure frères*, 1819, in-8, 20 f., et sur pap. vél., 30 fr.

Voy. Saadi.

— Testament de Louis XVI, avec une traduction arabe, par M. le baron Silvestre de Sacy. *Paris, Debure frères*, 1820, grand in-12, 2 fr. 50 c., et sur pap. vél., 5 fr.

— Séances (les) de (Abou-Mohamed-Elcassem-El) Hariri, en arabe avec un commentaire choisi (aussi en arabe). *Paris, de l'imp. royale. — Debure frères*, 1822, 2 part. en un vol. in-fol., 60 fr., et sur pap. vélin, 90 fr.

— Borda (le), poëme à la louange de Mahomet, traduit de l'arabe (1822).

Traduction imprimée à la suite de celle par M. Garcin de Tassy, de l'Exposition de la foi musulmane, traduite du turc, de Mohammed-Benpir-Ali-Elberkevi, etc. (Paris, Gabr. Dufour et d'Ocagne, in-8).

— Alfiyya, ou la Quintessence de la grammaire arabe ; ouvrage de Djemal-Eddin Mohammed, connu sous le nom d'Ebn-Malec ; publié en original, avec un commentaire par le baron Silvestre de Sacy. *De l'imp. royale de Paris; Londres, Farbury, Allen et compagnie*, 1833, in-8.

Imprimé aux frais du comité des traductions orientales.

M. le baron Silvestre de Sacy a été aussi l'éditeur du tom. XVI des Mémoires concernant les sciences et les arts des Chinois, par les missionnaires de Pékin ;

de la troisième édition de l'Essai sur les mystères d'Éleusis, par M. OUWAROFF (Paris, 1816, in-8); de la seconde édition des Recherches historiques et critiques sur les mystères du paganisme, par le baron de SAINTE-CROIX (1817, 2 vol. in-8), édition revue, corrigée et totalement refondue par l'éditeur; d'un Nouveau Testament, en arabe, caractères syriaques (1828, gr. in-4), et d'un Nouveau Testament, en syriaque et en arabe, caractères syriaques (1828, in-4). Ces deux derniers volumes ont été imprimés à l'Imprimerie royale, aux frais de la Société biblique de Londres.

Ce savant orientaliste a aussi fourni des *notes* et *observations* à divers ouvrages, tels que les Voyages aux Indes orientales du P. Paulin de S. Barthélemy; le Traité de la chasse d'Oppien, traduction de Belin de Ballu, à laquelle il a joint un extrait d'Eldemiri: et le Voyage de Durand au Sénégal.

BIOGRAPHIE.

— Éloge de Duboy Laverne, directeur de l'imprimerie de la république. 1803, in-4.

—Notice sur la vie et les ouvrages de M. de Sainte-Croix. *Paris*, 1809, in-8.

Extraite du Magasin encyclopédique, XIVe année, tom. IV.

Cette Notice a été imprimée, la même année, en tête du Catalogue de la bibliothèque de l'académicien qui en est l'objet; et l'auteur l'a reproduite, en tête de la seconde édition, publiée par ses soins, des Recherches historiques et critiques sur les mystères du paganisme de Sainte-Croix (1817), et dans les Discours, Opinions et Rapports de M. Silvestre de Sacy, pag. 378 et suiv.

— Discours prononcé aux funérailles de M. Laporte du Theil, membre de la classe d'histoire et de littérature ancienne de l'Institut, le 29 mai 1815. *Paris, de l'imp. de Sajou*, 1815, in-8 de 8 pag.

—Notice abrégée sur la vie et les ouvrages de M. Laporte du Theil. *Paris*, 1816, in-8.

Extraite du Mag. encyclop., XXIe année, tom. Ier. Réimpr. dans les Discours, Opinions et Rapports de l'auteur, pag. 448 et suiv.

— Notice sur la vie et les ouvrages de M. Champollion le jeune, lue à la séance publique de l'Académie des inscriptions et belles-lettres, du 2 août 1833. *Paris, de l'imp. de F. Didot*, 1833, in-8 de 48 pag.

— Notice sur la vie et les ouvrages de M. Chezy, lue à la séance publique de l'Académie des inscriptions et belles-lettres du 14 août 1835. *Paris, de l'imp. d'Eberhart*, 1835, in-8 de 32 pag.

On a quelques autres *Éloges funèbres*, prononcés par M. Silvestre de Sacy, entre autres ceux de *Anquetil Duperron*, de *Brière de Mondetour, etc.*, impr. d'abord dans des recueils, et réunis en 1824, dans les Discours, Opinions et Rapports de l'auteur.

M. Silvestre de Sacy a fourni aussi un grand nombre de *Notices* à la Biographie universelle, principalement sur des poëtes, littérateurs et philologues arabes et persans.

SILVIN-EYMARD, docteur en médecine. — Avis au peuple et aux médecins sur les eaux minérales de Choranche, près de Pont-en-Royans. *Grenoble*, *Falcon; Valence*, *Joland*, 1823, in-8 de 24 pag.

SILVIO-PELLICO. Voy. PELLICO.

SILVIUS. Voy. OUDIN.

SILVY. — Architecture (l') des anciens. 1759, in-fol.

SILVY (Louis), écrivain janséniste, anc. conseiller-auditeur à la chambre des comptes; né à Paris, en 1760.

— *Articles relatifs à la religion, extraits du Journal de commerce, dans les premiers mois de l'an 1818 (du 4 janvier au 4 novembre). *Paris*, *de l'imp. d'Égron*, 1818, in-8 de 40 pag., 75 c.

Cette brochure est terminée par ces mots: « Je certifie que les articles ci-dessus sont fidèlement extraits du Jour. du comm. ». Le cardinal de LA LUZERNE.

— * Avis importants sur les nouveaux écrits des modernes ultramontains et des apologistes d'une société renaissante, par M. S**, anc. magistrat. *Paris*, *A. Égron*, 1818, in-8 de 38 pag., 75 c.

— Difficulté capitale proposée à M. l'abbé Frayssinous, au sujet de son livre intitulé: « les Vrais principes de l'Église gallicane, etc., » en ce qui concerne les quatre articles de la déclaration de l'assemblée du clergé de France en 1682. *Paris*, *A. Égron*, 1818, in-8 de 24 pag., 60 c.

— * Discours sur les promesses renfermées dans les Écritures, et qui concernent le peuple d'Israël, où l'on considère la conversion et le rappel des Juifs comme la ressource et l'espérance de l'Église. *Paris*, *Potey*, 1818, in-8 de 96 pag., 1 fr. 50 c.

— * Doléances et pétitions des fidèles persécutés dans le diocèse de Lyon, aux honorables membres de la chambre des pairs et de celles des députés, où l'on fait voir une foule d'actes de schisme qui s'exercent depuis quinze ans dans un grand nombre de paroisses du diocèse de Lyon, etc. *Paris*, *A. Égron*, 1819, in-8 de 36 pages, 75 fr.

— * Éclaircissement au sujet des dépêches au prince régent de Portugal, concernant les jésuites, envoyées à son ministre à Rome, et relatées dans les journaux de la fin de mars dernier; avec un Tableau abrégé de plusieurs faits très-importants relatifs à l'histoire de ces religieux, et deux mots de réponse aux lettres de M. D***, insérées dans le Mémorial religieux. Par M. S***, anc. magistrat. *Paris*, *A. Égron*, 1816, in-8 de 48 pag., 75 c.

— * Éclaircissements de plusieurs faits relatifs à la persécution qui a eu lieu dans une partie du diocèse de Lyon. *Paris*, *Baudouin frères* (1820), in-8 de 32 pag.

Extrait de la Chronique religieuse.

— * Éloge de M. l'abbé Hautefage, ancien chanoine d'Auxerre, prononcé dans une réunion de ses amis et de ses élèves. *Paris*, *Égron*, 1816, in-8 de 24 pag.

— * Fidèles (les) catholiques aux évêques et à tous les pasteurs de l'Église de France, au sujet des nouvelles éditions des Œuvres de Voltaire et de Rousseau. *Paris*, *Égron*, 1817, in-8 de 54 pages, 75 c. — Nouvel Avertissement ajouté à l'écrit intitulé : les Fidèles Catholiques...; écrit qui s'adresse également aux magistrats établis par les lois pour le maintien des mœurs et de la religion. *Paris*, *de l'imp. d'Égron*, 1824, in-8 de 8 pages.

— * Henri IV et les Jésuites, suivi d'une Dissertation sur la foi qui est due au témoignage de Pascal dans ses Lettres provinciales, avec des notes. *Paris*, *Égron*, 1818, in-8 de 192 et 224 pag., 5 fr.

— Inscriptions concernant la célèbre maison de Port-Royal des Champs. Broch. in-8.

— * Jésuites (les) tels qu'ils ont été dans l'ordre politique, religieux et moral, contre le système d'un livre intitulé : Mémoires pour servir à l'Histoire ecclésiastique pendant le XVIIIe siècle (par M. Picot); ouvrage dont on prépare une nouvelle édition. Par M. S***, ancien magistrat. *Paris*, *Égron*, 1815, in-8, 4 fr.

— * Lettre (première) à l'auteur (M. Picot) des Mémoires pour servir à l'histoire ecclésiastique pendant le XVIIIe siècle. Par M. S***, ancien magistrat. *Paris*, *Égron*, *etc.*, 1815, in-8 de 56 pages, avec une addition, 1 fr. 50 c.

— Plainte en calomnie et diffamation contre un journaliste (M. Picot) qui se qualifie « l'Ami de la Religion et du Roi »; où l'on éclaircit un point historique concernant le pape Grégoire VII et nos libertés gallicanes, avec une Observation sur l'importance et le fondement des quatre articles du clergé de 1682, contre le système des Gallicans d'opinion. *Paris*, *A. Égron*, 1818, in-8 de 66 pages, 1 fr. 25 c.

— * Relation contenant les événements qui sont arrivés au sieur Martin, laboureur à Gallardon, en Beauce, dans les premiers mois de 1816. Nouv. édition, revue et augm. par M. S***, anc. magistrat. *Paris*, *Hivert*, nov. 1830, in-8.

Cet écrit parut pour la première fois en 1816, sous un titre un peu différent : il paraît qu'il ne fut point alors déposé à la direction de l'imprimerie et de la librairie, car nous ne l'avons pas trouvé annoncé dans le Journal de M. Beuchot.

Cette Relation valut quelques persécutions à son auteur : il en fut fait, dès 1816, plusieurs éditions et plusieurs contrefaçons.

La dernière édition que nous citons a été réimprimée en 1832, avec un changement dans le titre.

— * Relation des faits miraculeux concernant la révérende mère Emmerich, religieuse du couvent des Augustines de Dulmen en Westphalie, avec les témoignages qui constatent ces faits subsistants depuis onze années. *Paris*, *Beaucé*, 1820, in-8 de 24 pag., 1 fr.

— * Remède unique aux maux de l'Église et de l'État. Par un curé de campagne. *Paris*, *Égron*, 1816. — IVe édit. *Ibid.*, 1817, in-12 de 64 pag., 1 fr.

Suivant Barbier, M. Silvy ne serait que l'éditeur de cet écrit, qui aurait pour auteur un M. JACQUEMONT.

— * Réponse à l'Ami de la religion des Jésuites, où l'on expose les causes véritables de leur suppression d'après le bref de Clément XIV, qui les abolis, et d'après une lettre officielle du cardinal de Bernis, que l'on oppose à la bulle de Pie VII, qui les a rétablis. Par M. S***, anc. magistrat. *Paris*, *Égron*, 1819, in-8 de 70 pag.

— * Réponse à l'apologiste des ultramontains, qui se dit l'Ami de la Religion et du Roi; où l'on démontre, par des pièces authentiques, que l'on n'a pas cessé de maintenir au-delà des monts la doctrine contraire au premier de nos quatre articles, rempart de nos libertés gallicanes. Par M. S***, anc. magistrat. *Paris*, *Égron*, 1819, in-8 de 24 pag., 30 c.

— * Rétablissement (du) des Jésuites en France. *Paris*, *de l'imp. d'Égron*, 1816, in-8 de 24 pag. — Sec. édition, corr. et augm. considérablement. On y a joint une Réplique à un journaliste soi-disant l'ami de la Religion et du Roi. *Paris*, *Égron*, 1816, in-8 de 68 pag., 1 fr. 25 c.

La première édition est entièrement anonyme; la seconde porte : par M. S..., ancien magistrat.

— * Véritables (les) sentiments de Bossuet, rétablis par les manuscrits originaux et autres témoignages irrécusables, en ce qui concerne un point historique très-important, dont traite M. de Beausset dans la vie qu'il vient de donner de ce grand évêque, tom. IV, pag. 44 et suivantes. Par

M. S...., anc. magistrat. On y a joint, 1° deux pièces inédites et l'extrait d'une troisième, faisant partie des manuscrits relatifs à un point historique; 2° une Dissertation concernant les vrais sentiments et la conduite de Bossuet, comparée aux sentiments connus et à la conduite secrète de Fénélon, par rapport à ce qu'on appelle le jansénisme; le tout d'après des pièces édites et inédites, dont une sur Fénélon, très-curieuse et tirée des archives du Vatican; 3° le jugement de Bossuet sur le Télémaque, selon le journal de l'abbé Ledieu, son secrétaire. *Paris*, *Égron*; *Méquignon junior*; *Brajeux*, 1815, in-8 de 52 pag., 1 fr. 25 c.

— * Vérité (la) de l'histoire ecclésiastique rétablie par des monuments authentiques, contre le système d'un livre (de M. Picot) intitulé : Mémoires pour servir à l'histoire ecclésiastique du XVIIIe siècle. *Paris*, *Méquignon junior*; *Brajeux*; *A. Égron*, déc. 1814, in-8 de 128 pag., 2 fr.

L'auteur a fait entrer dans cet écrit plusieurs lettres et pièces inédites et curieuses, tirées des archives du Vatican.

M. Silvy en outre, a été l'un des éditeurs des Sermons de Bossuet, 6 vol. in-4 et 17 vol. in-12.

SIMART (Isidore). — A son altesse roy. Mgr le prince Alexandre de Wurtemberg. — Un mariage au village. *Paris*, *de l'impr. de Mevrel*, 1837, in-8 de 4 pag.

— Peuple (le) à l'armée de Constantine. Cri de joie. *Paris*, *de l'impr. de Mevrel*, 1837, in-8 de 4 pag.

— Rose (la) du faubourg. Vaudeville populaire en un acte. *Paris*, *Marchant*, 1837, in-18, 15 c.

Avec M. Montigny. Cette pièce fait partie d'un Nouveau Répertoire dramatique.

SIMENCOURT (Ed. de). — Atlas classique de géographie ancienne, moderne et du moyen-âge, pour suivre les cours de géographie et d'histoire. *Paris*, *Langlois*, 1829, in-4 de 36 cartes, 12 fr.

— Géographie enseignée en trente-six leçons, ornée de huit cartes. *Paris*, *Langlois fils*, 1827, in-12, 7 fr. 50 c. — VIIIe édit., revue et considérablement augm. *Paris*, *Houzé*, 1835, in-12 avec 8 cartes, 5 fr.

— Itinéraire (nouvel) portatif de France, renfermant les routes de postes, la statistique, l'histoire, les curiosités et le commerce des villes. IIIe édition. *Paris*, *Langlois*, 1829, in-12, avec 5 cartes, 4 fr.

— Itinéraire complet de la France. Nouveau Guide du voyageur. *Paris*, *Depalafol*, 1837, in-18, avec 2 cartes.

— Tableaux des monnaies de change et des monnaies réelles, des poids et mesures, des cours des changes et des usages commerciaux des principales villes du monde, ou Répertoire du banquier. *Paris*, *au bur. polymathique*, 1817, in-4, 3 fr.

SIMÉON (le comte Joseph-Jérome), orateur distingué, pair de France, ancien ministre d'État, aujourd'hui premier président de la Cour des comptes; né à Aix en Provence, le 30 septembre 1749, d'un père avocat célèbre. M. Siméon, qui s'était distingué au barreau, devint professeur en droit à l'Université d'Aix, et en 1783 l'un des trois administrateurs de sa province. Lors du soulèvement du midi contre la Convention, en 1793, M. Siméon fut élu procureur général syndic du département des Bouches-du-Rhône, fonctions qu'il remplit jusqu'à l'arrivée de l'armée révolution. à Marseille. Il s'enfuit alors en Italie pour se soustraire à la mort prononcée contre lui. Il habita Florence et Livourne, et rentra en France aussitôt que les circonstances le permirent, en 1795; il fut alors réélu aux fonctions de procureur général syndic du département des Bouches-du-Rhône; il occupa cette place jusqu'à sa nomination à la nouvelle législature qui remplaça la Convention en 1795. Membre du conseil des Cinq Cents, il s'y fit remarquer par son talent et sa modération. Il était président de cette assemblée au mois de fructidor an V, et il fut arraché de son siége par les troupes du Directoire dans la journée du 18 fructidor (4 sept. 1797). Porté, avec cinquante de ses collègues, sur la liste de proscription dressée par le Directoire, il évita la déportation à Cayenne en se cachant d'abord à Paris, et en se rendant ensuite à Oléron. Il en fut rappelé après le 18 brumaire, et nommé, en décembre 1799, préfet de la Marne, place qu'il refusa, et ensuite substitut du procureur général à la Cour de cassation, fonctions qu'il ne remplit qu'un mois, par suite de sa nomination au Tribunat (18 avril 1800) et à la présidence de la section de législation de cette législature, ce qui l'a fait contribuer très-activement à la confection du Code civil; conseiller d'État et baron après l'avènement de Napoléon au trône; après la paix de Tilsitt, ministre de la justice et de l'intérieur de Jérôme Bonaparte, roi de Westphalie.

Après la chute de l'Empire, M. Siméon fut nommé préfet du Nord, et grand officier de la Légion d'honneur; député des Bouches-du-Rhône à la chambre des représentants dans les cent-jours. Après la seconde Restauration, M. Siméon fut élu par le département du Var à la chambre des députés, et fut nommé, le 24 août 1815, conseiller d'État en service ordinaire, section de législation; inspecteur général des écoles de droit, le 7 mai 1819; sous-secrétaire d'État au département de la justice, et chargé des affaires de ce département, en l'absence du garde des sceaux, le 26 janvier 1820; ministre secrétaire d'État de l'intérieur, en remplacement de M. de Cazes, du 21 février 1820 au 13 décembre 1821; pair de France, le 25 octobre 1820; ministre d'État lors de sa sortie du ministère; aujourd'hui président de la Cour des comptes, depuis 1837. M. le comte Siméon est membre de la cinquième classe de l'Institut (Académie des sciences morales et politiques).

— Choix de discours et d'opinions. *Paris, impr. d'Hacquart*, 1824, in-8 de 656 p.

Ce choix renferme trente-huit opinions et discours prononcés depuis 1795 à 1824, aux diverses législatures dont M. le comte Siméon a fait partie. Nous en donnons ici la liste :

1° Discours prononcé à Aix, le 11 vendémiaire an IV (23 octobre 1795), en qualité de procureur général syndic du département des Bouches-du-Rhône, à l'occasion de la célébration de la fête funèbre décrétée par la loi du 14 prairial précédent, en l'honneur des martyrs de la tyrannie, et de la publication de la paix avec le roi d'Espagne et le landgrave de Hesse-Cassel; — 2° Opinion sur la contribution foncière, prononcée au conseil des Cinq-Cents, le 14 floréal an IV (23 avril 1796); — 3° Opinion sur le projet de loi portant amnistie, prononcé au conseil des Cinq-Cents, le 11 fructidor an IV (29 août 1796); — 4° Réfutation d'une opinion de Lamarque, dans la séance du 16 brumaire an V, sur ce que l'amnistie ne devait pas être refusée par exception à ceux qui avaient été nominativement condamnés; — 5° Rapport au conseil des Cinq Cents sur les messages du Directoire exécutif, relatifs au condamné Lesurques, du 2 brumaire an V (23 octobre 1796); — 6° Second Rapport sur l'affaire Lesurques, du 5 brumaire an V (26 octobre 1796); — 7° Opinion sur la suspension du divorce par incompatibilité, prononcée au conseil des Cinq-Cents, le 5 pluviôse an V (26 janv. 1797); — 8° Opinion sur la répression des délits de la presse, prononcée au conseil des Cinq-Cents, le 20 pluviôse an V (9 févr. 1797); — 9° Discours prononcé dans la Chambre des députés, le 28 avril 1819, sur la question: Si l'on peut faire contre les fonction. publics la preuve, par exception, de la vérité de l'injure dont ils se plaignent; — 10° Opinion sur le projet de résolution relatif aux suspensions et annulations de certaines ventes et soumissions de biens nationaux, prononcée au conseil des Cinq-Cents, le 12 germinal an V (1er avril 1797); — 11° Opinion sur les sociétés particulières, s'occupant de questions politiques, prononcée au conseil des Cinq-Cents, le 6 thermidor an V (25 juillet 1797); — 12° Discours prononcé dans le comité secret des Cinq-Cents, à l'occasion du renvoi que les îles de France et de la Réunion (Bourbon) avaient fait des deux commissaires du gouvernement, Burnel et Baco, en l'an V; — 13° Rapport sur le projet de loi relatif au Concordat, à ses articles organiques, et à ceux des cultes protestants, fait au Tribunat dans la séance du 17 germinal an X (7 avril 1802); — 14° Opinion sur le projet de loi concernant l'instruction publique, prononcée au Tribunat le 8 floréal an X (28 avril 1802); — 15° Discours prononcé au Corps législatif, en qualité d'orateur du Tribunat, sur le projet de loi concernant l'organisation de l'instruction publique, du 11 floréal an X (2 mai 1802); — 16° Discours prononcé en qualité d'orateur du Tribunat au Corps législatif, sur le titre du Code civil : De la manière dont on acquiert la propriété, du 29 germinal an XI (20 avril 1802); — 17° Discours prononcé au Corps législatif, en qualité de l'un des orateurs du Tribunat, sur le titre X du livre III du Code civil (du contrat de mariage et des droits respectifs des époux) du 20 pluviôse an XII (19 février 1803); — 18° Rapport fait au Tribunat, le 17 ventôse an XII (9 mars 1804), sur le projet de loi relatif aux contrats aléatoires (Code civil); — 19° Discours prononcé à Cassel sur la tombe de Jean Müller, le 31 mai 1809; — 20° Discours prononcé à Lille, en qualité de préfet du département du Nord, le 5 septembre 1814, à l'occasion du serment spécial à prêter au roi par les fonctionnaires publics; — 21° Observations soumises à la justice des hautes puissances alliées, pour les créanciers et autres intéressés aux actes du gouvernement du royaume de Westphalie; — 22° Opinion prononcée à la Chambre des députés, en mai 1816, sur la question si le roi peut faire retirer un projet de loi qu'il a fait proposer; — 23° Opinion sur le projet de loi d'amnistie, prononcée à la Chambre des députés, le 2 janvier 1816; — 24° Opinion prononcée à la Chambre des Députés, le 4 février 1818, sur le titre VI (de l'avancement), dans le projet de loi relatif au recrutement de l'armée; — 25° Discours prononcé à la Chambre des pairs, en qualité de commissaire du roi, pour la défense du projet de loi relatif au recrutement de l'armée; — 26° Discours prononcé à la Chambre des députés, le 13 décembre 1817, comme commissaire du roi chargé de la défense du projet de loi sur la liberté de la presse; — 27° Discours prononcé en qualité de commissaire du roi à la Chambre des députés, le 28 janvier 1819, à l'appui de la proposition d'accorder une récompense nationale à M. le duc de Richelieu; — 28° Discours prononcé en 1820, à la première séance publique du concours ouvert dans la faculté de droit de Paris, pour la chaire de procédure, vacante par le décès de M. Pigeau, en qualité d'inspecteur général des études pour les écoles de droit, et président du concours; — 29° Rapport fait à la Chambre des députés, dans le comité secret du 11 mars 1819, au nom de la commission chargée de l'examen d'une proposition de la Chambre des pairs, tendant à l'entière abolition du droit d'aubaine et de détraction; — 30° Résumé fait à la Chambre des députés, dans le comité secret du 17 mars 1819, sur l'examen d'une résolution de la Chambre des pairs, tendant à l'entière abolition du droit d'aubaine et de détraction; — 31° Discours préparé pour la Chambre des pairs, relativement au projet de loi sur l'abolition du droit d'aubaine, qui fut présenté en mai 1819, par suite de la résolution des deux Chambres, qui avaient supplié le roi de faire présenter une loi à ce sujet; — 32° Discours tendant à établir qu'il ne suffisait pas de menacer les outrages faits par la voie de la presse, à la morale publique, qu'il fallait menacer expressément les outrages faits à la religion; — 33° Exposé des motifs du projet de loi sur les journaux et écrits périodiques, présentés à la Chambre des députés, dans la séance du 1er mars 1820; — 34° Discours prononcé le 21 novembre 1820, lors de la pose de la première pierre du séminaire de Saint-Sulpice; — 35° Opinion sur le projet de loi relatif à la police de la presse périodique, prononcée dans la Chambre des pairs du 11 mai 1822; — 36° Opinion sur le projet de résolution tendant à provoquer une loi pour la révision des procès criminels, dans certains cas non prévus par le code, prononcée dans la Chambre des pairs, dans la séance du 15 avril 1822; — 37° Opinion sur le projet de résolution relatif à l'exercice de la contrainte par corps contre un membre de la pairie, prononcée dans la Chambre des pairs, dans la séance du 23 avril 1822; — 38° Opinion sur le projet de loi relatif aux communautés religieuses, prononcée dans la Chambre des pairs, le 10 juillet 1824.

En tête de ce volume on lit le court avertissement suivant :

« Je n'ai pas la prétention de former ce recueil pour le public. Il n'est destiné qu'à mes amis et aux personnes qui m'ont donné des témoignages de leur estime. Je l'offre à la bienveillance des uns, à l'indulgence des autres. Peut-être y trouveront-ils quelquefois des preuves que si je n'ai pas le droit d'être placé parmi les premiers orateurs des Chambres, je n'ai pas non plus mérité d'être rejeté dans l'oubli, auquel il a plu à quelques écrivains partiaux de me vouer. C'est ce que je crois être leur injustice, qui m'a suggéré l'idée de rassembler quelques-unes des pièces sur lesquelles d'autres, parmi lesquels je pourrais citer Chénier (1) et M. de Maistre, m'avaient jugé moins sévèrement. Ce n'est point un sentiment de vanité qui m'a dirigé, je sens qu'il ne serait pas fondé, mais le désir et le droit de me défendre, et de me montrer tel que je suis. Il n'est d'ailleurs peut-être pas inutile, lorsqu'on a traversé une révolution, et que, dans plusieurs occasions, le public nous a entendu nommer, de mettre dans la main de ses enfans et de ses amis, la preuve des principes qu'on a professés ».

Ce volume n'est, ainsi que son titre l'indique, qu'un choix des discours et opinions de M. le comte Siméon : on en a un grand nombre d'autres prononcés dans le conseil des Cinq Cents, au Tribunat, à la Chambre des députés, et à celle des pairs, et qui ont été recueillis par le Moniteur.

— Discours prononcé à l'occasion du décès de M. le marquis de Marbois. Chambre des pairs, séance du 17 janvier 1838. (*Paris*, 1838), in-8 de 18 pag.

C'est l'éloge du collègue de M. le comte Siméon à la Chambre des pairs et son prédécesseur à la présidence de la Cour des comptes.

— * Éloge de Henri IV. Discours qui a concouru pour le prix de l'Académie de la Rochelle en 1768. *Aix, et Paris, Desaint*, 1769, in-8.

M. Siméon eut plusieurs concurrents, entre autres La Harpe et l'historien Gaillard; ce fut l'éloge de ce dernier qui fut couronné. Nous ne connaissons aucune biographie, excepté le Dictionnaire des hommes illustres de la Provence, par Achard, qui ait rappelé cet éloge de M. le comte Siméon.

— Mémoire sur le régime dotal et le régime en communauté dans le mariage.

Lu à l'Académie (des sciences morales et politiques), dans les séances des 9 juillet et 20 août 1835, et impr. dans le tom. Ier du recueil des Mémoires de cette académie (1837).

— Sur l'omnipotence du jury. *Paris, de l'imp. de Fournier*, 1829, in-8.

Article inséré dans la « Revue française », fondée par M. Guizot, et dont il y a eu des exemplaires tirés à part.

SIMÉON (le vicomte Joseph-Balthasard), fils du précédent; né à Aix en Provence, le 6 janvier 1781, fut d'abord tour à tour attaché à la légation de France, au congrès de Lunéville, secr. d'ambassade à Florence, à Rome, et chargé d'affaires à la cour de Stuttgardt. Il quitta le service français lorsque son père devint ministre de la justice et de l'intérieur de Jérôme Bonaparte, roi de Westphalie; il reçut de ce prince la mission de le représenter à Berlin, à Darmstadt, à Francfort et à Dresde. La chute de ce souverain amena la sienne : il revint en France avec l'armée française, en 1814; et, en 1815, le 12 juillet, le gouvernement royal l'appela à la préfecture du Var (Draguignan), qu'il administra pendant trois ans, et où il a laissé d'honorables souvenirs. Le 27 mars 1818, il fut nommé préfet du Doubs; mais, à peine fut-il rendu à son poste qu'une nouvelle ordonnance l'envoya à Arras, préfecture du Pas-de-Calais. En 1820, lors de la formation de la maison civile du roi, il fut nommé gentilhomme honoraire de la chambre; en 1821, maître des requêtes au conseil d'État; en septembre 1824, il fut remplacé dans la préfecture du Pas-de-Calais par M. Blin de Bourdon. M. le vicomte Siméon fut appelé, en 1828, après la chute du ministère Villèle, à la direction des belles-lettres, sciences, beaux-arts et librairie, au ministère de l'intérieur, et nommé conseiller d'État, en août 1829. Après l'avènement du ministère Polignac, il quitta sa direction et entra au conseil d'État, où il est encore aujourd'hui en service ordinaire. Il a été élevé à la dignité de pair de France le 13 septembre 1835. M. le vicomte Siméon est en outre officier de plusieurs ordres français et étrangers, membre de la Société royale des antiquaires de France,

(1) Plusieurs discours éloquents firent comprendre M. Siméon par Chénier dans l'Introduction de son « Tableau de l'état et des progrès de la littérature française », au nombre des orateurs dignes de remarques.

et académicien libre de l'Institut (Académie des beaux-arts).

— Notice sur les usages et le langage des habitants du Haut-Pont, faubourg de Saint-Omer. *Paris*, 1821, in-8.

Extraite du tom. III des Mémoires de la Société royale des antiquaires de France (1821).

— Rapport fait à la Chambre des pairs, dans la séance du 25 avril 1836, au nom d'une commission spéciale chargée de l'examen du projet de loi relatif à l'ouverture d'un crédit de 4,620,000 fr. pour subvention aux fonds de retraite du département des finances. (*Paris*, 1836), in-8 de 12 pages.

— Rapport fait à la Chambre des pairs, dans la séance du 10 juin 1836, au nom d'une commission spéciale chargée de l'examen du projet de loi relatif à l'ouverture d'un crédit pour l'achèvement de cinq monuments de la capitale. (*Paris*, 1836), in-8 de 29 pap.

SIMÉON (Henri), fils du précédent; né le 16 octobre 1803, à Florence, où son père était en mission; d'abord attaché à la légation de France à Francfort, en 1825; auditeur au conseil d'État, en août 1826; préfet des Vosges en septembre 1830, et plus tard du Loiret, en décembre 1835.

—Aux Grecs! sur la mort de lord Byron. (En vers). *Paris*, *L. Janet; Ponthieu*, 1824, in-8 de 24 p.

— * Conseil d'État (du), considéré dans son organisation actuelle et dans les améliorations qu'il serait nécessaire d'y introduire. Par un auditeur. *Paris*, *Pélicier*, 1829, in-8 de 104 pag.

— Discours prononcé à la Société d'émulation du département des Vosges, par M. Siméon, président, à l'ouverture de la séance publique du 2 mai 1835. *Épinal*, *de l'imp. de Gérard*, 1835, in-8 de 16 pages.

SIMÉONIS (J.-Martin). — Vérité (la) quand même! Première lettre à monsieur le maréchal comte Gérard, ministre de la guerre, sur l'indispensable nécessité de prendre au plus tôt une disposition générale et spéciale qui rassure les officiers arbitrairement privés de leurs grades pendant les années 1814, 1815 et 1816; accompagnée de deux mots sur la glorieuse semaine de juillet 1830. *Paris*, *Mesnier*; *Delaunay*, 1830, in-8 de 16 pag.

SIMIAN (Auguste). — Moyen de prévenir les faillites, par l'établissement d'une caisse de secours, sous la direction de la chambre de commerce de Paris. *Paris*, *de l'impr. de Lanoë*, 1821, in-8 de 40 pag., 1 fr.

— Plus de droits réunis! ou Moyen de réaliser cette promesse faite par nos princes au nom du roi. *Paris*, *les marchands de nouveautés*, 1822, in-8, 3 fr.

Avec M. Denuelle.

— Traduction libre en vers du premier livre de la Pharsale (1825). Voy. LUCAIN.

SIMIANE, marquise d'ESPARON (Pauline de Grignan, dame de), petite-fille de madame de Sévigné, qui hérita du talent de son aïeule, pour le genre épistolaire; morte en 1737.

—Lettres de madame la duchesse DU MAINE et de madame la marquise de SIMIANE, précédées de notices et de notes biographiques (par PHILIPON-LA-MADELAINE). *Londres* (*Paris*), *Léop. Collin*, an XIII (1805), in-12.

En 1773, La Harpe publia un volume de « Lettres nouvelles ou nouvellement recouvrées de la marquise de Sévigné et de la marquise de Simiane, sa petite-fille (Paris, Lacombe, in-12). Les Lettres de madame de Simiane, qui font partie de ce volume, ont été insérées dans toutes les éditions publiées, depuis le commencement de ce siècle, des Lettres de madame de Sévigné à sa famille et à ses amis, ainsi que dans un choix de ces mêmes Lettres (voy. l'art SÉVIGNÉ). C'est du volume de 1773 que sont encore tirées les Lettres qui composent le volume que nous venons de citer.

Si, dans les Lettres de madame de Simiane, on ne trouve pas autant de sensibilité que dans celles de madame de Sévigné, on y reconnaît au moins les mêmes grâces et la même légèreté.

Dès 1715 parut un volume intitulé : le Portefeuille de madame...., contenant divers opuscules, tant en prose qu'en vers (Paris, Ballard, in-12). La moitié de ce volume est composée des opuscules de madame de Simiane, réimpr. dans les tom. IX et X des Amusements du cœur et de l'esprit, et dans l'édition des Lettres de madame de Sévigné, dirigée par Grouvelle, Paris, Bossange, 1805, 8 vol. in-8 et 11 volumes in-12, et dans les autres éditions faites par J.-J. Blaise et autres éditeurs.

SIMIEN, pseudon. Voy. L. de BOISSY.

SIMIEN DESPRÉAUX. Voy. S. DESPRÉAUX.

SIMIL (l'abbé), curé de Sainte-Perpétue de Nîmes.

On lui doit une édition du livre intitulé : Différents sujets de méditations pour tous les fidèles, etc., par Esp. FLÉCHIER, précédée d'une Notice sur la vie de cet illustre évêque (1824).

SIMILLON. — Lettre d'un Savoyard

Paris, de l'impr. lithogr. de Bineteau, 1837, in-4 de 8 pag.

L'auteur pense que la constitution de la propriété et son mode de transmission doivent être changés.

SIMMONEL ou SIMONEL (Dominique), avocat au parlement; mort le 13 avril 1755.

— * Dissertation sur l'origine, les droits et les prérogatives des pairs de France. *Sans nom de ville* (*Paris*), 1753, 4 part. en un vol. in-12.

— * Traité des droits du roi sur les bénéfices. *Paris*, 1752, 2 vol. in-4.

Cet auteur donne beaucoup au roi. Son Traité est partagé en cinq livres : 1° de l'Origine des biens ecclésiastiques, et des droits du roi sur ces biens; 2° de la Régale; 3° des Resignations et Pensions; 4° de l'Expectative du Joyeux avènement; 5° du Serment de fidélité.

— * Traité des refus publics et secrets de la communion, avec des maximes sur la distinction et les droits des deux puissances. *Avignon*, 1754, 2 vol. in-12.

SIMMONS ou SIMONS (Sam.-Foart), médecin anglais.

— Journal de médecine, trad. de l'angl. par G. MASUYER. *Dijon, Edme Bidaut*, 1781-89, 7 vol. in-8.

— Observations sur le traitement de la gonorrhée, traduites de l'angl. *Paris, Théoph. Barrois*, 1783, in-12.

SIMOCATTE. — Theophylacti Simocattæ quæstiones physicas et epistolas ad codd. recensuit versione Kimedonciana et notis instruxit Jo. Franc. BOISSONADE. *Parisiis, ex typogr. F. Didot. — Mercklein*, 1834, in-8 de 370 pag.

SIMON (Richard), savant et laborieux hébraïsant, et très-habile controversite; d'abord professeur de philosophie au collége de Juilly, ensuite prêtre de la congrégation de l'Oratoire, depuis la fin de 1662 jusqu'en 1678, et curé de Bolleville; né le 15 mai 1638 à Dieppe, où il est mort, en avril 1712.

— Ambrosii (Rich. Simonis) ad Originem epistola de novis bibliis polyglottis. *Ultrajecti*, 1685, in-8.

— Antiquitates ecclesiæ orientalis. *Londini*, 1682, in-12.

Avec la vie et des lettres du P. Morin, ouvrage rempli de fautes, dans lequel R. Simon fait une satire indécente du savant P. Morin. Il prétendit l'avoir trouvée dans les papiers du P. Amelotte; mais il ne persuada personne. Dans ce qu'il dit des antiquités des Chaldéens et des Égyptiens, R. Simon paraît quelquefois n'avoir fait que copier l'abbé de Longuerue, et s'est attiré à ce sujet une vive accusation de plagiat de la part de Nolin.

— * Apologie pour l'auteur de « l'Histoire critique du vieux Testament », contre les faussetés d'un libelle publié par Michel le Vassor, prêtre de l'Oratoire. *Amsterdam, Reinier Leers*, 1689, petit in-12 de 141 pag.

— * Avis important à M. Arnauld, sur le projet d'une nouvelle bibliothèque d'auteurs jansénistes. 1691, in-12.

Imprimé sous le nom du sieur de *Sainte-Foi*.

— Bibliothèque critique, ou Recueil de diverses pièces, dont la plupart ne sont pas imprimées ou ne se trouvent que difficilement, publiées par Sainjore, qui y a ajouté quelques notes. *Bâle, Wackerman*, 1709 et 1710, 4 vol. in-12.

Les rédacteurs du Catalogue manuscrit de la bibliothèque du roi citent une édition antérieure. Amsterdam (ou plutôt Nanci), 1708, 4 vol. in-8.

Sainjore est un pseudonyme sous lequel Rich. Simon s'est caché.

Ce sont des Lettres comme les *Lettres choisies*, remplies de circonstances de littérature vraies ou fausses.

Barat (voy. ce nom), élève de R. Simon, a publié une suite à cet ouvrage, en deux volumes in-12, sous le titre de « Nouvelle Bibliothèque choisie. »

— * Comparaison des cérémonies des Juifs et de la discipline de l'Église. *La Haye, Moetjens, et Paris*, 1682, pet. in-12.

— * Créance (la) de l'Église orientale sur la transsubstantiation : et une Réponse aux nouvelles objections de Th. Smith, touchant Cyrille Lucar, patriarche de Constantinople. *Paris, Moette*, 1687, in-12.

— Critique de la Bibliothèque des auteurs ecclésiastiques et des prolégomènes de la Bible, publiés par Ellies du Pin, avec des éclaircissements aux endroits où l'on les a jugés nécessaires, par Rich. SIMON; avec des remarques (du P. Etienne SOUCIET, jésuite, éditeur de l'ouvrage). *Paris, Ganeau*, 1730, 4 vol. in-8.

On accuse le P. Souciet d'avoir mutilé en plusieurs endroits le manuscrit de Richard Simon.

— * Disquisitiones criticæ de variis per diversa loca et tempora bibliorum editionibus quibus accedunt castigationes unius theologi Parisiensis ad opusculum Vossii de Sibyllinis oraculis. *Londini*, 1684, in-8.

— Difficultés proposées au R. P. Bouhours, de la compagnie de Jésus, sur sa traduction française des quatre évangélistes. (Par Rich. Simon, déguisé sous le nom de Romainville et sous celui d'Eugène.) *Amsterdam, Braakman*, 1697, pet. in-12.

Il y a deux lettres signées *Romainville*. L'exemplaire que j'ai sous les yeux contient, sous le même titre et avec la date d'Amsterdam, Abr. Acher, 1697, deux autres lettres signées *Eugène*. Elles sont en faveur de R. Simon.

On a eu tort d'attribuer ces dernières lettres à Nicolas Thoynard, d'Orléans, puisqu'il est constant que celui-ci a publié une critique de Rich. Simon, en 1702. Il est difficile de croire qu'à si peu de distance, Rich. Simon ait trouvé dans ce savant un apologiste et un censeur, au lieu qu'il est très-probable que Rich. Simon s'est loué lui-même sous des noms empruntés. (*Note de Barbier.*)

— Dissertation critique sur la nouvelle Bibliothèque des auteurs ecclésiastiques. *Francfort*, 1688, pet. in-12 de 125 pag.

Publiée sous le pseudonyme de *Jean Reuchlin*.

— * Factum servant de réponse au livre intulé : « Abrégé du procès fait aux Juifs de Metz ». *Paris*, 1670, in-4.

Le Nouveau Dictionnaire historique de Caen donne ce livre à Amelot de la Houssaye : c'est une erreur.

— Hieronymi le Camus theologi Parisiensis (Richardi Simonis), judicium de nuperâ Isaaci Vossii ad iteratas P. Simonii objectiones responsione. *Edimburgi* (*Amstelodami*), 1685, in-4.

Rich. Simon avait pris d'abord un autre nom pour publier cet ouvrage; car on lit au haut des pages : *Hieronymi à sanctâ fide judicium de responsione Vossii*. Voy. l'Éloge historique de R. Simon, par Bruzen de la Martinière, en tête de ses Lettres, édition de 1730, tom. I, pag. 58. Baillet n'aurait pas dû affirmer que Simon n'avait pas pris le masque de Jérôme de Sainte-Foi. (Auteurs déguisés, pag. 554).

La bibliothèque royale possède un exemplaire de cet ouvrage, portant pour titre : *Opuscula critica adversus Isaacum Vossium*. Edimburgi, 1685, in-4.

— Histoire critique de la créance et des coutumes des nations du Levant. *Francfort, Fréd. Arnauld* (*ou plutôt Rotterdam, Reinier Leers*), 1684; — *Francfort, Fréd. Arnauld*, 1693; — *et Trévoux*, 1711, in-12.

Cet ouvrage parut pour la première fois sous le nom de *S. Moni*, anagramme du nom de l'auteur : ce que n'ont pas compris les libraires qui ont réimprimé ce volume sous le nom de *Moni*, à Francfort ou ailleurs, puisqu'ils ont substitué une fausse anagramme à une véritable. L'édition de 1711 porte le nom de Richard Simon.

— Histoire critique des principaux commentateurs du nouveau Testament; avec une Dissertation critique sur les principaux actes manuscrits qui ont été cités dans cet ouvrage. *Rotterdam*, 1693, in-4.

— Histoire critique des versions du nouveau Testament, où l'on fait connaître quel a été l'usage de la lecture des livres sacrés dans les principales églises du monde. *Rotterdam*, 1690, in-4.

— Histoire critique du texte du nouveau Testament, où l'on établit la vérité des actes sur lesquels la religion chrétienne est fondée. *Rotterdam*, 1689, in-4.

— * Histoire critique du vieux Testament. *Sans indication de lieu et sans nom d'imprimeur* (*Paris, veuve Billaine*, 1678), in-4 de 680 pag., sans compter la préface, la table des chapitres et celle des principales matières.

Première édition d'un ouvrage assez estimé. Le docteur Ant. Arnauld, qui n'aimait pas l'auteur, ayant eu communication de la preface et de la table des matières de ce volume avant sa publication, les dénonça à Bossuet, alors évêque de Condom. Ce prélat, choqué du sommaire d'un chapitre conçu en ces termes : « Moïse ne peut être l'auteur de tout ce qui est dans les livres qui lui sont attribués », conseilla au chancelier Le Tellier de supprimer l'ouvrage, quoiqu'il eût été approuvé par M. Pirot et par le général de l'Oratoire. Cet avis fut suivi, et la suppression s'exécuta avec tant de sévérité, qu'on assure que six exemplaires seulement échappèrent à la destruction. Deux de ces exemplaires ont été envoyés en Angleterre; Richard Simon en parle dans le tome quatrième de ses *Lettres*, page 58. La bibliothèque du roi possède l'exemplaire que l'évêque d'Avranches, Huet, avait légué à la bibliothèque des jésuites de la maison professe de Paris. Un autre a été placé dans la bibliothèque de la maison d'institution de l'Oratoire; on le trouve aujourd'hui à la bibliothèque Mazarine. Un quatrième existait dans la bibliothèque du séminaire de Saint-Magloire; il fait partie aujourd'hui de l'ancienne bibliothèque du conseil d'État, transportée à Fontainebleau, en 1807. L'abbé Rive raconte, dans sa « Chasse aux bibliographes » (tom. Ier, pag. 497), qu'en ayant aperçu un exemplaire dans un lot de livres acheté dans une vente par un bouquiniste, il racheta ce rare volume pour 3 fr. On ignore ce qu'est devenu cet exemplaire. C'est probablement l'exemplaire de l'abbé Coste, chanoine de Notre-Dame, que le libraire Martin inscrivit de la manière suivante, dans le Catalogue de la bibliothèque de cet abbé, Paris, 1722, in-12, sous le n° 385 : Histoire critique du V. T., par R. Simon, première édition, in-4. Achille de Harlay, quatrième du nom, mort conseiller d'État en 1717, en légua un exemplaire, relié en maroquin bleu, au collége des Jésuites de la maison de Clermont. Cet exemplaire est peut-être le seul qui ait paru dans les ventes publiques depuis soixante-dix ans. Il fut vendu 161 fr., en 1769, à la vente de M. Caignat; 69 fr., en 1791, à la vente de M. de Saint-Céran; 133 fr., en 1803, à celle de M. Duquesnoy. L'exemplaire de M. Pâris, en 1791, était aussi relié en maroquin.

On trouve en manuscrit, à la tête des exemplaires de la maison d'institution de Saint-Magloire et de M. de Harlay, l'extrait des registres du conseil d'État, en date du 19 juin 1678, signé Colbert. Ils n'ont aucun frontispice. L'exemplaire de la Bibliothèque du roi est aussi sans frontispice; mais on n'y a pas joint l'arrêt du conseil d'État. Mon exemplaire, dit A.-A. Barbier, ne contient pas non plus l'arrêt; le faux-titre qu'il porte est d'un autre papier que celui de l'ouvrage.

Rich. Simon, d'après ce qu'il dit dans ses *Lettres* (tom. III, pag. 260), conservait un huitième exemplaire, avec quelques petites corrections de la main de Bossuet et de celle de Pirot, qui avait été son censeur. Il paraît que cet exemplaire a été brûlé à Dieppe, avec d'autres ouvrages imprimés et manuscrits qui appartenaient à ce savant. Il ne s'est pas trouvé parmi les articles que Richard Simon a légués à la bibliothèque du chapitre de Rouen, au moins si l'on en juge par le silence que garde, à ce sujet, l'abbé Saas, dans sa « Notice des manuscrits de l'église métropolitaine de Rouen ».

Peu d'années après la suppression de l'*Histoire critique*, Bossuet témoigna qu'il emploierait tout son crédit auprès du chancelier pour faire réimprimer cet ouvrage, si Richard Simon consentait à y faire quelques corrections. Et, en effet, Le Tellier nomma une seconde fois Pirot pour censeur; mais celui-ci ayant gardé l'ouvrage pendant près de deux ans sans donner son approbation, Richard Simon retira l'exemplaire d'entre ses mains, et abandonna cette affaire.

Daniel Elzévir réimprima, à Amsterdam, en 1680, l'*Histoire critique du vieux Testament*, sur la copie manuscrite d'un des deux exemplaires envoyés à Londres, laquelle copie avait été faite par le chapelain de la duchesse de Mazarin, et sur la demande de cette dame : cette copie était défectueuse : aussi l'édition d'Elzévir n'est point recherchée des amateurs. Cette édition a paru sous le titre suivant :

Histoire du vieux Testament, par le R. P. Richard Simon, prestre de la congrégation de l'Oratoire (il en était néanmoins sorti en 1678), *suivant la copie imprimée à Paris*, 1680, in-4 de 612 pag., sans l'avertissement au lecteur, qui est en italique, et qui n'a que 6 pages, et la préface avec la table des chapitres qui remplissent onze autres feuillets non chiffrés.

Soit pour faciliter l'entrée de cette édition en France, soit pour d'autres raisons, Daniel Elzevir plaça la preface et la table des chapitres (en tout, 22 pages non chiffrées) avant ce second frontispice, qui est le véritable, mais après un premier frontispice capable de dérouter le lecteur et l'inspecteur de la douane. Il est ainsi conçu :

Histoire de la religion des Juifs et de leur établissement en Espagne et autres parties de l'Europe, où ils se sont retirés après la destruction de Jérusalem. Par Rabbi Moses Levi. Amsterdam, P. de la Faille, 1680, in-4.

L'édition fut bientôt enlevée, et Dan. Elzévir étant mort, Reinier Leers, imprimeur de Rotterdam, qui avait recouvré un exemplaire de l'édition de Paris, donna une nouvelle édition sous ce titre :

Histoire critique, etc. Nouvelle édition, et qui est la première imprimée sur la copie de Paris, augmentée d'une Apologie générale et de plusieurs remarques critiques. On a de plus ajouté une table des matières, et tout ce qui a été imprimé jusqu'à présent à l'occasion de cette Histoire critique. Rotterdam, Reinier Leers, 1685, in-4.

Les pièces ajoutées à cette édition sont : 1° Lettre de Veil à Boyle, pour prouver que la seule Écriture est la règle de la foi ; — 2° Réponse à ladite Lettre ; — 3° Lettre de M. Spanheim à un ami, où l'on rend compte du livre précédent ; — 4° Réponse à la dite Lettre ; — 5° Opuscula critica adversus Is. Vossium, in quibus defenditur sacer codex Ebraïcus, et B. Hieronymi tralatio ; — 6° Hieron. Le Camus judicium de nuperâ Is. Vossii ad iteratas P. Simonii objectiones Responsione.

Cette édition doit être la même que celle que Niceron cite sous la rubrique Amsterdam, 1685, avec un titre un peu différent, on ne sait pourquoi.

Suivant Bruzen de la Martinière, dans son Éloge historique de Simon, page 45, l'auteur a protesté de ne s'être point mêlé de cette édition. Cependant, M. le cardinal de Beausset affirme dans l'Histoire de Bossuet que Richard Simon « fit réimprimer en Hollande son Histoire critique » telle qu'elle avait été imprimée à Paris, dans l'édition que le gouvernement avait supprimée. Peut-être eût-il été convenable que l'illustre biographe donnât quelques preuves à l'appui de cette opinion, d'autant plus que les démarches de Bossuet auprès de Rich. Simon, pour en obtenir de légères corrections, font entrevoir qu'il reconnaissait lui-même avoir agi avec un peu de précipitation dans cette affaire.

La traduction latine ayant été faite sur l'édition d'Elzévir, par Noël Aubert de Versé, Amsterdam, 1681, in-4, est encore plus fautive : le traducteur, qui n'entendait pas la matière, a fait plusieurs corrections de son chef.

— Histoire de l'origine et du progrès des revenus ecclésiastiques. (Nouvelle édition.) *Bâle, Richter*, 1706, 2 vol. in-12.

Publiée sous le pseudonyme de Jérôme d'Acosta. La première édition, imprimée sous la rubrique de Francfort, n'a qu'un volume. (*Barbier*).

L'edition de 1706 est préférable aux éditions antérieures (de 1684 et 1691). L'auteur cherche le singulier encore plus que l'utile. Cependant son ouvrage est fort intéressant.

Cet ouvrage a encore été réimprimé en 1767, avec le Traité des bénéfices, de Fra Paolo; dans cette réunion, sous le titre de *Théorie des bénéfices*, et composée de deux volumes, l'ouvrage de Richard Simon forme le second volume.

— Inspiration (de l') des livres sacrés, avec une réponse au livre intitulé : « Défense des sentiments de quelques théologiens de Hollande » (par Dan. Leclerc). *Rotterdam*, 1687, in-4.

Publ. sous le pseudonyme du prieur de Bolleville.

— * Lettre à M. l'abbé P. D. et P. en théologie, touchant l'Inspiration des livres sacrés. Par R. S. P. D. B. *Rotterdam*, 1686, in-4.

— Lettre des rabbins des deux synagogues d'Amsterdam à M. Jurieu, traduite de l'espagnol (composée par R. Simon). *Suivant la copie imprimée à Amsterdam, chez Jos. Athias (à Bruxelles)*, 5446 (vers 1687), in-12.

— Lettres choisies de Richard Simon, où l'on trouve un grand nombre de faits, anecdotes de littérature. *Amsterdam, Delorme*, 1700;—*Rotterdam, Reinier Leers*, 1705, in-12 ; — *Rotterdam (Rouen)*, 1702-05, 3 vol. in-12. — Édition revue et augm., publiée avec une Vie de l'auteur et des notes curieuses par Ant.-Aug. Bruzen de la Martinière. *Amsterdam, P. Mortier*, 1730, 4 vol. in-12.

— * Lettres critiques sur l'édition des OEuvres de S. Jérôme donnée par les bénédictins. 1699, in-12.

Suivant M. Demanne, n° 970 de son Recueil d'ouvrages anonymes, les cinq lettres J. S. C. D. B., qui sont au bas de quelques-unes de ces Lettres critiques, doivent désigner Jacques Simon, curé de Bolleville, qui paraît écrire pour son oncle Rich. Simon.

Ces Lettres sont très-rares; on ne les trouve dans aucune édition des Lettres de Simon. Il y en a onze, et non treize, comme le dit l'abbé Goujet dans son Catalogue manuscrit. Trois avaient paru en 1694, sous le titre de *Critique du livre publié par les moines bénédictins de Saint-Maur,* intitulé: « Bibliothèque divine de saint Jérôme », et contenait environ 66 pages in-12. On peut consulter, à ce sujet, dans le Dictionnaire de Bayle, l'article Gallonius (note B.), qui a rapport à ces *Lettres critiques*, dont il est aussi question dans l'article Fontevraud, à la fin de la note P. Quatre autres Lettres concernent le second volume de saint Jérôme. Les autres sont contre la défense de la Bible de saint Jérôme, publiée par dom Martianay contre Simon; sur le canon hébreu de saint Jérôme; sur le Speculum attribué à saint Augustin; sur le Commentaire d'Hesychius sur le Lévitique, et une Défense d'Antoine Gallonius, prêtre de l'Oratoire de Rome, et de Gabriel Naudé. Il y a dans ces Lettres beaucoup d'érudition assaisonnée d'une trop grande vivacité. Dom Martianay a répondu à ces Lettres.

Page 185, ligne 12, les mots *à un savant homme* désignent le P. Hardouin, jésuite.

Il paraît que ce volume existe sous deux titres différents, car A.-A. Barbier, sous le n° 9986 de son Dictionnaire des ouvrages anon., 2ᵉ édit., cite le même volume, portant un frontispice ainsi conçu:

Lettres critiques, où l'on voit les sentiments de M. Simon *sur plusieurs ouvrages nouveaux, publiées par un gentilhomme allemand.* Sur l'imprimé à Basle, pour Christian Wackerman, 1699, in-12.

Sous ce titre, le volume ne renferme encore que onze lettres, et non treize, comme l'a dit l'abbé Goujet, erreur qui a été reproduite dans l'article Martianay de l'Histoire littéraire de la congrégation de Saint-Maur, parce que dom Tassin a rédigé cet article d'après le Catalogue manuscrit de l'abbé Goujet.

Non-seulement cet ouvrage existait sous deux titres différents, mais encore un ou plusieurs fragments ont été imprimés avec des frontispices particuliers. Ainsi l'on trouve porté, sous le n° 3223 du Catalogue de la bibliothèque de Denis Nolin, rédigé par Gabr. Martin (Paris, 1710, in-12), une *Critique de la Bibliothèque divine de saint Jérôme, publiée par les bénédictins* (par M. Simon). Cologne, 1699, in-8, qui n'est qu'une portion du volume que nous venons de citer.

— Novorum bibliorum polyglottorum synopsis (auctore Origene, Richardo Simone), *Ultrajecti*, 1684, in-8.

— * Observations (nouvelles) sur le texte et les versions du nouveau Testament, par R. S. P. *Paris*, *J. Boudot*, 1695, in-4.

— * Réponse au livre intitulé: « Sentiments de quelques théologiens de Hollande » (par Dan. Leclerc), sur l'Histoire critique du vieux Testament. *Rotterdam, Reinier Leers,* 1686, in-4.

Publiée sous ce pseudonyme: le prieur de Bolleville. Cette Réponse a été réimprimée à la suite d'un ouvrage de l'auteur, intitulé: *De l'Inspiration des livres saints* (voy. plus haut).

David Leclerc publia dans la même année une *Défense des sentiments*, etc. In-8.

— Réponse de Pierre Ambrun (Richard Simon lui-même) à l'Histoire critique du vieux Testament de R. Simon. *Rotterdam,* 1685, in-4.

TRADUCTIONS DUES A RICHARD SIMON.

— Fides Ecclesiæ Orientalis, seu Gabrielis Philadelphi opuscula, nunc primùm latinè versâ, cum notis uberioribus, quibus nationum orientalium persuasio, maximè de rebus Eucharisticis, illustratur, præsertim adversùs Claudii Calviniani responsum ad Perpetuitatem. *Parisiis*, *Meturas*, 1671, in-4.

Rich. Simon donna cet ouvrage comme un supplément au premier volume de la Perpétuité de la foi, dont il accusait les auteurs d'y avoir commis beaucoup de fautes, et d'avoir mal répondu au ministre Claude.

— Voyage au Mont-Liban, trad. de l'ital. du P. Jérôme Dandini, par R. S. P. (Rich. Simon, prêtre). *Paris*, 1675, in-12.

— Cérémonies et coutumes qui s'observent parmi les Juifs, traduites de l'italien de Léon de Modène, par D. Récared Siméon (Richard Simon). *Paris*, *Billaine*, 1674, in-12. — Nouvelle édition, avec un supplément (touchant les sectes des Caraïtes et des Samaritains), par le sieur de Simonville (le même Richard Simon, et une épître dédicatoire à Bossuet, rédigée par Frémont d'Ablancourt). *Paris*, *Billaine*, 1681, in-12; et *La Haye*, *Moetjens*, 1682, in-12; — 1710, in-12.

— Nouveau (le) Testament de N. S. J. C., traduit sur l'ancienne édition latine, avec des remarques littérales et critiques (par Rich. Simon). *Trévoux, Ganeau*, 1702, 2 vol. in-8 et 3 vol. in-12.

Bossuet a composé deux instructions pastorales contre cette version.

Richard Simon passe pour être l'éditeur de l'ouv. intitulé: Véritable tradition de l'Église sur la prédestination et la grâce, par M. De Launoy (ou plutôt Louis Marais). Liége, le François, 1702, in-12; mais il l'est plus certainement de la nouvelle édition des Moyens de réunir les protestants avec l'Église romaine, par M. Camus, évêque de Belley, édition que l'auteur a augmentée de remarques (Paris, 1703, in-12).

(*Article tiré du Diction. des ouvr. anon., de Barbier, sec. édit.*).

SIMON (Denis), jurisconsulte français, conseiller au présidial, et assesseur à la maréchaussée de Beauvais; né en 1660, mort en 1731.

— Bibliothèque (nouv.) historique et chronologique des principaux auteurs et interprètes du droit civil, canonique et particulier de plusieurs États et provinces, depuis

Irnerius, avec les caractères de leurs esprits et des jugements sur leurs ouvrages. Ensemble l'Idée d'un bon juge et une Dissertation touchant les coutumes. (Nouv. édit.) *Paris, Robert Pépie*, 1692-95, 2 vol. in-12. — Supplément à la Bibliothèque de Simon, contenant le tableau du commentaire des coutumes et la table des arrestographes, avec des remarques par BRUNEAU. *Paris*, 1686, in-12.

Le titre du second volume est le même que celui du premier, excepté qu'au lieu de l'annonce de l'*Idée d'un bon juge*, c'est, dans le second, l'*Idée d'un bon maire*.

Cette compilation, disposée par ordre alphabétique, a beaucoup servi à Taisand (voy. ce nom) pour la rédaction de ses « Vies des plus célèbres jurisconsultes de toutes les nations » (Paris, 1721, in-8), aujourd'hui, elle est peu consultée, et mériterait cependant de l'être. En Allemagne, le travail de Simon est encore cité avec estime ».

(*Note de M. Poncelet, dans la Biogr. univ.*)

— Supplément aux Mémoires de l'histoire civile et ecclésiastique du Beauvoisis, de M. Ant. Loisel et de M. P. Louvet. *Paris, Guill. Cavelier*, 1704, in-12 de 146, 160 et 96 pag.

Les 146 premières pages sont composées du Supplément proprement dit; viennent ensuite *le Nobiliaire de verte*, *les fondations des principaux chapitres, abbayes et prieurés, et les Beauvaisiens illustres dans les arts, etc., etc.*, qui remplissent les 160 autres pages. Le volume est terminé par des *Additions à l'histoire du Beauvoisis* (Paris, Pépie, 1703), formant 96 pag.

Bubier en cite une édition anonyme sous la date de 1718; mais c'est bien certainement la même.

— Traité des dîmes. *Paris*, 1714, 2 vol. in-12.

— Traité des droits honorifiques, par le sieur MARESCHAL, augmenté des arrêts servant de décisions, et d'autres traités du droit de patronage et des dîmes. *Paris*, 1697, 1703, 2 vol. in-12.

— Traité du droit de patronage, de la présentation aux bénéfices, et des droits honorifiques des seigneurs dans les églises, et un Traité des maximes du droit canonique. *Paris*, 1686, in-12.

Ni Camus, dans sa Bibliothèque de droit, ni M. Poncelet, dans sa Notice sur Den. Simon, de la Biographie universelle, n'ont cités aucun de ses trois derniers ouvrages.

Denis Simon, donna, en 1709, le prospectus d'une réimpression de tous ses ouvrages, qui n'a pas été exécutée.

On doit aussi à Denis Simon de nouvelles éditions, enrichies de notes, de la Nouvelle pratique civile, criminelle et bénéficiale, par LANGE; IXe édition (1702); et des Maximes du droit canonique de France, par L. DUBOIS (1678, 1681, 1683, 1686, 1703, 2 vol. in-12). La première de ces éditions a paru sous le titre d'Introduction au droit ecclésiastique de France.

- SIMON (l'abbé Richard), lexicographe, docteur en théologie, anc. curé de Saint-Uze, diocèse de Vienne; originaire du Dauphiné.

— Grand (le) Dictionnaire de la Bible, ou Explication littérale et historique de tous les mots propres du vieux et du nouveau Testament. Sec. édition, augm. *Lyon, J. Certe*, 1703, 2 vol. in-fol. — Nouv. édition, augm. *Lyon, le même*, 1717, 2 vol. in-fol.

La première édition est de Lyon, 1693.

Le premier volume est précédé d'un abrégé de l'Introduction à l'étude de l'Écriture-Sainte, par le P. Lamy. L'abbé Simon n'avait ni les connaissances nécessaires, ni les ressources de toute espèce qu'il lui aurait fallu pour remplir, d'une manière complète, la tâche immense qu'il avait embrassée; et son Dictionnaire, dont le succès se soutint tant qu'il n'y en eut pas de meilleur, a été relégué parmi les livres inutiles, depuis que nous avons celui de Dom Calmet.

SIMON (Jean-Baptiste), avocat au parlement et censeur royal.

— * Gouvernement (le) admirable des abeilles, ou leur république. *La Haye, P. de Hondt*, 1740, in-12.

Réimpr. à Paris, en 1742, et en 1758, avec le nom de l'auteur, et sous ce titre :

Gouvernement (le) admirable, ou la République des abeilles. Paris, Thiboust, in-12 fig.

— * Moyens de conserver le gibier, par la destruction des oiseaux de rapine. *Paris*, 1738, 1743, in-12.

— Traité cosmographique, servant d'introduction à la géographie. *Paris, Thiboust*, 1756, in-12.

On a quelquefois attribué à cet avocat la traduction des Histoires choisies des auteurs profanes (1752), qui est due à un de ses homonymes, maître de pension.

SIMON (Claude-François), imprimeur-libraire à Paris; mort le 19 juillet 1767, âgé de 55 ans.

—Discours présenté à l'Académie française pour le prix d'éloquence, 1737. *Paris, l'Auteur*, 1738, in-12. — Autre Discours pour le prix d'éloquence, 1739. *Paris, l'Auteur*, 1739, in-12.

—* Mémoires de la comtesse d'Horneville. *Paris, l'Auteur*, 1739-40, 2 vol. in-12; et *Amsterdam*, 1740, 2 vol. in-8.

— * Minos, ou l'Empire souterrain, comédie en un acte et en scènes épisodiques (en prose). (*Paris*), s. d. (1741), in-12.

Nous avons trouvé, dans la riche collection dramatique d'un amateur de Paris, le manuscrit des *Confidences réciproques*, comédie en un acte et en vers libres par Cl.-Fr. Simon (1747), qui ne paraît pas avoir été imprimée.

—* Projet de l'établissement d'une imprimerie royale à Berlin. *Paris, l'Auteur*, 1741, in-fol.

Il est aussi auteur de tous les articles qui, dans l'Encyclopédie de Diderot et d'Alembert, concernent l'imprimerie.

Cl.-Fr. Simon en outre, a été le réviseur et l'éditeur de la Connaissance de la Mythologie, par le P. RIGORD, jésuite.

SIMON (François). —* Eclaircissements au sujet de la maladie d'un officier d'artillerie qui a donné occasion à la «Lettre raisonnée de Louis **», etc. (par Adrien de La Croix), par M. F. S. et S. (SÉBASTER), médecin de la faculté de Perpignan. 1744, in-4 de 39 pag.

SIMON (   ), avocat-général à la table de marbre de Dijon.

— Conférence de l'ordonnance de 1669, avec des observations. *Paris*, 1752, 2 vol. in-4.

SIMON (l'abbé), curé de St-Germain de Rennes.

—Prônes pour tous les dimanches de l'année, avec quelques sermons et panégyriques. *Rennes, Vatar*, 1745, 2 vol. in-12.

Ces Prônes sont très-recherchés; ils ont de la briéveté, et il y en a peu qui demandent plus d'un quart d'heure de lecture.

SIMON (Charles), maître de pension.

—* Histoires choisies des auteurs profanes, traduites du latin (1752). Voy. HEUZET.

SIMON (Grégoire), docteur de Sorbonne; né à Paris, le 20 janvier 1720.

—* Thesis Jo. Martini de Prades theologicè discussa et impugnata. *Parisiis*, 1753, in-12.

—* Tractatus de religione juxtà methodum scholasticam adornatus. *Parisiis*, 1758, 2 vol.; seu editio altera. *Parisiis, Desprez*, 1766, 3 vol. in-12.

La dernière édition porte le nom de l'auteur.

SIMON (Jean-François), professeur royal du collége de chirurgie de Paris, chirurgien-major des chevaux-légers de la garde du roi, et premier chirurgien de l'électeur de Bavière; mort le 21 octobre 1770.

— Abrégé de pathologie et de thérapeutique. 1753, in-12.

— Abrégé des maladies des os. In-12.

—* Collection de différentes pièces concernant la chirurgie, l'anatomie, etc., extraite des ouvrages étrangers. *Paris*, 1761, 4 vol. in-12.

—Cours de pathologie et de thérapeutique chirurgicale, ouvrage posthume, revu, mis en ordre et considérablement augm. par Prudent HÉVIN. *Paris, Méquignon l'aîné*, 1780, in-8 de 690 pag.

— Recherches sur l'opération césarienne.

SIMON (Louis-Benoît), abbé de Paris, aumônier et bibliothécaire du comte de Clermont, et censeur royal.

— Lettre aux amateurs sur un dessin proposé pour une chapelle à Saint-Roch. 1760. in-12.

— Lettre sur Corneille et Racine. 1758, in-12.

— Lettre sur l'éducation des femmes. 1764, in-12.

—* Lettre sur l'éducation par rapport aux langues. *Amsterdam (Paris)*, 1759, in-12.

— Lettre sur l'éloquence de la chaire en général, et en particulier sur celle de Bourdaloue et de Massillon. *Paris, Lottin*, 1755, in-12.

— Lettre sur l'utilité des sciences. 1763, in-12.

— Lettre sur nos orateurs chrétiens. 1754, in-12.

SIMON (le P. Pierre-Hyacinthe), dominicain (vivait encore en 1778).

— Mémoire justificatif des sentiments de saint Thomas sur l'indépendance absolue des souverains, sur l'indissolubilité du serment de leurs sujets et sur le régicide. *Paris*, 1762, in-12 de 75 pag.

C'est le mieux raisonné des écrits publiés en faveur de saint Thomas.

SIMON (Fr.). —* Introduction à l'office des notaires, avec des formules de toutes sortes d'actes. *Liége, Desoer*, 1764, in-8.

SIMON (D.), de Toul. —* Cantiques spirituels, vêpres et prières, à l'usage des catéchismes de Saint-Sulpice (par D. SIMON, de Toul). *Paris*, 1765, 1 vol. in-12. — Autre édition, augmentée des deux tiers. *Paris, Crapart*, 1769, 3 parties in-8. — Nouvelle édition encore augmentée, sous le titre d'Opuscules sacrés et lyriques (publiée par l'abbé H. Fr. SIMON DE DONCOURT). *Paris, Crapart*, 1768, 1772, 4 vol. in-8.

A.-A. Barbier tenait de M. Simon, de Troyes, l'indication du nom de M. Simon de Toul; la France littéraire de 1778 attribue ces Cantiques à Henri-François Simon de Doncourt, prêtre sulpicien, natif de Bourmont en Lorraine.

« D. Simon, de Toul, éditeur de ces Cantiques, a placé, en tête du troisième volume de l'édition de

1772, une notice fort curieuse des cantiques qui ont paru depuis 1586 jusqu'en 1772, en 36 pages. On y trouve quatre-vingt-quatorze articles. L'ancienne bibliothèque du duc de la Vallière, qui fait aujourd'hui partie de celle de l'Arsenal, en renferme cent soixante-trois ».

« D. Simon n'a point fait assez de recherches pour connaître les auteurs des plus anciens cantiques, c'est-à-dire de ces noëls qui parurent sous Henri II, dans les premiers temps de la réformation, et que l'on attribue à Jean Daniel, organiste. »

« Il a été induit en erreur sur les auteurs de quelques cantiques modernes ; par exemple, sur le recueil qui a paru à Paris, en 1727, chez Lottin. Il l'attribue à l'abbé Dessessarts, diacre de Paris, et donne à croire, dans l'article suivant, que le recueil de l'abbé Goujet, publié aussi en 1727, est la même chose que le précédent, retouché et augmenté. L'abbé Goujet lui-même, dans son Catalogue manuscrit, me met en état, dit A.-A. Barbier, de qui nous empruntons cette note, de rectifier les assertions de D. Simon. Il assure qu'il a fourni environ quatre-vingt cantiques au recueil publié chez Lottin; les autres sont du P. Boyer, de l'Oratoire, célèbre prédicateur ; de l'abbé Debonnaire et de l'abbé Besoigne. L'abbé Dessessarts n'a donc eu aucune part à ce recueil. L'abbé Goujet nous apprend, dans la même page de son Catalogue, que M. Frédéric Dessessarts, laïque, a dirigé le recueil de nouvelles poésies spirituelles et morales, publié chez le même Lottin, de 1730 à 1737, en 4 vol. in-4 oblongs. Voilà, sans doute, ce qui a induit en erreur D. Simon. »

SIMON (Edouard-Thomas), d'abord médecin, secrétaire du Musée, membre de la Société libre des sciences, lettres et arts de Paris, ensuite bibliothécaire du Corps législatif et du Tribunat, membre de l'académie des Arcades de Rome ; né à Troyes, le 16 octobre 1740, mort à Besançon, le 4 avril 1818.

— * Almanach de la ville et du diocèse de Troyes. *Troyes, André*, 1776-1787, 12 vol. in-16.

Avec M. Courtalon-Delaistre.

— Ami (l') d'Anacréon, ou Choix de chansons. *Paris*, *Johanneau*, an XII (1803), in-18.

—*Aux Français, sur le payement des contributions. *Paris*, 1771, in-8.

— Beaux-Arts (les) rappelés à Troyes par la bienfaisance, ode. 1775, in-8.

Réimpr. dans les *Muses provinciales*.

— * Brochures (les), dialogue en vers entre un provincial et un libraire. *Paris, Cailleau*, 1788, in-8 de 14 pag.

Réimpr. dans le tome III des Satiriques du XVIIIe siècle.

— Clémence d'Angèles, nouvelle.

Imprimée dans la Bibliothèque choisie de contes, facéties, bons-mots, etc. (Paris, Royez, 1786 et ann. suiv., 9 vol. in-8 et in-12), dont Simon a été l'un des éditeurs.

— Clémence (la) royale, ou Précis historique d'un soulèvement populaire arrivé en Angleterre sous le règne de Richard II, au XIVe siècle. 1796, in-8.

— * Coup-d'œil d'un républicain sur les Tableaux de l'Europe, en juin 1795 et janvier 1796 (des frères Calonne). *Bruxelles*, 1796, in-12.

— Épître à M. C. D. V. D. S. J. (Courtalon-Delaistre, vicaire de Saint-Jean de Troyes), sur le respect dû aux grands hommes. *Amsterdam* (*Troyes*), 1765, in-8.

Il est question dans cette satire d'un P. B. C. Il s'agit du P. Bertin, capucin, auteur de la chanson des « Petits Trous », pièce érotique assez jolie et peu connue. *Barb.*

— Épître d'Héloïse à Abailard, traduction nouvelle. 1767, in-8.

— Essai sur un poëme espagnol intitulé : l'Araucana.....

— * Galanterie française, recueil de compliments, étrennes, bouquets, félicitations de mariages, etc. *Paris*, 1786, et 1791, in-12.

—*Hermaphrodite (l'), ou Lettre de Grandjean à Françoise Lambert, sa femme. *Grenoble*, 1765, in-8.

On trouve à la suite : *Anne de Boulen à Henri VIII, son époux*, héroïde en deux idylles. L'Héroïde d'Anne de Boulen a été réimprimée dans les *Muses provinciales*.

— * Histoire des malheurs de la famille de Calas, précédée de Marc-Antoine Calas, le suicide, à l'univers, héroïde. 1765, in-8.

—*Il est temps de fondre la cloche. *Paris*, 1792, in-8.

— * Journal de Troyes et de la Champagne méridionale, de 1782 à 1789. *Troyes*, 1782 et ann. suiv., in-4.

— * Muses provinciales, ou Recueil des meilleures productions du goût des poëtes, tant des provinces que des pays étrangers. *Paris, Leroy*, 1788, pet. in-12.

Ce volume se joint à la collection de l'*Almanach des Muses*.

— Mutius, ou Rome libre, tragédie en 5 actes et en vers. *Paris, sans nom d'impr.*, an X (1802), in-16.

Les biographes citent de Ed. Th. Simon, comme ayant été imprimées les quatre pièces suivantes, qui ne paraissent portant pas l'avoir pas été :

1° *Achille*, trag. en cinq actes, 1778.

2° *Avantageux* (*l'*), comédie en deux actes et en vers, 1779.

3° *Retour* (*le*) *de Thalie*, prologue récité à l'ouverture de la nouvelle salle des spectacles à Troyes, 1780.

4° *A-propos* (*l'*) *de la nature*, *ou la Boiteuse*, comédie à ariettes, 1788.

— Notice sur la vie et les ouvrages de Grosley. 1786, in-12.

Réimpr. en tête des Mémoires historiques et critiques de Troyes, par Grosley. Nouv. édit., publiée par M. Sainton, 1811, 2 vol. in-8.

— Orphelin (l') de la forêt Noire, ou le Danger de ne pas se connaître. *Paris, Lerouge*, 1812, 4 vol. in-12, 8 fr.

Publié comme une traduction, et sous le pseudonyme de sir Edward Tom Yomos D. T. M., masque anagramatique et transparent du nom de l'auteur.

— Saint-Louis, poëme héroïque et chrétien (en VIII chants), publié par E.-T. Simon, suivi de deux odes du même auteur. *Paris, Brunot-Labbe*, 1816, in-8.

C'est un abrégé du poëme du père Lemoine.

On a encore du même : 1° un *Discours prononcé dans l'école de chirurgie de l'hôpital royal de la Charité de Paris, à la fin du cours de* 1765 (dans le Journal encyclopédique, juillet 1765); 2° *le Congrès des fleuves* (dans les Hommages poétiques en l'honneur de Napoléon); 3° des pièces fugitives dans l'Almanach des Muses, dans l'Almanach des Grâces, dans les Étrennes du Parnasse, et autres recueils. Il a aussi coopéré à la Bibliothèque des Romans, et à la Bibliothèque choisie de contes nouveaux ou traduits, 1786, 9 vol. in-8 et in-12. Il a laissé un grand nombre de manuscrits. M. Beuchot, dans son Journal de la librairie, ann. 1825, pag. 223 et 279, donne la liste de plusieurs.

Comme traducteur, E.-T. Simon a aussi publié les six ouvrages suivants : 1° Choix de poésies érotiques, traduites (en prose) du grec, du latin et de l'italien, contenant la Pancharis de Bonnefons, les Baisers de Jean Second, ceux de J. Vanderdoes, des morceaux de l'Anthologie et des poëtes anciens et modernes, avec des notices sur la plupart des auteurs qui composent cette collection. (Paris, Cazin, 1786, 2 vol. in-18); — 2° Contes moraux, à l'usage de la jeunesse, traduits de l'italien de Fr. Soave (1790); ou seconde édition, augmentée d'une seconde partie, sous le titre de « Nouvelles morales, exemplaires et amusantes, etc ... ». (1803); — 3° Essai politique sur les révolutions inévitables des sociétés civiles, traduit de l'italien d'Ant. de Giuliani (1791); — 4° Correspondance de l'armée française en Égypte, interceptée par l'escadre de Nelson; publiée à Londres, avec une Introduction et des notes de la chancellerie anglaise; traduite en français, avec des observations, par E.-T. Simon; avec une carte de la Basse-Égypte (Paris, 1799, in-8); — 5° Napoléon-le-Grand, empereur des Français et roi d'Italie, ode pindarique, trad. du portugais, de L.-B. Soyé (1808); — 6° les Épigrammes de M. Val. Martial, traduction nouvelle et complète (1819).

SIMON. — * Chirurgien (le) de village, comédie en un acte et en prose. *Paris, P.-F. Gueffier*, 1781, in-8.

— Heureux (l') retour, ou le Valet intrigant, comédie de société en un acte et en prose rimée. *Paris, Didot*, 1784, in-8.

— Monsieur Cassandre, ou les Effets de l'amour et du vert-de-gris, drame en deux actes et en vers. *Amsterdam, et Paris, P.-F. Gueffier*, 1775, in-8.

SIMON (le citoyen), pseud. Voy. Cam. Jordan.

SIMON (Jean-Frédéric), d'abord instituteur à Dessau et à Neuwied, ensuite professeur de langue allemande au Prytanée de Saint-Cyr, et depuis secrétaire de légation à Cassel; mort à Paris, en 1829.

— Cours de littérature allemande, trad. de l'allem. ( ). Voyez ce titre aux ouvr. anonymes.

— Einiger vom Dessauischen Philanthropin abgegangenen Lehrer Gedanken über die wichtigsten Grundsætze der Erziehung, etc. (1799). Voy. J. Schweighaeuser.

— Grammaire allemande, où l'auteur s'efforce de développer le mécanisme de cette langue dans son ensemble; à l'usage de S. A. S. Mgr le duc de Chartres. *Paris, l'Auteur; Eberhart; Théoph. Barrois*, 1819, in-8, 7 fr.

— Grammaire allemande élémentaire pour les Français, contenant les règles nécessaires pour faire avec succès les exercices nommés thêmes et versions, extraite de la Grammaire allemande complète, précédée d'un Précis de grammaire générale du même auteur, et approuvée par l'Académie germanique de Berlin. *Paris, F. Didot père et fils*, 1821, in-8, 2 fr. 50 c.

— Notions élémentaires de grammaire allemande, à l'usage des Français qui ont fait quelques études et qui veulent apprendre l'allemand (à l'usage des élèves du Prytanée, etc.). *Paris, Levrault*, 1802, in-12, 1 fr. 50 c. — Sec. édit. *Strasbourg et Paris, Levrault*, 1807, in-12, 2 fr. 50 c.

— Précis de grammaire générale, servant de base à l'analyse de chaque langue particulière et d'introduction à une grammaire allemande. *Paris, l'Auteur; Eberhart; Théoph. Barrois*, 1819, in-8, 3 fr.

— Sur l'organisation des premiers degrés de l'instruction publique. 1801, in-8, 75 c.

On lui doit aussi comme éditeur la publication d'une édition allemande des Fables de Lessing, avec des notes (Paris, 1814, in-12).

SIMON (F.), inspect. général des chauffages de l'armée, pseudon. Voy. Robbé.

SIMON. — Dévouement (le) filial, comédie anecdotique en un acte (et en prose). *Paris, Dondey-Dupré*, an XII (1804), in-8.

Avec M. Toustain jeune.

SIMON (Mathias). — Manuel des conseils de préfecture, ou Répertoire analytique des lois, arrêtés du gouvernement, décrets impériaux, avis interprétatifs du conseil d'État, relatifs à la justice administrative du ressort des conseils de préfecture, et arrêts de la cour de cassation relatifs au système d'application des lois rendues sur les attributions de ces mêmes corps; précédé d'un aperçu des actes des constitutions, contenant le tableau et la hiérarchie des grandes autorités de l'empire, et les principes constitutionnels sur la formation de la loi et l'exercice des droits politiques. *Coblentz, Hériot*, 1810-12, 3 vol. in-8, 21 fr.

SIMON, avocat, secrétaire du comité de lecture de l'Odéon.

— Correspondance dramat. entre M. Mercier (de l'Institut), Cubières-Palmezeaux, auteur dramatique, et M. Simon, avocat et secrétaire du comité de lecture. *Paris, Hugelet*, 1810, in-8.

SIMON (Henri), vaudevilliste.

—Auberge (l') dans les nues, ou le Chemin de la gloire, petite revue de quelques grandes pièces, en un acte et en vaudevilles. *Paris, madame Masson*, 1810, in-8, 1 fr. 25 c.

Avec Dieulafoy et Gersin.

—Bateau (le) à vapeur, comédie en un acte, mêlée de couplets. *Paris, mademoiselle Huet; madame Ladvocat*, 1816, in-8, 75 c.

Avec M. Carmouche (et Philib. Rozet).

— Brouille (la) et le raccommodement, comédie en un acte, mêlée de vaudevilles. *Paris, Barba*, 1817, in-8, 1 fr. 50 c. — IIIe édit. *Paris, le même*, 1819, in-8.

Avec M. Frédéric (Dupetit-Méré).

— Cadet Roussel dans l'île des Amazones, mélodrame-folie en deux actes, mêlé de chants et de danses. *Paris, Barba*, 1816, in-8.

Avec Phil. Rozet.

—Comédie (la) impromptue, comédie en un acte et en prose. *Paris, Martinet*, 1811, in-8, 1 fr. 25 c.

— Comète (la), folie-vaudeville en un acte. *Paris, mad. Masson*, 1812, in-8, 1 fr. 25 c.

— Deux (les) Forçats, ou le Dévouement fraternel; histoire de deux amants du Puy-de-Dôme. *Paris, Pollet*, 1822, 2 vol. in-12, avec 2 grav. lithogr., 6 fr.

— Dévouement (le) filial, ou Marseille en 1720, mimodr. en un acte. *Paris, Pollet*, 1823, in-8, 75 c.

Avec M. Ferdinand (Laloue).

— * Drapeau (le) français, ou les Soldats de Louis XIV, fait historique en un acte (en prose), mêlé de vaud. *Paris, Fages*, 1819, in-8, 1 fr. 25 c.

Avec M. Gersin, qui est le seul nommé sur la pièce.

—Étrennes (les) forcées, ou Ah! mon habit, que je vous remercie! vaudeville en un acte. *Paris, de l'impr. de Nouzou*, 1814, in-8.

— Faux (le) duel, ou le Mariage par sensibilité, comédie en un acte, mêlée de vaudevilles. *Paris, Barba*, 1816, in-8.

Avec M. T** (Théaulon).

— Famille (la) des Cendrillons, ou Il y en aura pour tout le monde, folie-parodie en un acte, mêlée de chants, danses, etc. *Paris, mad. Masson*, 1811, in-8, 1 f. 25 c.

Imprimée sous le nom d'Henry.

—Galantine et l'Endormi, ou les Marrons de Lyon, parodie-folie-arlequinade en un acte et en prose, mêlée de couplets. *Paris, Martinet*, 1812, in-8, 1 fr. 25 c.

— Ingénue (l') de Brive-la-Gaillarde, vaudeville en un acte. *Paris, Barba*, 1820, in-8, 1 fr. 25 c.

Avec M*** (B. de Rougemont).

— Invalides (les), ou Cent ans de gloire, tableau militaire en deux actes, mêlé de couplets, pour célébrer le retour de S. A. R. Mgr. le duc d'Angoulême. *Paris, Pollet*, 1823, in-8, 1 fr. 50 c.

Avec MM. Merle, Boirie et Ferdinand (Laloue).

— Mari (le) en bonnes fortunes, comédie en un acte, mêlée de vaudevilles. *Paris, Barba*, 1816, in-8, 1 fr.

— M. Descroquignolles, ou le Bal bourgeois, com.-folie, mêlée de couplets. *Paris, Barba*, 1816, in-8, 1 fr.

Avec Phil. Rozet.

— Ninon, Molière et Tartuffe, comédie-vaudeville en un acte. *Paris, Barba*, 1815, in-8.

— Pâté (le) d'anguille, ou le Quiproquo, vaudeville en un acte, imité de La Fontaine. *Paris, Barba*, 1818, in-8, 1 fr. 25 c.

Avec M. Dartois.

— Petit (le) Monstre de la rue Plumet, ou Est-elle laide? est-elle jolie? comédie en un acte (en prose), mêlée de vaud. *Paris, Barba*, 1817, in-8.

Avec M. Brazier.

—Préface (la) et le Commentaire, comédie

en un acte. *Paris, Barba*, 1818, in-8, 1 fr. 25 c.

Avec M. Théodore.

— * Quatre (les) Henri, ou le Jugement du meunier de Lieursaint, parodie sans parodie en un acte (en prose), mêlée de vaudevilles. *Paris, madame Masson*, 1806, in-8.

Cette pièce, imprimée sous le nom de M. Bernard, de la rue aux Ours, est de MM. Gersin, H. Simon et Dieulafoy.

— Sabines (les) de Limoges, où l'Enlèvement singulier, vaud. héroïque en un acte (en prose), imitation burlesque de l'Enlèvement des Sabines. *Paris, les march. de nouv.*, 1811, in-8.

Avec MM. Ourry et Rozet.

— Saint-Louis (la) au bivouac, scènes militaires, mêlées de couplets. *Paris, Sanson; Martinet*, 1823, in-8, 1 fr. 25 c.

Avec MM. Merle et Ferdinand (Laloue).

— Soirée (la) anglaise, ou le Mariage à la course, comédie-vaud. en un acte (et en prose). *Paris, les march. de nouv.*, 1815, in-8.

— * Une visite à Charenton, folie-vaud. en un acte (et en prose). Par MM***. *Paris, Barba*, 1818, in-8.

Avec MM. Gersin et Dartois.
M. H. Simon est auteur d'un plus grand nombre de pièces que celui dont nous venons de donner l'indication; mais les autres ne paraissent pas avoir été imprimées.

— Vie du souverain pontife Pie VII. *Paris, Sanson*, 1823, in-18, avec fig. lithogr., 2 fr. 50 c.

SIMON (Henri), graveur du cabinet de S. M. l'empereur et roi, et du conseil des sceaux.

— Armorial général de l'Empire français, contenant les armes de S. M. l'empereur et roi, des princes de sa famille, des grands dignitaires, princes, ducs, comtes, barons, chevaliers, et celles des villes de première, deuxième et troisième classes, avec les planches des ornements extérieurs, des signes intérieurs, et l'explication des couleurs et des figures du blason, pour faciliter l'étude de cette science. Tom. Ier et II. *Paris, l'Auteur; Brunot-Labbe*, 1812-13, 2 vol. in-fol., avec 140 planches (dont 120 contiennent chacune douze écussons), 30 fr.; sur pap vélin, 60 fr., et sur pap. vélin avec les fig. color., 120 fr.

L'ouvrage devait avoir quatre volumes; mais les événements de 1814 ne permirent pas de publier la suite.

SIMON, graveur. — Costumes et vues de la Chine, gravés en taille douce, par Simon, d'après les dessins de M. Alexandre, avec des explications traduites de l'anglais. *Paris, Nepveu*, 1816, 2 vol. in-18, 10 fr.

SIMON (Victor), pendant neuf années l'un des cinq administrateurs du théâtre Montansier, au Palais-Royal, et depuis membre du comité de lecture de celui des Variétés; né à Metz, en 1753, mort à Paris, le 26 avril 1820.

— Projet d'un établissement pour les auteurs d'ouvrages dramatiques. *Paris, Barba*, 1818, in-8 de 16 pag.

— Réflexions, remarques, pensées et observations. *Paris, veuve Cussac*, 1820, in-8.

« Vict. Simon a donné quelques vaudevilles et pièces d'un genre secondaire, sur les théâtres inférieurs de la capitale, travaillant également aux paroles et à la musique. Victor Simon, disent MM. Arm. Ragueneau et Audiffret, ses biographes, dans l'Annuaire dramatique, XVIe et XVIIe années, se croyait, du reste, auteur de plus d'un ouvrage, pour y avoir fait quelque observation; c'est ainsi qu'il revendiquait sa part dans *Jocrisse changé de condition*, dont il a pu fournir la première idée, mais qui est bien de feu Dorvigny. Il prétendait également être pour beaucoup dans les pièces d'Aude; mais, en un an il ne serait pas venu à bout d'en écrire une scène. Nous ne répondrions pas, en conséquence, qu'il ait composé en totalité ou en partie, soit les paroles soit la musique de sept pièces que Simon s'attribuait. Mais, quels qu'aient été ses soins, ses emplois, sa musique et ses pièces, son plus beau titre *à la gloire* est l'air : *Il pleut, il pleut, bergère*.

M. A. Mahul, dans son Annuaire nécrologique pour 1822, a donné la nomenclature de six opéras-comiques et d'une comédie, auxquels Vict. Simon aurait eu part : aucune de ces pièces ne paraît avoir été imprimée.

SIMON (J.). — Considérations médico-physiologiques sur la nature et le traitement de la rage. *Paris, Méquignon l'aîné père*, 1819, in-8 de 72 pag., 1 fr. 50 c.

SIMON (J.-S.-P.), bandagiste-herniaire.

— Guérison (la) des hernies, ou Traité sur les hernies accidentelles, avec le moyen sûr pour les guérir radicalement et rendre les bandages inutiles. *Aux Herbiers (Vendée), l'Auteur*, 1824, in-8 de 32 pag.

— Guérison radicale des hernies, ou Traité des hernies ou descentes, contenant la recette d'un nouveau remède infaillible pour guérir radicalement les hernies, rendant les bandages et les pessaires inutiles. *Aux Herbiers, P. Simon*, 1837, in-8, 10 fr.

— Guérison (la) des hernies accidentelles,

ou Traité des hernies ou descentes, avec un nouveau moyen pour guérir ces sortes de maladies et rendre les bandages et les pessaires inutiles. *Nantes, de l'impr. de Busseuil; — Simon (aux Herbiers)*, 1829, in-8.

SIMON (Victor); né à Paris, le 18 septembre 1789, mort le 4 juillet 1831.

— Considérations sur quelques points d'économie publique et politique, d'après des Mémoires inédits de feu M. GASSEAU, mis en ordre et publiés par Vict. Simon. *Paris, Pillet aîné*, 1824, in-8 de 36 pag., 1 fr.

— Examen du projet formé par une société de capitalistes de joindre Paris à l'Océan par un canal maritime à même de porter les navires du plus fort tonnage. *Paris, les march. de nouv.*, 1826, in-8 de 52 p.

— Observations sur l'attraction. *Paris, Chaumerot*, 1819, in-8 de 20 pag.

— Présents (les) du dey d'Alger, ou l'Usurier, comédie en un acte et en prose. *Dunkerque, impr. de v^e Weins*, 1825, in-8.

— OEuvres de Victor Simon. *Dunkerque, de l'impr. de Lallon*, 1834, in-18.

Ce volume renferme divers morceaux en prose et en vers, mais il ne contient pas tout ce qu'a fait V. Simon : *les Présents du dey d'Alger*, comédie publiée en 1825, ne s'y trouve pas.

SIMON (le doct.), de Metz.

— Traité d'hygiène appliquée à l'éducation de la jeunesse. *Paris, Villeret et comp.*, 1827, in-8, 4 fr. 50 c.

Cet ouvrage a été reproduit récemment sous un titre ainsi conçu :

Nouveau Traité d'hygiène de la jeunesse, suivi des maladies les plus fréquentes à cet âge, Paris, Germer-Baillière, 1835.

— Tratado de higiene aplicada a la educacion de la juventud, obra escrita en francès por el doctor Simon, y traducida al castellano por don J. M. B. *Paris, H. Seguin*, 1828, 3 vol. in-18, 12 fr.

SIMON (P.). — Nuit (la) orageuse, com. en un acte, mêlée de couplets. *Dunkerque, mad. Weins*, 1828, in-8.

Avec M. Ledo. Il y a eu des exemplaires tirés sur papier de couleur.

SIMON (Léon-François-Adolphe), D. M., médecin homœopathe et professeur de médecine homœopathique à Paris, ancien saint-simonien, membre de plusieurs sociétés de médecine homœopathiques, françaises et étrangères; ne à Blois (Loir-et-Cher), le 27 novembre 1798.

—Journal de la médecine homœopathique. *Paris, Trinquart*, décembre 1833 à décembre 1834, in-4, 12 fr.

En société avec M. Curie. Ce Journal a paru deux fois par mois jusqu'au mois de décembre 1834. Il a été refondu ensuite dans les Archives et Journal de médecine homœopathique fondé par M. Jourdain, et dont M. le docteur Léon Simon est devenu, en 1835, l'un des principaux rédacteurs.

— Leçons de médecine homœopathique. *Paris, J.-B. Baillière*, 1835, in-8, 8 fr.

— Lettre à M. le ministre de l'instruction publique, en réponse au jugement de l'Académie royale de médecine sur la doctrine médicale homœopathique, au nom de l'Institut homœopathique de Paris. *Paris, J.-B. Baillière; Johanneau*, 1835, in-8 de 64 pag., 1 fr. 50 c.

— Mémoire sur les maladies scrofuleuses. *Paris, J.-B. Baillière*, 1837, in-8 de 100 pag., 2 fr. 50 c.

— Plaidoyer pour le père Enfantin.....

Imprimé dans le « Procès des saints-simoniens » (Paris, 1832, in-8).

— Résumé complet d'hygiène publique et de médecine légale, précédé d'une introduction historique, et suivi d'une biographie, d'une bibliographie et d'un vocabulaire. *Paris, bureau de l'Encyclopédie portative*, 1830, in-32, 3 fr. 50 c.

Cet ouvrage fait partie de l'Encyclopédie portative publiée par M. Bailly de Merlieux. Le doct. Léon Simon a revu le Résumé complet d'hygiène privée de feu M. le docteur MEIRIEU (1828), lequel fait aussi partie de la même Encyclopédie.

Outre les ouvrages que nous venons de citer, on doit encore au docteur L. Simon plusieurs articles dans divers journaux. A l'époque des saints-simoniens, il en inséra quelques-uns dans « le Globe » et « l'Organisateur », organes de la doctrine. M. Léon Simon, devenu médecin, participa à la rédaction du Bulletin universel de Férussac, et y fournit beaucoup d'articles critiques de littérature médicale et d'analyses d'ouvrages, et principalement de médecine italienne; plus tard, il en a donné d'autres, très-remarquables, dans le Journal des progrès des sciences médicales, dont il a été le fondateur. Enfin, le docteur Léon Simon est l'auteur des notices *Broussais* et *Brown*, qui sont imprimées dans le Dictionnaire de la conversation et de la lecture.

Comme traducteur, M. Léon Simon a encore publié la traduction de l'anglais de deux ouvrages philosophiques : les Mélanges philosophiques de MACKINTOSH (1829), et la Philosophie des facultés actives et morales de l'Homme, de Dug. STEWART (1834).

SIMON (F.-N.). — Méthode complète de la tenue des livres en partie simple et en partie double, que l'on peut apprendre facilement et sans maître, contenant la manière d'obtenir tous les résultats de la partie double par le moyen du seul livre-journal en partie simple, en classant les sommes dans les colonnes d'achat, ventes, recettes et dépenses, etc., suivie des comptes d'intérêt par nombres, suivant l'ancienne et la nouvelle manière. *Châtillon-sur-Seine*, 1830, 2 vol. in-8, 12 fr.

SIMON (F.-L.). — Jésuites (les) anciens et nouveaux, ou Tableau historique de l'ancienne et de la nouvelle compagnie de Jésus, depuis sa création, par Ignace de Loyola, son fondateur (approuvé par bulle du pape Paul III, en l'année 1540), jusqu'à l'année 1830; les arrêts, censures, interdits et expulsion, de cette société des différents États de l'Europe, ainsi qu'un extrait de ses constitutions, ses avis secrets, les noms de ses généraux, les nouvelles associations jésuitiques, etc., et autres renseignements peu connus. *Paris, Donder-Dupré,* 1831, in-8.

SIMON (Auguste-Alex.), ex-professeur de rhétorique.
— Épître à M. de Châteaubriand. *Paris, Leclère; Hivert; Bricon,* 1832, in-8 de 16 pages, 1 fr.
— Recueil de fables. *Paris, l'Auteur, rue de Rivoli, n°* 4, 1831, in-12.

SIMON (l'abbé), ancien chanoine de la collégiale de Saint-Georges de Vendôme.
— Histoire de Vendôme et de ses environs (publiée par MM. Beaussier-Bouchardière, Bénier, Cottereau, De la Porte). *Vendôme, de l'impr. de Henrion Loiseau,* 1834-35, 3 vol. in-8, 18 fr.

La dernière moitié du troisième volume est remplie par une partie intitulée : *Hommes célèbres du Vendomois*, et qui contient vingt-une notices biographiques sur des hommes morts.

SIMON aîné. — Extrait d'un vaste projet ayant pour titre : Considérations sur la division territoriale de la France, et sur les améliorations dont elle est susceptible, tant dans l'intérêt des populations, de la justice civile, administrative et religieuse que dans celui de la conservation de la propriété foncière; suivies, 1° d'observations sur le cadastre actuel; 2° d'un projet de cadastre général perpétuel. *Caen, Hardel,* 1835, in-8 de 44 pages avec un plan, 2 fr. 25 c.

SIMON (C.-G.). — Observations recueillies en Angleterre, en 1835. *Nantes, Mellinet, P. Sebire, et Paris, Isid. Pesron,* 1836, 2 vol. in-8, 12 fr.

M. C.-G. Simon, en outre, est le rédacteur en chef et gérant du « Breton », journal politique, industriel, littéraire et d'annonces, qui paraît à Nantes.

SIMON. — Mode (nouveau) de recrutement abolissant les remplacements et procurant au gouvernement les moyens d'indemniser les sous-officiers et soldats, sans augmenter les impôts, et en allégeant les charges sur les jeunes gens appelés. Présenté au roi le 14 juillet 1836. *Lyon, de l'impr. de Crozet,* 1836, in-8 de 24 pag.

SIMON (A.). — Chants d'église en plain-chant libre, à l'usage des paroisses de campagne, précédés d'exercices pour commencer à apprendre le chant ecclésiastique. *Douai, de l'impr. de Robaut,* 1837, in-4, lithogr.

Il en a paru un premier cahier de 16 pages, et un premier cahier, de plain-chant mesuré, de 12 pages.

SIMON (Victor). — Mémoire sur les lias du département de la Moselle. *Metz, de l'impr. de Lamort,* 1837, in-8 de 32 p.

SIMON (Edouard). Voy. Tom. Leverton Donaldson.

SIMON (B.-P.), chirurgien à Dun-sur-Meuse.
— Mosaïque, ou Lettre à M. Récamier, professeur de clinique interne à la faculté de Paris, à propos de la maladie de madame Deville, de Brieulles (Meuse). *Verdun, de l'impr. de Lipmann,* 1837, in-4 de 48 pag.

SIMON DE BEAUSAIS, alors curé de Saint-Dizier d'Avignon.
— Paraphrase du *pater* en forme de sentiments et affections, avec un chapelet et des actes de contrition, de foi, d'espérance et de charité. *Avignon, et Paris, Valade,* 1773, in-12.

SIMON DE DONCOURT (l'abbé Henri-François), prêtre de la congrégation de Saint-Sulpice; né à Bourmont, en Lorraine.
—* Prières pour remplir dignement les devoirs de la religion chrétienne, à l'usage de la paroisse de Saint-Sulpice. *Paris, Crapart,* 1774, 3 part. in-18.

On trouve dans la première partie le *Calendrier historique des fêtes de Saint-Sulpice ;* mais on n'y voit point les *Remarques historiques* citées après.

Voyez une Notice critique de ce livre à la fin de la « Lettre aux Alacoquistes, dits Cordicoles » (de Regnaud), Paris, 1782, in-12.

—* Remarques historiques sur l'église et la paroisse de Saint-Sulpice, tirées du premier volume des Instructions et prières à l'usage de ladite paroisse. *Paris, Crapart,* 1773, in-12.

L'abbé Simon de Doncourt a publié, en outre comme éditeur : les Mémoires sur la vie de M. Olier, par l'abbé de Bartonvilliers, et une édition, revue et augmentée, des Opuscules sacrés et lyriques (1768, 1772, 4 vol. in-8).

La France littéraire de 1778 attribue à l'abbé Simon de Doncourt la publication des précédentes éditions qui ont paru, en 1765; 1769, sous le titre de *Cantiques spirituels;* mais c'est une erreur: ces éditions ont été données par l'abbé D. Simon, de Toul. (Voy. *Barbier, Dict. des ouvrages anonymes,* n° 1955).

SIMON DE LA VIERGE (le P.), carme réformé et célèbre prédicateur, qui florissait sur la fin du XVIIe siècle et au commencement du XVIIIe.

— Actions chrétiennes, ou Discours de panégyriques et de morale sur divers sujets. *Paris, E. Couterot,* 1693, in-12.

— Actions chrétiennes, ou Discours de morale pour le temps de l'Avent. *Lyon,* 1718, 2 vol. in-12.

— Actions chrétiennes, ou Discours de morale pour tous les jours de carême. 1719, 6 vol. in-12.

La méthode de ce prédicateur est de faire un exorde et un avant-propos dans chaque discours, de diviser tous ses sermons en trois parties, d'en rendre les subdivisions sensibles, afin de faciliter l'attention des auditeurs sans la fatiguer.

— Actions chrétiennes, ou Discours de morale pour tous les jours du Carême, Panégyriques, Avent, Saint-Sacrement, etc. *Liége,* 1744, 15 vol. in-12.

— Éloge funèbre de madame Charlotte-Françoise Radegonde de Montault de Navailles, abbesse du monastère de Sainte-Croix de Poitiers. 1696, in-4.

SIMOND, pasteur au Cap de Bonne-Espérance.

— *Veillées (les) africaines, ou les Psaumes de David mis en vers français. *Amsterdam,* 1703, in-8.

SIMOND cadet, citoyen d'Yverdun en Suisse.

— Biens (des) communaux et des pauvres. *Yverdun,* 1799, in-8.

SIMOND (Louis), Français d'origine; né en 1767, s'était retiré depuis plusieurs années à Genève, où il est mort en juillet 1831.

— * Voyage d'un Français en Angleterre, pendant les années 1810 et 1811, avec des Observations sur l'état politique et moral, les arts et la littérature de ce pays, et sur les mœurs et les usages des habitants. *Paris, Treuttel et Wurtz,* 1816. — Seconde édit., rev., corr. et augm. *Paris, les mêmes,* 1817, 2 vol. in-8, ornés de 15 planc. et 13 vign., 21 fr.

— Voyage en Italie et en Sicile. *Paris, Sautelet,* 1827, 2 vol. in-8. — Sec. édition, *Paris, le même,* 1828, 2 vol. in-8, 15 f.

— Voyage en Suisse, fait dans les années 1817-19, suivi d'un Essai historique sur les mœurs et coutumes de l'Helvétie ancienne et moderne, dans lequel se trouvent retracés les événements de nos jours avec les causes qui les ont amenés. *Paris, de l'impr. de Crapelet. — Treuttel et Wurtz,* 1822 et 1823, 2 vol. in-8 avec une planc. double gravée au trait, 15 fr.

« Ces trois Voyages sont estimés, quoique l'auteur y laisse percer trop souvent quelques-uns de ces traits d'une philosophie misanthropique qui portent le découragement dans l'esprit du lecteur, et quoiqu'il fasse preuve, surtout dans son *Voyage en Italie,* d'une absence totale du sentiment des beaux-arts ».

SIMONDE ou SIMONNE (Jean-Claude), ancien sous-ingénieur des ponts-et-chaussées de la province de Bourgogne, et plus tard l'un des fondateurs de la Banque territoriale.

— Coup-d'œil sur le crédit en général et sur la banque territoriale. *Paris,* 1804, in-4.

— Moyen de rendre les peuples libres et heureux, ou Idées sur leur éducation. 1791, in-8 de 50 pages.

SIMONDE DE SISMONDI (Jean-Ch.-Léonard), non moins distingué comme publiciste, comme économiste, que comme historien; sous l'Empire, membre du conseil du commerce, arts et agriculture du Léman; aujourd'hui membre du Conseil représentatif de la république de Genève; membre de l'Académie royale des géorgeophiles de Florence et de la Société d'agriculture de Genève, associé étranger de la cinquième classe de l'Institut de France (sciences morales et politiques) et de plusieurs académies et sociétés savantes; né à Genève, le 9 mai 1773, d'une famille originaire de Pise.

POLITIQUE.

— Considérations sur Genève dans ses rapports avec l'Angleterre et les États protestants, suivies d'un Discours prononcé à Genève sur la philosophie de l'histoire. *Londres,* 1814, in-8.

— Considérations sur la guerre actuelle des Grecs et sur ses historiens. *Paris, de l'impr. de Rignoux,* 1825, in-8 de 24 pag.

Extrait de la Revue encyclopédique.

— Espérances (des) et des besoins de l'Italie.

Paris, Treuttel et Wurtz, 1832, in-8 de 24 pag., 60 c.

C'est un appendice à l'*Histoire de la renaissance de la liberté en Italie*, de l'auteur, publiée dans la même année (voy. plus bas).

— Études sur les constitutions des peuples libres. *Paris, Treuttel et Wurtz*, 1836, in-8, 7 fr.

Formant le premier volume des *Études des sciences sociales* de l'auteur (voy. plus bas).

— Examen de la constitution française. *Paris, de l'impr. de Crapelet. — Treuttel et Wurtz*, 1815, in-8 de 128 pag., 2 fr.

Publié d'abord en partie dans les Moniteurs des 29 avril, 2, 6 et 8 mai 1825.

— Intérêt (de l') de la France à l'égard de la traite des nègres. Troisième édition, contenant de nouvelles réflexions sur la traite des nègres. *Genève, et Paris, Paschoud*, 1815, in-8, 2 fr.

Cet ouvrage a eu trois éditions à Genève, et une à Londres, en 1814.
Les *Nouvelles Réflexions* ont été imprimées à part dans la même année.

— Réflexions (nouv.) sur la traite des nègres. *Genève, et Paris, Paschoud*, 1815, in-8, 1 fr. 25 c.

Imprimées aussi à la suite de l'écrit intitulé : *De l'intérêt de la France, etc.* (voy. l'ouv. précédent).

— Revue des progrès des opinions religieuses. *Paris, de l'impr. de Rignoux*, 1826, in-8 de 52 pag.

Extrait de la Revue encyclopédique.

— Review of the progress of religious opinions. *London and Paris, Treuttel and Wurtz*, 1826, in-8, 4 fr. 50 c.

— Sur les lois évangéliques de Genève. *Genève, Paschoud*, 1814, in-8.

ÉCONOMIE POLITIQUE.

— Due (li) sistemi d'economia politica, ossia Esame de' Principj di Adam Smith, parangonati con quegli del dottore Quesnay. *Pisa*, 1812, in-8.

— Economie politique sur la balance des consommations avec les productions. *Paris, de l'impr. de Rignoux*, 1824, in-8 de 36 p.

Extrait de la Revue encyclopédique.

— Études des sciences sociales. *Paris, de l'impr. de Crapelet. — Treuttel et Würtz*, 1836-38, 3 vol. in-8, 22 fr. 50 c.

On peut se procurer séparément le premier volume, contenant des *Études sur les constitutions des peuples libres*, 7 fr. 50 c.; et les tomes II et III contenant des *Études sur l'Économie politique*.

— Papier (du) monnaie dans les États autrichiens, et des moyens de le supprimer. *Weimar*, 1810, in-8.

— Principes (nouv.) d'économie politique, ou de la Richesse dans ses rapports avec la population. *Paris, Delaunay*, 1819, 2 vol. in-8, 12 fr.; — ou *Paris; le même*, 1826, 2 vol. in-8, 14 fr.

« Dans la première édition de cet important ouvrage, M. de Sismondi attaqua sans ménagement les erreurs d'économie alors en vogue et accréditées par les brillants paradoxes de M. Say, et par l'école dont il est le chef. Ces hostilités firent grande rumeur. M. Say et ses adeptes relevèrent le gant avec vivacité ; mais, dans cette polémique, dont la « Revue encyclopédique fut en partie le théâtre, il faut reconnaître que les adversaires de M. Sismondi n'observèrent pas les ménagements et les égards que leur étaient prescrits par le savoir, le caractère et l'âge de leur antagoniste. Heureusement pour M. de Sismondi, il eut en sa faveur, non-seulement l'opinion de tous les hommes graves et impartiaux, mais encore il a eu de bien puissants auxiliaires dans les faits qui se sont pressés comme pour justifier la sagesse prophétique de ses théories. »

— Principes (nouv.) d'économie politique. Jour qu'ils peuvent jeter sur la crise qu'éprouve aujourd'hui l'Angleterre. *Paris, de l'impr. de Rignoux*, 1826, in-8 de 12 pag.

Extrait de la Revue encyclopédique.

— Richesse (de la) commerciale, ou Principes d'économie politique appliqués à la législation du commerce. *Genève, J.-J. Paschoud; et Paris, Fuchs; Levrault, etc.*, 1803, 2 vol. in-8, 9 fr.

L'auteur examine, dans cet ouvrage, quelle influence le législateur exerce sur la richesse nationale, et quelle impulsion il peut donner au commerce. Rempli des principes d'Adam Smith, il s'est étudié à mettre la doctrine de cet homme célèbre à la portée de tout le monde, et à l'appliquer à la législation de la France, comme Smith l'avait appliquée à celle de l'Angleterre.

— Tableau de l'agriculture toscane. *Genève, Paschoud*, an IX (1801), in-8 fig., 3 fr.

M. de Sismondi a aussi fourni plusieurs bons articles d'économie politique aux « Annales de législation et d'économie politique ».

LITTÉRATURE.

— Julia Sévéra, ou l'An 492. *Paris, Treuttel et Wurtz*, 1822, 3 vol. in-12, 7 fr. 50 c.

Roman historique modelé sur ceux de W. Scott. C'est le tableau des mœurs et usages dans les Gaules à l'époque où Clovis s'y établit.

Co-rédacteur de la Revue encyclopédique, M. de Sismondi y a fourni un certain nombre d'articles que nous n'avons pas tous cités, parce que tous n'ont pas été tirés à part : dans le nombre, il y en a quelques-uns de critique littéraire, et, entre autres, les deux suivants, qui ont été imprimés séparément :

1° Article sur l'Histoire des expéditions maritimes des Normands, et de leur établissement en France, par Depping (juillet 1826).

2° Article sur le Hérault oriental, journal de littérature générale, contenant des articles originaux sur divers sujets, mais particulièrement sur le gouvernement et les affaires de l'Inde, dirigé par James S. Buckingham, auparavant éditeur du Journal de Calcutta. Paris, de l'impr. de Rignoux, 1826, in-8 de 20 pages.

HISTOIRE.

— Histoire de la chute de l'empire romain et du déclin de la civilisation de l'an 250 à l'an 1000. *Paris, de l'impr. de Crapelet. — Treuttel et Wurtz*, **1835, 2 vol. in-8, 15 fr.**

Le titre du nouvel ouvrage de M. de Sismondi pourrait faire naître l'idée qu'il n'est autre chose qu'un précis de l'admirable histoire de Gibbon. En le lisant on reconnaîtra cependant sans peine, soit par la disposition du sujet, soit par la manière d'expliquer et de juger les événements, que M. de Sismondi n'a écrit que d'après lui-même.

« Il ne recommence pas, dit un critique, dans le Journal le Temps, du 25 septembre 1835, l'œuvre d'aucun écrivain supérieur; il spécialise même son travail par un grand nombre d'explications neuves et précieuses; il s'attache surtout aux parties abstraites et politiques de ce grand sujet que personne n'avait encore envisagées avec d'aussi fortes études, avec la froideur d'une haute raison. *Montesquieu* a indiqué sommairement, avec son éloquence, à la fin de son beau livre, les origines et les causes de la catastrophe, mais ses vingt pages ne précisent pas assez les choses; *Gibbon*, écrivain de talent, a pris le côté social de cette histoire; son travail est rempli de détails curieux, expressifs, mais ces détails peignent trop exclusivement la société. Sans négliger ce côté du sujet, M. Sismondi l'a traité rapidement, afin de pouvoir nous donner une connaissance plus intime de la structure du gouvernement. Nous voyons vite que la source du mal était dans l'organisation politique, dans le pouvoir quelqu'il fut, dans les mutations violentes des empereurs qui ne délivraient d'une tyrannie écrasante que pour conduire à une autre tyrannie plus écrasante et plus odieuse encore. Ce livre est donc particulièrement l'histoire du gouvernement romain et Byzantin. Ce n'est pas le travail de *Gibbon* complété et enrichi; et comme instruction, il exprime plus que les généralités de *Montesquieu*».

« Mais nous croyons, dit en terminant le même critique, que cet ouvrage sera étudié avec plaisir par les penseurs, par les hommes d'état. En effet, ce qui grave dans la mémoire les rapides révolutions des empires dont il forme le tableau, c'est que leurs causes y sont révélées d'une manière souvent aussi nouvelle que convaincante; c'est que l'économie politique et la morale y jettent tour à tour leurs lumières sur les résultats produits par la force; c'est que l'auteur, en faisant grandir à vos yeux une nation, vous explique en même temps le sentiment qui l'anime et le secret de sa puissance; tandis qu'au-dessous de ces ressorts énergiques il découvre aussi la plaie plus secrète, qui grandira à son tour, et qui causera la langueur et la mort. Aussi en lisant son ouvrage, on cesse d'être étonné de la dissolution cet empire romain qui semblait tellement supérieur en forces à tous ses adversaires; de la rapidité avec laquelle s'élevaient et tombaient, toujours à la troisième génération, les monarchies des Barbares qui le renversèrent; des conquêtes de l'islamisme et de la perte de sa vigueur; de l'éclat enfin du règne de Charlemagne, et de ce qu'il ne fonda que misère et que néant. On voit, comme de l'œil, la liaison nécessaire, entre la vertu et la grandeur, la barbarie et la dissolution, la violence, l'injustice, l'esclavage surtout, et l'affaiblissement, la ruine et la mort des nations. L'auteur ne présente point de système, il ne vous impose aucune conclusion, mais les faits qui se pressent dans son tableau et qui s'expliquent les uns les autres, parlent un langage trop clair pour ne pas être entendu.»

— Histoire de la renaissance de la liberté en Italie, de ses progrès, de sa décadence et de sa chute. *Paris, de l'impr. de Crapelet. — Treuttel et Wurtz*, **1832, 2 vol. in-8, 12 fr.**

L'auteur a publié dans la même année un écrit intitulé *Des espérances et des besoins de l'Italie* qui sert d'appendice à cette histoire.

— Historia de las republicas de Italia, o del origen, progressos y ruina de la libertad italiana. Obra escrita in ingles por J.-C.-L. de Sismondi, e traducida por Fr. Facio. *Paris, Rosa*, **1837, 2 vol. in-12, 12 fr.**

On a fait erreur sur le titre de cette traduction, en imprimant que l'ouvrage a été écrit en anglais: l'original, du moins, est en français,

— Histoire des Français. Tom. I à XXI. *Paris, Treuttel et Wurtz*, **1821-35, 21 vol. in-8, 168 fr., et sur papier vélin, 336 fr.**

L'ouv. avait été promis d'abord en quinze ou dix-huit volumes: aujourd'hui on le promet en vingt-quatre; mais il doit dépasser ce nombre.

Après avoir présenté l'Histoire de l'Italie sous un jour absolument nouveau, M. de Sismondi a entrepris de même de faire sortir de ses antiques monuments une véritable histoire des Français, exempte de toute prévention nationale et de tout esprit de parti. Les peuples éprouvent le besoin de connaître l'influence qu'exerça sur eux, aux diverses époques de leur Histoire, le gouvernement auquel ils obéissaient; quelles circonstances accélérèrent ou retardèrent le développement de leur intelligence, favorisèrent ou détruisirent leur industrie, leur moralité et leur repos; quelles furent les révolutions de la condition privée; par quelles calamités des troupeaux d'hommes avaient été réduits à n'être plus que la propriété de maîtres souvent barbares; par quels progrès réguliers, ou par quelles secousses, ces mêmes esclaves s'élevèrent graduellement à la condition de serfs, de vassaux, de sujets, de citoyens. M. de Sismondi a tracé le tableau de ces vicissitudes de la nation française. Vingt et un volumes, déjà publiés, conduisent cette histoire nationale jusqu'en 1598.

Les divisions chronologiques par dynastie et par règne, qui s'adaptent si bien à l'Histoire des rois, n'ont point autant de vérité pour l'Histoire des peuples: celle-ci ne se divise proprement qu'en périodes morales. Déjà M. de Sismondi a présenté deux invasions des Gaules par les Barbares, sous les Mérovingiens et les Carlovingiens, et la fusion de ces conquérants avec les anciens habitants; il a fait voir la France, pendant les règnes des premiers Capétiens, partagée entre un nombre infini de chefs indépendants, et unie seulement par le lien fédéral de la féodalité. Il a montré ensuite le pouvoir monarchique constitué au milieu d'elle, au treizième siècle, avec l'aide des hommes de loi; le pouvoir absolu ne se fut pas plus tôt étendu sur la nation, que trois systèmes de guerre, qui caractérisent trois époques différentes, résultèrent de son établissement. La possession de ce pouvoir causa les premières : ce furent les guerres de succession avec les Anglais; les prétentions au-dehors de ceux qui l'exerçaient, causèrent les secondes : ce furent les guerres de succession des trônes étrangers de Naples et de Milan; les prérogatives auxquelles ils prétendaient au-dedans causèrent les troisièmes : ce furent les guerres de religion. Le pouvoir absolu se reposa ensuite dans ce qu'il croyait sa force. Cette force n'était qu'une faiblesse; elle amena la révolution. M. de Sismondi ne marche qu'appuyé sur des preuves puisées aux sources originales; et tout ce qu'il dit est le résultat d'une étude approfondie et consciencieuse.

— Histoire des républiques italiennes du moyen-âge. *Paris, Léop. Collin, et Treuttel et Wurtz*, 1809-18, 16 vol. in-8. — Nouvelles éditions. *Paris, Treuttel et Wurtz*, 1818; et *Paris, de l'impr. de Crapelet.* — *Les mêmes*, 1825-26, 16 vol in-8, 112 f., et sur pap. vél., 224 fr.

Cet ouvrage a paru successivement. Les deux premiers volumes furent imprimés à Zurick en 1807; les tomes III et IV parurent dans la même ville, l'année suivante. Ces quatre volumes furent réimprimés à Paris, en 1809. La même année furent publiés, aussi à Paris, les tom. V—VIII. Ces huit volumes ont été réimprimés ensemble en 1818, et ils portent aux frontispices : *seconde édition parisienne.*

« L'Histoire des républiques italiennes du moyen « âge offrait un sujet difficile. En le traitant, M. Si« monde de Sismondi a rendu un véritable service à « notre littérature. L'ouvrage commence à la fin « du ve siècle, et s'arrête un peu avant le milieu « du xve.... A l'ensemble de la composition, à « l'esprit général, au caractère de plusieurs détails, « l'auteur semble un élève de Muller, que d'ailleurs « il vante beaucoup, peut-être même un peu trop, « quel que soit le mérite de cet historien. Comme « lui, M. de Sismondi joint une raison forte à des « connaissances étendues; mais il est plus inégal « que Muller, et ses écrits ont souvent de la séche« resse : ce qui ne vient pourtant pas d'un excès « de précision. Quelquefois, en récompense, il sait « donner de la couleur à son style : des traits ner« veux, des expressions brillantes, et, de temps « en temps, d'assez belles pages annoncent que la « hauteur de l'art d'écrire ne lui est point inacces« sible. Son livre, déjà très-recommandable, est « digne d'être perfectionné : quelques efforts de « plus lui obtiendraient un rang assuré parmi les « bons livres. » (Chénier, Tableau de la littér. franç.).

Le célèbre littérateur italien Manzoni a critiqué quelques pages de cette Histoire dans un ouvrage dont nous avons une traduction française, sous le titre suivant :

Défense de la morale catholique contre l'Histoire des républiques italiennes, de M. Sismondi. Par M. Manzoni. Traduite de l'italien par M. l'abbé Delacouture. Paris, Gaume frères, 1835, in-12.

— Littérature du midi de l'Europe. *Paris, Treuttel et Wurtz*, 1813, 4 vol. in-8. — IIIe édit. *Paris, les mêmes*, 1829, 4 vol. in-8, 28 fr.

— Vie (de la) et des écrits de P.-H. Mallet, auteur de l'Histoire de Danemarck, de celle des Suisses, et de plusieurs autres ouvrages. *Genève, Paschoud*, 1807, in-8, 1 fr.

Dans cette section des sciences historiques, il est bon d'ajouter que l'on doit encore au même écrivain un extrait des Aventures et Observations de Ph. Pananti, sur les côtes de Barbarie, impr. dans la Bibliothèque universelle, année 1817; plusieurs bons articles sur l'histoire d'Italie, impr. dans la Biographie universelle, dès le commencement de l'ouvrage.

« Dans les diverses branches de la science sociale, « dont il s'est occupé, M. de Sismondi s'est éga« lement montré philosophe sincèrement touché des « intérêts de l'humanité, historien savant, publi« ciste profond, et en toute matière écrivain cons« ciencieux. »

SIMONEAU DE LIVRY, pédicure.

— Mémoire sur la radicale guérison des cors, oignons, durillons, verrues et ongles rentrés dans la chair, sans souffrances ni extirpations. *Paris, l'Auteur*, 1827, 1828, 1829, in-8 de 8 pag.

SIMONEL. Voy. Simmonel.

SIMONET (madame), institutrice à Paris.

— Connaissance de la mythologie, ou Extrait de l'histoire des divinités du paganisme par demandes et par réponses, à l'usage des jeunes dames. *Paris, Fuchs*, an x (1802), in-12.

— Géographie élémentaire de la France européenne, divisée en départements, à l'usage des enfants. *Paris*, 1804, in-12.

SIMONET (Maurice), de Lyon.

— Combat (le) de la Drôme (en 1815), poëme. *Lyon, Chambet; et Paris, Audin*, 1816, in-8 de 16 pag.

SIMONET (K.). — Tableau général des commandements des évolutions de lignes. Ordonnance du 4 mars 1831. *Verdun, de l'impr. de Villet-Collignon*, 1833, in-plano de 2 feuilles, 2 fr.

SIMONET, professeur d'histoire et de littérature.

— Cahier d'histoire. *Paris, l'Auteur, rue Neuve-Saint-Augustin, n° 59*, 1836, in-4.

Ce n'est point un livre : ce sont des pages blanches que l'élève doit remplir selon les indications données par le professeur, et qui se trouvent indiquées en haut de chaque page.

M. Simonet a publié, en 1837, le prospectus d'une *Revue classique, journal d'enseignement*, qui devait paraître les 1er et les 15 de chaque mois; mais cette publication ne paraît pas avoir eu même un commencement d'exécution.

SIMONET-ROZELLECOURT (Louis).

— Brigand (le) cœur de tigre, ou la Forêt des trois cavernes, comédie héroïque en quatre actes (et en prose). *Au Mans, Monnoyer*, an VI (1797), in-8.

SIMONIN, docteur en théologie.
— Principes (les), l'esprit et les devoirs du gouvernement chrétien ou du ministère épiscopal. *Metz, et Paris, Berton*, 1780, in-8.

SIMONIN. — Traité élémentaire de la coupe des pierres, ou Art du trait. Mis au jour par Delagardette. *Paris, Gœury*, 1792, in-4 avec pl., 12 fr.

SIMONIN. — Traité d'arithmétique décimale, selon les mesures nouvelles. *Paris, Barbou; Bernard (*Bachelier)*, an VI (1798), in-8 de 160 pag., 1 fr. 50 c.

SIMONIN (Fr.), mort à Nanci, en 1820.
—Dix-huitième (le) siècle. (En vers.) *Nanci, de l'impr. de Hissette*, 1817, in-12 de 104 pag.

SIMONIN (C.-M.), correspondant de a Société académique de Nantes.
—Ancienneté de la langue française. *Nantes, de l'impr. de Forest*, 1822, in-8 de 20 p.

SIMONIN, hydrographe. — Centièmes de l'unité de marée et retard de la marée, calculés pour chaque jour de 1830, à midi. *Nantes, de l'impr. de Forest*, 1829, in-plano d'une demi-feuille.

SIMONNE (J.-Cl.). Voy. Simonde.

SIMONNEAU (Ch.). — Recueil d'estampes pour servir à l'histoire de l'art de l'imprimerie et de la gravure, en 1694. In-fol.
— Recueil pour servir à l'histoire des arts et métiers, depuis 1694-1710. In-fol.

SIMONNIN (Antoine-Jean-Baptiste), littérateur, plus connu comme fécond auteur dramatique, membre de l'Académie de Macon, ancien premier commis des domaines de Paris, et ancien receveur de l'enregistrement et des domaines dans le département de Saône-et-Loire; né à Paris, le 11 janvier 1780.

THÉATRE.

— A la papa, vaud. en un acte (et en prose). *Paris, Barba*, 1808, in-8.

Avec M. B*** (Brazier).

— Ane (l') mort et la Femme guillotinée, folie-vaudeville en trois actes. *Paris, Quoy*, 1832, in-8, 1 fr. 50 c.

Avec M. Th. N*** (Nezel).

— Arlequin au café du Bosquet, ou la belle Limonadière, vaudeville épisodique en un acte et en pr. *Paris, Fages*, 1808, in-8, 1 f.

Avec M. Brazier.

— Arlequin (l') et le Pape, vaudeville historique en un acte. *Paris, Malaisie*, 1831, in-8, 1 fr. 50 c.

Avec M. Théodore N.. (Nezel).

— Art (l') de quitter sa maîtresse, ou les Premiers présents de l'amour, tableau-vaudeville en un acte. *Paris, Gallet*, 1834, in-8.

Avec M. Théod. Nezel.

—* Artisan (l'), opéra-comique en un acte. *Paris, Vente*, 1827, in-8, 1 fr. 50 c.

Avec de S.-Georges, qui seul est nommé sur la pièce.

— Augusta, ou Comme on corrige une jeune personne, comédie-vaudeville en deux actes. *Paris, Breauté*, 1833, in-18, 75 c.

Cette pièce fait partie du Répertoire de l'enfance et de la jeunesse.

— Belle (la) aux cheveux d'or, mélodrame-féerie en trois actes, à grand spectacle, orné de chants, combats, pantomimes, marches, évolutions, etc. *Paris, Fages*, 1806, in-8, 40 c.

Avec M. Brazier.

— Bonhomme (le), comédie en un acte, mêlée de couplets. *Paris, Duvernois*, 1826, in-8, 1 fr. 50 c.

Avec M. Carmouche.

— Bosse (la) du vol, ou le Vase d'or, vaudeville en deux actes. *Paris, Marchant*, 1837, in-32, 75 c.

Cette pièce fait partie d'un « Nouveau Répertoire dramatique ».

— Cabale (la) au village, comédie en un acte (et en prose), mêlée de couplets. *Paris, Fages*, 1814, in-8, 1 fr. 50 c.

(Avec M. Alissan de Chazet).

— Caroline de Lichtfield, mélod.-vaud. en trois actes. *Paris, Fages*, 1807, in-8.

Avec M. Brazier.

— Caroline de Lichtfield, drame-vaudeville en 2 actes et en prose. *Paris, Duvernois*, 1827, in-8, 1 fr. 50 c.

Avec MM. Brazier et Carmouche.

— Catherine II, ou l'Impératrice et le Cosaque, pièce en deux actes, à spectacle, mêlée de couplets. *Paris, Quoy*, 1831, in-8, 1 fr. 50 c.

Avec M. Théodore N.- (Nezel).

— Cauchoises (les), vaudeville en un acte. *Paris, Marchant*, 1836, in-32, 15 c.

Cette pièce fait partie du « Nouveau Répertoire dramatique ».

— Chambre (la) de Rossini, canevas à l'italienne, mêlé de vaudevilles et de musique nouvelle. *Paris, Barba*, 1834, in-8, 1 f. 50 c.

Avec M. Merle.

— Chevalière (la) d'Éon, ou une Heure de méprise, comédie-vaudeville en un acte. *Paris*, 1823, in-8, 1 fr. 50 c.

Avec MM. Saint-Marc (et Carmouche).

— Ci-devant (la) jeune femme, comédie en un acte (en prose), mêlée de couplets. *Paris, Gardy*, 1813, in-8, 1 fr. 25 c.

(Avec M. Alissan de Chazet).

— Code (le) et l'Amour, vaudeville en un acte. *Paris, Quoy*, 1821, in-8, 1 fr. 50 c.

Avec M. Merle (et M. de Rougemont). Cette pièce a obtenu une troisième édition en 1832.

— Colombine toute seule, ou l'Actrice qui joue sans le savoir, vaud. en un acte (en prose). *Paris, Fages*, 1806, in-8.

— Conscrit (le), vaudeville en un acte. *Paris, Quoy; Barba*, 1823, et 1834, in-8, 1 f.

Avec MM. Merle et Ferdinand (Laloue).

— Cordonnier (le) de Modène, ou l'Apostille, comédie-vaudeville en un acte. *Paris, Breauté*, 1834, in-18.

— Côte-Rotie (la), ou le Hasard a tout fait, comédie en un acte, mêlée de couplets. *Paris, Duvernois*, 1822, in-8, 1 fr.

— Cousin (le) Giraud, comédie-vaudeville en un acte. *Paris, Quoy*, 1828, in-8, 1 f. 50 c.

Avec M. Ferd. Laloue.

— Cris (les) de Paris, tableau poissard en un acte, mêlé de couplets. *Paris, Huet*, 1822, in-8, 1 fr. 50 c.

Avec MM. Francis (bar. d'Allarde) et Dartois.

— Cuisinier (le) de Buffon, vaudeville en un acte. *Paris, Pollet*, 1823, ou 1824, in-8.

Avec MM. de Rougemont et Merle.

— Cuisinier (le) politique, vaudeville non politique en un acte. *Paris, A. Leclaire*, 1832, in-8, 1 fr. 50 c.

Avec M. Théod. Nezel.

— Curé (le) et les Chouans, comédie en un acte. *Paris, rue de l'Éperon, n° 9*, 1832, in-8.

Avec M. Théod. N*** (Nezel).

— Danières à Gonesse, vaudeville en un acte. *Paris, mad. Cavanagh*, 1805, in-8, 1 f.

Avec M. Alexandre Guesdon, acteur du théâtre Montansier.

— David et Goliath, vaudeville en 2 actes. *Paris, Marchant*, 1837, in-32, 15 c.

Édition faisant partie d'un « Nouveau Répertoire dramatique ».

— Deux (les) boxeurs, ou les Anglais de Falaise et de Nanterre, folie-parade en un acte, mêlée de couplets. *Paris, J.-N. Barba*, 1814, in-8, 1 fr. 25 c.

Avec MM. Désaugiers et Francis (baron d'Allarde).

— Deux (les) héritages, ou Encore un Normand, com.-vaud. en un acte. *Paris, Duvernois*, 1827, in-8, 1 fr. 50 c.

Avec MM. Désaugiers et Saint-Marc.

— Dieu et Diable, ou la Conversion de madame Dubarry, vaudeville historique en un acte. *Paris, Barba*, 1834, in-8, 1 fr. 50 c.

Avec M. Théod. Nezel.

— Doge (le) et le dernier jour d'un condamné, ou le Canon d'alarme, vaudeville en 3 tableaux. *Paris, Quoy*, 1829, in-8, 1 fr. 50 c.

— Écrivain (l') public, comédie-vaudeville en un acte. *Paris, Barba*, 1827, in-8, 1 f. 50 c.

Avec MM. Théaulon et de Courcy.

— Enfance (l') de Louis XII, ou la Correction de nos pères, comédie-vaudeville en un acte. *Paris, R. Riga*, 1832, in-8, 1 fr. 50 c.

Avec M. Mélesville.

— Enfant (l') volé. Pièce en quatre époques et en huit tableaux. *Paris, Breauté*, 1835, in-32.

— Enragée (l') de Chaumont, comédie en un acte. *Paris, au bureau du Moniteur des théâtres*, 1829, in-8, 1 fr. 50 c.

Avec M. Benjamin (Antier).

— Filles (les) à marier, ou l'Opéra de Quinault, en un acte (et en prose), mêlé de couplets. *Paris, Fages*, 1812, in-8.

(Avec M. Alissan de Chazet).

— Garçon (le) d'honneur, imitation de la Fille d'honneur, en un acte et en vaudevilles. *Paris, Barba*, 1819, in-8, 1 fr. 25 c.

Avec Frédéric (Dupetit-Meré). Cette pièce a obtenu une seconde édition dans la même année.

— Gilles Robinson et Arlequin Vendredi, imitation burlesque de Robinson Crusoé, en 3 actes qui n'en font qu'un à grand spectacle. *Paris, Fages*, 1805, in-8, 50 c.

Avec M. Alexandre Guesdon.

— Gracieuse et Percinet, mélodrame féerie en trois actes (en prose, mêlée de vaudevilles). *Paris, Maldan*, 1808, in-8.

Avec M. Brazier.

— Grand (le) dîner, tableau-vaudeville en un acte. *Paris, Duvernois*, 1828, in-8 et in-12, 50 c.

Avec M. de Saint-Georges.

— * Haine aux petits enfants, seconde imitation de « Haine aux femmes », vaudeville en un acte. *Paris, Barba*, 1808, in-8.

Avec M. Brazier.

— Homme (l') de soixante ans, ou la petite Entêtée, comédie-vaud. en un acte. *Paris, Barba*, 1824, ou 1827, in-8, 1 fr. 50 c.

Avec MM. Dartois et Ferdinand (Laloue).

— Hommes (les) de quinze ans, comédie-vaudeville en 2 actes. *Paris, Breauté*, 1837, in-8, 40 c.

Avec M. Vanderburch.

— Intrigue (l') dans la hotte, vaudeville en un acte (et en prose). *Paris, Barba*, 1806, ou 1809, in-8.

Avec M. Arm. Gouffé.

— Jardinière (la) de Vincennes, mélodrame vaudeville en trois actes (et en prose). *Paris, Fages*, 1807, in-8.

Avec M. Brazier.

— Jeannot tout seul, com.-vaud. en un acte et en prose. *Paris, Fages*, an X (1801), in-8.

— Jeune (la) Comtesse, comédie-vaudeville en un acte. *Paris, Blosse*, 1832, in-18, 40 c.

Avec M. Théodore Nezel.
Cette pièce fait partie du « Répertoire choisi du théâtre du Panthéon ».

— Lecoq, ou les Valets en deuil, comédie en un acte, mêlée de couplets. *Paris, Fages*, 1814, in-8, 1 fr. 25 c.

Avec M. Alissan de Chazet.

— * Lisette toute seule, ou Ils se trompent tous deux, vaudeville en un acte. Par MM. S*** et B***. *Paris, Fages*, 1803, in-8.

Avec M. Brazier.

— Maçon (le) poëte, comédie anecdote en un acte (en prose) et en vaudevilles. *Paris, Maldan jeune*, 1806, in-8.

Avec M. D*** (Dumersan).

— Mademoiselle Gertrude, ou le Malentendu, com.-vaud. en un acte (et en prose). *Paris, Maldan*, 1806, in-8.

— Magot, ou les quatre Mendiants, imitation burlesque de Dago, ou les Mendiants, ambigu en trois petits services, orné de balais, etc. *Paris, Maldan*, 1806, in-8, 1 fr. 20 c.

Avec M. Brazier.

— Maison (la) du faubourg, comédie-vaudeville en 2 actes. *Paris, Quoy*, 1829, in-8, 1 fr. 50 c.

Avec MM. de Villeneuve et Vanderbuch.

— Marchand (le) de chansons, vaudeville en un acte. *Paris, Morin*, 1837, in-8, 30 c.

Avec M. Vanderburch.

— Mariage (le) dans une rose, vaud. en un acte et en prose. *Paris, Fages*, 1808, in-8.

Avec M. B*** (Brazier).

— Mariage (le) de Charles Collé, ou la Tête à perruque, vaudeville en un acte (et en prose). *Paris, Barba*, 1089 (1809), in-8.

Avec MM. Arm. Gouffé et Brazier.

— Mariage (le) par autorité de justice, comédie en 2 actes. *Paris, Quoy*, 1829, in-8, 1 fr. 50 c.

Avec M. de Villeneuve.

— Mariage (le) par commission, ou le Seigneur allemand, opéra-comique en un acte. *Paris, Quoy*, 1825, in-8, 1 fr. 50 c.

— Marquis (le) de Carabas, ou le Chat botté, folie-féerie en 2 actes, à spectacle, mêlée de couplets. *Paris, Barba*, 1811, in-8.

Avec M. Brazier.

— Menteuse (la), comédie en 3 actes, mêlée de couplets. *Paris, Breauté*, 1834, in-18, 75 c.

Du théâtre de Comte.

— Mil sept cent cinquante et Mil huit cent vingt-sept, vaudeville en deux tableaux. *Paris, Duvernois*, 1827, in-8, 1 fr. 25 c.

Avec MM. Émile (de Rougemont) et Saint-Georges.

— Misère et gaîté, comédie en un acte (en prose), mêlée de couplets. *Paris, madame Masson*, 1809, in-8.

— Monsieur et madame Denis, ou Souvenez-vous en, vaud. en un acte (et en prose). *Paris*, *Barba*, 1808, in-8.

Avec M. B*** (Brazier).

— Musicien (le) de Valence, comédie-vaudeville en un acte. *Paris*, *Quoy*, 1834, in-8, 20 c.

— Napoléon au Paradis, vaudeville en un acte. *Paris*, *Hardy*, 1830, in-8, 1 f. 50 c.

Avec MM. Benjamin (Antier) et Théodore N. (Nezel).

— Naturaliste (le), ou l'Homme fossile, folie-vaudeville en un acte. *Paris*, *Bezou*, 1824, in-8, 1 fr. 50 c.

Avec MM. Théaulon et *** (Saint-Marc).

— Oiseau (l') bleu, mélodrame-féerie en 2 actes et en huit tableaux, mêlé de chants et de danses. *Paris*, *Hardy*, 1831, in-8, 2 f.

Avec Vict. Ducange.

— Pantoufle (la) de Voltaire, vaudeville en 2 actes. *Paris*, *Barba*, 1836, in-8, 1 fr. 50 c.

— Papesse (la) Jeanne, vaudeville-anecdote en un acte. *Paris*, *Malaisie*, 1831, in-8, 1 fr. 50 c.

Avec M. Théodore N. (Nezel).

— Parlez pour moi, com.-vaud. en un acte et en prose. *Paris*, *Fages*, an XI (1803), in-8, 1 fr.

Il y a des exemplaires qui portent pour premier titre : *Tricotinet*, *etc.*

— Pâtissier (le) usurpateur, pièce historique en 5 petits actes. *Paris*, *Henry*, 1831, in-8, 1 fr. 50 c.

Avec MM. Benjamin (Antier) et Théodore N. (Nezel).

— Peau (la) de chagrin, ou le Roman en action, com.-vaud. en 3 actes. *Paris*, *Quoy*, 1832, in-8, 1 fr. 50 c.

Avec M. Th. N*** (Nezel).

— Peintres (les) d'enseignes, ou les Huissiers à la noce, comédie-vaud. en un acte. *Paris*, *Quoy*, 1822, in-8, 1 fr.

— Petit (le) monstre et l'escamoteur, folie-parade en un acte. *Paris*, *Bouquin de la Souche*, 1826, in-8, 1 fr.

Avec M. H. de Saint-Georges.

— Petite (la) Revue, ou quel Mari prendra-t-elle? comédie en un acte. *Paris*, an IX (1801), in-8, 1 fr.

Avec M. Théophile (Marion Dumersan).

— Pied (le) de bœuf, pièce de résistance, arlequinade-vaudeville, en un acte et en prose. *Paris*, *Fages*, 1807, in-8, 1 f. 20 c.

Avec M. B*** (Brazier).

— Porteur (le) d'eau, mimodrame en 3 actes. *Paris*, *Bezou*, 1824, in-8, 50 c.

Avec M. Ferdinand (Laloue).

— Ramponeau, ou le Procès bachique, comédie en un acte (et en prose), mêlée de vaud. *Paris*, *Barba*, 1815, in-8.

— Riquet à la Houpe, mélo-féerie en 2 actes, à grand spectacle, et mêlée de couplets. *Paris*, *Barba*, 1812, in-8, 1 fr.

— Robinson cadet, vaud. en un acte (et en prose). *Paris*, *Barba*, an XIV (1806), in-8.

Avec M. Alexandre Guesdon.

— Rosières (les) de Paris, com.-vaud. en un acte. *Paris*, *Bouquin de la Souche*, 1825, in-8, 1 fr. 50 c.

Avec MM. Brazier et Carmouche.

— Saint-Louis (la) des artistes, ou la Fête du salon, vaudeville en un acte en l'honneur de la fête du roi. *Paris*, *Pollet*, 1824, in-8, 1 fr. 50 c.

Avec MM. Merle et Ferdinand Laloue.

— Soldat (le) et le perruquier, comédie-vaud. en un acte. *Paris*, *Bezou*, 1824, in-8, 1 fr.

Avec M. Ferdinand (Laloue).

— Tailleur (le) de Jean-Jacques Rousseau, comédie en un acte et en prose. *Paris*, *Quoy*, 1819, in-8, 75 c.

Avec MM. de Rougemont et Merle.

— Te Deum (le) et le tocsin, ou la Route de Rouen, vaudeville en un acte. *Paris*, *Barba*, 1830, in-8, 1 fr. 50 c.

Avec M. Honoré, ancien acteur du théâtre de la Porte Saint-Martin, et aujourd'hui de celui des Folies-Dramatiques.

— Un Marquis d'autrefois, drame-vaudeville en 3 actes. *Paris*, *Quoy*, 1833, in-8, 2 fr.

Avec M. Valory.

— Un Proscrit chez Voltaire, vaudeville anecdotique en un acte. *Paris*, *Marchant*, 1836, in-32, 15 c.

Avec M. Saint-Hilaire.
Le proscrit est d'Estallonde. Gaillard d'Estallonde de Morival, co-accusé du chev. de La Barre, refusa, en 1775, des lettres de grâce. Mais ayant obtenu, en 1788, des lettres d'abolition, il revint en France. Il est mort à Wailly, à quatre lieues d'Amiens, le 10 auguste 1800 (*Note de M. Beuchot*).

—Valet (le) en bonne fortune, ou les Amies de pension, comédie en un acte, mêlée de couplets. *Paris, Lacourière,* 1825, in-8, 1 fr. 50 c.

Avec M. Laloue.

— Vêpres (les) odéonniennes, parodie des « Vêpres Siciliennes » (en un acte). *Paris, Huet-Masson,* 1819, in-8, 1 fr. 25 c.

Avec M. Armand (Dartois).

— Zerline, ou le Peintre et la Courtisane, vaudeville en un acte. *Paris, Blosse,* 1832, in-18, 50 c.

Avec M. Théodore N*** (Nezel).

Cette pièce fait partie d'un « Répertoire choisi du théâtre du Panthéon ».

Quoique cette liste soit déjà longue, elle est loin de donner la nomenclature de toutes les pièces composées par M. Simonin ; nous nous sommes restreints à ne citer que celles qui ont été imprimées.

VARIA.

— Couvent de l'île Da*** et la boîte aux dragées des nouvelles vierges. *Paris,* 1803, in-18.

—* Grammaire française en vaudevilles, ou Lettres à Caroline sur la langue française, par M. S.... *Paris,* brum. 1806, in-16.

—* Histoire des trois derniers mois de la vie de Napoléon Bonaparte, écrite d'après des documents authentiques. Par S***. *Paris, Chaumerot jeune,* 1821, in-8 de 44 pag., 1 fr. 25 c.

— Histoire du voyage du premier consul, en l'an XI, dans les départements de la ci-devant Belgique. *Paris, Jusserand,* 1804, in-18, avec le portr. du premier consul, 1 fr.

— Jeanne la Folle, reine d'Espagne, roman historique. *Paris, Guérin; Lecointe et Durey; Lugan,* 1825, 3 vol. in-12, 7 fr. 50 c.

— Malheurs (les) et les aventures d'un proscrit. *Rouen, Esnault; et Paris, Pélicier; veuve Lepetit,* 1814, in-12.

— Mérite (le) des femmes travesti, poëme burlesque (en un chant). *Paris, de l'impr. de Crapelet. — F. Louis,* 1825, in-18, de xij et 214 pag., avec 2 grav., 3 fr.

A la suite du poëme sont des *notes* qui remplissent les pages 51 à 168. Le volume est terminé par un *Traité du burlesque*, qui commence avec la page 169 et finit avec la 211e.

Ce volume a été réimprimé, ou peut-être plus exactement, reproduit comme une seconde édition, sous le titre de : *le Nouveau Mérite des femmes.* Les préliminaires des deux éditions sont différents.

— Serinette (la) des dames, ou Étrennes dédiées au beau sexe, pour l'an XII. *Paris, Jusserand,* 1804, in-16.

Plusieurs *chansons* de M. Simonnin ont été insérées dans les recueils lyriques annuels, tels que le Chansonnier français, ou Étrennes des dames ; le Chansonnier des demoiselles ; le Chansonnier des Grâces, etc.

SIMONNIN (Marie-Jacques), frère du précédent, aujourd'hui secrétaire du Théâtre-Français; né à Paris, le 9 octobre 1782.

—Dictionnaire des homonymes latins, utile pour l'intelligence de plusieurs passages difficiles des auteurs qui ont écrit en cette langue. *Paris, Léopold Collin,* 1808, in-12, 1 fr. 80 c.

— Éléments de la grammaire française de Lhomond, avec un supplément pour les verbes et les participes, des exemples d'analyse, et un traité sur l'art épistolaire, extrait des meilleurs auteurs. IIIe édition. *Paris, Béchet aîné,* 1823, in-12, 1 fr.

— Molière commenté d'après les observations de nos meilleurs critiques ; son Éloge par CHAMPFORT, et des remarques inédites du P. ROGER, ex-jésuite. Ouvrage enrichi d'une Lettre de MOLIÈRE sur l'Imposteur, de la scène du pauvre du Festin de Pierre, etc., par SIMONNIN. *Paris, Migneret,* 1813, 2 vol. in-12, 8 fr.

— Public (du), de l'autorité et du théâtre en 1821. *Paris, Ladvocat,* 1821, in-8 de 56 pag.

— Saint Vincent de Paul peint par ses actions, avec l'historique de sa captivité en Afrique; suivi des détails les plus exacts sur la conservation de son corps. *Paris, Boulland,* 1830, in-8 de 40 pag., 75 c.

On a encore du même une *Notice sur la Bruyère, considéré comme écrivain et comme moraliste*, imprimée en tête des Caractères de cet auteur (1822, 1829).

On lui doit une édition des Œuvres complètes de Molière, avec des notes extraites des meilleurs commentateurs (Paris, Mame et Delaunay-Vallée; Charles Gosselin, 1825, in-8).

SIMONOFF, professeur à l'université imp. de Kasan.

— Essai sur la méthode directe du calcul intégral. *Paris, Arth. Bertrand,* 1824, in-4 de 44 pag.

SIMONON (P.). — Traité historique et méthodique sur l'usage et la nature des anciennes monnaies d'or et d'argent, et rehausse des capitaux. *Liége, Bronckart,* 1758, in-8.

SIMONOT (J.-F.), ancien aide-de-camp, ex-employé supérieur des douanes en Italie, etc.

— Babylas et le fils d'un prince, ou les Vingt premières années de ma vie. *Paris, l'Auteur; Hubert,* 1822, 3 vol. in-12, 7 f. 50 c.

—Ce que désirent les libéraux, en réponse à ce que veulent les royalistes. *Paris, Chaumerot,* 1820, in-8 de 60 pag.

— Esquisses historiques, ou Coup-d'œil rapide jeté sur quinze années de notre histoire nationale; pour servir à l'appréciation exacte des intérêts anciens et nouveaux en France. *Paris, Ponthieu*, 1823, 2 vol. in-8, 12 fr.

— Gilles tout seul, vaud. en un acte (en prose). *Paris, Barba*, an VII (1799), in-8.

Avec M. Bizet.

— Lettres sur la Corse, ouvrage destiné à faire connaître la véritable situation de ce pays, et à rectifier les idées de ceux qui le jugent d'après le mémoire de M. Réalier-Dumas, conseiller à la cour de Riom. *Paris, Chaumerot*, 1821, in-8 de 360 pag., 4 fr.

— Observations amicales et compliment de bonne année, adressées à M. Cadet Buteux, électeur de 1820. *Paris, Chaumerot*, 1821, in-8 de 28 pag., 50 c.

Réponse à une pièce de Désaugiers.

— Observations d'un libéral à M. le général Berton, sur la Confession de Napoléon Bonaparte, colportée dans les rues de Paris. *Paris, l'Auteur*, 1822, in-8 de 16 pag.

Cet écrit existe aussi sous ce titre : *Pourquoi donc se fâche-t-il, M. le général Berton ? et voyons si la Confession de Bonaparte lui en donne de justes motifs ?* même date, in-8 de 16 pag.

— Ombre (l') de Napoléon aux Français. *Paris, Corréard; l'Auteur*, 1822, in-8 de 16 pag.

—* Pacha (le), ou les Coups du hasard et de la fortune; par les auteurs du « Tombeau ». *Paris, Barba*, an VII (1799), in-12, 1 fr. 50 c.

Les auteurs du Tombeau sont MM. Hect. Chaussier et Bizet; mais il paraît qu'il y a eu un troisième collaborateur, et qui est M. Simonet.

— Résumé de l'histoire d'Espagne jusqu'à nos jours. *Paris, A. Leroux*, 1823, in-18.

— Sec. édit., revue et corr. *Paris, le même*, 1823, in-12, 3 fr.

SIMONOT, anc. employé de la tontine perpétuelle.

—* Vérité (la) aux actionnaires de la tontine perpétuelle d'amortissement, et, par occasion, à tous les hommes sensés. *Paris, Ponthieu*, 1825, in-8 de 16 pag.

Réimprimé dans la même année avec le nom de l'auteur, et sous le titre suivant :

Vérité (la) aux actionnaires de la tontine perpétuelle d'accroissement et de la caisse de survivance, et, par occasion à tous les hommes sensés. Deuxième édition, augmentée de notes et d'une préface, Paris, Ponthieu, in-8 de 16 pag.

SIMONS (S.-F.). Voy. SIMMONS.

SIMONS, ingénieur des ponts et chaussées à Bruxelles, directeur des travaux du chemin de fer d'Anvers à Cologne.

— Description d'une route en fer à établir d'Anvers à Cologne, en traversant Duffel, Malines, Louvain, Tirlemont, Waremme, Liége, Verviers, Eupen, Aix-la-Chapelle et Duren, avec embranchements d'Anvers à Lierre, de Malines à Bruxelles, à Termonde et à Gand; de Tirlement à Namur, etc., enrichie de huit cartes; mémoire à l'appui d'un projet de chemin de fer à établir entre Anvers et Cologne, rédigé d'après les ordres du ministre de l'intérieur. Sec. édition. *Bruxelles, Th. Lejeune*, 1833, gr. in-8 de 90 pag.

En société avec M. de Ridder, autre ingénieur en chef.

SIMONS-CANDEILLE (Amélie-Julie CANDEILLE, connue dans les fastes de la musique et de la littérature sous le nom de) (1), musicienne, artiste dramatique, d'abord de la Comédie française, à l'Odéon, de 1785 à 1790, ensuite des Variétés du Palais-Royal, devenu successivement théâtre de la rue Richelieu et théâtre de la République, de 1790 à 1795; institutrice à Paris, de 1803 à 1813; née à Paris, le 31 juillet 1767, d'un père musicien, qui fut son premier maître; morte à Paris, dans la maison de santé du docteur Marjolin, le 3 février 1834.

THÉATRE.

— Catherine, ou la belle Fermière, comédie en 3 actes, en prose, mêlée de chants. *Paris, Maradan*, 1793, 1797, in-8.

« Cette pièce, représentée le 27 décembre 1792 sous le voile de l'anonyme, avait été d'abord annoncée et refusée sous le titre de la *Fermière de qualité*, qui indiquait mieux le sujet et le principal personnage, mais que les circonstances politiques avaient forcé de supprimer. Cette pièce, un peu romanesque et dont l'idée paraît empruntée au conte de la « Bergère des Alpes », de Marmontel, eut une vogue prodigieuse, malgré les détracteurs de mademoiselle Candeille. Ils affectaient d'en attribuer la paternité, avec assez peu de vraisemblance, au célèbre conventionnel Vergniaud; et ne sachant pas ou feignant d'ignorer que le second titre de l'ouvrage était une exigence des comédiens, ils le trouvaient d'autant moins modeste que l'auteur, ajoutaient-ils, s'y était réservé le principal rôle, afin de recevoir des louanges directes sur sa beauté, sur son esprit et sur la variété de ses talents : en effet,

(1) Julie Candeille avait été mariée trois fois. Trois mois après la terreur (3 novembre 1794), elle épousa civilement un jeune médecin qui vit encore et dont elle n'a jamais porté le nom. Cette union ne fut pas heureuse et un divorce juridique le rompit, le 13 février 1797, par consentement mutuel; en secondes noces elle épousa, le 11 février, Jean SIMONS, chef d'une célèbre fabrique de voitures de Bruxelles. Veuve de Simons, en avril 1821, elle épousa l'année suivante, à l'âge de 54 ans, Hilaire-Henri PÉRIÉ, peintre et dessinateur, que la médiocrité du talent avait forcé de devenir employé supérieur dans les jeux de Paris, place qui, aux sollicitations et à l'esprit de sa femme, fut changée en celle de directeur du Musée et de l'école de dessin à Nîmes.

elle y chantait en s'accompagnant, tantôt sur la harpe, tantôt sur le piano, deux airs de sa composition, ainsi que celui du vaudeville final. Tout Paris alla voir *la belle Fermière*, dont le succès s'est soutenu, et qui est constamment restée au courant du répertoire, parce que, au milieu de nombreuses invraisemblances, elle ne laisse pas que d'offrir un style naturel et correct, de la gaîté, des contrastes de caractères et des situations intéressantes. Cette pièce a eu, depuis 1793, plusieurs éditions, et elle a été insérée dans tous les recueils et répertoires dramatiques. Aucun des autres ouvrages que mademoiselle Candeille a donnés au théâtre n'a obtenu le même bonheur.»

— Commissionnaire (le), comédie en 2 actes, en prose. *Paris, Maradan*, an III (1794), in-8.

C'est le trait historique du généreux Cange, commissaire de la prison de Saint-Lazare. L'auteur avait gardé l'anonyme, et l'on attribua la pièce au vicomte de Ségur; mais, Fleury ayant cru pouvoir nommer le véritable auteur, mademoiselle Contat qui jouait un des principaux rôles y renonça, par haine contre sa rivale et arrêta le cours des représentations. Cette pièce a été imprimée dans la même année sous le nom de son auteur.

Les deux pièces que nous venons de citer sont les seules de madame Simons-Candeille qui aient été imprimées; mais on lui en doit quatre autres qui, jouées sans succès, sont restées inédites :

1° *Bathilde, ou le Duo*, comédie en un acte, où l'auteur exécutait avec Baptiste aîné un duo de piano et violon, fut reçue avec une extrême froideur, le 16 septembre 1793, et retirée peu de jours après.

2° *Bayadère (la), ou le Français à Surate*, comédie en 5 actes et en vers, qui fut impitoyablement sifflée le 24 janvier 1795, au théâtre de la République, sans avoir été entendue, sans égards pour l'auteur qui représentait le principal personnage; et pourtant cet ouvrage annonçait de l'imagination, du sentiment, le talent d'écrire; mais les mots indiens trop prodigués sans être expliqués y jetaient de l'obscurité. D'ailleurs, le public était prévenu contre la pièce et l'auteur, parce que l'on pardonne difficilement des prétentions mises trop à découvert. Une bayadère, belle, spirituelle, brillante de grâce et de talents, bonne, sensible, et qui plus est, malgré son état de danseuse, fière, chaste et vertueuse, parut un personnage invraisemblable, fantastique; et l'on trouva mauvais que l'actrice-auteur s'attribuât dans ce rôle tous ces genres de gloire, quand même elle y aurait eu des droits incontestables. Les fades éloges qu'elle s'y faisait prodiguer ne trouvèrent pas la même indulgence que ceux qu'on avait applaudis dans la Belle Fermière, et la pièce tombée n'a jamais vu le jour. Ce revers, les désagréments attachés à un état pour lequel mademoiselle Candeille ne s'était jamais senti une vocation bien marquée, ceux qu'elle avait éprouvés de la part de ses camarades, la déterminèrent à renoncer au théâtre qu'elle pouvait alors quitter sans danger et à prendre dans le monde un rang plus convenable à l'élévation de sentiments dont elle a toujours fait profession.»

3° *Ida, ou l'Orpheline de Berlin*, comédie-lyrique en 2 actes, dont elle avait fait les paroles et la musique, fut représentée pour la première fois, en 1807, au bénéfice de son père, sur le théâtre Feydeau. Cette pièce n'eut que cinq ou six représentations, parce que le sujet, traité avec plus de succès au Vaudeville, par Radet, n'était plus capable d'exciter la curiosité.

4° *Louise, ou la Réconciliation*, drame en 4 actes et en prose, tombé au Théâtre-Français, le 15 décembre 1808, au bruit des sifflets de l'École polytechnique. De ce moment, le spectacle fut interdit aux élèves de première classe de cette école, les jours de première représentation; mais de ce moment aussi madame Simons-Candeille cessant de travailler pour le théâtre, se livra à la composition des romans.

ROMANS.

— Agnès de France, ou le XIIe siècle, roman historique. *Paris, Le Normant*, 1821, 3 vol. in-8, fig., 13 fr. 50 c. — Sec. édition. *Paris, Maradan*, 1821, 3 vol. in-12, 9 fr.

— Bathilde, reine des Francs, roman historique. *Paris, Le Normant*, 1814, 2 vol. in-8, avec fig. dessin. par Girodet, 10 fr.; ou 1815, 2 vol. in-12, 6 fr.

Une centaine d'exemplaires de l'édition in-8, vendus en Angleterre, valurent cent guinées à l'auteur.

— Blanche d'Évreux, ou les Prisonniers de Gisors, histoire du temps de Philippe de Valois. *Paris, Trouvé*, 1824, 2 vol. in-12 avec des frontisp. grav., 6 fr.

— * Geneviève, ou le Hameau, histoire de huit journées; par madame S*** C***, auteur de la «Belle Fermière». *Paris, Arthus Bertrand*, 1822, in-12 fig., 3 fr.

Épisode agréable d'un voyage de l'auteur.

— Lydie, ou les Mariages manqués, conte moral. 1809, 2 vol. in-12. — Nouv. édition, revue, corr. et augm. *Paris, Trouvé; Bossange père*, 1825, in-8 fig., 6 fr.

Roman de mœurs qui fut bien accueilli.

— Pélerin (le)....

Imprimé dans la Bibliothèque des romans, V^e ann., tom. XI, pag. 114 et suiv.

VARIA.

— Essai sur les félicités humaines, ou Dictionnaire du bonheur; dédié aux enfants de tous les âges. *Paris, Pillet aîné*, 1828, in-8, avec un portr., 8 fr.; ou 2 vol. in-12, 7 fr.

Publié sous le nom de Périé-Candeille.

Cet ouvrage, dit M. Audiffret dans sa notice du supplément à la Biographie universelle, qui a reparu en 1832, probablement avec un nouveau frontispice, a fait peu de sensation, sans doute en raison des circonstances inopportunes de sa double publication : il renferme néanmoins des leçons douces et quelques articles piquants.

— Réponse de madame Simons-Candeille à un article de biographie (celui de la Biogr. des hommes vivants, publiée par M. Michaud). *Paris, de l'impr. de Gratiot*, 1817, in-4 de 8 pag.

C'est une réclamation contre l'imputation répétée qu'elle avait figuré la déesse de la Raison, dans les fêtes républicaines, célébrées au mois de novembre 1793. Ce fut Mercier qui, le premier, dans son « Nouveau Tableau de Paris », avança ce fait, répété sans examen dans « l'Histoire du Théâtre-Français», par M. Etienne qui s'en est justifié, et par Martainville, et depuis dans la « Biographie des hommes vivants » qui s'est rétractée dans son supplément.

— Souvenirs de Brighton, de Londres et de Paris, et quelques Fragments de littérature légère. *Paris, Delaunay, etc.*, 1818, in-8, 5 fr.

C'est le résumé de ce que mad. Simons-Candeille a fait, vu ou enseigné durant les trois premières années de la restauration.

—Vers sur la bonté, adressés à Louis XVIII pour l'anniversaire de sa naissance. 17 novembre. 1816.

Pièce dans laquelle l'auteur exhale sa reconnaissance envers Louis XVIII qui lui avait accordé des pensions pour son père et pour elle.

De 1803 à 1813 madame Simons-Candeille forma des liaisons d'amitié avec Girodet et Méhul; il en est résulté avec le peintre célèbre une *correspondance*, dont la publication attendue pourra offrir de l'intérêt. M. Audiffret, biographe de madame Simons-Candeille, dans la Biographie universelle et portative des contemporains et dans le Supplément à la Biographie universelle de Michaud, nous apprend que cette correspondance a été confiée à M. Pannetier, sculpteur, et qu'elle doit être revisée par M. Augustin Soulié.

Madame Simons-Candeille se brouilla avec Méhul, pour avoir refusé d'être le prête-nom d'une partition qu'il voulait opposer au succès de mad. Gail, dont il était jaloux.

Madame Simons-Candeille a laissé manuscrites quelques pièces de théâtre, peu dignes, dit-on, d'être représentées. Comme musicienne, dès l'année 1788, elle avait fait graver trois trios pour clavecin et violon. Depuis elle a publié quatorze œuvres de sonates de piano avec ou sans accompagnement, des concertos, des nocturnes, des romances, paroles et musique, etc.

(*Notice tirée de celle de M. Audiffret.*)

SIMONVILLE (de), pseudon. Voy. Rich. SIMON.

SIMPLICIEN (Paul LUCAS, dit le P.), augustin de la place des Victoires; mort le 10 octobre 1759, dans sa 76e année.

— * État de la France, contenant tous les princes, ducs et pairs, etc. *Paris*, 1727, 5 vol. in-12.

Ouvrage commencé au XVIIe siècle, et continué successivement par divers auteurs (Voy. Barbier, Dict. des ouvrages anon., n° 5958).

— * Extrait de la généalogie de la maison de Mailly, dressé sur les titres originaux, sous les yeux de M. de Clairambaut, et pour l'histoire, par M***. *Paris, Ballard*, 1757, gr. in-4.

Le P. Simplicien a été l'un des éditeurs de la troisième édition de l'Histoire généalogique et chronologique de la maison royale de France, des pairs, etc., du P. Anselme de Sainte-Marie (1726—33, 9 vol. in-fol.).

SIMPLICIUS. Voy. ÉPICTÈTE.

SIMPSON (Thomas).—Éléments de géométrie, trad. de l'angl. (par DARQUIER DE BELLEPOIX). *Paris, Vincent*, 1755, in-8; ou 1766, in-8.

— Les mêmes. Nouv. édition, augmentée de la Trigonométrie rectiligne du même auteur. *Paris, Cl.-A. Jombert*, 1771, 2 vol. in-8.

— Essai d'analyse pratique, trad. de l'anglais. *Paris*, 1771, in-8.

SIMS (James). — Discours sur la meilleure méthode de poursuivre les recherches en médecine, et Observations sur les maladies épidémiques, avec des remarques sur les fièvres nerveuses et malignes; trad. de l'angl. par Nic.-Ant. JAUBERT. *Avignon, et Paris, Nyon l'aîné*, 1778, in-12.

SINCÈRE (Jacques le), pseudonyme.

— Parallèle (le) de Philippe II et de Louis XIV. *Cologne*, 1709, in-12.

SINCÈRE (Michel), pseudon. Voy. LAMOTHE.

SINCLAIR ou SAINCLAIR (le baron de), d'abord colonel d'infanterie au service de France, puis au service de Prusse; mort général d'infanterie au service de Suède, à Stockholm, en septembre 1803.

— * Institutions militaires, ou Traité élémentaire de tactique, précédé d'un Discours sur la théorie de l'art militaire. *Deux-Ponts, impr. ducale*, 1773, 3 vol. in-8.

— * Instruction pour l'infanterie suédoise. *Stockholm*, 17...

— Maximes de guerre relatives à la guerre de campagne et à celle des siéges, trad. de l'allem. (1771). Voy. KHEWENHULLER.

— Réglement pour la cavalerie prussienne, trad. de l'allem. *Francfort, Knoch*, 1762, in-8.

SINCLAIR (sir John), baronnet écossais, membre du parlement britannique, et fondateur de la Société d'agriculture d'Édimbourg.

— Agriculture (l') pratique et raisonnée, trad. de l'angl. par C.-J.-A. MATHIEU, de Dombasle. *Paris, madame Huzard; et Metz, Devilly*, 1825, 2 vol. in-8 avec 9 planches, 15 fr.

— Lettre à M. L. Ballois, sur l'agriculture, les finances, la statistique de longévité;

suivie d'un Aperçu de ce qu'on peut appeler les sources du revenu public. Publié par L.-J.-P. Ballois. 1802, in-8.

—Principes d'hygiène, extraits du Code de santé et de longue vie de sir John Sinclair; trad. de l'angl. par le prof. Odier. Sec. édit., corr. et considérablement augm. *Genève, Paschoud,* 1823, in-8, 7 fr. 50 c.

La première édition de cette traduction a paru dans divers numéros de la Bibliothèque britannique. Les rédacteurs de la Biographie universelle et portative des contemporains ont présenté, à tort, M. Pictet comme l'auteur de cette traduction.

— Projet d'un plan pour établir des fermes expérimentales, et pour fixer les principes des progrès de l'agriculture. *Paris, Baudouin,* an IX (1801), in-4 de 32 pag. et 3 pl., 2 fr. 50 c.

Imprimé aussi dans le premier volume des Mémoires des savants étrangers de l'Institut national, publié en 1805.

SINCLAIR (mistriss). — Réfugiés (les), histoire irlandaise, traduite de l'anglais par P.-J. Thommerel. *Paris, Ch. Gosselin,* 1830, 5 vol. in-12, 15 fr.

SINCLAIR-NEBSTER (le chevalier). — * Crise (la) de l'Europe (par le chevalier Sinclair-Nebster), ou Pensées sur le système que les différentes puissances de l'Europe, et en particulier la neutralité armée, devraient suivre dans la conjoncture présente; trad. de l'angl. 1783, in-12 de 59 pag.

SIND (le baron de), colonel d'un régiment de cavalerie, premier écuyer de S.A.E. de Cologne, etc.

—Art (l') du manége pris dans ses vrais principes, suivi d'une nouvelle méthode pour l'embouchure des chevaux, et d'une connaissance abrégée des principales maladies auxquelles ils sont sujets, ainsi que du traitement qui leur est propre. *Cologne,* sans date, in-4, avec fig.; — *Vienne,* 1772, in-8, avec fig.; — *Berlin, Himburg,* 1773, in-8, avec fig., 5 fr.; —IIIe édit., revue par l'auteur, augmentée d'une table alphabétique, en français, latin et allemand, des termes du manége, et remèdes pour la conservation du cheval. *Paris, Desprez (*mad. Huzard),* 1774, in-8 de XVI et 342 pages, avec 7 pl., et le portr. de l'auteur, 4 fr.

« L'ouvrage de M. le baron de Sind, que nous présentons au public par une nouvelle édition, a été imprimé à Bonn en 1762. Les fautes de cette impression, ainsi que les planches mal exécutées, et la forme disproportionnée du livre, ont engagé l'auteur à le refondre, à le corriger, à l'augmenter et à le reproduire par une deuxième édition. » Extrait de l'Avertissement en tête de cette troisième édition.

La partie de cet ouvrage qui traite des maladies des chevaux, a été insérée, il y a dix ans, dans le volume intitulé : l'Art complet du vétérinaire et du maréchal ferrant (1827).

— Manuel (le) du cavalier, qui renferme les connaissances nécessaires pour conserver le cheval en santé, et pour le guérir en cas de maladie. *Paris, G. Desprez,* 1766, in-8.

SINERIZ (don Juan-Francisco). — Quichotte (le) du XVIIIe siècle, ou Histoire de la vie, des faits, des aventures et des exploits de M. Legrand, héros philosophe moderne, chevalier errant et réformateur de tout le genre humain. Ouvrage écrit pour le bien de l'humanité, et appliqué au XIXe siècle. *Paris, Jules Laisné; l'Auteur,* 1837, 2 vol. in-8, 15 fr.

Cet ouvrage, écrit d'abord en espagnol, a été traduit ensuite en français par son auteur, et sa traduction a été retouchée par un littérateur français.

SINET (J.-L.-F.). — Perfectionnement de la culture des grains nommés céréales. *Paris, Delaunay; Pélicier,* 1821, in-8 de 62 pag.

SINETY DE PUYLON (Jean-Baptiste-Ignace-Elzéar de), poëte, d'abord page et ensuite l'un des gentilshommes de la duchesse de Berri; plus tard, capitaine de cavalerie au régiment d'Orléans, enfin commissaire général ordonnateur de la marine à Marseille; chevalier de St.-Louis, membre de l'Académie de Marseille; né au commencement du dix-huitième siècle, à Apt, d'une famille originaire de Naples, mort à Marseille, le 14 avril 1779.

Nous ne connaissons rien d'imprimé de Sinety, si ce n'est quelques *discours* qui se trouvent dans les mémoires de l'Académie de Marseille, et une *pièce de vers,* imprimée dans les fables d'Ardène. Ce littérateur avait pourtant laissé plusieurs ouvrages manuscrits qui méritaient d'être livrés à l'impression, tels que sa *correspondance avec madame de Simiane,* avec laquelle il fut en relation; quelques ouvrages mentionnés dans la correspondance de Voltaire avec Bergier; et des *poésies légères* que l'esprit de dévotion a fait mutiler par son fils.

SINETY (André-Louis-Esprit de), fils du précédent, successivement page du roi à la grande écurie-major du régiment Royal-Navarre, chevalier de Saint-Louis, député de la noblesse de Marseille aux États-Généraux de 1789, il siéga au même titre dans l'Assemblée constituante jusqu'au 1er octobre 1791; membre et secrétaire perpétuel de l'Académie de Marseille, et son président pendant quelques temps; membre du conseil d'agriculture, arts et commerce du département des Bouches-du-Rhône, et de la Société de l'Afrique intérieure; mort à Marseille, en 1811.

— Agriculteur (l') du Midi, ou Traité d'agriculture propre aux départements méridionaux; ouvrage divisé en deux parties, qui fixe les principes de culture propre aux départements méridionaux, indique leur application, démontre leurs effets, réforme les abus, corrige les préjugés, et donne des moyens de rendre à la terre épuisée sa première fécondité. *Marseille, J. Mossy, et Paris, Delalain fils*, an XI (1803), 2 vol. in-12, 4 fr.

Nous ne connaissons que ce seul ouvrage de Sinety, mais on trouve de lui des dissertations, discours et éloges dans le recueil de l'Académie de Marseille, dont il a été membre, président et secrétaire perpétuel. Nous avons remarqué de lui, dans ce recueil : 1° Fragment du Tableau statistique de la commune de Marseille, sur la partie historique de cette ville; — 2° Introduction du système de commerce fondé sur la liberté (insérés l'un et l'autre dans le tom. Ier, 1803); 3° un Discours d'ouverture et un autre sur l'influence réciproque des institutions sociales, et des sciences et belles-lettres (tom. III, 1804); — 4° Éloge de M. Ratte (tom. V, 1807); — 5° Rapport sur les travaux de l'Académie, depuis le 28 fructidor an XIII (même volume), et plusieurs autres dans les volumes postérieurs: — 6° Éloge de l'abbé Reyre (tom. VII, 1808); — 7° Éloge de M. Noquier de Milijay (t. VIII, 1809); — 8° Observations sur le Traité des oliviers, par M. Duhamel du Monceau (Ibid.); — 9° Éloge de M. Thulis, astronome (Ibid.); — 10° Éloge de Jér.-Marie Champion de Cicé, archevêque d'Aix et d'Arles (tom. IX, 1811).

Pendant sa législature à l'Assemblée constituante, Sinety prononça plusieurs *discours sur l'organisation de l'armée*.

Esprit de Sinety a été confondu dans toutes les biographies avec son frère André-Marie, marquis de Sinety, ancien premier maître d'hôtel de Monsieur, comte de Provence, depuis Louis XVIII, mestre-de-camp en second du régiment d'Angoumois, chevalier de Saint-Louis, et maréchal de champ honoraire.

SINETY (A. de), fils du précédent.

— Améliorations importantes dans la fabrication des huiles d'olives; Observations sur la construction des moulins. *Aix, de l'impr. de Mouret*, 1826, in-8 de 52 pag. et une pl., 75 c.

— Moyen de prévenir la dégradation des routes et d'en diminuer les frais d'entretien. *Marseille, de l'impr. d'Achard*, 1825, in-8 de 8 pag.

SINFREY DE VILLIERS. — *Œuvres mêlées de M. S*** D*** V***. *Londres, et Paris, Hardouin*, 1782, in-8 de 291 pag.

SINGER (Georges). — Éléments d'électricité et de galvanisme, trad. de l'angl., et augm. de notes, par J.-B.-J. THILLAYE. *Paris*, * *Bachelier*, 1816, in-8, avec pl., 8 fr.

SINGER. — Consistoires (des) israélites de France. *Paris, Delaunay; Mongie*, 1820, in-8 de 108 pag.

SINGER. — Situation de l'industrie cotonnière en France, en 1828. *Paris, Renard; Mesnier*, 1829, in-8 de 108 pag.

SINGIER, alors directeur des théâtres de Nîmes, d'Avignon, etc.

— Réflexions sur les priviléges des directeurs de spectacle et les droits des auteurs dramatiques; suivies d'un nouveau système d'organisation théâtrale essentiellement relatif aux troupes de province. *Nîmes, de l'impr. de Durand-Belle*, 1818, in-8 de 24 pag.

SINGLANDE (le R. P. de), religieux du tiers ordre de Saint-François, aumônier de la ville de Cette, en Languedoc; né à Agen.

— Mémoires et Voyages militaires. *Paris, Nic.-Aug. Delalain*, 1765, 2 vol. in-12.

SINGLETON (miss). — Sidonia, ou le Refus, trad. de l'angl. par mad. VITERNE. *Paris, Dentu*, 1812, 4 vol. in-12, 8 fr.

SINGLIN (Antoine), fameux directeur et confesseur des religieuses de Port-Royal, fils d'un marchand de vin de Paris; mort le 17 avril 1664.

— * Instructions chrétiennes sur les mystères de N. S. J. C. et sur les principales fêtes, par M. de S. G. (nouv. édit., revue par l'abbé LEQUEUX, avec la vie de l'auteur, par l'abbé GOUJET). *Paris, Rollin*, 1736, 12 vol. in-12.

La première édition de ces Instructions, rédigées dans l'origine par Le Maistre de Sacy, parut en 1671; la troisième, publiée en 1673, porte le nom du sieur Bourdouin, docteur en théologie. (*Barbier*).

SINIBALDI (Louis). — Traité de l'éducation physique, trad. de l'ital. par Alexis BOMPARD. *Paris, Méquignon-Marvis*, 1818, in-8, 5 fr. — Sec. édit. *Paris, Gabon*, 1830, in-8.

SINNER (Jean-Rodolphe), seigneur de BALAIGUE, bibliothécaire de Berne; né à Berne, en 1730, mort le 28 février 1787.

— Bibliothecæ Bernensis codicum mss syllabus, ex majori opere contractus. Ber[illegible] 1773, in-8.

— Catalogus codicum mss bibliothecæ

nensis, annotationibus criticis illustratus; addita sunt specimina scripturæ ex codd. variæ ætatis, tabulis sculptis exhibita, curante J.-R. Sinner. *Bernæ, ex offic. reipubl.*, 1760-72, 3 vol. in-8.

— *Essai sur l'éducation publique. *Berne*, 1765, in-8.

Attribué à Sinner, dans la « Bibl. Hagana » tom. II, pag. 188.

— Essai sur les dogmes de la métempsycose et du purgatoire enseignés par les bramins de l'Hindoustan; suivi d'un récit abrégé des révolutions de l'état présent de cet empire, traduit de l'anglais. *Berne*, 1771, in-12.

On trouve dans ce volume un petit fragment du Bedang-Shaster, ou Explication du Véda, trad. de l'angl. d'Alex. Dow.

— *Extrait de quelques poésies des douzième, treizième et quatorzième siècles (choisis dans les manuscrits de la bibliothèque de Bongars, par J.-R. Sinner). *Lausanne*, 1759, in-8.

— Satires de Perse, traduites en français, avec des notes et le texte (1765). Voy. Perse.

— *Voyage historique et littéraire dans la Suisse occidentale. *Neufchâtel*, 1781, 2 vol. in-8. — Nouv. édit., augmentée. *Neufchâtel*, 1787, 2 vol. in-8.

Le troisième volume de cet ouvrage n'a pas été imprimé : il existe encore en manuscrit dans les mains de la famille de l'auteur.

On doit au même une nouvelle édition 1° de Martianus Capella, editus Curæ, édition publiée sous le nom de L. Walthardi (Bernæ, Wagneri, 1763, petit in-8 de xij et 92 pag.). Cet opuscule, qui ne contient que deux livres de Capella : de Nuptiis inter Mercurium et Philologiam, est suivi de variantes tirées des manuscrits de Bongars; 2° une nouvelle édition des Nouvelles de Marguerite (de Valois), reine de Navarre, précédée d'une préface de l'éditeur (Berne, 1781, 3 vol. in-8), dont il y a des exemplaires avec des titres gravés portant la date de 1792.

SINNER (G.-R.-Louis de), helléniste, selon toute apparence de la famille du précédent; docteur en philosophie de l'université de Tubingue, et membre de l'Académie royale de Rouen; né le 8 mars 1801, à Aarberg, chef-lieu de préfecture de Berne, établi et domicilié à Paris depuis 1828.

— Ambitu (de), utilitate et necessitate studii exegeseos sacrae. *Bernæ, Staempfla*, 1823, in-8 de 38 pag.

M. de Sinner est peu connu comme écrivain français quoiqu'il ait écrit dans cette langue; mais ce sont des articles disséminés dans le Journal de l'instruction publique, dans l'Encyclopédie des gens du monde, etc. Il est aussi l'auteur de la *Notice sur D. Coray* qui est imprimée dans le tome LXI de la Biographie universelle de Michaud, laquelle notice a été traduite en allemand par M. C. Ott, et imprimée à part (Zurich, 1837, petit in-8 de 49 pag.). M. de Sinner est helléniste, et c'est sous ce rapport qu'il s'est attaché à se faire connaître avantageusement en France, en publiant une série d'opuscules et d'ouvrages grecs, sacrés et profanes, estimés pour leur correction et par l'érudition des notes dont il les a enrichis. M. de Sinner a publié : Christoph. Beldemontii florentini liber insularum Archipelagi (Lips. et Berolini, G, Reimer, 1824, in-8 de 262 p.), publié pour la première fois d'après les manuscrits de la biblioth. royale de Paris; — Daphnis et Chloe, de Longus, d'après l'edition de Courier (1829); — les Nuées d'Aristophane (1834); — le Songe de Lucien (1834); la Médée d'Euripide (1834); — le Banquet de Platon (1834), et le Criton, du même, avec les notes de Fréd. Jacobs, arrangées à l'usage des classes (1837); — les Œuvres de S. Jean Chrysostôme; nouvelle édition, grecque et latine, publiée d'après celle de Montfaucon (Paris, Gaume frères, 1834 et ann. suiv. gr. in-8, impr. à 2 colonnes). Cette édition qui doit former dix volumes, publiés en vingt livraisons n'est point encore terminée; — S. Joannis Chrysostomi quæ fertur de beato Abraham oratio (Parisiis, Gaume fr., 1835, in-12 de 24 pag.); — Ejusdem in Eutropium Eunuchum patricium et consulem homilia, avec les variantes de trois manusc. de la biblioth. roy. (Paris, Gaume fr., 1826, in-12 de 24 p.); — S. Gregorii Nazianzeni in Cæsarium fratrem oratio funebris (1836); — et du Théâtre de Sophocle, Œdipe à Colone, Œdipe roi et Antigone, d'après l'édition de M. Boissonade (1835-36); — la Légende de Théophile, texte grec, publié pour la première fois (Paris, Ed. Pannier, 1838, in-8 de 32 pag.). Cet opuscule, imprimé à part, et tiré à 25 exemplaires seulement, fait partie des notes du deuxième volume des Œuvres complètes de Rutbœuf, publiées par M. Ach. Jubinal. Enfin M. de Sinner est l'un des éditeurs du premier volume du Trésor de la langue grecque de H. Estienne, édition publiée par M. F. Didot.

SINNETT (E.), D. M. — Observations pratiques sur les maladies des femmes, avec des remarques sur leurs origines et leurs suites, trad. de l'angl. *Paris, Martinet*, 1824, in-18 de 72 pag., 1 fr.

— Observations pratiques sur les *tabes dorsalis*, ou l'atrophie nerveuse, espèce de consomption produite par des indiscrétions commises dans la jeunesse, ou par excès et par l'intempérance dans un âge plus avancé; suivies d'instructions sur le meilleur mode de traitement, avec indication d'un remède approuvé; trad. de l'angl. *Paris, Martinet; Ponthieu*, 1824, in-18 de 72 pag., 1 fr.

SINNETT (John). — First english readings or sentences, borrowed from grammar to form the pronunciation. *Paris, the Author*, 1827, in-12 de 48 pag.

SINOLOGUS Berolinensis, pseudon. Voy. Montucci.

SIONVILLE (de), capitaine d'infanterie, pseudon. Voy. Aubert de La Chesnaye des Bois.

SINSART (dom Benoît), bénédictin de la

congrégation de S. Vannes, abbé régulier de Munster, au Val S.-Grégoire, ordre de Saint-Benoit; né à Sedan, en 1696, mort à l'abbaye de Saint-Grégoire de Munster, le 22 juin 1776.

—*Chrétiens anciens et modernes, ou Abrégé des points les plus intéressants de l'histoire ecclésiastique. *Londres*, 1754, in-12.

Attribué à dom Sinsart. (*Barbier*).

— Défense du dogme catholique sur l'éternité des peines de l'enfer, où l'on réfute les erreurs de quelques modernes, et principalement celles d'un auteur anglais. *Strasbourg, Le Roux*, 1748, in-8 de 331 pag.

—Essai sur l'accord de la foi et de la raison touchant l'Eucharistie. *Cologne*, 1748, in-8 de 132 pag.

— Recueil de pensées diverses sur l'immatérialité de l'âme, son immortalité, sa liberté et sa distinction d'avec le corps, ou Réfutation du matérialisme, avec une réponse aux objections de M. Cuentz et de Lucrèce le philosophe. *Colmar, impr. roy.*, 1756, in-8 de 376 pag.

—*Vérité (la) de la religion catholique démontrée contre les protestants, mise à la portée de tout le monde, avec une réfutation de la réponse du R. P. Scheffmacher à un gentilhomme protestant, et des remarques sur un sermon de M. Ibbas, docteur anglais. *Strasbourg, Le Roux*, 1746, in-8 de 262 pag.

— Vrais (les) principes de saint Augustin sur la grâce, et son accord avec la liberté, ouvrage dans lequel on réfute le système de Jansénius. *Rouen (Bâle), veuve Hénault*, 1739, in-8 de 24 pag.

L'auteur y a pour but de prouver que Jansénius a enseigné l'extinction du libre arbitre, par rapport aux actions méritoires et aux mouvements de la grâce efficace.

SINSON, né vers 1748, mort en 1813.
—Soliloques, ou Entretiens avec soi-même, trad. de l'angl. (1771). Voy. SHAFTESBURY.

SINTZHEIM. — Discours prononcé le 9 juin dans le temple de la rue Sainte-Avoye, sur la naissance du roi de Rome. *Paris, de l'impr. de Setier*, 1811, in-12.

SINZENDORF. Voy. ZINZENDORF.

SION (Nic.), maçon et arithméticien.
— Arithmétique (l') des ouvriers et marchands, mise en pratique en sa perfection. *Paris, Du Mesnil*, 1699; *Paris, Ch. David*, 1703, in-8.

SIONNEAU-DUCHESNE, avocat.
—*Patriotisme (le) persécuté, défense contre une accusation en crime de sédition. *Paris, Momoro*, 1789, in-8.

SIOZARD (l'abbé), successivement curé de Saint-Romain de Bordeaux, et de Blaye.
—Cranologie du docteur Gall, d'accord avec les plus saines notions de la philosophie et de la morale. *Paris, Fréchet*, 1808, in-8 de 19 pag., 60 c.
—Projet d'établissement d'une société philantropique pour détruire la mendicité, et procurer plusieurs objets utiles au public. *Bordeaux*, 1787, in-12.

SIRAUDIN (Paul), de Sancy.—A toutes les gloires de la France. (En vers). *Paris, Lemoine*, 1837, in-8 de 16 pag.
— Badouillards (les), comédie-vaudeville en un acte. *Paris, Marchant*, 1836, in-32, 15 c.
— Foire (la) Saint-Laurent, ou une Représentation en 1780, comédie et arlequinade, mêlée de couplets sur les airs du temps. *Paris, Marchant*, 1838, in-8.

Avec MM. Rochefort et Dumanoir. Cette pièce, qui a été jouée au théâtre des Variétés vers le 15 mars 1838, n'est point encore imprimée au moment où nous en prenons le titre (19 mars).

SIRCOURT (madame de). —Calendrier historique, suivi d'un abrégé de chronologie par de la Lande. 1801, in-8.

SIREJEAN, docteur-médecin du collége royal de Nancy; né à Nancy, mort en 1776.
— Dissertation sur la thériaque....

SIRET (Pierre-Louis, ou C.-J.-C.), anc. maître de langues à Reims, chargé de plusieurs missions sous le règne de Louis XVI et le gouvern. révolutionnaire; né à Paris, le 30 juillet 1745, mort au port de Vitry-sur-Seine, le 25 sept. 1797.
— Éléments de la langue anglaise, ou Méthode pratique pour apprendre facilement cette langue. *Paris, Ruault*, 1773, in-8.

Première édition de ce livre réimprimé et contrefait un grand nombre de fois.
Des éditions postérieures les meilleures sont les suivantes :
Paris, Théoph. Barrois, 1778, 1780, 1785, in-8.
Rouen, 1790 in-8.
Paris, 1799, in-8.
Édition revue et corrigée avec soin, et augmentée de modèles de lettres en anglais et en français. Paris, Théoph. Barrois fils, 1802, 1805, in-8 de 176 pag., 2 fr.
Édition augm. par A. POPPLETON, et enrichie de

notes par Boniface, etc. Paris, Théoph. Barrois fils, 1816, in-8, 2 fr. 25 c.

Édition revue, corrigée avec soin, et considérablement augmentée, par M. H. Poppleton, avec des modèles de lettres en anglais et en français. Paris, Théoph. Barrois fils, 1814, in-8, 2 fr. 40 c.; — Lyon, Tournachon-Molin, 1815, in-8; — Paris, Saintin, 1815, 1820, in-12.

Édition....., entièrement conforme à la dernière, donnée en 1814, avec des modèles de lettres, etc., Paris, les libr. assoc.; et Toulouse, Sens, 1815; in-8; Lyon; Savy, et Paris, Warée aîné, 1815, in-8; Avignon, J.-A. Joly, 1815, in-8, 3 fr.

Édition revue, corr. et simplifiée par l'auteur du Nouveau Cours de la langue anglaise, Paris, P. Mongie, 1819, in-12, 2 fr. 50 c.

Édition considérablement augmentée et enrichie de notes de MM. Poppleton et Boniface, revue et corr. avec soin par M. Mac-Carthy, avec des modèles de lettres en anglais et en français, et une table des verbes anglais avec les prépositions qui les suivent, qui ne se trouvait point dans les éditions précédentes. Paris, Théoph. Barrois fils, 1820, 1824; ou Paris, Bobée, 1826, in 8, 2 fr. 25 c. La dernière édition porte le chiffre xxv.

Édition considérablement augmentée par M. Poppleton, revue, corrigée et annotée d'après les grammaires de Murray, de Grant et de Salmon, et les observations de MM. Maccarthy, Jones, Stone et Delalande Hadley, par Alexandre Boniface, avec des modèles de lettres en anglais et en français, et une table des verbes anglais avec les prépositions qui les suivent. Paris, Baudry, 1825, in-8, 2 fr. 50 c.

Édition réimprimée par le même libraire en 1826, 1827, 1828, 1829, 1830, 1831, 1835 et 1836 : aux annotations précédentes, on a joint aux trois dernières éditions, celles de MM. Nimmo et Tibbins.

— Éléments de la langue italienne, ou Méthode pratique pour apprendre cette langue. *Paris, Théoph. Barrois*, 1797, in-8.

— Epitome historiæ grecæ, ad usum lycœorum et scholarum secundi ordinis. *Parisiis*, 1799, in-12.

Première édition de ce livre élémentaire, qui en a eu une multitude : Cournand en a été l'éditeur.

Les éditions les plus répandues sont les suivantes :

Paris, Richard, an VIII (1800), in-12.

Xa editio auctior et emendatior, Avenione, J.-A. oly, 1812, in-18, 60 c.

XIa editio auctior et emendatior, cujus dictionarium permultis est verbis auctum, lucidiusque dispositum. Paris, Hacquart, 1812, in-12, 1 fr. 50 c.

Valence, Marc-Aurel, 1816, in-18, 1 fr. 25 c.

XIVa editio, Parisiis, Hacquart; Delalain, 1834, in-12.

XVIa editio, Parisiis, Delalain, 1837, in-12, 1 fr. 50 c.

— Abrégé de l'histoire grecque, à l'usage des commençants; trad. du lat. par un ancien professeur. *Paris, Aug. Delalain*, 1807, in-12 de 146 pag., 1 fr. 20 c.; — ou 1812 et 1822, in-18, 1 fr.; — 1835, in-12, 1 fr. 50 c.; — latin-français. *Paris, Jules Delalain*, 1836, in-12, 2 fr. 50 c.

— Abrégé de l'histoire grecque, trad. du latin (par J.-F. Brachet)....

— * Abrégé de l'histoire grecque, trad. d'après l'édition latine de 1816, par Jos.-P. Romet. *Grenoble, L. Barnel*, 1821, in-12.

— Histoire abrégée de la Grèce (traduction de l'Epitome historiæ græcæ, de Siret), avec une introduction et des notes historiques, géographiques et mythologiques, extraites du «Voyage du jeune Anacharsis», de Barthélemy. Par A.-J.-B. Bouvet de Cressé. *Paris, Delongchamps*, 1819, et 1821, in-18, 2 fr.

— Epitome historiæ græcæ. Abrégé de l'histoire grecque par J.-C. Siret. Traduit en français suivant la méthode des colléges par deux traductions, l'une littérale et interlinéaire, avec la traduction du latin dans l'ordre naturel des idées, l'autre conforme au génie de la langue française, précédée du texte pur et accompagnée de notes explicatives, d'après les principes de MM. de Port-Royal, Dumarsais, Beauzée, et des plus grands maîtres, par E.-L. Frémont. *Paris, J. Delalain*, 1836, in-12, 4 fr. 50 c.

— Grammaire française et portugaise, à l'usage des personnes qui veulent apprendre le portugais, pour le parler comme pour l'écrire; par L.-P. Siret; revue et corrigée par le citoyen Cournand, professeur de littérature française. *Paris, Bertrand*, an VII (1799), in-8 de 174 pag., 2 fr. 50 c.

— *Homme (l') au latin, ou la Destinée des savants. *Genève*, 1769, in-8.

SIRET (l'abbé P.-H.-E.), curé de S.-Severin, mort à Paris en mai 1834, avait été d'abord chanoine régulier de Sainte-Geneviève, et avait professé la théologie dans son ordre. Il devint ensuite prieur de l'abbaye du Val-des-Écoliers, puis prieur-curé de Sourdrun. On le vit à Paris peu après le concordat, et il s'y adonna à la prédication. Il fut nommé vicaire de Saint-Merry, et appelé, en 1820, à la cure de St.-Severin, à la place de Baillet qui venait d'être révoqué. Sa modération et son esprit conciliant parvinrent à triompher des préventions qu'avait fait naître l'attachement d'une portion de la paroisse à la personne et aux opinions de son prédécesseur. L'abbé Siret a publié les écrits suivants :

— Discours prononcé pour la profession de deux religieuses, à l'Hôtel-Dieu de Paris, le 22 septembre 1817. *Paris, de l'impr. de Crapelet*, 1817, in-8 de 16 pag.

— Éloge funèbre de monseigneur le cardinal de Belloy, archevêque de Paris, prononcé dans l'oratoire de la maison de Sainte-Barbe, lors du service solennel célébré pour S. E., le samedi 6 juillet 1808. *Paris, Périsse et Compère*, 1808, in-8 de 30 pag., 75 c.

— Éloge funèbre de Louis XVI, roi de France et de Navarre, prononcé... dans l'église royale et paroissiale de Saint-Germain l'Auxerrois, le 23 mai 1814 (et présenté au roi). *Paris, de l'impr. de Crapelet. — Méquignon l'aîné père*, 1814, in-8 de 48 pag., 1 fr.

— Mémorial (le) de la chaire, ou Manuel du jeune prédicateur, contenant des sujets variés de textes, prônes et discours à développer pour les dimanches et fêtes de l'année. *Paris, Gœury; Ad. Leclère*, 1828, in-12, 1 fr. 50 c.

SIREY (Jean-Baptiste), avocat aux conseils du roi et à la Cour de cassation, et l'un des jurisconsultes-écrivains les plus distingués de notre époque; prêtre avant la Révolution; né à Sarlat (Dordogne), le 25 septembre 1762.

— Code civil, annoté des dispositions et décisions de la législation et de la jurisprudence, avec renvoi pour l'indication des matières aux principaux recueils de jurisprudence. *Paris, rue d'Enfer St-Michel*, 1817, 1819, 1821, in-4, 18 fr., et in-8, 12 fr.

Au commencement de 1818, M. Sirey publia un *Supplément* (pour 1817) *au Code civil annoté*, in-4 de 34 pag.

— Code de commerce, annoté des dispositions et décisions ultérieures de la législation et de la jurisprudence, avec renvoi pour l'indication des matières aux principaux recueils de jurisprudence qui ont été publiés dans la capitale. *Paris, rue d'Enfer Saint-Michel*, 1816, in-8, 6 fr., et 1820, in-4.

— Code d'instruction criminelle et Code pénal annotés, etc., etc. *Paris*, 1815, 2 vol. in-4°, et 2 vol. in-8.

— Code de procédure civile, annoté des dispositions et décisions de la législation et de la jurisprudence, avec renvoi pour l'indication des matières aux principaux recueils de jurisprudence qui ont été publiés dans la capitale. *Paris, rue d'Enfer Saint-Michel*, 1816, ou 1817, et 1819, in-4, 18 fr.; et 1816, in-8, 9 fr.

— Code forestier annoté, etc. *Paris, rue de Tournon, n° 4*, 1828, in-4, 5 fr.

Présenter sous chaque article des Codes, et dans un ordre méthodique, les décisions judiciaires qui en expliquent le véritable sens, et suppléent parfois au silence du législateur; y joindre aussi les monuments législatifs qui en ont modifié ou étendu les dispositions, tel est l'objet des Codes annotés de M. Sirey.

— Codes (les cinq), avec notes et traités pour servir à un cours complet de droit français, à l'usage des étudiants en droit et de toutes les classes de citoyens cultivés. *Paris, rue d'Enfer Saint-Michel*, 1817, 1819, in-8, 5 fr.

— Cinq (les) codes, annotés de toutes les décisions et dispositions interprétatives, modificatives et explicatives, avec renvoi aux principaux recueils de jurisprudence. *Paris, rue de Seine, n° 66*, 1824, ou 1825, et 1827, in-4, 14 fr.

Avec M. L.-M. de Villeneuve.

— Codes les six), annotés de toutes les décisions et dispositions interprétatives, modificatives et explicatives, jusqu'à l'année courante, avec renvoi aux principaux recueils de jurisprudence. *Paris, rue de Tournon, n° 4*, 1829, in-4, 30 fr.

Avec M L.-M. de Villeneuve.
L'édition étant stéréotypée, le supplément aux six Codes, années 1824, 1825, 1826, 1827, 1828, est à la fin du volume, et a sa pagination particulière.
Ce recueil a encore été réimprimé en 1832 dans le format in-8.

—Conseil d'État (du) selon la charte constitutionnelle, ou Notions sur la justice d'ordre politique et administratif. *Paris, l'Auteur*, 1818, in-4 de 600 pag. — Jurisprudence du conseil d'État depuis 1806, époque de l'institution de la commission du contentieux, jusqu'en 1823. *Paris*, 1818-23, 5 vol. in-4, 72 fr.

Ce recueil a cessé de paraître.

—*Lois civiles intermédiaires, ou Collection des lois sur l'état des personnes et les transmissions des biens, depuis le 4 août 1789 jusqu'au 30 ventôse an XII (mars 1804), époque du Code civil. Par J.-B. S. *Paris*, an XIV (1806), 4 vol. in-8.

Ces notices forment la quatrième partie des tables du recueil de M. Sirey, pour l'année 1816.

— Notices annales de législation et de jurisprudence (1816). *Paris, rue d'Enfer St-Michel, etc.*, 1816, in-4.

Ces notices sont ordinairement jointes aux tables du XVIe volume du Recueil de M. Sirey, et en forment la 4e partie.

— Recueil général des lois et des arrêts en matière civile, criminelle, commerciale et de droit public, par J.-B. Sirey (aidé de plusieurs avocats), depuis 1800 jusqu'à la fin de 1830. *Paris, au bureau de l'admin. du Recueil gén. des lois et des arrêts*, 1800-30, 30 vol. in-4, impr. en petit texte et à deux colonnes, 300 fr. — Continuation par M. L.-M. (LE MOINE) DE VILLENEUVE, de 1831 à 1837 inclusiv. *Paris, au bur. du Recueil*, 1831-37, 7 vol. in-4, 147 fr.

— Jurisprudence du XIXe siècle, ou Table tricennale du Recueil général, des lois et des arrêts en matière civile, criminelle, commerciale et de droit public, par MM. Sirey et de Villeneuve; rédigée et mise en ordre alphabétique et méthodique, par M. L.-M. (LE MOINE) DE VILLENEUVE. *Paris, au bureau du Recueil*, 1838, in-4 de 1111 pag., non compris 34 autres pages d'une Table chronologique des arrêts, des lois, décrets, ordonnances, avis du conseil d'État, etc., dont le sommaire ou la notice se trouve dans la Jurisprudence du XIXe siècle, 40 fr.

Les Tables publiées pour ce recueil sont au nombre de trois : la première décennale, imprimée en 1812; la seconde vicennale, impr. en 1821; enfin la troisième tricennale, dont nous venons de parler, et qui rend inutiles les deux précédentes.

La publication du *Recueil général des lois et des arrêts, etc.*, se poursuit toujours avec succès. Le prix de l'abonnement annuel, ou continuation périodique, formant de 110 à 120 feuilles par an, est de 27 fr., franc de port.

Ce Recueil a changé plusieurs fois de titre depuis son origine : intitulé d'abord *Jurisprudence du tribunal de cassation*, on lui donna ensuite celui de *Jurisprudence de la Cour de cassation en matière civile, etc., etc., depuis l'avènement de Napoléon*, et enfin celui que nous venons de donner.

« Cet immense répertoire des arrêts de la cour de cassation est devenu le manuel des avocats, des avoués et de tous les hommes dont les fonctions se rattachent spécialement aux lois. Les points les plus sujets à difficulté de notre législation civile y sont traités avec toute la clarté désirable et des vues pour l'amélioration de ses parties défectueuses y sont fréquemment indiquées avec la supériorité de lumières qui caractérise le jurisconsulte consommé. Ce n'est point une aride collection de préceptes nus. L'application y suit toujours le principe, et des réflexions vives et heureusement présentées qui animent continuellement la discussion. M. Sirey se montre constamment, dans ses ouvrages, pénétré du véritable esprit des lois. Ses idées sur leur source éternelle, c'est-à-dire sur la justice, sur les notions que nous apportons virtuellement dans notre constitution morale, en venant au monde, ont autant de justesse que d'élévation, et sont exprimées dans un langage qui, par sa dignité, est tout-à-fait proportionné à la matière ».

(*Biog. universelle et port. des contemp.*)

Ce recueil, connu sous le nom de Sirey, n'a pas été rédigé par lui seul : il le fonda en société avec M. DENEVERS; mais les deux associés ne s'étant plus entendus, chacun publia de son côté un recueil du même genre. M. J.-B. Sirey s'est adjoint plus tard d'abord M. Duvergier, et ensuite M. L.-M. de Villeneuve : c'est ce dernier qui, seul, depuis 1831, continue cette publication.

Le premier volume contient les arrêts antérieurs à l'an X; les autres volumes contiennent les arrêts subséquents. Chaque volume est séparé en deux parties ayant une pagination différente : la première contient les arrêts de cassation; la seconde, les arrêts des Cours royales et les actes de législation. A la fin de chaque volume se trouvent trois tables : l'une des lois et arrêts, suivant l'ordre chronologique; l'autre de noms des parties par ordre alphabétique; la troisième, des matières et questions également rangées par ordre alphabétique.

Les premiers volumes de ce Recueil ont été réimprimés plusieurs fois, et la dernière édition est en caractères compactes.

Une nouvelle édition de ce recueil a été imprimée en Belgique, sous le titre suivant :

Jurisprudence du dix-neuvième siècle, ou Recueil général des lois et des arrêts en matière civile, commerciale et de droit public, depuis l'an 1800. Par J.-B. SIREY et DENEVERS. Nouv. édition, enrichie de notes indiquant les points de jurisprudence sur lesquels les tribunaux belges ont adopté, depuis 1814, une doctrine contraire à celle des arrêts rapportés, et augmentée d'un Supplément, contenant les décisions remarquables, non publiées par Sirey, pour les années jusques et y compris 1822; et pour celles postérieures, d'une troisième partie pour les Pays-Bas, rapportant les lois, les actes législatifs et les arrêts notables des Cours de ce royaume en matière civile, criminelle, commerciale, et de droit public. Bruxelles, Aug. Wahlen et compe, 1823 et ann. suiv., 24 vol. in-4, y compris le volume de Supplément et une Table vicennale, 360 fr., et sur papier fort et collé, 480 fr.

Cette édition n'est point, à proprement dire, une contrefaçon du Recueil de M. Sirey, mais bien de ceux du même genre qui paraissaient en France à l'époque de 1823. On a consigné, dans cette édition belge, 1° les arrêts recueillis par MM. Sirey, Denevers, Dalloz, et ceux du Journal du Palais, etc.; 2° les arrêts notables des cours des Pays-Bas; 3° les décisions ministérielles, les instructions administratives, etc., des Pays-Bas.

Outre ces vingt-quatre volumes, les éditeurs belges ont publié une continuation périodique du premier janvier 1823 à la fin de 1826, laquelle continuation forme quatre nouveaux volumes, au prix de 20 fr. chacun. Mais, dès 1825, les propriétaires du Recueil de M. Sirey déjouèrent les contrefacteurs belges, en faisant faire eux-mêmes à Paris, sous la rubrique de Bruxelles, Tarlier, une édition gr. in-8 de leur continuation annuelle pour être répandue en Belgique, et cette mesure est encore suivie en 1838.

— Le même Recueil, sous ce titre : Jurisprudence du XIXe siècle. Sec. édit., entièrement refondue, ou Collection alphabétique des arrêts rendus par la cour de cassation et par les cours royales, depuis 1800 jusqu'à l'année courante, avec renvoi à tous les recueils du temps, et principalement au Recueil général des lois et des arrêts. *Paris, rue de Tournon, n° 4*, 1826, gr. in-8.

Cette édition avait été promise en 25 volumes environ, sur grand raisin; mais il n'en a été publié que la première partie du tome premier, comprenant les syllabes A-Acc. et formant 256 pag.

— Table alphabétique et raisonnée du Recueil général des lois et arrêts en matière civile, criminelle et commerciale, ou Notices décennales de législation et de jurisprudence, depuis l'avénement de Napoléon (1800-1810). *Paris, chez le libraire, quai Desaix,* 1812, in-4, 20 fr.

— Table alphabétique et raisonnée du Recueil général des lois et des arrêts, 1800-1820, ou Jurisprudence de XIXe siècle. *Paris, au bureau de l'administr.*, 1821, in-4.

Avec MM. J.-B. Duvergier et L.-M. de Villeneuve, avocats à la Cour royale de Paris.

Ces deux Tables ont été refondues et augmentées en 1834, par M. L.-M. de Villeneuve, à qui l'on doit la publication d'une Table tricennale du même Recueil (voy. plus haut).

— *Tribunal (de) révolutionnaire, considéré à ses différentes époques. *Paris*, an v (1797, in-8.

L'auteur y attaquait l'existence du tribunal révolutionnaire, déjà chancelant sur sa base sanglante. comme l'un des produits monstrueux du système d'exception, ou plutôt de proscription, qui jusque là s'était seul chargé de faire les affaires de la liberté. Cet écrit, où M. Sirey se montrait à la fois homme d'État plein d'éloquence et légiste profond, attira les yeux sur lui, et, en 1799 (an VIII), il fut compris au nombre des cinquante défenseurs que la Cour de cassation, récemment organisée, attacha à sa barre pour plaider et traiter les causes qui venaient à son ressort.

M. Sirey en outre, a eu part aux Annales de législation et de jurisprudence.

SIREY (... Joséphine Lasteyrie du Saillant, dame) nièce de Mirabeau et épouse du précédent.

— * Louise et Cécile, par Mme***. *Paris, Niogret; Véret,* 1822, 2 vol. in-12, 6 fr.

— Conseils d'une grand'mère aux jeunes femmes. Prem. partie. *Angers, Launay-Gagnot; et Paris, Schwartz et Gagnot,* 1838, in-12 de 324 pag., 2 fr. 50 c.

— *Marie de Courtenay. Par madame ****. *Paris, Barba; Delaunay,* 1818, in-12, 2 fr. 50 c.

Roman de mœurs, et essentiellement moral, dans lequel l'auteur semble avoir eu pour but de prouver qu'il appartient au charme des qualités du cœur et à la grâce de l'esprit, encore plus qu'aux attraits de la jeunesse, d'inspirer ces sentiments profonds et durables, qui seuls peuvent flatter une femme douée de quelque élévation.

— * Mère (la) de famille. Journal moral, religieux, littéraire, d'économie et d'hygiène domestique; destiné à l'instruction et à l'amélioration des femmes. *Paris, place Saint-Germain-l'Auxerrois, n° 22; Verdière,* sept. 1833 — sept. 1834, in-8, 6 fr.

Il en a paru douze numéros formant le tome Ier (et unique) de ce recueil. Madame Sirey en a été le principal rédacteur.

Cette dame a eu part aussi à quelques recueils littéraires, et entre autres au «Journal des Femmes», publ. par madame F. Richomme.

SIRI (Vittorio). — Anecdotes du ministère du cardinal de Richelieu et du de Louis XIII, avec quelques particula du commencement de la régence d'An d'Autriche, tirées et traduites de l'italien du «Mercurio» de Siri (par Valdori). *Amsterdam,* 1717, 2 vol. in-12.

— Mémoires secrets tirés des archives des souverains de l'Europe (trad. de l'ital. par J.-Bapt. Requier). *Amsterdam; et Paris, Nyon l'aîné,* 1767-85, 50 vol. in-12.

— Mercure (le) depuis 1640-1655. Trad. de l'ital., par J.-Bapt. Requier. *Paris,* 1756-1759, 3 vol. in-4, ou 18 vol. in-12.

Il existe en français un Catalogue des principaux négociateurs, suivi d'une Notice exacte sur les éditions de Vittorio Siri, par Jacq. Ryckens, de Turin, Paris, 1800, in-8 de 22 pages. Suivant M. Peignot, de qui nous empruntons cette indication, « ce Catalogue n'est point raisonné, il ne « renferme pas un grand nombre d'articles, mais « ils sont bien choisis ».

SIRIEYS DE MAYRINHAC (   ), député du Lot à la chambre dite introuvable, de 1815, à celle de 1821 à 1823, et à la chambre septennale, directeur-général de l'administration des haras, des arts et des manufactures, conseiller d'État en service extraordinaire; mort à Mayrinhac, le 27 novembre 1831.

— Mémoire sur les élections du département du Lot à la chambre des députés. *Paris, impr. de Leblanc,* 1816, in-8 de 8 p.

Signé : les députés de 1815, Lachèze-Murel et Sirieys de Mayrinhac.

—Observations sur ce qui a été inséré dans le Moniteur, relativement aux élections du département du Lot. *Paris, de l'impr. de L.-G. Michaud,* 1816, in-8 de 4 pag.

Avec M. Lachèze-Murel.

Dans leur Mémoire sur les élections les auteurs avaient attaqué l'administration de M. le comte Lezay-Marnezia, préfet du Lot : celui-ci publia dans le Moniteur une protestation contre le libelle de MM. Sirieys de Mayrinhac et Lachèze-Murel, et c'est à cette protestation que répondent les précédentes Observations. Sur la demande de M. Lezay-Marnezia, M. Sirieys de Mayrinhac fut traduit devant le tribunal de police correctionnelle de Paris, et fut, par jugement du 7 mars 1819, déclaré calomniateur et condamné à 30 fr. d'amende, le plaignant n'ayant pas réclamé de dommages et intérêts.

— Observations sur l'administration générale des haras, de l'agriculture, etc., supprimée par l'ordonnance royale du 13 novembre 1828. *Paris, de l'impr. de Duverger,* 1829, in-8 de 104 pag.

M. Sirieys de Mayrinhac recevait 40,000 f. comme directeur-général de l'administration des haras. La chambre de 1828, dans sa première session, retrancha du budget cette somme : de là les doléances de M. Sirieys.

M. Sirieys de Mayrinhac s'est constitué le défenseur, à la tribune, de tous les ministres dont la Restauration a doté la France depuis 1815 jusqu'à la chute du ministère Villèle. On lui doit de nombreux discours sur toutes les questions qui ont été agitées pendant sa législature, mais tous sont enfouis dans les journaux du temps, et la famille de M. Sirieys de Mayrinhac ne les en exhumera vraisemblablement pas.

SIRONVAL. — Méthode facile pour apprendre la géographie d'Asie (selon la méthode de l'abbé Gauthier). 1791, in-8.

L'auteur devait donner successivement les descriptions des autres parties de la terre.

SIROT (D.-G.). — Tarif (nouv.) pour la réduction des bois équarris, suivi du tarif pour la réduction des bois ronds, en pieds, pouces et lignes cubes. *Montbéliard*, 1837, in-18.

SIROU (P.-S.), prêtre desservant de St-Pont.

— Institutiones philosophicæ, intelligentiæ tironum accommodatæ. *Saint-Pont, de l'impr. de Franc*, ..., 3 vol. in-12.

SIRVEN (de), maître de pension à Toulouse.

— Abrégé de mythologie. 1778, 2 vol. in-12.

— Fragments de morale, d'histoire sacrée, profane et fabuleuse, adoptés aux principes de la grammaire latine. 1778, in-12.

SIRVEN (E.-J.). — Raison et Folie, ou Chansons et poésies diverses. *Paris, Dentu*, 1835, in-18, 1 fr. 50 c.

SISCAR. Voy. MAYANS Y SISCAR.

SISMONDI (Sim. de). Voy. SIMONDE DE S.

SISSOUS DE VALMIRE ( ), anc. avocat du roi au bailliage de Troyes; mort dans cette ville dans un âge avancé, à la fin de février 1819.

—* Dieu et l'Homme. *Amsterdam* (*Troyes*), 1771, in-12 de 330 pag.

Il y a un *Examen* de cet ouvrage par Louis Tallot, de Troyes, 1772, in-8.

Dieu et l'Homme, ouvrage de métaphysique de Sissous de Valmire, a été souvent confondu avec le livre philosophique de Voltaire, intitulé « Dieu et les hommes, œuvre théologique, mais raisonnable etc. » Voy. l'explication que M. Beuchot a donnée, au sujet des deux ouvrages, dans le Journal de la librairie, ann. 1819, pag. 135.

SIVIALE (Victor), D. M. à Perpignan.

— Considérations générales sur l'hygiène publique et privée, envisagée sous le rapport prophylactique ou préservatif du choléra. *Perpignan, de l'impr. d'Alzine*, 1835, in-8 de 56 pag.

— Lettre de M. Siviale.. (au sujet du remède Leroy), sous la date du 25 septembre 1823, livrée à l'impression par un de ses amis. *Perpignan, de l'impr. de mademoiselle Tastu*, 1823, in-8 de 8 pag.

SIVRY (Esprit-Pierre de), conseiller au parlement de Nanci, puis avocat.

— Journal des observations minéralogiques faites dans une partie des Vosges et de l'Alsace; ouvrage qui a remporté le prix de la Société royale de Nancy. 1782, in-8.

SIVRY (POINSINET DE). Voy. POINSINET DE S.

SIXTE (le P.), capucin; né à Marvaux près de Dun (Meuse), vers 1712, mort supérieur du couvent de Mouzon, en 1774.

—* Miroir (le) des esprits forts, en vers et en prose. *Bouillon, Foissy*, 1771, 2 vol. in-12.

— Principaux (les) points de l'histoire sacrée, en vers français. *Bouillon, J. Brasseur*, 1762, 3 vol. in-12.

Le P. Sixte, en outre, est l'un des auteurs de la traduction des Prophéties d'HABACUC, traduites de l'hébreu en latin et en français, publiées par des capucins (1775, 2 vol. in-12).

SIXTE ***. — Lusitains (les), ou la Révolution de Portugal, tragédie (en cinq actes et en vers). *Berlin, sans nom d'impr.*, 1753, in-8.

SIXTO GARCIA PRO (D. Cayetano), professeur émérite de philosophie et de littérature de Madrid.

— Celsissimo Francisci imperii principi et primario electori Josepho Napoleoni... 30 mai 1815. *Paris, de la impr. de Rougeron*, 1815, in-4 de 8 pag.

— Monumentum laudis et gloriæ immortalis. *Parisiis, ex typogr. P.-N. Rougeron*, 1815, in-4 de 12 pag.

— Respuesta (su) a las calumniosas expresiones contra su persona insertas en el art. V del tomo primero de « las Memorias para la historia de la revolucion de España;» publicada in Paris en español y en frances por don Juan-Antonio Llorente, baxo al anagrama de *Nellerto;* precedida de varias reflexiones politicas en que se vendica el honor de la nacion española, con un appendice o fe de erratas grammaticales. *Paris, de la impr. de Rougeron*, 1816, in-8 de 168 pag.

— Revue générale et examen critique des principales inscriptions latines qui ont paru depuis la restauration jusqu'à présent dans les journaux français. *Paris, de l'impr. de P. N. Rougeron*, 1819, in-8 de 32 pag.

SKARBECK (le comte Frédéric), littérateur polonais, d'abord profess. des sciences économiques et administratives à l'université de Varsovie; depuis 1828, conseiller d'État de Russie; et après la révolution de Pologne de 1830, attaché au département des affaires intérieures de la Russie.
— Tarlo, roman polonais, traduit par Charles FORSTER, et publié par madame Mélanie Waldor. *Paris, Moutardier*, 1834, in-8, 7 fr. 50 c.
— Théorie des richesses sociales, suivie d'une Bibliographie de l'économie politique. *Paris, Sautelet*, 1829, 2 vol. in-8, 12 fr.

Le comte Sbarbeck est auteur de plusieurs ouvrages sur l'économie politique, et de divers romans puisés dans les mœurs polonaises, qui n'ont pas été traduits en français.

On trouve une notice sur cet écrivain dans la Biogr. univ. et port. des contemp., qui, selon toute apparence, est due à M. L. Chodzco.

SKENE (Ph.-O.). — Notice sur un système d'enseignement. IIIe édition. *Paris, L. Colas*, 1826, in-8 de 8 pag., 75 c.

SKIENNER (John). — Voyages au Pérou, faits dans les années 1791 à 1794, par les PP. Manuel Sobreviela et Narcisso y Barcelo, précédés d'un tableau de l'état actuel de ce pays, sous les rapports de la géographie, de la topographie, de la minéralogie, du commerce, de la littérature et des arts, des mœurs et coutumes de ses habitants de toutes les classes; publiés à Londres en 1805, par John Skienner, d'après l'original espagnol; trad. par P.-F. HENRY. *Paris, J.-G. Dentu*, 1809, 2 vol. in-8, avec un atlas de 12 pl. color. et d'une carte du Pérou, dressée d'après Lacruz, 18 fr.; sur pap. vélin, 36 fr.

SKJÖLDEBRAND (A.-F.). — Description des cataractes et du canal de Trollhätta en Suède; avec un Précis historique. *Stockolm, Ch. Delén*, 1804, in-4 de 49 pages, avec 12 gravures, dess. et grav. par l'auteur.
— Supplément (prem.) du Voyage pittoresque au cap Nord, contenant des remarques sur le premier cahier de cet ouvrage, et sur le Voyage de M. Jos. Acerbi. *Stockholm, Ch. Delén*, 1802, in-4 de 26 pag.

SKORZEWSKI (Héliodore de), Polonais.
— * Mariage (du) entre proche parents. Par H.-J. S......... *Paris, Eberhart*, 1824, in-8 de 92 pag., 2 fr.

Écrit tiré à 76 exemplaires.

SLAMATI BULGARI, chef de bataillon au corps royal d'état-major, en retraite.
— Notice sur le comte Jean Capo d'Istrias, président de la Grèce, suivi d'un extrait de sa correspondance. Seconde édition, revue et corrigée. *Paris, Delaunay*, 1832, in-8 de 36 pag. et un portr.

La première édition, publiée aussi dans la même année, ne portait pas le nom de l'auteur.

— Souvenirs (ses). *Paris, A. Pihan-Delaforest; Delaunay*, 1835, in-8 de 68 pag.

SLANE (le baron Mac GUCKIN DE), orientaliste, membre du conseil de la Société asiatique de Paris, correspondant de l'Académie royale des sciences de Turin; né à Belfast, en Irlande, le 12 août 1801.

On doit à M. le baron de Slane la publication des trois ouvrages arabes suivants : 1° le Divan d'AMRO'LKAIS, précédé de la Vie de ce poëte, par l'auteur du Kitab el-Aghani (ABOUL'FARADJ), accompagné d'une traduction et de notes (Paris, de l'impr. roy., 1837, in-4). La traduction de la Vie du poëte est en français; celle de ses poésies est en latin; les notes sont en français; — 2° (en société avec M. REINAUD, de l'Institut : le texte arabe de la Géographie d'ABOU 'LFÉDA (Paris, 1837, in-4), dont il n'a encore paru que la première livraison; — 3° les Vies des hommes illustres d'IBN KALLIKAN, intitulées Wafayat al aiyan, wa anba ebn az-Zaman. Ce dernier ouvrage est une publication importante, dont une première livraison vient d'être publiée (Paris, F. Didot et Compe, avril 1838), et qui en aura neuf, chacune de vingt feuilles d'impression, lesquelles formeront ensemble 2 vol. in-4. L'éditeur s'occupe d'une traduction française de cet ouvrage; cette traduction paraîtra aussitôt que la publication du texte arabe sera achevée.

SLEIDAN (John), historien anglais.
— Abrégé chronologique de l'histoire universelle depuis les premiers empires du monde jusqu'à l'année 1725, trad. du latin, avec des augm. (par HORNOT). *Amsterdam, et Paris*, 1757, in-12; 1766, in-8.
— Histoire de l'état de la religion et république sous l'empereur Charles V, avec un Traité des quatre souverains empires; trad. du latin (par Rob. LE PREVOST). Édition augment. *Imprimé par Crespin*, 1557, in-8; — ou *Strasbourg*, 1558, in-8 de 940 pag., sans compter les tables.

L'édition de 1558 est citée comme n'étant pas châtrée.

— Le même ouvrage, sous ce titre : Histoire de la Réformation, trad. du lat. par le P. LE COURAYER, avec des notes. *La Haye*, 1767 et 1769, 3 vol. in-4.

Ouvrage important et propre à jeter un grand jour sur les progrès du protestantisme dans le XVIe siècle. Le P. Le Courayer a enrichi sa traduction de notes qui décèlent un talent rare pour la discussion. C'est dommage qu'il n'y tienne pas toujours la balance d'une main suffisamment impartiale. On y remarque pourtant un peu plus de modération que l'on n'en trouve ordinairement dans ses autres écrits.

SLINGENEYER (N.-J.), à Bruxelles.
— Vie du prince Charles-Alexandre de Lorraine, gouverneur général des Pays-Bas autrichiens. *Bruxelles*, 1834.

SLOANE (Hans), médecin et naturaliste anglais distingué de la première moitié du siècle dernier, d'abord médecin général des armées (en 1716), ensuite premier médecin du roi d'Angleterre, président du collége royal des médecins de Londres (de 1719 à 1735), et de la Société royale de Londres, en remplacement du célèbre Newton (de 1727 à 1740), et des plus célèbres académies de l'Europe.
—*Histoire de la Jamaïque, trad. de l'angl. (par Raulin). *Londres, Nourse*, 1751, 2 vol. in-12.
— Histoire d'un remède très-efficace pour la faiblesse et la rougeur des yeux, et autres maladies du même genre, avec un remède infaillible contre la morsure du chien enragé; trad. de l'angl., avec des notes. Par And. Cantwel. *Paris*, 1764, in-8.

Cet ouvrage a été réimprimé dans l'ouvrage de Saint-Yves sur les maladies des yeux. Amsterdam, 1769, in-12.

SLOWACKI (J.).—Poezye. *Paris, Th. Barrois fils; Hector Bossange*, 1832, 2 vol. in-18, 10 fr.

SLOWACZYNSKI (André). — Praga rys historyczny. *Paris, de l'impr. de Bourgogne*, 1835, in-8 de 24 pag.
— Statistique du royaume de Pologne. *Paris, rue Saint-Honoré*, n° 345, 1838, in-18 de 144 pag., 2 fr.

SMACHTENS (J.-J.), architecte belge.
—Traité (nouv.) de perspective, dédié aux artistes et aux amateurs de beaux-arts. *Bruxelles, l'Auteur*, 1820 et ann. suiv, 20 livr. formant un vol. in-fol. de 80 pl., avec texte, 60 fr., et sur pap. superfin roy. vél., 65 fr.

SMART-HUGHES. Voy. Hughes.

SMEATON (J.). — Recherches expérimentales sur l'eau et le vent, considérées comme forces motrices applicables aux moulins et autres machines à mouvement circulaire, suivies d'expériences sur la transmission du mouvement et la collision des corps; trad. de l'angl. et précédées d'une introduction par M. P.-S. Girard. *Paris, Courcier*, 1810, in-4. — Sec. édit. *Paris, Bachelier*, 1827, in-4, avec 4 pl., 9 fr.

SMEETS (A.-L.), alors capitaine au régiment de mineurs et sapeurs au service des Provinces-Unies.
— Théorie de l'art du mineur, trad. de l'allem. (1778). Voy. Gauss.

SMELLIE (William), accoucheur anglais célèbre du siècle dernier.
— Observations sur les accouchements, trad. par P. de Lavache de Préville, méd. 1756, in-8.
— Traité de la théorie et pratique des accouchements de M. Smellie, trad. de l'angl. par P. de Lavache de Préville, auquel on a joint le Secret de Rooenhuisen, trad. du hollandais. *Paris*, 1754-65, 3 tom. en 4 vol. in-8; —ou *Paris, P. F. Didot jeune*, 1771, 4 vol. in-8.

SMET, prêtre belge.—Méditations pour une retraite spirituelle en faveur des âmes dévotes, ouv. posth., précédées d'une Méthode pour entendre dévotement la sainte messe. *Bruxelles, madame Lemaire*, 1813, in-12, 2 fr.

Voy. aussi De Smet.

SMITH. — Traité des vertus médicinales de l'eau commune, etc., par M. Smith, trad. de l'angl. (par Noguez), et le Grand Fébrifuge du doct. Hancock, trad. aussi de l'angl. (par le P. Nicéron). Seconde édit. *Paris, G. Cavelier*, 1726, in-12.

La première édition de la traduction du « Grand Fébrifuge » parut en 1724.

— Vertus (les) médicinales de l'eau commune, ou Recueil des meilleures pièces qui ont été écrites sur cette matière (par Fréd. Hoffman, Smith, J. Hancock, Geoffroy, Hecquet, Noguez, Bern. Marie de Crescenzo, traduit du latin, de l'anglais et de l'italien, par Noguez, Nicéron, etc.); auxquelles on a joint la Dissertation de M. de Mairan sur la glace, et celle de Fréd. Hoffman sur l'excellence des remèdes domestiques, traduit du latin (le tout recueilli et publié par Boudon). *Paris, Cavelier*, 1730, 2 vol. in-12.

SMITH (William).—Histoire de la Nouvelle-York, depuis sa découverte, avec une description géographique, trad. de l'angl.

(par M.-Ant. Eidous). *Londres*, 1767, in-12.
— Voyage (nouv.) de Guinée. *Paris*, 1751, 2 tom. en un vol. in-12.

SMITH (Adam), philosophe écossais, et écrivain célèbre, fondateur du système d'économie politique généralement admis aujourd'hui, professeur de philosophie morale à Glascow, de 1752 à 1763, commissaire des douanes en Écosse de 1778 jusqu'à sa mort, arrivée le 8 juillet 1790, à l'âge de 67 ans.
— Considérations sur la première formation des langues et le différent génie des langues orientales et composées; trad. de l'angl. (par A.-M.-H. Boulard, anc. notaire). *Paris*, an IV (1796), in-8.
— Le même ouvrage, sous ce titre : Essai sur la première formation des langues composées, trad. de l'angl. d'Ad. Smith, avec des notes, suivi du premier livre des Recherches sur la langue et la philosophie des Indiens, extrait et trad. de l'allemand de Schlegel, par J. Manget. *Genève*, 1809, in-12, 2 fr.

Cet ouvrage a encore été traduit par madame Soph. de Condorcet, à la suite de la « Théorie des sentiments agréables ». (Voy. plus bas).

— Essays on philosophical subjects, to which is prefixed an account of the life and writings of the author, by Dug. Stewart. *Basel* (*Strasbourg*, * *Levrault*), 1799, in-8, 4 fr.
— Essais philosophiques, précédés d'un Précis de la vie et des écrits de l'auteur par Dug. Stewart; trad. de l'angl. par P. Prevost. *Paris*, 1797, 2 vol. in-8, 9 fr.

Cet ouvrage, qu'une Biographie présente comme la traduction des *Œuvres posthumes* d'Adam Smith, renferme 1° les fragments d'un ouvrage *sur les principes qui suscitent et qui dirigent les recherches philosophiques*; 2° un *Essai sur la nature de l'imitation à laquelle tendent les arts imitatifs*; 3° un autre *Essai sur les sens externes*; 4° une *Lettre aux rédacteurs de la Revue d'Édimbourg*, impr. en 1754, dans le deuxième numéro de ce recueil, laquelle Lettre contient une critique du Dictionnaire de Johnson, et un tableau rapide de l'état des sciences et des lettres en Europe à cette époque. Le traducteur y a joint des notes et des reflexions.

Dans sa lettre, A. Smith fait voir combien le dogmatique et pédantesque lexicographe Johnson était superficiel; il lui reproche, avec raison, l'inexactitude de ses définitions et de nombreuses erreurs dans les étymologies.

— * Fragments sur les Colonies en général, et sur celles des Anglais en particulier (trad. de l'angl. par Reverdil). *Lausanne*, 1778, in-8.

— Inquiry into the nature and causes of the wealth of nations. *Basel* (*Strasbourg*, * *Levrault*), 1801. 4 vol. in-8, 16 fr.

L'édition originale parut en 1776, 2 vol. in-4.

— Recherches sur la nature et les causes de la richesse des nations, trad. de l'angl. (par l'abbé Blavet). *Yverdon*, 1781, 6 vol. in-12; — *Londres*, et *Paris*, *Duplain*, 1788, 2 vol. in-8. — Nouv. édit., revue et corr. *Paris*, *Laran et compagnie*, 1801, 4 vol. in-8, 16 fr.

La dernière édition de cette traduction, la seule que Blavet ait avouée, et qui seule porte son nom, vaut mieux que les précédentes.

— Le même ouvrage, trad. par J.-A. Roucher. *Paris*, *Buisson*, 1790, 4 vol. in-8. — Sec. édit., suivi d'un volume de notes par Condorcet. *Paris*, *Buisson*, an III (1795), 5 vol. in-8, 20 fr.

Traduction peu estimée.

— Le même ouvrage, traduction nouvelle, avec un grand nombre de notes et d'observations, par (le marq.) G. Garnier. *Paris*, *H. Agasse*, an X (1802), 5 vol. in-8, avec le portr. de Smith, 25 fr.

Cette traduction est non-seulement supérieure aux deux précédentes, mais elle est encore enrichie de plusieurs morceaux importants du traducteur, lesquels offrent un plus grand intérêt à l'ouvrage de Smith.

En tête de sa traduction, le marquis G. Garnier a placé une préface qui contient : 1° un exposé sommaire de la doctrine de Smith, comparée avec celle des économistes français; 2° une méthode pour faciliter l'étude de Smith; 3° un parallèle entre les richesses de la France et de l'Angleterre, d'après les principes de l'auteur anglais. La préface est suivie d'une Notice sur la vie et les ouvrages de Smith.

La traduction remplit le surplus du premier volume et la totalité des tomes II—IV. Pour l'intelligence du texte, le traducteur a répandu dans le cours de l'ouvrage un grand nombre de notes.

Quant au cinquième volume, il est tout entier du marquis Garnier, et il est composé : 1° de quarante-deux notes d'un grand intérêt, formant ensemble plus de 450 pages; 2° d'une table des monnaies, poids et mesures de l'Angleterre, avec leur évaluation en monnaies, poids et mesures de France, tant de l'ancienne division que du nouveau système.

— Le même ouvrage, de la même traduction. Sec. édition, avec des notes et des observations nouvelles, par le même. *Paris*, *veuve Agasse*, 1822, 6 vol. in-8, 36 fr.

— Mémoires sur la Grande-Bretagne et l'Irlande, trad. de l'angl. par l'abbé Blavet. *Paris*, 1776, 2 vol. in-8.

— Theory (the) of the agreeable sensations. *Basel* (* *Strasbourg*, *Levrault*), 1800, in-8, 4 fr..

L'édition originale est de 1759.

— Métaphysique de l'âme, ou Théorie des sentiments moraux; trad. de l'angl. (par M.-Ant. Eidous). *Paris*, 1764, 2 vol. in-12.

Quelques biographes citent une autre traduction de cet ouvrage, publiée en 1764, par un anonyme, autre qu'Eidous; mail.il y a lieu de penser que les biographes ont fait erreur, et que la traduction d'Eidous, publiée en 1764, sous le voile de l'anonyme, et celle citée par eux, ne font qu'une seule et même traduction.

— Théorie des sentiments moraux, traduction nouvelle de l'angl., avec une Table raisonnée des matières contenues dans l'ouvrage, par M. l'abbé Blavet. *Paris*, *Valade*, 1774, 2 vol. in-12.

— Théorie des sentiments moraux, ou Essai analytique sur les principes des jugements que portent naturellement les hommes, d'abord sur les actions des autres, ensuite sur leurs propres actions; suivi d'une Dissertation sur l'origine des langues, trad. de l'angl. sur la septième et dernière édition, par madame Soph. de Condorcet (née de Grouchy). *Paris*, an VI (1798), 2 vol. in-8. — Sec. édition. *Paris*, *Barrois aîné*, 1820, 2 vol. in-8, 14 fr.

Cette dernière traduction de la *Théorie des sentiments agréables* a été faite sur une édition à laquelle A. Smith avait fait, pendant sa dernière maladie, des changements considérables. Madame de Condorcet a placé en tête un avertissement, et y a ajouté une traduction des *Considérations sur l'origine et la formation des langues*, et huit lettres sur la sympathie, renfermant l'examen critique de la doctrine de l'auteur, que madame de Condorcet n'approuve pas entièrement.

Une édition des Œuvres complètes d'Adam Smith, précédées d'une Notice sur sa vie et ses écrits, a été publiée par le prof. Dug. Stewart (1817, 5 vol. in-8, avec un portr.).

SMITH (Robert). — Cours complet d'optique; trad. de l'angl. (par le P. Pézénas, anc. prof. roy. d'hydrographie), contenant la théorie, la pratique et les usages de cette science. *Avignon*, *veuve Guichard*; *et Paris*, *Saillant*; * *Jombert*, *etc.*, 1767, 2 vol. in-4, avec fig.

Tous les exemplaires de cette traduction ne doivent pas être anonymes; car Bellepierre de Neuve Église, en l'annonçant dans son Catalogue hebdomadaire, 11 avril 1767, nomme le P. Pézénas.

— Le même ouvrage, sous ce titre : Traité d'optique, trad. de l'angl. (avec des augmentations considérables, par Duval-le-Roy). *Brest*, *Malassis*; *et Paris*, *Durand*, 1767, in-4, avec fig. — Supplément, trad. par le même. *Brest*, 1784, in-4.

Traduction plus recherchée que celle de Pézénas, à cause des augmentations considérables que Duval a faites au traité.

SMITH. — * Lettres aux femmes mariées, trad. de l'angl. *Yverdon*, 1770, in-8.

SMITH (mistriss Charlotte), née Turner, poëte et romancière anglaise; morte en 1806.

— Abbaye (l') de Palsgrave, ou le Revenant; trad. de l'angl. par M. D. M. Marchais de M. (Migneaux). *Paris*, *Pigoreau*, 1818, 3 vol. in-12, 9 fr.

— Bandit (le) calédonien....

Traduit par extraits dans la Nouvelle Bibliothèque des romans.

— Barozzi, ou les Sorciers vénitiens, chronique du XVe siècle. (Trad. de l'angl.) *Paris*, *Plancher*, 1817, 2 vol. in-12, 5 fr.

— Cavernes (les) des montagnes bleues, ou Orgueil et haine, trad. de l'angl. par M. Marchais de Migneaux. *Paris*, *Pigoreau*, 1819, 4 vol. in-12, 10 fr.

— Célestine, ou la Victime des préjugés; trad. de l'anglais sur la seconde édition, par la citoyenne R. (Rome). *Paris*, *Buisson*, 1795, 4 vol. in-12.

— Corisandre de Beauvilliers, anecdote française du XVIe siècle, trad. de l'anglais par Isabelle de Montolieu. *Paris*, *Demonville*, 1806, 2 vol. in-12, 4 fr. — Nouv. édit. *Paris*, *Arth. Bertrand*, 1821, in-12, 3 fr.

— Corisandre de Beauvilliers, roman historique (abrégé de l'angl. par M. de Salaberry). *Blois*, *et Paris*, *Demonville*, 1806, 2 vol. in-12.

Ces deux traductions pourraient bien n'être qu'une seule et même : il n'est pas vraisemblable que, dans la même année, le libraire Demonville se soit arrangé d'une double traduction du même livre. Barbier aurait donc eu raison de présenter M. de Salaberry non comme l'abréviateur de l'ouvrage de Charl. Smith, mais bien comme le blanchisseur de madame de Montolieu.

Autre observation. Ni Reuss, dans son Angleterre littéraire, ni l'auteur du Dictionnaire des écrivains vivants de la Grande-Bretagne, ne citent parmi les ouvrages de Ch. Smith aucun roman sous le titre de *Corisandre de Beauvilliers*.

On remarque, dans l'original de cet ouvrage, dont la scène se passe en France, trop peu de connaissance de ce pays, quoique l'auteur l'ait habité; mais quelques fautes de géographie et autres, ont été corrigés par les traducteurs français.

— Desmond, ou l'Amant philantrope, trad. de l'angl. par L.-C. D.... *Paris*, *Denné*, 1793, 4 vol in-18 et 2 vol. in-12.

— Emmeline, ou l'Orpheline du château, trad. de l'angl., par .... *Paris*, ..., 4 vol. in-12; ou 1799, 5 vol. in-18.

— Ethelinde, ou la Recluse du lac, trad. de l'angl. par P. de La Montagne. *Paris, Maradan*, an VII (1799), 6 vol. in-18, ornés de 6 grav., 6 fr. — Nouv. édition. *Paris*, *Renard*, 1805, 4 vol. in-12, 6 fr.

— * Geneviève de Castro, ou le Mariage mystérieux; trad. de l'angl. par J. Cohen. *Paris*, *Dentu*, 1821, 4 vol. in-12, 10 fr.

Tout ce que dit, dans sa préface, le traducteur pour prouver que cet ouvrage est de Ch. Smith nous semble infirmer son assertion. *Pigoreau.*

— Jeune (le) Philosophe, trad. de l'angl. *Paris, Le Normant*, an VII (1799), 3 vol. in-12, avec 3 fig., 5 fr.

— Loisirs (les) de l'enfance et de la jeunesse, ou Historiettes amusantes et morales; ouvrage traduit de l'angl. de Ch. Smith, de Priscilla Wakefield et autres écrivains, par T.-P. Bertin. *Paris, Blanchard et comp.*, 1812, 4 vol. in-18, 5 fr.

— Montalbert et Rosalie, trad. de l'angl. *Paris*, *Testu*, an VIII (1800); ou *Paris*, *Locard*, an XIII (1805), 3 vol. in-12, avec 3 gravures, 5 fr.

— Promenades (les) champêtres, dialogues à l'usage des jeunes personnes, trad. de l'angl. *Genève, Paschoud*, an VII (1799), 3 vol. in-12 fig. 5 fr.

— Proscrit (le), trad. de l'angl. sur la deuxième édition; par feu L.-Antoine Marquand. *Paris*, *Le Normant*, 1803, 4 vol. in-12, avec 4 jolies fig., 7 fr. 50 c.

Dans la Bibliographie biographico-romancière, M. Pigoreau cite une édition de ce roman de 1814, en 2 vol. in-12.

Dans ce roman se retrouvent la plupart des événements de la vie de l'auteur.

— Roland, ou l'Héritier vertueux, trad. de l'angl. par le cit. M.... *Paris*, *Maradan*, an VII (1799), 5 vol. in-12, avec 5 grav., 8 fr.

— Le même ouvrage, sous ce titre: le Testament de la vieille cousine; trad. de l'anglais sur la deuxième édition (par madame Céré-Barbé). *Paris, G. Mathiot*, 1816, 4 vol. in-12, 10 fr.

Tous les ouvrages que nous venons de citer sont attribués par M. Pigoreau, dans sa Bibliographie biographico romancière, à Ch. Smith; mais il est fort douteux que tous soient d'elle; ainsi, par exemple, l'auteur du Dictionnaire des écrivains vivants de la Grande-Bretagne, etc. (1816, in-8), donne à une demoiselle Smith, actrice de quelque mérite du théâtre de Haymarket: *le Bandit calédonien* et *Barozzi*. Du reste, on est loin d'avoir traduit en français tout ce qu'a écrit Ch. Smith: Reuss cite de cette dame une vingtaine d'ouvrages imprimés de 1784 à 1800.

Les romans de Ch. Smith, écrits avec une élégante simplicité, offrent beaucoup d'intérêt, surtout dans la peinture des peines qui suivent les passions; mais ils n'excellent pas au même point quant à la connaissance du monde et à l'art de saisir le ridicule.

SMITH (Maria-Lavinia), que les auteurs français de bibliographies de romans font fille de la précédente.

— Adeline, ou la Confession, imité de l'angl., par le traducteur du «Revenant de Bérezule» et de la «Fugitive de la forêt» (M. Malherbe). *Paris*, *Renard*, 1808, 5 vol. in-12, 10 fr. 50 c.

— Estelle, ou la Fugitive de la forêt; trad. de l'angl. *Paris, Maillard*, 1803, 2 vol. in-12, 3 fr.

— Le même ouvrage, sous ce titre: la Fugitive de la forêt, trad. de l'angl. (par M. Malherbe). *Paris*, *Plassan*, 1803; ou IIIe édition, *Paris*, *le même*, 1805; 2 vol. in-12, 3 fr.; et *Paris*, *Renard*, 1807, 2 vol. in-12, 3 fr.

— * Revenant (le) de Berezule, imité de l'angl. par le traducteur de «la Fugitive de la forêt» (M. Malherbe). *Paris*, *Plassan*, an XIII (1805), 4 vol. in-12, 6 fr.; ou *Paris*, *Renard*, 1807, 4 vol. in-12, 7 fr. 50 c.

La dernière édition porte pour titre: *le Revenant du château de Berezule.*

Notice dont nous ne garantissons pas plus l'exactitude que pour la précédente: nous la tirons encore du livre de M. Pigoreau.

SMITH (J.). — Observations générales sur les eaux de Cheltenham, trad. de l'angl. par F. Lebreton. *Paris*, *Royez*, 1789, in-8.

SMITH (J.-S.). — Histoire naturelle des lépidoptères les plus rares de Géorgie, avec les plantes qui leur servent d'aliment, composée d'après les observations de J. Abbott, par J.-S. Smith. En anglais, et en français (de la traduction de M. Romet). *Londres*, 1797, 2 vol. in-fol., avec pl.

SMITH (Hugh). — Guide des mères, ou Manière d'allaiter, d'élever, d'habiller des enfants, de diriger leur éducation morale, et de les traiter de la petite vérole; ouvrage trad. de l'angl., sur la sixième édition, par T.-P. Bertin. *Paris*, *Delalain fils*, an VII (1799), in-18, 1 fr. 20 c.

SMITH (Thomas), compilateur anglais, prédicateur calviniste de la chapelle de lady Huntingdon, Spa Fields, à Londres.

— Cabinet (le) du jeune naturaliste, ou

Tableaux intéressants de l'histoire des animaux, offrant la description de la nature, des mœurs et habitudes des quadrupèdes, oiseaux, poissons, amphibies, reptiles, etc., les plus remarquables du monde connu, et classés dans un ordre systématique. Trad. de l'angl. (par mademoiselle ALYON et MM. T.-P. BERTIN et Th. MANDAR). *Paris, Maradan*, 1810, 6 vol. in-12, ornés de 65 jolies gravures, 25 fr.; ou *Paris, Ledoux et Tenré*, 1818, 6 vol. in-12, 24 fr. — IVe édit., revue par A. ANTOINE. *Paris, Bellavoine*, 1829, 6 vol. in-12.

Les gravures de la première édition sont effectivement jolies; mais les cuivres ont depuis tant servi que les tirages en sont aujourd'hui pitoyables.

L'original de cet ouvrage, qui a obtenu assez de succès en France, parut à Londres, en 1807, 6 vol. in-8.

SMITH. — Fugitif (le), trad. de l'angl. par E*** A*** (Ét. AIGNAN). *Paris, Ouvrier*, 1803, 3 vol. in-12, 5 fr.

SMITH (Horace), avocat et littérateur anglais du XIXe siècle.

—* Bambletye House, or Cavaliers and Roundheads : a novel by one of the authors of the «Rejected addresses.» *Paris, printed by Didot aîné. — Galignani*, 1826, 3 vol. in-12, 13 fr.

Les *Rejected Addresses* parurent à Londres, en 1812, et l'année suivante elles obtinrent une quatrième edition. T. Smith, frère d'Horace, en est le second auteur.

— Bambletye House, ou Cavaliers et Têtes Rondes, roman nouveau; trad. de l'angl., sur la troisième édition, par A.-J.-B. DEFAUCONPRET. *Paris, Gosselin; Mame-Delaunay et Vallée*, 1826, 5 vol. in-12, 15 f.

— Nouvelle (la) Forêt, roman nouveau; trad. de l'angl. (par A.-J.-B. DEFAUCONPRET). *Paris, Gosselin*, 1831, 4 vol. in-12, 12 fr.

— Reuben Apsley, histoire du temps de Jacques II, roman traduit de l'anglais par A.-J.-B. DEFAUCONPRET. *Paris, Ch. Gosselin; Mame et Delaunay-Vallée*, 1827, 5 vol. in-12, 12 fr. 50 c.

— * Tor-Hill (the), an historical novel. By the author of « Bambletye House ». *Paris, Galignani*, 1826, 3 vol. in-12, 13 fr.

— Tor-Hill, histoire du temps de Henri VIII, trad. de l'angl. par A.-J.-B. DEFAUCONPRET. *Paris, Ch. Gosselin*, 1827, 5 vol. in-12, 12 fr. 50 c.

— Walter Colyton. (Trad. de l'angl.). *Paris, Pougin*, 1836, 2 vol. in-8, 15 fr.

— Zillah, histoire juive, tirée des annales de Jérusalem; trad. de l'angl., par A.-J.-B. DEFAUCONPRET. *Paris, Ch. Gosselin*, 1829, 5 vol. in-12, 15 fr.

Cet auteur a été connu bien tard en France : il écrit pourtant depuis 1812.

SMITH (John Spencer), anglais fixé en Normandie depuis près de vingt ans; docteur en droit civil de l'Université d'Oxford; membre de la Société royale, de celle des antiquaires et de celle des arts, manufactures et commerce de Londres; de la Société géologique et de celle des antiquaires de France; de l'Académie des sciences, arts et belles-lettres de Caen; de la Société linnéenne et de celle des antiquaires de Normandie; de l'Association normande; de l'Académie des sciences, belles-lettres et arts de Rouen; de la Société académique des sciences, arts et belles-lettres de Falaise; de la Société d'émulation d'Abbeville; de la Société d'agriculture, commerce et des arts de Boulogne-sur-Mer; de la Société française pour la conservation des monuments historiques; du Congrès scientifique général de France; vice-président honoraire de la Société philharmonique du Calvados, etc.

— Cantate pour le jour de Sainte-Cécile, patronne de la Musique; traduction libre en regard de l'ode anglaise de DRYDEN, intitulée : « le Banquet d'Alexandre », par feu madame Spencer SMITH; lue à l'Académie de Caen, le 10 novembre 1826. *Caen, Chalopin*, 1826, in-8, 1 fr. — Sec. édition, avec le texte anglais en regard, et augmentée de notes critiques sur la vie et les actes de sainte Cécile, tirées des plus célèbres hagiographes, par l'éditeur (J.-S. SMITH). *Caen, Chalopin*, 1827, in-8, 1 fr. 50 c.

— Coup-d'œil sur l'Histoire d'Angleterre, depuis 1485 jusqu'en 1509. Discours lu à l'Académie de Caen, le 28 avril 1826. *Paris, de l'imp. de Guiraudet*, 1831, in-8 de 28 pag., 2 fr.

Tiré à 300. La première page de cet écrit, ainsi que le titre courant portent : *Discours apologétique sur le règne de Henri VII, roi d'Angleterre.*

— Description d'un monument arabe du

moyen-âge, existant en Normandie. *Caen, Leroy*, 1820, in-8 de 16 pag.

— Discours prononcé à l'Académie des sciences, arts et belles-lettres de la ville de Caen, le 25 mai 1832, par John Spencer Smith, en présentant, de la part de l'auteur, une nouvelle édition grecque des écrits de Marc-Aurèle Antonin, avec une version persanne en regard par M. Hammer. *Paris, de l'impr. de Pinard*, 1832, in-8 de 12 pages, 2 fr.

— * Examen d'une note ajoutée par le traducteur français aux « Antiquités anglo-normandes », de Ducarel. Par l'auteur du Mémoire sur la cassette orientale conservée à Bayeux. *Caen*, ..., in-8.

— * Jeu (le) du whist, traité élémentaire des lois, règles, maximes et calculs de ce jeu, appuyé d'exemples tirés des meilleures autorités, etc.; trad. de l'angl., et rédigé de nouveau à l'usage des sociétés françaises, par un amateur anglais. *Caen, de l'impr. de Chalopin*, 1819, in-12, 3 fr.

Barbier, sous le n° 22,724 de ses anonymes, en révélant le nom de M. Smith, l'a écrit incorrectement *Smythe*.

En annonçant ce livre, en 1819, M. Beuchot a fait faire la remarque que son titre était composé absolument sans aucun point ni virgule.

— Mémoire sur la culture de la musique dans la ville de Caen et dans l'ancienne Basse-Normandie, lu à l'Académie de Caen, le 10 novembre 1826, et à la séance fondatrice de la Société cécilienne de Normandie, le 22 novembre 1826. *Caen, T. Chalopin; et Paris, Lance*, 1827, in-8 de 36 pag., 2 fr.

Tiré à 300 exemplaires.

— Notice nécrologique sur M. A. Bruguière de Sorsum, lue à l'Académie de Caen, le 14 novembre 1823. *Caen, Chalopin*, 1823, in-8, 2 fr.

Réimpr., en 1827, en tête de la seconde édition de la traduction faite par M. E.-H. Smith du Voyageur, par Bruguière (voy. l'art. suivant).

— Précis d'un Mémoire sur une cassette orientale à Bayeux, qui sert à conserver les vêtements sacerdotaux de S. Regnobert, évêque de ce diocèse dans le VIe siècle, lu à l'Académie de Caen, le 14 avril 1820. *Caen, Chalopin*, 1820, in-8, orné de cinq gravures en taille-douce, 2 fr. 50 c.

Tous ces écrits ont été tirés à petit nombre.

M. J. Spencer Smith, en outre, a fourni quelques notices et mémoires aux sociétés savantes de la Normandie, dont il est membre; mais qui n'ont pas été, comme les précédents, imprimés à part. Il est aussi l'éditeur de deux écrits de son fils (voy. l'art. suivant), et du Mithriaka, ou le Culte de Mithra, mémoire de M. Jos. de HAMMER, auquel il a ajouté des notes (1833).

SMITH (Edward-Herbert), fils du précédent, membre de l'Université de Cambridge et de la Société des antiquaires de Normandie.

— Recherches étymologiques sur le choléra-morbus. *Paris, de l'impr. de Pinard*, 1832, in-8 de 12 pag.

Le faux-titre porte : *Discours académique sur le mot* choléra.

— Samuel Bochart, recherches sur la vie et les ouvrages de cet auteur illustre. Mémoire adressé à l'Académie de Caen en 1833. *Caen*, 1833, in-8, 3 fr.

— Voyageur (le), discours en vers par feu M. BRUGUIÈRE DE SORSUM, avec une traduction anglaise (en vers) en regard, par E. Herbert SMITH. *Caen, Chalopin*, 1827, in-8, 2 fr. 50 c. — Sec. édition, augmentée d'une Notice biographique sur l'auteur du poëme, par l'éditeur J.-S. SMITH. *Caen, le même*, 1827, in-8, 3 fr.

SMITH. — Dictionnaire (nouv.) des secrets des arts et métiers. *Paris, Corbet aîné*, 1824, in-12, 5 fr. — Deuxième édition, revue et corr. *Paris, le même*, 1828, in-12, 5 fr.

SMITH (Thomas). — Art de peindre à l'aquarelle, enseigné en vingt-huit leçons; trad. de l'angl. *Paris, Alph. Giroux; Audot*, 1827, in-4 de 60 pages, avec planches coloriées, 15 fr.

— Beaux-Arts : perspective, dessin, peinture et gravure, suivi d'un Dictionnaire des termes usités dans chacun de ces arts; trad. de l'angl. sur la dixième édition de Smith, par M. BULOS. *Paris, Urbain Canel; Audin*, 1825, in-12, avec 3 planches, 6 fr.

— Mécanique appliquée aux arts et aux manufactures; trad. par M. BULOS. *Paris, Audin; Lecointe*, 1828, 2 vol. in-12, avec 16 planches, 12 fr.

— Traité d'agriculture et d'horticulture, trad. de l'angl. sur la dixième édition, par M. BULOS. *Paris, Urb. Canel; Audin*, 1825, in-12, 6 fr.

Ces quatre ouvrages sont-ils traduits du même auteur? voilà ce que nous ne pouvons affirmer.

SMITH, avocat et juge suppléant.

— Aperçu sur l'état de la civilisation en France, lu le 20 décembre 1827, à la So-

ciété d'agriculture, arts et commerce de l'arrondissement de Saint-Étienne (Loire). Seconde édition, suivie d'un fragment sur l'industrie de Saint-Étienne. *Paris, A. Dupont; Lyon, Pezieux*, 1828, in-8 de 72 pag.
— Examen de deux brochures intitulées : l'une, De l'intolérance considérée comme devoir du chrétien, par un catholique; l'autre, De la nécessité de ne tolérer que les sectes tolérantes, par un homme. *Paris, de l'impr. de Crapelet*, 1829, in-8 de 16 pages.
— Plaidoyer prononcé le 14 janvier 1829, devant la chambre temporaire de Saint-Étienne sur cette question : Un juge auditeur peut-il présider un tribunal? *Saint-Étienne, de l'impr. de Gaudelet*, 1829, in-8 de 30 pages.
— Rapport fait à la commission d'enquête du chemin de fer de Saint-Étienne à Lyon, par M. Smith. (Avis de la commission.) *Paris, de l'imp. d'Herhan*, 1836, in-4 de 48 pages.

SMITH (mistr. Harrison), de Washington.
— * Mac-Carthy (les), ou Qu'est-ce que les gens comme il faut? roman américain; trad. de l'angl. par Lamst (masque de M. L. P.-E.-A. Sédillot). *Paris, Sédillot*, 1829, 4 vol. in-12, 12 fr.

SMITH (E). — Onanisme (de l'), ses suites et leur guérison; trad. de l'angl. par l'auteur. *Bordeaux, de l'imp. de Henry Faye*, 1830, in-12 de 96 pag.

SMITH (Ch.). — Inflexions anglaises; pour servir d'introduction directe à l'étude des auteurs. Sec. édit. *La Haye, A. Kloots*, 1832, petit in-8 de VIII et de 28 pages, 1 fr.

A ceux qui n'apprennent la langue anglaise que pour en connaître la littérature, j'offre, dit l'auteur, dans sa préface, cet opuscule, comme étant, à l'exception d'un bon Dictionnaire, le seul livre élémentaire dont ils aient jamais besoin.

SMITH (L.). — Guide de la conversation française et anglaise, à l'usage des voyageurs et des étudiants, contenant un vocabulaire de mots usuels, suivi d'exercices. Nouv. édit., revue et augm. *Paris, Hingray; Th. Barrois; Truchy*, 1837, in-18, 2 fr. 50 c.

SMITH (J.). — Quelques Observations sur le marché aux porcs de Calais et de Saint-Pierre-lès-Calais. *Calais, de l'imp. de Leleux*, 1837, in-8 de 8 pag.

SMITH DE SIRAPED (Williams). — Forme (de la) de la terre et de son influence sur la géographie et l'astronomie. Mémoire présenté à l'Académie des sciences de Philadelphie, traduit par Lamarche. *Paris, Pélicier*, 1828, in-8 de 58 pages et 2 planches.

SMITS (Edouard), à Ixelles, faubourg de Namur, directeur de la statistique générale au ministère de l'intérieur de la Belgique; ex-référendaire sous le gouvernement des Pays-Bas; membre et correspondant de de plusieurs académies belges et étrangères; né à Bruxelles.

SCIENCES.

— Recherches statistiques sur la Belgique, faites au nom du ministère de l'intérieur (du pays). *Bruxelles*, 1836, in-4.
— Recherches sur la reproduction et la mortalité de l'homme aux différents âges et sur la population de la Belgique. (Premier Recueil officiel). *Bruxelles, L. Hauman et Compagnie*, 1832, in-8, avec pl.

En société avec M. Quetelet.

— Recueil de lettres sur l'Afrique. 1835.
— Statistique criminelle de la Belgique. 1826-30. (Second Recueil officiel). *Bruxelles, M. Hayez*, 1832, in-4.

En société avec M. Quetelet.

— Statistique des Pays-Bas, publiée au nom de la commission royale de statistique. *Bruxelles*, 1827-29, 2 gros vol. in-4.
— Statistique nationale. Développement des trente et un tableaux publiés par la commission de statistique, et relatif aux mouvements de la population dans les Pays-Bas, depuis la création du royaume jusqu'à 1824 inclus. *Bruxelles, Tarlier*, 1827, in-8, 2 fr. 11 cents.

LITTÉRATURE.

— * Elfrida, ou la Vengeance, tragédie en 5 actes, par l'auteur de « Marie de Bourgogne ». *Bruxelles, H. Tarlier*, 1825, in-8, avec une lithogr., 2 fr. 50 c.
— Épître à Sa Sainteté le pape Pie VII. *Bruxelles, Aug. Wahlen et Compagnie*, 1821, in-8 de 16 pag.
— Inondation (l'), dithyrambe, par E. Smits, suivi d'un Moyen facile et économique d'être bienfaisant, proposé aux jeunes gens, et de pensées diverses, par Syl. Van de Weyer. *Bruxelles, de l'impr. de Hayez*, 1825, in-8.

— Jeanne de Flandre, tragédie en 5 actes et en vers. *Bruxelles*, 1827, in-8.

—Marie de Bourgogne, tragédie en 5 actes, représentée pour la première fois sur le théâtre de Bruxelles, le mercredi 5 mars 1823. *Bruxelles*, 1823, in-8, ornée d'une fig. lithogr., 2 fr. 50 c.

On doit encore à M. Ed. Smits plusieurs *articles* de statistique, insérés dans divers recueils scientifiques de la Belgique, et des *pièces de vers* dans diverses années de l'Annuaire belge.

SMITS (Ernest), maître de pension à Bar-le-Duc.

— Traité des participes. *Bar-le-Duc, de l'impr. de Laguerre*, 1837, in-12 de 24 p.

SMOLLETT (Tobias), littérateur anglais, non moins distingué comme historien que comme romancier.

—Aventures (les) de sir Launcelot Greaves, traduites de l'anglais par M. de F***. *Paris, F. Louis*, 1824, 4 vol. in-12, 10 fr.

—

— Aventures de Roderik Random, par Fielding (lisez Tob. Smollett); trad. de l'anglais (par Phil. Hernandez et Phil.-Florent de Puisieux). *Londres, J. Nourse, et Paris, Bauche*, 1761, 3 vol. in-12, avec figures; — *Amsterdam*, 1762, 2 vol. petit in-8; — *Lausanne, Pott*, 1782, 2 part. in-8; — *Reims*, 1784, 4 vol. in-18 (édit. Cazin); — *Paris*, 1797, 4 vol. in-12.

C'est à tort que le nom de Fielding a été mis sur les frontispices de la traduction française de ce roman, et même sur ceux de quelques éditions de l'original anglais. Il est reconnu aujourd'hui que cet ouvrage est de l'historien Tobie Smollett, qui s'y est peint lui-même, à l'époque où il se trouvait au siége de Carthagène comme chirurgien.

— Le même ouvrage, sous ce titre : Histoire et aventures de Roderick Random. *Genève*, 1782, 2 vol. in-12.

—

— Fathom et Melvil, trad. de l'angl. sur la xve édition (par T.-P. Bertin). *Paris, Gueffier jeune*, an VII (1799), 3 vol. in-12 avec 3 jol. grav., 6 fr.

—

—* Histoire et aventures de sir William Pickle, trad. de l'angl. (par Franc.-Vinc. Toussaint). *Amsterdam* (*Paris*), 1753, 4 vol. in-12; — *Paris, Rabaut le jeune*, an VII (1799), 6 vol. petit in-12.

Il existe une nouvelle édition de cette traduction sous le titre d'*Aventures de sir William Pickle*, Paris, Rabaut le jeune, an VII (1799), 6 vol. in-18, avec fig., 4 fr. 50 c.

—

— History (the) of England from the revolution in 1688 to the death of George the second in 1760. *Basil* (* *Strasbourg, Levrault*), 1794, 8 vol. in-8.

— The same History. *Paris, Baudry*, 1836-37, 4 vol. in-8, 20 fr.

Cette édition fait partie de la « Collection of ancient and modern British authors ».

— Histoire d'Angleterre, depuis la descente de Jules-César jusqu'au traité d'Aix-la-Chapelle, trad. en franç. par M. Targe. *Orléans, Rouzeau Montaut*, 1759, 19 vol. — Depuis le traité d'Aix-la-Chapelle, en 1748, jusqu'au traité de Paris, en 1763, trad. par le même. *Londres, et Paris, Desaint*, 1768, 5 vol. En tout 24 vol. in-12.

Cette traduction a été souvent réimprimée dans le corps de l'Histoire d'Angleterre d'Hume et ses continuateurs (voy. Hume).

— Histoire d'Angleterre, depuis la révolution de 1688 jusqu'en 1760, par Smollett, et continuation depuis cette époque jusqu'en 1820, par MM. Adolphus et Aikin; traduction nouvelle (par MM. Després, Campenon, Mennechet et J.-Em. Martin), revue par M. Campenon, de l'Académie francaise. *Paris, Janet et Cotelle*, 1819-22, 11 vol. in-8, 60 fr. 50 c.

Cette traduction fait encore partie du corps d'Histoire d'Angleterre de Hume et ses continuateurs; mais il fut alors tiré des exemplaires à part des compléments de Smollett, Adolphus et Aikin, avec une Table des matières (rédigée par M. Quesné), pour compléter les possesseurs des anciennes éditions in-4 et in-12 de Hume.

—

—*Voyage de Humphry Clinker. Par l'auteur de «Roderic-Random», trad. de l'angl., par M***. *Paris, Pillet aîné*, 1826, 4 vol. in-12, 8 fr.

Les Anglais doivent à Smollett des traductions estimées de plusieurs de nos livres, tels que Télémaque, Gil-Blas, et quelques ouvrages de Voltaire : ces traductions ont été réimprimées en France (voy. Fénélon, Lesage et Voltaire).

SMYLL (Jam).—Tactique des jeux de hasard, recherches sur les meilleures manières d'y jouer et de jouer avec assurance de gain, démontrées mathématiquement par la théorie et la pratique. *Leipzig, Hinrichs*, 1820, in-8 avec un atlas de 16 pl. col. et 40 col. de tableaux de calculs spéculatifs et démonstratifs, 12 fr. 50 c.

SMYTH (J.-F.-D.). — Voyage dans les États-Unis d'Amérique, fait en 1784, contenant une description de sa situation présente, de sa population, agriculture, commerce, coutumes et mœurs de ses habitants, des nations indiennes et des principales villes et rivières, avec quelques anecdotes sur plusieurs membres du congrès et officiers généraux de l'armée américaine; trad. de l'anglais par M. de B... (de BARENTIN-MONTCHAL). *Paris, Buisson*, 1791, 2 vol. in-8.

C'est peut-être à tort que le traducteur a écrit le nom de l'auteur de ce Voyage *Smith* : Reuss, dans son Angleterre littéraire, l'écrit *Smyth*. L'original de ce Voyage a paru en 1784.

SMYTH et non SMITH (James-Carmichaël), médecin anglais.
— Observations sur la fièvre des prisons, sur les moyens de la prévenir en arrêtant les progrès de la contagion, à l'aide des fumigations du gaz nitrique, et sur l'utilité de ces fumigations pour la destruction des odeurs et des miasmes contagieux, etc., trad. de l'angl., du doct. James-Carmichaël SMYTH; suivies d'un extrait des observations du doct. James CURIE, de Liverpool, sur les bons effets des aspersions d'eau froide dans les fièvres, et terminées par des observations additionnelles sur les fumigations de gaz nitrique, en réponse aux objections faites contre ces fumigations, par M. Guyton-Morveau, dans son Traité des moyens de désinfecter l'air; avec une instruction sur les moyens de désinfecter l'air, par L. ODIER, doct. et prof. en méd. *Genève, et Paris, Paschoud*, 1802, in-8, 2 fr. 50 c.

SMYTH (C.). — Essai sur la réalité et la nature des difficultés dans l'étude de la langue anglaise, avec un aperçu de celles de la prononciation. *Bruxelles, veuve P.-J. De Mat*, 1829, in-12, 1 fr. 50 c.

SMYTTÈRE (P.-J.-E. de). Voy. DE SMYTTÈRE.

SNAP. — Anatomie générale du cheval, trad. de l'angl. par Fr.-Al. de GARSAULT. *Paris*, 1733, 1737, in-4 avec figures dess. et grav. par Garsault.

C'est le premier traité complet de l'anatomie du cheval qui ait été publié en français.

SNECDORF (J.-S.). — Essai d'un traité du style des cours, ou Réflexions sur la manière d'écrire dans les affaires d'État, par J.-S. SNECDORF, revu et corrigé par COLOM DU CLOS. *Hanovre*, 1775, in-8.

SNELGRAVE. — Relation (nouv.) de quelques endroits de Guinée et du commerce des esclaves qu'on y fait, trad. de l'angl. par A.-F.-D. de COULANGE. *Amsterdam*, 1735, in-12 avec fig.

SNETLAGE (Léonard-Guillaume). — Dictionnaire (nouv.) français, contenant les expressions de nouvelle création du peuple français. *Gottingue, Dieterich*, 1795, in-8.

SNIADECKI (Jean-Baptiste), astronome polonais, docteur en philosophie, pendant cinquante-trois ans professeur de mathématiques et d'astronomie, d'abord dans l'université de Cracovie, ensuite dans celle de Wilna, conseiller d'État et chevalier de plusieurs ordres de Russie, correspondant de l'Académie impériale des sciences de Saint-Pétersbourg, et membre des sociétés littéraires de Cracovie et de Varsovie; né le 29 août 1756, dans le palatinat de Gnesne, faisant aujourd'hui partie du grand-duché de Posen.
— Discours sur Nic. Copernic. *Warsovie*, 1803, 1818, in-8; et *Paris, Vigor Renaudière*, 1820, in-8 de 108 pag.

C'est la réponse à la question proposée par la Société littéraire de Varsovie, écrite en polonais; en 1802, et très-favorablement accueillie du public de Varsovie; dès 1803, ce discours fut traduit en français, mais si inexactement que l'auteur crut devoir désavouer cette traduction, qui, corrigée, a été réimprimée à Varsovie en 1818, et à Paris, en 1820.

— Extrait des écrits divers de Jean Sniadecki, traduction de Jean FLAGET. *Paris, Dentu*, 1823, in-8 de 48 pag., 1 fr 50 c.
— Réflexions sur les passages relatifs à l'histoire et aux affaires de Pologne, insérés dans l'ouvrage de M. Villers, qui a remporté le prix de l'Institut national de France, le 23 mars 1804. *Paris, de l'impr. de Le Normant*, 8 mai 1804, in-8 de 16 pages.

M. Sniadecki se trouvait à Paris lorsque l'ouvrage de Villers sur l'influence de la réformation de Luther fut couronné par l'Institut : quelques passages faux et injurieux pour la Pologne, contenus dans cet ouvrage, firent un devoir à M. Sniadecki de réclamer contre l'injustice de l'auteur, et il fit imprimer, dans cette occasion, la brochure dont nous venons de rappeler le titre.

Le recueil de l'Académie des sciences de Saint

Pétersbourg, tom. II, IV, VII et IX, renferme une série d'*Observations astronomiques* faites à l'Observatoire de l'Université de Wilna, de 1809 à 1821.

Cet astronome avait inséré précédemment (de 1798 à 1805) une grande quantité d'autres observations dans les Ephemerides astronomicæ vindebonenses, et dans la Monatliche Korrespondenz du bar. Zach; plus tard, c'est-à-dire de 1813 à 1828, il en a fourni d'autres à l'Astronomisches Jahrbuch de Berlin.

On doit à ce savant plusieurs ouvrages importants, mais dont l'indication ne rentre pas dans notre plan, n'ayant à nous occuper de M. Sniadecki que comme écrivain français.

SNIADECKI (André), frère du précédent.
— Théorie des êtres organiques, trad. du polonais par J.-J. Balard et Dessaix, médecins des armées françaises à la campagne de Russie. *Paris, Gabon et compagnie; Méquignon-Marvis; Barrois,* 1825, in-8, 4 fr. 50 c.

SNIATICH (D.), rédacteur de la « Revue explicative des principes fondamentaux et des beautés de la langue néerlandaise » (1827).

SNORRO-STURLESON. — Konunga-Sögur, ou Histoire des anciens rois. *Stockholm,* 1816, 3 vol. in-8.

SOANEN (Jean), prédicateur célèbre, prêtre de l'Oratoire, évêque de Senez; né le 6 janvier 1647, d'un père procureur au présidial de Riom, en Auvergne, et de Gilberte Sirmond, nièce du savant Jacques Sirmond; mort à la Chaise-Dieu, en Auvergne, le 25 décembre 1740. Soanen fut l'un des quatre prédicateurs qui brillèrent de 1686 à 1688, dans la congrégation de l'Oratoire, et qu'on appelait « les Quatre évangélistes ».
— Instruction pastorale sur l'autorité infaillible de l'Église et sur les caractères de ses jugements dogmatiques. 1728, in-4.
— Instruction pastorale sur la bulle *Unigenitus.*

Lors de l'apparition de cette bulle, Soanen, à qui elle déplut, en appela au futur concile, et, dans son Instruction pastorale, s'éleva avec force contre elle. Le cardinal de Fleury fit assembler le concile d'Embrun, tenu en 1727. Le cardinal Tencin y présida. Soanen y fut condamné, suspendu de ses fonctions d'évêque, et exilé à la Chaise-Dieu, où il est mort. Les jansénistes en ont fait un saint. Sa retraite fut très-fréquentée; on le visitait, on lui écrivait de toutes parts; il signait ordinairement Jean, évêque de Senez, prisonnier de J. C.

— Instructions pastorales et mandements.
— Lettre au sujet d'un écrit intitulé : Vains efforts des mélangistes. 1744, in-4.
— Lettres de Soanen, évêque de Senez (avec la vie de l'auteur). *Cologne (Paris),* 1750, 2 vol. in-4 ou 8 vol. in-12.
— Sermons (ses), sur différents sujets, prêchés devant le roi. *Lyon, Ben. Duplain,* 1767, 1769; et *Lyon, les libr. associés,* 1771, 2 vol. in-12.

Les meilleurs sermons de Soanen sont ceux sur les spectacles, sur l'amour de la patrie, sur l'orgueil, sur la mort et sur l'exemple.

SOARDI (Victor-Amédée), docteur en droit de l'université de Turin.
— Autoritas pontificia notissimo Cypriani facto a Neotericis impugnata, sed à Gallia Theologis vindicata, dissertatio historica dogmatica. *Avenione,* 1749, in-4.
— Supremâ (de) romani pontificis auctoritate hodierna ecclesiæ Gallicanæ doctrina. *Avenione,* 1747, 2 vol. in-4.

Cet ouvrage, très-hardi dans les principes, et où l'on fait dire à l'Église de France le contraire de ce qu'elle pense et enseigne, a été flétri par plusieurs arrêts. L'auteur a mis à la fin un extrait de la préface de l'abbé Lenglet du Fresnoy, qui est au devant du commentaire de Dupuy sur les libertés de l'Église, 1714, in-4. Cette préface a été supprimée. (Catalogue de l'abbé Goujet).

SOAVE (Francesco), fécond écrivain italien, d'abord professeur au lycée de Modène, ensuite professeur d'idéologie dans l'université de Paris, membre de l'Institut national d'Italie; mort le 17 janvier 1816.
— Mitologia (la) o sia Esposizione delle favole e descrizione dei riti religiosi dei gentili, delle lore feste, e dei loro giuochi, con l'aggiunta d'un transunto delle Metamorfosi di Ovidio; opera postuma. *Parigi, dai torchi di Didot magiore. — J.-C. Molini,* 1812, in-12.
— Novelle morali di Francesco Soave, ad uso della gioventu'; nuova edizione, accresciuta delle Novelle morali di A. Parea e di L. Bramieri, coronate dalla Societa patriotica di Milano; di otto novelle di autore incerto; e delle memorie intorno alla vita del conte Carlo Bettoni. *Avignone, Ved. Séguin; e Parigi, Teof. Barrois,* 1805, 2 vol. in-18, 4 fr.

Cette édition a été réimprimée plusieurs fois en France, et, entre autres :

Avignon, F. Seguin, 1812, 1816, 1823, 2 vol. in-18.

Lyon, Blache, 1818, 2 vol. in-18.

Paris, Bobée; et Lyon, Savy, 1828, 2 vol. in-18.

Paris, Baudry, 1832, 2 vol. in-18. Cette édition porte le chiffre de *Xa edizione.*

Lyon, et Paris, Cormon, 1836, in-18.

— Novelle morali di Francesco Soave e

novelle scelte di autori italiani antiche e la moderni (Nuova ediz., corretta da P.-L. Costantini). *Parigi*, *Fayolle*, 1812, in-12, 4 fr.

— Le medisime, coll' accento di prosodia. Xa ediz., accresciuta di quattro Novelle di Albergati Capacelli e d'Altanesi. *Parigi*, *Baudry*, 1833, 2 gros vol. in-18, 4 fr.

— Novellé morali. Prima edizione, senza le altre novelle communemente agguinte alle stesse. *Parigi*, *Pelissonnier*, 1835, in-18, 2 fr.

— Contes moraux, à l'usage de la jeunesse, trad. de l'ital., par Ed.-Th. Simon. 1790, in-12. — Sec. édit., augm. d'une seconde partie, sous le titre de Nouvelles morales, etc. 1803, 2 vol. in-12.

—*Veillées (les) de Cayenne, contes moraux; traduits de l'ital. (par P.-M.-A. Miger). *Paris*, an vi (1798), in-12.

Barbier, dans la table des auteurs de son Dictionnaire des ouvrages anonymes, présente ce volume comme étant traduit de l'italien de Soave : cela peut-être vrai, mais notre bibliographe n'en donne pas le titre exact, qui est celui-ci : *les Veillées de Cayenne, par un déporté*, Paris, Lefort, an vi (1798), in-12, 1 fr.

— Anecdotes et contes moraux pour l'instruction de la jeunesse, trad. de l'ital. par F.-M. G. Sec. édit. *Paris*, *Ledentu*, 1817, 2 vol. in-18, 5 fr. — IIIe édit. *Paris*, *le même*, 1824, 2 vol. in-18, avec 12 grav., 5 fr. 50 c.

—

— Scelta delle novelle morali di Francisco Soave, fatta dal cittadino Igazio Boccoli. *Parigi*, *Locard; Bernard*, an ix (1801), pet. in-8 de xij et 189 pag., 1 fr. 50 c.

— Choix de contes moraux, avec traduction littérale, en regard du texte, et traduction interlinéaire des trois premiers contes par C. Guerini. *Paris*, *Baudry; Pelissonnier*, 1835, in-18, 2 fr. 50 c.

—

— Trattato elementare dei doveri dell'Uomo. *Bastia*, *dai torchi di Batini*, 1822, in-12.

SOBIESKI (Jean), roi de Pologne.

— Lettres du roi de Pologne Jean Sobiesky à la reine Marie Casimire (de la Grange d'Arquien), sa femme, pendant la campagne de Vienne; traduites par le comte Plater, et publiées par N.-A. de Salvandy. *Paris*, *L.-G. Michaud*, 1826, in-8 avec un portr., 5 fr., et sur pap. vélin d'Annonay, 8 fr.

L'éditeur, M. de Salvandy, est aussi auteur d'une Histoire de Pologne avant et sous le roi Jean Sobieski (Paris, 1829, 3 vol. in-8), ouvrage que nous avons cité à l'article de son auteur.

SOBREVIELA (le P. Man.). Voyez Skiennér.

SOBRINO (Fr.), lexicographe espagnol.

— Dialogues nouveaux espagnols, expliqué en français. *Bruxelles*, *F. Foppens*, 1708, in-8; 1732, in-12; — IVe édit *Ibid.*, 1738, in-12.

— Diccionario nuevo de las lenguas española y francesa. *Brussellas*, *Fr. Foppens*, 1705. — IVa edic. *Brussellas*, 1744, 2 vol. in-4.

— Sobrino aumentado, o nuovo Diccionario de las lenguas española, francesa y latina; por Francesco Cormon. *En Amberes*, 1769, 2 vol. in-4; — ou *Anvers*, 1789, 3 vol. in-4.

— Grammaire (nouv.) espagnole et française. Sec. édit. *Bruxelles*, *Fr. Foppens*, 1703, in-12.

Grammaire souvent réimprimée. La bibliothèque royale possède les éditions suivantes :
Ve édit. Bruxelles, 1732.
VIe édit. Ibid. 1745.
Lyon, Bruyset, 1772, in-8.
Lyon, P. Bruyset Ponthus, 1777, in-12.
Avignon, 1794, in-12.
Édition revue et corrigée par M. Busquета, Espagnol de naissance, professeur de langues. Paris, 1814, in-12.

— Secrétaire (le) espagnol, enseignant la manière d'écrire des lettres espagnoles suivant le style moderne, expliquées en français. (En franç. et en espagn.). *Bruxelles*, *Fr. Foppens*, 1720, in-12.

SOBRY (Jean-François), commissaire de police du 10e arrondissement de Paris, faubourg Saint-Germain, du commencement de ce siècle jusqu'à la fin de ses jours (3 fév. 1820); il avait été d'abord architecte, fort jeune, ensuite avocat à Paris, et en même temps employé dans les finances; juge de paix à Lyon; secrétaire-greffier de la commune de Lyon, en 1794; employé au ministère de l'intérieur, division des belles-lettres, sous le Directoire. Sobry était membre du Lycée des arts, de la Société libre des sciences, des lettres et des arts, de la Société libre d'instruction de Paris, et de l'association religieuse des théophilanthropes, culte que Sobry affectionnait beaucoup. Né à Lyon, le 24 novembre 1743, mort doyen des commissaires de police à Paris, dans la nuit du 2 au 3 février 1820.

—* Apologie de la messe. 1797, in-8.

Ce titre est une contre-vérité. L'auteur regarde l'abolition de la messe comme « le coup le plus « grand, le plus beau, le plus vigoureux de la » révolution ».

— Architecture (de l'). *Amsterdam, et Paris, Couturier fils*, 1776, in-8.

— Cantates (deux) patriotiques, avec des réflexions préliminaires. Sans date (1790), in-8 de 24 pag.

—* Choix (du) des hommes. — Chapitre 20e et 30e d'un traité intitulé : « la Politique du bons sens ». *Paris, Dufart*, 1816, in-8 de 35 pag.

— Discours sur la bonne volonté. *Publié à Athis, dans le Temple.*

— Discours sur la maladie de la peur dans les enfants, et sur la parure chez les peuples républicains. 1799, in-8.

— Discours sur le cérémonial....

— Discours sur les réputations. An VII (1799), in-8.

— Extraits de l'Imitation de J.-C. mise en vers par P. Corneille. *Paris*, 1802, in-8.

— Lettre à Rivarol sur la critique. 1789, in-8.

— Mémoire pour les commissaires de police de la ville de Paris. *Paris*, 1805, in 8.

L'auteur exerçait lui-même cette charge.

—* Mode (le) français, ou Discours sur les principaux usages de la nation française. *Londres (Paris)*, 1786, in-8.

L'édition presque entière de cet ouvrage a été supprimée par le ministre Breteuil. Les exemplaires qui ont été sauvés se vendaient jusqu'à quatre louis. *Le Nouveau Machiavel*, du même auteur, qui parut en 1788, est une suite du « Mode français ».

(*Note de Barbier.*)

— Muphti (le), comédie en un acte et en prose, mêlée d'ariettes. *Lyon*, 1769, in-8.

—* Nouveau (le) Machiavel, ou Lettres sur la politique; suivies de la Profession de foi d'un citoyen. 1788, in-8.

Suite à l'ouvrage intitulé : *le Mode français.*

— Observations typographiques sur les caractères de l'imprimerie du Louvre, comparés avec ceux de Didot. in-8 de 24 pag.

— Poétique des arts, ou Cours de peinture et de littérature comparée. *Paris, Delaunay*, 1810, in-8 de 490 pag.

Cet ouvrage obtint du succès, et il a conservé de l'estime.

— Procès-verbal du conseil-général de la commune de Lyon, pour la fête de J.-J. Rousseau. In-4 de 4 pag.

Cette fête a été célébrée le 25 vendémiaire an III (16 octobre 1794).

— Rappel du peuple français à la sagesse, ou Principes de morale. *Paris*, an V (1797), in-8.

— Thémistocle, tragédie en 5 actes et en vers (par le P. Mallet, de Brême, jésuite, retouchée par J.-Fr. Sobry), dédiée à Bonaparte. *Paris, Sobry*, an V (1797), in-8.

— Valdemar, tragédie en 5 actes et en vers. *Lyon*, 1768, in-8.

Le Muphti, com., et *Valdemar*, trag., ont été imprimées l'une et l'autre sous le nom de Soubry, de Lyon.

SOBRY (mademoiselle), fille du précédent, traductrice.

On doit à cette demoiselle une série de traductions d'ouvrages anglais, lesquelles ne sont pas sans mérite : 1° Essai sur la connaissance de soi-même, par J. Mason (1817) ; — 2° Essai philosophique sur les phénomènes de la vie, par sir Th.-Ch. Morgan (1819) ; — 3° l'Italie, par lady Morgan (1821) ; — 4° Réflexions sur l'évidence intrinsèque de la vérité du christianisme, par Erskine (1822) ; — 5° Quelques jours à Athènes, par miss Wright (1822) ; — 6° Mémoires sur la vie et le siècle de Salvator Rosa, par lady Morgan (1824) ; — 7° le Mexique en 1823, par Bullock (1824) ; — 8° la France en 1829 et 1830, par lady Morgan (1830) ; 9° le Coin du feu d'un Hollandais, par Pawlding (1830) ; — 10° les Contes de l'Alhambra, par Wash. Irwing (1832) ; — 11° A l'Ouest, roman américain (1833) ; — 12° le Livre des familles, ouvrage trad. du Parent's assistant de miss Edgeworth (1833) ; — 13° la Belgique et l'ouest de l'Allemagne, par miss Trollope (1834) ; — 14° la Princesse, de lady Morgan (1835) ; — 15° Voyages dans les prairies à l'ouest des États-Unis, par Wash. Irwing (1835) ; — 16° Walter Scott et lord Byron, ou Voyages à Abbotsford et à Newstad, par Wash. Irwing (1835) ; — 17° Rienzi, ou le dernier des Tribuns, par Bulwer (1836) ; — 18° Godolphin, ou le Serment, par miss Ch. Bury (1836) ; — 19° Ernest Maltravers, par E.-L. Bulwer (1837).

Mademoiselle Sobry doit avoir traduit une partie des nouvelles anglaises qui ont été insérées dans le Salmigondis. Elle a aussi retouché quelques-uns des romans de W. Scott de la traduction de M. Alb. de Montémont, pour l'édition des Œuvres du romancier écossais publiés par MM. F. Didot.

SOCCUS (Paul-Antoine). — Solution géométrique du problème de la trisection de l'angle d'une manière rationnelle et géométrique, générale à tous les angles quelconques, en se servant seulement de la règle et du compas. *Lyon, de l'impr. de Boursy*, 1837, in-8 avec une pl.

SOCHET (L.-A.). — Manuel des tribunaux de simple police. *Bourges, Souchois, et Paris, Billois*, 1813, in-8, 3 fr.

SOCQUART (Jean-Augustin), de Paris, docteur de Sorbonne et chanoine de St-Méry ; né le 3 décembre 1681 à Paris, où il est mort, le 30 août 1769.

— Discours d'un fils à ses père et mère à la cinquantième année de leur mariage. 1718, in-12.

Socquart est aussi l'auteur de la traduction du Christiani cordis gemitus, etc., de J. Hamon (1732).

SOCQUET (Joseph-Marie). — Discours divers sur l'architecture. 1776.

SOCQUET (Joseph-Marie), docteur en médecine de la faculté de Turin, professeur de chimie à la faculté des sciences de l'académie de Lyon, ancien médecin aux armées françaises; né à Mégève, en Savoie, en 1769.

—Analyse des eaux d'Aix en Savoie. *Chambéry*, 1803, in-8.

— Essai analytique, médical et topographique sur les eaux minérales, gazeuses-acidules et thermo-sulfureuses de la Perrière, près Moutiers en Savoie. *Lyon, Barret, et Paris, madame Huzard*, 1824, in-8 avec carte.

— Essai sur le calorique, ou Recherches sur les causes physiques et chimiques des phénomènes que présentent les corps soumis à l'action du fluide igné, avec des applications nouvelles relatives à la théorie de la respiration, de la chaleur animale, de l'origine des feux volcaniques; suivi d'un essai particulier sur les anomalies d'affinités chimiques, d'expériences, d'observations sur le métal des cloches; enfin d'une description de la fameuse aluminière de Souvignaco, en Istrie et des procédés employés pour l'extraction et la purification de l'alun naturel. *Paris, Desray*, 1801, in-8 avec une pl.

— Traité du plâtrage employé comme engrais sur les prairies artificielles. *Lyon*, 1820, in-8, 75 c.

Extrait des Mémoires de la Société d'agriculture de Lyon.

Nous connaissons encore de M. Socquet les quatre dissertations suivantes, écrites en français: 1° Essai sur la fabrique d'alun naturel de Souvignaco en Istrie, et sur les procédés employés pour son extraction et sa purification (dans les Opuscoli scelti di Milano, (t. XIV); 2° Mémoire et précis d'expériences faites sur l'extraction du cuivre par du métal de cloches (Opuscoli scelti, et Annales des arts et manufactures, t. XIV); 3° Expériences et résultats de plusieurs opérations en grand faites à Venise sur différents objets d'arts, et notamment sur la séparation de la soude du sel marin (Opuscoli scelti, t. xx); 4° Analyse de la source minérale froide de Puisard, dite de Bois-Plan, dans la vallée de Saint-Badolph, près de Chambéry (par extraits dans l'Annuaire du Mont-Blanc, an XIII).

SODEN (le comte Fréd.-Jules-Henri de), littérateur allemand; mort le 13 juillet 1832.

— *Aurora, ou l'Amante mystérieuse, traduction de l'allem., par le citoyen D....che (Dupeche). *Paris, Ouvrier*, 1802, 2 vol. in-12, 3 fr.

— Aurore, ou la Fille de l'enfer, comédie en 3 actes, imitée de l'allemand, du comte Saauden (lisez Soden). *Paris, A.-A. Renouard*, 1807, in-8, 1 fr. 25 c.

— Célestine, ou Amour et Innocence, comédie en 4 actes, imitée de l'allemand, de Soden. *Paris, A.-A. Renouard*, 1807, in-8, 1 fr. 25 c.

—Illuminé, ou le nouveau Cagliostro, comédie en 4 actes, imitée de l'allemand. *Paris, A.-A. Renouard*, 1807, in-8, 1 fr. 25 c.

Ces trois pièces font partie du Théâtre des Variétés étrangères.

SODRÉ (François de), commandeur de l'ordre du Christ en Portugal, etc., etc.

— Exposé des faits pour M. François de Sodré... contre M. le duc de Laval-Montmorency, pair de France, ambassadeur en Espagne, etc., etc., et M. le baron de Bruny, commandant par intérim la septième division militaire. *Paris, de l'impr. de Bobée*, 1818, in-8 de 60 pag.

— Memoria politico-juridica. *Pariz, de la impr. de Bobée*, 1819, in-8 de 32 pag.

— Pétition à MM. les membres de la chambre des pairs. *Paris, de l'impr. de Le Normant*, 1818, in-8 de 24 pag.

— * Provinces (les) de la Plata érigées en monarchie; considérations politiques par le c... de S... *Paris, Bleuet*, 1820, in-8 de 16 pag.

SOEHNÉE (Charles-Fréd.). — Recherches nouvelles sur les procédés de peinture des anciens, suivies de la traduction de différents fragments de l'ouvrage de Lessing sur l'antiquité de la peinture à l'huile. *Paris, Petit*, 1822, in-8 de 96 pag., 3 fr.

SOEMMERING (Samuel-Thomas), médecin allemand, l'un des anatomistes les plus habiles et les plus laborieux de l'Allemagne; mort à Francfort-sur-le-Mein, le 2 mars 1830.

— Description figurée de l'œil humain, traduite du latin par A.-P. Demours. *Paris, l'Auteur; Crochard*, 1818, in-4 avec fig., sur pap. vél., 27 fr.

Imprimée aussi dans la même année, à la suite du Traité des maladies des yeux, du traducteur.

— Iconologie de l'organe de l'ouïe, trad. du latin par A. Rivaillié, docteur en médecine de la faculté de Paris. *Paris*,

Crevot, 1825, in-8 avec un Atlas petit in-folio de 7 pl., 10 fr.

— Traité des maladies de la vessie et de l'urètre, considérées particulièrement chez les vieillards; trad. de l'allem. sur la sec. édit., avec des notes. Par H. HOLLARD. *Paris, Crevot*, 1824, in-8, 3 fr. 50 c.

SOHET (Dominique), savant jurisconsulte, d'abord avocat, ensuite juge de paix à Chooz, près de Givet, depuis le 19 janvier 1790 jusqu'à sa mort; né le 2 août 1728 à Chooz (Ardennes), où il est mort, le 2 mai 1811.

— Instituts de droit, ou Sommaire de jurisprudence civile, féodale et criminelle pour les pays de Liège, de Luxembourg, de Namur et autres. *Namur*, *Lafontaine*, 1770, 3 vol. in-4; — *Namur, et Liége, Desoer*, 1770-81, 5 part. en 3 vol. in-4.

Ersch cite aussi une édition de Bouillon, 1770—72, 5 vol. in-4.

« Un précis des lois et des coutumes énoncées dans « le titre, et de tout ce que les auteurs les plus accrédités ont écrit touchant les mœurs et la juris- « prudence de ces pays, telle est la matière de cet « ouvrage, où l'on trouve des recherches étendues « et profondes. »

L'abbé Bouillot, dans sa Biographie ardennaise, tom. II., pag. 380—81, a consacré une notice à Sohet.

SOHLER (L.-Charles), de Landser (Haut-Rhin), anc. chirurgien interne de l'hôpital civil de Strasbourg.

— Essai médico-chirurgical sur le cancer en général et sur celui de la mamelle en particulier; dissertation présentée et soutenue à la Faculté de médecine de Strasbourg, le 18 juin 1812. *Strasbourg, de l'impr. de Eck*, 1812, in-4 de 32 pag.

SOISSON. — Momus dans la maison des fous, ou le Retour à la raison, fait historique en un acte (pantomime). *Paris, Barba*, 1812, in-8.

SOKOLNICKI (Michel), général polonais longtemps au service de France. Ce fut lui qui, en 1814, commanda les intrépides élèves de l'École polytechnique sur la butte Chaumont. Cet illustre général attacha dès-lors son nom à l'un de nos faits les plus mémorables de la bataille de Paris. Sokolnicki était correspondant de la Société académique de Nanci. Il avait reçu le jour dans le palatinat de Poznanie, le 28 septembre 1760, il est mort à Varsovie, le 23 septembre 1816.

— A M. le sénateur de Fossombroni. *Paris, de l'impr. de F. Didot*, 1812, in-4 de 56 pag., avec 2 pl.

Cette Lettre est relative au desséchement des marais Pontins; on trouve à la suite une Notice du même auteur sur un canal de desséchement exécuté en Pologne en 1780, et déjà imprimée en 1804 (voy. plus bas).

— Discours prononcé lors du service célébré dans l'église de Bon-Secours de Nancy en l'honneur de Stanislas, par les cadres des armées polonaises, le 11 juin 1814. *Nancy*, 1814, in-4.

— * Journal historique des opérations militaires de la 7e division de cavalerie légère polonaise, faisant partie du 4e corps de la cavalerie de réserve, sous les ordres de M. le général de division Sokolnicki, depuis la reprise des hostilités au mois d'août 1813, jusqu'au passage du Rhin au mois de novembre de la même année, rédigé sur les minutes autographes, par un témoin oculaire. *Paris, de l'impr. de Bailleul*, 1814, in-8 de 88 pag.

— Lettre à M. le sénateur Fossombroni sur une trombe hydraulique propre à l'épuisement des grands marais. *Paris*, 1811, in-4, figures.

— Lettres sur quelques points de l'hydrodynamique. *Paris*, 1811, in-4.

— Notice historique sur le canal de Richemont, exécuté en Pologne, en 1780. *Paris*, an XII (1804), in-4 avec fig.

Réimpr. en 1812 à la suite de la Lettre à M. le sénateur Fossombroni.

— Opuscules sur quelques parties de l'hydrodynamique. *Paris, F. Didot*, 1811, in-4, avec gravures, 4 fr.

— Recherches sur les lieux où périt Varus avec ses légions. *Paris*, in-8 de 40 pag.

SOL (J.-C.-M.). — Ma veillée sur la fosse d'Annette. Nouvelle psycologique. Mélanges en prose et poésie. *Paris, Guillaumin*, 1835, in-8, 7 fr.

SOLANDER. Voy. BANKS.

SOLANO DE LUCQUES (don Fr.), médecin espagnol.

— Observations nouvelles et extraordinaires sur la prédication des crises par le pouls, faites premièrement par le doct. D. Fr. SOLANO...., et ensuite par différents autres médecins. Enrichies de plusieurs cas nouveaux et de remarques, par M. NIHELL, M. D.; trad. de l'angl. par M. LAVIROTTE. *Paris, De Bure l'aîné*, 1748, in-12 de xljv et 258 pag.

SOLANO-CONSTANCIO (Fr.). Voy. Constancio.

SOLARI (Benoît).—Clergé (le) constitutionnel jugé par un évêque; Abrégé analytique de l'Apologie du savant évêque de Noli en Ligurie, avec des notes historiques et critiques (par M. Eustache Degola, docteur en théologie dans l'université de Pise). *Lausanne*, 1804, in-4.

SOLAS, alors maître des comptes. — * Dictionnaire abrégé à l'usage des états du Languedoc. 1789, in-8 de 18 pag.

SOLAYRÈS DE RENHAC (Fr.-Lud.-Jos.). — Dissertatio de partu viribus maternis absoluto. *Parisiis, Laur.-Car. d'Houry*, 1771, in-4.

Cette Dissertation a été réimprimée à Berlin, en 1831, par les soins de M. Siebold. Solayrès, qui a été le professeur du savant accoucheur Baudeloque, est auteur d'une première dissertation, non moins remarquable que celle que nous citons, qui a été imprimée à Montpellier comme thèse de ce professeur.

SOLDNER (J.). — Théorie et Tables d'une fonction transcendante. *Munich*, *J. Lindauer*, 1809, in-4 de 49 pag., plus 3 pages non chiffrées.

SOLEIROL (J.-F.). — Cahier classique sur le cours de construction à l'usage des élèves de l'école royale de l'artillerie et du génie. (En deux chapitres.) *Metz*, *impr. d'Antoine*, 1819-24, 2 part. in-8 ensemble de 422 pag., plus une table de 16 pag.

SOLEIROL (H.-A.), capitaine de génie.
— Mémoire sur les marchés relatifs au service du génie. *Metz*, *de l'impr. de Dosquet*, 1835, in-4.
— Recueil d'expériences sur les mortiers de construction, suivi d'observations sur la manière d'opérer dans les recherches de ce genre. *Paris*, *Anselin*, 1835, in-4 avec 4 pl., 7 fr. 50 c.

SOLERA (Maurice), Piémontais.
— Essai sur les valeurs. 1799, in-12; ou *Milan*, 1804, in-8.

SOLIÉ. — Ode sur la naissance de S. A. R. Mgr. le duc de Bordeaux. *Paris*, *de l'impr. de Renaudière*, 1820, in-8 de 8 pages.

SOLIERI (Jean-Louis), médecin en la ville de Gênes.
— Homme (l') de charbon. Instruction, préceptes et théories nouvelles données à un élève en médecine. Première traduction de l'original italien inédit, par le docteur S***. *Montpellier*, *Sevalle*, *et Paris*, *Baillière*, 1837, in-8.

SOLIER ou SOLLIER DE LA ROMILLAIS (Jean-Louis-Marie), doct. en médecine de l'anc. Faculté de Paris, à Reims; né à Orléans.
— État de l'inoculation de la petite vérole en Écosse, trad. de l'angl. (1766). Voy. A. Monro.
— Traité des opérations de chirurgie, trad. de l'ital. (1769). Voy. Bertrandi.

SOLIGNAC (le chev. Pierre-Joseph de La Pimpie), ci-devant secrétaire du cabinet et des commandements du roi Stanislas, secrétaire du gouvernement de Lorraine et Barrois, bibliothécaire royal et secrétaire perpétuel de l'Académie de Nancy; né à Montpellier, en 1687, mort à Nancy, le 28 février 1773.
—*Abrégé de l'hist. de Pologne. 1762, in-12.
— * Amours (les) d'Horace. *Cologne*, *Marteau*, 1728, in-12.

Lorsque l'auteur débuta dans la littérature, il s'appelait *Solminiac de la Pimpie*. (Catalogue mss. de l'abbé Goujet.)

— * Amusements des eaux de Schwalsbach, avec deux relations curieuses, l'une de la nouvelle Jérusalem, et l'autre d'une partie de la Tartarie indépendante. *Liége*, *Kints*, 1739, in-8.
— Discours prononcé à l'assemblée publique de la Société de Nancy, le 8 mai 1772, jour de la distribution des prix. 1772, in-8.
— Éloge de M. de Montesquieu. 1755, in-12; *Nancy*, 1756, in-4.
—Éloge historique du roi Stanislas. *Nancy*, 1766, in-12.
—Éloge historique de M. de Tercier. *Nancy*, 1767, in-12.
— Histoire générale de Pologne. *Paris*, *Hérissant*, 1750 et ann. suiv., 6 vol. in-12.
— Lettres sur l'histoire du roi de Pologne. *Nancy*, 1741, in-12.
— *Quatrains ou Maximes sur l'éducation. *Nancy*, 1728; — nouvelles édit. *Nancy*, 1730, 1738, in-12.
— * Récréations littéraires, ou Recueil de poésies et de lettres, etc., par M. de L***. *Paris*, *Boudot*, 1723, in-8.

Le chevalier Solignac et le P. Menoux, jésuite, ont eu, dit-on, beaucoup de part à la composition des différents ouvrages qui forment la réunion des

Œuvres du philosophe bienfaisant (Stanislas, roi de Pologne), Paris, 1763, 4 vol. in-8, et 1769, 4 vol. in-12. Voyez l'éloge de cet écrivain par Ferlet, dans le Nécrologe de 1774.

SOLIGNAC (le général). — Mort (la) du général Kellermann, duc de Valmy, surnommé le brave des braves, l'un des premiers soldats de la république. *Paris, de l'impr. de Lacombe,* 1835, in-8 de 4 pages.

Composé principalement du discours prononcé sur la tombe de Kellermann par le général Solignac.

SOLIS (Antonio de), littérateur espagnol, secrétaire de Charles II, roi d'Espagne, et son historiographe des Indes.

— Historia de la conquista de Mejico, poblacion y progresos de la America septentrional, conocida por el nombre de Nueva España.(Nueva edic.) *Leone, Cormon y Blanc*, 1822, 1824, o 1827, 5 vol. in-18. 12 fr.

—La misma. *Paris, Bossange padre*, 1826, 3 vol. in-32, 12 fr.

— Histoire de la conquête du Mexique ou de la Nouvelle-Espagne, trad. de l'espagn. par l'auteur des Deux Triumvirats (de Broé, sieur de Citry et de La Guette). Nouv. édition. *Paris, Ch. Osmont*, 1704; — V^e^ édit. *Paris, la comp. des libr.*, 1730; — VIe édit. *Paris*, 1759, 2 vol.; — Autre édit. *Paris*, 1774, 2 vol. in-12.

La première édition de cette traduction est de Paris, 1691; on cite une réimpression faite à La Haye dans la même année, en 2 vol. in-12.

—Histoire de la conquête du Mexique (abrégée de l'historien espagnol Antonio de Solis fils), par Oct. B.... (M. Boistel d'Exauvillez fils). *Paris, Gaume,* 1835, 2 vol. in-18, 1 fr. 80 c.

SOLIS (don Nic.-Ant. de). — Cartas, publicadas por Greg. Mayans y Siscar. *En Leon de Francia, L. Chalmette*, 1733, in-12.

— Fou (le) incommode, en espagnol « un bobo haze ciento », comédie en trois journées, trad. en prose par Linguet.

Traduction imprimée dans le Théâtre espagnol publié par le traducteur.

— Hôtelier (l') de Milan, comédie en trois actes (en prose), imitée de l'espagnol d'Antonio de Solis, par Dumaniant. *Paris, A.-A. Renouard,* 1807, in-8.

Cette pièce fait partie du Théâtre des Variétés étrangères.

SOLLARD ou Solar. —Madame Basile, comédie-vaudeville (1834). Voy. Lurine.

SOLLE (de la). Voy. La Solle.

SOLLEYSEL (Jacques de), écuyer, gentilhomme de la province du Forez, fils de Mathieu de Solleysel, officier des gendarmes écossais; né en 1617, dans sa terre de Clapier, près de Saint-Étienne, mort à Paris, en janvier 1680.

— Parfait (le) maréchal, qui enseigne à connaître la beauté, la bonté et les défauts des chevaux; plus un Traité du haras pour élever les poulains. Nouv. édit. (en franç. et en allem.). *Genève, Chouet*, 1706, in-4. — Nouv. édition, augm. *Paris, Didot jeune*, 1754, in-4, avec planches. — Autre édit., augm. d'un Abrégé de l'art de monter à cheval. *Paris*, 1775, in-4, 12 fr.

La première édition de cet ouvrage, qui a été plusieurs fois réimprimé, est de Paris, Clousier, 1664, in-4.

On doit aussi à Solleysel la traduction française de la nouvelle Méthode de dresser les chevaux, par le duc de Newcastle (1677), dont il a été fait une édition avec une version allemande, Nuremberg, 1700, in-fol.

SOLLIER (Pierre). — Manuel des fous, ou le grand Festin de l'Élisée. *Paris, Cailleau,* an VII (1799), in-12 avec 2 grav., 1 fr. 50 c.

Ce livre contient des dialogues de morts de tous états, sur des sujets historiques et politiques.

— * Opéra (l') de village, ou la Fête impromptu, divertissement à l'occasion de la paix et du retour de S. M. l'empereur et roi (en un acte et en prose, mêlé de couplets). *Paris, Mad. Cavanagh*, 1807, in-8.

Avec M. Sewrin, qui seul est nommé sur le titre de la pièce.

— * Petit (le) Sancho, roman narcotique. Par l'auteur du « Manuel des fous ». *Paris, Ouvrier*, an IX (1801), 2 vol. in-18 avec grav., 1 fr. 50 c.

SOLLIER DE LA ROMILLAIS. Voy. Solier.

SOLMINIAC DE LA PIMPIE. Voyez Solignac.

SOLOMÉ (Jean-Pierre), Provençal, conseiller et secrétaire du ci-devant duc des Deux-Ponts, éditeur et propriétaire de la Gazette des Deux-Ponts, 178., puis du Journal général de politique de l'Europe, depuis le 14 juillet 1798, enfin du Journal politique de Manheim en 1800; mort à Paris au commencement de 1802.

— Anti-banquier (l'), ou Moyens très-simples d'éteindre à l'instant toutes les dettes de la France. *Aux Deux-Ponts, Sanson*, 1790, in-8.

SOLOMÉ, directeur de la scène au Théâtre-Français.
— Indications générales et observations pour la mise en scène de : les trois Quartiers, comédie de MM. Picard et Mazères. *Paris, l'Auteur*, 1827, in-8 de 32 pag. et 3 pl., 2 fr.
— Indications générales et observations pour la mise en scène de la Muette de Portici, grand opéra en 5 actes, paroles de MM. Scribe et G. Delavigne. *Paris, l'Auteur; Duverger*, 1828, in-8 de 60 pag., 6 fr.
— Indications générales et observations pour la mise en scène de Zampa, ou la Fiancée de marbre, opéra-comique en 3 actes de M. Mélesville. *Paris, Duverger*, 1831, in-8 de 44 pag., 6 fr.

SOLON (L.-C.), anc. avocat à Paris.
— Discussion du Code civil dans le conseil d'état (1805). Voy. JOUANNEAU.
— * Rapprochement des dépositions dans l'affaire des 5 et 6 octobre 1789, d'où l'on tire les résultats de la procédure. 1790, in-8.

SOLON (V.-H.), avocat à Toulouse.
— Théorie sur la nullité des conventions et des actes de tout genre, en matière civile. *Paris, Videcoq; Barba*, 1835, 2 vol. in-8, 12 fr.
— Traité des servitudes réelles. *Paris, Videcoq; Delamottefrères*, 1837, in-8, 7 fr.

On lui doit aussi une édit. de l'Essai sur la nature des différentes espèces et des divers degrés de force de preuves, par GABRIEL, édition revue et mise en harmonie avec les nouveaux codes (Toulouse, 1824, in-8).

SOLORÇANO (Alonzo de CASTILLO), écrivain espagnol.
— Histoire de dona Ruffina (trad. par d'OUVILLE). *Amsterdam (Paris)*, 1731, 2 vol. in-12.

La première édition de cette traduction parut en 1661, sous le titre de *la Fouine de Séville, ou l'Hameçon des bourses*, Paris, L. Billaine, in-8. Il existe des exemplaires de l'édition de 1731, sur les titres desquels on lit : *Histoire et aventures de dona Rufine, fameuse courtisane de Séville*.

SOLTYG (le comte Roman), général de brigade d'artillerie polonaise, officier supérieur à l'état-major de Napoléon.
— Napoléon en 1812. Mémoires historiques et militaires sur la campagne de Russie. *Paris, Art. Bertrand*, 1836, in-8 avec une carte, 8 fr.
— Pologne (la). Précis historique, politique et militaire de sa révolution, précédé d'une Esquisse de l'histoire de la Pologne, depuis son origine jusqu'en 1830. *Paris, Pagnerre*, 1833, 2 vol. in-8, avec 4 cartes et 4 portraits, 15 fr.

SOLUTIVE (le R. P.), récollet.
— Sept Trompettes (les) pour réveiller les pécheurs et les porter à faire pénitence. Traduites de l'italien par le R. P. Fr.-Ch. JOUIE, récollet. XVe édit. *Avignon, de l'impr. de Fischer*, 1824, in-18.

SOLVET (P.-L.), ancien libraire à Paris.
— Cabinet (le) de lecture. *Paris*, 1808, in-18.

Publié sous le pseudonyme de Robert.

— Études sur La Fontaine, ou Notes et excursions littéraires sur ses fables ; précédées de son Éloge inédit par feu M. GAILLARD, avec une gravure représentant la maison de La Fontaine à Château-Thierry. *Paris, Grabit*, 1812, in-8, 6 fr.

M. Solvet, en outre, a publié divers ouvrages comme éditeur ; mais sa modestie, ou sa position commerciale, ne lui a pas permis d'y attacher son nom, en sorte qu'il ne nous est pas possible de mentionner tous les travaux de ce genre dont il s'est occupé. Barbier cite de lui : 1° une nouvelle édition du Voyage à Montbard, par HÉRAULT DE SÉCHELLES (1801, in-8) ; — 2° le Petit Magasin des dames, recueilli et publ. par M. Solvet (1803 à 1810, 8 vol. in-12) ; — 3° Coup-d'œil sur Vienne, par le prof. OLIVARIUS, avec des augmentations par l'éditeur (1805, in-8).

SOLVET (Ch.), magistrat et orientaliste.
— Instituts du droit mahométan sur la guerre avec les infidèles, ou Extraits du livre d'Aboul-l-Hosain-Ahmed-el-Kodouri sur le droit, et de celui de Seüd-ali-el-Hamadini, intitulé : Trésor des rois, trad. de l'arabe en français par Ch. Solvet. *Paris, Dondey-Dupré fils*, 1829, in-8 de 40 pag., 1 fr. 50 c.
— Voyage à la Rassauta (en Algérie). Lettre à M. A....., député. *Marseille, de l'impr. de Marius Olive*, 1838, in-8 de 24 p.

M. Ch. Solvet a encore traduit, de l'allemand, des Recherches historiques sur le luxe des Athéniens..... par M. Ch. MEINERS (1823), et un Essai sur l'époque de l'histoire romaine, par D. H. HEGEWISCH.

SOLVYNS (François-Balthazard), peintre belge ; né en 1760 à Anvers, où il est mort, capitaine du port de cette ville, le 10 octobre 1824.
— Hindous (les), ou Description de leurs mœurs, coutumes, cérémonies, dessinés

d'après nature dans le Bengale et représentés en 252 planches; le texte en français et en anglais. *Paris, l'Auteur*, 1808-12, 48 livraisons formant 4 vol. gr. in-fol., fig. col., 1700 fr.

Cette vaste entreprise, exécutée au milieu des guerres de Napoléon, engloutit la fortune de Solvyns, et le jeta dans de grands embarras, dont il s'est ressenti le reste de sa vie.

Solvyns a gravé lui-même toutes les planches de son ouvrage; elles sont mauvaises sous le rapport de l'art; mais elles portent un caractère de vérité et de fidélité rare. Elles sont accompagnées d'un texte français et anglais (ce dernier par madame Solvyns, anglaise de naissance) qui est généralement court et un peu aride, parce que l'auteur n'a voulu y rapporter que ce qu'il avait vu ou appris dans l'Inde. Les discours préliminaires, placés à la tête de chacun des volumes, ont été rédigés par M. Depping.

Pendant l'impression de cette somptueuse édition, l'auteur en entreprit une autre in-4, dont lui-même grava les planches; mais il n'en publia que quatre livraisons (1808). Le texte y est en trois langues (français, anglais et allemand). Après la mort de Solvyns, sa veuve a derechef annoncé une édition in-4 des *Hindous*, dont il a été distribué un cahier, comme échantillon.

On a commencé à Leipzig, il y a plusieurs années, une petite édition, ou plutôt une faible imitation du grand ouvrage sur les Hindous, avec un texte du doct. Bergk : nous ignorons si elle a été continuée.

Solvyns a fait imprimer à Paris, en 1814, le prospectus d'un *Voyage pittoresque aux Indes orientales et à la Chine*, ouvrage qui devait être composé de deux volumes in-4 oblong, mais dont il n'a rien paru.

SOLY (Jules). — Grande (la) Jeannette. *Paris, Filleul de Pétigny; Schwartz et Gagnot, etc.*, 1838, in-8, 7 fr.

SOMAIN (l'abbé). — Clef (la) des catéchismes, ou Vérité de la religion chrétienne ou catholique à la portée de tout le monde. *Lille, de l'impr. de Lefort*, 1832, in-12.

SOMAVARA (le P. Alessandro da), capucin de l'ordre de Saint-François, missionnaire apostolique et directeur de toutes les missions grecques.

— Tesoro della lingua greca volgare ed italiana, col tesoro della lingua italiana greca volgare, posta in luce da Tomaso da Parigi. *Parigi, M. Guignard*, 1709, 2 tomi in uno vol. in-4.

SOMBRET (Octave). — Guide (le) des huissiers, etc. Ouvrage de plusieurs jurisconsultes, etc., publié par l'éditeur, M. Oct. Sombret. *Paris, de l'impr. de Dondey-Dupré*, 1813, 2 vol. in-8, 4 fr.

— Manuel (le) des défenseurs devant les tribunaux de commerce et autres d'exception, ou Recueil des lois, etc. *Paris, de l'impr. de Dondey-Dupré*, 1813, 2 vol. in-8, 18 fr.

M. Sombret, ainsi que les titres de ces deux ouvrages l'indiquent, n'en est que leur éditeur.

SOMERHAUSEN (H.), né à Niederwehren, en Bavière, naturalisé Belge depuis 1825; d'abord professeur de langues orientales, docteur en philosophie et en lettres, aujourd'hui libraire à Bruxelles, traducteur-juré près les tribunaux, membre de l'Académie royale de Metz, de la Société asiatique de Paris, de plusieurs Sociétés scientifiques et littéraires.

— Coup-d'œil sur la vie et les ouvrages de Kotzebue.

— Description de la ville de Bruxelles, en hollandais, ouvrage qui a obtenu la médaille d'or en 1827.

— Discours contenant une courte biographie de Moses Mendelsohn, en hollandais. *Amsterdam, de l'impr. de Joach. Van Embden*, 1812, in-8 de 96 pag.

Tiré à 100 exemplaires qui n'ont pas été destinés au commerce.

— Leçons élémentaires de langues orientales.

— Recueil de thèmes, d'exercices et de versions, pour l'étude de la langue hollandaise. Ouvrage destiné à faire suite à toutes les grammaires de cette langue écrites en français, et surtout à celles de MM. G.-J. Meyer et L.-G. Lauts. Ire partie, renfermant les thèmes, etc., sur les parties du discours. *Bruxelles, Weissenbruch*, 1822, 2 vol. in-12, 5 fr. 50 c. — Sec. édit., rev., corr. et considérablement augmentée. *Bruxelles, Weissenbruch*, 1824, in-12, 3 fr.

Cet ouvrage a obtenu trois autres éditions.

— Système de sténographie appliqué aux langues française et hollandaise, ouvrage qui a obtenu le premier prix au concours ouvert en 1827 par le gouvernement.

— Tableau géographico-statistico-historique de la Germanie.

— Tableau synchronistique de l'histoire ancienne et moderne, jusqu'en 1820.

— Tableaux statistiques et historiques des Pays-Bas.

Ces diverses indications nous sont fournies par le Dictionnaire des hommes de lettres, des savants et des artistes de la Belgique (Bruxelles, 1837, in-8).

On a encore de M. Somerhausen plusieurs brochures, et des articles dans les journaux allemands, hollandais et français.

SOMERVILLE (Mary). V. Sommerville.

SOMMÉ (C.-L.), docteur en médecine et

en chirurgie, professeur d'anatomie et de chirurgie, chirurgien en chef de l'hôpital civil d'Anvers, membre de la Société de médecine de Louvain, de l'Académie des curieux de la nature de Berlin.

— Études sur l'inflammation, en deux parties. La première comprend la théorie de l'inflammation et son traitement en général; la seconde, les inflammations des différentes parties du corps en particulier. *Bruxelles, Franck*, 1830, in-8, 4 fr.

— Recherches sur l'anatomie comparée du cerveau. *Anvers, Ancelle*, 1824, in-8, 3 fr.

Cet ouvrage a concouru pour le prix de l'Institut de France, en 1821.

M. le prof. Sommé, en outre, a fourni des articles et des Mémoires au Journal hebdomadaire de médecine, et à quelques recueils consacrés à cette science qui s'impriment à Paris; il a fourni les mémoires suivants à la Bibliothèque médicale : 1° Des effets de la saignée dans l'inflammation (tom. Ier, 1824); — 2° Notes sur l'emploi de quelques médicaments dans plusieurs maladies (ibid.); — 3° Sur la circulation capillaire, et les sangsues (ibid.); — 4° Mémoire sur l'opération de la taille, par la méthode recto-vésicale (ibid.); — 5° Observations d'une fraction au fémur (tom. V, 1828).

SOMMER (Joseph). — Ouvrage destiné à faciliter aux enfants les thèmes. *Valence, de l'impr. de Borel*, 1831, in-12 de 54 pages.

SOMMERARD (du). Voy. (au Suppl.) Du Sommerard.

SOMMERIVE (le comte de). — * Bajazet, premier empereur des Turcs, tragédie en cinq actes et en vers. Sans date (1741), in-8. — Autre édition, sous ce titre : Bajazet Ier, cinquième empereur des Turcs, tragédie nouvelle. Par M. le comte de S.... *Paris, Prault*, 1741, in-8 de viij et 79 pages.

Cette pièce se trouve aussi dans le tome VIe de quelques exemplaires des *Nouveaux Amusements du cœur et de l'esprit*.

SOMMERVILLE (Elisabeth). — Enfant (l') converti et la chaumière galloise, ou les Enfants reconnus; traduit de l'anglais par Louis (M. D.-F. Donnant). *Paris, Pigoreau*, 1804, 2 vol. in-12, 3 fr.

SOMMERVILLE ou Somerville (Mary). — Connexion (de la) des sciences physiques, ou Exposé simple et rapide de tous les principaux phénomènes astronomiques, physiques, chimiques, géologiques et météorologiques; accompagné des découvertes et expériences les plus remarquables des savants modernes, tant français qu'étrangers. Traduit de l'anglais sous les auspices de M. Arago, par madame T. Meulien. *Paris, Levrault*, 1838, in-12, avec 5 pl., 7 fr. 50 c.

SOMMERY (mademoiselle F. de). Voy. Fontette de S.

SOMMIER (Jean-Claude), docteur en théologie, curé de Champs, en Vosges; plus tard archevêque de Césarée.

— *Apologie de l'Histoire de l'église de Saint-Diez. *Saint-Diez*, 1737, in-12.

— Éloge funèbre de Marie-Éléonore d'Autriche, reine de Pologne et duchesse de Lorraine, prononcé à Remiremont, le 7 avril 1698. *Toul, Alex. Laurent*, 1698, in-4.

— Histoire de l'église de Saint-Diez, avec les pièces justificatives de ses immunités et priviléges. *Saint-Diez, D.-J. Bouchard*, 1726, in-12.

L'*Histoire de l'église de Saint-Diez* est un ouvrage de Fr. de Riguet (mort en 1699), dont Sommier a été l'éditeur (Saint Diez, 1726, in-12).

— Histoire dogmatique de la Religion, ou la Religion prouvée par l'autorité divine et humaine, et par les lumières de la raison. *Champs (ou plutôt Nanci), Bouchard*, 1708, 2 vol. in-4. — Seconde partie. *Paris, de Laulne*, 1711, 2 tomes en un volume in-4.

— La même Histoire, sous le titre d'Apologie pour l'Église de J.-C. *Paris, Estienne*, 1721, 4 vol, in-4.

— Histoire dogmatique du Saint-Siége. *Nanci, J.-B. Cusson*, 1726, 2 vol. in-12.

— Oraison funèbre de Charles V, duc de Lorraine, prononcée dans l'église de Saint-Eure de Nanci, le 11 mai 1700. *Nanci, Paul Barbier*, 1701, in-8.

SONERDEN-MARTUSIED (sir Jam-Pitre), poëte écossais du xviie siècle.

— Notice sur la vie de sir Jam-Pitre Sonerden-Martusied...., écrite par lui-même en 1681, et traduite de l'anglais. *Londres*, 178., in-18.

Cet opuscule de 18 pages paraît avoir été imprimé chez F.-A. Didot l'aîné, et tiré à petit nombre.

SONIÉ-MORET (H.). — Atlas de géographie universelle, à l'usage de la jeunesse (composé de 21 cartes écrites coloriées et de 4 cartes muettes), précédé d'un Précis géographique de toutes les parties du monde, avec une instruction sur la manière de s'appliquer à l'étude de la géographie. *Paris, Lebigre frères*, 1832, et 1833, in-4 de 56 pag., et 25 cartes.

SONNERAT (Pierre), voyageur, sous-commissaire de la marine, naturaliste, pensionnaire du roi et correspondant de son cabinet, membre de l'Académie des sciences de Paris, de l'Académie de Lyon, et correspondant de la première classe de l'Institut; né à Lyon, vers 1745, mort à Paris, le 12 avril 1814.

— Voyage aux Indes orientales et à la Chine, fait par ordre du roi, depuis 1774 jusqu'en 1781, avec des observations sur le cap de Bonne-Espérance, les îles de France et de Bourbon, les Maldives, Ceylan, Malacca, les Philippines, les Moluques, etc. *Paris, l'Auteur; Froullé; Nyon l'aîné*, 1782, 2 vol. in-4 avec 140 planches, sur pap. fin, 48 fr., et sur pap. de Hollande, 76 fr.; avec les planches enluminées, sur papier de Hollande, et le texte sur pap. de France, 124 fr.; et texte et planches coloriées sur pap. de Hollande, 160 fr.; ou *Paris, Froullé*, 3 vol. in-8, 13 fr. 20 c.

Les prix que nous indiquons sont les primitifs.

Il a été publié un *Supplément* à ce Voyage (contenant des observations critiques) par un ancien marin (*Foucher d'Obsonville*). Amsterdam, et Paris, Clousier, 1785, broch. in-8.

L'année auparavant M. Charpentier de Cossigny avait fait imprimer sa Lettre à M. Sonnerat. A l'Isle de France, 1784, in-8.

« Le premier volume est une histoire, et surtout une description du Décan. On y trouve des documents curieux sur les arts, les usages, la religion, les mœurs, l'astronomie et les autres sciences chez les Indous. Ces détails, ayant été reproduits dans des ouvrages plus récents, doivent avoir perdu de leur importance; mais on voit que, quand Sonnerat pouvait être bien informé, ses narrations étaient dignes de foi. C'est dans ce qui concerne l'astronomie indienne qu'il mérite le moins de confiance. Le second volume en doit obtenir moins encore en ce qui regarde la Chine; mais il y a joint d'utiles et de nombreuses observations sur le Cap, l'île Bourbon, Ceylan, les Maldives, Malacca, et plusieurs îles espagnoles ou hollandaises des mers indo-chinoises. »

— Le même Voyage. Nouv. édit., faite sur le manuscrit autographe de l'auteur, augmentée d'un Précis historique sur l'Inde, depuis 1778 jusqu'à nos jours, de notes et de plusieurs Mémoires, par Sonnini. *Paris, Dentu*, 1806, 4 vol. in-8 et atlas in-4, 60 fr., et sur pap. vélin d'Annonay, 120 fr.; — ou 2 vol. in-4, sur pap. superfin d'Angoulême, avec les planches en regard du texte, tirées sur pap. double vélin, 90 fr.; et sur pap. vélin, avec les figures coloriées avec soin (tiré à très-petit nombre), 300 fr.

« Le texte présente quelques additions fournies par le fils de l'auteur, sur les pratiques religieuses des Indous, sur le Pégu, sur la géographie de la Chine, etc. Outre plusieurs rectifications ou réintégrations dues à l'éditeur, il a aussi ajouté des morceaux historiques sur l'Indoustan, quant à la fin du dernier siècle, et des fragments sur la culture, etc., relatifs à Carnate, à Bornéo, à Madagascar, et même à Rio de Janeiro. Un arbre de Malabar et de la Nouvelle-Guinée, décrit par Sonnerat, sous le nom de *Pagapaté*, a reçu de Linné celui de *Sonneratia*. »

Les planches de la seconde édition sont celles de la première.

— Voyage dans la nouvelle Guinée, dans lequel on trouve la description des lieux, des observations physiques et morales, et des détails relatifs à l'histoire naturelle dans le règne animal et le règne végétal. *Paris, Ruault*, 1776, in-4 avec 120 grav. en taille-douce, 24 fr.

Le Catalogue hebdomadaire de Belle-Pierre de Neuve-Église, ann. 1783, cite une édition qui se trouvait chez P.-Théophile Barrois le jeune; mais il est vraisemblable que ce n'est qu'une nouvelle annonce de l'édition de 1776.

Ce livre est dédié à la femme de l'ancien intendant de l'Ile-de-France, Poivre, dont Sonnerat était le parent.

« Les géographes n'accordent pas à Sonnerat qu'il ait vu la véritable terre des Papous : la petite île de Poulo-Gheby, où se termina l'expédition, est très-rapprochée de Gilolo, et dès-lors appartient au même groupe. Quoi qu'il en soit, les détails donnés par l'auteur sur Manille, Yolo et Megindano, sont encore aujourd'hui d'un grand intérêt.

Sonnerat a fourni quelques *Mémoires* aux Annales du Muséum d'histoire naturelle.

SONNERAT (Alexandre), frère du précédent.

— Collection complète de ses OEuvres de poésie. *Paris, de l'impr. du Musée des aveugles*, 1806, in-12 de 180 pag., plus les pièces préliminaires.

Poésies fugitives.

SONNES (l'abbé Léonard), curé de St-Vincent de Rouen; né dans le diocèse d'Auch, en 1692, mort le 7 juin 1759.

— Anecdotes ecclésiastiques jésuitiques qui n'ont point encore paru. 1760, in-12.

SONNESCHMID (Fed.). — Tratado de la amalgamácion de Nueva España. *Paris, de la impr. de David*, 1825, in-8.

SONNET. — * École (l') du jour, ou Toutes vérités sont bonnes à dire. Ouvrage historique. *Paris, André*, an IX (1801), 2 vol. in-12, fig., 3 fr.

SONNET (A.). — Méthode de lecture, par laquelle on apprend en très-peu de temps et sans aucune difficulté tout ensemble, 1° la véritable prononciation de tous les mots de la langue française; 2° à lire parfaitement. *Beauvais, de l'impr. de Desjardins*, 1831, in-12, 1 fr. 25 c.

— Solutions raisonnées des problèmes d'arithmétique de M. Saigey. *Paris, Hachette,* 1837, in-18, 1 fr. 50 c.

SONNETTI (J.-J.), pseudon. Voyez GOUDAR.

SONNINI DE MANONCOUR (Charles-Nicolas-Sigisbert), naturaliste, voyageur et agronome; successivement offi. et ingénieur de la marine, en 1792; juge de paix du canton de Saint-Nicolas (Meuse), et plus tard cultivateur, correspondant du gouvernement pour l'agriculture et les arts, membre de plusieurs sociétés savantes et littéraires et de celle des observateurs de l'Homme; né à Lunéville, le 1er février 1751, mort à Paris, le 29 mai 1812.

— * Admission (de l') des Juifs à l'état civil. *Nanci*, 1790, in-8.

— Annuaire de l'industrie française, ou Recueil par ordre alphabétique des inventions, découvertes et perfectionnements dans les arts utiles et agréables, etc. 1re année. *Paris, D. Colas*, 1811, in-12 de 400 pages.

Avec M. Thiébaut de Berneaud.

— Culture de la julienne comme plante utile. *Paris*, 1805, in-8.

— Essai sur un genre de commerce particulier aux îles de l'archipel du Levant. Avec cette épigraphe :

Mores multorum vidit et urbes. HORACE.

Paris, l'Auteur, 1797, 1809, in-8, 1 fr.

— Histoire naturelle, générale et particulière des poissons et des cétacés, ouvrage faisant suite à l'Histoire naturelle de Buffon et mise dans un nouvel ordre par Sonnini, avec des notes et des additions par Sonnini. *Paris, Dufart* (* *A. Bertrand*), 1804, 14 vol. in-8 : 84 fr., fig. noires, et 168 fr. fig. coloriées.

Les *Poissons* forment 13 volumes, et les *Cétacés*, 1 vol.

— Histoire naturelle des reptiles. *Paris, Déterville*, 1802; ou *Paris, Verdière* (* *Roret*), 1826, 4 vol. in-18, ornés de 54 fig., 8 fr.; sur pap. fin d'Angoulême sat., avec fig. color., 18 fr., et sur pap. vélin, fig. color., cartonnés, 24 fr.

Avec M. Latreille. Cet ouvrage fait partie de l'édition de Buffon donnée par Castel.

— Manuel des propriétaires ruraux et de tous les habitants de la campagne, ou Recueil, par ordre alphabétique, de tous ce que la loi permet, défend ou ordonne dans toutes les circonstances de la vie et des opérations rurales : on y a joint tout ce qui a rapport à la chasse, à la pêche, aux étangs et aux constructions rurales, avec des modèles et formules de baux, loyers, procès-verbaux et autres actes utiles à la campagne dans ces différents cas. *Paris, Buisson*, 1808, in-12, 2 fr. 50 c. — IIIe édition, revue, corr. et considérablement augm. par Ars. THIÉBAUT DE BERNEAUD. *Paris, Arth. Bertrand*, 1823, 2 vol. in-12, 5 fr.

Selon Barbier, cet ouvrage est de M. Miger, et Sonnini, dont il porte le nom, n'en a fait que l'avant-propos.

— Mémoire sur la culture et les avantages du chou-navet de Laponie, ruta-baja ou navet de Suède, avec des considérations générales sur la culture des terres et des prairies, sur les fourrages, etc. *Nancl, et Paris, Née de la Rochelle*, 1788, in-8. — Seconde édition. *Paris, F. Buisson*, 1804, in-12, 1 fr.

— Traité de l'arachide ou pistache de terre. *Paris, Colas*, 1808, in-8.

— Traité des Asclépiades, particulièrement de celle de Syrie; précédé de quelques observations sur la culture du coton en France. *Paris, F. Buisson*, 1810, in-8 de 150 pag., avec deux pl. gravées et color., 3 fr.

— Vocabulaire portatif d'agriculture, d'économie rurale et domestique, de médecine de l'homme et des animaux, de botanique, de chimie, de chasse, de pêche et des autres sciences ou arts qui ont rapport à la culture des terres et à l'économie; dans lequel se trouve l'explication claire et précise de tous les termes qui ne sont pas d'un usage ordinaire, et qui sont employés dans les livres modernes d'agriculture et dans d'autres livres. Ouvrage utile aux cultivateurs, aux habitants de la campagne et à tous ceux qui n'ont pas fait une étude particulière des sciences et arts. *Paris, F. Buisson*, 1810, gr. in-8, 6 fr.

Avec MM. Veillard et Chevalier.

Quoique ce Vocabulaire puisse convenir à toutes les classes de lecteurs, il est cependant particulièrement consacré aux habitants des campagnes. Le propriétaire, le simple cultivateur, l'homme instruit, l'homme sans instruction recourront à cet ouvrage comme à un manuel qui leur donnera, sans recherches, une idée nette des choses qu'ils ont intérêt de connaître. Ils y puiseront des notions sur la botanique, dont les rapports avec l'agriculture sont si nombreux et si rapprochés; sur l'art vétérinaire, l'anatomie, la médecine, l'astronomie, la chimie, etc., et sur plusieurs arts et métiers dont l'application se répète dans un plus grand nombre de circonstances de la vie champêtre.

— Vœu d'un agriculteur. *Paris, Née de la Rochelle*, 1788, in-8.

— Voyage dans la haute et basse Égypte, fait par ordre de l'ancien gouvernement et contenant des observations de tous genres. *Paris, F. Buisson*, an VII (1799), 3 vol. in-8, avec un atlas de 40 planches gravées en taille-douce par J.-B.-P. Tardieu, 21 f.; sur pap. vél., 42 fr.; et sur pap. ord., avec les pl. enlum., 25 fr.

— Voyage en Grèce et en Turquie, fait par ordre de Louis XVI et avec l'autorisation de la cour ottomane. *Paris, F. Buisson*, an IX (1801), 2 vol. in-8, avec un vol. gr. in-4 composé d'une très-grande et très-belle carte coloriée et de planches gravées en taille-douce, 18 fr., et sur pap. vélin (tiré à 25 exempl.), 36 fr.

Outre les ouvrages que nous venons de citer, Sonnini a eu part à la rédact. de plusieurs journaux et recueils, et, entre autres, au Journal du départ. de la Meurthe (1790), à la Bibliot. physico-économique (depuis le 23 oct. 1801 jusqu'au mois de mai 1812); à la Statist. de la France, par Herbin et autres (1804); au Nouveau Dictionnaire d'agriculture appliquée aux arts ( ); aux tomes XI et XII du Cours d'agriculture de Rozier (1805). Il a traduit de l'espagnol l'Histoire naturelle des oiseaux du Paraguay, par Azara, traduction imprimée à la suite des Voyages dans l'Amérique méridionale de ce naturaliste (1809); il a fourni des notes et additions au Voyage aux îles de Ténériffe par Ledru (1810); au Voyage aux Indes orientales, par C.-Fr. Tombe (1810, 2 vol. in-12). Enfin, comme édit., il a publié une édit. des Œuvres de Buffon (1798 — 1807, 127 vol. in-8), dans laquelle l'éditeur a fait entrer deux parties qui sont de lui : les Poissons et les Cétacés.

SONNOIS. — Guide des maires et adjoints. 1800, in-8.

SONTHANAS (R.). — Première Lettre adressée aux électeurs. *Paris, Paulin*, 1834, in-8 de 56 pag.

SONYER-DULAC. Voy. Dulac.

SOPHIANOPOULO, D.-M., Grec d'origine.

— Relation des épidémies du choléra-morbus observées en Hongrie, Moldavie, Gallicie, et à Vienne en Autriche, dans les années 1831 et 1832, avec une histoire générale de cette maladie et de son traitement préservatif et curatif, avec des notes du docteur Broussais. *Paris, mademoiselle Delaunay; l'Auteur*, 1832, in-8 de 174 p.

— Cholera-morbus (la) epidemica, observada y tratada segun el metodo fisiologico; por F.-J.-V. Broussais; y Relacion de las epidemias de la cholera-morbus observados en Hungria, Moldavia, Gallicia, y en Viena en Austria, por el doctor Sophianopoulo, en los anos de 1831 y 1832, con el tratamiento preservativo y curativo de esta enfermedad. *Paris, rue du Temple*, n° 69, 1832, in-8.

SOPHOCLE, célèbre poëte tragique grec.

1° *Textes et traductions de pièces séparées.*

— Ajax, juxta contextum Brunckii, Shæferi, Lobeckii, Erfudtii, Burmanni et Boissonadii recensuit et varias lectiones notasque tum ex scholiastis aut rhetoribus selectas, tum suas adjecit L. Quicherat. *Parisiis, Hachette*, 1832, in-12, 1 fr. 25 c.

—

— Antigone, texte grec, revu sur les meilleures éditions, avec analyses et notes en français par V.-H. Chappuyzi. *Paris, Maire-Nyon*, 1832, in-12, 1 fr. 50 c.

— Antigona. Secundum editionem Boissonadii, varietatem lectionis et adnotationem adjecit L. de Sinner. *Parisiis, Hachette*, 1836, in-12, 1 fr. 25 c.

— Antigone. Texte grec, revu sur les meilleures éditions, avec introduction et notes par Fl. Lécluse. *Paris, J. Delalain*, 1837, in-12, 1 fr. 25 c.

—

— Sophoclis Electra et Euripidis Andromache, ex optimis exemplaribus emendatæ, studiis J. Schweighaeuser. *Argentorati*, 1779, in-8.

— Electre, tragédie, trad. en français, par And. Dacier. 1692.

Traduction imprimée à la suite de celle d'*OEdipe* (voy. plus bas).

— Électre, trad. par H.-B.-R. de Longepierre, avec des remarques. 1692.

Impr. aussi à la suite de la traduction d'*OEdipe*, par le même (voy. plus bas).

— Électre, expliquée en français, suivant la méthode des colléges, par deux traductions, l'une littérale et interlinéaire, avec la construction du grec dans l'ordre naturel des idées, l'autre conforme au génie de la langue française, précédée du texte pur et accompagnée de notes explicatives, d'après les principes de MM. de Port-Royal, Dumarsais, Beauzée et des plus grands maîtres. Par L.-A. Vendel-Heyl. *Paris, Aug. Delalain*, 1831, in-12, 4 fr. 50 c.

—

— Sophoclis OEdipus tyrannus et Euripidis Orestes, ex optimis exemplaribus emendati, studiis J. Schweighaeuser. *Argentorati*, 1779, in-8.

— OEdipe, roi, texte grec, revu, corrigé et accompagné de notes par A. PILLON. *Paris, Maire-Nyon*, 1831, in-12, 1 fr. 50 c.

— OEdipus, rex. Secondum editionem Boissonnadii. Varietatem lectionis et adnotationem adjecit L. de SINNER. *Paris., Hachette*, 1835, in-12, 1 fr. 25 c.

— OEdipe, roi, tragédie, en grec, accompagnée de notes historiques et grammaticales, par T.-Charles HURET. *Paris, Brunot-Labbe*, 1823, in-12, 2 fr.

— OEdipe, roi, avec analyse et notes. Par E.-G.(E. GERUSEZ). Texte grec. *Paris, Aug. Delalain*, 1825, in-12, 1 fr. 25 c.

— OEdipe, roi. Texte grec, revu sur les meilleures éditions, avec analyse et notes en français par L.-A. VENDEL-HEYL. *Paris, Aug. Delalain*, 1834, in-12, 1 fr. 25 c.

— Sophoclis OEdipi tyranni latina interpretatio, novissimè et accuratissimè edita. *Parisiis, Aug. Delalain*, 1827, in-12, 1 fr. 50 c.

— OEdipe (l') et l'Electre, tragédies grecques, traduites en français par André DACIER, avec des remarques. *Paris*, 1692, in-12.

— OEdipe (l') et l'Électre, tragédies, trad. du grec par H.-B.-R. de LONGEPIERRE, avec des remarques. 1692, in-12.

— OEdipe, roi, trag., trad. par J. BOIVIN. *Paris*, 1729, in-12.

— OEdipe, roi, expliqué en français, suivant la méthode des colléges, par deux traductions, l'une littérale et interlinéaire, avec la construction du grec dans l'ordre naturel des idées, l'autre conforme au génie de la langue française; précédé du texte pur et accompagné de notes explicatives. Traduction de Rochefort, revue par E. GÉRUZEZ. *Paris, Delalain*, 1829, in-12, 4 fr.

—

— OEdipe à Colone, tragédie, texte grec, avec analyse et notes en français par V.-H. (L.-A. VENDEL-HEYL). *Paris, Aug. Delalain*, 1827, in-12, 1 fr. 80 c.

— OEdipe à Colone, édition collationnée sur les textes les plus purs, précédée d'une analyse critique de la pièce et suivie de notes grammaticales, historiques. *Paris, et Bruxelles, Belin-Mandar*, 1828, in-12.

— OEdipus Colonius. Secundum editionem Boissonnadii. Varietatem lectionis et adnotationem adjecit L. de SINNER. *Parisiis, Hachette*, 1835, in-12, 1 fr. 25 c.

— OEdipe à Colone, texte grec, revu et corrigé. *Paris, Maire-Nyon*, 1837, in-12, 1 fr. 25 c.

— Sophoclis OEdipi Colonei latina interpretatio, curis posterioribus recognita. *Parisiis, Aug. Delalain*, 1831, in-12, 1 f. 80 c.

— OEdipe à Colone, tragédie expliquée en français, suivant la méthode des colléges, par deux traductions, l'une littérale et interlinéaire, avec la construction du grec dans l'ordre naturel des idées, l'autre conforme au génie de la langue française, précédée du texte pur et accompagnée de notes explicatives, d'après les principes de MM. de Port-Royal, Dumarsais, Beauzée et des plus grands maîtres. Par J. THIBAULT, ancien élève de l'École normale. *Paris, J. Delalain*, 1837, in-12, 6 fr.

—

— Philoctète, texte grec, revu et corrigé. *Paris, Maire-Nyon*, 1830, in-12, 1 fr. 25 c.

— Philoctète, texte grec, revu sur les meilleures éditions, avec analyse et notes en français par L.-A. VENDEL-HEYL. Édition classique. *Paris, Aug. Delalain*, 1836, in-12, 1 fr. 25 c.

— Sophoclis Philotectæ latina interpretatio, novissimè et accuratissimè edita. *Parisiis, Aug. Delalain*, 1827, in-12, 2 fr. 50 c.

— Philoctète, tragédie en trois actes et en vers, imitée de Sophocle (par M. A. FERRAND, pair de France). *Paris, Desauges*, 1786, in-8.

Réimpr. dans les OEuvres de M. A. F****** (Ferrand). Paris, 1817, in-8.

— Traduction du Philoctète de Sophocle, par J.-B. GAIL. *Paris, Aug. Delalain*, 1813, in-12, 1 fr. 80 c.

J. B. Gail, auteur de cette traduction, a publié aussi un « Examen du Philoctète de La Harpe, rapproché du texte de Sophocle, avec traduction littérale, notes et observations, tant sur les beautés de cette tragédie que sur les dangers des prétendues restitutions ingénieuses, et index des matières. Paris, Aug. Delalain, 1813, in-8.

— Philoctète, expliqué en français, suivant la méthode des colléges, par deux traductions, l'une littérale et interlinéaire, avec la construction du grec dans l'ordre naturel des idées, l'autre conforme au génie de la langue française, précédé du texte pur et accompagnée de notes explicatives, d'après les principes de MM. de Port-Royal, Dumarsais, Beauzée et les plus grands maîtres. Par L.-A. VENDEL-HEYL. *Paris, Aug. Delalain*, 1830, in-12, 4 fr. 50 c.

— Philoctète, traduit en vers français par C. PONS. *Paris, Hachette*, 1836, in-8, 4 fr.

—

— Trachiniennes (les), texte grec, revu sur

[illegible] éditions, avec analyse et notes [illegible] par A. Hamel. *Paris, Aug. Delalain*, 1832, in-12, 1 fr. 50 c.

Le libraire Delalain a fait imprimer de toutes les pièces séparées qu'il a publiées, outre les éditions en grec seul, des éditions en grec et latin, en latin, et en grec et français de la traduction de Rochefort.

2° *Editions et traductions françaises du théâtre complet.*

— Tragœdiæ septem, græcè, cum interpretatione latinâ et scholiis veteribus ac novis. Editionem curavit Capperonnier; eo defuncto, edidit notas, præfationem et indicem adjecit Vauvilliers. *Parisiis, Pissot; veuve Desaint*, 1781, 2 vol. in-4.

« Cette édition, dans laquelle les éditeurs ont adopté le texte, la version et les scholies de Johnson (publ. en 1745), ne s'est point conciliée l'estime des savants. 30 à 36 fr.; et sur gr. papier, 48 à 60 fr. ». Brun.

— Sophoclis quæ extant omnia, cum veterum grammaticorum scholiis ad optimorum exemplarium fidem recensuit, versione et notis illustravit, de perditorum fragmenta collegit. Edit. Rich.-Ph.-Fr. Brunck. *Argentorati, Treuttel*, 1786, 2 vol. gr. in-4.

Belle édition, fort estimée, et pour laquelle le savant éditeur a suivi le texte de l'édition d'Alde. Il y a deux exempl. sur vélin, dont un est à la Bibliothèque du roi.

— Sophoclis, tragœdiæ VII, gr. cum vers. lat. et notis R.-F.-Ph. Brunck. *Argentorati*, 1786, 2 vol. — In Sophoclis tragœdias VII scholastes græcus, ex edit. R.-F.-Ph. Brunck; acc. fragmenta et Lexicon Sophoclem. *Argentorati*, 1789, 2 vol. En tout 4 vol. in-8 sur pap. commun, 36 fr. et sur gr. pap., 48 à 60 fr.

Il y a des exemplaires en grand pap. d'Annonay.

— Eædem, gr. cum vers. lat. et notis ejusd. Brunck. *Argentorati*, 1788, 3 vol. in-8.

Cette édition, dont il n'a été tiré que 250 exemplaires, renferme quelques notes de plus que les deux précédentes, mais on y a omis les Scholies de Triclinius, ainsi que l'index; malgré ce désavantage, elle est assez recherchée : 42 à 54 fr.

Le Sophocle de Brunck a été réimprimé à Oxford, en 1808; mais cette édition n'est pas aussi belle que celle de Strasbourg.

— Tragediœ septem exhibit, græcè, edid. J.-Maur. de Suere Duplan. *Parisiis, F. Didot*, 1783, 2 vol. in-8.

— Théâtre complet de Sophocle, texte grec, avec arguments et analyses. *Paris, Aug. Delalain*, s. d., 2 vol. in-12, 6 fr.

Cette édition, ainsi que la version suivante, est formée de la réunion des tragédies de Sophocle, publiées successivement par le même libraire.

— Tragédies de Sophocle, traduction latine. *Paris, Aug. Delalain*, s. d., 2 vol. in-12, 7 fr.

— Tragédies grecques, traduites en français par M. Dacier. *Amsterdam*, 1693, in-12; — *Altenbourg*, 1763, in-8.

— Tragédies de Sophocle, traduites par le P. Brumoy.

Traduction qui fait partie du Théâtre des Grecs publié par le même.

— Théâtre de Sophocle, contenant les tragédies de ce poëte qui n'avaient pas encore été traduites, pour servir de suite au « Théâtre des Grecs » du P. Brumoy, par M. L. Dupuy, de l'Académie des inscriptions. *Paris, Bauche*, 1762, in-4; ou *Paris, Costard et compag.*, 1774, 2 vol. in-12; *Paris, Barrois*, 1777, 2 vol. in-12.

— Le même, traduit en entier, avec des remarques et un examen de chaque pièce, précédé d'un Discours sur les difficultés qui se rencontrent dans la traduction des poëtes tragiques grecs, et d'une Vie de Sophocle par Guill. Rochefort. *Paris, Nyon aîné*, 1788, 2 vol. in-8.

« Il existe de cette édition des exemplaires en grand papier, et d'autres tirés in-4 sur pap. ordinaire et sur pap. vélin; mais ni les uns ni les autres ne sont recherchés, parce que ce livre devient presque inutile pour ceux qui ont le Théâtre des Grecs, en 13 vol. in-8. » Brun.

— Le même, de la même traduction. Nouvelle édition. *Avignon, Chaillot*, 1810, 3 vol. in-12. — Nouv. édit., revue et corr. avec soin. *Paris, Aug. Delalain*, 1824, 2 vol. in-12, 4 fr.

Cette version est très-estimée; elle est précédée d'une préface, d'une vie de Sophocle, et accompagnée de notes pleines de goût, de critique et de littérature.

L'édition de 1788 a été tirée, dans le format in 8, sur trois papiers différents : sur pap. ord., sur gr. pap. et sur pap. vélin.

— Tragédies de Sophocle, traduites du grec par M. Artaud. *Paris, Brissot-Thivars*, 1827, 3 vol. in-32 avec un portrait, 10 fr. 50 c.

Morceaux.

— Morceaux choisis d'Homère et de Sophocle, en grec, expliqués en français, suivant la méthode des colléges, par deux traductions : l'une littérale interlinéaire, avec la construction du grec dans l'ordre naturel des idées; l'autre conforme au génie de la langue française, précédée du texte pur et accompagnée de notes explicatives, d'après les principes de MM. de Port-Royal, Dumarsais, Beauzée et des plus grands maîtres. Traduction de Bitaubé et de Rochefort, rev. par M. Gerusez. *Paris, Aug. Delalain*, 1829, 1834, in-12, 3 fr. 50 c.

SOPHRONIUS (le P.). — Sermon pour le vendredi saint, prononcé en l'église catholique de Smyrne l'an 1644. *Paris, Ponthieu*, 1827, in-24 de 36 pag.

SOPHRONIUS, pseudon. Voy. Nicolopoulo.

SOPRANSI, ex-membre du gouvernement cisalpin.
—Chant sur la paix, imitation d'un poëme latin du citoyen Sopransi, par le citoyen de More. *Toulon*, 1801, in-4 de 4 pag.

SOR (Ferdinand). — Méthode pour la guitare. *Paris, l'Auteur; Bonn, Sinirok*, 1834, in-4 de 92 pag., 36 fr.

SOR (Mad. Charlotte de), pseud. Voy. (au Supplément) Eilleaux.

SORBIÈRE (Sam.). — Voy. Hobbes et Rohan.

SORCELLICOT (Robert) (pseudon.), membre de la Société des arts mystérieux.
— Astucieuse (l') pythonisse, ou la Fourbe magicienne, petite comédie inferno-satanico-magique (en un acte, en vers et en prose). *A. Diabolicopolis, de l'impr. d'Albert Castigamus*, l'an 1182 de l'hégire (1804), in-8.

SORDET (Louis). — Cours (nouv.) raisonné d'arithmétique. *Genève*, 1832, in-12.
— Principes de la versification latine, à l'usage du collége de Genève. *Genève*, 1828, in-8.

SOREAU (Jean-Bapt.-Étienne-Benoît), ancien avocat au parlement de Paris; né à Tours, le 28 mars 1738, mort en 1808.

Il a publié un volume sur l'administration des provinces et sur les événements les plus remarquables de l'Europe en 1790, et plusieurs morceaux dans différents journaux; des additions à la Collection des décisions nouvelles relatives à la jurisprudence par Denisart (1783—90, 9 vol. in-4); — Quatre Lettres à Millin, imprimées dans le Magasin encyclopédique, lesquelles sont: 1° *sur les manufactures françaises de coton* (V^e ann., 1799, tom. II); — 2° *sur l'origine de la découverte du sexe des plantes* (Ibid.); — 3° *sur les différentes hauteurs des villes et des montagnes les plus connues* (V^e ann., 1799, tome V), — 4° *sur une nouvelle traduction des Silves de Stace* (IXe ann., 1803, tom. II).

SOREL. — Nouvelle calligraphie, méthode Sorel. *Paris, l'Auteur*, 1836, in-8 oblong de 16 pag.

SOREL DES FLOTTES.

On lui doit une *Dissertation sur le théâtre chinois*, imprimée en 1755, avec la traduction de l'Orphelin de la maison de Tchao, trag. chinoise, traduite par le P. Prémare.

SORET (Jean), avocat au parlement de Paris, membre de l'Académie de Nanci.
— Discours de réception à l'Académie de Nanci. 1756, in-4.
— Discours qui a remporté le prix à l'Académie française en 1748 (sur ce sujet: les hommes ne sentent point assez combien il leur serait avantageux de concourir au bien et au bonheur les uns des autres), avec plusieurs pièces de poésie, dédiées à mad. la Dauphine. *Paris*, 1749, in-12.
— Discours qui a remporté le prix d'éloquence de l'Académie des belles-lettres de Montauban en l'année 1750. *Paris*, 1750, in-4.
— Discours qui a eu l'accessit du prix d'éloquence de l'Académie française, en l'année 1750. *Paris*, 1750, in-4.
— Discours qui a remporté le prix d'éloquence à l'Académie française, en 1752, sur ce sujet: De l'indulgence pour les défauts d'autrui....
— Discours qui a remporté le prix d'éloquence à l'Académie française, en 1758, sur ce sujet: Il n'y a point de paix pour le méchant....
— * Essai sur les mœurs. *Bruxelles*, 1756, in-12.

Réimpr. avec des additions considérables, sous le titre d'*Œuvres* (voy. plus bas).

— * Feuille (la) nécessaire, contenant divers détails sur les sciences, les lettres et les arts. *Paris, Lambert*, 1759, in-8.

En société avec Boudier de Villemert. Ce journal a été continué par d'autres écrivains, sous le titre d'Avant-Coureur, de 1760 à 1763.

— * Lettre à une jeune dame sur l'inoculation. 1755, in-12.
— Ode sur le mariage de monseigneur le Dauphin. *Paris, veuve Regnard; Demonville*, 1770, in-12.
—Odes à la philosophie. *Paris, Lesclapart*, 1782, in-8 de 16 pag.
— Prédiction de Momus. 1752, in-8.
— *Religion (la) vengée, ou Réfutation des auteurs impies, par une société de gens de lettres. *Paris, Chaubert*, 1757-1761, 21 vol. in-12.

En société avec le P. Hayer et autres.

On a quelquefois attribué à Soret, et à tort, un ouvrage intitulé : « l'Inoculation du bon sens », qui est de Sélis.

— Œuvres (ses). *Paris, veuve Duchesne*, 1784, 2 vol. in-12.

Ces deux volumes ne contiennent rien autre qu'une nouvelle édition considérablement augmentée de l'*Essai sur les mœurs*, et quatre lettres y relatives.

SORET (Frédéric), membre de la Société de physique et d'histoire naturelle de Genève.
— Essai sur la métamorphose des plantes, trad. de l'allem. (1831). Voy. Goethe.

Outre la traduction que nous venons de citer, M. Soret est auteur des divers Mémoires suivants, imprimés dans le recueil de la Société savante dont il fait partie : Observations sur les rapports qui existent entre les axes de double réfraction et la forme des cristaux, avec une pl. (tom. Ier, 1821). —Note sur le mica (id. id.).— Avec M. Moricand : Mémoire sur plusieurs cristallisations nouvelles de strontiane sulfatée, avec une pl. (id., id.). — Rapports sur les minéraux rares ou offrant des cristallisations nouvelles observées dans la collection du Musée académique de Genève, avec une pl. (id., id.).

SORGO (le comte de), de Raguse.
— Mémoire sur la langue et les mœurs des peuples slaves.

Impr. dans le deuxième volume des Mémoires de l'Acad. celtique, 1808.

SORHOUET DE BOUGE. — * Correspondance, ou Lettres sur l'ancien et le nouveau parlement. 1771, in-12.

SORIN (Théodore). — Sur les avantages qu'on pourrait retirer de la lecture des anciens écrivains français. *Paris, Ch. Pougens*, 1811, in-8 de 23 pag.

SORIN (J.-B.), alors étudiant en droit.
— Tableau de l'union conjugale, traité élémentaire. *Paris, de l'impr. de Bellemain*, 1832, in-8 de 24 pag.

SORIS (le P.), de l'ordre de Fontevrault.
— Apologie pour le B. Robert d'Arbrissel, sur ce qu'en dit M. Bayle dans son Dictionnaire. *Anvers*, 1701, in-8.

Il y a des exemplaires qui portent pour titre : Dissertation apologétique pour le bienheureux Robert d'Arbrissel, fondateur de l'ordre de Fontevrault, sur ce qu'en dit M. Bayle dans son Dictionnaire historique et critique. Anvers (Amiens), 1701, in-12.

SORLIN (A.-N.-J.), astronome.
— Notice sur l'éclipse de lune du samedi 3 novembre 1827. *Strasbourg, de l'impr. de Levrault*, 1827, in-8 de 4 pag. et 2 pl.
— Notice sur les phénomènes célestes de 1832 et la réapparition de la comète périodique de six ans trois quarts, dite de Biela. *Strasbourg, de l'impr. de madame Silbermann*, 1832, in-8 de 8 pag. et une planche.

SORNAY (le chev. de). — * Aux cosmopolites, le soleil et ses effets, par le chevalier de S***. *Paris*, 1792, in-8.

SORNET (Gaspard), maître ès arts de l'université de Nanci.
— Alexandriade (l'), poëme héroique en neuf chants, composé l'an 1er de l'empire français. *Metz, Behmer, et Paris, Mongie*, 1806, in-8 de 132 pag., 2 fr.
— Recueil de fables. Sec. édit., rev., corr. et augm. de deux pièces de poésies fugitives. *Metz, Verronnais; Paris, Lecointe et Durey; Touquet*, 1826, in-8 de 64 pag., 1 fr., pap. fin, 1 fr. 25 c.

SOSSIUS, alors député à l'Assemblée nationale.
—Discours à l'Assemblée nationale sur les finances et les assignats. 1791, in-8.

SORSUM (le baron de). Voy. Bruguière de Sorsum.

SOTERO DE GOICOECHA.—Memoria historica de los hechos ocurridos durante el memorabile sitio de Bilbao desde el 10 de junio hasta el 4 de julio. *Bayonne, de de la imp. de Cluzeau*, 1835, in-8 de 44 p.

SOTOS-OCHANDO (le doct. D. Bonifacio), professeur d'espagnol au collége royal de Nantes, ancien professeur et recteur du collége de Murcie et ancien député aux cortès, aujourd'hui prêtre de l'église Saint-Roch, de Paris.
—Cours de thêmes. *Paris, l'Auteur*, 1830, in-12, 2 fr. 50 c.
— Grammaire (nouv.) espagnole, à l'usage des Français, plus complète et plus correcte que celles de Cormon, Hamonière, Josse, Nugnez Taboada, Martinez, etc. *Paris, rue de Richelieu, n° 60; Théop. Barrois; Baudry*, 1830, in-12, 3 fr. 50 c.
— Méthode pratique pour apprendre l'espagnol sans maître. *Paris, rue Richelieu, n° 60; Barrois fils; Baudry*, 1831, in-12.
— Sec. édit., augm. de plusieurs additions et tableaux. *Paris, l'Auteur*, 1834, in-12, 3 fr.
— Traduccion del frances, sin maestro, o el Incredulo conducido a la fe por la razon. Obra compuesta segun un metodo especial su autor el D^r don Bonifacio Sotos.

Paris, l'Auteur, 1835, in-12 avec un tabl., 5 fr.

— Traité pratique de la prononciation. *Paris, l'Auteur*, 1831, in-12, 2 fr. 50 c.

— Traité pratique de la traduction (contenant plusieurs séries d'exercices destinés à lever les trois difficultés qu'offre la traduction d'une langue, savoir : 1° celle de distinguer les diverses parties du discours, et leurs variations en nombre, genres, temps et personnes ; 2° celle de connaître les règles de sa syntaxe ; 3° et celle d'apprendre ses idiotismes les plus remarquables). *Paris, l'Auteur*, 1831, in-12.

Sur ces six ouvrages, cinq font partie d'un *Cours complet de la langue espagnole*, *destiné principalement à ceux qui n'ont pas de maître*, lequel Cours est composé ainsi qu'il suit :

Ire partie. Traité pratique de prononciation.
IIe partie. Traité pratique de traduction.
Méthode pratique.
IIIe partie. Grammaire espagnole.
Cours de thèmes.

SOTTEAU (Augustin), ancien professeur de rhétorique à l'Athénée de Namur, et chanoine honoraire ; né à Mons en Hainaut, en 1760.

— Abrégé (nouv.) de poétique française. *Namur, Gérard*, 1809, in-12. — Sec. édit. *Namur, le même*, 1819, in-12.

— Cours (nouv.) de rhétorique, à l'usage des jeunes gens. *Mons*, 1819, 2 vol. in-12.

M. A. Sotteau est encore auteur de *poésies latines* sur divers sujets ; de *panégiriques* et de *sermons* inédits jusqu'à ce jour.

(*Note communiquée par M. le bar. de Stassart*).

Le Dictionnaire des hommes de lettres, des savants et des artistes de la Belgique (Bruxelles, 1837), nous fait connaître un autre M. Sotteau, docteur en médecine, membre correspondant de la Société de médecine de Gand, auteur d'un *Mémoire sur un nouveau scarificateur à couteaux circulaires*, lu à la Société de médecine de Gand, en sa séance du mois de novembre 1836.

SOTZ (J.). — Dictionnaire (nouv.) complet, français et russe, contenant tous les mots français avec leur véritable traduction en langues italienne, allemande et latine, et composé d'après le Dictionnaire de l'Académie française. 2 vol. in-4, 20 fr.

SOUASTRE (le P.), jésuite flamand.

— Lettre sur le culte de la Vierge et des saints. *Lille*, 1710, in-8.

SOUBEIRAN (Eugène), d'abord pharmacien en chef de l'hôpital de la Pitié, aujourd'hui directeur de la pharmacie centrale des hôpitaux et hospices civils de Paris, professeur à l'École spéciale de pharmacie, membre de l'Académie roy. de médecine, de la Société philomatique, de la Société de pharmacie, membre correspondant de la Société libre d'émulation de Rouen, de la Société des pharmaciens du nord de l'Allemagne ; né à......., le 24 mai 1797.

— Manuel de pharmacie théorique et pratique. *Paris, Compère* (* *Crochard*), 1826, in-18 avec 2 pl., 5 fr. 50 c.

— Mémoire sur le sulfure d'azote et sur le chloride de soufre ammoniacal. *Paris, de l'imp. de Fain*, 1838, in-8 de 32 pag.

— Mémoire sur les eaux minérales artificielles. *Paris, J.-B. Baillière*, 1836, in-8, fig., 1 fr. 50 c.

Extrait du « Dictionnaire de l'industrie ».

— Mémoire sur les arséniures d'hydrogène....

Mémoire imprimé, en 1833, dans le tom. III du Recueil des savants étrangers de l'Académie des sciences.

— Recherches analytiques sur la crême de tartre soluble par l'acide borique. *Paris, Trouvé*, 1824, in-4.

— Recherches sur quelques combinaisons du chlore. *Paris, de l'impr. de Fain*, 1832, in-8 de 40 pag.

Extrait du Journal de pharmacie.

— Traité (nouv.) de pharmacie théorique et pratique. *Paris, Crochard*, 1835-36, 2 vol. in-8, 16 fr.

M. Soubeiran, en outre, a fourni des *articles et mémoires* au Journal de pharmacie, dont il est l'un des rédacteurs, et au Dictionnaire de médecine publié chez le libraire Béchet : il est aussi l'un des rédacteurs du *Codex*, *Pharmacopée française*, publié en 1837, in-4.

SOUBEIRAN DE SCOPON (Jean), ou, selon la Biographie toulousaine, SCOPON DE SOUBEIRAN, avocat au parlement de Toulouse, membre de l'Académie des Jeux floraux et de celle des sciences de Toulouse ; né à Toulouse, le 18 janvier 1699, mort à Paris, le 22 février 1751.

— * Caractères de la véritable grandeur. *Sans indication de lieu*, 1746, in-12.

Ouvrage rempli de philosophie.

— * Conseils de l'amitié, qui traitent de la religion, de la philosophie, des lois, etc. *Francfort*, 1749, in-12.

On a une Réponse à cet ouvrage par le roi de Pologne, Stanislas Leckinski, impr. dans le tom. IV de ses Œuvres.

— *Considérations sur le génie et les mœurs de ce siècle. *Paris, Durand*, 1749, in-12.

Soubeiran se trouve très-souvent en opposition avec Duclos ; d'ailleurs son style plein de sécheresse ne pouvait lutter avec celui de Duclos.

—*Examen des Confessions du comte de***, écrites par lui-même. *Amsterdam*, 1742, in-12.

Cette critique du livre de Duclos est vive, remplie de finesse, de sel, de goût, de décence et de gaîté ; elle eut deux éditions dans la même année.

—* Observations critiques à l'occasion des Remarques de grammaire sur Racine, de l'abbé d'Olivet. Par M. S. de S. *Paris, Prault*, 1738, in-12.

On retrouve à la fin de ce volume des *Dissertations* sous le titre de *Réflexions*, que l'auteur avait déjà fait paraître, à l'occasion de la tragédie de Brutus de Voltaire, et son discours sur la tragédie, dans laquelle Soubeiran défend l'opinion de Lamothe concernant la tragédie en prose.

— Lettre au sujet de l'Histoire de madame de Luz....

— Réflexions sur le bon goût, le bon ton, la conversation, etc. 1746, in-12.

On a aussi plusieurs pièces de vers de cet auteur, qui sont insérées dans l'Académie des Jeux-Floraux.

SOUBERBIELLE (J.), docteur en chirurgie, à Paris.

—Académie de médecine. Nomination d'un membre titulaire dans la section de médecine opératoire. Candidature de M. Souberbielle. *Paris, de l'impr. de Béthune*, 1835, in-8 de 24 pag.

— Observations sur l'épidémie dyssentérique qui a régné à l'école de Mars, au camp des Sablons, dans l'an II de la république (1793), avec l'indication des moyens employés pour la combattre. *Paris, de l'impr. de Béthune*, 1832, in-8 de 8 pag.

— Quelques remarques sur les deux derniers écrits de M. Civiale, intitulés : 1° Considérations pratiques sur la méthode sus-pubienne (insérées dans le premier numéro du Journal des connaissances médicales, août 1833) ; 2° Quatrième Lettre sur la lithotritie, octobre 1833. *Paris, Baillière*, 1833, in-8 de 36 pag. — Lettre de M. Souberbielle à l'Académie des sciences, sur la statistique des affections calculeuses, présentée par M. Civiale, dans la séance du 26 août 1833. *Paris, de l'impr. de Béthune*, 1833, in-8 de 12 pag. — Renseignements adressés à l'Académie des sciences sur quelques points de la statistique des affections calculeuses présentée par M. Civiale. *Paris, de l'impr. de Béthune*, 1833, in-8 de 20 pag.—Encore les chiffres de M. Civiale. Note. *Paris, de l'impr. de Béthune*, 1834, in-8 de 8 pag.

— Recueil de pièces sur la lithotomie et la lithotritie. 1828-1835. *Paris, de l'impr. de Béthune*, 1835, in-8 de 48 pag.

— Souberbielle (J.), docteur en chirurgie, à MM. les membres de l'Académie de médecine, composant la commission chargée de former la liste de présentation pour la place vacante dans la section de médecine opératoire. *Paris, de l'impr. de Béthune*, 1834, in-8 de 16 pag.

SOUBIRA (Jacob-Abraham), notaire à Montcuq, arrondissement de Cahors, versificateur qui a pris successivement les titres de poëte d'Israël, d'émigré français en 1791, et de délégué du Messie ; né dans le département du Lot.

— A l'auguste enfant (le roi de Rome), couplets. *Paris, de l'impr. de P.-N. Rougeron*, 1812, in-4 de 2 pag.

— Éloges de Goffin père et fils, qui ont concouru, en 1812, pour le prix de l'Institut impérial. *Paris, Johanneau*, 1812, in-8 de 16 pag., 75 c.

— Espoir (l') d'Israël, suivi d'une satire contre l'abbé Geoffroy. Sec. édit. *Paris, l'Auteur*, 1813, in-8 de 24 pag., 1 f. 25 c.

—Haine aux Anglais; suivi : du Triomphe de Molière, qui a concouru, en 1812, pour le prix de la Société philotechnique, de deux dialogues et de deux acrostiches. Poésies. Troisième partie. *Paris, l'Auteur*, 1813, in-8 de 24 pag., 1 fr. 25 c.

—Nul n'est prophète dans son pays, poésies. Cinquième partie. *Cahors, l'Auteur*, 1813, in-8 de 24 pag., 1 fr. 25 c.

— Poésies. Première partie. *Paris, Alex. Johanneau*, 1812, in-8 de 24 pag.

— Satire contre tous les poëtes de Paris, suivie d'un arrêt d'une cour d'appel qui casse un jugement d'interdiction lancé contre M. Soubira, auteur ; poésies. *Cahors, l'Auteur*, 1813, in-8 de 16 pag., 1 fr. 25 c.

Les exigus opuscules que nous venons de citer sont les ouvrages les plus considérables du poëte d'Israël. Depuis 1821, il a fait imprimer une foule d'écrits de deux à quatre pages que nous citerons ici d'après l'ordre chronologique de leur publication : Au Sultan, Cahors, 1821, in-4 de 2 pag. ;— Épître à tous les oligarques. Ibid., 1821, in-8 de 4 pag. ; — l'Univers est ma patrie, Ibid., 1821, in-8 de 8 pag. ; — le Vingt-un janvier 1793, Ibid., 1823, in-8 de 8 pag. ; — Prophétie, Ibid., 1822, in-4 et in-8 de 2 pag. ; — Aux guerriers français de 1823, Ibid., 1823, in-8 de 2 pag. ; — Aux ministres d'Albion, Ibid., 1823, in-8 de 2 pag. ; — le Juif errant, Ibid., 1823, in-8 de 2 pag. ; — A la plus adorée de l'univers, Ibid., 1823, in-8 de 2 pag. ; — le Juif errant à ses banquiers, Ibid., 1823, in-8 de 2 pag. ; — A S. A. R. Mgr le duc d'Angoulême, généralissime des armées d'Espagne, Ibid., 1823, in-8 de 2 pag. ; — Un infortuné, à S. M. Louis XVIII, Bordeaux, 1824, in-8 de 4 pag. ; — les Bordelais à l'auguste général, Ibid., 1824, in-8 de 4 pag. ; — le Messie va paraître, Paris, 1827, in-8 de 4 pag. ; — A tous les habitants du globe terrestre, Cahors 1827, in-8 de 4 pag.; — Gog et Magog, Cahors, 1828, in-8 de 4 pag.; — Sur les événements du globe terrestre, Cahors, 1828, in-8 de 2 pag.; — l'Éternité du globe terrestre, Ibid., 1828, in-8 de 4 pag.; — les Vieux Girondins, Paris, 1834, in-8 de 4 pag.; — la Jeune France, Paris, 1834, in-8 de 4 pag.; — A M. Daru, directeur de la banque de prévoyance, Cahors, 1835, in-8 de 4 pag.

SOUBIRANNE. — * Du dernier procès de l'Indiscret. *Paris, de l'impr. de Belin*, 1836, in-8 de 20 pag.

L'Indiscret est un journal qui se publiait à Rouen.

SOUBRIER (Paul), frère martyr.

— Formule et règlement pour la troupe d'élite de l'Église militante, avec une courte instruction sur ses obligations. *Aurillac, de l'impr. de Picut*, 1826, in-8 de 8 pag.

SOUBRY, pseudon. Voy. J.-Fr. SOBRY.

SOUCHAL, D. M. — Rapport de M. le docteur Souchal, médecin envoyé à Clichy-la-Garenne par la commission sanitaire du département de la Seine, au conseil municipal, en son assemblée du 13 mai 1832. *Paris, de l'impr. de Lottin de Saint-Germain*, 1832, in-8 de 16 pag.

SOUCHAY (l'abbé Jean-Baptiste), philologue, membre de l'Académie des inscriptions et belles-lettres, en 1726, et professeur d'éloquence au Collége royal, en 1732; né au bourg de Saint-Amand, près de Vendôme, mort dans sa 59e année, le 25 août 1746.

On trouve de l'abbé Souchay, dans le recueil des Mémoires de l'Académie des inscriptions, les Dissertations suivantes, lesquelles, suivant Fréret, son apologiste, « sont travaillées avec autant de soin pour le style que pour le fond des choses : » Discours sur les Psylles, peuple d'Afrique; — Discours sur l'élégie; — deux Discours sur les poëtes élégiaques (tom. VII, 1733); — Discours sur l'origine et le caractère de l'épithalame (tom. IX, 1736); — Dissertation sur les hymnes des Anciens (Grecs), en deux parties (tom. XII, 1740, et tom. XVI, 1751); — Mémoire sur les sectes philosophiques (tom. XIV, 1743).

On doit à l'abbé Souchay la traduction de l'Essai sur les erreurs populaires, par Thom. BROWN (1738); mais c'est surtout comme éditeur que l'abbé Souchay s'est fait un nom dans la littérature. Il a donné ses soins à la publication ou à la réimpression de divers ouvrages, et nous citerons, entre autres, les suivants : une nouvelle édit. de Tarsis et Zélie, par LE VAYER DE BOUTIGNY (1720); — une édition latine d'AUSONE (1730, in-4); — une édition de l'Astrée, par d'URFÉ (1733); — les Œuvres diverses de Pellisson (1735, 3 vol. in-12); — des éditions des Œuvres de Boileau, avec des éclaircissements historiques, 1735, 1745, 2 vol. in-12, et 1740, 2 vol. in-4 et in-fol.; — l'Histoire des Juifs de Flavius JOSEPHE, traduite en français par M. Arnauld d'Andilly; nouv. édition, augmentée de deux fragments et de notes historiques et critiques (Paris, Bordelet, 1744, 6 vol. in-12).

SOUCHET (Etienne), alors avocat au parlement et au siége présidial d'Angoumois.

— Coutume d'Angoumois, commentée et conférée avec le droit commun du royaume de France. *Paris*, 1783, 2 vol. in-4.

— Traité de l'usure, servant de réponse à une lettre sur ce sujet, publiée en 1770 sous le nom de M. Prost de Royer, et au Traité anonyme sur le même sujet, imprimé à Cologne en 1769. *Paris, Bastien*, 1776, in-12.

SOUCHET (l'abbé). — Lettre à M. Habasque, auteur des Notices historiques, etc., sur le littoral des côtes du Nord. *Saint-Brieuc, Prudhomme*, 1837, in-8 de 16 p.

Les Notions historiques, etc., sur le littoral des côtes du Nord, qui font le sujet de cette Lettre, ont paru de 1836 à 1837, et forment 2 vol. in-8.

SOUCHON (Mlle Gabrielle). — Célibat (du) volontaire, ou la Vie sans engagement. *Paris, Guignard*, 1700, 2 vol. in-12.

SOUCHON, curé de Sainte-Foi l'Argentière.

— Discours prononcé dans l'assemblée des trois ordres le 14 mars 1789. *Sans nom de ville (Lyon)*, 1789, in-8 de 39 pag.

L'abbé Souchon, dans ce discours, engage le clergé à demander l'abolition du célibat des prêtres.

SOUCHON. — Bleu (du) Souchon, ou de la Teinture en bleu de Prusse sur laine, et de ses avantages comparés à ceux de l'indigo. *Lyon, de l'impr. de Durand et Perrin*, 1824, in-8 de 16 pag.

— Mémoire historique sur l'hydro-ferro-cyanate de per-oxide de fer, hydrocyanate de fer, prussiate de fer, bleu de Prusse, ou de la Teinture sur laine en bleu Souchon, sans indigo. *Lyon, impr. de Durand et Perrin*, 1825, in-8 de 52 pag.

SOUCIET (le P. Étienne), jésuite.

— Lettre au sujet de la Mischna, imprimée à Amsterdam par les soins de G. Surenhusius, en 1698, in-fol.

Dans le Journ. de Trévoux, ann. 1710, p. 332.

— Observations mathématiques, astronomiques, géographiques, chronologiques et physiques, tirées des anciens livres chinois, ou faites nouvellement aux Indes et à la Chine, avec une Histoire et un Traité de l'astronomie chinoise, par le P. GAUBIL. *Paris, Rollin*, 1729-32, 3 tom. en 2 vol. in-4.

—Recueil de dissertations critiques sur les endroits difficiles de l'Écriture sainte, et sur des matières qui ont rapport à l'Écriture. *Paris, P. Witte*, 1716, un vol.; — Tom. II, contenant un abrégé de chronologie, cinq dissertations contre la chronologie de Newton; une Dissertation sur une médaille singulière d'Auguste. *Paris, Rollin*, 1726; — Tom. III, contenant l'histoire chronologique de Pythodoris, ou disssertation sur ses médailles; 2° l'histoire chronologique des rois du Bosphore Cimmérien, ou dissertation sur une médaille du cabinet de M. l'abbé Rothelin. *Paris, Rollin fils*, 1736, un vol. En tout 3 tomes en 2 vol. in-4.

Le premier volume de ce Recueil est anonyme.

Ce jésuite, de plus, a fourni des articles au Dictionnaire et au Journal de Trévoux.

Le P. Souciet a été l'éditeur de Steph. Deschamps S.-J. De Hæresi janseniana ab apostolica sede merito proscripta libri III. Opus anno 1645 inchoatum nunc auctius prodit. (Parisiis, Martin, 1728, in-fol.), et de la « Critique de la Bibliothèque des auteurs ecclésiastiques, etc., » d'Ellies du Pin, par Rich. Simon, à laquelle il a ajouté des remarques (1730, 4 vol. in-8).

SOUCIET (le P. Jean), jésuite, frère du précédent, bibliothécaire du collége de Louis-le-Grand; né à Bourges, le 20 octobre 1681, mort vers l'année 1763.

Le P. J. Souciet a travaillé au Journal de Trévoux depuis 1737 jusqu'en 1745.

SOUÈGES, l'un des éditeurs du Recueil de jurisprudence de la cour royale d'Agen (1837).

SOUESME (E.), de Montargis. — Girodet. (En vers.) *Paris, Delaunay*, 1825, in-8 de 8 pag.

SOUFFLOT (Jacques-Germain), célèbre architecte, sur les dessins duquel ont été construits plusieurs édifices remarquables de Paris, tels que l'Hôtel-Dieu, le Panthéon, etc.; né à Irancy, près d'Auxerre, en 1714, mort le 30 août 1780.

— Plan général de la nouvelle église de Sainte-Geneviève. 1757, in-4.

SOUFFLOT DE MERCY. — Considérations sur le rétablissement des jurandes et maîtrises, précédées d'observations sur un rapport fait à la chambre de commerce du département de la Seine sur cette importante question, et sur un projet de statuts et règlements de MM. les marchands de vin. *Paris, l'Auteur*, 1805, in-8, 2 f. 25 c.

SOUFFLOT DE MEREY. —* Réponse d'un Espagnol naturalisé à M. Fiévée. *Paris, Bouveret*, 1815, in-8 de 34 pag.

SOUFFRAIN (J.-Bapt.-Alex.), avocat. — Essais, Variétés historiques et Notice sur la ville de Libourne et ses environs. *Bordeaux, Brossier*, 1806, 4 tom. en 2 vol. in-8.

SOUGUENET (A.). — Manuel économique des brasseries, appliqué à la surveillance de ces établissements. *Douai, Obez; Paris, Pougin*, 1836, in-8 de 56 pag., 1 fr.

SOUILLAC (Jean-Georges de).—*Conférences ecclésiastiques du diocèse de Lodève. *Paris*, 1749, 5 vol. in-12.

SOUILLARD (A.), connu en littérature sous le nom de Saint-Valry.

— Chapelle (la) de N.-D. du Chêne; les Ruines de Montfort l'Amaury, poëmes. *Paris, Ladvocat*, 1826, in-8 de 52 pag., 2 fr. 50 c.

La Chapelle de N.-D. du Chêne avait déjà été imprimée dans les Annales romantiques, année 1825.

— Fleurs (les), poëme mentionné par l'Académie des Jeux floraux. *Paris, Delangle*, 1829, in-8 de 36 pag.

— Fragments de poésie, dédiés à S. A. R. Madame, duchesse de Berri, en sa prison de Blaye. *Paris, Dentu*, 1833, in-18, 5 fr.

— Madame de Mably. Manuscrit publié par A. S. Valry; précédé d'un mot sur l'ouvrage, par M. Charles Nodier. *Paris, Sprachmann*, 1836, 2 vol. in-8, 15 fr.

— Quêteuse (la), paroles de M. A. S. Saint-Valry, musique de L. Jadin. *Paris, de l'impr. de Duverger*, 1833, in-4 de 4 pag.

Extrait du Journal des jeunes personnes, 1833.

— Tolérance (de la) arbitraire et coupable du ministère à l'égard des jésuites, de leur rétablissement légal ou de leur expulsion du royaume. *Paris, Sautelet*, 1827, in-8 de 160 pag., 4 fr.

SOULACROIX. — Oraison funèbre de Pie VII. *Bruxelles, Arn. Lacrosse*, 1823, in-8, 1 fr.

SOULACROIX (Jean-Joseph), officier de l'université, ancien élève de l'École normale, successivement professeur de mathématiques spéciales au lycée d'Avignon, en 1812, et plus tard au collége royal de Marseille; professeur suppléant de la

Faculté des sciences de Montpellier, et inspecteur de cette académie, en 1821; recteur de l'Académie de Nanci, en 1825, et, après la révolution de 1830, recteur de l'Académie d'Amiens, et plus tard de celle de Lyon, où il est dans ce moment; membre des académies littéraires de Vaucluse, du Gard, de Nanci, d'Épinal et d'Amiens; né à Cahors (Lot), le 22 décembre 1790.

— * Guide des écoles primaires, contenant 1° toute la législation nouvelle divisée par ordre des matières, et coordonnée de manière à faciliter les recherches; 2° des instructions sur le choix des meilleures méthodes d'enseignement; 3° un réglement général des écoles. Par un recteur d'académie. VIIe édition, d'après la loi du 28 juin 1833. *Paris*, *L. Hachette*, 1838, in-8 de xij et 168 pag., 2 fr.

La première édition a paru chez le même libraire en 1828.

« M. Soulacroix, disent les auteurs de la Biographie des hommes du jour est auteur de quelques écrits relatifs à l'instruction publique, qui lui ont mérité son admission dans les académies dont il fait partie »; mais ces messieurs ne citent aucun de ses ouvrages.

SOULANGE-BODIN (le chev. Étienne), agronome, né en Touraine, en 1774, d'un père médecin distingué, fut d'abord secrétaire intime du général Aubert-Dubayet, pendant son ambassade à Constantinople; il remplit ensuite divers emplois administratifs, et devint, plus tard, secrétaire du cabinet du prince Eugène, pendant les dernières années de sa vice-royauté en Italie. Sorti des camps, après la Restauration, et rendu à son indépendance, M. Soulange-Bodin se livra avec délices à son goût pour les sciences naturelles, et se voua particulièrement à la propagation des connaissances agricoles. Fondateur et directeur de l'Institut royal horticole de Fromont, à Ris (Seine-et-Oise), membre de la Société royale d'agriculture de Paris, secrétaire général de la Société d'horticulture, et membre de la Société linnéenne de la même ville et affilié à la plupart des sociétés agricoles de la France et de l'Europe.

— Annales de l'Institut royal horticole de Fromont, dirigées par le chev. Soulange-Bodin. *Paris*, *madame Huzard*, avril 1829-1834, 6 vol. gr. in-8, 36 fr.

Recueil qui a paru tous les mois par cahier de 32 pag., avec planches, depuis le mois d'avril 1829.

M. Soulange-Bodin a bien été le directeur de ce recueil, dans lequel on trouve même de lui plusieurs morceaux; mais il a eu une vingtaine de collaborateurs dont les noms se lisent en tête de chaque volume.

— Catalogue des dahlias nains d'origine anglaise, pour l'année 1822. *Paris*, *de l'impr. de madame Huzard*, novembre 1831, in-8 de 16 pag.

— Discours sur l'importance de l'horticulture et sur les avantages de son union avec les sciences physiques. *Paris*, *de l'impr. de Decourchant*, 1827, in-8 de 20 pag.

Extrait des Annales de la Société linéenne.

— Notice sur une nouvelle espèce de magnolia. *Paris*, *de l'impr. de Decourchant*, 1826, in-8 de 12 pag.

— Rapport fait à la Société d'encourag. pour l'industrie nationale au nom du Comité d'agriculture, sur une éducation de vers à soie faite en 1835, par M. Camille Beauvais, dans le domaine des bergeries de Sénart, près Montgeron, département de Seine-et-Marne. *Paris*, *de l'impr. de Decourchant*, 1836, in-8 de 8 pag.

— Rapport lu à la séance (de la Société royale et centrale d'agriculture) du 10 avril 1836. *Paris*, *de l'impr. de Decourchant*, 1836, in-8 de 12 pag.

Extrait de l'Agronome.

M. Soulange-Bodin, en outre, est l'un des rédacteurs du « Mémorial encyclopédique », et l'un des auteurs du Dictionnaire de l'industrie manufacturière (1833), de l'Encyclopédie d'agriculture pratique et de celle d'horticulture; il a revu et annoté le Traité de la composition et de l'exécution des jardins d'ornement, extrait de J.-C. Loudon, par J. Chopin (1830).

Les utiles travaux de M. Soulange-Bodin lui ont valu l'honneur d'être présenté comme candidat à l'Académie royale des sciences, par la section d'économie rurale de l'Institut.

SOULARY (Joséphin), de Lyon. — A travers champ. Boutade poétique. *Lyon*, *Chambet aîné*, 1838, in-8 de 24 pag.

SOULAS. — Levée (la) des plans et l'arpentage rendus faciles, précédés de notions élémentaires de trigonométrie rectiligne à l'usage des employés au cadastre de la France. Deuxième édition, rev. et corrigée. *Paris*, *veuve Courcier*, 1820, in-18 avec 8 pl., 3 fr.

La première édition, imprimée en 1812, a été publiée par le même libraire.

SOULATGES (Jean-Antoine, ou François, suivant les auteurs de la Biographie toulousaine), avocat au parlement de Toulouse; né dans cette ville au commencement du XVIIIe siècle, et où il est mort vers 1780.

— Coutume de la ville, gardiage et viguerie de Toulouse, en latin et en français. *Toulouse*, 1770, in-4.

Ouvrage qui est encore bon à consulter.

— Style universel de toutes les cours, et jurisprudence du royaume, concernant les saisies et exécutions tant des meubles que des immeubles. *Toulouse*, *Robert*, 1769, 2 vol. in-12.

— Traité des crimes, divisé en deux parties. *Toulouse, Birosse*, 1762, et 1785, 3 vol. in-12.

Ce Traité est divisé en deux parties : la première parle de la nature des différents crimes ; la seconde, des procédures relatives à leur poursuite. Les procédures y sont détaillées, surtout eu égard aux usages du parlement de Toulouse. A la fin du troisième volume est une table des matières fort ample.

—Traité des hypothèques. *Toulouse, Birosse*, 1761, in-12.

Soulatges a aussi publié une nouvelle édition des Observations sur les questions notables du droit décidées par divers arrêts du parlement de Toulouse, par Simon Doliver, sieur Dumesnil, laquelle édition a encore été réimprimée en 1789.

SOULAVIE (Jean-Louis Giraud), historien ; avant la révolution abbé à Nîmes, puis curé de Sevent, et ancien grand vicaire de Châlons; plus tard député du clergé aux États-Généraux, membre de la Société des amis de la constitution (les Jacobins), ministre de France à la résidence de Genève, correspondant de l'anc. Académie royale des inscriptions, associé des académies de la Rochelle, d'Angers, d'Arras, de Châlons, de Dijon, de Montauban, de Nîmes, de Toulouse, de Pau; correspondant des Académies des antiquités de Hesse-Cassel et de Saint-Pétersbourg; né à l'Argentière (Ardèche), en 1752, mort en mars 1813.

Ouvrages de la composition de Soulavie.

SCIENCES.

— Chronologie physique des éruptions des volcans éteints de la France méridionale, depuis celles qui avoisinent la formation de la terre, jusqu'à celles qui sont décrites dans l'histoire. *Paris, Quillau; Mérigot l'aîné; Belin*, 1782, in-8, fig.

Ce volume forme le quatrième de l'Histoire de la France méridionale.

— Classes (les) naturelles des minéraux et les époques de la nature correspondant à chaque classe. *Saint-Pétersbourg*, 1785, in-4.

Les huit classes de minéraux y sont attribués à autant de révolutions survenues à la surface du globe.

— Géographie de la nature. 1780, in-8.

— Histoire naturelle de la France méridionale, divisée en deux parties. Prem. partie: —Les Minéraux. *Nîmes, et Paris, Quillau; Mérigot l'aîné; Belin*, 1780, 7 vol. — Deuxième partie : les Végétaux, ouvrage dans lequel on observe les familles des plantes, qui s'établissent dans les climats analogues depuis les hauteurs glaciales des Pyrénées, des Cévennes et des Alpes, jusqu'au climat des orangers de la basse Provence. Tome Ier. *Paris*, *les mêmes*, 1783, 1 vol. En tout 8 vol. in-8.

Cet ouvrage est imprimé sous le nom de *Giraud-Soulavie*.

Le système exposé dans la première partie de cet ouvrage, a été critiqué amèrement dans les « Helviennes » de Barruel.

— Mœurs (des) et de leur influence sur la prospérité ou la décadence des empires; discours pour la cérémonie de l'ouverture des États-Généraux de Languedoc. *Paris, Quillau; Mérigot le jeune, etc.*, 1784, in-8.

HISTOIRE.

— * Histoire (l'), le cérémonial et les droits des États-Généraux du royaume de France, etc. *Paris, Buisson*, 1789, 2 vol. in-8.

La première partie de cet ouvrage est du duc de Luynes ; la seconde est de l'abbé Soulavie.

— Histoire de Jean d'Alonzier Allarmet de Brogni, cardinal de Viviers. *Paris*, 1774, in-12.

Mercier de Saint-Leger dit que « cet ouvrage, « imprimé très-incorrectement, n'a pas été publié, « et l'auteur n'en a fait tirer que quelques exempl. « pour ses amis. »

— Histoire de la convocation et des élections aux États-Généraux en 1789, pour servir de préliminaire à l'histoire de la révolution. 1790, in-8. — Nouv. édit. 1791, in-8.

— Histoire de la décadence de la monarchie française et des progrès de l'autorité royale à Copenhague, Madrid, Vienne, Stockolm, Berlin, Pétersbourg, Londres, depuis l'époque ou Louis XIV fut surnommé le Grand, jusqu'à la mort de Louis XVI. *Paris, L. Duprat; Letellier et Compagnie*, 1803, 3 vol. in-8 avec fig. et un atlas in-4, 15 fr.

On convient que l'idée de cet ouvrage était grande; il n'a guère d'autre mérite. C'était une considération historique, très-préférable assurément à la supposition étroite et bizarre de Bossuet; mais, dans l'exécution, il y avait loin de Bossuet à Soulavie.

Trois grands tableaux forment l'atlas in-4 de

l'*Histoire de la décadence de la monarchie française*, ils comprennent, 1° les portraits gravés des personnes les plus remarquables qui ont gouverné la France pendant sa décadence; 2° les trente-cinq familles littéraires qui composent la république des lettres en France, suivant leurs rapports avec la prospérité, la décadence et la chute de la monarchie; 3° la décadence de la monarchie, et l'état des grandes puissances européennes, considérées suivant leur inclination à la tranquillité publique ou aux mouvements révolutionnaires. Cet atlas est précédé de Considérations sur les progrès de la puissance dans les grandes monarchies européennes, sur la décadence de l'autorité en France, pendant le XVIIIe siècle, et sur l'influence de la république des lettres sur ces événements.

—Mémoires du maréch. de RICHELIEU, pour servir à l'histoire des cours de Louis XIV, de la régence du duc d'Orléans, de Louis XV, et à celle des quatre premières années du règne de Louis XVI. *Londres*, *de Boffe*, *et Paris*, *Buisson*, 1790-91, 9 vol. in-8.

Cette publication était, à quelques égards, un ouvrage de circonstance, une satire des travers par lesquels avait brillé plus d'un courtisan sous l'ancien régime. Le personnage était bien choisi, et l'auteur, en peignant l'immoralité même sous les traits du héros de Mahon, si vanté pourtant par le plus célèbre écrivain du XVIIIe siècle, ne pouvait guère être taxé que de quelque exagération. Il y avait moins de fidélité historique à mettre les maximes nouvelles dans la bouche de ce duc de Richelieu. Il venait d'expirer; mais son fils, le duc de Fronsac, réclama contre l'usage fait par Soulavie des matériaux qui lui avaient été confiés. La réponse de l'abbé, insérée dans le Moniteur, le 21 février 1791, ne laissa aucun doute sur l'authenticité des documents qu'il avait employés, avec peu d'exactitude toutefois, et dont quelques-uns lui avaient été fournis par le duc de Fronsac lui-même : mais ne pouvant alléguer que le père et le fils, les eussent donnés pour s'en servir de cette manière, il n'essaya pas même de la justifier. On jugea de plus qu'il avait mal profité de ses avantages, et que, malgré le secours de pièces si abondantes, il n'avait fait, à force d'interpolations, d'altérations et de prolixité minutieuse, qu'un roman assez ennuyeux. On y trouve même des fragments entiers d'autres mémoires que Soulavie fait débiter par le maréchal de Richelieu. Cependant l'édition des quatre premiers volumes s'était écoulée assez promptement, et l'auteur les réimprima en donnant les cinq suivants; mais alors il ne fit plus parler le maréchal à la première personne. C'est une réforme à laquelle il parut se résoudre surtout afin d'exposer ses propres opinions avec encore plus de liberté qu'auparavant.

Malgré les justes critiques dont elle a été l'objet, cette sorte de compilation n'est point oubliée.

—* Mémoires historiques et anecdotiques sur la cour de France pendant la faveur de la marquise de Pompadour; ouvrage conservé dans le portefeuille de madame la maréchale de***; précédé d'un Traité sur les transactions sociales après la subversion d'un grand empire, opérée par l'immoralité et l'anarchie; par J.-L. Soulavie. Avec 12 estampes gravées par mad. de Pompadour, sous les yeux du roi, sur les principaux événements de son règne. *Paris*, *Arth. Bertrand*, an X (1802), in-8, 6 fr.

Soulavié pourrait bien n'être que l'éditeur des Mémoires historiques, etc. (Voy. la note du numéro 11,646 du Dict. des ouvr. anon, de Barbier).

— * Mémoires historiques et diplomatiques de Barthélemy, depuis le 14 juillet jusqu'au 30 prairial an VII. *Paris*, an VII (1799), in-8. — Supplément aux Mémoires historiques et diplomatiques de Barthélemy. *Paris*, 1800, in-8.

Ouvrage de la composition de Soulavie.

« Le manuscrit de ces Mémoires supposés a été vendu comme venant de Sinamary, pendant la déportation de l'ex-directeur, dont, au reste, il paraît que Soulavie se proposait, par là, d'abréger l'exil. »

— Mémoires historiques et politiques du règne de Louis XVI, depuis son mariage jusqu'à sa mort; ouvrage composé sur des pièces authentiques fournies à l'auteur avant la révolution par plusieurs ministres et hommes d'État, et sur les pièces justificatives recueillies après le 10 août dans les cabinets de Louis XVI, à Versailles et au château des Tuileries. *Paris*, an X (1802), 6 vol. in-8, avec 7 tableaux, et 3 grandes planches gravées, représentant 114 portr. de personnages remarquables de ce règne, 30 fr.; sur pap. vél., 60 fr.

Le style diffus en rend la lecture fatigante; mais il s'y trouve des documents curieux, des aperçus pleins d'originalité, et des jugements dans lesquels Louis XVI n'est nullement sacrifié à la justification du parti qui voulut sa mort.

— Pièces inédites sur les règnes de Louis XIV et de Louis XV. *Paris*, 1809, 2 vol. in-8.

Les compilations de Soulavie, souvent infidèles, où trop dénuées d'art et de goût peuvent être néanmoins consultées avec beaucoup d'utilité, surtout à cause des nombreuses révélations qu'elles contiennent. M. de Montigny a réfuté toutes les erreurs historiques de Soulavie par un livre intitulé : Les plus illustres victimes vengées, etc., et Réfutation des paradoxes de M. Soulavie, Paris, 1802, in-12.

—*Tableaux des anciens Grecs et Romains et des nations contemporaines, où l'on trouve le cérémonial, la vie privée, l'état politique, civil et militaire, les sciences et les arts de l'antiquité, avec des figures color. dessinées d'après des statues et des monuments antiques. *Paris*, *Musier*, 1785, 2 cahiers in-4, contenant 12 sujets.

Cet ouvrage devait former 2 vol., mais il n'en a pas paru davantage.

— Traité de la composition et de l'étude de l'Histoire. 1789, ou 1792, in-8 de 104 pag.

C'est le titre du volume ; mais la première page et les titres courants portent : *De la composition de l'Histoire, et des Mémoires historiques.*

Cet écrit est une espèce d'introduction à l'*Histoire de la décadence de la monarchie française, etc.*, de l'auteur.

Soulavie a fourni des articles au Moniteur et à quelques autres journaux à l'époque de la Révolution.

Sous le titre de *Monuments de l'histoire de France, en estampes et dessins*, Soulavie a laissé 152 volumes in-fol. d'estampes et de dessins recueillis en France et chez l'étranger, jusqu'en 1809, représentant, dans leur ordre chronologique, l'établissement des Romains et des Francs dans les Gaules; la servitude des Français sous le gouvernement féodal ; les mœurs et institutions des siècles d'ignorance; les croisades et les premières expéditions en Italie et dans le nouveau monde; les guerres religieuses, les monuments de sculpture et d'architecture des différents âges ; les costumes, médailles, siéges et combats des différents règnes ; les portraits et les mausolées des princes et hommes célèbres dans les lettres et le gouvernement; les tableaux des gouvernements révolutionnaires qui ont désolé la France, et du gouvernement de Napoléon. Cette précieuse et immense collection pour un particulier a été transférée aux archives des affaires étrangères, par un ordre arbitraire de Napoléon, à la mort de Soulavie.

Soulavie a laissé en manuscrits les six ouvrages suivants : 1° *Révolutions de Genève*, contenant l'apologie de l'auteur et l'histoire de sa légation ; 2° *Apologie des intentions des philosophes du dix-huitième siècle* ; 3° *Histoire de l'établissement et des progrès du protestantisme*, depuis Calvin et Luther, jusqu'à la révolution française ; 4° *Du gouvernement et de la société, avant et pendant la révolution et sous le consulat* ; 5° *Histoire de la révolution française*, depuis la seconde assemblée des notables jusqu'en l'an IX. L'auteur, qui ne se piquait jamais de concision comme historien, avait donné à cet écrit l'étendue de douze volumes in-8 ; 6° *Dictionnaire historique des principaux personnages qui se sont fait un nom, etc.*, depuis 1774.

Ouvrages dont Soulavie est l'éditeur.

— Œuvres complètes du chev. Hamilton, avec des commentaires étendus sur les phénomènes communs aux volcans actuels de l'Italie, et aux volcans éteints de la France, par l'abbé Giraud-Soulavie. *Paris, Moutard*, 1781, in-8 de xx et 506 pag., avec une carte.

Ce volume n'est autre chose qu'une nouvelle édition des *Lettres sur le volcans d'Italie*, de W. Hamilton. L'éditeur a mis cette dernière à la portée de toutes les fortunes en supprimant les planches de l'édition de Naples ainsi que le texte anglais.

— Mémoires de M. le duc de Saint-Simon, sur le règne de Louis XIV et sur les premières années des règnes suivants. *Paris*, 1788, 3 vol. — Supplément. *Paris*, 1789, 4 vol. En tout 7 vol. in-8.

— Correspondance particulière du comte de Saint-Germain, ministre et secrétaire d'État de la guerre. *Paris*, 1789, in-8.

— Correspondance particulière et historique du maréchal duc de Richelieu en 1756-58, avec M. Paris du Verney, conseiller d'État, suivie des Mémoires relatifs à l'expédition de Minorque en 1756, et précédée d'une Notice sur la vie du maréchal. *Londres (Paris)*, 1789, 2 vol. in-8.

— Mémoires de la minorité de Louis XV, par J.-B. Massillon, évêque de Clermont. *Paris*, 1790, 1792, 1805, in-8 et in-12, mémoires qui passent généralement pour être supposés.

— Vie privée du maréchal de Richelieu, contenant ses amours et intrigues, et tout ce qui a rapport aux divers rôles que joua cet homme célèbre pendant plus de quatre-vingts ans. *Paris*, 1790, 1792, 3 vol. in-8. (Voy. l'art. Richelieu.)

— Mémoires de M. le duc de Choiseul, écrits par lui-même et imprimés sous ses yeux, dans son cabinet à Chanteloup, en 1778. *Chanteloup, et Paris, Buisson*, 1790, 2 vol. in-8.

— Œuvres complètes de Louis de Saint-Simon, pour servir à l'histoire des cours de Louis XIV, de la régence et de Louis XV. *Strasbourg, et Paris, Treuttel et Wurtz*, 1791, 13 vol. in-8.

— Mémoires du ministère du duc d'Aiguillon, pour servir à l'histoire de la fin du règne de Louis XV et à celle du commencement du règne de Louis XVI (composés par le comte de Mirabeau). *Paris*, 1792, in-8.

— Mémoires du comte de Maurepas, premier ministre (rédigés par Sallé, son secrétaire). *Paris, Buisson*, 1792, 4 vol. in-8.

C'est un recueil de pièces à lui attribuées, que son secrétaire nommé *Sallé* est supposé avoir rassemblées sous ses ordres.

SOULERAT (Arnauld). — Observations (nouvelles) sur les eaux thermales de Bagnères-de-Luchon. *Toulouse, de l'impr. de Caunes*, 1817, in-8 de 56 pag.

SOULÈS (François), qui s'est fait en littérature une réputation, principalement comme fidèle et élégant traducteur ; né à Boulogne-sur-Mer.

Ouvrages originaux.

— Adonia, ou les Dangers du sentiment. *Paris, André*, an IX (1801), 4 vol. in-12, fig., 6 fr. — Sec. édit. *Paris, veuve Lepetit*, 4 vol. in-18, fig., 4 fr.

— Histoire des troubles de l'Amérique anglaise, écrite sur les mémoires les plus authentiques. *Paris, Buisson*, 1787, 4 vol. in-8 avec cartes.

— Homme (de l'), des sociétés, des gouvernements. *Paris*, *Debray*, 1792, in-8.
— * Indépendant (l'), nouvelle anglaise, imitée. *Londres, et Paris*, *Lagrange*, 1788, in-8.
— Montalbert et Mélanie. 1800, in-8.
— Moyens de rétablir le crédit et les finances. 1800.
— Règle du parlement d'Angleterre. 1789, in-8.
— Vade-mecum parlementaire. 1789.
— Véritable patriotisme. 1788.

Traductions.

Les traductions dues à M. Soulès sont toutes de l'anglais : quelques-unes ont paru sous le voile de l'anonyme. Voici celles que nous connaissons : 1° Exposition des intérêts des Anglais dans l'Inde, suivie d'un Tableau des opérations militaires de la partie méridionale de la péninsule, 1780 84, par W. Fullarton, trad. et revu sur la deuxième édition (1787, in-8) : — 2° Relation de l'état actuel de la nouvelle Écosse (1787, in-8); — 3° Clare et Emmeline, ou la Bénédiction maternelle (1787, 2 vol. in-12); — 4° Procès d'Hastings, écuyer, ci-devant gouverneur général du Bengale (1788, in-8); — 5° le tome III de l'Histoire de la décadence et de la chute de l'empire romain, de Gibbon (1788); — 6° Réflexions sur l'état actuel de la Grande-Bretagne, par Champion (1788, in-8); — 7° les Affaires de l'Inde, depuis le commencement de la guerre avec la France, en 1756, jusqu'à la conclusion de la paix en 1783 (1788, 2 vol. in-8); — 8° les Droits de l'homme, ou Réponse à l'attaque de M. Burke sur la révolution française, par Thom. Payne (1791, in-8); — 9° Voyage à la mer du Sud, par Bligh (1792, in-8); — 10° Voyage en France, pendant les années 1787—90, par Arth. Young (1793 et 1794, 3 vol. in-8) : — 11° Voyage en Italie, pendant l'année 1789, par Arth. Young (1796, in-8); — 12° (en société avec MM. Cantwel et Noel) Nouv. Géographie universelle de Guthrie (1797); — 13° Edmond de la forêt, roman historique (1799, 4 vol. in-12); — 14° la Forêt, ou l'Abbaye de Saint-Clair, par Ann. Radcliffe (1800, 2 vol. in-12); — 15° l'Histoire civile et commerciale des colonies anglaises dans les mers occidentales, par B. Edwards (1801); — 16° Voyage de Fréd. Hornemann dans l'interieur de l'Afrique, pendant les années 1797-98 (1802, in-8); — 17° Voyage au Brésil, par Thom. Lindley (1806); — 18° Arnold et la belle Musulmanne, par Jenks (1808); — 19° le Château d'Athelin, par Ann. Radcliffe (1819).

SOULET. — Adresse à M. le préfet et MM. les président et membres du conseil général du département de la Gironde. *Bordeaux*, *de l'impr. de Faye fils*, 1827, in-4 de 24 pag.

SOULET (P.), d'Uzerches. — Barême des arbitrages et des changes : ouvrage dédié à S. Ex. Mgr. Cretet, gouverneur de la banque de France, ministre de l'intérieur. *Paris*, *Demonville*, 1807, in-8, 6 fr.
— Barême des escomptes, ou Intérêts simples et composés, calculés à un taux quelconque : les premiers pour un temps indéfini ; les derniers, depuis un an ou un mois jusqu'à trente ; suivi du système métrique, etc. *Paris*, * *mad. Benoist*, an XIV (1805), in-8 de 372 pag., 3 fr.

Réimprimé sous ce titre :
Calcul des escomptes, ou Intérêts simples et composés, calculés à un taux quelconque ; les premiers pour un temps indéfini, les derniers, depuis un an ou un mois jusqu'à 30 ; suivi d'un Traité des changes, du pair des monnaies avec toute l'Europe, et du système métrique, etc., Paris, Brunot-Labbe, 1808, in-18, 3 fr.

— Rapport des nouveaux poids et mesures avec ceux de tous les pays ; suivi du calcul des intérêts par des méthodes simples et expéditives, de la valeur intrinsèque des monnaies, etc. *Paris*, *Demonville*, 1808, in-8, 5 fr.
— Rapports des nouveaux poids et mesures avec les anciens des diverses provinces de France et ceux de tous les pays, précédés d'un exposé sur le système métrique, et suivis des calculs d'intérêts simplifiés : tableau au moyen duquel on trouve l'intérêt de toute somme, à quelque nombre de jours et à quelque taux d'escompte que ce soit, par une seule multiplication. *Paris*, 1807, 1 vol. oblong, 6 fr.
— Traité des changes et arbitrages, précédé des autres calculs relatifs au commerce, par des méthodes neuves, simples et expéditives ; dédié à la Banque de France. *Paris*, *madame Benoît*, 1804, in-8, 8 fr.
— IIIe édit., augm. par Garnier. *Paris*, *Demonville*, 1820, in-8, 8 fr.

SOULETY, pseudonyme. — Qu'est-ce que la liberté de la presse, selon l'art. VIII de la Charte constitutionnelle ? ou Qu'est-ce que l'existence physique, morale et politique ? Question dont la solution positive conduit naturellement à l'examen des dispositions de la Charte constitutionnelle sur la liberté et la propriété individuelles. *Paris*, *Chanson*, 1814, in-8, 2 fr. 50 c.

SOULICE (Théodore). — Dictionnaire (petit) de la langue française, à l'usage des écoles primaires. *Paris*, *F. Didot*; *Hachette*, 1835, in-18, 2 fr.
— Éléments de chronologie, pour servir d'introduction à l'étude de l'histoire. *Paris*, *Ch. Gosselin*, 1829 ; ou *Paris*, *Hachette*, 1835, in-18, 20 c.

La première édition porte pour premier titre : *Études élémentaires*.

— Introduction à la géographie générale, et spécialement à la géographie de l'Europe et de la France; suivie d'un questionnaire, et accompagnée de deux cartes. *Paris, Delloye*, 1838, in-18 de 108 pag., avec 2 cartes.

— Lectures manuscrites, instructives et amusantes, à l'usage des enfants. Tirées des Considérations sur les œuvres de Dieu, dans le règne de la nature et de la providence, de C.-C. Sturm. *Paris, Delloye*, 1837, in-12, lithogr.

— Premières connaissances. *Paris, Ch. Gosselin*, 1829. — IVe édit. *Paris, Hachette*, 1835, in-18.

La première édition porte pour premier titre : *Études élémentaires*.

— Récréations, ou Histoires véritables à la portée des petits enfants, imitées de l'anglais. *Paris, Brunot-Labbe*, 1835, in-18.

M. Soulice a eu part à la Biographie universelle classique, publ. par le général Beauvais.

SOULIÉ (J.-B.-Augustin), poëte et journaliste, l'un des conservateurs de la bibliothèque de l'Arsenal, membre de l'Académie de Besançon; né, en 1780, à Castres (Tarn), fit ses études dans cette ville, au collége des oratoriens. La révolution ayant supprimé les établissements ecclésiastiques, M. Soulié fut forcé, en 1793, d'interrompre ses études, et de se livrer au commerce. En 1809 il entra dans la carrière de l'instruction. La Restauration, à laquelle, plus tard, M. Soulié rendit des services par ses écrits, le récompensa par la place qu'il occupe aujourd'hui.

M. Soulié, à proprement dire, n'est auteur d'aucun livre; mais on a de sa composition quelques opuscules; des traductions de l'anglais, et deux ou trois livres dont il est l'éditeur. En voici l'indication : 1° le Cimetière de campagne, trad. en vers, du poëte anglais Th. Gray (1812, 1816); — 2° la Mission de Bordeaux en 1817 (Bordeaux, veuve Cavazza, 1817, in-8). Opuscule qui, dans la même année, a été réimprimé à Lyon sous ce titre: Érection de la croix de la mission à Bordeaux, le 25 avril 1817 (Lyon, Boursy, in-8 de 16 pages); 3° Poésies anglaises de Roberts, Charlotte Smith et James Montgomery, traduites en vers (Paris, J. Pinard, 1827); — 4° le Ménestrel de Beattie, traduction en prose du deuxième chant, imprimé, avec le premier chant traduit par M. de Châteaubriand, dans le volume intitulé : « Poésies anglaises (1830, in-18), qui fait partie d'une Bibliothèque choisie, publiée chez Béthune; — 5° des *Poésies fugitives*, insérées dans les Almanachs des Muses et dans les Annales romantiques.

M. Soulié a été l'un des fondateurs du Mémorial bordelais, qui a commencé à paraître en 1814; de la Ruche d'Aquitaine, recueil hebdomadaire, et de la Ruche politique, trois journaux publiés à Bordeaux. Il a été, de 1820 à 1830, l'un des rédacteurs de la Quotidienne. Les quatre journaux que nous venons de citer renferment un assez bon nombre d'articles de politique et de littérature de M. Soulié.

Comme éditeur, M. Soulié a publié les Étrennes royales de la ville de Bordeaux (Bordeaux, 1814-1817, 4 vol. in-18); le Keepsake français, ou Souvenirs de littérature contemporaine. Prem. annnée (1830, in-8). Ce littérateur fait imprimer dans ce moment une édition des Poésies de Charles d'Orléans, père de Louis XII, première édition complète, précédées d'une Notice sur ce prince, et suivies de notes sur les divers manuscrits consultés pour cette collection. Dédiées à S. A. R. Madame la duchesse d'Orléans. Cette édition, qui formera 2 vol. in-8, sera mise en vente chez le libraire Crozet.

SOULIÉ, fabricant d'huiles à Compiègne, ex-commissaire des guerres adjoint.

— Essai d'un système de défense nationale contre l'invasion des puissances étrangères, et sur la constitution militaire des gardes nationales. *Paris, de l'impr. de Selligue*, 1831, in-8 de 60 pag.

— Essai sur un système simple et uniforme de liquidation des dettes actives et passives, contractées par suite des événements de la guerre, tant dans l'intérieur de la France que chez les puissances étrangères. *Paris, de l'impr. de Lottin-de-St-Germain*, 1818, in-8 de 72 pag.

— Introduction au procès Doumerc : Mémoire sur les liquidations militaires, renfermant des notions secrètes sur le principe du procès des prévenus dans cette affaire. *Paris, Plancher*, 1818, in-8 de 66 pag.

— Mémoire justificatif pour M. Soulié, ancien commissaire des guerres adjoint, fabricant d'huiles à Compiègne, devant la cour d'assises de Paris. *Paris, de l'impr. de madame Jeunehomme*, 1818, in-4 de 48 pag.

Un faux titre porte : *Affaire Doumerc*.

— Nécessité (de la) de reconstituer les deux corps de l'inspection aux revues et du commissariat des guerres. *Paris, de l'impr. de David*, 1831, in-8 de 24 pag., 1 fr.

En 1820, M. Soulié publia le prospectus de *Considérations sur l'administration de la guerre chez les peuples anciens et modernes* : cet ouvrage devait former trois volumes in-8, mais il paraît que l'auteur a abandonné ce projet de publication, car il n'en a jamais rien paru.

SOULIÉ (Frédéric), littérateur; né à Foix (Arriége), le 23 décembre 1800.

LITTÉRATURE.

Poésies.

— Amours françaises, poëmes suivis de trois chants élégiaques. *Paris, Ladvocat*, 1824, in-18, 4 fr.

Ce volume est imprimé sous le nom de *F. Soulié de Lavelanet*; depuis, ce littérateur ne signe plus que *F. Soulié*.

Théâtre.

— Christine à Fontainebleau, drame en cinq actes et en vers. *Paris, Lemoine*, 1829, in-8, 4 fr. 50 c.

— Clotilde, drame en cinq actes. *Paris, Barba*, 1832, in-8, 4 fr.

Avec M. Ad. Bossange.

Ce drame, dont le sujet est tiré, ou, pour parler plus exactement, qui est traduit librement du Fazio, tragédie du poëte anglais Milman, obtint une seconde édition dans la même année.

— Deux (les) Reines, opéra-comique en un acte. *Paris, Marchant*, 1835, in-8, 20 c.

Avec M. Arnould.

— Famille (la) de Lusigny, drame en trois actes. *Paris, mad. Charles Béchet; Bossange père*, 1832, in-8, 4 fr.

Avec M. Ad. Bossange.

Ce drame est le roman dramatique de Lacretelle aîné, intitulé : *Charles-Artaud Malherbe, ou le Fils naturel*, arrangé pour la scène, au moyen de coupures. MM. Soulié et Bossange y ont fait néanmoins des changements; ainsi l'on nous assure que le second acte, sauf une scène, est tout entier de leur invention, et que le troisième n'a pas un mot de Lacretelle.

— Roméo et Juliette, tragédie en cinq actes et en vers. *Paris, Ladvocat*, 1828, in-8, 3 fr. 50 c. — Sec. édit. *Paris, Lemoine*, 1829, in-8. — Autre édit. *Paris, Marchant*, 1838, in-8 de 24 pag., 40 c.

— Une aventure sous Charles IX, comédie en trois actes. *Paris, Marchant; Barba*, 1834, in-8, 1 fr. 50 c. — Autre édition. *Paris, Marchant*, 1834, in-8, impr. à 2 colonn., 30 c.

Avec M. Badon.

Romans, Contes et Nouvelles.

— Conseiller d'État (le). *Paris, Dupont*, 1835, 2 vol. in-8, 15 fr.

— Contes pour les enfants. *Paris, Dumont*, 1835, 2 vol. in-18, 2 fr. 50 c.

— Deux (les) cadavres. *Paris, Renduel*, 1832, 2 vol. in-8, 15 fr.

Il existe des exemplaires avec la date de 1837, qui portent sur les titres *seconde édition*, et d'autres avec la même date, qui portent *troisième édition*; mais c'est toujours la première et unique édition. (Voy. plus bas notre note à la suite des « Mémoires du Diable »).

— Deux séjours. Province et Paris. *Paris, Souverain*, 1836, 2 vol. in-8, 15 fr.

— Homme (l') de lettres. *Paris, H. Souverain*, 1838, 3 vol. in-8, 22 fr. 50 c.

— Magnétiseur (le). *Paris, Dumont*, 1834, 2 vol. in-8, 15 fr. — Sec. édit. *Paris; Amb. Dupont*, 1837, 2 vol. in-8, 7 fr.

— Mémoires (les) du diable. *Paris, Amb. Dupont*, 1837-38, 8 vol. in-8, 60 fr.

Presqu'au moment de la mise en vente des deux derniers volumes, en mars 1838, le libraire-éditeur déposa à la Direction de la librairie les deux premiers volumes d'une réimpression qui porte *quatrième édition*. En annonçant ces deux premiers volumes, sous le n° 1207 de son estimable journal, M. Beuchot a déclaré ne pas connaître les 2e et 3e éditions. Il paraît ignorer qu'il est actuellement en usage dans la librairie *de diviser les premiers tirages en plusieurs éditions* : nous ignorions aussi cette circonstance; mais son authenticité nous est garantie par un écrivain qui semble très au courant de ces succès factices : par M. F. Soulié lui-même.

— Port (le) de Créteil. *Paris, Dumont*, 1833, 2 vol. in-8, 15 fr.

Recueil de nouvelles.

— Romans historiques du Languedoc. I. Les Quatre Époques (les Celtes, les Gaulois, les Romains, les Chrétiens; précédées d'une Introduction historique très-étendue). *Paris, Ambr. Dupont*, 1836, 2 vol. in-8, 7 fr. — II. Sathaniel. *Paris, le même*, 1836, 2 vol. in-8, 7 fr. — III. Le Comte de Toulouse. *Paris, Ch. Gosselin; Dumont* (*Ambr. Dupont), 1835, 2 vol. in-8, 7 fr. — IV. Le Vicomte de Béziers. *Paris, Ch. Gosselin; Dumont*, 1834, 2 vol. in-8; ou 3e édition. *Paris, Ambr. Dupont*, 1836, 2 vol. in-8, 7 fr.

Nous avons vu chez le libraire Dupont des exemplaires de ces quatre romans qui portent aux frontispices *quatrième édition*, et la date de 1838; et pourtant nous n'avons trouvé, dans le Journal de la librairie, aucune trace, au moins quant aux trois premiers, d'une seule réimpression. (Voy. plus haut : *Mémoires du Diable*).

Chaque roman se vend séparément.

L'auteur annonce un nouvel ouvrage qui formera la cinquième partie de ses Romans historiques du Languedoc; il porte pour titre *le Comte de Foy*, 2 vol. in-8.

Les journaux d'opposition, et, entre autres, le National, se sont récriés, il y a peu de temps, contre une souscription faite par le ministre de l'instruction publique actuel, à deux cents exemplaires des *Romans historiques du Languedoc*, de M. F. Soulié, tandis qu'on laisse sans encouragements des ouvrages moins futiles, et qui conviennent mieux aux bibliothèques publiques de la France.

— Un Été à Meudon. *Paris, Dumont*, 1836, 2 vol. in-8, 15 fr.

Le tome VI du Livre des conteurs renferme une nouvelle de M. Fréd. Soulié, intitulée : *la Femme d'un Russe* (1835).

HISTOIRE.

— Lanterne (la) magique. Histoire de Napoléon racontée par deux soldats. Par Fréd. Soulié; ornée de 50 vignettes, avec des annotations par E. de La Bédollière. *Paris, Henriot*, 1837, in-8, 7 fr. 50 c.

M. Soulié a, en outre, coopéré à la rédaction de

plusieurs recueils littéraires et d'un grand nombre de journaux de ces derniers temps; nous connaissons de lui, entre autres, dans un volume du Livre des cent et un, un morceau intitulé : *la Librairie à Paris*, qui n'est qu'un article apologétique de la Galerie Bossange père, véritable annonce du jour de l'an pour les amateurs de livres : c'est dans la Galerie Bossange, ou, peut-être mieux encore, sous la plume spirituelle d'un de ses collaborateurs, que M. Soulié a jugé la librairie de Paris. En 1833, M. Soulié fonda lui-même un journal intitulé : le Napoléon, qu'il ne tarda pas à céder à M. Em. M. de Saint-Hilaire.

Ce littérateur est aussi l'auteur de l'avant-propos de la Galerie numismatique des rois de France (1834).

SOULIÉ DE LAVELANET. Voy. l'article précédent.

SOULIER (César). — * Coup-d'œil sur le compte présenté par Berne contre le canton de Vaud. *Lausanne*, 1814, in-8.

Il a paru une réponse à cet écrit sous le titre suivant :

Réponse au « Coup d'œil sur le compte présenté par Berne contre le canton de Vaud ». Par l'auteur du Coup d'œil politique sur l'Helvétie. Berne, 1er décembre 1814, in-8.

SOULIER (Vincent-Louis), avoué à Montpellier.

— * Indication des éloges concernant plusieurs personnes recommandables par leurs lumières et leurs talents, nées à Montpellier, ou qui s'étaient fixées dans cette ville. *Montpellier, de l'impr. de J. Martel le jeune*, 1818, in-8 de 16 pag.

Réimprimée, avec de très-légers changements, sous le titre suivant :

Liste chronologique des éloges du nombre de savants nés à Montpellier, et de plusieurs savants étrangers qui y ont fait leur demeure, et qui se sont distingués dans les sciences, ou dans les lettres, ou dans les arts. Par M. V. L. S***. Montpellier, veuve Picot, née Fontenay, 1818, in-8 de 16 pag. (Anon.)

— * Notes pour servir à une mythologie végétale, etc. Par M. S..... *Montpellier, Tournel*, 1815, in-8.

SOULIER (A.), pasteur de l'église d'Anduze, ancien ministre protestant à Uzès, aujourd'hui habitant de Paris; né à Milhaud, près de Nîmes.

— Derniers moments et dernières paroles de J.-A. Cadiot, ci-devant curé de Gurat et de Vaux (Charente). *Paris, Servier*, 1826, in-12 de 72 pag., 60 c.

— Jugements (les) de Dieu contre ceux qui ne croient pas en J.-C., ou la Condamnation de ceux qui n'ont point de Sauveur. Sermon pour la dédicace du temple d'Anduze, faite le 19 octobre 1823; suivi de notes historiques, mêlées de réflexions chrétiennes. *Nîmes, Gaude*, 1824, in-8 de 200 pag., 2 fr.

— Statistique des églises réformées en France, suivie des lois, arrêtés, ordonnances, circulaires et instructions qui les concernent, de l'indication des sociétés religieuses et des écoles, avec un tableau général. *Paris, Servier*, 1828, in-8, 5 fr.

En 1818, M. le past. Soulier fonda, en société avec M. Juillerat-Chasseur, les Archives du Christianisme au XIXe siècle, recueil qui, depuis ce temps, n'a pas discontinué de paraître, mais dont M. Monod fils est le principal rédacteur depuis janvier 1824.

SOULIER (E.), de Sauve (Gard), de la famille du précédent; professeur, membre de plusieurs sociétés savantes.

— Atlas élémentaire simplifié de géographie ancienne et moderne, à l'usage des colléges, des institutions et des écoles primaires, rédigé pour les besoins de l'enseignement. *Paris, Andriveau-Goujon*, 1838 et ann. suiv., in-fol.

En société avec M. Andriveau-Goujon, géographe.

Cet Atlas se composera de trente cartes divisées en trois séries : 1° Écoles primaires et classes inférieures; — 2° classes de 6e, 5e et 4e; — 3° classes de 3e et de seconde. Prix de chaque série, composée de dix cartes, 7 fr. La première série a paru.

— Notions élémentaires de cosmographie, servant d'introduction au Précis de géographie élémentaire ancienne et moderne. *Paris, Andriveau-Goujon*, 1838, in-18 de 72 pag., 75 c.

— Précis de Géographie ancienne et moderne. *Paris, Andriveau-Goujon*, 1838, in-18, 1 fr. 75 c.

Servant de texte à l'Atlas cité ci-dessus.

— Résumé général de l'histoire des peuples, des cultes et des progrès de la civilisation. *Bordeaux, Suwerinck*, 1836, in-plano de 4 feuilles.

SOULLIÉ (Nicolas-Charles), de Strasbourg.

— Commentatio philosophica de memoria quam pro obtinendo gradu doctoris humaniorum litterarum... *Argentorati, ex typogr. Levrault*, 1817, in-4 de 20 pag.

— Thèse de littérature ancienne et moderne sur l'étude de la langue grecque; présentée et soutenue à la Faculté des lettres de Strasbourg, le 19 août 1817, pour obtenir le grade de docteur ès-lettres. *Strasbourg, de l'impr. de Levrault*, 1817, in-4 de 18 pag.

— Traité de Plutarque sur l'éducation des enfants, trad. du grec (1818). Voy. PLUTARQUE.

SOULLIER (Char.). — Castromanie (la), ou le nouvel Abeilard, poëme héroi-comique. *Paris*, , *Boudmont*, 1834, in-18.

— Napoléon, stances patriotiques. *Paris*, *Boudmont*, 1834, in-8 de 16 pag.

— Satires de Perse, traduites en vers français (avec le texte en regard); suivies d'une Notice sur Zénon, d'un Précis sur la doctrine de la secte des stoïciens, et du Portrait du sage suivant les préceptes de cette doctrine. *Avignon*, *de l'impr. de Jacquet*. — *Paris*, *Delaunay*, 1837, in-8, 5 fr.

Tiré à 50 exempl.

SOULT (Nicolas-Jean-de-Dieu), duc de Dalmatie, maréchal et pair de France, ministre de la guerre du 3 décembre 1814 au 11 mars 1815, et après la révolution de 1830; né à Saint-Amans (Tarn), le 29 mars 1769.

— Mémoire justificatif de M. le maréchal Soult, duc de Dalmatie (rédigé par M. Manuel, membre de la chambre des députés). *Paris*, *de l'impr. de Le Normant*, 1815, in-8 de 36 pag.; ou *Paris*, *Chaumerot*, 1815, in-8 de 32 pag.

Le maréchal Soult est l'auteur de remarques ajoutées à l'une des éditions françaises de la Bataille d'Austerlitz, par le gén. Stutterheim (1806).

Lorsqu'en 1821 parurent les « Mémoires sur les opérations militaires des Français en Galice, en Portugal .... sous le commandement du duc de Dalmatie », quelques personnes attribuèrent cet ouvrage au maréchal Soult; mais ce dernier réclama la même année dans le Moniteur, et l'on sait aujourd'hui que ces Mémoires sont de M. Lenoble, intendant militaire.

SOUMAROCOW (Alexandre), poëte tragique russe; né en 1727 à Moscou, où il est mort en 1777.

— Sémire, tragédie (en 5 actes), traduite du russe (en prose). *Sans lieu d'impression* (*Saint-Pétersbourg*), et sans date, in-8.

— Sinave et Trouvore, tragédie russe en vers, trad. en français par le prince Al. Dolgorouky. (*Saint-Pétersbourg*, *de l'impr. academ.*, 1751), in-8.

— Usurier (l'), comédie en trois actes traduite du russe (en prose) par MM. L. Pappadopoulo et Gallet.

Cette traduction est imprimée dans le Choix des meilleurs morceaux de la littérature russe, publié par les mêmes. (Paris, Lefort, 1800, in-8).

— Théâtre (son) tragique, traduit du russe par Manuel-Léonard Pappadopoulo. *Paris*, *Renouard*, 1801, 2 vol in-8, 8 fr.; et sur pap. vél., 15 fr.

En tête du premier volume on trouve une préface du traducteur, renfermant une courte notice sur Soumarocow; viennent ensuite 1° une Épître sur l'utilité du verre, adressée à S. E. Iwan Iwanowitz Chouvalow, ... par Mikhaïla Lomonossow, prof. de chimie; 2° trois tragédies de Soumarocow, chacune en cinq actes : *Sinaw et Trouwor*, *Semire*, *Jaropolk et Demise*. Le tome II renferme *Khorew et Aristone*, deux autres tragédies de Soumarocow, aussi en cinq actes. Ce volume est terminé par *Martésie et Thalestris*, trag. en cinq actes de Mikhaïla Kheraskow, directeur de l'Université de Moscou.

SOUMET (Alexandre), l'un de nos premiers poëtes tragiques vivants; successivement auditeur au conseil d'État, sous l'Empire; conservateur des bibliothèques du roi à Saint-Cloud et ensuite à Rambouillet, enfin, de celle de Compiègne, depuis 1832; maître ès Jeux floraux, membre de l'Académie française le 25 novembre 1824, en remplacement d'Et. Aignan; né à Castelnaudary, en 1788.

Poésies.

— A Napoléon-le-Grand et à Marie-Louise, ode. *Paris*, *Michaud frères*, 1810, in-8.

— Archevêque (l') de Paris.....

Pièce imprimée dans le tome IV de Paris; ou le Livre des cent-et-un.

— Découverte (la) de la vaccine, poëme couronné par la seconde classe de l'Institut, le 5 avril 1815. *Paris*, *de l'impr. de Gratiot*, 1815, in-8 de 12 pag.

— Derniers (les) moments de Bayard, poëme couronné par la seconde classe de l'Institut, le 5 avril 1815. *Paris*, *de l'impr. de Gratiot*, 1815, in-8 de 8 pag.

— Dithyrambe au conquérant de la paix. *Paris*, *Le Normant*, 1808, in-8 de 16 p., 75 c.

— Embellissements (les) de Paris, pièce qui a obtenu un accessit au concours de l'Institut. *Paris*, *de l'imp. de L.-G. Michaud*, 1812, in-8 de 16 pag.

Pièce qui n'a été tirée qu'à 30 exempl.

— Fanatisme (le), poëme. *Paris*, *Porthmann*, 1808, in-8.

— Guerre (la) d'Espagne, ode à S.-A.-R. Mgr. le duc d'Angoulême. *Paris*, *de l'imp. de Huzard-Courcier*, 1824, in-4 de 12 pages.

Pièce tirée à 50 exempl. qui n'ont pas été destinés au commerce.

— Incrédulité (l'), poëme. *Paris*, *Michaud frères*, 1810, in-18, 2 fr. 50 c. — Deuxième édition. *Paris*, 1810, in-8.

— Madame de la Vallière, hymne à la Vierge, qui remporté le prix à l'Académie des Jeux floraux. Dédié à madame Barbier. *Paris*, *L.-G. Michaud*, 1811, in-8.

— Ode à Pierre-Paul Riquet, baron de Bonrepos, auteur du canal de Languedoc, à l'occasion de l'obélisque qui lui est élevé par ses descendants. *Paris*, *C.-J. Trouvé*, 1825, in-8.

— Pauvre (la) fille, élégie. 1814.

Élégie délicieuse, type ravissant d'une multitude d'ennuyeuses imitations et de pastiches malheureux.

On trouve quelques pièces de vers de M. Soumet en l'honneur de Napoléon dans le recueil intitulé : l'Hymen et la Naissance.

Théâtre.

— Cléopâtre, tragédie en cinq actes et en vers. *Paris, Barba,* 1825, in-8, 4 fr.

— Clytemnestre, tragédie en cinq actes. *Paris, Ponthieu,* 1822, 1823, in-8, 3 fr. 50 c.

Il a été tiré de l'édition de 1822 quelques exemplaires sur pap. vélin.

— Élisabeth de France, tragédie en cinq actes et en vers. *Paris, Boucher-Delaforest,* 1828, et 1829, in-8, 4 fr.

— Jeanne d'Arc, tragédie en cinq actes et en vers. *Paris, Barba,* 1825, in-8, 4 fr.

Cette tragédie a eu une seconde édition dans le même année.

— Norma, tragédie en cinq actes et en vers. *Paris, Barba*, 1831, in-8, 4 fr.

—Pharamond (opéra en trois actes). *Paris, Baudouin frères; Urb. Canel*, 1825, in-8, 3 fr.

En société avec MM. Ancelot et Guiraud.

— Saül, tragédie en cinq actes (tirée de l'Écriture sainte). *Paris, Ponthieu*, 1822, in-8, 3 fr. 50 c., et sur pap. vél., 7 fr. — Nouv. édit. *Paris, de l'impr. de Porthmann*, 1829, in-8.

—* Siége (le) de Corinthe, tragédie-lyrique en trois actes. *Paris, Roullet*, 1826, in-8, 2 fr.

Avec M. J.-L. Ballochi.

— Une fête de Néron, tragédie en cinq actes. *Paris*, *Barba*, 1830, in-8 avec une lithogr. — Autre édit. *Paris, Barba; Bezou; Pollet,* 1835, in-8.

Avec M. Louis Belmontet. L'édition de 1835 fait partie de la « France dramatique au XIXe siècle ».

Un drame intitulé *Émilia* a été représenté aux Français, en ....; mais n'ayant obtenu qu'un demi succès il n'a pas été imprimé.

Ouvrages en prose.

— Discours prononcé dans la séance publique tenue par l'Académie française pour la réception de M. Soumet, le 25 novembre 1824. *Paris, F. Didot*, 1824, in-4 de 24 pag.

—Oraison funèbre de Louis XVI. *Toulouse, de l'impr. de Dalles. — Paris, les libraires du Palais-Royal*, 1817, in-8 de 72 pag.

—* Scrupules (les) littéraires de madame la baronne de Staël, ou Réflexions sur quelques chapitres du livre « De l'Allemagne ». *Paris, Delaunay*, 1814, in-8 de 48 pag.

Ouvrage plein de justesse dans les aperçus, et très-piquant par la forme.

M. A. Soumet a coopéré à la rédaction du Conservateur littéraire (1820—21, 3 vol. in-8); ses articles sont signés A. S. et X. : il a aussi coopéré à celle d'un recueil littéraire qui a paru en 1823 et 1824 sous le titre de la Muse française, et auquel travaillaient aussi MM. Vict. Hugo, Em. Deschamps et autres : les articles de M. Soumet, portent son nom.

M. Soumet a en manuscrit un poëme de *Jeanne d'Arc*, dont il a publié déjà quelques fragments.

(*Article revu et complété par M. Louis Barbier, s. biblioth. au Louvre*).

SOUMILLE (l'abbé), de Villeneuve-lez-Avignon, correspondant des académies des sciences de Paris et de Toulouse; mort vers 1780.

— Description du semoir à bras de Languedoc. 1763, in-16.

—* Grand (le) trictrac, ou Méthode facile pour en apprendre sans maître la marche, les termes. *Paris*, *Dehansy*, 1766, in-8.

— Lettre à Messieurs de la Société royale d'agriculture de la généralité de Tours, au bureau du Mans, touchant les vers à soie. 1768, in-8.

L'abbé Soumille est aussi auteur d'une brochure *sur la loterie*.

SOUPÈRE. —* Plan de législation criminelle. *Paris*, 1784, in-8.

Avec Charles Dumont, l'auteur des Mémoires d'un détenu.

SOUQUE (Joseph-François), auteur dramatique; né le 2 septembre 1767, mort le 14 sept. 1820, avait été, sous le Directoire, secrétaire d'ambassade en Hollande, et, sous le gouvernement impérial, secrétaire général de la préfecture du Loiret, et ensuite du gouvernement de Catalogne; deux fois député au Corps législatif par le département du Loiret, et encore à la chambre des représentants pendant les cent jours. Ecarté des affaires publiques par la seconde restauration, sans fortune et sans traitement, Souque fut obligé de chercher dans le travail des ressources et des consolations. Il donna successivement au théâtre les deux pièces suivantes:

—* Chevalier (le) de Canolle, ou un Épisode de la Fronde, comédie en cinq actes et en prose. Par M. J[h]. S. *Paris, F. Didot; Guilleminet, etc.*, 1816, in-8, 2 fr.

—* Orgueil et Vanité, comédie en cinq actes et en prose. Par M. J[ph]. S. *Paris, Vente*, 1819, in-8, 2 fr. 50 c.

Le *Chevalier de Canolle* est un ouvrage original, et remarquable par la couleur historique de l'époque, que l'auteur a saisie et rendue avec beaucoup de fidélité. Le succès de cette pièce fut très-brillant; celui de la seconde fut moins prononcé, quoique l'action en soit d'ailleurs intéressante et le dialogue seme de détails piquants.

Souque a laissé en manuscrit une comédie dans le genre du Chevalier de Canolle; elle est intitulé *François II*.

Mahul, Ann. nécrol., ann. 1820.

SOUQUET, à Boulogne-sur-Mer.
— Essai sur l'histoire topographique, physico-médicale du district de Boulogne. *Boulogne*, 1795, in-8.

SOUQUET (Gustave), élève en typographie.
— Mémoire sur un nouvel instrument nommé justificateur, inventé par G. Souquet. *Boulogne-sur-Mer, de l'impr. de Leroi-Berger*, 1824, in-8 de 16 pag., avec une pl. lithogr.

SOUQUET (C.), avocat de la cour royale de Douai.
— Établissements (des) industriels et de la compétence des autorités administratives. *Paris, Pélicier*, 1826, in-18 de 54 pag., 50 c.
— Manuel (nouveau) du chasseur, par C. SOUQUET, avec une Notice sur la maladie des chiens, par EVÉRTE. *Paris, Pélicier*, 1824, in-18, 75 c.

SOURCESOL (Ch. de). Voy. CHAIS DE S.

SOURCHES (le marq. de), grand prévôt de France.
— Mémoires secrets et inédits de la cour de France sur la fin du règne de Louis XIV, par le marquis de Sourches. Publiés pour la première fois conformément au manuscrit du XVIIe siècle nouvellement découvert, suivis de documents inédits relatifs à la révocation de l'édit de Nantes, avec une introduction et des notes par Adhelm BERNIER. *Paris, Beauvais aîné*, 1836, 2 vol. in-8, 15 fr.

SOURCIAT (le P. Clément), carme, docteur de Sorbonne; né à Clermont, en Auvergne.
—* Éloge funèbre de très-haut et très-enfoncé philosophe Frisesomoron, contenant tout le fin de la philosophie péripatéticienne, avec des réflexions critiques et badines. *Paris*, 1737, in-12.

SOURDAT, citoyen de Troyes.
—* Véritables (les) auteurs de la révolution de France de 1789. *Neufchâtel*, 1797, in-8.
— Vues générales sur le procès de Louis XVI. 1793, in-8.

SOURDES. —* Traité du jeu de whist, en forme de vocabulaire raisonné. *Paris*, 1809, in-12.

SOURDÈS (J.-M.). — Précis d'un ouvrage inédit, en deux volumes in-8, intitulé : Constitution française telle que le réclament les besoins de l'époque actuelle. *Condom, de l'impr. de Dupuy jeune*, 1838, in-4 de 32 pag.

SOURDILLE DE LAVALETTE (C.-G.).
— Fables composées en 1826 et 1827. *Paris, F. Didot*, 1828, in-8 de 100 pag., 2 fr. 50 c.
— Fables morales et politiques. *Paris, F. Didot*, 1830, grand in-8 de 116 pag.
— Moucheron (le) de VIRGILE, traduit en vers (avec le texte en regard). *Paris, de l'impr. de F. Didot*, 1822, in-8 de 16 pages.
— Moucheron (le), le Moretum et l'Hôtesse, poëmes attribués à VIRGILE, traduits en vers (avec le texte en regard), et suivis de Fables morales et politiques. *Laval, de l'impr. de Feillé-Grandpré*, 1833, in-12.

SOURDON, professeur de troisième.
— Discours prononcé le 7 août 1826, jour de la distribution des prix du collége d'Évreux. *Évreux, de l'impr. d'Ancelle*, 1826, in-8 de 20 pag.

SOURDON DE LA CORETTERIE (C.), employé à la manufacture royale de tabac, à Marseille.
— Beauté (la), poëme en VIII chants, en vers libres, suivi d'autres poésies. *Marseille, Masvert*, 1821, in-12.
— Épître (en vers) à M. Jules de Saint-Cyr. *Strasbourg, de l'impr. de Levrault*, 1815, in-8 de 8 pag.
— Impromptu (l') de Provence, scènes villageoises, représentées sur le grand théâtre de Marseille, en 1816, en présence de S. A. R. madame Caroline de Bourbon, princesse de Naples, duchesse de Berry.

Marseille, de l'impr. de Mossy, 1816, in-8 de 16 pag.

Nous connaissons dans la bibliothèque d'un riche amateur le manuscrit d'une seconde pièce de M. Sourdon, intitulée : *Valville et Clarence, ou la Curieuse*, opéra-comique en deux actes.

— Poésies. *Marseille, Masvert; et Paris, Lecointe et Durey*, 1820, in-12.

L'auteur a inséré depuis deux pièces de vers dans les « Roses provençales. »

SOURI (le P.). Voy. SORIS.

SOURIGUÈRES DE SAINT-MARC (J.-M.), auteur dramatique; né dans les environs de Bordeaux, vers 1770.

— Avis au public, ou le Physionomiste en défaut, opéra-com. en deux actes (en prose). *Paris, madame Masson*, 1807, in-8.

Avec M. Désaugiers.

— Cécile, ou la Reconnaissance, comédie en un acte et en vers. *Paris*, an V (1796), in-8.

Cette pièce, imitée de l'allemand, fut bien accueillie à cause de l'intérêt du sujet, et du style, qui n'est pas sans mérite.

—* Enfant (l') prodigue, opéra en trois actes et en vers. Par MM**. *Paris, Barba*, 1811, in-8, 1 fr. 80 c.

Avec M. Riboutté.

— Octavie, tragédie en cinq actes et en vers. *Paris, Vente*, 1806, in-8.

Pièce tombée; mais traitée avec non moins d'injustice que de sévérité. On y trouve des pensées nobles et de très-beaux vers.

— Réveil (le) du peuple, strophes, mises en musique par Gaveaux. 1794.

—* Second (le) Réveil du peuple. *Paris, de l'impr. de Vaucluse*, 1814, in-8 de 8 pag.

Ce nouveau chant n'obtint pas le succès de l'ancien.

Souriguères a composé plus de tragédies et de comédies que nous n'en citons; mais elles n'ont point été imprimées.

Il est encore auteur de *Chansons patriotiques*, imprimées dans divers recueils.

SOURRIEU (Eugène). — Triomphe et Confusion, comédie en deux actes et en vers. *Lavaux, Vidal jeune*, 1836, in-8, 1 fr.

SOURVILLE fils (Edouard-Généres).

—* Sacerdoce (du) et de la Philosophie. Par Ed.-Gén. S**** fils. *Paris, Beaucé-Rusand*, 1822, in-8 de 160 pag., 4 fr. 50 c.

Un prospectus de cet ouvrage imprimé dans la même année, portait le nom de l'auteur.

SOUSA CONTINHO (Vasco-Pinto), réfugié portugais.

— Memorias sobre algumas antigas cortes portuguezas, extraidas fidelmente de manuscritos autenticos da biblioteca real de Paris. *Paris, de la impr. de Goetschy*, 1832, in-4 de 40 pag.

SOUSSELIER DE LA TOUR, de Bissey et de la Charnée.

— Ami (l') de la nature, ou Manière de traiter par le prétendu magnétisme animal. *Dijon*, 1784, in-8.

SOUTER (G.-F.), rédacteur du Journal suisse, du 7 février au 29 décembre 1809.

SOUTH (Siméon), esq. — Simeon's Letters to his kinsfolk and other great people, written chiefly from France and Belgium in the years 1832, 1833, 1834. *Paris, Bennis*, 1834, in-8; or 1834, 2 vol. in-8, 16 fr.

SOUTHERN (Thomas), poëte anglais.

— Isabelle, ou le Mariage fatal, tragédie en cinq actes (traduite en franç., avec le texte en regard). *Paris, Lance*, 1832, in-18, 1 fr. 50 c.

Du Bocage a traduit de Southern, l'*Oroonoko*, tragédie, et plusieurs morceaux qui sont insérés dans l'ouvrage qu'il a publié sous le titre de « Mélange de différentes pièces de vers et de prose (Berlin, 1751, 3 vol. in-12). La Place a donné dans son Théâtre anglais la traduction d'une tragédie-comédie de Southern, intitulée de l'*Adultère innocent*.

SOUTHEY (Robert), poëte lauréat et historien anglais vivant.

LITTÉRATURE.

— All for love, and the Pilgrim to Compostella. *Paris, A. and W. Galignani*, 1829, in-32, 4 fr.

— Roderick, le dernier des Goths, poëme, trad. de l'angl. par M. B. de S. (BRUGUIÈRE DE SORSUM). *Paris, Rey et Gravier; Ponthieu*, 1820, 3 vol. in-12; — ou avec un nouveau titre : Roderick, le dernier des Goths; trad. de l'angl. par M. le baron de S*** (le même). *Paris, Ladvocat*, 1821, 3 vol. in-12, 7 fr. 50 c.

Un premier titre de cette édition porte, dans les exemplaires avec la date de 1820 : *OEuvres poétiques de Rob. Southey*.

— Roderic, dernier roi des Goths, poëme trad. de l'angl. par le chev. *** (AMILLET DE SAGRIES). *Paris, Galignani*, 1821, in-8.

—Poetical (the) works of Robert Southey, complete in one volume. *Paris, A. and. W. Galignani*, 1829, in-8, avec portr., pap. fin sat., 25 fr.; pap. vél. satiné, 35 fr.; grand pap. vél. satiné, portr. avant la lettre et sur pap. de Chine (tiré à 50 exempl.), 60 f.

Quelques-unes des poésies diverses de Southey ont été traduites pour le volume intitulé : « Poésies anglaises », imprimé en 1830.

HISTOIRE.

—*Angleterre (l') et les Anglais, ou petit Portrait d'une grande famille, copié et retouché par deux témoins oculaires (trad. de l'angl.). *Paris, Le Normant*, 1817, 2 vol. in-8, 15 fr.

Ouvrage rempli d'anecdotes piquantes.

— Histoire de la guerre de la Péninsule sous Napoléon, traduite par M. Lardier. *Paris, Dondey-Dupré fils*, 1828, 2 vol. in-8, 14 fr.

Cet ouvrage a eu un grand succès en Angleterre. L'auteur y loue, outre mesure, ses compatriotes et leurs alliés, surtout les Espagnols; il a traité son sujet plutôt en romancier qu'en historien. W. Scott écrivait des romans historiques, M. Southey fait de l'histoire romanesque.

— Vie d'Horace Nelson, commandant en chef des flottes britanniques, baron du Nil, etc., etc.; traduite de l'angl. sur la troisième édition, par M*** F** R**. *Paris, F. Scherff*, 1820, in-8, 6 fr.

SOUTHWEL (Robert). — Histoire du détrônement d'Alfonse VI, roi de Portugal, trad. de l'angl. (par l'abbé Desfontaines). *Paris, David*, 1742, 2 vol. in-12.

SOUTIN (Louis), receveur ancien alternatif et triennal des amendes et épices de la maîtrise des eaux et forêts de Sens.
— Comptes faits sur les bois équarris et de sciage. *Sens*, 1753, in-12.

SOUTON (P.-B.), ex-directeur de la monnaie de Pau.
— Exposition de la saine doctrine monétaire. 1802, in-8.

SOUTON (J.-B.). — Antiphilosophisme (l'), ou la Philosophie réduite à sa juste valeur, en physique, métaphysique, morale et politique, contenant de nouvelles découvertes dans les sciences et les principes d'une nouvelle physique. Livre premier. *Rouen, Bazire, et Frère*, 1818, in-8 de 168 pag.
—Réponse du sieur Souton, auteur de l'Antiphilosophisme, au compte rendu de cet ouvrage dans le Journal de Rouen du 23 octobre 1818. *Paris, de l'impr. d'Ab. Lanoë*, 1818, in-8 de 16 pag.

SOUTRA (l'abbé), ex-professeur de rhétorique au petit séminaire de Saint-Pé.
— Ulysse, poëme grec du P. Bonaventure Giraudeau, expliqué en français par deux traductions, l'une littérale et interlinéaire, avec la construction des mots grecs suivant l'ordre naturel des idées, l'autre conforme au génie de la langue française, au-dessous du texte pur. *Paris, A. Delalain*, 1827, in-8, 4 fr.

SOUTY (J.-J.-A.), chirurgien de la marine.
— Rapport à M. le vice-amiral, comte de Rigny, ministre de la marine, sur le choléra-morbus observé dans l'Inde, en 1829 et 1830, et comparé à l'épidémie qui règne en Europe. *Paris, de l'impr. de Dezauche*, 1832, in-8 de 52 pag.

SOUTZO (Alexandre). — Histoire de la révolution grecque. *Paris, F. Didot*, 1829, in-8, avec un portrait, 7 fr.

SOUVAN (A.). — Fanny, ou la Guerre des roses, trad. de l'angl. (1809). Voy. J. Adamson.

SOUVENEL (Alexandre-François-Jacques Anneix de), avocat distingué du parlement de Bretagne; né à Rennes, en 1689, mort en 1758.
—*Lettres critiques et historiques touchant l'idée que les anciens avaient de la poésie et celle qu'en ont les modernes. *Paris*, 1712, in-12; — *Amsterdam*, 1718, in-12 de 194 pag., non comprises dix pages de pièces liminaires.

D'après M. Miorcec de Kerdanet, on devrait prendre ce titre au singulier, car, selon lui, il n'y aurait qu'une lettre; mais ce serait une erreur: on en trouve deux dans ce volume : l'une datée de Rennes, le 4 juin 1710, et l'autre datée de la même ville, le 14 février 1711. Les pages 195-197 de l'édition sous la rubrique d'Amsterdam, sont remplies par une *Epître en* (62) *vers irréguliers*, adressée à M. de L.-P. O***.
On a encore de Souvenel, dans les Lettres sur quelques écrits de ce temps, de Fréron, 1754, tom. VII, pag. 66, et tom. XI, pag. 212, deux épîtres l'une *à l'ombre de Despréaux*, l'autre *à l'ombre du grand (J.-B.) Rousseau*, qui respirent le bon goût et la saine littérature; l'auteur y venge, avec esprit, Despréaux et Rousseau de l'injustice de ceux qui ont osé reléguer ces deux grands poëtes dans la classe obscure des versificateurs.

Miorcec, Notice sur les écriv. de la Bretagne.

SOUVERAIN, né dans le bas Languedoc, autrefois ministre dans le Poitou, arminien et socinien déclaré; déposé du ministère à cause de ses opinions avant la révocation de l'édit de Nantes. Il se retira en Hollande, puis à Londres, où il fut réhabilité, en s'agrégeant à la communion épiscopale. Il est mort avant l'an 1700.

—* Platonisme (le) dévoilé, ou Essai touchant le verbe platonicien, en deux parties. *Cologne, P. Marteau*, 1700, in-8, 3 à 4 fr.

SOUVESTRE (Émile), littérateur distingué; né à Morlaix (Finistère), le 15 avril 1808.

LITTÉRATURE.

Poésies.

—Cantate polonaise, paroles de M. E. Souvestre, arrangée à grand orchestre sur un chant romain, par A. Pilate. *Nantes, de l'impr. de Mellinet*, 1831, in-8 de 2 pag., 15 c.

—Carmen luctuosum : concreti glacie Ligeris inopina solutio Nannetibus vigesima sexta mensis januari anno Domini 1830, relata verbis poeticis à viro commendabili Souvestre, ludi litterarii magistro, in numeros latinos conversa à P.-A.-M. Latour. *Nannetensis, ex typogr. Hérault*, 1830, in-8 de 16 pag., 1 fr.

Le texte français est en regard.

C'est un article de journal (en prose) mis en vers latins par M. Latour.

— Rêves poétiques. *Nantes, de l'impr. de Mellinet*, 1830, in-12, 4 fr.

— * Trois femmes poëtes inconnues. *Nantes, de l'impr. de Mellinet-Malassis*, 1829, in-18 de 132 pag.

Ce petit ouvrage a été tiré sur trois papiers différents : 1° à 300 exempl. sur pap. vélin ordinaire, 3 fr.; 2° à 20 sur pap. de diverses couleurs, de la fabrique de Firmin-Didot, 6 fr.; 3° à 10 sur pap. jésus vélin, 6 fr. Enfin, il en existe un exemplaire tiré sur papier de Chine, chaque page collée sur pap. blanc, à l'imitation des lithographies imprimées sur ce papier : le prix de cet exemplaire avait été fixé par l'éditeur à 24 fr.

Romans.

— Échelle (l') de femmes : la Femme du peuple; — la Grisette; — la Bourgeoise; — la Grande Dame. *Paris, Charpentier*, 1835, 2 vol. in-8, 15 fr.

— Maison (la) rouge. *Paris, Charpentier*, 1837, 2 vol. in-8, 15 fr.

De longs fragments de ce roman avaient d'abord paru dans la Revue des Deux Mondes et dans la Revue de Paris, qui comptent M. E. Souvestre au nombre de leurs rédacteurs.

— Riche et Pauvre. *Paris, Charpentier*, 1836, 2 vol. in-8, 15 fr.

L'auteur a tiré de ce roman un drame qui porte le même titre.

Le Dernier amour, nouvelle, que l'auteur avait fourni au « Dodecaton », termine Riche et pauvre.

On annonce de ce littérateur, comme devant paraître prochainement un nouveau roman intitulé; *l'Homme et l'argent.*

Théâtre.

— * Auteur (l') posthume, comédie en un acte et en vers. *Nantes, de l'impr. de Mellinet-Malassis*, 1830, in-8 de 40 pag.

— Interdiction (l'), drame en deux actes. *Paris, Marchant*, 1838, in-8 de 24 pag., impr. à 2 colonn.

— Riche (le) et le Pauvre, drame en cinq actes et six tableaux. *Paris, Marchant*, 1837, in-8 de 72 pag., 3 fr. — Autre édit. *Paris, le même*, 1837, in-8 de 28 pag. impr. à 2 colonn.

Deux autres comédies de M. Souvestre doivent être imprimées sous peu : *Henri Hamelin* et *Maîtresse et fiancée.*

Varia.

—Arts (des), comme puissance gouvernementale, et de la nouvelle constitution à donner au théâtre. *Nantes, de l'impr. de Mellinet*, 1832, in-8 de 40 pag.

— Enseignement universel à Nantes. Pension des demoiselles Ducamp. Compositions françaises et musicales, dessin, etc., publié par M. Em. Souvestre. *Nantes, de l'impr. de Mellinet-Malassis*, 1830, in-8 de 44 pag. et 3 pl. —Enseignement universel à Nantes. Pension des demoiselles Ducamp. Compositions françaises, historiques, géographiques, publié par M. E. Souvestre. *Nantes, de l'impr. de Mellinet*, 1832, in-8 de 32 p.

— * Monsieur Pierre. *Paris, de l'impr. de Bourgogne*, 1838, in-8 de 32 pag.

Ce petit livre populaire a été tiré à grand nombre pour un banquier genevois et doit être répandu dans les prisons de Genève.

—Résumé de la méthode de M. Jacotot. *Nantes, de l'impr. de Mellinet-Malassis*, 1829, in-8 de 40 pag. avec une planche.— Sec. édit. *Nantes, de l'impr. du même*, 1829, in-8 de 12 pag.

HISTOIRE.

— Derniers (les) Bretons. *Paris, Charpentier*, 1835-37, 4 vol. in-8, 30 fr.

Ouvrage très-remarquable dont tous les journaux ont fait le plus grand éloge.

—Extrait d'une Notice sur Edouard Richer. *Nantes, de l'impr. de Mellinet*, 1837, in-8 de 16 pag.

— Finistère (le) en 1836. *Brest, Come fils aîné*, 1836, in-4 avec planches.

Ce volume a été publié par livraisons. Il fait suite à l'édition, rectifiée et annotée, du Voyage dans le Finistère, par le cit. Cambry, donnée dans le même format, par M. Souvestre.

Indépendamment des ouvrages que nous venons de citer, M. Souvestre a concouru à la rédaction de plusieurs recueils littéraires, et il est, entre autres, l'un des auteurs de celui intitulé « Dodecaton, ou le Livres des XII (1836) ».

Ce littérateur avait ressuscité, en 1831, sous le titre de « Revue de l'Ouest », l'ancien Lycée armoricain, recueil mensuel qui paraissait à Nantes. Plus récemment il a rédigé le feuilleton littéraire du journal « le Temps », de 1836 à 1837 ; il rédige depuis celui du « National ».

SOUVESTRE (madame Nanine), épouse du précédent.

— Antonio Giovani. *Brest, Come*, 1836, 2 vol. in-12, 7 fr. 50 c.

Cet ouvrage fut publié en 10 livraisons.

Madame Souvestre a, en outre, participé à la rédaction du Journal des femmes, de la Revue de Bretagne, publiée à Rennes, et du Magasin pittoresque, où elle a inséré plusieurs nouvelles, entre autres *l'Apprenti*.

Le libraire Charpentier annonça l'année dernière un roman de cette dame, intitulé *les Deux mariages*, et devant former deux volumes in-8 ; mais ce roman n'a point encore paru.

SOUZA (le comte de.) Voy. Raynal.

SOUZA (Adèle Filleul, d'abord comtesse de Flahaut, depuis baronne de), épouse du suivant, l'une des nouvellistes les plus distinguées de la littérature française ; née à Paris.

—* Adèle de Sénange, ou Lettres de lord Sydenham (par madame de Flahaut, avec une préface par le marquis de Montesquiou). *Londres*, 1794, in-8.

Premier ouvrage de madame de Flahaut ; il a été souvent réimprimé. Les autres éditions sont les suivantes :

Hambourg, Hoffmann, 1796, 2 vol. in-8.
Paris, Maradan, an VI (1798), 2 vol. in-12.
— Gide, 1805, 2 vol. in-12, 3 fr.
— Dentu, 1808, 2 vol. in-12, 3 fr.
— Werdet et Lequien, 1827, 2 vol. in-32 avec 2 grav., 6 fr. Cette dernière édition, la seule qui ne soit pas anonyme, fait partie d'une collection des meilleurs romans, dédiée aux dames.

Cet ouvrage, dit Legouvé, commença et fit la réputation de son auteur. Il parut dans un temps où l'on était inondé des sombres productions des romanciers anglais, qui croient plaire avec des spectres et des horreurs ; et, comme il n'a rien d'un si lugubre appareil, comme tous les ressorts en sont simples, il reposa agréablement de ces compositions tristes et convulsives. Il ne dut pas le grand succès qu'il obtint à ce seul contraste, il le dut surtout à l'intérêt de l'action, à l'ingénuité des caractères, à la légèreté du style, à l'art des développements, et aux sentiments délicats dont il est orné.

— * Charles et Marie. Par l'auteur d'Adèle de Sénange. *Paris, de l'impr. de Crapelet*.

— *Maradan*, an X (1802), in-12, 1 f. 50 c.

— Carlos y Maria. *Paris, Hamonière*, 1831, in-18.

—Comtesse (la) de Fargy. *Paris, A. Eymery*, 1822, 4 vol. in-12, 10 fr.

— Duchesse (la) de Guise, ou Intérieur d'une famille illustre dans le temps de la Ligue, drame en trois actes. *Paris, Ch. Gosselin*, 1831, in-8, sur pap. fin satiné : 3 fr. 50 c.

—*Émilie et Alphonse, ou le Danger de se livrer à ses premières impressions. Par l'auteur d'Adèle de Sénange. *Paris, Ch. Pougens*, an VII (1799), 3 vol. in-12, 4 f. 50 c. ; ou *Paris, Gide*, 1805, 3 vol. in-12, 5 fr.

— Édit. corr. et augm. *Paris, A. Eymery*, 1823, 3 vol. in-12, 7 fr. 50 c.

Il a été tiré de la première édition 25 exemplaires sur carré vél. superfin satiné, dont le prix d'éditeur était de 24 fr.

—*Eugène de Rothelin. *Paris, H. Nicolle*, 1808, et 1811, 2 vol. in-12.

C'est, à notre avis, dit Chénier, après Adèle de Sénange, le meilleur des quatre premiers ouvrages de madame de Flahaut (Adèle, Charles et Marie, Émilie et Alphonse et Eugène de Rothelin), si pourtant il faut choisir entre des productions presque également agréables.

— * Eugénie et Mathilde, ou Mémoires de la famille du comte de Revel ; par l'auteur d'Adèle de Sénange. *Paris, F. Schœll ; Haussmann et d'Hautel*, 1811, 3 vol. in-12, 7 fr. 50 c., et sur pap. vél., 12 fr.

Madame de Blessebois (voy. ce nom) a publié une suite à ce roman.

— Mademoiselle de Tournon. *Paris, F. Didot*, 1820, 2 vol. in-12, 6 fr.

Ch. Cotolendi avait déjà publié, en 1678, Mademoiselle de Tournon, nouvelle historique, 2 vol. in-12 ; madame de Souza en a-t-elle profité, c'est une question.

Les romans de madame de Souza se distinguent par une grâce qui leur est particulière, dit Chénier, dans son Tableau de la littérature : « Les jolis romans de cette dame n'offrent pas, il est vrai, le développement des grandes passions, on n'y doit pas chercher non plus l'étude approfondie des travers de l'espèce humaine ; on est sûr au moins d'y trouver partout des aperçus très-fins sur la société, des tableaux vrais et bien terminés, un style orné avec mesure, la correction d'un bon livre et l'aisance d'une conversation fleurie, l'usage du monde ; mais cet usage exquis et rare qui observe et ne s'exagère point les convenances ; des sentiments délicats, des tours ingénieux, des expressions choisies, l'esprit qui ne dit rien de vulgaire, et le goût qui ne dit rien de trop ». Chénier.

Le libraire Ch. Gosselin annonçait en 1833, comme

étant sous presse, un autre roman de madame de Souza, intitulé : *Être et paraître*, qui devait former 2 vol. in-8, mais jusqu'à ce jour il n'a pas été publié.

— Œuvres complètes de mad. de Souza, revues, corrigées, augmentées sous les yeux de l'auteur, et ornées de gravures. *Paris, A. Eymery*, 1821-22, 6 vol. in-8 avec grav., 36 fr.; sur pap. vél., 72 fr., sur pap. vél. double satiné, gravures avant la lettre et eau-forte (tiré à 20), 100 fr.; ou 12 vol. in-12, 32 fr.

Cette collection renferme les ouvrages suivants: Tom. I. Adèle de Senange; — Aglaé, conte (inédit); — Charles et Marie. Tom. II et III. Eugénie et Mathilde; — Eugène de Rothelin. Tom. IV. La comtesse de Fargy. Tom. V. Emilie et Alphonse. T. VI. Mademoiselle de Tournon.

SOUZA-BOTELHO (don Joze-Maria de), connu généralement en Portugal, sous le nom de *Morgado de Matteus*, d'abord ministre de Portugal à la cour de Berlin, et après la conclusion de la paix entre Napoléon et le prince régent de Portugal, ministre plénipotentiaire de sa cour près du premier consul, jusqu'en 1803, membre de l'Académie royale des sciences de Lisbonne; né à Oporto, le 9 mars 1758, d'une famille très-ancienne, mort à Paris, le 1er juin 1825.

M. de Souza n'a point publié d'ouvrages sous son nom, mais il a fourni la plus grande partie des notes et observations ajoutées à la seconde édition de l'ouvrage de Dumouriez sur le Portugal, lequel parut à Hambourg, en 1797. L'annotateur a fait tous ses efforts pour venger son gouvernement et ses compatriotes des virulentes satires que tant de voyageurs ont publiées contre les Portugais, en faisant connaître les progrès en tout genre que ce pays a faits depuis l'époque où Dumouriez y voyagea. En 1817, M. de Souza, voulant élever un monument au plus grand poëte portugais, publia à grands frais une magnifique édition des *Lusiades* en portugais, imprimée avec le plus grands luxe typographique, par M. F. Didot, et enrichi de belles gravures. Cette superbe édition ne fut tirée qu'à un petit nombre d'exemplaires avec des caractères fondus exprès; aucun exemplaire n'a été mis en vente, mais l'éditeur en a fait présent aux principales bibliothèques de l'Europe et à quelques personnages distingués par leur rang. En 1819, il fit paraître chez le même imprimeur une seconde édition in-8 du même poëme, en tout conforme, pour le texte à la première, mais enrichie de nombreuses variantes puisées dans la seconde édit. de ce poëme, imprimée sous les yeux de Camoens, en 1572, édition que M. de Souza n'avait pu se procurer avant la publication de celle qu'il fit paraître en 1817. L'une et l'autre sont ornées d'un beau portr. de ce grand poëte, et précédées d'une introduction qui renferme des détails intéressants sur sa vie.

—* Quatre (les) coïncidences des dates. *Paris, de l'impr. de F. Didot*, 1819, in-8 de 23 pag.

Relatif aux négociations entre la France et le Portugal, en 1807.

Nous devons aussi au baron de Souza la publication des Lettres portugaises (de Mariane Alcaforada), nouvelle édition conforme à la première, Paris, Barbin, 1669, avec une Notice bibliograph. (et une traduction portugaise), (1824, in-12). L'éditeur s'est attaché à prouver, contre l'opinion générale, qu'il n'y a jamais eu que cinq lettres authentiques.

SOUZA-CALDAS (Antonio-Pereira de), poëte portugais.

— Obras poeticas. (Tomo primeiro). Psalmos de David vertidos en rhythmo portuguez pelo reverendo Ant.-Per. de Souza Caldas, com as notas e observações de seo amigo o tenente-general Francisco de Borja Garcão-Stockler, e dados a luz polo sobrinho do defunto poeta traductor, Antonio de Souza Dias, consul de S. M. Fidelissima no Hanovre. *Pariz, de la impr. de Rougeron*, 1820, in-8, 12 fr. — (Tom. II.) Poesias sacras e profanas, com as notas e additamentos de seo amigo tenente-general Fr. de B. Garção-Stockler, etc. *Pariz, de la impr. de Rougeron*, 1821, in-8, 6 fr.

SOUZA-GAYOSO (Raymondo-Jozé de). — Compendio historico-politico dos principios da lavoura do Maranhôa, suas producoens es progressos, que tem tido até, oa prezente, entraves que a vão deteriorando, etc., etc. *Pariz, de la impr. de P.-N. Rougeron*, 1818, in-8.

SOUZA-VAS (Francisco-d'Assis). — Relaçao historica, statistica e medica da cholera-morbus em Paris, precedida da topographia desto capital. *Paris, Aillaud*, 1833, in-8.

SOVICHE (Joseph). — Hôpitaux (des) et des secours à domicile, ouvrage auquel a été décerné la mention honorable accordée par l'Académie des arts, sciences et belles-lettres de Lyon, dans sa séance publique du 4 septembre 1821. *Montpellier, Anselme Gabon*, 1822, in-8 de 200 pag., 3 fr.

SOWARS (Caroline). — Tom et Betsi, roman traduit de l'anglais sur la quatrième édition, par R... P... Grétry. *Paris, Demantin*, 1809, 2 vol. in-12, 3 fr.

SOYCOURT (le chev. de). — Mémoire sur les expériences données en preuve de la chaleur latente; sur quelques défauts inconnus, mais énormes, du thermomètre et les moyens d'y remédier; ouvrage couronné par l'Académie de Rouen en 1787. *Londres, et Paris*, 1788, in-8.

SOYÉ (Louis-Raphaël), docteur de l'Université de Coïmbre.

— Hymne à l'Être suprême, à l'occasion de l'heureuse naissance du roi de Rome; composé en portugais et traduit en français, par T. *Paris, de l'impr. de Moreau*, 1811, in-8.

— Napoléon-le-Grand, empereur des Français et roi d'Italie, ode pindarique, traduite du portugais, par E.-T. Simon, de Troyes, ancien bibliothécaire du Corps législatif et du Tribunat. *Paris, Léopold Collin*, 1808, in-8, 5 fr.

—Oitaves offercidas ao ill^mo e ex^mo senhor D. Pedro de Souza e Holstein, conde Palmela. *Paris, de la impr. de Lefebvre*, 1815, in-8 de 16 pag.

SOYÉ (F.-N.).—Bons (les) Parisiens de 1820. *Paris, de l'impr. de Chaigneau fils*, 1820, in-8 de 32 pag.

— Ces Messieurs et ces Dames, ou les Acteurs de la capitale; tableaux mêlés de couplets. *Paris, Martinet; Vente*, 1823, in-8, 1 fr. 50 c.

— Disciple (le) de Momus, ou Chansons de F.-N. Soyé. *Paris, Martinet; Pélicier*, 1819, in-18, 1 fr. 50 c.

— Étrennes du papa Momus à ses enfants. *Paris, Martinet; Vente*, 1821, in-18.

— Jocrisse (le) ministériel. *Paris, les marchands de nouveautés*, 1826, in-12.

— Refrains pour rire, ou Momus en goguettes. *Paris, Martinet; Vente; Delaunay*, 1825, in-18, 3 fr.

SOYER DES TAVELLES. — Nouvelles Lettres et OEuvres galantes. *Paris, L. Ant. Thomelin*, 1724, in-12.

SOYER-WILLEMET (Hubert), petit-fils de Remi Willemet, bibliothécaire en chef et conservateur du cabinet d'histoire naturelle de Nanci, ancien pharmacien, membre de plusieurs sociétés savantes; né à Nanci, le 3 juin 1791.

— Bon (le) cultivateur, recueil agronomique. Années 1831 à 1834. *Nanci, Haener*, 1831-38, 8 vol. in-8.

—Euphrasia officinalis et espèces voisines. Erica vagans et multiflora. Observations de botanique extraites des Mémoires de la Société royale des sciences, lettres et arts de Nancy (1833-34). *Nanci, de l'impr. de madame veuve Hissette*, 1835, in-8 de 20 pag.

—Gnaphalium neglectum. Nouvelle espèce du groupe des filaginées avec des observations sur les autres espèces françaises de ce groupe. *Nanci, de l'impr. de mad. veuve Hissette*, 1836, in-8 de 12 pag. et une planche.

— Mémoire sur le nutaire, qui a obtenu en 1825 la mention honorable au concours ouvert par la Société linnéenne de Paris. *Paris*, 1826, in-8 de 56 pag.

— Note sur le fishua myuros de Linnée et sur quelques espèces voisines.

Impr. dans les Annales des sciences naturelles, avril 1826, p. 440.

— Observations sur quelques plantes de la France, suivies du catalogue des plantes vasculaires des environs de Nanci. *Nanci, Bontoux; Grimblot*, 1829, in-8, 2 fr. 50 c.

On a encore de M. Soyer-Willemet des articles de botanique et de conchyliologie dans différents recueils. Comme bibliothécaire, il a rédigé le *Catalogue* de la bibliothèque qu'il administre; mais ce catalogue est encore inédit.

SOYMIÉ père. — Un patriote de 1789, habitant de Pontivy, ou Opinions et réflexions sur le gouvernement. *Pontivy, Lemaître*, 1835, in-18 de 36 pag.

SOYMIÉ (Alexis). — Monarchie nationale, ou Réflexions politiques et morales sur le gouvernement actuel. *Pontivy, de l'impr. de Dière*, 1836, in-8 de 68 pag.

SOZZI (Louis-François), d'abord bailli du grand-prieuré de France, ensuite avocat au parlement de Paris et aux cours de Lyon; membre des anciennes académies de Lyon et Villefranche, de celle de Berlin et des Arcades de Rome; né à Paris, le 4 octobre 1706, mort en....

—*Consultations sur la mouvance des pairies de France. 1752, in-4.

— Discours de réception à l'Académie de Nanci, 1762, in-8.

— *Lettre aux auteurs du Journal encyclopédique, au sujet de l'urne antique de plomb trouvée chez les jésuites de Lyon. 1763, in-12.

— Mémoire où l'on établit l'usage des testaments olographes. 1743, in-4.

— *Mémoire où l'on établit qu'il n'est dû aucun droit de consignations pour les saisies réelles des biens situés dans la vallée de Barcelonnette. 1745, in-4.

— Mémoire sur le franc-alleu et la prescriptibilité du cens. 1743.

— * Observations sommaires de l'arrêt rendu à la grande chambre le 6 août 1743. In-fol.

— * Olympiques (les) de Pindare, traduites en français, avec des remarques historiques (1754). Voy. PINDARE.

— Recueil de Mémoires et Dissertations qui établissent que c'est par erreur et un mauvais usage que l'on nomme l'auguste maison qui règne en France, la maison de Bourbon, et que son nom est de France (par de SALLO, de RÉAL et SOZZI, le tout publié par Sozzi). *Amsterdam, et Paris, Musier*, 1769, in-12. — Additions au Recueil des mémoires concernant le nom patronimique de la maison de France. *Paris*, 1770, in-12.

SPACH (Edouard), aide-naturaliste au Muséum d'histoire naturelle de Paris; né à Strasbourg, en 1801.

— Histoire naturelle des végétaux phanérogames. *Paris, Roret*, 1834 et ann. suiv. in-8.

Cet ouvrage fait partie des Suites à Buffon.

L'*Histoire naturelle des végétaux phanérogames* formera dix à douze volumes, et dix à douze livraisons de planches.

Il a paru jusqu'à ce jour six volumes et six livraisons de planches.

Prix de chaque volume, 6 fr. 50 c., et de chaque livraison de planches, composée de dix grav. : en noir, 3 fr., et coloriées, 6 fr.

L'on a encore de M. Spach divers Mémoires imprimés dans les Nouv. Annales du Muséum d'histoire naturelle et les Annales des sciences naturelles.

SPADA (A.). — Éphémérides russes politiques, littéraires, historiques et nécrologiques. *Saint-Pétersbourg*, 1816, 4 vol. in-8.

— Recueil de sentences, maximes et beaux vers. *Brunswick, Pluchart*, 1812, in-12, 3 fr. 25 c.

SPAENDONCK (G. Van), célèbre peintre de fleurs, professeur au Muséum d'histoire naturelle de Paris.

— Fleurs dessinées d'après nature. *Paris*, ..., gr. in-fol. de .. planches.

Depuis la mort de cet artiste on a publié : *Souvenirs de Van Spaendonck, ou Recueil de fleurs lithographiées d'après les dessins de ce célèbre professeur*, accompagné d'un texte rédigé par plusieurs de ses élèves, Paris, Castel de Courval, 1825, in-4 obl., avec vingt pl., 20 fr.

SPALDING (Jean-Joachim), l'un des classiques les plus distingués de la littérature allemande; mort à Berlin, le 26 mai 1804, âgé de près de quatre-vingt-dix ans.

— Destination (de la) de l'Homme, ouvrage classique (trad. de l'allemand, par ÉLISABETH-CHRISTINE, reine de Prusse). *Berlin*, 1776, in-8.

Cet ouvrage commença la réputation de Spalding et comme moraliste et comme écrivain : il a été fréquemment réimprimé. Formey en publia une imitation, Berlin, 1750, in-8. Il en existe trois traductions françaises ; la première par un nommé Desdal, 1752, in-8 ; Schwerin, 1754, et Dresde, 1764 ; la deuxième, par un anonyme caché sous les initiales J. B., Berlin, 1765, in-8 ; la troisième est celle de la reine de Prusse.

SPALLANZANI (l'abbé Lazare), célèbre naturaliste italien, professeur d'histoire naturelle dans l'université de Pavie, etc.; membre des principales académies et sociétés savantes de l'Europe; mort en 1799 à l'âge de 60 ans.

— Expériences pour servir à l'histoire de la génération des animaux et des plantes, trad. de l'ital. par J. SENEBIER ; avec une Ébauche de l'histoire des êtres organisés avant la fécondation, par le traducteur. *Genève, Barth. Chirol*, 1785, in-8, 5 fr.

— Expériences sur la circulation observée dans l'universalité du système vasculaire, les phénomènes de la circulation languissante, etc., trad. de l'ital., avec des notes et une Esquisse de la vie littéraire de l'auteur, par J. TOURDES. *Paris, Maradan*, an VIII (1800), in-8, 4 fr.

— Expériences sur la digestion de l'homme et des différentes espèces d'animaux, trad. de l'italien par J. SENEBIER ; avec des Considérations sur la manière de cet auteur pour interpréter la nature et les conséquences pratiques qu'on peut tirer de ses découvertes, par le traducteur. *Genève*, 1783, in-8, 5 fr.

— Mémoires (trois) sur la respiration, trad. en français d'après le manuscrit inédit de l'auteur, par J. SENEBIER. *Genève, J.-J. Paschoud ; Paris, Fuchs ; Le Normant*, 1803, in-8, 3 fr. 60 c.

Ces Mémoires ne sont que le commencement d'un grand ouvrage que Spallanzani préparait sur la respiration des animaux. Ils portent l'empreinte, dit le savant bibliothécaire de Genève, de ce grand observateur de la nature. Telles sont ses immenses recherches, qu'on croirait que toute la nature est toujours sous ses yeux.

— Opuscules de physique animale et végétale de l'abbé Spallanzani, traduits de l'ital. par J. SENEBIER, et augmentés d'une Introduction du traducteur qui renferme l'histoire des découvertes microscopiques dans les trois règnes, et leur influence sur la perfection de l'esprit humain. *Genève, et Paris, P. Duplain*, 1777, 2 vol. in-8.

— Programme, ou Précis d'un ouvrage sur les reproductions animales ; trad. de l'ital.

par M. de LA SABIONNE. *Genève, et Paris, Merlin*, 1769, in-8.

— Recherches (nouv.) sur les découvertes microscopiques et la génération des corps organisés. Trad. de l'ital. de SPALLANZANI (par l'abbé RÉGLEY); avec des notes, des recherches physiques sur la nature et la religion, et une nouvelle théorie de la terre, par NÉEDHAM. *Paris*, *Lacombe*, 1769, 2 part. in-8.

— Voyages de Spallanzani dans les deux Siciles et dans quelques parties des Apennins, traduits de l'italien par J. SENEBIER, avec des Considérations générales sur les volcans, par le traducteur. *Berne*, 1795-97, 5 vol. in-8.

— Voyages dans les deux Siciles et dans quelques parties des Apennins, trad. de l'ital. par G. TOSCAN (et Amaury DUVAL); avec des notes de FAUJAS DE SAINT-FOND. *Paris, de l'imp. de Crapelet. — Maradan*, an VIII (1800), 6 vol. in-8, fig., 18 fr.

Ces voyages sont principalement consacrés à l'étude des volcans, c'est-à-dire, des phénomènes les plus étonnants que la nature présente sur la terre. L'auteur, ne se bornant pas à la connaissance des formes extérieures des corps volcanisés, a voulu pénétrer dans leur nature, et il a appelé la chimie à son aide; il a voulu concevoir leur cause, et il a eu recours aux principes de la physique.

— OEuvres (ses) complètes, contenant ses Observations sur la physique animale et végétale, son Traité sur la digestion, et ses Expériences sur la génération des animaux et des plantes, trad. par J. SENEBIER. *Paris*, 1787, 3 vol. in-8, 15 fr.

C'est la réunion, sans réimpression, de trois traductions qui avaient été publiées de 1777 à 1785.

Deux écrivains français sont auteur d'éloge et de notice concernant ce savant. M. Alibert, le premier, a fait insérer, dans le deuxième volume des Mémoires de la Société d'émulation de Paris, un *Éloge de Spallanzani*, et Jean Senebier, son ami, a placé une intéressante *Notice historique sur la vie et les écrits de ce savant*, en tête de la traduction de ses « Mémoires sur la respiration ». Plusieurs italiens, et, entre autres, le professeur Tourdes et Pozzetti, se sont faits les biographes et panégyristes de Spallanzani.

SPALLART (Robert de). — Tableau historique des costumes, des mœurs et des usages des principaux peuples de l'antiquité et du moyen âge; trad. de l'allem. (par L. de JAUBERT, bibliothécaire de la ville de Metz, membre de l'Académie de Nanci, etc.). *Metz, Collignon*, 1804 à 1809, 7 vol. in-8 et 7 cahiers de planches in-4 oblong, sur carré vél. superfin.

Cette traduction devait avoir dix volumes et dix cahiers de figures, mais il n'en a pas été publié davantage. Il y a des exemplaires avec les gravures coloriées.

On dit que cet ouvrage n'a été tiré qu'à 300 exempl., aussi conserve-t-il un prix assez élevé. Sur le catalogue du dernier libraire propriétaire, il était encore côté 320 fr. il y a quelques années.

SPANGENBERG (A.-G.). — Excellence (l') de l'Évangile, ou Exposition de la parole de la croix, suivant la doctrine de saint Paul. *Toulouse, de l'impr. de Corne*, 1833, in-18.

SPANHEIM (Frédéric), écrivain du XVIIe siècle.

— Histoire de la papesse Jeanne, fidèlement tirée de la dissertation latine de Spanheim (par LENFANT). Nouvelles éditions. *La Haye*, 1720, 1736, 1758, 2 vol. in-12.

La première édition de cet ouvrage avait paru en 1694, sous la rubrique de Cologne; mais elle avait été réellement imprimée à Amsterdam, par Huguetan, et revue par DESVIGNOLLES. La quatrième partie est toute de ce dernier, ainsi que quelques chapitres ajoutés aux autres dans les nouvelles éditions, à dater de 1720. *Barb.*

SPANHEIM (Ézéchiel). — Césars (les) de l'empereur Julien, trad. du grec, avec des remarques et des preuves (1666). Voy. JULIEN.

SPAR (le comte Joseph-Ignace-Magnus de), maréchal de camp.

— * Instructions militaires. *Paris, Jombert*, 1753, in-8.

SPARMANN (André), voyageur et naturaliste suédois; mort en 1820.

— Voyage au cap de Bonne-Espérance et autour du monde, avec le capitaine Cook, et principalement dans le pays des Hottentots et des Caffres. Trad. (d'après une version anglaise) par LETOURNEUR. *Paris, Buisson*, 1787, 2 vol. in-4 avec cartes, figures et planches; ou 3 vol. in-8.

Traduction très-médiocre.

L'auteur avait annoncé une deuxième partie, qui n'a pas été publiée.

SPARRE (le chevalier de), lieutenant-colonel et major du régiment d'infanterie allemande de Sparre, aide-major général de l'armée de la Moselle.

— Code militaire, ou Compilation des réglements et ordonnances du roy, faites pour les gens de guerre depuis 1651 jusqu'à présent. *Paris*, 1702, in-12.

SPARROW (A.), professeur de langue anglaise à Rouen.

— Essai sur l'histoire, le mécanisme et le génie de la langue anglaise. *Rouen, de l'imp. de Brière*, 1833, in-16 de 16 pag.

— Examen d'un ouvrage ayant pour titre :

Méthode anglaise simplifiée, contenant des règles faciles de prononciation et indiquant une marche nouvelle et certaine pous apprendre sans maître et en peu de jours plusieurs milliers de mots anglais, par M. E. M.-J. Lepan, et exposition des faux principes et erreurs qui y sont contenus. *Rouen, de l'imp. de Baudry*, 1819, in-8 de 16 pag.
— Ode anglaise sur la restauration de la famille des Bourbons, avec la traduction en vers français, par M. R. *Rouen, de l'impr. de Marie*, 1814, in-8 de 16 pag.

SPARTIEN, écrivain romain, l'un des six auteurs de l'Histoire Auguste, dont nous avons deux traductions francaises, l'une par Marolles (1667) et l'autre par de Moulines (1783).

SPAZIER (Richard-Otton), de Leipzig.
— Histoire politique et militaire de la révolution polonaise, et des insurrections en Lithuanie, pendant les années 1830 et 1831, écrite sur des documents authentiques, actes de la diète, mémoires, agendas, communications écrites et verbales de plus de 150 des principaux personnages qui ont figuré dans ce grand drame. IIIe édition, édition française. Tome Ier. *Paris, l'Auteur; Heideloff et Campé*, 1834, in-8.

Cette édition française devait former 3 ou 4 volumes, mais le premier volume est le seul qui ait été publié.
M. Spazier est l'un des fondateurs de la Revue du Nord, qui a commencé à paraître en mars 1835, et et qui est continuée, pour la seconde série (1837 et ann. suiv.) par M. J.-O. Pellion. M. Spazier a fourni à la première série des articles très-remarquables : il est aujourd'hui attaché à la rédaction du Journal du commerce.

SPECKHAN (C.-A.). — Indication exacte et préceptes de quarante-six moyens et procédés chimiques et autres, éprouvés. *Lille, de l'impr. de Martin-Muiron*, 1830, in-12 de 24 pag.
— Indication exacte et préceptes de 54 moyens et procédés chimiques et autres. *Strasbourg, de l'impr. de Dannbach*, 1832, in-12 de 48 pag.

SPELMAN (Henri), historien anglais.
— Abrégé d'un ouvrage qui a pour titre : Histoires et fatalités des sacriléges, vérifiées par des faits et des exemples tirés de l'Histoire sainte, etc., par Henri Spelman, avec des additions considérables (par l'abbé de Feller). *Liége*, 1789, in-8.

SPENCE (Elisabeth-Isabelle). — Jour (le) de noces, ou les Effets de la jalousie; trad. de l'angl. par madame P. (Périn). *Paris, Dentu*, 1808, 3 vol. in-12, 6 fr.

SPENCER. — Académie des Grâces, par M. Le M. (traduction libre du dialogue anglais de Spencer sur la beauté), suivie d'une « Lettre sur la jalousie ». *Paris, aux dépens de la Société (Hollande)*, 1755, in-12.

On trouve dans la Lettre sur la jalousie la romance de Gabrielle de Vergy, 1752.

SPENCER (Car.). — Adelina, ou la Fille généreuse, trad. de l'angl. *Paris, Lemarchand; Pigoreau*, an VII (1799), in-18, fig., 75 c.

SPERANSKY (Michel), membre du conseil de l'empire de Russie.
— Précis, ... trad. du russe, par M. *Moscou*, 1833, in-8.

SPEYR-PASSAVANT (J.-H.), de Bâle, en Suisse.
— Description de la Bible, écrite par Alchuin, de l'an 778 à 800, et offerte par lui à Charlemagne le jour de son couronnement à Rome, l'an 801, par son propriétaire J.-H. Speyr-Passavant. *Paris, J. Fontaine; Decourchant*, 1829, in-8 de 112 pages, 4 fr.

SPHODRÉTIS, pseudon. — A qui le fauteuil? ou Revue microscopique de nos auteurs en l'an de grâce 1817, satire ; suivie d'*Ecce homo*. *Paris, Delaunay; Petit; Dalibon*, 1817, in-8 de 16 pag., 50 c.
— Les illustres Lilliputiens en l'an de grâce 1818, ou Trois grains d'encens à tous nos demi-dieux. Deuxième satire. *Paris, Delaunay; Pelicier*, 1818, in-8 de 32 pag., 1 fr.

SPIEGEL (Henry). — Orgueil et amour. *Paris, Bourmancé*, 1838, 2 vol. in-8, 15 fr.
— Vanité, ou l'Amour dans un salon. *Paris, Levavasseur*, 1837, 2 vol. in-8, 7 fr.
— Visions et Réalités, ou l'Entrée de la vie. *Paris, Renduel*, 1835, in-8, 7 fr. 50 c.

SPIELMAN (Jacques-Reinhold), célèbre médecin alsacien et chimiste, professeur de chimie, de botanique et de matière médicale, à Strasbourg, sa ville natale ; né le 31 mars 1722, d'un père qui exerçait à Strasbourg la profession de médecin, mort le 9 septembre 1783.

— Acaciæ officinalis historia. *Argentorati*, 1768, in-4.

— Anleitung zur Kenntniss der Arzneymittel. Neue Auflage. *Strasburg*, *Treuttel u. Wurtz*, 1785, in-8, 6 fr.

— Dissertio de animalibus novicis Alsatiæ. *Argentorati*, 1768, in-4.

— Dissertatio de causticitate. *Argentorati*, 1779, in-4.

— Dissertatio de fonte medicato Niederbronnensi. *Argentorati*, 1753, in-4.

— Dissertatio de hydrargyri preparatorum internorum in sanguinem effectibus. *Argentorati*, 1761, in-4.

— Dissertatio de optimo recens-nati infantis alimento. *Argentorati*, 1753, in-4.

— Dissertatio de plantis venenatis Alsatiæ. *Argentorati*, 1766, in-8.

— Dissertatio de principio salino. *Argentorati*, 1748, in-8.

— Dissertatio sistens analecta de tartaro. *Argentorati*, 1780, in-4.

— Dissertatio sistens commentarium de analysi urinæ et acido phosphoreo. *Argentorati*; 1781, in-4.

— Dissertatio sistens examen de compositione et usu argillæ. *Argentorati*, 1773, in-4.

— Dissertatio sistens experimenta circà naturam bilis. *Argentorati*, 1766, in-4.

— Dissertatio sistens historiam aëris factitii. *Argentorati*, 1776, in-4.

— Dissertatio sistens historiam et analysim fontis Rippolsaviensis. *Argentorati*, 1762, in-4.

— Examen acidi pinguis. *Argentorati*, 1769, in-4.

— Institutiones chemiæ prælectionibus academicis accomodatæ. *Argentorati*, 1763, 1766, in-8.

— Instituts de chimie, trad. du lat., par Ant.-Alex. CADET DE VAUX. *Paris*, *Vincent*, 1770, 2 vol. in-12.

— Institutiones materiæ medicæ. *Argentorati*, 1774, in-8; seu editio revisa. *Ibid.*, 1784, in-8, 6 fr.

— Kleine medicinische und chemische Schriften. *Leipzig*, 1786, in-8.

C'est un recueil de dissertations latines de Spielman, dont la plupart d'ailleurs ont été réunis, par Wittwer, dans son Delectus dissertationum medicarum argentoratensium (Nuremberg, 1777-81, 4 vol. in-8).

— Pharmacopœa generalis. *Argentorati*, *Treuttel*, 1783, gros vol. in-4, avec le portr. de l'auteur gravé par Guérin, 15 fr.

— Prodromus floræ Argentoratensis. *Argentorati*, *J.-G. Bauer*, 1766, in-8.

— Specimen de argillâ. *Argentorati*, 1765, in-4.

— Syllabus medicamentorum. *Argentorati*, *Treuttel*, 1778, in-8.

Les écrits de Spielman se font surtout remarquer par une érudition aussi étendue que bien digérée, et, sous ce rapport, ils ne sont pas sans intérêt pour celui qui s'occupe de l'histoire de la médecine. Ceux qui ont trait à la chimie étant écrits dans l'esprit de la doctrine de Stahl, ne peuvent être considérés que comme des monuments historiques, quoiqu'ils aient joui d'une grande vogue à l'époque de leur publication. On consulte encore avec fruit son traité de matière médicale, qui contient un assez grand nombre de faits curieux et d'observations intéressantes.

SPIELMANN (L.), procureur.

On lui doit une traduction allemande du Code civil, accompagnée de notes explicatives (1808, in-8).

SPIERS (A.), professeur d'anglais à l'école des ponts et chaussées et au collége Bourbon.

— Cours de thèmes pour servir d'application et de développement à la partie grammaticale de l'Étude raisonnée de la langue anglaise. *Paris*, *l'Auteur*; *Baudry*, 1834, in-12, 1 fr. 50 c.

— Englische sprachuebungen nach rationneller methode, von A. Spiers. Nach des zweiten ausgabe fur deuchschland's schuler bearbeitet von Heinrich BACHARACH. *Francfort am Mein*, 1834, in-12.

— Étude raisonnée de la lang. angl. *Paris*, *l'Auteur*; *Malre-Nyon*, 1832, in-12. — *Paris*, *l'Auteur*; *Baudry*, 1833, in-12, 3 fr. 50 c. Suite de l'Étude raisonnée de la langue anglaise, ou Seconde série de versions tirées des meilleurs auteurs anglais, et suivies de notes raisonnées qui en expliquent les principales difficultés. *Paris*, *l'Auteur*; *Baudry*; *Poilleux*, 1836, in-12, 2 fr. 50 c.

— Étude de la poésie anglaise, ou Choix des plus beaux morceaux des plus grands poëtes de la Grande-Bretagne, par ordre chronologique, depuis le XIIIe siècle jusqu'à nos jours; précédée d'un Traité de prosodie. *Paris*, *l'Auteur*; *Baudry*; *Poilleux*, 1835, in-12, 5 fr.

— Grammaire raisonnée de la langue anglaise, et cours de thèmes pour y servir d'application et de développement. *Paris*, *l'Auteur*; *Baudry*, 1834, in-12, 2 f. 50 c.

M. A. Spiers, de plus, a donné une édition de « The School for Scandal, de SHERIDAN (1836).

SPIESS, ci-devant prieur de St-Pierre-du-Bois.

— Un mot du plus ancien de tous les évan-

-giles à N.S.P. le Pape et à tous les prêtres, ou Lettres philosophiques sur le péché originel, dans lesquelles on démontre que l'Église romaine a appris aux hommes à blasphémer contre l'Être suprême, sous prétexte de croire en lui; à abrutir leur raison, sous prétexte de l'éclairer, et à fouler aux pieds les principes immuables de la morale, sous prétexte de l'embellir : ouvrage utile surtout aux prêtres qui ne comprennent pas encore assez que la hideuse absurdité de leur doctrine est découverte. *Paris, l'Auteur,* an II (1794), in-8 de 110 pag.

SPIESS (Christiern-Heinrich), romancier allemand contemporain.

— Auguste et Julie, ou les Suites déplorables d'une jalousie secrète, par SPIESS; suivi de Notre Fritz, par KOTZEBUE, traduits et imités de l'allemand par S***. *Paris, Sthal,* 1835; ou *Paris, Chassaignon,* 1837, in-18, avec une grav.

— * Benno d'Elzembourg, ou la Succession de Toscane; traduit de l'allemand de l'auteur d'Herman d'Una, par M. DUPERCHE. *Paris, Maison et Gervais,* an XIV (1806), 4 vol. in-12, 6 fr.

Le roman d'Herman d'Una a été souvent attribué au baron de Bock, tandis qu'il est de Benedict Naubert : c'est donc trois méprises pour une, en ce qui a rapport à Benno d'Elzembourg.

— * Chevaliers (les) du Lion, histoire du XIIe siècle; traduit de l'allemand. *Berlin, Duncker et Humblot,* 1806, 4 vol. pet. in-8, 6 fr.

— Chevaliers (les) du Lion, histoire puisée dans les annales du XIIIe siècle; trad. de l'allem. *Paris, Marchand,* 1805, 6 vol. in-12, 10 fr. 50 c.

— Esprits (les) de la montagne, ou Annette et Frédéric; histoire véritable, trad. de l'allem. par A. MALTIÈRE. *Paris, Rochette; Pigoreau,* an VII (1799), in-12, fig., 1 fr. 20 c.

— Petit (le) Pierre, ou les Aventures de Rodolphe de Westerbourg, trad. de l'allem. *Paris,* ...., 4 vol. in-12.

— *Le même roman, sous le titre de Petit-Pierre (traduit nouvellement de l'allemand, sur la 4e édition). *Paris, de l'imp. de Baudouin,* 1820, 2 vol. in-12, 6 fr.

— Pétrillon, ou le petit Bonhomme Pierre. Histoire de revenants; trad. de l'allem. *Vienne,* 1796, in-12.

— Revenant (le), ou les Quatre siècles, roman féerie; trad. de l'allem. par le baron L. de BILDERBECK. *Paris, A. Eymery,* 1821, 4 vol. in-12, 10 fr.

— Théodore, ou le petit Savoyard, trad. de l'allem. par le baron L. de BILDERBECK. *Paris, Deroy,* 1797, 2 vol. in-12 et 3 vol. in-18. — Autre édition, suivie de Jacques Leroux et sa fille. *Paris, A. Eymery,* 1822, 3 vol. in-18, fig., 5 fr.

Un épisode de la vie de Spiess lui a fourni le sujet de *Théodore.*

— Voyages dans la caverne du malheur et les repaires du désespoir, trad. de l'allem. par C.... L... SEVELINGES. *Paris, Maradan,* 1801, 2 vol. in-12 avec fig., 3 fr. 60 c.

— Willibald, ou les douze Vierges dormantes; trad. de l'allem. par le baron L. de BILDERBECK. *Paris, A. Eymery,* 1822, 4 vol. in-12, 10 fr.

Cinq *nouvelles* de Spiess, traduites en français, ont été insérées dans la nouvelle Bibliothèque des romans; elles sont intitulées; l'*Amant désespéré;* — *Charles et Catherine;* — *le Lieutenant K***;* — *le Pauvre Wenceslas;* — *la Princesse Sophie de ***.*

SPIESS (J.-B.). — Essai de recherches élémentaires sur les premiers principes de la raison. *Paris, Courcier* (* *Bachelier*), 1809, in-8, 4 fr.

SPIFAME (Raoul). Voy. (au Suppl.) AUVRAY.

SPIN (le marq. de). — Jardin (le) de Saint-Sébastien, avec des notes sur quelques plantes nouvelles ou peu connues (en latin et en français). *Turin, de l'imp. de Soffietti,* 1812, in-8 de 32 pag., avec 2 pl. — Nouv. édit. *Turin,* 1818, in-8.

SPINDLER, romancier allemand contemporain.

— Aventures d'un gentilhomme allemand, trad. par H. COLARD. *Paris, Dumont,* 1838, 2 vol. in-8, 15 fr.

— Bâtard (le), tableau des mœurs de l'Allemagne sous le règne de l'empereur Rodolphe II, traduit de l'allem. par J. COHEN. *Paris, Mame et Delaunay-Vallée,* 1828, 5 vol. in-12, 15 fr.

— Bluemlein Wunderhold, oder Abentheuer bei dem grossen Freischiessen zu Strasburg im jahre 1576; romantische Erzælung. *Strasburg, gedr. bey Levrault,* 1824, in-12 fig., 2 fr. 50 c.

— Danse (la) des esprits, trad. de l'allem. par le traducteur des Trois As, etc. (M. Ch. LEBRUY). *Paris, Lachapelle,* 1837, 2 vol. in-8, 15 fr.

— Galerie biographique des instituteurs de l'Allemagne qui se sont le plus distingués dans leur carrière. *Strasbourg, Levrault; Paris, Pitois,* 1835, in-12, 1 fr.

— Jésuite (le), traduit par Ch. LEBRUY.

Paris, Lachapelle, 1835, 2 vol. in-8, 15 f.
— Juif (le), tableau des mœurs de l'Allemagne pendant le xve siècle, traduit librement de l'angl. par J. Cohen. *Paris, Mame et Delaunay-Vallée*, 1828, 5 vol. in-12, 15 fr.
— Nonne (la) de Gnadenzell, traduit par Ch. Leduuy. *Paris, Dumont*, 1833, 2 vol. in-8, 15 fr.
— Soirées (les) de Dresde, traduites par M. Paquis. *Paris, Dumont*, 1834, 2 vol. in-8, 15 fr.
— Trois (les) As, par Spindler et W. Blumenhagen, trad. de l'allem. par Ch. Leduuy. *Paris, Lachapelle*, 1835, 2 vol. in-8, 15 fr.

Il existe en français la traduction d'un autre roman qui porte le nom de Spindler : c'est l'Élixir du diable, roman qui est de l'humoriste Hoffmann, mais dont le nom, n'étant pas connu au libraire-éditeur Mame, fut travesti par lui en celui de Spindler, que la traduction de deux ouvrages avait fait connaître en France dès l'année précédente.

SPINNAEL (P.-J.), avocat à la cour supérieure de justice à Bruxelles.
— Annotations critiques sur la doctrine de M. Toullier, dans son traité du Droit civil français, suivant l'ordre du Code ; recueillies sur les cinq premiers volumes, contenant la matière des 1er et 11e livres et les titres 1er et 2e du 3e livre du Code civil. *Gand, G. de Busscher, et Lille, Wanackère père*, 1824, in-8. — Annotations, etc., recueillies sur les volumes six à onze, contenant la matière du titre trois du 3e livre du Code civil. *Gand, Debusscher et fils ; et Lille, Wanackère père*, 1825, in-8, 3 fr. 50 c.
— Indication de quelques corrections essentielles à faire par forme de révision de rédaction dans plusieurs dispositions du Code civil des Pays-Bas, avant sa mise en vigueur. *Bruxelles, veuve Stapleaux*, 1828, in-8, 2 fl. 11 cens.

SPINOLA (Maximilien), naturaliste italien.
— Essai sur les genres d'insectes appartenant à l'ordre des hémiptères. Lin., ou Rhyngotes, Fab., et à la section des hétéroptères, Dufour. *Gênes, Yv. Gravier*, 1837, in-8 de 383 pag., avec cinq tableaux.
— * Faunnæ Læigori fragmenta. Authore M***** S*****. Decas prima. *Genuæ, typis Petri Cajetani Api*, anno 1805, mense novembri, in-8 de 21 pages, avec une pl.
— Insectorum Liguriæ species novæ aut rariores, quas in agro Ligustico nuper detexit, descripsit, et iconibus illustravit Max. Spinola, adjecto catalogo specierum auctoribus jam enumeratorum, quæ in eadem regione passim occurrunt. *Genuæ, Yv. Gravier, et Paris.*, 1806-08, 2 vol. in-4, 18 fr.

Nous connaissons en français de ce savant les trois Mémoires suivants imprimés dans les Annales du Muséum d'histoire naturelle : Mémoire sur les mœurs de la *Cératine albilabre* (tom. X, 1807) ; — Lettre sur quelques poissons peu connus du golfe de Gênes, avec une pl. (id., id.) ; — Essai d'une nouvelle classification des Diplolépaires (t. XVII, 1811).

SPITTLER. — Histoire de la révolution en Danemark, en 1660, par laquelle l'autorité monarchique devint illimitée en ce pays, et la couronne héréditaire, d'élective qu'elle était auparavant ; trad. de l'allem., par F. Artaud-Soulange. *Metz, Collignon ; et Paris, madame Richard*, 1804, in-12, 1 fr. 80 c.

SPITZ (Franc.-Xav.). — Positiones de cessione bonorum. *Argentorati*, 1785, in-4.

SPITZ, alors professeur de mathématiques transcendantes au lycée de Nancy.
— Traité élémentaire d'arithmétique. Sec. édit. 1805, in-8.

SPITZ (E.-H.). — Wallfahrt nach Jerusalem und auf den berg Sinaï; aus d. franz. (1837). Siehe Geramb.

SPITZER (J.). — Commentatio de hydrope. *Parisiis, Gabon*, 1829, in-8 de 66 pages, 1 fr. 50 c.
— Fascicules d'observations médicales et d'opérations chirurgicales. *Paris, Gabon*, 1829, in-8 de 34 pag. et une pl., 1 fr. 50 c.

SPOERLIN (Jean), pasteur à Mulhause.
— Discours prononcé lors de l'enterrement de M. Jean Meyer, le 23 février 1826. *Mulhausen, de l'impr. de Risler*, 1826, in-8 de 16 pag.
— Discours (en allemand) prononcé à l'occasion de l'enterrement d'Édouard et de Marie-Louise-Caroline Koechlin, le 3 fév. 1829. *Mulhausen, de l'impr. de Risler*, 1829, in-8 de 16 pag.
— Méditations sur la tombe de dame Mélanie Zuber, en allemand.

Imprimées à la suite du Discours prononcé par M. Graf (1831). Voy. ce nom.

— Vom vertrauen auf Gott, etc. *Mulhausen, gedr. bey Rissler*, 1819, in-8 de 16 pag.
— Worte gesprochen bei der beerdigung von jungfrau Julie Zuber, den 6 marz 1832. *Milhausen, gedr. bey d. frau Risler*, 1832, in-8 de 12 pag.

SPON (Jacob), antiquaire et médecin, doct. en médec. de la Faculté de Montpellier, membre du collége des médecins de Lyon, en 1675; compagnon de voyage de Vaillant, dans son voyage dans la Grèce et la Dalmatie; né à Lyon, en 1647, mort à Vevey ou à Zurich, le 25 décembre 1685.

— Abrégé de l'histoire de la ville de Lyon....

—Aphorismi novi, ex Hypocratis operibus collecti in suas quique classes digesti, græcè et latine, cum notis. *Lugduni, Anisson*, 1683, in-12.

—Correspondance entre le père La Chaise, jésuite, confesseur de Louis XIV, et Jacob Spon. (Nouv. édit.). *Paris, Servier*, 1827, in-12 de 24 pag.

— Discours sur une pièce curieuse du cabinet de J. Spon. *Lyon*, 1674, in-8.

— Histoire de la ville et de l'état de Genève, depuis sa fondation jusqu'à présent. *Lyon, Amaulry*, 1680, ou 1682, 2 vol. in-12. — IIIe édition, revue. *Utrecht, Fr. Halma*, 1685, in-12.

— Histoire de Genève, par Spon, rectifiée et augmentée par d'amples notes, avec les actes et autres pièces servant de preuves à cette histoire (par Abauzit et Gautier). *Genève, Barillot*, 1730, 2 vol. in-4 avec cartes, ou 4 vol. in-12.

— Ignotorum atque obscurorum quorumdam deorum aræ, editæ et illustræ. *Lugduni, Jac. Facton*, 1677, in-8.

Réimpr. dans le tome VII du Thesauri Antiquit. Græcarum Gronovii.

— * Lettre au P. La Chaise, sur l'antiquité de la véritable religion. *Lyon*, 1678, in-8; *Lausanne*, 1681, in-12.

Cette Lettre a encore été réimprimée en 1682 avec la Politique du clergé.

— Lettre touchant les Remarques d'un anonyme sur la précédente Lettre. *Cologne*, 1683, in-12.

— Miscellanea eruditæ antiquitatis, in quibus Marmora, statuæ musiva, toreumata, gemmæ, numismata, Grutero, Ursino, Boissardo, Reinesio, aliisque antiquorum monumentorum collectoribus ignota, et huc usque inedita referuntur ac illustrantur. *Lugduni, Amaulry*, 1685, in-fol.

— * Origine (de l') des étrennes, discours historique et moral, par J. S. D. M. *Lyon*, 1674, in-12.

— Le même écrit, sous ce titre : De l'Origine des étrennes (édition publiée par l'abbé Rive). *Paris, Didot l'aîné, et Debure*, 1781, in-18.

L'abbé Rive a joint à cette édition : le Manteau de sapience, des pièces détachées et l'Apothéose moderne.

— Le même écrit, sous ce titre : Dissertation sur l'origine des étrennes par Jacob Spon; nouvelle édition avec des notes par M*** (Breghot du Lut), des académies de Lyon, Dijon, etc. *Lyon, de l'imp. de Barret*, 1828, in-8 de 28 pag.

— Observatio de origine strenarum. *Lugduni Batavorum*, 1701, in-fol.

Version imprimée dans le tome IX du Thesauri antiquit. Græcar. Gronovii.

— Observations sur les fièvres et les fébrifuges. *Lyon*, 1681, et 1684, in-12.

— Recherches curieuses d'antiquités contenues en plusieurs dissertations sur les médailles, bas-reliefs, statues, mosaïques et inscriptions antiques; avec figures. *Lyon, Amaulry*, 1683, in-4, fig.

On y lit une dissertation qui tend à prouver qu'il n'est pas vrai que la médecine ne fut exercée à Rome que par des esclaves, et que les médecins en aient jamais été bannis.

— * Recherches des antiquités et curiosités de la ville de Lyon, avec un Mémoire des principaux antiquaires et curieux d'Europe. *Lyon*, 1676, in-8.

— Relation de l'estat présent de la ville d'Athènes, et un abrégé de son histoire et de ses antiquités. *Lyon, L. Pascal*, 1674, in-12.

— * Réponse à la critique publiée par M. Guillet sur le Voyage de Grèce de Jacob Spon, et quatre Lettres sur le même sujet. *Lyon, A. Cellier*, 1679, in-12.

— Supplementum ad Meursii librum de populis et pagis Atticæ. *Lugd. Batavorum*, 1699, in-fol.

— * Usage (de l') du caphé, du thé et du chocolate. *Lyon, Jean Girin*, 1671, in-12.

Traduction d'un ouvrage latin que Spon publia d'abord sous le pseudonyme de Philippe-Silvestre Dufour, quoiqu'il en fut lui-même l'auteur. Ce qui concerne le café a été publié de nouveau et séparément avec des notes par J. Manget, sous ce titre : *Bevanda Asiatica, id est, physiologia pôtus caffé* (Lipziæ, 1705, in-4).

— Voyage d'Italie du sieur Huguetan, augm. et mis au jour par J. Spon. *Lyon*, 1681, in-12.

— Voyage d'Italie, de Dalmatie, de Grèce et du Levant, fait dans les années 1675 et 1676. *Lyon, Ant. Tellier*, 1677, 3 vol. in-12; — *La Haye*, 1680 et 1789, 2 vol. in-12; — *La Haye*, 1724, 2 vol. in-12.

On cite encore de Spon les ouvrages suivants : Observatio circa aquam Rhodani; —. Observatio Polypirenia; — Supplementum Gruterianum; — Voyage d'Italie et de France; — traduction du Voyage du Congo.

Jac. Spon a donné une nouvelle édition du Traité des melons, par Jacq. Pons, retouchée par l'éditeur (Lyon, Cellier, 1680, in-12); l'originale est de Lyon, 1583, in-8.

SPON (le baron J.-Fr. de), secrétaire de Mgr. de Kinglin, prêteur royal à Strasbourg.

—*État de l'Empire d'Allemagne, par Sam. de Puffendorff, ensemble la capitulation et la pragmatique sanction de l'empereur Charles VI; trad. en français, avec des notes historiques et politiques (1728). Voy. Puffendorf.

— *Mémoires pour servir à l'histoire de l'Europe, depuis 1740 jusqu'à la paix d'Aix-la-Chapelle en 1748. *Amsterdam*, 1749, 3 vol. in-12.

On trouve quelques exemplaires reliés en 4 vol. d'autres portent la date de 1752. (*Barb.*)

SPONVILLE (P.-J.-J.). —*Philosophie (la) du Ruvarebohni (vrai bonheur), pays dont la découverte semble d'un grand intérêt pour l'Homme, ou Récit dialogué, par feu P.-J.-J. S*** et Nicolas Bugnet. (Vers 1805), 2 vol. in-12.

SPRENGEL (Kurt), médecin et botaniste allemand, professeur à l'université de Halle et directeur du jardin de botanique de la même ville; né en août 1766, mort le 15 mars 1833.

— Essai d'une histoire pragmatique de la médecine, trad. de l'allem. par Ch. Fréd. Geiger. *Paris, de l'imp. impér.*, 1809-10, 2 vol. in-8.

C'est une première traduction de l'ouvrage suivant, mais qui n'a pas été terminée.

Pour un Examen de la partie botanique de cet ouvrage, voy. J.-J. Paulet.

— Histoire de la médecine, depuis son origine jusqu'au dix-neuvième siècle, avec l'histoire des principales opérations chirurgicales et une table générale des matières; traduit de l'allemand, par A.-J.-L. Jourdan, et revu par E.-F. M. Bosquillon. *Paris, Béchet jeune (*J.-B. Baillière)*, 1815-20, 9 vol. in-8, 40 fr.

Les tomes VIII et IX (que l'on peut se procurer séparément) sont traduits de Wilhelm Sprengel, fils de Kurt: c'est un avertissement placé au verso du titre du tome VIII qui donne cette indication.

M. Jourdan a joint à sa traduction une table analytique des matières très-bien faite, et qui ajoute beaucoup à l'utilité de l'ouvrage.

« Dans ce vaste tableau des révolutions et des progrès de la médecine, Sprengel nous la montre tour à tour religieuse chez les Égyptiens, les Indous, les Israélites, les Grecs, les Romains, les Scythes et les Celtes; symptomatique sous Hippocrate; empirique, dogmatique, méthodique, pneumatique, électrique, sous ses successeurs; humorale sous Galien; grammaticale au seizième siècle, et spagyrique sous Paracelse; il retrace, d'un pinceau rapide, les grands travaux des fondateurs de l'anatomie, les ridicules idées des médecins mystiques, l'archéisme de Van-Helmont, les rêveries de Descartes, l'iatrochimie de Sylvius, les vains calculs des médecins mathématiciens, l'animisme de Stahl, le solidisme mécanique d'Hoffmann, l'irritabilité de Haller, les écoles empiriques des derniers siècles, le brownisme, les progrès de l'anatomie pathologique, l'inoculation et la thaumaturgie médicale; enfin l'exposé des travaux de tous les Européens sur l'anatomie, la physiologie, la pathologie, la thérapeutique et la matière médicale, la chirurgie et les accouchements, la médecine publique et la médecine populaire jusqu'en 1800, ainsi que le résumé historique des tentatives faites jusqu'en 1819 pour perfectionner les procédés opératoires, complètent le tableau de l'immense entreprise que Kurt Sprengel et Guillaume son fils sont parvenus à terminer, au grand avantage des médecins studieux qui manquaient d'un guide éclairé dans le cours de leurs études laborieuses. » (*Journal universel des Sciences méd.*, t. XXIII, août 1821).

« L'*Histoire de la médecine* est un livre bon à consulter, mais il aurait besoin de beaucoup plus de developpements pour servir de guide aux personnes peu versées dans l'histoire de la médecine. La partie ancienne est très-supérieure à celle des époques plus rapprochées de nous, et l'auteur a le tort grave de prononcer trop souvent d'un ton dogmatique sur des questions douteuses: il lui arrive parfois de regarder comme preuve ce qui est maintenant faux, et *vice versâ*. L'auteur y fait preuve d'une grande érudition: il est peu d'ouvrages allemands, anglais, français et italiens de quelque importance dont il ne fasse mention. Sous ce rapport, son travail est d'un grand secours pour ceux qui se livrent à des recherches historiques sur les progrès de la médecine. Cette histoire est conduite jusqu'en 1760. Dans la traduction française on a ajouté un appendice. ».

(*Biogr. univ. et port. des comtemp.*).

SPROIT (J.). — Lettres d'un réformateur sur les établissements charitables de la ville de Lille, leurs fondations, leur administration intérieure. *Lille, de l'impr. de Blocquel*, 1833, in-8 de 50 pag., 1 fr.

Ces Lettres se vendaient au profit des élèves indigents des écoles communales, sans distraction des frais d'impression.

SPRUYT (H.). —Introduction à la dialectique légale, ou Exposition sommaire des principaux arguments admis en jurisprudence. *Bruxelles, Rampelberg*, 1814, in-12, 2 fr.

SPURZHEIM (le docteur Gaspard), docteur en médecine de la faculté de Paris, ami et associé aux travaux du docteur Gall, naquit à Longvich, près de Trèves, le 31 décembre 1776, étudia la médecine à Vienne, et partit en 1805 de cette ville avec son illustre maître pour parcourir l'Allemagne. A Paris, où ils se rendirent ensuite, ils commencèrent la publication de leur grand ouvrage: « Anatomie et physiologie du système nerveux, etc. ». Spurzheim se sépara de Gall en 1813, visita l'Angleterre, l'Irlande et l'Écosse, où partout ses leçons sur la phrénologie trouvèrent de nombreux auditeurs. Il publia à Londres plusieurs ouvrages en anglais. De retour à Paris en 1817, il publia des traductions de quelques-uns des livres qu'il avait fait imprimer en Angleterre, et ses ouvrages sur l'anatomie, la physiologie et la pathologie du cerveau. Spurzheim, qui avait été reçu docteur en médecine par la faculté de Paris, en 1821, passa plus tard en Amérique. Il y avait peu de temps qu'il y était et qu'il professait à Boston avec le plus grand succès les doctrines de l'école de Gall, lorsqu'il mourut du typhus, le 10 novembre 1832. Nous avons de Spurzheim les ouvrages suivants :

— Anatomie et physiologie du système nerveux en général et du cerveau en particulier, avec des Observations sur la possibilité de reconnaître plusieurs dispositions intellectuelles et morales de l'homme et des animaux par la configuration de leurs têtes. *Paris, F. Schœll; — Maze*, 1810-20, 4 vol. in-4 et atlas in-fol. de 100 planches, 480 fr.; ou 5 vol. in-fol., dont un de pl., 960 fr.

Avec le docteur F.-J. Gall.

Cet ouvrage a été publié par livraison composée d'un demi-volume et d'une partie de planches. Le prix de chacune de ces livraisons était dans l'origine de 120 fr., format in-fol., et de 60 fr. pour l'in-4.

Il avait été commencé concurremment une édition allemande, in-8, avec Atlas in-folio; mais il n'a paru de cette dernière que le tome Ier, prem. et seconde parties, avec 17 planches (Strasb., 1809).

Le docteur ADELON (voy. ce nom) a publié, en 1808, une Analyse de cet ouvrage.

— Le même ouvrage (seconde édition), sous ce titre : Sur les fonctions du cerveau, et sur chacune de ses parties, avec des Observations sur la possibilité de reconnaître les instincts, les penchants, les talents, ou les dispositions morales et intellectuelles des hommes et des animaux par la configuration de leur cerveau et de leur tête. *Paris, l'Auteur* (* *Baillière*), 1822-1825, 6 vol. in-8, 42 fr.

Voy. ce que nous avons dit sur cette seconde édition à l'article de GALL, principal auteur de cet ouvrage.

—

— Cerveau (du) sous le rapport anatomique. *Paris*, 1821.

Thèse de l'auteur pour son doctorat.

—

— Dispositions (des) innées de l'âme et de l'esprit, du matérialisme, du fatalisme et de la liberté morale, avec des Réflexions sur l'éducation et sur la législation criminelle. *Paris, F. Schœll*, 1812, in-8, 6 fr.

Avec le docteur Gall.

Ce volume, disent les auteurs dans leur préface, n'est que l'impression séparée des trois premières sections du second volume de notre grand ouvrage intitulé : Anatomie et physiologie du système nerveux, etc.

—

— Essai philosophique sur la nature morale et intellectuelle de l'Homme. *Paris, et Londres, Treuttel et Wurtz*, 1820, in-8, 4 fr.

— Sketch of the natural laws of Man. *London*, ..., pet. in-8.

—

— Essai sur les principes élémentaires de l'éducation. *Paris, et Londres, Treuttel et Wurtz*, 1822, in-8, 3 fr. 60 c.

— Elementary principles of education. The sec. edit. *London*, 1828, in-8.

—

— Manuel de phrénologie. *Paris, de l'imp. de Porthmann*, 1832, in-12 de 72 pag. et une lithogr.

—

— Observations on deranged manifestation of the mind. *London*, 1817, gr. in-8.

—

— Observations sur la folie, ou sur les dérangements des fonctions morales et intellectuelles de l'Homme. *Paris, et Londres, Treuttel et Wurtz*, 1818, in-8, avec 2 pl., 5 fr.

— Observations on Insanity. *London, Baldwin*, ..., in-8, 7 shell.

—

— Outlines of phrenology, being also a manual reference for the marked busts. *London, Treuttel*, 1829, in-12, 8 shell.

— Précis de phrænologie, contenant l'explication du buste. *Paris, M. Lebreton, rue du Coq-S.-Honoré, n°.* 1, 1825, in-12 de 72 pag., avec le buste en plâtre, 5 fr.

—

— Philosophical principles of phrenology. IIIth edit. *London*, ..., in-8.

—

— Phrenology or Doctrine of the mind. IIIth edit. *London, Treuttel*, ..., in-8, 16 shell.

— Observations sur la phrænologie, ou la Connaissance de l'Homme moral et intellectuel, fondée sur les fonctions du système nerveux. *Paris, et Londres, Treuttel et Wurtz*, 1818, in-8, avec 2 grav., 6 fr.

—

— Phrenology in connexion with the study of physiognomy. *London, Treuttel*, 1826, gr. in-8, avec 34 pl., 1 L. 2 shell.

—

—Physiognomical Systeme. *London, Baldwin*, ..., in-8, 1 L. 10 shell.

— Recherches sur le système nerveux en général, et sur celui du cerveau en particulier; mémoire présenté à l'Institut de France, le 14 mars 1808; suivi d'Observations sur le rapport qui en a été fait à cette compagnie par ses commissaires. *Paris, Haussmann*, 1809, in-4, avec planches, 15 fr., et sur pap. vélin, 20 fr.

Avec le docteur Gall.

— Le même ouvrage en allemand. *Strasbourg*, 1809, in-8 avec 3 pl., 8 fr.

— Anatomy of the Brain. *London*, 1826, in-8, 14 shell.—Appendix to the Anatomy of the Brain. *Paris, Treuttel and Wurtz; London, Richter*, 1830, in-8 de 32 pag. et 6 pl.

Le doct. Spurzheim, en outre, a fourni des articles au Dictionnaire des sciences médicales.

SQUIRE (Jane). — Proposition pour la découverte de notre longitude, en angl. et en franç. *Londres*, 1742, in-4.

SQUIRE (Samuel). — Indifférence (l') inexcusable en matière de religion; trad. de l'angl. par Abrah. P. BOBINEAU. *La Haye*, 1767, in-8.

SQUIRE (Thomas) — * Astronomie (l') enseignée en vingt-deux leçons, ou les Merveilles des cieux expliquées sans le secours des mathématiques; ouvrage trad. de l'angl. sur la 13e édit., par M. C. (Ph. COULIER), anc. élève de Delambre. IVe édition, revue, corr. et augm. d'Observations extraites des ouvrages allemands de Schubert, de Schrœter, de Fries, etc. *Paris, Audin; Urbain Canel*, 1825, in-12 avec 6 figures et un tableau, 7 fr.

La première édition de cette traduction est de 1823: la troisième, publiée en 1824, contient déjà les Observations qui font partie de la quatrième.

— Le même ouvrage, sous ce titre: Beautés et Merveilles du ciel, ou Cours d'astronomie en 24 leçons, mis à la portée de la jeunesse; trad. de l'angl. sur l'édit. de 1823, par un astronome franç. (M. Ph. COULIER). *Paris, A. Eymery*, 1824, in-12 orné de 14 planches, et d'une carte polaire.

Il y a des exemplaires de cette traduction qui portent pour titre: Merveilles des cieux, ou Cours d'astronomie, mis à la portée de la jeunesse, orné de 14 planches et d'une carte polaire; trad. de l'angl. sur l'édit. de 1823, par un astronome français. Paris, A. Eymery, 1825, in-12.

SQUIRREL (R.). — Observations sur l'inoculation variolique, tendant à prouver qu'elle est plus salutaire que la vaccination, trad. de l'angl. par M. DEPPING.

Imprimées dans un recueil sur le même sujet, intitulé: « la Vaccine combattue dans le pays où elle a pris naissance », publié par M. Depping, 1 vol. in-8.

STA (A.).—Rapporteur (le) pour 1833. Macédoine historique, chronologique, patriotique, aristocratique, philosophique, critique, amphigourique et prophétique, accompagnée d'un coup d'œil sur l'esprit des journaux, les facéties, rapsodies, naïvetés et puérilités anarchiques et monarchiques de la révolution de 1830; suivi de l'indication, par arrondissement, des principaux établissements d'utilité publique et particulière de la capitale, publié par A. Sta et Compagnie. *Paris, rue de l'Anglade, 5; Hautcœur-Martinet*, 1833, in-12.

STAAL (mademoiselle Marguerite-Jeanne CORDIER DELAUNAY, plus tard comtesse de), femme bel esprit, fut tour à tour femme de chambre, factotum et dame d'honneur de la duchesse du Maine, qui lui fit épouser M. de Staal, lieutenant aux gardes suisses, et depuis capitaine et maréchal de camp; née à Paris, vers 1693, morte au mois de juin 1750.

—Mémoires de Mad. de Staal (depuis 1715 jusqu'en 1720), écrits par elle-même. *Londres (Paris)*, 1755, 4 vol. in-12; — ou *Amsterdam*, 1756, 3 vol. in-12.

Ces Mémoires ont été imprimés après la mort de leur auteur. On y ajouta, en 1755, un 4e volume qui contient deux comédies en trois actes et en prose, dont l'une intitulé: l'*Engouement*, et l'autre, *la Mode*. Elles avaient été jouées à Sceaux. La dernière a aussi été représentée aux Italiens en 1761, sous le titre des *Ridicules du jour*.

«Ces *Mémoires* sont écrits avec autant d'agrément que de finesse. On y trouve de l'élégance et de la simplicité, de l'esprit et du naturel. En lisant mad. de Staal, on fait un cours de morale pratique: car il y a de temps en temps des aperçus du cœur humain qui montrent une femme accoutumée à regarder de près et les autres et elle-même. Quant à ses comédies, le dialogue en est vif et spirituel».

— Les mêmes. 1783, 2 vol. in-12.

— Les mêmes. *Londres, Cazin*, 1787, 3 vol. in-18.

— Les mêmes. *Paris, Lebègue*, 1821, 2 vol. in-12.

Mauvaise édition, très-incorrecte, qui fait partie d'une « Bibliothèque d'une maison de campagne».

— Les mêmes. *Paris, Colnet*, 1821, 2 vol. in-18, 3 fr. 50 c.

Cette édition fait aussi partie d'une collection intitulée: «Collection des Mémoires historiques des dames françaises».

— Recueil des Lettres de mademoiselle Delaunay au chevalier Du Ménil, au marquis de Silly et à M. D'Héricourt, auxquelles on a joint celles de Chaulieu à cette dame. *Paris*, *Bernard*, 1801, 2 vol. in-12, avec le portr. de la duchesse du Maine, 5 fr.

Ces lettres font suite aux *Mémoires de madame de Staal*, édition de 1783, 2 vol. in-12.

Ces Lettres sont au nombre des modèles du genre épistolaire. On remarque dans celles au chevalier Du Ménil cet heureux abandon qui plait sans le vouloir et sans le savoir. Les lettres adressées au marquis de Silly et à M. d'Héricourt inspirent beaucoup d'intérêt. Le portrait de madame du Maine annonce que Mad. de Staal avait le talent de la Bruyère ». (Mad. Briquet, Dict. hist. et littér. des Françaises.)

Madame de Staal a eu beaucoup de part au recueil intitulé : « Amusements de Sceaux». *La Naissance du Quolibet* et son *Épigramme sur un grimacier* ont été insérées dans divers recueils.

— OEuvres de madame de Staal. *Londres* (*Paris*, *Rozet*), 1767, 3 vol. in-12.

— OEuvres complètes de madame de Staal. *Paris*, 1783, 2 vol. in-12.

— OEuvres de madame de Staal (mademoiselle Delaunay). *Paris*, *A.-A. Renouard*, 1821, 2 vol. in-8, 13 fr. 50 c., et sur pap. vélin, 25 fr.

M. le baron A.-M. Rœderer a pris un épisode de la vie de madame de Staal pour sujet d'une pièce qui a été imprimée sous le titre de « Mademoiselle Delaunay à la Bastille, comédie historique en un acte. 1720 ».

STABEURATH (J.-A. de). — Zémire et Naïs, esquisse romantique. (En vers.) *Paris, Charles-Béchet*, 1826, in-8 de 12 pag.

STABEURATH (Ch. de). — * Actrice (l'), comédie en un acte et en vers. *Rouen*, *F. Baudry*, 1836, in-8.

STACE (Publius-Papinus Statius), poëte épique latin; né vers 796 de Rome (43 ans depuis J.-C.), mort vers l'an de Rome 849.

—Achilléide (l'), imitation en vers du poëme latin de Stace, par Cournand. An VII (1799), in-12.

— Achilléide (l') et les Sylves, traduites en français par P.-C. Cormiliole, de la Société libre des sciences, lettres et arts de Paris, et traducteur de la Thébaïde, du même auteur. *Paris*, *Demoraine*, an X (1802), 2 vol. in-12. — Deuxième édition, augmentée de la version du Panégyrique à Calpurnius Pison, avec le texte. *Paris*, *le même*, 1805, 2 vol. in-12, 4 fr.

M. Cormiliole démontre dans un discours préliminaire que le Panégyrique à Calpurnius Pison, d'abord attribué à Ovide, et ensuite à Lucain, ne peut être l'ouvrage de ces deux poëtes. Il prouve d'une manière victorieuse, et par des raisons tirées du Panégyrique même, que Stace en est véritablement l'auteur.

L'édition de 1805 de cette traduction est la même que celle de 1803; dans les exemplaires qui portent : *Seconde édition*, on a ajouté 40 pages qui contiennent le Panégyrique.

— Sylves (les) (poëme en V livres), trad. en franç. d'après les corrections de J. Markland, avec le texte latin en regard et des notes historiques. Par S. (Souquet) Delatour. *Paris*, 1804, in-8, 5 fr.

On a fait pour cette traduction un nouveau frontispice portant le nom de Colnet, comme vendeur, et la date de 1825.

— Thébaïde (la), poëme (en XII livres), traduction nouvelle par l'abbé Cormiliole. *Paris*, *Hardouin*, 1783, 3 vol. in-12.

— Publii Papinii Statii opera. *Parisiis*, *Barbou*, ..., in-12; seu *Paris.*, *Aug. Delalain*, 1820, in-12, 5 fr.

— Opera ad optimas editiones collata, studio societatis Bipontinæ. *Biponti* (* *Argentorati*, *et Parisiis*, *Treuttel et Wurtz*), 1785, in-8, 2 fr. 50 c., et sur pap. collé, 3 fr.

— Opera quæ extant, cum varietate lectionum et selectis Marklandi aliorumque notis quibus suas addiderunt J.-A. Amar et N.-E. Lemaire. *Parisiis*, *N.-E. Lemaire*, 1825 et seq. ann., 4 vol. in-8, 57 fr. 50 c.

Édition qui fait partie de la Bibliotheca classica latina, publ. par N.-E. Lemaire.

— Opera quæ extant, cum notis aliorum et suis edidit F. Dubner. *Parisiis, Panckoucke*, 1835-36, 2 vol. in-8, 8 fr.

Cette édition fait partie de la Nova scriptorum latinarum Bibliotheca, publiée par le même libraire.

— OEuvres de Stace. Traduction nouvelle, par P.-M. Cormiliole. Sec. édition, rev. et corrigée par l'auteur, avec le texte en regard. *Paris, Delalain*, 1820, 5 vol. in-12, 25 fr.

Cette traduction renferme : une Notice sur la vie de Stace; la Préface de la première édition de la Thébaïde; le poëme de la *Thébaïde*; des imitations de Stace, par R. Garnier et Rotrou; le poëme de l'*Achilléide*, précédé d'un discours préliminaire; *les Sylves*, précédés d'un discours préliminaire, et le Panégyrique à Calpurnius, poëme attribué d'abord à Ovide, ensuite à Lucain et restitué à Stace, précédé aussi d'un discours préliminaire.

On peut se procurer séparément de cette édition : 1° la traduction seule, formant 2 volumes, 6 fr.; — l'Achilléide, lat.-franç., 1 vol., 2 fr.; — 3° les Sylves, lat.-franç., 1 vol., 3 fr.

— OEuvres complètes de Stace, traduction nouvelle (par MM. Rinn, Achaintre et Boudeville) (avec le texte en regard). *Paris, Panckoucke*, 1829 et ann. suiv., 4 vol. in-8, 28 fr.

Cette traduction fait partie de la Bibliothèque latine française, publiée par le même libraire.

STACKELBERG (le baron O.-M. de), archéologue; mort vers la fin de 1836.

— Grèce (la). Vues pittoresques et topographiques, dess. par le baron de Stackelberg (avec un texte explicatif). *Paris, J.-F. Osterwald; Rittner; Chaillou-Potrelle*, (* *Schroth*), 1827-38, 2 vol. in-fol. de 129 pl. et vignettes lithogr., et d'une carte topogr. tirés sur pap. vél. Prix sur pap. blanc, 324 fr.; et sur pap. de Chine, 450 fr.

Ces deux volumes ont été publiés en quatorze livraisons, chacune composée de lithographies d'inégales grandeurs (petites et grandes) et accompag. du texte corresp., de vign. Chaque livr. a coûté 15 fr. par souscription. Cinquante exemplaires choisis, numérotés et signés, ont été tirés sur papier de Chine, et la livraison de ces derniers coûtait 20 fr.

Cet ouvrage est divisé en deux parties : la première comprend *le Péloponèse*, en 68 vues, dont 15 doubles et onze vignettes; la seconde comprend *la Grèce septentrionale*, en 61 vues, dont 12 doubles, et 11 vignettes.

Le texte traduit de l'allemand du baron de Stackelberg a été retouché par divers savants.

— * Quelques mots sur une diatribe anonyme (de M. Raoul-Rochette) intitulée : « De quelques voyages récents dans la Grèce, à l'occasion de l'expédition scientifique de la Morée », et insérée dans l'Universel des 6 janvier et 26 mars 1829. *Paris, Henri Féret*, 1829, in-8 de 23 pag. avec une vignette.

C'est une réponse aux articles de M. Raoul-Rochette, remplis de fiel et d'erreurs grossières, sur sept ouvrages récents sur la Grèce, et en particulier sur le jugement qu'il a porté sur celui que le baron de Stackelberg a publié lui-même en allemand, à Rome, en 1826, sous le titre : Der Appolotempel zu Bassæ, in Arcadien und die daselbst ausgegraben Bildwerke, in-fol. de 147 pag. in-fol, sur grand colombier, avec trente et une pl. et six vign.

Voyez à l'article de M. Raoul-Rochette les raisons que nous avons données pour attribuer cette critique à M. de Stackelberg et à M. Brondsted.

STACKOUSE (Thomas), théologien anglican.

— Sens (le) littéral de l'Écriture sainte défendu contre les principales objections des antiscripturaires et des incrédules modernes. Trad. de l'angl. (par Ch. Chais), avec une Dissertation du traducteur sur les démoniaques dont il est fait mention dans l'Évangile. *La Haye, H. Scheurleer*, 1738, 3 vol. in-8; ou 1741, 3 vol. in-12.

— Traité complet de théologie spéculative et pratique; trad. de l'anglais par J.-Fr. Boisot, pasteur. *Lausanne*, 1742, 5 vol. in-4.

STADLER (J.). — Notice sur le célèbre oculiste J. Forlenze. *Paris, Paulin*, 1833, in-8 de 32 pag.

STAEHLIN (J. de). — Alexis Michaelowitsch et Nathalie Narischkin, comédie en deux actes, traduite de l'allemand par Gustave III, roi de Suède.

Traduction imprimée dans le tome III des Œuvres de Gustave III.

— Anecdotes originales de Pierre-le-Grand, recueillies et dérobées à l'oubli, traduites de l'allem. (par Perraut et Richou). *Strasbourg, Treuttel*, 1787, in-8, 3 fr. 60 c., et sur pap. fin, 4 fr. 50 c.

STAEL-HOLSTEIN (Anne-Louise-Germaine Necker, baronne de), l'un des écrivains qui font le plus d'honneur à notre littérature; née à Paris, le 22 avril 1766, de l'ancien ministre de France Necker. Elle avait épousé en premières noces, en 1786, le baron de Staël-Holstein, ambassadeur de Suède en France, mort en 1802, et en secondes noces (vers la fin de 1810) M. Rocca, nom sous lequel elle ne fut jamais connue; elle est morte à Paris, le 14 juillet 1817.

MORALE ET PHILOSOPHIE.

— Influence (de l') des passions sur le bonheur des individus et des nations. *Lausanne, Mourer, et Paris*, 1796, in-8, ou 2 vol. in-12; — 1797, 2 vol. in-8; — *Paris, Maradan*, 1818, in-8, 5 fr. — Nouv. édit., rev. et corr. *Paris, Treuttel et Wurtz*, 1820, 1832, in-12, 3 fr.

— Influo (del) de las pasiones, sobre la felicitad de los individuos y naciones. *Paris, de la impr. de Smith*, 1827, 2 vol. in-18.

« *L'influence des passions sur le bonheur des individus et des sociétés civiles* offrait aux moralistes un beau sujet que madame de Staël a traité d'une manière brillante. Quoique divisé en trois sections, son ouvrage est peu susceptible d'analyse; mais il n'est pas difficile d'en faire sentir les qualités et même les défauts. Il y a beaucoup d'imagination dans le chapitre de l'amour, et plus encore dans celui de l'amitié. En voulant préserver des passions, madame Staël est passionnée dans son style, qu'il nous soit permis d'ajouter dans ses jugements. L'esprit de parti se laisse apercevoir en quelques passages, et surtout dans le chapitre où il s'agit de l'esprit de parti : on est faché d'y trouver des lignes étranges sur un *homme diversement célèbre*. C'est Condorcet dont il est question, et cette phrase équivoque n'est interprétée par aucun éloge. *Ses amis assurent*, si l'on en croit madame de Staël, *qu'il aurait écrit contre son opinion*. Voilà des amis bien perfides, ou, ce qui est plus exact, des ennemis bien injustes. Condorcet fut sans doute et restera diversement célèbre, puisqu'il était à la fois habile dans les mathématiques, profond dans les sciences morales et politiques, éclairé en littérature, écrivain distingué, philosophe illustre et grand citoyen; mais nul dans ses écrits ne se montra plus d'accord avec sa conscience et plus ouvertement fidèle aux immuables principes dont il a péri martyr. Il est bien vrai qu'il aimait les vertus, le génie, les opinions de Turgot; qu'il admirait son administration, et qu'il n'avait pas, à beaucoup près, les mêmes sentiments pour un ministre dont le nom n'est pas sans célébrité. A cet égard, les panégyriques exagérés peuvent convenir à l'amour filial; mais entre-t-il aussi dans ses droits d'inculper gravement et sans motif admissible un des premiers hommes du XVIIIe siècle? C'est ce que nous avons peine à croire. Après cette observation, que nous faisons à regret, mais qu'il fallait faire, nous n'examinerons point avec l'auteur si Newton a plus de juges que le véritable amour, ou s'il vaut mieux être Aménaïde que Voltaire. Nous aimons mieux passer aux éloges que mérite l'exécution de l'ouvrage : il n'y faut pas chercher des théories analytiques, un enchaînement rigoureux de principes et de conséquences; mais il présente, comme tous les écrits de madame de Staël, des tableaux riches et variés, le besoin et le talent d'émouvoir, des traits ingénieux, de la nouveauté dans les expressions, et surtout une extrême indépendance, soit dans la composition générale, soit dans le choix et la succession des idées, soit dans les formes du langage.» (Chénier, Tableau de la littér. franç.)

La partie qui devait traiter de *l'influence des passions sur le bonheur des nations* n'a jamais vu le jour.

A la fin du second volume de l'édition de 1818 on a ajouté les deux extraits donnés sur cet ouvrage par Fontanes, dans le « Mercure», en 1800.

— Littérature (de la) considérée dans ses rapports avec l'état moral et politique des nations. *Paris, de l'impr. de Crapelet. — Maradan*, an VIII (1800), 2 vol. in-8, 7 fr. 20 c. — Sec. édition, revue, corr. et augm. *Paris, Maradan*, an IX (1801), 2 vol. in-8, 7 fr. 20 c. — IIIe édition. *Paris, Maradan*, 1818, 2 vol. in-8, 10 fr. —Autre édition. *Paris, Treuttel et Wurtz*, 1820, un fort vol. in-12, 4 fr.

Bent, dans son London Catalogue, cite de mad. de Staël, un ouvrage sous le titre de *Vues de la littérature*, Londres, Colburn, 2 vol. pet. in-8. Il y a tout lieu de croire que c'est une réimpression de la *Littérature considérée, etc.*

— Litteratura (de la) considerada en sus relaciones con las institutiones sociales, traduccion castellana. *Paris, de la impr. de Pillet*, 1829, 3 vol. in-18.

Le titre seul de cet ouvr. annonce une importante conception. «Le style, dit Palissot, si l'on en excepte un petit nombre de traits où la recherche se fait sentir et nuit à la clarté, est toujours proportionné à la grandeur des objets que l'auteur traite; il est même une observation qui s'est constamment offerte à nous en lisant son ouvrage : c'est que si l'on faisait un recueil de pensées détachées qu'on pourrait en extraire et qui mériteraient d'être remarquées, aucun recueil de ce genre ne serait plus abondant et plus riche». Madame de Staël a adopté dans son ouvrage le système de la perfectibilité. Plusieurs philosophes ont soutenu cette opinion d'une manière générale. Madame de Staël est peut-être la première qui l'ait appliquée à la littérature. Horace (liv. 3, ode 6) prétend que les hommes vont en se détériorant; Fontenelle avance, dans ses Dialogues, que tous les siècles se ressemblent; Boufflers a montré de l'indécision sur le système de la perfectibilité; Fergusson, Kant, Turgot, Condorcet et Talleyrand-Périgord sont persuadés que la perfectibilité est l'apanage de l'homme. Quant aux critiques qu'on a faites de la *Littérature considérée dans ses rapports avec les institutions sociales*, ne pourrait-on pas dire avec Ch. Pougens : la haine et l'envie sèment au hasard, la paresse recueille, l'insouciance prononce; mais la postérité venge. Ch. Pougens a donné une nalyse raisonnée de l'ouvrage de madame de Staël, dans la Bibliothèque française, an IX, numéros 6, 8 et 10.

Il existe contre cet ouvrage les deux critiques suivantes :

Lettre à Fontanes, sur la seconde édition de l'ouvrage de mad. de Staël, par F.-A. Chateaubriand. Impr. dans le Mercure de France, tom. III (1801).

Réfutation d'un ouvrage ayant pour titre : De la Littérature, considérée dans ses rapports avec les institutions sociales, par madame de Staël-Holstein. Paris, les march. de nouv., an IX (1801), in-8 de 59 pag., 2 fr.

— Réflexions sur le suicide. *Londres*, 1813, in-8.— Nouv. édit., suivie de la Défense de la reine, publiée en août 1793, et de Lettres sur les écrits et le caractère de J.-J. Rousseau. *Paris, H. Nicolle; Mame*, 1814, in-8, 5 fr.

M. l'abbé M. N.-S. Guillon, aujourd'hui évêque de Maroc, a, dans ses Entretiens sur le suicide (Paris, 1802, in-18), refuté les principes de J.-J. Rousseau, de Montesquieu et de madame de Staël, en faveur du suicide.

POLITIQUE.

— * Réflexions sur la paix, adressées à M. Pitt et aux Français. *Genève, et Londres*, 1795, in-8.

Il existe une réponse à cet écrit, laquelle a paru sous ce titre :

Réflexions sur la guerre, en réponse aux « Réflexions sur la paix » (de madame Staël), adressées à M. Pitt et aux Français. (Par sir Francis d'Ivernois.) Londres, May, 1795, in-8.

—Sur le Système continental, et sur ses rapports avec la Suède. *Brunswick, Pluchart*, 1814, in-8, 2 fr.

Ce titre est celui d'un opuscule de Aug.-Guill. de Schlegel, imp. pour la première fois à Hambourg en 1813, et réimprimé depuis deux fois ailleurs. En donnant à madame de Staël un écrit sur le même sujet et sous le même titre, nous n'avons pas d'autre autorité que celle du libraire Pluchart, qui a porté cet écrit sur son catalogue, en nommant madame de Staël pour son auteur. Le libraire de Brunswick a-t-il été induit en erreur par un faux renseignement? Pourtant l'écrit de Schlegel n'a pas paru anonyme. Madame de Staël a-t-elle eu part à la brochure de Schlegel, où a-t-elle traité le même sujet que ce dernier? Voilà sur quoi nous ne pouvons rien prononcer.

LITTÉRATURE.

Théâtre.

—Essais dramatiques. (Ouvrage posthume.) *Paris, Treuttel et Wurtz*, 1821, in-8 et in-12.

Ce volume renferme sept productions dramatiques :

1° Agar dans le désert, scène lyrique;
2° Geneviève de Brabant, drame en trois actes;
3° La Sunamite, drame en trois actes;

4° Le capitaine Kernadec, ou Sept années en un jour, comédie en deux actes;
5° La signora Fantastici, proverbe dramatique;
6° Le Mannequin, proverbe dramatique en deux actes;
7° Sapho, drame en cinq actes.
Toutes ces pièces sont en prose.

— * Jane Gray, tragédie en cinq actes (et en vers, composée en 1787). *Paris, Desenne*, 1790, in-8.

Tirée à petit nombre.

— *Sophie, ou les Sentiments secrets, pièce en trois actes et en vers. 1786, in-8.

Tirée à petit nombre.

Romans.

— Corinne, ou l'Italie. *Paris, H. Nicolle*, 1807, 3 vol. in-12, 9 fr., et 2 vol. in-8, 12 fr.

Ce roman a obtenu jusqu'à ce jour une douzaine d'éditions.
II° édition.
III° édition. Paris, 1808, 3 vol. in-12.
IV° édition.
V° édition. Paris, 1813, 3 vol. in-12, 9 fr.
VI° édition. Paris, Nicolle, 1817, 3 vol. in-12, 9 fr.
VII° édition. Paris, le même, 1818, 3 vol. in-12.
VIII° édition. Paris, le même, 1818, 2 vol. in-8, 12 fr., et sur pap. vél., 24 fr.
Nouv. édit. Paris, Treuttel et Wurtz, 1820, 2 vol. in-8, 12 fr., ou 2 vol. in-12, 6 fr.
Nouv. édit., revue et corr. Paris, Ledentu; H. Nicolle, 1819, 4 vol. in-18, 6 fr.
Paris, Treuttel et Wurtz, 1831 et 1835, 2 vol. in-12, 6 fr.
Paris, Dauthereau, 1827, ou Paris, Ledentu, 1837, 6 vol. in-32, 7 fr. 50 c. Édition qui fait partie d'une « Collection des meilleurs romans français et étrangers ».
Genève, 1830, 2 vol. in-12.
Paris, Pougin, 1837, 4 vol. in-18, 2 fr. 40 c.
— Garnier frères, au Pal.-Roy, 1838, 2 vol. in-12.
— Hiard, 1838, in-8, 2 fr. 50 c.

Nous connaissons un ouvrage italien sur ce roman; il est intitulé:

Nuove Considerazione sulla Corinna di madama di Staël. Da Batoscat. Milano, 1828, in-12.

L'adjectif *nuove* qui fait partie de ce titre donnerait à penser qu'antérieurement à 1828 on avait déjà publié des Considérations sur le roman de mad. de Staël.

— Corinna, o Italia. Traduccida del frances. *Paris, Tournachon-Molin*, 1824, 4 vol. in-18.

— Corinna, o la Italia, nueva traduccion, enteramente conforme a la ultima edicion francesa. *Paris, Wincop*, 1829, 4 vol. in-32.

— Corinna, o la Italia. Traducido da setima ediçao por D.-F. de P.-P.-C. *Paris, de la impr. de Pillet*, 1836, 2 vol. in-12.

— Delphine. *Genève, Paschoud*, an x (1802), 4 vol. in-12.

Première édition de ce roman. Celles publiées depuis sont les suivantes:
Paris, Maradan, an XI (1803), 3 vol. en 6 part. in-12; ou 3 vol in-8.
III° édition. Paris, 1809, 6 vol. in-12.
IV° édition. Paris, H. Nicolle, 1818, 6 vol. in-12, 12 fr.
V° édition. Paris, le même, 1819, 3 vol. in-8, 18 fr.
VI° édition. Paris, le même, 1819, 6 vol. in-12, 12 fr.
Autre édition, rev. et corr. Paris, le même, 1819, 6 vol. in-18, 9 fr.

— Le même roman. Nouv. édit., revue et corr., terminée par un nouveau dénoûment, et précédée de réflexions sur le but moral de l'ouvrage. *Paris, Treuttel et Wurtz*, 1820, 3 vol. in-8, 18 fr., et 3 vol. in-12, 9 fr.

« Ce roman offre beaucoup d'idées fines ou profondes, mais on ne saurait admettre le principe qui lui sert de base. Corinne a moins de défauts que Delphine, plus de beautés, et des beautés d'un plus grand ordre ». (Chénier, Tableau de la littér. franç.)

« On a dit que madame de Staël avait voulu se peindre dans *Delphine*, et on le dit encore quand elle fit paraître *Corinne*; ces deux opinions se trouvent conciliées dans le mot d'une femme spirituelle qui a dit que *Corinne* est l'idéal de madame de Staël, et *Delphine* la réalité de ce qu'elle était dans sa jeunesse. Madame de Staël a complétement échoué dans les portraits qu'elle a voulu faire de l'Italie, de la France et de l'Angleterre, dans *Corinne* et dans *Delphine*. Corinne n'est point l'Italie, Oswald et Lucile ne sont point l'Angleterre, le comte d'Erfeuil et madame d'Arbigny ne sont pas la France ».

Ce roman a donné lieu à la publication de deux autres qui sont la contre-partie de celui de mad. de Staël.

1° Delphinette, ou le Mépris de l'opinion. Par J.-B. Dubois; dédié à mad. de Staël-Holstein. Paris, Bertrandet, an XII (1804), 3 vol. in-12.
2° Anti-Delphine. By Mist. Byron. London, 1806, 2 vol. in-12.

— Zulma et trois Nouvelles, précédées d'un Essai sur les fictions. *Londres*, 1813, in-8.

Les trois *nouvelles* sont: Mirza, Adélaïde et Théodore, et l'Histoire de Pauline.

Dans le tome XV des Œuvres de Necker, publ. de 1820 à 1821, on trouve une nouvelle intitulée: *Suites funestes d'une seule faute*. On reconnaît trop le pinceau d'une femme pour ne pas croire que cette nouvelle soit de madame de Staël plutôt que de son père.

Mélanges.

— Recueil de morceaux détachés. *Lausanne*, 1795, in-8. — Deuxième édit., rev. et augm. *Leipzig*, 1796, in-8.

HISTOIRE.

— Allemagne (l'). *Paris, Nicolle*, 1810, 3 vol. in-8, et 3 vol. in-12.

Première édition de ce livre fameux qui a été très-souvent réimprimé. Les autres éditions sont les suivantes:
Londres, Murray, 1813, 3 vol. in-8 (36 shel.). Contrefaçon.
Genève, 1814, 3 vol. in-12.
II° édition (française). Paris, Nicollé, 1814, 3 vol. in-8, 18 fr.
III° édition. Paris, le même, 1815, 3 vol. in-12, 9 fr.

IVe édition. Paris, le même, 1818, 4 vol. in-12 avec portr., 10 fr.

V^e édition. Paris, le même, 3 vol. in-8 avec portr, 18 fr.; ou 4 vol. in-12, 12 fr.

Autre édit, rev. et corr. Paris, Treuttel et Wurtz, 1820, 2 vol. in-8, 12 fr., et 2 vol. in-12, 6 fr.

La première édition, tirée à 10,000 exemplaires, fut saisie en entier et brûlée ou mise au pilon : il n'en est échappé que quelques exemplaires. Madame de Staël fit réimprimer son livre à Londres en 1814, 3 vol. in-8. Il le fût encore une fois à Genève, 1814, 3 vol. in-12, avant que la seconde édition française pût paraître.

— Le même ouvrage. Nouv. édit., précédée d'une Introduction par Ch. VILLERS, et enrichie du texte original des morceaux trad. *Leipzig, Brockaus*, 1814, et 1824, 4 vol. in-18, 16 fr.

Dans un article très-remarquable de M. R. O. Spazier, imprimé dans le premier numéro de la Revue du Nord (mars 1835, pag. 18), sur le « Vieux livre » de Louis Tieck et sur son auteur, M. Spazier a fait connaître les littérateurs qui composaient l'école romantique allemande à l'époque où madame de Staël composa son livre de l'Allemagne : ces littérateurs étaient d'abord Gœthe, que l'on regardait comme le chef; les coryphées étaient L. Tieck, les deux frères Schlegel, Gœrres, Brentano, Arnim, Novalis, H. de Kleist.

« Deux circonstances secondèrent principalement les efforts de ces poëtes. S'appuyant sur l'ancienne poésie allemande, ils semblaient être les écrivains les plus nationaux, les plus allemands, et ils l'étaient en effet. Ensuite ils eurent l'adresse de faire de Gœthe l'idéal de leurs principes. Gœthe lui-même s'y prit avec une politique plus habile encore. Il se laissa prôner, ériger en vrai Dalaïlama de la poésie, et acceptait, avec la meilleure grâce du monde, les commentaires de ses œuvres, qui les représentaient comme une sorte de microscome où tous les genres de beautés se retrouvaient. Il se tut cependant sur les théories, ne voulant se compromettre en aucune façon. Toutefois les productions de ces poëtes n'obtinrent pas assez d'ascendant pour faire revivre complétement l'ancienne poésie et les anciennes idées allemandes, dont le développement avait été entièrement arrêté par la réforme, par les divisions du peuple, par la guerre de trente ans, par l'étude des anciens classiques latins, enfin par tant d'influences étrangères qui réagissaient sur la nation divisée. La chaîne était brisée, et, portant l'empreinte de la rudesse de leur siècle, ces productions avaient toujours quelque chose de choquant pour les mœurs et les idées de l'époque moderne. Et même, en exposant leur théorie, ces hommes, à la fois poëtes et critiques, deux qualités qui s'excluent presque toujours, ne pouvaient être exempts d'une partialité qui les poussait sans cesse à des exagérations, à des injustices envers les hommes qui refusaient de reconnaître leurs principes. L'ouvrage remarquable de madame de Staël sur l'Allemagne a été écrit sous l'influence immédiate, presque sous la dictée de cette école; circonstance qu'il faudra souvent rappeler à l'attention des lecteurs français, en leur parlant de l'Allemagne ». (*Revue du Nord*, mars 1835, pag. 17 et 18).

Nous avons dit à l'art. d'Aug.-Guill. de Schlegel que ce littérateur pouvait revendiquer la plus grande partie de ce fameux livre, dans lequel on reconnaît une prévention étrangère. L'*Allemagne* est un ouvrage que les adeptes de l'école romantique ont préconisé en France, et dont on publia pourtant, presque aussitôt qu'il fût permis de le lire, d'assez vertes censures. Les principales qui parurent alors sont les suivantes :

1° Scrupules (les) littéraires de mad. la baronne de Staël, ou Réflexions sur quelques chapitres du livre de l'Allemagne. (Par M. Alex. SOUMET.) Paris, Delaunay, 1814, in-8 de 48 pag.

2° Deutsche Worte über die Ansichten der Frau von Staël von unsrer poet. litteratur, in ihren Wenke über Deutschland, von grafen von LOEBEN. Heidelberg, 1814.

3° Letters (four), addressed to sir James Mackintosh, upon the work of mad. de Staël, imprimées dans l'Edimburgh review, n° 44.

4° Critical (a) analysis of several striking and incongruous passages in mad. de Stael's work on Germany, with some historical accounts of that country. By a German. London, 1814, in-8.

5° Kritische auseinandersezung mehrerer Stellen in dem Buche der Frau v. Stael, über Deutschland, aus dem englische übers. von der Frau Esth. DOMEIR, mit einer Zueignungs-schrift an Herrn J. P. Richter, Hanover, 1814, in-8. Traduction du précédent ouvrage, avec une addition du traducteur.

6° Randzeichnungen zu dem Werke der Frau von Stael über Deutschland. Bremen, Heyse, 1815, in-8, 4 fr.

— Considérations sur les principaux événements de la révolution française. (Ouvrage posthume). Publié par MM. le duc de Broglie et le baron de Staël. *Paris, Delaunay*, 1818, 3 vol. in-8. — IIIe édit. *Paris, le même*, 1820, 3 vol. in-8, 18 fr. — Nouv. édition, rev. et corr. *Paris, Strasbourg, et Londres, Treuttel et Wurtz*, 1826, 3 vol. in-12, 9 fr.

La seconde édition a paru dans la même année que la première.

Cet ouvrage a encore donné lieu à la publication de plusieurs livres pour et contre, parmi lesquels nous citerons les suivants :

1° Sur l'œuvre posthume de mad. la baronne de Staël. Par le marquis de LA GROYE, chevalier de Saint-Louis. Paris, de l'impr. de Jeunehomme-Cremière, 1818, in-8 de 4 pag.

2° Examen critique de l'ouvrage posthume de madame de Staël, ayant pour titre : Considérations sur les principaux événements de la révolution française. Par J.-Ch. BAILLEUL. Paris, Ant. Bailleul, 1818, 2 vol. in-8. — Autre édition, avec des observations sur les Dix années d'exil, du même auteur, et sur Napoléon Bonaparte. Deuxième édit. Paris, Renard, et Delaunay, 1821, 2 vol. in-8.

3° Observations sur l'ouvrage de mad. la baronne de Staël, ayant pour titre : Considérations sur les principaux événements de la révolution française. Par M. de BONALD. Paris, Adr. Leclère, 1818, ou 1838, in-8.

4° Lettre à MM. les auteurs qui ont critiqué l'ouvrage posthume de madame de Staël, intitulé : Considérations sur les principaux événements de la révolution française. Par madame Louise DAURIAT. Paris, Mongie aîné, 1818, in-8 de 20 pag.

5° Observations sur l'ouvrage de madame la baronne Staël, intitulé : Considérations sur la révolution. Dédiées à S. A.-R. Monsieur, frère du roi. Par M. le vic. de MALEYSSIE. Paris, l'éditeur; Pichard, 1822, in-8 de 212 pag.

— Dix années d'exil. (Ouvrage posthume). *Paris, Treuttel et Wurtz*, 1821, in-8 et in-12.

Formant le tome XV des Œuvres de l'auteur, dans l'édition originale. M. J.-Ch. Bailleul a publié des Observations sur cet ouvrage à la suite de la seconde édition de son examen critique des Considérations sur les principaux événements de la révolution française par madame de Staël (voy. l'art. précédent).

— Éloge de M. Guibert....

Imprimé par fragments seulement dans la Correspondance de Grimm, et en 1821, en entier dans le tome XVII des OEuvres de l'auteur, de l'édition originale.

— Lettres sur les ouvrages et le caractère de J.-J. Rousseau. 1788, in-12.

Première édition de ce livre et qui n'a été tirée qu'à 20 exempl. environ. Ces *Lettres* furent réimprimées dès l'année suivante, in-8.

— Les mêmes Lettres. Nouv. édit., augm. d'une Lettre de madame la comtesse Alex. de Vassy (née de Girardin), et d'une réponse de madame la baronne de Staël. 1789, 1798, in-8. — Autre édition, revue et corr. *Paris*, *Treuttel et Wurtz*, 1820, pet. in-12, 1 fr. 20 c.

L'édition de 1820 est la réimpression de celle (avec une seconde préface) qui est jointe aux Réflexions sur le suicide, édition de 1814, in-8.

Cet ouvrage fut attaqué presqu'aussitôt que la réimpression de 1789 permit à tout le monde de le lire : la première critique qui parut fut la suivante :

Letter (a) to the baroness de Staël. By the countess Alex. of Vassy.

Madame de Staël a inséré cette Lettre avec une réponse dans l'ouvrage critiqué, édition de 1789.

La seconde critique est la suivante :

Réponse aux « Lettres sur le caractère et les OEuvres de J.-J. Rousseau, bagatelle que vingt libraires ont refusé de faire imprimer (par Champcenetz). Genève (Paris), 1789, in-8.

Madame de Staël publia ensuite pour la défense de son livre :

Courte réplique à l'auteur d'une longue réponse. Genève, 1789, in-8 de 14 pag. (Anon.).

— * Réflexions sur le procès de la reine (Marie-Antoinette), par une femme. Août 1793, in-8 de 37 pag.

Réimprimées à la suite des *Réflexions sur le suicide*, édition de 1814.

— Vie privée de M. Necker.

Imprimée pour la première fois en 1804, à la tête des Manuscrits de M. Necker, et depuis dans le tome XVII des Œuvres de l'auteur, de l'édition originale.

Madame de Staël était l'un des auteurs de la Biographie univers.; elle y a fait les articles *Aspasie*, *Camoens* et *Cléopâtre*, qui ont été réimprimés dans le XVIIe vol. de ses œuvres complètes.

Les ouvrages de madame de Staël ont été traduits dans toutes les langues de l'Europe, mais à notre plan fidèle, nous n'avons cité dans notre notice que celles qui ont vu le jour en France. La Belgique les a tous contrefaits.

Le mérite de madame de Staël n'est point un mérite vulgaire, ses connaissances étonnent par leur variété et par leur étendue, et son talent pour écrire est d'une grande supériorité. Cependant, d'après Chénier (Tableau de la littérature française), c'est dans le genre des romans que les talents de madame de Staël se sont déployés avec le plus d'avantage.

Madame de Staël, en outre de ce que nous venons de citer d'elle, a encore publié comme éditeur : les Manuscrits de M. Necker, son père, précédés de la Vie privée de l'auteur, par l'éditeur (1804, in-8), et les Lettres et les Pensées du prince de Ligne, en tête desquelles elle a mis une préface de sa composition (1809, in-8). Voy. sur ce volume, qui a obtenu cinq éditions, ce que nous en avons dit à l'article du prince de Ligne.

Le Constitutionnel du 14 juillet 1817 contient deux *Lettres de madame de Staël*; elles sont extraites de la Ruche d'Aquitaine (1817).

OEUVRES.

— OEuvres complètes de madame la baronne de Staël, publiées pas son fils (le baron Aug. de Staël-Holstein), précédées d'une Notice sur le caractère et les écrits de madame de Staël, par madame Necker de Saussure. *Paris*, *Treuttel et Wurtz*, 1820-21, 17 vol. in-8, ornés d'un portrait d'après Gérard, 102 fr., et sur pap. vélin superfin satiné, 204 fr.; ou 17 vol. in-12, avec portr., 51 fr.

Cette collection renferme un grand nombre de morceaux inédits et des additions importantes faites par l'auteur à quelques-uns des ouvrages qui ont paru de son vivant. Elle est composée ainsi qu'il suit : Tome Ier, Notice sur le caractère et les écrits de madame de Staël, par madame Necker de Saussure. Lettres sur les écrits et le caractère de J.-J. Rousseau. — Tom. II. Morceaux divers (Réflexions sur le procès de la reine; Réflexions sur la paix intérieure; Essai sur les fictions; trois nouvelles et Mirza). — Tom. III. De l'influence des passions, etc. — Réflexions sur le suicide. — Tom. IV. De la Littérature considérée dans ses rapports avec les institutions sociales. — Tom. V—VII. Delphine. — tom. VIII—IX. Corinne. — Tom. X—XII. De l'Allemagne. — Tom. XII—XIV. Considérations sur les principaux événemens de la Révolution française. — Tom XV. Dix années d'exil. — Tom. XVI. Essais dramatique. — Tom. XVII. Vie privée de M. Necker; — Jane Gray, trag.; — Sophie, ou les Sentiments secrets, com.; — Poésies; — Éloge de M. Guibert. Le volume est terminé par une Table chronologique des écrits de madame de Staël, avec l'indication des volumes qui les contiennent.

On peut se procurer separément les trois derniers volumes de cette édition, qui comprennent les *OEuvres inédites*. Prix : 18 fr.

— Les mêmes. (OEuvres édites). *Paris*, *F. Didot; Treuttel et Wurtz*, 1830, 2 vol. — OEuvres inédites, précédées d'une Notice sur le caractère et les écrits de madame de Staël (celle de madame Necker de Saussure). *Paris*, *les mêmes*, 1836, un vol. En tout 3 vol. grand in-8, ornés d'un beau portrait, 28 fr.

EXTRAITS.

— Staelliana, ou Recueil d'anecdotes, bons-mots, maximes, pensées et réflexions de madam la baronne de Staël-Holstein; enrichi de notes et de quelques pièces inédites de cette femme célèbre. Par COUSIN, d'Avalon. *Paris, Plancher*, 1820, in-18.

Écrits attribués à madame de Staël.

— Lettres de Nanine à Sinphal. *Paris, Delaunay*, 1818, in-12, 3 fr.

Ouvrage publié sous le nom de madame de Staël, mais dont l'authenticité n'a pas été reconnue, et qui par conséquent ne fait pas partie des Œuvres complètes de madame de Staël.

M. Bohaire, libraire de Lyon, propriétaire du manuscrit des *Lettres de Nanine*, a fait insérer dans le Journal de M. Beuchot, année 1818, une lettre par laquelle il soutient que, quoique non écrit de la main de madame de Staël, l'ouvrage est bien de mademoiselle Necker.

Madame Fortunée B. Briquet, dans son Dictionnaire historique, littér. et bibliogr. des Françaises, cite un ouvrage de madame de Staël dont personne autre qu'elle n'a fait mention; il est intitulé: *De l'influence des révolutions sur les lettres*, in-8.

On a imprimé, en 1821, une *Imitation de l'épître de Haller à Bodmer*, pièce inédite attribuée à madame de Staël, faite en novembre 1805, et publiée par T.-H. Grandin. Paris, Grandin, in-8 de 16 pages.

A la table de son Dictionnaire des ouvrages anonymes, deuxième édition, A.-A. Barbier, attribue à madame de Staël la traduction du Cours de littérature dramatique par A.-W. Schlegel; mais nous avons dit à l'article de ce dernier que notre bibliographe avait été induit en erreur par une personne qui se croyait bien informée.

ÉCRITS RELATIFS A LA PERSONNE DE MAD. DE STAEL et A SES OUVRAGES EN GÉNÉRAL.

(Nous avons cité précédemment à la suite de chaque ouvrage de cet auteur les publications auxquelles il a donné lieu).

— Intrigues de madame de Staël. 1791, in-8.

— Enthousiaste (l'), ou l'Avez-vous vue? dialogue en vers sur l'arrivée de madame de Staël à Vienne, etc. Par un membre de l'Académie de Naples (le comte Messence de LA GARDE). *Brunswick, Pluchart;* 1810, in-8, 4 fr.

— Notice sur la maladie et la mort de madame la baronne de Staël. Par le baron Ant. PORTAL. *Paris, de l'impr. de Fain*, 1817, in-12 de 12 pag.

Cette Notice avait été insérée en très-grande partie dans les Annales politiques, morales et littéraires du 2 août 1817.

— Dix années d'exil. Par madame de STAEL-HOLSTEIN 1821, in-8 et in-12.

Formant le XVe volume des Œuvres de l'auteur.

— Notice sur le caractère et les écrits de madame de Staël. Par Mad. NECKER DE SAUSSURE. *Paris, Treuttel et Wurtz*, 1820, in-8, in-12 et in-18.

Imprimée aussi en tête des Œuvres de madame de Staël.

— Lettres sur les ouvrages de madame de Staël. Par Mlle Hort. ALLART. *Paris, Bossange frères; Bossange père*, 1824, in-8, 3 fr.

— Christine, Ninon, madame de Staël et madame de Pompadour, dialogue: par M. Aug. C. SAINT-PROSPER. Impr. à la Suite de Louis XVIII et Napoléon, dialogue, par le même (1828, in-8).

— Madame de Staël. Par R. SAINTE-BEUVE.

Impr. d'abord dans la Revue des deux mondes, et ensuite dans le tome III des Critiques et Portraits littéraires de l'auteur, publié en 1836.

STAEL-HOLSTEIN (le baron Auguste-Louis de), fils de la précédente, membre de plusieurs sociétés philanthropiques et d'utilité publique; né le 31 août 1790, mort le 19 novembre 1827.

— Élégies. *Paris, de l'impr. de Fournier*, 1827, in-8 de 72 pag.

Cet opuscule n'a point de frontispice; il n'a été tiré qu'à 25 exemplaires. Ces *Élégies* n'ont point été imprimées dans les OEuvres de l'auteur.

— Lettres sur l'Angleterre. *Paris, de l'imp. de Crapelet. — Strasbourg, et Londres, Treuttel et Wurtz*, 1825, in-8, avec une gravure, 7 fr. 50 c.; ou 1829, in-8, 6 fr.

— Nombre (du) et de l'âge des députés. *Paris, Delaunay*, 1819, in-8 de 64 pag.

— Notice sur M. Necker. *Paris, de l'impr. de Crapelet. — Treuttel et Wurtz*, 1821, in-8, avec portr., 5 fr., et sur pap. vélin, 10 fr.

Impr. aussi à la tête des Œuvres de Necker, dont M. de Staël a été l'éditeur.

— * Récit de la perte du bâtiment de la compagnie des Indes *le Kent*, trad. de l'angl. (1826). Voy. MAC-GREGOR.

— Renouvellement (du) intégral de la Chambre des députés. *Paris, Delaunay*, 1819, in-8 de 72 pag.

Le baron de Staël-Holstein a coopéré à la publication des Chefs-d'œuvre des théâtres étrangers, publ. par le libraire Ladvocat.

Il a été l'éditeur, en société avec le duc de Broglie, des Considérations sur les principaux événements de la révolution française, de madame de STAEL (1818), des Œuvres de madame Staël, sa mère (1820-21, 17 volumes in-8 et in-12), et seul, de celles de M. Necker, son grand-père (1820).

— OEuvres diverses de M. le baron de Staël, précédées d'une Notice sur sa vie (par madame la duchesse de BROGLIE, sa sœur), et suivies de quelques Lettres inédites sur l'Angleterre. *Paris*, *Treuttel et Wurtz*, 1829, 3 vol. in-8, 18 fr.

Cette collection renferme les ouvrages suivants : Tome I, Notice sur M. le baron Aug. de Staël ;— De la Responsabilité des ministres, et du projet de loi sur le mode de procéder dans les deux chambres en cas d'accusation d'un ministre ; — Du Renouvellement intégral de la chambre des députés ; — Du nombre et de l'âge des députés ; — Avertissement de l'éditeur des Œuvres complètes de madame de Staël ; — Préface de l'éditeur des Dix années d'exil, ouvrage qui fait partie des Œuvres inédites de madame de Staël, publiées après sa mort ;— De l'arrêté du conseil d'État du canton de Vaud contre les chrétiens évangéliques désignés dans cet arrêté sous le nom de *Momiers* ; — Des persécutions religieuses dans le canton de Vaud ;—Pétition au grand conseil du canton de Vaud ; — Rapport verbal fait par M. de Staël à l'assemblée générale annuelle de la Société de la Morale chrétienne, le 13 avril 1816, au nom du comité pour l'abolition de la traite ; — Documents relatifs à la traite des noirs ; — Préface de la traduction du Récit de la perte du bâtiment *le Kent*. Tome II, Notice sur M. Necker. Tome III, Lettres sur l'Angleterre.

La Notice sur le baron de Staël, par madame la duchesse de BROGLIE, en tête du premier volume, remplit 108 pages. Il en a été tiré un petit nombre à part pour l'auteur.

STAFFORD. — Histoire de la musique, traduite de l'anglais par madame Adèle FÉTIS, avec des notes, des corrections et des additions, par M. FÉTIS. *Paris*, *Paulin*, 1832, in-18, 5 fr.

STAFFORELLO, alors député des Bouches-du-Rhône.

— Opinion (son) contre le projet de loi concernant l'entrepôt des grains : séance du 7 mai 1825. *Paris*, *de l'impr. de Pillet aîné*, 1825, in-8 de 16 pag.

STAHL (G.-Ernest), chimiste allemand.

— Motus (de) hæmorrhoidalis et fluxus hæmorrhoidum diversitate. *Parisiis*, 1730, in-12.

— Traité des sels, dans lequel on démontre qu'ils sont composés d'une terre subtile, intimement combinée avec l'eau ; trad. de l'allem. *Paris*, *Vincent*, 1770, in-12.

— Traité du soufre, ou Remarques sur la dispute qui s'est élevée entre les chimistes au sujet du soufre commun, combustible, volatil ou fixe ; trad. de l'allem. (par le baron d'HOLBACH). *Paris*, *Didot jeune*, 1766, in-12.

Stahl est auteur de plusieurs autres ouvrages dont la citation ne rentre pas dans notre plan, parce qu'ils sont écrits en latin et imprimés hors de France.

STAHL. — Stahl, imprimeur-libraire, à MM. les députés. *Paris*, *de l'impr. de Stahl*, 1834, in-4 de 4 pag.

Sur le projet de loi concernant les crieurs publics.

STAHL (A.). — Manuel de phrases françaises et allemandes, contenant de nombreux vocabulaires des mots les plus usités, accompagné de dialogues familiers. *Paris*, *Truchy*, 1835, in-18, 1 fr. 50 c.

— Rudiments de la langue allemande, etc. *Paris*, *Truchy*, 1836, in-18, 1 fr. 80 c.

STAINVILLE (J. de), répétiteur adjoint à l'École roy. polytechnique.

— Mélanges d'analyse algébrique et de géométrie. *Paris*, *veuve Courcier*, 1815, in-8, avec 3 planches, 7 fr.

— * Recueil de problèmes. *Paris*, *Courcier*, 1802, in-8.

STAMFORD RAFFLES. Voy. T. S. RAFFLES.

STAMMA (Philippe), natif d'Alep, en Syrie.

— Essai sur le jeu des échecs. *Paris*, *Emery*, 1737, in-12 ; — *La Haye*, 1741, in-12.

Il existe aussi :

Nouvelle manière de jouer aux échecs, suivant la méthode de Stamma. Utrecht, J. V. Schoonhoven, 1777, in-12.

STANHOPE (Philippe DORMER), duc de CHESTERFIELD. Voy. CHESTERFIELD.

STANHOPE (milord Charles), vicomte de Mahon.

— Discours du 9 août 1773 (pron. à la résignation de commandeur du noble exercice de l'arc à Genève). In-8.

— Lettre à M. M. (Mercier), datée du 15 janvier 1777, in-8.

— Lettre à un cit. de Genève sur l'état actuel de l'établissement des Genevois en Irlande (datée de Londres, du 25 février 1784). In-8.

STANHOPE (le comte). — Apologie de la Révolution française, ou Lettres à Edm. Burke, servant de réplique à son discours dans la Chambre des communes contre la Révolution française ; trad. de l'anglais sur la troisième édition. *Paris*, 1791, in-8 de 62 pag.

Cette traduction est précédée d'un Essai du traducteur sur l'esprit patriotique des Anglais. Dans un cadre très-resserré, l'auteur a fait entrer en substance tout ce que cet objet peut présenter d'intéressant.

STANHOPE (le colonel Leicester).

— Greece, during lord Byron's residence

in that country in 1823 and 1824; being a series of letters and others documents on the greek revolution, written during a visit to that country : illustrated with a fac-simile of lord Byron's handwriting; to which is added the Life of Mustapha-Ali. *Paris, A. and W. Galignani*, 1824, 2 vol. in-12, 12 fr.
— Lettres du colonel Stanhope sur la Grèce, traduites de l'anglais par Arthur Mieller. *Paris, Corneille; Ponthieu*, 1825, in-8.

STANISHURTO. — Dios immortal padeciendo en carne mortal, ó la Pasion de Cristo, ilustrada con doctrinas y reflexiones morales por el R. P. G. Stanishurto, traducida del latin por el doctor D. F. P. de Berguizas. IV[ta] edicion. *Paris, Lecointe*, 1836, in-12, 3 fr. 40 c.

STANISLAS Ier, roi de Pologne. Voy. (tom. V, et aux Corrections et Additions) Leckzinski.

STANISLAS. — Philippe, ou la Guérison militaire, pièce en un acte. *Paris, Barba*, 1830, in-8.

STANYAN (Temple). — * État (l') de la Suisse, écrit en 1714; trad. de l'angl. *Amsterdam, Wetstein*, 1714, in-8.
— Le même ouvrage, sous ce titre : Tableau historique et politique de la Suisse en 1714; trad. de l'angl. (par Besset de la Chapelle). *Fribourg, et Paris, Lottin le jeune*, 1766, in-12.
— Histoire de Grèce, trad. de l'angl. (par Diderot). *Paris, Briasson*, 1743, 3 vol. in-12.

STAPART. — Art (l') de graver au pinceau; nouvelle méthode, plus prompte qu'aucune de celles qui sont en usage, qu'on peut exécuter facilement, sans avoir l'habitude du burin ni de la pointe, etc. *Paris, l'Auteur; Aumont*, 1773, in-12 de 96 pag.

STAPFER (Philippe-Albert), ministre du S. Évangile, d'abord professeur de théologie et de philosophie à l'Académie de Berne, puis ministre des cultes et des sciences de la république helvétique, ensuite ministre plénipotentiaire de cette république près le gouvernement français, enfin membre du conseil général d'Argovie, résidant à Paris; né à Berne, en septembre 1766.
— Berne, son histoire et sa description. *Paris, Desenne*, 1835, in-4 de 64 pag., plus 4 planches, 2 fr.

Cet ouvrage fait partie d'une collection intitulée : Histoire et description des principales villes de l'Europe.

— Notice raisonnée sur les écrits de F.-V. Reinhard.

Imprimée avec la traduction, par le past. J. Monod, de la Lettre de F.-V. Reinhard sur ses études et sa carrière de prédicateur.

— * Notice biographique et littéraire sur Gœthe, par Albert S.....r. 1825.

Imprimée en tête des Œuvres dramatiques de Gœthe, traduites en français (par MM. Stapfer, Cavaignac et Marguerée, 1821—25, 4 vol. in-8).

— Rapport de M. P.-A. Stapfer, l'un des vice-présidents de la Société biblique protestante de Paris, sur sa mission auprès de la Société biblique britannique et étrangère, au mois de mai 1823. *Paris, de l'impr. de Smith*, 1823, in-8 de 32 pag.

M. P.-A. Stapfer a été l'un des rédacteurs des Archives littéraires de l'Europe, qui paraissaient au commencement de ce siècle, et plus tard de la Revue encyclopédique (1819); il a traduit de l'allemand le Faust, de Goethe (1828), et a été l'éditeur de l'Histoire de la littérature espagnole, trad. de l'allem. de Bouterweck (par madame de Steck), 1812, 2 vol. in-8.

STAPFER (A.-A.). — Du méthodisme et du mysticisme, à l'occasion de la Société des Traités religieux de Paris. Deux Discours prononcés les 28 avril 1829, et 20 avril 1830, à l'ouverture de la septième et de la huitième assemblées générales de cette Société. *Paris, Risler*, 1830, in-8 de 16 pag.

STAPPERS (Alex. de). — Mémoire agricole, financier, politique et commercial, tendant à prouver que les biens dont la banque de Bruxelles a été mise en possession n'ont jamais cessé d'appartenir à la nation, et qu'il est indispensablement nécessaire de conserver intact le sol forestier. *Bruxelles*, 1827, in-8, 2 fr. 11 c.

STAPPLETON (P.-L.). Voy. (aux Corrections et Additions) Eug. Hus.

STARCK (le baron de). — Entretiens philosophiques sur la réunion de différentes communions chrétiennes; trad. de l'allem., et enrichi de suppléments, par l'abbé de K. (Kentzinger). *Paris, Adr. Leclère*, 1818. — Sec. édition (avec le nom du traducteur). *Paris, le même*, 1822, in-8, 6 fr.

STARK (Joseph), traducteur allemand de l'Imitation de J.-C. Voy. KEMPIS.

STARKE (Mariana). — Information and directions for travellers on the continent. Fifth edition, throughly revised, and with considerable additions. *Paris, A. and W. Galignani*, 1826, in-8.
— Travels in Europe, for the use of travellers on the continent, and likewise in the Island of Sicily, to which is added an account of the Romains of ancient Italy, and also of the roads leading to those Romains. VIIIth edition, considerably enlarged and embellished with a mapp. *Paris, Galignani*, 1832, or IXth edition, etc. *Paris, the same*, 1836, in-12, 15 fr.

La partie de cet ouvrage qui a l'Italie pour objet, a été prise par le libraire Audin (caché sous le masque de Richard) pour faire le fond de son Guide du voyageur en Italie, qu'il a imprimé sous le nom de Mariana Starke.

STARKE, écrivain allemand.

Quatre *nouvelles* de lui ont été traduites par madame de Montolieu, et insérées dans ses « Douze Nouvelles » (1812), et deux autres dans les « Dix Nouvelles » de la même (1815).

STARKEY. — Art (l') ou la Manière de volatiliser les alcalis, et d'en préparer des remèdes succédanés, ou approchant de ceux que l'on peut préparer par l'alcahest; tiré des ouvrages de STARKEY, par Jean LE PELLETIER. *Rouen, Guillaume Behourt*, 1706, in-12.

STARR (le docteur). — Description de la maladie strangulatoire; trad. de l'angl. par F. RUELLE, docteur en médecine. *Paris, Allut*, 1810, in-8 de 20 pag., 75 c.

STARSCHEDEL. — Manuel de la conversation des deux nations (allemande et française). *Paris, Mercklein*, 1836, in-16.

STASSART (le baron Goswin-Joseph-Augustin-de), l'un des meilleurs écrivains français de la Belgique; né à Malines, le 2 septembre 1780, il fut, sous l'Empire de Napoléon, préfet de Vaucluse, puis des Bouches de la Meuse; après la chute du gouvernement impérial, il devint successivement membre de la seconde chambre des États-Généraux du royaume des Pays-Bas, président du sénat belge, gouverneur de la province de Brabant, officier et chevalier de plusieurs ordres. M. le baron de Stassart est membre de l'Académie des sciences et belles-lettres de Bruxelles, et d'un grand nombre de sociétés savantes, parmi lesquelles plusieurs de la France ont l'honneur de pouvoir le compter, telles sont les académies d'Amiens, d'Evreux, de Cambrai, de Lyon, de Marseille, d'Avignon, de Nîmes, etc., etc., etc.

LITTÉRATURE.

— Bagatelles sentimentales. *Bruxelles, A. Stapleaux*, an X (1802), in-18 de X et 93 pag., avec une fig., 1 fr.

Les Opuscules qui composent ce recueil, à l'exception d'un petit nombre de pièces nouvelles, avaient paru deux ans avant sous le titre de *Bagatelles littéraires*. Bruxelles, Stapleaux, 1799, in 32.

Ces *Bagatelles* ont été traduites en italien, en 1812, par L.-F. Bianchi, auteur d'une tragédie italienne d'Ogier-le-Danois, et la plupart des Idylles dont elles se composent ont été reproduites dans la Bibliothèque pastorale de Chaussard (1803, 4 vol. in-12), et dans l'Almanach des prosateurs de MM. Noël et Lemaire.

— Cent soixante-deux pensées, maximes, réflexions, observations, etc., extraites des Mémoires sur les mœurs de ce siècle; par Circé, chienne célèbre, membre de plusieurs sociétés savantes. *Paris, P. Didot aîné; Renand*, 1814, in-18 de 132 pag. — Sec. édit. *Bruxelles, Stapleaux*, 1814, in-18.

Réimpr. de nouveau sous le titre suivant : *Pensées, Maximes, Réflexions, Observations, etc.*, extraites des Mémoires sur les mœurs de ce siècle; par CIRCÉ, chienne célèbre, membre de plusieurs sociétés savantes. IIIe édit., considérablement augmentée, Bruxelles, 1815, in-12.

C'est un recueil de pensées philosophiques : il a été traduit en allemand par Kohlman, en 1816.

— * Dieu est l'amour le plus pur, traduit de l'allem. (1801). Voy. ECKARTSHAUSEN.
— Discours de réception à l'Athénée de Vaucluse, le 6 juin 1810, suivi d'une Notice sur les hommes célèbres du département. *Avignon, Seguin*, 1810, in-8.
— Fables. *Paris, Mongie aîné*, 1818, in-12, avec gravures. — Sec. édition. *Bruxelles, Wahlen*, 1818, in-18. — IIIe édition. *Paris, Mongie aîné*, 1819, in-12, 3 fr., et sur pap. vélin, 5 fr. — IVe édition, augmentée de treize fables. *Paris, le même*, 1821, in-18, 2 fr. 50 c. — Ve édition, augmentée de deux nouvelles fables. *Bruxelles, Lacrosse*, 1823, in-18, 2 fr. 50 c.

Plusieurs de ces apologues, dont tous les journaux se sont accordés à faire l'éloge, et dont un grand nombre a été reproduit dans la plupart des recueils publiés depuis quelques années, ont été traduits en allemand par M. CATEL, de Berlin; en suédois, par M. WALLMARCK, et en hollandais par SWAN.

On trouve aussi trois fables de M. de Stassart dans les Fables russes tirées du recueil de M. Kriloff, et imitées en vers français et italiens par divers auteurs, publiées par le comte Orloff (Paris, 1825, 2 vol. in-8).

— Promenade à Tervueren. *Bruxelles, Stapleaux*, 1816, br. in-4, fig.

— Régulus aux Romains, discours qui a remporté le prix d'éloquence à l'université de jurisprudence à Paris, en 1803. *Paris*, 1803, in-8.

HISTOIRE.

— * Abrégé élémentaire de géographie ancienne et moderne. Première partie, contenant 1° une Mappemonde et des notions cosmographiques; 2° un Traité de géographie ancienne; 3° la Description de l'Amérique, de l'Asie, de l'Afrique, et de l'Europe moderne (hors la France); 4° les Époques majeures de la chronologie ancienne du moyen âge et moderne (Par le baron de STASSART). *Paris, Bernard*, an XII (1804), un vol. — Deuxième partie: Géographie physique, historique, statistique et topographique de la France (par M. MOREAU). *Paris, le même*, an XII (1804), un vol. En tout 2 vol. in-8. — Deuxième édition, avec des changements. *Paris, le même*, 1805, 2 vol. in-8.

— * Analyse de l'Histoire de la Belgique de Dewez. *Avignon, Seguin frères*, 1810, in-8.

Tiré à vingt exemplaires.

— Discours sur l'étude de l'histoire des provinces belgiques. *Bruxelles, Wahlen*, 1817, in-8.

— Notice sur les hommes célèbres du département de Vaucluse. 1810.

Imprimée à la suite du Discours de réception de l'auteur à l'Athénée de Vaucluse. (Voy. plus haut).

M. le baron de Stassart est auteur d'un assez grand nombre de notices biographiques qui ont été insérées dans trois des Dictionnaires historiques imprimés depuis le commencement de ce siècle, et qui sont la Biographie moderne, de Leipzig (Paris), 1806, en 4 vol. in 8; la Galerie historique des contemporains, Bruxelles, 1817—20, 8 vol. in-8; la Biographie univ. des frères Michaud. Les principales notices fournies à ce dernier recueil par M. le baron de Stassart sont celles de *Balze, Bender, Chateaufort, Clerfayt, Cobenzl, Feller, Ferraris, Gages, Jordän, Kornner, Launoy, Lacy, Launoy, Lesbrous-art, Lichtenstein, Lichtwer, Marnix de Saint-Aldégonde, Nélis, Plunkett, Saint-Peravi, Silvestre, Van der Mersch, Van Eupen, Velbruck, Vonck, Wurmser, etc.* On trouve encore quelques notices biographiques de cet écrivain dans l'Annuaire nécrologique de M. Alph Mahul, ann. 1825 et 1826, ainsi que dans les Archives historiques et littéraires du nord de la France et du midi de la Belgique: nous avons remarqué dans ce dernier recueil les quatre notices suivantes sur des personnages belges: Jean-Pierre, baron de *Beaulieu*, général; Martin-Jos. *De Bast*; J.-B. *Dumonceau*, général; J.-B. *Bassenge*.

— Rapport sur l'administration de la province de Brabant. *Bruxelles*, 1836, in-8.

Le baron de Stassart est aussi auteur de divers Rapports et Discours dans les bulletins des séances de l'Académie des sciences et belles-lettres de Bruxelles.

— Recueil de douze vues de Namur et de ses environs, lithographiées et publiées par J.-J. Rousseaux, d'après les dessins du général Howen, avec un texte descriptif, par M. le bar. de Stassart. *Namur, Gérard*, 1826, in-fol.

Indépendamment des ouvrages et des opuscules que nous venons de citer de M. le baron de Stassart on doit encore à cet écrivain: 1° des morceaux de statistique impr. dans la Statistique de la France, par Herbin et autres (Paris, 1803, 7 vol. in-8); — 2° un *Mémoire sur la législation criminelle*, et autres morceaux imprimés dans les Annales de l'université de jurisprudence (Paris, 1803—04, in 8); —3° *Description de l'arrondissement d'Orange*, des notes statistiques et autres morceaux, imprimés dans l'Almanach d'Orange (Orange, Bouchony, 1810, in-12, avec gravures); — 4° *Discours prononcé le 13 décembre 1825 à la tribune des États généraux des Pays-Bas*, et autres discours en grand nombre; —5° enfin des *épîtres, chansons, épigrammes, fables, etc.*, dans l'Almanach des Muses, dans la Nouvelle Encyclopédie poétique, de Capelle; dans le Chansonnier des Grâces, dans l'Almanach poétique de Bruxelles, et autres recueils.

Le baron de Stassart a aussi fourni un grand nombre d'articles de critique littéraire aux journaux et recueils suivants: le Mémorial européen (1803-05), le Journal des débats, en 1803 et 1804; le Surveillant, journal de Bruxelles (janv.—mars 1816); le Journal de la Belgique (1820—1830); la Revue encyclopédique (1819—28); les Archives hist. et littér. du nord de la France et du midi de la Belgique.

M. le baron de Stassart a des *Mémoires politiques et littéraires* en portefeuille, et il s'occupe d'une *Histoire des Pays-Bas*.

On trouve une Notice sur le baron de Stassart dans les Archives hist. et littér. du nord de la France, tom. Ier, page 283.

STATIUS. Voy. STACE.

STAUFFACH (Henri-Alexandre), du canton de Schwitz.

— Avis aux Suisses, sur leur position envers le roi de France. *Paris, Weber*, 1791, in-8 de 35 pag.

Cet écrit a donné lieu aux deux réponses suivantes: Bons et braves Suisses, ne donnez pas dans le panneau! ou Réponse à un écrit intitulé: *Avis aux Suisses, etc.*, Paris, Deseune, 1791, in-8 de 28 pages. — Réponse d'un Loyal à H. Alexandre Stauffach, 1791, in-8.

STAUNTON (Georges), ministre plénipotentiaire d'Angleterre auprès de l'empereur de la Chine, membre de la Société royale de Londres.

— Voyage dans l'intérieur de la Chine et en Tartarie, fait dans les années 1792, 1793, 1794, par lord Macartney, ambassadeur du roi d'Angleterre auprès de l'empereur de la Chine; avec la relation de cette ambassade, celle du voyage entrepris à cette occasion par les vaisseaux *le Lion* et *l'Indostan*, et des détails très-curieux sur les colonies espagnoles, portugaises et hollandaises, où ces vaisseaux ont relâché. Rédigés sur les papiers de lord Macartney, sur ceux d'Érasme Gower, commandant de l'expédition, et des autres personnes attachées à l'ambassade, par sir Geo. Staunton. Trad. de l'angl., avec des notes, par J. Castéra. *Paris*, *F. Buisson*, an VI (1798). — IIIe édit. *Paris, le même*, 1804, 4 vol. in-8, avec fig. et cartes gravées en taille-douce par Delaunay et Tardieu l'aîné, formant atlas in-4, 28 fr.

Il a été tiré des exemplaires de l'édition de 1798 sur pap. vélin.

— Voyage en Chine et en Tartarie par le lord Macartney, ambassadeur du roi d'Angleterre; trad. de l'angl. par J.-B.-J. Breton. *Paris, veuve Lepetit*, 1804, 7 vol. in-18, y compris un vol. d'Atlas, 15 fr.; sur pap. vélin satiné, atlas avant la lettre, 30 fr.; sur pap. d'Angoulême, atlas premières épreuves, 30 fr.; et sur pap. vélin nom de Jésus, atlas avant la lettre, 60 fr.

« Ce Voyage, déjà très-recommandable par la haute réputation de son auteur, et par le mérite distingué de sir Charles Staunton, son rédacteur, acquiert aujourd'hui, par la traduction de M. Breton, une utilité plus générale, en ce qu'il est dégagé de détails fastidieux et superflus pour la plupart des lecteurs. M. Breton, en faisant disparaître ces légers défauts, a scrupuleusement conservé tout ce que cette relation a d'intéressant; il a joint à son texte quelques faits curieux et importans tirés de l'ouvrage allemand de Huttner, mais de manière à ce que la narration principale ne soit pas désagréablement entrecoupée, et que cependant ces additions puissent se distinguer de l'ouvrage de sir Staunton.

Cette traduction du Voyage de lord Macartney, fait partie de Bibliothèque portative des voyages publiée par le même libraire.

STAUNTON (Georges-Thomas), baronet, membre de la Société royale de Londres.

Traducteur anglais de Ta-tsing-leu-lée, ou les Lois fondamentales du code pénal de la Chine, dont M. Fel. Renouard de Sainte-Croix nous a donné, en 1812, une version française sur l'édition de Staunton.

STAVELOT (le père Nicolas), capucin.

— * Preuve courte, sensible, convaincante et touchante de la vérité de la religion catholique romaine. *Liége*, 1787, in-12.

STAVORINUS (J. S.), chef d'escadre de la république batave.

— Voyage par le cap de Bonne-Espérance à Batavia, à Bantam et au Bengale, en 1768-71; trad. du holl. par H. Jansen. *Paris*, *H. Jansen*, an VII (1798), 2 vol. — Voyage au cap de Bonne-Espérance et Batavia, à Samarang, à Macassar, à Amboine et à Surate, en 1774-78; trad. du holl. par H. Jansen. *Paris, le même*, an VII (1799), 1 vol.: en tout 3 vol. in-8, ornés de cartes et de figures, 15 fr. — Sec. édit. *Paris*, 1805, 3 vol. in-8, avec cartes et figures.

STEARNE, pseudon. Voy. Rutlidge.

STECK (Jean-Christophe-Guillaume de), conseiller intime de guerre à Berlin.

— Éclaircissements de divers sujets intéressants pour l'homme d'état et de lettres. *Ingolstadt*, 1795, in-8 de 48 pag.

— * Essais sur divers sujets de politique et de jurisprudence. (*Halle*), 1779, in-8.

— Essais sur divers sujets relatifs à la navigation et au commerce pendant la guerre. *Berlin*, *Fréd. Nicolaï*, 1794, in-8.

— Essai sur les consuls. *Berlin*, 1790, in-8.

De Steck a composé un assez grand nombre d'écrits sur le droit public, celui-ci n'est réellement qu'un extrait du Nouveau Commentaire sur l'ordonnance de la marine, du mois d'août 1681, par Valin (1760, 1766, 2 vol. in-4), pour ce qui concerne les consuls, et qui néanmoins a été copié presque en entier par M. Borel (Voy. ce nom).

— Essais sur plusieurs matières intéressantes pour l'homme d'État et de lettres. *Halle*, 1790, in-8.

— * Réflexions d'un jurisconsulte sur l'ordre de la procédure et sur les décisions arbitraires et immédiates du souverain (traduites librement de l'allem. de Steck, par de Moulines). *Berlin*, 1765, in-8. — Nouv. édit. (précédée d'un Avant-propos, par Perrenot). *La Haye*, *De Tune*, 1777, in-8.

STECK (mademoiselle Guichelin, puis madame de).

— Épître à l'obscurité.....

— Vers sur la mort de Léopold, duc de Brunswick. *Versailles*, 1787, in-8.

Ces vers ont été composés par l'auteur lorsqu'elle n'était encore âgée que de douze ans.

On doit, en outre, à cette dame la traduction de l'anglais du Hameau abandonné, de Goldsmith ( ), celles du Recueil des lettres de la famille de Salomon Gessner (1801, 2 vol. in-12), des Lettres de Jean de Muller à ses amis MM. de Bonstetten et de Gleim, précédées de la vie et du testament de l'auteur (1810, in-8), enfin celle de l'Histoire de la littérature espagnole, par BOUTERWECK (1812, 2 vol. in-8). Ces quatre traductions ont paru sous le voile de l'anonyme. *Barbier*, sous le n° 7528, et à la table de son Dictionnaire, nomme, par erreur, le traducteur du dernier de ces quatre ouvrages *Streck* au lieu de *Steck*.

STEDMAN (le capitaine J.-G.), voyageur anglais.

— Voyage à Surinam et dans l'intérieur de la Guiane, contenant la relation de cinq années de courses et observations faites dans cette contrée intéressante et peu connue; avec des détails curieux sur les Indiens de la Guiane et les nègres. Par le capitaine J.-G. STEDMAN (et Guill. THOMPSON); trad. de l'angl. par P.-F. HENRY; suivi du Tableau de la colonie française de Cayenne (par le traducteur). *Paris*, *F. Buisson*, an VII (1799), 3 vol. in-8, avec un Atlas in-4, composé de 44 planches, gravées en taille douce par J.-B.-P. Tardieu, contenant des vues, marines, cartes géographiques, plans, portraits, costumes, animaux, plantes, etc., dessinés sur les lieux par Stedman, 28 fr., et avec l'Atlas avant la lettre, 34 fr.

Stedman a écrit ce voyage en véritable philosophe, c'est-à-dire en homme éclairé et sensible. Il ne s'est pas contenté d'examiner seulement la nature inanimée et muette, il a aussi porté son attention sur un objet non moins intéressant, sur les mœurs, les usages, les coutumes des habitants, soit indigènes, soit Européens, ou Africains, dont la Guiane est peuplée. Le caractère d'hommes d'origine si différente offre un contraste non moins frappant que celui par lequel on les distingue à la première vue.

Ce voyage est orné de plusieurs cartes géographiques, et de beaucoup de gravures représentant des objets d'histoire naturelle, des portraits de personnages célèbres et intéressants, des vues, marines, costumes, etc., que Stedman lui-même dessina sur les lieux. Le tout forme un Atlas, aussi agréable qu'utile et varié, composé de 44 planches, en y comprenant la carte particulière de la Guiane française, communiquée par le baron Lescallier, anc. ordonnateur de la Guiane.

Dans ces 44 planches, dont 4 sont de grandeur triple, se trouvent 3 portraits, 17 vues et paysages, 3 marines, 10 planches contenant plus de 20 sujets d'histoire naturelle; 2 planches d'instruments, meubles et ornements, 3 de supplices; 7 de costumes, 3 de géographie, 4 de topographie, et 3 de marches militaires et campements.

Le baron Lescallier a ajouté un supplément à ce voyage, contenant des observations sur le texte du capitaine Stedman, et sur divers objets de culture et d'économie, propres à ce pays.

Pour donner un intérêt national à l'ensemble de cet ouvrage, le traducteur de Stedman y a joint un tableau de la Guiane française, ou de la colonie de Cayenne, dans lequel il a renfermé non-seulement le récit des événements relatifs à cette colonie, depuis sa naissance jusqu'à nos jours, mais encore des détails curieux sur les mœurs des indigènes, sur le produit et le commerce de cette contrée, d'après les rapports les plus authentiques et les autorités les plus sûres.

STEEBS. — Essai d'une description des peuples policés et non policés, considérés sous le point de vue physique et moral; trad. de l'allem. (par LESEURRE DE MUSSEY). *Amsterdam*, *Reviol*, 1769, in-12.

STEEK. Voy. STECK.

STEELE (Richard), célèbre écrivain anglais du XVIIIe siècle.

— Amants (les) généreux, comédie en cinq actes, traduite (en prose) par madame de VASSE.

Traduction imprimée dans le Théâtre anglais, publié par cette dame.

— Amants (les) réservés, comédie en cinq actes; trad. de l'angl. par ANT.-FR. QUÉTANT. *Paris*, *Ruault*, 1778, in-8.

— Amour (l') confident de lui-même, comédie en cinq actes, traduite (en prose) par l'abbé PRÉVOST.

Traduction imprimée dans le recueil intitulé « le Pour et le Contre ».

— Bibliothèque des dames, contenant des régles générales pour leur conduite dans toutes les circonstances de la vie; trad. de l'angl. (par JANIÇON). *Amsterdam*, *Du Villard*, 1719-24, 3 vol. in-12.

— Crise (la) sur l'abdication du roi Jacques en 1689, trad. de l'angl. 1714, 2 part., in-8, y compris le Supplément.

— Free-Holder (le), ou l'Anglais jaloux de sa liberté, trad. de l'angl. (d'ADDISON et STEELE). *Amsterdam*, *Uitwerf*, 1727, in-12.

— Funérailles (les), ou le Deuil à la mode, comédie en 5 actes, traduite (en prose), par LAPLACE.

Traduction insérée dans le Théâtre anglais, publié par le traducteur.

— Héros (le) chrétien, trad. de l'angl. par Ant. de LABARRE DE BEAUMARCHAIS. *La Haye*, 1729, in-12.

Le traducteur y a joint un *traité* des vertus païennes, dans lequel il tâche de ramener les hommes à la loi naturelle.

— Mentor (le) moderne, ou Discours sur les mœurs de ce siècle; trad. de l'anglais d'ADDISON, STEELE et autres (par Van EFFEN). *La Haye*, *Vaillant*, 1723; *Rouen*, *Ch. Ferrand*, 1725, 3 vol. in-12; — *Bâle*, 1737, 3 vol. in-8.

— Philosophe (le) nouvelliste, ou le Babillard, trad. de l'angl. par A. D. L. C. (ARMAND DE LA CHAPELLE). *Amsterdam*, 1734 et 1735, 2 vol. in-12. — Autre édition. *Zurich, Orell et comp.*, 1737, 2 vol. in-8.

L'édition de Zurich est intitulée : *le Philosophe nouvelliste*. Armand de la Chapelle avait publié dès 1725 le premier volume de cette traduction.

— Réflexions sur l'importance de Dunkerque, et sur l'état présent de cette place, avec une carte du nouveau port à Mardick, et le plan des anciens ouvrages de Dunkerque ; trad. de l'angl. *Londres, Baldwin*, 1715, in-12.

— Spectateur (le), ou le Socrate moderne, trad. de l'angl. de Steele et Addison. Nouvelle édition, augmentée d'un nouveau volume. *Paris, Papillon*, 1716, 6 vol. in-12 ;—*Amsterdam, Westein*, 1732, 6 vol. in-12 ; *Leloup*, 1754 et 1755, 3 vol. in-4 et 9 vol. in-12.

« Steele, l'éditeur original du Spectateur, fut principalement aidé dans cet ouvrage par Addison, Hughes, Budgel, sous la lettre X, et Heusden, comme Steele le reconnaît dans le dernier numéro. On trouve aussi, entre ceux qui ont contribué au succès de cet ouvrage, les noms respectables de Pope, Pearce, évêque de Rochester ; de Byrom, de Grove, de Tickell, qui a été reconnu pour l'auteur de plusieurs Essais longtemps attribués à différents auteurs. Voy. l'édition anglaise du Spectateur, Londres, 1790, 8 vol. in-12.

Les éditions de la traduction française publiées en Hollande ne forment que 8 volumes. Le premier volume parut à Amsterdam, en 1714 ; le VIe en 1726, le VIIe en 1750, et le VIIIe en 1754. Le traducteur des six premiers volumes n'est pas connu ; la France littéraire de Formey attribue à Élie de Joncourt la traduction du VIIe volume. On peut lui attribuer aussi celle du VIIIe. La France littéraire de 1769 présente J.-P. Moet comme le traducteur des derniers volumes. Ce renseignement paraît dénué de fondement.

—

— Beautés (les) du Spectateur, ou Choix des morceaux les plus élégants, les plus instructifs de cet ouvrage célèbre, et principalement de ceux écrits par Addison, en anglais et en français. *Paris, Fr. Louis*, 1804, in-8, 2 fr. 50 c.

Il existe une édition de l'an VI, à laquelle on a ajouté les accents des mots anglais, pour en faciliter la prononciation aux étrangers.

— Beauties (the) of the Spectator, or The most elegant, agreable and instructive pieces selected out of that renowned work. *Paris, Fr. Louis*, 1804, in-12. — The second edition, enlarged with the Vision of Mirza. *Paris, the same*, 1816, in-12, 2 fr. 50 c.

— The same work, with a Sketch of the life of Addison, by J.-W. Lake. *Paris, Malpeyre*, 1825, in-32, portr., 3 fr.

— Beautés du Spectateur, du Babillard et du Tuteur, par Addison, Steele, et autres écrivains distingués, ou Recueil des morceaux les plus intéressants extraits de ces trois ouvrages par Hamonière. *Paris, Théoph. Barrois fils*, 1819, 2 vol. in-12, 7 fr.

M. L. Mezières a donné une traduction de morceaux choisis du Spectateur de Steele, d'Addisson, etc., dans l'ouvrage publié par lui sous le titre d'Encyclopédie morale, 1826, 2 vol. in-8.

STEETZ (W.), ancien officier de marine.

— Instruction nautique sur les passages à l'île de Cuba et au golfe du Mexique par le canal de la Providence et le grand banc de Bahama. *Paris, Béchet aîné*, 1825, in-8 de 64 pag., avec 2 cartes.

STEIGENTESCH (le comte A. de), littérateur allemand.

— Enlèvement (l') singulier, comédie en deux actes (en prose), trad. de l'allemand. *Paris, A.-A. Renouard*, 1807, in-8.

Cette pièce fait partie du Théâtre des variétés étrangères.

STEIGER (le prof. G.). — Mélanges de théologie réformée (1833). Voy. ce titre aux ouvrages anon. et polyonymes.

STEIN (E.) — Essai (nouvel) sur le jeu des échecs, avec des Réflexions militaires relatives à ce jeu. *La Haye*, 1789, in-8.

STEIN (G.-G.), professeur à l'université de Marbourg.

— Art (l') d'accoucher, trad. de l'allemand, sur la cinquième édition, par P.-Fr. Briot, avec 24 planches ; suivi d'une Dissertation sur la fièvre puerpérale, par J.-Ch. Gasc. *Paris, Croullebois ; Bossange et Masson ; Gabon*, an XII (1804), 2 vol. in-8, 9 fr.

La Dissertation de M. Gasc a été imprimée depuis séparément sous ce titre : Dissertation sur la maladie des femmes, à la suite des couches, connue sous le nom de fièvre puerpérale ; par J.-Ch. Gasc. Deuxième édition, revue et augm., Paris, Croullebois, an XIII (1805), in-8, 1 fr. 50 c.

STEIN (Jean-Pierre-Julien), mathématicien, ancien élève de l'École polytechnique et ingénieur géographe, depuis 1816 professeur de mathématiques au gymnase de Trèves, docteur en philosophie et membre de la Société des recherches utiles de Trèves ; né le 23 octobre 1795 à Trèves, où il est mort, le 17 mars 1831.

Le professeur Stein est auteur de cinq ouvrages de mathématiques élémentaires écrits en allemand, mais il a publié plusieurs Mémoires écrits dans notre langue dans les tomes XV et XVI des Annales de mathématiques de Gorgonne, dont voici les titres : 1° Recherche du lieu des points du plan d'un triangle, desquels menant des droites à ses sommets, joints par ces mêmes sommets des perpendiculaires à ces droites, ces dernières forment un triangle équivalant à une surface donnée (tom. XV, 1824—25, pag. 69—76); — 2° Transformation immédiate d'un polygone quelconque en un parallélogramme équivalent (ibid., pag. 97—100); — 3° Dissertation sur la nature des logarithmes des nombres négatifs (ibid., pag. 105—113 et pag. 230 à 236); — 4° Démonstration de deux théorèmes de statique (ibid., pag. 129—132); — 5° Sur quelques cas du développement des fonctions et en particulier sur le développement des puissances fractionnaires des sinus et des cosinus (ibid., pag. 150—157); — 6° Examen de quelques tentatives de théorie des parallèles (ibid., tom. XV, 77—84, et tom. XVI, pag. 45—54); — 7° Lettre sur divers sujets (tom. XVI, pag. 257—263).

Stein a aussi fourni quelques autres Mémoires aux Annales de mathématiques publiées par Crelle à Berlin, mais écrits en allemand.

STEIN. — Stein à Davoust, ou Réplique au prince d'Eckmuhl. *Paris, Dentu*, 1814, in-8 de 48 pag.

STEINBUCHEL DE RHEINWALL (Antoine), antiquaire, directeur du musée des antiques de l'empereur d'Autriche (en 1819), professeur d'archéologie à l'université de Vienne (depuis 1816), membre des académies de Vienne, de Rome, de Naples, etc., etc.; né à Krems, en Autriche, le 4 décembre 1790.

— Notice sur les médaillons romains en or du musée impérial et royal de Vienne, trouvés en Hongrie dans les années 1797 à 1805. *Vienne, Heubner*, 1826, in-4 avec 4 pl. et 4 vign., 8 fr.

— Scarabées égyptiens figurés, du musée des antiques de S. M. l'empereur (d'Autriche). *Vienne, Strauss*, 1824, in-4 avec 4 pl. représentant plus de 320 sujets, 5 fr.

Ce savant distingué est auteur de plusieurs autres ouvrages, ainsi que d'un assez grand nombre de mémoires et d'articles insérés dans les principaux journaux et recueils consacrés à la science, qui se publient à Vienne; mais tous sont écrits en allemand, et notre plan ne nous permet pas d'en donner l'indication, n'ayant à nous occuper de M. de Steinbüchel que comme écrivain français.

STEINHAEUSER. — Avis sur la paix générale. *Aix*, 1748, in-4.

STEININGER (Jean), géognoste et minéralogiste allemand, profess. de physique et de mathématique au gymnase de Trèves, membre de la Société des recherches utiles de Trèves, de la société minéralogique de Iéna et des sociétés pour les sciences naturelles à Bonn, à Francfort-sur-le-Mein, et à Halle en Saxe; né à Saint-Wendel, dans l'ancien département de la Sarre, le 10 janvier 1794.

— Essai d'une description géognostique du grand duché de Luxembourg. *Bruxelles, Hayer*, 1829, in-4 de 88 pag., avec 3 cart., 4 fr.

Ouvrage qui a remporté le premier prix au concours littéraire à l'Académie de Bruxelles pour l'année 1828. Il a été imprimé d'abord dans le VIIe volume du recueil des Mémoires couronnés par cette académie.

Jusqu'en 1831, M. de Steininger avait déjà publié sept ouvrages plus ou moins étendus, et deux Mémoires minéralogiques, qui sont imprimés dans le recueil que publie le professeur Berghaus, de Berlin, sous le titre de « Hirtha »; mais ces sept ouvrages, ainsi que les deux mémoires, sont écrits en allemand, et pour nous renfermer strictement dans notre plan, nous n'en indiquerions aucun, si plusieurs d'entre eux ne concernaient la France. Voici les ouvrages allemands de ce professeur :

1° Études géognostiques sur le Rhin mitoyen. Mayence, Kupferberg, 1819, in-8 de 223 pag.

2° Volcans (les) eteints de l'Eifel et du Bas-Rhin, Ibid., 1820, in-8 de 180 pag.

3° Nouvelles Recherches sur les volcans du Rhin, Ibid., 1821, in-8 de 116 pag.

4° Carte geognostique des pays entre le Rhin et la Meuse, avec texte. Ibid., 1822, in-8 de 82 pag., avec carte.

5° Volcans (les) éteints du midi de la France. Ibid., 1823, in-8 de 239 pag.

6° Remarques sur l'Eifel et sur l'Auvergne. Ibid., 1824, in-8 de 48 pag.

7° Recherches sur le terrain salifère de la Lorraine, avec une carte et profils. Impr. dans le Ve volume de la Hirtha, 1826, pag. 239—85.

8° Recherches sur le climat et la végétation des provinces rhénanes. Impr. dans le même recueil, tome X, 1827, pag. 155—194.

9° Remarques sur les pétrifications qui se trouvent dans le calcaire de transition de l'Eifel. Trèves, de l'impr. de Blattau, 1831, in-4 de 44 pag.

STEINKOPFF (le docteur), l'un des secrétaires de la Société biblique britannique et étrangère.

— Discours prononcé à la réunion annuelle de la Société biblique de Wisbaden (duché de Nassau), le 9 novembre 1823. *Paris, de l'impr. de Smith*, 1825, in-8 de 8 pag.

STEINMANN. — Pour (le) et le Contre, au sujet des discussions relatives à des lettres de change tirées pour compte des tiers et qui sont en souffrance dans les mains des porteurs, ou Recueil de jugements et arrêts à ce sujet, pour servir à asseoir l'opinion sur la cause en instance à la cour royale (mai 1822) du porteur, du donneur d'ordre et de l'accepteur, contre le tireur pour compte. *Paris, Renard*, 1822, in-8 de 36 pag.

STEINSBERG (le chev.). — Otto de Wittelsbach, tragédie en cinq actes, trad. (en prose) par Friedel et Bonneville.

Traduction imprimée dans le Théâtre allemand publié par Friedel et Bonneville.

STEMER (Nicolas-François-Xavier), secrétaire de l'intendance de Metz.

— *Journal, ou Calendrier de Metz, pour les années 1758 et 1759. *Metz, Jos. Collignon*, 1758-59, 2 vol. in-12.
—*Traité du département de Metz. *Metz, Collignon*, 1756, in-4.

STEMPKOVSKY (J. de), colonel au service de Russie.
— Notice sur les médailles de Rhadaméadis, roi inconnu du Bosphore-Cimmérien, découvertes en Tauride en 1820. (Publiée avec des notes par M. R. Rochette). *Paris, de l'impr. de F. Didot*, 1822, in-8 de 18 pages.

STENDHAL, pseud. Voy. Beyle.

STENFORT (P.-F.). — Grammaire française des écoles primaires. *Rennes, Vatar*, 1833, in-16.

STENGEL (le baron E.). — Catalogue raisonné des estampes de F. Kobell. *Nuremberg, Riegel et W.*, 1822, in-8, 5 fr.

STENGER (Etienne). — OEuvres de Perse, avec la construction du texte et la version interlinéaire, etc. (1807). Voyez Perse.

STÉPHANE, professeur de grammaire, d'arithmétique et d'écriture à Lyon.
— Scènes populaires : le Parricide. *Lyon, de l'impr. de Charvin*, 1836, in-8 de 16 p.
— Le père Cagnard. *Lyon, de l'impr. de Charvin*, 1836, in-8 de 16 pag. — Larmes et soupirs. Poésies. *Lyon, de l'impr. de Rossary*, 1836, in-8 de 16 pag.

STEPHANIE le jeune. — Charles second, drame en cinq actes, et en prose, imité de l'allem. par Berquin.

Imitation imprimée dans le Théâtre du traducteur.

— Déserteur (le), drame en trois actes et en prose, imité de l'allemand de Stéphanie le jeune, par le comte d'Estrées. *Moulins, de l'impr. de Desroziers*, 1832, in-8.

STEPHANOPOLI (Nicolaos), né en Corse.
— Histoire de la colonie grecque établie en Corse, accompagnée de réflexions politiques sur l'état actuel de la Grèce et d'un court aperçu sur la Corse, où l'on indique les moyens à employer pour améliorer le sort des habitants de cette île. *Paris, Thoisnier-Desplaces*, 1826, in-12, 3 fr. 50 c.
— Voyage de Dimo et Nicolo Stephanopoli, en Grèce, pendant les années V et VI de la république, d'après deux missions, l'une du gouvernement français, l'autre du général en chef Bonaparte, contenant la description politique et morale des différents peuples de la Grèce moderne, un portrait exact et complet du caractère et des mœurs des Mainottes et la découverte de plusieurs monuments tous inédits, dont les plans ont été levés sur les lieux; avec les pièces originales, justificatives et autres morceaux traduits tant du grec vulgaire que de l'italien, et des notes; le tout rédigé par Serieys, professeur au Prytanée français. *Paris, Prudhomme; Dugour*, an VIII (1800), 2 vol. in-8 ornés de 9 plans, vues et cartes, 10 fr.

STEPHANUS. Voy. Etienne.

STEPHENS (miss Philadelphie). — Lettres écrites de Portugal, sur l'état ancien et actuel de ce royaume, traduites de l'angl. (de miss Philadelph. Stephens, par Jansen); suivie du portrait historique du marquis de Pombal. *Londres, et Paris, Desenne*, 1780, in-8.

Imprimées aussi à la suite du Tableau de Lisbonne en 1796 (par Carrère, publ. par le même Jansen), Paris, Deterville, 1797, in 8.

STEPHENS (J.). — Barbauld's (Mrs) little stories for children; to wich are added short tales by Mrs Opie, Edgeworth, etc., selected and enlarged by Stephens. *Paris, Truchy*, 1829, in-18, 2 fr.
— Child's Teller (the) : an entertaining collection of amusing tales, by Mrs Opie, Dr Aikin, selected by J. Stephens. *Paris, Truchy*, 1829, in-18. — The second edit., enlarged. *Paris, Truchy*, 1835, in-18, 2 fr.
— Petit (le) maître d'anglais, ou Premiers éléments de la langue anglaise, mis à la portée de la jeunesse; accompagnés d'exercices courts et faciles, propres à faire l'application des règles précises qui y sont développées. *Paris, Truchy*, 1832, et 1836, in-18, 1 fr. 50 c.
— Pleasing (the) Teller : being a choice of little tales selected by J. Stephens. *Paris, Truchy*, 1830, 1834, in-18, 1 fr.
— Conteur (le) amusant. (The pleasing Tell). Choix de petites histoires et d'anecdotes (avec l'accent syllabique anglais); contenant 1° une traduction interlinéaire et analytique; 2° une traduction selon le génie de la langue française. *Paris, Truchy*, 1833, et 1834, in-18, 2 fr.
— Primer and practical spelling book, or

A new introduction to spelling and reading, containing easy lessons selected for the capacities of youth. *Paris, Truchy*, 1836, in-24 avec 4 grav., 1 fr. 50 c.

— Syllabaire anglais et français, ou Méthode facile pour enseigner aux jeunes gens à épeler et à lire l'anglais au moyen de grav. accompagnées de courtes phrases qui s'y rapportent; suivies de petites historiettes en anglais avec la traduction française en regard. Orné de 108 fig. coloriées. *Paris, Truchy*, 1833, 1836, in-18 avec 18 planches, 3 fr.

Avec M. Brown.

— Trimmer's (Mrs) simple tales for youth, to which are prefixed little stories selected by J. Stephens (1830). Voy. Trimmer.

STEPHENS, agriculteur à Liége, membre de la Société des sciences naturelles de cette ville.

Il a rédigé plusieurs mémoires sur l'agriculture de la province de Liége.

STEPHENSON (John). — Côtes (des) méridionales d'Angleterre, trad. de l'angl. *Paris*, an XII (1804), in-4.

STERNBERG (le comte Gaspard de), naturaliste allemand.

—Essai d'un exposé géognostico-botanique de la flore du monde primitif, trad. de l'allemand par le comte de Bray. *Ratisbonne*, 1821-24, 3 liv. formant un vol. in-fol. avec 39 pl. color., 96 fr.

— Revisionis Saxifragarum iconibus illustratæ. *Ratisbonnæ*, 1820, in-fol. cum 30 fig. æneis. — Supplementum I. *Ratisbonnæ*, 1821, in-fol. fig.— Supplementum II. *Pragæ, Calve*, 1831, in-fol. avec 16 pl. dont 10 enlum. Prix du vol. avec les deux suppléments, 48 flor. (120 fr.).

On trouve du comte de Sternberg, dans les recueils du Muséum d'histoire naturelle, et écrits en français, les deux morceaux suivants : Notice sur les analogues des plantes fossiles, avec 2 planches (Ann. du Musée, tom. V, 1804); — Lettre à M. Faujas de Saint-Fond (sur les plantes fossiles qui se trouvent dans les mines de charbon (Mémoires du Musée d'hist. natur., tom. V, 1819).

STERNE (Laurent), écrivain humoriste anglais.

— Lettres de Sterne à ses amis, traduites de l'angl. (par de La Baume). *Londres, et Paris, Desray*, 1788, in-8.

— Les mêmes, traduites sur les originaux nouvellement publiés à Londres par M. Durand de Saint-Georges. *La Haye*, 1789, in-12.

— Lettres d'Yorick à Eliza, traduites en français. 1776, in-12.

— Lettres d'Yorick à Eliza, et d'Eliza à Yorick. Trad. de l'anglais de Sterne; avec l'Éloge d'Eliza, par M. l'abbé Raynal. *Lausanne*, 1784, in-18; et 1786, in-12, avec fig.

—

— Life (the) and opinions of Tristram Shandy gentleman, with a life of the author by sir W. Scott. *Paris, Baudry*, 1832, in-8, 5 fr.

Cette édition fait partie de la Collection of ancient and modern british novels and romances.

— Vie (la) et les opinions de Tristram Shandy, trad. de l'angl. par Jos.-P. Frénais (et de Bonnay). *Paris, Volland*, 1785, 4 vol. in-12. — Nouvelle édit., augm. des Lettres d'Yorick à Elisa. *Paris, Volland*, 1786, 2 vol.— Suite de la Vie et des opinions de Tristram Shandy, trad. de l'angl. *York, et Paris, Volland*, 1786, 2 vol. En tout 4 vol. in-12.

Griffet de la Baume, dit A.-A. Barbier, n° 19070 de ses anonymes, publia la même année chez Buisson, une seconde traduction de la suite de Tristram Shandy, 2 vol. in-12 et 2 vol. in-18. Ce sont vraisemblablement les deux volumes annoncés dans le Journal de la librairie de Bellepierre de-Neuve-Eglise, numéro du 24 decembre 1785, lesquels deux volumes portent tomes III et IV.

— Le même ouvrage. *Paris, Hiard*; 1835, 4 vol. in-18, 2 fr. 60 c.

Cette édition fait partie de la Bibliothèque des amis des lettres.

—

—Sentimental (a) Journey through French and Italy, to which are added the letters to Eliza by Yorik. Stereotyped edition. *Paris, F.Didot brothera*, 1801, 1811, in-18, 75 c.; sur pap. fin d'Angoulême, 1 fr. 25 c.; sur pap. vél., 3 fr. et sur gr. pap. vél., format in-12, 4 fr. 50 c.

— The same Journey. *Paris, printed by F. Didot.—Malepeyre (* Baudry)*, 1822, in-32.

Cette petite édition fait partie d'un Collection of the British prose writers et en forme le tome IV.

— The same. *Paris, Baudry*, 1825, or 1835, in-18, 1 fr. 50 c.

— The same. *Lyon, and Paris, Cormon, and Blanc*, 1834, in-18.

—Voyage sentimental, par M. Sterne, sous le nom de Yorick; trad. de l'angl., par M. Frénais. *Amsterdam, et Paris, Gauguery*, 1769, 2 vol. in-12.

Première édition de cette traduction qui a été

fréquemment réimprimée. Les éditions faites depuis sont les suivantes :

Amsterdam et Paris, Lejay, 1774, 2 vol. in-12.

Édition avec les Lettres à Yorick. Lausanne, et Paris, Buisson, 1782, 1786, 2 vol. in-12.

Londres (Paris), Cazin, 1784, 2 vol in-18.

Genève, 1785, 2 vol. in-12.

Paris, 1790, in 8.

Paris, 1797, 2 vol. in-18.

Paris, Lebègue, 1820, 2 vol. in-12, 4 fr. Édition commune et fautive qui fait partie d'une Bibliothèque d'une maison de campagne.

Édition suivie des Lettres d'Yorick à Elisa et d'Elisa à Yorick. Paris, Ledentu, 1822, 2 vol. in-18 ornés de 4 grav., 3 fr.

Paris, Froment, 1825, in-32 avec une fig. et un titre gravé, 3 fr. 50 c.

Édition suivie des Lettres d'Yorick et d'Elisa. Paris, Dauthereau, 1827, in-32, 1 fr. 25 c. Ce petit volume fait partie de la Collection des meilleurs romans franç. et étrang., pub. par le même libraire.

Édition conforme à la précédente. Paris, Ledentu, Dauthereau, 1832, 2 vol. in-32, 2 fr. 50.

Édition précédée d'une Notice écrite par Sterne lui-même. Paris, Hiard, 1833, in-18, 65 c. Volume faisant partie de la Bibliothèque des amis des lettres.

Paris, Riom, 1835, in-18, 35 c.

— Voyage sentimental de Sterne, suivi des Lettres d'Yorick à Eliza ; traduction nouvelle, accompagnées de notes historiques et critiques, par Paulin Crassous. En anglais et en français. *Paris, Dufour*, an VII (1799), 2 vol. in-4 sur gr. pap. vél., ornés de six estampes dessinées par Monsiau, et grav. par les meilleurs artistes, cart., 60 fr.

Assez belle édition. Aujourd'hui 24 à 36 fr., et plus avec les figures avant la lettre.

— Les mêmes, de la même traduction. *Paris, Didot le jeune*, 1801, 3 vol. in-18, sur pap. vélin, ornés de 6 grav., 7 fr. 50 c.

Cette traduction est plus fidèle, mais moins bien écrite que celle de Frenais.

— Voyage sentimental de Sterne, traduction nouvelle par M. Moreau-Christophe, ornée du portr. de Sterne et accompagnée de notes historiques, critiques et littéraires. *Paris, J.-G. Dentu*, 1828, in-18, 5 fr.

Il existe en français plusieurs ouvrages dont celui de Sterne a servi de modèle et entre autres les suivants :

Suite au Voyage sentimental de Sterne, en deux chapitres. Par mademoiselle de Lespinasse. Impr. d'abord dans le tome II des Œuvres posthumes de d'Alembert et réimprimée depuis dans quelques éditions des Œuvres de Sterne et notamment celles de 1818, et de 1825-27.

Nouveau Voyage sentimental, par M. G... Y... (Gorgy). Londres, et Paris, Bastien, 1784, in-16.

Voyage pittoresque et sentimental dans plusieurs provinces occidentales de la France (en prose et en vers, par le maréchal Brune. Paris, 1788, in-8.

Fragments d'un Voyage sentimental et pittoresque dans les Pyrénées... Par J.-Fl. B. de Saint-Amans. Metz, 1789, in-8.

Voyageur (le) sentimental en France sous Robespierre, par F. Vernes. 1799, 2 vol. in-12.

— Sermons choisis de L. Sterne, trad. de l'angl. par M. D. L. B. (de La Baume). *Londres, et Paris*, 1786, in-12.

— Œuvres complètes de L. Sterne, trad. de l'angl. par Frénais. *Londres (Paris), Buisson*, 1787, 6 vol. in-12 ; — *Paris*, 1797, 6 vol in-18, 9 fr.

— Œuvres complètes de L. Sterne (traduction de Frénais, Bonay et Salaville), publiées par Jean-François Bastien. *Paris, l'Éditeur*, 1803, 6 vol. in-8 avec 16 grav. par Saint-Aubin, 30 fr., pap. vél. 60 fr.

Édition fort incorrecte ; elle contient : la Vie de l'auteur ; des Mélanges très-curieux et remplis de philosophie, dans lesquels il traite de l'origine de Tristram Shandy, etc. ; les Opinions de Tristram Shandy ; le Voyage sentimental, et la conclusion ; les Lettres de Sterne à Élisa, précédées de l'Éloge de cette dernière ; ses Sermons ; ses Lettres particulières, dans lesquelles il se peint lui-même ; des Pensées, des Anecdotes.

— Les mêmes, traduites de l'anglais par une société de gens de lettres. *Paris, Ledoux et Tenré*, 1818, 4 vol. in-8 ornés de 16 grav., 24 fr. ; ou *Paris, les mêmes*, 1818, 6 vol. in-18, ornés de 9 grav., 10 fr. ; — et *Paris, Salmon*, 1825-27, 4 vol. in-8.

L'indication suivante, que nous donnons des ouvrages que renferme cette collection est d'après l'édition in-8. Tome Ier, la Vie de Sterne, les Mémoires de Sterne et les cent quarante premiers chapitres de la Vie et Opinions de Tristram Shandy, trad. par Frenais ; le tome II, la fin de ce dernier ouvrage ; Tom. III, le Voyage sentimental, suite et conclusion du Voyage sentimental, trad. par le même ; deux chapitres dans le genre du Voyage sentimental, mademoiselle Lespinasse ; l'Éloge d'Elisa Draper, par l'abbé Raynal ; la Correspondance d'Yorick avec Élisa, traduction de M. Salaville ; les Lettres de Sterne, traduction de La Beaume ; un Fragment dans le genre du Voyage sentimental ; tom. IV, Sermons, traduction de Frenais et de La Beaume ; Pensées diverses, traduction de La Beaume ; Mémoires sur Sterne et sa famille ; Analyse de Tristram Shandy, et Fragments à la manière de Sterne (trad. de l'angl. par A.-F. Mellinet aîné).

— Œuvres complètes de Sterne. Voyage sentimental. — Tristram Shandy. — Lettres d'Yorick. — Sermons. — Œuvres diverses. — Œuvres choisies de Goldsmith. — Le Ministre de Wakefield. Nouvelle édition, revue et augm. de Notices biographiques et littéraires, par sir W. Scott, traduites par M. Francisque Michel. *Paris, Delloye ; Lecou*, 1838, gr. in-8, orné de 8 grav., 12 fr.

— Beautés (les) de Sterne, formées de plusieurs de ses Lettres et de ses Sermons ; des morceaux les plus touchants, des descriptions les plus gaies et des observations sur la vie, les plus judicieuses. Traduites de l'anglais, sur la onzième édit. (par V. B.) *Paris, Desenne, sans date* (1800), 2 part.

ties in-8, de VIII-207 et 240 pag., 6 fr.

— Sterne et Mackensie, morceaux choisis et traduits par M. E. Henrion, avec une notice sur chaque auteur, par M. J. Janin. *Paris, rue Férou*, n° 18, 1829, in-18.

Ce volume fait partie de la «Bibliothèque choisie».

STERNE (le comte Maximilien de), ancien officier au service d'Autriche.

— Illustre (l') esclave, ou la Vie et les aventures, etc., trad. de l'italien (1811). Voyez ce titre aux ouvrages anonymes.

STERNE (Edouard). — Hérétique (l') et l'apostat, ou les Matines de S. Barthélemy. *Paris, Pougin*, 1836, 2 vol. in-8, 15 fr.

STERNOW (L.). — Conteur (le). Livre élémentaire à l'usage des enfants, rédigé d'après les contes de Bouilly. *Pirna, Frise*, 1811, ou 1817, in-12, 2 fr. 50 c.

Il y a des exemplaires avec texte français et allemand.

STETTEN (Paul). — * Lettres d'une femme du quatorzième siècle, traduites de l'allem. *Amsterdam, et Paris, Nyon l'aîné et fils*, 1788, in-18, fig.

STEUR (Ch.), ancien avocat à la cour royale de Bruxelles, aujourd'hui à Gand, membre de l'Académie royale des sciences et belles-lettres de Bruxelles et de plusieurs sociétés savantes.

— Mémoire sur l'administration générale des Pays-Bas Autrichiens, sous le règne de l'impératrice Marie-Thérèse, qui a remporté le prix (de l'Académie royale de Bruxelles) au concours de 1827. *Bruxelles, Hayez*, 1827, in-4 de 224 pag.

Impr. aussi dans le sixième volume du recueil des Mémoires couronnés par la même Académie.

— Mémoire en réponse à la question proposée par l'Académie royale de Bruxelles : Donner un précis historique qui fasse connaître l'état politique, administratif et judiciaire, civil, religieux et militaire des Pays-Bas Autrichiens, sous le règne de Charles VI, depuis le traité d'Utrecht jusqu'à l'époque de l'inauguration de Marie-Thérèse. *Bruxelles, Hayez*, 1828, in-4 de 411 pag.

Impr. aussi dans le septième volume du Recueil des mémoires couronnés par la même académie.

— Mémoire couronné sur la question : Quels sont les événements qui ont amené, accompagné et suivi les troubles et les dissensions qui, en 1539, motivèrent le voyage de Charles-Quint à Gand, et furent cause qu'en 1550, il y fut construit une citadelle. *Bruxelles, M. Hayez*, 1833, in-4.

Imprimé aussi dans le tom. X du Recueil des mémoires couronnés par la même académie.

M. Steur est l'un des rédacteurs de la *Thémis belgique*.

STEVENIN (A.), curé de Guincourt (Ardennes).

— Grammaire française théorique et pratique par demandes et par réponses. Sec. édit. *Paris, de l'impr. de Dupont*, 1833, 2 vol. in-12, 2 fr. 50. c.

La première édition est de Mezières, 1832.

— Lecture théorique et pratique, ou Recueil méthodique et complet des règles à suivre pour bien lire et pour bien prononcer tous les mots de la langue française, avec un appendice sur la lecture du latin, formant la première partie de la grammaire théorique et pratique. *Paris, Dupont*, 1833, in-18, 90 c. — V° édit. *Paris, Dupont*, 1836, in-18, 75 c.

— Orthographe française théorique et pratique, ou Recueil méthodique et complet des règles à suivre pour écrire correctement tous les mots de la langue française, suivi d'exercices sur l'application raisonnée de ces règles, formant la quatrième partie de la grammaire française théorique et pratique. *Paris, Dupont*, 1834, in-12, 1 f. 25 c. — IV° édit. *Paris, le même*, 1835, in-12, 1 fr. 25 c.

STEVENS (le doct.). — Chaîne (la) d'or pour enlever les âmes de la terre au ciel, ou Considérations importantes sur les quatre fins de l'homme, avec des avis très-utiles pour bien mourir; trad. de l'angl. *Amsterdam, Daniel de la Feuille*, 1702, in-12.

STEVENS. — Histoire de la Virginie. *Amsterdam*, 1712, in-12, avec gravures.

STEVENS (Marie-Wilhelmine Mercier, dame de); née à Cassel, le 18 janvier 1734, morte en.....

— * Entretiens moraux d'une gouvernante avec son élève. *Breslau*, 1776, in-8.

— * Fables et Contes de Gellert, trad. en vers français (1777). Voy. Gellert.

STEVENSON (W.-B.). — Relation historique et descriptive d'un séjour de 20 ans dans l'Amérique du sud, ou Voyage en Araucanie, au Chili, au Pérou et dans la Colombie; suivie d'un Précis des révolutions des colonies espagnoles de l'Amérique du Sud, traduit de l'anglais, et augmentée de la suite des révolutions de ces colonies, depuis 1823 jusqu'à ce jour, par Setier. *Paris, Kilian*, 1826, 3 vol. in-8 avec cartes et planches, 30 fr.

Traduction reproduite deux ans plus tard sous le titre suivant :

Voyage en Araucanie, au Chili, au Pérou et dans la Colombie, ou Relation historique et descriptive d'un séjour de vingt ans dans l'Amérique du sud ; suivie d'un Précis des révolutions espagnoles de l'Amérique du sud ; trad. de l'angl. de W.-B. Stevenson, et augmentée de la suite des révolutions de ces colonies, depuis 1823 jusqu'à ce jour, par Sétier. Paris, Mongie aîné, 1828, 3 vol. in 8.

STEWARD (J.).—Stranger's guide (the) to Paris and its environs, etc. *Paris, Baudry*, 1834, in-18, 5 f.; or with a map of Paris and 32 views, rel., 7 fr. 50 c.

STEWART (James). — Recherches sur les principes de l'économie politique des nations libres ; trad. de l'angl. (par M. de Senovert). *Paris, Didot aîné*, 1789, 5 vol. in-8.

Traduction rare : 40 à 50 fr.

STEWART (Dugald), professeur de philosophie morale à l'université d'Édimbourg, membre de la Société royale d'Édimbourg, et de diverses sociétés savantes ; mort à Edimbourg, le 11 juin 1828.

— Éléments de philosophie de l'esprit humain, trad. de l'angl. par Prévost. *Genève, J.-J. Paschoud, et Paris, P. Gauthier et Bretin*, 1808-26, 3 vol. in-8, 18 fr.

La traduction du troisième volume, qui a paru en 1826, sous le voile de l'anonyme, est due à Farcy, l'un des traducteurs de Platon.

— Esquisses de philosophie morale, trad. de l'angl. sur la 4e édit., par M. Th. Jouffroy. *Paris, A. Johanneau*, 1826, in-8 de 396 pag., 6 fr. — Sec. édit. *Paris, le même*, 1833, in-8, 7 fr.

Dans la première édition, la préface du traducteur a 152 pag.

On a publié une Analyse des *Esquisses de philosophie morale*.

— Essais historiques sur la vie et les ouvrages de William Robertson, auteur des histoires d'Écosse, de Charles V et d'Amérique ; écrits à sa prière, par Dugald Stewart ; contenant les Lettres inédites de Robertson, de MM. Hume, Walpole, lord Lyttleton et autres écrivains célèbres ; et traduits de l'anglais par J.-G. Ymbertun. *Paris, Léopold Collin*, 1806, in-8 de xx et 214 pag., 3 fr.

— Essais philosophiques sur les systèmes de Locke, Berkeley, Priestley, Horne-Tooke ; trad. de l'angl. par Ch. Huret. *Paris, Johanneau*, 1828, in-8, 7 fr.

Ce volume renferme cinq essais, précédés d'une Dissertation préliminaire. Ces cinq essais traitent : 1° De l'opinion de Locke relativement à l'origine de nos idées, et de son influence sur les doctrines de quelques-uns de ses successeurs. Cet Essai avait déjà été traduit par M. Buchon, qui l'a placé dans le deuxième volume de l'Histoire des sciences métaphysiques ; 2° De l'Idéalisme de Berkeley ; 3° De l'influence que Locke a exercée sur les systèmes philosophiques qui ont dominé en France pendant la dernière moitié du xviiie siècle ; 4° Des théories métaphysiques de Hartley, Priestley et Darwin ; 5° De la tendance de quelques spéculations philologiques publiées récemment.

— Histoire abrégée des sciences métaphysiques morales et politiques, depuis la renaissance des lettres ; trad. de l'angl., et précédée d'un discours préliminaire, par J.-A. Buchon. *Paris, et Strasbourg, Levrault*, 1820-23, 3 vol. in-8, 18 fr.

Cet ouvrage n'existe pas en anglais sous ce titre : c'est la traduction de deux discours sur les progrès de la philosophie, de la métaphysique, de la morale et de la politique, depuis la renaissance des lettres, placés dans l'Encycl. britann. : l'un à la tête du premier volume, et l'autre à la tête du cinquième volume du Supplément. La traduction française est précédée d'un Discours remarquable du traducteur.

— Notice sur la vie et les écrits de Thomas Reid, professeur de philosophie morale dans l'université de Glascow.

Cette Notice a été traduite par deux personnes : la première fois par M. Th. Jouffroy, et sa traduction est imprimée dans le tome Ier des Œuvres complètes de Reid, qu'il a publiée (1828 et ann. suiv.) ; et la seconde fois par M. Thurot. Cette dernière traduction est imprimée pages 401 à 528 des Œuvres posthumes de M. Thurot (Paris, 1837, in-8).

— Philosophie des facultés actives et morales de l'Homme ; traduction de l'anglais, par le docteur Léon Simon. *Paris, Johanneau*, 1834, 2 vol. in-8, 15 fr.

Les diverses traductions de cet auteur ont été réimprimées à Bruxelles, sous le titre d'*Œuvres*, gr. in-18 et in-8.

STEWART (J.-H.). —Récit de la perte du bateau à vapeur le Rothsay-Castle, par J.-H. Stewart, trad. de l'angl. *Paris, Risler*, 1832, in-12.

STEWENS (le docteur W.).—Observations sur le traitement du choléra. Méthode qui a obtenu des succès éclatants en Angleterre, en Russie, etc., trad. de l'anglais par Frank Nicholls. *Toulouse, de l'impr. de Froment*, 1835, in-12 de 36 pag.

STICOTTI (Antoine-Fabio), artiste dramatique et littérateur.

— * Alzaïde, tragédie (en cinq actes et en prose), par M. S***. *Berlin, G.-J. Decker*, 1761, in-8.

— * Art (l') du théâtre, poëme didactique et moral. Par M. S**. *Berlin, Jasperd et Bourdeaux*, 1760, in-8.

— * Carnaval (le) d'été, ou le Bal aux boulevards, parodie du Carnaval du Parnasse (en un acte et en prose, mêlée de vaudevilles et d'ariettes). Par M. ***. *Paris, N.-B. Duchesne*, 1759, in-8.

Avec Morabin.

— * Compliment prononcé par Caroline et Arlequin à l'ouverture du théâtre des comédiens italiens ordinaires du roy, le lundi 26 avril 1745. (en vers libres). *Sans nom de ville, ni d'imprimeur* (1745), in-8.

Avec Panard.

— * Cybelle amoureuse, parodie nouvelle d'Atys (en un acte, toute en vaudevilles). *Paris, Prault père*, 1738, in-8,

— * Dictionnaire des gens du monde, historique, littéraire, critique, moral et physique. *Paris, Costard*, 1770, 5 vol. in-8.

—*Dictionnaire des passions, des vertus et des vices (publié par l'abbé SABATIER, de Castres). *Paris, Vincent*, 1769; — *Paris, Laporte*, 1777, 2 vol. in-8.

— * Étrennes fourrées, dédiées aux jeunes Frilleuses, ou les Pelisses sympatiques. *Genève, et Paris, Merlin*, 1770, in-12.

—Faux (les) devins, comédie en trois actes et en vers. *Paris*, 1759, in-8.

Avec P.-N. Brunet.

— Festes (les) sincères, comédie en un acte et en vers libres.

En société avec Panard (voy. ce nom).

—*Garrick, ou les Acteurs anglais, contenant des observations sur l'art de la représentation et le jeu des acteurs; trad. de l'angl. *Paris, Lacombe*, 1769, in-8; et *Paris, Costard*, 1770, in-12.

—*Gasconnades (mes). *Berlin*, 1762, in-12.

— Impromptu (l') des acteurs, comédie en un acte et en vers (libres). *Paris, Delormel*, 1745, in-8; — *Paris, Duchesne*, 1761, in-12.

Avec Panard.

— * Mérope travestie (comédie en un acte et en vers). Par M. S***. *Berlin, sans nom d'impr.*, 1759, in-8.

— * OEuvres d'un paresseux bel esprit, pendant la guerre, par M. S***, comédien de S. M. le roi de Prusse. *Berlin*, 1760, in-8.

— Roland, parodie nouvelle (en un acte et toute en vaudevilles). *Paris, Prault*, 1744, in-8.

Avec Panard.

On cite quelques autres pièces de Sticotti, mais qui ne paraissent pas avoir été imprimées, entre autres les suivantes : les Ennuis de Thalie, 1757; les Noms changés, 1758; Amadis, parodie, 1760, etc.

—* Soupirs (les) d'Eurydice aux Champs-Élysées. *La Haye, et Paris, Costard*, 1770, in-8.

STIEFFELIUS (le past. G.). — Album littéraire ( ). Voy. ce titre à la table des ouvrages anonymes et polyonymes.

— Grammaire (nouvelle) méthodique, ou Exercices de grammaire française en trente leçons, avec un cours de thêmes et de versions. Sec. édit. *Berlin, Jonas*, 1833, in-12, 2 fr. 50 c.

— Vocabulaire systématique français-allemand; suivi de gallicismes, germanismes, proverbes et quelques entretiens familiers. A l'usage des écoles. IIIe édit. *Berlin, Jonas*, 1833, in-12, 1 fr. 50 c.

STIEGLITZ (le docteur L.-C.). — Plans et dessins tirés de la belle architecture, ou Représentations d'édifices exécutés ou projetés, en 115 planches en taille-douce, avec les explications nécessaires. *Leipzig, Voss et Compag.*, 1800, gr. in-fol., 160 fr.

Volume porté à 100 fr. dans le Catalogue de MM. Treuttel et Wurtz, de 1838.

Ce livre est très-commun. Il en existe 100 exempl. datés de Paris, 1801, qui ont une préface de deux pages qui n'est pas dans les autres.

STIERNEMANN. — Essai sur l'application de la discipline militaire des anc. Grecs et Romains à notre temps d'aujourd'hui. *Strasbourg, J. Lorenz*, 1772, in-4.

—Principes de l'art de la guerre détaillés avec ordre, prouvés par une description exacte de la discipline militaire des anciens Grecs et Romains. *Strasbourg, J. Lorenz*, 1765, in-8. — Nouv. édit. *Copenhague, Bonnier*, ..., in-8 avec 8 pl., 4 fr. 60 c.

STIÉVENARD (l'abbé). Voy. FÉNÉLON.

STIÉVENART (J.-F.), ancien élève de l'École polytechnique.

— Considérations sur les dieux d'Homère, thèse de littérature présentée à la Faculté des lettres de Strasbourg, et soutenue publiquement le samedi 11 août 1827. *Paris, l'Auteur*, 1827, in-4 de 44 pag.

—Esquisses de littérature grecque, romaine et française. *Lyon, au bureau de l'Abeille française*, 1833, in-12, 3 fr.

— Poésies lyriques d'HORACE, traduction nouvelle, accompagnée d'études analytiques et du texte collationné sur les meilleures éditions critiques et sur un manuscrit du onzième siècle non encore consulté. *Paris, L. Hachette*, 1827, in-8, 7 fr.

— Une séance de l'agora, ou Démosthène à la tribune; avec une Notice anonyme sur cet orateur, traduite pour la première fois du grec en français, par J.-F. Stiévenart. *Paris, Hachette*, 1833, in-8 de 64 pages, 1 fr. 50 c.

M. Stievenart, en outre, est l'un des traducteurs du Cicéron qui fait partie de la Bibliothèque latine-française, publiée par Panckouke. M. Stiévenart a traduit de l'orateur romain le traité *des biens et des maux*, et celui *des devoirs*.

STILL (le major-général de), mort en 1752.

—*Campagnes du roi de Prusse (Frédéric II), avec des réflexions sur les causes des événements. *Amsterdam*, 1763, 2 vol. in-12.

STILLIÈRE-LALANDE. — Gaule (la) française, ou les Français dans les Gaules, avec les règnes de leurs rois, la révolution toute entière et l'historique de toutes les constitutions, lois, usages et coutumes depuis la fondation de la monarchie jusqu'à la restauration. *Paris, Blanchard*, 1827, 2 vol. in-8, 12 fr.

STINSTRA (J.). — Lettre pastorale contre le fanatisme. *Leide*, 1752, in-12.

STOCKHUSEN (Sam.). — Traité des mauvais effets de la fumée de la litharge, trad. du lat. par J.-J. Gardane, pour servir de suite à l'Histoire des maladies des artisans. *Paris*, 1776, in-12.

Le mérite du texte de cet ouvrage est relevé par les notes du traducteur.

STOCKINGBACH. — Fatal Jealousy, or Friendship's Balm, from the german of Stockingbach. *Paris, Galignani*, 1816, in-8 de 16 pag.

STOEBER (J.). — Iconologie (l') expliquée par les figures, ou Traité complet des allégories, emblêmes, etc., contenant 225 fig. grav., accompagnées d'un texte franç. et russe. *Moscou*, 1803, 2 vol. in-4 obl., 25 fr.

STOEBER (Ehrenfried), anc. notaire et licencié en droit, membre de la Société des arts et sciences de Strasbourg, membre honoraire du Musée de Francfort.

—Alsa, eine monatschrift. *Strasburg, gedr. bey Dannbach*, jan. 1817, in-8.

Journal mensuel dont il n'a paru que quelques numéros.

— An Catalani. (Strophen). *Strasburg, gedr. bey Dannbach*, 1816, in-4 de 4 p.

—Bemerkungen über das Elsasz, veranlaszt durch Deutche-Zeitungs artikeln. *Strasburg, gedr. bey Levrault*, 1814, in-8 de 28 pag.

— Busfertiger sünder. *Strasburg*, 1784, in-8, 75 c.

— Daniel, oder der Strasburger, eine lustspiel mit gesangen in zwei aufzuegen zum theil in elsæzischer mundart. *Strasburg, Schuler*, 1825, in-8, mit kupf.

— Discours prononcé sur la tombe du général Gruyer. *Strasbourg, Schuler*, 1822, in-8 de 12 pag.; ou en allem. *Ibid.*, 1822, in-8 de 12 pag.

— Gedichte. Zweite Auflage. *Strasburg, Treuttel u. Wurtz*, 1815, in-8, 2 fr. 25 c.

—Gedichte und kleine prosaische Aufsaetze in elsasser mundart. *Strasburg, gedr. bey Dannbach*, 1831, in-8 de 68 pag.

— Griechenlands erwachen, eine hymne. *Strasburg, gedr. bey Levrault*, 1821, in-8 de 8 pag.

— Heimkehr (die), gedichtet auf den hœhen Vogesen, etc. Gedicht. *Strasburg, Schuler*, 1822, in-8 de 4 pag.

—Kurze Geschichte und charakteristik des schoenen Literatur der Deutschen. *Paris u. Strasburg, Levrault*, 1826, in-8.

— Leçons allemandes de littérature et de morale, ou Recueil, en prose et en vers, des plus beaux morceaux de la littérature allemande. *Paris, Levrault; Le Normant; et Strasbourg, Levrault*, 1827-28, 3 vol. in-8, 16 fr.

Avec M. Fr.-Jos. Noel. Nous avons dit à l'article de ce dernier que le principal auteur de cette compilation, et peut-être le seul, était M. E. Stœber, qui pourtant n'est présenté sur les frontispices de l'ouvrage que comme le collaborateur de M. Noël.

On peut se procurer séparément le premier volume, formant une Introduction qui renferme une *Histoire abrégée de la littérature allemande*. Prix: 6 fr., et les Leçons, 2 vol., 10 fr.

M. Stoeber a publié depuis, pour faire suite à cet ouvrage, *Kurze Geschichte und carakteristik der schœnen Literatür der Deutschen*. (Voy. ci-dessus).

— Leçons allemandes de littérature et de morale par MM. Noel et Stoeber (trad. par MM. Derome, Hermel, Ruh, Sauveroche et Brunner. *Hagueneau, Kæssler*, 1828, 2 vol. in-8.

Les traducteurs n'ont point donné la traduction du premier volume de la compilation originale.

— Liederkranz für Kinder und ihre Freunde. *Strasburg, Treuttel u. Wurtz*, 1827, in-12, 2 fr.

— Lyrische Gedichte. *Strasburg, Treuttel und Wurtz*, 1811, in-8 de 118 pag.

— Rede des herrn Humann, etc., ueber den Krieg mit Spanien, aus dem franzœsich übers. (1823). Siehe Humann.

—Sommerabend (der) auf dem Munster zu Strasburg: lyrische scene. *Strasburg, Treuttel u. Wurtz*, 1816, in-8 de 24 pag., 25 c.

—Strasburgs jubelfeyer der Reformation. (Im verse.) *Strasburg, Treuttel und Wurtz*, 1817, in-8 de 32 pag.

Il y a une seconde édition imprimée dans la même année, qui ne forme que 16 pag.

— Tempelherren (die), ein trauerspiel von Raynouard nach dem franzoesch. metrisch uebers (1805). Siehe RAYNOUARD.

STOEBER (Henri). — Eine Blume auf Lambrechts Grab. *Strasburg, Schuler*, 1823, in-8 de 12 pag.
— Gedichte und kleine prosaische Aufsaetze in Elsasser mundart. *Strasburg, gedr. bey Dannbach*, 1829, in-8 de 72 pag.

M. H. Stœber, en outre, a traduit du français en allemand les trois ouvrages suivants : Édouard, par la duch. de DURAS (1825) ; — les Aventures d'Auguste Minard, par L.-B. PICARD (1826) ; — et les Paroles d'un croyant, par M. de LA MENNAIS (1834).

STOEBER aîné (D.-E.), avocat.
— Discours prononcé sur la tombe de Jean-Jacques Schœff, le 12 novembre 1829. *Besançon, de l'impr. de Déis*, 1829, in-8 de 4 pag.
— Général (le) Foy en Alsace. *Paris, Sautelet*, 1826, in-8 de 16 pag.
— Le même, en allemand. *Strasbourg, de l'impr. de Silbermann*, 1826, in-8 de 16 pag.
— Prosélytisme (du) et de l'incapacité des mineurs de changer de religion. *Strasbourg, de l'impr. de Schuler*, 1825, in-8.
— Vie de J.-F. Oberlin, pasteur à Waldbach. *Paris, Treuttel et Wurtz*, 1831, in-8 avec 9 lithographies.

STOEBER (Victor). — Manuel pratique d'ophthalmologie, ou Traité des maladies des yeux. *Strasbourg, et Paris, Levrault*, 1834, in-8 orné de 3 pl., 9 fr.
— Organisation (de l') médicale en France. Mémoire qui a obtenu une médaille d'or au concours ouvert en 1829 par la Société royale de médecine de Marseille, sur les questions suivantes, etc. *Strasbourg, de l'impr. de Levrault*, 1830, in-8 de 112 pag.

STOEBER (Auguste). — Kurze Geschichte der neuster franzœsischen revolution im july and august 1830. *Strasburg, gedr. bey Schuler*, 1831, in-8 de 48 pag.
— Alsa-Bilder : Vaterlandische Sagen und Geschichten. (Gedichten). *Strasburg, gedr. bey Dannbach*, 1836, in-12.

Avec son frère Adolphe Stœber.

— Essai historique et littéraire sur la vie et les écrits de Jean Geiler, de Kaisersberg. Dissertation présentée à la Faculté de théologie de Strasbourg et soutenue publiquement le 19 avril 1834, pour obtenir le grade de bachelier en théologie. *Strasbourg, de l'impr. de Silbermann*, 1834, in-4 de 44 pag.

STOEBER (Gottlieb). — Dem Helden-tod der Polen. (Im verse). *Strasburg, gedruckt bey Schuler*, 1832, in-4 de 4 pag.
— Patriotische ode dem Burger-Konig Ludwig Philipp I. *Strasburg, gedr. bey Silbermann*, 1831, in-8 de 8 pag.

STOEBER (Adolphe). — Alsa-Bilder (1836). Voy. Aug. STOEBER.

STHOELIN ( ), ministre, protestant, l'un des premiers rédacteurs de la Bibliothèque britannique, fondée en 1733.

STOEPEL (François), professeur de chant et de piano.
— Méthode élémentaire et progressive de chant. *Paris, l'Auteur, rue Monsigny, n. 6*, 1834 et ann. suiv.
— Méthode élémentaire et progressive de piano. *Paris, l'Auteur, rue Monsigy, n° 6*, 1834 et ann. suiv.
— Méthode théorique et pratique de chant. *Paris, rue de Hanovre, n° 8*, 1837, in-4 gravé, 8 fr.
— Méthode théorique et pratique de piano. *Paris, rue de Hanovre, n° 8*, 1837, in-4 gravé, 8 fr.
— Principes élémentaires de la musique et du chant, suivis d'un Recueil de vocalises. *Paris, rue de Hanovre, n° 8*, 1836, in-8 de 52 pag.

STOLBERG (le comte F.-L. de). — Iamben, nebst einer Vorrede von Fr.-W. GERMAN MAURER. *Paris, Gutmann*, 1838, in-12 de 96 pag., 1 fr. 50 c.
— Traité de l'amour de Dieu, trad. de l'allem., avec des notes par M. WAILLE et G. D***. (Will. DUCKETT). *Paris, Bricon*, 1829, in-18, avec le portr. de l'auteur, 3 fr. 50 c.; et sur pap. vélin, avec le portr. sur pap. de Chine, 6 fr.
— Le même Traité, trad. par MM. Antony LUIRARD et H***. *Paris, B. de St-Paul*, 1836, in-18, 3 fr.
— Vie d'Alfred-le-Grand, roi d'Angleterre, par le comte de Stolberg, trad. de l'allem. par William DUCKETT. *Paris, Bricon*, 1831, in-18 avec un portr., 3 fr. 50 c.

A la tête d'un volume imprimé en 1837, sous le titre de « Nouvelles Anecdotes chrétiennes », on trouve la traduction d'un opuscule du comte de Stolberg, intitulé : *Motifs de revenir à la religion*, et une Notice sur son retour à l'Église catholique.

STOLIPINE (de), colonel de l'artillerie à cheval des gardes.
— Mémoire sur le profil en fortification.

Saint-Pétersbourg, *Ch. Weyher*, 1816, in-8 de 55 pag. avec un plan.

STOLL (Gasp.). — Représentation exactement colorée d'après nature des cigales et punaises qui se trouvent dans les 4 parties du monde (en holland. et en franç.). *Amsterdam, J.-Chr. Sepp*, 1780, 12 num. formant 2 vol. in-4.

— Représentation exactement colorée d'après nature des spectres, mantes, sauterelles, grillons, criquets et blattes, qui se trouvent dans les quatre parties du monde (en holland. et en franç.). *Amsterdam*, *J.-Chr. Sepp*, 1747, in-4.

— Supplément à l'ouvrage intitulé : les Papillons, etc., par Pierre Cramer, contenant les figures exactes des chenilles et des chrysalides de Surinam. *Amsterdam*, *S.-J. Baalde*, 1787, 7 num. in-4.

STOLL (Maximilien), médecin ordinaire de l'hôpital de la Sainte-Trinité et professeur de médecine à l'hôpital pratique de Vienne (Autriche).

— Aphorismes sur la connaissance et la curation des fièvres, publiés par Maxim. Stoll, traduits en français par J.-N. Corvisart, avec le texte latin. *Paris*, *Méquignon l'aîné*, an v (1797), in-8, 6 fr.

— Aphorismes sur la connaissance et la curation des fièvres, publiés par Maxim. Stoll, et traduits en franç., par P.-A.-O. Mahon. *Paris*, *Gabon et Compagnie*, an IX (1801), in-8, de VII et 300 pag.; ou *Paris*, *Gabon*; *Brosson*, 1809, in-8, 3 fr.

Ce volume se joint ordinairement à la Médecine pratique de Maxim. Stoll, etc.; trad. par P.-A.-O. Mahon, soit comme tome IVe à l'édition de l'an IX qui est en trois volumes, soit comme tome IIIe à celle de 1809, qui n'a que deux volumes.

— Manuel des goutteux, ou Dissertation médicale, sur l'arthrite ou la goutte, d'après les leçons de Maxim. Stoll, soutenue par And. Szoots; augm. de notes et de réflexions pratiques tirées de Vogel, Lentin, etc. Le tout trad. du latin et de l'allem. en franç. par B. Duteilleul. 1803, in-12, 2 fr. 50 c.

— Médecine clinique, trad. du latin par C.-J. Bosé, et augm. de notes. An VI (1798), in-8.

— Médecine pratique de Maxim. Stoll. Traduction nouvelle, à laquelle on a joint une Dissertation du même auteur, sur la matière médicale; l'Éloge de Stoll, par Vicq-d'Azyr, deux tables, l'une analytique, l'autre des matières (avec des notes de MM. Pinel, Mahon, Baudelocque, etc.). Par P.-A.-O. Mahon. *Paris*, *Brosson*; *Gabon*, 1801, 3 part. in-8, 12 fr.

STOLLÉ (Édouard). — Industrie (l') manufacturière et ses progrès en 1838. *Paris*, *de l'impr. de Crapelet*. — *Aug. Mathias*, 1838, in-8 de 80 pag., 2 fr.

STOLLENWERCK, ancien officier de carabiniers au service de Russie; né en France, d'une famille originaire de Juliers.

— Recherches historiques sur les principales nations établies en Sibérie. Ouvrage trad. du russe (1801). Voy. Fischer.

STOLZ (Jean-Chrétien), membre de la Société d'agriculture et de l'économie intérieure de Strasbourg.

— Flore des plantes qui croissent dans les départements du Haut et Bas-Rhin, formés de la ci-devant Alsace. *Strasbourg*, *Levrault*, 1802, in-12, 1 fr. 50 c.

STOLTZ (J.-A.). — Recueil d'observations sur des cas de grossesses douteuses, trad. de l'allemand (1830). Voy. G.-J. Schmitt.

STONE (E.), de la Société royale de Londres.

— Analyse des infiniments petits, trad. de l'angl. par Rondet, avec une préface du P. Castel. *Paris*, *Gandouin*, 1735, in-4.

STONE (John-Hurford), imprimeur à Paris et savant distingué; né dans le comté de Devon, en Angleterre, vers 1765, mort à Paris, le 12 avril 1821.

— Lettre à M. A.-F.-T. Du F*** (Th. Du Fossé), membre du consistoire et trésorier de l'église protestante de Rouen. *Paris*, 1800, in-8 de 55 pag.

Signé Photinus.

— Poetry of the Monch, a romance (from Lewis). *Paris*, 1807, br. in-12 de 28 pag.

Brochure qui a été tirée à très-petit nombre, et qui est fort rare aujourd'hui : l'éditeur l'a publiée dans le singulier but de mettre séparément dans les mains de tout le monde toutes les jolies poésies anglaises qui se trouvent dans le roman noir et un peu libre du Moine, dont la lecture n'est pas toujours des meilleures.

Stone a été long-temps un des bons imprimeurs de Paris : il est connu par diverses impressions très-soignées, entre autres, la Sainte Bible, désignée sous le nom de *Bible Stone*, 1805, in-12 de 1330 pages. On lui doit aussi l'impression de divers classiques anglais très-soignés, tels que « the Vicar of Wakefield », Paris, 1806, in-12; « the Man of feeling », 1807; « the Columbiad, by J. Barlow », Paris, 1813, très-grand in-8, etc., etc.; enfin, Stone fit l'acquisition de la propriété de toutes les parties formant le grand Voyage en Amérique de MM. Humbold et Bonpland, qui a été imprimé avec une magnificence royale. Les profits furent loin de compenser ses sacrifices, et ce savant recommandable est mort en 1818, complétement ruiné par cette entreprise.

STONE (Samuel), professeur. — Dictionnaire de poche français-anglais et anglais-français, rédigé sur un nouveau plan sur les meilleurs dictionnaires de l'une et de l'autre langue. Augmenté de vocabulaires de géographie, de noms historiques et de noms mythologiques. Édition stéréot. de Cosson. *Paris, Lesage,* 1823, 2 vol. in-16.

M. Stone, en outre, a été le réviseur du Dictionnaire français-anglais, abrégé de Boyer, par Salmon (1827); de la 21e édition du Nouveau Dictionnaire de poche anglais-français et français-anglais de Th. Nugent et J. Ouiseau (1828), et de the Theorical and practical Grammar of the french tongue of Levizac (1827).

STONNE (le baron de). Voy. Sx.

STOP (M. et Mad.), pseudon. — Manuel complet de la toilette, ou l'Art de s'habiller avec élégance et méthode, contenant l'art de mettre sa cravate, démontré en 30 leçons. *Paris, Palais-Royal, galerie de bois, n°* 233, 1828, in-18.

Ce nom de Stop pourrait bien être le masque de M. E. M. de Saint-Hilaire (voy. ce nom), auteur d'un *Art de mettre sa cravate.*

STORCH (Henri), économiste russe, conseiller d'état de Russie, membre de l'Académie impériale de Saint-Pétersbourg.
— Considérations sur la nature du revenu national. *Paris, Bossange père; Bossange frères,* 1824, in-8, 4 fr. 50 c.
— Cours d'économie politique, ou Expositions des principes qui déterminent la prospérité des nations. *Saint-Pétersbourg, A. Pluchart et Compagnie,* 1815, 6 vol. in-8, 40 fr. — Nouv. édit., avec des notes explicatives et critiques. Par J.-B. Say. *Paris, J.-B. Aillaud,* 1823, 4 vol. in-8, 30 fr.
— Principes généraux de belles-lettres, trad. de l'allemand (1789). Voy. Eschenbourg.
— Tableau historique et statistique de l'empire de Russie à la fin du XVIIIe siècle. Edition française avec cartes. Tomes I et II. *Bâle, J. Decker, et Paris, Pougens; Levrault,* an IX (1801), 2 vol. in-8, avec 2 cartes.

Cette édition n'a pas été continuée. L'ouvrage devait être composé de trois parties : la première devait former 5 vol., et il n'en a été publié que deux. La première partie devait avoir pour objet les habitants de la Russie; la deuxième la constitution de l'État; la troisième, son administration.

Outre les ouvrages que nous venons de citer, on doit encore à M. H. Storch une série de mémoires sur diverses questions d'économie publique, impr. dans le recueil de l'Académie de Saint-Pétersbourg, et dont voici la nomenclature : 1° Développement du principe de la liberté naturelle, ou Exposition sommaire de la doctrine de Smith sur l'objet du gouvernement, mémoire en deux parties, ensemble de 78 pages; — 2° Du principe constitutif de la science du gouvernement; mémoire de 26 pages (tom. Ier, 1809); — 3° Des théories sur les valeurs établies jusqu'ici; mémoire de 17 pages; — 4° De la nature de la valeur et de ses différentes espèces, mémoire de 14 pag.; — 5° Des variations de la valeur échangeable, mémoire de 21 pag.; — 6° Des sources de la valeur, mém. de 10 pag. (tom. II, 1810); — 7° Des choses qui sont susceptibles d'avoir de la valeur. Analyse des différentes espèces de biens, mém. de 24 pag.; — 8° Analyse des notions de richesse individuelle et de richesse nationale, mém. de 18 pag.; — 9° Analyse des notions de capital individuel et de capital national, mém. de 9 pag. (tom. III, 1811); — 10° Des différentes méthodes de prélever les frais de monnoyage, et de leurs effets sur les prix des marchandises, en deux sections, mém. de 30 pag. (tom. IV, 1813); — 11° Théorie du loyer, mémoire de 24 pag.; — 12° De la monnaie de cuivre, et particulièrement de celle de Russie. Section première. Mém. de 12 pag. (tom. V, 1815); — 13° Des entraves à l'importation des marchandises étrangères, comme moyen d'encourager la production nationale, en deux parties, mém. de 65 pag. (tome VI, 1818); — 14° De l'emploi du crédit pour subvenir aux besoins du gouvernement, dans les États modernes, et particulièrement de la Russie, mém. de 21 pag.; — 15° Des variations dans les prix des marchandises, mém. de 7 pag. (tom. VII, 1820); — 16° le Revenu national, considéré sous un nouveau point de vue, mém. de 23 pag.; — 17° Considérations sur les sources du revenu national, d'après les principes exposés dans le mémoire précédent, mém. de 25 pag. (tom. VIII, 1822); — 18° De la consommation productive, ou du Capital. — Analyse du capital réel. — Analyse du capital personnel. — Examen critique de la doctrine d'Adam Smith relativement au capital (tom. IX, 1824); — 19° Quels sont les revenus des particuliers qui concourent à former le revenu national? — la Distinction du revenu brut et du revenu net est-elle applicable au revenu d'une nation? — Comment les nations s'enrichissent elles par l'emploi du revenu superflu? (tom. X, 1826).

STORCK (le baron Antoine de).
— Expériences et Observations sur l'usage interne de la pomme épineuse, de la jusquiame et de l'aconit, trad. du latin (par Lebègue de Presle). *Paris,* 1763, in-12.
— Expériences et Observations sur l'usage interne de la pomme épineuse, de la jusquiame et de l'aconit, par lesquelles il est démontré qu'on peut faire prendre aux hommes ces plantes avec sécurité et qu'elles sont très-salutaires dans beaucoup de maladies qui ne cèdent point à d'autres remèdes; trad. du latin, par M. de La Cour, de Vienne. *Paris, Didot le jeune,* 1763, in-12 de 144 pag., avec figures.
— Mémoires et Observations sur l'usage interne du colchique commun, les feuilles d'oranger et le vinaigre distillé, trad. du latin, par Lebègue de Presle. *Paris,* 1764, in-12.
— Observations nouvelles sur l'usage de la cigüe, traduites du latin (par Lebègue de Presle). *Vienne, et Paris,* 1762, in-12.

— Dissertation sur l'usage de la ciguë, trad. du latin, par P.-Jos.-Mar. COLLIN. *Paris*, 1763, in-12.
— Observations sur l'usage interne du colchique d'automne, du sublimé corrosif, de la feuille d'oranger, du vinaigre distillé, etc., par Storck, par Locher et de Haen (trad. en franç. par LEBÈGUE DE PRESLE). *Paris, Didot*, 1764, in-12.

STORCHNAU (le P.). — Foi (la) du chrétien, telle qu'elle doit être, trad. de l'allem. *Louvain, Vanlinthout et Vandenzande*, 1821, 3 cahiers in-8, 1 fr. 50 c.

STOSCH (Philippe de), conseiller du roi de Pologne.
— Description des pierres gravées du baron de Stosch. *Florence*, 1760, in-4.
— Gemmæ antiquæ cælatæ ex præcipuis Europæ museis, selectæ et commentariis illustratæ; gallice reddidit de LIMIERS. (Lat. et gallic.) *Amstelodami*, 1724, in-fol.

Traduction pleine de contre-sens et d'explications absurdes.
Le texte français de Limiers porte pour titre : Pierres antiques gravées par B. PICART, sur lesquelles les graveurs ont mis leurs noms, expliquées en latin par Phil. de STOSCH, et traduites en français.

STOUDER, sous-chef de bureau à la préfecture du Pas-de-Calais.
— Code des poids et mesures, ou Recueil complet et textuel des lois, décrets, arrêtés du gouvernement, ordonnances du roi, arrêts de la cour de cassation, instructions, circulaires et décisions ministérielles relatifs à l'établissement du système métrique, à la vérification des poids et mesures. *Arras, Boutry; Paris, Delaunay*, 1826, in-8, 6 fr.

Avec M. Gaurichon, vérificateur principal.

STOUPE (J.-G.-Antoine), imprimeur à Paris, dans les premières années de ce siècle.
— * Réflexions d'un ancien prote d'imprimerie, sur un prospectus ayant pour titre : Éditions stéréotypes. In-8.
— * Réflexions d'un souscripteur de l'Encyclopédie, sur le procès intenté aux libraires associés à cet ouvrage, par M. Luneau de Boisjermain. Sans date, in-8 de 24 p.
— * Réflexions sur les contrefaçons en librairie; suivies d'un Mémoire sur le rétablissement de la communauté des imprimeurs de Paris. *Paris, Stoupe*, an XII (1804), in-8.

Écrit réimprimé, avec le nom de l'auteur, sous le titre suivant :
Mémoire sur le rétablissement de la communauté des imprimeurs de Paris, suivi de Réflexions sur les contrefaçons en librairie, et sur le stéréotypage, Paris, les marchands de nouveautés, 1806, in 12 de 39 pag., 75 c.

STOURDZA (Alexandre de), conseiller d'état de S. M. I. de toutes les Russies.
— Considérations philosophiques et morales sur la doctrine et l'esprit de l'église orthodoxe. *Stuttgard, et Tubingue, Cotta*, 1816, in-8, 4 fr.

Cet ouvrage a été réfuté dans un écrit publié sous ce titre : l'Église catholique justifiée contre les attaques d'un écrivain qui se dit orthodoxe. Paris, Rusand, 1822, in-8.

— * Mémoire sur l'état actuel de l'Allemagne. Par M. de S... *Paris, à la librairie grecq.-lat.-allem.*, 1818, in-8 de 68 pag., 1 fr. 50 c.

M. Krug, professeur de philosophie à Leipzig, répondit aussitôt à cet écrit par celui intitulé :
État actuel de l'Allemagne, ou Examen et Réponse au Mémoire de M. de Stourdza, sur l'état de l'Allemagne, Leipzig, Brockaus, 1819, in-8.
Il y a encore une autre critique qui a paru sous ce titre :
Examen critique du Mémoire sur l'état actuel de l'Allemagne, trad. du journal intitulé : Oppositionsblatt. Jena, Schmidt, 1819, in-8, 2 fr.
De son côté, M. de Stourdza répliqua dans la même année par son écrit intitulé :
Lettre de M. de Stourdza sur l'état actuel de l'Allemagne examiné par M. Krug, Leipzig, 1819, in-8.

STOURM. — A Fourier (15 mai 1836), en vers. *Paris, de l'impr. lithograph. de Deshayes*, 1836, in-8 de 8 pag.
— Code des municipalités (1833). Voy. (au Supplément) J.-L. GILLON.

STOY (J.-S.). — Manuel élémentaire pour l'instruction de la jeunesse, ou premières Notions en tout genre exposées d'estampes, rédigées en français par PERRAULT. *Nuremberg et Winthertur*, 1789, 3 vol. in-8, et un vol. in-4 de planches; *Breslau, W.-G. Korn*, 1814, 2 vol. in-8 avec 54 estampes, représentant 950 objets, 22 fr.

STRAATMAN (Henri de), conseiller du conseil aulique de l'empereur.
— * Testament politique de Charles V duc de Lorraine et de Bar, en faveur du roi de Hongrie. *Leipzig, Weitman (Paris)*, 1696; *Ratisbonne*, 1760, in-12.

Réimpr. dans le « Recueil des testaments politiques, etc., 1749, 4 vol. in-12.

STRABON, géographe grec.
— Strabonis rerum geographicar. libri XVII græcè ad fidem emendati, cum latinâ XYLANDRI interpretatione recognitâ, adnotationibus et indicibus, ab uno è sociis re-

giæ inscriptionum, et humaniarum litterarum academiæ (Feudrix de Brequigny). Tomus primus (et unic.). *Parisiis, Laur. Durand*, 1763, in-4.

Ce volume renferme les trois premiers livres.

— Géographie de Strabon, en grec, revu et publié avec des notes par D. Coray. *Paris, Théoph. Barrois père*, 1815-19, 4 vol. in-8, 52 fr.

Cette édition forme les tomes IX à XII de la Bibliothèque hellénique.

— Géographie de Strabon, traduite du grec en franç. (par MM. La Porte du Theil, Gosselin, Coray et Letronne, avec des notes et une introduction par M. Gosselin). *Paris, de l'impr. impér.*, 1805-19, 5 vol. in-4.

Il existe des exemplaires sur très-grand papier vélin.

Ces cinq volumes contiennent le Strabon entier; ils devaient être suivis d'un sixième et dernier volume, qui eût renfermé des dissertations, des notes et des tables alphabétiques. Le travail de ce sixième volume est achevé depuis plus de dix ans; mais le ministre de l'instruction publique n'en ayant point ordonné l'impression, le manuscrit est resté entre les mains du savant M. Letronne.

STRADA (le P. Famien), jésuite romain.

— Histoire (l') de la guerre de Flandres, trad. par P. Du Ryer. Nouvelles éditions. *Bruxelles*, 1713, 3 vol. in-12; et 1739, 4 vol. in-8.

L'original parut en latin, en 1632; il fut trad. en italien en 1638, et la première édition de la traduction française que nous citons est de Paris, 1644.

STRAESSER. — Éléments d'histoire ancienne. Trad. de l'allem. par M. Edouard Goguel. *Strasbourg, et Paris, Levrault*, 1837, in-12, 2 fr.

STRAHLEMBERG (le baron de). — Description historique de l'empire russien, trad. de l'allemand (par Barbeau de la Bruyère). *Amsterdam, et Paris, Desaint*, 1757, 2 vol. in-12.

STRAMBI (de), évêque de Macerata, mort en Italie après 1820.

—* Mois (le) de juin consacré au précieux sang de Jésus-Christ, traduit de l'italien sur la 4e édition; augmentée des indulgences accordées à la confrérie du précieux sang et de la dévotion aux cinq plaies de N. S. Jésus-Christ. *Lyon, Rusand*, 1833, in-18, 1 fr. 25 c.

STRANGFORD (le vic.). Voy. Franc. Michel.

STRAPAROLE. — Facétieuses (les) nuits du seigneur Straparole (trad. en franç. par J. Louveau et P. de La Rivey), *Amsterdam, J. Bernard*, 1725, 3 vol. pet. in-12; Autre édit., revue et corrigée (avec une préface, par La Monnoye et des observations par Lainez, poëte). *Sans indication de lieu (Paris, Guérin et Boudot)*, 1726, 2 vol. petit in-12, 5 à 6 fr.

L'édition d'Amsterdam est moins belle que celle de Paris. Il y a des exemplaires de cette dernière édition imprimés sur vélin, ordinairement partagés en six volumes.

La première édition de cette traduction est de Paris, 1585, pet. in-12.

STRASS, professeur d'histoire au corps royal à Berlin.

— Explication du tableau de l'histoire universelle, à l'aide duquel on peut sans peine, en moins d'un jour, classer dans sa mémoire l'origine et les révolutions des principaux peuples du monde jusqu'au dix-neuvième siècle. Nouv. édit. *Paris, Saintin*, 1816, in-8 de 32 pag.; ou 1828, in-12 de 24 pag.

STRASZEWICZ (Joseph), écrivain polonais; mort à Paris, le 5 mars 1838, âgé de 37 ans.

— Armée polonaise. Révolution du 29 novembre 1830. Costumes de toute arme et de tout grade; notice historique sur chaque régiment, avec les portraits des principaux généraux. *Paris, A. Jelowicki et Compie.*, 1835, in-4.

Il n'en a été publié que deux livraisons contenant 4 tableaux et deux portraits; ensemble 10 fr.

— Emilie Plater, sa vie et sa mort, par Joseph Straszewicz, avec une préface de M. Ballanche. *Paris, A. Jelowicki et Compie*, 1834, in-8 orné d'un portrait, 5 fr.

— Femmes (les) célèbres de tous les pays, leurs vies et leurs portraits. Par madame la duchesse d'Abrantès et Jos. Straszewicz. Les portraits sont lithographiés d'après les tableaux ou dessins originaux par MM. Grevedon, Maurin, Deveria, Bazin, Desmaisons, Vigneron, Kurowski, mad. Fauchery, etc. *Paris, A. Jelowicki et Compie*, 1833, in-8 et in-fol.

Cet ouvrage avait été promis en 50 livraisons, chacune de quatre portraits, avec texte, au prix de 12 fr. la livraison, et 5 fr. l'in-8. Il en paru deux livraisons dans l'un et l'autre format, formant ensemble, l'in-fol. quarante feuilles trois quarts d'impression, avec 8 portraits, et l'in-8 dix-sept feuilles, plus deux pages, aux prix fixés par le prospectus. La même année, ce qui avait paru de cet ouvrage a été reproduit comme une deuxième édition, mais distribué, pour l'un et l'autre format, en douze livraisons, lesquelles forment ensemble un moins gros volume. L'in-fol. n'a plus été composé que de seize feuilles avec 16 portraits, 24 fr., et l'in-8 de vingt-huit feuilles un quart, avec 16 portr., 9 fr.

— Nuit (la) du 29 novembre 1830, à Varsovie. *Paris, A. Jelowicki et Compie*, 1835, in-8 de 40 pag., avec 8 lithogr., 3 fr. 50 c.

— Polonais (les) et les Polonaises de la révolution du 29 novembre 1830, ou Cent portraits des personnes qui ont figuré dans la dernière guerre de l'indépendance polonaise, avec les fac-simile de leurs signatures, lithographiés sur desseins originaux par les artistes les plus distingués: MM. Grevedon, Maurin, Vigneron, Belliard, Devéria, Bazin, Desmadryl, Leclec, Desmaisons, Kurowski, etc., etc., accompagnés d'une biographie pour chaque portrait par Joseph Straszewicz. *Paris, A. Jelowicki et Compie*, 1832-37, 20 livr. in-fol. chacune de 5 planches, avec texte, 240 fr., ou 20 livr. in-8, 100 fr.

M. Straszewicz a encore fait imprimer, mais comme éditeur : la Numismatique du moyen âge (1835), des Observations sur le type du moyen âge sur la monnaie des Pays-Bas (1835), et Pythéas de Marseille et la géographie de son temps (1836), trois ouvrages de J. Lelewel (voy. ce nom).

STRAUCH et VIDAL, traducteurs espagnols des Mémoires pour servir à l'histoire du Jacobinisme, par Barruel (1827).

STRAUS-DURCKHEIM (Hercule-Eugène).

— Considérations générales sur l'anatomie comparée des animaux articulés, auxquels on a joint l'anatomie descriptive du melolontha vulgaris (hanneton), donnée comme exemple de l'organisation des coléoptères; ouvrage couronné en 1824 par l'Institut royal de France. *Paris, et Strasbourg, Levrault*, 1828, in-4 avec un Atlas in-4 de 40 pag. et 19 pl., 48 fr.

Nous connaissons encore de M. Strauss les deux mémoires suivants, imprimés parmi ceux du Muséum d'histoire naturelle : Mémoire sur les *Daphnia*, de la classe des crustacés, en deux parties, avec une pl. (tom. V et VI, 1819—20); Mémoire sur les *Cypris*, de la classe des crustacés, avec une pl. (tom. VII, 1821).

STRAUSSEN (Jean-Jansz). V. Struys.

STREHL-BERTHOLLET DE FRARIÈRE (mad. Amélie).

— Jeunes (les) Helvétiens. *Paris, A. Leroux*, 1826, 2 vol. in-12, 5 fr.

STREINZ (W.), docteur en médecine.

— Bains (les) de Gastein et leurs effets admirables dans des maladies les plus désespérées. *Linz, Fink et fils*, 1830, in-12 avec une vue, 5 fr.

STREMON. — * Lettre (seconde) sur la cause première du mouvement de la lune autour de la terre, de la descente ou gravitation des corps, de la rotation de la terre et des principaux phénomènes des marées, à la portée des jeunes gens. 1788, in-8.

— Principes (nouv.) des connaissances humaines pour donner aux jeunes gens les moyens de faire les plus grands progrès dans les hautes sciences. *Paris, les march. de nouv.*, 1788, in-8.

STRETCH (L.-M.). — Beauties (the) of History; or Pictures of virtue and vice drawn from real life, designed for the instruction and entertainment of youth. *Paris, Vergani*, 1801, in-12, 2 fr. — A new edit. *Paris, Théoph. Barrois*, 1811, in-12.

La troisième édition originale parut à Londres dès 1777.

Volume réimprimé en France encore plusieurs fois, et notamment :

A new edition, carefully revised and improved with notes designed for the french who begin to learn english; by J. Tonner, Paris, F. Louis, 1814, in-12.

Avignon, Seguin aîné, 1815, in-12, 2 fr. 50 c.

Paris, Bobée; Baudry, 1829, in-18.

STRETCHER, pseudon. Voy. L. Hubert.

STRICK. — * Histoire de l'ambassade russe destinée pour la Chine en 1805. *Saint-Pétersbourg*, 1809, in-8 de 95 pag.

STRICKLAND (madame). — Deux (les) amis de pension, ou le Fils d'un officier de fortune; anecdote instructive et amusante, traduite de l'anglais par Deluze. *Paris, Denn*, 1835, in-18, 1 fr. 50 c.

STROBEL (Adam-Walther). — De Frid. Glosneri, presb. arg. chronico germanico breviter agit Adamus Gualtherius Strobel. *Argentorati, ex typogr. Heitz*, 1829, in-8 de 16 pag.

—Geschichte der kirche zum alten S. Peter. *Strasburg, gedr. bey Dannbach*, 1824, in-8, von 64 seiten.

— Kurze topographische Beschreibung des Ober und Niederrheins. *Strasburg, gedr. bey Heitz*, 1825, in-12 de 52 pag.

— Topographie abrégée de l'Alsace, suivie d'un Précis de l'histoire de ce pays. *Strasbourg, de l'impr. de Heitz*, 1824, in-8 de 76 pag.

M. Strobel, en outre, a donné une nouvelle édition de la Beschreibung von Hohenburg oder dem Sanct. Odilienberg (1835). Voy. J.-A. Silbermann.

Un M. Strobel est au nombre des rédacteurs de la Nouvelle Gazette musicale qui a commencé à paraître le 16 janvier 1838; mais il est fort douteux que ce soit le même que l'auteur des écrits que nous venons de citer.

STROGONOFF (le comte A. de), sénateur russe.

— * Lettres diverses. Par A. S. In-8.

— Matinée (la) de l'amateur, comédie.

Jouée sur le théâtre de l'Ermitage, et imprimée dans le Répertoire de ce théâtre, qui forme 3 vol. dans l'édition de Saint-Pétersbourg, et 2 vol. dans l'édition parisienne, publiée par le comte L.-Ph. de Ségur.

STROHL (P.-J.), alors président du conseil des prud'hommes de Strasbourg.

—Manuel du commerce, de l'industrie, des sciences, des arts et métiers de la ville de Strasbourg. *Strasbourg, de l'impr. de la veuve Silbermann*, 1824, in-12.

STROMBECK (le baron Fréd.-Charles de). — Histoire de la guérison d'une jeune personne par le magnétisme animal, produit par la nature elle-même, par un témoin oculaire de ce phénomène extraordinaire, trad. de l'allem...., avec une préface du doct. Marcard. *Paris*, *Schœll*, 1814, in-8.

STROMEYER.— Traité de l'inoculation de la vaccine, avec l'exposé fait sur cet objet à Hanovre. *Strasbourg et Paris*, *Kœnig*, 1801, in-8 avec 2 planches color. 4 fr.

Avec Ballhorn.

STOUMBO (D.-S.). — Épître aux souverains absolus, trad. du franç., en grec moderne (1831). Voy. la princ. de Salm.

STROZZI (Laurent). — Vie de Phil. Strozzi, premier commerçant de Florence et de toute l'Italie, sous les règnes de Charles V et François Ier. Trad. de l'ital. par J.-Bapt. Requier. *La Haye, et Paris*, 1762, in-12.

STRUBE DE PIERMONT (Fréd.-Henri).

— Ébauche des lois naturelles et du droit primitif. Nouv édit. *Amsterdam, J. Ryckhoff*, 1744, in-4.

— Origine (de l') et des fondements du droit de la nature. *Saint-Pétersbourg*, 1740, in-8.

STUERS (F.-V.-A. de). — Mémoires sur la guerre de l'île de Java, de 1825 à 1830. *Leyde*, *Luchtmans*, 1833, in-4, avec un Atlas in-fol.

STRUTT (Joseph). — Angleterre ancienne, ou Tableau des mœurs, usages, armes, habillements des anciens habitants de l'Angleterre, c'est-à-dire des anciens Bretons, des Anglo-Saxons, des Danois et des Normands; ouvrage trad. de l'angl. (par M. A.-M.-H. Boulard), et pouvant servir de suite aux recueils de Montfaucon et de Caylus. *Paris*, *Maradan*, 1789, 2 vol. in-4 dont un de 67 planch., 21 fr.

Le traducteur a donné dans le Magasin encyclopédique plusieurs fragments qui font suite à cet ouvrage.

STRUVE (Henri), savant chimiste et minéralogiste suisse, d'abord professeur de chimie, et ensuite démonstrateur d'histoire naturelle à l'Académie de Lausanne, plus tard inspecteur général des mines du haut Faucigny, conseiller des mines de la république helvétique.

— Abrégé de Géologie, d'après les leçons sur cette science dans l'Académie de Lausanne. *Lausanne*, 1817, in-12.—Deuxième édition, corr. et augm. *Paris*, *Paschoud*, 1819, in-12, avec une planche, 1 fr. 80 c.

— Coup-d'œil sur l'hypothèse de M. de Charpentier, directeur des mines de Bex, relativement au gissement du gypse salifère du district d'Aigle. *Lausanne*, 1820, in-12, 1 fr. 50 c.

— Description abrégée des salines du ci-devant gouvernement d'Aigle. *Lausanne*, 1804, in-12.

— Description topographique, physique et politique du pays de Vaud. Avec la description des salines d'Aigle, du pays de Neufchâtel, de la Chaux-de-Fonds et du Locle, et des Notices générales pour les voyageurs aux Glaciers. *Lausanne*, ..., in-8.

— Détails minéralogiques sur le département du Mont-Blanc. (Extrait du tom. Ier du Journal des mines). *Paris*, 1794, in-8.

— Fragments sur la théorie les sources, et sur son application à l'exploitation des sources salées. *Lausanne*, 1804, in-12.

— Itinéraire des salines pour servir de suite à la Description des salines du ci-devant gouvernement d'Aigle. *Lausanne*, 1805, in-12.

— Itinéraire du pays de Vaud, du gouvernement d'Aigle, du comté de Neufchâtel et Valengin. *Berne*, 1794, in-8.

— Mémoire sur la théorie des fouilles dans les mines de houille. (Extrait du tome III du Journ. des mines). *Paris*, 1795, in-8.

Avec M. J.-P. Berthout van Berchem.

— Mémoire sur l'état des travaux entrepris sur les sources salées du district d'Aigle, avec un Exposé des connaissances acquises sur la nature de la montagne salifère de ce district. *Lausanne*, 1809, in-8. — Mémoire sur la nature de la montagne salifère du district d'Aigle, pour servir de suite au Mémoire sur l'état des travaux entrepris sur les sources salées de ce même district. *Lausanne*, 1810, in-8.

— Mémoire sur les avantages que l'on peut espérer de la continuation de la galerie de Bouillet. *Lausanne*, 1810, in-8.

— Mémoire sur les travaux à suivre et à entreprendre dans les mines du district d'Aigle. *Lausanne*, 1815, in-8.

— Mémoires pour servir à l'Histoire physique et naturelle de la Suisse. Tom. Ier. *Lausanne*, *et Paris*, 1788, in-8.

Avec M. L. Regnier.

— Mémoires sur différents objets relatifs à la géologie, aux mines et aux salines. *Lausanne*, 1805, in-12.

— Méthode analytique des fossiles, fondée sur leurs caractères extérieurs. *Lausanne*, 1797, in-8, avec figures. — Nouv. édition. *Paris*, *Villier*, an VI (1798), in-8 de 184 pag., 2 fr. 75 c.

Il y a de l'edition de 1797 des exemplaires dont les figures sont coloriées.

— Nomenclator ex Historia plantarum indigenarum Helvetiæ excerptus auctore Alberto V. Haller. Clavim methodi hallerianæ, Indicem locupletissimum, Terminologiam, Genera plantarum Helvetiæ indigenarum secundum systema Linnæanum disposita, Notas et explanationes quam plurimas adscripsit Henricus Struve. *Bernæ*, 1769, in-8.

— Observations sur le gissement du gypse salifère dans le district d'Aigle. *Lausanne*, 1820, in-12.

— Phthisis pulmonialis casu notabiliore et epicri illustrata. *Tubingæ*.

Thèse.

— Principes de minéralogie, ou Exposition succinte des caractères extérieurs et fossiles, d'après les leçons du professeur Werner. *Paris*, 1799, in-8, 7 fr.

Avec M. J.-P. Berthout van Berchem.

— Rapport sur l'état des mines du district d'Aigle dans les années comptables 1815-19. *Lausanne*, 1819, in-8.

— Rapport sur les travaux à entreprendre dans les salines du canton de Vaud. *Lausanne*, 1805, in-8.

— Rapports sur l'état des mines du fondement de Panex et des Vauds, de 1805 à 1809. — Rapports sur l'état des mines du district d'Aigle, et les travaux qui y ont été entrepris dans le cours des années comptables 1810-14. *Lausanne*, ..., in-12.

— Recueil de Mémoires sur les salines et leur exploitation. *Genève*, *et Paris*, *Paschoud*, 1803, in-12, fig., 2 fr.

— Supplément au Dictionnaire de chimie (de Macquer), contenant la théorie et la pratique de cette science. *Neufchâtel*, 1789, in-8.

Ce Supplément forme le cinquième volume d'une édition du Dictionnaire de chimie de Macquer, imprimée à Lausanne dans la même année.

— Théorie (nouv.) des sources salées et du roc salé appliquée aux salines du canton de Berne, et suivie d'une excursion aux salines d'Aigle. *Lausanne*, 1788, in-fol.

Extrait des Mémoires de la Société des sciences physiques de Lausanne.

Indépendamment des ouvrages que nous venons de citer, ce professeur a enrichi plusieurs recueils d'articles et de mémoires : 1° il a fourni des articles à la Bibliothèque médico physique du Nord, de Vicat (1784, 3 vol. in-8) ;—1° dans les Mémoires de la Société des sciences phys. de Lausanne : 2° des Réactifs, et de leur emploi dans l'analyse des eaux minérales (tom. Ier, page 95) ; — 3° Observations sur la manière de préparer quelques uns des réactifs employés dans l'analyse des eaux minérales (ibid., pag. 138) ; — 4° Résumé général et observations nouvelles sur l'analysé des eaux minérales (ibid., pag. 178) ;— 5° Avec M. H. Exchaquet : Observations sur l'analyse du sel sédatif et sur la composition du borax (tom. II, 1re partie, pag. 132) ; — 6° Avec le même : Nouvelle méthode d'obtenir l'acide phosphorique des os, plus pur que par les procédés ordinaires (ibid., pag. 219) ; — 7° Avec le même : Vues sur l'analyse des mixtes phosphoriques, avec quelques observations sur la décomposition des métaux (ibid., pag. 212) ; 8— ° Avec le même, Projet d'expériences sur le borax (ibid., pag. 235) ; — 9° Nouv. Théorie des sources salées et du roc salé, appliquée aux salines du canton de Berne, et suivie d'une excursion aux salines d'Aigle (tom. II, 2e part., page 1) : ce mémoire a été tiré à part ; — 10° Essai sur l'exploitation des sources salées du fondement dans le gouvernement d'Aigle (ibid., p. 57) ; Dans les Feuilles d'agriculture et d'économie générale de D.-A. Chavannes, publiées à Lausanne :—11° Avec M. Rengger : Analyse de l'eau minérale de l'Alliaz (tom. Ier, deux part., pag. 153) ;—12° Notice sur l'emploi du lichen d'Islande (Ibid., t. IV, pag. 281); — 13° Enfin, il a eu part à la nouvelle édition de la Description des arts et métiers, impr. à Neufchâtel, pour laquelle il a, entre autres, annoté l'Art du vinaigrier.

STRUVE (Guillaume-Otton), docteur en médecine à Lausanne.
— Essai ou Réflexions intéressantes relatives à la chimie, l'économie et le commerce : avec une Dissertation sur la question, si les causes des maladies de l'âme et des nerfs ont toujours leur siége dans le cerveau. *Lausanne*, 1772, in-8.

Le docteur Struve, en outre, est l'auteur de la traduction de la Description des Alpes de Haller, jointe à la traduction du poëme des Alpes, par le même, traduit par Tscharner (1794, in 4). On lui doit aussi quelques ouvrages écrits en allemand.

STRUYS (Jansz Straussen, ou), matelot hollandais.
— Voyages de Jean Struys en Moscovie, en Tartarie, en Perse, trad. du flam. par M. Glanius. *Amsterdam*, 1718, ou *Rouen, Rob. Machuel*, 1724, 3 vol. in-12.

La première édition de cette traduction est de 1681, in-4.

— Voyages de Jean Struys en Russie, en Perse et aux Indes, mis dans un meilleur ordre, et réduits aux faits les plus intéressants. *Paris*, *Le Normant père*, 1827, 2 vol. in-12, avec 2 planches, 4 fr.; ou *Paris*, *Raymond-Bocquet*, 1838, 2 vol. in-18, 3 fr.

STRYP (J.-Casimir van). — Langue anglaise mise à la portée de tout le monde; méthode facile pour l'apprendre en peu de temps; Clef de la prononciation anglaise, réduite à sa plus simple expression, en six leçons. Sec. édit. *Paris*, *Baudry; Barrois; l'Auteur*, 1834, in-8 de 16 pag., 50 c.

STUARD (le chev.). — * Apologie du sentiment de M. le chevalier Newton, sur l'ancienne chronologie des Grecs. *Francfort sur le Mein*, *Eichenberg*, 1757, in-4.

En réponse à la Chronologie des anciens royaumes, etc.; trad. de l'angl. d'Isaac Newton (par l'abbé Granet, aidé de M. Marthan, Anglais, qui résidait alors à Paris), Paris, Martin, 1728, in-4.

STUARD DE CHEVALIER (Sabine). Voy. S. S. de Chevalier.

STUART (Gilbert). — Dissertation historique sur l'ancienne Constitution des Germains, Saxons et habitans de la Grande-Bretagne; trad. de l'angl. (par A.-M.-H. Boulard). *Paris*, an II (1794), in-8.
— Tableau des progrès de la société en Europe, ouvrage contenant des recherches sur l'origine des gouvernements, les variations des mœurs et du système féodal. Trad. de l'angl. (par A.-M.-H. Boulard). *Paris*, *Maradan*, 1789, 2 vol. in-8, 5 fr.

STUART (J.), architecte anglais.
— Antiquités (les) d'Athènes mesurées et dessinées par J. Stuart et N. Revett, peintres et architectes; ouvrage trad. de l'angl. par L.-F. F. (L.-F. Feuillet, de l'Institut), et publié par C.-P. Landon. *Paris*, *de l'imp. de F. Didot*. — *Landon* (* *Bance aîné*), 1808-24, 4 vol. in-fol., avec 191 planches, cartonnés 220 fr.

Cet ouvrage a été publié par livraisons, au nombre de onze, chacune du prix de 20 fr. Il a été tiré des exempl. sur pap. de Hollande, dont le prix était de 25 fr.; sur pap. vélin satiné, 40 fr., et sur le même pap., avec les planches coloriées, 150 fr.
On a ajouté au quatrième volume de cette traduction quantité de sculptures tirées du Parthenon par les soins du marquis de Nointel.
M. Hittorff, architecte, a publié, en 1832, des « Antiquités inédites de l'Attique » (Paris, F. Didot, in-fol.), qu'il est bon de joindre à l'ouvrage de Stuart et Revett.

STUART (R.). — Histoire descriptive de la machine à vapeur; trad. de l'angl. de R. Stuart; précédée d'une Introduction exposant la théorie des vapeurs, suivie de la Description des perfectionnements faits en France, et de considérations générales sur l'emploi de ces machines. *Paris*, *Malher et compe*, 1827, 2 vol. in-12, avec 5 planches, 4 fr. 50 c.

Les faux-titres portent Bibliothèque industrielle.

STUMPFEN DE FELSENBERG (F. de). — Art (l') du notaire réduit en principes, à l'usage des jeunes gens qui veulent s'adonner à cette science. *Bâle*, *Schweighauser*, 1790, in-8, 50 c.

STUPPA. Voy. Stouppe.

STURM (C.-C.). — Chrétien (le) dans la solitude, trad. de l'allem. par Élisabeth-Christine de Brunswick, épouse de Frédéric II, roi de Prusse. *Stuttgard*, *Lœflund*, 1766, in-8; et *Berlin*, 1776, in-8.
— Considérations sur les œuvres de Dieu dans le règne de la nature et de la providence, pour tous les jours de l'année; ouvrage trad. de l'allem. de Sturm par Constance, religieuse (masque d'Élisabeth-Christine de Brunswick, épouse de Frédéric II, roi de Prusse). *La Haye*, *P. Frédéric Gosse*, 1777, 3 vol. in-8.

Traduction souvent réimprimée, et notamment

en 1778—79, 4 vol. in-8; en 1780, 3 vol. in-8; en 1786, 3 vol. in-8; — Genève, et Paris, 1788, 3 vol. in-12; — Maestricht, 1794, 3 vol. in-12; — Londres, 1798, 3 vol. in-12; — Lausanne, 1799, 3 vol. in-8; — Lyon, Rolland, 1817, 3 vol. in-12; — et Paris, Brunot-Labbe, 1835, 3 vol. in-12, 7 fr. 50 c. Ces deux dernières éditions pourraient bien avoir été accommodées en faveur des familles catholiques.

— Le même ouvrage, sous ce titre : les Leçons de la nature, ou l'Histoire naturelle, la physique et la chimie, présentées à l'esprit et au cœur. (Édition retouchée en faveur des familles catholiques par Cousin-Despréaux, et revue par l'abbé Gérard). *Paris, veuve Nyon*, 1802, 4 vol. in-12.

Cette édition, ainsi retouchée, a été réimprimée à Lyon, par Rusand, en 1817, 1823 et 1827, 4 vol. in-12.

—

— Beautés (les) de Sturm, tirées des Considérations sur les œuvres de Dieu, dans le règne de la nature et de la providence, pour les quatre saisons de l'année, mise à la portée de la jeunesse. Par miss Cl. Andrews; trad. de l'angl. sur la sixième édition. *Paris, Gabr. Dufour*, 1819, in-12, 3 fr.

STURM. — Flore germanique, ou Histoire des plantes indigènes de l'Allemagne, avec les noms latins, français et anglais. *Erlang, Palm*, 1801-02, 4 cahiers in-8, contenant ensemble 64 planches, 22 fr., et sur papier vélin, 26 fr.

STURM DE STURMECK (Jacob), prêteur de la ville de Strasbourg,

— Extractus omnium eorum quæ in comitiis imperialis ab anno 1427 ad 1517 celebratis fuere tractata. *Argentorati*, 1740, in-fol.

STUTTENHEIM (le baron de), général major autrichien; mort vers 1812.

— * Bataille d'Austerlitz, par un militaire témoin de la journée du 2 décembre 1805. *Hambourg*, 1805, in-8. — Nouv. édit., avec des notes, par un officier français. *Paris, Fain*, 1806, in-12.

On a attribué à Napoléon les notes qui se trouvent dans cette édition.

Il a été fait la même année, à Paris, une seconde édition sans notes.

— * Bataille d'Austerlitz, par un militaire témoin de la journée du 2 décembre 1805, avec des remarques par un autre militaire, aussi témoin de ce grand événement (le maréchal Soult). *Londres, et Paris, Cérioux*, 1806, in-12.

— * Guerre (la) de l'an 1809 entre l'Autriche et la France, par un officier autrichien, avec cartes et plans. *Vienne, impr. d'Antoine Strauss*, 1811, 2 vol. in-8 et Atlas.

La publication de cet ouvrage fut arrêtée, et l'on en délivrait des exemplaires que sur l'ordre de l'empereur d'Autriche.

SUARCE (le colonel baron de). — Journal de l'expédition des Algarves, sous le commandement du maréchal duc de Terceira. Année 1833. *Paris, de l'impr. de Bachelier*, 1834, in-8 de 74 pag.

SUARD (Jean-Baptiste-Antoine), littérateur distingué, né à Besançon, le 15 janvier 1734, membre de l'Académie française dès 1774, censeur royal; nommé en 1795 professeur de grammaire générale aux écoles centrales; membre et secrétaire perpétuel de la 2e classe de l'Institut, en 1803, titres qu'il conserva à la réorganisation de l'Académie française en 1816, censeur royal honoraire; mort à Paris, le 20 juillet 1817.

— Discours de réception à l'Académie française.... 1774, in-4.

— * Discours impartial sur les affaires actuelles de la librairie. *Sans indication de lieu*, 1777, in-8 de 41 pag.

Voyez les Mémoires secrets de Bachaumont, tom. XIII, 16 mars 1779, p. 316.

— Encore quelques mots sur la censure des théâtres par Suard (suivi d'une Lettre aux auteurs du Journal de Paris, par Chénier, et de messieurs les Parisiens sur la tragédie de Charles IX, par M. Suard, l'un des quarante de l'Académie française, opuscule composé par Chénier, sous le nom de Suard. *Paris, Lemoine*, 1830, in-8 de 16 pages.

— * Gazette littéraire de l'Europe. *Paris, de l'impr. de la Gazette de France*, 1764-66, 8 vol. in-8.

— * Lettre écrite de l'autre monde, par l'A. D. F. (l'abbé Des Fontaines) à M. F. (Fréron). 1754, in-8.

— * Lettres critiques sur les divers ouvrages périodiques de France. *Amsterdam, Mich. Rey*, 1758, petit in-12 de 346 pag.

Avec Deleyre.

Ce recueil périodique commença à paraître dans le premier mois de 1758, composé d'une feuille de 24 pages par mois. Ces Lettres, rédigées par Deleyre et Suard, étaient dirigées principalement contre les principes modérés du Journal des savants et contre les principes religieux des Mémoires de Trévoux. La première feuille fut jointe, par forme de supplément, au mois de janvier 1758, du Journal combiné, avec invitation à ceux qui souhaiteraient ce Supplément, d'envoyer leurs noms francs de port, afin qu'on le leur fît parvenir. Le libraire publia ce Supplément pendant l'espace d'une année. A.-A. Barbier, de qui nous empruntons cette note, en avait vu un exemplaire contenant douze numéros sous ce titre : Supplément aux Journaux des savants et de Trévoux, ou Lettres critiques sur les divers ouvrages périodiques de France, composé de 346 pag. petit in-12.

— * Liberté (de la) de la presse. Par J.-B.-A. S. *Paris, de l'impr. de Michaud*, 1814, in-8 de 24 pages. — Seconde Lettre. Par J.-B.-A. S. *Paris, de l'impr. du même*, 1814, in-8 de 16 pag.

— Mélanges de littérature. *Paris, Dentu*, 1803-05, 5 vol. in-8, 21 fr. — Sec. édit. *Paris, le même*, 1806, 3 vol. in-8.

On trouve dans ce recueil des notices intéressantes, et écrites avec goût et finesse, sur *Robertson*, *Vauvenargues*, madame de *Sévigné*, *La Rochefoucauld*, *La Bruyère*, *Drouais*, *Pigalle*, *Ganganell* (Clément XIV) et *le Tasse*.

— Notice sur le caractère et les écrits du duc de La Rochefoucauld....

Imprimée en tête d'une édition des Maximes de ce moraliste, Paris, de l'impr. roy., 1778, in-8.

— Notice sur la vie et les ouvrages de La Bruyère. 1781.

Imprimée à la tête d'un volume intitulé : Maximes et Réflexions morales extraites de La Bruyère, Paris, de l'impr. de Monsieur, 1781, in-18. La Notice de Suard a été réimprimée en tête de plusieurs éditions des ouvrages de La Bruyère.

— Notice sur la vie et les écrits de Vauvenargues. 1806.

Placée en tête d'une édition des Œuvres complètes de Vauvenargues, publiée par Suard, avec des notes critiques et grammaticales, Paris, Dentu, 1806, 2 vol. in-8.

Ces trois Notices se retrouvent dans les *Mélanges de littérature* de l'auteur.

Suard a fourni quelques autres Notices à la Biographie universelle, et, entre autres, celles sur *Addison*, *Bacon*, *Chesterfield*, *Cromwel*, etc.

— * Notice sur le caractère et la mort de M. le baron de Malouet. *Paris, Pillet*, (1814), in-8 de 11 pag.

— Rapport sur le concours de 1812 par le secrétaire-perpétuel de la classe de la langue et de la littérature françaises. *Paris, F. Didot*, 1812, in-4 de 16 pag.

— * Variétés littéraires, ou Recueil de pièces tant originales que traduites, concernant la philosophie, la littérature et les arts. *Paris, Lacombe*, 1768, 4 vol. in-12. — Nouv. édition, corr. et augm. *Paris, Xhrouet*, 1804, 4 vol. in-8, 18 fr.

Avec l'abbé Arnaud.

On trouve dans le troisième volume de cette collection les *Lettres sur les animaux*, de Le Roy.

C'est Turgot qui a trad. de l'angl. de Macpherson les fragments de poésies lyriques qui se lisent dans le tome Ier, page 219 et suivantes. L'abbé Morellet a traduit, dans le tome II, pag. 220, le Dialogue de Lucien, intitulé : Jupiter le tragique ; et, dans le tome III, le Pérégrinus, du même auteur.

La traduction en prose de l'Élégie de Gray sur un cimetière de campagne, et le Portrait de mon amie, dans le tome IV, pag. 486 et suiv., sont de madame Necker.

Suard était journaliste avant tout, aussi trouve-t-on un grand nombre d'articles de lui, 1° dans le Journal étranger (1754 et ann. suiv.) ; 2° dans la Gazette de France ; 3° dans la Gazette littéraire de l'Europe, continuation du Journal étranger, qui ne vécut pas davantage ; 4° dans les Mémoires pour servir à l'hist. de la révolution opérée dans la musique par M. le chev. Gluck (1781, in-8) ; 5° dans les Nouvelles politiques, nationales et étrangères (janv. 1793 au 3 sept. 1797), devenues peu après le Publiciste (27 décembre 1797 au 30 octobre 1810). Ces deux derniers journaux, dont Suard a été le principal rédacteur, sont la continuation de la Gazette universelle de Cerisier ; 6° dans les Archives littéraires de l'Europe, qui commencèrent à paraître en 1804 ; 6° dans le Journal de Paris ; 7° et dans d'autres journaux.

Suard avait composé avant la révolution, en société avec l'abbé Arnaud, une *Clytemnestre*, opéra, dont Piccini avait fait la musique ; mais cet opéra n'a été ni représenté ni imprimé.

Suard est aussi l'auteur de la préface de Madame de Maintenon, peinte par elle-même (1810), ouvrage de sa femme.

On doit aussi à Suard, comme traducteur, soit seul soit en société, la publication d'une serie d'ouvrages traduits de l'anglais, parmi lesquels nous citerons les suivants : 1° Supplément aux Lettres anglaises de miss Clarisse Harlove, par Richardson (1762) ; — 2° Lettres de milady Worthley Montague, troisième partie (1764) ; — 3° Exposé succinct de la contestation qui s'est élevée entre M. Hume et M. Rousseau, avec les pièces justificatives (trad. de l'angl., avec une préface du traducteur). Londres (Paris), 1766, in-12 ; — 4° Voyage autour du Monde, etc., de Byron (1767) ; — 5° Voyage autour du Monde, fait en 1764 et 1765, dans lequel on trouve une description exacte du détroit de Magellan (Paris, 1767, in-12) ; — 6° (en société avec l'abbé Roger et Le Tourneur) : l'Histoire du règne de l'empereur Charles-Quint, par Robertson (1771) ; — 7° Observations sur la distinction des rangs dans la société, par J. Millar (1773) ; — 8° (en société avec Demeunier), le premier Voyage de Cook (1774), et seul le second (1778) ; — 9° la Vie de Hume, écrite par lui-même (1777) ; — 10° (en société avec Jansen) l'Histoire de l'Amérique, par Robertson (1778).

Suard a joui long-temps, dans le monde littéraire, d'une assez grande réputation, qu'il a due plus encore à ses amis et aux fonctions qu'il a remplies qu'à ses ouvrages. Il avait, en effet, sa voix dans ces salons philosophiques si célèbres où l'opinion dictait ses arrêts alors qu'elle était véritablement une puissance. Quoique simple traducteur, ou journaliste, il eut, comme ses amis, l'honneur d'attirer les regards des princes venus du nord de l'Europe, pour admirer à Paris l'élite des littérateurs et des philosophes. Pendant environ quinze ans, secrétaire perpétuel de l'Académie française, il eut une grande influence sur les concours, et principalement sur les nominations académiques.

La Biographie univ. et portative des contemporains rapporte sur Suard, comme secrétaire perpétuel de l'Académie française, un fait peu honorable pour la mémoire de ce littérateur.

« La Restauration vint combler les vœux les plus ardents de Suard, et réveiller dans son âme, dont l'âge n'avait pu affaiblir le ressentiment, toute l'énergie de ses haines politiques. Sous prétexte de rétablir l'Académie française, il s'occupa sans relâche d'obtenir une nouvelle organisation, par laquelle il parvint à faire éliminer de l'Institut neuf de ses confrères, parmi lesquels se trouvait son ami, M. Garat, qu'il sacrifia ainsi à ses animosités particulières. M. Garat a cherché à justifier Suard d'avoir participé à cette mesure; mais, lorsqu'il serait permis d'admettre cette justification, il n'en demeurerait pas moins constant que le secrétaire perpétuel de l'Academie française n'a pas déployé l'énergie et la noble indépendance qu'on devait attendre de son caractère public, dans une opération ministérielle qui blessait à la fois les lois et les convenances. Cette opération fut suspendue par le retour de Napoléon, mais elle fut consommée en 1816 sous le ministère de M. de Vaublanc ». On n'ignore plus aujourd'hui que Suard fut le moteur de cette élimination depuis que M. Taschereau a fait imprimer dans la Revue retrospective (prem. série, tome II, pages 423 et suiv.), sous ce titre : *Dénonciation contre l'organisation de l'Institut et le personnel de l'Académie française*, une Lettre au ministre dans laquelle Suard donne les noms des académiciens à expulser.

Comme éditeur, Suard a encore publié : (en société) le Choix des anciens Mercures (1757—64, 108 vol. in-12); (en société avec l'abbé Arnaud), l'Histoire des peuples de l'Europe, du comte de Buat-Nançay (1772); une édition de la Conjuration des Espagnols contre Venise, en 1618, par Saint-Réal, avec une préface (1781, in-12); la troisième partie de la Correspondance littéraire, etc., de Grimm et Diderot, qui embrasse de 1783 à 1790 (1813); les Confessions de madame *** (de Fouquoux), avec une préface de l'éditeur (1817).

M. Garat, de l'Institut, est auteur de Mémoires historiques sur M. Suard, sur ses écrits, et sur le dix-huitième siècle, Paris, Belin, 1820, 2 vol. in-8, et madame Suard a publié dans la même année des Essais de mémoires sur M. Suard.

Garat s'est laissé, dans son ouvrage, trop facilement entraîner par les illusions de l'amitié, et il s'est efforcé de donner à Suard une importance un peu exagérée.

SUARD (madame), née Panckoucke, épouse du précédent.

—*Essai de mémoires sur M. Suard. *Paris, de l'impr. de Didot aîné*, 1820, in-12 de 322 pag.

Tiré à 300 exempl., tous destinés aux amis du défunt.

Une *Notice sur les derniers moments de Condorcet*, qui fait partie de ces Essais de mémoires, a été réimprimée en tête du Dernier écrit de Condorcet (Avis d'un proscrit à sa fille), broch. in-8.

— * Lettres d'un jeune lord à une religieuse italienne, imitées de l'angl. par madame..... *Paris*, 1788, in-12.

—* Madame de Maintenon peinte par elle-même. *Paris*, *Maradan*, 1810, in-8.

La préface est de Suard.

—* Soirées d'hiver d'une femme retirée à la campagne, extrait des feuilles du Journal de Paris, des 4, 8, 11, 14, 17, 20 et 24 novembre 1786. In-4 de 10 pag.; — *Orléans* (*Paris*), 1789, in-12.

Réimprimées par les soins de madame de Montmorency, dans le recueil intitulé : *Lettres de madame Suard à son mari sur son voyage de Ferney; suivies de quelques autres insérées dans le Journal de Paris*. Dampierre, an x (1802), in-4.

On a, en outre, des *Lettres* de cette dame dans les Mélanges de son mari, et on lui attribue la traduction de quelques romans anglais.

SUARDUS. Voy. Soardi.

SUAU (Edouard), de Varennes, ancien officier de marine, depuis libraire à Paris.

— Scènes de France et d'Afrique. *Paris*, *Ollivier*, 1834, in-8, 7 fr. 50 c.

— Matelots (les) parisiens, roman maritime. Par M. Suau de Varennes; précédé d'une Introduction par Eug. Sue. *Paris*, *Suau de Varennes*, 1837, 2 vol. in-8, 15 fr.

SUAREZ, l'un des rédacteurs du « Code général pour les États prussiens», dont nous avons une traduction française. (Voy. ce titre aux ouvrages anonymes et polyonymes.)

SUBERBIE (Mathieu). — Observations sur la nécessité de doubler le nombre des députés, et de déclarer éligibles les membres des colléges électoraux; sur celle d'une nouvelle répartition de la contribution foncière, comme seul moyen d'accorder aux départements surchargés les dégrèvements auxquels ils ont droit, sans porter atteinte à la loi des élections; et enfin sur la réorganisation des perceptions. *Paris, de l'imp. de Porthmann*, 1819, in-8 de 28 pag., 1 fr.

SUBERVILLE. — Histoire de la chapelle de la Garaison, contenant une instruction à la sainte Vierge. *Toulouse, de l'impr. de Corne*, 1836, in-18 de 72 pag.

Avec M. Duchesne.

SUBLIGNY, écrivain du XVIIe siècle.

— * Fausse (la) Clélie, histoire française, galante et comique. (IIIe édition.) *Paris*, *Witte*, 1718, 2 vol. in-12.

La première édition parut en 1670. On a du même plusieurs autres ouvrages qui n'ont pas été réimprimés depuis 1700.

SUBWATKEKOFF (Peters), pseudon. Voy. Le Clerc, des Vosges.

SUBY. — Mort (la) du général Marceau, pantomime.

— Programme de Bazile et Quitterie, ou le Triomphe de Don Quichotte, pantomime héroï-comique en trois actes. 1801, in-8.

SUBTIL (Ch.). — Droit naturel des ouvriers. Union commerciale entre les ouvriers de toutes les professions; suivi de la réfutation de quelques passages du discours de M. le ministre du commerce (le 6 janvier dernier), à l'ouverture de la session des conseils d'agriculture, du commerce et des manufactures, touchant les classes ouvrières; avec un discours d'à-propos sur l'utilité de la connaissance de la vérité. *Paris, les march. de nouv.*, 1836, in-8 de 56 pag.

SUCHAUX (S.). — Annuaire historique et statistique du département de la Haute-Saône, pour les années 1825-35. *Vesoul, Lepagnez; Ve Delaborde; Zœpffel*, 1825-35, 10 vol. in-12.

M. N.-D. Baulmont a eu part aux premières années de cet Annuaire.

SUCHEREAU (la sœur Françoise), de Saint-Ignace.

— *Histoire de l'Hôtel-Dieu de Quebec. *Montauban, Jérosme Légier; Paris, Cl.-J.-B. Hérissant*, 1751, in-12.

SUCHET (J.-J.-L.). — Chansonnier des soirées amusantes, ou le nouveau Caveau, pour l'année 1814. *Paris, Ducrocq*, 1813, in-18, 1 fr. 50 c.

SUCHET (L.), docteur en médecine de la Faculté de Paris.

— Essai sur la pneumo-laryngalgie ou asthme aigu. *Paris, Gabon*, 1828, in-8 de 92 pag.

— Topographie physico-médicale de Châlons-sur-Saône. Seconde édit., entièrement refondue et augm. *Châlons, Lespinasse*, 1820, in-8.

SUCHET (le maréchal Louis-Gabriel), duc d'ALBUFÉRA, pair de France, l'un des plus valeureux généraux de Napoléon; né à Lyon, le 2 mars 1772, mort au château de la baronnie de Saint-Joseph, territoire de Marseille, le 3 janvier 1826.

— Mémoires (ses) sur ses campagnes en Espagne, depuis 1808 jusqu'en 1814, écrits par lui-même (c'est-à-dire rédigés d'après ses notes, par le baron SAINT-CYR NUGUÈS, lieutenant général, chef d'état-major du maréchal). *Paris, Bossange père*, 1829, 2 vol. in-8 avec un portrait et un Atlas in-folio de 15 pl., 30 fr. — Deuxième édit. *Paris, Anselin*, 1834, 2 vol. in-8 et Atlas de 16 pl., 35 fr.

Ces Mémoires ont été publiés par madame la maréchale Suchet, et se vendaient pour son compte.

Les Mémoires du maréchal Suchet, publiés en 1828, peu de temps après sa mort, ont reçu généralement, dès leur apparition, un accueil favorable, que le temps a confirmé depuis et justifie chaque jour davantage. Le mérite de cet ouvrage a fait ressortir de nouveau celui de son illustre auteur, qui, de son vivant, avait déjà si fort occupé la renommée contemporaine. Dans l'histoire de ses campagnes, on a trouvé comme un cours complet de la guerre, sous le rapport de l'organisation des troupes, de l'administration d'un pays et d'une armée, et en même temps de la conduite des opérations militaires. On y voit retracés les combats, les batailles, et une série de sièges brillants, source de la plus utile instruction. Les notions techniques y abondent, mais entourées de développements propres à intéresser tous les lecteurs. A chaque récit de quelque importance se rattache un plan qui rend sensibles les moindres détails d'exécution; et, sur la plupart de ces plans, se trouve une vue des lieux, prise et dessinée avec soin et fidélité; de sorte qu'après une lecture attentive, on a la connaissance la plus complète de l'action et du théâtre où elle s'est passée. Aussi cet ouvrage a été fort recherché; il en a paru en 1829 une traduction espagnole; la même année, il s'est fait, à Londres, une édition anglaise et une édition française; et à chaque circonstance qui, dans ces dernières années, a ramené momentanément la guerre sur quelques points de l'Europe, des demandes nombreuses ont prouvé que les Mémoires du maréchal Suchet sont devenus un ouvrage militaire classique.

La seconde édition est en tout conforme à la première, sauf quelques légères corrections dans les cartes, notamment dans celle de la bataille de Sagonte, qui était un peu incomplète. On sait que les planches, au nombre de seize, composent un magnifique atlas, qui, dans la vente, n'est point compté pour sa valeur réelle, quoiqu'il en ait une grande, d'après l'estimation des connaisseurs. Des motifs désintéressés, de convenance pour le public, et d'utilité pour les militaires, ont décidé l'éditeur, qui a principalement cette dernière classe de lecteurs en vue, à maintenir l'ouvrage à un prix modéré, et plus accessible que celui de la plupart des ouvrages du même genre.

On a publié tout récemment sur ces Mémoires un ouvrage intitulé:

Considérations militaires sur les Mémoires du maréchal Suchet, duc d'Albuféra; suivies de la correspondance entre les maréchaux Soult et Suchet, présentant l'historique des plans d'opérations proposés par chacun d'eux, depuis la bataille de Vittoria jusqu'à la cessation des hostilités, après la déchéance de l'empereur Napoléon; et considérations militaires sur la bataille de Toulouse, suivies du rapport du maréchal Soult au ministre de la guerre, et des ordres donnés aux généraux et chefs de corps, indiquant les dispositions faites avant et après la bataille, avec le plan des environs de Toulouse, pour servir d'intelligence de la bataille. Par E. CHOUMARA. Paris, Corréard jeune, 1838, in-8, avec le plan, 7 fr. 50 c.

— Memorias del mariscal Suchet, duque de Albufera, sobre sus campanas en España, desde al anno 1808 hasta el de 1814, escritas por el mismo, traducidas en español, com el mas particular esmero por G..... D..... M. *Paris, Bossange padre*, 1829, 4 vol. in-12, ornés d'un portr.

SUCHTELEN (le lieutenant-général, comte Paul de). — * Précis des événements militaires des campagnes de 1808 et 1809 en Finlande, dans la dernière guerre entre la

Russie et la Suède. Par L. G. C. P. de S***. *Saint-Pétersbourg, de l'imp. de N. Gretsch*, 1827, gr. in-8, pap. vél., avec plusieurs tableaux et une grande carte.

Tiré à 200 exempl. qui n'ont pas été destinés au commerce.

Il ne faut pas confondre l'auteur de ce livre avec son père, qui a été ambassadeur de Russie à Stockolm.

Note communiquée par M. le prince Labanoff.

SUCKAU (W.), professeur de langue allemande à Paris.

— Exercices gradués pour apprendre l'allemand par la méthode naturelle, publiés par W. Suckau. Sec. édition, refondue et augmentée des fables de Lessing, d'une comédie de Kotzebue, et de quelques morceaux de poésie. *Paris, F. Didot*, 1833, in-8, 4 fr.

— Tableaux synoptiques de la langue allemande, à l'usage de Mgr. le duc de Bordeaux. *Paris, F. Didot*, 1827, in-8 de 24 pag., une pl. et 6 tabl., 5 fr.

M. Suckau est plus particulièrement connu par plusieurs traductions qu'il a faites de l'allemand ; telles sont celles des ouvrages suivants : 1° Histoire des révolutions politiques et littéraires de l'Europe au dix-huitième siècle, traduite de Schlosser (1825, 2 vol. in-8) ; — 2° De la politique et du commerce des peuples, par Heeren (1829 et ann. suiv.) ; — 3° Matinées de Brienz, par Zschokke, Sartorius, Goethe, Tromlitz, etc. (Paris, Audin, 1832, 4 vol. in-12) ; — 4° Un mariage sans mari, Marie, etc., trad. de madame Schoppenhauer et d'Aug. Lafontaine (1835).

SUCRET (Étienne), médecin à Villeneuve-l'Archevêque.

— Poëme sur le dévouement des médecins français et des sœurs de Sainte-Camille, à l'occasion de la fièvre jaune de Barcelonne, avec plusieurs épisodes, dont un regarde la mémorable pacification de l'Espagne. *Sens, Tarbé*, 1824, in-8 de 32 pag.

SUDAN (l'abbé Jean-Nicolas), chanoine honoraire et secrétaire-général de l'archevêque de Lyon ; né dans cette ville le 3 septembre 1761, y est mort, le 1er avril 1827.

— Notice sur quelques manuscrits de la bibliothèque du roi, concernant l'histoire de Lyon et de la province....

Imprimée dans les Archives historiques et statistiques du département du Rhône, tome V, pag. 145—154.

— Recherches sur le retour de la ville de Lyon à la monarchie, sous Henri IV, contenant trois lettres inédites de ce prince. *Lyon, Ballanche*, 1814, in-8 de 46 pag.

On attribue à l'abbé Sudan les trente-six articles des *Esquisses historiques et statistiques du département du Rhône*, insérées dans les Tablettes de Lyon (1822—25).

Les Archives historiques et statistiques du département du Rhône, n° XXX, avril 1827, tom. V, pag. 455—57, contiennent une Notice sur l'abbé Sudan.

SUDRAUD-DESISLES, juge d'instruction à Limoges.

— Manuel du juge taxateur, essais d'un juge pour faciliter la taxe des dépens faits devant les juges de paix, les tribunaux de première instance et les cours royales. *Limoges, Ardillier*, 1827, in-8, 7 fr.

Cette édition a été reproduite l'année suivante avec un titre portant *seconde édition*, et pour adresse de vendeur, celle d'Alex. Gobelet.

— Notes d'un juge d'instruction sur la taxe, le payement des frais de justice en matière criminelle, correctionnelle et de simple police. *Limoges, Chapoulaud ; Paris, Alex. Gobelet*, 1832, in-8 avec 12 tableaux, 6 fr.

SUDRE (Théodose), avocat au parlement de Toulouse.

On lui doit de nouvelles éditions du Traité des droits seigneuriaux, par Boutaric (1745, in-8), et du Traité des élections d'héritier, par Vulson (1753, in-4). L'éditeur a joint des notes à ces deux ouvrages.

SUDRE. — Noble (le) jeu de mail de la ville de Montpellier, avec ses règlements. Nouv. édit. *Montpellier, de l'impr. de Rizard*, 1822, in-12 de 72 pag., 1 fr. 50 c.

SUDRE. — Dissertation sur les fonctions de la peau. *Montpellier*, 1821, in-4.

SUDRÉ. — Panthéon (le) français, ou Collection de portraits des personnages célèbres qui, par leurs actions, leurs vertus, leurs écrits, leurs travaux ou leurs découvertes, ont contribué le plus à l'illustration nationale ; œuvre lithographique. *Paris, Sudré ; Benard ; Chaillou-Potrelle ; Bance*, 1827, in-fol. de portraits, avec 16 pag. de texte.

En 1825, M. Sudré a annoncé une *Galerie des femmes célèbres de la France, depuis l'établissement de la monarchie jusqu'à nos jours, avec des notices biographiques et des fac-simile*. Cette Galerie devait être composée de dix livraisons, chacune de quatre portraits et de quatre notices.

SUDRIE (J.-A.). — Principes abrégés de grammaire générale, suivis des principes généraux de la langue française, et précédés d'un tableau synoptique des parties grammaticales. *Paris, Belin-Mandar et Devaux*, 1828, in-8.

SUE (Jean), chirurgien distingué, frère de Sue, de la Charité, fut successivement licencié et maître en chirurgie, de 1744 à 1750, membre de l'Académie roy. de chirurgie ; il était né à Colle-Saint-Pol, ancien diocèse de Vence (Var), le 10 décembre 1699, il mourut à Paris, le 30 novembre 1762.

— Catalogue des plantes usuelles, dans leur état naturel, avec leurs noms différens, tant français que latin. *Paris*, 1725, in-fol.

Ouvrage que les auteurs de la Biographie médicale attribue à Jean Sue, mais dont son fils (voy. l'article suivant) ne parle point dans la Notice sur sur son père, impr. dans l'écrit intitulé : « Séance publique de l'Académie de chirurgie, du 17 avril 1793, etc. ».

J. Sue a toujours rempli les devoirs d'un académicien assidu et laborieux : il a donné un *mémoire* qui renferme des corrections utiles sur le forceps : il a lu en différents temps, dans les séances académiques, des *observations* intéressantes : il en a donné une assez rare, sur un renversement de deux tiers de la rotule, sans rupture de ses ligaments, et un Recueil de différents médicaments, rédigé en 1750.

SUE (Pierre), fils du précédent, appelé aussi *Sue le jeune*, né à Paris, le 28 décembre 1739, cultiva avec succès presque toutes les parties de la médecine. Reçu maître en chirurgie en 1763, il avait déjà succédé à son père dans l'emploi de chirurgien de la ville de Paris, place dont il n'obtint le brevet qu'en 1772. La Martinière, alors premier chirurgien dui roi, le nomma, en 1767, conjointement avec Lassus, professeur et démonstrateur à l'école pratique. En 1790, la chaire de thérapeutique, devenue vacante par la mort d'Hévin, lui fut accordée. Enfin, il devint prévôt du Collége de chirurgie, et il était secrétaire par intérim de l'Académie royale de chirurgie à l'époque où cette célèbre compagnie cessa d'exister. Lorsque l'enseignement médical fut rétabli, Pierre Sue obtint la place de bibliothécaire de l'école de santé, et, suivant l'expression de M. Désormeaux, tous ses collègues se sont plu à lui rendre cette justice, que, par les soins qu'il a pris d'augmenter continuellement la bibliothèque de la faculté, par les dons qu'il lui a faits, par l'ordre qu'il y a introduit, il peut en être considéré comme le fondateur. La chaire de bibliographie lui fut, quelque temps après, confiée, et il la remplit en homme profondément versé dans toutes les branches de la littérature médicale. Il exerça, durant quinze à vingt ans, les fonctions de trésorier de la faculté, et succéda à Leclerc dans l'enseignement de la médecine légale. Pierre Sue était membre d'un grand nombre de sociétés savantes nationales et étrangères. Ses goûts lui avaient depuis longtemps fait préférer le travail de cabinet aux fatigues de la pratique de la médecine. Son érudition et son amour pour les livres étaient également remarquables. Il mourut à Paris, le 28 mars 1816. Pierre Sue a composé un assez grand nombre d'écrits, dont nous donnons ici la liste.

— * Anecdotes historiques, littéraires et critiques sur la médecine, la chirurgie et la pharmacie. *Amsterdam, et Paris, Le Boucher*, 1785, 2 vol. in-12.

— Aperçu général, appuyé de quelques faits, sur l'origine et le sujet de la médecine légale. *Paris, Barrois jeune*, an VIII (1800), in-8 de 35 pag.

— Commentaire littéraire sur quelques passages des lettres de Sénèque le philosophe relatifs à la médecine. *Paris*, 1802, in-8.

— Dictionnaire portatif de chirurgie, ou Tome III du Dictionnaire de santé. *Paris, Vincent*, 1771, pet. in-8 ; *Paris, Jos. Barbou*, 1777 ; — et *Paris, Delalain*, 1783, in-8.

— Discours au Corps législatif sur le cours de bibliographie de l'École de santé. *Paris*, 1798, in-8.

— Discours aux écoles de chirurgie sur l'élection de P. Sue à la charge de prévôt, prononcés le 3 octobre 1774. *Paris*, 1774, in-8.

— Discours historique et analytique sur les sujets de prix relatifs à l'hygiène chirurgicale, proposés par l'Académie de chirurgie de 1775 à 1783. *Paris*, 1784, in-8.

— Discours prononcé à la rentrée de l'École de médecine de Paris, le 9 novembre 1804. *Paris*, 1807, in-4.

— Discours sur la bibliographie médicale, lu dans la séance publique de l'école de santé du 25 vendémiaire an III. 1795, in-8.

— Discours sur l'influence de l'hygiène dans la cure des maladies chirurgicales, prononcé dans l'amphithéâtre des écoles de chirurgie, le 12 mai 1790. 1790, in-8.

— Éléments de chirurgie, en latin et en français, avec des notes. 1774, in-8. — Nouv. édit. *Paris, Méquignon l'aîné*, 1783, in-8 de 765 pag., 5 fr.

Il y a des exempl. de l'édition de 1783, qui sont tout en français.

— Éloge de Fr.-M.-X. Bichat. *Paris*, 1803, in-8.

— Éloge de Louis XV. 1774, in-8.

— Éloge de P.-J. Poissonnier. *Paris*, an VII (1799), in-8.

— Éloge historique de M. Devaux (chirurgien célèbre, mort en 1771), avec des notes et un extrait raisonné de ses ouvrages. *Amsterdam, et Paris*, 1772, in-8 de 115 pages.

L'auteur lui-même, dans une note de la Notice sur son père, et les auteurs de la Biographie médicale, d'après lui, donnent à ce morceau le titre de *Précis historique sur la vie et les ouvrages de Jean Devaux*.

— Éloge historique de P. Lassus. *Paris*, 1808, in-8.

— Essais historiques, littéraires et critiques sur l'art des accouchements. *Paris*, 1779, 2 vol. in-8.

— Examen d'un ouvrage intitulé : Nouvelles instructives, bibliographiques, historiques et critiques de médecine, chirurgie, etc. *Paris*, *Leboucher*, 1786, in-8.

— Extrait de Mémoires littéraires et critiques sur la médecine. *Paris*, 1776, in-8.

— Histoire du galvanisme et analyse des différents ouvrages publiés sur cette découverte, depuis son origine jusqu'à ce jour. *Paris*, *Bernard*, 1801-02, 2 vol. in-8.

Réimprimée sous ce titre : *Histoire complète du galvanisme, depuis sa découverte jusqu'à ce jour, avec le détail des expériences faites et des écrits publiés sur ce phénomène* ; seconde édition, Paris, Bernard, 1805, 4 vol. in-8, avec planches, 15 fr.

— Lettre critique sur l'état de la médecine en France. 1776, in-8.

— Mémoire historique, littéraire et critique sur la vie et les ouvrages tant imprimés que manuscrits de J. Goulin, professeur de l'histoire de la médecine à l'école de médecine de Paris. *Paris*, *Blanchon*, 1800, in-8 de 138 pag.

— Mémoire sur l'anévrisme de l'artère crurale. *Paris*, 1776, in-12.

— Mémoire sur l'état de la chirurgie à la Chine; correspondance à ce sujet avec un missionnaire de Pékin. *Paris*, 1802, in-8.

— Notes sur les Aphorismes de chirurgie de Boerhaave commentés par Van Swieten. *Paris*, 1768, in-12.

— Observations, remarques et réflexions sur quelques maladies des os. *Paris*, 1803, in-8.

— Pathologie de Gaubius, trad. du latin (1770). Voy. Gaubius.

— Pratique moderne de la chirurgie, par M. Ravaton, chirurgien de l'hôpital de Landau; publiée et augmentée par M. Sue le jeune. *Paris*, *Didot le jeune*, 1777, 4 vol. in-12, avec figures.

— Précis historique sur la vie et les ouvrages de M. Passement, ingénieur du roi, pour servir de supplément à l'article qui le concerne dans le «Dictionnaire des artistes», avec une notice de plusieurs artistes anciens omis dans cet ouvrage, suivie de quelques notes sur le supplément à la «France littéraire». *Amsterdam, et Paris*, *Bastien*, 1778, in-8.

— Rapport sur le premier volume des Mémoires de la Société médicale d'émulation. 1798, in-8.

— Réflexions sur un article du règlement militaire, qui établit six chirurgiens-majors pour la garde nationale. *Paris*, 1789, in-8.

— Séance publique de l'Académie de chirurgie, du 17 avril 1793. Discours prononcé par M. Sue, secrétaire par intérim : 1° Annonce des prix ; 2° Discours historique sur la vie et les ouvrages de M. Louis; 3° Discours historique sur la vie et les ouvrages des frères Sue, avec des notes. *Paris*, 1793, in-8.

— Tables analytiques et raisonnées des matières..., pour la nouvelle édit. de l'Histoire naturelle de Buffon, rédigées par C.-S. de Sonnini..... *Paris*, *Dufart*, 1808, 3 vol. in-8, 18 fr.

M. Sue est le rédacteur d'autres tables : c'est d'abord celle de l'ouvrage de Lavater, et dont cette table forme le Xe volume ; ensuite celle analytique des Rapports du physique et du moral de l'homme, par P.-J.-G. Cabanis.

M. Sue, outre les ouvrages que nous venons de citer, est encore auteur d'une partie du sixième et du septième volume des Commentaires de Van Swieten, trad. du latin en français, et de *Mémoires* insérés dans le Recueil de la Société de médecine de Paris, et dans celui de la Société médicale d'émulation. On trouve de lui dans ce dernier recueil : des *Réflexions et observations pratiques sur le panaris* (dans le tome II du recueil), ainsi que des *Réflexions sur les corps étrangers arrêtés dans l'œsophage, avec des remarques critiques sur le mémoire d'Hévin* (dans le tome IV).

SUE (Jean-Joseph), frère du premier des Sue cités; appelé *Sue de la Charité*, chirurgien, né au bourg de Colle-Saint-Pol, anc. diocèse de Vence (Var), le 20 avril 1710, fut successivement professeur d'anatomie au collége royal de chirurgie, vers 1754, succédant à Verdier, son maître; substitut du chirurgien en chef de l'hôpital de la Charité. J.-J. Sue demeura vingt-cinq ans environ à la tête du service de cet hôpital; professeur d'anatomie à l'École royale de peinture et de sculpture, censeur royal pour les livres de chirurgie ; membre de l'Académie royale de chirurgie, de la

Société royale de Londres, de celle de Philadelphie, de la Société philosophique d'Édimbourg, et de plusieurs autres sociétés savantes, et entre autres de celles de Lyon, Rouen, etc. J.-Jos. Sue est mort à Paris, le 10 décembre 1792.

— Abrégé de l'anatomie du corps de l'homme. *Paris*, 1748, 2 vol. in-12; — Nouv. édit. 1754, 2 vol. in-12.

— Anthropotomie (l'), ou l'Art d'injecter, de disséquer, d'embaumer et de conserver les parties du corps humain, par TARIN, publ. par J.-J. Sue. 1749, 2 vol. in-12; — Sec. édition, augm. *Paris, P.-G. Cavelier,* 1765, in-12.

Cet ouvrage, devenu fort rare, doit être considéré comme un excellent manuel d'anatomie. Il mériterait d'être refait sur le même plan, et complété par la description des méthodes nouvelles d'injection, de dissection, d'embaumement et de conservation des pièces anatomiques dont l'art s'est enrichi depuis quelques années.

— Discours prononcé aux écoles de chirurgie en 1750. *Paris*, 1750, in-8.

— Éléments de chirurgie. 1755, in-12.

Ce livre, destiné aux élèves, est un précis élémentaire sur les maladies et les opérations chirurgicales.

— Traité d'ostéologie de MONRO, trad. de l'angl., avec des remarques par Sue. *Paris, Cavelier,* 1759, 2 vol. gr. in-fol.

Cette traduction est de madame d'Arconville, qui l'a écrite sous les yeux de Sue.

—* Traité des bandages et appareils. *Paris, Cavelier,* 1746, 1761, in-12.

Indépendamment des ouvrages que nous venons de citer J.-J. Sue a inséré, dans les Mémoires de l'Académie des sciences plusieurs *Mémoires*, sur les fœtus monstrueux, sur la transposition des viscères, sur la description anatomique de trois loutres femelles; sur les proportions du squelette de l'homme examiné depuis l'âge le plus tendre jusqu'à vingt-cinq, soixante ans, et au-delà; enfin, sur la structure de la matrice. Deux *Observations* sur la hernie de la vessie et sur un corps étranger qui a séjourné pendant sept ans dans la trachée-artère, complètent les travaux de ce laborieux praticien, et sont insérés dans le recueil de l'Académie royale des sciences.

« Sue était remarquable par la méthode et la clarté qui régnait dans ses démonstrations; voulant éviter aux élèves les lenteurs, les difficultés ou les dégoûts de certaines dissections, il imagina de représenter sur des cartons de grandeur convenable toutes les parties du corps. Ce travail, suivi avec persévérance pendant quatorze ans, lui permit de rassembler cent quatre-vingt-quinze planches, relatives aux parties les plus remarquables ou les plus délicates de l'ostéologie, de la myologie, de la splanchnologie, des monstruosités, et de la structure de l'œil. Son fils (voy. l'article suivant) porta par la suite cette collection au nombre de trois cent soixante-quatre planches, et en publia une portion.

SUE (Jean-Joseph), fils du précédent, dont il continua les travaux anatomiques, était, en 1792, chirurgien au camp de Meau; il devint substitut du chirurgien en chef de l'hôpital de la Charité, professeur d'anatomie et de physiologie à l'École pratique, au Lycée des arts, et à l'Académie royale de chirurgie.

— Éléments d'anatomie, à l'usage des peintres, des sculpteurs et des amateurs. Première partie : ostéologie. *Paris, Méquignon,* 1788, in-4, avec 14 planches en taille-douce.

— Essai sur la physiognomie des corps vivants, considérés depuis la plante jusqu'à l'homme. *Paris, Dupont*, 1797, in-8.

— Opinion sur la guillotine ou sur la douleur qui survit à la décollation. *Paris*, 1796, in-8.

— Recherches physiologiques et expériences sur la vitalité, lues à l'Institut national de France, le 11 mess. an V; suivies d'une nouvelle édition (la deuxième) de l'Opinion sur le supplice de la guillotine, etc. *Paris*, 1798, in-8. — IIIe édit. *Paris*, 1803, in-8 avec 4 pl.

— Traité d'anatomie comparée, par Alex. MONRO. Trad. de l'angl. 1786, in-12.

On a encore du même quelques *Mémoires* imprimés parmi ceux de la Société médicale d'émulation.

SUE (Eugène), fils du précédent, officier de santé, l'un de nos littérateurs contemporains les plus distingués.

LITTÉRATURE.

Romans.

— Arthur. Journal d'un inconnu. Première partie. *Paris, Ch. Gosselin*, 1838, 2 vol. in-8, 15 fr.

Les cinq ou six premiers chapitres de ce roman ont paru d'abord dans le journal « la Presse ».

— Atar-Gull. *Paris, Vimont; Renduel*, 1831, in-8 avec 4 vign. — IVe édition. *Paris, Vimont*, 1832, in-8 avec 4 vign., 7 fr. 50 c.

— Coucaratcha (la). *Paris, Urb. Canel; Guyot*, 1832-34, 4 vol. in-8, 30 fr.

— Gitano (el), o el Contrabandista en Andalucia. Novela maritima traducida del frances, par M. NORIEGA. *Paris, rue du Temple, n°* 69, 1836, in-18.

C'est la traduction d'un épisode tiré du roman de *Plick et Plock.*

— Latréaumont. *Paris, Ch. Gosselin,* 1837, 2 vol. in-8 avec 2 vignettes et 2 fac-simile, 15 fr.

Première livraison des Œuvres complètes de l'auteur.

— Plik et Plok, scènes maritimes. *Paris*, *Renduel*, 1831, in-8 avec 2 vign.—IVe édit. *Paris*, *Vimont*, 1832, in-8, 7 fr. 50 c.

La seconde édition, qui parut dans la même année que la première, est en 2 vol. in-12.
Plick et Plock est le premier roman maritime qui ait été publié en France : il a paru dans un recueil littéraire, la Mode, croyons-nous.

— Salamandre (la), roman maritime. *Paris*, *Renduel*, 1832, 2 vol. in-8, 15 fr. — IIIe édit. *Paris*, *Renduel*, 1832, 2 vol. in-8 avec 2 grav.

Dans ce roman, toutes les pages sur la colenture, et ce sont les plus remarquables, ont été empruntées à une thèse médicale, très-longue et très-bien écrite, sur les naufragés de la Méduse : elle est intitulée : Effets de la faim et de la soif sur les naufragés de la Meduse, par J.-B. Savigny, 26 mai 1818, thèse 184.

— Vigie (la) de Koat-ven, roman maritime (1780-1830). *Paris*, *Vimont*, 1833, 4 vol. in-8; ou avec de nouveaux titres. *Paris*, *Magen*, 1835, 4 vol. in-8.

Théâtre.

— * Fils (le) de l'homme, souvenirs de 1824, représenté sur le théâtre des Nouveautés, le 28 décembre 1830. *Paris*, *Riga*, 1831, in-8, 1 fr. 50 c.

Avec M. Paul de Lussan, qui seul est nommé sur le titre de la pièce.

— * M. le marquis, esquisses de 1815, comédie-vaudeville en un acte (et en prose). *Paris*, *Barba*, 1829, in-8.

Avec M. A. De Forges. M. Sue n'a fait connaître sa coopération à cette pièce que par le nom d'Eugène S***.

— * Secret (le) d'État, comédie-vaudeville en un acte (et en prose). *Paris*, *Riga*, 1831, in-8.

Avec MM. Ferd. de Villeneuve et Édouard M*** (Monnais).
M. Sue n'a indiqué sa coopération à cette pièce que par le nom d'Eugène S***.
Les trois compositions dramatiques que nous venons de citer ne sont pas les seules que l'on doive à la plume de M. Sue. Les lecteurs de la Revue de Paris de 1838, y ont lu l'essai d'un nouveau genre de pièce que l'auteur nomme comédie sociale : *le Juge*, en prose, est le ballon d'essai d'une série de pièces dans lesquelles M. Sue se propose de mettre en action les principales classes de la société. Une seconde comédie, appartenant à la même famille, *le Législateur*, a paru successivement dans divers numéros du journal « la Presse ».
Ce littérateur a participé à plusieurs des récentes publications polyonymes, telles que le Livre des conteurs, dans lequel on trouve de lui un *Fragment du Journal d'un inconnu* (tom. Ier, 1833), l'Album de la mode (1833), plusieurs autres recueils littéraires, ainsi qu'à plusieurs journaux.
M. Eug. Sue est encore auteur de l'*Introduction* du roman maritime de M. Suau, intitulé : « les Matelots parisiens » (1837).

HISTOIRE.

— Histoire de la marine française. XVIIe siècle.— Jean Bart. (Règne de Louis XIV). *Paris*, *Félix Bonnaire* (* *Dupuy*), 1835-37, 5 vol. in-8, ornés de 40 cartes, vues et portraits gravés sur acier, et de fac-simile.

Cet ouvrage a paru par livraisons, au nombre de quarante. Chaque livraison, composée de 40 pages et d'une figure gravée sur acier, coûtait par souscription 1 fr. : complet l'ouvrage a été réduit à 50 fr., puis le dernier propriétaire l'a de nouveau réduit à 37 fr. 50 c.
Cet ouvrage de M. Sue devait embrasser une bien plus grande période : le prospectus promettait une *Histoire de la marine française, depuis le quinzième siècle jusqu'à nos jours, précédée d'un Précis historique sur la marine française, depuis le neuvième siècle jusqu'au quinzième*. Cette Histoire, d'après le prospectus, devait être divisée en trois parties, qui eussent formé ensemble 6 volumes; mais l'auteur a tellement surchargé son livre de pièces justificatives que la seconde série, la seule qui ait été publiée, ne remplit rien moins que cinq volumes. Le *Précis historique sur la marine*, de 800 à 1450, qui devait paraître à la tête de la première, n'a pas conséquemment été donné.
Ce littérateur est chargé par le gouvernement de la publication des Mémoires, Correspondance et Dépêches de Henri d'Escoubeau de Sourdis, archevêque de Bordeaux, et ministre de la marine, sous Louis XIII.

SUE (G.-A.-T.), docteur en médecine de la faculté de Paris, etc., professeur et président de la Société royale de médecine de Marseille.

— Discours sur le magnétisme animal, lu à la séance publique de la Société royale de médecine de Marseille, tenue le 11 novembre 1827. *Marseille*, *de l'impr. d'Achard*, 1828, in-8 de 16 pag.

— Examen critique des Observations sur la fièvre jaune, importée de Malaga à Pomègue et au lazaret de Marseille, en septembre 1821, etc., etc., rédigées, au nom des médecins et chirurgiens du lazaret de Marseille, par leur collègue M. Robert, professeur d'hygiène navale..... *Marseille, de l'imp. de Guion*, 1822, in-8 de 14 pag.

— Examen des questions proposées par Son Exc. le ministre de l'intérieur, concernant l'enseignement et l'exercice de la médecine, fait au nom d'une commission nommée par la Société royale de médecine de Marseille. *Marseille, de l'impr. d'Achard*, 1829, in-8 de 36 pag.

— Extrait du discours prononcé par M. le professeur Sue, le jour de l'installation de son muséum dans la nouvelle salle destinée au cours d'anatomie pittoresque de l'école royale des beaux-arts. *Paris*, *de l'imp. de David*, 1826, in-4 de 4 pag.

— Relation de l'épidémie du choléra-morbus qui a régné pendant l'hiver de 1834 à 1835 à Marseille. *Marseille, de l'imp. de Feissat aîné*, 1835, in-8.

M. Sue a été l'un des rédacteurs de l'Observateur provençal des sciences médicales, qui a commencé à paraître à Marseille, en janvier 1821.

SUERE DU PLAN (l'abbé J.-M. de). Voy. Du Plan.

SUÉTONE (Caius-Suetonius-Tranquillus), biographe latin, né vers 823 de Rome (70 ans depuis J.-C.), mort l'an de Rome, 883.

— De XII Cæsaribus, expurgatus ab obscœnitate et variè illustratus. *Rhotomagi, Le Boullanger*, 1707, in-12.

J. Alb. Fabricius avait appris en 1706, par le Journal de Trevoux, que le P. de Grainville devait publier à Rouen, chez Le Boullanger, une édition de *Suétone* pour la jeunesse, avec des retranchements et des notes. V. la Bibliotheca latina, Venetiis, 1728, in-4, tome Ier, pag. 637. J.-Aug. Ernesti, dans la nouvelle édition de cette Bibliothèque, Leipzig, 1773, tome II, page 461, indique le *Suétone* du P. de Grainville; mais il avoue ne l'avoir jamais vu. C'est l'édition que j'indique ici; elle est bien imprimée; l'éditeur a pris la peine de marquer en marge la chronologie, et d'évaluer en livres tournois les valeurs romaines que présente Suétone. Il a mis à la fin un bon *index géographique*, comme il fit ensuite pour son Paterculus.

(*Note de A.-A. Barbier*).

— C. Suetonius Tranquillus, ad optimas editiones collatus, præmittitur notitia litteraria, accedit index, studiis societatis Bipontinæ. *Biponti, ex typographia societatis*, 1783. — Editio secunda, emendatior et auctior. *Argentorati, ex typogr. societ.* (* *Treuttel et Wurtz*), anno VIII (1800), in-8 de xliij et 426 pag., non compris l'index, 3 fr. 50 c.

La Notice littéraire remplit les 43 pages liminaires.

— C. Suetonii Tranquilli duodecim Cæsares et minora quæ supersunt opera, Baumgartenii-Crusii commentario, excursibus Ernestii et annotationibus variorum notisque illustravit Car. Benedict. Hase. *Parisiis, N.-E. Lemaire*, 1828, 2 vol. in-8, avec 9 portr., 34 fr. 50 c.

Cette édition fait partie de la Bibliotheca classica latina, publiée par le même éditeur. On assure qu'un journal étranger ayant critiqué vivement l'édition de M. Hase, celui-ci répondit que les fautes qu'on lui reprochait ne devaient pas lui être imputées, attendu qu'il n'avait pas même *lu les épreuves* de l'édition publiée sous son nom.

— Caii Suetonii Tranquilli opera, selectis variorum animadversionibus suisque instruxit E. Gros. *Parisiis, Panckoucke*, 1835-37, 2 vol. in-8, 8 fr.

Cette édition fait partie de la « Nova scriptorum latinorum collectio », publiée par le même libraire.

— Histoire des empereurs romains..... écrite en latin, et trad. en franç. par D. B. (de Baudouin. Nouv. édit.). *Paris, Nic. Legras*, 1700, in-12.

La première édition de cette traduction est de Paris, Richer, 1611, in-4 : elle fut publiée sous un titre ainsi conçu : *Caie Suétone Tranquille, de la Vie des douze Césars, traduit et illustré d'annotations.*

— Douze (les) Césars, traduits du latin de Suétone, avec des notes et des réflexions, dans lesquelles on trouve une réfutation des paradoxes de Linguet sur Titus et Néron. Par J.-Fr. de Laharpe. *Paris*, 1770, 2 vol. in-8.

Traduction qui a obtenu cinq éditions. Nouv. (IVe) édition, ornée des portraits des douze Césars et de celui de l'auteur. Paris, Gabr. Warée, 1805, 2 vol. in-8, 15 fr.

V[e] édition, revue avec le plus grand soin, ornée des portraits des douze Césars et de Suétone.... ; suivie d'un Tableau historique et chronologique de la vie des empereurs romains qui lui ont succédé, et des causes qui, après avoir élevé l'empire au plus haut dégré de splendeur, en ont amené la décadence, et d'un précis de l'histoire romaine sous la monarchie et la république jusqu'à Jules-César. Par M. J. Auger, Paris, Samson fils, 1822, 3 vol. in-18.

— Histoire des douze Césars, traduite de Suétone, par M. Henri Ophellot de la Pause (masque sous lequel on croit que Delisle de Sales s'est caché) (le texte à côté), avec des Mélanges philosophiques et des notes (par Delisle de Sales). *Paris, Saillant et Nyon*, 1771, 4 vol. in-8.

Quelques amateurs d'histoire littéraire, apercevant dans les mots *Henri Ophellot de la Pause* l'anagramme de *philosophe de la nature*, regardent Delisle de Sales comme l'auteur de cette traduction. Les *Mélanges* au moins sont de lui ; il le dit, page 286 de son *Essai sur le journalisme*. Quant à Ophellot de la Pause, quoique au même endroit il en parle comme d'un personnage réel, personne n'ayant pu le découvrir, on s'est obstiné généralement à regarder ce nom comme un pseudonyme de Delisle de Sales.

— Histoire des douze Césars, traduite du latin avec des notes, par A.-L. Delaroche. *Paris, Debray*, 1807, in-8, 3 fr.

Au moyen de quelques suppressions faites par M. Delaroche, cette traduction peut être mise entre les mains de tout le monde.

— Histoire des douze Césars, traduite du latin (avec le texte en regard), sans aucun retranchement et avec des tables indicatives, des notes et des observations, par M. Maurice Levesque. *Paris, Arthus-Bertrand*, 1808, 2 vol. in-8, 12 fr.

— Suétone, traduction nouvelle par M. de Golbéry (avec le texte en regard). *Paris, Panckoucke*, 1830 et ann. suiv., 3 vol. in-8, 21 fr.

Cette traduction fait partie de la Bibliothèque latine-française, publiée par le même libraire.

SUEUR-MERLIN, membre fondateur de la Société de géographie.
— Coup-d'œil sur l'état actuel de la géographie mathématique de l'Espagne et du Portugal. *Paris, de l'impr. de Gœtschy*, 1823, in-8 de 22 pag.

Extrait du Journal des voyages, de Verneur, tiré à 100.

— Mémoire sur les travaux géographiques de la famille de Cassini. *Paris, de l'imp. de Gœtschy*, 1822, in-8 de 16 pag.

Extrait du n° 46 du Journal des voyages, de J.-T. Verneur.

— Notice sur la vie et les travaux du voyageur Burskhardt. *Paris, de l'impr. de Coniam*, 1829, in-8 de 32 pag.

SUGG (Balth.-Jos.). — Dissertation sur les principes généraux du droit de change. *Coblentz*, 1808, in-8.

SUGIER (F.). — Fables (les) d'Avienus, dédiées à l'empereur Théodose, traduites du latin, et la Batrachomyomachie d'Homère, traduite du grec. *Besançon, veuve Metoyer*, 1813, in-18.
— Mes Adieux. *Lons-le-Saulnier, de l'imp. de Gauthier*, 1831, in-8 de 8 pag.
— Pétition à la chambre des députés sur les abus judiciaires, et spécialement sur l'expropriation forcée. *Paris, Denain*, 1830, in-8 de 32 pag., 1 fr. 50 c.

SUH, anagramme de Hus. (V. ce nom).

SUHARD. — Examen critique de l'école militaire préparatoire de la Flèche. *Paris, Dentu*, 1829, in-8 de 52 pag.

SUICER (Claude), curé de Fagnières près de Châlons-sur-Marne, licencié ès-lois; né le 27 décembre 1722 à Châlons-sur-Marne, d'une famille originaire de Zurich.
— Almanach de Châlons en Champagne....

SUIN, directeur des domaines nationaux de la Belgique.
— Désastreux effets de la contribution militaire. 1796, in-8.

SUIREAU. — Résumé de la méthode de M. Jacotot, dédié aux pères de famille. *Nantes, Suireau*, 1830, in-8 de 23 pag.

SULEAU (François-Louis), écrivain royaliste des premières années de la Révolution; d'abord quelque temps dans la gendarmerie à Lunéville, ensuite sénéchal à la Guadeloupe, et, à son retour en France, avocat au conseil; né en 1757, d'une famille originaire de Picardie, massacré à Paris, par la populace, le 10 août 1792, dans la cour des Feuillants.
— Journal (politique) de Suleau. 1791-92; 12 numéros in-8.

Suleau fournissait aussi des articles aux Actes des apôtres : ses articles dans ces deux journaux étaient non moins remarquables par leur causticité que par leur hardiesse.

— Pâques (les). 1790, in-8.
— * Parallèle entre le long parlement d'Angleterre et l'Assemblée nationale de France. 1790, in-8.
— Réveil de M. Suleau, suivi du prospectus du Journal politique que le public lui demande. 1791, in-8.
— * Signalement et condamnation des factieux régicides qui détruisent le royaume. 1791, in-8 de 27 pag.
— Tocsin (le) de la nécessité, journal historique et politique, du 1er octobre 1791.
— Voyages en l'air, second réveil. Avec cette épigraphe : Et moi aussi j'ai un cortége. *Balounapolis*, 1791, in-8 de 160 pag.

SULEAU (Elisée). — Récit des opérations de l'armée royale du midi, sous les ordres de Mgr. le duc d'Angoulême, depuis le 9 mars jusqu'au 16 avril 1815. *Paris, Pélicier; Égron*, 1815, in-8, 1 fr. 80 c. — Sec. édit. *Paris, les mêmes*, 1816, in-8 de 88 pag.

SULEAU (le vicomte de). — Appel à la France sur les véritables causes de la révolution de 1830. *Paris, Pélicier; Dentu; Delaunay*, 1831, in-8 de 64 pag.
— Finances (des) de la France avant et après la révolution de juillet. *Paris, Dentu*, 1833, in-8 de 24 pag., 1 fr. 25 c.

SULKOWSKY (Joseph), ancien aide-de-camp de Bonaparte pendant les campagnes d'Égypte et d'Italie; né en 1774.
— Description de la route du Kaire à Ssalèhhièh.

Imprimée dans le premier volume de la Décade égyptienne.

— J. Sulkowski. Mémoires historiques, politiques et militaires sur les révolutions de Pologne, 1792, 1794; la campagne d'Italie, 1796, 1797; l'expédition du Tyrol et les campagnes d'Égypte, 1798, 1799 (publiés) par M. Hortensius de Saint-Albin. *Paris, A. Mesnier*, 1832, in-8 avec un pl., 7 f. 50 c.

Nous avons entendu dire que le manuscrit de cet ouvrage avait été dérobé dans les papiers de Barras.

SULLIVAN (O'), avocat au conseil souverain de Brabant.

— Éloge de Vigile de Zuichem d'Aytta, chef et président du conseil privé aux Pays-Bas. *Bruxelles, Lemaire*, 1781, in-8 de 36 pag.

SULLIVAN (Daniel O').—Escrime (l') pratique, ou Principes de la science des armes. *Paris, Séb. Jorry*, 1765, in-12.

SULLIVAN (O'), anc. professeur du collége royal et militaire de la Flèche.

— Théodora et Olivia, ou la Famille de Ranspach; roman trad. de l'angl. (1798, 2 vol. in-12).

SULLIVAN (D. O'), fils du précédent, professeur d'anglais.

— Elegant Extracts, etc. *Paris, Belin; Bobée et Hingray; Truchy*, 1830-31, 2 vol. in-12, 12 fr.

M. O' Sullivan est aussi l'auteur des Notices critiques et historiques du volume intitulé : Chefs-d'œuvre de Shakspeare (1831, in-8), et d'un Aperçu critique sur Milton, imprimé en tête du Paradis perdu de ce grand poëte, trad. par M. de Pongerville (1838).

SULLY (Maximilien de Béthune, duc de), ministre de Henri IV; né à Rosni, en 1559, mort à Villebon, en 1641.

— Mémoires, ou OEconomies royales de Henry-le-Grand. (Nouv. édit.). *Amsterdam (Trévoux)*, 1723, 12 vol. pet. in-12.

« Nous possédons peu de monuments historiques aussi précieux que les Mémoires de Sully, auxquels il a donné le titre d'*Économies royales*. C'est une narration étendue des événements du règne de Henri IV, des opérations du gouvernement, surtout de celles que Sully dirigea. On y trouve d'intéressants détails sur la vie privée du roi, celle de son ministre, et les intrigues de la cour. La forme du récit est des plus bizarres : les secrétaires de Sully racontent à leur maître les circonstances de sa vie, qu'il devait certainement mieux connaître que personne. On a pensé que ces secrétaires, si bien instruits, sont des personnages supposés, mis en scène pour éviter à Sully l'embarras de raconter lui-même ses actions ». (*Biogr. univ.*).

La première édition de ces Mémoires ; intitulée : *Mémoires des sages et royales œconomies d'État.... de Henry le Grand, etc.* (de 1570—1610), fut imprimée au château de Sully, en 1638, par un imprimeur d'Angers, sous l'indication d'Amsterdam, chez Aléthinosgraphe, etc., en 2 vol. in-fol. On la réimprima à Rouen, 1649, aussi en 2 parties in-fol.; la suite (de 1610 à 1628) fut publiée par les soins de Le Laboureur, Paris, 1662, 2 part. in-fol ; enfin l'on donna à Amsterdam (Trévoux), 1723, une édition de l'ouvrage en entier en 15 vol. petit in-12.

Ces anciennes éditions, et surtout la première, qui est fort rare, ont encore leurs partisans, parce qu'elles renferment l'ouvrage tel qu'il est sorti de la plume de l'auteur.

—Mémoires de Sully, mis en ordre, avec des remarques par L. D. L. (l'abbé de l'Écluse des Loges). *Londres (Paris)*, 1745, 3 vol. in-4, 15 à 24 fr.

Lorsque les portraits d'Odieuvre sont dans ce livre, il vaut 42 à 54 fr. Les exemplaires en grand papier avec les portraits sont rares et très-recherchés.

» En 1745, l'abbé de l'Écluse eut l'idée d'arranger, d'après un nouvel ordre, et en style moderne, ces Mémoires peu supportables par leur mauvaise rédaction. Ce travail n'est pas sans mérite, à cause des notes dont il est accompagné; mais la vérité de l'histoire y est trop fréquemment altérée par des suppressions, par la refonte générale des faits, des pensées et du style. Sully et les personnages du temps ne paraissent plus que sous le travestissement d'une physionomie moderne ». *Biogr. univ.*

— Les mêmes. *Londres (Paris)*, 1745, 8 vol. in-12.

On y ajoute le *Supplément aux Mémoires de Sully* (par l'abbé Montempuis, avec une préface de Goujet). Amsterdam, 1762, in-12.

Cette édition n'a qu'un prix ordinaire, à moins que les petits portraits d'Odieuvre ne s'y trouvent joints; dans ce cas l'ouvrage vaut 30 à 36 fr.

— Les mêmes. 1747, 8 vol. in-12.

— Les mêmes. *Londres*, 1752, 8 vol. in-12.

— Les mêmes. *Genève*, 1752, 8 vol. in-12.

— Les mêmes, avec des remarques de M. L. D. L. D. L. Nouv. édit., rev. et corr. *Londres (Paris, Nyon)*, 1763, 8 vol. in-12.

Cette édition renferme le Supplément.

— Économies (les) royales de Sully, nouvelle édition, par M. l'abbé Baudeau; contenant le texte original, avec des discours préliminaires à chaque tome; des sommaires généraux à tous les chapitres, et des sommaires particuliers aux paragraphes; des observations critiques, historiques et politiques; des tables particulières et une table générale. *Amsterdam, et se trouve chez tous les libraires de Paris et du royaume*, 1775, in-8.

Cette édition devait avoir douze volumes; mais l'éditeur n'en a publié que deux, dit M. Beuchot, article *Baudeau* de la Biographie universelle. La Bibliothèque du roi ne possède qu'un tome premier, première partie : en tête de ce volume, on trouve des Observations de l'éditeur qui remplissent 98 pages, et à la fin de ce volume, avec une pagination particulière, une première partie d'*Observations sur les Économies royales* qui remplit les pages 1 à 188.

— Les mêmes (sur l'édition de 1745). Nouv. édit., avec un Supplément contenant : des Observations sur les remarques de l'abbé de l'Écluse (par les abbés de Montempuis et Goujet); l'Esprit de Sully (par mademoiselle de Saint-Vast) et l'Esprit de

Henri IV (par Prault). Publ. par L. D. L. D. L. *Londres*, 1778, 10 vol. in-12.
— Mémoires de Sully. *Paris*, *J.-Fr. Bastien*, 1788, 6 vol. in-8.
— Les mêmes. *Paris*, *A. Costes*, 1814, 6 vol. in-8, 36 fr.
— Les mêmes. *Paris*, *Ledoux*, 1822, 1827, 6 vol. in-8, 42 fr.

Il existe vingt-cinq exemplaires de l'édition de 1822 tirés sur papier vélin : leur prix était double.
Les *Mémoires de Sully* ont été insérés dans les diverses Collection de Mémoires relatifs à l'histoire de France, mais réimprimés sur les anciennes éditions.

—

Remarques sur les Mémoires des sages et royales œconomies d'estat, domestiques, politiques et militaires de Henry-le Grand, etc., de Maximilien de Béthune, duc de Sully, par Marbaut, secrétaire de Duplessis Mornay. Paris, rue des Petits-Augustins, n° 24, 1837, in-8 de 104 pages.
Tableau économique, avec son explication et des maximes générales du gouvernement économique, sous le titre d'Extrait des Économies royales de Sully. (Par Fr. Quesnay. Édition faite au château de Versailles, 1758), in-4. (Voy. l'article Quesnay).

SULLY (Henry), horloger du duc d'Orléans, membre de la Société des arts.
— Description abrégée d'une horloge d'une nouvelle invention pour la juste mesure du temps sur mer, avec une dissertation sur les tentatives pour la découverte des longitudes. *Paris*, *Briasson*, 1726, in-4.
— Méthode pour régler les montres et les pendules. *Paris*, *Dupuis*, 1728, in-12.
— Règle artificielle du temps, traité de la division naturelle et artificielle du temps; des horloges et des montres de différentes constructions, de la manière de les connaître et de les régler avec justesse. *Vienne en Autriche*, 1714, in-8; — *Paris*, 1719, in-12. — Édition corrigée et augm. par Julien Le Roy. *Paris*, 1737, in-12.

La première édition ne porte que les initiales de l'auteur.

SULLY-BRUNET. — Article (de l') 64 de la charte, et observations sur l'île Bourbon. *Paris*, *de l'imp. de Selligue*, 1830, in-8 de 52 pag.
— Compte rendu aux habitants de l'île Bourbon. *Paris*, *de l'impr. de Guiraudet*, 1833, in-8 de 32 pag.
— Considérations sur le système colonial et la tarification des sucres. *Paris*, *de l'impr. de Selligue*, 1832, in-8 de 176 pag.
— Projet (du) de loi sur les primes et sur la tarification des sucres. *Paris*, *de l'impr. de Guiraudet*, 1833, in-8 de 44 pag.

SULOI DE LIVE, pseudon. Voy. Le Dieu.

SULPICE SÉVÈRE (Sulpicius Severus), historien ecclésiastique latin; né vers 1113 de Rome (360 depuis J.-C.), mort l'an de Rome 1173.
— Opera omnia, cum notis J. Clerici. *Lipsiæ*, 1709, in-8.
— Beati Sulpicii Severi bituricensis episcopi historia sacra, multis veluti capitibus distincta, et historicis christianisque notatiunculis Hieronymi Mercier illustrata, ad usum scholarum. *Brest*, *Michel*, 1819, in-18, 1 fr. 25 c.
— Sulpicii Severi historia sacra ab orbe condito usque ad consulatum Stiliconis, imperante Theodosio, an. J.-C. 400. *Paris*, *Delalain*, 1830, in-18, 1 fr. 50 c.
— Abrégé de l'histoire sacrée de Sulpice Sévère, avec la construction du latin, et une interprétation française littérale (interlinéaire), par Wandelincourt. *Bouillon*, *de l'imp. de la Société typogr.*, et *Verdun*, *Mondon*, 1779, 2 part. in-12 de 129 et 268 pag.

Le faux-titre porte : *Cours d'éducation. Livre de la première classe.*

— Abrégé de l'histoire sacrée de Sulpice Sévère, depuis la création du monde jusqu'au consulat de Stilicon, sous Théodose, l'an de J.-C. 400. Traduction nouv. (le texte à côté), avec des notes et une table géographique, par l'abbé Paul. *Lyon*, *Tournachon-Molin*, 1805, in-12. — IIIe édition. *Paris*, *Aug. Delalain*, 1831, in-12, 3 fr.

SULPICIA. — Satire (la) de Sulpicia contre Domitien, à l'occasion du décret par lequel il bannit de Rome les philosophes; traduite en vers français par Ch. Monnard... (Avec le texte latin en regard). *Paris*, *Bretin*; *Johanneau*, 1816, in-8 de 72 pag., 1 fr. 25 c.

La Satire de Sulpicia a été plusieurs fois réimprimée en latin, ainsi que fréquemment traduite en français depuis le commencement du XVIIIe siècle, mais toujours à la suite des Satires de Perse et de Juvenal (voy. ces deux noms).

SULPICY (Eug.), D.-M. — Contagionistes (les) réfutés par eux-mêmes. *Paris*, *les march. de nouv.*, 1827, in-8 de 32 p., 75 c.
— Recherches sur la contagion de la fièvre jaune, ou Rapprochements des faits et des raisonnements les plus propres à éclairer cette question. *Paris*, *Compère jeune*, 1823, in-8, 5 fr.

Avec M. J.-D. Bonneau.

SULPITIUS, S. A. S. Pelagia, augustinus discalceatus.

— *Catechismus ad ordinandos juxta doctrinam catechismi concilii tridentini. Nova editio. *Parisiis*, 1717, in-12.

Souvent réimprimé. La première édition est de 1695.

SULZER (Jean-George), métaphysicien allemand très-distingué, directeur de la classe de philosophie spéculative dans l'Académie de Berlin, professeur de philosophie dans celle des nobles de la même ville, membre de diverses sociétés savantes; né le 16 octobre 1720, à Winterthur (canton de Zurich), d'un père conseiller et trésorier de la ville, mort à Berlin, le 25 février 1778.

— Allégorie (de l'), ou Traités sur cette matière, par WINCKELMANN, ADDISON, SULZER, traduits de l'allem. et de l'angl. (par M. JANSEN). *Paris, Jansen*, an VII (1799), 2 vol. in-8.

Le morceau de Sulzer est tiré de sa Théorie des beaux-arts.

— Essais de physique appliquée à la morale....

Traduits en français par FORMEY, et insérés à la fin du second volume (pag. 357—462) des Mélanges philosophiques du traducteur, Leyde, 1754, 2 vol. in 12. Ces Essais de Sulzer se composent de six morceaux (Considérations) que cet écrivain avait fourni, en 1744, à un ouvrage périodique qui s'imprimait alors à Zurich. Ces morceaux furent dans la suite recueillis et publiés à Berlin, par les soins de Sack, sous le titre de *Moralische Betrachtungen über die Werke der Natur.*

— Journal d'un voyage dans les pays méridionaux de l'Europe en 1775-76; trad. de l'allem. (par H. RENFNER). *La Haye, Plaat*, 1781, in-8.

— Tableaux des beautés de la nature, trad. de l'allem. *Francfort*, 1755, in-8.

— Théorie (nouv.) des plaisirs, par M. SULZER; avec des Réflexions sur l'origine des plaisirs, par M. KAESTNER. 1767, in-12, figures.

Quoique écrivain allemand, Sulzer, comme académicien de Berlin, n'en a pas moins fourni au recueil publié par le corps savant dont il faisait partie, une série de dissertations fort remarquables, écrites en français, au moins traduites en cette langue, et que nous rappelons ici : 1° Recherches sur l'origine des sentiments agréables et désagréables, en quatre parties (ann. 1751 et 1752); — 2° Nouvel Essai sur la nature des hauteurs par le moyen du baromètre (ann. 1753); — 3° Essai sur le bonheur des êtres intelligents (ann. 1754); — 4° Nouv. Expériences sur la résistance que souffre une balle de fusil en passant par l'air (ann. 1755); — 5° Recherches sur un principe fixe, qui serve à distinguer les devoirs de la morale de ceux du droit naturel (ann. 1756). Ce morceau fort remarquable vient d'être réimprimé parmi les appendices du premier volume d'une nouvelle édition du Droit des gens de VATEL, publiée sous le nom du comte d'Hauterive (Paris, Rey et Gravier, 1838, 2 vol. in-8). — 6° Analyse du génie (ann. 1757); — 7° Analyse de la raison (ann. 1758); — 8° Explication d'un paradoxe psychologique : Que non-seulement l'homme agit et juge quelquefois sans motifs et sans raisons apparentes, mais même malgré des motifs pressans et des raisons convaincantes (ann. 1759); — 9° Réflexions philosophique sur l'utilité de la poésie dramatique (ann. 1760); — 10° Sur la résistance des fluides (ann. 1761); — 11° Conjecture physique sur quelques changements arrivés dans la surface du globe terrestre (ann. 1762); — 12° Observations sur les divers états où l'âme se trouve en exerçant ses facultés primitives, celle d'apercevoir et celle de sentir (ann. 1763); — 13° sur l'aperception, et son influence sur nos jugements (ann. 1764); — 14° de l'Énergie dans les ouvrages des beaux-arts (ann. 1765); — 15° Observations sur l'influence réciproque de la raison sur le langage et du langage sur la raison (ann. 1767); — 16° Considérations psychologiques sur l'homme moral (ann. 1769); — 17° Développement de la notion de l'Être éternel (ann. 1770); — 18° Observations sur quelques propriétés de l'âme comparées à celles de la matière, pour servir à l'examen du matérialisme; — 19° Description d'un instrument fait pour noter des pièces de musique, à mesure qu'on les exécute sur le clavecin (ann. 1771); — 20° Sur l'immortalité de l'âme considérée physiquement, en cinq mémoires (ann. 1775 et 1776); — 21° Addition au Mémoire sur quelques propriétés de la matière, pour servir à l'examen du matérialisme, inséré dans les Mémoires de l'année 1771 (1776).

Sulzer a beaucoup écrit en allemand. Notre plan nous dispense de donner la nomenclature des ouvrages qu'il a publiés dans cette langue : mais nous citerons pourtant son principal ouvrage, sa *Théorie générale des beaux-arts*, par ordre alphabétique (1772, 2 vol. in-4; 1786—87, 1792, ou 1798, 4 vol. in-8), parce que cet ouvrage a été mis plus d'une fois à contribution par les savants français. « Cet important ouvrage est le monument sur lequel la gloire de Sulzer se fonde, et lui assure pour toute la suite des siècles un rang distingué dans la république des lettres. Une profonde connaissance des sciences, des arts et des vrais principes du goût, ont présidé à sa composition, et ont concouru à sa perfection ». *Formey, Éloge de Sulzer.*

Thiébault raconte, dans ses Souvenirs de Berlin, que Sulzer l'ayant prié de faire traduire cet ouvrage en français, et de l'envoyer à Paris pour y être imprimé, il en fut adressé quelques morceaux à un libraire qui ne put se charger de l'entreprise. Mais Thiébault ajoute qu'il fut très étonné de voir ensuite ces mêmes articles imprimés littéralement dans l'Encyclopédie méthodique sous le nom de Marmontel. Millin, dans son Dictionnaire des beaux-arts (Paris, 1806, 3 vol. in-8), a largement puisé dans l'ouvrage de Sulzer.

Voy. l'Éloge de M. Sulzer, par Formey, dans les Mémoires de l'Acad. de Berlin, ann. 1779, 16 pag.

SULZER (Charles), alors prosecteur à l'école spéciale de médecine à Strasbourg, et membre de la Société libre des sciences et arts de la même ville.

— Dissertation sur le vers intestinal, nouvellement découvert et décrit sous le nom de bicorne rude. *Strasbourg, et Paris, A.*

Kœnig, an IX (1801), in-4 de 52 pag., avec 3 pl. color., 3 fr. 50 c.
— Emploi (de l') des systèmes dans la médecine pratique, trad. de l'ital. (1800). Voy. MOSCATI.

SUMEIRE, alors médecin à Marignane en Provence.
— Qu'elle est la meilleure méthode pour guérir la gale contractée par communication, comme il arrive dans les casernes, les prisons et les hôpitaux ? Mémoire qui a remporté le prix sur cette question, proposée par la Société royale de médecine de Paris. 1778.

SUMNER (John Bird), D.-D., évêque de Chester.
— Leçons explicatives et pratiques sur l'Évangile selon S. Mathieu, pour servir au culte de famille; trad. de l'angl. par mad. Henri BRACEBRIDGE. *Lausanne, de l'impr. de Marc Ducloux*, 1835, in-8 de 558 pages; ou *Toulouse, de l'impr. de Cadaux*, 1838, in-8.
— Vérité du christianisme, prouvée par la nature même de cette religion et par le fait de son établissement; traduit de l'anglais par le vicomte P.-E. LANJUINAIS. *Paris, Baudouin frères,* 1826, in-8, 4 fr. 50 c.

SUNDBERG.— Calculs faits de change de France sur Hambourg et Amsterdam. *Bordeaux*, 1808, in-8.

SUPERNANT (C.-L.). — Deuil (le) et la joie de la France, ou le Départ et le retour de Louis XVIII en 1815, ode. *Paris, de l'impr. de Cellot,* 1817, in-8 de 16 pag.
— Mort (la) de Louis XVI, roi de France et de Navarre, arrivée le 21 janvier 1793, élégie. *Paris, de l'impr. de Cellot*, 1818, in-8 de 16 pag.

SUPERVILLE (Daniel de), ministre de l'église wallonne de Rotterdam, l'un des auteurs du Journal littéraire qui parut à La Haye, de 1713 à 1737.
— Éléments du christianisme, ou Abrégé des vérités et des devoirs de la religion chrétienne, à l'usage des enfants. *Amsterdam*, 1763; — *Lausanne*, 1770, in-8. — Nouv. édition, revue, etc. *Rouen, Baudry*, 1817, in-12; — *Caen, Bonneserre*, 1825, in-12.
— Sermons sur divers textes de l'Écriture sainte. *Rotterdam, Abr. Acker*, 1702 et 1705, 3 vol. in-8; — ou 1709-12, 5 vol. in-8.
— Vérités (les) et les devoirs de la religion chrétienne, ou Catéchisme pour l'instruction de la jeunesse. *Amsterdam, Desbordes*, 1708, in-8; — ou *Amsterdam*, 1755, in-8.
— Vrai (le) communiant, ou Traité de la sainte cène et des moyens d'y bien participer. (Nouv. édit.). *Nîmes, Gaude fils*, 1817, in-12.

SUPERVILLE (Daniel de), fils du précédent.
— Culture (la) de l'esprit, ou Direction pour faciliter l'acquisition des connaissances utiles, trad. de l'anglais (1762). Voy. Is. WATTS.

SUPERVILLE (D.-P.-G. HUMBERT DE). Voy. HUMBERT DE S.

SUPIN (Jean), pseudon. Voy. DESFONTAINES.

SUQUE (F.-J.). — Explication morale des emblèmes maçonniques et des principaux points de la réception, mise en vers. *Paris, au secrétariat du Grand Orient*, 1812, in-8 de 24 pag., 50 c.

SUREAU (Hugues), dit DU ROSIER.
— Confession et reconnaissance touchant sa chute en la papauté. 1753, in-8.

SUREMAIN (François-Alexandre), officier au corps du génie, subdélégué à Auxonne, maire en 1790, etc...; né à Auxonne, le 16 juillet 1755, mort sur l'échafaud révolutionnaire, en 1793.
— Mère (la) de famille, drame en cinq actes et en prose. *Paris, Cailleau,* 1779, in-8.

SUREMAIN (Mlle Louise-Marie). — *Melchior Ardent, ou les Aventures plaisantes d'un incroyable. Par madame S***. *Paris, Lefort*, an VIII (1800), in-12, fig., 1 fr. 50 c.

SUREMAIN DE MISSERY (Antoine), ancien officier d'artillerie, membre de la Société des sciences de Paris et de celle de Dijon; né à Dijon, le 25 janvier 1767.
— Essai analytique sur le langage et l'entendement, l'écriture et la lecture, considérés dans leurs rapports mutuels. *Paris, au magasin de pièces de th.*, an IX (1801), in-8 de XV et 258 pag., 3 fr. 60 c.
— Examen de l'ouvrage qui a pour titre : Le mystère des magnétiseurs et des somnambules dévoilé aux âmes droites et vertueuses, par un homme du monde. *Paris,*

Dentu, 1817, in-8 de 64 pag., 1 fr. 50 c.
— Existence (l') de Saint-Bénigne rétablie, ou Observations sur une notice de M. Vallot dans les Mémoires de la commission des antiquités du département de la Côte-d'Or. *Dijon, Popelain*, 1834, in-8 de 32 pages.
— Méprises d'un géomètre de l'Institut, manifestées par un provincial, ou Observations sur le « Traité de physique expérimentale et mathématique », de M. Biot, en ce qui concerne certains points d'acoustique et de musique. *Paris, Dentu*, 1817, in-8 de 100 pag., 2 fr.
— Observations adressées à madame la supérieure de la congrégation de Marie-Thérèse, de Bordeaux, par son fondé de pouvoirs. *Beaune, de l'impr. de Blondeau*, 1836, in-8 de 32 pag.
— Réfutation de la Défense de l'Essai sur l'indifférence en matière de religion, de M. l'abbé de La Mennais. *Dijon, et Paris, Deschamps*, 1822, in-8 de 64 pag.
— Réponse au Rapport de M. Foisset sur une Réfutation de la Défense de M. La Mennais, par l'auteur de cette Réfutation, M. Surremain de Missery. *Dijon, de l'imp. de Carion*, 1823, in-8 de 56 pag.
— Théorie acoustico-musicale, ou de la Doctrine des sons rapportés aux principes de leurs combinaisons. *Paris, Didot aîné*, 1793, in-8.
— Théorie purement algébrique des quantités imaginaires et des fonctions qui en résultent, où l'on traite de nouveau la question des logarithmes, des quantités négatives; ouvrage qui fait suite aux différents traités d'algèbre. *Paris, F. Didot*, an IX (1801), in-8 de 300 pag., 5 fr.

M. Suremain de Missery, en outre, a fourni plusieurs articles au Dictionnaire de musique de l'Encyclopédie méthodique.

SURENNE (Gabriel). — Manuel (nouv.) anglais, ou *Vade-mecum* du voyageur français en Angleterre, contenant un guide pour le voyage, un précis des règles de la prononciation anglaise, de nombreux dialogues descriptifs de monuments. *Paris, Galignany*, 1828, in-24 avec 4 cartes gravées, 5 fr.

SURET (J.-L.). — Prompt (le) calculateur, contenant 1° les principes du calcul décimal, etc. Édition stéréotypée. *Paris, Carilian-Gœury*, 1834, in-8, 7 fr.
— Table générale des produits partiels de toutes les multiplications des nombre entiers et décimaux quelque grands qu'ils soient, ce qui réduit toute multiplication à l'addition, et toute division à la soustraction. Édition stéréotypée. *Paris, rue des Filles-Saint-Thomas, n° 5*, 1835, in-fol. de 8 pag.

SURGÈRES (le marquis de). Voy. LA ROCHEFOUCAULD.

SURGY (de). Voy. ROUSSELOT DE SURGY.

SURIAN (Jean-Baptiste), prédicateur, d'abord prêtre de la congrégation de l'Oratoire, ensuite évêque de Vence, membre de l'Académie française à la place de M. de Coislin; né à Saint-Chamas, en Provence, le 20 septembre 1670, mort le 3 août 1754.
— Oraison funèbre de Victor-Amédée, roi de Sardaigne, prononcée dans l'église de N.-D. de Paris....
— Petit-Carême, prêché en 1719. 1772, in-12.

« L'éloquence de Surian, dit d'Alembert, son successeur à l'Académie française, fut touchante et sans art, comme la religion et la vérité ». Il fut comparé à Massillon, son confrère; mais son style est moins pénétrant et moins pathétique.

—*Sermons choisis pour le caresme (revus et publiés par l'abbé de LA CHAMBRE). *Liége, Broncart* (*Paris, Guérin*), 1738, 2 vol. in-12.

Ces sermons valurent l'évêché de Vence à leur auteur.

Le chef-d'œuvre de ce recueil est le sermon sur *le petit nombre des élus*.

SURIANO (Michel), ambassadeur de Venise en France en 1562.

Madame d'Arconville a donné, à la suite de son Histoire de François II (Paris, 1783, 2 vol. in-8), la traduction d'un *Discours* de Suriano *sur l'état du royaume à l'avènement de Charles IX au trône*.

SURIN (le P. Jean-Joseph), de la compagnie de Jésus; né à Bordeaux, en 1600, grand contemplatif, l'un des exorcistes des religieuses de Loudun, où il passa lui-même pour être possédé : il mourut à Bordeaux, le 22 avril 1665.
— Cantiques spirituels de l'amour divin pour l'instruction et la consolation des âmes dévotes, composés par un père de la compagnie de Jésus. Nouv. édit., rev., corr. et augm. de plusieurs cantiques, etc. (dont plusieurs du P. MARTIAL, de Brie, capucin), appropriés aux trois vies, purgative, illuminative et unitive. *Paris, Edme Couterot*, 1731, in-12.

Ces Cantiques avaient déjà été réimprimés dès 1677 (Paris, René Guignard, in-8 de 416 pag.), et 1679 (Paris, Edme Couterot).

— Catéchisme spirituel, contenant les principaux moyens d'arriver à la perfection. Nouv. édit., rev. et corr., par le P. T.-B. F. (le P. Th.-Bern. FELLON), de la même compagnie. *Lyon*, 1730, 2 vol. in-12.

La première édition de ce Catéchisme fut imprimée sous les initiales de J. D. S. F. P. (Jean de Sainte Foi, prêtre), Paris, Cl. Cramoisy, 1661, 2 vol. in 12. Ce Catéchisme, attribué généralement au P. Surin, a été souvent reimprimé dans le XVIIIe siècle : les éditions faites dans celui-ci sont les suivantes :

Évreux, Ancelle, et Paris, 1801, 2 vol. in-12.
Avignon, Chaillot aîné, 1825, 2 vol. in-12.
Lyon, Pelagaud, Lesne et Crozet, 1836, 2 vol. in-12.
Clermont-Ferrand, Thibaut-Landriot, 1837, 3 vol. in-12.

—* Dialogues spirituels, où la perfection chrestienne est expliquée pour toutes sortes de personnes (rev. et corr. par le P. CHAMPION). *Nantes, et Paris, Couterot*, 1704, 3 vol. in-12.

Édition anonyme. Ce livre a encore été fréquemment réimprimé. Les éditions de ce siècle sont les suivantes :

Paris, Fr. Seguin, 1821, 2 vol. in-12, 6 fr.
Avignon, Fischer Joly, 1829, 2 vol. in-12, 6 fr.

— Fondements (les) de la vie spirituelle, tirés du livre de l'Imitation de J.-C., par J. D. S.-F. P. (Jean de Sainte-Foi, c'est-à-dire le P. Surin). *Paris, Cl. Cramoisy*, 1669, in-12.

Ouvrage souvent réimprimé. Il a été approuvé par Bossuet, alors doyen de l'Église de Metz. Le P. Brignon en a rajeuni le style en 1703.

Les éditions de ce siècle sont les suivantes :

Paris, Méquignon fils aîné, 1820, in-12.
Édition revue sur celle du P. Brignon, et augm. de recherches bibliographiques et d'une notice sur l'auteur. Paris, au bureau de la Bibliothèque catholique, 1824, 1826, in 18. — Édition faisant partie de la *Bibliothèque catholique* :
Avignon, Chambeau fils, 1826, 1835, in-12.
Paris, Méquignon junior, 1833, in-12, 1 fr. 25 c.
Clermont-Ferrand, Veisset, 1834, in-12.
Lyon et Paris, Périsse frères, 1835, in-24.
Paris, rue de Vaugirard, n. 58, 1837, in-18.

— Guide (la) spirituelle, par le P. SURIN, ouvrage inédit publié par l'abbé LASAUSSE; suivie de Dialogues sur la vie intérieure. *Paris*, 1801, in-12.

—Le même ouvrage, sous ce titre : la Guide spirituelle pour la perfection, etc., composée par le R. P. Surin, de la compagnie de Jésus, ouvrage inédit faisant suite à ses œuvres. *Paris, l'Éditeur, rue des Postes, n° 24*, 1828, in-12.

Cette édition est suivie, quoique rien ne l'indique sur le titre, de : *Quelques détails merveilleux sur la vie de la mère Jeanne des Anges*; cet écrit a 48 pag.

—Le même ouvrage. *Paris, Albanel*, 1836, in-12, 2 fr.

— Histoire abrégée de la possession des ursulines de Loudun et des peines du père Surin (ouvrage inédit faisant suite à ses œuvres). *Paris, rue des Postes, n° 24*, 1828, in-12.

—* Lettres spirituelles par *** (le P. SURIN), revues et corrigées par le P. CHAMPION). *Nantes, et Paris, Couterot*, 1704, 3 vol. in-12; — *Lyon*, ..., 2 vol. in-12. — Autre édition. *Paris, Alb. Galand*, 1825, 2 vol. in-12, 5 fr.

L'édition de 1825 a été publiée avec le nom de l'auteur.

—* Lettres spirituelles sur les mystères et sur les fêtes. *Paris, Edme Couterot*, 1700, in-12.

Ce volume forme le troisième de la collection précédente.

— Prédicateur (le) de l'amour de Dieu, ouvrage posthume du P. Surin, à la suite duquel on trouve ce que recommandent sainte Thérèse, saint Jean de la Croix et saint François de Sales (publ. par l'abbé LA-SAUSSE). *Paris, Demoraine*, an VII (1799), in-12 de 424 pag., 2 fr. 50 c.; — *Paris, Duprat-Duverger*, 1813, in-12, 2 fr. 75 c.; — *Paris, Depelafol*, 1821; — *Paris, Méquignon-Junior*, 1821, in-12. — Nouvelle édition, dans laquelle on a rétabli le chapitre supprimé par la censure impériale. *Paris, Méquignon-Junior, et Lyon, Périsse frères*, 1824, in-12, 2 fr. 50 c.

— Triomphe de l'amour divin sur les puissances de l'enfer, en la possession de la mère prieure des Urselines de Loudun, première partie; et Science expérimentale des choses de l'autre vie, avec le moyen facile d'acquérir la paix du cœur. Ouvrages posthumes. *Avignon, Seguin*, 1829, in-12, 1 fr. 75 c.

SURIRAY DE LARUE (A.-G.-M.). — Trois comptes raisonnés des travaux administratifs de M. A.-G.-M. Suriray de Larue, actuellement garde magasin des tabacs à Bordeaux, ou Analyse de ses rapports adressés à la régie des tabacs de 1811 jusqu'en 1831. Opuscule suivi de notes bibliographiques, technologiques, entomologiques, concernant le tabac; de documents historiques, de pièces justificatives et de tableaux statistiques. *Bordeaux, de l'impr. de Lawalle neveu*, 1831, in-4 de 52 pag.

SURIREY DE SAINT-REMY. Voyez SAINT-REMI.

SURLEMONDE (feu l'abbé de). — Fragments extraits des manuscrits du Vatican et du bréviaire mozarabique, adaptés en forme de prières, aux 150 psaumes de David (traduits par de Vence), par feu l'abbé de Surlemonde, mis en ordre et publiés par J.-H.-M. de VIANY DE COGOLIN. *Marseille, J. Bayssié*, 1827, in-8.

M. Viany de Cogolin, commissaire des guerres par charge en 1785, éditeur de ce volume, s'était proposé de publier les *Œuvres de l'abbé Surlemonde*, qui eussent formé 2 vol. in-8; mais il n'a pas donné de suite à ce projet. Un prospectus de cet ouvrage a été imprimé en 1821.

SURR (Thomas-Skinner), littérateur anglais, employé à la banque d'Angleterre, neveu du dernier alderman Skinner.

— * Barnwell, trad. de l'angl. par J.-Fr. ANDRÉ. *Paris, Nicolle*, an VII (1799), 3 vol. in-12 avec 3 grav., 5 fr.

— * Hermite (l') de Londres, ou Observations sur les mœurs et usages des Anglais au commencement du XIXe siècle; faisant suite à la collection des mœurs françaises. (Trad. de l'angl. par M. A-J.-B. DEFAUCONPRET). *Paris, Pillet aîné*, 1819-20, 3 vol. in-12, ornés de gravures et de vignettes, 11 fr. 25 c.

— * Hermite (l') en Écosse, etc. (Trad. de l'angl. par M. A.-J.-B. DEFAUCONPRET). *Paris, le même*, 1826, 2 vol. in-12, ornés de grav. et de vign., 7 fr. 50 c.

— * Hermite (l') en Irlande, etc. (Trad. de l'angl. par M. A.-J.-B. DEFAUCONPRET). *Paris, Pillet aîné*, 1826, 2 vol. in-12, ornés de grav. et de vign., 7 fr. 50 c.

Nous avons dit à l'article de M. A.-J.-B. Defauconpret, qui, dans une Liste complète de ses ouvrages, placée en tête du roman intitulé « Robert Fitzooth », s'est attribué les originaux de ces trois hermites les raisons qui nous les faisaient, au contraire, regarder comme traduits de T. S. Surr.

— Splendeur et souffrance, roman traduit de l'angl. par le traducteur du « Polonais » (M. et Mad. de SENNEVAS). *Paris, Maradan*, 1807, 3 vol. in-12, 5 fr. 50 c.

— Le même roman, sous ce titre : Latimore, ou le plus Infortuné des hommes au sein de l'opulence et des grandeurs. Nouvelle anglaise, traduite sur la cinquième édition de Splendid Misery, de Thom. Surr, auteur de Georges Barnwell; par Jos. MARTIN, directeur du bureau officiel des instituteurs. Sec. édition. *Paris, Ch. Villet*, 1808, 3 vol. in-12, 5 fr.

— Un hiver à Londres; traduit de l'angl. sur la huitième édition, par mad. de *** (de SENNEVAS). *Paris, Pillet*, 1810, 3 vol. in-12, 5 fr.

— * Visionnaire (le), ou la Manie des prodiges (trad. de l'angl. de Surr), par madame de *** (de SENNEVAS), auteur (des traductions) de Splendeur et souffrance, un Hiver à Londres, etc. *Paris, Pillet*, 1813, 4 vol. in-12, 8 fr.

— * Wandering (the) hermit. By the author of the Hermit in London. *Paris, printed by F. Didot.* — *Malepeyre*, 1823, 3 vol. in-32, 12 fr.

Ces trois petits volumes font partie d'une collection intitulée : The British prose Writers, with biographical and critical prefaces, by J.-W. Lake, esq.

— * Hermite (l') rodeur, ou Observations sur les mœurs et usages des Anglais et des Français, au commencement du XIXe siècle. Par l'auteur de « l'Hermite à Londres », (imité de l'angl. par P.-J. CHARRIN et MALEPEYRE, libraire). *Paris, Malepeyre*, 1823, 2 vol. in-12, 7 fr.

SURRUGES (l'abbé), curé de la paroisse catholique de Saint-Louis à Moscou, mort avant 1821.

— Lettres sur la prise de Moscou, en 1812. *Paris, de l'imp. de F. Didot*, 1821, gr. in-8 de 44 pag.

Tiré à 25 exempl. en pap. vélin, et 5 en papier ordinaire. Cet opuscule n'a point de frontispice, mais seulement un faux-titre, au verso duquel sont neuf lignes servant d'avertissement, et signées Malartic. Ces Lettres sont au nombre de deux : elles sont adressées au P. Bouvet, jésuite.

— Lettres sur l'incendie de Moscou, écrites de cette ville au R. P. Bouvet. Sec. édition. *Paris, Plancher*, 1823, in-8 de 48 pag., 1 fr. 25 c.

La préface de cette édition diffère de celle de la précédente.

Opuscule intéressant. Ce qui a décidé à le faire réimprimer, c'est l'apparition de l'écrit du comte Rostopchine (voy. ce nom).

SURUGUE et LOYER. — Grand escalier de Versailles. Voy. Ch. LEBRUN.

SURUN (P.-A.), D. M. de la Faculté de Paris, etc.

— Coup-d'œil sur l'état actuel de la médecine. *Paris, Firmin Didot; Béchet jeune*, 1826, in-8 de 72 pag., 1 fr. 75 c.

Cet écrit se vendait au profit des Grecs.

— Éléments (nouv.) de physiologie pathologique et exposé des vices de l'expérience et de l'observation en physiologie et en médecine. *Paris, Béchet jeune*, 1824, in-8, 6 fr.

— Théorie de la menstruation fondée sur

les caractères naturels de la vie des organes et particulièrement de l'action nerveuse. *Paris, Croullebois,* 1829, in-8 de 56 pag.

— Vitalisme (le) expliqué, ou nouvelle Doctrine physiologique et médicale, parfaitement applicable à tous les faits et incomparablement plus favorable à la pratique, ainsi qu'à la théorie de l'art de guérir, que les vues étroites, extérieures, matérielles et mécaniques qui dominent si malheureusement aujourd'hui. *Paris, Béchet jeune,* 1833, in-8 de 108 pag., 6 fr.

Il y a des exemplaires avec un nouveau titre qui porte *Nouvelle doctrine physiologique et médicale, ou le Vitalisme expliqué*, etc.

SURVAL. — Lettre de M. de Surval à M. Lavaux, avocat, sur son plaidoyer du 23 décembre 1831, en faveur de miss Daws, baronne de Feuchères. *Paris, Dentu,* 1832, in-8 de 28 pag.

SURVILLE (de). — Extrait de mon voyage à la mer du Sud. *Paris,* 1783, in-8 fig.

SURVILLE (Joseph-Étienne de), avant la révolution capitaine dans le premier régiment de France, émigré en 1791, rentré depuis plusieurs fois, et fusillé dans le Velay en 1798, âgé de 43 ans.

— Poésies de Marguerite-Éléonore-Clotilde de Valon-Chalys, depuis mad. de Surville, poëte français du XVe siècle; publiées par Ch. Vanderbourg. *Paris, de l'impr. de Didot aîné. — Henrichs,* 1803, in-8, 4 fr., avec gravures et musique, 6 fr.; sur papier vélin, 12 fr.; ou 1804, in-18, et sur format in-12, papier vélin, avec une grav.

Il a été tiré sur peau de vélin, de l'édition in-8 deux exemplaires, et de l'édition in-18 trois exemplaires.

Beaucoup de personnes n'ont pu croire que ces Poésies soient réellement de la dame sous le nom de laquelle elles ont été imprimées. Voici ce qu'on lit sur cette publication dans le Dictionnaire des ouvrages anon. et pseudon. de Barbier, 2e édition, n° 21,752.

« Dès le moment de la publication de ces poésies, je les ai regardées comme un jeu d'esprit, une habile imitation du langage du XVe siècle, dont la perfection même servait à découvrir la fraude. Cependant, ayant remarqué dans les pièces préliminaires de ce recueil une foule d'assertions plus hasardées les unes que les autres, je ne voulus point me charger de dénoncer M. Vanderbourg comme l'inventeur de toutes ces assertions. Un article de M. Raynouard, dans le Journal des savants du mois de juillet 1824, m'a enfin déterminé à ranger les poésies de Clotilde de Surville parmi les compositions pseudonymes. Leur véritable auteur paraît être le marquis de Surville, condamné à mort à Montpellier pour vols de diligences. M. le secrétaire perpétuel de l'Académie française, ce judicieux critique si versé dans l'histoire de notre ancienne poésie, reproche à l'éditeur des « Poëtes français depuis le XIIe siècle jusqu'à Malherbe », d'avoir admis dans sa collection quelques-unes des pièces qui composent ce recueil attribué à Clotilde de Surville. Elles méritent sans doute d'obtenir une place dans notre histoire littéraire; mais il n'est plus permis aujourd'hui de les donner pour authentiques. »

— Les mêmes. Nouv. édition, publiée par Ch. Vanderbourg, ornée de gravures dans le genre gothique d'après les dessins de Colin, élève de M. Girodet. *Paris, Nepveu,* 1825, in-8 avec figures et 4 pages de musique, 15 fr. — Papier vélin cavalier d'Annonay, tiré à 100, 30 fr. — Même papier, gravures doubles, noires et color., rehaussées en or dans les ornements, 40 fr. — Format in-18, sur grand raisin vélin d'Annonay, avec 10 vignettes, 6 fr.; avec les figures color., 10 fr. — Formant in-32, sur grand raisin vélin d'Annonay, avec 5 vignettes, 5 fr., avec 9 vignettes coloriées, 8 fr.

— Poésies inédites des Marguerite-Éléonore-Clotilde de Vallon et Chalys, depuis mad. de Surville, poëte français du XVe siècle, publiées par M. de Roujoux et Ch. Nodier; ornées de gravures dans le genre gothique, d'après les dessins de Colin, élève de M. Girodet. *Paris, Nepveu,* 1826, in-8 orné de 4 planches et 4 vignettes, papier d'Annonay, 15 fr.; papier cavalier vélin d'Annonay, 30 fr.; gravures doubles, noires et coloriées, rehaussées en or, 45 fr.; in-18, figures noires, 8 fr., et avec les figures coloriées et rehaussées en or, 12 fr.; et 2 vol. in-32, 5 fr.

Le marq. de Surville a inséré une *Notice sur les femmes poëtes antérieures à Clotilde, ou ses contemporaines*, dans le Journal de Lausanne, de 1797.

SURVILLE (   ), ingénieur en chef des ponts et chaussées.

— Bois. (Article extrait de l'Encyclopédie moderne). *Paris, de l'impr. de Moreau,* 1824, in-8 de 16 pag.

— Canal. (Extr. de l'Encyclopédie moderne). *Paris, de l'impr. de Moreau,* 1825, in-8 de 48 pag.

— Canal des Pyrénées. Opinion de M. Surville, sur le discours de M. Colomès, suivie d'un fragment du discours que devait prononcer M. Cordier, député de l'Ain. *Paris, de l'impr. de Gœtschy,* 1832, in-8 de 20 p.

— Chemin (du) de fer projeté de Paris à Poissy, desservant Saint-Cloud, Versailles et Saint-Germain. Description et études du système de locomotion appliqué à ce chemin de fer. Discussion et décision du conseil-général des ponts et chaussées à l'égard des chemins en fer proposés dans ces localités. *Paris, Carilian-Gœury*, 1836, in-4.

Avec M. Guillaume.

— Chemins (des) de fer, considérés comme spéculations financières. *Paris, Paulin*, 1834, in-8 de 80 pag.

— Chemins de fer de Paris à Versailles par Auteuil, Boulogne, Saint-Cloud, Sèvres. *Paris, de l'impr. de Malteste*, 1836, in-8 de 64 pag. — Du chemin de fer projeté de Paris à Versailles, desservant Auteuil, Boulogne, Saint-Cloud, Sèvres, etc. Description de son tracé et résumé du système de locomotion appliqué à ce chemin de fer. Par MM. Surville et Guillaume. *Paris, de l'impr. de Tillard*, 1836, in-8 de 64 pages et un plan.

— Locomotion (de la) sur les routes en fer. Nouveau système de construction des plans inclinés des routes en fer et nouveau mode de tracé général de ces routes, sous le rapport de leurs inclinaisons. *Paris, Carilian-Gœury*, 1834, in-8 de 108 pag. et un plan, 3 fr.

— Réfutation du mémoire intitulé : Parallèle entre deux projets de tracé de chemins de fer de Paris à Orléans (1836). Voy. Lemoine.

SURVILLIERS. — Un coup-d'œil sur l'année 1816, ou les Trois sœurs, petite revue épisodique en un acte, mêlée de couplets. *Paris, Barba*, 1817, in-8.

SUSINI, conseiller-auditeur à Bastia.

— Discours qui a été prononcé par M. le conseiller-auditeur Susini (à la suite de celui de M. le conseiller Abbatucci), le 5 décembre 1826, dans l'église paroissiale de Saint-Jean, à Bastia, à l'occasion des obsèques funéraires de M. le conseiller Giacobi. *Bastia, de l'impr. de Batini*, 1827, in-8 de 12 pag.

SUSINI (de). — Adieux (les) de Hussein-Pacha, dey d'Alger, à M. le comte Sébastiani, ministre des affaires étrangères. (En vers). *Paris, les march. de nouv.*, 1831, in-4 de 12 pag.

— Départ de l'île d'Elbe. Waterloo et Bourmont. (En vers). *Paris, au Palais-Royal*, 1829, in-8 de 32 pag.

— Hommes (les) de Gand et la Sainte-Alliance, satire politique. *Paris, de l'impr. de Mie*, 1832, in-4 de 4 pag., 1 fr.

— Paul-Louis Courrier à M. Cottu. (En vers). *Saint-Denis, de l'impr. de C. Chantpie*, 1830, in-8 de 48 pag.

— Restauration (la) du 31 mars 1831, à ses auteurs, satire politique. *Paris, Bréauté*, 1832, in-4 de 12 pag.

SUSINI DELLA ROCCA (J.-P. de).

— Élections de la Corse : Pétition aux chambres. *Paris, de l'impr. de Duverger*, 1828, in-8 de 16 pag.

SUTAINE (Gér.), chanoine régulier de Saint-Antoine; né en 1718.

— *Plan d'études et d'éducation, avec un discours sur l'éducation. *Paris, A.-M. Lottin*, 1764, in-12.

C'est la France littéraire de 1769 qui attribue cet ouvrage au P. Sutaine, cependant, suivant les probabilités, il est de Robert, professeur émérite.

Barb.

SUTAINE-MAILLEFER, connu auparavant sous le nom de Sutaine de Perthes; né le 15 août 1728, à Reims, où il est mort en 1797.

— Priapée (la), (par Piron), et l'Anti-Priapée, odes. In-8 de 20 pag.

La page 2 porte ce titre : l'Anti-Priapée, parodie, par M. Sut. de P.

SUTAMILLI. — Découverte sur le croup, ou l'Asthma synanchicum acutum. *Moscou*, 1817, in-4, 30 fr.; ou 1820, in-4, 16 fr.

Des exemplaires de cet ouvrage ont été envoyés à Paris, à la maison Treuttel et Wurtz.

SUTIÈRES (Sarcey de) Voy. Sarcey de S.

SUTIL, chanoine régulier de l'ordre de Prémontré, prieur-curé de Château-Thierry.

— Sept (les) psaumes de la pénitence réunis en un seul. *Paris*, 1751, in-12.

SUZAN (Mlle). — * Deux (les) mères, ou la Fierté punie, proverbe (en un acte et en prose), par une jeune personne âgée de douze ans. *Valenciennes, J.-H.-J. Prignet*, 1791, in-8.

SUZANNE (P.-H.), professeur de mathématiques au lycée Charlemagne.

— Almanach populaire pour tous les temps et tous les lieux. *Paris, Caillot*, 1829, in-18, orné d'une planche.

— Géométrie agricole, contenant des méthodes simples pour mesurer l'étendue des terres, en opérer le partage, en lever les plans. *Paris, Rousselon*, 1829, in-8 orné de 11 planches.

— Guide du mécanicien, ou Principes fondamentaux de mécanique expérimentale et théorique appliquée à la composition et à l'usage des machines. *Paris, Rousselon*, 1826, 3 vol. in-8 (l'un de texte et l'autre de planches), 20 fr. — Sec. édition. *Paris, Rousselon*, 1828, in-8, avec 47 planches, 12 fr.

— Manière (de la) d'étudier les mathématiques, ouvrage destiné à servir de guide aux jeunes gens qui se destinent à approfondir cette science, ou qui aspirent à être admis à l'École polytechnique, et adopté pour les bibliothèques des lycées. Divisé en trois parties. *Paris, Béchet*, 1809, 3 part. in-8, 18 fr. 50 c.

On peut se procurer séparément chacune de ces parties, savoir :
Ire partie : Arithmétique, 4 fr. 50 c.
IIe partie : Algèbre, 6 fr.
IIIe partie : contenant les principes de géométrie descriptive et un grand nombre de problèmes, 6 fr. 50 c.

— Observations sur l'instruction publique. *Paris, de l'impr. de la veuve Courcier*, 1814, in-8 de 56 pag.

— Principes élémentaires d'Algèbre. *Paris, l'Auteur, au collège Charlemagne; Bachelier*, 1830, in-12.

—Principes généraux d'économie publique et industrielle en forme d'entretiens, ouvrage couronné par la Société pour l'instruction élémentaire. *Paris, L. Colas*, 1826, in-18, 40 c.

—Traité de l'éducation publique et privée dans une monarchie constitutionnelle, ou Principes de philosophie, de sciences, de littérature et de législation, appliqués au développement des facultés de l'homme, à l'amélioration des mœurs, et au perfectionnement de l'ordre social; ouvrage spécialement destiné aux législateurs, aux pères et aux mères de famille, aux instituteurs et aux institutrices, aux professeurs, aux élèves déjà instruits, et aux jeunes gens qui veulent approfondir leurs premières études, ou embrasser une profession. *Paris, Aimé André*, 1820, 2 vol. in-8, 12 fr.

SUZANNE, nom qu'a pris l'une des rédactrices d'un journal saint-simonien, intitulé *la Femme nouvelle, apostolat des femmes*, lequel journal a commencé à paraître en 1833.

SUZE (Ch. de). — * Clef (la) des erreurs et de la vérité, par un serrurier connu. 1789, in-8.

Attribué quelquefois et à tort au marq. de Saint-Martin.

SVANBERG (J.). — Exposition des opérations faites en Laponie pour la détermination d'un arc du méridien, de 1801 à 1803, par Oefverbom, Svanberg, Holmquist et Palander. Publ. par l'Acad. des sciences. *Stockholm*, 1805, gr. in-8, avec 3 pl., 8 fr.

Ce volume, imprimé dès 1805, n'a été livré au commerce qu'en 1828.

SVININE ou SVIGNINE (Paul de). — Description des objets les plus remarquables de la ville de Saint-Pétersbourg et de ses environs (en russe et en français). *Saint-Pétersbourg*, 1816-18, 3 vol. in-4.

— Détails sur le général Moreau et ses derniers moments; suivis d'une courte notice biographique, par Paul de Svinine, chargé de l'accompagner sur le continent; on y a joint la proposition faite au sénat le 26 avril 1813, par le sénateur comte Lanjuinais, pour la réhabilitation de la mémoire de ce grand homme. *Paris, Foucault*, 1814, in-8 de 128 pag., 2 fr. 50 c.

SWAGERS (E.). — Collection complète des oiseaux d'Europe, dessinés et coloriés d'après nature par E. Swagers. *Amiens, l'Auteur*, 1833, in-4, fig.

Cette collection de planches a été promise en 50 livraisons, chacune de 4 pièces, avec texte; mais il n'est pas à notre connaissance qu'il en ait paru plus que les quatre premières, ensemble de 32 pl. et 12 pages de texte. Le prix de chaque livraison était fixé à 3 fr.

SWAMMERDAM (J.). — Histoire naturelle des insectes, traduite du *Biblia naturæ*, avec des notes. *Dijon, Desventes*, 1758, in-4, avec 36 pl.

Volume faisant partie de la Collection académique, mais dont on a tiré un certain nombre d'exempl. à part.

SWAN (le colonel James), né à Fife-Shire (Écosse), ancien membre de la législation de la république de Massachusset, ex-agent du gouvernement français pour le commerce étranger.

— A MM. de la Chambre des députés. *Paris, de l'impr. de Brasseur*, 1817, in-8 de 8 pag.

L'auteur était alors détenu pour dette à Sainte-Pélagie.

—Causes qui se sont opposées aux progrès du commerce entre la France et les Etats-Unis de l'Amérique, avec les moyens de l'accélérer, et la comparaison de la dette nationale de l'Angleterre, de la France et des États-Unis; ou six Lettres, adressées à M. de La Fayette, trad. sur le manusc. angl. du colon. Swan. *Paris, L. Potier de*

Lille, 1790, in-8 de 318 pag., 2 fr. 40 c.
— Courtes observations sur l'état actuel des manufactures, du commerce et des finances de l'Europe, et sur celui de l'agriculture en France, et les moyens de l'améliorer. *Paris, Delaunay; Mongie aîné,* 1828, in 8 de 32 pag.
— Lettre (sa) adressée à MM. les rédacteurs des journaux, au sujet de sa pétition à la Chambre des députés. *Paris, Brasseur aîné,* 1816, in-8 de 16 pag.
— Observations de James Swan sur le Mémoire en défense pour P.-H. Lubbert, et Andinet et Slingerlande. *Paris, de l'impr. de Brasseur,* 1817, in-4 de 12 pag.
— Un mot de réponse à une brochure publiée par M. Lubbert, se disant de Bordeaux, mais citoyen de Hambourg. *Paris, de l'impr. de Farcy,* 1829, in-8 de 8 pages.

SWAN (J.). — Méthode (nouv.) pour faire les préparations anatomiques sèches, trad. de l'angl. par le docteur Comet. *Paris,* 1819, 1820, br. in-8.
— Névrologie, ou Description anatomique des nerfs du corps humain. Ouvrage couronné par le collége royal des chirurgiens de Londres; trad. de l'anglais, avec des additions, par E. Chassaignac, prosecteur et professeur agrégé de la Faculté de médecine de Paris, etc. *Paris, Baillière,* 1838, in-4, avec 25 planches gravées sur acier, 24 fr.

Les planches de cette traduction sont celles de l'édition originale.

SWANTON. — Dictionnaire de recrutement. *Paris, Gaultier-Laguionie,* 1838, in-8, 6 fr.

SWANTON-BELLOC (madame). Voy. Sw. Belloc.

SWARTZ. Voyez Schwartz.

SWEDENBORG (Emmanuel), écrivain mystique suédois, anc. assesseur au collége royal des mines de Suède.
— Apocalypse (l') révélée, dans laquelle sont découverts les mystères qui ont été cachés jusqu'à présent. Trad. du latin par J.-P. Moet. *Paris, Treuttel et Wurtz,* 1823, 2 vol. in-8, 14 fr.
— Commerce (du) entre l'âme et le corps, ou Traité de la liaison qui subsiste entre le spirituel et le matériel; trad. du latin (par M. Parraud). *Londres, et Paris, Barrois,* 1785, in-8.
— Dernier (du) jugement et de la Babylone détruite; qu'ainsi tout ce qui a été prédit d'Apocalypse est accompli d'après ce qui a été entendu et vu par Em. Swedenborg. Traduit du latin sur l'édition de Londres de 1758, par J.-P. Moet, de Versailles, et publié par un ami de la vérité. *Paris, Treuttel et Würtz,* 1824, in-8, 2 fr.
— Exposition sommaire de la doctrine de la nouvelle Église, qui est entendue dans l'Apocalypse par la nouvelle Jérusalem, trad. du lat. (par Chastanier). *Paris, Dupuis,* an v (1797), in-8.
— Doctrine de la vie pour la nouvelle Jérusalem, d'après les commandements du Décalogue; trad. du latin par J.-P. Moet, et publ. par un ami de la vérité. *Paris, Treuttel et Wurtz,* 1821, in-8, 1 fr. 50 c.
— Merveilles (les) du ciel et de l'enfer, et des terres planétaires et australes, trad. du latin, par A.-J. P. (Ant.-J. Pernety). *Berlin, G.-J. Decker,* 1782, 2 vol. in-8.
— Le même ouvrage, sous ce titre : Du Ciel et de ses merveilles, et de l'Enfer, d'après ce qui a été entendu et vu. Trad. de l'angl. par J.-P. Moet, et publié par un ami de la vérité. *Paris, Treuttel et Wurtz,* 1819, in-8, 6 fr.

Traduction de l'ouvrage latin intitulé : De Cœlo et ejus mirabilibus, et de inferno, ex auditis et visis. Londini, 1758, in-4.

— Nouvelle (de la) Jérusalem et de sa doctrine céleste, précédé d'une Dissertation touchant le nouveau ciel et la nouvelle terre; trad. du latin par Chastanier. *Londres, Hawes,* 1784, in-8.
— Le même ouvrage, traduit par J.-P. Moet, et publié par un ami de la vérité. *Paris, Treuttel et Wurtz,* 1821, in-8, 3 fr.
— Sagesse (de la) angélique sur la divine providence, trad. du lat. par J.-P. Moet, et publ. par un ami de la vérité. *Paris, Treuttel et Wurtz,* 1823, in-8, 5 fr.
— Sagesse (la) angélique sur l'amour divin et sur la sagesse divine; trad. du lat. par A.-J. P. (A.-J. Pernety). *Lyon,* 1786, 2 vol. in-8.
— Le même ouvrage, trad. par J.-P. Moet, et publ. par un ami de la vérité. *Paris, Treuttel et Wurtz,* 1822, in-8, 3 fr. 50 c.
— Tableau analytique et raisonné de la doctrine céleste de l'Église de la nouvelle Jérusalem, prédite par le Seigneur, en Daniel, chap. VII, vers. 13, 14, et dans l'A-

pocalypse, chap. XXII, 1, 2, ou Précis des Œuvres théologiques d'Emman. Swendenborg. *Londres, l'Auteur, et La Haye, P.-F. Gosse*, 1786, in-8 de 257 pag.

— Le même ouvrage, sous ce titre : la Vraie religion chrétienne, contenant la théologie universelle de la nouvelle Église, prédite par le Seigneur dans Daniel, chap. VII, vers. 13, 14, et dans l'Apocalypse, ch. XXII, vers. 1, 2 ; trad. du latin sur l'édition d'Amsterdam, 1771 (par M. PARRAUD). Tome Ier (et unique). *Paris, Barrois l'aîné*, 1802, in-8, 4 fr.

— Vraie (la) religion chrétienne, contenant la théologie universelle de la nouvelle Église, traduite par J.-P. MOET, et publiée par un ami de la vérité. *Paris, Treuttel et Wurtz*, 1819, 2 vol. in-8, 15 fr.

— Terres (des) dans notre monde solaire, qui sont nommées planètes, et des terres dans le ciel astral, etc. ; trad. du latin sur l'édition de Londres, en 1758, par J.-P. MOET. *Strasbourg, et Paris, Treuttel et Wurtz*, 1824, in-8, 2 fr.

— Traduction de quelques chapitres de son livre, sur la manière de convertir le fer cru ou de fonte en acier, en divers lieux. *Strasbourg, J.-R. Dulsecker*, 1737, in-12.

— Traité curieux des charmes de l'amour conjugal dans ce monde et dans l'autre, ouvrage traduit du latin en français, par M. de Brumore (masque de GUYTON, frère du chimiste). *Berlin, et Basle, Decker*, 1784, in-8.

— Le même ouvrage, sous ce titre : les Délices de la sagesse sur l'amour conjugal et les voluptés de la folie sur l'amour scortatoire ; traduit du latin sur l'édition d'Amsterdam de 1768, par J.-P. MOET. *Paris, Treuttel et Wurtz*, 1824, in-8, 7 fr. 50 c.

— Œuvres de Swedenborg, traduites par J.-P. MOET, et publiées par un ami de la vérité. *Paris, de l'impr. de Crapelet. — Treuttel et Wurtz*, 1819-24, 12 vol. in-8.

Traduction posthume. Moet s'était refusé, dit-on, aux propositions de Gustave III, qui lui avait offert 30,000 fr. de cette traduction, pour que son ouvrage fût publié en Suède.

Cette traduction des Œuvres de Swedenborg, plus fidèle et plus conforme à l'original latin que celles qui avaient paru jusqu'alors de tous les ouvrages de ce théosophe suédois, devait former environ 40 volumes ; mais il n'en a paru que douze, dont nous avons précédemment donné les titres. On y ajoute l'*Abrégé des ouvrages de Swedenborg, etc.*, publié en 1788 (voy. plus bas).

Bien que les douze volumes de cette collection portent des titres de Paris, deux ou trois volumes ont pourtant été imprimés à Bruxelles.

EXTRAITS

DES OUVRAGES DE SWEDENBORG.

— Abrégé des ouvrages d'Emm. Swedenborg, contenant la Doctrine de la Nouvelle Jérusalem céleste, précédé d'un discours, où l'on examine la vie de l'auteur, le genre de ses écrits, et leur rapport au temps présent (par DAILLANT DE LA TOUCHE). *Stockholm, et Paris, Treuttel*, 1788, in-8, 4 fr. 50 c. ; pap. fin, 5 fr. 50 c.

— Dialogues sur la nature, le but et l'évidence des écrits théologiques d'Emm. Swendenborg, avec un Abrégé de ses œuvres philosophiques. Trad. de l'anglais. *Londres, R. Hindsmarhs, et La Haye, P.-F. Gosse*, 1790, in-8 de 142 pag.

— Sens spirituel de l'Oraison dominicale, expliqué par divers passages des écrits d'Emmanuel Swedenborg (par M. CLOW, trad. de l'angl. par M. PARRAUD). *Paris, Lanoë*, 1818, in-12.

SWEDIAUR (François-Xavier), médecin. Voy. SCHWEDIAUR.

SWIETEN (G. Van). — Commentaria in H. Boerhaave aphorismos. *Lugd. Batavorum et Parisiis*, 1745-73, 5 vol. in-4.

— Aphorismes de Boerhaave, avec les commentaires de Van SWIETEN, traduits du latin en français (par MARINER). 1753, 3 vol. in-12.

— Aphorismes de chirurgie d'Herman Boerhaave, commentés par Van SWIETEN, traduits du latin en français (par LOUIS et de VILLERS). *Paris*, 1753-65, 7 vol. in-12.

— Nouv. édition. *Paris, Cavalier*, 1768, 7 vol. in-12.

Les cinq premiers volumes de la dernière édition portent le nom du traducteur.

— Commentaires sur les Aphorismes de Boerhaave de la connaissance et de la cure des maladies, traduits en français par MAUBLET. *Avignon, Roberty*, 1766, 6 vol. in-12 ; ou *Lyon*, 1771, 6 vol. in-12.

De ce Commentaire de Van Swieten sur les Aphorismes de Boerhaave, Alph. LE ROY (voy. ce nom) a tiré un Traité des accouchements (1768), et Grossin DUHAUME un Traité de la petite vérole (1776, in-12).

— Description des maladies qui règnent dans les armées, avec la manière de les traiter. *Vienne*, 1769, in-8.

SWIFT (Jonathan), écrivain anglais, doyen de Saint-Patrick.

— Apologie de la reine Anne, trad. en français, par M. L. B. C. D. G. (Le Beau, commissaire des guerres). *Paris*, *Le Jay*, 1769, in-12.

—

— Conte (le) du Tonneau, contenant tout ce que les arts et les sciences ont de plus sublime et de plus mystérieux, ouvrage trad. de l'anglais (par Van Effen). *La Haye*, *Scheurleer*, 1721, 1732, 3 vol. in-12. — Édition avec la Suite. *Lausanne*, ..., 3 vol. in-12; — *Lausanne et Genève*, 1742, 2 vol. in-12.

Sous le titre de « Productions d'esprit », l'abbé Saunier (voy. ce nom) a donné une édition châtiée de cette traduction.

Dans le tome II de l'édition de 1721 de cette traduction, on a réimprimé un opuscule qui avait paru dès 1708, sous le titre de « Prédictions pour l'année 1708, écrites et publiées en anglais par Isaac Bickerstaf, gentilhomme » (in-12). Cependant les auteurs du Journal des savants, en rendant compte de la traduction du « Conte du tonneau », disent que toutes les pièces contenues dans le second volume ne paraissent pas être du même auteur. Aussi Barbier a-t-il présenté R. Steele, comme l'écrivain caché sous le masque de Bickerstaf.

—

— Dédicace critique des dédicaces, trad. de l'anglais (par Flint, Anglais). *Paris*, *Barrois*, 1726, in-12.

—

— Extrait d'un Sermon prêché par le doyen Swift, en Irlande, le jour de la commémoration de la mort de Charles Ier en 1725-26; trad. de l'angl. (par l'abbé Morellet). *Paris*, *Delaunay*, 1814, in-8 de 30 pag.

—

— Grand (le) mystère, ou l'Art de méditer sur la garde-robe; trad. de l'anglais (par l'abbé Desfontaines). *La Haye*, 1729, in-12.

—

— Gulliver's Travels into several remote nations of the world. A new edition. *Paris*, *Théoph. Barrois*, 1821, in-12, 4 fr.

— The same work. *Paris*, *printed by J. Didot aîné*. — *A.-A. Renouard*, 1823, 2 vol. in-12, vith 10 engrav., 8 fr.

— The same work. *Paris*, *printed by F. Didot*. — *Malpeyre*, 1822; or with new titles, *Paris*, *Baudry*, 1827, 2 vol. in-32, 6 fr.

Les faux-titres portent : *The British Classics*.

— Voyage du cap. Lam. Gulliver en différents pays éloignés, trad. de l'angl. par l'abbé (Guyot-) Desfontaines. *La Haye* (*Paris*), *Guérin*, 1727; — *Paris*, *Damonneville*, 1762, 2 vol. in-12; — *Paris*, *Musier fils*, 1773, 2 vol. gr. in-12, avec gravures; — *Paris*, *P. Didot*, 1797, 2 vol. in-18.

Cette traduction a encore été fréquemment réimprimée dans ce siècle. Les éditions les plus répandues sont les suivantes :

Paris, Billois, 1813, 4 vol. in-18, avec 12 gravures.

Avignon, J.-A. Joly, 1817, 2 vol. in-24.

Paris, Genets jeune, 1821, 4 vol. in-18, avec 8 grav., 6 fr.

Paris, Lebègue, 1820, 2 vol. in-12, 4 fr. Édition commune et fort incorrecte qui fait partie d'une « Bibliothèque d'une maison de campagne ».

Paris, Parmentier, 1825, 4 vol. in-18, avec gravures, 6 fr.

Bruxelles, Pécourt, 1830, 2 vol. in 18.

Paris, Hiard, 1832, 2 vol. in-18, 1 fr. 30 c. Cette édition fait partie de la « Bibliothèque des amis des lettres. »

Paris, rue des Gr. Augustins, n° 18, 1835, 4 vol. in-18, 1 fr. 40 c.

Cette traduction a été dédiée à madame Du Deffant (voy. ses Lettres), Paris, 1811, tom. IV, page 186. On assure que l'Irlandais Markan y a eu plus de part que l'abbé Desfontaines.

L'abbé Desfontaines a donné une espèce de suite à cet ouvrage de Swift ; elle a paru sous le titre de : le Nouveau Gulliver, ou Voyage de Jean Gulliver, traduit d'un manuscrit anglais, par M. L. D. F. (composé par l'abbé Desfontaines), Paris, Clousier, 1730, 2 vol. in-12.

— Le même ouvrage. Édition illustrée par Grandville. Traduction nouvelle. *Paris*, *Furne*, 1838, in-8.

Cette édition formera 2 volumes, qui seront publiés en 36 livraisons, au prix de 50 c. chacune.

— Viages de Gulliver, obra escrita en ingles par el d^r Swift; traduccion castellana, adornada con cuatro laminas. *Paris*, *de la impr. de Pillet aîné*, 1834, 4 vol. in-18.

— Viagens de Gulliver a varios paizes remotos, escritas em inglez. Traducao portugueza adornada com estampas finas. *Pariz*, *de la impr. de Pillet aîné*, 1836, 4 vol. in-18.

— Aventures surprenantes de Gulliver, ou les Voyages de Gulliver réduits aux traits les plus intéressants. Nouv. édition, publ. par A.-J. S. (Sanson). *Paris*, *Sanson*, 1823, 2 vol. in-18.

—

— Histoire du règne de la reine Anne d'Angleterre, trad. de l'angl. (par M.-Ant. Eidous). *Amsterdam*, *Rey*, 1765, in-12.

—

— Traité des dissentions entre les nobles et le peuple dans les républiques d'Athènes et de Rome, etc.; trad. de l'angl. *Lausanne*, 1764, in-12.

—

— Trois (les) justaucorps, conte bleu, tiré de l'angl. de Jonathan Swift (par René Macé). *Dublin*, 1721, in-8.

On a souvent attribué à J. Swift « le Procès sans fin, ou l'Histoire de John Bull », tandis que cet ouvrage est de J. Arbuthnot (voy. ce nom).

W. Scott (voy. ce nom) est auteur de Mémoires politiques et littéraires sur la vie et les écrits de Jonathan Swift, dont nous avons une traduction française.

SWINBURNE (Henri), voyageur anglais du XVIIIe siècle.

— Voyage dans les deux Siciles, dans les années 1777, 1778, 1779 et 1780; trad. de l'angl. par mademoiselle de Kéralio. *Paris, Théoph. Barrois le jeune*, 1785, in-8.

— Voyage dans les deux Siciles, en 1777, 1778, 1779 et 1780, trad. de l'angl. (par J.-B. de La Borde). *Paris, Didot aîné*, 1785, 5 vol. in-8.

— Voyage en Espagne, en 1775 et 1776; trad. de l'angl. (par J.-Benj. de La Borde). *Paris, Didot aîné*, 1787, in-8.

Les traductions de La Borde des deux Voyages de Swinburne ont été ensuite réunies sous le titre collectif suivant : *Voyage en Espagne, à Naples et dans les Deux-Siciles*, trad. de l'anglais par J. Benj. de La Borde, et augm. du *Voyage de Bayonne à Marseille*, 1785 et ann. suiv., 6 vol. in-8.

SWINDEN (T.), doct. en théologie.

— Recherches sur la nature du feu de l'enfer et du lieu où il est situé; trad. de l'angl. par J. Bion. *Amsterdam*, 1728, in-8; ou *Leide*, 1733, in-8, fig.

SWINDEN (J.-H. van), physicien, d'abord professeur à l'université de Franeqner, depuis professeur de physique et de mathématiques à Amsterdam, membre de plusieurs académies, etc.

— Analogie de l'électricité et du magnétisme, ou Recueil de mémoires couronnés par l'académie de Bavière; avec des notes et des dissertations nouvelles. *La Haye, et Paris, veuve Duchesne*, 1785, 3 vol. in-8.

— Lettres (deux) sur les grands hivers (et celui de 1709 en particulier), adressées au cit. Cotte. (Extr. du Journal de phys.), *Paris*, in-4 de 30 pag.

— Observations sur le froid rigoureux du mois de janvier 1776. *Amsterdam*, 1778, in-8.

— Méthode de Krafft pour réduire la distance apparente de deux astres à la distance vraie : extraite du Traité des longitudes de Van Swinden, et traduite du hollandais par les enseignes de vaisseau Gotkling-Vinnis et Keuchenius. *Toulon, Magdelain*, 1814, in-8 de 80 pag., 2 fr. 25 c.

— Recueil de mémoires sur l'analogie de l'électricité et du magnétisme. *La Haye*, 1784, 3 vol. in-8.

SWINTON (J.), historien anglais, l'un des auteurs de la grande Histoire universelle, dont nous avons une traduction française en 46 volumes in-4.

SWINTON. — Voyage en Norwège, en Danemarck et en Russie, pendant les années 1788-91; par Swinton (et Guill. Thompson); trad. de l'angl. par P.-F. Henry, suivi d'une Lettre de Richer-Sérizy, sur la Russie. *Paris, Bertrand*, 1797, ou, avec de nouveaux titres, 1801, 2 vol. in-8, 6 fr.

SWISTEN (le baron de). — Schœpfung (die), etc. *Strasburg, gedr. bey Levrault*, 1820, in-8.

C'est le poëme dont Haydn a fait la musique.

SWITKOWSKI (Thomas). — Wzięciu (o) woli dnia 6 wrzesnia 1821 roku sprostowani opisum generaluw Uminskiego i Soltyka z planem polabitwy. *Paris, de l'impr. de Pinard*, 1833, in-8 de 24 pag., et une planche, 1 fr. 75 c.

SY (Alexandre-César-Annibal-Firmin, baron de Stone, marquis de), d'abord capitaine au régiment du Dauphiné, plus tard maréchal de camp, chevalier de Saint-Louis; mort à Corbeil, le 12 septembre 1821.

— Art (l') poétique d'Horace, et la Chute de Rufin de Claudien, trad. en vers français (le latin en regard). *Londres, Dulau, et Paris, De Bure frères*, 1816, in-8, 6 fr.

— Chute (la) de Rufin, poëme en deux chants, traduit du latin de Claudien, avec (le texte en regard) des notes historiques, géographiques, mythologiques et grammaticales; dédié, avec permission, à S. Exc. le marquis de Welesley. *Londres*, 1811, in-8.

Tiré à petit nombre d'exemplaires, à ce que nous apprend le traducteur lui-même, dans la préface de la seconde édition, qu'il dédia à l'Angleterre, *sa seconde patrie*, et qu'il donna en 1816, à la suite de sa traduction de l'Art poétique d'Horace.

— Épithalame d'Honorius et de Marie, poëme traduit de Claudien, en vers français (le texte en regard), dédié à S. A. R. Mgr. le duc de Berry. *Paris, De Bure frères*, 1816, in-8 de 72 pag.

— Mélanges de poésies tirées du portefeuille de M. le B. de St. (le baron de Stone). *Londres* (*Grenoble*), *ex typis Jos. Allier*, 1782, 2 vol. in-18.

Tirés à 60 exemplaires, et imprimés par l'auteur lui-même.

L'auteur se proposait, en 1816, d'en donner une nouvelle édition, qu'il eût augmentée, 1° de la traduction de la satire d'Horace (9e du livre Ier), *ibam fortè vià sacrâ*; 2° de la traduction de l'ambassade d'Ulysse dans les tentes d'Achille (Iliade, liv. IX); 3° de la traduction de l'Épithalame d'Honorius, par Claudien; 4° de diverses autres poésies légères.

« En général les poésies du marq. de Sy ne s'élèvent pas au-dessus du médiocre; elles sont telles qu'on pouvait les attendre d'un homme du monde, qui ne paraît point dépourvu d'esprit. »

SYBILLE (H.). — Bluette (la), chansonnier. Sec. édition. *Paris*, *D. Belin*, 1833, avec une lithographie.
— Cousin (le) Charles, pièce en un acte, mêlée de couplets. *Paris*, *Marchant*, 1833, in-8, 1 fr. 50 c.

SYDENHAM (Thomas), médecin anglais du XVIIe siècle, et célèbre praticien de Londres.
— Médecine pratique de Sydenham, avec des notes, ouvrage trad. en français sur la dernière édition anglaise, par feu M. Jault. *Paris*, *Didot jeune*, 1774, in-8.
— Le même ouvrage. (Édition précédée d'une Notice sur la vie et les écrits de Sydenham, par M. Prunelle). *Montpellier*, *de l'impr. de la veuve Picot*, 1816, 2 vol. in-8.
— Le même ouvrage, sous ce titre: OEuvres de médecine-pratique de Thom. Sydenham, traduites en français.... par A.-F. Jault. Nouvelle édition, revue d'après la traduction latine, et augmentée de notes explicatives ou critiques, et d'un Discours apologétique sur Sydenham, par J.-B.-Th. Baumes, ancien conseiller du roi, etc. *Montpellier*, *J.-G. Tournel*; *Sevalle*; *et Paris*, *Gabon*, *etc.*, 1816, 2 vol. in-8, 12 fr.

SYDNEY. Voy. Sidney.

SYDOINE (S.), évêque de Clermont.
— Lettres (ses). Voy. R. Breyer.

SYDOW (madame Marie-Joséphine de l'Escun); née à Paris, vers 1758.
— Éducation (de l') d'une princesse. *Berlin*, 1781, in-8, 2 fr.
— Lettres taïtiennes. *Breslau*, 1784, in-8, 3 fr.
— Loisirs (les) d'une jeune dame. *Berlin*, 1776, in-8.
— Mélanges de littérature, dédiés à S. A. R. Mgr le prince de Prusse. *Breslau*, 1779, in-8, 3 fr. 50 c.
— Ode à S. A. R. le prince Henri sur sa convalescence. *Breslau*, 1777, in-4.

Réimpr. dans les Mélanges du même auteur.

— * Sophie, ou de l'Éducation des filles. *Berlin*, 1777, in-8, 3 fr. 50 c.

SYKES (A.). — Examen de la connexion de la Religion naturelle et révélée. *Amsterdam*, 1742, in-12.

SYLVAIN, avocat. — * Traité (nouv.) du sublime. *Paris*, *Prault*, 1741, in-12.

Cet ouvrage avait paru dès 1732 chez le même libraire, mais avec le nom de l'auteur, sous ce titre: *Traité du sublime*, *etc.*

SYLVAIN. — Hymne funèbre chanté au théâtre de Nanci, le 28 juillet 1831, par M. Sylvain, en l'honneur des Français morts pour la patrie les 27, 28 et 29 juillet 1830. *Nanci*, *de l'impr. d'Hissette*, 1831, in-4 de 4 pag.

SYLVAIN MARÉCHAL. Voy. P.-S. Maréchal.

SYLVAIN PHALANTÉE, pseudon. Voy. P. David.

SYLVAIN S***. — Causerie. *Lyon*, *de l'impr. de Perrin*, 1833, in-8 de 4 pag.

SYLVESTRE. — * Deux (les) Fermiers, comédie en un acte et en prose. *Paris*, *Cailleau*, 1788, in-8.

SYMES (Michel). — Relation de l'ambassade anglaise, envoyée en 1795 dans le royaume d'Ava, ou l'empire des Birmans; par le major Mich. Symes, chargé de cette ambassade; suivie d'un Voyage fait, en 1798, à Colombo, dans l'île de Ceylan, et à la baie de Lagoâ, sur la côte orientale de l'Afrique; de la Description de l'île de Carnicobar et des ruines de Mavalipouram; traduits de l'anglais, avec des notes, par J. Castéra, avec une collection de trente planches, gravées en taille-douce par J.-B.-P. Tardieu, Delignon, Niquet et Delvaux, et dessinées sur les lieux sous les yeux de l'ambassadeur. *Paris*, *Buisson*, an IX (1801), 3 vol. in-8, et Atlas in-4 de trente planches, 24 fr.; avec les gravures avant la lettre (tiré à 50 exemplaires), 30 fr.; et sur pap. vélin, avec les planches sur gr. pap. vélin, épreuves avant la lettre, premières épreuves (tiré à 25 exemplaires), 54 fr.

SYMON (J.-M.). — Œuvres (ses). *Amsterdam*, 1769, in-8.

On trouve dans ce volume, entre autres choses, *la Comtesse de Châteaubriand, ou le Triomphe de la jalousie*, tragédie en cinq actes et en vers.

SYMON (Jacques), professeur de droit commercial et de comptabilité à Lyon.
— Anglomanie (l'), ou l'Anti-français, poëme. *Lyon, de l'impr. de Brunet*, 1823, in-8 de 16 pag.
— Description en vers français de la ville et du port de Rouen. *Rouen, Frère; l'Auteur; et Paris, Ladvocat*, 1821, in-8 de 16 pages. — Réponse à l'auteur des Remarques et commentaires sur la Description de la ville et du port de Rouen. *Paris, Ladvocat; Rouen, Frère*, 1821, in-8 de 24 pag.

Les Remarques et commentaires sur la Description.... de Rouen, ont été imprimées à Rouen, en avril 1821, en 32 pag. in-8, anonymes.

— Lettre à M. Jomand, marchand toilier à Lyon, grande rue longue. *Lyon, de l'impr. de Roger*, 1828, in-4 de 8 pag.
— Théorie de la tenue des livres en partie double. *Bordeaux, de l'impr. de Guizonnier*, 1837, in-12 de 8 pag.

SYNCELLUS (Georg.), monachus. — Chronographia, cum Nicephori patriarchæ breviario, cura et studio Jac. GOAR, græcè et lat. *Paris, e typ. regia*, 1752, in-fol.

SYNESIUS, évêque de Ptolémaïs.
— Hymnes (ses), texte grec. *Paris, Delalain*, 1836, in-18, 1 fr. 25 c.
— Hymnes de Synésius. Traduits du grec en français, avec le texte en regard, par J.-F. GRÉGOIRE et F.-Z. COLLOMBET; précédées d'une Notice sur Synésius, par M. VILLEMAIN. *Lyon, Sauvignet et comp^e; Paris, Périsse frères*, 1836, in-8, 5 fr. 50 c.

SYNGE (Édouard). — * Religion (la) d'un honnête homme qui n'est pas théologien de profession; trad. de l'angl. (par un anonyme). *Amsterdam, Brunet*, 1699, in-12.

SYON (F.-A. de). — * Inconnu (l'), fragments. *Paris, Sautelet; Mesnier*, 1829, 2 vol. in-12, 6 fr.
— * Quinze septembre 1831. *Paris, Mesnier*, 1831, in-8 de 88 pag., 2 fr. 50 c.

SYROT (P.), avocat à la Cour royale de Paris.
— Code du recrutement (1829). Voy. PAILLARD DE VILLENEUVE.

SYRUS (Publius), moraliste latin.
— Syri Mimi Sententiæ, in usum scholarum et lycæorum selectæ, juxta optimas editiones recensitæ, notis que variorum illustratæ. Accedunt selectæ e Ovidio, Horatio, Seneca philosopho, Claudiano, Terentio, Plauto, Seneca tragico, aliisque veteribus sententiæ. Cum indicibus rerum personararumque memorabilium. Curâ Fr. LEVASSEUR. *Parisiis, L'Huillier*, 1811, in-12, 1 fr. 50 c., et avec la traduction des Sentences de Publius Syrus, 1 f. 75 c.
— Deuxième édition, augmentée de sentences extraites de divers auteurs, de notes explicatives et du prologue de Labérius; avec la traduction de Rollin et celle de J.-J. Rousseau. *Paris, Panckoucke*, 1825, in-32.

La dernière édition fait partie de *Chefs-d'œuvre classiques*.

Les Sentences de Publ. Syrus ont été souvent imprimées en latin à la suite des Fables de Phèdre: elles ont été traduites par ACCARIAS DE SÉRIONNE, avec l'Etna de Cornelius Severus (1736), et par PAON SAINT-SIMON, dans le Supplément au recueil intitulé: le Portefeuille d'un rentier (1799).

SZERLECKI (Lad.-A.), de Varsovie.
— Dictionnaire abrégé de thérapeutique, ou Exposé des moyens curatifs employés par les praticiens les plus distingués de la France, de l'Allemagne, de l'Angleterre et d'Italie, dans toutes les maladies, rangées d'après l'ordre alphabétique. *Paris, Just Rouvier et Lebouvier; et Strasbourg, Lagier*, 1837, 2 vol. in-8, 14 fr.

Il ne paraît encore qu'une première livraison, composée de sept feuilles.

SZUMSKI (Thomas de). — Notice sur les avantages résultant d'une hache-bêche et d'une lentière, inventées pour augmenter la force de l'armée en campagne. *Paris, Anselin; Barbezat*, 1831, in-8 de 80 pag. 2 fr.

T.

TABARAUD (Mathieu-Mathurin), écrivain janséniste, prêtre et théologien, anc. oratorien; né à Limoges, en 1744, successivement professeur d'humanités à Nantes, puis de théologie à Arles et à Lyon, supérieur des colléges de Pezenas (en 1783) et de la Rochelle (en 1787), supérieur de la maison de l'Oratoire de Limoges au commencement de la Révolution; il passa en Angleterre en 1791, et ne rentra en France qu'à la faveur du concordat, en 1801; censeur de la librairie, en 1811, et censeur honoraire, en 1814; mort à Limoges, le 9 janvier 1832.

— * Appel (de l') comme d'abus, suivi d'une dissertation sur les interdits arbitraires de célébrer la messe. *Paris*, *Égron*, 1820, in-8 de 119 pag., 2 fr.

— * Appels (des) comme d'abus, et de l'usage que le conseil d'État en a fait au sujet d'une lettre à M. le cardinal de Clermont-Tonnère. Par un ecclésiastique. *Paris, Blaise; Petit; Potey; Rusand*, 1824, br. in-8.

— * Défense de la Déclaration du clergé, par Bossuet, où l'on relève encore une aberration importante de M. de Bausset. *Paris, Baudouin*, 1820, in-8 de 48 pag.

— * Divorce (du) de Napoléon Buonaparte avec Joséphine, veuve Beauharnais, et de son mariage avec Marie-Louise, archiduchessse d'Autriche. *Paris, Égron*, 1815, in-8 de 60 pages.

C'est une discussion sur ce qui se passa à la fin de 1809, relativement au mariage de Napoléon.

— Droit (du) de la puissance temporelle sur le mariage, ou Réfutation du décret du 18 février 1818, par lequel M. Dubourg, évêque de Limoges, a déclaré que les mariages faits conformément aux lois de l'État, lorsqu'ils n'ont pas été bénis par le prêtre, sont des incestes, des fornications, des concubinages; suivi de la Défense des quatre articles du clergé de France contre les nouveaux anti-gallicans. *Paris, Delaunay; Brajeux, etc.*, 1818, in-8, 3 fr.

— Essai historique et critique sur l'état des jésuites en France, depuis leur arrivée dans le royaume jusqu'au temps présent. *Paris, N. Pichard*, 1828, in-8, avec une grav., 5 fr.

Cet Essai, qui parut en même temps que l'ordonnance du 19 juin 1828, obtint une seconde édition dans la même année.

— Essai historique et critique sur l'institution canonique des évêques. *Paris, de l'impr. de Michaud*, 1811, in-8 de 128 pages.

Dans cet écrit, publié à l'époque où Pie VII était prisonnier à Savonne, l'auteur essayait de prouver que, lorsque le Pape refuse des bulles à une grande église, elle a le droit de faire instituer les évêques par les métropolitains.

— * Examen de deux propositions de lois qui doivent être faites aux chambres, l'une sur la célébration du mariage, l'autre sur la tenue des registres de l'état civil. *Limoges, Mart. Ardant*, 1824, in-8 de 64 pages.

— * Examen de l'opinion de Son Éminence le cardinal de la Luzerne sur la publication du concordat. *Paris, Brajeux*, 1821, in-8 de 23 pag.

— Histoire critique de l'assemblée générale du clergé de France en 1682, et de la déclaration des quatre articles qui y furent adoptés, suivie du discours de M. l'abbé Fleury sur les libertés de l'Église gallicane, avec des notes. *Paris, Baudouin frères*, 1826, in-8, 5 fr.

— Histoire critique des projets formés depuis trois cents ans pour la réunion des communions chrétiennes. *Paris, Gauthier frères*, 1824, in-8, 6 fr.

— Histoire critique du philosophisme anglais, depuis son origine jusqu'à son introduction en France, inclusivement. *Paris, L. Duprat-Duverger*, 1806, 2 vol. in-8, 11 fr.

Cet ouvrage est une des meilleures productions du P. Tabaraud. On voit par la préface qu'il se proposait de donner l'*Histoire du philosophisme français*.

— Histoire de Pierre de Berulle, cardinal de la sainte Église romaine, ministre d'Élat, chef du conseil de régence sous Marie de Médecis, en l'absence de Louis XIII; instituteur et premier supérieur des carmélites de France, fondateur de la congrégation de l'Oratoire, suivie d'une Notice historique des supérieurs généraux de cette congrégation. Ouvrage composé d'après des pièces originales et inédites. *Paris*, *Égron*, 1816, 2 vol. in-8, 12 fr.

Cette Histoire est pleine de recherches, mais aussi de partialité.

— * Inamovibilité (de l') des pasteurs du second ordre. *Paris*, *Brajeux*, 1821, in-8, 1 fr. 50 c.

L'année suivante, l'auteur publia un Supplément à ce traité.

L'auteur plaide en faveur de tous les prêtres qui ont été frappés d'interdit.

— * Institutiones theologicæ, auctoritate D. D. archiepiscopi Lugdunensis, etc. (1784). Vedi Valla.

— * Interdits (des) arbitraires de la célébration de la messe. (*Limoges*, *Barbou*, 1809), in-8.

Réimprimés à la suite du traité du même auteur, intitulé : *De l'appel comme d'abus*, Paris, Égron, 1820.

— * Lettre à M. Bellart, procureur général à la cour royale de Paris, sur son réquisitoire du 30 juillet contre les journaux de l'opposition. *Paris*, *Fortic ; N. Pichard, etc.*, 1825, in-8 de 16 pages, 75 c.

— * Lettre à M. de Bausset, ancien évêque d'Alais, etc., pour servir de supplément à son Histoire de Fénélon. *Paris*, *Brajeux*, 1809, in-8.

L'auteur publia l'année suivante une seconde Lettre, Limoges, Barbou, 1810, in-8.

Le P. Tabaraud, dans ces deux lettres, plaide nettement pour les jansénistes.

— Lettre à M. Boyer, professeur de théologie au grand séminaire de Paris. *Paris*, *Brajeux*, 1819, in-8 de 20 pag.

— Lettre à M. Dubourg, évêque de Limoges, sur son décret du 18 février de la présente année, portant condamnation du livre intitulé : Principes sur la distinction du contrat et du sacrement de mariage, etc. *Limoges*, *de l'impr. de Bargeas*, 1818, in-8 de 52 pag.

— * Lettre de plusieurs évêques de France au pape Pie VI, et réponse du souverain pontife, traduite en français par un prêtre exilé pour la foi (l'abbé Hamel). *Londres*, *Dulau*, 1799, in-8.

Cette Lettre, pour compatir aux tribulations du Pape, avait été composée par les PP. Mandar et Tabaraud, de l'Oratoire.

— Lettres (deux) adressées à l'évêque constitutionnel Gay Vernon (contre les innovations de l'Assemblée constituante). *Limoges*, vers 1791, in-8. — Observations sur une Lettre pastorale du même. *Ibid.*, 1791, in-8.

— Lettres (deux) en faveur de l'édit de novembre 1787, relatifs à l'état civil des protestants (contre un mandement de M. de Crussol, évêque de la Rochelle). *La Rochelle*, 1787, in-8.

— * MM. de Bausset et La Mennais. Justification de l'abbé Lequeux et des bénédictins, éditeurs des Œuvres de Bossuet, accusés d'infidélité par M. le cardinal de Bausset, etc. — Du Système de M. de La Mennais sur les traductions de la Bible et sur la lecture de l'Écriture sainte. *Paris*, *Baudouin*, 1820, in-8 de 24 pag.

— Nécessité (de la) d'une religion de l'État. *Paris*, *Onfroy*, 1803, in-8 de 70 pag., 75 c.

Réimpr. sous ce titre :

De l'Importance d'une religion d'État, pour servir de suite au Traité de la réunion des cultes. Sec. édit., revue, corr. et considérablement augmentée. Paris, Brajeux, etc., 1814, in-8 de 190 pag., 2 fr.

— * Observations d'un ancien canoniste, sur la convention conclue à Rome, le 11 juin 1817. *Paris*, *Brajeux*, 1817, in-8 de 79 pag.

Ouvrage l'un des plus curieux et des plus savants sur ce sujet.

— * Observations sur le prospectus et la préface de la nouvelle édition des Œuvres de Bossuet, projetée à Versailles (par l'abbé Hemey d'Auberive). *Paris*, *Méquignon junior*, 1813, in-8 de 57 pag.

— * Pape (du) et des jésuites. *Paris*, *Égron*, 1814, in-8. — Le même ouvrage, ou Exposé de quelques événements du pontificat de Pie VII, de la conduite des jésuites, depuis leur introduction en France jusqu'à leur expulsion, des causes de leur suppression, et de celles qui s'opposent à leur rétablissement. Sec. édit., rev., corr. et considérablement augmentée. *Paris*, *Égron*, 1815, in-8, 3 fr.

C'est, dit M. Henrion, dans son Annuaire biographique, un écrit dicté par la partialité.

— * Philosophie (de la) de la Henriade, par M. T. *Paris*, *Onfroy*, 1805, in-8 ; — ou *Paris*, *Gauthier frères*, 1824, in-8, 2 fr. 50 c.

La première édition seulement est anonyme.

Il y a d'excellentes choses dans cet opuscule.

— * Principes sur la distinction du contrat et du sacrement de mariage. *Limoges*, *Barbou* (vers 1804), in-8 de 59 pag.

Cette brochure n'est qu'une esquisse de l'ouvrage suivant.

— Principes sur la distinction du contrat et du sacrement de mariage, sur le pouvoir d'établir des empêchements dirimants et d'en dispenser. *Paris*, *Égron*, 1816, in-8. — Autre édition. Ouvrage entièrement refondu dans cette nouvelle édition, augmentée de l'Examen des mariages contractés durant la révolution, et de celui des deux projets de lois, l'un sur l'ordre à observer dans la célébration du contrat et dans l'administration du sacrement, l'autre sur la tenue des registres de l'état civil. *Paris*, *Fortic*, 1825, in-8, 6 fr.

La première édition est anonyme.

Cet ouvrage jeta le P. Tabaraud dans des controverses assez vives, tant avec les théologiens qu'avec son évêque ; il fut réfuté par M. Boyer, de Saint-Sulpice, et condamné par M. Dubourg, évêque de Limoges. Blessé par la censure du prélat, il publia, pour la défense de son ouvrage, plusieurs Lettres remplies d'amertume, même envers le souverain pontife, qui avait confirmé la sentence de Limoges. Peu après, il réchauffa la dispute par son écrit intitulé : *Du Droit de la puissance temporelle dans le mariage* (voy. plus haut).

— Prospectus et Mémoires pour les amis de la paix. 1791.

—* Questions sur l'habit clérical. *Limoges*, 1809, in-8 de 24 pag.

— * Réflexions soumises à la considération des puissances combinées, trad. de l'angl., avec une préface et des notes du traducteur (1799). Voy. J. Bowles.

— * Réflexions sur l'engagement exigé des professeurs de théologie, d'enseigner la doctrine contenue dans la Déclaration du clergé de 1682. *Paris*, *Delaunay*; *Pichard*; *Baudouin frères*, 1824, in-8 de 48 pag.

Réfutation de deux lettres publiées sous le nom de l'archevêque de Toulouse, et insérées dans les journaux. *Rev. encycl.*

— * Réponse aux observations sur le décret de M. l'évêque de Limoges (Dubourg), et sur la Lettre de M. Tabaraud au sujet de ce décret. *Limoges*, *Bargeas*, 1820, in-8 de 45 pag.

— Réunion (de la) des communions chrétiennes, ou Histoire des négociations, conférences, correspondances, projets et plans à ce sujet. *Paris*, 1808, in-8.

L'auteur y montre beaucoup de modération et de connaissances.

— * Sacrés-cœurs (des) de Jésus et de Marie, précédés de quelques observations sur la nouvelle édition du Bréviaire de Paris. Par un vétéran du sacerdoce. *Paris*, *Igonette*, 1823, in-8. — Sec. édit., revue et augm. *Paris*, *Gauthier frères*; *Baudouin frères*, 1824, in-8, 2 fr.

— Supplément aux Histoires de Bossuet et de Fénélon, composées par le cardinal de Bausset, où les textes cités dans ces Histoires sont rétablis dans leur intégrité, et les faits replacés dans leur ordre convenable. *Paris*, *Delestre-Boulage*, 1822, in-8, 6 fr.

— * Traité historique et critique de l'élection des évêques. Par le père ***. *Paris*, *Lacloye*, 1792, 2 vol. in-8.

Le but de l'auteur est de montrer que l'élection des évêques appartenait au clergé, et que le peuple n'y prenait part qu'en manifestant ses vœux.

— Vie du P. Le Jeune, dit le P. Aveugle, prêtre de l'Oratoire. 1830, in-8.

Le P. Tabaraud, en outre, a fourni des articles à plusieurs recueils et journaux : pendant son séjour de dix ans à Londres, il rédigea la partie politique du « Times », travailla à « l'Oracle » et à « l'Anti-Jacobin Review ». Sous la Restauration il coopéra à la Chronique religieuse (1818—21, 6 vol. in 8), dont il était l'un des principaux rédacteurs ; il a fourni un grand nombre d'articles aux vingt premiers volumes de la Biographie universelle ; enfin, il a été le réviseur de l'Essai historique sur la dernière persécution de l'Église, ouvrage de l'abbé Vergani (1814).

TABAREAU (Fr.-Calixte).—Nouveaux Principes de lecture, à l'usage des enfans, suivis d'un Cours de grammaire pour les commençants; ouvrage contenant presque tous les mots de la langue française, rangés par ordre alphabétique, d'après le nombre de leurs syllabes, et coupés de manière que leur division est plus sensible dans la leçon qui précède que dans celle qui suit, et que l'enfant passe insensiblement de la lecture des mots qu'il doit épeler à la lecture de ceux qu'il doit lire couramment. *Lyon*, *Matheron*; *Paris*, *Guilleminet*, 1806, in-18 de 188 pages, 1 fr. 20 c.

TABAREAU (H.), professeur de physique, anc. officier du génie, etc.

— Discours prononcé par M. Tabareau, dans la séance d'inauguration de l'école théorique des arts et métiers, dite Lamartinière. *Lyon*, *de l'impr. de Perrin*, 1826, in-8 de 16 pag.

— Exposition d'une nouvelle méthode expérimentale appliquée à l'enseignement populaire des sciences industrielles, et désignée sous le nom de Méthode manuelle ; et considérations sur l'état actuel de cet enseignement en France, et sur l'influence que l'adoption de la Méthode manuelle doit avoir sur les progrès des arts et des manufactures. *Lyon, de l'impr. de Perrin*, 1828, in-8 de 40 pag.

— Rapport présenté à M. le maire de Lyon sur le projet d'organisation d'une école d'arts et métiers, en exécution des dispositions testamentaires faites en faveur de la ville de Lyon, par le major général Martin. *Lyon, de l'impr. de Perrin*, 1826, in-8 de 64 pag.

TABARIÉ (le vicomte), conseiller d'État, intendant militaire.

—* Anti-doctrinaire (l'), et Réponse à M. Guizot sur ses moyens de gouvernement, précédé d'une discussion sur l'égalité et sur la souveraineté du peuple. *Paris, Trouvé*, 1822, in-8 de 144 pag.

— Observations sur l'Oraison funèbre de M. le duc de Feltre, publiée par M. Beaupoil de Saint-Aulaire. *Paris, Am. Costes; Delaunay*, 1819, in-8 de 48 pag.

TABARY (Abou-Djafar Mohammed), fils de Djarir, fils d'Yesid.

— Chronique (sa). Traduite sur la version persane d'Abou-Ali Mohammed Belami, fils de Mohammed, fils d'Abd-Allah, d'après les manuscrits de la bibliothèque du roi, par Louis Dubeux, conservateur-adjoint de la bibliothèque du roi. Tome Ier. *Imprimé à l'impr. royale de Paris.— Londres, Valpy, et Paris, Théoph. Barrois*, 1836, in-4.

Imprimé pour le compte du comité des traductions orientales de la Grande-Bretagne et de l'Irlande.

Cette édition ne doit pas former moins de quatre volumes.

TABARY (Jean-François), libraire; né à Saint-Quentin, mort en 1776.

—* Essais sur la noblesse de France, contenant une dissertation sur son origine et son abaissement, par le C. de Boulainvilliers, avec des notes historiques, etc., par Tabary. *Amsterdam (Trévoux)*, 1732, in-8.

Tabary n'a fait que réimprimer, avec des notes de sa façon, le Traité ou Discours du comte de Boulainvilliers sur l'origine et les droits de la noblesse, qui n'est point dans la collection de ses œuvres in-folio, mais que le P. Desmolets avait publié dans sa continuation des Mémoires de littérature et d'histoire, tome IX, Paris, Simart, 1730. Le P. Desmolets a publié dans le même volume une lettre d'un conseiller au parlement de Rouen contre le système de Boulainvilliers, et ce système a été combattu encore par Montesquieu, au trentième livre de son Esprit des lois.

TABAT (D. Manuel-Antonio), traducteur espagnol.

M. Tabat a traduit plusieurs ouvrages du français en espagnol, et, entre autres, les suivants : Selim-Adhel, o Matilde en el monte Carmelo, de Vernes de Luze (1836); Matilde, de madame Cottin (1836).

TABOUET (   ), anc. avocat.

— Organisation (de l') des assemblées nationales d'après les principes de la nouvelle constitution du royaume; ouvrage dont le produit a été consacré et présenté par l'auteur à l'Assemblée nationale pour sa contribution aux besoins de l'État. 1789, in-8.

TABOUILLOT (Nicolas). — Histoire de la ville de Metz. *Metz, Maréchal*, 1775, 5 vol. in-4.

TABOUREAU DE MONTIGNY (François-Pierre), avocat au parlement; né à Orléans.

—Discours prononcé au temple de la Raison, à la fête décadaire du 19 mai 1794. *Orléans, Darnault*, 1794, in-8.

— Écrits patriotiques. 1789, in-8.

— Homme sorti du sépulcre, histoire dont la jalousie et la cabale ont étouffé la publicité en 1750. *Paris, Lepetit*, 1803, in-12, avec une gravure, 1 fr. 50 c.

— Triomphe (le) du roi et de la nation, drame politique en quatre actes (et en prose). *Orléans, Jacob Sion*, 1789, in-8.

TABOURIER (Pierre-Nicolas), anc. curé de la paroisse de Saint-Martin de Chartres.

— Défense de la constitution civile du clergé, avec des réflexions sur l'excommunication dont nous sommes menacés. *Chartres*, 1791, in-8.

— Discours pour tranquilliser les consciences sur les affaires du temps qui sont relatives à la religion. *Chartres, et Paris*, 1791, in-8.

TABOURIN. Voy. Salas.

TACHARD (le P. Guido), jésuite.

— Dictionarium novum latino-gallicum ex Cicerone, etc., concinnatum, serenissimo duci Burgundiæ dicatum. *Parisiis, Barbou*, 1754, in-4.

Quoique l'épître dédicatoire soit signée Barbou, le Dictionnaire, dit Barbier, n'en est pas moins du P. Tachard.

La première édition de ce Dictionnaire, publiée à Paris en 1692, porte les noms de Tachard, Bouhours, Commire et Gaudin; une autre édition de 1693 ne porte que le seul nom de Tachard.

TACHÉ. — Vers à S. M., à l'occasion de sa fête, et du rétablissement de la statue de Henri IV. *Paris, de l'impr. de Moreaux*, 1818, in-4 de 8 pag.

TACHERON (C.-F.), du canton de Vaud.

— Recherches anatomico-pathologiques sur la médecine pratique, ou Recueil d'observations sur les maladies aiguës et chroniques faites à l'hospice clinique interne de la Faculté de médecine de Paris et dans les autres hôpitaux, sous les yeux de MM. les professeurs Corvisart, Leroux, Boyer, Fouquier, Petit, Récamier, Laennec, Jadelot, et autres médecins recommandables. *Paris, Béchet jeune*, 1823, 3 vol. in-8, 21 fr.

— Statistique médicale de la mortalité du choléra-morbus dans le onzième arrondissement de Paris, pendant les mois d'avril, mai, juin, juillet et août 1832. *Paris, Béchet jeune*, 1832, in-8 de 72 pag., 2 fr.

— Vérification (de la) légale des décès dans la ville de Paris, et de la nécessité d'apporter dans ce service médical plus de surveillance et plus d'extension. *Paris, Gobin*, 1830, in-8 de 72 pag., 2 fr.

TACHOUSIN. — Discours de M. Tachousin, propriétaire, délégué par le département du Gers, prononcé à Paris au comité central des propriétaires de vignes, dans la séance du 21 février 1829. *Paris, de l'impr. de la veuve Porthmann*, 1829, in-8 de 24 pag., 2 fr.

— Observations en réfutation du projet de loi sur les boissons, et exposé des motifs. *Paris, de l'impr. de la veuve Porthmann*, 1829, in-8 de 16 pag.

TACITE (Caïus-Cornelius-Tacitus), historien latin.

NOTICE

DES ÉDITIONS ET TRADUCTIONS FRANÇAISES

DE SES OUVRAGES,

imprimées de 1700 à 1838(1).

OUVRAGES SÉPARÉS.

Annales et Histoires.

— C. Corn. Taciti Annalium liber primus. Editio nova. *Dôle, Prudont*, 1829, in-12 de 50 pag.; seu *Parisiis, Maire-Nyon*, 1837, in-12.

— Annales (les) et les Histoires de Tacite, traduction de Nic. PERROT D'ABLANCOURT. Nouvelles éditions. *Paris*, 1674, 3 vol. in-12; — *Paris, Ch. Osmont*, 1681, 1688, 3 vol. in-12.

La première édition de cette traduction parut de 1640 à 1644, 3 vol. in-8.

Perrot d'Ablancourt publia, en 1646, *la Germanie de Tacite, avec la Vie d'Agricola*, traduites en français (in-8), et fit réimprimer le tout sous le titre d'*OEuvres de Tacite, traduites en français, avec des remarques* (Paris, 1650, 2 vol. in-8).

Cette traduction a été souvent réimprimée à Paris, à Lyon et à Amsterdam.

Perrot d'Ablancourt vengé, ou Amelot de La Houssaye convaincu de ne pas parler français, et d'expliquer mal le latin. (Par FRÉMONT D'ABLANCOURT, neveu de Perrot). Amsterdam, Wolfgang, 1686, in-8.

Frémont défiait Amelot de faire une meilleure traduction que celle de son oncle; celui-ci, piqué de ce défi, s'occupa aussitôt d'une traduction de Tacite, et en donna, quelques années après, le commencement.

— Tacite, traduction du latin, avec des notes politiques et historiques, par AMELOT DE LA HOUSSAIE. Nouvelles éditions. *Amsterdam*, 1716; — *Paris, André Cailleau*, 1724, 4 vol. in-12.

Les deux éditions que nous citons de cette traduction renferment les treize premiers livres des Annales. La première édition (Paris, 1690, un vol. in-4 et 2 vol. in-12), ne contient que les six premiers livres.

Amelot a mis à la tête de sa traduction un Avertissement, où il répond avec beaucoup de vivacité à l'ouvrage de Frémont; on y trouve la critique de divers auteurs modernes qui ont traduit ou commenté Tacite.

Fr. Bruys a depuis complété cette traduction (voy. plus bas aux *OEuvres*).

— Tibère, ou les Six premiers livres des Annales de Tacite, trad. par J.-Ph.-R. DE LA BLETTERIE. *Paris, de l'impr. royale*, 1768, 3 vol. in-12, avec fig.

L'abbé de La Bletterie avait lu dans une séance de l'Académie des belles-lettres, en 1759, la première partie d'un Supplément aux Annales de Tacite. Son âge avancé l'a sans doute empêché de continuer les recherches qu'exigeait cette traduction; depuis, ce Supplément a été exécuté en deux langues: en latin, par Brotier, et en français par le P. Dotteville.

— Annales de Tacite, en latin et en français, par le P. DOTTEVILLE: Règnes de Claude et de Néron. *Paris*, 1774, 2 vol. in-12. — Règnes de Tibère et de Caligula. *Paris*, 1779, 2 vol. in-12.

— Histoires de Tacite, en latin et en français, avec des notes sur le texte, par le P. DOTTEVILLE, de l'Oratoire. *Paris, Moutard*, 1772, 2 vol. in-12.

(1) Cette Notice est tirée, en grande partie, de celle que Barbier a insérée dans le Ve volume du Tacite, de la Biblioth. class. latina, publiée par Lemaire.

— Traduction du livre premier de l'Histoire de Tacite, par J.-J. Rousseau. 1782.

Voyez le tome XII de l'édition des Œuvres du philosophe de Genève, donnée par le libraire Lefèvre, en 1819.

Clément, de Dijon, a comparé la traduction du Discours de Galba à Pison par J.-J. Rousseau, avec la traduction du même morceau par d'Alembert. Suivant ce critique, Rousseau a, en général, sur d'Alembert, l'avantage d'un écrivain maître de sa langue, qui conserve même en traduisant une heureuse liberté, le premier charme du style. Voy. l'Année littéraire, tom. III, page 221, ou les Essais de critique de l'auteur, Paris, 1785, tom. 1er, pag. 207.

— Annales de Tacite, traduction nouvelle, par M. Senac de Meilhan, ancien intendant. Tome Ier. 1790, in-8.

L'auteur n'a pas continué cette traduction.

— Annaes (os) de Cornelio Tacito, traduzidos em lingoagem portugueza, offerecidos a sua patria e aos seus amigos, por Jose Liberato Freire de Carvalho. *Pariz, Aillaud*, 1830, 2 vol. in-8, 16 fr.

Dialogue sur les orateurs.

— Dialogus de Oratoribus, gallicè et latinè. *Parisiis*, 1782, in-12.

— Taciti Dialogus, an sui sœculi oratores antiquis et quare concedant; juxta accuratissimas editiones clarissimorum virorum Brotier et Dureau de la Malle. *Parisiis, Aug. Delalain*, 1815, in-12, 80 c.

— Orateurs (des), ou de la Corruption de l'éloquence, trad. du lat. par Maucroix. 1710, in-12.

— Orateurs (des), savoir, si les modernes sont inférieurs aux anciens, et pourquoi? Dialogue attribué à Tacite, et par quelques autres à Quintilien; traduit en français par Morabin. *Paris*, 1722, in-12.

— Dialogue sur les orateurs, traduction nouvelle, précédée d'une préface où l'on prouve que l'ouvrage est de Tacite (par Bourdon de Sigrais), suivie du texte original. *Paris, de l'impr. de Monsieur*, 1782, in-12.

— Dialogues des orateurs illustres, traduction nouvelle, dédiée à M. le duc de Cambacérès par Ch. Dallier. *Reims, l'Auteur, et Paris*, 1809, in-8.

— Dialogue sur les orateurs, où est traitée cette question : Les orateurs de son siècle sont-ils inférieurs aux anciens, et quelles sont les causes de cette infériorité? Traduction nouvelle, avec le texte en regard, des sommaire et des notes en français. Par un anc. professeur de l'Académie de Paris. *Paris, Aug. Delalain*, 1828, in-12, 1 fr. 80 c.

— Orateurs (des). Dialogue sur les causes de la corruption de l'éloquence. Traduction nouvelle, par C.-L.-F. Panckoucke (avec le texte en regard). Dédiée à M. Philippe Dupin. *Paris, Panckoucke*, 1833, in-8.

Extrait de la traduction complète de Tacite, par le même.

Mœurs des Germains

et

Vie d'Agricola.

1° En langue originale.

Moribus (de) Germanorum libellus, et Agricolæ Vita. *Parisiis, Renouard*, 1795, in-18.

Jolie édition, dont il a été tiré quatre exempl. sur vélin.

Ces deux ouvrages ont été souvent réimprimés à l'usage des classes, et notamment dans les villes suivantes :

Avignon, Joly, 1812, in-18.
Avignon, L. Aubanel, 1812, in-18, 20 c.
Paris, madame Aumont, veuve Nyon, 1816, in-18, 60 c.; 1827, in-12.

— Latina et familiaris interpretatio libri in Vitam Agricolæ à Tacito, cum notis historicis ex eruditissimo commentatore, nomine de La Bletterie, quibus etiam in obscuriorum scriptoris textus vocum intelligentiam vocabularium accessit, in usum studiosæ juventutis; à M. Bouzy, gymnasiarcho Vapicensi. *Vapicensi*, 1819, in-8.

— Idem opus, cum argumentis et notis gallicis, curante N.-L. Achaintre; nova edit. *Parisiis, Aug. Delalain*, 1822, 1827, in-12, 75 c.

— C. C. Taciti Germania, sive de situ, moribus et populis Germaniæ libellus. *Parisiis, Panckoucke*, 1827, in-fol. de 32 pages.

Pour être joint au Tacite publié sous les auspices de M. Corbière.

— Cn. Julii Agricolæ Vita, scriptore C. C. Tacito. *Parisiis, Panckoucke*, 1827, in-fol. de 40 pag.

Pour être joint au Tacite publié sous les auspices de M. Corbière.

— Vie de Julius Agricola (en latin). La construction du texte et la version interlinéaire. Par J.-F. Queyras. *Avignon, Aubanel*, 1827, in-12, 1 fr. 50 c.

— C. Corn. Taciti de moribus Germanorum libellus; recensuit L. Quicherat. *Parisiis, Hachette*, 1834, in-12, 35 c.

— Cn Julii Agricolæ Vita, scriptore C. C. Tacito : recensuit L. QUICHERAT. *Parisiis, Hachette*, 1834, in-12, 35 c.

— De Moribus Germanorum. Nova editio, argumentis notisque illustrata, accurante E.-L. FRÉMONT. Ad usum scholarum. *Parisiis, Aug. Delalain*, 1838, in-12.

— Vita Agricolæ. Nova editio, argumentis notisque illustrata, accurante E.-L. FRÉMONT. Ad usum scholarum. *Parisiis, J. Delalain*, 1832, in-12.

2° Traductions.

— Nouvelle traduction de deux ouvrages de Corneille Tacite (savoir : les Mœurs des Germains et la Vie d'Agricola, par PHILIPPE V, roi d'Espagne). *Lyon, Anisson et Possuel*, 1706, in 8.

Barbier avait vu au commencement d'un exemplaire la note suivante : « Cette traduction a été faite par Philippe V, roi d'Espagne ; il me l'a donnée lui-même à Madrid, lorsque j'eus l'honneur d'y accompagner Mgr. le duc d'Orléans, estant son premier valet de chambre ».

L'imprimeur dit, en effet, dans un court avertissement, qu'on lui a assuré que ces deux traductions étaient le fruit des premières études d'un grand prince. Chardon de la Rochette possédait un exemplaire relié aux armes du roi.

— Mœurs des anciens Germains, etc. ; trad. du latin de Tacite (par Fr. BRUYS).

Édition imprimée à la suite des Mœurs et coutumes des Français, etc., par l'abbé Le Gendre (1753, in-12).

Cette traduction n'est pas nouvelle : c'est celle de Franç. Bruys, avec de légères corrections dans le style.

C'est donc à tort que Drouet, bibliothécaire des avocats, a attribué cette traduction à Diderot, dans la nouvelle édition de la « Méthode pour étudier l'histoire », par Lenglet du Fresnoy, Paris, 1772, tome XII, pag. 23. On sait seulement que Diderot avait fait une étude assez approfondie de Tacite, ainsi que le prouvent son « Essai sur la vie de Sénèque, et ses « Principes de politique des souverains, ou Notes écrites de la main d'un souverain, à la marge de Tacite ». Voy. la collection de ses OEuvres, publiée par Naigeon, Paris, 1798, in-8, tomes VIII et IX. Cependant M. Naigeon a démontré, dans des notes très-judicieuses, que souvent Diderot a cité Tacite avec peu de fidélité. Ce philosophe était incapable de s'assujétir à ne voir dans un livre que ce qui s'y trouve ; et il est rare qu'il s'autorise d'un fait sans l'altérer. Néanmoins l'opuscule dans lequel Diderot a développé quelques principes de Tacite, mérite d'être lu et étudié.

— Mœurs (les) des Germains et la Vie d'Agricola, traduction nouvelle, par BOUCHER, avec des notes sur le sens et le style de Tacite. *Amsterdam, et Paris*, 1776, in-12.

— Traduction de quelques ouvrages de Tacite (Vie d'Agricola et Mœurs des Germains) par l'abbé de LA BLETTERIE, professeur d'éloquence au collége royal. *Paris, Duchesne*, 1755, 2 vol. in-12.

Lettres sur la nouvelle traduction de Tacite par l'abbé de La Bletterie, avec un petit recueil de phrases élégantes tirées de la même traduction, pour l'usage de ses écoliers, par S.-N.-H. Linguet. Amsterdam (Paris), 1768, in-12.

— Traduction de la Vie d'Agricola et des Mœurs des Germains, etc., par l'abbé de LA BLETTERIE. *Paris*, 1788, in-12. — Édit. revue par le P. DOTTEVILLE. *Paris, madame Quitel*, 1809, in-12, 2 fr. 50 c.

Cette traduction forme le premier volume des OEuvres de Tacite, traduites par le P. Dotteville.

— Traduction de la Vie d'Agricola, par M. le duc de NIVERNOIS. 1796.

Imprimée dans le tome IV des OEuvres du traducteur.

— Vie (la) d'Agricola, traduction nouvelle, par M. DES.... (DESRENAUDES), avec le texte latin à côté. *Paris, Laran, et Ant. Bailleul*, an V (1797), in-18.

— Le même ouvrage, traduction nouvelle par DAMBREVILLE. *Paris, Crapart*, 1803, in-12.

— Fragments de la Vie d'Agricola (en latin et en français, par C.-L.-F. PANCKOUCKE). *Paris, veuve Panckoucke*, an XII (1803), in-8 de 35 pag.

— Vie d'Agricola, traduite en français (par RENDU, avec le texte latin en regard). *Paris, Xhrouet*, 1806, in-18. — IIIe édit., accompagnée d'une carte des anciennes îles britanniques. *Paris, Gosselin*, 1822, in-12, 2 fr.

— Mœurs des Germains et Vie d'Agricola. Traduction posthume, avec le texte en regard ; par de BARRETT. *Paris, Delalain*, 1811, in-12 de 135 pages ; — et *Saint-Brieuc, Prudhomme*, 1814, in-12.

— Tacite. Vie d'Agricola, expliquée en français suivant la méthode des colléges, par deux traductions, l'une littérale et interlinéaire, avec la construction du latin dans l'ordre naturel des idées ; l'autre conforme au génie de la langue française ; précédée du texte pur, et accompagnée de notes explicatives, d'après les principes de MM. de Port-Royal, Dumarsais, Beauzée, et des plus grands maîtres. Traduction de BARRETT, revue par M. FRÉMONT. *Paris, Delalain*, 1830, in-12, 3 fr.

La traduction de la Vie d'Agricole par de Barrett remonte à 1811 (voy. précédemment : *Mœurs des Germains*).

— Vie d'Agricola, trad. en français (sans texte). *Paris, veuve Nyon*, 1817, in-8, 1 fr. 25 c.

— Le même ouvrage, trad. du latin par un officier du corps d'état-major (M. Cools Desnoyers). *Paris*, *F. Didot*, 1819, in-8, 3 fr.

— Le même ouvrage, trad. par C.-L. Mollevaut (avec le texte latin en regard). *Paris*, *Lelong*, 1822, in-18, 3 fr.

— Le même ouvrage, sous ce titre : la Germanie, traduit par C.-L.-F. Panckoucke (le texte en regard), avec un nouveau commentaire, extrait de Montesquieu et des principaux publicistes; le rapprochement des mœurs germaines avec celles des Romains et de divers autres peuples, particulièrement avec celles de la nation française; des notes historiques et géographiques; une table chronologique, indiquant les progrès des différentes peuplades de la Germanie, leurs envahissements successifs et leurs établissements; la traduction des principales variantes extraites de tous les commentateurs de Tacite. *Paris*, *C.-L.-F. Panckoucke*, 1824, in-8, avec atlas in-4 de 12 planches, 18 fr. — Texte in-4 (tiré à 100 exempl.), avec les premières épreuves des planches, tirées sur pap. de Chine, 36 fr.

Ce volume est le premier d'une traduction complète de Tacite, avec des commentaires politiques, que M. Panckoucke a publiée (voy. plus bas).

— Le même, de la même traduction, avec un extrait du nouveau commentaire des éditions in-8 et in-4. *Paris*, *Panckoucke*, 1826, in-32, 3 fr.

Édition qui fait partie d'une collection intitulée : « Traduction de tous les chefs-d'œuvre classiques ».

— Tacite. Vie d'Agricola, traduite par M. Laurentie. *Paris*, *de l'impr. de Béthune*, 1829, in-18.

Traduction imprimée aussi dans le volume publié par M. Laurentie, sous ce titre : Historiens latins. Tite-Live, Salluste, Tacite, avec une introduction et des notes, 1829, in-18.

— Tacite. Vie d'Agricole et Mœurs des Germains. Texte et traduction nouvelle en regard. Par E. Boutmy. *Paris*, *Mansut*, 1831, in-12, 1 fr. 50 c.

— Vie d'Agricola. Traduction nouvelle, par C.-L.-F. Panckoucke (avec le texte en regard). *Paris*, *Panckoucke*, 1838, in-32, 3 fr.

Tirée de la traduction des Œuvres de Tacite par le même.

Une traduction nouvelle, anonyme, de cet ouvrage de Tacite a été imprimée avec une édition des Vies de Cornélius Népos (Avignon, 1828, in-12).

ŒUVRES.

1° *En langue originale.*

— C. Corn. Taciti opera recognovit, emendavit, supplementis explevit, notis, dissertation., tabul. geogr. illustravit Gab. Brotier. *Parisiis*, *Delatour*, 1771, 4 vol. grand in-4, avec cart. 96 fr.; et en grand papier, format pet. in-fol., 600 à 700 fr.

Très-bonne édition, magnifiquement imprimée. Il y en a deux exemplaires sur grand papier, avec une épître dédicatoire adressée au président Lamoignon.

— Eadem, denuo recognovit, emendavit, etc., Gab. Brotier. *Parisiis*, *Delatour*, 1776, 7 vol. in-12, 24 fr., et sur pap. fin, 36 fr.

Cette nouvelle édition, outre qu'elle est enrichie de plusieurs dissertations qui ne sont pas dans la précédente, renferme encore les maximes politiques de Tacite, disposées par ordre de matières; le Règne de Trajan; le Supplément au Dialogue des orateurs, et un fragment du 91e livre de Tite-Live, suppléé et expliqué.

— Eadem; notis et dissertationibus illustravit G. Brotier. *Edimburgi*, 1796, 4 vol. in-4 et in-8.

Cette édition renferme tout ce qui se trouve dans les deux éditions de Paris.

— Eadem; notis et dissertationibus illustravit G. Brotier. *Londini*, *curante et imprimente Abr.-Joan. Valpy*, 1812, 5 vol. in-8.

Cette belle édition réunit les avantages de celles de Paris et d'Édimbourg; on y trouve de plus un choix de notes tirées des commentateurs de Tacite postérieurs à l'édition d'Édimbourg, des notices littéraires et politiques, et quelques notes du célèbre Porson.

— Eadem, ex recens. G.-Ch. Crollii, edit. secunda, auctior et emendatior, curante Fr.-Ch. Exter. *Biponti* (*Argentorati et Parisiis*, * *Treuttel et Wurtz*), 1792, 4 vol. in-8.

Bonne et jolie édition, qu'on ne peut plus avoir séparément de la collection de Deux-Ponts.

Le texte est celui d'Ernesti, mais on y a ajouté les fragments de Suétone, qui manquent dans l'édition de ce savant. La première édition de Deux-Ponts est de 1783.

— Quæ extant opera, cum notis J.-N. Lallemand. *Parisiis*, *Barbou*; *Desaint*, 1760, 3 vol. in-12, 18 à 21 fr. — 1793, 3 vol. in-12, 15 fr.

L'édition de 1793 est moins belle que la première

Cette édition a été réimprimée plusieurs fois, sans notes, à l'usage des classes, en un volume in-12. Nous connaissons, entre autres réimpressions, les suivantes :

Saint-Brieuc, Prudhomme, 1814, in-12.

Parisiis, Delalain, 1814, 1817, 1823, 1832, in-12, 3 fr. 50 c.
Lugduni, Savy, 1820, 1827, in 12.

— Cornelii Taciti opera quæ extant omnia, ad probatissimarum editionum fidem D. D. Lallemant et Gab. Brotier; recognovit et edidit M. A. Amar, unus è præpopisitis bibliothecæ Mazarineæ, et litterarum quondàm (dùm vigeret doctrinæ Christianæ Societas), professor in Flexiensi collegio. *Parisiis, Aug. Delalain*, 1805, in-12 de 404 pag., 2 fr. 50 c.; — *Parisiis, madame Aumont, veuve Nyon*, 1816, in-12, 3 fr.

— Eadem, qualem omni parte illustratum postremo publicavit Jer.-Jacq. Oberlin, cui postumas ejusdem annotationes et selecta variorum additamenta subjunxit Jos. Naudet. *Parisiis, Nic.-El. Lemaire*, 1819-1821, 6 vol. in-8, dont un d'Index, 78 fr. 50 c.

Édition faisant partie de la Bibliothèque classique, publiée par Lemaire.

L'impression de cette édition est due aux presses de M. Panckoucke.

On avait annoncé dans l'origine que cette édition, qui ne devait former que quatre volumes, renfermerait non-seulement des notes posthumes d'Oberlin, mais encore le travail de M. Schulzè, philologue allemand, sur le dialogue *De claris oratoribus*.

Voici du reste les ouvrages compris dans cette collection:

Tome Ier, les six premiers livres des Annales, avec les notes, etc.

Tome II, les *Annales*, livres XI et XVI, avec le commentaire, etc.

Tome III, les cinq livres des *Histoires*, avec les notes.

Tome IV, les *Mœurs des Germains*, la *Vie d'Agricola*, le *Dialogue sur les orateurs*, avec les commentaires entiers de Juste-Lipse, Heinsius, Ernesti et Oberlin; et à la suite, le *Supplément au Dialogue des orateurs*, par Brotier, précédé d'une préface de l'éditeur, et suivi de dissertations sur différents points de l'histoire ancienne et de l'archéologie, sur les anciennes gloires des Gaulois, et sur les premiers martyrs du christianisme sous le règne de Néron, par ce même Brotier; un extrait des meilleurs réflexions de J. Henr. Aug. Schulze, sur l'auteur, le sujet et les interlocuteurs de ce dialogue; des morceaux de Muret; un choix des scholies de Marcel Donato, de Curt. Pichena et de Jos. Mercier, beau-père de Saumaise; un discours de M. A. F. Chivot, professeur du collége de Montaigu, sur le meilleur mode de succession au trône, et un passage de G.-A. Ruperti sur les trois lettres inventées par l'empereur Claude; le tout revu par N.-E. Lemaire et par Jos. Naudet.

Tome V, les *Excursions* de Brotier, Pichon, Juste Lipse, Heineccius, Rosini; des imitations de divers passages de Tacite par Corneille, Racine, Crébillon, Chénier; *Notice* des principales éditions et traductions de Tacite, par M. (A.-A.) Barbier, administrateur des bibliothèques particulières du roi.

Tome VI, *Indices nominum et rerum et latinitatis in Caium Cornelium Tacitum auctè et diligenter emendati*. In-8 de 16 feuilles un huitième.

Un avertissement signé N. E. L. (N. E. Lemaire) explique l'usage de ces deux *Index*. Le premier est *Historicus seu nominum et rerum*; le second est *Verborum seu latinatis*.

— Opera, ex recensione et cum Supplementum Gabr. Brotier, edidit J.-A. Amar. *Parisiis, typis P. Didot ainé.—Lefèvre*, 1822, 5 vol. in-32, 16 fr.

Édition qui fait partie de la collection publiée par le même éditeur, sous le titre de « Scriptores latini principes ».

— Eadem, cum selectis variorum interpretum notis, ex postremâ editione Jer.-Jacq. Oberlini, curante P.-F. de Calonne. *Parisiis, Ch. Gosselin; Mame-Delaunay*, 1824, 5 vol. in-12, 25 fr.; format in-8, sur pap. vélin gr. raisin d'Annonay (tiré à peu d'exemplaires), et cartonné à la Bradel, 150 fr.

Faisant partie de la collection publiée par le même libraire, sous ce titre: Auteurs classiques latins, avec des commentaires anciens et nouveaux, etc.

— C. Cornelius Tacitus: recensuit et emendavit F.-G. Pottier. *Parisiis, typis F. Didot. — Malepeyre*, 1826-27, 3 vol. in-8, 21 fr.

Édition qui fait partie d'une collection intitulée: « Auctorum latinorum Collectio. »

— C. C. Taciti opera; auspice Corbière, variorum ordinum insignibus decorato, internarum in Galliâ rerum administratore, regnante Carolo decimo, optimo principe. *Parisiis, typis Panckoucke*, 1826 (-1827), 4 vol. in-fol.

Édition tirée à 80 exempl. seulement.

Le même libraire a fait imprimer à part, mais pour être joints à cette édition, la Germanie et la Vie d'Agricola (voy. plus haut).

2° *Traductions*

avec ou sans le texte.

— Annales (les) et les Histoires de Tacite, trad. par Perrot d'Ablancourt. Dernière édition, revue et corr. *Paris, Ch. Osmont*, 1688, 3 vol. in-12.

— Tacite, avec des notes politiques et historiques, par Amelot de La Houssaye et le C. D. G. (masque de François Bruys). *Amsterdam*, 1716 et 1721; *La Haye*, 1731 et 1734, 10 vol. in-12.

Les tomes I à IV, contenant les treize premiers livres traduits par Amelot de La Houssaye, avaient déjà été imprimés dès 1716. Bruys est le traducteur des six derniers volumes, qui furent publiés pour la première fois à La Haye, chez H. Scheurleer, de 1730 à 1734.

— XVI (les) livres des Annales de Tacite, avec des notes historiques et politiques, et un Discours critique des traducteurs et des commentateurs de Tacite, par AMELOT DE LA HOUSSAYE, et les III derniers livres, trad. par M. L. C. D. G. (Fr. BRUYS). *Amsterdam, Le Cène*, 1731, 10 vol. in-12.

On trouve dans le dixième volume la traduction du Dialogue des orateurs.

— Annales et Histoires de Tacite, avec la Vie d'Agricola; trad. par Fr. GUÉRIN. *Paris*, 1742, 3 vol. in-12.

Traduction encore moins estimée que celle de Tite-Live, par le même; diffuse, dit-on : mais qui pourrait se flatter de rendre la précision de Tacite? Au reste, les traductions de cet historien, par Dotteville, La Bletterie et Dureau de la Malle, ont fait oublier celle de Guérin.

— Traduction complète des OEuvres de Tacite, savoir : Vie d'Agricola et Mœurs des Germains, traduction de l'abbé de LA BLETTERIE, revue par le P. DOTTEVILLE; Annales et Histoires, par le P. DOTTEVILLE, avec le texte en regard, des notes historiques et critiques, par J.-H. DOTTEVILLE. *Paris, Froullé*, 1774-79-80, ou *Paris, Moutardier*, 1788, 7 vol. in-12, 15 à 21 fr. —*Paris*, 1799, 7 vol. in-8, 24 à 36 fr., et en grand papier, 48 à 72 fr.—La même édit., tirée sur format in-12. *Paris*, 1799, 7 vol. in-12.

Le P. Dotteville publia, en 1792, une troisième édition de cette traduction, revue, corrigée et augmentée d'une adresse à MM. de l'Assemblée nationale, laquelle avait été agréée par l'assemblée le 9 octobre 1791. Il donna sa quatrième édition en 1799. Les derniers volumes, au moyen des introductions et des suppléments, forment une suite non interrompue depuis la fin du règne d'Auguste jusqu'à la paix universelle sous Vespasien.

Les deux premières éditions sont préférables à la dernière, dont les exemplaires, sur format in-12, sont sur fort mauvais papier.

— OEuvres complètes de Tacite, traduction nouvelle, par J.-B.-J.-R. DUREAU DE LA MALLE. *Paris, Théoph. Barrois le jeune*, 1790, 3 vol. in-8, 15 fr.

On trouve à la fin du troisième volume la traduction du Dialogue sur les orateurs.

— Les mêmes, de la même traduction. Sec. édit., accompagnée du texte latin, revue et corrigée avec le plus grand soin par le fils de l'auteur. *Paris, L.-G. Michaud*, 1808, 5 vol. in-8, 30 fr.; papier vélin, 60 fr. — Troisième édition, augm. de la Vie de Tacite, de notes et des suppléments de BROTIER, traduits par DOTTEVILLE. *Paris, L.-G. Michaud*, 1818, 6 vol. in-8, 36 fr.

Cette traduction est bien supérieure à celles qui l'ont précédée : elle fut réimprimée en 1808, 5 vol. in-8, avec le texte latin qui manquait dans la première édition, le tout revu et corrigé avec le plus grand soin par le fils du traducteur. Ce même fils et M. le comte de Fortia ont publié la troisième; elle est augmentée, dit-on, sur le frontispice, de la Vie de Tacite, de notes et des suppléments de l'abbé Brotier, traduits par le P. Dotteville.

Pourquoi n'avoir pas dit que cette vie de Tacite était celle que l'on trouve dans la traduction du P. Dotteville, et qu'il avait empruntée à l'abbé de La Bletterie? d'un autre côté, pourquoi avoir dit sur le frontispice que les suppléments de Brotier, en français, étaient traduits par le P. Dotteville, tandis que, dans le corps de l'ouvrage, on les présente seulement comme rédigés d'après l'abbé Brotier? Le P. Dotteville n'a point rédigé ses suppléments d'après ceux de Brotier. Il est probable que les deux auteurs ont consulté les mêmes sources; mais le résultat de leurs recherches est le propre travail de chacun d'eux.

— Les mêmes, de la même traduction. IVe édition, revue, corr. et augm. des suppléments de Brotier, traduits pour la première fois par M. NOEL, avec des portraits d'après les monuments, et une carte de l'empire romain. *Paris, L.-G. Michaud*, 1827, 6 vol. in-8, ornés de 14 portr. des Césars, 36 fr., et sur pap. vélin, 60 fr.

L'édition précédente renferme les suppléments de Brotier, avec une traduction en regard, mais fort imparfaite; elle offre les deux textes de Tacite et de Brotier, avec une traduction complète du premier, par Dureau de la Malle, et celle du second par M. Noël, qui a revu et corrigé toutes les épreuves du latin et du français avec le plus grand soin. On doit considérer qu'aucune autre traduction française n'a été donnée avec les suppléments de Brotier, si estimés et si nécessaires pour lire de suite et sans interruption toute l'histoire des mêmes époques. Cette dernière édition est encore accompagnée d'un grand nombre de notes et d'éclaircissements, d'un tableau chronologique par M. le marquis de Fortia, et d'une table générale analytique, très-soignée et très-complète.

— Nouvelle traduction de Tacite, avec le texte en regard; ouvrage posthume de M. de BARRETT, précédé d'une Notice sur la vie et les ouvrages de ce traducteur. *Paris, Delalain*, 1811, ou 1820, 3 vol. in-12, 15 fr.

— Traduction nouvelle des OEuvres complètes de Tacite, par GALLON DE LA BASTIDE. *Paris, l'Auteur; Petit; Delaunay, etc.*, 1812, 3 vol. in-8, 18 fr.

— OEuvres complètes de Tacite, traduction nouvelle, avec le texte en regard, des variantes et des notes. Par J.-L. BURNOUF. *Paris, Hachette*, 1827-33, 6 vol. in-8, accompagnés d'un Atlas, 42 fr. — L'Atlas seul, 3 f. 50 c.

M. P. Bouillon a publié, pour joindre à cette édition, une collection de portraits des OEuvres de Tacite, dessinés et lithogr. d'après les médailles, camées, bustes et statues, qui nous sont restés des plus illustres personnages dont parle cet historien.

Cette collection a été publiée en six livraisons, chacune de cinq planches, avec des notices explicatives. Prix : 4 fr. 50 c. ; et sur papier de Chine, 7 fr.

— Œuvres de C. C. Tacite, traduites par C.-L.-P. Panckoucke. *Paris*, *Panckoucke*, 1830-38, 7 vol. in-8, avec 3 grav. et un fac-simile, 49 fr.

Traduction qui fait partie de la Bibliothèque latine-française par le même éditeur.

On peut se procurer séparément les divers ouvrages qui composent cette collection, savoir : 1° Tomes I—III, *Annales*, 3 vol., avec une grav., 21 fr. ; 2° tomes IV et V, *Histoires*, 2 vol., 14 fr. ; 3° la Germanie, Vie de Julius Agricola et des Orateurs, 1 vol., 7 fr. ; 4° nouvel Index ; — Dissertations sur les manuscrits, — Bibliographie de près de 1100 éditions ; — deux planches et fac-simile, 1 vol., 7 fr.

Voyez ce que nous avons dit de cette traduction à l'article Panckoucke. Il faut ajouter que le septième volume n'est pas en entier le travail de M. Panckoucke : la Bibliographie des 1100 éditions est le fruit des recherches érudites d'un Monsieur âgé, allemand de naissance, employé dans la librairie Panckoucke.

— Opere di Tacito, volgarizzate da B. Davanzati. *Parigi*, *ved. Quillau*, 1760, 2 vol. in-12, 6 à 9 fr. — Nuov. ediz., riveduta da Biagioli. *Parigi*, *Biagioli*, 1804, 3 vol. in-12, 9 fr.

Ces éditions sont sans le texte.

EXTRAITS DE TACITE.

— Morceaux choisis de Tacite, traduits en français, avec le latin à côté, des notes, des observations sur l'art de traduire, etc., par d'Alembert. *Paris*, *Desaint*, 1763, in-12 ; — ou *Paris*, *Moutard*, 1784, 2 vol. in-12.

L'édition de 1763 n'a pas le latin à côté.

Ces morceaux furent imprimés, pour la première fois, en 1753, sous le titre d'*Essai de traduction de quelques morceaux de Tacite*, et à la fin du second volume des Mélanges de littérature, d'histoire et de philosophie de l'auteur. Cet Essai reçut des augmentations et des améliorations successives dans les nouvelles éditions des Mélanges ; il composa un volume entier dans celles qui ont cinq volumes. Enfin, l'année qui suivit la mort de l'auteur, il fut réimprimé sous le titre que nous venons de donner.

Dès 1758, Fréron, dans son Année littéraire du mois de janvier, tome Ier, avait critiqué l'Essai avec beaucoup de sévérité, sous le masque d'*un habitant de la Guadeloupe* ; d'Alembert trouva un vengeur l'année suivante dans Dreux du Radier, auteur du Censeur impérial. Voy. l'Année littéraire, 1759, tome VIII, pag. 145 et suiv.

En 1784, les continuateurs de Fréron, couverts du même masque, critiquèrent l'ouvrage posthume de d'Alembert avec autant de vivacité que l'avait fait Fréron seize ans auparavant. Voy. l'Ann. littér., 1784, tom. VIII, pag. 233.

—Excerpta è Cornelio Tacito, ou Tableaux de la tyrannie sous Tibère et Néron (curâ et studio P.-A. Alletz). *Paris*, 1756, in-12.

— Harangues choisies des historiens latins Salluste, Tite-Live, Tacite et Quinte-Curce, traduction nouvelle (par Thomas). *Paris*, *Nyon*, 1778, 2 vol. in-12.

— Excerpta, ou Morceaux choisis de Tacite, avec des sommaires et des notes en français ; précédés d'une Notice sur cet historien, ouvrage prescrit et adopté pour la classe des belles-lettres dans les lycées (par M. Rendu). *Paris*, *Xhrouet*, 1805, in-12.

— Extraits de Tacite (traduits en français), et Remarques sur plusieurs passages du texte ; par N.-S. Anquetil. *Paris*, *Ch. Barrois*, 1810, in-12, 2 fr. 50 c.

— Quædam C. Cornelii Taciti loca notis tentata : recensente N.-S. Anquetil, scholæ normalis œconomo. *Paris.*, *typis Tastu*, 1817, in-12 de 48 pag.

— Discours de Galgacus, général des Bretons ; trad. de la Vie d'Agricola, de Tacite (en vers français, le texte latin en regard), par H. Montol. *Paris*, *de l'impr. de Dubray*, 1816, in-8 de 8 pag.

—Excerpta è C. Taciti operibus. Accedunt duo tractatus ejusdem auctoris de Moribus Germanorum et Agricolæ vita. Ad usum studiosæ juventutis. Edit. stereot. de Paroy et Durouchail. *Paris*, *Lesage*, 1823, in-18 ;—sive *Parisiis*, *Belin-Mandar*, 1827, in-18.

— Excerpta è Cornelii Taciti operibus, cum notis gallicis : de Moribus et populis Germaniæ : Vita Julii Agricolæ. *Briocii*, *Prudhomme*, 1826, in-18, 50 c. ; *Lugduni*, *Périsse*, 1833, in-18.

— Eadem opus, cum argumentis et notis gallicis. Accedunt duo tractatus ejusdem auctoris, de Moribus Germanorum et Agricolæ Vita. Ad usum studiosæ juventutis. Curante N.-L. Achaintre. *Parisiis*, *A. Delalain*, 1815, 1824, in-12, 1 fr. 50 c.

— Beautés de Tacite, ou Choix de morceaux et des pensées les plus remarquables de cet historien sur la morale, la philosophie et la politique, avec la traduction française en regard, et des notes destinées principalement à faire connaître l'organisation sociale et les mœurs des Romains sous les premiers empereurs ; ouvrage précédé de Considérations sur le génie et le style de Tacite, et sur l'utilité à retirer de ses ouvrages. Par M. Boinvilliers. *Paris*, *A. Eymery*, 1825, in-12, 4 fr.

— Tableaux historiques extraits de Tacite, et réunis par des sommaires et des appendices; traduction nouvelle, avec le texte en regard, et des notes critiques et littéraires. Par M. Letellier, avocat à la cour roy. de Paris, etc. *Paris, Grimbert,* 1825, 2 vol. in-8, 12 fr., et sur pap. vélin (tiré à peu d'exempl.), 24 fr.

— Tacite. Discours choisis, expliqués en français, suivant la méthode des colléges, par deux traductions, l'une littérale et interlinéaire, avec la construction du latin dans l'ordre naturel des idées; l'autre conforme au génie de la langue française, précédée du texte pur, et accompagnée de notes explicatives, d'après les principes de MM. de Port-Royal, Dumarsais, Beauzée, et des plus grands maîtres. Annales.—Histoires. Par M. Delaistre. *Paris, Aug. Delalain,* 1829, in-12, 4 fr.

— Tacite. Discours, texte en regard, avec deux traductions, l'une interlinéaire et l'autre correcte, et des notes critiques et grammaticales, par E. Boutmy. *Paris, Mansut,* 1829, in-8, 5 fr.

Cette traduction fait partie du « Manuel latin » pour le baccalaureat ès-lettres.

OUVRAGES

RELATIFS A CEUX DE TACITE.

— Discours historiques, critiques et politiques sur Tacite, trad. de l'anglais de Thomas Gordon, par M. D. S. L. (P. Daudé). *Amsterdam, Changuion,* 1742, 2 vol. in-12; ou 1751, 3 vol. in-8.

— Observations littéraires, critiques, politiques, militaires, géographiques, etc., sur les Histoires de Tacite, avec le texte latin corrigé; ouvrage enrichi de six cartes géographiques gravées par P.-F. Tardieu, et d'un tableau du mouvement des légions romaines, pour servir à l'intelligence des opérations militaires, par Edme Ferlet. *Paris, Levrault frères,* an IX (1801), 2 tom. in-8, 12 fr., et sur pap. vélin, impr. sur format in-4, 24 fr.

— Avis aux lecteurs sans partialité (concernant l'ouvrage du citoyen Ferlet, intitulé : Observations, etc., sur les Histoires de Tacite). *Paris, Mérigot,* an IX (1801), in-8 de 16 pag.

— Réponse de Edme Ferlet, auteur des Observations sur les Histoires de Tacite, à un écrit anonyme, intitulé : Avis aux lecteurs sans partialité. *Paris, Levrault frères,* an IX (1801), in-8 de 14 pag.

TACITUS MEMORIOSUS, pseudon. Voy. Ph. Grouvelle.

TACONET (Toussaint-Gaspard), fécond auteur dramatique; né à Paris, en 1730, mort le 29 décembre 1774.

— Adieux (les) de l'Opéra-Comique, compliment (en un acte et en prose mêlé de vaudevilles), pour la clôture de la foire Saint-Laurent. *Paris, Duchesne,* 1761, in-8.

—* Anglais (l') à la foire, divertissement en un acte (en prose, mêlé de vaudevilles), au sujet de la paix. Par M. T***. *Paris, Cl. Hérissant,* 1763, in-8.

— * Aveux (les) indiscrets, opéra-comique (en un acte et en prose, mêlé de vaudevilles). Par M. T***. *Avignon, et Paris, Ballard,* 1759, in-8.

— Baiser (le) donné et le baiser rendu, opéra-comique en deux actes (en prose). *Paris, Vente,* 1771, in-8.

— Bouquet (le) de Louison, ou la Sérénade de village, opéra-comique en un acte (prose), mêlé d'ariettes, avec divertissements. *Paris, Claude Hérissant,* 1761, in-8.

— * Choix (nouv.) de pièces, ou Théâtre comique de province (par Taconet et autres). *Amsterdam,* 1758 et 1759, 3 vol. in-8.

— * Compliment (le) de Nicette (en un acte) en prose et en vaudevilles, pour l'ouverture de la foire Saint-Germain, par M. T***. *Paris, Claude Hérissant,* 1763, in-8.

— Compliment (le) sans compliment, nouveau prologue (en un acte, en prose, mêlé de vaudevilles), pour l'ouverture de l'Opéra-Comique, à la Foire Saint-Laurent. *Paris, Duchesne,* 1761, in-8.

— École (l') villageoise, opéra-comique en un acte, en vers libres, mêlé de vaudevilles, et suivi d'un divertissement. *Paris, Claude Hérissant,* 1763, in-8.

— Écosseuses (les) de la halle, ambigu poissard, en un acte et en vers libres, mêlé de vaudevilles, etc. *Paris, Phil.-Den. Langlois,* 1767, in-8.

— Époux (les) par chicane, parodie d'Hypermnestre, en deux actes, en vers libres, mêlée d'ariettes, par M. T***. *En Normandie et Paris, Cuissart,* 1759, in-8, figure.

— Ésope amoureux, opéra-comique (en un acte, en prose, mêlé de vaudevilles). *Amsterdam, et Paris, Cuissart,* 1759, in-12.

— * Fous (les) des boulevards, parodie de la « Soirée des boulevards », en un acte (en prose), mêlé de chants et de danse. *Paris, Ballard*, 1760, in-8.

— Impromptu (l') de la foire, ou les Bonnes femmes mal nommées, divertissement en un acte (prose), mêlé de chants et de danses. Par M. T***. *Paris, Claude Hérissant*, 1763, in-8.

— Impromptu (l') du jour de l'an, opéra-comique (en un acte, en prose, mêlé de vaudevilles). *Sans nom de ville, ni d'imprimeur*, 1762, in-8.

— * Jérôme à Fanchonette, avec la réponse, héroïde. 1759, in-8.

— * Juge (le) d'Anières, ou le Procès sans cause, pièce en un acte, en vers, par M. T***. *Paris, Cl. Hérissant*, 1762, in-8.

— * Labyrinthe (le) d'amour, opéra-comique (en un acte, en prose, mêlé de vaudevilles). Par M. T.... *Amsterdam, et Paris, Cuissart*, 1757, in-12.

— Mariée (la) de la Courtille, ou Arlequin Ramponeau, ballet-pantomime en un acte et en prose, orné de chants et de danses. Par M. T....... *Paris, Ballard* (1760), in-8.

—* Mémoires d'un frivolite, par l'auteur ambulant. *Paris*, 1761, 2 part. in-12.

— Nostradamus, parodie de Zoroastre, en un acte, toute en vaudevilles. 1756, in-8.

— Ode sur la mort de la Reine. 1768, in-4.

— Ombre (l') de Vadé, opéra-comique en un acte et en prose, mêlé de vaudevilles. 1759, in-8.

— * Poisson (le) d'avril, parade en un acte et en prose, mêlé de vaudevilles. 1758, in-8.

— * Procès (le) du chat, ou le Savetier arbitre (comédie) en un acte, mêlée de vaudevilles. Par MM. D.... T.... *Paris, Ph.-Den. Langlois*, 1767, in-8.

— Rivaux (les) heureux, ou les Caprices de l'amour, comédie en un acte, en vers libres, mêlée de vaudevilles. *Paris, Claude Hérissant*, 1763, in-8.

— Savetier (le) avocat, comédie en un acte, en vers, suivie d'un divertissement, par M. R.... (Rosimond), jouée en 1670, et retouchée, augmentée et remise au théâtre, par M. Taconet, en 1763. *Paris, Claude Hérissant*, 1763, in-8.

Des nombreuses pièces composées par Taconet, celles dont nous donnons la liste sont les seules qui aient été imprimées.

— Stances sur la mort de Marie, princesse de Pologne, reine de France. 1768, in-4.

— * Tablettes lyriques. *Paris*, 1759, in-12.

Artaud (voy. ce nom) a publié un ouvrage intitulé : Taconet, ou Mémoires historiques pour servir à l'histoire de cet homme célèbre. Amsterdam (Paris), 1775, in-12.

TACXSI (J.-B.-Ant.-Jos.-Mar.). — Suisse (le) catholique deux fois, ou Doctrine philosophique dédiée aux vrais juges grands commandeurs, philosophes in ∴, et à tous les membres de l'association mac.∴ *Paris, Michaud frères*, 1814, in-8, 8 fr.

TADDEI (Joachim), docteur en philosophie et en médecine, etc.

— Recherches chimiques et médicales sur un nouvel antidote contre le sublimé corrosif et les autres préparations vénéneuses du mercure, avec des augmentations de l'auteur. Trad. de l'ital. par G. Odier. *Paris, Barrois aîné*, 1822, in-8, 2 fr. 50 c.

TADINI (F.), de Novare. — Gonorrhée (de la) chronique et récente chez les deux sexes, et de la manière de la guérir promptement et radicalement par un procédé tout-à-fait nouveau et inconnu. *Paris, l'Auteur*, 1834, in-8 de 32 pag.

Réimprimé avec des additions considérables, sous le titre suivant :
De la Gonorrhée chronique et récente, et de la leucorrhée et flueurs blanches. De la manière de les guérir promptement et radicalement, par un procédé nouveau et tout-à-fait inconnu. Paris, l'Auteur, 1837, in-8 de 100 pag.

— Istruzioni onde preservare, od almeno di dimminuire d'assai la propagazione della pestilenza cholerica negli Stati e nelle famiglie. *Parigi, dai torchi di Pihan-Delaforest (M.)*, 1835, in-8 de 20 pag.

TAFEL (Th.-Am.-Fréd.), helléniste, l'un des éditeurs de la dernière édition du Trésor de la langue grecque de Henri Estienne, publiée par les frères Didot.

TAFARI ou Talari (F.). — Jugement du romantique au Parnasse, folie-romantico classico-comico et diabolique, en un acte, en vers et en prose, rapsodie imitée du théâtre italien. *Paris, Garnier*, mai 1829, in-12.

TAFFARD (Ph.). — Esquisses biographiques sur la maison Goethals (du chev. l'Évêque de la Basse Mouterie), mises en vers. *Paris, de l'impr. de Le Normant*, 1838, in-8 de 44 pag.

TAFFE (A.). — Application des principes de mécanique aux machines le plus en usage mues par l'eau, la vapeur, le vent et les animaux, et à diverses constructions. *Marseille, de l'impr. de Feissat*, 1835, in-8, avec 6 planches.

TAFFIN (Paul). — Élise de Saint-Ange: ou le Meilleur moyen d'échapper aux dangers du monde, et de mener une vie chrétienne. *Paris, Magen, et Lille, Vanackère*, 1833, 2 vol. in-12, 3 fr. — Nouv. édit. refondue sur un autre plan. *Paris, Meyer*, 1834, in-12.

TAFFIN (J.-D.). — Gottlieb, ou les Enfants vertueux par les leçons de l'expérience. Imité de l'allemand. *Douai, Adam*, 1838, in-12.

TAGLIONI père. — Jour (le) de noces, ou l'Enlèvement, ballet-pantomime en trois actes. *Paris, au théâtre de la Gaîté*, an VIII (1800), in-8.

TAGLIONI ( ), maître de ballets de l'Académie royale de musique.
— Brézilia, ou la Tribu des femmes. Ballet en un acte. *Paris, l'Éditeur*, 1835, in-8.
— Fille (la) du Danube. Ballet-pantomime en deux actes et en quatre tableaux. *Paris, Jonas*, 1836, in-8, 1 fr.
— Nathalie, ou la Laitière suisse. Ballet en deux actes. *Paris, Jonas*, 1832, in-8, 2 fr.
— Révolte (la) au sérail. Ballet en trois actes. *Paris, Barba*, 1833, in-8, 1 fr. 50 c.
— Sylphide (la), ballet en deux actes. *Paris, Barba*, 1832, in-8, 1 fr.

Réimpr. dans la même année.

TAHEIN-UDDIN. — Aventures (les) de Kamrup, publiées en hindoustani, par M. Garcin de Tassy. *Paris, de l'impr. royale. — De Bure frères*, 1835, in-8 de 100 pag.
— Aventures (les) de Kamrup, traduites de l'hindoustani, par M. Garcin de Tassy. *Paris, de l'impr. royale. — De Bure frères*, 1834, in-8, 8 fr.

Imprimé pour le compte du comité des traductions orientales à la Société royale asiatique de la Grande-Bretagne et de l'Irlande.

TAHIER (G.), de Pontivy, alors étudiant en droit.
— Illusion (l'), poëme; suivi du Dernier chant du jeune poëte. *Vannes, de l'impr. de la veuve Bizette*, 1824, in-8 de 28 pages.

TAHY. — Découverte de l'unique unité de circonférence commune à tous les diamètres connus, en toises, pieds, pouces, lignes, etc., d'où résulte la quadrature du cercle par l'emploi de cette unité au calcul sphérique. *Toulon, de l'impr. de Baume*, 1835, in-8 de 76 pag.

TAICLET (J.). Méthode (nouv.) d'écriture, ou Recueil d'exemples gradués, à l'usage des écoles primaires. *Metz, les principaux libraires*, 1838, in-4, 7 fr.

Publiée par cahiers.

TAIGNY (Emile), acteur du Vaudeville.
— Hôtellerie (l') de Lisbonne, drame en trois actes. *Paris, Marchant*, 1836, in-32.

Avec M. Hipp. Hostein.
Cette pièce fait partie d'un « Nouveau Répertoire dramatique ».

TAILHADE (J.-P.), médecin à Lannemezan (Hautes-Pyrénées).
— Lettre à M. Casaugrand, docteur médecin à Montrejeau (Haute-Garonne), sur quelques passages de son Examen critique de Leroy et sur quelques propositions du système de Broussais. *Toulouse, de l'impr. de Caunes*, 1827, in-8 de 32 pag. — Seconde Lettre au même. *Tarbes, Lavigne*, 1828, in-8 de 80 pag.
— Lettres médico-topographiques à un ancien condisciple, sur Capbern et ses eaux minérales. *Toulouse, de l'impr. de Paya*, 1837, in-8 de 192 pag.

TAILHAND. — Mémoire sur les eaux minérales acidules de Vals, précédé d'une Notice sur la topographie des environs. *Valence, de l'impr. de Marc-Aurèle*, 1825, in-8 de 40 pag.

TAILHAND fils, avocat, l'un des rédacteurs du Journal des audiences de la cour royale de Riom (1829).

TAILHÉ (l'abbé Jacques), prêtre de Villeneuve d'Agénois.
— * Abrégé chronologique de l'histoire de la société de Jésus; sa naissance, ses progrès, sa décadence, etc. *En France*, 1760, in-12. — Nouv. édition, corr. et augm. par l'auteur. 1760, in-12.
— Abrégé de l'histoire ancienne de Rollin, à l'usage des jeunes gens. *Paris*, 1744, 4 vol. in-12.

Autres éditions :
Berne, 1763, 5 vol. in-12.
IVe édit. Neufchâtel, 1776, 5 vol. in-12.
Nouvelle édition, corr. et augm. Paris, Barrois l'aîné, 1782, 5 vol. in-12.
Lyon, 1801, 5 vol. in-12.
Lyon et Paris, 1805, 5 vol. in-12 (Ve édit.).
Paris, Belin-Mandar et Devaux, 1828, 5 vol. in-12.

— Le même Abrégé. Nouv. édition, soigneusement revue, corr. et augm. d'une table géographique, avec les figures et indices nécessaires. *Paris, Aimé André; Lyon, Blache*, 1824, 5 vol. in-12, avec 6 planches. — Autre édition. *Paris, Aucher-Éloy*, 1826, 5 vol. in-12, 12 fr. 50 c. — *Lyon, et Paris, Périsse frères*, 1834, 1838, 5 vol. in-12, avec 4 cartes.

La réimpression de 1838 porte : *VIe édition.*

—Abrégé de l'Histoire romaine de ROLLIN; avec des réflexions critiques, politiques et morales, à l'usage des jeunes gens. *Paris, Barrois*, 1755, 4 vol. in-12. — Nouv. édition, revue, corr. et augm. *Paris, Barrois l'aîné*, 1784, 5 vol. in-12; *Lyon, Robert et Gauthier*, 1801, 5 vol. in-12; *Lyon, Am. Leroy, et Paris, Brunot-Labbe*, 1805, 5 vol. in-12; — *Lyon, Savy*, 1825, 5 vol. in-12.

— Le même ouvrage, sous ce titre : Histoire romaine, avec des notes étymologiques et mythologiques, par E. JOHANNEAU. *Paris*, 1812, 5 vol. in-12.

Cette édition n'a jamais été publiée, par suite de la faillite du libraire. M. Éloi Johanneau avait fait, de grandes recherches pour cette édition; l'ouvrage devait être précédé d'une introduction en deux volumes, intitulée : *les Fables de l'histoire romaine comparées et expliquée.*

— Histoire de Louis XII. *Milan, et Paris, Lottin*, 1755, 3 vol. in-12.

— * Histoire des entreprises du clergé sur la souveraineté des rois. 1767, 2 vol. in-12.

— * Portrait des jésuites. 1762, 2 parties in-12.

— * Questions sur la tolérance, où l'on examine si les maximes de la persécution ne sont pas contraires au droit des gens, à la religion, à la morale, à l'intérêt du souverain et du clergé. *Genève, Gosse*, 1758, 2 part. in-8.

Ouvrage qu'une note de Patrin, minéralogiste, placée sur son exemplaire de ce livre, attribuait, mais à tort, à l'abbé Morellet et à Mich.-Jacq. Turgot, président au parlement, en 1758, frère aîné du ministre.

Cet ouvrage a été reproduit en 1760, sous le titre d'*Essai sur la tolérance chrétienne, divisé en deux parties.* En France (Paris), in-8. On a changé le titre et réimprimé les premières pages de la première et de la seconde partie.

—* Remarques succinctes et pacifiques sur les écrits pour et contre la loi de silence. 1760, in-12.

— * Traité de la nature et du gouvernement de l'Église. *Berne*, 1778, 3 vol. in-12.

TAILLADE D'HERVILLIERS, mort en 1776.

— Satires de PERSE, trad. en prose et en vers, avec des notes et deux Satires de JUVÉNAL. *Paris, Nyon l'aîné*, 1776, in-8.

Le même a laissé une traduction d'Horace en manuscrit.

TAILLANDIER (dom Charles), bénédictin de la congrégation de Saint-Maur, en 1725, à l'âge de 21 ans; né à Arras, en 1706.

— Lettre sur les translations du corps de S. Maur. 1749, in-12.

— * Projet d'une Histoire générale de Champagne et de Brie, par les PP. bénédictins (rédigé par dom Taillandier). *Reims*, 1738, in-4.

L'abbé Desfontaines présente une longue analyse de ce projet dans ses Observations sur les écrits modernes, tom. XV, lettre 214.

Dom Taillandier a donné le tome second de l'Histoire de Bretagne, de dom MORICE (1756), et le dixième volume de l'Histoire littéraire de la France. Il a été l'éditeur du Dictionnaire de la langue bretonne, par dom Pelletier (1752, in-fol.). Il est auteur d'une brochure *sur les anciens rois de Bretagne* et de *l'Éloge de dom Rivet.*

TAILLANDIER (A.-L.), avocat à Paris.

— Accusation devant le tribunal de l'opinion publique contre l'institution du gouvernement ministériel. *Paris, Petit*, 1819, in-8 de 40 pag.

— Banque foncière ou territoriale. 1800, in-8.

— Discours prononcé à l'ouverture des conférences de MM. les avocats à la cour royale de Paris, le mardi 14 novembre 1815. *Paris, de l'impr. de Demonville*, 1815, in-8 de 40 pag.

TAILLANDIER, ancien avocat au parlement et à la cour royale de Paris, plus tard, de 1815 à 1832, président du tribunal civil de Sens; mort en cette ville, en 1832.

— Lettres à mon fils sur les causes, la marche et les effets de la révolution française. *Paris, Demonville; Dentu*, 1820, in-8, 6 fr. — Dix-septième lettre, faisant suite aux Lettres à mon fils sur les causes, la marche et les effets de la révolution française. *Paris, Belin-Leprieur, et Sens, Thomas*, 1823, in-8 de 80 pag.

Ouvrage qui a été réimprimé sous ce titre : Anti-Révolutionnaire (l'), ou Lettres à mon fils sur les causes, la marche et les effets de la révolution française. Deuxième édition, augmentée de seize lettres sur la liberté de la presse, sur la charte de 1814, sur quelques faits principaux qui l'ont suivie, et sur la religion. Paris, Adr. Leclère, 1830, 2 vol. in-8, 7 fr.

— Réflexions sur la charte. *Paris, Démonville; Dentu, etc.*, 1821, in-8 de 72 pag., 1 fr. 50 c.

M. Taillandier a fourni des articles à la Quinzaine littéraire, journal de littérature ancienne et moderne, française et étrangère (1817).

TAILLANDIER (Alphonse-Honoré), conseiller à la cour royale, membre de la chambre des députés, pour le département du Nord, membre de la Société royale des antiquaires de France; né à Paris, le 10 mars 1797.

JURISPRUDENCE.

— Commentaire sur l'ordonnance des conflits (1er juin 1828); ouvrage contenant les travaux de la commission, le rapport de M. Cormenin, la législation étrangère sur les conflits. *Paris, J.-L.-J. Brière*, 1829, in-8 de x et 239 pag., 5 fr.

— Discours sur les devoirs de l'avocat, prononcé à la rentrée de la conférence la Justinienne, le 24 novembre 1820. *Paris, de l'impr. de Denugon*, 1820, in-8 de 16 pages.

— Dissertation sur la chasse....

Imprimée dans le Supplément au Manuel du droit français, de Paillet.

— Dissertation sur les Assises de Jérusalem (anc. ouvrage de jurisprudence française). *Paris, de l'impr. de Rignoux*, 1826, in-8 de 20 pag.

Extrait de la Thémis. (Voy. Thaumas de la Thaumassière).

— * Manuel (nouv.) de l'électeur, publié par la société Aide-toi, le ciel t'aidera. *Paris, de l'impr. de Fournier*, 1830, in-8 de 71 pag.

Ce petit ouvrage a été composé par M. Taillandier conjointement avec MM. Odilon-Barrot et Decrusy : il a été tiré à 20,000 exemplaires, distribué gratuitement, et reproduit par tous les journaux constitutionnels, lors des élections mémorables qui eurent lieu au mois de juin 1830.

Il existe aussi deux réimpressions séparées faites dans la même année : l'une de l'impr. de Chaignieau jeune, à Paris, in-fol. de 4 pag.; l'autre de l'impr. de Carion, à Dijon, in-8 de 44 pages.

— Mémoire sur l'état de la législation française sous la première race.

Imprimé dans le tome IX du recueil des Mémoires de la Société roy. des antiquaires de France (1832).

— Mémoire sur les institutions judiciaires du temps de saint Louis.

Imprimé dans le tome X du recueil de la Société roy. des antiquaires de France (1834).

— Opinion émise par un avocat dans l'une des réunions qui ont eu lieu pour la discussion de la consultation demandée au barreau de Paris par M. le comte de Montlosier. *Paris, de l'impr. de Boucher*, 1826, in-8 de 8 pag.

Impr. d'abord dans la Gazette des tribunaux du 7 août, et dans le Globe du 8.

— Rapport sur la maison des jeunes détenus, établie aux Madelonettes, à Paris; lu à la séance générale de la Société pour l'instruction élémentaire, le 19 mai 1833, par M. Taillandier, au nom d'une commission. *Paris, de l'impr. de Decourchant*, 1833, in-8 de 16 pag.

— Recueil général des lois et arrêts concernant les émigrés, déportés, condamnés, leurs héritiers, créanciers et ayants cause, depuis 1791 jusqu'en 1825, etc. *Paris, Pichard*, 1825, 2 vol. in-8.

Avec M. Mongalvy.

— Réflexions sur les lois pénales de France et d'Angleterre. *Paris, B. Warée oncle; B. Warée fils aîné*, 1824, in-8, 6 fr.

— Sur l'Histoire du droit romain de M. Berriat Saint-Prix. *Paris, de l'impr. de Rignoux*, 1822, in-8.

Extrait du tome XIII de la Revue encyclopédique.

— Sur l'exposé du droit public d'Allemagne de M. Schwarzkoff. *Paris, de l'impr. de Rignoux*, 1823, in-8.

Extr. du tome XVII de la Revue encyclopédique.

— Traité de la législation concernant les manufactures et ateliers dangereux, insalubres et incommodes, etc. *Paris, Nève; madame Huzard; l'Auteur*, 1825, in-8 de xij et 292 pag., 5 fr.

TRAVAUX LÉGISLATIFS.

— A MM. les électeurs de l'arrondissement de Cambrai (intra-muros). *Paris, de l'impr. de Fournier*, 1837, in-8 de 4 pag.

— Compte rendu par M. Taillandier (député du Nord) aux électeurs de l'arrondissement d'Avesne sur sa conduite politique pendant la session de 1831. *Valenciennes*, 1831, in-8 de 30 pag.

— Lettre à un électeur de l'arrondissement d'Avesne (Nord). *Paris, de l'impr. de Fournier*, 1830, in-4 de 4 pag. — A MM. les électeurs de l'arrondissement d'Avesne. *Paris, de l'impr. de Fournier*, 1830, in-4 de 8 pag. — Autre écrit sous le même titre. *Paris, de l'impr. de Duverger*, 1834, in-4 de 4 pag. — Lettre de M. Taillandier à MM. les électeurs de l'arrondissement d'Avesne. *Paris, Duverger*, 1834, in-8 de 40 pag.

— Opinion sur l'organisation de la pairie. *Paris, de l'impr. de Dupont et Gaultier-Laguionie*, 1831, in-8 de 8 pag.

Cette opinion n'a point été prononcée.

— Discours sur le projet de loi relatif à la révision des articles du Code pénal, prononcé dans la séance du 24 novembre 1831 (sur la mort civile). *Paris, de l'impr. de madame Agasse*, 1831, in-8 de 8 pag.

— Discours sur les ponts et chaussées, prononcé dans la séance du 5 mars 1832. *Paris, de l'impr. de Dupont et Gaultier-Laguionie*, 1832, in-8 de 4 pag.

— Rapport sur la négociation des effets publics. *Paris*, 1832, in-8 de 19 pag.

— Rapport sur le canal de la Somme à l'Oise, etc. *Paris*, 1832, in-8 de 19 pag.

— Rapport sur l'abolition de la mort civile. *Paris*, ..., in-8 de 24 pag.

M. Taillandier a eu part à plusieurs des discussions qui ont eu lieu à la chambre des députés dans le courant des sessions de 1831 à 1834, mais les seuls discours de lui qui aient été imprimés séparément sont ceux que nous venons de citer; les autres sont consignés dans les feuilles quotidiennes.

LITTÉRATURE.

— Analyse d'une leçon de M. Daunou, professeur au collége royal de France, sur le droit Papirien. *Paris, de l'impr. de Baudouin*, ..., in-8.

— * Nouvelles. *Paris, Masson fils aîné*, 1823, in-12 de XX et 255 pag.

Ce volume renferme huit nouvelles : trois appartiennent en propre à M. Taillandier; cinq sont traduites de l'anglais, l'une de mistr. HOLLAND, et les quatre autres de Henri MACKENSIE.

HISTOIRE.

— Compte rendu des travaux de la Société royale des antiquaires de France pendant l'année 1830.

Imprimé dans le tome IX du recueil de ladite Société (1832).

— Discours prononcé (le 22 décembre 1822) aux funérailles de M. H.-G. Duchesne, conseiller référendaire honoraire à la Cour des comptes, etc. *Paris, de l'impr. de F. Didot*, 1823, in-8 de 8 pages.

— Notice biographique sur M. J.-A. Dulaure, membre honoraire de la Société roy. des antiquaires. *Paris, de l'impr. de E. Duverger*, 1836, in-8 de 24 pag.

Extraite du tome XIII des Mémoires de la Société royale des antiquaires de France.

Une autre Notice sur la vie et les ouvrages de M. Dulaure, par M. Taillandier, a été imprimée dans un numéro du Bulletin du Bibliophile, publié par le libraire Techner : la partie bibliographique de l'une et l'autre de ces deux notices est de M. A. Girault, de Saint-Fargeau.

— Notice biographique sur lord Erskinne.

Imprimée d'abord dans la Revue encyclopédique, tome XXII (1824) et dans l'Annuaire nécrologique de M. Mahul, année 1827, et reproduite plus tard dans le Dictionnaire de la conversation et de la lecture.

—Notice sur M. Ant.L.-Marie Hennequin.

Imprimée dans le tome XIe, 2e série des Annales du barreau (1837).

— Notice nécrologique sur M. Henrion de Pansey, premier président de la cour de cassation. *Paris, de l'impr. de Rignoux*, ..., in-8.

—Notice sur MM. Henrion de Pansey, premier président de la cour de cassation, et Henrion de Saint-Amand.

Notice différente de la précédente : elle est imprimée dans le tome XI, 2e partie des Annales du barreau (1825).

— Notice nécrologique sur M. Jourdan. *Paris, de l'impr. de Rignoux*, 1826, in-8.

Extraite du t. XXX de la Revue encyclopédique.

Indépendamment des *Notices*, soit biographiques soit nécrologiques, extraites de la Rev. encyclop. que nous venons de citer, M. Taillandier en a fourni au même recueil plusieurs autres qui ne paraissent pas avoir été tirées à part, telles sont les suivantes : du président *Agier* (t. XX), de dom *Brial* (t. XXXIX), de *Cotelle* (tome XXXIV), de *Haubold*, marisc. allem. (tom. XXII), de *Lambrechts*, sén. et min. (t. XVIII), de *Millelot* (tome XVI), de *Remard* (tome XL), etc.

— Notice sur J.-P. Lebreton, bibliothécaire de la cour de cassation.

Imprimée dans le tome IX du recueil des Mémoires de la Société roy. des antiquaires (1832).

— Notice nécrologique sur M. Édouard Livingston, ministre plénipotentiaire des États-Unis en France. *Paris, de l'impr. de Lottin de Saint-Germain*, 1836, in-8 de 15 pag.

Extraite de la Revue étrangère et française de législation.

— Notice nécrologique sur James Makintosh.

Imprimée dans le Moniteur du 28 juin 1832.

— Notice sur Guill.-Franc.-Ant. Thouret, avocat (mort député).

Imprimée dans le tome X du recueil des Mémoires de la Société roy. des antiquaires de France (1834).

— Notice sur l'église collégiale de Champeaux, département de Seine-et-Marne.

Imprimée dans le tome XI du recueil des Mémoires de la Société roy. des antiquaires de France (1835).

—Notice sur l'université d'Oxford en 1821. *Paris, de l'impr. de Rignoux*, 1823, in-8.

Extraite du tome XIX de la Revue encyclopédique.

— Notice sur les confrères de la Passion. *Paris, de l'impr. de Fournier*, 1834, in-8 de 28 pag.

Extraite de la Revue rétrospective.

-- Notice sur les registres manuscrits du parlement de Paris.

Imprimée dans le tome XI du recueil des Mémoires de la Société roy. des antiquaires de France. (1835).

— Résumé historique de l'introduction de l'imprimerie à Paris. *Paris, de l'impr. de Duverger*, 1837, in-8 de 68 pag., avec une planche et un fac-simile.

Extrait du tome XIII des Mémoires de la Société royale des antiquaires de France.

—

M. Taillandier, en outre, a fourni divers articles aux journaux et recueils périodiques suivants : 1° le Lycée français (1819—20, 5 vol. in-8). Les articles de M. Taillandier dans ce recueil sont signés A. T.; 2° le Journal d'éducation publié par la Société pour l'instruction élémentaire; 3° le Bulletin de la même Société; 4° la Revue encyclopédique (1819—30); 5° la Thémis, ou Bibliothèque du jurisconsulte (1819 et ann. suiv.); 6° les Annales de législation; 7° la Gazette des tribunaux; 8° la Revue étrangère et française de législation; 9° la Revue rétrospective; 10° les Mémoires de la Soc. roy. des antiquaires de France. M. Taillandier a fait tirer à part les articles les plus importants qu'il a fournis aux divers journaux et recueils que nous venons d'énumérer, et nous avons cité ces notices et dissertations dans la liste des productions si diverses de ce magistrat, que nous venons de donner : il a aussi fourni plusieurs articles au journal anglais intitulé « The Jurist », et il est indiqué par MM. Mittermaïer et Zachariæ comme l'un des correspondants du Journal de jurisprudence qu'ils publient à Heidelberg, sous le titre de « Kritische Zeitschrift fur rechtswissenschaft, etc. Enfin, M. Taillandier a fourni plusieurs aticles à l'Encyclopédie des gens du monde et à l'Encyclopédie du droit. On lui doit aussi l'Introduction de l'ouvrage intitulé : Loi de la procédure civile du canton de Genève (1837, in-8).

Comme traducteur, M. Taillandier a publié 1° le Rapport sur le projet d'un code pénal, fait à l'assemblée générale de la Louisiane, par M. Édouard Livingston, suivi des Observations sur les conditions nécessaires à la perfection d'un code pénal, par M. Mill (Paris, Renouard, 1825, in-8 de xxxij et 224 p.) M. Taillandier a joint au Rapport de M. Livingston une Introduction qui contient deux lettres qui lui ont été adressées par les docteurs Pariset et Esquirol, sur les résultats présumables de l'emprisonnement solitaire; il y a ajouté aussi de nombreuses notes; enfin, il est auteur de la traduction des « Observations sur les conditions nécessaires à la perfection d'un code pénal », par M. Mill, tirées de l'article *jurisprudence* du Supplément à l'Encyclopédie britannique; 2° Opinion de M. Livingston sur le duel et la manière de le réprimer. (Paris, Desauges, 1829, in-8 de 23 pag.). Cette Opinion est tirée du Rapport servant d'introduction au système de législation pénale préparée pour l'état de la Louisiane.

Comme éditeur, cet écrivain a publié, en société, le Recueil des anciennes lois françaises, depuis l'an 420 jusqu'à la révolution de 1789 (1821 et ann. suiv.). MM. Taillandier et Decruzy ont publié seuls les règnes de Louis XIV et Louis XV, comprenant les volumes XVII à XXII inclusivement. Il est seul l'éditeur du Procès d'Étienne Dolet, imprimeur et libraire à Lyon. 1543—1546 (1836), in-12 de xvj et 38 pag.

TAILLANDIER (René), anc. avoué du duc et de la duchesse d'Angoulême, et près le tribunal de première instance, membre de la Société de l'histoire de France.

— Épître à M. le baron Gros, peintre d'histoire, sur ses peintures de la coupole Sainte-Geneviève. *Paris, Migneret*, 1825, in-8 de 8 pag.

— Épître au prince Démétrius Ypsilanti, sur les derniers événements de la Grèce. *Paris, de l'impr. de Migneret*, 1824, in-8 de 12 pag.

— Guerre (la) d'Espagne, poëme. *Paris, Migneret*, 1824, in-4 de 12 pag.

TAILLARD, chirurgien. — Éléments de l'opération de la phlébotomie. *Paris*, 1749, in-12.

TAILLARD (Const.) — Méthode pour apprendre à jouer de la flûte traversière et à lire la musique. 1782.

TAILLARD (Constant).—Catéchisme du soldat français, ou Dialogue historique sur les campagnes modernes de l'armée française, etc. *Paris, Bataille et Bousquet*, 1820, in-12, 3 fr.

— Conducteur (le nouv.), ou Guide de l'étranger aux environs de Paris. *Paris, Sanson; Ponthieu*, 1826, in-18, avec 6 grav. et une carte, 4 fr.

Il a été fait pour ce volume, en 1828, un nouveau frontispice qui porte, *deuxième édition, revue par M. Richard.*

— Droit (le) d'aînesse, élégie. *Paris, de l'impr. de Setier*, 1826, une feuille ou demi-feuille in-plano (deux éditions).

Acrostiche présentant ces mots : *Sur le bord du tombeau, réveille-toi, patrie.* Contre l'usage l'acrostiche donne d'autres mots que celui qui est le sujet de la pièce.

— École (l') des enfants de France, ou Choix des actions les plus mémorables des Français, depuis Charlemagne jusqu'à nos jours. *Paris, Denn*, 1827, 2 vol. in-12, 6 fr.

— Feuillets tombés des tablettes de l'Amour, ou Lettres à mon amie sur quelques amours célèbres. *Paris, Belin-Leprieur*, 1822, in-12, avec une grav., 3 fr. 50 c.

— Guide résumé du voyageur aux environs de Paris; suivi d'un Itinéraire aux principales eaux minérales de France. *Paris*,

Werdet et Lequien; Galignani, 1826, in-32, avec une carte, 3 fr.

— * Jeunes (les) voyageurs en France, ou Lettres sur la France, en prose et en vers, ornées de 88 gravures, offrant la carte générale de France, les cartes particulières des départements, les productions du sol et de l'industrie, les curiosités naturelles, les noms des hommes célèbres. Par L. N. A*** et C. T*** (C. Taillard). *Paris, Lelong*, 1820, 6 vol. in-18, ornés de gravures, sur pap. grand raisin, 30 fr.; et sur pap. superfin satiné, 60 fr. — Autre édition. Ouvrage entièrement revu, et en partie refondu par M. G.-B. Depping. *Paris, Ledoux*, 1824, 6 vol. in-18, avec grav., 30 fr.

— Lettres à Laure sur l'histoire et la morale. *Paris, Genets jeune*, 1821, in-12, avec 4 grav., 3 fr. 50 c.

— Monuments d'éloquence militaire, ou Collection raisonnée de proclamations de Napoléon Bonaparte; précédée d'un Essai sur les campagnes de la liberté, pour servir d'introduction à l'ouvrage. *Paris, Lhuillier; l'Auteur*, 1821, in-8, 3 fr.

—Morale (la) des enfants de France, ou le génie, les vertus et les belles actions des Bourbons depuis Henri IV. *Paris, de l'impr. de Crapelet. — Seguin*, 1825, 2 vol. in-12, 6 fr.

— Oraison funèbre de Napoléon. *Paris, Bataille et Bousquet*, 1821, in-8 de 12 pages.

— Panthéon (le) français, ou Galerie historique des Français les plus illustres. *Paris, Belin-Leprieur*, 1823, 2 vol. in-12, ornés de 4 fig., 6 fr.

— Revue des brochures publiées sur Napoléon. *Paris, Painparré*, 1821, in-8 de 20 pag.

— Soirées (les) du pensionnat, ou Entretiens sur les différents genres de composition poétique. *Paris, Masson*, 1824, in-12, orné de 4 fig., 3 fr.

— Un Jésuite et Sophie Arnould, poëme dialogué, dédié aux divinités de l'Opéra. *Paris, Jehenne*, 1826, in-32, 25 c.

En trois scènes, suivies de bons mots de mademoiselle Arnould.

— Voltaire et un Jésuite, dialogue en vers. *Paris, de l'impr. de Setier*, 1826, in-32 de 64 pag., 25 c. — Deuxième édition. *Paris, de l'impr. du même*, 1826, in-32 de 96 pag., 25 c.

— Voyageurs (les) en Italie, ou Relation du voyage de trois amis dans les diverses parties de l'Italie, en passant par le Tyrol, la Suisse et les Alpes, contenant des observations philosophiques et anecdotiques sur les beautés du pays, ses antiquités, ses personnages remarquables; sur l'état actuel de sa littérature; sur les mœurs, les usages et les pratiques civiles et religieuses de ses habitants, etc., etc. *Paris, Dondey-Dupré fils*, 1828, 3 vol. in-18, avec une carte et huit vues, 12 fr.

TAILLASSON (J.-J.), membre de l'Académie de peinture et de sculpture, de la Société libre des sciences, lettres et arts de Paris, et associé correspondant de celle de Bordeaux.

— * Danger (le) des règles dans les arts, poëme, suivi d'une traduction libre en vers d'un morceau du seizième chant de l'Iliade, et d'une élégie sur la nuit; par M. T., de l'Académie de peinture et de sculpture. *Venise, et Paris*, 1785, in-4.

— Observations sur quelques grands peintres, avec un Précis de leur vie. *Paris, Duminil-Lesueur*, 1807, in-8.

— Traduction libre, en vers, des chants de Selma d'Ossian; suivi des Dangers des règles dans les arts, poëme, et de quelques autres poésies. *Paris, Barrau*, 1802, in-8 de 38 pag., 75 c.

TAILLEFER (Antoine), alors avocat au parlement, trésorier de la guerre et subdélégué de l'intendance de Champagne, et ancien maire de Villiers-le-Tilleul (Ardennes); né à Brives-la-Gaillarde, le 6 avril 1755.

— * Tableau historique de l'esprit et du caractère des littérateurs français, depuis la renaissance des lettres jusqu'en 1785; ou Recueil de traits d'esprit, de bons mots et d'anecdotes littéraires. *Versailles, Poinçot, et Paris, Nyon*, 1785, 4 vol. in-8.

TAILLEFER (Louis-Gabriel), membre du jury d'instruction publique, ex-proviseur des colléges royaux de Versailles et Louis-le-Grand, inspecteur de l'Académie de Paris, associé correspondant de l'Académie des sciences et arts de Caen.

— * Adèle et Cécile, conte moral; par un membre correspondant du Lycée de Caën. *Falaise, Brée frères*, an IX (1801), in-12, 1 fr. 50 c.

— Christianisme (le), ou Preuves et caractères de la religion chrétienne, traduit de l'anglais (1828). Voy. Pointer.

— * Économie de la vie humaine, traduit de l'anglais (1802). Voy. Dodsley.

— Extrait du rapport fait d'après l'invitation de S. E. le grand-maître de l'université de France (sur les Principes de ponctuation fondés sur la nature du langage écrit). *Paris, de l'impr. de Plassan*, 1824, in-12 de 12 pag.

— Quelques (de) améliorations à introduire dans l'instruction publique. *Paris, A. A. Renouard*, 1824, in-8, 6 fr. 50 c.

— Renseignements offerts à la chambre des députés, sur les développements qui lui ont été présentés dans la séance du 31 janvier 1816, relativement à l'instruction publique et à l'éducation. *Paris, de l'impr. de Fain*, 1816, in-8 de 24 pag.

— Traité élémentaire de rhétorique, ou Règles de l'éloquence, à l'usage des classes. *Paris, Maire-Nyon*, 1825, in-12, avec un tableau, 3 fr. 75 c.

TAILLEFER (le comte Henri-François-Athanase Wilgrin de), antiquaire, conservateur du musée d'antiquités de Périgueux, anc. maréchal de camp; né le 23 avril 1761, au château de Barrière, canton de Villamblard, à quatre lieues de Périgueux, mort en Périgueux, en 1833.

— Antiquités de Vesonne, cité gauloise remplacée par la ville actuelle de Périgueux, ou Description des monuments religieux, civils et militaires de cette antique cité et de son territoire; précédée d'un Essai sur les Gaulois. Tome Ier. *Paris, F. Dupont*, 1821, in-4, avec 13 planches.

M. de Taillefer a été aidé dans ce travail par M. de Mourcin.

— Architecture (l') soumise au principe de la nature et des arts, ou Essai sur les moyens qui peuvent rapprocher les trois architectures d'une unité théorique et pratique. *Périgueux, de l'impr. de Canler*, 1804, in-4; fig.

On doit encore à M. de Taillefer quelques dissertations sur des médailles antiques.

TAILLEFER (le professeur J.-B.-M.).

— Grammaire (nouv.) allemande, trad. de l'allem. (1824). Voy. Heinsius.

— Œuvres choisies du général Bonaparte, ou nouveaux Exercices français, contenant des modèles d'éloquence militaire et administrative, avec une analyse grammaticale et un vocabulaire français-allemand; à l'usage des écoles militaires et de tous ceux qui ont quelque intérêt à cultiver l'éloquence ou la langue française. Ornées du portr. de Bonaparte et d'un fac-simile de son écriture. *Leipzig, W. Zirgès*, 1833, in-12, 1 fr. 50 c.

TAILLEFER (Timoléon), élève en médecine.

— Épître à Casimir Delavigne. *Paris, Moreau*, 1825, in-8 de 8 pag.

TAILLEFER (A.). — Racines grecques classées dans l'ordre de leurs désinences. Par A. Taillefer; et précédées de Considérations sur l'analogie et la mémoire, par M. J.-J. Ordinaire. *Paris, Hachette*, 1827, in-12, avec tableaux, 2 fr. 50 c.

TAILLEFER. — Projet de constitution pour la pairie nouvelle. *Paris, Lebègue; Delaunay, etc.*, 1831, in-8 de 24 pag.

TAILLEZ (le prof. L. de). — Choix de lectures, extraites des productions modernes de la littérature française. *Munich, Finsterlin*, 1829, in-8, 2 fr.

TAILLIAR. — Affranchissement (de l') des communes dans le nord de la France, et des avantages qui en sont résultés. *Cambrai, de l'impr. de Lesne Daloin*, 1837, in-8.

TAILOR (Isaac). Voy. Taylor.

TAINTOT (le baron de), alors officier de dragons.

— Plan de régénération, ou Moyens de rendre à la France toute son énergie. 1788, in-8. — Seconde édit. 1789, in-8.

Avec Guillon d'Assas.

TAINTURIER (Antoine), docteur en médecine.

— * Observation médicale sur les suites très-extraordinaires d'une maladie vénérienne traitée par le mercure, publiée par le cit. T...... *Paris*, an XI (1803), in-8 de 38 pages.

— Suite de l'observation sur la femme de Semur qui rend les excréments par les pores, précédée de Réflexions sur la conduite des incrédules. *Limoges, de l'impr. de Melch. Ardant*, 1813, in-8, 1 fr. 50 c.

TAISAND (Pierre), avocat-général au parlement de Dijon, trésorier de France et général des finances en Bourgogne et en Bresse; né le 7 janvier 1644, mort le 12 mars 1715.

— Commentaire sur la Coutume générale des pays et duché de Bourgogne. *Dijon, J. Ressayre*, 1698, in-fol.

— * Histoire du droit romain. *Paris*, 1678, in-12.

— Vies (les) des plus célèbres jurisconsultes de toutes les nations (près de cinq cents, dont quatre-vingt-dix français), tant anciens que modernes, tirées des meilleurs auteurs qui en ont écrit, par TAISAND. Nouv. édition, augm. par Joseph de FERRIÈRE. *Paris*, 1737, in-4.

Ouvrage très-incomplet. Il n'y a presque rien d'historique : ce sont des *testimonia*. La première édition est de 1721 (Paris, Sevestre, in-4).

Les additions de Ferrière sont presque toutes prises des Mémoires du P. Niceron.

La vie de Taisand, écrite par son fils, religieux de l'ordre de Cîteaux, est la première du volume indiqué, et elle a été publiée par ce même fils.

TAISAND (dom Claude), bernardin, fils du précédent.

— * Prières choisies en faveur des dames chrétiennes, par un solitaire de Cîteaux. *Avignon*, 1741, in-12.

— * Vie de Taisand, trésorier de France en la généralité de Bourgogne et Bresse. *Dijon*, 1715, in-4 de 17 pag.

Réimprimée avec des additions, en tête des Vies des plus célèbres jurisconsultes, etc., par P. Taisand, 1721, in-4, dont dom Taisand a été l'éditeur. (Voy. l'art. précédent).

TAISSEIRE cadet (Honoré), médecin oculiste à Paris, frère du suivant.

— Traité des maladies des yeux et des paupières, et les moyens d'y remédier.....

Alm. des 25000 adresses pour 1834.

TAISSEIRE DE SAINT-MARC aîné, frère du précédent, médecin à Paris, membre de la Société de l'asile de la providence, de celle de médecine pratique de Paris, de l'Académie de Turin et de celle de charité de Saint-Roch.

— Traité des hydropisies, des rhumatismes, de la goutte; des yeux ; des maladies de la peau, de la poitrine et de celles du temps critique des femmes.....

Alm. des 25,000 adresses pour 1834.

TAITBOUT ( ), mort en 1779.

— * Abrégé élémentaire d'astronomie, de physique, d'histoire naturelle, chimie, anatomie, géométrie et mécanique. *Paris*, *Froullé*, 1777, in-8, fig.

— * Essai sur l'île d'Otahiti, située dans la mer du Sud, et sur l'esprit et les mœurs de ses habitants. *Avignon*, *et Paris*, *Froullé*, 1779, in-8, avec carte et fig.

Cet ouvrage a été faussement attribué par quelques personnes à L.-A. Bougainville. (*Biogr. univ*)

— * Lettre de M. T*** à M. le baron de Servières, en réponse à ses observations sur les thermomètres. *Paris*, *Froullé*, 1778, in-8 de 13 pag.

— * Principes mathématiques de la loi naturelle. *La Haye*, *et Paris*, *Froullé*, 1788, in-8.

TAJAN ( ), avocat, directeur de l'Académie des sciences, inscriptions et belles-lettres de Toulouse.

— Discours prononcé sur la tombe de M. Bellot, ex-géomètre en chef du cadastre du département de la Haute-Garonne. *Toulouse*, *de l'impr. de Bénichet cadet*, 1833, in-8 de 12 pag.

— Esprit et conférences des lois d'intérêt général qui ont été rendues depuis la restauration, ou qui seront rendues à l'avenir. Session de 1826. *Toulouse*, *Devers*, 1826, in-8.

Avec MM. Adolphe Caze et Cam. Messine.

Cette collection avait été promise en trois séries : la première eût compris de 1814 à 1824 inclus ; la seconde 1825 ; la troisième 1826. Il n'en a paru que quatre livraisons pour 1826, et les trois premières de 1827.

— Mémorial de jurisprudence de la cour royale de Toulouse, et des autres cours royales du midi, par une société d'avocats, dirigée par M. Tajan. *Toulouse*, *Corne*, 1820-25, 11 vol. in-8, y compris un de Table générale alphabétique et raisonnée, 50 fr.

Avec MM. Curie Seimbres et Grasset.

A partir de janvier 1826, le Journal des arrêts de la cour royale de Toulouse est réuni au *Mémorial*. M. GRASSET est, depuis cette époque, le directeur du dernier recueil.

Prix de l'abonnement annuel, ou pour douze cahiers formant deux volumes par an, 15 fr.

— Plaidoyer de Me Tajan, avocat à la cour royale de Toulouse, défenseur de Me Didier Fualdès, avocat, partie civile, etc. ; prononcé devant la cour d'assises du département du Tarn, séant à Albi, les 22 à 25 mai 1818; avec le portrait de M. Fualdès fils. *Toulouse*, *Bénichet aîné*, 1818, in-8.

— * Satires toulousaines, ou Satires contre l'Athénée de Toulouse. *Bruxelles* (*Toulouse*), an XII (1804), in-8 de 71 pag.

Ces Satires, distribuées en manuscrit de mois en mois, sont dirigées contre une foule d'écrivains obscurs, et surtout contre M. Baour-Lormian, qui commençait à être célèbre.

Les notes dont elles sont accompagnées sont encore plus caustiques que les vers.

M. Baour répliqua par une « Épître à l'auteur anonyme des six Satires toulousaines », Toulouse, an XII (1804), in-8. Cette réponse s'imprimait lorsque l'anonyme publia son recueil, qui fut recherché avec le plus grand empressement.

On a imputé les Satires toulousaines à trois jeunes gens, MM. TAJAN, SENS, BERNARD; le premier avocat, le second fils d'un libraire, et le troisième ci-devant professeur au collége de Foix. D'autres curieux mettent de cette société satirique M. Treneuil; mais on peut s'être trompé dans ces diverses conjectures. (*Note de Chaudon*, tirée de Barbier.)

M. Tajan est, en outre, l'annotateur des Arrêts du parlement de Toulouse, par J.-B. de Lavignerie, publ. par Vict. Fons (1831).

TALABOT (Auguste). — Trône (le) perdu, ou la Chute du Corse, poëme héroï-comique en quatre chants. *Limoges, M. Ardant*, 1814, in-8 de 64 pag., 1 fr. 50 c.

TALABOT (L.) frères, de Paris.
— Note sur un procédé nouveau proposé pour la condition publique des soies de Lyon. *Lyon, de l'impr. de Barret*, 1832, in-8 de 128 pag.

TALAIRAT (le baron G. de), poëte, anc. maire de Brioude.
— Album littéraire, philosophique et politique. *Paris, Janet; Delaunay*, 1834, in-18.
— Chant (le) des bardes, au mariage de Napoléon et de Marie-Louise, scène lyrique (en vers libres). *Paris, Michaud frères*, 1810, in-12.
— Dévouement (le) des médecins français et des sœurs de Sainte-Camille, à l'occasion de la fièvre jaune de Barcelonne; poëme dédié à mademoiselle Delphine Gay. *Paris, Delaunay; Dentu, etc.*, 1822, in-4 de 16 pages.

Cet opuscule s'est vendu au profit des sœurs de Sainte-Camille.

— Fastes de la France, fragments d'un poëme inédit, suivi de poésies diverses. *Paris, l'Éditeur; Dentu, etc.*, 1815, in-8 de 64 pag., 1 fr. 50 c.; et sur pap. vélin, 3 fr.
— Fragments poétiques et littéraires. *Paris, l'Éditeur; Delaunay, etc.*, 1831, in-8 de 64 pag.
— Mort (la) du Tasse, poëme. *Paris, de l'impr. de Lebègue*, 1812, in-8 de 16 pages.
— Notice historique sur l'église et le chapitre de Brioude. *Au Puy, de l'impr. de Pacquet*, 1829, in-8 de 32 pag.
— Nuit (la) du 13 février, ou la Mort de S. A. R. Mgr. le duc de Berry, poëme. *Paris, de l'impr. de Dupont fils*, 1820, in-4 de 8 p., 75 c.

TALANDIER (Firmin), avocat.
— Chants (les) des bardes, ou le Retour du roi, poëme. *Paris, de l'impr. de Cellot*, 1815, in-8 de 16 pages.
— Cheval (le), essai didactique. *Limoges, de l'imp. de Mart. Ardant*, 1812, in-8 de 28 pag.

TALANDIER. — * Résumé de l'histoire d'Auvergne. Par un Auvergnat. *Paris, Lecointe et Durey*, 1826, in-18, 3 fr.

TALANDIER, conseiller. — Traité (nouv.) des absents, contenant les lois, arrêtés, décrets, avis du conseil d'État, circulaires, ordonnances, publiés sur l'absence, le texte ou l'analyse des arrêts rendus jusqu'à ce jour sur l'absence et sur les autres articles de la législation qui ont des rapports avec cette matière; les arrêts inédits de la cour de Limoges sur l'absence; la conférence des auteurs sur chaque question; les formules des actes de la procédure. *Limoges, Marmignon; et Paris, veuve Charles-Béchet*, 1831, in-8, 6 fr. 50 c.

TALANDIER (le chev.). — Relation de la bataille de Dierntein, livrée le 20 brumaire an XIV par la division du général Gazan, huitième corps d'armée, sous les ordres du maréchal Mortier, duc de Trévise. *Strasbourg, de l'impr. de Silbermann*, 1835, in-8 de 40 pag.

TALARI ou TAFARI (P.), de Roanne.
— Jugement (le) du romantique au Parnasse, folie romantico-classico et diabolique en un acte, en vers et en prose, rapsodie imitée du théâtre Italien, avec des notes; suivi du Réveil des Grecs. *Paris, Garnier*, 1829, in-12 de 36 pag., 60 c.

TALASSA AITÉE (S.-P.), pseudon. Voy. (au Suppl.) MÉRARD DE SAINT-JUST.

TALBERT (l'abbé François-Xavier), prédicateur du roi, chanoine de l'église métropolitaine de Besançon, et vicaire général de Lescars; membre des académies de Besançon et de Dijon; né à Besançon, en 1725, mort à Lemberg, en Galicie, le 4 juin 1803.
— Avantages (les) de l'adversité, poëme qui a remporté le prix de l'Académie d'Amiens. 1772, in-8.
— Citoyen (le), poëme....
— Discours qui a remporté le prix à l'Académie de Dijon, sur cette question: Quelle est la source de l'inégalité parmi les hommes, et est-elle approuvée par la loi naturelle? 1753.
— Éloge de Louis le Bien-Aimé, lu à la séance publique de l'Académie de Besançon. *Besançon, et Paris, Moutard*, 1775, in-8.

— Éloge du chanc. Michel de l'Hôpital, couronné à l'Académie de Toulouse. 1777, in-8.

— Éloge de Michel Montaigne, qui a remporté le prix de l'Académie de Bordeaux, en 1774. *Londres, et Paris, Moutard*, 1774, in-8.

— Éloge de Philippe d'Orléans, couronné à Villefranche. 1777, in-8.

— Éloge historique du cardinal d'Amboise, archevêque de Rouen, premier ministre de Louis XII, couronné par l'Académie de l'immaculée conception de Rouen. *Besançon, Charmet, et Paris*, 1776, in-8.

— Éloge historique de Jacques-Bégn. Bossuet, évêque de Meaux, précepteur du Dauphin, etc.; ouvrage qui a remporté le prix de l'Académie de Dijon en 1772. *Paris, le Jay*, 1773, in-8.

— Éloge historique du chevalier Bayard. *Besançon*, 1770, in-8 et in-12.

— * Langronet aux enfers, poëme. 1760, in-12.

Satire contre Langronet, conseiller au parlement de Besançon.

— Panégyrique de saint Louis, roi de France, prononcé dans la chapelle du Louvre, en présence de messieurs de l'Académie française, le 25 août 1779. *Paris, Demonville*, 1779, in-12.

— Stances sur l'industrie, qui ont remporté le prix de l'Académie de Pau. *La Haye, et Paris, Lottin le jeune*, 1770, in-8.

TALBERT (l'abbé), neveu du précédent.

— * Première déclaration du roi. *Belleville, le 20 août* 1795. — Nouv. édit. *Paris*, 1814, in-8.

TALBOT (le chevalier Robert). — Lettres sur la France comme elle est dans ses divers départements, avec nombre de particularités intéressantes touchant les hommes en place; mises en français par M. Maubert de G... (Gouvest). *Amsterdam, Fr. Changuion*, 1768, 2 vol. in-12.

Cet ouvrage pourrait bien être de la composition de Maubert de G***.

TALBOT (Edward-Allen). — Cinq années de séjour au Canada, par Edward Allen Talbot, trad. de l'angl. par M. *** (Dubergier); suivies d'un extrait du Voyage de M. Duncan, en 1818 et 1819; trad. de l'angl. par M. Eyriès, et accompagnées d'un Atlas gravé par Ambroise Tardieu. *Paris, Boulland*, 1825, 3 vol. in-8, avec 9 planches, 18 fr.

L'Atlas annoncé sur le titre se compose de neuf planches, dont quelques-unes in-8, qui sont brochées à la fin du troisième volume. Les deux premiers ont été d'abord publiés sous un titre ainsi conçu : *Cinq années de résidence au Canada*, traduit de l'angl. par M***, auteur de plusieurs ouvrages, et traducteur de l'*Incendie de Moscou*. Paris, Boulland et comp^e, 1825, 2 vol. in-8; mais ces deux volumes ne furent pas alors publiés.

Les trois volumes ont été reproduits, en 1833, sous le titre de *Voyage au Canada*, Paris, à la Librairie centrale.

TALBOT (Eugène). — Paul-Louis Courrier et la révolution de 1830, épître en vers (alexandrins) adressée à Mgr le prince royal, duc d'Orléans. *Paris, Ladvocat*, 1830, in-8 de 16 pag., 1 fr.

TALBOT-DILLON. — Histoire de Pierre le Cruel, roi de Castille, trad. de l'angl. (par Mlle Froidure de Rezelle). *Paris*, 1790, 2 vol. in-8.

TALERNES (le comte Édouard de). — Communes (des) et des élections municipales. *Avignon, Guichard aîné*, 1829, in-8 de 38 pag.

TALGORN. — Buez hor salver Jesus-Christ, etc., laqueat a brezonnec. *Quimperlé, Léon fils, et Brest, Nicole*, 1836, in-18.

— Tenzor ar Cristenien. Pe leuvr-necesser da bep gristen evit en em instrui eus ar religion. *Quimper, Lion*, 1836, in-12.

TALLARD (le maréchal de). — Campagnes (ses) en Allemagne et celles de Marsin, l'an 1704. (Rédigées par Dumoulin). *Amsterdam, Mich. Rey*, 1763, 2 vol. in-12.

TALLAVIGNES (Jean-Antoine), maître en chirurgie à Mérinville.

— Dissertation sur la médecine, où l'on prouve que l'homme civilisé ou l'homme moral est plus sujet aux maladies graves que l'homme qui vit dans l'état de nature. *Carcassonne, de l'impr. de Gardel-Teissié*, 1821, in-8 de 68 pag.

TALLEMAND (l'abbé de). — Mémoires de Schah-Tamas II, empereur de Perse, écrits par lui-même et adressés à son fils. *Paris*, 1758, 2 vol. in-12.

Ouvrage composé par l'abbé Tallemand.

TALLEMANT (Paul), de Paris, prieur d'Ambierle et de Saint-Albin, intendant des devises et inscriptions des édifices royaux, membre de l'Académie française; mort en 1712.

— Éloge funèbre de M. Jean-Baptiste de Colbert, ministre et secrétaire d'état. 1697, in-4.

Réimprimé dans les *Panégyriques et harangues* de l'auteur.

— * Lampyris, ou le Ver luisant, églogue trad. du latin (1709. Voy. Dan. Huet.

— Panégyriques et harangues à la louange du roi, prononcez dans l'Académie françoise en diverses occasions. *Paris, Petit,* 1680, in-8.

— Préface pour les médailles sur les principaux événements du règne de Louis-le-Grand, avec des explications historiques, etc. *Paris, de l'impr. royale,* 1702, in-folio.

Cette Préface ayant été imprimée séparément, ne se trouve que très-rarement en tête de l'ouvrage auquel elle appartient : elle a été réimprimée dans le Mélange curieux des meilleures pièces attribuées à M. de Saint-Évremont (voy. ce nom).

L'abbé Tallemant, a eu part aussi aux explications historiques du volume que cette Préface devait accompagner.

— * Remarques et décisions de l'Académie française, recueillies par M. L. T. *Paris, Coignard,* 1698, in-8.

MM. de l'Académie française, après l'impression de leur Dictionnaire, se partagèrent en deux bureaux : dans le premier, on revoyait et on corrigeait cet ouvrage; dans l'autre on examinait les difficultés de la langue. Ce second bureau ne travailla que cinq mois : pendant les deux premiers l'abbé de Choisy en fut le secrétaire, et l'abbé Tallemant le fut des trois autres. Ce sont les difficultés proposées pendant son secrétariat qu'il a fait imprimer. MM. de l'Académie n'en furent point contents et les désavouèrent.

— * Voyage de l'île d'Amour, ou la Clef des cœurs. *Paris, Billaine,* 1663. — Sec. Voyage (par le même). *Paris,* 1664. — Nouvelle édition des deux Voyages. *Paris,* 1713, in-12.

Ces deux Voyages furent imprimés aussi en 1664 et en 1667, dans un Recueil de quelques pièces nouvelles et galantes, tant en prose qu'en vers. Cologne (Amsterdam, Elzevier), 2 vol. in-12.

L'abbé Tallemant a été aussi l'éditeur des Œuvres de Benserade, auxquelles il a joint un Discours sommaire touchant la vie de l'auteur (1697, 2 vol. in-12).

TALLEMANT DES RÉAUX. — Historiettes de Tallemant des Reaux. Mémoires pour servir à l'histoire du XVIIe siècle, publiés sur le manuscrit inédit et autographe, avec des éclaircissements et des notes. Par MM. Monmerqué, de Chateaugiron et Taschereau. *Paris, Levavasseur,* 1833-35, 6 vol. in-8, 36 fr.

TALLEYRAND-PÉRIGORD (Charles-Maurice de), prince de Bénévent, diplomate fameux, neveu du cardinal Talleyrand-Périgord, mort en novembre 1821, archevêque de Paris, et grand aumônier de France; né à Paris, le 2 fevrier 1754 (1); d'abord grand-vicaire de Rheims, ensuite évêque d'Autun, de 1788 à 1791, puis membre de l'Assemblée nationale; célébrant au Champ-de-Mars; secrétaire du marquis de Chauvelin pendant son ambassade en Angleterre (ou plus exactement ambassadeur sous la responsabilité de Chauvelin) charge qu'il quitta pour aller en Amérique; de retour en France à la fin de l'année 1795, il fut adjoint ou mandataire de Ch. Lacroix, ministre des affaires étrangères sous le Directoire; ministre des affaires étrangères depuis le mois de juillet 1797, après avoir supplanté Lacroix; il quitta ce ministère en juillet 1799, le reprit à la fin de la même année, et le conserva jusqu'en 1808; grand chambellan de Napoléon, en 1806, et quelques jours après, grand officier de la légion d'honneur, décoré du grand cordon, et fait prince de Bénévent; plus tard vice-grand électeur, puis, en attendant Louis XVIII, roi provisoire de la France, sous le titre de président du gouvernement provisoire institué par lui-même. Après la chûte de l'Empire, à qui il devait sa haute fortune, et que pourtant il avait été un des premiers à miner, il devint ministre des affaires étrangères, du 12 mai 1814 jusqu'au 26 août 1815; pair de France, le 4 juin 1814. Après la révolution de 1830, ambassadeur à Londres; et négociateur dans les affaires de la Belgique. M. de Talleyrand était, sans l'avoir mérité par aucun titre, membre de l'Institut national,

(1) Il descendait, du côté maternel, de la princesse des Ursins; « Mêlé sans danger à toutes les « catastrophes, planant toujours inaperçu sur les « événements qu'il préparait, mobile comme la « fortune, et non moins perfide qu'elle, le prince « de Talleyrand ne doit être comparé ni à Sully, « ni à Colbert, ni à Mazarin, ni à Choiseul; il ne « ressemble qu'à lui seul. Son caractère dominateur par souplesse a beaucoup de rapport avec » celui du chat. S'il rampe un moment, c'est qu'il « songe à s'élancer; s'il fait patte de velours, c'est « qu'il veut égratigner bientôt. » (*Notice hist. sur Maubreuil,* 1827, in-8.)

classe des inscriptions et belles-lettres (histoire et littérature ancienne) et des sciences morales et politiques. Il est mort à Paris, le 17 mai 1838.

L'adroit Maurice, en boitant avec grâce,
Aux plus dispos pouvant donner leçons,
A front d'airain unissant cœur de glace,
Fait, comme on dit, son thème en deux façons.
Dans le parti du pouvoir arbitraire,
Furtivement il glisse un pied honteux ;
L'autre est toujours dans le parti contraire ;
Mais c'est le pied dont Maurice est boiteux.

Épigramme de M. J. Chénier, de pluviôse an IX (1).

Travaux législatifs.

— Adresse aux Français, par M. l'évêque d'Autun. 1789, in-8.

Voici, sur cet écrit, une note que nous empruntons à un journal du temps.

« Ce Discours, considéré sous tous les points de vue, contient tout ce que l'on a écrit de plus sage et de plus éloquent pour la liberté. Il réfute les objections insignifiantes des détracteurs de l'Assemblée nationale. Il prouve les bienfaits dont nous lui sommes redevables, encourage les patriotes, console le peuple, sans aigrir les mécontents ; sublime et simple comme l'Évangile, son langage a la douceur qui convient à un ministre de la religion, la logique d'un écrivain ferme dans les bons principes, et la chaleur d'un Français qui sacrifie tous les préjugés de la naissance et de la fortune au devoir d'un représentant de sa province ».

— Loteries (des). *Paris*, 1789, in-8.

On a publié à l'occasion de cet écrit :

Moyens de rendre la loterie royale de France utile au gouvernement, sans nuire directement ni indirectement au peuple, ou Examen de l'ouvrage de M. l'évêque (Talleyrand-Périgord), intitulé : « Des Loteries ». Par M. Jabbe Minoblant. 1789, in-8.

— Motion de M. l'évêque d'Autun sur les mandats impératifs. (7 juillet 1789) Deuxième édition. *Paris*, *Plancher*, 1823, in-8 de 20 pages.

— Motion de M. l'évêque d'Autun sur la proposition d'un emprunt, faite à l'Assemblée nationale, par le premier ministre des finances, et sur la consolidation de la dette publique (27 août 1789). Sec. édit. *Paris*, *Plancher*, 1823, in-8 de 32 pag.

— Motion de M. l'évêque d'Autun, sur les biens ecclésiastiques (10 octobre 1789). Deuxième édition. *Paris*, *Plancher*, 1823, in-8 de 40 pag.

— Opinion de M. l'évêque d'Autun sur la question des biens ecclésiastiques, en 1789. Deuxième édit. *Paris*, *P. Plancher*, 1823, in-8 de 16 pag.

(1) Ce fut pourtant sur une motion de l'auteur de ces vers, du 4 septembre 1795, que le decret d'accusation rendu contre Talleyrand, comme émigré, fut rapporté.

— Opinion de M. l'évêque d'Autun sur les banques et sur le rétablissement de l'ordre des finances, prononcé à l'Assemblée nationale, le vendredi 4 décembre 1789, et imprimée par son ordre. Deuxième édit. *Paris*, *Plancher*, 1823, in-8 de 48 pag.

— Opinion sur les assignats forcés. *Paris*, 1790, in-8.

— Proposition faite à l'Assemblée nationale sur les poids et mesures. *Paris*, *Baudouin*, 1790, in-8 de 20 pag.

— Opinion sur la vente des biens nationaux. 1791, in-8.

— Rapport sur l'instruction publique, fait au nom du comité de constitution, à l'Assemblée nationale, les 10, 11 et 19 septembre, imprimé par ordre de l'Assemblée nationale. *Paris*, *Baudouin*, 1791, in-4 de 216 pag. — Sec. édit. 1791, in-8.

« Nous rendons hommage, dit Chénier dans l'Introduction de son Tableau de la littérature française, à ce plan d'instruction publique, monument de gloire littéraire élevé par M. Talleyrand, ouvrage où tous les charmes du style embellissent toutes les idées philosophiques ».

Il n'y eut pour la gloire de M. Talleyrand qu'un petit malheur ; c'est que le public apprit bientôt que ce discours remarquable avait été composé par Martial Borge Desrenaudes (voy. ce nom), autrefois abbé et grand-vicaire de M. l'évêque d'Autun, alors son secrétaire, et depuis membre du Tribunat, garde des archives de la bibliothèque historique du conseil d'État, conseiller titulaire de l'Université, et censeur impérial. Desrenaudes, qui n'est mort qu'en 1825, a dû plus d'une fois prêter sa plume au diplomate.

On a publié à l'occasion de cet écrit :

Observations sur le projet d'instruction publique, lu par M. Talleyrand-Périgord, au nom du comité de constitution, et sur le projet de decret sur l'enseignement et l'exercice de l'art de guérir, présenté par le comité de salubrité. Par M. J. G. Gallot, médecin de Montpellier, député du département de la Vendée, etc, 1791, in-8.

— Eclaircissements donnés à ses concitoyens. *Paris*, an VII (1799), in-8.

Réimpr. en 1837 dans le tome VI de la collection intitulée : « Mémoires de tous ».

— Discours de M. le prince de Bénévent au roi, en lui présentant le sénat, à Saint-Ouen, le 2 mai 1814. *Paris*, *de l'impr. de Gueffier*, 1822, in-8 de 4 pag.

— Proposition faite à la chambre des pairs par le prince de Talleyrand, dans la séance du jeudi 23 janvier 1817. *Paris*, *Dentu*, 1817, in-8 de 8 pag. ; ou *Paris*, *Plancher*, 1822, in-8 de 8 pag.

— Opinion de M. le prince Talleyrand, pair de France, contre le renouvellement de la censure (séance du 24 juillet 1821). *Paris*, *Baudouin frères*, 1821, in-8 de 12 pages.

— Discours prononcé à la chambre des pairs à l'occasion du décès de M. le comte Bourlier, évêque d'Évreux, dans la séance du mardi 13 novembre 1821. *Paris, madame Seignot*, 1821, in-8 de 16 pag.

— Discours sur le projet de loi relatif aux délits de la presse. *Paris, Plancher*, 1822, in-8 de 8 pag.

— Opinion sur le projet d'adresse en réponse au discours du roi à l'ouverture de la session (séance du lundi 3 février 1823). *Paris, Baudouin frères*, 1823, in-8 de 12 pag.; ou *Paris, les mêmes; Plancher*, 1823, in-8 de 8 pag., 75 c.

Mémoires académiques.

— Mémoire sur les relations commerciales des États-Unis avec l'Angleterre.

Imprimé dans le tome II des Mémoires de l'Institut national, classe des sciences morales et politiques (1799).

— Essai sur les avantages à retirer des colonies nouvelles dans les circonstances présentes.....

Imprimé dans le même volume.

Ces deux mémoires ont été rédigés, dit-on, par M. d'Hauterive.

— Éloge de M. le comte Reinhart, prononcé à l'Académie des sciences morales et politiques, dans la séance du 3 mars 1838. *Paris, de l'impr. de F. Didot; Gabr. Warée*, 1838, in-8 de 32 pag.

Nous venons de citer à peu près tous les écrits qui portent le nom du prince de Bénévent, lequel, du reste, ainsi que les grands seigneurs de l'ancien régime, aurait cru déroger à sa noblesse en écrivant. Une personne digne de foi nous assure pourtant que Talleyrand, n'étant encore qu'abbé de Périgord, composa ses propres *Mémoires*, et que ces Mémoires, ne formant qu'un volume, ont été imprimés, à Courtalan, par la duchesse de Luynes, à un seul et unique exemplaire. Quinze années plus tard, les idées de Talleyrand s'étant modifiées par celles du duc de Choiseul, notre diplomate refit ses Mémoires, mais rien ne nous apprend que, sous cette nouvelle forme, ils aient été imprimés. L'éloignement de Talleyrand pour le titre d'écrivain avait, à ce qu'il paraît, diminué avec le temps, car, pendant sa dernière ambassade en Angleterre, il avait songé à publier ses prétendues *Œuvres*, et, si ce projet n'a pas reçu d'exécution, c'est l'impossibilité de retrouver tous ses discours aux législatures dont il avait fait partie, qui en a été cause.

M. Jules Taschereau a inséré, en 1836, dans sa Revue rétrospective, IIe série, tome V, trois *Lettres* du prince Talleyrand, l'une à l'occasion de l'arrestation du duc d'Enghien, dont la mort doit être attribuée à Talleyrand; les deux autres sont relatives à l'institution de la Légion d'honneur.

OUVRAGES

RELATIFS AU PRINCE DE TALLEYRAND.

— Lettre à M. le rédacteur du Globe, au sujet de la prétendue ambassade en Russie de Charles Talleyrand. Par le prince Alex. Labanoff de Rostoff. *de l'imp. de F. Didot*, 1827, in-8 de 16 pag. — Sec. édition, augm. d'un Post-scriptum contenant une lettre inédite de Louis XIII. *Paris, de l'impr. du même*, 1824, in-8 de 24 pages.

— Notice historique sur Marie-Armand de Guerry de Maubreuil, marquis d'Orvault, et principaux motifs qui ont déterminé sa conduite envers le prince de Talleyrand, dans la journée du 20 janvier 1827. Par un de ses anciens compagnons d'infortune. *Paris, de l'impr. de Guiraudet*, 1827, in-8 de 75 pages.

On y trouve l'historique de la mission secrète confiée à Maubreuil par le président du gouvernement provisoire de 1814, dont le but, comme on le sait, était l'assassinat de Napoléon et de sa famille.

— Notice biographique sur le prince Talleyrand....

Dans la Biographie universelle et portative des contemporains, tome V, pages 787-94.

— Album perdu. *Paris, de l'impr. de Barbier*, 1829, in-12 de 204 pag.

Ce volume a été reproduit, en 1835, sans réimpression, sous le titre suivant: *Pensées et Maximes de M. de Talleyrand, précédées de ses premiers amours, et suivies de l'opinion de Napoléon sur ce grand diplomate.* Paris, tous les libraires de Paris et des départements.

On attribue la publication de ce volume à M. H. Latouche, à qui diverses personnes auraient communiqué des anecdotes.

— Vie politique de Charles-Maurice, prince de Talleyrand. Par Alex. Sallé. *Paris, L.-F. Hivert*, 1834, in-8 de 395 pag.

— * Monsieur de Talleyrand. Avec cette épigraphe :

Ni pamphlet, ni panégyrique.

(Par M. de Villemarest). *Paris, J.-P. Roret*, 1834-35, 4 vol. in-8, 30 fr.

Il y a des exemplaires avec des titres portant : *seconde édition*, et l'adresse de Lecointe et Pougin.

— Notice biographique sur le prince Talleyrand, par MM. B. Saint-Edme et G. Sarrut....

Imprimée dans le tome III, deuxième partie, pages 72 et suivantes de la Biographie des hommes du jour, publiée par ces deux écrivains.

Toutes nos Biographies contemporaines renferment des notices sur le prince Talleyrand. Si nous ne citons que celles de deux de ces recueils, c'est d'abord parce qu'elles ont plus d'étendue que les autres, et qu'ensuite elles sont conduites plus loin, et plus riches en faits.

— Extraits des Mémoires du prince Talleyrand-Périgord, ancien évêque d'Autun, recueillis et mis en ordre par madame la comtesse O..... du C..... (c'est-à-dire le baron LAMOTHE-LANGON), auteur des « Mémoires d'une femme de qualité ». *Paris, Ch. Leclerc*, 1838, 4 vol. in-8, 32 fr.

—Histoire complète de la vie et de la mort du prince Talleyrand-Périgord. Par S. D*** (Sosth. DUFOUR DE LA THUILERIE). *Paris, au bur. de la Soc. de Saint-Nicolas*, 1838, in-8, 5 fr.

Tout en présentant la vie de M. de Talleyrand, cette histoire offre le tableau des principaux événements de nos cinquante dernières années. Six chapitres sont consacrés à la vie de M. de Talleyrand et aux grandes circonstances dans lesquelles il s'est trouvé en première ligne, depuis 1789 jusqu'à 1838. Le septième est tout entier employé à une relation parfaitement exacte et complète de ses derniers moments. Dans le huitième on a réuni les jugements portés sur cet homme célèbre par des personnages et des écrivains de diverses opinions : Bonaparte, MM. de Cony, Mignet, de Barante, et par la presse périodique. On y a aussi rapporté quelques-unes des nombreuses saillies attribuées à M. de Talleyrand.—L'ouvrage est terminé par vingt-une notes relatives à des événements qui n'ont pu être traités à fond dans le cours de l'histoire, par exemple, à la constitution civile du clergé, que M. de Talleyrand adopta avec un chaleureux empressement; au meurtre du général Duphot, au détrônement et à la captivité de Pie VI, aux persécutions du Directoire, aux négociations du second mariage de Napoléon, et à d'autres faits historiques, se rattachant soit au ministère de M. de Talleyrand, soit à la narration elle-même.

Le mérite particulier de cette histoire consiste dans la citation d'un grand nombre de documents, dans un esprit sincèrement religieux et une parfaite impartialité.

— Mémoire sur M. Talleyrand, sa vie publique, sa vie privée; suivi de la relation authentique de ses derniers moments, et d'une appréciation phrénologique sur le crâne de ce personnage célèbre, fait peu d'heures avant sa mort. Par MM. Ch. PLACE et FLOURENS, rédacteurs du Journal de phrénologie. *Paris, rue Jacob*, 1838, in-8 de 171 pag., avec une fig.

Pages 153 à 171 de ce volume on a reproduit l'*Éloge de Reinhart*, prononcé par le prince Talleyrand, le 30 mars 1838.

— Prince (le) Talleyrand : sa vie et sa confession. *Paris, l'Éditeur, rue des Deux-Écus, n.* 33; *Pougin*, 1838, in-8 de 46 pages.

Les seize premières pages sont remplies par un écrit intitulé : *Examen de conscience, ou Entretien politique et religieux entre deux théologiens*, signé l'abbé de .... Cet écrit a dû paraître auparavant à part. L'opuscule intitulé *le Prince Talleyrand, etc.*, est signé F. D....., comte de ***.

—Vie religieuse et politique de Talleyrand de Périgord, prince de Bénévent, depuis sa naissance jusqu'à sa mort. Par Louis BASTIDE. *Paris, Faure*, 1838, in-8, 7 fr. 50 c.

Ce volume doit être composé de trente feuilles d'impression et divisé en trois parties : il paraît par livraisons de 32 pages.

— Biographie des contemporains. Talleyrand-Périgord, prince de Bénévent. Par André G...... *Paris, Gouaille*, 1838, in-8 de 4 pag., avec un portr., 20 c.

Cette Notice a 77 lignes en 11 alinéas.

— Rencontre de Napoléon et du prince Talleyrand aux Champs-Élysées. (Dialogue en prose). *Paris, Stahl*, 1838, in-8 de 16 pages.

— Ombres (les) d'Alexandre Ier, empereur de toutes les Russies, et du prince Talleyrand, ci-devant évêque d'Autun, mises en scène relativement aux événements politiques surgis de 1814 à 1838, ou l'un des Dialogues des morts, extrait d'un ouvrage inédit (qui formera 4 vol. in-8), ayant pour titre : « l'Anti optimiste, ou le Véritable esprit de l'histoire de France de 1814 à 1838. Précédé d'une introduction; par P. LESUEUR-DESTOURETS (de la Seine-Inférieure). *Paris, l'Auteur*, 1838, in-8 de 32 pages, 50 c.

TALLEYRAND (le comte Auguste de), né à Paris, le 10 février 1770, mort à Milan, le 20 octobre 1832, suivit son père à Naples, où il était ambassadeur. Rentré en France, en 1808, il fut nommé chambellan de Napoléon et ambassadeur en Suisse, poste qu'il occupa jusqu'en 1824. Il avait été nommé pair de France après la seconde restauration.

— Réflexions sur le renouvellement intégral et septennal de la chambre des députés. *Paris, Ladvocat*, 1824, in-8 de 20 pag., 75 c.

TALLIEN (Jean-Lambert), l'un des personnages les plus marquants de la Révolution, et le principal acteur de la célèbre journée du 9 thermidor; né à Paris, au commencement de 1769. A l'époque de l'Assemblée constituante, il fut secrétaire du député Broustaret, puis prote de l'imprimerie du Moniteur; depuis, et successivement : fondateur de la Société fraternelle de l'un et de l'autre sexe, séante au Palais-Cardinal (Palais-Royal); secrétaire-greffier de la commune de Paris, nommé dans la nuit du 9 au 10 août 1792; député de Seine-et-Oise à la Convention nationale;

élu membre du comité de sûreté générale, le jour même de l'exécution de Louis XVI; chargé de missions dans les départements de l'Ouest, et à Bordeaux, au commencement de 1794; secrétaire et ensuite président de la Convention, le 1er germinal an II (19 mai 1794); élu membre du comité de salut public, trois jours après la mort de Robespierre (13 thermidor) jusqu'à la fin de sa mission à Quiberon; membre du conseil des cinq-cents depuis son organisation jusqu'au 20 mai 1798; membre de l'expédition d'Égypte, et prisonnier des Anglais au moment où il revenait en France, en 1801; commissaire des relations commerciales (consul) à Alicante, titre qu'il conserva jusqu'à la seconde restauration; mort dans l'indigence, à Paris, le 16 novembre 1820.

— Ami (l') des citoyens, journal fraternel. *Paris*, 1791, in-8.

« Vers la fin de la session de la première Assemblée, Tallien se mit à composer des placards, format in-8, sous le titre d'*Ami des citoyens*, et signés de son nom, remplis de choses violentes contre la cour, et de principes républicains. Ces écrits étaient affichés deux fois la semaine sur les murs de Paris. La société des *Amis de la constitution* (depuis les Jacobins), faisait les frais de cette affiche, qui contribua puissamment à exalter les esprits, et qui continua sous l'Assemblée législative. Après une longue interruption, Tallien reprit un moment ce journal au mois de fructidor an II ».

Mah., Ann. nécrol., ann. 1820.

— Discours sur les causes qui ont produit la révolution française, prononcé à la Société, etc. 1791, in 8.

Discours assez remarquable, que Tallien avait prononcé aux Jacobins.

— Mémoire sur l'administration de l'Égypte à l'arrivée des Français....

Inséré dans le tome III de la Décade égyptienne, journal littéraire et d'économie politique, imprimé au Caire. Tallien est aussi le rédacteur du prospectus de ce recueil.

L'homme du 9 thermidor n'avait pas, dans l'expédition d'Égypte, d'autre qualité que celle de savant. Il fut pourtant nommé administrateur des droits d'enregistrement et des domaines nationaux, et membre de l'Institut d'Égypte.

— Pétition à l'Assemblée constituante....

Pétition rédigée par Tallien, après le voyage de Varennes, et dans laquelle on demandait que toutes les communes de France fussent appelées à statuer sur le sort définitif de Louis XVI. Cette pétition était signée : *Le peuple*.

On a du même de nombreux *discours* et *rapports* aux législatures dont il a fait partie; ils sont imprimés dans les journaux.

TALLIER (T.). — Rosalie et Dorsin, ou les Effets de l'amour, comédie en trois actes, mêlée de musique. *Paris*, *Blanchon*, 1800, in-8, 1 fr. 20 c.

TALLOIS (P.-J.), à Bruxelles, docteur en médecine, attaché à l'inspection générale du service militaire.

Nous avons cité, à l'article du docteur P.-J. Marcq, deux écrits auxquels M. Tallois a eu part : il a fourni, en outre, quelques articles au premier volume de la Bibliothèque médicale, étrangère et nationale, et au Journal de médecine, deux recueils qui ont paru à Bruxelles (voy. le Dictionnaire des hommes de lettres, des savants, etc., de la Belgique, 1837, in-8).

TALLOT (l'abbé Louis), prêtre, chanoine de la collégiale de Varzi et chap. de Saint-Urbain de Troyes, sa patrie; mort à Troyes, le 13 janvier 1777, âgé de 56 ans.

— * Examen raisonné d'un livre intitulé : « Dieu et l'Homme » (par de Sissons de Valmire). *Sans indication de lieu*, 1772, in-8.

— * Lettres sur le Manuel à l'usage du diocèse de Castres. *Troyes*, 1774, in-8.

Il y a quatre lettres.

TALMA (François-Joseph), l'un des premiers acteurs tragiques du XIXe siècle, et le plus grand qu'ait possédé la France depuis longtemps; né le 15 janvier 1766, à Paris, où il est mort, le 19 octobre 1827.

— Réflexions sur Le Kain et sur l'art théâtral. *Paris, de l'impr. de Crapelet. — L. Tenré*, 1825, in-8 de 72 pages.

Tirées à 125 exempl. seulement, mais placées à la tête des Mémoires de Le Kain, imprimés dans la même année.

— Réponse de François Talma au Mémoire de la Comédie-Française. *Paris, Garnery*, an II de la liberté, in-8.

M. J. Taschereau a inséré, en 1836, dans sa Revue rétrospective, IIe série, tome V, trois *Lettres* de Talma.

TALMA (Mlle Caroline VANHOVE, d'abord madame PETIT, depuis madame), épouse du précédent, aujourd'hui comtesse de CHALOT; née à La Haye, vers 1770.

— Études sur l'art théâtral, suivies d'anecdotes inédites sur Talma, et de la correspondance de Ducis avec cet artiste, depuis 1792 jusqu'en 1815. *Paris, H. Feret*, 1836, in-8, 6 fr.

Madame Talma a composé un *Roman*, des *Mélanges* et quelques *Comédies*, une entre autres intitulée : *Laquelle des trois*, en trois actes et en prose, jouée le 20 juillet 1816, pour la représentation de retraite de l'auteur. Cette pièce, tout au moins médiocre, et qui fait peu d'honneur au talent littéraire de l'auteur, n'a pas été imprimée non plus que les autres productions de l'auteur. Madame Talma n'a consenti à livrer au public que celui de ses ouvrages qui avait un but utile.

TALMA (Jean), de Paris, alors à Londres.
— Chronological (a) Account and brief history of the events of the french revolution. *London*, 1795, in-8.

TALMA ( ), secrétaire de l'École polytechnique.

Il a été l'éditeur de quelques-uns des premiers volumes du Journal de l'École polytechnique.

TALMA (F.), chirurgien belge, dentiste du roi, membre de la Société des sciences naturelles et médicales de Bruxelles.

On trouve, de 1825 à 1828, plusieurs *dissertations* de ce chirurgien dans la Bibliothèque médicale, nationale et étrangère, et dans le Journal de médecine, depuis 1830. Ces deux recueils paraissent à Bruxelles. (Voy. le Dictionnaire des hommes de lettres, des savants, etc., de la Belgique, 1837, in-8).

TALMONT (de). — Testaments (les), ou les Spéculations à la mode. *Paris, Cour du commerce, n.* 2; *Lecointe et Durey; Brianchon; Tenon; Corbet aîné*, 1825, 3 vol. in-12, 7 fr. 50 c.

TALON (Omer) et Denis TALON, son fils, l'un et l'autre avocats-généraux au parlement de Paris; le premier né en 1595, mort en 1652, fit entendre le premier une éloquence simple; dans les troubles de la Fronde, il montra son attachement aux lois, et toujours le plus noble caractère. Le second, né en 1628, mort en 1698, fut l'un des rédacteurs des ordonnances rendues par Louis XIV.
— Mémoires de feu M. Omer Talon, avocat général depuis 1630 jusqu'en 1653 (publiés par JOLY, censeur royal). *La Haye, Gosse* (*Paris*), 1732, 8 vol. in-12.

Mémoires utiles, dit Voltaire, dignes d'un bon magistrat et d'un bon citoyen. C'est un récit fort circonstancié et fort intéressant de ce qui s'est passé au parlement, sous Louis XIII et Louis XIV.

— Œuvres d'Omer et Denis Talon, publiés sur les manuscrits autographes, par D.-B. RIVES. *Paris, Égron*, 1821, 6 vol. in-8, 36 fr.

Ces volumes contiennent seulement un choix de plaidoyers et de mercuriales prononcés par ces deux magistrats. Les Mémoires d'Omer Talon, cités précédemment, ne s'y trouvent pas. M. G. Peignot s'est donc trompé en indiquant dans son « Manuel du bibliophile », Dijon, 1823, 2 vol. in-8, que cette édition (des œuvres) est préférable à la première. Ces Plaidoyers, imprimés pour la première fois, n'ont rien de commun avec les Mémoires qui sont historiques.

TALON (le P. Jacques), oratorien, écrivain français du XVIIe siècle, secrétaire de Louis de Nogaret, cardinal de La Valette, et troisième fils du duc d'Épernon.
— * Mémoire de Louis de Nogaret, cardinal de La Valette, général des armées du roi en Allemagne, en Lorraine, en Flandre et en Italie: Ouvrage nécessaire à l'intelligence de l'histoire de Louis XIII, et très-utile à la noblesse. Années 1638 et 1639. (Réd. par Jacq. TALON, et publ. par GOBET). *Paris, de l'impr. de Ph.-D. Pierres*, 1772, 2 vol. in-12.

Le manuscrit original de cet ouvrage fut trouvé au château de Beaupuy en Guienne.

Le P. Jacq. Talon est auteur de quelques traductions, qui n'ont point été réimprimées dans ces deux derniers siècles. (Voy. la table du Dict. des ouvrages anon. de Barbier, 2e édit.).

TALON (le P. Nicolas), de la société de Jésus, où il fut admis en 1621, à l'âge de seize ans: il enseigna long-temps la rhétorique et les humanités; né à Moulins.
—Vie de saint François de Sales, évêque et prince de Genève. *Nanci, Balthasard*, 1769, in-12. — Troisième édition, mise en style moderne par l'abbé de BAUDRY. *Lyon, Sauvignet*, 1837, in-18.

Le P. Nic. Talon est aussi auteur de l'*Histoire sainte de l'Ancien et du Nouveau Testament*, 4 vol. in 4, ouvrage souvent réimprimé dans le XVIIe siècle, mais qui ne l'a pas été depuis le commencement du suivant, ainsi que d'une Oraison funèbre du roi Louis XIII (1644, in-4).

TALON, pseudon. Voy. LE VAYER DE BOUTIGNY.

TALON-BRUSSE, pseudon. Voy. LEBRUN-TOSSA.

TALVANDE (Alexis-Michel), né à Nantes, le 8 octobre 1800, mort le 11 janvier 1838.
— Méditations sur les temps présent. *Nantes, Mellinet, et Paris, Pesron*, 1835, in-8, 3 fr.

M. Emm. HALGAN est auteur d'une Notice sur cet écrivain (Nantes, 1838, in-8 de 16 pag.).

TAMA (Diogène). — Collection des actes de l'assemblée des Israélites de France et du royaume d'Italie, convoquée à Paris par décret de S. M. l'empereur et roi, du 30 mai 1806. *Paris, l'Éditeur; Treuttel et Wurtz*, 1807, cinq livraisons in-8, 9 fr.

Cette collection forme l'ensemble des actes et des écrits relatifs au dernier état des individus de la religion hébraïque, émanés de la première assemblée des Israélites de France et du royaume d'Italie, dont la dernière séance a eu lieu le 5 février 1807.

TAMBOURIN (le P. Michel-Ange), jésuite.
— Mémorial (son) et sa soumission au Pape. *Paris*, 1735, in-12.

TAMBURINI (Gio-Bta). — Colombiade (la), poema eroïco-mitologico. *Bastia*, *Fabiani*, 1823, in-8.

TAMBURINI (D.-P.), professeur de droit naturel et de philosophie morale, à Pavie.
— Vraie (la) Idée du saint Siége, trad. de l'italien (par l'abbé Guill.-Aug. JAUBERT). *Paris*, *Mongie aîné*, 1819, in-8, 6 fr.

Le traducteur professe, dans l'avertissement, les principes gallicans et constitutionnels; il émet les idées les plus pures de tolérance et de charité chrétienne.

TAMELIER (Germain). — Vallée (la) du Denacre, ou la Promenade boulonnaise, vaudeville en un acte. *Boulogne*, *Leroy-Berger*, 1816, in-8, 1 fr.

TAMERLAN. Voy. TIMOUR.

TAMIET DE VALTAMIET (Fr.-d'Assise-M.-D.-Al.), premier avocat-général en la cour de Bastia.
—Notice nécrologique sur feu M. de Sisco, conseiller du roi en la cour royale de Bastia, décédé le 23 août 1827. *Bastia*, *de l'impr. de Fabiani*, 1827, in-4 de 8 pag.

TAMISSIER. — Voyage en Abyssinie, dans le pays des Galla, de Choa et d'Ifat, précédé d'une excursion dans l'Arabie heureuse, et accompagné d'une carte de ces diverses contrées. 1835-37. *Paris*, *L. Desessart*, 1838, 4 vol. in-8, 32 fr.

Avec M. Ed. Combes.

TAMPUCCI (Hippolyte), poëte, anc. garçon de classe au collége Charlemagne.
— Poésies (ses) (précédees d'une Notice sur l'auteur). *Paris*, *de l'impr. de Casimir*, 1832, in-18, 5 fr.—Nouv. édition, augm. de Poésies nouvelles. *Paris*, *place de la Bourse*, 1833, in-8, avec une viguette, 6 fr. 50 c.
— Réveil du poëte. *Reims*, *Cordier*, 1838, in-8 de 12 pag
—Un mot sur l'Industriel. Lettre à M. Bonvalot. Constantine, poëme. *Reims*, *Cordier*, 1838, in-8 de 16 pag.

Un mot est en prose et à l'occasion de la critique, que dans sa feuille du 23, l'Industriel a faite de la pièce intitulee : *Réveil du Poëte*.

TANC (X.). — Esclavage (de l') aux colonies françaises, et spécialement à la Guadeloupe. *Paris*, *Delaunay*; *Ledoyen*; *Warée*, 1832, in-8 de 64 pag.

TANCHOU (Stanislas), docteur en médecine de la Faculté de Paris, anc. officier; né à Écueillé (Indre), le 6 août 1791.
—Débats sur la lithotritie. Lettre de M. Tanchou à M. le rédacteur de la Gazette des hôpitaux. *Paris*, *de l'impr. de Guiraudet*, 1833, in-8 de 8 pages.
— Froid (du) et de son application dans les maladies, considérations physiologiques et thérapeutiques, observations corollaires. *Paris*, *Crevot*, 1824, in-8, 2 fr. 50 c.
— Méthode (nouv.) pour détruire la pierre dans la vessie sans opération sanglante; précédée d'un Examen historique et pratique de tous les procédés de lithotritie employés jusqu'à ce jour. *Paris*, *Rouen frères*, 1830, in-8 avec 8 planches, 8 fr.
— Traité des rétrécissements du canal de l'urètre et de l'intestin rectum, contenant l'appréciation des divers moyens employés dans le traitement de ces maladies. *Paris*, *Crochard*; *l'Auteur*, 1835, in-8, 4 fr.

On a encore de M. Tanchou des Mémoires sur les maladies des organes sexuels, imprimés dans les journaux de médecine.

TANCOIGNE (J.-M.), attaché en 1807 à l'ambassade de France en Perse, et depuis interprète et chancelier du consulat de la Canée.
— Lettres sur la Perse et la Turquie d'Asie. *Paris*, *Nepveu*, 1818, 2 vol. in-8, avec 2 planches, 12 fr.
— Voyage à Smyrne, dans l'Archipel et l'île de Candie, en 1811, 1812, 1813 et 1814; suivi d'une Notice sur Péra, et d'une Description de la marche du sultan. *Paris*, *Nepveu*, 1817, 2 vol. in-18, ornés de 2 grav., 8 fr.

TANDEAU (l'abbé François-Bruno), de Saint-Nicolas, doct. de Sorbonne, archidiacre de Paris; né dans le diocèse de Limoges....; mort le 30 avril 1771, âgé d'environ 66 ans.
— * Dissertation sur l'écriture hiéroglyphique. *Amsterdam*, *et Paris*, *Barbou*, 1762, in-12.

— * Lettre de M. ..., maître en chirurgie, sur l'histoire naturelle de l'âme. 1745, in-12.

—* Lettres sur l'écrit intitulé : « Pensées philosophiques » (de Diderot), et sur le livre « Des Mœurs » (de Toussaint). 1749, in-8 de 52 pag.

TANDEL (Charles), à Bruxelles, professeur et bibliothécaire à l'École militaire; né à Luxembourg.

—Dictionnaire des terminaisons grecques, suivi de fragments de grammaire. Petit in-8.

— État de l'instruction publique dans les Pays-Bas. In-8.

— Maniement (du) de la baïonnette, trad. de l'allem. In-12.

— Plan d'une université pour la Belgique. In-8.

M. Tandel, en outre, est auteur de divers Mémoires imprimés dans la Correspondance mathématique de M. Quetelet, dans la Revue militaire belge, et dans la Revue encyclopédique belge : le Dictionnaire des hommes de lettres, etc., des savants, de la Belgique, page 191, donne la liste de ces Mémoires.

TANDEL (Émile), à Liége, professeur à l'Université de cette ville, docteur en droit; né à Luxembourg.

— Grammaire allemande. Première partie. Sec. édit. *Louvain*, 1835, in-8.—Seconde partie. *Louvain*, 1833, in-4.

— Théorie de la statistique, trad. de l'allemand, de Mone, et du latin, avec des additions. *Louvain*, 1834.

M. E. Tandel a fait insérer plusieurs articles dans le Messager des sciences de Gand, et dans la Correspondance mathématique de M. Quetelet.

TANDON, médecin. — * Mémoire sur la maladie épidémique qui a régné à Meyrneis et ses environs, présenté à M. le vicomte de Saint-Priest, intendant de la province de Languedoc, le 3 septembre 1768. *Montpellier*, *A.-F. Rochard*, 1769, in-8.

TANDON (And.-Aug.); né à Montpellier, le 8 juillet 1759, mort en cette ville, le 27 novembre 1824.

—Fables, Contes et autres pièces en vers patois de Montpellier. Sec. édit. *Montpellier*, *Renaud*, 1813, in-8.

Il en a été tiré un exempl. sur vélin. La première édition, qui parut à Montpellier, en l'an VIII (1800), sous le titre de *Fables et Contes en vers patois*, est moins complète que la dernière : il en avait été tiré quelques exemplaires sur format in-4, texte encadré.

A.-A. Tandon a laissé en manuscrit : 1° un grand nombre de *Poésies fugitives*, en français. M. Moquin-Tandon, son petit-fils, se propose d'en faire un choix et de l'ajouter, à une troisième édition des poésies patoises de son grand-père, qu'il est dans l'intention de donner, avec les trois articles suivants : *le Dénouement imprévu*, comédie en un acte et en vers, dont le sujet lui avait été fourni par Barthe; *Testor, ou les Reconnaissances*, tragi-comi-parodi-rapsodique, en un acte et en vers, et un recueil de *Contes en vers français*. Trois de ces contes ont déjà été imprimés dans les Fabliaux et Contes publiés par M. A. Rigaud : il a laissé en outre : un *Manuel languedocien* (ou Dictionnaire des locutions vicieuses du Languedoc), entremêlé d'anecdotes; un *Traité sur les lettres, les diphtongues, les différents sons et l'orthographe du patois languedocien*.

TANNER (John). — Mémoires de John Tanner, ou Trente années dans les déserts de l'Amérique du nord. Traduits sur l'édition originale publiée à New-York par M. Ern. de Blosseville. *Paris*, *Arthus-Bertrand*, 1835, 2 vol. in-8, 15 fr.

TANNEVOT, ou Tanevot (Alexandre), poëte et auteur dramatique, d'abord premier commis de M. de Boulogne et des finances, plus tard censeur royal, membre des académies de Nanci et des Arcades de Rome; né à Versailles, en 1692, mort en 1774.

—*Adam et Ève, ou la Chute de l'homme, tragédie (en cinq actes), imitée de Milton. *Amsterdam*, *Mortier*, 1739; — *Amsterdam*, *Mortier* (*Paris*, *Prault*), 1742, in-8.

— Nouv. édition, revue et corr. par l'auteur. *Paris*, *Garnier*, 1762, in-12.

— Campagnes (les) du roi, poëme.

— Collége (le) royal, ode.

— Décrets (les) divins, ode sur la convalescence du roi. 1744, in-4.

— Diane vengée, idylle héroïque.

— Épître à M. de la Vigne.

— Epître à MM. les docteurs de Sorbonne. 1764, in-4.

— Lettre à M. Kinglin, sur le Livre d'Estampes. 1744, in-4.

— Mariage de Monseigneur le Dauphin, ode. 1770, in-4.

Plusieurs autres pièces de poésie dans les journaux. Voy. le Nécrologe de 1775.

— Mystère (le) de l'Eucharistie, poëme. In-4.

— Parque (la) vaincue, divertissement en un acte, exécuté à l'hôtel de Richelieu. *Sans lieu d'impression*, ni date (1754), in-8.

— Poésies diverses, par M***. *Paris*, *Colombat*, 1732, in-12. — Nouv. édition. *Paris*, *veuve Ballard*, 1766, 3 vol. in-12.

— Roi (le) victorieux à Fontenoy, poëme.

— Séthos, tragédie nouvelle (en cinq actes, en vers), dédiée au grand Corneille. *Paris, veuve Pissot*, 1739, in-8.

Il y a des exemplaires qui portent pour titre : *Delaca*.

— Tombeau (le) de M. Destouches. 1754.
— Vers sur les spectacles donnés à Fontainebleau en l'an 1750. 1754, in-4.

TANNEGUY DE COURTIVRON. Voy. COURTIVRON.

TANSILLO, poëte italien.
— Vendangeur (le), poëme, trad. pour la première fois par J.-B.-Chr. GRAINVILLE. *Paris, Aubry*, 1792, in-12.
— Le même ouvrage, sous ce titre : le Jardin d'amour, ou le Vendangeur, poëme traduit de l'italien, par MERCIER (avec le texte). *Paris*, 1798, 1800, in-12, 1 fr. 50 c.

TANSKI (Joseph), militaire polonais.
— Tableau statistique, politique et moral du système militaire de la Russie. *Paris, Heideloff et Campe*, 1833, in-8, 7 fr.

TAP, docteur-médecin à Paris.
— Au Corps-Législatif : Opinion sur les naissances tardives, fondée sur les observations des philosophes et médecins les plus célèbres. 1803, in-8.
— Éloge d'Ant. Petit, médecin. 1795, in-8. — Lettre en forme de dissertation, pouvant servir de supplément à l'Éloge, etc. 1795, in-8.
— Observations sur les accouchements précipités, dans lesquelles on démontre les dangers auxquels les femmes sont exposées par l'ignorance des accoucheurs et les sages-femmes, qui contrarient l'opération de la nature en voulant accélérer le terme de la délivrance. Vendémiaire an V (1796), in-8.

TAPIA (D. Eugenio de), jurisconsulte espagnol.
— Febrero novisimo, o Libreria de jueces, abogados, escribanos y medicos legistas, refundida, ordenada bajo nuevo metodo y adicionada con un Tratado del juicio criminal, y algunos otros. Nueva edicion, notablemente aumentada, con el nuevo Codigo de comercio, Ley da enjuiciamento y un Diccionario judicial. *Paris, Lecointe*, 1837, 8 vol. in-8, 60 fr.
— Manual de practica forense. Cuarta edicion, considerablemente aumentada. *Paris, de la impr. de Pillet.-Hamonière*, 1833, in-12, 9 fr.
— Manual teorico-pratico de los juicios de inventario y particion de herencias Tercera edicion, revista y corregida. *Paris, de la impr. de Pillet.— Hamonière*, 1833, in-12, 9 fr.

Ces deux derniers ouvrages sont tirés du premier.

TAPIE (Joseph), pharmacien.
— Essai sur la sauge en général, et l'emploi de son essence éthérée. *Bordeaux, Lavigne jeune*, 1829, in-8 de 16 pag.
— Essai sur le lichen d'Islande. *Bordeaux, de l'impr. de Coudert*, 1827, in-8 de 20 pages.

TAPIS. — Tables des nombres fixes, pour opérer les principales réductions étrangères avec la France. *Lyon*, 1751, in-12.

TARABISCOT, menuisier. — Boutade anti-romantique, en vers à la vapeur. (En vers alexandrins). *Paris, Lebon, peintre-artiste*, 1833, in-8 de 32 pag., 1 fr. 50 c.

TARADE (Alfred de). — Culture des rosiers écussonnés sur églantiers. *Paris, Rousselon*, 1828, ou 1831, in-8 de 32 pag., 1 fr. 50 c.

TARANNE (Nicolas-Rodolphe, docteur ès-lettres, agrégé de classes supérieures, professeur suppléant de rhétorique au collége Bourbon, membre de la Société de l'histoire de France ; né à Paris, en 1795.

On lui doit les deux traductions suivantes : le Siége de Paris par les Normands, en 885 et 886, poëme d'ABBON, avec la traduction en regard, accompagnée de notes explicatives et historiques (1834). En société avec M. Guadet : l'Histoire ecclésiastique des Francs, par Geo.-Flor. GRÉGOIRE, évêque de Tours (1836) : il a coopéré à la confection des tables du tome XIX des Historiens des Gaules et de la France.

TARAYRE (le baron J.-J.), lieutenant-général, député de la Charente-Inférieure en 1820.
— Discours contre le projet de loi d'élection. *Paris, de l'impr. de Fain*, 1820, in-8 de 16 pag.
— Discours prononcé... le 3 juillet 1820, sur le budget des voies et moyens. *Paris, Aimé Comte*, 1820, in-8 de 16 pag.

Réimpr. dans la même année.

— Force (de la) des gouvernements, ou du rapport que la force des gouvernements doit avoir avec leur nature et leur constitution. *Paris, Aimé Comte*, 1819, in-8 de 108 pag., 2 fr.

L'auteur s'y montre bon citoyen et publiciste éclairé. Il y regarde la loi des élections, qu'on se proposait de changer, comme le principe conservateur des droit nationaux, et comme la base essentielle du gouvernement représentatif.

La publication de cet écrit donna lieu à celle du suivant :

Commentaire sur l'ouvrage du général Tarayre, intitulé : De la force des gouvernements. Par le général Breton. Paris, Delaunay, 1819, in-8, 3 fr.

— Nature (de la) et de l'organisation de la force armée qui convient à un gouvernement représentatif. *Paris, de l'impr. de Renaudière*, 1817, in-8 de 56 pag.

Pendant l'année 1820, le général Tarayre prit part à toutes les délibérations importantes de la chambre, et développa dans toutes des talents oratoires et des connaissances qu'on était loin d'attendre d'un soldat dont l'éducation s'était faite, en quelque sorte, au milieu des camps. Il ne devait pas s'attendre à être réélu par les amis d'un ordre de choses auquel il s'était opposé, et qui avait été adopté malgré ses constants efforts. Aussi ne reparut-il plus à la chambre des députés.

TARBÉ (P. Hardouin). — * Almanach historique du diocèse de Sens, pour l'année 1761 et suiv. *Sens*, *Lavigne*, in-24.

M. Tarbé des Sablons, fils de celui-ci, a continué la rédaction de cet Almanach, de 1782 à 1790.

TARBÉ (A.), avocat-général à la Cour de cassation.

— Plaidoyer et conclusions dans l'affaire des syndics des créanciers Sandrié-Vaincourt, contre la chambre syndicale des agents de change de Paris. *Paris, de l'impr. de Carpentier-Méricourt*, 1827, in-4 de 32 pag.

— * Pont-Neuf (le). Poëme héroïque et badin, en douze chants. *Paris, de l'impr. d'Égron*, 1823, in-8 de 40 pag.

Avec M. Levasseur. Quoi qu'en dise le titre, ce poëme n'a pas de division.

TARBÉ (Théodore). — Recherches historiques et anecdotiques sur la ville de Sens, son antiquité et ses monuments; recueillies et rédigées par M. Théodore Tarbé. *Sens, Théod. Tarbé, et Paris, Cassin*, 1838, in-12, 3 fr.

TARBÉ DE VAUXCLAIRS (le chev.), pair de France, maître des requêtes au conseil d'État, inspecteur-général et vice-président du conseil-général des ponts et chaussées, membre du conseil d'administration de la Société d'encouragement.

— Dictionnaire des travaux publics, civils, militaires et maritimes, considérés dans leurs rapports avec la législation, l'administration et la jurisprudence. *Paris*, *Carilian-Gœury*, 1835, in-4, 16 fr.

— Rapport fait à la Société d'encouragement pour l'industrie nationale, sur les divers projets qui ont concouru au prix pour la construction d'un moulin à eau, qui n'obstrue pas le cours des rivières, et ne nuise ni à la navigation, ni au flottage, ni à l'irrigation, ni aux prairies. *Paris, de l'impr. de madame Huzard*, 1822, in-4 de 8 pag., avec une pl.

Extrait du Bulletin de la Société d'encouragement.

TARBÉ DES SABLONS (Sébastien-André), fils de P. Hardouin Tarbé; anc. chef de division au ministère du commerce et des manufactures, ancien directeur des douanes, membre de la Société d'agriculture, sciences et arts du département de Seine-et-Marne et de l'Académie de Rouen.

— Manuel pratique et élémentaire des poids et mesures, des monnaies et du calcul décimal, contenant les tables et instructions les plus propres à étendre la connaissance du système métrique et des mesures usuelles. XVe édit., revue et corr. d'après les nouvelles lois et ordonnances, et augm. de plusieurs articles importants. *Paris*, *Roret*, 1833, ou 1837, in-18, 3 fr.

— Autre édition, celle de 1813, avec un Supplément contenant les additions faites à l'édition in-18 publiée en 1826. *Paris, Merlin; Roret*, 1826, in-8, 6 fr.

La première édition de ce Manuel parut en 1799, in-12.

— Vie de saint Joseph, époux de la sainte Vierge, proposé pour modèle aux âmes pieuses; traduite de l'ital. par M. Tarbé. *Paris*, *Gaume*, 1834, 1836, in-18, 1 fr. 25 c.

Il a rédigé, depuis 1782 jusqu'en 1790, l'Almanach de Sens, que rédigeait son père depuis 1761.

Il est auteur de *Détails historiques sur le bailliage de Sens*, imprimés à la suite de la Conférence de Sens avec le Droit romain, etc., Sens, 1787, in-4.

TARBÉ DES SABLONS (madame) épouse du précédent.

— * Enguerrand, ou le Duel, anecdote du règne de Louis XIII; suivie de Zoé, ou la Femme légère, et du Curé de Bérilès. Par madame ***, auteur d'Eudolie, de Sidonie, et de la Marquise de Valcour. *Paris*, *Lecointe et Durey*, 1825, 2 vol. in-12, 5 fr.

— * Eudolie, ou la Jeune malade. Par madame ***, auteur de « Sidonie ». *Paris, Maradan*, 1822, 2 vol. in-12. — Troisième édit., ornée de gravures. *Paris*, *Lecointe et Pougin*, 1833, 2 vol. in-12. — Quatrième édit. *Paris*, *Gaume frères*, 1838, 2 vol. in-18, 1 fr. 60 c.

Il a été fait de ce livre une contrefaçon belge, qui a paru sous le titre suivant :

Endolie, ou la Jeune malade, notice historique propre à prévenir contre la séduction du monde; par madame ***. Louvain, Vanlinthout et Vandenzande, 1825, in-18, 1 fr. 60 c.

— * Marquise (la) de Valcour, ou le Triomphe de l'amour maternel; par madame ***, auteur de Sidonie. *Paris*, *Arthus-Bertrand*, 1816, 3 vol. in-12, 7 fr. 50 c.

— * Onésie, ou les Soirées de l'abbaye. Par madame ***. *Paris*, *Pigoreau*; *Corbet aîné*, *etc.*, 1833, 2 vol. in-12, 5 fr.

— * Roseline, ou de la Nécessité de la religion dans l'éducation des femmes. *Paris Jeanthon*, 1835, 2 vol. in-12, 3 fr. 50 c.

— * Sara, ou les Heureux effets d'une éducation chrétienne. Par madame ***, auteur d'Endolie, etc. *Paris*, *A. Jeanthon*, 1837, 2 vol. in-12, 3 fr. 50 c.

— * Sidonie, ou l'Abus des talents, par madame ***. *Paris*, *H. Nicolle*, 1820, 4 vol. in-12, 10 fr. — Nouv. édit., revue et corr. par l'auteur. *Paris*, *Jeanthon*, 1838, 2 vol. in-12, 7 fr.

— * Souffrances et Consolations. Méditations à l'usage des malades. Par madame ***, auteur d'Endolie et de Roseline. *Paris*, *A. Jeanthon*, 1836, un gros vol. in-18, 2 fr.

TARBÉ DES SABLONS (E.), anc. officier [illegible] chasseurs de la garde royale.

— Modes (des) actuels de remplacement et de rengagement, de leurs inconvénients et des moyens d'y remédier. *Paris*, *Anselin et Pochard*, 1826, in-8 de 64 pages, 1 fr. 25 c.

* TARBÈS (Roch), chirurgien à Toulouse, ancien professeur pour la partie médicale aux écoles de chirurgie de Toulouse, anc. chirurgien de première classe dans l'armée des Pyrénées orientales, etc., membre de la Société de médecine de Paris.

— Manuel de la saignée, ou Dialogue sur l'art de pratiquer cette opération. *Paris*, *Croullebois*, an VI (1798), in-12, 2 fr. 40 c.

— Mémoire historique et pratique sur la vaccine, contenant un procès-verbal de la contre-épreuve faite authentiquement. *Paris*, *Croullebois*; *Méquignon aîné*, an IX (1801), in-8 de 46 pag., 75 c.

TARDENT (David). — Principes généraux à la portée de toutes sortes de personnes pour apprendre l'orthographe, sans savoir le latin, mis en demandes et réponses, etc. *Lausanne*, 1814, in-12.

TARDI. — Essai sur un problème de géométrie. 1789, in-8.

TARDIEU (Antoine-François), dit Tardieu de l'Estrapade, et qui signa longtemps P. F. Tardieu, graveur-géographe, élève de son frère aîné; né le 17 février 1757, à Paris, où il est mort, le 4 janvier 1822.

— Carte des États-Unis de l'Amérique septentrionale, en quatre grandes feuilles, copiée et gravée sur celle d'Arrowsmith, corrigée et considérablement augmentée d'après les renseignements les plus avantageux, par P.-F. TARDIEU. *Paris*, *P.-F. Tardieu*; *Dezauche*, 1803, 18 fr.

Les productions d'A. F. Tardieu se distinguent par un fini précieux. Les principaux sont outre la carte que nous venons de citer : les cartes marines de l'*Atlas* dit *du commerce*; huit *plans* in-fol., *des capitales de l'Europe* qui font partie de l'Atlas de Mentelle; plusieurs plans du Voyage pittoresque de la Grèce, de M. le comte Choiseul-Gouffier; les palatinats de Cracovie, Plock, Lublin et Sandomir, gravés par Stanislas-Auguste, dernier roi de Pologne, ouvrage justement estimé; l'*Atlas* in-fol. de la IVe édition du Voyage du jeune Anacharsis, publiée par Didot jeune; une *carte du Hartz*, jointe à l'ouvrage de minéralogie de M. Héron de Villefosse; l'*Atlas* du Voyage aux terres australes, de M. Péron; l'*Atlas* de l'Histoire des guerres des Français en Italie, d'après Sapie; une grande *carte de la Russie d'Europe*, en six feuilles. Tardieu excellait surtout pour la pureté du trait, le filé des eaux et le fini de la topographie.

TARDIEU (Ambroise), graveur et géographe, l'un des deux fils du précédent, graveur du dépôt de la marine, et du dépôt des fortifications, où il avait été chef du bureau de gravure de 1811 à 1814; graveur de l'administration des forêts et du « Journal des savants », membre de la commission centrale de la Société de géographie; né à [illegible], le 2 mars 1788.

— Annales [illegible] et de l'École moderne des beaux-[illegible]. Par C.-P. Landon. Salon de 18[illegible] recueil de pièces choisies parmi les ouvrages de peinture et de sculpture exposés pour la première fois au Louvre, le 1er mai 1831. Par Ambr. TARDIEU, pour servir de suite et de complément aux Salons de Landon. *Paris*, *Pillet aîné*, 1831, in-8, avec pl. au trait, 18 fr.

Volume publié en quatre livraisons.

— Atlas d'exercices de géographie moderne. Ouvrage adopté pour l'enseignement de la géographie dans les colléges, par le conseil de l'instruction publique. *Paris, Ambr. Tardieu, etc.*, 1838, in-4 oblong.

Cet Atlas doit être composé de 34 cartes muettes et des mêmes cartes écrites; sur ce nombre 17 ont été publiées. Le prix d'une carte muette est de 5 cent. , et écrite, de 10 cent.

— Atlas de géographie ancienne pour servir à l'intelligence des Œuvres de Rollin; gravé d'après les cartes originales de d'Anville. *Paris, Ledoux et Tenré*, 1818, pet. in-fol. de 27 cartes, 12 fr.

— Atlas du Voyage du jeune Anacharsis, rédigé d'après les explorations des voyageurs modernes, comparées avec les descriptions des auteurs anciens, avec un texte explicatif, *Paris, Janet et Cotelle*, 1824, in-8.

M. Tardieu avait publié antérieurement pour l'ouvrage de Barthélemy deux Atlas différents de celui-ci. Le premier, qui n'était que la réduction de celui dressé par Barbié du Bocage, pour la 4ᵉ édition du Voyage du jeune Anacharsis, appartient aux éditions de ce livre publiées par le libraire Ledoux, en 1820—21, en 1822, et en 1825; le second, amélioré, appartient à l'édition publiée en 1822; par le libraire Lequien. On a pu se procurer cet Atlas séparé de l'ouvrage auquel il appartient. Celui de Lequien se vendait 20 fr., et sur papier vélin, 40 fr.

— Atlas pour l'Histoire universelle du du comte L.-Ph. de Ségur. *Paris, Furne*, 1836*, in-4, oblong de 20 plans.

L'Atlas qui accompagne l'édition de l'Histoire universelle du comte de Ségur, publiée en 1827 et ann. suiv., chez le libraire Eymery, a été dressé et gravé par M. Pierre Tardieu, frère d'Ambroise.

— Atlas universel de géographie ancienne et moderne, rédigé et gravé par Ambr. Tardieu. *Paris, l'Auteur; Ch. Picquet; A. Bertrand*, 1829, petit in-folio.

Cet Atlas devait être publié en 27 livraisons, chacune de deux cartes; mais il n'en a paru que quatre livraisons.

Chaque livraison a coûté: sur pap. écu, 1 fr. 25 c.; sur grand raisin d'Annonay, 1 fr. 50 c., et sur pap. vélin grand raisin d'Annonay, 2 fr. 50 c.

— Colonne (la) de la grande armée d'Austerlitz, ou de la Victoire, monument triomphal érigé en bronze sur la place Vendôme de Paris: description accompagnée de trente-six planches, représentant la vue générale, les médailles, piédestaux, bas-reliefs et statue dont se compose ce monument. *Paris, Ambr. Tardieu*, 1822-23, in-4, 36 fr.

Relation des faits qui se sont passés lors de la descente de la statue de Napoléon, érigée sur la colonne de la place Vendôme, et de la destruction de ce chef-d'œuvre de sculpture; en réponse à la calomnie de M. Ambroise Tardieu, éditeur et graveur de l'ouvrage intitulé: la Colonne de la grande armée. Par M. J.-B. Launay, fondeur de la colonne. Paris, de l'impr. de Tastu, 1826, in-8.

— Galerie des uniformes des gardes nationales de France, contenant: 1° les ordonnances, réglements et instructions sur lesdits uniformes; 2° une légende détaillée des planches; 3° vingt-huit planches gravées et coloriées des uniformes; 4° les tarifs des prix de tous les objets d'équipement des gardes à pied et à cheval. *Paris, A. Tardieu*, 1817, in-8 de 72 pag., avec 28 planches, 12 fr.

— Iconographie universelle ancienne et moderne, ou Collection complète, et du même format, des portraits de tous les personnages célèbres, français et étrangers, dessinés et gravés par Ambr. Tardieu. *Paris, Ambr. Tardieu*, 1820-28, in-8 et in-4.

L'*Iconographie universelle* de M. Ambr. Tardieu se compose d'environ huit cents portraits qu'on peut se procurer par séries ou même isolément. Ces séries sont:

1° *Naturalistes*, 100 portraits. Cette série se joint ordinairement au Dictionnaire des sciences naturelles.

2° *Personnages célèbres de l'antiquité*, 44 portr. Cette série est propre à être jointe aux vies des hommes illustres de Plutarque, aux Œuvres de Tacite et aux éditions des classiques latins, ainsi qu'à leurs traductions.

3° *Littérateurs*, 77 portr. Cette série est propre à orner le Cours de littérature de la Harpe, en en retranchant les portraits de quelques auteurs plus modernes: elle paraît avoir été gravée pour le «Répertoire de la littérature ancienne et moderne,» en 25 vol. in-8.

4° *Médecins et chirurgiens*, 125 portr. Cette série a été gravée pour accompagner le Journal complémentaire du Dictionnaire des sciences médicales publié par M. Panckoucke.

5° *Généraux français*, 155 portr. Série qui forme l'un des compléments des «Victoires et conquêtes,» publiées par M. Panckoucke.

6° *Magistrats, avocats et orateurs*, 53 portr.

7° *Personnages historiques et divers*, 18 port.

8° *Députés, écrivains et pairs de l'opposition*, de 1820 à 1830, 152 portr.

Depuis 1828, M. Tardieu a publié une suite de 48 autres portraits qui se rattachent à chacune des séries que nous venons d'indiquer.

Le prix de chaque portrait séparé est de 3 fr., in-4° sur pap. de Chine; 1 fr. 50 c. in-4° sur pap. vélin, satiné; et de 1 fr. 25 c. in-8 sur pap. vélin. Chaque livraison, composée de 4 portraits, est de 10 fr., in-4 sur pap. de Chine; 5 fr. in-4 sur pap. vélin, satiné; et 3 fr. in-8.

— Manuel législatif de la garde nationale, approuvé et adopté par M. le ministre de l'intérieur, publié par A. Tardieu. *Paris, A. Tardieu*, 1831, un gros vol. in-12, 5 fr. 50 c.

— Relation anglaise de la bataille de Waterloo, ou du Mont Saint-Jean, et des événements qui l'ont précédée et suivie, accompagnée des rapports français, prussiens et espagnols, d'un plan très-exact de la bataille et d'une carte générale du théâtre de la campagne, traduite sur la deuxième édition, publiée à Londres en septembre 1815. *Paris, A. Tardieu, etc.*, 1815, in-8 de 108 pag., avec une carte, 2 fr. 50 c.

— Seconde édition, revue et augm. d'une Vue en couleur de la Ferme de la Belle-Alliance, dessinée deux jours après la bataille. *Paris, le même*, 1815, in-8 de 88 pag., avec 3 planches, 3 fr.

M. Tardieu a, en outre, concouru à l'ornement d'un assez grand nombre de livres, soit par des vues, des cartes, ou soit par des portraits. Il est auteur de toutes les cartes, plans et portraits des Victoires et conquêtes, des Monuments, des Victoires et conquêtes, publiés chez Panckoucke, et des cartes et plans du Précis des événements militaires, du général Math. Dumas. Il a gravé pour le dépôt de la marine les cartes des côtes du Brésil, des côtes d'Afrique, de la Corse; l'Atlas hydrographique du Voyage de M. Duperrey, celui du Voyage de la Thétis, commandé par Bougainville, et une partie de ceux de l'Astrolabe de M. Dumont d'Urville, et de la Favorite de M. de La Place. On lui doit aussi une partie des plans de siéges de l'Atlas qui accompagne les Journaux des siéges..... dans la Péninsule de 1807 à 1814, par M. Belmas (1836-38), etc., etc., etc.

TARDIEU-DENESLE (Henri), libraire à Paris, cousin du graveur et géographe Ambr. Tardieu.

—Almanach typographique, ou Répertoire de la librairie. *Paris*, 1799, in-8.

TARDIEU-DENESLE (mademoiselle DENESLE, dame), épouse du précédent.

— Abrégé des Métamorphoses d'Ovide, dégagé de tout ce qui peut alarmer la pudeur de la jeunesse, avec une explication historique ou morale sur chaque fable. *Paris, Henri Tardieu*, 1808, 2 vol. in-18, avec 15 jolies gravures, 3 fr.— Sec. édit. *Paris, Boiste fils aîné*, 1824, 2 vol. in-18, avec grav.

— Atlas (petit) de toutes les parties du monde, à l'usage de la jeunesse, destiné aux personnes qui veulent étudier la géographie moderne, et lire avec fruit l'histoire des derniers siècles; contenant les découvertes des voyageurs modernes et l'état géographique de l'Europe d'après les derniers traités de paix; composé de vingt-une cartes gravées au burin, par M. Tardieu, d'après les dessins de M. Hérisson, géographe; et précédé d'un Précis élémentaire de géographie moderne des cinq parties du monde, et des notions sur la sphère, par madame Tardieu-Denesle. VIIe édit., revue et augm. *Paris, Ed. Garnot*, 1834, in-4 oblong, avec 21 cartes, 12 fr.

La première édition est de....

— Atlas des départements de la France, composé de 87 cartes sur 24 planches, dressées par M. Hérisson, précédé d'une Géographie historique et statistique de ce royaume, par madame Tardieu-Denesle. *Paris, Tardieu-Denesle*, 1827, in-4, 20 fr.

— Atlas portatif de 32 cartes, col. d'après Lemaire, précédé de Notions sur la sphère, et d'un Précis élémentaire de géographie moderne. *Paris, Tardieu-Denesle*, 1820, in-8 oblong.

— Encyclopédie de la jeunesse, ou nouvel Abrégé élémentaire des sciences et des arts, extraits des meilleurs auteurs. VIe édit., corr. et augm. *Paris, Boiste fils aîné*, 1825, in-12, avec cartes et figures, 3 fr.

La première édition, publiée en 1800, en 2 volumes, est anonyme.

— Jeux (les) innocents de société, par madame T.... D.... *Paris, Tardieu-Denesle*, 1817, in-18, 2 fr. 50 c.

— Mythologie (nouv.) de la jeunesse, par demandes et par réponses, réduite à ce qui peut être enseigné aux jeunes gens des deux sexes, divisée en quatre parties....; contenant, en outre, un abrégé de la vie des poëtes qui ont le plus contribué à nous faire connaître la mythologie, les emblèmes des fleurs et des couleurs; les symboles des animaux; enfin, une table générale, en forme de Dictionnaire, de toutes les mythologies dont il est question dans cet ouvrage; édition ornée de 83 figures en taille-douce. *Paris, Tardieu-Denesle*, 1816, 1820, 1826, 2 vol. in-12, 6 fr.

— Précis élémentaire de géographie moderne des cinq parties du monde, précédé de Notions sur la sphère, à l'usage de la jeunesse. *Paris, Tardieu-Denesle*, 1813, in-8, 2 fr. 25 c.

Madame Tardieu-Denesle a, en outre, publié une édition du Magasin des enfants, etc., de madame LEPRINCE DE BEAUMONT, dont la partie géographique, les sciences physiques et naturelles, ont été corrigées et mises à jour des connaissances actuelles et des nouvelles découvertes. Paris, Gérard, 1811, 2 vol. in-12, avec 8 gravures et 3 cartes géographiques, 6 fr.

TARDIEU DE SAINT-MARCEL. Voy. SAINT-MARCEL.

TARDIF (le baron de), maréchal de camp.

— Lycias, poëme en cinq chants, suivi de l'Illuminisme, ou l'École du siècle, comédie en cinq actes et en vers. *Paris, Boucher; Petit*, 1820, in-8, 5 fr.

TARDIF (Alexandre). — Croisée à louer, ou un Jour à Reims, tableau mêlé de vaudevilles. *Paris*, *Duvernois*, 1825, in-8.

Avec MM. Laffillard (Décour) et Aug. Gombault.

— Distiques et quatrains sur les principaux tableaux du musée de Versailles, en trois parties. *Paris*, *Barba*, 1837, in-8 de 96 pag. — Deuxième édition, corr. et augm. *Paris*, *Barba*, 1838, in-18, 75 c.
— Émeline et Robert, opéra en un acte. *Paris*, *Duvernois*, 1828, in-8.
— Essais dramatiques. *Paris*, *de l'impr. d'Éverat*, 1835, in-8.
— Essais (derniers) dramatiques. *Paris*, *de l'impr. d'Éverat*, 1837, in-18.

Ce volume contient six pièces, une épître et un conte.

— Finette, ou l'Adroite princesse, folie-féerie mêlée de couplets, tirées des contes de Perrault. *Paris*, *Duvernois*, 1827, in-8.

Avec MM. Eugène (Décour) et Jules (Leblanc). M. Tardif ne s'est fait connaître que sous le nom d'Alexandre.

— Pas (les) de clerc. Chansonnettes. *Paris*, *de l'impr. d'Éverat*, 1838, in-18.
— Saint-Louis (la), ou les deux Dîners, vaudeville en un acte. *Paris*, *madame Huet*; *Barba*, 1823, in-8, 1 fr. 50 c.

Avec M. de Saint-Georges.

— Scènes (petites) de la grande ville. (Dialogues en prose). *Paris*, *de l'impr. d'Éverat*, 1838, in-32.
— Sciences (les) de Paris....

Ouvrage ou opuscule cité sur le titre des « Essais dramatiques ».

— Sœur (la) de lait, scènes morales, mêlées de couplets. *Paris*, *Duvernois*, 1824, in-8.

Avec MM. Décour et Aug. Gombault.

— Trois Femmes, ou les Bonnes amies, vaud. en un acte. *Paris*, *Barba*, 1835, in-8.

Avec MM. Décour et Amédée (Tourret).

— Une bibliothèque. Épître (en 70 vers alexandrins). *Paris*, *de l'impr. d'Éverat*, 1835, in-8 de 8 pag.
— Voyages (les) d'un Parisien, itinéraire poétique en cinq routes. *Paris*, *de l'impr. de F. Didot*, 1838, in-8 de 16 pages.

TARDIF (Achille). — Abeille (l') encyclopédique, ou Aperçu raisonné de toutes les connaissances humaines, enrichi d'un Tableau analytique des sciences et des arts. *Paris*, *Rousseau*, 1830, in-8, de 490 pages, avec un tableau, 7 fr. 50 c.

Ouvrage reproduit en 1832 avec un titre portant : seconde édition, revue, corr. et augm.
Sur le titre de ce volume, M. Tardif rappelle qu'il est auteur d'un *Album moral, en vers et en prose*, ouvrage dont nous n'avons pas trouvé l'annonce dans le Journal de la librairie.

— Essai sur la publicité de la procédure telle qu'elle a existé en Russie, trad. du russe (1830). Voy. Demidoff.

TARDIF, substitut du procureur général près la Cour royale.
— Lois du timbre et de l'enregistrement, extraites du Bulletin des lois; recueil composé pour la commodité des fonctionnaires publics et des citoyens, suivant le plan tracé par l'avis du conseil d'État du 7 janvier 1813, avec notes, conférence des lois entre elles, table générale des matières et appendice, contenant l'analyse des arrêts de la cour de cassation, solutions de la régie et autres décisions particulières relatives au timbre et à l'enregistrement; précédées d'une Introduction où sont exposés les principes généraux. *Paris*, *Guillaume et comp^ie*, 1827, 2 vol. in-8, 12 fr.
— Question de contrefaçon : La reproduction en bronze des sujets de gravure constitue-t-elle une contrefaçon? Réquisitoire; suivi de l'arrêt rendu par la cour royale de Paris, le 8 décembre 1831. *Paris*, *de l'impr. d'Éverat*, 1832, in-8 de 24 pag.
— Réponse de M. Tardif aux calomnies répandues contre lui. *Paris*, *Rignoux*, 1833, in-8 de 52 pag.

On doit aussi à M. Tardif la publication de la quatrième édit. du Traité du voisinage, de Fournel, édition revue, corr. et augm. par les soins de l'éditeur (1827, 2 vol. in-8).

TARDIVEAUX, alors recteur de Couëron, près Nantes.
— Discours chrétien, à l'occasion de la guerre entre la France et les Isles britanniques. *Nantes*, *Vatar fils aîné*, 1780, in-4.

TARDY (M.-L.), officier du génie.
— * Cromwell, ou le Général liberticide, tragédie en cinq actes et en vers. (*Liége*, *Latour*, 1793), in-8.

TARDY (l'abbé), alors à Londres.
— An explanatory pronouncing Dictionary of the French language. (En français et en anglais). *Londres*, 1790, in-12.
— Manuel du voyageur à Londres, précédé

d'un grand plan de Londres. *Londres, l'Homme*, 1800, in-12.

TARDY (A.-A.), docteur-médecin à Paris, peut-être le même que TARDY DE MONTRAVEL (Voy. plus bas).

— Quelques aperçus sur l'état présent de l'art médical en Angleterre.

Voyez le Mag. enc., n° 20.

— Recherches sur la nature et les moyens curatifs de la phthisie pulmonaire, ou consomption des poumons, tirées des manuscripts de feu W. WHITE, et publiées par A. HUNTER; ouvrage traduit de l'anglais, avec des notes et planches. *Paris, Théoph. Barrois*, 1796, in-12.

TARDY (C.). — Aperçus historiques, ou Histoire sommaire de la médecine; suivis d'une Notice historique sur le baron Roqueplan de Lestrade, lieutenant-général. *Au Puy, de l'impr. de Clet*, 1830, in-12 de 60 pag.

TARDY DE MONTRAVEL. — *Essai sur la théorie du somnambulisme magnétisme. Par M. T. D. M. *Londres*, 1786, in-12.

— *Journal du traitement magnétique de madame B., par M. T. D. M. *Strasbourg, librairie académique*, 1787, in-8.

TARENNE (Georges). — Abrégé d'anthropographie, ou Description exacte de toutes les parties extérieures du corps humain, avec un dictionnaire des mots techniques et des noms propres ou d'auteurs, qui y sont employés : ouvrage élémentaire à la portée de tout le monde, destiné à l'instruction des jeunes personnes de l'un et de l'autre sexe, renfermant tout ce qu'il faut savoir de cette science dans l'usage ordinaire de la vie civile. *Paris, Desenne; Gayant; Croullebois*, an VIII (1800), in-8 de 166 pag., 1 fr. 60 c.

— Cochlioperie (la), avec une instruction sur la guérison radicale des hernies. *Paris, Delance*, 1808, in-12.

— Recherches sur le ranz des vaches, avec musique. *Paris, Louis*, 1813, in-8 de 72 pages.

— Résultat des expériences faites sur les colimaçons. 1808, in-12.

— Théologie (la) naturelle, histoire philosophique, critique et morale; ou les Pensées d'un homme sur l'être suprême, et sur la nature et sur l'immortalité de l'âme. *Paris, Fuchs; Henrichs*, an IX (1801), in-8 de 164 pag., 1 fr. 80 c.

— Vers sur Dieu et sur la Trinité de nature, à tous les amis de la raison et du bien public. 1799, in-8.

— Voyage à la Val sainte de Notre-Dame de la Trappe, dans le canton de Fribourg en Suisse, peu de temps avant que S. M. l'empereur et roi Napoléon ordonnât la dissolution de ce monastère, et l'extinction de l'ordre des Trappistes dans les cantons helvétiques. *Paris, Dentu*, 1812, in-8 de 112 pag., 2 fr. 50 c.

TARGA (Léonard), médecin italien. Voy. CELSE.

TARGE (Jean-Baptiste), ancien professeur de mathématiques à l'École royale militaire à Paris, et correspondant de l'Académie royale de marine; né en 1714 à Orléans, où il est mort en 1788.

— Histoire de l'avénement de la maison de Bourbon au trône d'Espagne. *Paris, Saillant et Nyon*, 1772, 6 vol. in-12.

— Histoire générale d'Italie, depuis la décadence de l'empire romain jusqu'à présent, dédiée à Mgr le comte d'Artois. *Paris, Monory*, 1774-75, 4 vol. in-12.

Targe, en outre, a traduit de l'anglais les quatre ouvrages suivants : l'Histoire d'Angleterre, par SMOLLETT (1759 et ann. suiv.); — l'Histoire des guerres de l'Inde, par ORME (1765, 2 vol. in-12); — l'Abrégé chronologique, ou l'Histoire des découvertes faites par les Européens, de BARROW (1766); — l'Histoire nouvelle impartiale d'Angleterre, depuis l'invasion de Jules-César jusqu'aux préliminaires de la paix de 1763, de BARROW (1771).

TARGE (Victor), de Lyon.

— Épître à Cabet, député de la Côte-d'Or. *Paris, de l'impr. d'Herhan*, 1833, in-8 de 8 pag.

— Napoléon II. Poésies. *Lyon, de l'impr. de Boitel*, 1834, in-12 de 12 pag.

TARGET (Guy-Jean-Baptiste), anc. avocat au parlement, né à Paris, le 17 décembre 1733, mort à Molières, le 7 septembre 1807, fut avant la révolution l'un des avocats les plus célèbres de la capitale, conseiller au conseil souverain de Bouillon, et membre de l'Académie française. Ayant adopté avec ardeur les principes de la révolution, il devint successivement député de la prévôté de Paris aux États-généraux, membre de l'Assemblée constituante, où il fit partie du comité de constitution, et eut la plus grande part à l'acte constitutionnel; président de la susdite assemblée depuis janvier 1790 jusqu'à la fin de cette législature; juge de l'un des tribunaux civils de Paris, lors de la formation des nouveaux corps judiciaires; secrétaire du comité révolutionnaire de sa section, enfin membre du tribunal de cassation. Lorsque l'Institut national remplaça les académies, Target, qui, dès 1785, appartenait à l'Académie française, fut admis dans ce nouveau corps savant.

— * Cahiers du tiers-état de la ville de Paris. 1789, in-8.

— * Censure (la), lettre à ***. 1775, in-8 de 28 pag.

— Déclaration de l'homme en société. In-8.

— Discours prononcé à sa réception dans l'Académie française. 1785, in-4.

— * Esprit des cahiers présentés aux États-Généraux de l'an 1789, augmenté de Vues nouvelles, ou Projet complet de régénération du royaume de France : le tout en bref. Juin 1789, 2 vol. in-8.

— * États-Généraux (les) convoqués par Louis XVI. (*Paris*, 1789), in-8, avec deux suites.

— * Lettre d'un homme à un autre homme, sur l'extinction de l'ancien parlement et la création du nouveau. — Réflexions sur la destitution de l'universalité des offices du parlement de Paris, par voie de suppression. (1771), in-12. La première pièce de 16 pag., la seconde de 32.

La *Lettre d'un homme à un homme* a été comparée par quelques personnes aux meilleurs écrits de Montesquieu.

— * Ma pétition, ou Cahier du bailliage de ***. 1788, in-8.

— Mémoire pour le sieur Alliot fils, prisonnier pour dettes, contre le sieur Alliot, son père, fermier-général. 1770, in-4.

— * Mémoire sur l'amélioration des domaines et bois du roi, sur les vices de l'administration actuelle, et sur les moyens d'en tirer un parti plus avantageux, etc. *Berlin, et Paris, Gattey*, 1788, in-8 de 58 pag.

— Mémoire sur l'état des protestants en France. 1787, in-8.

La Harpe fait un grand éloge de cet ouvrage dans sa Correspondance russe.

— Observations sur la manière d'exécuter les lettres de convocation aux États-Généraux. 1789, in-8.

— * Observations sur le commerce des grains, faites en décembre 1769, par M..... *Amsterdam, et Paris, Cellot*, 1776, in-12.

— Observations sur le procès de Louis XVI. 1792.

— Œuvres (judiciaires) choisies, précédées d'une Notice, par M. S. Dumon, avocat. *Paris, B. Warée*, 1826, in-8 de 658 pag.

Ce volume, qui est composé de huit *Mémoires, plaidoyers, etc.*, forme le tome III des « Annales du barreau », et ne s'en sépare pas. Un semblable choix a été publié dans le « Barreau français », impr. chez le libraire Panckoucke.

— Plaidoyer en faveur de la rosière pour les syndics et habitants de Salency, contre le sieur Danré, seigneur de Salency. 1774, in-4.

— Plaidoyer pour le sieur Demade....

— Rapport fait au comité de constitution, le 29 septembre 1790. 1790, in-8.

Target a fourni des notes à l'ouvrage du comte Mirabeau, intitulé : Considérations sur l'ordre de Cincinnatus, etc. (1788, in-8).

On a en outre de Target un certain nombre de discours et opinions prononcés au sein des assemblées des États-généraux et de la constituante. Plus tard, lorsque le projet d'un Code civil uniforme fut soumis à l'examen des tribunaux, Target fut un des commissaires chargés par le tribunal de cassation de présenter ses observations au gouvernement. Il inséra dans ce travail une *opinion sur le divorce*, qui mérite d'être remarquée. On lui confia quelque temps après, et à quatre de ses collègues, la préparation d'un Code criminel. Il a laissé sur ce sujet un discours où sont exposés les vues qui doivent servir de base à cette importante législation.

On publia contre Target, à l'époque où il faisait partie du comité de constitution, divers pamphlets, entre autres : 1° Bulletin des couches de M. Target, père et mère de la constitution des ci-devant Français, etc. In-8.; 2° Relevailles, rechute, et nouvelle conception de M. Target; 3° la Targetade, tragédie un peu burlesque, parodie de l'Athalie de Racine (par Huvier de Fontenelles), 1791, in-8.

TARGET (Ve). — Édouard Bernard, ou Histoire de la famille Egerton; trad. de l'angl. (1812). Voy. Pilkington.

TARGINI (Francisco-Bento-Maria), visconde de São Lourenço, etc.

— Paradiso (o) perdido, poema epico de João Milton, trad. em verso portugez, com as reflexoens, e notas do traductor (1824). V. Milton.

TARILLON (le P.). Voy. le P. Rob. Saulger.

TARIN (Pierre), médecin; né à Courtenay, mort en 1761.

— Adversaria anatomica.

— * Anthropotomie, ou l'Art de disséquer les muscles, etc. *Paris*, 1750, 2 vol. in-12.

— Desmographie, ou Description des ligaments du cœur humain. 1752, in-8.

— Dictionnaire anatomique, suivi d'une Bibliothèque anatomique et physiologique. *Paris*, 1753, in-4.

— Éléments de physiologie, ou Traité de la structure, des usages et des différentes parties du corps humain; trad. du latin. (1752). Voy. Haller.
— Myographie, ou Description des muscles du corps humain. *Paris*, 1753, in-4.
— Observations de médecine et de chirurgie. 1758, 3 vol. in-4.
— Ostéographie, ou Description des os. *Paris*, 1753, in-4, avec planches.
— Problemata anatomica, utrum inter arterias meseraicas venasque lacteas immediatas detur commercium? 1748, in-8.

Tarin a donné une nouvelle édition, avec des additions, des Éléments de chimie de Boerhave, traduits par Allamand (1752, 6 vol. in-12): il avait aussi préparé une édition des Œuvres anatomiques de M. Du Verney, qui a été achevée et publiée par Ch.-Ant. Jombert (1761, 2 vol. in-4).

TARMINI ALMERTÉ, d'origine grecque.
—Biographie (petite) nationale des contemp., ou Dictionn. historique des Français qui se sont rendus célèbres ou fameux par leurs vertus ou leurs vices, depuis la révolution jusqu'à nos jours. *Paris*, *Bouquin de Lasouche*, 1825, in-12.
— Chronique indiscrète pour 1827. *Paris*, *Roret*, 1827, in-12, 1 fr. 75 c.
— Illustre (l') Portugais, ou les Amants conspirateurs, trad. de l'espagnol, accompagné de développements et d'une Notice sur l'ex-empereur du Mexique (1824). Voy. Iturbide.
— Voyage de S. M. la reine d'Angleterre et du baron Pergami (ou mieux Bergami), en Allemagne, en Italie, en Grèce, en Sicile et à Tunis, de 1816 à 1820. *Paris*, *Locard et Davi*, 1820, in-8, 3 fr.

L'auteur a été attaché à la reine pendant ses voyages, de 1816 à 1820.

TARNEAUD, chef d'instit. à Limoges.
— Cours de latinité élémentaire, en deux volumes. Grammaire et Cours de thèmes. *Limoges*, *Marmignon; l'Auteur*, 1838, 2 vol. in-12, 2 fr.
—Cours méthodique et pratique de latinité. *Limoges*, *de l'impr. de Chapoulaud*, 1822, in-12.
— Dissertation sur les méthodes latines. *Limoges*, *de l'impr. d'Albin*, 1830, in-8 de 16 pag.
— Grammaire latine. Seconde édition. *Limoges*, *Léon Albin*, *et madame Ardant*, 1826, in-12.
— Principes généraux de latinité, où l'on a marqué d'un astérisque les défectuosités du rudiment de Lhomond, et où l'on donne la solution de plusieurs questions embarrassantes dans l'enseignement. *Limoges*, *de l'impr. de Chapoulaud*, 1824, in-12.

TARRAL. — Mémoire sur l'ablation de l'utérus, avec la description d'une nouvelle méthode opératoire. *Paris*, 1829, in-8, 2 fr.

TARRIBLE (Jean-Dominique-Léonard), jurisconsulte, conseiller-maître de la cour des comptes, conseiller, de 1807 à 1821, anc. tribun; né à Auch, en novembre 1753, mort à Paris, le 27 février 1821.
— Lettre (sa) à M. Jousselin, avocat au conseil du roi et à la cour de cassation, au sujet de la demande en cassation du sieur Pomme, contre les frères Joannis et autres. *Paris*, *de l'impr. de Renaudière*, 1816, in-4 de 16 pag.
— Manuel des justices de paix, ou Traité des servitudes foncières et des tutelles. *Paris*, *Artaud*, 1806, in-8.

« Les rédacteurs du journal de jurisprudence, intitulé: Annales du notariat, voulant publier un commentaire du Code civil, s'adressèrent à plusieurs jurisconsultes qui avaient concouru à sa confection. Leur travail forme 9 vol. in-8, publiés de 1803 à 1807. C'est dans ce recueil qu'a paru, pour la première fois, le « Traité des successions » de M. Chabot (de l'Allier), qui forme le 3e volume. Tarrible avait traité les titres de la *tutelle* et des *servitudes*. Il a publié séparément cette partie de son travail, sous le titre que nous venons de donner. En outre, les trois derniers volumes du commentaire lui appartiennent en entier. Il s'est occupé surtout avec un soin particulier, de la partie du Code qui, par sa nature et par la nature du système adopté par le législateur, offrait le plus de difficultés: des *hypothèques*. Pour donner une idée du mérite de son travail, il suffira de dire que M. Merlin, lorsqu'il voulut refondre l'ancien « Répertoire de jurisprudence, et l'approprier à la législation nouvelle, demanda à Tarrible de donner à ce travail une forme analogue à l'ordre alphabétique, adopté pour le « Répertoire »; qu'il l'y inséra entier, et que les articles de Tarrible ne sont pas ceux de cet important ouvrage, qui ont été le moins cités et qui font le moins autorité.

Voici la note des articles fournis par Tarrible au Répertoire universel et raisonné de jurisprudence de M. Merlin, IVe édition: 1° le paragraphe 3, section 2 du mot *hypothèques*; — 2° le mot *expropriation forcée* (excepté la note qui est de M. Merlin); — 3° les huit premiers paragraphes du mot *inscription hypothécaire*; — 4° le mot *saisie-mobilière*; — 5° les quatre premiers paragraphes du mot *ordre des créanciers*; — 6° le mot *radiation des hypothèques*; — 7° le mot *tiers-détenteur*; — 8° le mot *transcript on au bureau des hypothèques*; — 9° le mot *privilège de créance*; L'auteur de ces articles a eu la satisfaction de voir la plupart des décisions qu'ils renferment sanctionnées par les tribunaux, et ceux qui ont écrit sur les mêmes matières rendre hommage à la profonde doctrine de leur devancier, à la justesse de son raisonnement, à la clarté et à l'exactitude de sa rédaction ». Mahul, Ann. nécrol., ann. 1821.

M. Beuchot, dans son Journal de la librairie, ann. 1821, dit que Tarrible avait le projet de réunir en corps d'ouvrage les neuf articles que nous venons de citer. Le livre suivant nous semble devoir les renfermer.

— Traité des priviléges et hypothéques. *Liége*, 1819, 2 vol. in-8, 10 fr.

Les profondes connaissances de Tarrible en jurisprudence le tinrent, tout le temps de l'existence du Tribunat, attaché à la section de législation, et il fut un de ceux qui prirent la part la plus active et la plus importante à la confection du Code civil.

TARRY (B.-H.), docteur en médecine, etc.

— Mémoire sur la culture du prunier de robe-de-sergent, et sur la manière de dessécher ses fruits. — Dissertation sur les encres à écrire : composition d'une bonne et très-belle encre. *Agen*, *P. Noubel*, 1821, in-8 de 80 pag., 2 fr.

La Dissertation sur les encres a sa pagination particulière, 1—16.

— Observations critiques sur le rapport du concours du prunier-datte, et sur l'Instruction du prunier de robe-de-sergent, publiées par la Société d'agriculture d'Agen (en 1822). *Agen, de l'impr. de Noubel*, 1822, in-8 de 8 pag.

TARRY (Aristide). — Childe Harold aux ruines de Rome, Imitation du poëme de lord Byron (en vers). *Paris, de l'impr. de Fain*, 1826, in-8 de 16 pag., 1 fr. 50 c.

Cet opuscule s'est vendu au profit des Grecs.

TARRY (Désiré). — Liberté (la), ode. *Paris, de l'impr. d'Auffray*, 1831, in-8 de 8 pag.

TARRY (Auguste). — Mélancolies. (Poésies). *Paris*, *Philippe*, 1838, in-8, 7 fr. 50 c.

TARTE cadet, avocat.

— Dernier (le) mot sur les cours provinciales, ou Réfutation complète des arguments en faveur des dix-huit cours. *Bruxelles*, *Tencé fils*, 1827, in-8, 1 fr. 50 c.

— Sur le nombre des cours provinciales à établir pour les causes civiles dans l'organisation judiciaire des Pays-Bas. *Bruxelles*, *C.-J. De Mat fils et H. Remy*, 1827, in-8, 1 fr.

M. Tarte est, en outre, l'un des rédacteurs de la Thémis, ou Bibliothèque du jurisconsulte (1819 et ann. suiv.).

TARTELIN (Jacques), ancien pharmacien à Dijon, démonstrateur au Jardin des plantes de cette ville, y est mort le 23 juin 1823, âgé de 74 ans.

— Essais sur quelques phénomènes des dissolutions et précipitations des résines d'esprit-de-vin.

Impr. dans les Nouv. Mémoires de l'Académie de Dijon pour la partie des sciences et des arts, premier semestre 1783, page 1re et suiv.

Les archives de cette Académie, dont il était membre, « en renferment sans doute beaucoup d'autres », dit le Journal de Dijon et de la Côte-d'Or, du 7 juin 1823, d'où cette note est tirée.

TARTERON (le P. Jérôme), jésuite, traducteur; né en 1645 à Paris, où il est mort en 1720.

On lui doit une traduction des Satires de Perse et de Juvénal, publiée pour la première fois en 1689, mais réimprimée plusieurs fois dans le siècle suivant; ainsi qu'une traduction des OEuvres d'Horace (1700), qui a été réimprimée avec des remarques de Coste. (Voy. Horace et Perse).

TARTRA (A.-E.), docteur en chirurgie, chirurgien du premier dispensaire.

— Opération (de l') de la cataracte; thèse soutenue publiquement dans l'amphithéâtre de la Faculté de médecine de Paris, en présence des juges du concours (pour la chaire de médecine opératoire), le vendredi 24 janvier 1812. *Paris, de l'impr. de Dubray*, 1812, in-4, 3 fr.

— Traité de l'empoisonnement par l'acide nitrique. *Paris*, 1802, in-8, 3 fr. 50 c.

TARVER (J.-C.). — Dictionnaire des verbes français, or a Dictionary of french verbs, shewing their different government and influence on the various parts of speech, to which is prefixed a table of the irregular verbs, and some remarks on the thenses of the conjugations and the article. *London*, ... in-8.

— Discours sur la théologie naturelle, indiquant la nature de son évidence et les avantages de son étude; trad. de l'angl. (1835). Voy. H. Brougham.

TASCA (Ottavio). — Vers (ses) à Méry. *Paris*, *de l'impr. de Béthune*, 1837, in-8 de 16 pag.

TASCHER ( ), avocat aux conseils et procureur général du conseil royal pour les prises.

— Mémoire pour les prévôt des marchands et échevins de Paris. 1759.

TASCHER (le comte Jean-Samuel-Ferdinand de), pair de France, parent de l'impératrice Joséphine, né à Orléans, en 1779, fut d'abord élève de l'École polytechnique, ensuite auditeur au conseil d'état de 1809 à 1813. Il succéda à son père dans la chambre haute en 1822.

— Propriété (de la) des fabriques catholiques en France. *Paris, de l'impr. de Crapelet*, 1837, in-8 de 24 pag.

TASCHEREAU (dom Jacques), bénédictin de la congrégation de Saint-Maur, en 1738; né en 1720.

Il a coopéré, ainsi que Pierre-Henri Taschereau son frère, à la Gallia Christiana, dont il a publié plusieurs volumes.

TASCHEREAU (Jules-Antoine), secrétaire-général de la préfecture de la Seine après la révolution de 1830, puis maître des requêtes; né à Tours, le 19 décembre 1801.

— A MM. les électeurs de l'arrondissement de Chinon. *Paris, de l'impr. de Fournier*, 1832, in-4 de 4 pag.

Daté du 28 mai. Deux autres circulaires, portant le même titre, et datés des 22 octobre et 16 novembre, ont paru dans la même année. La première, qui a eu deux éditions, l'une de Paris et l'autre de Tours, est de trois pages in-4; la seconde, imprimée à Chinon, n'a qu'une page de même format.

— Copie d'une lettre adressée à M***, électeur du collége de Chinon. *Chinon, de l'impr. de Challuau-Breton*, 1832, in-4 de 3 pag.

L'auteur déclare avoir, dès 1823, pris part à la rédaction du *Courrier français*.

— Histoire de la vie et des ouvrages de P. Corneille. *Paris, Mesnier*, 1829, in-8, 7 fr. 50 c.

— Histoire de la vie et des ouvrages de Molière. *Paris, Ponthieu*, 1825, in-8, avec un portrait et un fac-simile, 7 fr. 50 c.; papier vélin, 11 fr.; pap. vélin, épreuves triples, 14 fr. — Deuxième édition, revue et augm. *Paris, Brissot-Thivars*, 1828, in-8.

« La vie de Molière, tracée par Voltaire, était trop incomplète et présentait trop d'inexactitudes pour satisfaire un écrivain consciencieux; les recherches de M. Taschereau le conduisirent à de véritables découvertes. Déjà M. Beffara (voy. ce nom), en compulsant les actes civils de la ville de Paris, avait rectifié bien des erreurs sur la famille de Molière, le lieu et l'époque de sa naissance, etc. M. Taschereau, en profitant de ce travail, a su éclaircir beaucoup de faits douteux et pleins d'intérêt; c'est ainsi qu'il détruit entièrement l'accusation portée, comme l'on sait, contre Molière, dans une requête à Louis XIV, par l'un de ses ennemis les plus acharnés, Montfleury, comédien de l'hôtel de Bourgogne, en prouvant, par le simple rapprochement des actes de naissance, qu'Armande Béjart était la sœur et non pas la fille de Madeleine Béjart. Il rapporte un grand nombre d'anecdotes sur Molière très-peu connues et fort curieuses, et s'attache à réfuter toutes les critiques injustes dont il a été l'objet même de la part de ses contemporains. L'auteur le fait encore mieux connaître en apprenant à l'aimer, et son ouvrage est désormais inséparable des autres de notre grand poëte. L'*Histoire de la vie de P. Corneille*, moins fertile en événements, offre cependant d'intéressants détails; dans les nombreuses particularités que M. Taschereau a recueillies sur chacun de ses ouvrages, on retrouve partout le littérateur instruit et l'homme de goût. (*Biogr. univ. et port. des contemp.*)

— Lettre à M. le marquis de Fortia d'Urban, en réponse à ses Dissertations sur Molière et sa femme. *Paris, de l'impr. de Fournier*, 1824, in-8 de 16 pag.

Tirée à 50 exemplaires.

— Notice sur Boufflers. (*Paris*), *de l'impr. de Fournier* (1827), in-8 de xxj pag.

Tirée à 70 exemplaires, mais extraites des Œuvres complètes de Boufflers, édition publiée par Furne, en 1827, 2 vol. in-8.

Le nom de M. Taschereau figure parmi ceux des principaux collaborateurs sur le titre de la « Biographie universelle classique », publiée par le libraire Ch. Gosselin; mais c'est une mention peu exacte, car il n'y a fourni que l'article *Molière*. Il a donné à la Biographie univ. et portative des Contemporains les articles *Collin d'Harleville* et *Joachim Lebreton*. Enfin, M. Taschereau a fourni des articles au Courrier français et au National, à la Revue de Paris, à la Gazette littéraire, et à la Revue française (en 1822).

On doit encore à M. Taschereau, comme éditeur, 1° la publication d'une édition des Œuvres complètes de Molière, avec les notes de tous les commentateurs (Paris, 1823—24, 8 vol. in-8); 2° une édition du Tartufe, de Molière, précédée d'une Notice historique de M. Étienne, et accompagné de notes et de commentaires de M. Taschereau. Cette édition, publiée par le libraire Panckoucke, en 1824, devait faire partie du « Théâtre-Français», avec un nouveau commentaire, dont il n'a été imprimé que deux livraisons; 3° une édition, commencée en 1829, de la Correspondance de Grimm et Diderot, de 1753 à 1790. M. Taschereau en a publié les douze premiers volumes.; 4° Les deux premiers volumes des Mémoires, correspondance et ouvrages inédits de Diderot (1830, in-8). La révolution de 1830 ayant interrompu les travaux littéraires de M. Taschereau, ce fut M. Chaudet qui revit et publia les tomes XIII à XV de la Correspondance de Grimm et Diderot; et les tomes III et IV des Mémoires, etc., du dernier de ces deux écrivains; 5° il a fondé, en 1833, la Revue rétrospective, ou Bibliothèque historique, contenant des mémoires et documents authentiques, inédits et originaux, pour servir à l'histoire proprement dite, à la biographie, à l'histoire de la littérature et des arts. Cet intéressant recueil a obtenu un beau succès, qui se soutient: 5° il est, en société avec MM. de Monmerqué et de Châteaugiron, l'éditeur des Historiettes de Tallemant des Réaux (1833—34, 6 vol. in-8).

Article communiqué par M. Jules Ravenel.

TASCHEREAU DE FARGES (Paul-Auguste-Jacques), anc. envoyé extraordinaire de France près la cour d'Espagne, en remplacement de Bourgoin, sous la dictature de Robespierre; né vers 1750, dans le midi de la France, mort du choléra, morbus à Paris, le 19 avril 1832. Après avoir combattu en Amérique sous les drapeaux de Washington, Taschereau de Farges s'associa aux principaux démagogues, notamment à Robespierre, qui lui fit donner plusieurs missions importantes : l'une d'elles fut l'ambassade de France à Madrid. De retour à Paris, il fut membre d'un comité révolutionnaire, dissous au 9 thermidor (21 juillet 1794), lorsque tomba Robespierre. Entraîné dans sa chute, il fut arrêté; mais on le relâcha peu après, faute de preuves. On vit Taschereau figurer en 1790 dans l'insurrection du camp de Grenelle : il parut encore dans celle de Babeuf. En 1799, il faisait partie de la société du Manège. Arrêté par la police, comme ayant, dans un écrit, préconisé Robespierre, il fut conduit au Temple, et y resta jusqu'aux événements du 30 prairial. Toutes les accusations portées contre lui, soit avant, soit après le 9 thermidor, n'ont pas été prouvées. Toutefois, il inspirait de la défiance, et le gouvernement impérial le fit encore arrêter le 20 juillet 1807, et l'exila de Paris. On n'a pas entendu parler de lui sous la Restauration. On a attribué à Taschereau de Farges plusieurs écrits, dont quelques-uns ont été revendiqués par le fameux comte de Montgaillard. Les écrits attribués à Taschereau sont les suivants : I. *Taschereau-Farges à Maximilien Robespierre aux enfers*, 1795, in-8. II. *le Gouvernement napoléoniste*, ode à la vérité, 1812, in-8. III. *De la nécessité d'un rapprochement sincère et réciproque entre les républicains et les royalistes*, Paris, janvier 1815, in-8 de 72 pag. IV. *Clémence et justice*, Paris, 1815, in-8 de 52 pages. V. *Ode à la clémence politique et réciproque*, Paris, juin 1815, in-8 de 16 pag. Les trois derniers opuscules ont été revendiqués par le comte de Montgaillard (voy. son article), qui se serait servi du nom de Taschereau pour les publier.

TASMAN (Abel-Janssen). — Relation d'un voyage aux terres australes (avec les voyages de Coréal). *Amsterdam*, 1722, in-12, fig.

TASSAERT (B.-M.). — Mémoires de chimie, etc., trad. de l'allem. (1807). Voy. KLAPROTH.

TASSE. Voy. TASSO.

TASSIN (dom René-Prosper), bénédictin de la congrégation de Saint-Maur; né à Londay, diocèse de Coutances, au mois de décembre 1697, mort à Paris, le 10 septembre 1777.

— Angelo-Mariæ Quirino Epistola. 1744, in-4.

— Défense des titres et des droits de l'abbaye de Saint-Ouen. 1774, in-4.

— Dissertation latine sur les hymnographes des Grecs. In-4.

— * Histoire littéraire de la congrégation de Saint-Maur. *Bruxelles, et Paris, Humblot*, 1770, in-4.

Desprez, imprimeur du clergé, n'osa pas y mettre son nom, et crut devoir emprunter celui de Humblot. Il fut obligé de faire 14 cartons, qui se trouvent réunis dans quelques exemplaires. *Barb.*

On préfère les exemplaires avec les cartons doubles. Ces cartons se trouvent aux pages 313—314, 321 à 328, 347 à 350, article *Gerberon*; 529—30, article *Huilier*; 537—38, 541—42, article *Louvart*; 581 à 684, article *Perreau* et *Godard*; 701—02, article *La Taste*; et 737—38, article *Le Texier*.

(*Note de M. Peignot*).

— * Notice (la) des manuscrits de la bibliothèque de l'église de Rouen, par l'abbé Saas, revue et corrigée par un bénédictin de la congrégation de Saint-Maur. *Rouen*, 1747, in-12.

Cette brochure est une critique, et non pas une nouvelle édition de celle de l'abbé Saas, comme plusieurs bibliographes l'ont avancé.

— * Traité (nouv.) de diplomatique, où l'on examine les fondements de cet art, où l'on établit des règles sur le discernement des titres, et où l'on expose historiquement les caractères des bulles pontificales et des diplômes. *Paris, Desprez*, 1750-65, 6 vol. in-4.

Avec dom Toustain.

Dom Tassin a, en outre, fait imprimer une Critique de l'Alphabetum tironianum de Carpentier, dans le Journal des savants, mars 1756.

TASSIN. — * Journal historique de la campagne du capitaine Thurot, sur les côtes d'Écosse et d'Irlande, en 1757 et 1758. *Dunkerque, et Paris*, 1759 et 1760, in-12.

TASSINOT (François-Jacques), anc. conseiller au parlement de Metz; né à Dijon, le 2 février 1654, mort le 20 mai 1730.

Il est le traducteur des livres V, VI, VII, XI et XII du Virgile virai an Borguignon (voy. VIRGILE).

TASSO (Torquato), l'un des quatre plus célèbres poëtes italiens.

ÉDITIONS ET TRADUCTIONS
françaises
DE SES OUVRAGES,
faites pendant les XVIII et XIXe siècles.

— Aminta, favola boschareccia. Ediz. nuova e corretta per l'abbate ANTONINI. *Parigi, Rollin*, 1729, in-8.

— La medesima. *Parigi, Prault*, 1745, in-12; ossia, 1768, pet. in-12, 3 à 4 fr.

— La medesima. *Parigi, nella stamp. di Fr.-Ambr. Didot, a spesa di G. C. Molini*, 1781, in-12, 3 à 4 fr.

Molini a donné dans la même année une autre édition de l'Aminta, in-8, sur papier d'Annonay, tirée à une cinquantaine d'exemplaires: 6 à 9 fr.; vendu, exemplaire impr. sur pap. vélin, 144 fr. m. r. de Limare; 160 fr. br. d'Hangard.

— Plus (les) célèbres pastorales italiennes, savoir l'Aminte du TASSE, le Pastor fido de GUARINI, et la Philis du comte Guidubal des BONARELLI. En italien. *Paris, Couret de Villeneuve*, 1788, in-8.

— La medesima opera, edizione stereot. *Parigi, P. e F. Didot*, 1803, 1812, in-18, 1 fr.; sur pap. fin, 1 fr. 25 c.; sur pap. vélin, 2 fr. 50 c., et sur gr. pap. vélin, format in-12, 3 fr. 75 c.

— La medesima. *Parigi, dai torchi di P. Didot ainé.—Nepveu*, 1811, 1813, in-18, 6 fr.

Ces éditions sont ornées de cinq jolies gravures, d'après les dessins de Desenne: 4 fr., et sur pap. vélin, 6 fr. On a tiré de l'édition de 1811 plusieurs exemplaires sur vélin et sur des papiers de couleur, avec fig. color.

— La medesima, coll' accento di prosodia. *Avenione, Seguin, e Parigi, Théoph. Barrois*, 1818, in-18.

— La medesima. *Parigi, dai torchi di P. Didot ainé.—Lefèvre*, 1820, 1822, 1824, in-32, 2 fr.; ossia *Parigi, A. André*, 1828, in-32, 1 fr. 50 c.

Édition qui fait partie de la « Biblioteca poetica italiana », publiée par A. Buttura.

— La medesima. *Parigi, Froment*, 1826, in-32.

— Nouv. trad. française de l'Aminte du Tasse (par PECQUET), avec le texte à côté. *Paris, Nyon*, 1734, 1759, in-12.

— Aminte (l'), pastorale (traduite en prose par LESCALOPIER). *Paris*, 1735, in-12.

— Aminte, traduction libre, par le comte de CHOISEUL-MEUSE. *Londres, et Paris*, 1784, in-12.

— Aminte (l'), poëme traduit par P.-V.-J. BERTHRE DE BOURNISSEAUX. *Paris, Batilliot jeune*, 1802, in-12, 1 fr. 50 c.

— Aminte, pastorale du Tasse, imitée en vers français par BAOUR-LORMIAN. *Paris, J. Klostermann fils* (* *Rey et Gravier*), 1813, in-18, avec 7 grav., 4 fr., et sur pap. vélin, 8 fr.

— Aminte, trad. de l'italien par FROMENTIN, officier (avec le texte en regard). *Troyes, madame Bouquot*, 1823, in-18.

— Aminta, fabula pastoral, traducida en castellano por don Juan de JAUREGUI. A que se anaben las Eglogas de don Juan MELENDEZ VALDES. *Paris, Rosa*, 1835, in-32.

—

— Amour (l') fugitif, traduit en prose (avec le texte en regard). *Blois, Giroud*, 1830, in-18.

—

— Dialogues du Tasse, traduits par J.-V. PERIÈS, traducteur des OEuvres complètes de Machiavel. *Paris, Panckoucke*, 1826, in-32, 3 fr.

—

— Gerusalemme liberata. *Parigi, Prault*, 1744, ovvero 1768, 2 vol. pet. in-8, 8 à 10 fr.

— La medisima, colle osservazioni di Niccolò CIANCULO e di Scipio GENTILI. *Nîmes, Mich. Gaude*, 1762, 2 vol. in-12.

— La medesima. *Parigi*, 1771, 2 vol. gr. in-8, fig. de Gravelot, 12 à 18 fr.

Assez belle édition: 26 fr. m. r. Lamy. Papier de Hollande, 20 à 25 fr. — format in-4, 24 à 30 fr.

— La medesima. Editio quarta. *Parigi, Molini*, 1783, 2 vol. in-12, 8 à 10 fr.

Il y a des exemplaires de cette édition tirés sur vélin. M. Brunet parle d'un exemplaire format in-8, partagé en 4 vol., et relié en maroquin bleu tab., qui aurait été vendu 17 liv. 17 sch.

— La medesima, stampata d'ordine di MONSIEUR. *Parigi, dai torchi di Fr.-Ambr. Didot*, 1784, 2 vol. in-4 sur gr. pap. vélin, ornés de figures de Cochin.

Très-belle édition, décorée de 41 gravures d'après Cochin; elle n'a été tirée qu'à 200 exemplaires: 80 à 120 fr.; vendu 200 fr. m. v. dent. tab. avec les eaux-fortes, Clos.

Un exemplaire imprimé sur vélin se trouvait dans la bibliothèqne de Mac-Carthy; retiré à 900 fr. lors de la vente, il a été offert depuis à 1800 fr. Un second exemplaire se conserve à Moscou, dans le cabinet du prince Michel Galitzin.

— La medesima. Sec. ediz., coi rami della

edizione di Monsieur. *Parigi, nella stamp. di Fr.-Amb. Didot l'aîné*, 2 vol. in-4.

Réimpression qui, quoique très-belle aussi, ne vaut que 36 à 45 fr.

—La medesima. *Parigi, Bossange*, 1791, 2 vol. in-8.

— La medesima. Ediz. stereotipa. *Parigi, F. Didot*, ..., ossia, 1819, 2 vol. in-18, 2 fr.; sur pap. fin, 2 fr. 50 c.; sur pap. vélin, 5 fr.; sur gr. pap. vélin, 7 fr. 50 c.

— La medesima. *Parigi*, 1812, 2 vol. in-8.

— La medesima, edizione nella quale si è adoperato il modo più simplice di notare le voci coll' accento di prosodia. *Avenione, Seguin aîné; e Parigi, Teof. Barrois figlio*, 1816, 4 vol. in-18, 6 fr.

— La medesima, publicata da Buttura. *Parigi, dai torchi di P. Didot aîné. — Lefèvre*, 1821; ossia *Parigi, A. André*, 1828, 4 vol. in-32, 8 fr.; ossia *Parigi, dai torchi di Crapelet. — Baudry*, 1835, 4 vol. in-32, 8 fr.

Cette petite édition fait partie d'une Biblioteca poetica italiana, publiée par le même éditeur.

— La medesima. *Lione, Savy*, 1822, 2 vol. in-32.

— Gerusalemme (la) e l'Aminta, con note di diversi per diligenza e studio di Ant. Buttura. *Parigi, dai torchi di J. Didot aîné.—Lefèvre*, 1823, 2 vol. in-8, con un ritratto.

Cette belle édition forme les tomes IX et X d'une collection intitulée *I quatro poeti italiani*.

— La medesima. *Parigi, Baudry*, 1837, 2 vol. in-18, con un ritratto.

— Jérusalem (la) délivrée, poëme héroïque, trad. en françois (par J.-B. de Mirabaud). *Paris, Barrois*, 1724, 2 vol. in-12; — 1735, 1752, 2 vol. in-12.

Cette traduction a été réimprimée très-souvent, et l'est encore journellement sans que les éditeurs fassent toujours connaître le nom de Mirabaud. Les réimpressions que nous connaissons sont les suivantes :

Amsterdam, J. Rickhoff, 1755, 2 vol. in-12.
— la Compagnie, 1756, 2 vol. in-12.
IVe édition (originale). Paris, Barrois, 1759, 2 vol. in-12.
Amsterdam, 1766, 2 vol. in-12.
..... 1771, 2 vol. in-12.
Lyon, 1788, 2 vol. in-12.
Nouvelle édition, d'après la traduction de Mirabaud; précédée de la vie de l'auteur, et ornée de son portrait. Paris, J. Carez, 1810, 2 vol. in-18, 2 fr.
Paris, Robert, 1813, 2 vol. in-18.
Paris, Lebègue, 1816, 2 vol. in-18, 1 fr. 50 c.
Avignon, J.-A. Joly, 1817, 4 vol. in-24, 3 fr.
Paris, Chassaignon, 1819, 2 vol. in-18.
Édition stéréotype, revue et corrigée. Paris. Masson, 1821, et Paris, veuve Dabo, 1823, 2 vol, in-18, fig.
Lons-le-Saulnier, Escalle et Comp[e], 1824, 2 vol. in-18.
Nantes, Mellinet-Malassis, 1826, 2 vol. in-12.
Paris, Hiard, 1834, 1836, 2 vol in-18, 1 fr. 50 c. Édition faisant partie de la Biblioth. des amis des lettres.
Édition revue et corrigée, et enrichie d'une Notice sur la vie et les ouvrages du Tasse, ornée de jolies vignettes gravées en taille-douce sur acier, d'après les dessins de M. C. Rogier. Paris, Camuseaux, 1835, in-8, 3 fr. 50 c.
Paris, Didier, 1836, in-12, avec gravures, 3 fr. 50 c.
Perpignan, Alzine, 1837, 2 vol. in-12.

— Jérusalem (la) délivrée, traduite en vers ( ), par Ant. Renou, peintre.

— Jérusalem (la) délivrée, poëme. Nouv. traduction (par Lebrun, duc de Plaisance). *Paris, Musier fils*, 1774, 2 vol. gr. in-8 avec gravures, 15 à 18 fr.; — *Paris, Nyon jeune*, 1787, 2 vol. in-12.

Traduction sinon la plus fidèle, du moins la plus élégante que nous ayons dans notre langue.

Il existe de l'édition de 1774 des exemplaires sur pap. de Hollande, et d'autres sur format in-4.

— La même, de la même traduction. Nouv. édition, revue et corrigée, enrichie de la Vie du Tasse (celle de Suard), ornée de son portrait et de vingt belles gravures. *Paris, Bossange, Masson et Besson*, 1804, 2 vol. in-8, sur beau papier, avec gravures de le Barbier, 25 fr.; sur pap. vélin, gravures avant la lettre, 50 fr., et sur pap. vélin, gravures avant la lettre et eaux-fortes, 72 fr.

Dans ces prix était compris un cartonnage à la Bradel.

Cette édition est plus belle et meilleure que la précédente.

— La même, de la même traduction. *Paris, Bossange, Masson et Besson*, 1808, et 1811, 2 vol. in-12, ornés de grav., 6 fr.

Il a été tiré quelques exemplaires de l'édition de 1811, format in-fol. sur pap. vélin, ainsi qu'on l'a fait pour l'édition in-12 de la traduction de l'Iliade d'Homère, par le même auteur. Les figures de Cochin se joignent à cette édition in-folio, dont il y a eu deux exemplaire imprimés sur vélin.

— La même, de la même traduction. *Paris, Bossange, Masson et Besson*, 1810, 2 vol. in-18, fig., sur pap. fin, et sur pap. vélin.

— La même, de la même traduction, précédée de la Vie du Tasse, par Suard. *Paris, Bossange, Masson et Besson*, 1811, et 1813, 2 vol. in-8, ornés de 21 grav., 25 fr., et sur gr. pap. vélin, gravures avant la lettre, 50 fr.

Il existe des exemplaires de cette édition tirés sur format in fol.

L'édition de 1804 de cette traduction a encore servi de type aux réimpressions suivantes :

Paris, Bossange et Masson, 1817, 2 vol. in-12, 6 fr.

Paris, les mêmes, 1818, 2 vol. in-18, 4 fr.

Paris, Masson et fils; Bossange frères, 1826, 2 vol. in-12, grav., 6 fr.. et, 2 vol. in-18, 4 fr.

Paris, les mêmes, 1828, 2 vol. in-12, fig.

Paris, Hect. Bossange, 1835, 2 vol. in-12, avec 19 grav., 6 fr.

Paris, Didier, 1838, in-12, 3 fr.

— La même, de la même traduction, avec une Notice sur le Tasse, trad. de l'italien de Davide Bertolotti, par M. Laass d'Aguen. *Paris, Hect. Bossange*, 1836, in-12, orné de 4 gravures, 6 fr.

— La même, de la même traduction. *Paris, Lefèvre*, 1836, in-8, avec un portr., 4 fr.; ou, avec le texte (placé au bas des pages), 7 fr.

Édition qui fait partie d'une « Bibliothèque d'auteurs classiques ».

— Jérusalem (la) délivrée, traduction nouvelle, par Ch.-Jos. Panckoucke et Framery. *Paris, Panckoucke*, 1785, 5 vol. in-16. — Seconde édition (avec le texte en regard). *Paris, Panckoucke*, 1824-25, 4 vol. in-32, 12 fr.

La dernière édition fait partie d'une collection intitulée : Traduction de Chefs-d'œuvre des classiques. Le libraire-éditeur a fait disparaître des titres de cette réimpression le nom du collaborateur de Panckoucke dans cette traduction.

— Discours traduits de la Jérusalem délivrée, par l'abbé Castan de la Courtade. 1785, in-8.

— Jérusalem (la) délivrée, trad. en vers français, par C. de Montanclos. 1786, in-24.

— Jérusalem (la) délivrée, poëme en seize chants, imité du Tasse, par J.-M.-B. Clément, de Dijon. *Paris, l'Auteur; Desenne; Billois*, an VIII (1800), in-8 de XXVIII et 387 pag., 4 fr. 50 c.

L'auteur avait déjà fait paraître séparément la traduction en vers du seizième chant de ce poëme, sous le titre d'*Essai d'une version fidèle de la Jérusalem délivrée*. Sans date.

— Jérusalem (la) délivrée. Traduction en vers français des cinq premiers livres, par P.-J. Mallet. *Paris, Le Normant*, 1806, in-8.

— Jérusalem (la) délivrée, poëme, trad. en vers français (par Cl. Deloynes d'Autroche). *Paris, Égron*, 1810, in-8.

— Jérusalem (la) délivrée, mise en vers par M. Dianous. *Orange, Bouchony*, 1811, 2 vol. in-12.

— Jérusalem (la) délivrée, traduction nouvelle en vers français; par M***. *Paris, Leprieur*, 1812, in-18.

— Jérusalem (la) délivrée, traduite en vers, et dédiée à l'éternelle prospérité de la France. Par M. (F.) Octavien (Arthaud). *Paris, de l'imp. de Crapelet. — A.-A. Renouard*, 1818, 2 vol. in-8, 10 fr., et sur pap. vélin, 20 fr.; — ou *Paris, Malteste*, 1836, 2 vol. in-8, 15 fr.

L'édition de 1818 ne porte que le nom d'*Octavien*.

— Jérusalem (la) délivrée, poëme (en XX chants) du Tasse, traduction nouvelle en vers français, par M. de La Monnaye. *Paris, Dondey-Dupré*, 1818, in-8, avec une fig., 6 fr.; ou, avec un nouveau titre, *Paris, Ducasse et Comp^{nie}*, 1832, in-8, 6 fr.

— Jérusalem (la) délivrée, poëme du Tasse, trad. en vers par P.-L.-M. Baour-Lormian. *Paris, Delaunay*, 1819, 3 vol. in-8 fig., 21 fr.; sur pap. vélin, 24 fr., et sur gr. pap. vélin superfin, fig. avant la lettre, 100 fr. — Sec. édit. *Paris, Ambr. Tardieu*, 1821, 2 vol. in-8, 12 fr. — Troisième édit. *Paris, de l'imp. de F. Didot. — A. Tardieu*, 1822, 3 vol. in-8, ornés de 10 grav.

La traduction de M. Baour-Lormian parut dès 1796 (Paris, Maradan, 2 vol. in-4 et in-8); mais depuis cette époque, l'auteur l'a refaite presque entièrement.

— Douzième chant de la Jérusalem délivrée, trad. en vers français. *Paris, de l'imp. de F. Didot*, 1823, in-8 de 40 pages.

— Jérusalem (la) délivrée. Traduction nouvelle en vers français. Par M. Bernard d'Hery. *Auxerre, de l'impr. de Gallot-Fournier*, 1831, 2 vol. in-12.

— La même, traduite par A.-B.-F. De l'Homme. *Paris, Le Normant fils; Dufey et Vezard*, 1832, 4 vol. in-18, 10 fr.

Le texte de chaque octave a en regard une traduction en huit vers alexandrins.

— Jérusalem (la) délivrée. Nouvelle traduction, avec la Vie du Tasse et des notes historiques d'après les chroniques françaises et arabes du XIe siècle, par M. A. Mazuy, ornée du portrait du Tasse et de vingt belles vignettes sur bois, dessinées par J. Lécurieux. *Paris, Knab*, 1837, gr. in-8 de 414 pag., 7 fr. 50 c.

Édition qui a paru en 29 livraisons d'une feuille.

—

— Renaud (le) amoureux, imité de Tor-

quato Tasso, par La Ronce. *Paris, Denis Hortemels; Noel Pissot*, 1724, in-12.
— Renaud, poëme héroïque imité du Tasse, par Menu de Chamorceau. *Paris, Moutard*, 1784, 2 vol. in-8.
— Renaud, poëme en douze chants, trad. de l'ital. par M. Cavellier. *Paris, Michaud frères*, 1813, in-12, 3 fr.

—

— Veillées (les) du Tasse, manuscrit inédit, mis au jour par Compagnoni, et trad. de l'italien par J.-F. Mimaut. Italien-français. *Paris*, 1800, in-8.
— Veillées poétiques du Tasse, avec le texte italien en regard; précédées d'un Mémoire historique et de recherches littéraires sur sa vie. Trad. de l'ital. par le baron B. Barrère de Vieuzac. *Paris, Buisson*, 1804, in-12, 4 fr.
— Veillées (les) du Tasse, d'après la troisième édition italienne (Milan, 1810). Traduction inédite. Par L.-Cypr. Mel. *Paris, Tenon*, 1835, in-8, avec 2 lithogr., 5 fr.

Cet ouvrage n'est point de T. Tasso, mais de Compagnoni.

— Vigilias de Torquato Tasso, traduzidas do italiano. Por huma Portugueza. *Pariz, de la impr. de F. Didot*, 1828, in-18.

TASSONI (Alessandro), poëte italien.
— Secchia (la) rapita, poema eroicocomico. Nova ediz. *Parigi, Prault*, 1766, 2 vol. gr. in-8, con fig., 10 à 15 fr.
— La medesima, arrichita di annotazioni. *Parigi, Prault*, 1768, pet. in-12, 4 fr. à 5 fr.
— La medesima. *Parigi, Couret de Villeneuve*, 1788, in-8.
— Secchia (la) rapita, poema eroi-comico, con alcune annotazioni. Nuova ediz., nella quale si è adoperato il modo più simplice di notare le voci coll' accento di prosodia. *Avenione, Seguin; Parigi, Th. Barrois figlio*, 1813, 2 vol. in-18, 3 fr.
— Sceau (le) enlevé, poëme héroï-satiro-comique, nouvellement traduit de l'italien (par de Cédors), le texte à côté. *Paris, Leprieur*, 1759, 3 vol. in-12.
— Sceau (le) enlevé, poëme imité de l'italien, par Aug. Creuzé de Lesser. Troisième édition, augm. de deux chants; suivi de l'épisode d'Endymion, avec la traduction en français, et de poésies diverses. *Paris*, 1800, in-12, 2 fr.

La première est de 1796, in-18. La seconde, augmentée, est de 1798, 2 vol. in-18.

TASSONI (Alexandre), auditeur, d'abord de la Rota de la ville de Ferrare, en 1802, et plus tard du pape Pie VII (en 1815); mort à Rome en 1818.
— Religion (la) démontrée et défendue, ou nouveau Traité complet de la religion. Traduit sur la quatrième édition italienne, par M. L.-Augustin Robinot. *Valence, Jamonet, et Paris, Gaume frères; Adr. Leclère; Debécourt*, 1838, in-8, 18 fr.

Ouvrage qui fonda la réputation de son auteur. L'original parut pour la première fois sous le titre de *la Religione dimostrata et difesa*, Roma, 1805-08, 3 vol. in-8.

TASTE (dom La). Voy. La Taste.

TASTET (Tyrtée). — Toréador (le), drame en cinq actes. *Paris, Michaud*, 1838, in-8, 40 c.

TASTU (Joseph), attaché à la bibliothèque Sainte-Geneviève, ancien imprimeur, membre de la Société de l'histoire de France et de l'Académie royale de Madrid.

M. Tastu est auteur de travaux (inédits) sur la langue et la littérature catalanes.

TASTU (Sabine-Casimir-Amable Voiart, dame), épouse du précédent; poëte distingué de notre époque, membre de l'Académie des Jeux-Floraux, de l'Académie de Metz, associée libre de la Société linnéenne de Paris; né à Metz, le 31 août 1798.
— Aventures de Robinson Crusoé, traduction nouvelle (1835). Voy. Foé.
— Chevalerie (la) française. *Paris, Ambr. Tardieu*, 1821, in-18, pap. vélin, avec 3 fig., 3 fr.

Les deux tiers environ de ce recueil se composent de dix-neuf chapitres en prose, dont treize sont consacrés à décrire, d'après Lacurne et Sainte-Palaye, le P. Ménetrier et d'autres auteurs, les diverses conditions de la vie d'un chevalier, ses occupations, ses jeux, ses aventures; les six autres chapitres sont autant de notices sur Roland et Olivier, Duguesclin, Jeanne d'Arc, Gaston de Foix, Boyard et La Trémouille. Vingt romances, dont les sujets sont empruntés à ces chapitres, complètent le volume. Ces compositions, qui ont pour objet de présenter en relief les mœurs chevaleresques et quelques traits principaux de la vie des preux qui viennent d'être nommés, ne manquent pas de mérite, et l'emploi des formes de notre vieux langage donne à quelques-unes une physionomie naïve et originale.

— Chroniques de France. *Paris, Delangle*, 1829, in-8, 9 fr.

Ce volume a obtenu dans la même année une seconde édition, qui a été reproduite, en 1831, avec un nouveau titre portant cette date.
Réimprimé en 1837, dans les OEuvres poétiques de l'auteur.

— Cours d'histoire de France. Lectures tirées des chroniques et des mémoires; précédés d'un Précis des événements, depuis les Gaulois jusqu'à nos jours (jusqu'à la mort de Louis XV). *Paris*, *Lavigne*, 1836-37, 2 vol. in-8, 15 fr.

Ces deux volumes ont paru par livraisons. Un de ces volumes porte pour titre : *Précis de l'histoire de France*, et l'autre, *Lectures tirées des mémoires et chroniques*.

— Éducation maternelle. Simples leçons d'une mère à ses enfans. *Paris*, *Eug. Renduel* (*Didier*), 1835, in-4 de 376 pages, non compris la table, imprimé à 2 colonn. et orné de cartes et fig., 12 fr.

Ce volume a été publié en 48 livraisons.

— Enfants (les) de la vallée d'Andlau, ou Notions familières sur la religion, la morale et les merveilles de la nature. *Paris*, *Didier*, 1837, 2 vol. in-12, avec 6 grav., 8 fr.

Avec madame Élise Voiart.

— Livre (le) des enfants. Contes des fées, choisis par mesdames Élise Voiart et Am. Tastu. *Paris*, *Paulin*, 1836-37, 8 vol. in-16, ornés d'un grand nombre de gravures sur bois, 12 fr.

— Liberté (la), ou le Serment des trois Suisses : vers inspirés par le tableau de M. Steuben. *Paris*, *de l'impr. de Tastu*, 1825, in-8 de 8 pag.

Pièce tirée à 50 exempl. seulement, et qui n'a pas été destinée au commerce.

— Linné, l'Iris et la Lyre. *Paris*, *de l'imp. d'Hautel*, 1828, in-8 de 16 pag.

Extrait du premier volume des Mémoires de la Société linnéenne.

— Livre (le) des femmes, choix de morceaux extraits des meilleurs écrivains français, sur le caractère, les mœurs et l'esprit des femmes. Ouvrage enrichi de plusieurs fragments inédits ou peu connus, orné de 4 portr. lithogr. *Paris*, *Persan*; *Ponthieu*, *etc.*, 1823, 2 vol. in-18, avec 4 grav., 8 fr.

Avec madame Dufrénoy.

— Ode sur la mort de madame Dufrénoy. *Paris*, *de l'impr. de Tastu*, 1825, in-8 de 8 pages.

— Œuvres poétiques. *Paris*, *Didier*, 1837, 3 vol. in-32, avec 3 grav., 10 fr.

Ce recueil est composé des Poésies anciennes, des Poésies nouvelles et des Chroniques de France.

— Oiseaux (les) du sacre. *Paris*, *de l'impr. de Tastu*, 1825, in-8 de 20 pag.

Opuscule qui n'a pas été mis dans le commerce.

— Poésies. *Paris*, 1826, in-18 sur gr. raisin vélin, orné de 47 vignettes, dessinées par M. A. Dévéria, gravées par Thomson, 6 fr., et in-8, 15 fr.

Volume imprimé avec un grand luxe et une rare perfection typographique. Il a obtenu un grand succès et plusieurs éditions.

Il a été tiré de l'in-8 huit exemplaires sur pap. de Chine couleur rose et bleu, et dix exemplaires sur pap. anglais couleur jonquille.

Réimpr. en 1827, Paris, Amb. Dupont, in-18, 5 fr. (IIe édit.). In-8, avec une grav., 12 fr. (IIIe édit.). De nouveau dans le format in-18 (IVe édit.) et en 1832, Paris, Denain, in-18; — et dans les *Œuvres poétiques* de l'auteur, Paris, Didier, 1837, in-32, fig.

C'est la réunion des pièces de vers composées par l'auteur depuis 1816. Outre quatre pièces couronnées par les Jeux-Floraux, et que nous citons plus bas, on y remarque encore une élégie extrêmement touchante sur la mort de madame *Dufrénoy*, *l'Ange Gardien*, *la Mort* et *Shakspeare*.

Le *Globe* caractérisait ainsi, à l'époque où parut ce volume, la nature du talent de madame Tastu. « On retrouve, en mille endroits du recueil, ces « rêves touchants de poésie, contenus par la dignité « du devoir, et c'est peut-être à ce combat que « l'auteur doit cette grâce mélancolique, ces idées « graves, ces énergiques sentiments qui donnent « à sa poésie tant de charmes. Il nous reste une « impression délicieuse de la lecture de ces jolies « pièces : c'est comme la conversation d'une mère, « d'une épouse, ou d'une sœur s'abandonnant en « secret à tout son talent; et c'est quelquefois aussi « le mâle accent d'une amie de la patrie et de la « liberté ».

— Poésies nouvelles. *Paris*, *Denain et Delamarre*, 1834, in-18, 4 fr.

Réimpr. dans les *Œuvres poétiques* de l'auteur.

— Prose. (Tomes I et II). *Paris*, *Allardin*, 1836, 2 vol. in-8, 15 fr.

Ces deux volumes sont composés de morceaux que madame Tastu a fournis à divers recueils polyonymes de ces derniers temps : on y trouve : Tome Ier, Fabien le rêveur; — Rouget-de-l'Isle; — le Souhait (nouvelle qui avait paru dans le tom. X du Salmigondis); — Suzanne Centlivre; — la Protégée; — la belle Cauchoise, trad. de l'angl.; — la bonne Idée de Norah Clary; — la Guirlande, conte de village. Tome II, Esther à Saint-Cyr; — Trop tard, conte d'aujourd'hui (nouvelle qui a été imprimée d'abord dans le tome II des Heures du soir, livre des femmes, en 1833); — le Bracelet maure; — deux Visites à la Malmaison; — les Expériences.

— Soirées littéraires de Paris. Recueil publié par madame A. Tastu. *Paris*, *de l'imp. de Crapelet*. — *Janet*, 1832, in-12, orné de 9 gravures, 10 fr.

— Traditions de Palestine, traduites de l'angl. (1838). Voy. Har. Martineau.

— Une famille. Ouvrage à l'usage de la jeunesse. Par madame Guizot, continué par madame Am. Tastu. *Paris*, *Didier*, 1837, 2 vol. in-12, ornés de 8 grav., 8 fr.

Bien jeune encore, mademoiselle Voiart, depuis madame Tastu, cultivait la poésie : une de ses *idylles*, composée à dix-sept ans, fut insérée à son insu dans le Mercure. En 1820, l'Académie des Jeux-Floraux, lui décerna le lys d'argent, prix de l'Hymne à la Vierge, pour sa pièce intitulée : *la Veille de Noel*. Les divers recueils littéraires s'empressèrent à l'envie de publier cette production pleine de charmes, qui révélait à la France une muse nouvelle destinée à l'illustrer. Elle obtint encore à l'Académie de Toulouse, en 1821, l'amaranthe d'or, pour *l'Étoile de la lyre*; en 1823, un nouveau lys d'argent pour le *Retour à la chapelle*, prix de l'hymne à la Vierge; et enfin, le souci d'argent, prix de l'élégie, pour le *Dernier jour de l'année*. Cette dernière pièce est supérieure encore à la *Veille de Noël*, composition déjà si parfaite; c'est un petit chef-d'œuvre où les pensées les plus touchantes s'allient délicieusement à la poésie la plus riche et la plus harmonieuse. Ces quatre morceaux ont été insérés dans le volume de Poésies de l'auteur, imprimé en 1826 (voy. plus haut).

Nous avons dit précédemment que, sous le titre de *Prose*, on avait recueilli, en 1836, une partie des morceaux fournis par madame Tastu à divers recueils littéraires; nous connaissons encore d'elle quelques autres morceaux qui n'y ont pas été compris, et qui sont insérés dans les ouvrages suivants: dans le Livre de beauté (1833) et le Livre de jeunesse et beauté (1834); une nouvelle intitulée: *une Journée de dupe*, impr. dans le tome V du Livre des conteurs (1834); et plusieurs autres dans le volume intitulé: la Couronne de Flore, ou Mélange de poésie et de prose (1837, in-18).

TATHAM (William). — Traité général de l'irrigation, contenant diverses méthodes d'arroser les prés et les jardins, la manière de conduire les prairies pour les récoltes du foin; avec les moyens d'augmenter ses revenus, en faisant usage de l'eau d'une manière utile à l'agriculture, au commerce, et même aux besoins de la vie; avec huit planches représentant diverses machines pour élever et conduire l'eau. *Paris*, *Galland* (* *madame Huzard*), 1803, in-8, 5 fr.

TATIANUS. — Adversus græcos oratio ad calcem operum sancti Justini, græcè et latina. *Parisiis*, *Osmont*, 1742, in-fol.

TATIN (A.), marchand grainier, botaniste-pépiniériste, membre de l'Athénée des arts de Paris.

— Catalogue raisonné d'arbres, etc., d'après les meilleurs principes économiques, les découvertes et les connaissances agricoles. *Paris*, ..., in-8, 2 fr. 50 c.

— Principes raisonnés et pratiques de la culture des arbres, arbrisseaux, et arbustes fruitiers; d'ornement, d'alignement et forestier; ainsi que des graines, racines, plantes légumineuses, des prairies naturelles et artificielles; avec diverses méthodes et recettes pour le perfectionnement de l'agriculture, etc. IIIe édit., remplaçant les trois premières, connue sous le titre de « Catalogue raisonné ». *Paris*, *l'Auteur*; *Germain Mathiot*, 1811, 2 vol. in-8, 8 fr.

TATISCHEFF (Jean de), conseiller d'État de Russie.

— Dictionnaire complet français et russe, composé sur la nouvelle édition de celui de l'Académie française. *Saint-Pétersbourg*, *de l'impr. impér.*, 1798, 2 vol. in-4. — Deuxième édition, corr. et augm. *Moscou*, *S. Selivanoffsky*, 1816, 1819, 2 vol. gr. in-4, 72 fr.

TATIUS (Achille), romancier grec.

— Amours de Clitophon et de Leucippe, trad. du grec, par DUPERRON DE CASTÉRA. *Amsterdam*, *P. Humbert*, 1733, in-12; — *Paris*, 1795, in-12.

— Amours (les) de Clitophon et de Leucippe, traduction libre, avec des notes du S. D*** D*** (Ch.-Phil. MONTHENAULT-D'EGLY). *Paris*, *Breton*, 1734, in-12; — *La Haye*, 1735, in-12.

Le traducteur a supprimé avec soin tous les morceaux trop libres qui se trouvent dans l'original. Cette version mérite la préférence sur celle de Duperron de Castéra, bien qu'elle ne lui soit guère supérieure par le style. (*Biogr. univ.*).

— Amours de Clitophon; trad. du grec par J.-Mar. BERNARD. 1792, in-12.

— Amours de Leucippe et Clitophon, nouvellement traduit du grec par J.-M.-B. CLÉMENT. *Paris*, *Colnet*, an VIII (1800), in-12 de VIII et 184 pages, 1 fr. 50 c.

TAUBENHEIM (le bar. Ch. de). Voy. (au Suppl.) FRATEL.

TAUFFENBERGER-PODEVIN, ancien contrôleur des contributions directes et du cadastre.

— Comptes faits des résultats des divers toisés pour servir de guide à MM. les toiseurs et vérificateurs, etc., avec conversion en mesures métriques et comparaison des divers prix à la toise avec ceux du mètre. *Paris*, *de l'impr. de Setier*, 1827, in-12 de 60 pag.

TAULÈS (Jean, connu dans le monde sous le nom de chevalier de), écrivain français, ancien capitaine de dragons, successivement chargé d'une mission en Pologne, et consul général de France en Syrie, avant la révolution; né, d'après une biographie récente, en 1725 (date qui doit être fausse), mort en 1825.

— Anecdotes sur le roi de Prusse....

Imprimées sous le nom de Thomas dans les « Opuscules philosophiques et littéraires, » 1796, in-8 et in-12. On a, bien à tort, compris cet ouvrage dans la dernière édition des Œuvres de Thomas, sous ce titre: Relation de la captivité du grand

Frédéric et du supplice du jeune Kult. Le Publiciste du 7 nivôse, an XI, explique comment cette relation a paru sous le nom de Thomas. « L'auteur, dit ce journal, en avait confié le manuscrit à cet académicien ; » mais Thomas avait trop de probité pour s'emparer d'un ouvrage qui ne lui appartenait point, et ce n'était qu'une fraude du libraire.

— Homme (l') au masque de fer, mémoire historique où l'on réfute les différentes opinions relatives à ce personnage mystérieux, et où l'on démontre que ce prisonnier fut une victime des Jésuites ; suivi d'une correspondance inédite de Voltaire avec M. de Taulès sur le Siècle de Louis XIV, le Testament politique du cardinal de Richelieu. (Ouvrage posthume). *Paris*, *Peytieux ; Delaunay ; Ponthieu*, 1825, in-8, 6 fr.

D'après cet ouvrage, l'homme au masque de fer est Arwediks, patriarche des Arméniens schismatiques, enlevé par les jésuites. Mais il est certain que ce prêtre, en effet, détenu quelque temps dans les prisons de France, recouvra bientôt sa liberté. Il embrassa le christianisme, et mourut libre trois ou quatre ans après sa conversion. Les archives du ministère des affaires étrangères, à Paris, contiennent dans leurs cartons l'extrait mortuaire de ce patriarche. Au reste, l'ouvrage de Taulès avait été réfuté par tous ceux qui ont écrit sur le mystère impénétrable du masque de fer, bien avant qu'il en eut conçu l'explication. Il faut aujourd'hui renoncer à la découverte d'un secret qui ne peut satisfaire qu'une vaine curiosité, et qui du moins avait été bien préparé, et a été mieux gardé encore. » Les Lettres de Voltaire, mises à la fin du volume, ne sont pas toutes inédites. Les deux de mars 1768 se trouvent, à quelques mots près, dans l'édition de Voltaire, en 12 vol. in-8, et conséquemment dans les autres éditions publiées depuis 1817.

— Masque (du) de fer, ou Réfutation de l'ouvrage de M. Roux-Fazillac, intitulé : Recherches historiques sur le masque de fer (publ. en 1801), et réfutation également de l'ouvrage de M. J. Delort, qui n'est que le développement de celui de M. Roux-Fazillac, publié le 15 octobre 1825, chez Delaforest, libraire, à Paris, et qui a pour titre : Histoire de l'homme au masque de fer. *Paris*, *Peytieux ; Delaunay ; Ponthieu*, 1825, in-8.

TAULIER (Jules). — Abrégé de l'histoire sainte, à la portée du jeune âge. *Lyon*, *Giberton et Brun*, 1836, in-18.
— Modèles d'écriture anglaise. *Bordeaux*, *Faye*, 1831, in-fol. de 4 pl. lithogr.

TAULIER (Frédéric). — Progrès (des) de la jurisprudence en France. Lu à la Société des sciences et arts de Grenoble, dans la séance du 2 février 1838. *Grenoble*, *de l'impr. de Prudhomme*, 1838, in-8 de 40 pag.

TAULIN (Louis). — Petites Étrennes royales, etc. : la Rentrée de Louis XVIII en France, fête villageoise, représentée au passage de MONSIEUR, frère du roi, à Besançon, et honorée de sa présence. *Besançon*, *de l'impr. de Petit*, 1827, in-12 de 24 pag.
— Second (le) Livre des écoles primaires, contenant, en abrégé, l'Histoire sacrée, traduite de l'édition latine de Lhomond ; suivi d'un Précis sur la vie de N. S. J. C., et d'un Précis de la morale chrétienne. *Dijon*, *Douillier*, 1824, in-8 de 80 pag.

TAUNAY. — Brésil (le), ou Histoire, mœurs, usages et coutumes des habitants de ce royaume. Par M. Hipp. Taunay et M. Ferd. Denis. Ouvrage orné de nombreuses gravures d'après les dessins faits dans le pays par M. H. Taunay. *Paris*, *de l'impr. de Nepveu*, 1821-22, 2 vol. in-18, ornés de 48 planches, 24 fr., et avec les figures coloriées, 36 fr.
— Notice historique et explicative du panorama de Rio-Janeiro. *Paris*, *Nepveu*, 1824, in-8, 1 fr. 50 c.

Avec M. Ferdinand Denis.

TAUPIER (A.-C.). — Cours d'écriture en vingt leçons. Système approuvé par l'université. *Paris*, *Dupont*, 1833, très-long in-8 oblong de 48 pag., avec 24 feuillets gravés, 4 fr.
— Méthode Taupier, adoptée pour l'armée, les écoles élémentaires, etc. Calligraphie analytique, comparative et démonstrative. Première partie de la deuxième édition du Système français, entièrement revue et augmentée. *Paris*, *l'Auteur*, 1835, 2 cah. in-4, ensemble de 40 pag.

TAUPIN D'ORVAL. — * Jésuite (le) Misopogon Séraphique, ou l'Ennemi de la barbe des capucins. *Naples*, 1762, in-12.
— * Notes et Mémoires pour servir à l'inquisition de France. 1749.

L'auteur fut mis à la Bastille, et transféré au château de Pierre-en-Cise.

TAUPIN D'ORVAL (A.-M.). — Essai sur la loi d'indemnité, publié le 19 février 1825. *Paris*, *les march. de nouv.*, 1825, in-8 de 24 pag., 60 c.

TAUSIA BOURNOS, habitant de Saint-Domingue.
— Coup-d'œil impartial sur les décrets de l'Assemblée nationale relativement aux colonies. In-8.

TAUVRY ou TAURY (Daniel), docteur en médecine de la faculté d'Angers, et plus tard de celle de Paris, membre de l'Académie des sciences; né à Laval, en 1669, mort le 1er mars 1701.

— Anatomie (nouv.) raisonnée, ou la Structure du corps de l'homme, et de quelques autres animaux, suivant les lois des mécaniques. Avec figures. *Paris, Michallet*, 1690, in-12. — IIIe édition. *Paris, B. Girin*, 1698, in-12.

— Pratique (nouv.) des maladies aiguës, et de toutes celles qui dépendent de la fermentation des liqueurs. *Paris, d'Houry*, 1707, 1712, 2 vol. in-12.

La prem. édition est de 1698.

— Traité des médicaments, et la manière de s'en servir pour la guérison des maladies, avec les formules pour la composition des médicaments. Nouv. édit. *Paris, Cl. Robustel*, 1715, 2 vol. in-12.

La première édition est de 1695.

— Traité de la génération et de la nourriture du fœtus (contre M. Merry). *Paris, Girin*, 1700, in-12.

TAUZIÈDE. — Traduction française des Discours latins de M. LEJAY (1835). Voy. LEJAY.

TAVAN. — * Descriptions des échappements les plus usités en horlogerie, avec douze planches. *Genève*, 1831, in-4.

TAVANNES. Voy. SAULX-TAVANNES.

TAVARÈS (J.-F.). — Soccorros as pessoas.... traduzidos do idioma francez, e ampliados com algumas notas (1826). V. ORFILA.

TAVEAU (l'abbé Philippe-Thomas-Jacquemin), ancien curé d'Heberville, en Normandie, l'un des directeurs du collége du Havre, et prédicateur, député par le clergé au Havre, à l'Assemblée générale, à Caudebec, en mars 1789, et ensuite l'un des électeurs du département de la Seine-Inférieure; né au Havre, le 23 novembre 1744, mort à Chichester, comté de Sussex en Angleterre, le 19 avril 1798.

— Abeille (l'), ou Lettre à une pieuse citoyenne, etc. 1791, 1792, in-8.

— Compendium des règles et délicatesses de la langue française. 1797, in-8.

— Règles générales de la prononciation française. 1798, in-8.

« Aux talents d'un professeur excellent, Taveau « réunissait toutes les qualités qui constituent un « grand orateur, et s'il eut été appelé à la tribune, « il y aurait obtenu les succès qu'il obtint constam- « ment dans la chaire évangélique, et qui lui ont « assigné une place parmi les prédicateurs les plus « éloquents. » (*Biog. univ. et port. des contemp.*)

TAVEAU (L.-Aug. Onésiph.), chirurgien-dentiste, à Paris; né au Havre.

— Conseils aux fumeurs sur la conservation de leurs dents, suivis de l'exposé de plusieurs expériences propres à constater l'efficacité du chlorure de chaux dans la désinfection de l'haleine, quelle que soit la cause de la fétidité. *Paris, l'Auteur; Hautecœur-Martinet*, 1827, in-8 de 84 pag. — Deuxième édition, corr. et augm. de quelques fragments de l'Hygiène de la bouche. *Paris, Hautecœur-Martinet*, 1829, in-8 de 100 pag.

Il existe un extrait de cet écrit sous le titre suivant:

Exposé de plusieurs expériences propres à constater l'efficacité du chlorure de chaux dans la désinfection de l'haleine, quelle que soit la cause de la fétidité. Paris, l'Auteur, 1827, in-8 de 20 pag.

— Consejos a los fumadores sobre la conservacion de los dentes, etc. *Paris, Wincop*, 1827, in-18, 2 fr.

— Hygiène de la bouche, ou Traité des soins qu'exigent l'entretien de la bouche et la conservation des dents; suivie de l'exposé de plusieurs expériences propres à constater l'efficacité du chlorure de chaux dans la désinfection de l'haleine, quelle que soit la cause de la fétidité. *Paris, l'Auteur; Béchet jeune; Baillière*, 1826, in-12, 3 fr. — IVe édit., corr. et augm. *Paris, l'Auteur; Béchet; Hautecœur-Martinet*, 1833, in-12, 3 fr.

— Notice sur un ciment oblitérique pour arrêter et guérir la carie des dents, offrant un mode nouveau de traitement pour conserver celles qui en sont atteintes sans avoir recours à l'extraction de ces précieux organes. *Paris, l'Auteur*, 1827, in-8 de 16 pages.

TAVEL, l'un des traducteurs des Lettres de milady Marie Worthley MONTAGUE (1764).

TAVEL (D.-C.), pseudonyme.

— Thrasibule, poëme imité du latin, de Cornélius Népos. 1800, in-8.

TAVERNA. — Historiettes morales, traduites par Luigi ODORICI. *Paris, Huart*, 1836, in-12.

TAVERNE (Jérome), avocat au parlement, parut avec éclat au barreau de Toulouse et contribua puissamment à dépouiller l'éloquence judiciaire des formes barbares qui la dégradaient encore en province. Il s'éleva surtout contre la manie des citations grecques et latines dont les plaidoyers étaient alors bizarrement remplis, et les magistrats sentirent enfin que l'on pouvait être savant jurisconsulte sans invoquer à chaque instant l'autorité d'Homère, de Thucydide ou de Platon. L'amour des lettres commençait à se répandre parmi les avocats de Toulouse : Duclos, Chadebec et Costes qui s'étaient placés au premier rang, remportaient des succès académiques, et s'honoraient du titre d'hommes de lettres. Taverne marcha sur leurs traces. En 1730, son ode intitulée l'*Amour de la patrie*, obtint le prix. L'année suivante, la fleur destinée au genre élégiaque fut décernée à une ode du même auteur, sur la *Connaissance de soi-même :* il présenta en même temps une ode sur *les Avantages du commerce ;* mais conformément aux règlements de l'Académie, cette pièce ne put concourir, parce qu'elle traitait un sujet qui avait été donné par une autre société littéraire. Taverne avait aussi, en 1731, offert un discours intitulé : *l'Éloge de la modération suivant le sens de ces paroles d'un ancien : Ne quid nimis ;* mais le P. Raynal, professeur de rhétorique au collége de l'Esquille, reçut la palme du concours. Plus heureux en 1733, Taverne obtint le prix de prose par un discours sur ces paroles : *l'Éloquence ne doit avoir d'autre objet que l'amour de la vérité.* En 1743, son ode, intitulée *les Éclairs*, fut couronnée. Cette même année Marmontel fit le premier essai de son jeune talent dans une ode qui fut distinguée. Il devint l'ami de Taverne, de Boubée, de Dutour, de Revel, de Lespinasse, et des autres membres de l'Académie des Galetas; mais il parut les oublier presque tous dans la suite, et il ne conserva de liaisons qu'avec Boubée et Taverne. Ce dernier fut reçu maître des Jeux-Floraux en 1756. Jouissant de l'estime du parlement, de celle de ses confrères et de tous les hommes instruits, cet avocat soigna lui-même l'éducation de ses enfants, et leur inspira l'amour de l'étude. Ses soins reçurent leur récompense, et il fut le témoin de leurs premiers succès. La magistrature municipale lui donna en 1760 le titre de noble. Ses vertus, ses talents, l'avaient depuis longtemps placé au nombre des citoyens les plus distingués de cette ville. *(Notice tirée de la Biog. toulousaine.)*

TAVERNE (l'abbé), l'un des trois fils du précédent, poëte, naquit à Toulouse, en 17... Il embrassa l'état ecclésiastique, et aurait pu paraître avec éclat dans la chaire évangélique ; mais son amour pour la poésie légère le détourna des travaux sérieux auxquels il aurait pu se livrer. Il devint cependant curé de l'une des paroisses du diocèse. Les succès obtenus par son père dans les concours des Jeux-Floraux, l'excitèrent à se présenter dans l'arène. La révolution vint changer non les goûts, mais l'état de M. Taverne. Il remplit différents emplois, prêcha les vertus républicaines dans les temples dits de la Raison, et prononça, à Toulouse, dans une séance publique du Lycée, un *Éloge de Marmontel.* Une note placée à la suite de ce discours, nous révèle des particularités inconnues, et en retrace d'autres un peu déguisées dans les Mémoires que l'auteur de « Bélisaire » a laissés (1). Les principaux ouvrages de cet écrivain furent alors analysés avec beaucoup d'art par Taverne. Pendant les dernières années du gouvernement directorial, et sous le consulat de Bonaparte, il s'était formé dans les principales villes de France des sociétés littéraires qui remplaçaient les académies. Elles proposaient des prix, et M. Taverne en remporta plusieurs : mais par une singularité dont lui seul aurait pu dévoiler le motif, il se cacha quelquefois sous le nom de madame VÉTÉRAN ; et souvent les secrétaires des sociétés littéraires firent l'éloge le plus complet de *cette dame aimable*, qui, suivant l'un d'entre eux, « *venait augmenter le nombre des Muses, sans quitter le chœur des Grâces.* Taverne fut correspondant du Lycée ou Athénée de Toulouse. En l'an X, la société des belles-lettres de Montauban lui décerna un prix pour une pièce intitulée : l'*Influence des mœurs sur les talents, épître d'un père à son fils*. Cet ouvrage est écrit avec chaleur. Dans une *Lettre d'une grand'tante à sa petite nièce, sur les modes grecques*, Taverne, encore caché sous le nom de madame Vétéran, prit le parti de ces modes élégantes alors en usage, qui dessinaient les formes les plus heureuses en les couvrant de voiles légers, et qui contrastaient si bien avec les ridicules ajustements employés sous les règnes de Louis XIV et de Louis XV. Un talent remarquable brille dans cette

(1) Les auteurs de la Biographie toulousaine ont reproduit cette note dans l'article qu'ils ont consacré à Taverne.

épitre : l'auteur y prouve que les mœurs n'étaient pas plus sévères, que la décence n'était pas plus respectée dans le temps où de larges paniers semblaient destinés à défendre l'approche d'une dame, qu'à l'époque où une simple draperie, habilement jetée, retraçait les plus aimables contours. Dans une *Ode sur le couronnement de l'empereur Napoléon*, Taverne exprima son admiration pour le vainqueur de Marengo. Le goût, la facilité, caractérisent souvent les poésies de cet auteur, dont les dernières productions sont peut-être préférables à celles qu'il publia dans sa jeunesse.—L'abbé Taverne, son frère, a aussi mérité des palmes académiques, et a composé plusieurs opuscules intéressants. Il était membre résident du Lycée ou Athénée de Toulouse.

TAVERNIER (Jean-Baptiste), escuyer, baron d'Aubonne, célèbre voyageur, originaire de Tours; né à Paris, en 1605, mort à Moscou, en 1689.

— Voyages (ses) en Turquie, en Perse et aux Indes (rédigés par Samuel Chapuzeau et La Chapelle). Nouv. édition, revue, corr. et augm. *Paris*, *P. Ribou*, 1713;—*Rouen*, *Machuel père*, 1718, 6 vol. in-12.

La première édition est de Paris, Clousier 1682, 3 vol. in-4. Chapuzeau a traduit les deux premiers volumes et La Chapelle le troisième.

— Les mêmes. Édition entièrement refondue et corrigée, accompagnée d'éclaircissements historiques et critiques, augmentée du récit des révolutions et évènements mémorables dont la Perse et les Indes ont été le théâtre jusqu'à ce jour. Par J.-B.-J. Breton. *Paris, veuve Lepetit*, 1810, 7 vol. in-18, y compris un d'atlas, composé de 23 gravures et d'une carte d'Asie gravées par Tardieu, 18 fr.; sur pap. vélin satiné, atlas avant la lettre, 36 fr.; sur pap. nom de Jésus vélin, atlas avant la lettre, 72 fr., et sur pap. d'Angoulême, nom de Jésus, premières épreuves, 36 fr.

Cette édition fait partie d'une « Bibliothèque portative des voyages ».

TAVERNIER (l'abbé), d'Avignon, anc. grand-vicaire.

—* Intérieur (l') de *J.-C. Bruxelles*, ..., in-12.

—* Vie (la) de Dieu seul, proposée aux personnes qui tendent à la perfection. *Avignon*, 1810, 2 vol. in-12.

Ces deux ouvrages ont été imprimés à Bruxelles sans nom d'auteur : M. Aubanel ayant acquis le restant des éditions, a fait faire de nouveaux frontispices portant le nom de l'auteur.

L'abbé Tavernier a donné une nouvelle édition, revue, des *Avis salutaires d'un serviteur de Dieu*, etc.

TAVERNIER (Alphonse), docteur en médecine de la faculté de Paris, secrétaire-général de l'Athénée de médecine, membre de la Soc. centr. de Bogota, anc. chirurgien du 3ᵉ régiment d'artill. de la marine.

— Manuel de clinique chirurgicale, à l'usage des étudiants et des praticiens, etc. *Paris, Gabon et Compie*, 1826, in-18, 6 fr.; — ou *Paris*, *Deville-Cavelin*, 1835, in-18, 6 fr.

— Manuel de thérapeutique chirurgicale, ou Précis de médecine opératoire, contenant le traitement des maladies chirurgicales, la description des procédés opératoires, des bandages et des appareils, et l'anatomie de quelques-unes des régions sur lesquelles se pratiquent les principales opérations. Ouvrage servant de complément au « Manuel de clinique chirurgicale ». *Paris*, *Gabon*, 1828, 2 vol. in-18, 7 fr.

— Mémoire sur la propriété purgative de l'huile de Croton-Tiglium. *Paris, Gabon*, 1825, in-8, 1 fr. 50 c.

— Supplément au nouveau Dictionnaire de médecine, chirurgie, pharmacie, physique, chimie, histoire naturelle, etc., de MM. Béclard, Chomel, H. Cloquet et Orfila, contenant, outre tous les termes nouvellement adoptés en médecine et dans les autres sciences naturelles, un grand nombre d'autres qui ont été omis dans ce Dictionnaire, ou qui ont paru comporter plus de développement, avec l'étymologie de chacun d'eux et l'histoire concise des diverses matières qui s'y rapportent. *Paris, Lelarge*, 1832, in-8, 1 fr. 75 c.

TAVERNIER (Louis de). — Somnambule (la), opéra en trois actes. *Paris, les march. de nouv.*, 1836, in-8.

TAVIAND (Philippe), né à Lons-le-Saunier, en 1797, mort à Paris, en 1825.

— Ma femme se marie, vaudeville en un acte. *Paris*, *Quoy*; 1824, in-8, 1 fr. 50 c.

Avec M. Duvert. Taviand a caché sa coopération sous l'anagramme de Viaxadt.

Taviand a fourni des articles au Répertoire de la littérature ancienne et moderne (Paris, 1824 et ann. suiv., 30 vol. in-8).

TAVIEL DE MASTAING (Jean-Baptiste), arpenteur-géographe; né à Dijon, en 1782.

— Art (l') de lever les plans, et traité de l'arpentage et du nivellement; suivi d'un Traité sur les solides et d'un traité de lavis. IIIᵉ édit., revue et augm. *Dijon*, *Noellat; Gaulard*, 1826, in-12, avec 30 planch. 4 fr.—Dern. (5ᵉ) édit. *Dijon*, *le même*, 1835, in-8 de 88 p., plus une carte.

La première édition est de 1822.

— Manuel (nouv.) de l'écolier primaire, contenant, 1° l'Abrégé de la géographie des cinq parties du globe; 2° l'Abrégé de l'histoire de France; 3° Guide des écritures modernes; 4° Traité d'arithmétique décimale; 5° Traité élémentaire du dessin. *Dijon, Noellat fils*, 1834, in-12, avec 12 planches, 2 fr.

— Manuel élémentaire de l'histoire de France, en 64 leçons. Dernière édition. *Dijon, Meot; Noellat*, 1836, in-12.

TAXIL (Casimir), maître de pension. —Théâtre (nouv.) classique. *Lyon, Guyot*, 1832, in-12.

Ce volume contient : *le Paresseux couronné*, drame en deux actes et en vers; *les Farces des écoliers*, pièce en deux parties et en vers; *le Joueur*, drame en un acte et en vers libres; *l'Utilité des sciences et des arts*, *ou le Triomphe de la vertu*, drame en deux actes et en prose; *Saint Louis dans les fers*, tragédie en cinq actes et en prose; et des poésies diverses.

TAXIL (L.-M.-V.). — Revues analytiques annuelles de la clinique chirurgicale des hospices civils de Toulon. *Toulon, de l'impr. de Bellue*, 1837, in-8 de 52 pag.

— Topographie physique et médicale de Brest et de sa banlieue. *Paris, Germer-Baillière*, 1834, in-8 de 108 pag., 3 fr.

TAYLOR (J.). — Mécanisme (le), ou le nouveau Traité de l'anatomie du globe de l'œil. *Paris*, 1738, in-8, avec fig.

TAYLOR (Brook). — Principes (nouv.) de la perspective linéaire; traduction de deux ouvrages, l'un anglais, du docteur Brook TAYLOR; l'autre latin, de M. Patrice MURDOCH (par le P. RIVIÈRE), avec un Essai sur le mélange des couleurs, par NEWTON. *Amsterdam* (*Lyon*), 1757, in-8, avec fig.

Les exemplaires de cette traduction estimée, datés de Lyon, 1759, portent au frontispice le nom du traducteur.

TAYLOR (Samuel), professeur de sténographie à Oxford, et dans les universités d'Écosse et d'Irlande.

— Système universel et complet de sténographie, ou Manière abrégée d'écrire, applicable à tous les idiômes, et fondée sur des principes si simples et si faciles à saisir, qu'on peut connaître en un jour les éléments de cet art, et se mettre en état, dans très-peu de temps, de suivre la parole d'un orateur; adapté à la langue française, par T.-P. BERTIN. IVe édit., revue et corrigée par l'auteur, et suivie d'un Index d'adversaria, ou du Répertoire littéraire, plus avantageux que celui de Locke, avec lequel il est comparé. *Paris, de l'impr. de la républ.* — *L'Auteur*, 1804, in-8, 9 fr.

On trouve en tête de cet ouvrage des lettres écrites à l'auteur par MM. Delamalle, Block, Bonnet et Bellart, sur les services rendus par la sténographie.

Autre édition. Nantes, de l'impr. de Charpentier, 1838, in-plano d'une feuille, plus un feuillet in-4.

TAYLOR (John), lieutenant-colonel. — Lettres politiques, commerciales et littéraires sur l'Inde, ou Vues et intérêts de l'Angleterre relativement à la Russie, à l'Indostan et à l'Égypte; dédiées à M. Dundas, ministre de la guerre à Londres, trad. de l'angl. (par MM. DUGOUR, MADGETT et BARRÈRE). *Paris, Goujon; Garnery; Delalain fils; Debray; Fuchs*, an IX (1801), in-8 de XXXII et 487 pag., 5 fr.

M. Dugour a eu la plus grande part à cette traduction, dont il est l'éditeur.

— Voyage dans l'Inde, à travers du grand désert, par Alep, Antioche et Bassora, exécuté par le major Taylor; ouvrage où l'on trouve des observations curieuses sur l'histoire, les mœurs et le commerce des Maïnotes, des Turcs et des Arabes du désert; la description d'Alep, d'Antioche, de Bassora. Trad. de l'angl., avec des notes critiques, par (le comte) Louis-Marie-Joseph (OHIER) DE GRANDPRÉ. *Paris, Servière fils*, 1803, 2 vol. in-8, 9 fr.

TAYLOR (le baron Isidore-Justin-Severin), artiste, voyageur et littérateur, commisssaire-royal près du Théâtre-Français; né à Bruxelles, le 15 août 1789, d'une famille d'origine anglaise, mais naturalisée en France, il reçut les premières leçons de peinture de Suvé, qui fut le premier directeur de l'école française de Rome lorsqu'elle fut rétablie par le gouvernement. A la Restauration, M. le baron Taylor prit du service, entra dans la maison du roi, passa depuis dans une brigade d'artillerie, devint l'aide-de-camp d'un général commandant un corps d'armée, suivit le roi à Gand, en 1815; revint en France dans le mois de juillet de la même année, fut aide-de-camp du général Dorsay, servit dans l'état-major du maréchal Lauriston, parvint au grade de capitaine, et fut chargé, dans cette carrière, de plusieurs missions importantes.

— Syrie (la), l'Égypte, la Palestine et la Judée, considérées sous leur aspect historique, archéologique, descriptif et pittoresque. Orné de 150 planches dessinées par MM. Dauzats, Mayer, Cicéri fils, et gravées sur acier par MM. Finden et les premiers artistes de Londres. *Paris, L. Mame, et Just-Tessier*, 1837 et ann. suiv., in-4 sur pap. vélin.

Avec M. L. Reybaud.

Cet ouvrage, qui doit former un volume, est publié par livraisons de deux ou trois planches avec texte : il est promis en 80 livraisons, sur lesquelles 61 sont en vente (sept. 1838).

— Voyage pittoresque en Espagne, en Portugal et sur la côte d'Afrique, de Tanger à Tétouan. *Paris, Gide fils*, 1826 et ann. suiv., in-4, avec planches gravées par MM. Barber, Byrne, Cooke, Findeu, Goodal, Greatbatch, Hollis, Lekeux, Lewis, J. Pye, Redaway, Skelton, Smith, Wallis, etc., artistes anglais.

Ce voyage qui doit être composé de deux séries, formant ensemble 2 vol. avec 110 planches. La première doit avoir 22 livraisons, sur lesquelles 20 ont paru. La seconde série doit avoir 20 livraisons. Chaque planche est accompagnée de sa description, mais la relation du voyage ne paraîtra qu'après la dernière livraison de gravures.

Le dernier voyage de M. le baron Taylor en Espagne et en Portugal, consacré à une mission toute artistique, non moins glorieuse pour la France que pour son auteur, en lui fournissant l'occasion d'explorer en tout sens les parties romantiques et monumentales de cette contrée jusqu'ici peu connue, même des Européens, a de beaucoup augmenté la collection de ses richesses. Nous croyons, dit l'éditeur, faire un vif plaisir à nos souscripteurs en leur annonçant que nous agrandirons le cadre de notre publication, afin de leur communiquer les découvertes imprévues dont M. le baron Taylor vient si heureusement enrichir son ouvrage, qui deviendra un musée complet de tout ce que la Péninsule renferme de beau, de pittoresque et de merveilleux.

Chaque livraison a coûté, par souscription : sur papier jésus, format in-8, 12 fr ; sur grand raisin, 20 fr. ; grand raisin, format in-4, les planches sur pap. de Chine, 30 fr. ; pap. Jésus, grand in-4, avec les planches avant la lettre, 40 fr.

— Voyages pittoresques et romantiques dans l'ancienne France. *Paris, de l'impr. de Didot aîné et de Jules Didot. — Gide fils ; Engelmann*, 1820 et ann. suivantes, gr. in-folio, sur pap. vélin, avec planches lithographiées, culs de lampes et vignettes, tirées sur papier de Chine.

Avec MM. Ch. Nodier et Alph. de Cailleux.

Cet ouvrage est l'une des premières et des plus importantes productions françaises de la lithographie. Il doit être porté à dix-huit volumes.

Les provinces publiées jusqu'à ce jour sont :

La *Haute-Normandie*, 1820—25, 39 livraisons formant ensemble 2 vol., ornés de 290 planches ou vignettes.

La *Franche-Comté*, 1825—29, 28 livraisons formant ensemble un vol., orné de 180 planches ou vignettes.

L'*Auvergne*, 1829-33, 55 livraisons formant ensemble 2 vol., ornés de 270 planches ou vignettes.

Le *Languedoc* (comprenant le Haut et le Bas-Languedoc, le Roussillon, le Rouergue, le Quercy et le Vivarais), 1833 et ann. suivantes. Il a été publié jusqu'à ce jour 95 livraisons de cette province, qui complète formera 2 vol.

La *Picardie*. De cette province il n'a encore été publié que 21 livraisons : complète elle formera un volume.

Le texte des deux dernières provinces est orné d'un entourage d'une grande richesse, et qui varie à chaque page.

On peut se procurer chaque province séparément.

A mesure qu'une province est terminée, la livraison est portée de 12 fr. 50 c., à 18 fr. pour les personnes qui n'ont pas souscrit.

M. Jal, dans un morceau inséré au premier volume du livre des Cent-et-un, intitulé : *les Soirées des artistes*, attribue à M. Nodier la rédaction du texte immense des *Voyages de l'ancienne France*. M. Nodier, dans une note mise à la fin du tome II du même ouvrage, en invoquant sa conscience littéraire, qui est une partie de sa conscience morale, écrit à Ladvocat que « c'est à tort que M. Jal « lui a attribué les Voyages de l'ancienne France, « auxquels il n'a participé que par un faible travail. « Vous savez, lui dit-il, que je suis beaucoup trop « occupé pour me livrer à des investigations de pa- « tience dont la seule idée m'effraye, et qui absor- « beraient plusieurs vies comme celle qui me reste ». « Cette rédaction est depuis très-longtemps, et « je n'ai jamais négligé de le dire, l'ouvrage de « M. Taylor, notre ami commun, qui a trouvé, dans « sa laborieuse et infatigable activité, le moyen d'y « suffire presque seul. »

Avant la publication des trois importants ouvrages que nous venons de citer, M. le baron Taylor avait déjà prouvé que la littérature et les arts étaient pour lui plus qu'une distraction. Jeune il fit représenter une comédie en un acte et en vers, intitulée *Amour et étourderie*, au théâtre Molière : cette pièce eut du succès : plus tard il se chargea des articles *beaux-arts* pour divers recueils périodiques.

La pièce de théâtre que nous avons citée n'est pas à ce qu'il paraît par ce que nous lisons dans la Statisque des gens de lettres de M. Guyot de Fère, la seule qu'on lui doive : il aurait composé plusieurs comédies et drames sans se faire connaître : il a aussi traduit, en société avec M. Ch. Nodier, *Bertram, ou le Château de Saint-Aldobrand*, tragédie en cinq actes, par Ch.-Rob. Mathurin (1821, in 8).

TAYLOR (Isaac). — Dernier avis d'un professeur aux élèves qui sortent du collège pour entrer dans le monde : sur la continuation des études, les lectures, l'observation, la pensée, le choix d'un état, les devoirs sociaux, etc. Trad. de l'angl. *Paris, Boulland*, 1825, in-12.

— Merveilles (les) et les richesses du monde souterrain, ou les Mines, les métaux, les pierres précieuses, la houille, le sel, etc. ; trad. de l'anglais de Taylor, et suivi de quelques notions de géologie et de géognosie ou connaissance de l'état actuel du globe, par M. Pelouze père. *Paris, Audot*, 1835, in-16 avec 8 pl., 1 fr. 50 c.

— Vrais (les) ornements, ou le Fruit du bon exemple ; trad. de l'angl. par P. Dragon. *Paris, C.-C. Letellier*, 1819, in-12, 2 fr. 50 c.

TAYLOR (madame). — Élisabeth et Émilie, conte moral; trad. de l'angl. sur la huitième édition. Par Mlle ***. *Paris, Donder-Dupré*, 1823, in-18 fig., 2 fr.

Volume réimprimé, ou, peut-être mieux, reproduit deux autres fois : Paris, Lugan, 1825, et Paris, C. Letellier, 1826.

— Sollicitude for a daughter, french. *Londres, Taylor*, ..., in-12, 3 shell. 6 fr.

TAYLOR, professeur émérite de l'université de Leyde.

— Étude pratique de la langue anglaise. *Paris, Gide fils; l'Auteur*, 1827, in-12, 1 fr. 50 c.

— Prononciation de la langue anglaise, d'après le système de Walker. *Paris, de l'impr. de J. Didot aîné*, 1828, in-12 de 72 pages, 1 fr. 50 c.

TCHELEBI-BEN-SALEH (Aly). — Contes (les) et Fables indiennes de Bidpaï et de Lockman, traduits d'Ali Tchelebi-Ben-Saleh., auteur turc; œuvre posthume de GALLAND (revue et publiée par GUEULETTE). *Paris, Cavelier*, 1724, 2 vol. in-12.

TÉALLIER (P.-J.-S.), docteur en médecine, à Paris, membre de plusieurs sociétés médicales.

— Cancer (du) de la matrice, de ses causes, de son diagnostique et de son traitement. *Paris, J.-B. Baillière*, 1836, in-8, 5 fr.

Ouvrage qui a remporté le prix proposé par la Société de médecine de Lyon.

— Mémoire sur l'emploi du tartre stibié à haute dose dans la pneumonie et de quelques autres maladies. *Paris, de l'impr. de Crapelet*, 1830, in-8 de 50 pag.

— Tartre (du) stibié et de son emploi dans les maladies. Ouvrage couronné en 1832 par la Société de médecine de Toulouse. *Paris, Maze; Béchet jeune*, 1832, in-8, 6 fr.

TEDENAT (Pierre), docteur ès-lettres et ès-sciences, membre de la Société philomatique, professeur de mathématiques à l'école centrale du département de l'Aveyron à Rhodez, correspondant de l'Académie des sciences (pour la géométrie); né le 6 avril 1756, à Saint-Geniez (Aveyron), où il est mort en décembre 1832.

— Leçons de géométrie. In-8.

— Leçons élémentaires d'arithmétique et d'algèbre. *Rhodez, l'Auteur; et Paris, Duprat*, an VII (1799), in-8, avec planches, 4 fr.

— Leçons élémentaires de mathématiques, deuxième partie, contenant un Supplément aux éléments d'Algèbre, l'application de l'algèbre à la géométrie, et les principes du calcul différentiel et du calcul intégral. *Rhodez, l'Auteur; et Paris, Duprat*, 1801, 2 vol. in-8, avec 6 planches, 8 fr.

— Logique élémentaire, contenant les premières règles de l'art de raisonner, pour servir d'introduction à l'étude de la philosophie. *Nîmes, Gaude fils*, 1818, in-12.

—*Précis des Leçons de géométrie appliquée à l'arpentage. *Rhodez, Carière*, an IX (1801), in-8.

On a encore du même plusieurs *Mémoires* sur les mathématiques, lus à l'Académie des sciences, et plusieurs autres *Mémoires* et *Observations* insérés dans les journaux scientifiques.

TEECKELENBURG (H. van), imprimeur hollandais.

—Vocabulaire français-hollandais des mots les plus usités dans les deux langues; suivi d'un Recueil de phrases singulières, à l'usage de ceux qui commencent à apprendre la langue française. *La Haye, frères van Cleef*, 1811, in-8.

TEGNER (Ésaïas), évêque du diocèse de Wexio, en Suède, poëte distingué, et la gloire de son pays.

— Frithiof's saga, or the Legend of Frithiof. Translated from the swedish. *Paris, printed by Boudon*, 1835, in-8.

TEIFACHY (Achmed). — Traité des pierres précieuses, trad. de l'arabe par B. BELLETESTE. 1804, in-4.

TEILLAC. — Paraboles du doct. Fréd.-Adolphe Krummacher, traduites de l'allemand en français (1838). Voy. KRUMMACHER.

TEILLET, D. M., à Donzenac.

— Impôt (de l') sur les vins, et de la nécessité d'établir des halles ou entrepôts de vins dans le département de la Corrèze. *Paris, de l'impr. de la veuve Thuau*, 1836, in-8 de 24 pag.

TEILLEUX, oculiste au Mans.

— Observation sur la pupille artificielle. *Paris, de l'impr. de Setier*, 1826, in-8 de 16 pag.

TEISSERENG (Étienne), prêtre; né à Lodève, le 12 août 1689; mort le 5 janvier 1768.

— Géographie parisienne. *Paris*, 1754, in-12.

— Instruction adressée aux paroissiens qui sont avertis pour rendre le pain béni. 1752, in-12.

TEISSERENG (Jacques), garde-du-corps; né à Lodève.

— Épître à madame la Dauphine .....

— Poëme au roi sur la prise du port Mahon. 1756, in-8.

— Triomphe (le) des Russes sur l'armée prussienne, poëme. 1759.

TEISSIER (Antoine), né à Nîmes, expatrié à la révocation de l'édit de Nantes; mort à Berlin, en 1715.

— Abrégé de la vie de divers princes. *Amsterdam*, 1710, in-12.

On lui doit, en outre, la traduction de plusieurs ouvrages, dont la publication est antérieure au XVIIIe siècle; mais à ce siècle appartient celle de quelques livres dont il a été l'éditeur ou le traducteur, tels que les Lettres choisies de CALVIN (1702); — les Éloges des hommes savants tirés de l'Histoire de M. de THOU, avec des additions contenant l'abrégé de leur vie, le jugement et le catalogue de leurs ouvrages, par l'éditeur (La Haye, 1715, 4 vol. in-8); les Instructions de l'empereur Charles V au roi Philippe, son fils, mises en français (La Haye, 1737, in-12).

TEISSIER. — * Vérité sur les mœurs, en vers. Par T... *Paris*, *Bernard*, 1694, in-12.

Il y a des exemplaires intitulés : *le Théophraste en vers, ou Vérités sur les mœurs*, Paris, Brunet, 1701, in-12, avec le nom de l'auteur.

TEISSIER (J.). — Relation des troubles de Genève en 1734. *Rouen*, 1734, in-4.

TEISSIER ou TEXIER, avocat; mort en 1780.

— * Histoire des souverains pontifes qui ont siégé dans Avignon, par M. T***. *Avignon*, *Aubert*, 1774, in-4.

TEISSIER (Jean-Antoine), baron de MARGUERITTES, de la même famille qu'Antoine Teissier, cité précédemment, maire de Nîmes, député du Gard aux États-Généraux de 1789, et plus tard à l'Assemblée nationale, membre des académies de Nîmes, Lyon, Montauban, etc.; né à Nîmes, le 30 juillet 1744, mort sur l'échafaud en 1794, comme royaliste.

— * Clémentine, ou l'Ascendant de la vertu, drame en cinq actes et en prose.....

— Compte rendu les 22 et 23 février à l'Assemblée nationale, au nom de la municipalité de Nîmes, des troubles du mois de mai, des funestes effets et des atrocités multipliées du mois de juin, ainsi que des causes qui les ont produits. 1790, in-8.

— Discours prononcé à la séance publique de l'Académie de Nîmes, en 1774, sur l'avénement du roi à la couronne. *Amsterdam*, 1775, in-8.

— Instruction sur l'éducation des vers à soie.

— Opuscules sur l'amphithéâtre de Nîmes.

— * Révolution (la) de Portugal, tragédie. *Amsterdam*, 1775, in-8.

Le baron de Marguerittes a laissé en manuscrit des discours oratoires.

TEISSIER (J.-Ant.), baron de MARGUERITTES.

— Observations présentées : 1° à S. Exc. le ministre secrétaire d'État au dépôt de la marine et des colonies; 2° au bureau du contrôle des pensions de la marine; 3° au comité du conseil d'État de la marine, et suivies de dix-neuf pièces justificatives. *Paris*, *de l'impr. de Setier*, 1821, in-4 de 20 pag.

— Réclamations (ses) contre la décision du comité de la marine du 11 février 1822. *Paris*, *de l'impr. de Setier*, 1822, in-4 de 4 pages.

TEISSIER (Guillaume-Ferdinand), administrateur, antiquaire et historien, de la famille d'Ant. Tessier et des deux précédents, originaire d'Anduze (Gard); né le 29 août 1779, dans la terre de Marly-la-Ville (Seine-et-Oise), et transporté dans son enfance à Metz (Moselle); long-temps sous-préfet de Thionville (Moselle) (1); après la révolution de 1830, d'abord sous-préfet à Saint-Étienne, puis préfet de l'Aube, membre honoraire et associé de diverses sociétés académiques nationales et étrangères, et notamment de la Société royale et centrale d'agriculture, et de celle des antiquaires de France, mort à Carcassonne, en février 1834.

— * Annuaire du département de l'Aude, pour l'année 1833, sous l'administration de M. Teissier, préfet. *Carcassonne*, *de l'impr. de Polère neveu*, 1833, in-12.

— * Direction sur les recherches archéologiques, etc., à faire dans l'arrondisse-

(1) G.-F. Teissier avait exercé de bonne heure des fonctions publiques à Metz, où il était fixé depuis son enfance. Avant d'être sous-préfet de Thionville il avait été conseiller de préfecture de la Moselle, président du collége électoral et sous-préfet à Toul. En quittant l'administration de ce dernier arrondissement, Teissier reçut de ses administrés une médaille d'or, portant pour légende, autour d'une couronne, cette inscription : *A Ferdinand Teissier, la ville de Toul reconnaissante.*

ment de Thionville. *Thionville*, 1820, in-8 de 16 pag.

Excellent opuscule, qui a été traduit en allemand.

— * Essai philologique sur les commencements de la typographie à Metz, et sur les imprimeurs de cette ville; puisé dans les matériaux d'une histoire littéraire, biographique et bibliographique de Metz et de sa province. *Metz, Ch. Dosquet, et Paris, Tillard frères*, 1828, in-8 de 293 pag., avec un portr. d'Abr. Fabert.

Un prix fut décerné par l'Institut le 31 juillet 1829 à M. Teissier pour cet ouvrage.

— Histoire de Thionville, suivie de divers mémoires sur l'origine et l'accroissement des fortifications, les établissements religieux et de charité, l'instruction publique, la topographie, la population, le commerce et l'industrie, etc.; de notices biographiques, de chartes et actes publics dans les langues romane et teutone, etc. *Metz, Verronnais*, 1828, in-8, avec une pl., 6 fr., et sur pap. superfin, 7 fr. 50 c.

— * Mémorial du garde-champêtre, ou Instruction générale et méthodique sur les attributions du garde-champêtre, avec des modèles d'actes. Publié par un sous-préfet, anc. conseiller de préfecture...., membre correspondant de la Société royale et centrale d'agriculture, etc. Sec. édit. *Metz, Ch. Dosquet*, 1829, in-12 de XVIII et 310 pag., 2 fr.

La prem. édition, publiée en 1821, est moitié moins ample que celle-ci.

Cette première édition fut, sinon contrefaite, au moins imitée dans plusieurs départements, sans l'aveu de l'auteur. Le conseil royal d'agriculture a approuvé la seconde édition, et a émis le vœu que l'usage de ce *Mémorial* soit généralisé en France.

— * Moreau et sa dernière campagne, esquisse historique, par un officier de son état-major à l'armée du Rhin; trad. de l'allem. *Metz, Lamort*, 1814, in-8.

Sans nom d'auteur ni de traducteur.

— Note sur un pavé de mosaïque, découvert à Audun le Riche. *Metz*, 1824, in-8 de 7 pag.

— Notice historique sur l'introduction et les progrès de la Réformation à Metz. *Metz*, 1806, in-8.

— Notice sur Ricciacum, station... militaire sur la voie romaine de Metz à Trèves. *Metz*, 1822, in-8 de 14 pag.

On trouve de M. Teissier, dans le recueil des Mémoires de la Société roy. des antiquaires de France les trois mémoires suivants : 1° Recherches sur l'étymologie des noms de lieu et autres dans la sous-préfecture de Thionville (tom. IV, 1823); — 2° Recherches sur la fête annuelle de la roue flamboyante de Saint-Jean, à Basse-Kontz, arrondissement de Thionville (tom. V, 1823); — 3° Quelques antiquités de Metz, de 5 pages (tom. VII, 1826).

Le même recueil, tome II de la nouvelle série, renferme une Notice sur cet administrateur.

G. F. Teissier a laissé en manuscrit : 1° une traduction d'AUSONE, que l'amour de la patrie lui avait fait entreprendre, avec une révision complète du texte sur les éditions de Vinet, de Pulman, de Freher, de Tollius, de Fleury, de Wernsdorf, etc.; 2° un ouvrage qui devait paraître sous le titre suivant : *De la numismatique nationale, ou Observations sur des recherches méthodiques à faire en France, relativement aux monnaies et aux médailles*; 3° un autre, intitulé : *Recherches historiques sur les monnaies de Metz, sur les divers gouvernements de cette ville et de sa province*, avec gravures.

TEISSIER (B.), avocat, à Paris.

— Chevreuil (le) de Compiègne, anecdote ancienne, publiée par B. Teissier. *Paris, Delaforest*, 1827, in-8 de 48 pag., 2 fr.

— Institutes de l'empereur JUSTINIEN, traduites sur le seul texte rouge de Corvinus à Belderen, avec le latin en regard. *Paris, Videcoq*, 1834, in-18, 3 fr. 50 c.

TEISSIER (Léon). — Élégies et mélodies. *Paris, H. Serviez*, 1829, in-18, 3 fr. 50 c.

TEISSIER (H.). — Exposition d'un système de commerce philanthropique, tendant à la complète amélioration des classes malheureuses de la société, par des moyens simples et entièrement à leur disposition. Suivie d'une note relative à l'opinion de l'auteur sur la cause de l'aplatissement des pôles et du renflement de l'équateur. *Lyon, de l'impr. de Boitel*, 1834, in-12 de 84 pages.

TEISSONNIÈRE (Hippolyte), avocat à la Cour royale de Paris.

— Examen (premier) sur le droit romain.

— Guide de l'étudiant en droit.

TEIXERA-GAMBOA, pseudonyme. Voy. L.-A. VERNEY.

TELEKY DE SZEK (le comte J.). — * Essai sur la faiblesse des esprits-forts, par J. T. D. S. C. D. S. E. R. *Amsterdam, M. M. Rey*, 1761, in-12. — *Augsbourg*, 1762, in-12.

TELENGE (Jacques), alors médecin pensionné de la ville et de l'Hôtel-Dieu de Rhétel-Mazarin, professeur dans l'art des accouchements.

— Cours d'accouchements en forme de catéchisme par demandes et par réponses, contenant des principes certains sur la théorie et la pratique, en faveur des sages-femmes et de ceux qui veulent exercer cette partie de la médecine et de la chirurgie. *Paris*, *d'Houry*, 1776, in-12.

TELESFORO DE TRUEBA Y COSIO. — Castillan (le), ou le Prince noir en Espagne; trad. de l'angl. par M. C. A. DEFAUCONPRET. *Paris, Ch. Gosselin*, 1829, 5 vol. in-12, 15 fr.

— Gomez Arias, ou les Maures des Alpujaras, roman historique espagnol; trad. de l'angl. par l'auteur d'Olésia, ou la Pologne, etc. (madame Lattimore CLARKE, aujourd'hui madame Ch. GOSSELIN). *Paris, Ch. Gosselin*, 1829, 4 vol. in-12, 12 fr.

TELL POUSSIN. Voy. POUSSIN.

TELL TRUTH (John), pseudonyme. — Patriote (le) anglais, ou Réflexions sur les hostilités que la France reproche à l'Angleterre; trad. en français par un avocat (l'abbé LEBLANC). *Genève* (*Paris*), 1756, in-12.

TELLARD. — Fronton (le) du Panthéon. Stances. *Paris, l'Auteur*, 1838, in-8 de 16 pag.

TELLER (le doct. W.-A.). — Correspondance particulière entre W.-A. Teller et J.-A. De Luc, publiée par le dernier avec le consentement de M. Teller. *Hanovre, Hahn*, 1802, in-8, 4 fr.; sur pap. de Hollande, 7 fr.

De Luc (voy. cet article) est auteur de Lettres sur le christianisme, adressées à M. Teller. 1801, in-8.

TELLÈS D'ACOSTA ( ), grand maître des eaux et forêts de France, anc. intendant de la Dauphine, etc.

— Instruction sur les bois de marine et autres, contenant des détails relatifs à la physique et à l'analyse du chêne, à l'arpentage des forêts, au toisé et au transport des bois; des méthodes simples et peu dispendieuses sur les plantations et l'amélioration des forêts; d'où il résulte qu'on doit ajouter peu de foi sur cet objet aux anciens systèmes et même aux nouveaux des sieurs Pannecler, Danner et autres, sur l'aménagement des forêts; suivi d'un Aperçu des bois et des consommations dans le royaume, des moyens d'augmenter, garder les forêts, et d'économiser la charpente, pour en procurer une plus grande quantité à la marine; avec un abrégé des lois sur les bois de la marine; le tarif fait à Brest en 1765, qui indique la proportion des bois de construction des vaisseaux du roi, et dix planches gravées pour perfectionner le sciage et le rendre avantageux, ainsi qu'en Hollande. *Paris*, *veuve Duchesne et Clousier*, 1782, in-8 de 230 pag., avec fig.

Cet ouvrage a deux suppléments imprimés à Paris, chez Clousier, en 1784 et 1786, in-8.

— Plan d'une nouvelle administration pour les forêts de France, contenant un abrégé des réglements pour administrer, conserver et ne point défricher les forêts, et laisser des parties de taillis en réserve dans les bois des taillis pour croître en futaie, ou sur les coupes ordinaires des baliveaux et des arbres de différents âges, etc., etc. *Paris*, 1791, in-8 de 150 pages.

— Plan général d'hospices royaux, ayant pour objet de former, dans la ville et faubourgs de Paris, des établissements pour six mille pauvres malades, et d'augmenter les revenus de l'Hôtel-Dieu et des hôpitaux du royaume; suivi de différents moyens pour ne point surcharger les hospices, en pratiquant ce qui est indiqué pour occuper les enfants trouvés des deux sexes, et les mendiants qui sont à la charge des revenus des pauvres et du gouvernement, et pour soulager un plus grand nombre d'indigents, avec un plan gravé, en projet, du grand hôpital de Sainte-Anne, par le sieur Poyet, architecte de la ville de Paris, et le plan de Paris, où l'on indique la place des nouveaux hospices proposés pour suppléer à l'Hôtel-Dieu et aux quatre grands hôpitaux projetés. *Paris*, 1789, in-4 de 143 pages.

TELLIAB, pseudon. Voy. BAILLET DE SAINT-JULIEN.

TELLIER (Amand-Constant), successivement avocat au parlement de Paris, avocat du roi au présidial de Melun, député à l'Assemblée constituante, président du tribunal civil de Melun, et membre de la Convention. Il fut honoré dans l'Assemblée constituante du titre de secrétaire; né à Laon, en 1755, il se tua à Chartres, le 17 septembre 1795.

— * Quelques Pensées extraites de divers moralistes, pour servir à l'homme de la nature, devenu homme social. *Paris, Baudouin*, 1793, in-24 de 69 pag.

TELLIER (Alfred). — * Jessy Allan,

nouvelle anglaise; trad. de l'angl. (1829). Voy. KENNEDY.

TELMOND (Sabin). — Notice historique sur Notre-Dame de Paris, etc. *Paris, Dentu; Vaton*, 1836, in-8 de 16 pages.

TEMMINCK (C.-J.), naturaliste hollandais, sous l'Empire, directeur de l'Académie des sciences et arts de Harlem, etc., plus tard, directeur du Musée d'histoire naturelle du royaume des Pays-Bas.

— Histoire naturelle générale des pigeons et des gallinacées. *Amsterdam, Sepp et fils, et Paris, G. Dufour*, 1813-15, 3 vol. in-8, accompagnés de planches anatomiques, 32 fr.

— Manuel d'ornithologie, ou Tableau systématique des oiseaux qui se trouvent en Europe; précédé d'une Analyse du système général d'ornithologie, mis au niveau des découvertes nouvelles, basé sur les mœurs et l'organisation, et suivi d'une table alphabétique des espèces. *Amsterdam*, 1815.

— Seconde édition, considérablement augmentée. *Amsterdam, et Paris, Gabriel Dufour*, 1820-35, 3 vol. in-8, 22 fr. 50 c.

Atlas des oiseaux d'Europe pour servir de complément à l'ouvrage précédent, par J. C. WERNER, peintre d'histoire naturelle. (Voy. l'art. WERNER.)

— Monographie de mammalogie, ou Description de quelques genres de mammifères dont les espèces ont été observées dans les différents musées de l'Europe. *Paris, Dufour et d'Ocagne*, 1824 et ann. suiv. in-4.

L'auteur de cet ouvrage, déjà si connu comme ornithologiste, a eu pour but de publier la description et les caractères zoologiques de plusieurs espèces de mammifères qu'il a eu occasion d'observer dans de fréquents voyages qu'il a faits dans les villes capitales de l'Europe, où se trouvent des musées d'histoire naturelle. Il a même visité les grands magasins de pelleteries. Ces recherches lui ont permis de rectifier un grand nombre d'erreurs commises dans des descriptions publiées sur les mammifères.

Cet ouvrage a été promis en deux volumes : le premier, contenant 28 planches, a été publié, de 1824 à 1827, en sept livraisons. La première livraison du tome II a été imprimée à La Haye, en 1835; nous ignorons si l'ouvrage a été terminé depuis.

Le prix de chaque volume ne devait pas dépasser 50 fr.

— Observations sur la classification méthodique des oiseaux, par C.-J. TEMMINCK, et Remarques sur l'analyse d'une nouvelle ornithologie élémentaire, par L.-P. VIEILLOT. *Amsterdam, et Paris, Gabr. Dufour*, 1817, gr. in-8 de 64 pag., 2 fr.

— Pigeons (les), par madame KNIP, née Pauline de Courcelles, premier peintre d'hist. natur. de S. M. l'impératrice-reine Marie-Louise; le texte par C.-J. TEMMINCK. *Paris, l'Auteur; Garnery*, ..., 15 livraisons in-fol.

Chaque livraison a coûté 40 fr.

— Recueil (nouveau) de planches coloriées d'oiseaux, pour servir de suite et de complément aux planches enluminées de Buffon, éditions in-folio et in-4, de l'imprimerie royale, 1778; publié par MM. C.-J. TEMMINCK, d'Amsterdam, et MEIFFREN-LAUGIER, baron de Chartrouse, de Paris; d'après les dessins de MM. Huet et Prêtre, peintres attachés au Muséum d'histoire naturelle, et au grand ouvrage de la commission d'Egypte, 1821, 1822 et 1823. *Paris, Gabr. Dufour et Levrault*, 1820-38, in-fol. et in-4.

Ce recueil a été publié en 102 livraisons, composées chacune de six planches et du texte explicatif de chaque individu.

Le prix de souscription pour chaque livraison sur papier nom-de-jésus, était de 15 fr. in-fol., et de 10 fr. 50 c. in-4.

Cette belle collection est digne en tout point de l'attention des amateurs d'ornithologie. Les auteurs ont pris l'engagement formel de ne décrire et figurer que les oiseaux qui n'ont point été donnés dans les autres recueils connus, tels que ceux de Buffon, Levaillant, Vieillot, Temminck, etc., ce qui rend cet ouvrage entièrement neuf. Les planches portent chacune un numéro pour les personnes qui veulent les citer; et la description de deux individus d'espèce différente ne se trouve jamais sur la même feuille, afin que chacun puisse les détacher à volonté, et les classer d'après ses idées particulières et les méthodes qu'il a adoptées.

TEMPELHOFF (George-Frédéric de), mathématicien allemand, mort à Berlin, le 13 juillet 1807, lieutenant-général de Frédéric-Guillaume III, roi de Prusse, et l'instituteur de ses fils.

— Bombardier (le) prussien. *Berlin*, 1781, in-8.

— Dissertations sur la théorie des comètes, qui ont concouru au prix proposé par l'Académie royale des sciences et belles-lettres de Prusse, pour l'année 1777, et adjugé en 1778 (par CONDORCET, TEMPELHOFF et HENNERT). *Utrecht, Barth. Wild*, 1780, in-4.

L'ouvrage de Tempelhoff a été aussi imprimé à part sous ce titre :

Essai sur la solution du problème : Déterminer l'orbite de la comète par trois observations. Utrecht, 1780, in-4.

— Histoire de la guerre de sept ans en Allemagne, entre le roi de Prusse et l'impératrice et ses alliés, par le général LLYOD, trad. de l'angl., avec des remarques, par TEMPELHOF. (En allemand). *Berlin, J.-Fréd. Unger*, 1783-94, 5 vol. in-4, fig. — Traduite de nouveau, avec des plans et des remarques. Deuxième édition. *Berlin*, 1791-1804, 6 vol. in-4, fig.

D'après quelques bibliographes, il existerait de cet ouvrage une traduction française faite par MAUVILLON, et qui formerait aussi 6 vol. in-4. Nous ne l'avons jamais vue.

Le général Jomini a consulté, pour son traité des grandes opérations, cet important ouvrage de Tempelhof. On y trouve des connaissances approfondies, et des vues judicieuses, mais beaucoup de prédilection pour la Prusse, dont à la vérité la gloire militaire pouvait éblouir dans ce temps-là.

TEMPESTA (A.), graveur. Voy. SAINT-SIMON.

TEMPEZ. — Exercices sur la physique générale, etc., soutenus à Amiens avec M. Petit et Delignères. *Amiens, Caron*, 1777, in-4.

TEMPIER (Charles). — Essai sur les avantages qui résulteraient, pour la France, de la liberté absolue du commerce. *Paris, Le Normant*, 1816, in-8 de 56 pag.

TEMPLE (le chev William), seigneur de Sheene, baronet, ambassadeur du roi de la Grande-Bretagne auprès de MM. des États-Généraux des Provinces-Unies, et aux conférences pour la paix d'Aix-la-Chapelle, en 1688, et de Nimègue, en 1678; mort à Morpack dans la province de Southampton, le 5 février 1699.

— Essai sur les mécontentements populaires, etc., et Défense de l'Essai sur le savoir des anciens et des modernes. Ouvrages posthumes. *Amsterdam, Fr. l'Honoré*, 1744, in-12.

— * État (l') des Provinces-Unies, et particulièrement de celles de la Hollande, et leur vrai intérêt opposé au faux pour le temps présent. (Traduit de l'angl. par LE VASSEUR). 1690, pet. in-12.

— * État (l') présent des Provinces-Unies des Pays-Bas. (Traduit de l'angl. par LE VASSEUR). *Paris*, 1689, 2 part. in-12.

— Introduction à l'Histoire d'Angleterre depuis sa première origine jusqu'à la fin du règne normand; trad. de l'angl. *Amsterdam, de Lorme*, 1695, et 1696, in-12.

— Lettres du chevalier Guillaume Temple, écrites pendant son ambassade dans les Pays-Bas, depuis 1665 jusqu'en 1672, traduites de l'angl. (par P.-A. SAMSON). *La Haye, Van Bulderen*, 1700, 2 vol. in-12.

— Lettres du chevalier Temple pendant son ambassade à La Haye, trad. de l'angl. par Daniel JONES. *La Haye*, 1700, in-12.

— Lettres du chevalier Temple au comte d'Arlington. *La Haye*, 1725, in-12.

— Lettres du chevalier Temple et d'autres ministres d'État (sous le règne du prince d'Orange), publiées par Jonathan SWIFT. *La Haye, Van Duren*, 1711, 2 vol. in-12.

— Mémoires de ce qui s'est passé dans la chrétienté depuis le commencement de la guerre de 1672 jusqu'à la paix conclue en 1679; traduit de l'anglais. Nouv. édit. *Amsterdam*, 1708, in-12.

Les éditions antérieures sont de la Haye, 1693, 1694, in-12. Ces mémoires ont été réimprimés dans la collection de Petitot.

— Nouveaux Mémoires du chev. TEMPLE, avec sa vie; trad. de l'anglais par Jonathan SWIFT. *La Haye, Van Duren*, 1729, in-12.

— Remarques sur l'État des Provinces-Unies des Pays-Bas, faites en 1672; traduites de l'angl. (par LE VASSEUR). *La Haye, Steucker*, 1674, in-8.

Le nom du traducteur se lit dans le privilége du roi de l'édition de Paris, 1670, in-12.

Autres éditions :
Paris, Clouzier, 1674, 2 vol. in-12.
La Haye, J. Dan. Steucker, 1680, in-12.
La Haye, J. Steucker, 1685, 2 vol. in 8 et 2 vol. in-12.
Utrecht, 1697, in-12.
— 1706, 1707, 2 vol. in-12.

— OEuvres mêlées. *Utrecht, Ant. Schouten*, 1693, 2 part. in-12. — Sec. édit., revue et corrigée. *Utrecht, le même*, 1694, 2 part. in-12.

Ces deux parties renferment dix essais. *Première partie* : 1° Considérations générales sur l'état et les intérêts de divers états par rapport à l'Angleterre; — 2° Recherche de l'origine et de la nature du gouvernement; — 3° Recherche des moyens d'avancer le commerce en Irlande; — 4° de la conjecture présente des affaires, au mois d'octobre 1673; 5° de l'excès des afflictions; — 6° l'Essai du moxa, pour guérir de la goutte. *Seconde partie* : 7° Du savoir des anciens et des modernes; — 8° Du jardin d'Épicure; — 9° De la vertu héroïque; — 10 De la poésie.

— Les mêmes, sous le titre d'OEuvres diverses. *Amsterdam, Is. Trojel*, 1708, 2 vol. in-12.

— OEuvres posthumes. *Utrecht, V. Water*, 1704, in-12; ou *Amsterdam, l'Honoré*, 1744, in-12.

Ce volume renferme : 1° l'Essai sur les mécontentements populaires; — 2° un Essai sur la santé et la longue vie; — 3° une Défense de l'Essai sur le savoir des anciens et des modernes; 4° des Pensées sur les différents états de la vie et de la fortune, et sur la conservation.

— Œuvres (ses), précédées de l'histoire de sa vie et de ses ouvrages. 1720, vol.

TEMPLE STANYAN. Voy. STANYAN.

TEMPLERY. Voy. LEVEN DE TEMPLERY.

TEMPLEUX. Voy. SAINT-JACOME.

TEMPLIER (B.-D.-F.). — Moyen facile de réunion du côté droit et du côté gauche de la chambre des députés. *Paris, de l'impr. de Boucher*, 1821, in-8 de 20 pages, 1 fr.

TEMPLIER (Jean-François-Pascal), de Grasse (Var).

— Nouveauté surprenante et piquante et nécessaire pour le bien de tous, ou l'Erreur terrassée par la vérité, présentée à l'Académie de médecine à Paris, sous le titre d'Observations sur la médecine, le charlatanisme et les sciences accessoires. *Paris, de l'impr. de Guiraudet*, 1824, in-8 de 32 pag.

TEMPLIN. — Description de Lappland, traduite du suédois de P. HOGCHSTROM. *Stockholm*, 1748, in-8.

TEMPORAL (Jean). — Afrique (de l'), contenant les navigations des capitaines portugais et autres, faites audit pays jusqu'aux Indes, tant Orientales qu'Occidentales, parties de Perse, Arabie heureuse, pierreuse et déserte; ensemble la description de la Haute-Ethiopie, pays du grand-seigneur Prête-Jean, et du noble fleuve du Nil, etc. (Nouv. édit.). *Paris, de l'impr. de Ducessois*, 1831, 2 vol. in-8.

TEMPOURE, alors chef de bataillon au 50e régiment d'infanterie légère.

— Réponse au libelle du sieur Lefebvre. *Verdun, de l'impr. de Villet-Collignon*, 1827, in-4 de 48 pag.

TENAILLE CHAMPTON, lieutenant de gendarmerie.

— Histoire de la gendarmerie, depuis sa création jusqu'en 1790, accompagnée des tableaux de créations de maréchaussées à différentes époques, de celui de leur résidence, etc. *Paris, Anselin*, 1829, in-8, 4 fr.

TENAND, maître de pension à Paris.

— Méthode pour apprendre l'histoire des faux dieux de l'antiquité, ou le Panthéon mystique, traduit du latin. (1715, 1732). Voy. le P. POMEY.

TENCÉ (Ulysse). — Annuaire historique universel (commencé en 1818 par M. C.-L. Lesur, et continué depuis 1831 par M. Ulysse Tencé). — Nouvelle série. *Paris, Thoisnier-Desplaces*, 1833-37, 6 vol. in-8, 72 fr.

Voy. l'art. LESUR.

— Deux (les) auteurs, comédie en un acte et en vers. *Lille, Leleux*, 1838, in-12.

— Écot (l'), folie en un acte, mêlée de couplets. *Paris, de l'imp. de Setier*, 1824, in-8. Prix : l'indulgence du lecteur.

— Liberté (la), chant lyrique. *Paris, Bousquet*, 1821, in-8 de 8 pag.

— Spectre (le) de Missolonghi. *Paris, Delaunay*, 1826, in-8, 1 fr. 25 c.

Cet écrit se vendait au profit des Grecs.

TENCH (le capitaine Watkin). — Relation d'un voyage à la Baie Botanique, trad. de l'angl., par C. P. (Ch. POUGENS). *Paris, Knapen fils*, 1789, in-8.

— Voyage à la Baie-Botanique, avec une Description du nouveau pays de Galles méridional. *Paris, Letellier*, 1789, in-8.

TENCIN (Pierre GUÉRIN DE), cardinal, archevêque de Lyon, ministre d'État, en 1742, sur la proposition du cardinal de Fleury; né à Grenoble, le 22 août 1680, mort le 2 mars 1758.

— Correspondance du cardinal de Tencin avec le duc de Richelieu. *Paris*, 1790, in-8.

— Instruction pastorale et ordonnance portant condamnation d'un livre qui a pour titre : Histoire du concile de Trente, traduite de l'ital. de fra Paolo Sarpi, par P. Fr. Le Courayer. *Paris, Ve Mazières*, 1738, in-4.

— Lettre au sujet de l'arrest du conseil d'État du 22 mai 1720. 1720, in-4.

On a de ce prélat plusieurs *mandements*, *instructions* et *lettres* sur les affaires de l'Église. M. Picot a donné l'indication des principales pièces dans sa Notice sur le cardinal de Tencin, insérée dans la Biographie universelle.

TENCIN (Claudine-Alexandrine GUÉRIN DE), sœur du précédent, anc. chanoinesse de Neuville, près de Lyon; née à Grenoble, en 1681, morte à Paris, le 4 décembre 1749.

— Anecdotes de la cour et du règne d'Édouard II, roi d'Angleterre (par la marquise de TENCIN et terminées par madame ÉLIE DE BEAUMONT). *Paris, Pissot*, 1776, in-12.

Voyez, dans les Lettres inédites de madame Du Châtelet, Paris, 1806, in-8 et in-12, une anecdote qui ferait croire que d'Argental est auteur de cet ouvrage.

— Lettres (au nombre de neuf) de mad. de Tencin au duc de Richelieu. *Paris*, 1806, in-12.

— Lettres de mesdames de Villars, de La Fayette et de Tencin, accompagnées de notes biographiques et de notes explicatives. *Paris, Chaumerot jeune*, 1805, 1823, in-12, 2 fr. 50 c.

— Malheurs (les) de l'amour. *Amsterdam* (*Paris*), 1747, 2 vol. in-12.

— Le même ouvrage, sous ce titre : Louise de Valrose, ou Mémoires d'une Autrichienne, traduits de l'allemand sur la troisième édition. *Paris*, 1789, in-12.

C'est une nouvelle édition déguisée du roman de madame de Tencin. *Barb.*

— Mémoires (les) du comte de Comminge (par d'ARGENTAL, la marquise de TENCIN et PONT-DE-VESLE). *La Haye, Néaulme* (*Paris*), 1735, in-12.

Voyez la Notice sur le comte d'Argental, par M. HOCHET, à la suite des Lettres inédites de Mad. Du Châtelet à cet ami de Voltaire, Paris, 1806, in-8 et in-12.

— Mémoires du comte de Comminge. (Nouv. édition). *Paris, Didot l'aîné*, 1815, in-18, 3 fr., et sur pap. vélin, 6 fr.

Cette édition fait partie d'une Collection des meilleurs ouvrages de la langue française.

— Comte (le) de Comminge, ou les Amants malheureux. *Paris, Tiger*, 1816, in-18.

— Mémorias del conde de Comminge, novela ...., traducida al castellano. *Paris, Wincop*, 1828, in-18.

— Siége (le) de Calais, nouvelle historique (par la marq. de TENCIN et PONT-DE-VESLE). *La Haye, Néaulme* (*Paris*), 1739; *La Haye, De Hondt*, 1740, 2 vol. in-12.

— Siége (le) de Calais, nouvelle historique. (Nouv. édit.). *Paris, Didot l'aîné*, 1815, in-18, 3 fr., et sur pap. vélin, 6 fr.

Cette édition fait partie d'une Collection des meilleurs ouvrages de la langue française.

— Le même, suivi du Comte de Comminge. *Paris, Werdet et Lequien*, 1826, in-32, avec 2 grav., 3 fr.

Cette petite édition fait partie d'une « Collection des meilleurs romans français ».

— Les mêmes. *Paris, Hiard*, 1833, in-18, 65 c.

— Les mêmes. *Paris, Desrez*, 1834, in-12.

— Les mêmes. *Paris, Ledentu*, 1836, 2 vol. in-32.

— OEuvres de mesd. de LA FAYETTE et de TENCIN. Précédées (d'Observations sur la vie et les écrits de madame de La Fayette, par DELANDINE), et d'un Traité sur l'origine des romans (la Lettre de HUET). *Paris, Cuchet*, 1786, 8 vol. pet. in-12.

— Les mêmes. Nouv. édit., revue, corr., précédée de Notices historiques et littéraires, par MM. AUGER et COLNET; augm. de la Comtesse de Tende, par madame de La Fayette, de la Correspondance de madame de Tencin avec M. de Richelieu; de la Comtesse de Savoie et d'Aménophis, par madame de FONTAINES. *Paris, Colnet*, an XII (1804), 5 vol. in-8, 18 fr.; ou 1808, 4 vol. in-8. — Autre édition. *Paris, veuve Lepetit*, 1820, 4 vol. in-8, ornés de 4 gravures, 20 fr., et sur pap. vélin d'Annonay, 50 fr.

Indépendamment des Notices littéraires sur les auteurs on trouve, en tête de ces diverses éditions, un morceau de L.-S. AUGER, intitulé : *Des Romans*, et la *Lettre de M. Huet à M. de Segrais* (sur l'origine des romans).

— OEuvres complètes de mad. de Tencin. Nouv. édit., revue, corrigée (contenant les Mémoires du comte de Comminge, le Siége de Calais, les Malheurs de l'amour, le Règne d'Édouard II, neuf Lettres au duc de Richelieu, et l'extrait d'une Lettre à Fontenelle), et précédée d'une Notice historique et littéraire. *Paris, d'Hautel*, 1812, 4 vol. in-18, 7 fr.

— OEuvres complètes de mesdames de La Fayette et de Tencin, précédées de Notices historiques et littéraires, par MM. ÉTIENNE et A. JAY. *Paris*, 1825; ou, avec de nouveaux titres, *Paris, Moutardier*, 1831, 5 vol. in-8, avec 2 portr., 15 fr.

On doit à l'abbé Barthélemy, de Grenoble, la publication de Memoires secrets de madame de Tencin, ses tendres liaisons avec Ganganelli, ou l'heureuse découverte, relativement à d'Alembert, Grenoble, 1790, 2 part. in-8.

TENCKE (Henri), professeur à Montpellier.

— * Instrumenta curationis morborum deprompta ex pharmaciâ Galenicâ et chymica, etc. *Lugduni*, 1713; — Editio IVa.

Ludguni, fratres de Tourmes, 1755, in-12.

La première édition parut en français sous le titre de *Formules de médecine, tirées de la galenique et de la chimie*. Lyon, J. Certe, 1684, in-12.

TEN HOVEN. Voy. HOVEN.

TENIM (de); né à Lamballe, en Bretagne.
— Remarques sur la Vie de Louis XI, de mademoiselle de Lussan. 1758.

TENKATE. Voy. Jonath. RICHARDSON.

TENNEGUY-TIGER. Voy. TIGER.

TENNEMANN (Guillaume-Amédée), célèbre philologue allemand.
— Manuel de l'histoire de la philosophie, trad. de l'allemand, par Victor COUSIN (ou plutôt par M. VIGUER, et revu par M. COUSIN). *Paris, Pichon et Didier; Sautelet*, 2 vol. in-8.

TENNESSON (Q.-V.), anc. avocat au parlement.
— * Dictionnaire sur le nouveau droit civil, par le citoyen T. *Paris, Rousseau*, an VII (1799), in-12 de 300 pag., 2 fr.
— * Nouveau (le) Praticien français. Par T. (Q. V.). *Paris*, an V (1797), in-8.
— * Vocabulaire des municipalités et des corps administratifs; ouvrage utile et commode à tous ceux qui voudront apprendre ce qu'ils sont aujourd'hui, et connaître les fonctions des places auxquelles ils peuvent parvenir suivant le nouvel ordre de choses, soit dans les municipalités, soit dans les administrations de département et de district. par M. Q. V. T. *Paris, mademoiselle Vente*, 1790, in-8 de 52 pag.

TENON (Jacques), membre de la première classe de l'Institut (section d'anatomie et de zoologie), ancien professeur de pathologie au Collége de chirurgie, membre des académies royales de chirurgie et de la Société royale d'agriculture; né à Sépaux, près Joigny, le 22 février 1724, mort à Paris, le 15 janvier 1816.
— Mémoires et observations sur l'anatomie, la pathologie et la chirurgie, et sur l'organe de la vue. *Paris (* Méquignon l'aîné père)*, 1806, in-8, avec 7 planches, 6 fr.
— Mémoires sur les hôpitaux de Paris, imprimés par ordre du roi. *Paris (* Méquignon l'aîné père)*, 1788, in-4, avec fig., 12 fr.
— Observations sur les obstacles qui s'opposent aux progrès de l'anatomie. *Paris (* Méquignon l'aîné père)*, 1785, broch. in-4, 2 fr.
— Offrande aux vieillards de quelques moyens pour prolonger leur vie. *Paris, madame Huzard*, 1813, in-8 de 16 pag., 30 c.

Outre les ouvrages que nous venons de citer, on doit encore à Tenon plusieurs mémoires imprimés dans des recueils scientifiques, et nous citerons, entre autres, les suivants: 1° *Mémoire sur la cataracte*, inséré dans ceux de mathématiques et de physique, tom. III, de Cataracta, 1757, et ceux-ci qui sont imprimés dans l'ancien recueil de l'Académie des sciences; 2° trois Mémoires sur l'exfoliation des os (ann. 1754 et 1758); — 3° Mémoire sur quelques vices des voies urinaires et des parties de la génération, dans trois sujets du sexe masculin (ann. 1761); — 4° Recherche sur la nature des pierres ou calculs qui se forment dans le corps des hommes et dans celui des animaux (ann. 1764); — 5° Mémoire sur un épiplocèle dont les signes furent d'abord fort équivoque (ibid.); — 6° Mémoire sur les infirmeries des trois principales prisons de la jurisdiction du Châtelet de Paris, savoir: du For-l'Évêque, du petit et du grand Châtelet (ann. 1780). Les Mémoires suivants sont imprimés dans le recueil de l'Institut national, classe des sciences mathématiques et physiques: — 7° Observation sur une opération du trépan au fémur, et des écrits qui se rapportent plus spécialement à la pathologie et à la chirurgie. (Impr. dans les Mémoires de l'Institut, classe des sciences mathém. et phys., tom. Ier, 1798); — 8° Recherches sur le crâne humain. (Id., id.); — 9° Sur une Méthode particulière d'étudier l'anatomie, employée, par forme d'essai, à des recherches sur les dents et sur les os des mâchoires. (Id., id.); — 10° Second Essai d'étude, par époques, des dents molaires du cheval avec 7 planches (Ibid); — 11° Mémoire sur les os du bassin de la femme; — 12° Mémoire sur la substance spongieuse de la matrice de la femme, soumise à quelques expériences; — 13° Remarques sur la bourse membraneuse que le péritoine fournit à la matrice (tome VI, 1806); — 14° Mémoire sur les causes de quelques maladies qui affectent les chapeliers; — 15° Considérations sur la matrice d'une femme au huitième mois de gestation (t. VII, 1806).

Voy. l'Éloge de Tenon, par CUVIER, dans les Mémoires de l'Acad. des sciences, tome Ier, 1818.

TENORE (Michel), professeur de botanique à l'université de Naples, directeur du Jardin des plantes, et membre de la Société royale de la même ville, où il est né, en 1781.
— Essai sur la géographie physique et botanique du royaume de Naples. *Naples*, 1827, in-8, avec 2 planch. lithogr., 6 fr. 50 c.

Ce botaniste a publié divers ouvrages sur la flore de Naples, mais celui que nous citons est le seul qui soit écrit en français: les autres sont en latin et en italien.

TENPER (Ch. de). — Lettre à madame de ***. *Paris, de l'impr. d'Herhan*, 1836, in-8 de 16 pag. — Deuxième Lettre à la même. *Paris, de l'impr. d'Herhan*, 1837, in-8 de 8 pag.

Sur les deux prétendants à la filiation de Louis XVI, et particulièrement contre celui qui fut prôné, en 1835, dans la Justice (journal éteint), et dans l'opuscule intitulé : « le Véritable duc de Normandie ».

TENTING (H.-G.). — Cours d'orthographe pratique. *Troyes, Bouquot; et Paris, Roret*, 1835, in-12.

TERAS (Pierre), peut-être le même que J.-P. TERRAS (voy. plus bas), bourgeois de Genève, maître en chirurgie, correspondant de l'ancienne Académie royale de chirurgie de Paris; né à la Forite, en 1741.

On a de lui plusieurs *Mémoires* dans le Journal de médecine, de 1775 à 1785, et des *Observations sur le bec de lièvre*, impr. dans le tome V des Mémoires de l'Académie de chirurgie.

Voy. Histoire de Genève, par Senebier, tom. III.

TERAUBE (J.-B.), docteur en médecine de la Faculté de Paris.

— Traité de la chiromancie. *Paris, Béchet jeune; Crevot*, 1826, in-12, 2 fr. 50 c.

TERCY aîné, de Lons-le-Saulnier.

— Adieux à la muse ....

— Cyclope (le), idylle imitée de Théocrite. *Paris, de l'impr. de Dondey-Dupré*, 1820, in-8 de 12 pag., et in-4.

— Mort (la) de Louis XVI, roi de France, idylle dans le goût antique. *Paris, Didot l'aîné*, 1818, in-8 de 12 pag., 1 fr.

— Mort (la) et l'apothéose de Marie-Antoinette d'Autriche, reine de France et de Navarre. *Paris, P. Didot l'aîné*, 1817, in-8 de 16 pag., 1 fr.

— Mort (la) de Louis XVII, roi de France et de Navarre. Idylle dans le goût antique. *Paris, P. Didot l'aîné*, 1818, in-8 de 16 pag., 1 fr.

— Napoléonide (la), ou les Fastes de Napoléon, trad. de l'ital. (1811). Voy. PETRONI.

TERCY (mademoiselle Fanny MESSAGEOT, dame), épouse du précédent, et belle-sœur de M. Charles Nodier; né à Lons-le-Saulnier (Jura).

— Chroniques franc-comtoises. La Tour de Dramelay. *Paris, Vimont*, 1831, 2 vol. in-12, 6 fr.

— Chroniques (nouv.) franc-comtoises. Le Juif et la Sorcière. *Paris, Vimont*, 1833, in-8, 7 fr. 50 c.

— Contes (petits) à mes enfants de cinq à six ans, ou nouvelle Manière familière de leur apprendre à lire, et de les instruire en les amusant. *Paris, A. Eymery*, 1824, 2 vol. in-18, ornés de figures, 4 fr.

— Dame (la) d'Oliferne, nouvelle. *Paris, Levavasseur*, 1829, in-12, 3 fr.

— Hermite (l') du mont Saint-Valentin, ou Histoire des amours de la dame de Martigues et de Ch. Roger de Parthenay. *Paris, Béchet aîné*, 1821, 2 vol. in-12, 5 fr.

— Historiettes et conversations morales. *Paris, Dufey*, 1834, in-12, 5 fr.

Dédiées à madame Menessier, née Nodier, nièce de l'auteur.

— Isaure et Montigny. *Paris, A. Eymery*, 1818, 3 vol. in-12, 7 fr. 50 c.

— * Louise de Sénancourt. Par madame de T., auteur de Cécile de Renneville, et de Marie Bolden. *Paris, Maradan*, 1817, in-12, 2 fr.

— * Nouvelles (deux) françaises. Par madame de T. *Paris, Desoer*, 1816, in-12, 2 fr. 50 c.

Ces deux nouvelles sont intitulées : *Marie Bolden, ou la Folle de Cayeux*, et *Cécile de Renneville*.

— Nouvelles (six). *Paris, Galliot*, 1821, 2 vol. in-12, 5 fr.

TÉRENCE (Publius Terentius Afer), poëte dramatique latin; né en 562 de Rome (192 avant J. C.), mort en 599 de Rome (155 avant J. C.).

Pièces séparées.

— Adelphi, comœdia expurgata; interpretatione ac notis illustravit J. JUVENCIUS, S. J. Nova editio, prioribus emendatior. *Parisiis, Aug. Delalain*, 1812, in-12, 90 c.; seu *Parisiis, Aug. Delalain*, 1833, in-12, 1 fr. 25 c.

— Adelphi : recensuit et variorum suisque notis illustravit L. QUICHERAT, ad usum scholarum. *Parisiis, Hachette*, 1832, in-12.

— Adelphes (les) (en latin), d'après le texte de Jouvency, revu et corr. sur les éditions de Brunck et de Bothe, avec la traduction de LEMONNIER et les notes choisies de madame Dacier; par M***, professeur de l'Académie de Paris. *Paris, Aug. Delalain*, 1812, in-12, 1 fr. 60 c.

— Adelphes (les), comédie traduite en vers français (par M. MASSOT-DELAUNAY). *Paris, de l'impr. de Le Normant*, 1812, in-8.

Tiré à 30 exempl. seulement, mais réimprimée, en 1819, à la suite de la traduction, par le même, de l'*Eunuchus* de Térence (voy. plus bas).

—

— Andria comœdia à genere quolibet obscenitatis expurgata, scholis gallicis illustrata, quam subsequitur eadem Andriæ versibus gallicis exarata, editore J.-

S.-J.-F. Boinvilliers, ex instituto gallico Academiis Parisiensi, ad usum scholarum superiorum in Licæis et secundi ordinis gymnasiis. *Parisiis, Aug. Delalain*, 1806, in-12 de IX et 110 pag., 1 fr. 50 c.

La traduction française, en vers, placée à la suite de cette édition, est celle attribuée à Baron, revue et corr. par Boinvilliers.

— Andria comœdia expurgata; interpretatione ac notis illustravit Josephus Juvencius S. J. : nova editio prioribus emendatior. *Parisiis, Aug. Delalain*, 1812, in-12.

— Andria. Recensuit et variorum suisque notis illustravit L. Quicherat. *Parisiis, Hachette*, 1831, in-12.

— Andrienne (l'), comédie de Térence, traduite en français, et en cinq actes. Par Mich. Baron. (Nouv. édition). *Paris, Ribou*, 1704, in-12.

La prem. édition de cette traduction est de 1694.

— Andrienne (l'), comédie (en latin), d'après le texte de Jouvency, revu et corrigé sur les éditions de Brunck et de Bothe, avec la traduction de Lemonnier, et les notes choisies de madame Dacier; par M***, professeur de l'Académie de Paris. *Paris, A. Delalain*, 1812, in-12.

—

— Flatteur (le) parasite, comédie en trois actes, traduite par M. Massot-Delaunay. *Paris, de l'impr. de Le Normant*, 1819, in-8.

Tiré à 100 exempl. C'est la traduction en vers de l'*Eunuchus*. On trouve à la suite la traduction en vers des *Adelphes*, qui avait déjà été imprimée en 1812 sans nom d'auteur.

OEuvres.

— Publii Terentii Afri comœdiæ omninò expurgatæ : interpretatione ac notis illustravit Jos. Juvencius è societate Jesu. *Parisiis, Brocas*, 1727; — *Rothomagi*, 1771; —*Parisiis, J. Barbou*, 1777, in-12; —Nova editio, prioribus auctior et longè emendatior. *Parisiis, Delalain*, 1824, in-12; — *Parisiis, Maire-Nyon*, 1828, in-12, 3 fr.

— Publii Terentii Afri comœdiæ sex (curante Steph.-Andrea Philippe). *Parisiis, Mérigot*, 1753, 2 vol. in-12, ornés de figures de Gravelot, Loup et Mérigot, 12 à 14 fr., et sur pap. de Hollande, 15 à 18 fr.

A la fin du second volume, pag. 347—364, est un catalogue assez étendu des éditions de Térence. Ces deux volumes se joignent à la collection des Barbon.

— Comœdiæ VI ad fidem optim. cod. recensuit Brunck. *Basileæ, sumpt. Jacq. Decker*, 1797, gr. in-4, sur pap. anglais, 42 fr.

— Comœdiæ VI, novissime recognitæ, cum selecta varietate lectionum et perpetua annotatione. Accedit index latinitatis cum interpretatione. *Biponti*, 1779, 2 vol. in-8.

On regarde cette édition comme une des meilleures données par M. Exter.

— Eædem, denuò recognitæ et emendatæ. Accesserunt lectiones variæ præcipuæ, e loci è Menandro, Plauto et aliis. Curâ et studio J.-A. Amar. *Parisiis, Lefevre*, 1823, 2 vol. in-32, 7 fr.

Jolie édition, sortie des presses de P. Didot aîné, et qui fait partie de la collection intitulée : « Scriptores latini principes ».

— Eædem, ex optimarum editionum textu recensitæ, quas adnotatione perpetuâ, variis disquisitionibus et indice rerum locupletissimo illustravit N.-E. Lemaire. *Parisiis, N.-E. Lemaire*, 1827-29, 2 tomes en 3 vol. in-8, 35 fr.

Édition qui fait partie de la « Bibliotheca classica latina », publiée par l'éditeur.

— Comédies (les) de Térence, trad. en français par madame Dacier, avec le latin et des notes. *Rotterdam, Fritsch*, 1717, 3 vol. in-8, avec figures de B. Picart, 10 à 15 fr., et en gr. pap., dont les exempl. sont très-rares, 80 à 100 fr.; — *Amsterdam, Wetstein*, 1724, 3 vol. in-12; — Autre édition, avec le texte à côté. *Hambourg*, 1732, 3 vol. in-12, avec fig.

L'édition la plus recherchée de cette traduction est celle de 1717.

La première est de Paris, Thierry, 1688, 3 vol. in-12.

— Les mêmes, avec la traduction et les remarques de madame Dacier, et différentes leçons de Donat, Bentlei, etc. *Amsterdam*, 1747 (ou avec des titres datés de *Paris, Barbou*, 1768), 3 vol. in-12, fig., 8 à 10 fr.

— Les mêmes, de la même traduction, avec des notes françaises et des notes allemandes, par F.-I. Tholosan. *Leipzig*, 1781, in-8.

— Comédies (les) de Térence, traduction nouvelle, avec le texte et des notes à côté, par M. l'abbé Lemonnier. *Paris, Jombert*, 1771, 3 vol. in-8, fig., 30 à 36 fr.

Traduction la plus estimée; pap. fort, 36 à 40 fr., et plus cher en pap. de Hollande.

— Les mêmes, de la même traduction (corrigée pour les jeunes gens). *Paris, le même*, 1771, 3 vol. pet. in-8, 9 à 12 fr.

— Les mêmes, de la même traduction. *Dresde*, 1777, 2 vol. in-12.

— Les mêmes, traduction de l'abbé Lemonnier, adaptée au texte classique de Jouvency, avec des notes choisies de madame Dacier. (Latin-français). *Paris, Aug. Delalain*, 1812, 3 vol. in-12, 7 fr. 50.

— Térence, trad. par l'abbé Lemonnier, augmenté de dissertations, etc., par MM. Amaury Duval et Alex. Duval. *Paris, Chassériau*, 1820, 3 vol. in-8, 19 fr. 50 c., et sur gr. pap. vélin, 39 fr.

Édition qui fait partie du « Théâtre complet des latins », publié par MM. Duval.

— Comédies (les) de Térence; traduction de Lemonnier, revue, corrigée avec soin, et précédée d'un Essai sur la comédie latine, et en particulier sur Térence. Par M. Auger, de l'Académie française, avec le texte en regard et des notes. *Paris, de l'impr. de J. Didot aîné.—Janet et Cotelle*, 1825, 6 part. en 3 vol. in-18, 15 fr.

— Les mêmes, traduites en vers français (par H.-Gabr. Duchesne). *Paris, Duminil Lesueur*, 1806, 2 vol. in-8.

Duchesne a réuni dans cette collection trois comédies, traduites par lui, aux trois dont la traduction est due à Lafontaine et à Baron. Cette traduction n'a pas eu de succès.

— Les mêmes, traduites pour la première fois en vers français, avec le texte en regard; par B. Bergeron. *Gand, Houdin*, 1821, 3 vol. in-8, 15 fr.

— Les mêmes, traduction nouvelle, par M. J.-A. Amar. (Avec le texte). *Paris, Panckoucke*, 1830-31, 3 vol. in-8, 21 fr.

Cette traduction fait partie de la « Bibliothèque latine-française », publiée par le même libraire.

Extraits de Térence.

— Phrases et sentences tirées des comédies de Térence, avec un abrégé de sa vie (par Bridault). *Paris, Guérin frères*, 1745, in-12.

— Discours et Dissertations pour et contre l'Heautontimorumenos de Térence, par MM. Ménage et Hedelin. *Amsterdam*, 1715, in-8.

— Extrais de comédies de Térence, traduites à l'usage des élèves de l'École royale militaire. *Paris, Nyon*, 1778, in-12.

TERISSE (Fr.-Chr.). Voy Terrisse.

TERME (F.). — Retour (le) de la paix, dithyrambe. *Paris, de l'impr. de Setier*, 1814, in-8 de 4 pag.

TERME (G.), docteur en médecine, membre de l'Académie de Lyon.

— Considérations sur les secours publics aux indigents malades dans la ville de Lyon. *Lyon, de l'impr. de Perrin*, 1826, in-8 de 28 pag.

— Enfants trouvés. Discours de réception à l'Académie de Lyon. *Lyon, de l'impr. de Boitel*, 1836, in-8 de 16 pag.

— Histoire statistique et morale des enfants trouvés, suivie de cent tableaux. *Lyon, Savy, et Paris, Baillière*, 1838, in-8, 9 fr.

— Lettres (au nombre de trois) au Courrier de Lyon sur l'impôt progressif. *Lyon, de l'impr. de Rossary*, 1832, in-8 de 16 pages.

— Rapport médical et statistique sur le dépôt de mendicité de Lyon, présenté à la commission administrative. *Lyon, de l'impr. d'Idt*, 1830, in-8 de 16 pag.

— Rapport présenté à la Société d'agriculture du département du Rhône, sur les établissements formés par M. Poidebar, à St.-Alban, au nom d'une commission. Imprimé par ordre de la Société. *Lyon, de l'impr. de Barret*, 1823, in-8 de 16 pag.

— Recherches historiques et statistiques sur les enfans trouvés en Europe. *Lyon*, 1832, in-8, avec tableaux, 9 fr.

Avec le doct. Monfalcon.

TERMIER (François), de Chambéri, amateur fleuriste.

— Observations sur la culture des fleurs, et particulièrement sur celle des œillets, et des maladies auxquelles ils sont sujets. *Chambéri, Puthod*, 1816, in-12 de 56 pag.

TERMONVILLE (de), chasseur noble.

— * Troubadours (les) modernes, ou Amusements littéraires de l'armée de Condé. *Constance*, 1797, in-8.

TERNAUX (le baron Guillaume-Louis), célèbre manufacturier, né à Sedan (Ardennes), le 8 octobre 1763, était, à l'époque de la Révolution, membre du conseil municipal de sa ville natale; mais il fut obligé de s'enfuir pour échapper à une mise hors la loi par le tribunal révolutionnaire. A son retour en France, au commencement de ce siècle, il devint membre de la chambre du commerce de Paris, et du conseil-général des manufactures, dont il devint d'abord vice-président, et ensuite président. Après la restauration, que Ternaux accueillit avec joie, il devint colonel de la garde nationale, membre du conseil-général du département de la Seine, et de plusieurs comités ou commissions, entre autres du comité cantonal d'instruction publique et du jury assermenté, pour la répression de la contrebande dans l'intérieur; jury qui a défendu notre commerce et notre industrie contre l'invasion anglaise, et dont il fut le créateur, à l'époque où il était vice-président du conseil-général des manufactures; membre de la Société roy. et centrale d'agriculture et de celle pour l'amélioration de l'instruction élémentaire; député de la Seine de 1818 à 1823, et de nouveau de 1827 jusqu'après 1830; créé baron par Louis XVIII, en 1821. Mort le 2 avril 1833, à Saint-Ouen, où il vivait retiré des affaires, et entouré de la vénération publique.

Utilité publique.

— Considérations sur l'emprunt d'Haïti, adressées à M. le duc de La Rochefoucault-Liancourt. *Paris, les march. de nouv.*, 1825, in-8 de 48 pag.

— Discours prononcé à la séance générale de la Société pour l'enseignement élémentaire, le 5 avril 1826. *Paris, de l'impr. de Lachevardière*, 1826, in-8 de 8 pag.

Extrait du Journal des prisons.

— Discours prononcé le 4 avril 1827 à la séance de la Société pour l'amélioration de l'enseignement élémentaire. *Paris, de l'impr. de Fain*, 1827, in-8 de 8 pag.

— Essais sur la fabrication de la Polenta et du Ter-Oueu. *Paris, de l'impr. de Carpentier-Méricourt*, 1825, in-8 de 16 pag.

— Mémoire en faveur de la liberté du commerce contre les licences....

Mémoire cité par les auteurs de la « Biogr. univ. et portative des contemporains ». Ce Mémoire, plein de hardiesse, ajoutent ils, qui avait été agréé par les commissaires du conseil du commerce de Paris et des manufactures, dont l'auteur était membre, contrariat les intentions du gouvernement.

— Mémoire sur la conservation des grains dans les silos, ou Fosses souterraines d'après les expériences faites à Saint-Ouen, près Paris. *Paris, de l'impr. de Carpentier-Méricourt*, 1824, in-8 de 48 pag.

— Mémoire sur les expériences faites à Saint-Ouen, près Paris, pour la conservation des grains dans un silo ou fosse souterraine, et rapport fait à la Société d'encouragement, par M. Ternaux l'aîné. *Paris, de l'impr. de la veuve Porthmann*, 1821, in-8 de 64 pag., 1 fr. 25 c.

— Mémoire sur les moyens d'assurer les subsistances de la ville de Paris, par l'établissement d'une société de prévoyance. *Paris, de l'impr. de Ballard*, 1819, in-4 de 56 pag.— Autre édit. *Paris, de l'impr. de Dupont*, 1819, in-4 de 60 pag.

Cet écrit, qui fut soumis à Louis XVIII, trouva un grand nombre d'approbateurs. Mais des hommes, poussés par des sentiments d'intérêt et d'amour-propre, empêchèrent que ses vûes ne fussent adoptées.

— Notice sur l'amélioration des troupeaux de moutons de France. *Paris, madame Huzard; Sautelet*, 1827, in-8 de 64 pag., 1 fr.

Cette Notice s'est vendue au profit de la Société pour l'instruction élémentaire.

— Procès-verbaux des opérations relatives aux essais de conservation effectués avec des blés appartenant à l'administration des approvisionnements de Paris. *Paris, de l'impr. royale*, 1826, in-4.

— Vœu (le) d'un patriote sur les assignats. 1790, in-8.

Discours parlementaires.

— Lettre de M. Ternaux aîné .... à ses correspondants (et opinion sur le projet de loi des finances de 1821, recettes). *Paris, de l'impr. de Hacquart*, 1821, in-8 de 52 pag. — Sec. édition. *Paris, Corréard*, 1821, in-8 de 52 pag.

— Discours sur la loi relative aux finances. *Paris, Plancher*, 1822, in-8 de 12 pag.

— Opinion (son) sur le projet de loi des canaux. *Paris, de l'impr. de Chassaignon*, 1822, in-8 de 20 pag.

— Opinion (son) sur le projet de loi des finances pour l'exercice 1823. *Paris, de l'impr. de Chassaignon*, 1822, in-8 de 16 pag.

— Opinion (son) contre le rapport de la commission nommée pour examiner la proposition de M. de la Bourdonnaye, tendant à expulser M. Manuel. (M. de la Bourdonnaye, rapporteur). *Paris, Baudouin frères; Plancher*, 1823, in-8 de 8 pages, 75 c.

— Discours prononcé à la chambre des députés dans la séance du 13 mai 1828, sur le projet de loi relatif à l'emprunt de quatre-vingts millions. *Paris, de l'impr. de Pinard*, 1828, in-8 de 24 pag.

— Discours prononcé dans la séance du 4 juin 1829, à la chambre des députés, sur le budget des dépenses. *Paris, de l'impr. de Pinard*, 1829, in-8 de 20 pag.

— Discours prononcé dans la séance du 23

juin 1829, à la chambre des députés. Conservatoire, École d'arts et métiers. *Paris, de l'impr. de Pinard*, 1829, in-8 de 8 pages.

— Discours prononcé dans la séance du 14 juillet 1829, à la chambre des députés, sur le budget des recettes. *Paris, de l'impr. de Pinard*, 1829, in-8 de 8 pag.

Le baron Ternaux a prononcé à la Chambre des députés quelques autres discours qui n'ont été imprimés que dans les journaux, et entre autres les suivants : *sur la loi des élections*, 19 mai 1821 ; — *sur le budget du ministère de la guerre*, 18 mars 1822 ; — *sur les laines étrangères*, 29 avril 1830 ; — *sur le budget du ministère de la marine*, 25 juin 1831.

TERNAUX (Ed.), avocat à la Cour roy.

— Discours prononcé à l'ouverture des conférences des avocats, le 28 novembre 1835. *Paris, de l'impr. de Dezauche*, 1835, in-8 de 16 pag.

TERNAUX (H.), et plus tard Ternaux-Compans, secrétaire d'ambassade.

— Bibliothèque américaine, ou Catalogue des ouvrages relatifs à l'Amérique, qui ont paru depuis sa découverte jusqu'en l'an 1700. *Paris, Arth. Bertrand*, 1836, in-8 de 200 pag., 10 fr. 50 c., et sur format in-4, gr. pap., 20 fr. 50 c.

— Communeros (les). Chronique castillane du XVIe siècle, d'après l'histoire inédite de Pedro de Alcocer. *Paris, Paulin*, 1834, in-8, 6 fr.

— Lettre à M. le ministre de l'instruction publique, sur l'état actuel des bibliothèques publiques de Paris. *Paris, Delaunay*, 1837, in-8 de 32 pag.

— Voyages, Relations et Mémoires originaux pour servir à l'histoire de la découverte de l'Amérique ; publiés pour la première fois en français, par M. H. Ternaux-Compans. *Paris, Arth. Bertrand*, 1836-38, in-8.

La première série de cette collection a paru ; elle est composée des ouvrages suivants :

Tom. Ier, Narration du premier voyage de Nicolas Federmann le jeune, d'Ulm. Hagueneau, 1557. (1836), un vol., 6 fr.

Tom. II, Histoire de la province de Sancta-Cruz, par Pero de Magalhaens de Gandavo. Lisbonne, 1576. (1836), un vol., 4 fr. 50 c.

Tom. III, Histoire d'un pays situé dans le nouveau monde, nommé Amérique, par Hans Staden, de Homberg, en Hesse. Marbourg, 1557. (1836), un vol., 8 fr. 50 c.

Tome IV, Commentaires d'Alvar Nunez Cabeça de Vaca, adelantade et gouverneur de Rio de la Plata. Valladolid, 1555. (1838), un vol., 14 fr.

Tom. V, Relation véridique de la conquête du Pérou et de la province du Cuzco, nommée Nouvelle-Castille. Par François Xérès. Salamanque, 1547. (1838), un vol., 6 fr.

Tom. VI, Histoire véritable d'un voyage curieux fait par Ulrich Schmidel, de Straubing. Novembre 1599. (1838), in-8, 7 fr.

Tome VII, Relation et naufrages d'Alvar Nunez Cabeça de Vaca (Valladolid, 1555). 1838, un vol. 9 fr.

Tome VIII, Cruautés horribles des conquérants du Mexique. Mémoire de D. Fernando d'Alva Ixtilxochitl (Mexico, 1829). 1838, un vol., 10 fr.

Tome IX, Relation d'un voyage de Cibola, entrepris en 1540. Inédit. 1838, un vol., 12 fr.

Tome X, Recueil de pièces relatives à la conquête du Mexique. 1838, un vol., 14 fr.

TERNAY (Charles-Gabriel d'Arsac, marq. de), né le 2 juillet 1771, au château de ce nom, situé à deux lieues de London, fut successivement attaché à l'armée des princes français, à l'armée anglaise et au service de Portugal ; mort colonel à Port-Alègre, en Portugal, le 9 juillet 1813.

— Défense (de la) des États par les positions fortifiées. Revu et corr. sur les manuscrits de l'auteur ; par M. Mazé, professeur.... *Paris, Corréard*, 1836, in-8, 7 fr. 50 c.

— Traité de Tactique, revu, corrigé et augm. par Fréd. Koch, lieutenant-colonel major. (Précédé d'une Notice biogr. sur l'auteur, d'une préface de l'éditeur, et d'une Introduction). *Paris, Anselin*, 1832, 2 vol. in-8 et Atlas in-fol. de 19 planches doubles, 45 fr.

Comme tout ce qui est intelligible est à la portée de tous, nous dirons que la théorie de l'auteur est rationelle et méthodique. Dans son ouvrage, la tactique est restreinte aux marches et manœuvres : les marches s'exécutent loin de l'ennemi ou en sa présence ; les manœuvres comprennent la formation des ordres de bataille, sujet si long-temps controversé sans succès, et les batailles ; car aujourd'hui plus de chocs de corps armés sans manœuvres, à moins de vouloir ramener la guerre à son enfance, à une lutte de gladiateurs dans un cirque. La dialectique de l'auteur est serrée et concluante ; toutes les propositions y sont démontrées vigoureusement, et une vérité établie est toujours féconde en corollaires utiles. Toutes les parties de son ouvrage s'enchaînent et se lient : on sent qu'il est le fruit de longues réflexions. Les notes ajoutées par l'éditeur ajoutent encore au mérite du texte, qui est simple et d'une grande clarté ; tel, en un mot, qu'il convient à un ouvrage destiné aux écoles du haut enseignement militaire.

Ce que nous venons de dire du traité de M. de Ternay, indique assez qu'il n'est pas un ouvrage de circonstance, mais il paraît fort à propos.

Cet ouvrage se divise en deux parties : la première traite des marches, et la deuxième des manœuvres ; chacune de ces parties se subdivisent en autant de chapitres que comporte la matière.

(*Journal du commerce*, 24 nov. 1832).

TERNET (Claude), professeur ès mathématiques et arpenteur juré pour le roi au Chalonnais.

— Martyr (le) de la glorieuse sainte reine d'Alize, tragédie (en cinq actes et en vers). (Nouv. édit.). *Troyes, Oudot*, 1716, in-12.

Pièce très-souvent réimprimée dans le XVIIe siècle à Châtillon, à Troyes, à Dôle et à Paris. Les éditions postérieures à celle que nous citons sont de Châtillon, Philippe Marteret, 1722, 1734, in-8; et J. Thériot, 1752, in-8.

La première édition est de .... Une édition corrigée fut imprimée dès 1677, à Châtillon-sur-Seine, chez Laymeré, in-8.

TERNISIEN-D'HAUDRICOURT (F.).
— Fastes de la nation française et des puissances alliées, ou Tableaux pittoresques gravés par d'habiles artistes, accompagnés d'un texte explicatif, et destinés à perpétuer la mémoire des hauts faits militaires, des traits de vertus civiques, ainsi que des exploits des membres de la légion d'honneur; par TERNISIEN-D'HAUDRICOURT. *Paris, au bur. de l'auteur*, 1803-05, 17 livraisons en 68 cah. in-4, sur pap. vélin.

Cet ouvrage, aujourd'hui rare, a été publié par livraisons de quatre numéros (ou 12 planches). Il devait être composé de 22 livraisons, mais il n'en a été publié que 17. Les onze premières forment le premier volume. Le prix de souscription pour chaque livraison était: sur beau pap. colombier, 10 fr.; sur pap. vélin en noir, 12 fr.: vélin colorié, 21 fr.; vélin avant la lettre, 24 fr.

Toutes les livraisons ne portent pas le même titre: la première (de 12 pl.) a paru sous celui de *Fastes du peuple français*.

— Fastes militaires des Français, par une société de militaires, de gens de lettres et d'artistes. Campagnes de l'armée de réserve en l'an VIII (1800) sous les ordres de Napoléon, empereur des Français. Première livraison. *Paris, Gide*, ..., in-fol. de 6 planches.

Nous ignorons s'il en a paru davantage que cette livraison.

TERODAK, aut. dram. Voy. (aux Additions et Corrections) CADORET.

TÉRON l'aîné (Jean), maître de mathématiques à Genève, sa patrie.
— Calculs pour la conversion des monnaies de France et de Genève. *Genève*, 1785, in-fol.
— Changes et arbitrages de Genève, Bâle et Lausanne: précédés d'une Instruction sur les règles de trois et conjointe, et suivis des divers arbitrages de marchandises de quelques ordres de spéculations en changes, etc. *Genève*, 1795, 4 vol. gr. in-8. — Sec. édition. *Genève*, 1806, 2 vol. in-8.
— Instruction sur le système des mesures et poids uniformes pour toute la République française. *Genève*, 1802, in-8.
— * Lettre à l'auteur des Réflexions sur le projet de réforme pour le collége de Genève. *Genève*, 1774, in-8.
— Mémorial du commerçant. *Genève*, 1806, in-8.
— * Système de mesures et de poids uniformes pour la république française. *Genève*, an X (1802), in-8.
— Tarif du pays de Vaud, ou Comptes faits, etc. *Neufchâtel*, 1771, in-8.
— Traité de l'escompte. *Genève*, 1813, in-4.
— Traité de l'intérêt simple et composé et de l'escompte, précédé d'un Précis d'arithmétique décimale, et d'une instruction sur les règles de trois et conjointe. *Genève, l'Auteur; Luc Sestié*, 1812, in-4, 7 fr. 50 c.

TÉROND (Fr.), né en 1639, mort en 1720.
— Essai d'une nouvelle traduction des Pseaumes en vers, avec quelques cantiques. Par M. T. *Amsterdam*, 1715, in-8; — *La Haye*, 1721, in-12.

TERQUEM (Olry), doct. ès-sciences, officier de l'Université, membre de l'Académie de Metz, professeur de mathématiques aux écoles royales et bibliothécaire du dépôt central d'artillerie; né à Metz, en juillet 1782.
— Manuel d'Algèbre, ou Exposition élémentaire des principes de cette science, à l'usage des personnes privées des secours d'un maître. *Paris, Roret*, 1827, in-18, 3 fr. 50 c. — Sec. édition, revue et corr. *Paris, Roret*, 1834, in-18, 3 fr. 50 c.
— Manuel de Géométrie, ou Exposition élémentaire des principes de cette science, comprenant les deux trigonométries, la théorie des projections, etc., à l'usage des personnes privées des secours d'un maître. *Paris, Roret*, 1828, in-18, 3 fr. 50 c. — Sec. édition, corrigée et simplifiée. *Paris, Roret*, 1835, in-18, 3 fr. 50 c.
— Manuel de mécanique, ou Exposition élémentaire des lois de l'équilibre et du mouvement des corps solides, à l'usage des personnes privées des secours d'un maître. *Paris, Roret*, 1828, in-18, 3 fr. 50 c. — Deuxième édition, revue, corr. et simplifiée. *Paris, le même*, 1835, in-18, 3 fr. 50 c.
— * Mémoire sur les grandes routes, les chemins de fer et les canaux de navigation, trad. de l'allem. (1827). Voy. F. de GERSTNER.
— Nouvelles expériences d'artillerie, faites pendant les années 1787, 1788, 1789 et

1791, etc. Seconde partie. Trad. de l'angl. (1826). Voy. Ch. Hutton.

M. Terquem a été, en outre, l'un des collaborateurs du Bulletin des sciences mathématiques, publié par le baron de Férussac; il est auteur de plusieurs articles insérés dans la Correspondance sur l'École polytechnique de M Hachette, dans le Journal de mathématiques de M. Liouville, et dans le Mémorial de l'artillerie.

Nous savons que depuis long-temps M. Terquem rassemble des matériaux pour une *Bibliographie critique et raisonnée des sciences militaires*, et qu'il a en portefeuille un *Commentaire perpétuel et historique* sur la Mécanique céleste de Laplace, avec les principaux travaux des géomètres depuis la publication du dernier volume de cet ouvrage.

TERR (J.-L.-F.). — Hygie, ou l'Art de se bien porter; poëme en VI chants, et en vers familiers de huit syllabes; suivi d'un Esquisse du temple d'Hygie. *Paris, Allut*, 1807, in-12 de VIII et 172 pages, 1 fr. 25 c.

TERRAS (J.-P.), docteur en chirurgie, peut-être le même que Pierre Teras (voy. plus haut).
—Traité pratique de la maladie vénérienne ou syphilitique, avec des remarques et observations. *Genève, et Paris, Paschoud*, 1810, in-8 de 576 pages, 6 fr. 50 c.

TERRASSE. — Ode au roi de Rome. *Paris, Demonville*, 1811, in-4 de 8 pag.

TERRASSE (P...), peut-être le même que le suivant.
— Liberté (la), ode. 1799, in-12.

TERRASSE DES MAREILLES, alors officier de la chambre de la reine.
— Ode sur la mort héroïque du duc Léopold de Brunswick, qui a remporté le prix extraordinaire, proposé au jugement de l'Académie française. *Paris, Didot l'aîné*, 1787, in-8.

TERRASSON (Matthieu), escuyer, avocat au parlement; né à Lyon, le 13 août 1669, mort à Paris, le 30 septembre 1734.
— OEuvres (ses), contenant plusieurs discours, plaidoyers, mémoires et consultations (publiées par Ant. Terrasson, son fils). *Paris, Jean de Nully*, 1737, in-4.

Trois de ses Mémoires, précédés d'une notice signée D., ont été insérés dans le tome II des Annales du barreau français.

Terrasson a travaillé au Journal des savants, depuis février 1706 jusqu'au 16 novembre 1713.

On lui doit encore les Additions et Observations sur les Œuvres de M. Claude Heurys, de la Ve édition, Paris, Emery, 1735.

TERRASSON (Antoine), fils du précédent, écuyer, avocat au parlement et professeur royal en droit canon, censeur royal et ancien vice-chancelier de Dombes; né à Paris, le 1er novembre 1705, mort le 30 octobre 1782.
— Abrégé de l'Histoire de la jurisprudence romaine, pour servir d'introduction à l'étude du droit romain, de M. A. Terrasson. Par J.-J. Fuzier. *Béziers, de l'impr. de J.-J. Fuzier*, 1824, in-8.
—* Dissertation historique sur la Vielle. *Paris*, 1741, in-12.

Réimprimée dans les Mélanges de l'auteur. *Barb.*

— Histoire de la jurisprudence romaine, pour servir d'introduction à l'étude du « Cours de droit civil », à la lecture des « Commentateurs du droit romain, et à l'ouvrage intitulé : « les Lois civiles dans leur ordre naturel ». *Lyon, et Paris*, 1750, in-fol., 10 à 15 fr. — Nouv. édition. *Toulouse, Corne*, 1824, in-4.
— Histoire de l'emplacement de l'ancien hôtel de Soissons. *Paris, veuve Simon et fils*, 1771, in-4.
— Mélanges d'histoire, de littérature, de jurisprudence littéraire et de critique. *Paris, veuve Simon et fils*, 1768, in-12.
— Réfutation d'un Mémoire prétendu historique et critique (de Bucquet) sur la topographie de Paris. 1772, in-4.

L'ouvrage de Cés. Bucquet est intitulé : Mémoire historique et critique sur la topographie de Paris, où l'on fait la critique de l'Histoire de l'emplacement de l'ancien hôtel de Soissons. Paris, Lottin l'aîné, 1771, in-4 de 384 pag.

Ant. Terrasson a été, en outre, l'éditeur des Œuvres de son père (voy. l'article précédent).

TERRASSON (l'abbé Jean), philosophe pratique, professeur de philosophie grecque et latine au collége de France, en 1721, membre de l'Académie royale des sciences, dès 1707, et de l'Académie française, en 1732; né à Lyon, en 1670, mort à Paris, le 15 septembre 1750.
— Dissertation critique sur l'Iliade d'Homère, où, à l'occasion de ce poëme, on cherche les règles d'une poétique fondée sur la raison et sur les exemples des anciens et des modernes. *Paris, Ant.-Urb. Coustellier*, 1715, 2 vol. in-12. — Addition à cette Dissertation. 1716, in-12.

L'Addition est en réponse aux déclamations de Dacier.

— Histoire universelle, traduite du grec (1737). Voy. Diodore de Sicile.
— * Lettres (trois) (écrites par l'abbé Terrasson), sur le nouveau système des finances. *Paris*, 1720, in-4.

Ces Lettres ont été réimprimées en leur entier, et avec des notes curieuses, dans le tome XII des « Nouvelles littéraires de l'ex-jésuite du Sauzet ».

— * Mémoire pour justifier la compagnie des Indes contre la censure des casuites qui la condamnent. (1720), in-12.

— Philosophie applicable à tous les objets de l'esprit et de la raison, par l'abbé TERRASSON, avec des réflexions par M. D'ALEMBERT. *Paris, Prault*, 1754, in-8.

— * Séthos, histoire ou vie tirée des monuments anecdotes de l'ancienne Égypte, traduite d'un manuscrit grec. *Paris, Guérin*, 1731, 3 vol. in-12, 9 à 10 fr. (bonne édition); ou *Paris, Desaint*, 1767, 2 vol. in-12, 6 fr.; — et *Paris*, an III (1794), 2 vol. in-8, sur mauv. pap.

— Le même ouvrage. Nouv. édition, revue, corr. et précédée d'une Notice historique et littéraire sur la vie et les ouvrages de l'abbé Terrasson. *Paris, d'Hautel*, 1813, 6 vol. in-18, 9 fr.

Lorsque cet ouvrage fut publié pour la première fois, un anonyme (le P. Routh) en donna une critique qui a paru sous ce titre : Relation fidèle des troubles arrivés dans l'empire de Pluton, au sujet de l'histoire de Séthos, en quatre lettres écrites des Champs-Élysées. Amsterdam, Wetstein, in-12.

TERRASSON (le P. André), prêtre de l'Oratoire, frère du précédent, prédicateur; né à Lyon, mort à Paris, le 25 avril 1723.

— Sermons pour le carême et autre temps de l'année (publiés par le P. GAICHIÈS). *Paris, F. Babuty*, 1726, et 1736, 4 vol. in-12.

« Son éloquence est simple, noble, forte et naturelle; il plaît d'autant plus qu'il ne cherche point à plaire. Dans ses pensees et dans ses expressions, on ne trouve jamais rien qui ne réponde à la majesté du sujet qu'il traite »,

TERRASSON (le P. Gaspard), oratorien, frère des précédents, célèbre prédicateur; né à Lyon, le 5 octobre 1680, mort à Paris, le 2 janvier 1752.

— * Lettres à un ecclésiastique sur la justice chrétienne. 1733, in-12.

— * Sermons (nouveaux) d'un prédicateur célèbre. Tome Ier (et unique). *Utrecht*, 1733, ou 1739, in-12.

Ces sermons sont différents des véritables, les suivants. Ce fut pourtant le P. Terrasson qui les fit imprimer.

— Sermons (ses). *Paris, Didot*, 1749, 4 vol. in-12.

« Les trois premiers volumes contiennent vingt-neuf discours pour le Carême, et le quatrième contient des sermons détachés, trois *Panégyriques* et l'*Oraison funèbre du grand Dauphin*. Tous ces discours peuvent tenir un rang distingué parmi les ouvrages des meilleurs prédicateurs. Ils sont surtout recommandables par la noble simplicité de l'éloquence avec laquelle les vérités les plus sublimes et les plus frappantes y sont exprimées et développées. Il y en a quelques-uns à qui l'auteur aurait sans doute donné un nouveau degré de perfection, si les infirmités qui lui survinrent dans les dernières années de sa vie ne l'en avaient empêché ».

TERRASSON, de Lyon. — Manuel du banquier, contenant le tableau général du pair intrinsèque des échanges des principales places de l'Europe entre elles, par les monnaies d'or et d'argent, etc. *Lyon, Ballanche père et fils*, 1800, in-4.

TERRASSON. — Roi (le) ne doit pas accepter la constitution adoptée par le sénat, vérité démontrée par un ancien jurisconsulte. *Paris, Dentu*, 1814, in-8 de 24 pag.

TERRASSON (Henri), poëte; né à Aix (Bouches-du-Rhône).

— Art (l') poétique d'HORACE, trad. (en vers), avec le texte et des remarques. *Marseille, de l'impr. de Ricard. — Paris, Durey*, 1819, très-petit in-8 de 72 pag.

Le faux-titre porte : *OEuvres de Henri Terrasson; Art poétique d'Horace en vers français.*

Cet essai, dit une biographie, se ressent de la jeunesse de l'auteur.

— Enfer (l'), poëme de DANTE ALIGHIÉRI, trad. en vers français, avec des notes; suivi de traductions, imitations et poésies diverses. *Paris, Pillet*, 1817, in-8, 6 fr.

« Cette traduction est passée inaperçue dans le monde littéraire. Il a manqué à l'auteur pour réussir une connaissance plus approfondie de l'idiôme italien du treizième siècle, de l'originalité et une vigueur d'expression qui n'est pas dans la nature de son esprit ». (*Biogr. des Bouches-du-Rhône*).

— Génie du théâtre grec primitif, ou Essai d'imitations d'Eschyle en vers français. *Marseille, Ricard, et Paris, Delaunay*, 1817, in-8.

Ce volume contient des fragments traduits en vers des sept tragédies d'Eschyle.

— Italie (l') poétique. Le génie de l'indépendance. Dithyrambes. *Marseille, Camoin frères; et Paris, Delaunay, etc.*, 1821, in-8 de 8 pages.

— Louis XVI, ode. *Paris, Pillet aîné*, 1820, in-8 de 16 pag.

— Mort (la) de saint Louis, poëme, suivi d'une Épître à un ami sur la poésie moderne, et de la Veillée du poëte, ode. *Aix, de l'impr. de Pontier*, 1823, in-8 de 24 pag.

— Mort (la) du duc de Berri, ode. *Marseille, Camoin frères; et Paris, Pillet aîné*, 1820, in-8 de 4 pag.
— Odes. *Marseille, de l'impr. de Ricard.* — *Paris, Durey*, 1819, in-8 de 16 pag.

TERRASSON.

L'un des rédacteurs du Journal d'agriculture du Midi, qui a commencé à paraître à Marseille, en juillet 1824.

TERRASSON-DUVERNO, de Marseille.
— * Marins (les) du midi, comédie en un acte (en vers), mêlée de couplets analogues au sujet, langage provençal. Par un citoyen de Marseille. *Gap, J. Allier*, s. d., in-8.

TERRAY. — Observations sur les manufactures d'étoffes d'or, d'argent et de soie de la ville de Lyon. *Lyon*, 1789, in-8.

Avec M. PAVY fils.

TERREBASSE (Louis-Alfred-JACQUIER DE), historien et biographe, député de l'Isère en 1834, et réélu en 1837; né le 16 décembre 1801, à Lyon, d'une famille originaire du Dauphiné.
— * Bayart à Lyon, 1490-91. Comment le bon chevalier s'appareilla et s'accoustra au crédit de son oncle l'abbé d'Ainay. (L'oncle est ottroye par nature thresorier à nepveu.) P. L. A. J. T. *A Lion sur le Rosne, Barret*, 1829, in-8.

Ce morceau, inséré dans le tome XI des Archives historiques et statistiques du Rhône, n'est qu'un extrait de l'histoire suivante, mais revu et augmenté de quelques notes. Il en a été tiré à part, 25 exempl. sous le titre que nous venons de donner.

— Histoire de Pierre Terrail, seigneur de Bayart, dit le bon chevalier sans peur et sans reproche; suivie de recherches généalogiques, pièces et lettres inédites. Avec cette épigraphe :

Muchos grisones y pocos bayardos.
(Anc. prov. esp.)

Paris, Ladvocat, 1828, in-8, 7 fr. 50 c.
— III° édit., revue et augmentée, ornée du portrait de Bayart et de deux gravures d'après les dessins de P. Revoil. *Lyon, Théod. Laurent*, 1832, un fort vol. in-8.

Indépendamment du papier ordinaire, il en a été tiré 2 exemplaires sur papier jaune, 2 sur papier gris, 9 sur papier vélin blanc, ornés d'une dédicace et d'un frontispice gothique qui ne se trouvent pas dans les exemplaires ordinaires.

« Ce serait faire un bien faible éloge de cet ouvrage que de se borner à dire qu'il est supérieur « à tous ceux qu'on a publiés sur la vie de l'un des « plus grands capitaines dont la France s'honore, « et qu'il a justement fait oublier l'histoire inexacte, incomplète et mal écrite qu'en avait « donnée Güiart de Berville. On ne peut bien connaître Bayart que dans la nouvelle et intéressante histoire que nous devons à M. de Terrebasse. »

— La même Histoire (à l'usage de la jeunesse). Avec cette épigraphe :

O utinam Baïardos Gallia multos! Step DOLET.

Lyon, Laurent, 1831, in-12.
— Tombeau (le) de Narcissa...

Morceau inséré dans la Revue de Paris, tome XXXVII, pag. 176, reproduit dans le Cabinet de lecture, le Courrier de Lyon et tiré à part à 25 exemplaires. Lyon, Rossary, 1832.

— *Une larme à la mort de Napoléon. Avec cette épigraphe :

Plura bella gessit, quam ceteri legerunt.
CICÉRON.

Paris, F. Plée, 1821, in-8 de 8 pag.

Cultivant les lettres par goût, en amateur éclairé, et sans aucun but d'ambition, M. de Terrebasse doit à l'indépendance de sa fortune et de sa position sociale, le rare avantage de choisir le genre de ses travaux littéraires, et de s'y livrer à son loisir et à sa volonté.

Indépendamment de l'ouvrage principal et des opuscules que nous venons de citer, M. de Terrebasse est encore auteur de quelques articles imprimés dans la Revue de Paris et les Archives historiques de Lyon.

M. de Terrebasse a aussi publié, comme éditeur, l'Histoire de Palanus, comte de Lyon, mise en lumière d'après le manuscrit de la bibliothèque de l'Arsenal (Lyon, L. Perrin, 1833, in-8, avec un double titre gothique, volume tiré à 120 exemplaires numérotés; — l'Histoire du chevalier Paris et de la belle Vienne. Nouv. édition, publiée d'après les manuscrits de la Bibliothèque royale. Paris, Crozet, 1835, in-8, orné de vignettes sur bois, fleurons, lettres grises, volume tiré à 120 exempl. numérotés.

Une biographie récente dit que M. de Terrebasse prépare une *Biographie Dauphinoise*, accompagnée d'extraits et de citations.

TERREDE, docteur-médecin de la ville de l'Aigle, en Normandie.
— Examen analytique des eaux minérales des environ de l'Aigle, en Normandie, avec leurs propriétés dans les maladies. 1776, in-12.

TERREN...., de l'Isère.
— Correspondance médicale de plusieurs Indiens, ou petite Excursion dans l'empire de la médecine et des sciences qui y ont rapport. *Paris, Allut*, 1806, in-12.

TERRENEUVE (F.). — Grenoble et Lyon; l'Isère et le Rhône. *Paris, Plancher*, 1818, in-8.

TERREUX (le doct. L.). — Mémoire et observations cliniques sur la maladie de poitrine chez les enfants. *Paris, Baillière*, 1828, in-8, 2 fr.

TERRIC-HAMILTON, secrétaire interprète de l'ambassade anglaise à Constantinople.
— Antar, roman bédouin, imité de l'anglais. *Paris, Arth. Bertrand*, 1819, 3 vol. in-12, 7 fr. 50 c.

L'original de ce roman a trente et quelques cahiers, que la Bibliothèque impériale de Vienne possède, relié en 7 vol. in-fol. Deux extraits en ont été faits ; l'un est dû à M. Hammer, et l'autre à un Arabe même : ce dernier a élagué tout ce qu'il a jugé ne pouvoir intéresser les Arabes. M. Hamilton, ayant fait à Constantinople la connaissance de l'abbréviateur arabe, fit une traduction anglaise de cet extrait, qui a été traduit en français sur cette version. M. Hammer, dans son extrait (en français), s'est, au contraire, attaché à ne donner que ce qui peut faire connaître les mœurs des Arabes aux Européens, et a dégagé ce roman, dont le fond est pourtant resté le même, des localités qui ne pouvaient intéresser les indigènes. La version inédite de M. Hammer forme 4 vol. in-8.

TERRIEN, à Bancigny (Aisne).
— Traité d'arithmétique démontrée, contenant le calcul décimal comparé au calcul des nombres complexes, etc. *Bancigny, l'Auteur*, 1834, in-8.

TERRIEN (C.). — Manuel du baccalauréat ès-lettres. Études d'histoire. Réponses à toutes les questions d'histoire proposées par la commission des lettres de l'académie de Rennes. Extraites des écrivains modernes les plus célèbres, arrangées et mises dans l'ordre du programme de la commission. *Rennes, Blin*, 1836, in-8.

TERRIER (Jacques), médecin breveté des armées.
— Histoire des maladies de l'armée des Pyrénées occidentales. *Bordeaux*, 1801, in-8 de 484 pag.
— Médecine pratique de Max. Stoll, ouvrage traduit du latin, et augm. de la Matière médicale du même auteur (1793). Voy. Stoll.

TERRIER (F.), D. M. P., à Paris.
— Epilepsie (de l'), de l'hystérie, ou Attaque de nerfs, et d'une nouvelle médication de ces maladies. *Paris, l'Auteur*, 1838, in-8 de 24 pag.
— Observation d'un abcès par congestion, avec carie de la partie antérieure de la colonne vertébrale, etc., pour servir à l'histoire de ce mode de lésion, et faire suite aux expériences sur l'emploi de l'extrait de camomille et de l'acide nitrique. *Paris, Allut*, 1809, in-8, 1 fr.

TERRIER, propriétaire à Lyon.
— Ostracisme administratif. *Lyon, Brunet*, 1829, in-4 de 32 pag.

TERRIER (Thomas), auteur dramatique.
— Dix ans de la vie d'une femme, ou les Mauvais conseils, drame en cinq actes et en neuf tableaux. *Paris, J.-N. Barba*, 1832, in-8, 4 fr.

Avec M. Scribe, de l'Académie française.
Cette pièce a été réimprimée en 1834 pour la France dramatique.

— Une loi anglaise. Comédie-vaudeville en deux actes. *Paris, de l'impr. de Mevrel*, 1836, in-8.

Avec M. Fournier.

TERRIER DE CLÉRON (Joseph), président de la chambre des comptes de Dôle ; né à Besançon.
— Discours prononcés à la chambre des comptes à Dôle. 1754, 1755, in-4.
— * Histoire allégorique de ce qui s'est passé de plus remarquable à Besançon depuis 1756, par M. T. D. C. *Besançon*, 1759, in-12.
— * Histoire de Louis Mandrin, depuis sa naissance jusqu'à sa mort, avec un détail de ses cruautés, de ses brigandages, et de son supplice. *Chambéri, Gorrin; et Paris, Delormel*, 1755, in-12.

Il existe une autre « Histoire de Mandrin », de même date et de même format, qui est due à l'abbé Regley.
L'Histoire de Mandrin a été souvent réimprimée dans le format in-18 : ces réimpressions se vendent à un très-vil prix.

— Propriétés (les) du bois de frêne. 1756, in-8.

TERRIN (Claude), antiquaire, conseiller au présidial d'Arles.
— Vénus (la) et l'obélisque d'Arles. *Arles, Jacq. Gaudion*, 1680, in-12.

Le Journal de Trévoux, ann. 1711, renferme de Terrin les deux dissertations suivantes : sur une colonne antique élevée par la ville d'Arles, à l'honneur de l'empereur Constantin ; sur une médaille des Macédoniens, lettre écrite à M. le Bret. — La Bibliothèque royale possède le manuscrit d'une troisième dissertation sur un sujet assez original, sur le Dieu Pet, divinisé par les Égyptiens.

TERRIN (J.-C.). — Précis de l'histoire de Provence. *Aix, Pardigon; et Paris, Hachette*, 1836, in-12.

TERRISSE (François-Christophe), docteur de Sorbonne, abbé de Saint-Victor en Caux; chanoine et doyen de l'église métropolitaine de Rouen; vicaire-général de l'archevêque de Rouen, et président de la chambre ecclésiastique; né à Nantes, le 19 novembre 1704, mort vers 1780.
— * Lettre sur la présence réelle de Notre-Seigneur Jésus-Christ dans l'Eucharistie....
— * Mémoire historique sur les marbres employés à la décoration de l'entrée du chœur de l'église de Rouen. *Rouen*, 1777, in-4.
—Mémoire pour les doyen, chanoines et chapitre de l'église de Rouen, contre les curés de la même ville. *Rouen*, 1760, in-4.
—Défense des droits de l'église de Rouen, pour servir de réplique au Mémoire des curés de Rouen. *Rouen*, 1761, in-4.
— Mémoire sur l'origine de l'abbaye de Saint-Victor en Caux, et les droits prétendus sur elle par l'abbaye de Saint-Ouen de Rouen. (*Rouen*), 1742, in-4. — Justification de ce Mémoire. *Rouen*, 1743, in-4.

Les notes qui se trouvent au bas des pages sont de l'abbé Saas.

— Mémoires (quatre) sur la question : Si un religieux de l'ordre de Cîteaux est apte et idoine de posséder un bénéfice de l'ordre de Saint-Benoît; avec des recherches historiques sur la fondation, les droits et les caractères distinctifs des principaux ordres religieux. 1753-54-55, in-4.

TERSAN (Charles-Philippe Campion, abbé de), célèbre antiquaire français; né à Marseille, en 1736, mort dans la même ville, le 11 mai 1819.
— * Catalogue des médailles antiques et modernes, en or, en argent, etc., du cabinet de M. d'Ennery. *Paris*, *Didot le jeune*, 1788, in-4.

Avec MM. Gosselin et Romé de Lille.
L'abbé de Tersan avait lui-même formé une collection précieuse d'antiquités : elle était la plus considérable et la plus belle de Paris. On en a publié le catalogue lorsqu'après la mort du propriétaire il fut question de la vendre : ce catalogue est précédé d'une courte notice sur l'abbé de Tersan par Grivaud.

TERSAN (C.-S.). — Abbaye (l') de Montluçon, ou les Moines du quatorzième siècle. *Paris*, *Artaud*, 1802, in-12, avec une figure, 2 fr.

TERSON, officier hollandais. Voy. Polybe.

TERSON, prêtre catholique, ensuite saint-simonien.
— Cri (le) du peuple. *Lyon*, *Babeuf*; *madame Dorval*; *et Paris*, *Pesron*, 1835, in-8 de 80 pag., 1 fr. 75 c.
— Fin et renouvellement, ou Dialogues sur la politique, la religion et la morale. *Lyon*, *Baron*; *et Paris*, *Desessart*; *Babeuf*, 1836-37, in-8, 4 fr.

Ce volume a été publié en huit livraisons, chacune de 48 pages. C'est le premier volume d'un ouvrage qui devait avoir plus d'étendue.

— Un saint-simonien au peuple de Lyon, à l'occasion des événements d'avril 1834. *Lyon*, *madame Dorval*, 1834, in-8 de 12 pages.

TERSTEEGEN (Gerh.). — Brueder-liches lehre trost ermahnungs-schreiben an einige erweckte seelen (Instruction et exhortation fraternelle). *Colmar*, *gedr. bey Decker*, 1826, in-12 de 24 pag.

TERTRE. Voy. Du Tertre et Le Tertre.

TERTULLIEN (Quintus-Septimius-Florens Tertulianus), père de l'Église qui florissait dans le troisième siècle, était prêtre de Carthage, et fils d'un centenier dans la milice sous le proconsul d'Afrique.
— Apologétique de Tertullien, ou Deffense des chrestiens contre les accusations des gentils, traduite en français par Louis Giry, avec le texte latin à côté; édition augmentée d'une Dissertation critique touchant Tertullien et ses ouvrages (tiré du latin, de Pierre Allix). *Amsterdam*, *Thom. Lombrail*, 1701, in-8.

La première édition de cette traduction est de Paris, 1636, in-8.

— Apologétique de Tertullien, ou Deffense des premiers chrestiens contre les calomnies des gentils, traduite en français, avec des notes pour l'éclaircissement des faits et des matières; par J.-B. Vassoult. *Paris*, *Jacq. Collombat*, 1714, in-4. — *Paris*, 1715, in-12.
—Apologétique (l') et les Prescriptions de Tertullien; nouvelle édition, revue et corrigée, avec la traduction et des remarques, par l'abbé de Gourcy. *Paris*, 1780, in-12.
— Autre édition, avec le texte. *Avignon*, *Seguin aîné*, 1833, in-12.

Cet ouvrage se trouve aussi dans le suivant : *Suite des anciens Apologistes de la religion chrétienne*, etc., traduits et analysés par l'abbé de Gourcy, 2 vol. in-8.

— Les mêmes ouvrages, de la même traduction. Nouv. édition, revue et corrigée suivie de l'Octavius de MINUCIUS FELIX, traduction nouvelle (par M. Ant. PÉRICAUD, de l'Académie roy. de Lyon), avec le texte en regard et des notes. *Lyon, Janon, et Paris, veuve Nyon*, 1823, in-8, 4 fr.

Il a été tiré séparément quelques exemplaires de l'Octavius qui n'ont pas été destinés au commerce.

Il y a des exemplaires avec un nouveau titre, portant pour adresse de libraire celle de Mequignon-Havard, et la date de 1828.

— Apologétique de Tertullien, trad. par l'abbé MEUNIER, et publ. par A.-H. DAMPMARTIN. *Paris, Hubert*, 1822, in-12, 3 fr.

— Apologétique de Tertullien. Nouvelle traduction, précédée de l'examen des traductions antérieures, d'une Introduction où l'on tâche de développer le génie de Tertullien en le comparant aux grands orateurs d'Athènes et de Rome, accompagnée du texte en regard, revu sur les meilleures éditions; suivie de variantes et de commentaires. Par l'abbé Jos.-Fel. ALLARD (mort en 1831). *Paris, Dondey-Dupré*, 1827, in-8, 6 fr.

— Prescriptions (des) contre les hérétiques, avec des remarques par le P. BOUHOURS. *Paris, Mercier*, 1729, in-12.

— Traité sur l'ornement des femmes, les spectacles, le baptême et la patience, avec une Lettre aux martyrs; traduits en français par le sieur CHAUBERT. *Paris, Rollin*, 1733, in-12.

—Tertullien. Sur les spectacles. Analysé et traduit par A.-B. CAILLAU. *Paris, Adr. Leclère*, 1835, in-8 de 16 pag.

Les *Poésies* attribuées à Tertullien ont été réimprimées, il y a une douzaine d'années, dans le quatrième volume d'une collection intitulé : « Poetæ ecclesiastici ». (Cambrai, 1825, in-12).

La traduction de vingt-trois petits traités de Tertullien a été insérée, par M. Buchon, dans un volume du Panthéon littéraire, qui porte pour titre : « Choix de monuments primitifs de l'Église chrétienne », publié en 1837.

— Tertulliani opera, libri IX. Editio nova, à Nicolas RIGALTIO. *Parisiis, Rob. Stephanus*, 1728, in-8.

La première édition donnée par Rigault, est de Paris, 1664, in-fol.

« L'Apologétique de Tertullien a toujours passé pour un chef-d'œuvre d'éloquence et d'érudition. Les critiques disent que son élocution est un peu dure; ses expressions obscures, ses raisonnements quelquefois embarrassés, mais qu'il brille dans tout ce qu'il écrit, une noblesse, une vivacité et une force qu'on ne peut s'empêcher d'admirer. Après avoir confondu les hérétiques de son siècle, et soumis par l'autorité de ses raisonnements un assez grand nombre d'entre eux à l'empire des véritables doctrines, ce grand homme s'égara lui-même dans de fatales erreurs. Les ouvrages qu'il a publiés depuis cette seconde époque sont justement repoussés par l'Église, dont il avait été si longtemps le défenseur, et dont il mourut l'ennemi. »

TERVENUS (Charles-François de), docteur en théologie, curé de Saint-Roch, à Nanci; mort vers 1758.

— Lettre au sieur Definoi, gentilhomme converti, contenant deux preuves particulières de la présence réelle. 1736, in-12.

— Traité du bonheur d'une chanoinesse qui remplit ses devoirs. 1736, in-12.

TESNIÈRE, député de la Charente.

— Canal de jonction de la Dordogne à la Loire, à l'aide de la Dronne, de la Charente et du Clain, par Angoulême et Poitiers. *Angoulême, de l'impr. de Texier-Trémeau*, 1838, in-8 de 72 pag.

TESSÉ (René FROULLAY, maréchal de).

— Mémoires et Lettres du maréchal de Tessé, contenant des anecdotes et des faits historiques inconnus sur partie des règnes de Louis XIV et de Louis XV. (Publiés par le gén. GRIMOARD). *Paris, Treuttel et Wurtz*, 1806, 2 vol. in-8, 9 fr., et sur pap. vélin superfin, 18 fr.

TESSEREAU (Abraham), protestant de de la Rochelle, conseiller secrétaire du roi, retiré en Hollande à cause de sa religion; il mourut à Rotterdam vers l'an 1691.

— Histoire chronologique de la grande chancellerie de France, contenant son origine, l'estat de ses officiers, leurs noms, fonctions, priviléges, prérogatives, droits et réglements : ensemble l'établissement et les réglements des autres chancelleries du royaume. Le tout tiré des chartres, édits, déclarations, etc. *Paris, Le Petit*, 1676, in fol. — Nouv. édition, augmentée de plusieurs pièces. *Paris, P. Emery*, 1706-10, 2 vol. in-fol.

TESSIER (Jean-Baptiste), médecin; né à la Havane, dans l'île de Cuba.

—Dissertation sur la magnesia alba. 1782, in-8.

— Positiones ex physiologia generalis corporis depromptæ. 1751, in-4.

TESSIER ou TEISSIER, avocat. Voy. TEISSIER.

TESSIER (l'abbé Henri-Alexandre), agronome célèbre; avant la Révolution: médecin, docteur-régent de la faculté de médecine de Paris, censeur royal, directeur des bergeries de Rambouillet, place que, sous la dénomination d'inspecteur général des bergeries, soit impériales soit royales, il a conservé jusqu'à sa mort; depuis la Révolution : professeur d'agriculture et de commerce aux écoles centrales; membre des anciennes Académies royales de médecine et des sciences, de celle d'agriculture de Paris, de l'Académ. des sciences et beaux-arts de Lyon, membre de la première classe de l'Institut, pour l'économie rurale et vétérinaire, de la Société philomatique, membre du conseil des arts et du commerce de la Seine, etc.; né à Angerville (Seine-et-Oise), le 16 octobre 1741, mort à Paris, le 11 décembre 1837.

— * Avis aux cultivateurs sur la culture du tabac en France. Publié par la Société royale d'agriculture. *Paris, de l'impr. de la Feuille du cultivateur*, 1791, in-8 de 16 pag., 50 c.

— Comptes rendus à la classe des sciences mathématiques et physiques de l'Institut national de la vente des laines du troupeau de Rambouillet pendant les années IX-XI (1801-03). *Paris, madame Huzard*, 1801-03, 3 broch. in-4, 2 fr.

Avec M. Huzard père.

— Dictionnaire d'agriculture et d'économie rurale. *Paris, Agasse*, 1787-1816, 6 vol. in-4, 96 fr.

Avec MM. Fougeroux de Bondaroy, Thouin, Bosc et Parmentier. En tête du premier volume, on trouve : l'*Histoire de l'agriculture chez les différents peuples*, par Teissier; un *Discours sur les principes de la végétation relativement à l'agriculture*, par le même; un Extrait des meilleurs écrits sur l'Agriculture, composés par les auteurs grecs, latins et français.

On joint ordinairement à ce Dictionnaire comme complément nécessaire : Arbres et Arbustes, par Bosc et Baudrillart, un volume; — Art oratoire et jardinage, un volume, avec 54 planches.

— Examen de l'eau fondante de M. le doct. Guilbert de Préval. *Paris, Ruault*, 1777, in-4.

— Faits et observations sur la question de l'exportation des mérinos et de leur laine hors du territoire français. *Paris, madame Huzard*, 1814, in-8, 3 fr.

Avec MM. Gabiou, Yvart et autres.

— Instruction sommaire sur la maladie des bêtes à laine appelée pourriture. Nouvelle édition. *Paris, madame Huzard*, 1822, in-8, 40 c.

Avec M. Huzard père.

— Instruction sur la culture du coton en France. Deuxième édition, rédigée par M. Tessier. *Paris, madame Huzard*, 1808, in-8, 3 fr. 50 c.

— Instruction sur les bêtes à laine, et particulièrement sur la race des mérinos, contenant la manière de former de bons troupeaux, de les multiplier, et de les soigner convenablement en santé et en maladie; publiée par ordre de S. E. Mgr. le ministre de l'intérieur. *Paris, de l'impr. impériale.*— (* *madame Huzard*), 1810, et 1811, in-8 de 372 pag., et 6 planches, 5 fr. 50 c.

— Instruction sur les moyens de détruire les rats des champs et les mulots, publiée par ordre du ministre de l'intérieur. *Paris*, 1802, in-8.

— Instructions sur la manière de cultiver la betterave, par M. Tessier, et sur les procédés à suivre pour l'extraction du sucre contenu dans cette racine, par M. Deyeux. *Paris*, 1811, in-8, 75 c.

— Journal d'agriculture, à l'usage des habitants de la campagne. 1791, in-8.

— Mémoire sur l'importation en France des chèvres à duvet de cachemire. *Paris, madame Huzard*, 1819, in-8 de 32 pag., 60 c.

— Mémoire sur l'importation du giroflier des Molucques aux îles de France. 1779, in-4.

— Mémoires sur les plantations des terrains vagues, surtout sur celles des grandes routes, et sur les causes du dépérissement des bois et les moyens d'y remédier. 1791, in-8.

— Moyens éprouvés pour préserver les froments de la carie, publiés conformément aux expériences nouvellement faites à Rambouillet. 1786, in-12.

— Notice sur les bergeries du département de la Sarre. *Paris, madame Huzard*, 1813, in-8, 75 c.

— Notice sur les chèvres asiatiques dites du Thibet, chèvres de Cachemire, et sur la manière de les soigner et d'en tirer parti. *Paris, de l'impr. de madame Huzard*, 1822, in-8 de 8 pag.

Extraite des Annales de l'agriculture.

— * Observations de la Société royale d'agriculture sur la question suivante, qui lui a été proposée par le comité d'agriculture et de commerce de l'Assemblée nationale : L'usage des domaines congéables est-il utile ou non aux progrès de l'agriculture, etc. 1791, in-8 de 64 pag.

Avec L.-P. Abeille et l'abbé Lefèvre.

— Observations sur plusieurs maladies des

bestiaux, telles que la maladie rouge et la maladie du sang, qui attaquent les bêtes à laine, et celles que cause aux bêtes à cornes et aux chevaux la construction vicieuse des étables et des écuries; avec le plan d'une étable et celui d'une écurie aux chevaux de cavalerie, de ferme, de postes, etc. *Paris, veuve Hérissant; P.-Th. Barrois jeune*, 1782, in-8 de 200 pag.

— Réflexions relatives à l'influence que l'établissement rural de Rambouillet a eue et peut avoir encore sur l'amélioration des laines et de l'agriculture en France. *Paris, madame Huzard*, 1829, in-8 de 40 pag., 75 c.

—Réponse à un mémoire intitulé : « De l'exportation des laines françaises ». *Paris, madame Huzard*, 1814, in-8 de 16 pag., 25 c.

— Résultats des expériences faites à Rambouillet sous les yeux du roi, relatifs à la maladie du froment appelée carie; procédés capables de l'en préserver, et plan des expériences propres à constater la quantité de semence qu'on doit employer dans chaque pays pour chaque terrain. *Paris, Th. Barrois; veuve Hérissant*, 1785, in-8.

— Traité des maladies des grains : ouvrage dans lequel on expose la manière dont elles se forment, leurs progrès, les particularités qu'elles offrent, les différents produits qu'on en obtient par l'analyse chimique, comparée avec celle des grains sains, leurs causes, l'influence qu'elles peuvent avoir sur la santé des hommes et sur celle des bestiaux, le tort qu'elles font aux cultivateurs, et les moyen de s'en préserver. *Paris, veuve Hérissant; Théoph. Barrois jeune*, 1783, in-8, fig.

Indépendamment des ouvrages et opuscules que nous venons de citer de M. Tessier, ce savant a concouru, par un assez grand nombre d'articles, à la publication de divers recueils scientifiques, et, entre autres, des suivants : 1° le Journal des savants. M. Tessier y a fourni, depuis 1784 jusqu'à la fin de 1792, des analyses d'ouvrages nouveaux : il a encore concouru à ce Journal lors de sa reprise en septembre 1816 : 2° les Mémoires de la Société de médecine, en 1789; 3° Mémoires de la Société d'agriculture de Paris, plus tard Société royale et centrale d'agriculture du département de la Seine; — 4° les Annales de l'agriculture française, dont il a été l'éditeur, en société avec M. Bosc, depuis 1797 jusqu'en 1828, et en société de plusieurs membres de la Société d'agriculture, de 1829 à 1833. M. Tessier a eu part à la publication de 126 volumes de ce recueil; — 5° le Bulletin de la Société philomatique; — 6° le Théâtre d'agriculture, d'Olivier de Serres, édition publiée par la Société d'agriculture; — 7° le Dictionnaire des sciences naturelles, par plusieurs professeurs du Muséum d'histoire naturelle: M. Tessier a fourni à ce Dictionnaire les articles d'agriculture; — 8° la nouvelle édition du Nouveau Cours complet d'agriculture de Rozier (1821 à 1823, 16 vol. in-8).

Enfin les divers recueils publiés par l'Académie royale des sciences renferment de Tessier, les dix-sept mémoires dont les titres suivent : 1° Mémoire sur l'analyse du seigle ergoté, sur ses effets; 2° sur le mouvement des étamines du seigle; 3° sur les maladies du blé. Ces trois mémoires sont imprimés dans l'anc. recueil des Savants étrangers de l'Académie; 4° Observations sur une substance ramassée aux pieds de jeunes peupliers d'Italie (Mém. de l'Acad. des sc., ann. 1784); — Observations sur les suites d'une grêle tombée le 25 mai 1783, dans un canton de la Beauce (Ibid.); — 6° Mémoire sur quelques particularités du *cupressus disticha* de Linnée, appelé cyprès chauve par les Américains (ann. 1785); — 7° Observations sur l'effet du tonnerre à Rambouillet le 2 août 1785 (Ibid.); — 8° Mémoire sur la manière de parvenir à la connaissance exacte de tous les objets cultivés en grand dans l'Europe, et particulièrement dans la France (ann. 1786); — 9° Mémoire sur l'importation et les progrès des arbres à épicerie dans les colonies françaises (ann. 1789); — 10° Observations faites pendant les gelées des mois de décembre 1788 et janvier 1789, au château d'Andonville en Beauce (Ibid.); — 11° Mémoire sur l'orage du dimanche 13 juillet 1789 (Ibid.); — 12° Expériences relatives au froment de semence (ann. 1790); — 13° En commun avec MM. Leroy et Buache : Rapport ou second Mémoire sur l'orage à grêle du dimanche 13 juillet 1788 (ann. 1790); — 14° État de l'agriculture dans les îles de Canaries (Mém. de l'Institut nation., classe des sciences math. et phys., t. Ier, 1798); — 15° Mémoire sur l'abus des défrichements (Ibid.); — 16° Mémoire sur la durée de la gestation et de l'incubation dans les femelles de plusieurs quadrupèdes et oiseaux domestiques (Mém. de l'Acad. des sc., nouv. série, tome II, 1819).

TESSIER. — Bouquet (le) des grenadiers du régiment du roi à la fête de leur colonel, dialogue en un acte (en prose), mêlé de chansons et de vaudevilles. *Sans nom de ville, ni d'impr.* (1775), in-8.

TESSIER (F.-J.), prêtre à Murbach.

— Heilsame Betrachtungen. (Méditations salutaires d'un vieux moraliste allemand). *Colmar, de l'impr. de Decker*, 1822, in-12.

TESSIER (l'abbé). — Pratiques pour la semaine sainte, et pour le pélerinage du Calvaire. Ouvrage composé pour madame Élisabeth de France. *Paris, Rusand*, 1826, in-18, 75 c.

TESSIER (H.). — Traité de la dot, suivant le régime dotal établi par le code civil, et Conférence, sur cette matière, du nouveau droit avec l'ancien. *Bordeaux, Faye; et Paris, Nève*, 1836, 2 vol. in-8, 18 fr.

— Traité de la société d'acquêts, suivant les principes de l'ancienne jurisprudence du parlement de Bordeaux. *Bordeaux, Gassiot; et Paris, Bachelier; Lecointe*, 1829, in-8.

TESSIÈRES-BOISBERTRAND (le comte de), anc. député de la Vienne, anc. conseiller d'État, chargé de l'administration de l'agriculture et des subsistances, du commerce et des manufactures, des établissements d'utilité publique, etc.
— Administration financière telle qu'elle est sous l'influence des préjugés qui en arrêtent le développement, et telle qu'elle pourrait être sous l'empire de la science politique et de la morale. *Genève, et Paris, Abr. Cherbuliez*, 1836, in-8 de 288 pag., 5 fr. 50 c.
— Conversion (de la) des rentes, considérée sous le rapport des intérêts particuliers, de l'amortissement et du crédit public. *Paris, Pélicier*, 1826, in-8 de 90 pag., 2 fr.

TESSIN (le comte de), ministre d'État suédois.
— * Faunillane, ou l'Infante jaune, conte. *Badinapolis, les frères Panthômes (Paris)*, 1741, 1743, in-8; — 1767, in-12.
— * Lettres à un jeune prince, par un ministre d'État chargé de l'élever et de l'instruire, traduites du suédois (par un anonyme). *Londres, et Amsterdam, Harrevelt*, 1755, in-8.
— Le même ouvrage, sous ce titre : Lettres au prince royal de Suède, trad. du suédois (par Roger, publ. par El.-Cath. Fréron). *Paris, Jombert*, 1755, 2 vol. in-12.

TESSON (J.-V.), alors chirurgien-accoucheur à Lougé (Orne).
— Manuel des accouchements, etc. *Caen, Leroy; et Paris, Le Normant*, 1814, in-12, 3 fr.

TESTA (l'abbé). — Dissertation sur deux zodiaques nouvellement découverts en Égypte, trad. de l'ital. (par M. Ch.-Em.-Sim. Gaultier de Claubry, D. M.). *Paris, Adr. Leclère*, 1807, in-8.

TESTARD (Paul-Etienne-Jean), mort au passage de Plougastel, en 1794, à l'âge de 82 ans, avait traduit plusieurs odes d'Horace en vers bas-bretons. Le caractère de ce littérateur nous promettait quelque chose d'aimable et d'enjoué; mais il n'a été imprimé de lui que deux chansons, l'une sur *la vieillesse*, et l'autre sur *le lit à part*, insérées dans la « Muse bretonne », pour l'an 1810, deuxième année. On connaît en basse-Bretagne sa chanson du *Maréchal ferrant*. *Miorcec de Kerdanet*, Notice sur les écrivains de la Bretagne.

TESTARD. — Bible (la) à ma tante, folie en un acte (en prose), mêlée de vaudevilles. *Paris*, 1798, in-8.

TESTARD DUBREUIL, alors avocat à Paris.
— Commentaire (nouv.) des lois du commerce, comparées les unes aux autres, ou Traité des abus introduits dans le commerce, et moyen de les faire cesser. *Paris, Nyon l'aîné*, 1787, in-12.
— * Esprit du Contrat social, ou Méthode sur la perception de l'impôt. *Londres, et Paris, Cailleau*, 1788, in-8.

TESTAS (Michel), curé de Saint-Paul, de Poitiers.
— Oraison funèbre de madame de Thimbronne de Valence.

TESTAS (l'abbé). — Second (le) retour des Bourbons, poëme héroïque en IV chants. *Paris, de l'impr. de L.-G. Michaud*, 1816, in-18 de 54 pag.

TESTE, avocat. — Chemin de fer de Paris à Saint-Germain. Lettre à MM. les rédacteurs principaux de la Gazette des tribunaux et du Droit. *Paris, de l'impr. de Dezauche*, 1835, in-4 de 12 pag.
— Mémoire pour le sieur Painparré, libraire, contre le sieur Barrois aîné, libraire. *Paris, de l'impr. de Huzard-Courcier*, 1821, in-4 de 16 pag.

M. Teste est aussi l'auteur de l'Introduction de l'Encyclopédie des lois, etc., publiée par M. Jules Forfelier (1837).

TESTE (Léon de). — Commerce (du) des soies et soieries en France, considéré dans ses rapports avec celui des autres États. *Avignon, veuve Guichard aîné*, 1830, in-8, avec 2 tableaux, 3 fr.

TESTE (Ch.-Ant.). — Projet de constitution républicaine et déclaration des principes fondamentaux de la société; précédé d'un exposé des motifs. *Paris, de l'impr. de Pinard*, 1833, in-8 de 72 pag.
— Un mot sur les associations. *Paris, de l'impr. d'Herhan*, 1834, in-8 de 4 pag.

TESTE D'OUET (Alexandre-Desiré); né à Dannemarie, arrondissement de Provins (Seine-et-Marne), en 1798.
— Ode sur la naissance de S. A. R. Mgr le duc de Bordeaux. *Paris, l'Auteur*, 1820, in-4 de 4 pages.
— Orpheline (l') de Moret. *Paris, L. Rosier*, 1835, 2 vol. in-8, 15 fr.

C'est l'histoire de la ville et des antiquités de Moret, on l'auteur réfute les erreurs introduites dans l'histoire de France, par l'abbé Lebeuf, et assigne, principalement à la jonction de la Seine et du Loing, la place qu'occupait la ville, bourg ou hameau de Lato Fao, qui, depuis la fin du VIe siècle, a disparu de la surface du globe, et sous les murs duquel se donna la fameuse bataille de ce nom, entre Landry, commandant des armées de Frédegonde et Childebert, roi d'Austrasie. A la prière de M. Teste d'Ouet, le ministre de l'intérieur a accordé des fonds pour restaurer les portes de Moret, bâties par Charles VII, et que le vandalisme menaçait d'abattre.

— Stances allégoriques. *Paris, de l'impr. de Renaudière*, 1820, in-8 de 2 pag.

M. Teste d'Ouet travaille à une *Histoire des turpitudes du règne de François Ier*.

TESTE-LEBEAU (Justinien), avocat aux conseils du roi, etc.; né à Vienne (Isère).
— Code des émigrés, déportés et condamnés révolutionnairement, ou Collection des lois, proclamations, etc., qui intéressent ceux auxquels s'applique la loi sur l'indemnité, recueillies par Me Teste-Lebeau, avec des notes. *Paris, B. Warée fils*, 1825, 2 part. in-8, 12 fr. — Sec. édition. *Paris, le même*, 1825, un vol. in-8, 7 fr. 50 c.
— Dictionnaire analytique des arrêts de la cour de cassation, rendus depuis son origine jusqu'à ce jour, en matière d'enregistrement, amendes, domaines engagés, timbre, droits de greffe et d'hypothèques. *Paris, Delalande*, 1833, in-8, 8 fr.

TESTELIN (Henri), peintre du roi, professeur de peinture, et secrétaire de l'Académie royale de peinture et de sculpture, réfugié à la Haye pour cause de religion.
— Conférences de l'Académie avec les Sentiments des plus habiles peintres sur la peinture.
— Sentiments des plus habiles peintres du temps sur la pratique de la peinture et de la sculpture, recueillis et mis en tables de préceptes, avec plusieurs discours académiques, ou conférences. *Paris, veuve Marbre Cramoisy*, 1696, in-fol.

TESTU (Jacques), abbé de Belval, prieur de Saint-Denis de la Chartre, membre de l'Académie française.
— Doctrine (la) de la raison, ou l'Honnêteté des mœurs selon les maximes de Sénèque. *Paris, Sercy*, 1696, in-12.
— Lettre écrite à une personne qui, après avoir long-temps douté de sa vocation, avait enfin pris la résolution de se faire religieuse. *Paris, Coignard*, 1697, in-12.
— Réflexions sur les prédicateurs, lettre à M***. *Paris, Coignard*, 1697, in-12.
— Stances chrétiennes sur divers passages de l'Écriture Sainte et des Pères. Ve édition, augm. *Paris, N. Le Clerc*, 1703, in-12.

TESTU (Romain). — Versailles immortalisé par les merveilles parlantes des bâtiments, jardins, bosquets, parcs, statues, etc., etc., trad. en prose latine (1720-21). Voy. MONICART.

TESTU, l'un des auteurs de l'Histoire universelle des théâtres (1779). Voy. ce titre aux Ouvrages anonymes et polynymes.

TESTU (C.-L.). — Délassements poétiques : six nouveaux chants. *Paris, de l'impr. de Dondey-Dupré père*, 1827, in-8 de 48 pag., 2 fr. 50 c.
— Missions (les), poëme. *Meaux, de l'impr. de Guédon*, 1824, in-8 de 20 pag.

TETARD (Fr.), réfugié français et médecin à La Haye.
— Œuvres de Machiavel, traduites en français (1743). Voy. MACHIAVEL.

TETARD (J.), ancien élève du collège de Dijon.
— Arc de triomphe de l'Étoile, consacré aux armées françaises, commencé par Napoléon, en 1806, achevé par Louis-Philippe, en 1836. Ode à la triple gloire civile, militaire, stoïque ou religieuse de Napoléon Bonaparte ; présentée à l'Académie française pour le concours de poésie de 1837 (le 12 mai, n° 21). *Paris, de l'impr. de Stahl*, 1837, in-8 de 16 pages.
— Au roi des Français Louis-Philippe Ier et à la reine. *Paris, de l'impr. de Tillard*, 1830, in-8 de 2 pag.
— Caractère indélébile et historique du jésuitisme, ou du Doctrinisme. *Paris, de l'impr. de Tillard*, 1832, in-8 de 4 pag.

En cent vingt-quatrains.

— Cent vers sur le discours de la couronne et sur les adresses des deux chambres. 1er mai 1830. *Paris, de l'imp. de Tillard*, 1830, in-4 de 8 pag.
— Contre l'obscurantisme, ou le Jésuitisme, fable. *Paris, de l'imp. de Gaultier-Laguionie*, 1826, in-8 de 4 pag.
— Coup-d'œil historique (20 mars 1832. En vers alexandrins). *Paris, de l'impr. de Tillard*, 1832, in-8 de 4 pag.

— Discours en vers pour l'inauguration de la salle de spectacle de Dijon, ouverte au public le 4 novembre 1828. *Sans nom de ville, ni d'impr.*, et s. d., in-8.

— Essai moral sur l'homme dans son rapport avec Dieu, ou Discours polémique sur l'athéisme. (En vers). *Paris, l'Auteur*, 1818, in-8 de 48 pag., 1 fr. 50 c.

— Lettre au roi des Français. *Paris, de l'impr. de Tillard*, 1831, in-8 de 2 pag.

— Loups (les) dans la bergerie. Fable. *Paris, de l'impr. de Tillard*, 1829, in-8 de 4 pag.

— Plan de l'orientation du monument de l'Étoile. (En vers). *Paris, de l'impr. de Stahl*, 1838, in-8 de 8 pag.

— Procès politique des prévenus d'avril, 1834. Défense conciliatrice devant le pays, juge des juges. *Paris, de l'impr. de Grégoire*, 1834, in-8 de 8 pag.

— Système du monde, ou Théorie solaire par l'électricité. Philosophie naturelle. Poëme. *Paris, de l'impr. de Tillard*, 1830, in-8 de 24 pag.

— Théorie (nouv.) solaire; conçue et écrite dans la localité de l'ancienne abbaye de Vaucelles, le 17 mars 1825; présentée à l'Institut royal de France, le 19 mai 1825. *Paris, Ladvocat; Papinot*, 1829, in-8 de 48 pag., avec un tableau.

— Un mot sur la loi de la pairie de 1831, et sur l'inutilité d'une noblesse héréditaire en France (au dix-neuvième siècle). *Paris, au Palais-Royal*, 1831, in-8 de 12 pag., 1 fr.

— Varsovienne française (20 mars 1832). *Paris, de l'impr. de Tillard*, 1832, in-8 de 2 pag.

En quatre couplets.

TETENS (Jos.-Nicolas). — Considérations sur les droits réciproques des puissances belligérantes et des puissances neutres sur mer, avec les principes du droit de guerre en général. *Copenhague, Brunner*, 1805, in-8.

TÊTU (J.-Cl.), maire de Montagnole, pseud. Voy. Jos. de MAISTRE.

TEULET (A.-F.), avocat. — Dictionnaire des codes français, ou Manuel du droit, dans lequel les matières que renferment les codes sont distribuées textuellement par ordre alphabétique, de manière à rendre les recherches faciles même pour les personnes les plus étrangères à l'étude des lois, avec une table des articles par ordre de numéro, renvoyant au texte même de chaque disposition. *Paris, Plon*, 1836, in-8, 10 fr.

Ce volume a été publié en six livraisons.

En commun avec M. Urb. Loiseau, M. Teulet a encore publié comme éditeur : Code civil. Édition soigneusement revue sur les textes officiels, contenant une nouvelle corrélation des articles entre eux, et l'indication de tous les articles des autres codes et de la loi du 28 mai 1838 sur les faillites qui s'y rapportent, ainsi que les lois, décrets et avis du conseil d'état qui les ont modifiés, expliqués ou complétés, et notamment la loi du 20 mai 1838 sur les vices rédhibitoires. Paris, Videcoq, 1838, in-8, 2 fr. 50 c.; — Code de procédure civile (Ibid., 1838), et les autres codes, réunis ensuite sous le titre de : Les Codes (Paris, Videcoq, 1838, in-8 et in-18).

TEULIÈRES, de Montauban, ancien avocat au parlement de Toulouse.

— Discours sur le sujet proposé par l'Académie des belles-lettres de l'Académie de Montauban pour l'année 1753. *Montauban*, 1753, in-12.

— Dissertation qui a remporté le prix au jugement de l'Académie des sciences, des belles-lettres et des arts de Rouen, en l'année 1753, sur cette question : En quel genre de poésie les Français sont-ils supérieurs aux Anciens? *Montauban*, 1756, in-8.

— Mémoire sur la meilleure méthode de perfectionner l'agriculture, couronné par l'Académie de Pau. 1772.

TEULIÈRES (A.-F.-R.). — Quatre (les) âges de la femme, poëme en quatre chants. *Paris, Giguet et Michaud*, an XIII (1805), in-18, sur pap. gr. raisin, figures, 2 fr. 50 c.

TEULIÈRES (Paulin). — Géographie (nouv.) de la France. Sol, climat, agriculture, industrie, commerce, instruction publique, population, divisions politiques, ecclésiastiques, judiciaires; gouvernement, armée, marine, souvenirs historiques, colonies; avec deux cartes, l'une de la France actuelle, l'autre de la France en 1789. *Paris, l'Auteur; Brunot-Labbe; Morel*, 1830, in-8, 3 fr.; ou *Paris, Colas*, 1835, in-8.

— Grammaire (nouv.) française. *Paris, l'Auteur; Morel*, 1829, in-8, 2 fr.

TEULON (Emile), député du Gard.

— Teulon (Em.) à ses commettants. *Paris, de l'impr. de Plassan*, 1830, in-8 de 12 pag.

La Notice des travaux de l'Académie du Gard,

de 1812 à 1822, renferme de M. Em. Teulon des fragments d'une tragédie intitulée : *Henri III.*

TEUTON. — * Deux (les) Orphelins, histoire anglaise. *Londres* (*et Paris, Pillot*), 1769, 2 vol. in-12.

TEVOLI, pseud. Voy. VIOLET D'EPAGNY.

TEXECHOWSKI.—Dissertatio de chao infusorio. *Argentorati,* 1775, in-4.

TEXIER ou TESSIER, avocat. Voy. TEISSIER.

TEXIER (A.-Adrien de), ex-émigré français.
— Gouvernement (du) de la république romaine. *Hambourg*, 1796, 3 vol. in-8.
— Colons (les) de toutes couleurs, histoire d'un établissement nouveau à la côte de Guinée. 1798, 3 vol. in-12, avec 6 fig., 6 fr.

TEXIER.— Délices de la maladie. *Moscou,* 1809, in-8, 2 fr.

Ouvrage dénué de bon sens.

TEXIER, maire de Courville.
— Lettre adressée au rédacteur du journal « le Glaneur », et qui n'a pu être insérée à cause de sa longueur, en réponse à une lettre signée Fournier, qui a paru dans le numéro du 10 de ce mois. 19 mars 1831. *Chartres, de l'impr. de Durand*, 1831, in-8 de 16 pag.

TEXIER (Edmond). — En avant. Félix MAYNARD. Edmond TEXIER. Poésies. *Paris, Ebrard; L. Janet*, 1835, in-8, 6 fr. 50 c.

TEXIER DE NORBEC. — Recherches sur l'artillerie en général, et particulièrement sur celle de la marine. *Paris, de l'impr. royale*, 1792, 2 vol. in-8, avec planches, 12 à 15 fr.

TEXIER DE LA BOISSIÈRE, peut-être le même que le Laboissière du tome IV, alors maître d'armes des académies du roi et des pages du duc de Penthièvre.
— Mort (la) généreuse du duc Léopold de Brunswick, poëme élégiaque. *Paris, l'Auteur; Bailly*, 1786, in-4.

TEXIER-OLIVIER (L.), préfet de la Haute-Vienne.
— Statistique générale de la France. Département de la Haute-Vienne. *Paris, Testu*, 1808, in-4.

TEXIER-TRÉMEAU, imprimé à Angoulême.
— Un rendez-vous au théâtre, comédie en un acte et en prose. *Angoulême, de l'impr de Texier-Trémeau*, 1838, in-8.

Représentée sur le théâtre d'Angoulême.

TEXTE (le P. Matthieu), dominicain.
— * Dissertation sur la cérémonie de la communion du prêtre, faite avec la main gauche au sacrifice de la messe. 1740, in-12.

TEXTOR (Benoit). — Traité de la peste, divisé en deux livres, l'un de la préservation, l'autre de la cure d'icelle. *Genève*, ..., in-12.

TEXTORIS (Joseph-Boniface), second médecin en chef honoraire de la marine française, membre de plusieurs sociétés savantes, et, entre autres, de l'Académie de Toulon, dont il fut l'un des fondateurs et le premier secrétaire; de la Société médicale d'émulation de Paris, de celle d'Agriculture et de commerce du Var, de la Société royale de médecine de Marseille; né à Toulon (Var), le 24 février 1773, mort à Néoulles (Var), le 3 septembre 1828.
— Dissertation sur le scorbut, soutenue le 28 floréal an XI. *Montpellier,* an XI (1803), in-8.

Thèse inaugurale : elle renferme des vues utiles sur la maladie dont elle est l'objet.

— Étude des eaux. *Marseille, de l'impr. de veuve Roche,* 1826, in-8 de 268 pag.

Tiré à 150 exempl.
Ouvrage qui renferme des faits intéressants et des observations curieuses.
Sous le gouvernement révolutionnaire, Textoris lut à l'Académie de Toulon un *Mémoire sur les antiquités de l'île de Thasos*, rédigé sur des notes qu'il avait prises lui-même en parcourant la Grèce.
On trouve de Textoris, dans le cinquième numéro de l'Observateur des sciences médicales, un *Aperçu sur la fièvre jaune*, qu'il avait lu à l'Académie royale de médecine de Marseille, le 19 octobre 1821.

TEYSSÈDRE (A. PERSON DE), polygraphe, ancien élève de l'École polytechnique.
— Arithmétique en quinze leçons. *Paris, Rousselon*, 1825, in-12. — Sec. édition, augmentée d'une leçon sur l'extraction des racines carrées et cubiques. *Paris, Mansut; Rousselon, etc.*, 1826, in-12, 3 fr.

La seconde édition n'est autre que la première, sauf l'addition de la leçon qui est paginée 231 et suivantes.

— Art d'atteler les animaux selon leur

force. *Paris, madame Lévi*, 1826, in-18, fig., 2 fr.

— Art de décorer les appartements, contenant la composition et l'application des enduits, stucs anciens et modernes, etc., etc. *Paris, Rousselon*, 1824, in-12, avec une planche contenant 15 figures, 2 fr. 50 c.

— Art (l') de jouer et de gagner à l'écarté, enseigné en huit leçons. *Paris, Audin; U. Canel, etc.*, 1826, in-18, 3 fr.

—Art du menuisier, contenant, etc., avec 5 planches. *Paris, Reger; Rousselon*, 1828, in-12.

Le faux-titre porte : *Archives progressives des arts et métiers.*

— Art du serrurier, contenant, etc., avec figure. *Paris, Rousselon*, 1827, in-12, avec 2 planches.

Ce petit volume forme le premier numéro des *Archives progressives des arts et métiers.*

— Barême du marchand de bois, contenant : 1° des notions d'arithmétique et de géométrie, au moyen desquelles on peut dresser toutes sortes de tables pour le cubage des bois, soit ronds, soit carrés, etc. *Paris, Lebigre*, 1831, in-18, avec 3 pl., 4 fr.

— Catéchisme (le) des amants, ou l'Art de faire l'amour; terminé par le Mérite des femmes. *Paris, Lebailly*, 1838, in-18, 1 fr. 25 c.

Imprimé sous le nom d'Apollon. Ce Catéchisme est extrait du *Courrier des amants* (voy. plus bas).

— Conducteur général de l'étranger à Paris, contenant une instruction aux étrangers sur tous les besoins et leurs plaisirs, l'histoire de Paris, les mœurs, etc.; suivi d'un Vocabulaire d'architecture pour faciliter la visite aux monuments, de la description des environs de Paris, et de la nomenclature de ses rues, passages, etc. *Paris, Lebigre*, 1832, in-18, avec 18 gravures, 4 fr. 50 c.—IIIe édition, revue, corr. et augm., etc. *Paris, Garnier*, 1836, in-18, avec un plan et 10 grav.

Il y a des exemplaires de la première édition qui portent pour adresse celle du libraire Leroy, et la date de 1833.

— Courrier (le) des amants, ou l'Art de se faire aimer et de réussir en amour, contenant, etc.; précédé d'un avant-propos. *Paris, Lebailly*, 1838, in-18, fig., 2 fr. 50 c.

Il y a des exemplaires qui portent pour premier titre : *le Grand secrétaire des amants.*

— Éléments de physique en trente leçons. *Paris, Mansut; Rousselon; Naudin*, 1824, in-12, avec 8 planches.—Seconde édition, fondue sur la première, et augm. de plusieurs articles et de 4 planches. *Paris, rue de l'École-de-Médecine, n° 4; Rousselon; Ponthieu*, 1825, in-12.

— Essai historique et philosophique sur la révolution française de juillet 1830. *Paris, Constant Chantpie*, 1830, in-18, avec une gravure, 2 fr. 40 c.

— Géométrie des artistes et des ouvriers, en vingt leçons. *Paris, Audin; Urb. Canel, etc.*, 1827, in-12, avec 24 planches, 7 fr. 50 c.

— Manuel (nouv.) d'arithmétique, contenant, etc. Rédigé d'après Bezout, par L. Fontanelle; revu, corr. et augm. par Teyssèdre. *Paris, Bacquenois*, 1836, in-18.

— Manuel (nouv.) d'arithmétique, de géométrie, de mécanique et de dessin linéaire, ou Guide pour apprendre les principes élémentaires de ces sciences et arts. Orné de planches. *Paris, Baudouin frères*, 1828, in-18, fig.

— Manuel (nouv.) de gnomonique, ou l'Art de faire les cadrans solaires, et de régler les pendules et les horloges. *Paris, rue du Battoir*, n° 3, 1838, in-18, avec 5 grav., 1 fr. 50 c.

— Manuel (nouv.) de l'arpenteur, contenant toutes les instructions nécessaires sur cet art, le lever des plans, le toisé, etc. *Paris, rue du Paon*, n° 1, 1836, in-18, avec 2 pl., 2 fr. 50 c.

— Manuel (nouv.) de l'art de bâtir. Le toisé, contenant des éléments de géométrie pratique, etc., terminé par une Dissertation sur les alignements, un modèle de vis, par Bullet; avec des notes, par Goupi et Teyssèdre. *Paris, rue du Battoir*, n° 3, 1838, in-18, avec 3 gravures, 1 fr. 50 c.

— * Manuel des amateurs des jeux de hasard, contenant l'exposition des théories des combinaisons et permutations, des applications de ces théories à la roulette, au trente et quarante, à la loterie. Par T., élève de l'École polytechnique. *Paris, Béchet aîné*, 1826, in-18, 2 fr.

— Manuel (nouv.) des charpentiers, contenant, etc., d'après Fourneaux, Rondelet, le Fr. Devaud, l'Encyclopédie méthodique, etc. *Paris, rue du Battoir*, n° 3, 1837, in-18, avec 3 pl., 1 fr. 50 c.

— Manuel (nouv.) du menuisier en bâtiments, etc. *Paris, mad. Huzard*, 1836, in-18, 2 fr. 50 c. — Deuxième édition, augmentée du tarif pour la réduction des bois carrés en pièces, appelé le grand cent. *Limoges, Martial Ardant; et Paris, r. de la Harpe, n.* 26, 1838, in-18, 1 fr. 20 c.

— Manuel (nouv.) du peintre en bâtiments, du doreur et du vernisseur, contenant, etc. Sec. édition. *Limoges, Ardant; et Paris, rue de la Harpe, n.* 26, 1838, in-18, avec une pl.

— Manuel (nouv.) du tourneur, contenant la théorie et la pratique de cet art, à l'usage des amateurs. *Paris, rue du Battoir*, n° 3, 1838, in-18, avec 5 gravures, 1 fr. 50 c.

— Merveilles de l'intérieur de la terre, et de son origine. *Paris, Rion*, 1834, in-18 de 36 pag., 10 c.

— Naissance (la) du roi de Rome, ode latine. *Paris, Le Normant*, 1811, in-8.

— Notions élémentaires d'arithmétique, de géométrie, de mécanique, de physique, de dessin linéaire, perspective et architecture. *Paris, Tourneux*, 1824, in-12, avec 21 planches en taille-douce, 6 fr.; — Deuxième édition, revue, corr. et considérablement augmentée. *Paris, Delongchamps; Urb. Canel*, 1825, in-12, avec planches.

— Petit (le) Fumiste, contenant une dissertation sur la chaleur, les diverses manières de la développer, etc. *Paris, Rousselon*, 1824, in-12, avec une planche, 1 fr. 50 c. — Sec. édit. *Paris, le même*, 1826, in-12, avec 2 pl., 2 fr. 50 c.

— Phénomènes de l'atmosphère, par M. Teyssèdre; suivis d'une Dissertation, par M. Arago. *Paris, Rion*, 1834, et 1838, in-18 de 36 pag., 10 c.

— Physique amusante. *Paris, Rion*, 1834, in-18 de 36 pag., 10 c.

— Principes de perspective, de la description de plusieurs instruments, etc. *Paris, Rousselon*, 1825, in-12, avec 5 pl., 3 fr.

— Que faire? Refaire la loi électorale. *Paris, les march. de nouv.*, 1832, in-8 de 32 pag.

— Régulateur (le) des horloges suivant le temps, contenant, etc. *Paris, au Palais-Royal*, 1827, in-32.

— * Religion (de la) dans l'instruction publique, ou Essai sur les développements qu'exige l'éducation religieuse, et sur les limites où il convient de la renfermer. Publié par M. Aug. Gady. *Paris, Dentu*, 1822, in-8 de 104 pag., 2 fr.

— Secrétaire (le) des amants, ou Recueil choisi de lettres d'amour. Précédé d'un avant-propos. *Paris, Lebailly*, 1838, in-18, 1 fr. 25 c.

Extrait du volume intitulé : *le Courrier des amants* (voy. plus haut).

— Théorie du jeu de billard, contenant, etc.; suivie des règles de ce jeu. *Paris, Rousselon*, 1827, in-12, avec une pl., 2 fr. 25 c.

— Uranode, ou Instrument pour faciliter l'intelligence des principes fondamentaux de l'astronomie; inventé et expliqué par Teyssèdre. *Paris, Rousselon*, 1829, in-12 de 24 pages.

TEYSSIER, de l'Ardèche. — Mémoire sur la monomanie homicide, et réflexions sur quelques procès criminels. *Paris, Compère jeune*, 1829, in-8 de 40 pag.

TEYTAUD (M.-F....), chirurgien à Paris, et alors chirurgien major de la garde nationale, 3e division, 4e bataillon.

— Traité de la gonorrhée et des maladies des voies urinaires qui en sont la suite, dans lequel on indique de nouvelles bougies médicamenteuses pour les guérir. 1781, in-8. — Sec. édit., 17... — Trois. édit., revue et considérablement augmentée et enrichie de planches anat. et pathologiques. *Paris, Méquignon*, 1798, in-8.

TEZENAS fils, anc. avocat, de Montbrison.

— Dithyrambe sur l'assassinat de S. A. R. Mgr le duc de Berri. *Paris, Delaunay, etc.*, 1820, in-8 de 8 pag.

— Fragment politique extrait des papiers de Napoléon, mort à Sainte-Hélène. *Paris, Delaunay, etc.*, 1821, in-8 de 16 pag.

— Napoléon, ode. *Paris, L.-G. Michaud*, 1814, in-8 de 12 pag.

— Régicides (les), dithyrambe, lu à la Société des bonnes-lettres, le mardi 26 mars 1822. *Paris, de l'impr. de J.-C. Trouvé*, 1822, in-8 de 8 pag.

Tiré à 100 exemplaires qui n'ont pas été destinés au commerce.

— Retour (le) de l'île d'Elbe, dithyrambe, odes et poésies. *Paris, Le Normant*, 1815, in-8 de 64 pag., 1 fr. 50 c.

M. Tezenas a eu part à la rédaction du Conservateur littéraire (1820 et 1821) : ses articles sont signés d'un T.

THABAUD-FONTENEL, maire.

— Pétition relative à la suppression des sous-préfectures, et à un changement dans l'organisation d'un certain nombre de communes rurales, adressées à la chambre des députés. *Issoudun*, *de l'impr. de Breillat*, 1831, in-8 de 36 pag.

THACKERAY. — Nain (le) de Sunderwald, pièce en deux actes et en huit parties (en prose), imitée de l'anglais par M. Thackeray. *Paris*, *J.-N. Barba*, 1829, in-8.

THÄER (Albert), l'un des premiers agronomes de ce siècle, fondateur de l'école agricole établie à Mœgelin, etc., conseiller d'État de S. M. le roi de Prusse, membre de l'Académie royale des sciences de Berlin, de l'Académie royale de Gœttingue, de l'Institut d'Amsterdam, du département d'agriculture de la Grande-Bretagne, de la Société des amis de l'histoire naturelle de Berlin, et de plusieurs sociétés économiques; seigneur héréditaire de Mœgelin, etc., mort le 26 octobre 1828, dans sa 77e année.
— Descriptions des nouveaux instruments d'agriculture les plus utiles, trad. de l'all. par C.-J.-A. Mathieu, de Dombasle. *Paris*, *madame Huzard*, 1821, in-4, avec 26 planches grav., 13 fr. 50 c.
— Principes raisonnés d'agriculture, trad. de l'allem. par le baron E.-V.-B. Crud. *Genève*, *et Paris*, *Paschoud*, 1811-16, 4 vol. in-4, avec figures, 48 fr. — Sec. édition, revue, corr. et augmentée de nouvelles notes. *Paris*, *Ballimore*; *madame Huzard*; *et Genève*, *Cherbuliez*, 1828 et ann. suiv., 4 vol. in-8 et Atlas, 48 fr.

THALARIS (Adélaïde de).

On trouve, dans le tome IV du Livre rose, imprimé sous ce nom, une nouvelle intitulée : *l'Orpheline*, *ou la Famille Edgermond.*

THALARIS DUFOURQUET, pseudon. Voy. J. Bastide.

THALÉA (Ermelinde). — Laïs (la) philosophe, ou Mémoires et Discours à M. de Voltaire; — Suite de la Laïs philosophe, ou Sentiments de repentir, imitation du roi prophète pénitent. *Bouillon*, 1761, in-8.
— Sentiments d'une âme pénitente, ou Paraphrase en vers français du pseaume Miserere, par E. Thaléa, avec la traduction en vers allemands, par Christ.-Fréd. Bruchting; la Conversion de saint Augustin, poëme sacré italien, avec l'interprétation en vers allemands, par J.-Christ. Gottsched. *Leipzig*, 1764, in-4.

THAN (de), curé de Cheux, anc. recteur de l'université de Caen, anc. professeur de philosophie du collége Du Bois, de la même université, associé de l'Académie de Caen.
— Grammaire latine et française. *Caen*, *Pyron*, 1746, in-12. — Deuxième partie, contenant la syntaxe. IXe édit. *Caen*, *le même*, 1775, in-12.

THARIN (Joseph), d'abord évêque de Strasbourg, ensuite précepteur du duc de Bordeaux.
— * Considérations (nouv.) philosophiques et critiques sur la Société des jésuites, sur les causes et les suites de sa destruction. *Versailles*, *Lebel*; *et Paris*, *Le Normant*, 1818, in-8 de 288 pag. (D. M.)
— Derniers (les) jours du condamné Félix Robol. Trad. de l'Ital. par Mgr. Tharin. *Lille*, *Lefort*, 1838, 2 vol. in-18.
— Discours pour le soulagement des victimes de la cause royale, prononcé le 20 mars 1830. *Paris*, *Adr. Leclère*, 1830, in-8 de 20 pag.
— Gémissements (les) et les espérances de la religion catholique en France, ou De l'État présent et de l'avenir de l'Église de France. *Marseille*, *Marius-Olive*; *et Paris*, *Adr. Leclère*, 1838, in-8, 4 fr.
— * Gouvernement (du) représentatif. *Paris*, *Poussielgue-Rusand*, 1834, in-8. — Sec. édition. *Paris*, *Adr. Leclère*; *Poussielgue-Rusand*, 1835, in-8, 5 fr.
— Lettres de Mgr de Tharin, anc. évêque de Strasbourg, à M. le comte de S***, sur l'ouvrage de M. de La Mennais, intitulé : Paroles d'un croyant. *Paris*, *Rusand*, 1834, in-8 de 88 pag., 1 fr. 50 c.
— Méditations religieuses et politiques d'un exilé. *Lyon*, *Rusand*, *et Paris*, *Poussielgue-Rusand*, 1835, in-18. — Sec. édit. *Paris*, *Gaume*; *A. Leclère*, *Hivert*, *etc.*, 1835, in-18, 2 fr.

THARIN (l'abbé), frère du précédent, ancien grand vicaire de Besançon, aujourd'hui retiré à Sait-Cloud.
— * Bibliothèque d'un littérateur et d'un philosophe chrétien, ou Recueil propre à diriger dans le choix des lectures. *Besançon*, *J. Petit*, 1820, in-4 oblong.

Avec M. Gloriot.
Les auteurs disent, dans leur préface, que ce n'est pas aux bibliomanes qu'ils présentent leur travail, ils ont eu en vue les personnes du monde, et en particulier les jeunes gens et les jeunes ecclésiastiques. Malheureusement cet ouvrage est défiguré par une multitude de noms estropiés, d'indications

fautives, et de jugements qui prouvent plus de piété que de lumières. (*Note tirée de Barbier.*)

THAUMAS DE LA THAUMASSIÈRE (Gaspard), esc., sieur du Puy-Ferrand, avocat au parlement, échevin de la ville de Bourges; né vers le milieu du XVIIe siècle, mort à Bourges, le 14 juillet 1712.

— Anciennes (les) et nouvelles coutumes locales du Berri et celles de Lorris, commentées. *Bourges, et Paris*, 1680, in-fol.

— Commentaires (nouveaux) sur les coutumes générales des pays et duché de Berri. Nouv. édit., augmentée, avec un Traité du franc-aleu. *Bourges, J.-J. Christo*, 1701, 1750, in-fol.

Il y avait eu des premières éditions de ces Commentaires en 1691 et 1693, in-4.

— Coutumes de Lorris, bailliage de Montargis, par Gasp. Thaumas de la Thaumassière, avec les apostilles de Dumoulin, et le Traité du franc-aleu, par Galland. (Ce volume contient les anciennes coutumes de Lorris). *Bourges, J. Toubeau*, 1679, in-fol.

— Coutumes de Beauvoisis, par Ph. de BEAUMANOIR, Assises et bons usages de Jérusalem, par J. d'IBELIN, tirés d'un manuscrit de la bibliothèque vaticane; et autres anciennes coutumes, avec des notes et un glossaire, par THAUMAS DE LA THAUMASSIÈRE. *Bourges*, 1690, in-fol.

Ces Usages de Beaumanoir ont été rédigés, dit leur auteur, « selonc che il courait en l'an de l'incarnation de nostre Seigneur, 1283 ».

Les *Assises de Jérusalem*, dont il a été tiré des exemplaires à part, sont un monument précieux de notre ancien droit porté dans la terre-sainte par les croisés. La Thaumassière les publia d'après la copie tirée d'un manuscrit de la bibliothèque vaticane; mais ce manuscrit était incomplet. Il s'en est trouvé un entier dans la bibliothèque de Venise. L'existence de ce manuscrit n'a été révélée qu'en 1789, époque à laquelle il fut transféré dans la bibliothèque de Saint-Marc; Louis XVI ayant témoigné le désir d'en avoir une copie, le savant Morelli fut chargé par le sénat de la faire exécuter; elle fut remise au roi dans le mois de février 1791: cette copie disparut sans qu'on puisse découvrir exactement la cause et l'époque. En 1828, une sorte de hasard a procuré l'occasion de l'acheter, au moment où le gouvernement français s'occupait de faire transcrire le manuscrit vénitien, qui lui-même avait aussi éprouvé ses révolutions: enlevé de son premier dépôt en 1797, il avait été apporté à Paris, où il est resté jusqu'en 1815. Cette copie est à la bibliothèque du roi. Elle est en deux volumes: le premier contient 364 feuillets, le deuxième, 94; l'un et l'autre sont écrits à deux colonnes.

Les Assises de Jérusalem furent traduites dans le temps, pour l'usage du pays, en langue grecque vulgaire. Une partie de cette traduction existe à la Bibliothèque royale, sous le n° 1390. Enfin, les mêmes Assises ont été imprimées en italien, à Venise, en 1535, in-fol., sous le titre de l'*Alta e bassa corte, o le Assise de Hyerusalem*, per Joanne de IBELIN, et dans le tome II de la collection publiée par CANCIANI, sous le titre de Barbarorum leges antiquæ, Venetiis, 1781 et ann. seq., 5 vol. in-fol. M. Taillandier a inséré dans la « Thémis » un article très-intéressant sur ce livre. M. Pardessus a également lu un mémoire sur ce sujet à l'Académie des inscriptions, et l'on trouve encore une note sur ce livre dans la cinquième édition des Lettres sur la profession d'avocat, tome II, pag. 674.

— Décision sur les coutumes de Berri. (Livres I à IV). *Bourges*, 1667, in-4.

— Décisions sur les coutumes de Berri. (Livres V et VI). *Bourges*, 1675, in-4.

C'est la suite du précédent. Le premier contient quatre livres de décisions, et, à la suite, le *Traité du franc-aleu du Berri*. Celui-ci contient deux livres de décisions; et, à la fin du volume, un recueil d'anciens arrêts concernant le Berri. Il y a une nouvelle édition contenant les six livres, avec des notes. Bourges, 1744, in-4.

— Maximes du droit coutumier, pour servir à l'explication et réformation de la coutume de Berri. *Bourges*, 1691, in-4.

Elles se trouvent souvent reliées avec les Questions et les Réponses.

— Questions et Réponses sur les coutumes de Berri, augmentées d'une nouvelle centurie, arrêts et jugements rendus en interprétation d'icelles et Maximes du droit coustumier. *Bourges*, 1691, in-4.

C'est le premier ouvrage de La Thaumassière; il fut imprimé pour la première fois en 1660. On trouve joint à l'édition de 1691: J. MIGEONIS liber singularis defensarum Quæstionum in leges Biturigum municipales. Avarici Bit., 1691, in-4. La première édition des Questions de Migeon avait été faite à Bourges en 1664, in-4.

Notice tirée de la cinquième édition des Lettres sur la profession d'avocat, 1832.

THAYER (le F∴ E.-J.). — Allocution du F. Thayer, or∴ entour de la ☐ des FF. artistes, or∴ de Paris, à la fête du solstice d'hiver, le 10e jour du 11e mois de l'an D∴ L∴ V∴ L∴ 5825 (10 janvier 1826). *Paris, de l'impr. de Dondey-Dupré*, 1826, in-8 de 16 pag.

— Proposition faite à la séance du 14e jour du 1er mois de l'an D∴ L∴ V∴ L∴ 5826 (14 mars 1826), etc. *Paris, de l'impr. de Dondey-Dupré*, 1826, in-8 de 8 pag.; ou *Paris, de l'impr. de Cordier*, 1826, in-8 de 8 pag.

THÉAS (le P. Joseph), dominicain, docteur en théologie de la faculté de Paris; mort en 1775.

—* Réponse à l'écrit intitulé: « Lettre d'un homme du monde à un théologien, au sujet des calomnies qu'on prétend avoir été avancées contre saint Thomas ». In-12 de 67 pag.

Attribuée aussi au P. Touron. (Voy. le Catalogue d'Orléans, 1777, in-4).

THÉAULON DE LAMBERT (Marie-Emmanuel-Guillaume-Marguerite), l'un des plus féconds et en même temps que l'un des plus spirituels de nos auteurs dramatiques, membre de l'anc. Caveau moderne; né à Aigues-Mortes, le 14 août 1787. Après avoir terminé ses études au lycée de Montpellier, il fut placé, à dix-huit ans, chez un avocat de Nîmes, pour étudier le droit, mais il s'en dégouta au bout de quelques mois. Le goût de la littérature était trop prononcé chez M. Théaulon pour qu'il n'en fut pas ainsi. Il vint à Paris, en 1808, muni de lettres de recommandation pour un parent de sa famille, l'archi-chancelier Cambacérès, qui l'accueillit favorablement, et le fit nommer, quelques jours après son arrivée, inspecteur des douanes, place qui n'avait pas plus d'analogie avec ses goûts que la magistrature judiciaire ou administrative, à laquelle on l'avait destiné d'abord; aussi M. Théaulon négligea-t-il d'aller retirer sa commission. Toutefois, en 1810, il partit pour l'Allemagne, en qualité d'inspecteur des hôpitaux militaires. Il remplit les même fonctions en Italie. En 1814, M. Théaulon fut un des premiers qui arborèrent la cocarde blanche. Il composa la première chanson pour les Bourbons, et son vaudeville, « les Clefs de Paris, ou le Descendant de Henri IV », est la première pièce qui ait été jouée alors à Paris en leur honneur.

Vaudevilles

et

Comédies-vaudevilles.

— Actéon et le centaure Chiron. Farce mythologique mêlée de couplets. *Paris*, *Marchant*, 1836, in-32, 15 c.

Avec MM. Duvert et Leuven. Cette pièce fait partie d'un nouv. Répertoire dramatique.

— Aides de camp (les), comédie-vaudeville en un acte. *Paris*, *madame Huet*, 1823, in-8.

Avec M. F. Langlé.

— Ami (l'), Bontemps, ou la Maison de mon oncle, vaudeville en un acte. *Paris*, *Barba*, 1827, in-8, 1 fr. 50 c.

Avec M. Mélesville.

— Ami (l') intime, comédie en un acte, mêlée de couplets. *Paris*, *Quoy*, 1825, ou 1828, in-8, 1 fr. 50 c.

Avec MM. Dartois et Ferd. Laloue.

— * Anacharsis, ou Ma tante Rose. Comédie-vaudeville en un acte. *Paris*, *Marchant*, 1835, gr. in-8 de 16 pag. à deux colon., 20 c.

Avec MM. Brazier et de Courcy.

—Angeline, ou la Champenoise, comédie-vaudeville en un acte, imitée de l'allem. IIIe édit. *Paris*, *J.-N. Barba*, 1823, in-8, 1 fr. 50 c.

Avec M. Arm. Dartois. M. Théaulon s'est caché sous le nom de Léon.

— Anglais (l') à Bagdad, comédie-anecdote en un acte et en prose, mêlée de vaudevilles. *Paris*, *Barba*, 1812, in-8, 1 fr. 25 c.

Avec MM. Ourry et Moreau.

— Arbitre (l'), ou les Séductions, comédie-vaudeville en deux actes. *Paris*, *Barba*, 1827, in-8.

Avec M. Paulin (Paul Duport).

— Arbre (l') de Vincennes, vaudeville héroïque en trois actes (et en prose). *Paris*, *Martinet* (1814), in-8.

Avec M. Dartois.

—Auberge (l') du grand Frédéric, comédie-vaudeville en un acte (et en prose). *Paris*, *madame Huet*, 1821, in-8.

Avec M. Lafontaine. M. Théaulon s'est caché sous le nom de Léon.

— * Bal (le) champêtre au cinquième étage, ou Rigolard chez lui, tableau-vaudeville en un acte (et en prose). *Paris*, *Paul Banès*, 1830, in-8.

Avec M. Ach. Grégoire, seul nommé sur la pièce.

— * Bal (le) de l'avoué, ou les Quadrilles historiques, comédie-vaudeville en deux actes (et en prose). *Paris*, *R. Riga*, 1830, in-8.

Avec MM. Duflot et Roche, seuls nommés sur la pièce.

— Bandit (le), pièce en deux actes, mêlée de chants. *Paris*, *Riga*, 1829, in-8, 1 fr. 50 c.

Avec MM. (Nombret) de Saint-Laurent et Théodore (Anne).

— Barbier (le) châtelain, ou la Loterie de Francfort, comédie-vaudeville en trois actes. *Paris*, *Barba*, 1828, ou 1830, in-8, 1 fr. 50 c.

Avec M. Théod. Anne.

— Bayard à Lyon, ou le Tournois, vaudeville. *Lyon*, *Pelzin et Drevon*, 1811, in-8.

— Bayard page, ou Vaillance et Beauté, trait historique en deux actes et en vaudevilles. *Paris*, *madame Masson*, 1813, in-8, 1 fr. 25 c.

Avec M. Dartois.

— Bénéficiaire (le), comédie en cinq actes et en vaudevilles. *Paris*, *Barba*, 1825, in-8, 1 fr. 50 c.

Avec M. Étienne. Cette pièce a obtenu une seconde édition dans la même année; elle a été réimprimée de nouveau, en 1837, pour « la France dramatique ».

— Bêtes (les) savantes, folie burlesque en un acte et en vaudevilles. *Paris*, *Fages*, 1813, in-8, 1 fr. 25 c.

Avec MM. Dumersan et Dartois.

— Blouses (les), ou la Soirée à la mode, comédie-vaud. en un acte (et en prose). *Paris*, *J.-N. Barba*, 1822, in-8.

Avec MM. Gabriel et Armand (Dartois). M. Théaulon a gardé l'anonyme.

— Boghey (le) renversé, ou un Point de vue de Long-Champ, croquis en vaudevilles. *Paris*, *madame Masson*, 1813, in-8, 1 fr. 25 c.

Avec M. Étienne.

— Cache-cache, ou la Fiancée de Berlin, com.-vaudeville, en un acte. *Paris*, *Barba*, 1827, in-8.

Il y a des exemplaires de cette édition, sous la même date, qui portent pour titre: *la Fiancée de Berlin, ou le Jeu de cache-cache, etc.*, seconde édition.

— Calendrier (le) vivant, ou une Année dans une heure, revue-folie de l'an 1817 en un acte, mêlée de couplets. *Paris*, *Barba*, 1817, in-8, 1 fr. 25 c.

Avec M. Dartois et P. Ledoux.

—Candidat (le), ou l'Athénée de Beaune, comédie-vaudeville en cinq actes. *Paris*, *Barba*, 1826, in-8, 1 fr. 50 c.

Avec MM. Francis (bar. d'Allarde) et Dartois.

— Carmagnole, ou les Français sont des farceurs. Épisode des guerres d'Italie, en un acte. *Paris*, *Nobis*, 1837, in-8 de 24 pag., 20 c.

Avec MM. Deforges et Jaime (Rousseau).

— Centenaire (le), ou la Famille des Gaillards, comédie-vaudeville en un acte. *Paris*, *Barba*, 1825, in-8, 1 fr. 50 c.

Avec MM. Francis (baron d'Allarde) et Dartois.

— Chansons (les) de Désaugiers, comédie en cinq actes, mêlée de couplets. *Paris*, *Marchand; Barba*, 1835, in-8 de 32 pag.

Avec M. F. de Courcy. Cette pièce fait partie d'un « Nouv. Répertoire dramatique ».

—Château (le) d'Iff, comédie en un acte et en vaudevilles. *Paris*, *Fages*, 1813, in-8, 1 fr. 25 c.

Avec MM. Moreau et Const. Ménissier.
Cette pièce ne porte pour tout nom d'auteur que celui de *Constant*.

— Chiffonnier (le), ou le Philosophe nocturne, comédie-vaudeville en cinq actes et en une journée. *Paris*, *Barba*, 1826, in-8, 2 fr.

Avec M. Étienne.
Cette pièce a eu une seconde édition dans la même année.

— Cimetière (le) du Parnasse, ou Tippo malade, pompe funèbre en un acte, mêlée de vaudevilles. *Paris*, *Barba*, 1813, in-8.

Avec M. Dartois.

—Cinq heures du soir, ou le Duel manqué, comédie-vaudeville en un acte. *Paris*, *Quoy*, 1827, in-8, 1 fr. 50 c.

Avec MM. Mélesville et Carmouche.

— Clara Wendel, ou la Demoiselle brigand, comédie-vaudeville en deux actes. *Paris*, *Barba*, 1827, in-8, 1 fr. 50 c.

Avec MM. Dartois et Francis (baron d'Allarde).

— Claude Bélissan. Tableau-vaudeville en un acte. *Paris*, *Barba*, 1835, in-8, 1 fr. 50 c.; ou gr. in-8 de 16 pag., à deux colon., 30 c.

Avec M. Choquart.

—Clefs (les) de Paris, ou le Dessert d'Henri IV, trait historique en vaudevilles. *Paris*, *de l'impr. de Nic. de Vaucluse*, 1814, in-18 de 72 pag.

Avec M. Armand Dartois.

— Comédien (le) de Paris, ou Assaut de travestissements, vaudeville en un acte et en prose. *Paris*, *J.-N. Barba*, 1822, in-8.

Avec MM. (Arm.) Dartois et Eugène (Lamerlière). M. Théaulon a gardé l'anonyme.

—Commissaire (le) du bal, ou l'Ancienne et la nouvelle-mode, comédie-anecdote, mêlée de vaudevilles, en un acte. *Paris, Duvernois*, 1825, in-8, 1 fr. 50 c.

Avec MM. Francis (baron d'Allarde) et Dartois.

— Compagnon (le) d'infortune, ou les Prisonniers, comédie-vaudeville en un acte et en prose. *Paris, Duvernois; Setier*, 1825, in-8, 1 fr. 50 c.

Avec M. (Jacques) Arago.

— Comtesse (la) du Tonneau, ou les Deux cousines. Comédie-vaudeville en deux actes. *Paris, Marchant*, 1837, in-8.
— Cour (la) des miracles : chronique de 1450. Vaudeville en deux actes (tiré de Notre-Dame de Paris). *Paris, Marchant*, 1837, in-8.

Avec M. Lesguillon.

— Courrier (le) des théâtres, ou la Revue à franc étrier, folie-vaudeville en cinq relais. *Paris, Barba*, 1827, in-8.

Avec MM. Th. Anne et Gondelier.

— Créancière (la), comédie-vaudeville en deux actes. *Paris, madame Huet; Barba*, 1821, in-8, 1 fr. 50 c.

Avec M. Charles (Ramond de la Croisette).

— Crouton chef d'école, ou le Peintre véritablement artiste. Tableau en un acte, mêlé de couplets. *Paris, Nobis*, 1837, in-8 de 28 pag., 20 c.

Avec MM. Gabriel et F. de Courcy. Cette pièce fait partie d'un « Musée dramatique ».

— Danseuse (la) de Venise. Comédie en en trois actes, mêlée de chants. *Paris, Bezou*, 1834, in-8.

Avec M. A. Deforges.

— Deux (les) Matelots, ou le Père malgré lui, comédie-vaudeville en un acte. *Paris, Barba*, 1827, in-8.

Avec MM. Francis (bar. d'Allarde) et Dartois.

— Diable (le) d'argent, revue en un acte et en vaudevilles. *Paris, Barba*, 1820, in-8, 1 fr. 25 c.

Avec MM. Arm. Dartois et Rochefort. M. Théaulon a gardé l'anonyme.

— Dilettante (le), ou le Siége de l'Opéra, folie-vaudeville en cinq petits actes, à propos du Siége de Corinthe. *Paris, Duvernois*, 1826, in-8, 2 fr.

Avec MM. Th. Anne et Gondelier.

— * Docteur (le) du défunt, comédie-vaudeville en un acte (et en prose). *Paris, Bouquin de la Souche*, 1825, in-8.

Avec MM. Lafontaine et Carmouche : ce dernier et M. Théaulon ont gardé l'anonyme.

— Douvres et Calais, ou Partie et Revanche, comédie-vaudeville en deux actes. *Paris, Barba*, 1819.—Nouv. édit., corr. *Paris, Barba*, 1823, in-8, 1 fr. 50 c.

Avec M. Ménissier.

— Dragon (le) de vertu, ou le Pouvoir de l'exemple, comédie en un acte et en prose, mêlée de couplets. *Paris, Duvernois; Setier*, 1825, in-8, 1 fr. 50c.
— Écrivain (l') public, comédie-vaudeville en un acte. *Paris, Barba*, 1827, in-8.

Avec MM. Simonnin et de Courcy.

— Éducation (l') d'Achille. Comédie-vaudeville en un acte. *Paris, Michaud*, 1837, in-8 de 18 pag.

Avec M. G. de Lurieu.

— Elle et lui, comédie en un acte, mêlée de vaudevilles. *Paris, madame Masson*, 1813, in-8, 1 fr. 25 c.

Avec M. Capelle.

— Ermite (l') de Saint-Avelle, ou le Berceau mystérieux, vaudeville en un acte. *Paris, Barba*, 1820, in-8, 1 fr. 25 c.

Avec M. Capelle.

— Éveline, ou la Mélancolie, drame en un acte, mêlé de couplets. *Paris, Bouquin de la Souche; Barba*, 1825, in-8, 1 fr. 50 c.

Avec MM. de Courcy et Gustave (Vulpian).

— * Faux (le) duel, ou le Mariage par sensibilité, comédie en un acte et en prose, mêlée de vaudevilles. *Paris, J.-N. Barba*, 1816, in-8.

Avec M. H. Simon, seul auteur nommé sur cette pièce.

— Fée (la) du voisinage, ou la Fête au hameau, à-propos-vaudeville (en un acte et en prose), à l'occasion de la Saint-Charles. *Paris, J.-N. Barba*, 1826, in-8.

Avec MM. de Courcy et Rousseau.

— * Féerie (la) des arts, ou le Sultan de Cachemire, folie-féerie-vaudeville en un acte (et en prose). *Paris, madame Huet-Masson*, 1819, in-8.

Avec MM. Gabriel et Armand (Dartois). M. Théaulon a gardé l'anonyme.

— Femmes (les) rivaux, arlequinade, en

un acte et en vaudevilles. *Paris*, *Fages*, 1809, in-8.

Avec M. Arm. Dartois.

— Femmes (les) romantiques, ou Lord ***, comédie-vaudeville en un acte. *Paris*, *Martinet*, 1824, in-8, 1 fr. 50 c.; — *Paris*, *Baudouin frères*; *Pollet*, 1828, ou 1833, r. in-32, 1 fr.

Avec M. Ramond de la Croisette.
L'édition in-32 fait partie du Répertoire du Théâtre de Madame.

— Fleurs (les), bouquet en action (en un acte et en prose, mêlé de vaud.) pour la fête de madame M***, etc. *Paris*, *de l'imp. de Hocquet*, 1813, in-8 de 16 pag.

— Femmes (les) soldats, ou la Forteresse mal défendue, folie-vaudeville en un acte (en prose). *Paris*, *Fages*, 1809, in-8.

Avec M. Armand Dartois.

— * Femmes (les) volantes, vaudeville-féerie en deux actes (et en prose). *Paris*, *Duvernois*, 1824, in-8.

Avec MM. Ach. et Arm. Dartois : ce dernier et M. Théaulon ont gardé l'anonyme.

— Fiancée (la) de Berlin. Voy. ci-dessus: *Cache-cache*.

— Fiancés (les), ou l'Amour et le hasard, comédie en un acte (en prose), mêlée de vaudevilles. *Paris*, *Fages*, 1809, in-8.

Avec M. Arm. Dartois.
Première pièce de l'auteur.

— Fleurs (les) du château, bouquet (en un acte et en prose, mêlé de vaudev.), à l'occasion de la Saint-Louis. *Paris*, *madame Huet*; *Barba*, 1823, in-8, 1 fr. 50 c.

Avec MM. Carmouche et Vander-Burch.

— Folies (les) du jour, extravagance en un acte, en vaudevilles. *Paris*, *Barba*, 1820, in-8, 1 fr. 25 c.

Avec MM. Ménissier et Martin.

— Folle (la) de la Bérésina. Drame en deux actes, mêlé de chants, tiré des Scènes de la vie privée de M. de Balzac. *Paris*, *Barba*, 1835, in-8, 2 fr.

— Forêt (la) Noire, folie-vaudeville. *Paris*, *madame Masson*, 1811, in-8, 1 fr. 25 c.

Avec M. H. Dupin.

— France et Savoie, ou le Pont de Beauvoisin, comédie-vaudeville en deux actes. *Paris*, *Barba*, 1825, in-8, 1 fr. 50 c.

Avec M. Dartois.

— France (la) pittoresque, ou la Reine des vendanges (coutume provençale). Tableau-vaudeville en un acte. *Paris*, *Barba*; *Bezou*; *Quoi*, 1834, in-8, 30 c.

Avec M. V. Desmares.

— Gascon et Normand, ou les deux Soubrettes, comédie en un acte (et en prose), mêlée de vaudevilles. *Paris*, *J.-N. Barba*, 1815, in-8.

Avec M. Capelle.

— Girafe (la), ou une Journée au Jardin du roi, tableau à-propos en vaudevilles. *Paris*, *Barba*, 1827, in-8, 1 fr. 50 c.

Avec MM. Th. Anne et Gondelier.

— Grenadier (le) de Fanchon, vaudeville grivois en un acte. *Paris*, *Quoy*; *Barba*, 1824, in-8, 1 fr. 50 c.

Avec MM. Brazier et Carmouche.

— Gueux (le), ou la Parodie du Paria, tragédie burlesque en cinq actes et en vers, avec de vieux chœurs et des ponts-neufs. *Paris*, *Barba*, 1822, in-8, 1 fr. 50 c.

Avec MM. Dartois et Ferdinand (Langlé).

— Héloïse, ou la nouvelle Somnambule, comédie en trois actes, mêlée de couplets. *Paris*, *Barba*, 1827, in-8, 1 fr. 50 c.

— Idiote (l'). Comédie-vaudeville en un acte. *Paris*, *Marchant*, 1834, in-8, 15 c.

Avec M. Th. Nezel.

— Inconvéniens (les) de la diligence, ou Monsieur Bonaventure, six tableaux-vaudevilles dans le même cadre. *Paris*, *Barba*; *Hautecœur-Martinet*, 1826, in-8, 1 fr. 50 c. — Deuxième édit., corr. et conforme à la représentation. *Paris*, *Barba*, 1828, in-8, 1 fr. 50 c.

Avec MM. Francis (baron d'Allarde) et Dartois.

— Infortunes (les) de Jovial, huissier-chansonnier, voyage en trois actes, et six tableaux (en prose), mêlé de chants, de danses et de prises de corps. *Paris*, *Barba*; *Bezou*; *Pollet*, 1836, in-8.

Avec M. de Courcy.

— Jean, pièce en quatre parties, mêlée de couplets. *Paris*, *Barba*, 1828, in-8.

Avec Alph. Signol. Cette pièce a été réimprimée, en 1837, pour la « France dramatique ».

— * Jérusalem (la) déshabillée, parodie en un acte, en prose et en vaudevilles, de l'opéra de la » Jérusalem délivrée « (de M. Baour-Lormian). Par MM. ***. *Paris*, *mad. Masson*, 1812, in-8.

Avec MM. Moreau et Ourry.

— John Bull au Louvre, vaudeville en trois tableaux. *Paris*, *Quoy*, 1827, in-8, 1 fr. 50 c.

Avec MM. (Nombret) St-Laurent et *** (Bayard).

— Jolis (les) soldats, tableau militaire, civil et vaudeville, imité de Charlet. *Paris, Hautecœur-Martinet*, 1826, in-8, 1 fr. 50 c.

Avec MM. Francis (bar. d'Allarde) et Dartois.

— Jovial en prison, comédie-vanveville en deux actes. *Paris*, *Riga*, 1829, in-8, 4 fr.

Avec M. Gabriel (et Théod. Anne).

— Judith et Holopherne. Épisode de la première guerre d'Espagne. Vaudeville en deux actes. *Paris*, *Barba*, 1834, in-8.

Avec MM. Nezel et Overnay.

— Lidda, ou la Servante, comédie-vaudeville en un acte. *Paris*, *Barba*, 1828, in-8, 1 fr. 50 c.

Avec M. Th. Anne.

— * Magasin (le) de chaperons, ou l'Opéra-comique vengé, folie-féerie-parodie en un acte (et en prose, mêlée de vaudevilles). *Paris*, *J.-N. Barba* (1818), in-8.

Avec MM. Désaugiers et Dartois. M. Théaulon a gardé l'anonyme.

— Magasin (le) de lumière, scènes (en prose, mêlées de vaudevilles) à propos de l'éclairage par le gaz. *Paris*, *madame Huet*, 1823, in-8.

Avec MM. Ferdinand (Langlé) (Ramond de la Croisette) et B.... (Brisset). M. Théaulon s'est caché sous le nom de Léon.

— Marais (les) Pontins, ou les trois Bijoux. Vaudeville en deux actes. *Paris*, *Marchant*, 1835, gr. in-8 de 20 pag. à 2 colon., 20 c.

Avec MM. Planard et Lange.

— Mari (le) aux neuf femmes, comédie anecdotique en un acte, mêlée de couplets. *Paris*, *Riga*, 1830, in-8, 1 fr. 50 c.

— Mariage (le) à la hussarde, ou une Nuit de printemps, comédie-vaudeville. *Paris*, *madame Huet*, 1819, 1820, in-8, 1 fr. 25 c.

Avec MM. Arm. Dartois et Lafontaine. M. Théaulon a caché sa coopération à cette pièce sous le nom de Léon.

— Mariage (le) de Cendrillon, ou Simplicité, constance, mélodramatico-vaudeville-féerie en trois actes (et en prose). *Lyon*, *Chambet*, 1810, in-8.

— Mariage (le) de convenance, comédie-vaudeville en deux actes. *Paris*, *Duvernois*, 1824, in-8, 1 fr. 50 c.

Avec M. Achille Dartois.

— Mariée (la) à l'encan, ou le gentil Faucheur, tableau villageois en un acte (et en prose, mêlé de vaudevilles). *Paris*, *R. Riga*, 1830, in-8.

Avec MM. Duflot et Roche. M. Théaulon a gardé l'anonyme.

— Marin (le), ou les deux Ingénues, com.-vaudeville en un acte. *Paris*, *Barba*, 1815.

— Nouv. édit. *Paris*, *J.-N. Barba*, 1822, in-8, 1 fr. 50 c.

— Maris (les) anglais, ou la Conversation criminelle, coméd.-vaudeville en un acte. *Paris*, *madame Huet*; *Barba*, 1824, in-8, 1 fr. 50 c.

Avec M. Gustave (Vulpian).

— Marquis (le) de Brunoy, pièce en cinq actes. *Paris*, *Barba*; *Delloye*; *Bezou*, 1837, in-8 à 2 colon.

Avec M. Jaime (Rousseau). Cette pièce fait partie de la France dramatique au XIXe siècle.

— Matin (le) et le soir, ou la Fiancée et la mariée, comédie-vaudeville en deux actes. *Paris*, *madame Huet*, 1822, in-8, 1 fr. 80 c.

Avec MM. Arm. Dartois, Eugène (Lamerlière) (et Chazet). M. Théaulon a gardé l'anonyme.

— Médecin (le) de campagne, comédie-vaudeville en deux actes. *Paris*, *Michaud*, 1838, in-8, 40 c.

Avec MM. F. de Courcy et Th. Muret. Cette pièce fait partie d'une collection intitulée « Musée dramatique ».

— Médecin (le) des théâtres, ou les Ordonnances, tableau épisodique en un acte. *Paris*, *Hautecœur-Martinet*, 1826, in-8, 1 fr. 50 c.

Avec MM. Dartois et Francis (bar. d'Allarde).

— Mère (la) au bal et la Fille à la maison, comédie-vaudeville en deux actes. *Paris*, *Duvernois*, 1826, in-8, 2 fr.

Avec M. Gondelier.

Pièce réimprimée, en 1837, pour la France dramatique.

— Mes derniers vingt sous, vaudeville en un acte. *Paris*, *Martinet*, 1824, in-8, 1 fr. 50 c.

Avec M. Ramond (de la Croisette).

— 1834 et 1835, ou le Déménagement de l'année. Revue épisodique en un acte. *Paris*, *Marchant*, 1835, in-8.

Avec MM. de Courcy et Th. Nezel.

— M. Champagne, ou le Marquis malgré

lui, comédie-vaudeville en un acte. *Paris*, *madame Huet-Masson*, 1818, in-8, 1 fr. 25 c.

Avec M. Dartois.

— M. Ducroquis, ou le Peintre en voyage comédie-vaudeville en deux actes. *Paris*, *Barba*, 1828, in-8.

Avec M. A. Choquart.

— M. François, ou Chacun sa manie, comédie en un acte, mêlée de couplets. *Paris*, *Barba*; *Duvernois*, 1826, in-8, 1 fr. 50 c.

Avec MM. Francis (baron d'Allarde) et Dartois.

— M. Jovial, ou l'Huissier chansonnier, comédie-vaudeville en deux actes. *Paris*, *Barba*, 1827, in-8.

Avec M. A. Choquart. Cette pièce a obtenu une seconde édition dans la même année, et elle a été insérée, en 1836, dans la « France dramatique ».

— Monsieur Pique-assiette, comédie-vaudeville en un acte. *Paris*, *J.-N. Barba*, 1824, in-8.

Avec MM. Dartois et Gabriel. M. Théaulon a gardé l'anonyme.

— Naturaliste (le), ou l'Homme fossile, folie-vaudeville en un acte. *Paris*, *Bezou*, 1824, in-8, 1 fr. 50 c.

Avec MM. Simonnin (et Saint-Marc).

— N° XIII, ou la Nuit d'avant la noce, comédie en un acte, mêlée d'ariettes et de vaudevilles. *Paris*, *Fages*, 1813, in-8, 1 fr. 25 c.

Avec M. Fulgence (de Bury).

— Page (le) du régent, ou le Piége, comédie-vaudeville en un acte. *Paris*, *Barba*; *Delloye*; *Bezou*, 1838, gr. in-8, impr. à 2 colonn.

Pièce réimprimée pour la « France dramatique au XIXe siècle ».

— Pages (les) au sérail, vaudeville en deux actes (et en prose). *Paris*, *Masson*, 1811, in-8.

Avec M. Dartois.

— Panorama (le) de Paris, ou C'est fête partout! divertissement en cinq actes, en vaudevilles, à l'occasion du baptême du duc de Bordeaux. *Paris*, *Quoy*, 1821, in-8, 1 fr. 50 c.

Avec M. Dartois.

« En 1821, M. Théaulon fut nommé chevalier de la légion d'honneur, sans l'avoir demandé, mais non sans l'avoir mérité par son dévouement à la légitimité qu'il venait de signaler par une espèce de tour de force, en donnant, aux trois principaux théâtres de Paris, et presque le même jour, trois pièces à l'occasion du baptême du duc de Bordeaux, savoir : à l'Opéra-Comique, *le Panorama de Paris, etc.*; à l'Opéra, *Blanche de Provence* (en société avec M. de Rancé), et au Théâtre-Français, *Jeanne d'Albret, ou le Berceau* (en société avec MM. Carmouche et Rochefort) ».

— Parents (les) de l'héritage, ou Mon cousin le comédien, comédie en un acte, mêlée de chant. *Paris*, *Marchant*, 1836, gr. in-8 de 36 pag., 15 c.

Avec M. de Courcy.

— Paris à Pékin, ou la Clochette de l'Opéra-comique, parodie-féerie-folie en un acte et en vaudevilles. *Paris*, 1817, in-8.

Avec MM. Désaugiers et Dartois. M. Théaulon a gardé l'anonyme pour sa coopération à cette pièce, qui est une parodie de l'opéra-féerie intitulé : *la Clochette, ou le Diable page*.

Cette parodie a obtenu une seconde édition dans la même année.

— Paris et Bruxelles, ou le Chemin à la mode, comédie-vaudeville en deux actes. *Paris*, *Barba*, 1827, in-8.

Avec MM. Étienne et Gondelier.

— Paris volant, ou la Fabrique d'ailes, folie épisodique en un acte, en prose et en vaudevilles. *Paris*, *Masson*, 1812, in-8, 1 fr. 25 c.

Avec MM. Moreau et Ourry.

— Partie carrée, ou Chacun de son côté, comédie-vaudeville en un acte. *Paris*, *Martinet*, 1810, 1822, in-8, 1 fr. 25 c.

Avec MM. Armand Dartois et D***.

— Paysan (le) perverti, ou Quinze ans de Paris, pièce en trois journées. *Paris*, *Barba*, 1827, in-8, 2 fr.

La même année l'auteur a ajouté un *Prologue* à cette pièce (in-8 de 4 pag.).

Le *Paysan perverti* a été réimprimé, en 1835, pour la « France dramatique au XIXe siècle ».

— Pêcheurs (les) danois, vaudeville historique en un acte. *Paris*, *Martinet*, 1810, in-8, 1 fr. 25 c.

Avec M. Armand Dartois.

— Père (le) de la débutante, vaudeville en cinq actes. *Paris*, *Barba*; *Delloye*; *Bézou*, 1838, gr. in-8 à 2 colonn.

Avec M. Bayard.

Pièce imprimée pour « la France dramatique au XIXe siècle ».

— Père (le) Goriot. Drame-vaudeville en trois actes. *Paris*, *Marchant*; *Barba*, 1835, in-8 de 40 pag., 2 fr.; ou gr. in-8 de 20 pag. à 2 col.

Avec MM. A. Decomberousse et Jaime (Rousseau).

— Péricholle (la). Comédie en un acte, mêlée de chants. *Paris*, *Marchant*; *Barba*, 1835, in-8 de 48 pag., 2 fr.; ou gr. in-8 de 16 pag., à 2 colonn.

Avec M. Deforges.

— Perkins-Warbec, ou le Commis marchand, vaudeville historique en deux actes. *Paris*, *Barba*, 1827, in-8.

Avec MM. Brazier et Carmouche.

— Perle (la) de Marienbourg, comédie-anecdote, mêlée de chants, en deux journées. *Paris*, *Barba*, 1828, in-8.

Avec MM. Deforges et Adolphe (de Leuven).

— Permesse (le) gelé, ou les Glisseurs littéraires, folie-revue en un acte. *Paris*, *Martinet*, 1821, in-8, 1 fr. 25 c.

Avec MM. Dartois et Gersin.

— Perroquets (les) de la mère Philippe, vaudeville en un acte. *Paris*, *Barba*, 1818, in-8, 1 fr. 25 c.

Avec MM. Arm. et Achille Dartois. M. Théaulon a gardé l'anonyme.

— Piége (le), comédie en un acte, mêlée de vaudevilles. *Paris*, *Martinet*, 1812, in-8, 1 fr. 25 c.

Réimprimé sous ce titre : *Un Page du Régent*, *ou le Piége*, comédie-vaudeville en un acte. Paris, J.-N. Barba, 1837, in-8.

— Pierre, ou le Couvreur, vaudeville en un acte, en cinq tableaux (et en prose). *Paris*, *J.-N. Barba*, 1829, in-8.

Avec MM. Brazier et Carmouche. M. Théaulon a gardé l'anonyme.

— Poste (la) dramatique, folie à-propos de Marie Stuart, sans unité de lieu, en un acte, en prose, en vers, en couplets et en roulades. *Paris*, *J.-N. Barba*, 1820, in-8.

Avec M. Arm. Dartois. M. Théaulon a caché sa coopération sous le nom de Léon.

— Prince (le) chéri, ou les Lis enchantés, féerie-allégorie-vaudeville en un acte. *Paris*, *Barba*, 1815, in-18 de 72 pag.

— Protecteur (le), comédie-vaudeville en un acte. *Paris*; *Hautecœur*-*Martinet*, 1826, in-8, 1 fr. 50 c.

Avec MM. Francis (bar. d'Allarde) et Dartois.

— Prova (la) d'un opéra seria, opéra buffa en un acte (imité de l'italien). *Paris*, *Marchant*, 1835, in-8.

Avec M. Théod. Nezel.

— Psyché, ou la Curiosité des femmes, comédie anacréontique en un acte, mêlée de vaudevilles. *Paris*, *Barba*, 1814, in-8, 1 fr. 25 c.

Avec M. Dartois.

— Quatre (les) âges du Palais-Royal, histoire dramatique en quatre époques (et prologue, intitulé : le Diable ambassadeur, en prose et en vaudev.). *Paris*, *Marchant*, 1834, in-8, 30 c.

— Ramoneur (le), drame-vaudeville en deux actes. *Paris*, *Marchant*, 1834, ou 1835, in-8, 15 c.

Avec MM. Gabriel et Deforges.

— Recette (la), ou le Sixième acte du Bénéficiaire, comédie-vaudeville. *Paris*, *Barba*, 1826, in-8, 2 fr.

— Résurrection (la) de saint Antoine. A propos-vaudeville en un acte. *Paris*, *Marchant*; *Barba*, 1835, ou 1836, gr. in-8 de 16 pag. à 2 colon.

Avec MM. Brazier et de Villeneuve.

— Retour (le) de l'armée, vaudeville. *Milan*, vers 1810, in-8.

L'auteur était alors inspecteur des hôpitaux militaires. Cette pièce, qui fut représentée à Milan, valut à M. Théaulon, de la part du prince Eugène, une gratification de 50 napoléons, dans une boîte ornée de son chiffre.

— Rideau (le) levé, ou le Siége du Parnasse, bataille en couplets. *Paris*, *Huet-Masson*, 1818, in-8, 1 fr. 25 c.

Avec M. Arm. Dartois. M. Théaulon a encore caché sa coopération à cette pièce sous le voile de l'anonyme.

— Route (la) d'Aix-La-Chapelle, tableau-vaudeville en un acte. *Paris*, *madame Huet-Masson*, 1818, in-8, 1 fr. 25 c.

Avec M. Arm. Dartois. M. Théaulon a caché sa coopération à cette pièce sous le nom de Léon.

— Route (la) de Paris, ou les Allants et les venants, tableau épisodique en un acte, en vaudevilles. *Paris*, *Barba*, 1814, in-18 de 72 pag.

Avec M. Dartois de Beurnonville.

— Sainte-Périne, ou l'Asile des vieillards, tableau-vaudeville en un acte. *Paris*, *Barba*, 1827, in-8, 1 fr. 50 c.

Avec MM. Armand O. (Overnay) et Eugène L. (Lamerlière).

— Sans nom, ou Drames et romans. Mystère-folie-vaudeville en un acte. *Paris*, *Marchant*, 1837, in-8 de 16 pag.

Avec M. de Biéville.

— Sculpteur (le), ou Une vision, comédie-vaudeville en un acte. *Paris*, *Barba; Delloye; Bezou*, 1838, in-8 à 2 colon.

Avec M. Biéville. Cette pièce n'a été imprimée que pour la « France dramatique ».

— Solliciteuse (la), ou l'Intrigue dans les bureaux, comédie-vaudeville en un acte. *Paris*, *Delaunay; Martinet*, 1821, in-8, 1 fr. 25 c.

Avec M. Dartois.

— Somnambule (la) mariée, comédie-vaudeville en un acte et en prose. *Paris*, *Duvernois; Setier*, 1825, in-8, 1 fr. 50 c.

— Soufflet (le) conjugal, comédie-vaudeville en un acte. *Paris*, *Barba*, 1826, in-8, 1 fr. 50 c.

Avec M. Étienne.

— Spectacle à la cour, comédie-vaudeville en deux actes. *Paris*, *Marchant*, 1837, in-8 de 20 pag. à 2 colonn.

Avec MM. Lubize et G. Albitte.

— Stanislas, ou la Sœur de Christine, vaudeville en un acte. *Paris*, *Barba*, 1823. — Deuxième édition, conforme à la représentation. *Paris*, *Barba*, 1827, in-8, 1 fr. 50 c.

Avec M. Eugène.

— Stanislas en voyage, ou le Jour des Rois, vaudeville en un acte. *Paris*, *madame Masson*, 1812, in-8, 1 fr. 25 c.

— * Suite du Folliculaire, ou l'Article en suspens, comédie-vaudeville en un acte (et en prose). *Paris*, *madame Huet*, 1820, in-8.

Avec MM. Dartois, Ramond de la Croisette et Ferdinand (Langlé). La pièce ne porte aucun nom.

— Télégraphe (le), ou le Commissaire général, com.-vaud. en deux actes. *Paris*, *Duvernois*, 1827, in-8.

Avec MM. Dormeuil et Édouard H.

— Trilby, ou le Lutin du foyer, comédie en un acte, mêlée de couplets. *Paris*, *Fages*, 1823, in-8, 1 fr. 50 c.

Avec MM. Lafontaine et Jouslin de Lasalle.

— * Trois (les) couchées, ou l'Amour en poste, comédie-vaudeville en trois actes (et en prose). *Paris*, *A. Boulland*, 1830, in-8.

Avec MM. Roche et Duflot, seuls nommés sur la pièce.

— Trois (les) faubourgs, ou le Samedi, le dimanche et le lundi, comédie-vaudeville en trois actes. *Paris*, *Barba*, 1827, in-8, 1 fr. 50 c.

Avec MM. Francis (bar. d'Allarde) et Dartois.

— Trous (les) à la lune, ou Apollon en faillite, à-propos-folie en un acte. *Paris*, *Duvernois*, 1826, in-8, 1 fr. 50 c.

Avec MM. Francis (bar. d'Allarde) et Dartois.

— Tyrolienne (la), comédie-vaudeville en un acte, imitée de Gœthe. *Paris*, *Riga*, 1829, in-8, 1 fr. 50 c.

Avec MM. Adolphe (de Leuven) et Charles (de Livry).

— Un Ange au sixième étage, comédie en un acte. *Paris*, *Barba; Delloye; Bezou*, 1838, in-8.

Avec M. Stephen A***. (Arnoult)
Cette pièce fait partie de « la France dramatique au XIXe siècle ».

— Une Heure de Charles XII, ou le Lion amoureux. Comédie-vaudeville en un acte. *Paris*, *Barba*, 1837, in-8 de 28 pages, 2 fr.

— Une Journée à Montmorency, tableau-vaudeville en un acte (et en prose). *Paris*, *Duvernois*, 1822, in-8.

Avec MM. Ramond (de la Croisette) et Ferdinand (Langlé).

— Venise au sixième étage, ou la Manie des bals masqués. Folie de carnaval en deux actes. *Paris*, *Marchant*, 1836, in-32, 15 c.

Avec MM de Courcy et Langlé.

— Vénus (la) hottentote, ou Haine aux Française, vaudeville en un acte. *Paris*, *Martinet*, 1814, in-8.

Avec MM. Dartois et Brazier.

— Veuve (la) de quinze ans, comédie-vaudeville en un acte. *Paris*, *Barba*, 1826, in-8, 1 fr. 50 c.

Avec M. Adolphe (Capelle).

— Veuve (la) du soldat, comédie en un acte et en prose, mêlée de couplets. *Paris*, *Duvernois; Setier*, 1825, in-8, 1 fr. 50 c.

— Victorin, ou le Soldat dépositaire, comédie en un acte et en prose, mêlée de couplets. *Paris*, *Duvernois; Setier*, 1825, in-8, 1 fr. 50 c.

— Visites (les), ou les Compliments du jour de l'an, tableau-vaudeville en un acte. *Paris*, *Barba*, 1815, in-8.

Avec MM. Dartois et Achille (Dartois).

— Voyage (le) à frais commun. Comédie-vaudeville en cinq actes. *Paris*, *Barba*, 1833, in-8, 2 fr.

Avec M. V. Desmares.

— Zodiaque (le) de Paris, à-propos du zodiaque de Denderah, vaudeville épisodique en un acte. *Paris, Duvernois; madame Sedille*, 1822, in-8, 1 fr. 50 c.

Avec MM Ferdinand (Langlé) et Brisset.

Comédies

en vers et en prose.

— Anniversaire (l'), ou une Journée de Philippe-Auguste, comédie héroïque en un acte et en vers. *Paris, Cussac*, 1816, in-8, 1 fr. 50 c.

Avec M. de Rancé.

— Artiste (l') ambitieux, ou l'Adoption, comédie en cinq actes et en vers. *Paris, J.-N. Barba*, 1820, in-8, 4 fr.

— Autre (l') Henri, ou l'An 1820, comédie en trois actes et en prose, pièce reçue au second Théâtre-Français en 1820, et représentée sur le premier par les comédiens extraordinaires du roi, le 1er mai de l'an 2000. *Paris, Mad. Huet; Barba*, 1821, in-8, 2 fr.

Avec MM. Capelle et Fulgence (de Bury).

— Brave et poltron, ou le Fantôme du parc, comédie.

Imprimée dans le tome .. du « Musée des familles, recueil dont la partie française a été réimprimée sous ce titre : les Jours de congé, ou les Matinées du grand oncle, 1838, 2 vol. in-12.

— Château (le) et la ferme, comédie en un acte et en prose, représentée pour la première fois sur le Théâtre-Français, le 11 juin 1825, en présence du roi et de la famille royale, et retirée le même soir par les auteurs. *Paris, Duvernois*, 1825, in-8, 1 fr. 50 c.

Avec MM. Gersin et Duport.

— Couronnes (les), ou l'Esprit et le cœur, comédie.

Imprimée dans le tome .. du « Musée des familles ».

— Indiscret (l'), comédie en cinq actes et en vers. *Paris, Barba*, 1825, in-8, 4 fr.

— Jeanne d'Albret, ou le Berceau, comédie en un acte et en vers. *Paris, Delavigne*, 1821, in-8, 1 fr. 50 c.

Avec MM. Carmouche et Rochefort.

— Laboureur (le); ou Tout pour le roi! Tout pour la France! comédie en un acte et en prose. *Paris, madame Huet; Barba*, 1823, in-8, 1 fr. 50 c.

Avec MM. Dartois et de Rancé.

Opéras-comiques.

— Angiolina, ou la Femme du doge, drame en trois actes, mêlé de chants. *Paris, Dureuil*, 1829, in-8, 2 fr.

Avec M. Brisset.

— Bataille (la) de Dénain, opéra-comique en trois actes. *Paris, Barba; Vente*, 1816, in-8, 1 fr. 50 c.

Avec MM. Dartois et Fulgence (de Bury).

— Charles de France, ou Amour et Gloire, opéra-comique en deux actes. *Paris, Barba*, 1816, in-8, 1 fr. 50 c.

Avec M. Dartois (et M. de Rancé).

— Chasseur (le) rouge, tradition du XVIe siècle, opéra-comique en un acte; précédé d'une notice. *Paris, Duvernois; Setier*, 1825, in-8, 1 fr. 50 c.

Avec M. Collin de Plancy.

— Clochette (la), ou le Diable page, opéra-féerie en trois actes et en prose. *Paris, Janet et Cotelle*, 1817, in-8, 1 fr. 50 c.

— Faust, drame lyrique en trois actes. *Paris, Duvernois*, 1827, in-8, 2 fr.

— Jeanne d'Arc, ou la Délivrance d'Orléans, drame lyrique en trois actes. *Paris, Martinet*, 1821, in-8, 2 fr.

Avec M. Dartois.

— Oiseau (l') bleu, ou la Princesse ingénue, opéra-féerie en trois actes. *Paris, J.-N. Barba*, 1821, in-8, 2 fr.

— Petit (le) Chaperon rouge, opéra-féerie en trois actes et en prose. *Paris, Vente*, 1818. — IVe édition, conforme à la représentation. *Paris, Barba; Vente*, 1831, in-8, 1 fr. 50 c.

— Rafaël, drame en trois actes, mêlé de chants. *Paris, Riga; Boulland*, 1830, in-8, 2 fr.

— Roi (le) et la Ligue, opéra-comique en deux actes. *Paris, Barba; P. Villiers*, 1815. — IIIe édit. *Paris, Fages*, 1816, in-8, 1 fr. 50 c.

Avec M. Dartois.

— Rosières (les), opéra-comique en trois actes et en prose. *Paris, Vente*, 1817, in-8, 2 fr.

Avec M. de Rancé.

— Un Mari pour étrennes, opéra-comique en un acte. *Paris, Vente*, 1816, in-8, 1 fr. 25 c.

Avec M. Dartois.

Opéras.

— Alcindor, opéra....

Cet opéra, dont le célèbre Spontini a fait la musique, devait être représenté à Berlin le jour du mariage du prince royal de Prusse, ne fut joué que l'année suivante; mais on ne dit pas s'il a été imprimé. Rien n'égalait la magnificence des décors; la mise en scène d'*Alcindor* coûta plus de 240,000 fr. M. Théaulon, qui avait été appelé à Berlin pour la composition de cet opéra, revint à Paris comblé des faveurs de la cour de Prusse.

— Blanche de Provence, ou la Cour des fées, opéra en un acte (et en vers libres). *Paris, de l'impr. de Didot l'aîné. — Roullet*, 1821, in-8.

Avec M. de Rancé. Cet opéra fut représenté pour la première fois sur le théâtre de la Cour, en mai 1821.

— Clovis, ou le premier Sacre, tragédie lyrique en cinq actes. *Paris, chez les princip. libr.*, 1825, in-8.

Avec M. de Rancé.

Cette pièce, destinée pour l'Opéra, fut défendue par le ministère de la maison du roi, et n'a pas été représentée : la représentation de deux autres pièces de M. Théaulon a été également défendue par la police : *le Traité d'Amiens*, et (en société avec MM. Fulg. de Bury et Capelle) *Henri V, ou l'An* 1880; ni l'une, ni l'autre n'ont été imprimées.

— * Don Sanche, ou le Château d'amour, opéra-féerie en un acte. *Paris, de l'impr. de J. Didot aîné. — Roullet*, 1825, in-8, 1 fr. 50 c.

Avec M. de Rancé.

— Owinska, ou la Guerrière polonaise, drame lyrique en trois actes.

Cet opéra, dont le fils du célèbre Boieldieu composa la musique, fut représenté à Toulon, mais rien ne nous a appris qu'il ait été imprimé.

Drames.

— Guerre (la) des servantes. Drame en cinq actes et sept tableaux. *Paris, Barba*, 1837, et 1838, in-8, 75 c.

Avec MM. Alboize et Harel.

— Roi (le), ou le 6 janvier 1648, drame.

Imprimé dans le « Musée des familles ».

Les auteurs de la Biographie universelle et portative des contemporains disent que le nombre des ouvrages dramatiques de M. Théaulon s'élève à environ deux cent cinquante. Il lui est quelquefois arrivé d'en donner seize ou dix-sept dans la même année. Presque toutes ces pièces ont été imprimées, ajoutent les biographes dont nous venons de parler; pourtant nous en connaissons un assez bon nombre qui ne sont pas dans ce cas.

Varia.

— Bataille d'Iéna. (En vers). *Montpellier*, 1806, in-8.

— Couteau (le), ou la Mort d'un ministre, nouvelle romantique, suivie de trois autres nouvelles. *Paris, Pinard; Delaunay*, 1824, in-12, 3 fr. 50 c.

— Notice biographique sur madame J. Hermance Lesguillon (née Sandrin).

Imprimée dans la « Biographie des femmes contempor. françaises », publiée sous la direction de M. Alfr. de Montferrand.

— Ode à l'occasion de la naissance du roi de Rome. *Paris, impr. de Lefèvre*, 1811, in-8.

Pièce qui fit quelque sensation, et pour laquelle l'auteur obtint une gratification. M. Théaulon refusa néanmoins de marcher, lorsqu'il fut appelé quelque temps après par une conscription supplémentaire.

— Proclamations (trois) du roi, faites pendant l'interrègne. *Paris, veuve Péronneau*, 1816, in-8 de 16 pag.

— Temple (le) de l'immortalité. *Montpellier*, 1806, in-8.

Morceau de poésie.

M. Théaulon, très-connu comme auteur dramatique, l'est fort peu comme journaliste, et pourtant il consacra l'un des premiers sa plume à la cause de la légitimité. Lorsqu'en 1815, il suivit Louis XVIII à Gand, il publia, dans cette ville, le premier numéro d'un journal intitulé : *le Nain rose*. En 1820, il fonda un journal royaliste, intitulé : *la Foudre*, avec MM. Cyprien Bérard et Arm. Dartois : mais il se sépara d'eux pour fonder *l'Apollon*, autre feuille de la même opinion, mais bien moins violente.

THÉAULON (L.) — Roi (le) de l'île de Ratonneau, ou André et Annette, vaudeville anecdotique en un acte. *Marseille, de l'impr. d'Achard (Paris, Barba)*, 1823, in-8.

THÉBAULT (   ), docteur en médecine, professeur de mathématiques à Rennes.

On doit à Thébault diverses traductions de l'anglais, et, entre autres, les suivantes : 1° Traité de l'hydrophobie, trad. d'OLSTON (1755, in-12); — 2° Essais de la Société de Dublin, trad. de l'angl. (1759, in-12); — 3° Essais physiologiques de Rob. WHITT. Paris, Étienne, 1759, in-12.

THÉBAULT (J.-F.), chirurgien à Paris.

— Réflexions sur les moyens les plus simples à employer pour le libre exercice de la chirurgie dans toute la France, prés. à l'Assemblée nationale, etc. 1791, in-8.

THÉBAUT (A.-R.), professeur au lycée de Rennes.

— Cours de thèmes, rédigé d'après le rudiment de Lhomond. *Paris, Nyon jeune*, 1809, in-12. — VIe édit., revue par l'auteur. *Paris, le même; Rennes, l'Auteur*, 1818, in-12.

— Cours de versions tirées des auteurs latins, et mises à la portée des 7e, 6e, 5e et 4e. *Paris, Nyon jeune; et Rennes, l'Auteur*, 1815, in-8, 2 fr. 50 c.

THEDEN, médecin allemand.

— Progrès ultérieurs de la chirurgie, ou Remarques et observations nouvelles, trad. de l'allem. par CHAIRON. *Bouillon*, 1777, in-8.

THÉDÉNAT-DUVENT (P.-P.), consul français à Alexandrie.

— Égypte (l') sous Méhémed-Aly, ou Aperçu rapide de l'administration civile et militaire de ce pacha, publié sur les manuscr. de l'auteur, par F.-J. JOLY. *Paris, Pillet aîné*, 1822, in-8 avec portr., 3 fr. 75 c.

THEIL (Du). Voyez DUTHEIL, et LA PORTE DU THEIL.

THEIL (N.), philologue et traducteur.

Nous connaissons de M. Theil les traductions suivantes : 1° (avec M. Gaerthner), le Galérien, roman philosophique et historique, trad. de l'allem. de ZSCHOKKE ( ); — 2° des Devoirs des hommes, ou la Morale du christianisme développée, trad. de l'ital. de S. PELLICO (1837); — 3° Traditions allemandes, traduites de l'allem., de GRIMM (1837).

Il a soigné des éditions de plusieurs livres à l'usage des classes, et y a ajouté des notes et des arguments, tels que de JUSTIN, des Morceaux choisis de TITE-LIVE (1838), et de quelques opuscules grecs.

THEINER (Augustin), docteur en droit.

— Introduction (l') du célibat forcé chez les peuples chrétiens et ses suites, pour servir à l'histoire ecclésiastique. (En allemand.) *Altenbourg*, 1828, in-8.

Avec J.-A. Theiner.

— Recherches de plusieurs collections inédites de décrétales du moyen âge. *Paris, Heideloff et Campe*, 1832, in-8 de 88 pag., 2 fr. 50 c.

— Saint-Aignan, ou le Siége d'Orléans, par Attila. Notice historique, suivie de la vie de ce saint, tirée des manuscrits de la bibliothèque du roi. *Paris, de l'impr. de Carpentier-Méricourt*, 1832, in-8 de 36 pag.

THÉIS (Marie-Alexandre de), ancien maître des eaux et forêts de Nantes; né à Sinceny (Aisne), en 1738, mort en 1796.

— Encyclopédie morale, ou le Code primitif. *Bouillon, et Paris, Belin*, 1786, 1788, in-12.

— Fédéric et Clitie, ou l'Amour, l'amitié et la reconnaissance, comédie en vers (libres) et en trois actes. *Florence (Paris, André Ch. Caillot)*, 1773, in-8.

— *Singe (le) de La Fontaine, ou Contes et Nouvelles en vers, suivis de quelques poésies (et compositions dramatiques). *Florence, aux dépens des héritiers de Bocace, à la reine de Navarre*, 1773, 2 vol. in-12.

Les compositions dramatiques que renferment ces deux volumes ne sont, à proprement dire, que sept morceaux dialogués.

— Tripot (le) comique, ou la Comédie bourgeoise, comédie en prose, en vers et en trois actes. *Paris*, 1772, in-12.

« Quelque estimables que soient ces ouvrages, de Théis se glorifiait encore plus de son fils et de sa fille, dont il a lui-même cultivé les talents. Quel est le père qui ne serait pas fier du nom que tous deux se sont fait dans la république des lettres, et du haut rang auquel sa fille s'est élevée par l'union des grâces à un mérite supérieur ».

THÉIS (le baron Alexandre-Étienne-Guillaume de), fils du précédent, né à Nantes, le 12 décembre 1765, a été successivement maire de Laon, en 1808, conseiller de préfecture au département de l'Aisne, en 1812; et secrétaire général de la même préfecture, en 1814. Il perdit cette place, en 1815, par suite d'une mesure générale, mais il la recouvra en 1820, et il l'occupa jusqu'à la révolution de juillet 1830. Il fut créé baron en 1821, et, après la révolution de 1830, il fut appelé à la préfecture de la Corrèze, et, peu de temps après, à celle de la Haute-Vienne.

— Conseils aux jeunes gens qui sortent des écoles primaires. *Paris, Hachette*, 1834, in-12, 1 fr. 25 c.

— Glossaire de botanique, ou Étymologie de tous les noms de classes, genres et espèces en usage dans cette science. *Paris, Gabr. Dufour*, 1810, in-8, 10 fr. 50 c., et sur pap. vélin, 21 fr.

Volume de près de 600 pag., orné de deux planches, qui représentent l'alphabet harmonique arabe-français, inventé par M. Langlès, et l'alphabet anglais-saxon, ouvrage approuvé par une délibération des professeurs du Muséum d'histoire naturelle, etc., dont l'extrait est en tête.

Il est dans la nature de l'homme de repousser ce qu'il ne comprend pas, et de se rendre à l'explication. Les mots n'étant faits que pour rendre les idées, dès l'instant qu'ils cessent d'en présenter, ils ne sont plus qu'un vain son qui frappe l'oreille sans aller au delà; au contraire, la mémoire s'en charge avec facilité, lorsqu'ils renferment un sens qui plaît à l'esprit. Un traité de l'origine des noms est donc devenu nécessaire à la botanique, et puisque l'étendue de sa nomenclature en a fait une langue, il lui faut son dictionnaire.

On le présente au public. Examinant dans le plus grand détail toutes les parties du système végétal, demandant à chaque plante ses titres, pour ainsi dire, on est parvenu, par un travail long et pénible, à donner à la science des archives authentiques.

Ce dictionnaire diffère essentiellement des autres

ouvrages de ce genre, par la méthode que l'on a suivie. La plupart des étymologistes se sont contentés de puiser dans les langues grecque et latine, et d'ordinaire quelque ressemblance accidentelle dans les mots leur a suffi pour faire des rapprochements souvent démentis par l'histoire. La marche des langues ne peut s'expliquer que par celle des peuples. Le grec s'étant formé principalement des langues celtique et orientale, c'est dans ces sources qu'il faut chercher l'origine des noms primitifs dont le grec ne saurait donner l'explication légitime.

Ainsi les noms de beaucoup de plantes d'Europe s'expliquent facilement par la connaissance des différents dialectes de la langue celtique, et c'est dans les langues orientales qu'il faut chercher le nom des productions de l'Asie transmises aux Grecs par les Orientaux.

En suivant constamment ce principe, on a donné le plus grand développement à tout ce qui tient aux Celtes, ces premiers habitants de l'Europe. On a suivi leur langue dans ses différentes ramifications; et souvent on verra qu'une plante est aussi bien désignée par son nom seul que par sa description. On a de même reporté aux langues orientales tout ce qui en est dérivé, et l'on n'a rien écrit sans indiquer d'une manière précise les autorités dont on s'est appuyé.

—Mémoires d'un Espagnol. Sec. édit. *Paris, Grimbert*, 1825, 3 vol. in-12, 9 fr.

La première édition anonyme est de 1818, 2 vol. in-12. Pour des causes qu'il est inutile de dire, elle est toute différente de celle que l'auteur a publié en 1825. *Beuch.*

— Mémoires d'un Français. *Paris, Grimbert*, 1825, 3 vol. in-12, 9 fr.

Ces deux derniers ouvrages sont deux romans.

— Politique des nations. *Paris, Grimbert*, 1828, 2 vol. in-8, 12 fr.

—Le même ouvrage, sous ce titre: Précis de l'histoire universelle des peuples anciens et modernes, ou Politique des nations. Sec. édit. *Paris, Grimbert*, 1829, 2 vol. in-8, 12 fr.

Il y a des exemplaires de cette édition qui portent pour titre : *Histoire universelle de tous les peuples du monde, etc.*, pour adresse de libraire, celle de Philippe, et la date de 1830.

Dans cet ouvrage, qui embrasse tous les siècles et tous les pays, l'auteur termine par la France le tour du monde ancien et moderne, et le cours entier de ses observations politiques. Si le cadre dans lequel il s'est resserré ne lui a pas permis de donner plus de développement sur quelques états d'une grande importance, et d'approfondir tant de vastes sujets, il a du moins présenté, sur chacun d'eux, des idées nettes et positives, et appuyé ses théories par le témoignage des historiens et des voyageurs les plus estimés. Le livre de M. de Théis est à la fois agréable et instructif. Il apprend aux gens du monde des choses qu'ils ignorent, et rappelle aux érudits des souvenirs qui leur ont échappé. Le Moniteur de 1828 a rendu un compte avantageux de cet ouvrage.

— Voyage de Polyclète, ou Lettres romaines. *Paris, Maradan*, 1821, 3 vol. in-8, 15 fr. — Deuxième édition. *Paris, le même*, 1822, 2 vol. in-8, 14 fr. — Troisième édit., considérablement augmentée. *Paris, Grimbert*, 1828, 2 vol. in-8, 14 fr. — Quatrième édit. *Paris, le même*, 1828, 3 vol. in-12.

Cet ouvrage, qui est aujourd'hui à sa quatrième édition, a été adopté par l'université de France, parmi les livres envoyés aux bibliothèques des colléges royaux, et donnés pour prix aux élèves. Il a été traduit dans toutes les langues de l'Europe, et a eu plusieurs éditions à l'étranger: on en compte cinq en italien. M. de Théis a fait pour l'Italie ce que l'abbé Barthélemy a fait pour la Grèce.

THÉIS (mademoiselle Constance de), sœur du précédent. Voy. la princ. de SALM.

THÉLIS (le comte de). — * Idées d'un citoyen sur les chemins. 1771, in-12. (D. M.).

— Mémoire sur les rivières et canaux, relatif au canal du Charollois. 1779, in-4.

— *Moyens proposés pour le bonheur des peuples qui vivent sous le gouvernement monarchique. 1778, in-4.

— Plan d'éducation nationale en faveur des pauvres enfants de la campagne. 1779, in-12.

— *Réflexions d'un militaire. *Paris*, 1778, in-4.

THÉLUSSON (Mad. R. R. de). — Clotilde. *Paris, Fournier*, 1834, in-8, 7 fr.

— Lucile, ou la Cantatrice. *Paris, Fournier jeune*, 1833, 2 vol. in-12, 7 fr.

— *Recueil de poésies. Par madame de T***. *Paris, Pillet aîné*, 1818, in-18, 1 fr. 50 c.

Nous connaissons encore de cette dame, inséré dans le Salmigondis : *la Veuve du poëte* (tom. VIII). — *L'Aveugle* (tom. X).

THÉMINES. Voy. LAUZIÈRES DE THÉMINES.

THÉMISEUL DE SAINT-HYACINTHE. Voy. SAINT-HYACINTHE.

THENADEY, oculiste, de Lyon.

— Lettre (sa) à M. le docteur C. Montain. *Lyon, de l'impr. de Pitrat*, 1824, in-8 de 24 pag.

TENAIBRE (R.-A.). — Cours élémentaire pratique de langue anglaise. *Bordeaux*, 1808, in-8.

THÉNANCE (Jean-Simon), docteur médecin de l'ancien collége de chirurgie à Lyon.

—Forceps (nouv.) non croisé, ou forceps de Levret perfectionné en 1781, avec la manière de s'en servir. 1802, in-8.

Thénance a eu part à l'Essai sur la théorie des

trois éléments, comparée aux éléments de la chimie pneumatique, par M. Tissier (Lyon, 1804, in-8).

THÉNARD (le baron Louis-Jacques), pair de France, chimiste célèbre, doyen et professeur de chimie à la Faculté des sciences, professeur de chimie à l'École polytechnique, membre du Conseil de l'instruction publique, inspecteur de l'Académie, etc., député dans les dernières années de la Restauration, membre de l'Académie royale des sciences et associé de celle de médecine; né à la Louptière, près de Nogent-sur-Seine, le 4 mai 1777.

— Emploi (de l') des corps gras comme hydrofuge dans la peinture sur pierre et sur plâtre, etc., et description du fourneau du doreur. *Paris, Bachelier*, 1828, in-8 de 24 pag. et une planche.

Avec M. D'Arcet.

— Mémoires de physique et de chimie de la Société d'Arcueil. Tome Ier. *Paris, J.-J. Bernard*, 1807, in-8.

— Recherches physiques et chimiques faites à l'occasion de la grande batterie voltaïque donnée par S. M. I. et R., à l'École polytechnique. *Paris, Déterville*, 1809, 2 vol. in-8.

— Recherches physico-chimiques faites sur la pile, sur la préparation chimique et les propriétés du potassium et du sodium, sur la décomposition de l'acide boracique, etc. *Paris, Déterville*, 1811, 2 vol. in-8, 15 fr.

Avec M. Gay-Lussac.

— Traité de chimie élémentaire, théorique et pratique, suivi d'un Essai sur la philosophie chimique, et d'un Précis sur l'analyse. *Paris, Crochard*, 1813-16, 4 vol. in-8, 25 fr. — VIe édit. *Paris, Crochard*, 1833-36, 5 vol. in-8, 38 fr.

Les trois premières éditions sont en quatre volumes.

— Tratado completo de quimica teorica y pratica. *Nantes, de l'impr. de Busseuil*, 1830, 6 vol. in-8.

Traduction faite sur la cinquième édition.

Sauf son Traité de chimie, M. Thénard n'a fait de ses travaux l'objet d'aucune publication particulière; tous sont consignés dans des recueils consacrés à la science, tels que le Journal de physique, les Annales de chimie, le Bulletin des sciences de la Société philomatique, le Journal de l'École polytechnique, recueil où nous avons remarqué de lui: 1° Notice sur l'acide sébacique (tom. IV, 1802); — 2° Observations sur l'acide zoonique (id., id.); — 3° Avec Fourcroy: Recherches sur les oxydes et sur les sels de mercure (tom. VI, 1806).

Les *Annales de chimie* sont des quatre recueils que nous avons nommés précédemment, celui où l'on trouve le plus de mémoires de M. le baron Thénard, aussi en donnerons-nous ici la nomenclature chronologique: 4° Purification de l'huile de colza (tome XXXVIII); — 5° Notice sur l'acide sébacique (tome XXXIX), imprimée aussi dans le tome IV du Journal de l'École polytechnique; — 6° sur les tartrates (tomes XXXVIII et XLI); — 7° Phosphates de soude et d'ammoniaque (tome XXXIX); — 8° Oxides de cobalt et les ammoniaco-métalliques (tome XLII); — 9° sur l'acide zoonique (t. XLIII); — 10° sur la formation vineuse (tome XLVI); — 11° Mémoire sur le nickel (tome L); — 12° sur la liqueur fumante de Cadet (tome LII); — 13° Combinaison de l'antimoine avec l'étain (tome LV); — 14° sur l'oxidation des métaux en général et en particulier sur l'oxidation de fer (tome LVI); — 15° sur l'alun de Rome, comparé avec ceux des fabriques de France (tome LIX); — 16° Analyse de l'aréolithe d'Alais (tome LIX); — 17° sur l'analyse de la sueur, l'acide qu'elle contient, et sur les acides de l'urine et du lait (ibid.); — 18° sur l'éther nitreux (tome LXI); — 19° sur l'éther muriatique (tomes LXI et LXIII); — 20° Produits de l'action des muriates métalliques, de l'acide muriatique oxigéné et de l'acide acétique sur l'alcool (tome LXI); — 21° Décomposition de la potasse et de la soude (tomes LXV et LXVI); — 22° Coagulation de l'albumine (tome LXVII); — 23° Décomposition et recomposition de l'acide boracique (tome LXVIII); — 24° Analyse des matières végétales et animales (tome LXXIV); — 25° Sur les mordants employés en teinture (ibid.); — 26° Répliques et observations sur trois mémoires de Davy (tome LXXV); — 27° Expériences sur le phosphore (tomes LXXXI et LXXXV); — 28° Expériences sur le gaz ammoniac (tomes LXXXV); — — 29° Analyse de l'eau minérale de Provins (tome LXXXVI).

Les *Annales de physique et de chimie*, publiées par MM. Gay-Lussac et Arago renferment aussi de M. le baron Thénard: 30° huit Mémoires sur l'eau oxigénée (tomes VIII—XI); — 31° Sur la lumière produite par la compression du gaz (tome XLIII).

Dans les divers recueils de l'Académ. des sciences, l'on trouve encore de lui: 32° Mémoires sur l'action des acides végétaux sur l'alcool, sans l'intermède ou avec l'intermède des acides minéraux (Savants étrang., tom. II, 1811); — 33° Mémoire sur la combinaison de l'oxygène avec l'eau, et sur les propriétés extraordinaires que possède l'eau oxygénée (Mém. de l'Acad des sciences, tom. III, 1820); — 34° Avec M. Dulong: Note sur la propriété que possèdent quelques métaux, de faciliter la combinaison des fluides élastiques (tom. V, 1826); — 35° Avec *le même*: Nouv. Observations sur la propriété dont jouissent certains corps de favoriser la combinaison des fluides élastiques (id., id.).

THÉNARD (P.). — Famille (la) de ma tante Aurore, ou la Matinée romanesque, folie-vaudeville en un acte et en prose. *Brest, Michel*, an XII (1804), in-8.

THÉNARD, ingénieur en chef au corps royal des ponts et chaussées.

— Mémoire sur une économie annuelle de vingt millions à trouver dans les dépenses de l'État pour travaux publics. *Bordeaux, de l'impr. de Lawalle neveu*, 1831, in-4 de 36 pag.

THÉNOT (J.-P.), peintre, élève de M. Thibault; né en 1805.

— Cours complet de dessin linéaire et perspectif, démontrant les variations de l'apparence de formes des corps, ainsi que leurs ombres et reflets, etc. *Paris, l'Auteur*, 1838, in-4 de 24 planches, avec 84 pages de texte explicatif, 9 fr.

— Cours complet d'études de fleurs et de fruits. *Paris, l'Auteur*, 1835, 1837, in-4 de 60 planches, 22 fr. 50 c.

Cet ouvrage a été publié en quinze livraisons, chacune de quatre planches, et au prix de 1 fr. 75 c. l'une.

— Cours complet de lithographie, contenant la description des moyens à employer et des accidents à éviter pour dessiner sur pierre. *Paris, l'Auteur*, 1836, in-4.

Publié en dix livraisons, chacune de cinq planches, et à 4 fr. 50 c. la livraison.

— Cours complet de paysage, en 60 planches progressives, dessiné d'après nature, et lithographié, avec texte explicatif. *Paris, l'Auteur*, 1834, in-8, 25 fr. 50 c.

L'ouvrage a été publié en quinze livraisons, au prix de 1 fr. 70 c. l'une.

— Cours de perspective pratique. *Paris, l'Auteur*, 1829.

— Essai de perspective pratique pour rectifier les compositions et dessiner d'après nature. *Paris, l'Auteur; Panckoucke, etc.*, 1826-27, in-8 de 35 planches avec texte, 15 fr.

Cet ouvrage a été publié en six livraisons. Il a eu une seconde édition en 1828.

C'est le résumé d'un cours fait par l'auteur en vingt-quatre leçons, en 1826 et 1827.

— Morphographie, ou l'Art de représenter fidèlement toutes les formes et apparences des corps solides, par le dessin linéaire et perspective. *Paris, l'Auteur*, 1838, in-4 de 38 pag. et 12 pl., 3 fr.

— Principes de perspective pratique, mis à la portée de tout le monde, et devant être connus de toutes les personnes qui dessinent. Sec. édition. *Paris, l'Auteur*, 1837, in-8 de 12 pl., 4 fr. 50 c.

— Traité de peinture à l'aquarelle et de lavis. *Paris, l'Auteur*, 1836, in-8 de 24 pl., avec texte explicatif.

— Traité de perspective pratique pour dessiner d'après nature. *Paris, l'Auteur*, 1830.

THÉO, pseudon. Voy. Théod. BURETTE.

THÉOBALD (Jean). — Abrégé de la médecine pratique, ou nouvelle Pharmacopée, traduit de l'anglais, et enrichi de notes par M. D. M. (MAGÉNIS), étudiant en médecine. *Paris, Thiboust*, 1753, in-12.

— Chaque homme son propre médecin. *Londres*, 1764, in-8.

THÉOCHAROPOULOS (Georges), de Patras.

— Dialogues familiers, précédés de quelques phrases faciles, et suivis de plusieurs dialogues de Fénélon en français, anglais et grec. *Paris, de l'impr. de Doyen*, 1827, in-12.

— Exposition abrégée de la prononciation grecque et de l'orthographe. (En grec et en franç.). *Paris, de l'impr. de F. Didot*, 1828, in-8 de 16 pag. à 2 colonnes.

— Grammaire française de M. C. C. LETELLIER, traduite en grec sur la XXXIXe édition, et augmentée d'une introduction et de remarques essentielles à l'usage des jeunes Hellènes. Par Géo. Théocharopoulos, revue et corr. par un professeur des colléges royaux de Paris. Tome Ier. *Paris, F. Didot; Bobée*, 1827, in-8, 5 fr.

— Grammaire grecque universelle, ou Méthode pour étudier la langue grecque ancienne et moderne. Première partie. Lexicologie. *Paris, F. Didot; Bobée et Hingray; Treuttel et Wurtz*, 1830, in-8, 5 fr.

M. Théocharopoulos a été, en outre, l'éditeur de plusieurs traductions en grec moderne, telles que les Maximes et Réflexions morales du duc de LA ROCHEFOUCAULD, traduction de Wladimir Brunet, rev. et corr. par l'éditeur (1828); des Poésies lyriques de l'Anacréon moderne, Ath. CHRISTOPOULOS (1831, in-18), et le traducteur de la Charte constitutionnelle des Français, traduite en grec ancien et publiée avec le texte français (Paris, F. Didot, etc., 1831, in-12 à 2 colon., 1 fr.).

THÉOCRITE, poëte bucolique grec, le père et le prince de la poésie pastorale, florissait dans le troisième siècle avant J.-C. Il était à Syracuse, et fut le contemporain de Ptolémée Philadelphe, qui, par ses libéralités, l'attira à sa cour.

— Carmina, græcè. *Parisiis, J.-Aug. Grangé*, 1754, in-12.

— Idyllium cui titulus Piscatores, græcè, cum versione gallica metrica F. GACON. *Lutetiæ-Parisior.*, 1754, in-24.

— Idylles, texte grec, revues par J. PLANCHE. *Paris, Brunot-Labbe*, 1823, in-12.

— Choix des idylles de Théocrite, suivi d'extraits de Bion et de Moschus, et des sentences de Théognis, par J. PLANCHE. A l'usage des élèves des colléges royaux et autres établissements d'instruction publique. *Paris*, *Brunot-Labbe*, 1823, in-12. — Théocritus, Bion, Moschus, curante Jo.-Fr. BOISSONADE. *Parisiis*, *ex typis Jul. Didot.* — *Lefèvre*, 1823, in-32, 3 fr.

Cette petite édition forme le second volume d'une collection intitulée : « Pœtarum græcorum sylloge » ; elle a été réimprimée pour M. Hachette, en 1837, in-32.

— Theocriti quæ extant omnia : textum recognovit, ad fidem que codicum mss. quatuor et viginti bibliothecæ regiæ recensuit : item ad proprias copias adjunxit apparatum criticum H. Stephanii, Valckenarii, Brunckii, H. Gaisfordii, Kiesslingii aliorumque, latina interpretationem non semel correxit de J.-B. GAIL, instituto gallico socius, etc., accedunt 1° argumenta græca et scholia undique collecta, etc., etc. Tom. I et II. *Paris.*, *Panckoucke ; Delalain ; Treuttel et Wurtz*, 1828, 2 vol. — Tomus tertius : Theocriti Atlas, continens, 1° Codicum Theocriteorum specimina, aeri incisa ; 2° varia artis monumenta, pleraque à cimeliis bibliothecæ regiæ selecta ; 3° tabulas duas exhibentes geographiam Theocriti. *Paris.*, *Panckoucke*, 1828, 1 vol. En tout 2 vol. in-8 et Atlas in-4 formant le 3e volume, 36 fr.

—Idylles de Théocrite, traduites du grec en vers français, avec le texte à côté, et des remarques (par H.-B.-R. de LONGEPIERRE). *Paris*, *Auboin*, 1688, in-12.

Cette traduction est oubliée, et ne vaut pas les remarques du traducteur.

Longepierre a aussi traduit les Idylles de Bion et de Moschus, Paris, 1686, in-12.

— Héro et Léandre, poëme de MUSÉE. On y a joint la traduction de plusieurs (douze) idylles de THÉOCRITE. Par M. M*** C** (MOUTONNET-CLAIRFONS). *Sestos*, *et Paris*, *Le Boucher*, 1774, in-8 de xvj et 104 pag., avec une grav.

Cette traduction se joint à celle d'Anacréon, Sapho, Bion, Moschus, etc., par le même.

Un avertissement remplit les seize pages liminaires ; vient ensuite le poëme d'*Héro et Léandre*, qui remplit les pages 1 à 33. Les Idylles de Théocrite, précédées de la vie de l'auteur, terminent le volume.

— Les mêmes, traduction nouvelle (en prose), enrichie de la vie du poëte grec ; précédée d'Héro et Léandre, poëme de MUSÉE, et de toutes les imitations qui ont été faites en français de ce précieux morceau de l'antiquité. (Par CHABANON.) *Syracuse*, *et Paris*, 1775, gr. in-8, fig. — Nouv. édition, précédée d'un Essai sur les poëtes bucoliques. *Paris*, *Pissot*, 1777, in-12.

—Les mêmes, traduction nouvelle, par P.-L.-Cl. GIN. *Paris*, 1788, 2 vol. in-8.

— Idylles de THÉOCRITE et les Eglogues de VIRGILE, traduction nouvelle, avec le texte latin des Eglogues ; précédés d'une Introduction sur la nature et l'origine de la poésie pastorale, sur la traduction des poëtes grecs et latins, de Virgile en particulier. Par P.-L.-Cl. GIN. Deuxième édition. *Paris*, *Royez*, 1801, 2 vol. in-12, 3 fr. 60 c.

— Idylles et autres pièces de Théocrite, traduites du grec, avec le texte et des notes, par J.-B. GAIL. *Paris*, *F. Didot*, 1792, gr. in-8.

Quatre ans auparavant, J.-B. Gail avait publié une édition grecque de *Théocrite*, *Bion*, *Moschus et Anacréon*, réunis en un vol. in-12 (Paris, Didot).

— Les mêmes, de la même traduction, avec le texte grec, des notes critiques, la version latine et un discours préliminaire. *Paris*, 1796, 2 vol. in-4, ornés de gravures ; et 2 vol. in-12.

— Les mêmes, et Amours d'Héro et Léandre, poëme de MUSÉE, trad. du grec par J.-B. GAIL, avec le texte grec et la version latine. *Paris*, 1796, 3 vol. in-4.

— Idylles de Théocrite, mises en vers français ; suivies de quelques idylles de BION, MOSCHUS et autres auteurs plus modernes (par M. Agric. de La Pierre de CHÂTEAUNEUF). *Amsterdam*, *Changuion*, 1794, in-8.

— Les mêmes, trad. en vers français, avec des remarques, par Julien-Louis GEOFFROY, ci-devant professeur au collége Mazarin. *Paris*, *Le Normant*, an VIII (1800), 1804 et 1809, in-8, 3 fr.

— Les mêmes, de la même traduction, accompagnées du texte grec, et rev. par J. PLANCHE. *Paris*, *Brunot-Labbe*, 1823, in-12, 5 fr.

Le texte grec de cette édition a été aussi imprimé séparément.

— Cyclope (le), idylle imitée de Théocrite. Par TERCY. *Paris*, *de l'impr. de Dondey-Dupré*, 1820, in-8 de 12 pag., et in-4.

— Idylles de Théocrite, traduites en vers français, précédées d'un Essai sur les poëtes bucoliques, et suivies de notes, par M. SERVAN DE SUGNY. *Paris*, *Audin* ; *Ponthieu* ; *Ladvocat*, 1822, in-18, 3 fr. — Sec. édition, revue et corr. *Paris*, *Blosse*, 1829, in-8, 6 fr.

— Les mêmes, traduites en vers français, avec le texte grec en regard, des notes et des remarques à la suite de chaque idylle. Par A. CROS. *Paris*, *madame Aumont*, *veuve Nyon*, 1822, in-8, 8 fr.

— Idylles (les) de Théocrite, suivies de ses Inscriptions, traduites en vers français, par Firmin Didot. *Paris, F. Didot*, 1833, in-8 de xlvij et 503 pag., 7 fr.

Le texte est en regard. On n'a mis de majuscules au commencement des vers qu'autant que c'est aussi le commencement d'une phrase. Cela a déjà été tenté dans plusieurs volumes de l'Almanach des Muses, 1788, 1789, etc.

L'ancienne version latine, qui se trouve placée parmi les notes de cette traduction, a été refaite, en grande partie, par F. Didot.

Les exemplaires en grand pap. forment la huitième livraison de la « Collection des auteurs grecs ».

Les Idylles de Théocrite ont été imprimées très-souvent, depuis 1700, à la suite des Poésies d'Anacréon (Voy. ce nom). Debray, dans ses « Tablettes des écrivains français », cite une traduction des Idylles de Théocrite, par Cérutti, que nous n'avons jamais vue.

THÉODORE. — Gazia, ou l'École du sentiment, comédie en un acte et en prose. *Sans nom de ville, ni d'impr.*, 1778, in-8.

THÉODORE (1), auteur dramatique.

— Chaumière (la) au pied des Alpes; prologue ajouté au Passage du mont Saint-Bernard (de M. Hapdé) (en un acte et en prose, mêlé de vaudev). *Paris, Barba*, 1810, in-8.

— Dieu, l'honneur et les dames, mélodrame (en trois actes et en prose). *Paris, Barba*, 1815, in-8.

Avec M. Cuvelier.

— M. de la Hure, ou le Troyen à Paris, comédie en un acte (en prose), mêlée de couplets. *Paris, Barba*, 1810, in-8.

Avec M. Desprez.

— Monsieur Malbrough, ou Mironton, ton, ton, mirontaine, complainte en action, folie en deux actes (en prose), mêlée de couplets. *Paris, Barba*, 1812, in-8.

Avec MM. Desprez et Dubois.

— Préface (la) et le commentaire, comédie en un acte. *Paris, Barba*, 1818, in-8, 1 fr. 25 c.

Avec M. Henri Simon.

— Prologue de l'Union de Mars et de Flore, en prose, mêlé de couplets; suivi de l'Union de Mars et de Flore, ou les Bouquets de lauriers, tableaux allégoriques à grand spectacle. *Paris, Barba*, 1810, in-8.

Avec M. Brazier.

(1) Sous ce prénom nous donnons ici les titres de dix pièces qui peuvent bien être de dix auteurs différents : il nous serait impossible de rien prononcer à ce sujet.

— Trois (les) tantes, comédie en un acte et en prose, mêlée de couplets. *Paris, Barba*, 1811, in-8.

— Troubadour (le) portugais, mélodrame en trois actes. *Paris, Fages*, 1815, in-8.

Avec M. C.-P. Dekock.

— Une nuit de Séville, comédie-vaudev. en un acte. *Paris, Em. Buissot; Delavigne*, 1821, in-8, 50 c.

— Vieux (le) sergent, prologue des Ermites blancs, ou l'Ile de Caprée, en prose et mêlée de couplets. *Paris, Barba*, 1811, in-8.

Les « Ermites blancs », sont un mélodrame en deux actes.

THÉODORE, nom commun à plusieurs auteurs dramatiques qui ont publié des pièces sous ce nom. Voy. Anne, Chambet, Basset, Dartois, Jouslin de La Salle, Lebas, Maillard et Nezel.

THÉODORE C***, auteur dramatique. Voy. Cogniard.

THÉODORE N***, auteur dramatique. Voy. Th. Nezel.

THÉODORE DE BLOIS (le père), capucin.

— Histoire de Rochefort, contenant l'établissement de cette ville, de son port et arsenal de marine, et les antiquités de son château. *Blois, et Paris*, 1733; — Nouv. édit. *La Rochelle, Desbordes, et Paris, Briasson*, 1757, in-4.

D'après la table du Dictionnaire des ouvrages anonymes de Barbier, deuxième édition, ce religieux aurait eu part à l'Histoire générale de la marine (par de Boismêlé et de Richebourg), Paris, Prault, 1744 et 1758, 3 vol. in-4.

THEODORE DE PARIS (le R. P.), capucin.

— Vie (la) de S. Fidel. *Paris*, 1725, in-12.

THEODORET, écrivain sacré, évêque de Cyr; né en 386, mort dans la seconde moitié du ve siècle.

— Providence (de la), et son excellent Discours de la divine charité, trad. du grec, avec des sommaires pour en faciliter l'intelligence. Par l'abbé Le Mère. *Paris, Lambert*, 1740, in-8.

Il existe une ancienne traduction de cet ouvrage, par S. G. S. (Simon Goulard, Senlisien), Lausanne, 1578, in-8.

— Thérapeutique, ou Manière de traiter

les maladies spirituelles des Grecs, trad. par le P. de Mourgues. *Toulouse, et Amsterdam*, 1712, in-8.

THEODORIC DE SAINT-RENÉ, carme des Billettes.
— Justification de l'Église romaine sur la réordination des Anglais épiscopaux, ou Réponse à la Dissertation, et à la défense de la Dissertation du P. Le Courayer. *Paris, P. Dumenil*, 1728, 2 vol. in-12.
— Remarques historiques sur la sainte hostie miraculeuse conservée dans l'église de Saint-Jean en Grève. *Paris*, 1725, 2 vol. in-12.

THÉOGNIS, de Mégare.
— Sentences (les) de Théognis, trad. par M. Levesque. *Paris, Didot aîné*, 1783, in-16.

Et dans la Collection des moralistes anciens.

— Sentences de Théognis, et Poëme moral de Phocylide, traduction nouvelle par J.-M.-L. Coupé. *Paris, Honnert* 1798, in-18.

M. Pillot (voy. ce nom) a donné aussi une traduction des Maximes de Théognis, imprimée avec celle de quatre moralistes grecs. Un choix de ces sentences ou maximes, en grec, a été publié par M. Jos. Planche, à la suite d'un Choix des Idylles de Théocrite, en grec. (1823).

THÉOLOGUE (le F∴), orateur franc-maçon.
— Discours prononcé au sein du Mont-Thabor, le 10 janvier 5823. *Paris, Caillot*, 1823, in-8 de 16 pag.

THÉOLOGUE (Paléologue), ancien diplomate et officier au service de la grande armée impériale ; né à Constantinople.

Le Dictionnaire des hommes de lettres, des savants, etc., de la Belgique (Brux., 1837, in-8), nous fournit la note suivante sur les travaux de cet étranger.

« Il a publié les Éléments d'Euclide ; — les Bulletins de la grande armée depuis 1805 (après la bataille d'Austerlitz), traduits en langue turque ; — il est auteur d'un Dictionnaire pantaglotte français, arabe, persan, turc et grec ancien et moderne, fruit de longues recherches faites en Orient. Ce Dictionnaire, qui pourrait former 12 vol. in-4 de 7 à 800 pag. chacun, est encore inédit : les frais qu'exige son impression s'élevant à une somme considérable, l'auteur a été obligé de différer jusqu'à présent la publication de cet ouvrage. — On doit également à M. Théologue plusieurs opuscules, parmi lesquels on distingue les suivants : Sur le duel, la gloire, le patriotisme, la vérité, la morale ». Le livre qui nous fournit cette note ne dit pas si ces opuscules sont écrits en français.

THÉON, d'Alexandrie. Voy. Ptolémée.

THÉOPHILE, évêque d'Antioche.
— Tres ad Autolycum libri, ad calcem operum S. Justini, græcè et latinè. *Parisiis, Osmont*, 1744, in-fol.

THÉOPHILE. — Légende de Théophile. Texte grec, publié pour la première fois par M. L. de Sinner. *Paris, Pannier*, 1838, in-8 de 32 pag., 5 fr.

Tiré à 25 exempl., mais extraite des Œuvres de Rutebœuf.

THÉOPHILE, sermonaire. Voy. Dutoit-Mambrini.

THÉOPHILE (dom). Voy. Desruelles.

THÉOPHILE, auteur dramatique. Voy. Du Mersan.

THÉOPHILE (Simon). — Aux électeurs ! De la dissolution de la chambre des députés et des élections. *Paris, J. Ledoyen*, 1830, in-8 de 56 pag.

THEOPHRASTE, philosophe grec, disciple et successeur d'Aristote dans l'enseignement à Athènes ; né à Erésos, une des principales villes maritimes de l'île de Lesbos.
— Caractères (les) de Théophraste, avec les Caractères ou mœurs de ce siècle (par J. de La Bruyère. *Paris*, 1688, in-12.

Cette traduction des Caractères de Théophraste par La Bruyère a été réimprimée une multitude de fois depuis 1688, et l'est encore journellement avec les caractères du moraliste français (voy. *La Bruyère*). En 1802, M. J.-G. Schweighæuser a donné une nouvelle édition de ces deux moralistes, en soignant plus particulièrement le troisième volume qui contient les Caractères de Théophraste traduits par La Bruyère, avec des additions et des notes nouvelles. M. Schweighæuser y ajouta une traduction des Caractères découverts depuis la mort de cet illustre écrivain beaucoup de notes, et un morceau *sur la manière dont la morale a été traitée par les philosophes Grecs, depuis les temps les plus reculés jusqu'à Théophraste*. Cette édition a été souvent réimprimée.

— Caractères de Théophraste, traduits du grec (par La Bruyère). Nouv. édition, revue (et augm. des chapitres 29 et 30) par M. B*** de B*** (Belin de Ballu), de l'Académie des inscriptions et belles-lettres ; avec les Caractères de La Bruyère. *Paris, Bastien*, 1791, 3 tom. en 2 vol. in-8.
— Les mêmes, traduits par Levesque....

Traduction imprimée dans la Collection des moralistes anciens (Paris, 1782-1795, in-16).

— Caractères de Théophraste, d'après un manuscrit du Vatican, contenant des additions qui n'ont point encore paru en France. Nouv. traduction avec le texte grec, des notes critiques, et un discours préliminaire sur la vie et les écrits de Théophraste. Par D. CORAY. *Paris*, an VII (1799), ou 1816, in-8, avec portrait, 6 fr.

On doit à un anonyme (P.-Jacques BAILLON), un ouvrage intitulé le Théophraste moderne, ou nouveaux Caractères des mœurs. Paris, Mich. Brunet, 1700, in-12.

— Traité des pierres, trad. du grec. *Paris*, 1754, in-12.

M. Thiébaut de Berneaud (voy. ce nom) s'occupe depuis longtemps de la traduction des Œuvres complètes de Théophraste.

THÉOTIME le philanthrope, pseudon. Voy. TOUSTAIN.

THÉRASE (Mad. de). Voy. (Tom. Ier et au Suppl.) Mlle Hortense ALLART.

THÉREMIN (Charles), publiciste, d'abord conseiller d'ambassade de Prusse, plus tard sous-préfet de Monaco, et ensuite de l'arrondissement de Birkenfeld, au département de la Sarre.

— Condition (de la) des femmes dans une république. 1799, in-8.

— État (de l') présent de l'Europe, et de l'accord entre la légitimité et le système représentatif. *Paris*, *Plancher*; *Eymery*, 1816, in-8, 3 fr.

— Intérêts (des) des puissances continentales relativement à l'Angleterre. *Paris*, an III (1795), in-8.

— * Noblesse (de la) féodale et de la noblesse nationale. Par M***. *Paris*, *Plancher*, 1817, in-8 de 77 pag., 1 fr. 50 c.

— Situation (de la) intérieure de la république française. *Paris*, 1796-97, in-8.

— * Tableau de l'administration intérieure de la Grande-Bretagne, par M. le bar. de Wincke, et Exposé de son système de contributions, par M. de Raumer; trad. de l'allem. (1819). Voy. WINCKE.

Outre les opuscules que nous venons de citer, M. Théremin a fourni des articles à la Décade littéraire et philosophique (1794—1807). Il est le continuateur des Annales du règne de Georges III, roi d'Angleterre, de J. AIKIN, traduites par M. Eyriès (1820), et l'un des annotateurs de la traduction des Considérations politiques sur l'état actuel de l'Allemagne, par FISCHER (1821).

THÉRÈSE DE JESUS (Sainte), fondatrice des Carmélites; né le 28 mars 1515, à Avila, dans la Vieille-Castille, province d'Espagne. Elle était fille d'Alphonse Sanchez de Cepede, et de Béatrix d'Ahnmade, également distingués par leur noblesse et par leurs vertus : elle mourut en 1582.

— Explication du chasteau de l'âme. *Paris*, *Ganeau*, 1709, in-8.

— Lettres de sainte Thérèse, traduites de l'espagnol en français (par l'abbé PELICOT, pour le premier volume, et par la mère Marie-Marguerite de MAUPEOU, carmélite, pour le second volume, publié par dom LA TASTE, évêque de Bethléem, qui a fait la préface et les notes). *Paris*, 1660 et 1748, 2 vol. in-4.

CHAPPE DE LIGNY, avocat, a publié, en 1753, in-4, une nouvelle traduction du premier volume, plus fidèle que la première.

— Meditaciones sobre el Pater noster, avisos espirituales, y versos de la santa madre Teresa de Jesus; a loscuales se anaden los avisos y sentimientos de San-Juan de la Cruz. *Avignon, Seguin aîné*, 1837, in-32 avec 6 gravures.

— Méditations de sainte Thérèse sur le *Pater*. Nouv. édition, etc. *Lyon, et Paris*, *Périsse frères*, 1826, in-24, ou 1828 et 1830, 1835, in-32.

—Vie de sainte Thérèse, suivie des vingt-neuf premiers chapitres du Chemin de la perfection, écrits par elle-même. *Lille, Lefort*, 1816, in-12, 2 fr.

— Œuvres (ses), traduites en français par ARNAULD D'ANDILLY. Nouvelles éditions. *Lyon*, *Matheron*, 1818; — *Avignon, Fischer*, 1828, 6 vol. in-12, 18 fr.

La première édition de cette traduction est de Paris, Le Petit, 1670, in-fol.

Cette collection comprend : la Vie de sainte Thérèse, écrite par elle-même; — les fondations faites par elle, de plusieurs monastères; — De la manière de visiter les monastères; — le Chemin de la perfection; — Méditations sur le Pater; — le Chasteau de l'âme; — Pensées sur l'amour de Dieu; — Méditations après la communion. On voit par cette indication qu'Arnauld d'Andilly n'a point traduit les Lettres de sainte Thérèse.

—Esprit (l') de sainte Thérèse, recueilli de ses Œuvres et de ses Lettres (par l'abbé J.-A. EMERY). *Lyon*, *Bruyset-Ponthus*, 1775, 1779, in-8.

Plusieurs exemplaires portent sur le frontispice les mots *seconde édition*; la préface est imprimée en caractères ronds : ils ont une dédicace à l'impératrice-reine Marie-Thérèse, rédigée par M. Émery; l'idée de cette dédicace ne vint au libraire qu'après la vente de plusieurs exemplaires.

— Le même, avec les Opuscules de sainte Thérèse. Nouv. édit., corrigée et augm. d'une Notice sur l'auteur. *Avignon*, *Fischer*, 1825, 2 vol. in-12.

THÉRIANO (G.), médecin grec.

— Principes fondamentaux de la philosophie médicale, soumis à l'examen de MM. les professeurs des sciences médicales de la ville de Paris. *Paris, de l'imp. de F. Didot*, 1825, in-8 de 16 pag.

THÉRIN, ancien professeur en l'université de Nanci.

Il était le rédacteur du Journal de Lorraine et de Barrois, fondé en 1788, et qui, l'année suivante, prit le titre de Journal littéraire de Nanci, et a été continué sous ce titre jusqu'en 1787.

THÉRIN (A.-F.-A.), fils du précédent, chirurgien en chef de l'hôpital de Bourbonne-les-Bains, membre de l'Académie de médecine, etc.
— Essai sur la nostalgie. 1810.
— Notice sur les eaux thermales de Bourbonne-les-Bains. 1813.

M. le docteur Thérin a, en outre, fourni des articles aux Journaux de médecine.

THÉRO, l'un des auteurs de la Collection de lettres sur les miracles (Neufchâtel, 1765, 1767, in-12).

THÉROU (l'abbé). — Catéchisme raisonné, historique et dogmatique, rédigé d'après les catéchismes d'Aymé, de Fleury, et celui du diocèse de Paris, mis dans un nouvel ordre par M. l'abbé Thérou. *Paris, Adr. Leclère; Denaix; Vaton*, 1835, in-18; — ou *Paris, Adr. Leclère*, 1836, 1837, in-18, 1 fr.
— Manuel catholique, à l'usage des collèges et des institutions des deux sexes. *Paris, Adr. Leclère*, 1836, in-18, 2 fr. 25 c.

THÉROUENNE-DELARBRE (L.). — Projet sur la réduction des rentes sur l'État, 5 p. 0/0 consolidés, adressé à S. Exc. le ministre des finances le 29 juin 1829, suivi d'une Lettre au rédacteur du journal la Quotidienne, sur le plan de réduction publié dans sa feuille du 3 novembre 1829, et d'une Lettre de M. le général Foy à l'auteur, du 10 avril 1824. *Paris, Renard*, 1829, in-8 de 16 pag., 75 c.

THÉRU (Nic.). — * Abrégé des antiquités romaines, pour l'usage des jeunes gens qui étudient les auteurs latins et l'histoire de Rome. *Paris, Musier*, 1706, in-24. — IIIe édit., augm. *Paris, Nyon*, 1825, in-24.
— Le même ouvrage. Nouv. édition, revue et augmentée de plusieurs articles sur les mœurs et les usages. Par P. B. (P. Blanchard). *Paris, P. Blanchard*, 1810, ou 1824, in-18 avec titre gravé et une grande planche représentant des costumes, 1 fr. 25 c.
— Abrégé de l'histoire et des antiquités romaines, ou lois, mœurs, coutumes et cérémonies des anciens Romains; ouvrage corrigé et augmenté par M. Boinvilliers. *Paris, Delalain*, 1810, in-18, 1 fr. 50 c.

THÉRY (A.-F.), docteur ès lettres, professeur de seconde au collége royal de Versailles, aujourd'hui censeur des études au collége royal de France.
— Conciones français, ou Choix de discours français à l'imitation du « Conciones latin », en usage dans les rhétoriques. *Paris, Merlin*, 1821, in-12, 4 fr. — Seconde édit., revue et corr. *Paris, Merlin*, 1825, in-12, 3 fr. 50 c.
— Discours qui a remporté le prix d'éloquence, en 1821, au concours proposé par l'Académie française sur cette question : Déterminer ce qui constitue le génie poétique, et indiquer comment il se fait reconnaître indépendamment de la diversité des langues et des formes de la versification dans tous les divers genres, depuis l'épopée jusqu'à l'apologue. *Paris, F. Didot*, 1821, in-4 de 32 pag.
— Esprit (de l') et de la critique littéraires chez les peuples anciens et modernes. *Paris, Hachette*, 1832, 2 vol. in-8, 12 fr.
— Mémoire sur l'enseignement public en France au seizième siècle, et spécialement sur les écrits et la personne de Ramus. Lu à la Société des sciences morales, des lettres et des arts de Seine-et-Oise. *Versailles, de l'impr. de Montalant-Bougleux*, 1838, in-8 de 48 pag.
— Notice sur la vie et les ouvrages de Condillac.

Imprimée en tête d'une nouvelle édition des Œuvres complètes de Condillac, publiée chez Lecointe et Durey, en 1823, in-8.

— Précis de l'histoire d'Angleterre, depuis les premiers temps jusqu'à nos jours. *Paris, Treuttel et Wurtz*, 1824, in-8, 5 fr.

Quoique cet ouvrage soit destiné surtout à la jeunesse, parce que c'est en elle surtout qu'il est utile d'exciter les émotions généreuses, il peut être lu par tous les âges avec intérêt et avec fruit. L'auteur s'est proposé de ramener l'histoire à son premier et à son plus légitime objet. Il n'a point écrit son ouvrage en écrivain politique, mais en écrivain moral. Les faits qui n'auraient excité qu'une stérile curiosité n'embarrassent point ce Précis, où viennent se ranger, comme autant de leçons vivantes, tous les détails qui peuvent intéresser l'âme du lecteur. Aucun fait important n'est oublié, et cependant le récit n'a jamais cette sécheresse qu'on peut trop souvent reprocher aux abrégés historiques. La couleur morale qui domine dans tout l'ouvrage exclut absolument tout esprit de parti. L'auteur a consulté les sources originales, persuadé que l'exactitude des faits ajoute à la puissance des leçons. Enfin, il a joint à son ouvrage un tableau synoptique des principaux faits de l'histoire d'Angleterre et de l'histoire de France.

— Questions (des) de philosophie, de littérature et d'art au XIXe siècle. Discours prononcé le 9 octobre 1835, devant la Société des sciences morales, les lettres et des arts de Seine-et-Oise. *Versailles, Montalant-Bougleux*, 1835, in-8 de 32 pag.

— Satires de PERSE et de SULPITIA, traduites en vers français, texte en regard; précédées d'une Histoire abrégée de la satire ancienne, et suivies de notes. *Paris, Hachette*, 1827, in-12, sur pap. vélin, 3 fr. 50 c.

M. Théry a, en outre, fourni, de 1819 à 1820, des articles au Lycée français; il est aujourd'hui l'un des auteurs du Cours complet d'éducation domestique pour les filles (1837).

Comme éditeur, M. Théry a publié, en société avec M. Dussault, une édition de luxe des Oraisons funèbres de Bossuet, Fléchier et autres orateurs, avec un Discours préliminaire et des Notices, par les éditeurs (Paris, 1826, 4 vol. in-8).

THÉRY (J.-B.-J.), docteur-régent de l'ancienne faculté de médecine de Paris, etc.

— Homme (de l') et du monde. *Paris, Gabon*, 1818, in-8 de 160 pag., 3 fr. 50 c.

THESAURO (Emm.). — Introduction aux vertus morales et héroïques, trad. de l'ital., par Th. CROZET. *Bruxelles*, 1722, 2 vol. in-8.

THESBY DE BELCOURT (Fr.-Aug.). — * Journal d'un officier français au service de la confédération de Pologne, pris par les Russes et relégué en Sibérie. *Amsterdam*, 1776, in-12.

Il y a des exemplaires qui portent pour titre : *Relation ou Journal, etc.*

THÉSIGNY (François-Denis DOMILLIER DE), vaudevilliste, anc. trésorier honoraire de France; mort à Paris, le 25 avril 1825, dans un âge assez avancé.

— Catinat à Saint-Gratien, comédie anecdotique en un acte et en prose, mêlée de vaudevilles. *Paris, madame Masson*, 1803, in-8, 1 fr. 20 c.

Avec Philipon de la Madelaine.

— Petite (la) Métromanie, comédie en un acte et en prose, mêlée de vaudevilles. *Paris*, an VI (1798), in-8, 1 fr. 50 c.

Avec M. A. de Chazet.

— Un (l') pour l'autre, comédie-vaudeville en un acte. *Paris, madame Masson*, 1802, in-8, 1 fr. 20 c.

Avec M. Maur. Séguier.

Thésigny est encore auteur des pièces suivantes, qui ont été jouées mais non imprimées : (avec Chazet), *l'Anglomanie*, vaud. en deux actes, an VII (1799); (avec le même) : *le Beaunois à Paris, ou un Tour à Paris*, vaud. en un acte, an XI (1802); (avec M. Maur. Séguier) : *les Usuriers*, vaud. en un acte, 1802; (avec M. Tournay) : *Point de bruit*. Thésigny avait aussi travaillé au Journal des beaux-arts. *Beuch.*

THÉSUT DE VERRÈY, l'un des rédacteurs des Catalogues et armoiries des gentilshommes qui ont assisté à la tenue des états généraux du duché de Bourgogne, depuis 1548 jusqu'en 1682 (Dijon, 1760, in-fol.).

THÉSUT DE VINCY. — * Lettres sur la minéralogie et la métallurgie pratiques, trad. de l'angl. (1752). DIDERICK-WESSEL.

THEULEY (Mad. Olympe de). — Bal chez Lucifer (impr. en 1834, dans le tome III du Livre rose).

THÉVENARD (Antoine), vice-amiral et pair de France, commandeur de l'ordre royal et militaire de Saint-Louis, né à Saint-Malo, d'une famille noble, le 7 décembre 1733, mort à Paris le 9 février 1815. Thévenard était déjà chef d'escadre en 1784; il fut appelé, en mai 1791, au ministère de la marine à la place de M. de Fleurieu; mais il fut forcé, par ses opinions, de quitter ce ministère à la fin de 1791. L'Empire l'avait successivement fait préfet maritime à Lorient, en 1801, grand officier de la Légion d'honneur, en 1804, puis sénateur, en 1810.

— Mémoires relatifs à la marine. *Paris, Laurens jeune*, 1800, 4 vol. in-8 avec 21 tableaux, 33 planches et 3 cartes, 24 fr.

« Le second volume traite de la langue et des antiquités bretonnes. On y trouve une Table curieuse des termes de marine actuelle comparés aux mêmes mots de l'ancienne marine celto-gothique ou bretonne, dont ils sont dérivés; un Vocabulaire de noms de lieux, suivant l'origine celtique; un autre Vocabulaire des mots français dont la prononciation actuelle est la plus analogue avec celle de pareils mots celtiques qui en sont l'origine, et qui sont d'un usage commun aux deux langues; des étymologies et des notes historiques sur la rade de Brest, ses environs et la Basse-Bretagne ».

THÉVENARD, anc. chanoine régulier de la congrégation de France, et alors desservant de Bouilland.

— Oraison funèbre de Louis XVI. *Dijon, Tussa*, 1814, in-8 de 8 pag.

THÉVENEAU (Charles-Marie), poëte et mathématicien, ancien professeur des gardes de la marine à Brest; né en 1759, à Paris, où il est mort, en juillet 1821.

Mathématiques.

— Cours d'arithmétique, à l'usage des écoles centrales et du commerce. *Paris, Courcier*, an VIII (1800), in-8 de 308 pages, 3 fr.

On doit à Théveneau de nouvelles éditions : 1° des Leçons élémentaires de mathématiques, par de LA CAILLE, augmentées par MARIE, seconde édit., revue et corrigée avec le plus grand soin, 1798, in-8 ; — 2° des Éléments d'algèbre, de CLAIRAUT (IVe édit., 1797) ; — 3° du Cours d'arithmétique, de Bezout (   ) ; 4° du Cours élémentaire et complet de mathématiques pures, rédigé par LA CAILLE, augmenté par MARIE, et éclairci par Théveneau (Paris, 1800).

Poésies.

— Construction (la) des hôpitaux, poëme.

Cité par Debray. Cet opuscule a été réimprimé dans le volume suivant.

— Illusion (l'), poëme, précédé du Règne de la terreur, du Voyage du roi à Varennes, d'Hercule au mont Oeta, suivi de la Construction des hôpitaux, de la Mort du duc de Brunswick, de Charlemagne et d'autres poésies. *Paris, Guillaume*, 1816, in-8, 3 fr., et sur pap. vélin, 4 fr.

Plusieurs des morceaux de poésie que ce volume contient avaient été publiés ailleurs et à diverses époques.

On y trouve *le Solitaire*, comédie en trois actes et en vers libres. Parmi les Poésies diverses, il y a une traduction en vers latins, du récit de la mort des Templiers (de la tragédie de M. Raynouard).

— Ode sur la dernière campagne. 1806, in-8.

— Plan du poëme de Charlemagne, suivi du premier chant en vers, et d'un Choix de poésies diverses. 1804, in-8.

Réimpr., en 1816, à la suite de *l'Illusion*, poëme (voy. plus haut).

On attribue à Théveneau, dit la « Biographie des hommes vivants », d'autres poëmes qui n'ont pas paru sous son nom. Il a fourni des articles : 1° à un journal intitulé : l'Ami des arts, publié en 1797, par M. de Labouisse ; 2° au Courrier des spectacles de M. Lepan. M. de Labouisse a publié un bon nombre de poésies inédites, latines et françaises, de Théveneau, dans le Journal anecdotique et Feuille d'affiche de la ville de Castelnaudary. Théveneau a revu la traduction du Théâtre tragique d'Alex. SOUMAROCOW, par Papadopoulo.

THÉVENEAU, peut-être le même que le précédent, éditeur de deux ouvrages du gén. CHASSELOUP DE LAUBAT. (Voy. ce nom.)

THÉVENEAU (C.-S.). — Napoléon, ou Trois époques de la France, poëme en trois chants, avec un épilogue. Par C.-S. THÉVENEAU ; précédé d'une Notice biographique et d'une Introduction, par L. de BÉTHUNE. *Paris, veuve Théveneau ; Béthune ; Vimont*, 1831, in-8 de 100 pag.

THÉVENEAU DE MORANDE (Charles), pamphlétaire et journaliste ; né à Arnay-le-Duc en 1748, massacré à Paris, en septembre 1792.

— * Anecdotes secrètes sur la comtesse Dubarry. *Londres*, 1776, in-12.

— Argus (l') patriotique, journal depuis le 9 juin 1791.

— Contes (les) couleur de rose. Un vol.

— * Diable (le) dans le bénitier et la métamorphose du gazetier cuirassé en mouche, ou tentative du premier receveur-inspecteur de la police de Paris pour établir à Londres une police à l'instar de celle de Paris. *Londres*, sans date, in-8.

— * Gazetier (le) cuirassé, ou Anecdotes scandaleuses de la cour de France. (*Londres*), 1772, in-12.

Avec des Recherches sur la Bastille, etc., qui ont une pagination particulière.

— * Gazette (la) noire, par un homme qui n'est pas blanc, ou Œuvres posthumes du Gazetier cuirassé. Imprimée à cent lieues de la Bastille, etc.... *Londres*, 1784, in-8.

— * Mélanges confus sur des matières fort claires, par l'auteur du « Gazetier cuirassé. » *Imprimés sous le soleil* (*Londres*), 1771, in-8.

— * Philosophe (le) cinique, pour servir de suite aux « Anecdotes scandaleuses de la cour de France ». (*Londres*), 1771, 3 part. in-8.

— * Portefeuille (le) de madame Gourdan. 1783, in-12.

Réimprimé, en 1785, sous le titre de *Correspondance*.

— Vie d'une courtisane du XVIIIe siècle. 1776, in-8.

— * Vie privée de très-sérénissime prince Mgr. le duc de Chartres (depuis Louis-Philippe-Joseph d'Orléans), contre un libel (sic) diffamatoire écrit en 1781, mais qui n'a point paru à cause des menaces que nous avons faites à l'auteur de le déceler. Par une société des amis du prince. *A cent lieues de la Bastille (Londres, J. Hodges,)* 1784, in-8 de VI-101 pag.

Théveneau a eu part à la rédaction du Courrier de l'Europe, qui a paru en 1776 et ann. suivantes. Il y a fourni, entre autres, les *Lettres d'un voyageur*.

THÉVENET. — Isabey (l') de l'amateur des beaux-arts, ou Abrégé élémentaire de l'art de peindre l'aquarelle et la miniature. Par MM. Watelet, Thévenin, et madame Lucy de Beaurepaire. *Paris, de l'impr. de Brun*, 1836, in-4 de 16 pag.

THÉVENIN. — Observation sur les produits et amélioration des bois et forêts, etc. (1807). Voyez Schmitz.

THÉVENIN (N.-M.). Voy Okey.

THÉVENIN (L.-F.). — Notice sur l'épidémie de suette miliaire, observée en 1833 et 1834 aux environs de Lons-le-Saulnier (Jura). *Lons-le-Saulnier, de l'imp. de Gauthier*, 1837, in-8 de 64 pag.

THEVENOT (Melchisedech), de Paris, fils d'un conseiller à la cour des aides; nommé résident pour le roi à Gênes; employé dans les affaires du conclave en 1655, grand amateur de sciences, de physique, d'arts, et surtout de voyages; garde de la Bibliothèque du roi en novembre 1684, mort en sa maison d'Issy, près Paris, le 29 octobre 1692, âgé de 71 ans.
— Art (l') de nager démontré par figures. Avec des avis pour se baigner utilement. *Paris, Thomas Moette*, 1696, petit in-12 de x, xii et 46 pages, avec 35 planches.

Vendu 5 fr. *m. r.* Saint-Céran.

— Le même ouvrage. *Paris, Desventes de la Doué*, 1769, in-12 de x, xii et 47 pag., avec 37 planches.

C'est la même édition que la précédente, dont on a seulement réimprimé la *Préface*, formant x pages, et les xii pages suivantes, intitulées *l'Art de nager*. Les pages 1—47 suivantes, qui contiennent l'explication des 39 figures qui doivent se trouver dans les deux éditions, et dont on trouve rarement le nombre complet, sont absolument de la même impression. L'exemplaire de la première édition ci-dessus, que nous avons vu, ne contenait que 35 figures, et l'exemplaire de la seconde, que nous avons aussi vu, n'en avait que 37.

—Le même ouvrage, précédé d'une Dissertation où l'on développe la science des anciens dans l'art de nager, par Thévenot; orné de vingt-deux figures dessinées et gravées par Charles Moette: quatrième édition, revue et considérablement augmentée; suivie de la Dissertation sur les bains des Orientaux, par M. P. D. L. C. A. A. P. (M. Poncelin, avocat en parlement). *Paris, Lamy*, 1782, in-8, et in-12.

Un exemplaire imprimé sur vélin, fig. coloriées, a été vendu 48 fr. 50 c., le Febvre.

L'auteur de la *Dissertation sur les bains des Orientaux* est M. Ant. Timony. Cette *Dissertation* parut séparément sous ce titre, en 1762, in-8.

Il faut joindre à cette édition:

Supplément à la IVe édition de l'Art de nager, avec des avis pour se baigner utilement, par Thévenot, contenant le plan d'une école publique de natation, la description de divers nouveaux scaphandres, et de différents pantalons imperméables à l'eau, tant pour passer une rivière, sans mouiller ses habits, que pour sauver, même dans l'hiver, ceux qui seraient en danger de se noyer. Par M. Le Roux, physicien en l'Université de Paris, auteur de plusieurs machines utiles à la conservation du genre humain. Paris, Lamy, 1782, in-12 de 12 pages, avec une planche.

— Le même ouvrage, suivi des Moyens de rappeler les noyés à la vie, et d'un Plan d'une école publique de natation; ouvrage destiné particulièrement à l'éducation des jeunes militaires du corps royal de la marine; par Thévenot; orné de 23 figures qui représentent toutes les attitudes de cet art. *Paris*, 1786, in-12.

Cet ouvrage a été réimprimé, en 1825, à la suite du Nouveau Guide des nageurs, par M. Roger (voy. ce nom).

Melch. Thévenot est auteur de plusieurs autres ouvrages, mais qui n'ont pas été réimprimés depuis le commencement du xviiie siècle: le plus important est celui intitulé: *Relations de divers voyages curieux, non publiées, ou traduites d'Hakluyt, de Purchas, et d'autres voyageurs anglais, hollandais, etc.* Paris, 1663 et ann. suiv., cinq parties in-4, avec figures, auxquelles on ajoute un autre *Recueil de voyages*, avec quelques problèmes servant à l'art de nager, et l'Histoire de l'éphémère. Paris, Ét. Michallet, 1681, 1682, 1689, in-8.

THÉVENOT (Jean de), neveu du précédent, voyageur français du xviie siècle; né à Paris, mort par suite d'un accident, à la fin de novembre 1669, dans une petite ville nommée Miana, à une journée au-delà de Tauris, pendant une traversée qu'il faisait des Indes en Perse. Thévenot était alors âgé de 34 ans.
— Elementa linguæ tartaricæ. *Parisiis, Moette*, 1682, in-fol.
— Voyages de M. de Thévenot, tant en Europe qu'en Asie et en Afrique. IIIe édit. *Amsterdam, Mich. Le Cène*, 1727, 5 vol. in-12.

Il existe aussi une édition de Paris, en 5 vol. in-12.

La première édition a été publiée par les soins de Petis de la Croix, en trois parties, qui ont paru sous les titres suivants:

1° Relation d'un voyage fait au Levant, où il est traité des états du grand seigneur, de l'Archipel, Terre-Sainte, Égypte, Arabie, la Mecque, et autres lieux d'Asie et d'Afrique. Première partie. Paris, Billaine, 1664, in-4; et Rouen (Paris, Louis Billaine), 1665, in-4.

2° Suite du même Voyage, où, après plusieurs remarques de l'Égypte, Syrie, Mosopotamie, de l'Euphrate et du Tygre, il est traité de la Perse. Paris, Angot, 1674, in-4.

3° IIIe partie, contenant la Relation de l'Indostan, des nouveaux Mogols, et des autres peuples et pays des Indes. Paris, Barbin, 1684, in-4.

THÉVENOT (Magloire), censeur des études et professeur émérite de la quatrième classe de latinité au collége de Troyes ; né à Dampierre, arrondissement d'Arcis-sur-Aube, le 22 février 1746, mort à Troyes, le 19 février 1821.
— Anthologie poétique latine, extraite des meilleurs poëtes modernes, avec la matière en regard, dont une partie est traduite en français ; à l'usage de MM. les professeurs, instituteurs, etc. *Paris, Aug. Delalain*, 1811, 2 vol. in-8, 16 fr.

Quelques exemplaires ont été tirés sur pap. vélin, et contiennent de plus que les exempl. ordinaires : 1° une pièce de vers latins, en forme d'acrostiche, traduite en vers français, en l'honneur de M. Lucot ; 2° les pages 505 à 508 du tome Ier.

— *Cours de septième. *Troyes*, 1781, in-12 de 327 pag.
— Éléments des langues latine et française, ou Méthode élémentaire pour apprendre la latine, précédée des premières notions de la langue française. 1833 (1783), 2 part. in-12.
— Principes de la grammaire française. *Troyes*, an IX (1801), in-12.
— Questions sur les principes généraux de la langue française. Ve édit. (*Troyes*, 1810), br. in-8.
— Vert-Vert, trad. du français en vers latins (1811). Voy. Gresset.

On doit encore au même auteur des *Lettres et dissertations*, presque toutes anonymes, dans le Journal de Champagne, 1782 et ann. suivantes, et dans d'autres journaux qui lui ont succédé.

Il a laissé en manuscrit une *Anthologie historique et morale*, en latin et en français, extraite de divers auteurs, historiens et moralistes grecs, latins et français. Le manuscrit, en trois parties, forme environ 900 pages. *Beuch.*

Un *Hommage à la mémoire de M. Thévenot* se trouve dans les « Mélanges de biographie, d'économie publique et de critique, etc., publiés par M. Patris-Dutreuil, l'un de ses élèves, qui lui a aussi consacré un article dans le tome II des Œuvres inédites de Grosley.

THÉVENOT (A.), de la Creuse.
— Hommages poétiques et poésies diverses. *Paris, Levavasseur*, 1830, in-18, 4 fr.
— Méridionales. Poésies intimes. *Arles, de l'impr. de Garcin*, 1835, in-8.
— Prise (la) de Constantine. Poésie. *Nantes, de l'impr. de Mangin*, 1838, in-8 de 8 pag.

THÉVENOT (E.-H.). — Essai historique sur le vitrail, ou Observations historiques et critiques sur l'art de la peinture, considéré dans ses rapports avec la décoration des monuments religieux, depuis le XIIe siècle jusqu'au XIXe siècle inclusivement. *Clermont-Ferrand, de l'impr. de Thibaud-Landriot*, 1837, in-8 de 88 pag.

Extrait du tome X des Annales scientifiques et littéraires de l'Auvergne.

THÉVENOT (Jean-Félicité Coulon). Voyez Coulon Thévenot.

THÉVENOT D'ESSAULES DE SAVIGNY ( ), était avocat au parlement, lorsqu'en 1771, le chancelier Maupeou forma les conseils supérieurs : Thévenot d'Essaules devint avocat-général au conseil supérieur de Blois.
— Dictionnaire du Digeste, ou Substance des Pandectes justiniennes. Revu et considérablement augmenté par M. Lesparat, ancien avocat (notamment en ce qui concerne les changements opérés par le nouveau droit des Institutes, du Code et des Novelles) ; revu de nouveau avec M. Dussans, docteur en droit de faculté de la Paris, et encore augmenté (particulièrement en ce qui concerne les modifications résultant des dispositions de nos nouveaux Codes). Le tout suivi d'une table de concordance des titres du Digeste, avec les titres, chapitres et articles correspondants des Institutes, du Code, des Novelles, du Dictionnaire du Digeste, et des nouveaux Codes. *Paris, Garnery ; H. Nicolle*, 1809, 2 vol. in-4, 32 fr.
— Harangue prononcée au conseil supérieur de Blois. 1773, 1774, in-4.
— Traité des substitutions fidéi-commissaires, contenant toutes les connaissances essentielles selon le droit romain et le droit français, avec des notes sur l'ordonnance de 1747. *Paris, Moutard*, 1778, in-4.

THÉVENOT DE MORANDE. Voy. Théveneau.

THEYLS (W.) — Mémoires pour servir à l'histoire de Charles XII, roi de Suède, concernant tout ce qui s'est passé pendant le séjour de ce prince dans l'empire Ottoman. *Leyde, Jean du Vivier*, 1722, in-8.

THÈZE (H). — Panorama de l'histoire de France depuis Pharamond jusqu'à nos jours, avec l'indication des principales découvertes et les noms des hommes célèbres de cette époque. *Paris, Delaunay*, 1827, 1829, in-fol. plano.

THIAFFAIT, de Lyon. — Mémoire couronné par l'académie des sciences, belles-lettres et arts de Lyon, sur la question mise au concours : « Indiquer le meilleur moyen de fournir à la ville de Lyon les eaux nécessaires pour l'usage de ses habitants, pour l'assainissement de la ville et les besoins de l'industrie lyonnaise. » *Lyon, de l'impr. de Perrin*, 1835, in-8 de 64 pages.

THIARD (Claude de), comte de BISSY, neveu du cardinal de ce nom, qui joua sous la minorité de Louis XV un rôle assez actif dans les affaires de l'Église ; lieutenant-général, en 1760, commandant du Languedoc en 1771, membre de l'Académie française, et plus tard de la deuxième classe de l'Institut national ; né le 13 octobre 1721, mort le 26 septembre 1810, à sa terre de Pierre de Bourgogne, où il vivait déjà avant que la Révolution n'éclatât, et où il se faisait aimer par ses bienfaits.

— Discours de réception à l'Académie française. *Paris*, 1750, in-4.

— * Histoire d'Ema (ou de l'ame). (Publiée par J.-P. MORT). (*Paris*, 1752), 2 part. in-12.

On attribue à Julien Busson les observations qui composent la seconde partie. *Barb.*

— *Lettres sur l'esprit de patriotisme, etc., traduites de l'angl. (1750). Voy. BOLINGBROCKE.

On attribue encore au comte de Bissy la traduction de l'anglais en français du « Roi patriote », de Bolingbrocke, de quelques-unes des « Lettres sur l'histoire », du même, puis les deux premières « Nuits d'Young ».

Le comte Thiard de Bissy passa trente ans à la cour de Louis XV, sans recevoir la moindre faveur du chef de l'État, mais sans avoir à se plaindre de la plus petite injustice, froideur dont on trouve l'explication dans une anecdote curieuse de la jeunesse du comte de Bissy, citée par madame de Genlis dans ses « Souvenirs de Félicie ». Bissy l'aîné se livrait sans distraction à son goût pour les lettres et à ses liaisons intimes avec les hommes les plus marquants en ce genre. L'esprit philosophique si décrié par les uns, et si vanté par les autres, qui avait envahi la France au XVIIIe siècle, et dont on a sans doute abusé, mais qui a élevé la raison humaine à une hauteur où elle n'était pas encore parvenue, l'avait, dit-on, séduit et entraîné à une audace de pensée et à une liberté d'expression dont les Anglais seuls avaient donné l'exemple jusqu'alors ; mais les témoignages des contemporains sont si peu d'accord sur ce point, que, tandis que les uns lui attribuent les traductions que nous avons précédemment citées, d'autres prétendent, à l'occasion de sa nomination à l'Académie française, en 1750, en remplacement de l'abbé Terrasson, que le nouvel académicien ne savait pas l'orthographe, et Collé lui-même, qui a émis la même opinion dans son Journal, ajoute que la traduction qu'on lui attribue d'un des ouvrages du philosophe anglais, citée plus haut, était de son maître de langues, Mather Flint, et qu'elle avait été revue par Duclos et Crébillon.

— OEuvres (ses) posthumes, publiées avec son Éloge historique, par P.-A.-L. MATON (de la Varenne). *Paris, Cérioux*, an VII (1799), 2 vol. in-12, 3 fr.

Ces deux volumes contiennent : *les Faux Jugements, ou Mémoires de Coucy* ; — *les Effets de la jalousie*, ballet héroïque, en trois actes, avec un prologue (en vers libres) ; — *Églé*, pastorale en un acte et en vers libres ; — *Salomon*, poëme en trois chants (en prose) ; — Mélanges de poésies. La Notice historique sur le comte de Thiard par MATON, en tête du premier volume, remplit 32 pages.

THIARD (Auxonne-Théodore), comte de BISSY, lieutenant-général et député de Saône-et-Loire, fils du précédent, émigra à la Révolution, et servit dans l'armée de Condé. Rentré en France sous le gouvernement consulaire, il fut, en 1801, appelé au conseil général du département de Saône-et-Loire. Nommé, en 1803, candidat au Corps législatif, le général Duhesme ne l'emporta que de quatre voix sur lui. Le comte Thiard a été depuis et successivement : chambellan de Napoléon, gouverneur de Dresde, ainsi que d'une partie de la Saxe, six jours après la bataille d'Iéna, négociateur, etc. Le général Thiard, qui communiquait directement avec Napoléon, ayant cru avoir à se plaindre de lui, lui envoya, en 1807, la démission de tous ses emplois, ce qui valut au général un exil de deux ans et demi dans ses terres. De 1809 à 1814 il vécut fort retiré ; mais en 1814, il reparut comme simple officier de la garde nationale, et combattit dans ses rangs à Mousseaux. Le gouvernement provisoire le nomma adjudant-commandant de la même garde, et le ministère l'attacha au gouvernement de Paris, en le rétablissant sur les contrôles de l'armée. Le 25 janvier 1815, on le destitua, et on le mit à la demi-solde. Il fut réintégré le 10 mars suivant, quand on sut la nouvelle du débarquement de Napoléon. Nommé commandant du département de l'Aisne, le comte Thiard ne voulut point obéir au gouvernement de la Restauration, au risque d'être mis en jugement. Député depuis 1820, il a déployé à la législature dont il fait partie un de ces nobles caractères que l'on rencontre rarement dans les temps actuels.

— Opinion sur le projet de loi relatif à l'établissement de douze nouveaux évêchés, prononcée dans la séance du 14 mai 1821. *Paris, de l'impr. de Bailleul*, 1821, in-8 de 8 pag.

— Opinion (son) sur l'enseignement primaire. *Paris, de l'impr. de Plassan*, 1821, in-8 de 12 pag.

— Discours sur l'article 4 du projet de loi relatif à la police des journaux, prononcé à la chambre des députés, dans la séance du 16 février 1822. *Paris, de l'impr. de Bailleul*, 1822, in-8 de 8 pag.

— Discours prononcé dans la séance du 17 février 1825, sur la loi de l'indemnité. *Paris, Baudouin frères*, 1825, in-8 de 16 pag., 75 c.

— Budget des recettes. Session de 1834. Discours du général Thiard, député de Saône-et-Loire. *Paris, de l'impr. de Boudon*, 1834, in-8 de 16 pag.

Voy. aussi THYARD.

THIAUDIÈRE (P.-D.). — Art (l') de se préserver de la contagion syphylitique, à l'usage des deux sexes. *Paris, Germer-Baillière*, 1830, in-8 de 32 pag., 1 fr. 50 c.

— Observations sur deux cas remarquables d'accouchements laborieux. *Épernay, de l'impr. de Warin-Thierry*, 1830, in-8 de 12 pag., 60 c.

THIBAUD, de Marly. — Vers sur la mort; imprimés sur un manuscrit de la bibliothèque du roi. *Paris, J. Renouard*, 1826, in-8 de 64 pag., sur pap. vél., impr. à 150 exemplaires, 5 fr. — Sec. édit., augm. du Dit des trois morts et des trois vifs, et du Mireur du monde. *Paris, Bohaire*, 1835, in-8, 4 fr.

THIBAUD (Hippolyte). — Histoire de la Prusse, depuis les temps anciens jusqu'à nos jours. *Paris, rue et place Saint-André-des-Arts*, n° 30, 1832, in-18, 35 c.

Cette histoire fait partie de la « Bibliothèque populaire ».

— République (la) parthénopéenne. Épisode de l'histoire de la république française, trad. de l'italien (1835). Voy. J. LA CÉCILIA.

THIBAUD (J.-L.). — Traité du verbe. *Vienne (en France), Girard*, 1835, in-12 de 72 pag.

THIBAUD (E.). — Peinture (de la) sur verre, ou Notice historique sur cet art dans ses rapports avec la vitrification. *Clermont-Ferrand, de l'impr. de Thibaud-Landriot*, 1837, in-8 de 32 pag., avec 2 lithographies.

THIBEAUD, D.-M. — Rapports (des) de la médecine avec la science et la société. Discours prononcé à la réouverture de l'école secondaire de médecine de Nantes, et à la distribution des prix de cette école. *Nantes, de l'impr. de Forest*, 1837, in-8 de 56 pag.

THIBAUDEAU (Antoine-René-Hyacinthe) avocat à Poitiers, à l'époque de la révolution, en adopta les principes, et fut en conséquence élu, par la sénéchaussée de Poitou, député du tiers aux États-Généraux, en 1789, puis il passa à l'Assemblée constituante. Après la clôture de la session il retourna dans son département, ou le vœu de ses concitoyens l'appela, en 1791, à la présidence du tribunal criminel, et il était, en 1793, procureur-général du département. Le gouvernement consulaire le nomma, en 1800, président du tribunal d'appel de la Vienne; enfin, en mars 1802, il fut appelé par le sénat-conservateur au Corps législatif. Rendu dans les premières années de ce siècle, à la vie privée, il retourna à Poitiers, sa ville natale, et il mourut quelque temps après.

— Abrégé de l'histoire du Poitou. *Paris, Demonville*, 1788, 6 vol. in-12.

THIBAUDEAU (le comte Antoine-Claire, fils du précédent, était procureur-syndic de la commune de Poitiers, lorsqu'en 1792, il fut nommé député à la Convention nationale, dont il fut le président le 16 ventôse an III, et fut nommé secrétaire; il fit partie du comité de sûreté générale, de la commission des lois organiques, et du comité de sûreté publique; membre du conseil des Cinq-Cents, il en fut nommé secrétaire le 26 octobre 1795, et élu président le 21 février 1796. Porté sur la liste des proscrits du 18 fructidor, il trouva des protecteurs assez puissants pour l'en faire effacer, et il ne sortit du Corps-législatif qu'en mai 1798. Il devint, après le 18 brumaire an VIII, conseiller d'Etat, préfet de la Gironde (en 1803), où il laissa d'honorables souvenirs, et presque aussitôt préfet des Bouches-du-Rhône; comte de l'Empire en 1808. La Restauration de 1814 le priva de tous ses emplois. Napoléon, à son retour de l'île d'Elbe, en 1815, lui rendit le rang de conseiller d'Etat, et le nomma commissaire extraordinaire dans le département de la Côte-d'Or. Revenu à Paris, il fut nommé membre de la chambre des pairs. Compris, l'année suivante, dans l'ordonnance du 12 janvier 1816, Thibaudeau fut forcé de s'expatrier. Il est mort à Prague, en 1823, à l'âge de 58 ans. Thibaudeau était membre de l'Académie de Marseille (1).

— Bohême (la), roman historique. *Paris*, *Paulin*, 1834, 2 vol. in-8, 15 fr.

— Congrès de Rastadt.....

Imprimé dans le tome II des Mémoires de tous (1834).

— Consulat (le) et l'Empire, ou Histoire de la France et de Napoléon Bonaparte, de 1799 à 1815. *Paris*, *J. Renouard*, 1835, 10 vol. in-8, 60 fr. — (Sec. édit.) Édition illustrée. *Paris*, *le même*, 1837-38, 10 vol. in-8, ornés de 50 portraits, 50 fr.

Le tome Ier de cet ouvrage est la reproduction du tome VI de l'*Histoire générale de Napoléon*.

Il faut joindre à l'une et l'autre de ces éditions, les histoires de la *Guerre d'Italie*, 3 vol. (15 fr.), et de la *Guerre d'Égypte*, 2 vol. (10 fr.), qui, dans l'origine, formaient les tomes I - V de l'*Histoire générale de Napoléon*, dont nous allons parler tout à l'heure. En tout, alors, 15 vol.

— Histoire du terrorisme dans le département de la Vienne. 1795, in-8.

— Histoire générale de Napoléon, de sa vie privée et publique, de sa carrière politique et militaire, de son administration et de son gouvernement. *Paris*, *Ponthieu*; *J. Renouard*, 1827 et ann. suiv., in-8.

Les deux premiers volumes portaient : par l'auteur des « Mémoires sur le Consulat ».

Cette Histoire, qui devait former douze volumes, fut, par des motifs auxquels l'auteur était entièrement étranger, suspendue après la publication du sixième. Les six volumes publiés comprennent : la *Guerre d'Italie*, 3 vol. ; la *Guerre d'Égypte*, 2 vol., et le *Consulat*, tome Ier.

En recommençant la publication de ce livre, sous le titre de : *le Consulat et l'Empire*, l'auteur, sur ces six volumes déjà publiés, n'a fait usage que du tome Ier du *Consulat*, laissant à part, et comme ouvrage séparé, l'histoire des *Guerres d'Italie et d'Égypte*.

—Mémoires sur la Convention et le Directoire. Tome Ier (Convention). Tome II (Directoire). *Paris*, *Baudouin frères*, 1824, 2 vol. in-8, 11 fr.

Faisant partie de la « Collection des Mémoires relatifs à la Révolution française ».

Il existe des exemplaires qui portent sur les frontispices : *seconde édition*, et pour adresse de libraire, celle de Ponthieu.

— * Mémoires sur le Consulat (1799 à 1804). Par un ancien conseiller d'Etat. *Paris*, *Ponthieu*, 1826, in-8, 6 fr.

L'auteur a depuis donné plus de développement à cette époque de notre histoire dans son livre intitulé : *le Consulat et l'Empire* : le Consulat y remplit trois volumes.

— Recueil des actes héroïques et civiques des républicains français. *Paris*, 1794 et ann. suiv.

Avec Bourdon de la Crosnière. Cet ouvrage a paru par numéros : Bourdon a rédigé les quatre premiers et M. Thibaudeau les autres.

On a encore de M. Thibaudeau un grand nombre de *Discours* et de *Rapports* aux différentes assemblées législatives, imprimés dans le Moniteur.

Nous connaissons encore de M. Thibaudeau, impr. dans le recueil des Mémoires de l'Académie de Marseille : 1° Discours à l'academie de Marseille sur le Musée, la Bibliothèque, etc., etc. (tome II, 1803) ; — 2° Mémoire sur les fouilles faites à Tauroentum (tome III, 1804) ; — 3° Discours sur l'ouverture de la Bibliothèque de Marseille (id.) ; — 4° Mémoire sur l'établissement d'une bergerie de mérinos dans la Camargue (tom. IV, 1805) ; — 5° Discours d'ouverture (tome V, 1806) ; — 6° Discours sur le XVIIIe siècle (tome VI, 1807).

THIBAUDEAU, fils du précédent.

— * Ministère (le) de la réforme et le parlement réformé (trad. de l'angl., 1833). Voy. ce titre aux Ouvr. anon.

M. Thibaudeau fils travaille au « National ».

THIBAULT. — * Vie (la) de Pédrille del Campo, roman comique dans le goût espagnol, par M. T***. G. D. T. *Paris*, 1718, in-12.

Il existe une réimpression de ce roman, sous le titre suivant :

Histoire comique et galante de Pédrille del Campo, par M. T***. G. D. T. Amsterdam, P. Humbert 1727, in-12.

THIBAULT (François-Timothée), procureur général de la chambre des comptes de Lorraine, auparavant lieutenant général de la police ; membre de l'Académie de Nanci, sa patrie ; mort en juillet 1777, âgé d'environ 80 ans.

— Discours académiques.....

— * Femme (la) jalouse, comédie en cinq actes et en vers français, dédiée à S. A. R. Madame, régente. *Nanci*, *P. Antoine*, 1734, in-8.

— Histoire des lois et usages de la Lorraine et du Barrois dans les matières bénéficiales. *Nanci*, *P. Antoine*, 1763, in-fol.

— Ode sur l'Eucharistie.....

— * Recueil d'épigrammes. *Nanci*, ..., in-12.

— Tableau de l'avocat, divisé en six chapitres, qui traitent de l'esprit, de l'étude, de la science, de l'éloquence, de l'air, de

(1) Les auteurs de la Biographie univ. et portative des contemporains ont fait mourir M. A.-C. Thibaudeau à Prague, en 1823, à l'âge de 58 ans, bien qu'aujourd'hui (décembre 1838) on n'ait point à regretter sa perte. Depuis sa mort, il lui a été loisible de nous donner successivement plusieurs ouvrages estimés : ses Mémoires sur la Convention et le Directoire, ceux sur le Consulat, l'Histoire des guerres d'Italie et d'Égypte, enfin le Consulat et l'Empire : en tout 18 volumes, de 1824 à 1835 ! Nous avons malheureusement copié la grossière erreur des auteurs de la Biographie dont nous venons de parler.

la mémoire, de la prononciation, du geste et de la voix. *Nanci, P. Antoine*, 1737, in-12.

THIBAULT (Jean-Alexis), procureur au parlement de Dijon; né à Chenault, paroisse de Préci-sous-Thil, en Bourgogne, le 29 avril 1705, mort en....
— Essai sur la vente des immeubles et des offices. 1737, in-8.
— *Traité (nouveau) des criées, ventes des immeubles et des offices, par décret. *Dijon*, 1746; ou *Paris*, 1761, 2 vol. in-4.—Supplément au nouveau Traité des criées....

THIBAULT (J.-B.-G.), capitaine de cavalerie.
— Observations sur la chasse et la pêche, présentées au roi. *Paris, Warée aîné; etc.*, 1814, in-8 de 16 pag.
— Traité sur la chasse et la pêche. *Paris, Warée*, 1811, in-8, 1 f.

THIBAULT (L.-A.), lieut. de vaisseau.
— Recherches expérimentales sur la résistance de l'air, et particulièrement sur l'impulsion du vent, considéré comme force motrice, sur la voilure des vaisseaux, leur marche, leurs mouvements de tangage, de roulis et de rotation horizontale. Premier Mémoire. *Brest, Lefournier et Desperriers*, 1826, in-4 de 28 pag. et 4 planches.

THIBAULT (A.), avoué.
— Fables. *Arras, de l'impr. de Degeorge*, 1836, in-8 de 8 pages.
— Manuel élémentaire d'agriculture, approprié à l'économie rurale du nord de la France. *Arras, de l'impr. de Degeorge*, 1837, in-16.
— Mémoire sur les avantages de la culture de la betterave dans le département du Pas-de-Calais. Ouvrage auquel une médaille d'encouragement a été décernée par l'Académie d'Arras, dans la séance publique annuelle du 31 août 1826. *Arras, de l'imp. de Tierny*, 1827, in-8 de 24 pag.

THIBAULT (J.-T.), peintre et architecte, membre de l'Institut.
— Application de la perspective linéaire aux arts du dessin. Ouvrage posthume, mis au jour par Chapuis, son élève. *Paris, J. Renouard; Bance aîné*, 1827, in-4 avec 55 planches, 50 fr.

THIBAULT (J.-B.). — Pensées sur l'homme, ses habitudes et ses devoirs. *Paris, F. Didot; Dentu*, 1831, in-8 de 196 pag., 3 fr. 50 c.

THIBAULT (J.), ancien élève de l'École normale.
— Sophocle. Œdipe à Colone, tragédie expliquée en français (1837). Voy. Sophocle.

THIBAULT (l'abbé). — Discours prononcé en faveur des salles d'asile pour l'enfance, dans l'assemblée de charité tenue en l'église Saint-Roch, le samedi 14 mars 1835. *Montpellier, Séguin; Mallavialle*, 1837, in-8 de 24 pag.

THIBAULT. — Discours sur l'emploi du temps, composé pour la distribution des prix du collége de Cambrai, l'année 1837. *Cambrai, de l'impr. de Lesne-Daloin*, 1838, in-8 de 8 pag.

THIBAULT DE CHANVALON. Voy. Chanvalon.

THIBAUT, comte de Champagne, puis roi de Navarre.
— *Poésies (les) du roi de Navarre, avec des notes et un glossaire français (par L'Évesque de la Ravallière). *Paris, Hyp.-L. Guérin*, 1742, 2 vol. in-8.

THIBAUT (Nicolas), conseiller-clerc au bailliage de Sedan.
— *Prières et instructions chrétiennes, avec un Abrégé de l'histoire sainte. *Sedan, Renault*, 1726, 1737; *Lunéville, Gœbel*, 1749, in-8.

THIBAUT (A.-F.-J.), conseiller aulique.
— Théorie de l'interprétation logique des lois en général et des lois romaines en particulier; traduit de l'allemand, par G. de Sandt, docteur allemand. *Paris, Clament frères*, 1811, in-8 de 200 pag.

THIBAUT (A.), pseudonyme de G.-A. Haas, d'après la bibliographie allemande de Kayser.
— Dictionnaire (nouv.) de poche français-allemand et allemand-français, précédé d'une préface. *Leipzig, Gleditsch*, in-8, 8 fr., et sur pap. fin, 10 fr.

Dictionnaire stéréotypé, et qui, par conséquent, a été souvent réimprimé. Il parut pour la première fois en 1819, gr. in-4. La troisième édition est de 1821. La IVe édit., publiée en 1825, a été améliorée par Le Roux la Serre; la Ve est de 1830.

THIBAUT, notaire à Joigny.
— Extrait d'un rapport sur des fouilles faites, en mars 1820, sur le monticule de Mouchette, au territoire de Joigny (Yonne). Imprimé dans le tome VII des Mémoires

de la Société roy. des antiquaires de France (1826).

THIBAUT (Th.). — Amants (les) enfoncés, ou Misère et compagnie, tragédie burlesque en un acte et en vers. *Paris, Bezou*, 1826, in-8, 1 fr. 50 c.
— Amour (l') et les champignons. Drame fantastico-héroï-burlesque en un acte et en vers. *Paris, Bezou*, 1835, in-8, 1 fr. 50 c.

THIBERT, médecin à Paris, l'un des rédacteurs du Traité de médecine pratique, ouvrage périodique (1835).

THIBEYRANT. — *Petit Traité pour les jeunes gens qui se disposent à parcourir la carrière des sciences, et bien propre à corriger les erreurs du siècle. *Toulouse, de l'impr. de Bénichet aîné*, 1832, in-8 de 8 pag.

THIBIERGE (R.-M.). — Extrait d'une grammaire pittoresque et amusante, à l'usage des dames et des étrangers, suivi d'un Traité figuratif sur les genres de nos substantifs. *Paris, Didot; Martinet*, 1811, in-12 de 70 pag.

THIBOTT. — Mystères de la croix. *Berne, Soc. typogr.*, 1792, in-8.

THIBOUST (Claude-Louis), imprimeur à Paris.
— Petit (le) Apparat royal, ou nouveau Dictionnaire français-latin, par C.-L. THIBOUST. Édition revue par l'auteur, avec un Dictionnaire géographique, par le sieur TILLEMONT (de Tralage). *Paris*, 1712, in-8.
Les précédentes éditions sont anonymes.
— Typographiæ excellentia carmen, cum notis. *Parisiis*, 1718, in-8.
— Excellence (l') de l'imprimerie, poëme latin, trad. en français avec des notes, par le fils de l'auteur. 1754, in-8.

THIBOUST (Claude-Charles), imprimeur, fils du précédent; né à Paris, le 6 novembre 1701, mort le 29 mai 1757.
— Cloître (le) de la Chartreuse de Paris, poëme latin, trad. en français. 1755, in-4.
— Lettre à un ami sur une traduction des Psaumes. 1744, in-12.

THIBOUT (l'abbé J.-R.), anc. professeur de belles-lettres au séminaire de Reims.
— Recueil de principes de littérature pour la classe de seconde et pour les amis des belles-lettres. *Paris, Leclère*, 1829, in-8, 2 fr.

THIBOUVILLE (Henri-Lambert d'Erbigny, marquis de), ancien colonel au régiment de la reine-dragons; mort à Rouen, le 16 juin 1784.
— *Danger des passions, ou Anecdotes syriennes et égyptiennes, par l'auteur de « l'École de l'amitié ». *Paris*, 1757, 2 vol. in-12.
— *École (l') de l'amitié. *Amsterdam*, 1757, 2 vol. in-12.
— *Plus heureux que sage, comédie-proverbe en trois actes, en vers. 1772, in-8.
— *Qui ne risque rien n'a rien, comédie-proverbe en trois actes, en vers. 1778, in-8.
— *Ramir, tragédie. 1759, in-12.
— *Réponse d'Abailard à Héloïse. *Paris*, 1758.
— *Télamire, tragédie. *Paris*, 1739, in-12.

THIBOUVILLE. — Comte (le) et le représentant, vaudeville en un acte. *Paris, Michaud*, 1838, in-8 de 20 pag., 20 c.
Avec M. Simonnin.

THIDON (madame), sage-femme.
— Mémoire sur le régime et les soins qui conviennent aux femmes après l'accouchement. *Paris, l'Auteur*, 1837, in-12 de 24 pag.

THIÉBAULT (Dieudonné), d'abord professeur d'humanités dans l'un des colléges des jésuites, dont il était élève; plus tard, professeur de style français à l'Académie roy. militaire de Berlin, et membre de l'Académie royale de Prusse à Berlin, directeur du magasin général de l'accise prusienne. De retour à Paris, en 1780, il fut successivement chef des bureaux de la librairie, et garde des archives et inventaire du garde meuble de la couronne, employé au département de la liquidation, chef du secrétariat au Directoire, professeur de grammaire aux écoles centrales de Paris, depuis 1795; plus tard proviseur du lycée de Versailles; membre de la Société libre des sciences, belles-lettres et arts de Paris, des anciennes académies de Lyon et Châlons-sur-Marne, de celle des Arcades de Rome; né à la Roche, village à trois lieues de Remiremont (Vosges), le 26 décembre 1733, mort à Versailles, le 5 décembre 1807.
— *Adieux (les) du duc de Bourgogne et de l'abbé de Fénélon, son précepteur, ou Dialogues sur les différentes sortes de gouvernement. *Douay*, 1772, in-12. — Nouvelle édition, augmentée. *Paris, Prault*, 1788, in-8.

Ouvrage demandé par Ulrique de Prusse, reine de Suède, et qui influa beaucoup sur la révolution de ce royaume, en 1772.

— * Apologie des jeunes ex-jésuites qui ont signé le serment prescrit par arrêt du 6 février 1764. *Sans indication de lieu* (*Paris*), 1764, in-12 de 75 pag.

Écrit pour justifier les jésuites qui avaient prêté le serment prescrit. Cet ouvrage anonyme produisit une forte sensation. M. de Sartines en ayant découvert l'auteur, lui témoigna sa satisfaction.

— Discours sur la prononciation. *Berlin*, 1765, in-8.

— Enseignement (de l') dans les écoles centrales. *Strasbourg, et Paris*, 1796, in-8.

— Essai synthétique sur l'origine et la formation des langues. *Paris*, *Ruault*, 1774, in-8.

— Grammaire philosophique, ou la Métaphysique, la logique et la grammaire réunies en un seul corps de doctrine. *Paris*, *Courcier* (*Bachelier*), 1802, 2 vol. in-8, 7 fr.

— Journal de l'instruction publique. *Paris*, *Barrois l'aîné*, 1793-94, 28 cahiers formant 8 vol. in-8.

Avec J.-Alex. Borelly.

— Lettres (trois) critiques sur Paris....

— Mes Souvenirs de vingt ans de séjour à Berlin, ou Frédéric-le-Grand, sa famille, sa cour, son gouvernement, son académie, ses écoles, et ses amis littérateurs et philosophes. *Paris*, *Buisson*, 1804, 5 vol. in-8, 18 fr., pap. vél., 33 fr. — IIIe édit., revue par A.-H. Dampmartin. *Paris*, 1813, 4 vol. in-8, avec 2 portr., 20 fr.

Réimprimé de nouveau sous le titre suivant : *Frédéric-le-Grand, sa famille, sa cour, son gouvernement, son académie, ses écoles, et ses amis, généraux, philosophes et littérateurs*, ou Mes Souvenirs de vingt ans de séjour à Berlin. IVe édit. Paris, Bossange père; Rey et Gravier, 1827, 5 vol. in-8, ornés de deux portraits.

— Plan (nouv.) de l'enseignement public. *Rouen* (*Berlin*), 1769, in-12.

— Principes de lecture et de prononciation, à l'usage des écoles; ouvrage examiné par ordre du gouvernement, et déclaré classique. *Paris*, *Genets jeune*, 1802; ou, avec un nouveau titre, *Paris*, *Lebel et Guitel*, 1810, in-8, 3 fr.

— Sur la librairie et la liberté de la presse en France. *Paris*, 1798, in-8.

— Traité de l'esprit public. *Strasbourg*, *Levrault*, 1798, in-8.

— Traité du style. Nouvelle (2e) édition, corr. et augmentée. *Paris*, *Lavillette et comp.* (* *Bachelier*), 1801, 2 vol. in-8, 7 fr.

Production d'un ordre distingué.

La première édition a paru sous ce titre : *Essai sur le style, à l'usage de l'école royale des jeunes gentilshommes*. Berlin, 1774, in-8.

Une biographie attribue à Thiébault le « Dictionnaire de l'élocution française », imprimé, en 1769, sous le nom de Demande : mais cette assertion est mal fondée. Les auteurs de cette même biographie disent qu'à son retour en France, en 1784, Thiébault écrivit sur le magnétisme une brochure originale, où les *Vieilles lanternes et les réverbères*, sous une plaisante allégorie, devenaient les objets de comparaison entre l'ancienne médecine et la nouvelle; et des *Mémoires sur la librairie*, qui ne paraissent pas avoir été imprimés.

On a encore de D. Thiébault plusieurs Mémoires dans le recueil de l'Académie de Berlin, et dans plusieurs journaux, notamment dans celui intitulé « le Vengeur ».

Le nombre des *Mémoires* fournis par D. Thiébault au recueil de l'Académie de Berlin, s'élève à treize, et sont : 1° Discours de réception, où l'on traite des principaux avantages que les académies offrent à ceux qui en sont membres (ann. 1765); — 2° deux Mémoires, où l'on examine s'il est vrai que l'on a toujours eu de bons poëtes avant que d'avoir de bons prosateurs (ann. 1766); — 3° Précis de la Grammaire générale de N. de Beauzée, avec quelques Observations critiques sur la doctrine de l'auteur, en cinq mémoires (ann. 1771 et 1773). C'est un examen analytique de l'ouvrage de Beauzée; — 4° De la prononciation; — 5° Questions à résoudre (Quelle différence y a-t-il entre la science des mots et la science des choses? laquelle de ces deux sciences est la plus importante?) (ann. 1771), — 6° Observations générales sur la grammaire et les langues (ann. 1774); — 7° De l'usage considéré comme maître absolu des langues (ann. 1781), discours important qui précéda de plus de trois ans celui que lut Marmontel à l'Académie française, en 1787.

D. Thiébault est l'un des auteurs du Journal littéraire qui a paru à Berlin, de 1772 à 1776, et dont la collection forme 27 volumes in-8. Thiébault rédigea pour ce journal une trentaine de morceaux. Les plus importants sont les analyses de la Théorie des beaux-arts, par Sulzer; du Système social (du baron d'Holbach), Londres (Amsterdam), 1773; de l'Essai sur l'art dramatique, Amsterdam, 1773; de la Vie d'Apollonius, par Ch. Blount, et de l'Histoire littéraire des troubadours (par de Sainte-Palaye, publiée par l'abbé Millot), Paris, 1774, 3 vol. in-12.

Il a encore publié, mais comme éditeur, l'Extrait du Dictionnaire historique et critique de Bayle (par Frédéric II, roi de Prusse), 1767, 2 vol. in-8.

D. Thiébault a laissé en manuscrit un ouvrage offrant le plan d'un nouveau mode d'administration appliquée à la France.

THIÉBAULT (le baron Paul-Charles-François-Adrien-Henri-Dieudonné), fils du précédent, lieutenant-général du corps royal d'état-major, l'un des braves généraux de Napoléon, anc. gouverneur du pays de Felde (en Prusse), de la Biscaye, puis de la Vieille-Castille; membre de la Société philotechnique de Paris, de la Société littéraire de Tours, et docteur de l'université de Salamanque; né à Berlin, le 14 décembre 1769.

— Avènement du nouveau tzar. *Paris, Le Normant père*, 1826, in-8 de 28 pages, 1 fr.

— Chant (du), et particulièrement de la romance. *Paris, Arthus-Bertrand*, 1813, in-8 de 130 pag., 2 fr.

— Discours, Pensées et Romances....

Ouvrage qui n'a pas été destiné au commerce.

— Discours prononcé sur la tombe du maréchal Masséna, duc de Rivoli et prince d'Essling, le 10 avril 1817, jour de ses funérailles. *Paris, Renard*, 1817, in-8 de 16 pag.

Réimpr. à Bordeaux dans la même année.

— Influence d'une noblesse héréditaire et du droit de primogéniture sur la civilisation et la liberté, suivie de quelques réflexions sur les 3e, 4e, 5e, 6e Lettres que M. le baron de Staël vient de publier sur l'Angleterre. *Paris, Le Normant père*, 1825, in-8, 2 fr. 50 c.

— Journal des opérations militaires du siége et du blocus de Gènes, précédé d'un Coup-d'œil sur la situation de l'armée d'Italie, depuis le moment où le général Masséna en prit le commandement jusqu'au blocus. *Paris, Magimel*, 1801, gr. in-8.

— Seconde édit., considérablement augmentée. *Paris, Magimel*, 1801, gr. in-8, 5 fr.

— Lettre à lord Wellington. 1814.

Écrit qui n'a pas été destiné au commerce.

— Manuel des adjudants-généraux et des adjoints employés dans les états-majors divisionnaires des armées. *Paris, Magimel*, an VIII (1800), in-8 de 164 pag., 2 fr.

— Manuel général du service des états-majors généraux et divisionnaires des armées, etc. *Paris, Magimel*, 1813, in-8, 7 fr. 50 c.

— Rapport général et historique sur l'université de Salamanque. (En espagnol). 1811.

— Recueil de pensées. *Paris, Firmin Didot*, 1811, in-8.

— Réflexions sur le corps royal de l'état-major, ou Examen de l'écrit publié sous le même titre. *Paris, Anselin et Pochard*, 1820, in-8 de 144 pag., 2 fr. 50 c.

— Relation de l'expédition de Portugal, faite en 1807 et 1808 par le premier corps d'observation de la Gironde, devenu armée de Portugal. Avec une carte de Portugal, un plan de la bataille de Wimeiro et et du combat de Rorissa. *Paris, Magimel*, 1817, in-8 avec 2 cartes, 6 fr.

— Réponse à M. Dupin, avocat, sur le droit d'aînesse, suivie de quelques remarques suggérées par les écrits de M. Persil, avocat, et de M. Duvergier de Hauranne, ex-député. *Paris, Le Normant père*, 1826, in-8 de 88 pag., 2 fr.

— * Soupers (les) du jeudi. 1789, in-8.

— Vues sur la réorganisation des quartiers généraux et des états-majors. *Paris*, an VIII (1800), in-8.

Le gén. P. Thiébault a concouru à la rédaction des Annales des faits et des sciences militaires (1818), de l'Encyclopédie moderne, et du Spectateur militaire.

THIÉBAULT (C.), citoyen d'Épinal et de Nanci.

— Almanach civique du département des Vosges pour l'année 1791. *Épinal*, 1791, in-12.

— Annuaire de la république française pour l'an IV. 1795, in-8.

— Guerre (la) de la Vendée, pièce révolutionnaire, en trois actes et en prose. *Nanci, veuve Bachot*, an II (1793), in-8.

— Livre de comptes faits par le calcul décimal, à l'imitation de Barreme. *Nanci, Guivard*, in-16.

— Mariage (le) républicain, pièce révolutionnaire, en prose, en un acte, faisant suite à la pièce intitulée « la Guerre de la Vendée ». *Nanci, veuve Bachot*, an II (1793), in-8.

— Révolution (la) française, pièce en trois actes (et en prose). *Nanci, H. Hæner*, s. d., in-8.

— Tableau moral du département de la Meurthe. *Nanci, l'Auteur*, in-8.

— Tarif décimal. *Nanci*, in-12.

THIÉBAULT (Mlle Clémence-Rosalie).

— Lettre d'une parisienne de 1830 à toutes les Françaises. *Paris, de l'impr. de Bellemain*, 1830, in-8 de 16 pag.

THIÉBAUT, ou THIÉBAULT (1) (   ), ancien professeur de théologie et supérieur du séminaire de Saint-Simon à Metz, curé de Sainte-Croix, député à l'Assemblée nationale, émigré; mort à Elsenfeld-sur-le-Mein, le 8 avril 1795.

— Doctrine chrétienne en forme de prônes, où il est traité de la foi, de l'espérance, de la charité, des sacrements, et des grâces dont ils sont les canaux, des péchés, des passions qui en sont les sour-

(1) Le nom de cet ecclésiastique est imprimé de l'un et de l'autre manière sur ses ouvrages.

ces, ou des vices et des vertus qu'il faut leur opposer. *Metz, Collignon*, 1772, 6 vol. in-12, 18 fr. — Autre édition. *Leipzig, Sommer*, 1790, 6 vol. in-12, 32 fr.

— Explication littérale, dogmatique et morale de l'Ancien Testament en forme de prônes. *Leipzig, Sommer*, ... 14 vol. in-12, 48 fr.

— Explication littérale, dogmatique et morale des évangiles des dimanches et fêtes principales de l'année en forme d'homélies. *Metz, J.-B. Collignon*, 1776, 4 vol. in-12.

— Homélies sur les épîtres des dimanches et des fêtes principales de l'année. *Metz, Collignon*, 1766, 4 vol. in-12.

— Homélies sur les évangiles de tous les dimanches et principales fêtes de l'année. *Metz*, 1761, 4 vol. in-12.

Cet ecclésiastique a publié plusieurs écrits relatifs à la constitution et au serment du clergé.

THIÉBAUT (J.-R.), à Tournay.

—Guide de l'enfance, ou Cours d'instruction des sourds-muets de naissance, également applicable aux enfants doués de la faculté de la parole, tiré des œuvres de l'abbé de l'Épée, de M. Sicard, etc. *Tournay, Cambien*, 1828, in-12 de 104 pag.

THIÉBAUT DE BERNEAUD (Arsène), agronome et botaniste, d'abord officier dans les armées de la république, ensuite administrateur dans les départements des Vosges et de la Meurthe; plus tard, employé au bureau particulier du ministre de l'intérieur (Benezech), membre de la Société d'encouragement pour l'industrie nationale, secrétaire perpétuel de la Société linnéenne de Paris, membre de plusieurs autres académies nationales et étrangères; né à Sédan, le 14 janvier 1777, d'une ancienne famille, célèbre dans les annales de la Champagne et de la Lorraine.

— Annuaire de l'industrie française, ou Recueil par ordre alphabétique des inventions, découvertes et perfectionnements dans les arts utiles et agréables, qui se font à Paris et dans les départements, contenant l'état actuel des manufactures, fabriques, ateliers et autres établissements d'industrie française, avec les noms et adresses des inventeurs, les prix des différents objets, leur emploi ou leur application à divers usages. Années 1811 et 1812. *Paris, D. Colas*, 1811-12, 2 vol. in-12, 7 fr. 50 c.

Sonnini a eu part à la première année.

— Bibliothèque du propriétaire rural, contenant l'application des sciences aux procédés de l'économie rurale, domestique et industrielle. Tome Ier, n° 1er, mars et avril. *Paris, rue des Saints-Pères, n° 26*, 1827, in-8 de 36 pages.

Ce recueil devait paraître tous les deux mois; mais le premier numéro est le seul qui ait été publié.

— Comptes rendus des travaux de la Société linnéenne de Paris, depuis sa réorganisation jusques y compris l'année 1826. *Paris, au secrétariat de la Société*, 1822-27, 6 numéros in-8.

Extraits des Annales de la Société linnéenne.

— Description de la lembertine, machine à pétrir le pain, suivie de quelques observations sur les levains. *Paris, Colas; Lembert, boulanger*, 1813, in-8 de 36 pag., 1 fr.

— Discours prononcé le 8 mai 1823, sur la tombe de son ami Alexandre-Pascal Tissot, ancien chef de bureau au ministère des cultes, membre de la Société académique des sciences de Paris, de l'Athénée de Vaucluse, etc., etc. *Paris, de l'impr. de Lebel*, 1823, in-8 de 8 pag.

— Éloge de Broussonnet, premier fondateur de la Société linnéenne de Paris. *Paris, de l'impr. de Lebel*, 1824, in-8 de 24 pag.

— Éloge historique de A.-M.-J.-F. Palisot de Beauvois, membre de l'Institut de France. Discours qui a remporté le prix de la Société pour l'encouragement des sciences, des lettres et des arts d'Arras, en 1821. *Paris, de l'impr. de d'Hautel*, 1821, in-8 de 84 pag.

— Éloge historique de l'abbé Rozier, restaurateur de l'agriculture française, avec une Notice bibliographique de ses ouvrages tant imprimés que manuscrits. *Paris, de l'impr. de Barbier*, 1823, in-8 de 92 pag.

— Éloge historique de Ch.-Sig. Sonnini de Manoncourt, célèbre naturaliste et voyageur. *Paris, Colas*, 1812, in-8 de 64 pag.

Tiré à 250 exemplaires, qui n'ont pas été destinés au commerce.

— Éloge historique de André Thouin, président de la Société linnéenne de Paris. *Paris, de l'impr. de Lebel*, 1825, in-8 de 36 pag.

Éloges où la science et la politique ont fourni à l'auteur quelques pensées hardies pour l'époque et pour le public qui les écoute.

On cite encore quelques autres *éloges* dus à la plume de cet écrivain; mais nous ignorons dans quels recueils ils ont été imprimés : ce sont ceux de l'antiquaire Zoëga, et de Lacépède (1825).

— Exposition de la doctrine botanique et du système de physiologie végétale que Théophraste enseignait dans ses cours privés. *Paris, de l'impr. d'Hautel*, 1822, in-8 de 20 pag.

— Exposition du tableau philosophique des connaissances humaines. *Paris, de l'impr. nationale*, 1802, in-8, 1 fr.

« A peine âgé de vingt ans, M. Thiébaut osa reprendre le travail de Bacon et de Diderot sur les connaissances humaines. Son entreprise ne fut point jugée téméraire, puisqu'elle obtint les suffrages de la classe des sciences morales et politiques de l'Institut : l'ouvrage fut même imprimé aux frais du gouvernement.

— Genêt (du) considéré sous le rapport de ses différentes espèces, de ses propriétés et des avantages qu'il offre à l'agriculture et à l'économie domestique. *Paris, D. Colas*, 1810, in-8 de 92 pag.

On trouve à la fin de cet opuscule une bibliographie ou notice en vingt-neuf articles, des ouvrages qui ont été publiés sur le genêt. Cette production, la plus étendue qui existe sur cet arbuste utile, peut dispenser de recourir à ceux qui ont précédemment traité la même matière. (*Note tirée de M. Peignot.*)

— Manuel du cultivateur français, ou l'Art de bien cultiver les terres, de soigner les bestiaux et de retirer des unes et des autres le plus de bénéfices possibles. *Paris, Roret*, 1829, 2 vol. in-18, 5 fr.

— Manuel théorique et pratique du vigneron français, ou l'Art de cultiver la vigne, de faire les vins, les eaux-de-vie et vinaigres. *Paris, Roret*, 1823, in-18, fig. — IIIe édition, revue et corr. *Paris, le même*, 1827, in-18 avec 3 planches, 3 fr.

— Mémoire sur les dahlias, leur culture, leurs propriétés économiques, et leurs usages comme plante d'ornement. Sec. édition. *Paris, Roret*, 1834, in-8 de 24 pages.

— Orme (de l'). *Paris*, 1811, in-8.

C'est une monographie, ou traité complet sur cet arbre. Ce travail est divisé en cinq parties. Dans la première, M. Thiébaut décrit l'orme, ses différentes espèces et variétés ; dans la seconde, il parle de son historique, de ses qualités et de ses usages ; dans la troisième, il traite de sa culture ; dans la quatrième, il le considère dans ses maladies et dans les animaux qu'il attire et qui lui sont nuisibles ; enfin, dans la cinquième et dernière partie, il donne la synonymie de l'orme et sa bibliographie. (*Note tirée de M. Peignot.*)

— Notice historique et bibliographique des journaux et recueils périodiques, de politique, de littérature et des sciences, publiés au 1er janvier 1821, tant en France que dans les diverses parties du globe. *Paris*, 1821, in-8.

— Préjugés particuliers à l'Agriculture. *Paris*, 1812, in-8.

— Recherches sur les plantes connues des anciens sous le nom de « ulva ». *Paris, de l'impr. de d'Hautel*, 1822, in-8 de 28 pag.

— Relations des fêtes champêtres célébrées (annuellement) par la Société linnéenne, du 24 mai 1822 au 24 mai 1827, jour anniversaire de la naissance de Linné. *Paris, au secrétariat de la Société*, 1822-27, 6 cah. in-8.

— Traité de l'éducation des animaux domestiques, dans lequel on indique les moyens les plus simples et les plus sûrs de les multiplier, de les entretenir en santé, et d'en tirer le plus d'avantages possibles. *Paris, Audot*, 1820-23, 2 vol. in-12, 6 fr.

— Traité du père de famille. *Paris*, 1799, in-12.

— Voyage à Ermenonville, contenant des anecdotes inédites sur J.-J. Rousseau, le Plan des jardins et la flore d'Ermenonville. *Paris, Audot*, 1819, in-12 avec une grav., 3 fr. — IIIe édit. *Paris, l'Auteur; Debausseaux*, 1826, in-12 avec planches.

— Voyage à l'île d'Elbe, suivi d'une Notice sur les îles de la mer Tyrrhénienne. *Paris, Colas*, 1808, in-8 avec cartes et pl.

— Voyage à l'île des Peupliers. *Paris, Lepetit*, an VII (1799), in-12, orné de 4 jolies gravures, par Mariage, 2 fr. ; sur pap. d'Angoulême, 2 fr. 50 c., et sur pap. vél., fig. avant la lettre, 8 fr.

Une biographie récente dit que le premier écrit de M. Thiébaut de Berneaud, traitant *des sépultures*, parut en 1797. Nous n'avons jamais vu cet écrit ; pourtant les auteurs de la biographie en question ajoute que cet écrit fixa l'attention du conseil des Cinq-Cents, et du conseil des Anciens. En 1804, d'après la même biographie, il écrivit sur la fièvre jaune qui venait d'éclater à Livourne. Son Mémoire fut publié en italien ; à l'Institut, il fut le sujet d'un rapport très-favorable.

Tous les ouvrages de science et de littérature de M. Thiébaut de Berneaud sont le fruit de l'observation. L'auteur s'y montre sans cesse avec ses principes politiques ; il exprime hautement sa pensée, il parle toujours dans l'intérêt de son pays, et attaque sans ménagement toutes les doctrines qui lui paraissent erronées, quel que soit l'éclat qui environne ceux qui les professent. Jamais, dans la manifestation de sa pensée, il n'a marché sous les bannières d'aucune coterie.

Outre les ouvrages que nous venons de citer, M. Thiébaut de Berneaud a coopéré activement à plusieurs ouvrages périodiques : au Cours pratique d'agriculture, publié en 1809 par Sonnini ; à la Bibliothèque des propriétaires ruraux, de 1809 à 1813 inclusivement ; aux Annales des voyages, publiées par Malte-Brun ; à la Biographie universelle, etc. Il a été le principal rédacteur de la Bibliothèque phisico-économique, depuis 1817 jusqu'à la fin de 1826; pendant les dix années de sa rédaction il avait su rendre ce recueil périodique l'expresion de la pensée agricole française; il y signala tous les actes de l'autorité qui portaient atteinte aux droits des propriétaires ruraux, et empêcha souvent des injustices devenues imminentes.

Comme secrétaire perpétuel de la Société linnéenne, il a publié les Mémoires (1822) et les Annales (1824) de cette société, recueils qui renferment plus de quarante mémoires de Thiébaut de Berneaud. Il a fourni des articles au Dictionnaire classique d'histoire naturelle (1822 et ann. suiv.); enfin il a publié, comme éditeur, la troisième édition du Manuel des propriétaires ruraux, etc., de C.-P. Sonnini, édition revue, corr. et considérablement augmentée (1823).

En juillet 1822, M. Thiébaut de Berneaud a lu à l'Académie des sciences de l'Institut plusieurs intéressants mémoires, dont un sur la plante connue des anciens sous le nom de Chara Cæsaris, qui lui a mérité un rapport très-flatteur, fait par MM. Desfontaines et Mirbel.

« Rentré depuis 1828 dans le silence de son cabinet, M. Thiébaut de Berneaud, s'occupe à terminer de grands ouvrages commencés pendant ses voyages. Tels sont : 1° la traduction française des *Œuvres de Théophraste*, avec des notes et des mémoires explicatifs, précédée du texte grec, revu sur onze manuscrits, de la vie du philosophe péripatéticien, et de l'analyse raisonnée de ses différents ouvrages. Cette traduction a été annoncée au monde savant par le célèbre Cuvier, en 1813; par M. Mirbel, dans ses Éléments de botanique, et par le Classical Journal, publié à Londres par Valpy : un *Dictionnaire de l'agriculture française*, contenant, outre les expressions techniques vulgaires du langage agricole, l'origine et la description des procédés en usage, le tableau des mœurs et coutumes particulières aux habitants des campagnes, et une Histoire de l'agriculture nationale, divisée par siècles; 3° des *Esquisses historiques sur les révolutions géologiques, les institutions politiques, la morale et la littérature de l'ancienne Scandinavie*, qui paraîtront sous peu; 4° ses *Souvenirs*, ouvrage d'autant plus intéressant que l'on sait que l'auteur a été chargé, pendant qu'il était au ministère de l'intérieur, du classement de tous les papiers des deux comités de salut public et de sûreté générale de la Convention; qu'il a rempli plusieurs missions importantes, et qu'en Italie il a failli être victime d'une persécution qui l'honore infiniment.

THIEFFRIES DE BEAUVOIS (le comte Félix-Gaspard), officier supérieur en retraite.

— * Administration générale du royaume. Manuscrit trouvé aux Tuileries le 29 août 1829, et publié par M. Noguès, compositeur-typographe. *Paris, Levavasseur*, 1830, in-8, 7 fr. 50 c.

— Conduite (sa) politique et ses services militaires. *Paris, de l'impr. de Boucher*, 1825, in-8 de 76 pag. — Considérations succinctes, politiques et militaires sur les premières campagnes : plan d'une nouvelle coalition contre le gouvernement français, son état actuel envers les monarchies; mémoire remis à M. le prince de Reuss, en 1798, pour être adressé à M. de Thugut, ministre de l'empereur. *Paris, de l'impr. de Boucher*, 1825, in-8 de 92 pages.

Ces deux écrits sont brochés ensemble et dans l'ordre où ils sont cités. Tirés à 100 exempl.

— Mémoire sur l'agriculture et le commerce. *Paris, de l'impr. de Boucher*, 1822, in-8 de 108 pag.

THIEL (A.), professeur au collége royal de Metz.

— Leçons élémentaires, méthodiques et pratiques de grammaire française, ou Résumé du cours normal fait aux instituteurs primaires du département de la Moselle. *Metz, madame Thiel*, 1831, in-12. — IVe édition. *Metz, la même, et Paris, Hachette*, 1837, in-12, 1 fr.

Les troisième et quatrième éditions sont considérablement augmentées.

— Programme d'un cours de philosophie. *Metz, de l'impr. de Dosquet*, 1832-33, in-8 de I-XII et 170 pag. — Sec. édition, considérablement augm. et entièrement refondue d'après le plan arrêté par le conseil de l'instruction publique. *Metz, de l'impr. de Dosquet*, 1836, in-8.

Les 48 premières pages de la première édition avaient été publiées en 1832, et sans nom d'auteur.

On doit au même une édition latine des Fables de Phèdre, avec des notes françaises (1817, 1835).

THIELE (Pierre-Henri de). De praxi, juridica circa commercia. *Argentorati*, 1733, in-4.

THIELE (J.-G.-V.). — An herr Kinsinger unsern allgeliebten Maire. (Im Verse). *Strasburg, gedr. bey L. Eck*, 1816, in-8 de 4 pag.

— Lateinische Sprachlere, etc. XIIe Aufl. *Strasburg, gedr. bey L. Eck*, 1817, in-8.

THIELE (J.-Fréd.). — Ausserordentliche Gottesverehrung, etc. (Actions de grâces rendues à Dieu pour la moisson abondante de cette année). *Strasburg, gedr. bey Eck*, 1816, in-8 de 16 pag.

— Christliche Predigten. *Strasburg, gedr. bey J. H. Heitz*, 1819, in-8.

THIÉMÉ ( ), professeur de musique, membre de la Société d'émulation de Rouen; mort en 1802.

— Éléments de musique pratique et solfèges nouveaux italiens, destinés particulièrement pour apprendre les principes détaillés de cet art, mis à la portée des jeunes élèves, avec une basse chiffrée suivant les principes de l'abbé Roussier. *Paris, Nadermann*, in-8, 15 fr.

— Théorie (nouv.) sur les différents mouvements des airs, fondée sur la pratique de la musique moderne, avec le projet d'un nouveau chronomètre, destiné à perpétuer à jamais, pour tous les temps comme pour tous les lieux, le mouvement et la mesure des airs de toutes les compositions musicales. *Rouen, l'Auteur; Paris, Laurens jeune; Fusch; Lepetit; Desenne; Nadermann*, an IX (1801), vol. in-4 de VIII et 70 pag., avec un tableau et 10 planches, 5 fr.

THIEME (K.-L.). — Éléments de la langue allemande, d'après les principes des meilleurs auteurs allemands, enrichis de Dialogues et d'un petit Dictionnaire français-allemand. *Erfurt, Beyer et M.*, 1813, in-12, 1 fr. 50 c.

— Éléments de la première instruction, traduits de l'allem. et augm. par L. BAYRHAMMER. *Vienne, Rehm*, 1815, in-12, 3 fr. 25 c.; — ou *Vienne, Wimmer*, 1825, in-12, 2 fr. 25 c.

THIÉNON (C.), peintre. — Choix de vues pittoresques, châteaux, monuments et lieux célèbres, recueillis dans le département de la Gironde et dans les départements voisins. Avec des notes explicatives. *Paris, de l'impr. de P. Didot aîné. — Delpech*, 1820 et ann. suiv., pet. in-fol., avec planches.

Cet ouvrage devait être composé de plusieurs livraisons, mais il n'en a été publié que la première, de 48 pages de texte et 12 planches.

— Voyage pittoresque dans le Bocage de la Vendée, ou Vues de Clisson et de ses environs, dessinées d'après nature, et publiées par C. Thiénon; gravées à l'aquatinta par Piringer. On y a joint une Notice historique sur la ville et le château de Clisson (par M. LEMOT, sculpteur et propriétaire des restes du château). *Paris, l'Auteur; Petit; P. Didot l'aîné*, 1816, in-4, orné de 30 planches et d'un frontispice gravé, 30 fr.; et sur pap. vélin, gravures avant la lettre, 60 fr.

THIER DE MARCONNAY. — Découvertes (nouv.) en médecine. *Paris, veuve d'Houry*, 1728, in-12; 1729, in-8; *La Haye*, 1731; *Paris*, 1734, in-8.

THIERCELIN (F.) — Hymnes en prose, proportionnées à l'intelligence du premier âge, trad. de l'angl. *Strasbourg, Levrault; Février*, 1818, in-8 de 64 pag.

Réimprimées en 1820 et en 1830, sous ce titre : *Hymnes du premier âge, ou Cantiques en prose*; imitées de l'angl. Paris, L. Colas, in-12 de 60 pages; et encore en 1831, in-12 de 72 pag.

THIERCELIN. — Moyens (des) les plus efficaces pour conserver la vue et pour la fortifier lorsqu'elle est affaiblie; avec la manière de se traiter soi-même dans les cas où les secours des gens de l'art ne sont pas indispensables, et celle de soigner les yeux pendant et après la petite vérole; ouvrage traduit de l'allemand de M. G.-J. BEER, par THIERCELIN. VIe édition, entièrement refondue, augmentée de notes du traducteur, et d'un chapitre sur les inconvénients et les dangers des lunettes communes. *Paris, Gabon*, 1819, in-8, 2 fr. 75 c.

THIERIET, alors avocat au Parlement, et plus tard maire de Nanci.

— Début littéraire, ou l'Amour de la gloire; discours qui a remporté le prix de belles-lettres au jugement de l'Académie de Nanci. 1782, in-8.

Il a fourni plusieurs pièces dans l'Almanach des Muses. On trouve aussi plusieurs pièces de lui dans le Journal de Nanci.

THIERIET, ou THIERRIET (Claude), député du département des Ardennes à la Convention nationale, membre du Conseil des anciens; sorti le 5 mars 1797.

— Coup-d'œil sur les lois organiques. 1795, in-8.

THIÉRIOT (Jean-Baptiste-François-Nicolas), alors avocat; né à Éclaron en Champagne, le 4 octobre 1734.

— Clauses et conventions les plus ordinaires des contrats de mariages. *Paris, Boudet*, 1768, in-12.

— Esprit (l') de la Coutume de Troyes, comparée à celle de Paris. *Troyes, veuve Lefebvre*, 1765, in-8.

— Mémoire servant à établir la réciprocité de l'exemption du droit d'aubaine en faveur des Suisses....

— Principes de la Coutume de Chaumont en Bassigny. *Chaumont, Cl. Bouchard*, 1765, in-8.

THIERRIAT ( ), alors garde-marteau de la maîtrise des eaux et forêts de Chaulne en Picardie, et de l'ancienne Société d'agriculture de Soissons.

—* Instructions familières, en forme d'entretiens, sur les principaux objets qui concernent la culture des terres. *Paris, Musier*, 1763, in-12.

— Observations sur la culture des arbres à haute tige, particulièrement des pommiers, et sur la manière de convertir les plus mauvaises terres en bois. *Noyon*, 1753, in-12.

THIERRY (François), ancien médecin de l'Empereur, à Nanci, puis docteur régent de l'ancienne faculté de médecine de Paris, et l'un des médecins consultants du Roi, membre de l'Académie de Nanci.

— Discours de réception à l'Académie de Nanci. 1767, in-8.

— Diss. ergo ab omni re cibaria vasa ænea prorfus ableganda. 1751, in-8. — Secunda editio, auctior. 1767, in-8.

— Diss. an in celluloso textu frequentius morbi et mutationes. 1757, in-8. — Défense de cette Dissertation. 1759, in-8.

— Diss. ergo præter genitalia sexus inter se discrepant. 1750. — Editio sec. edente F.-Mar. BOSQUILLON. 1770.

— * Instructions sur la colique de Madrid. 1762, in-8.

— * Médecine expérimentale, ou Résultats de nouvelles observations pratiques anatomiques. *Paris*, *Duchesne*, 1755, in-12.

— Sur les funestes effets de la poudre purgative de J. Aillaud. 1758, in-8.

THIERRY ( ), ancien fabricant de chapeaux à Paris, membre de plusieurs académies; mort en 1802.

— Éloge de J.-J. Rousseau, qui a concouru pour le prix d'éloquence de l'Acad. franç. en l'année 1791. *Paris*, 1791, in-8.

On doit au même quelques morceaux imprimés dans le journal « le Révélateur ».

THIERRY. Voyez à la Table des ouvrages anon. et polynymes : Journal des notaires et des avocats.

THIERRY (A.), élève du comte H. de Saint-Simon.

— Industrie (l') littéraire et scientifique liguée avec l'industrie commerciale et manufacturière, ou Opinions sur les finances, la politique, la morale et la philosophie dans l'intérêt de tous les hommes livrés à des travaux utiles et indépendants. Tom. Ier, deuxième partie. Politique. *Paris*, *Delaunay*, 1817, in-8, 2 fr. 50 c.

La première partie du volume est de H. de Saint-Simon (voy. ce nom).

— Opinion sur les mesures à prendre contre la coalition de 1815. *Paris*, *Delaunay*, 1815, in-8 de 48 pag.

Avec H. de Saint-Simon.

— Principes pour les élections de 1817, et Examen de deux écrits sur ce sujet. *Paris*, *de l'impr. de Renaudière*, 1817, in-8 de 64 pag.

Morceau extrait, à 25 exempl., du Censeur européen.

— Réorganisation (de la) de la société européenne, ou de la Nécessité et des moyens de rassembler les peuples de l'Europe en un seul corps politique, en conservant à chacun son indépendance nationale. Deuxième édition. *Paris*, *Égron*; *Delaunay*, 1814, in-8 de 112 pag., 2 fr.

Avec H. de Saint-Simon.

— Vue des révolutions d'Angleterre. (Extrait des IVe et V[e] volumes du Censeur européen). *Paris*, *de l'impr. de Renaudière*, 1817, in-8.

Ce volume est divisé en trois parties, qui ont chacune leur pagination particulière : à la fin de la troisième, l'auteur promettait une continuation.

THIERRY (J.). — Histoire de l'horrible assassinat commis sur la personne de M. Fualdès, avec des détails curieux et exacts sur les principaux prévenus qui ont figuré dans cette cause célèbre. Sec. édit., revue, corr. et augm. *Paris*, *Tiger*; *Mongie*, 1818, in-18, 1 fr. 25 c.

THIERRY (A.), capitaine d'artillerie.

— * Essai sur les mœurs et la littérature des Anglais et des Français, trad. de l'angl. (1822). Voy. John RUSSEL.

— Journal de l'expédition anglaise en Égypte, dans l'année 1800, trad. de l'angl. (1823). Voy. Th. WALSH.

— * Ministère (le), ou Apologie victorieuse de la nécessité d'une législation de la presse, etc. Par un constitutionnel salarié. *Paris*, *Plancher*, 1818, in-8 de 96 pag., 2 fr.

M. Thierry a été le rédacteur de la Revue américaine (1826 et ann. suiv).

THIERRY fils (Jules), architecte-graveur, inspecteur de l'arc de triomphe de l'Étoile.

— Méthode graphique et géométrique appliquée aux arts du dessin, ou Études préliminaires des élèves architectes et entrepreneurs. *Paris*, *l'Auteur*; *Carilian-Gœury*, 1832, in-8 oblong, 10 fr.

— Notice historique sur l'arc de triomphe de l'Étoile. *Paris*, *Thierry*; *Rousselin*, 1836, in-8 de 32 pag., et une planche, 50 c. — IIIe édit. *Paris*, *les mêmes*, 1837, in-8 de 32 pag., et une pl.

Avec G. Coulon.

— Vignole (le) de poche, ou Mémorial des artistes, des propriétaires et des ouvriers, dessiné et gravé par Thierry fils. *Paris*, *Audot*, 1823, in-16 avec 32 pl.; 4 fr. — Sec. édit., entièrement refondue, corr. et augm. de plusieurs figures, et notamment d'un Dictionnaire complet d'architecture civile, par Urbain VITRY. *Paris*, *Audot*, 1827, in-16, avec pl., 5 fr.

THIERRY (Jacques-Nicolas-Augustin), historien, élu membre de l'Académie des inscriptions et belles-lettres, le 7 mai 1830, en remplacement du comte Boissy d'Anglas; né à Blois (Loir-et-Cher), le 10 mai 1795.

— Dix ans d'études historiques. *Paris*, *Just Tessier*, 1834, in-8, 7 fr. 50 c.

C'est un recueil d'articles publiés déjà dans divers journaux, et notamment dans la Revue des Deux-Mondes.

— Histoire de la conquête de l'Angleterre par les Normands, de ses causes et de ses suites jusqu'à nos jours, en Angleterre, en Écosse, en Irlande et sur le continent. *Paris*, *F. Didot*, 1825, 3 vol. in-8, 21 fr. — IVe édition (entièrement revue et augm.). *Paris*, *Just Rouvier*, 1835-36, 4 vol. in-8, 30 fr.

La seconde édition, de 1826, est déjà en 4 vol., avec 4 cartes; — la troisième, entièrement revue et augm., est de Paris, Mesnier, 1830, 4 vol.

On annonce, en 1838, une cinquième édition, qui formera 4 vol. in-8 et un Atlas in-4, et qui sera publiée en 60 livraisons hebdomadaires à 50 c.

— Lettres sur l'histoire de France, pour servir d'introduction à l'étude de cette histoire. *Paris*, *Sautelet*; *Ponthieu*, 1827, in-8, 7 fr. 50 c. — V[e] édition. *Paris*, *Just Tessier*, 1836, in-8, 7 fr. 50 c.

Toutes ces Lettres avaient déjà été publiées, les unes dans le Courrier français, les autres dans la Revue des Deux-Mondes.

La quatrième édition, publiée en 1834, est déjà revue et augmentée.

— Rapport sur les travaux de la collection des monuments inédits de l'histoire du tiers-état, adressé à M. Guizot, ministre de l'instruction publique, le 10 mars 1837. *Paris*, *Tessier*, 1837, in-8 de 32 p.

M. Thierry a fourni des articles à la Revue encyclopédique (1819 et ann. suiv.), au Journal général de législation et de jurisprudence (1820 et ann. suiv.).

Il est aussi l'auteur de l'Introduction du Résumé de l'histoire d'Écosse, d'Arm. Carel (1825, in-18).

THIERRY (mad.), épouse du précédent.

— Scènes de mœurs et de caractères au XIXe siècle et au XVIIIe. *Paris*, *Just Tessier*, 1835, in-8, 7 fr. 50 c.

La Revue des Deux-Mondes renferme deux fragments d'un ouvrage de madame Thierry, intitulé: Philippe *de Morvelle*.

THIERRY (Amedée), historien, frère d'Augustin, professeur avant la révolution de 1830, et depuis préfet de la Haute-Saône, appelé à d'autres fonctions en décembre 1838.

— Ausone (d') et de la littérature latine en Gaule au IVe siècle; thèse de littérature présentée à la faculté des lettres de Besançon. *Besançon*, *de l'impr. de Déis*, 1829, in-4 de 36 pag.

— Histoire des Gaulois, depuis les temps les plus reculés jusqu'à l'entière soumission de la Gaule à la domination romaine. *Paris*, *Sautelet*, 1828, 3 vol. in-8. — Sec. édit. *Paris*, *Hachette*, 1834, 3 vol. in-8, 21 fr.

— Résumé de l'histoire de la Guyenne. *Paris*, *Lecointe et Durey*, 1826, in-18, 3 fr.

THIERRY (Alexandre), docteur en chirurgie, ancien chirurgien du roi, membre de la Société de l'histoire de France.

— Notice sur M. D....., ancien magistrat. *Paris*, *de l'impr. de Locquin*, 1838, in-8 de 12 pag.

Extrait de l'*Expérience*, journal de médecine.

— Opinion sur la clinique chirurgicale. *Paris*, *Baillière*, 1837, in-8 de 32 pag.

— Torsion (de la) des artères. *Paris*, *Baillière*, 1829, in-8 de 22 pag., et une planche, 1 fr. 25 c.

THIERRY (Ferdinand), fils du général de division de ce nom; né à Sedan (Ardennes), le 6 août 1799, commença ses études au prytanée militaire de la Flèche, en 1806, et les termina à l'école militaire de Saint-Cyr, où il était encore en 1815, lors de la suppression de cette école. A la Restauration, il entra dans le premier régiment de la garde en qualité de sous-officier. Nommé, en 1818, sous-lieutenant dans la légion de Lot-et-Garonne, il passa successivement au 50e régiment de ligne et au 53e; il quitta le service en 1826 pour se livrer à la culture des lettres.

— Histoire (l') de France, mise à la portée du peuple; suivie de Georges, petite anecdote. *Paris*, *Audin*, 1833, in-12, 2 fr. 25 c.

» Ce livre est le résumé exact des grands événements dont se composent nos annales; écrit pour le peuple, il est digne de lui être offert. L'auteur l'a terminé par cette pensée que la monarchie est le *tombeau des libertés publiques et de la félicité des peuples*. M. Thierry s'est arrêté à la mort de Louis XVI; mais si, comme on nous l'assure, il s'occupe en ce moment de rédiger un suite à cette histoire, nous l'engageons à hâter sa publication. Nous sommes dans un temps où l'instruction populaire a besoin d'écrivains de conscience et de talent ».

— Lettres (nouv.) persannes, trad. par un Turc de Smyrne, et publ. par Thierry. *Paris, les march. de nouv.*, 1832, in-18.

» Il y a de la verve dans la peinture que l'auteur fait des mœurs de nos bourgeois grands seigneurs, qui, ayant remplacé l'agiot du perron par celui de la Bourse, la débauche des petites-maisons par celle des bals de théâtres, le jargon des salons par le langage des tabagies, n'ont d'énergie que pour toutes les bassesses qui les recommandent aux libéralités provenant des fonds secrets. M. Thierry a le trait nerveux et l'observation ingénieuse «.
(*Biogr. des hommes du jour*).

— Notices sur la Corse et la Grèce, suivies d'un Coup-d'œil rapide sur l'expédition d'Afrique, et détail exact des marchandises que contenaient les magasins de la Casbah, résidence du dey d'Alger. *Paris, les march. de nouv.*, 1832, in-18.

M. Thierry a, en outre, fourni des articles au « Paris pittoresque », publié par M. B. Saint-Edme.

THIÉRRY (Édouard). — Enfants (les) des anges. *Paris, A. Belin; Delaunay*, 1833, in-16, avec une grav.
— Sous les rideaux. Contes du soir. *Paris, Belin; Lachapelle*, 1834, in-8, avec une gravure, 7 fr. 50 c.

Avec M. H. Trianon.

THIERRY. — Manuel (nouv.) du chasseur, contenant des instructions sur les armes, les chiens et les chevaux, etc.; un Traité sur les divers genres de chasses, les lois et ordonnances. *Paris, mad. Huzard*, 1836, in-18, avec onze planches, 2 fr. 50 c.

Réimprimé sous ce titre :
Manuel (nouv) du chasseur, ou Traité complet de la chasse à tire et à courre, etc. Paris, rue du Battoir, n° 3, 1838, in-18, 1 fr. 50 c.

THIERRY, dessinateur. — Recueil d'escaliers en pierre, charpente, menuiserie et en fonte; dessiné par Thierry et gravé par Guignet. *Paris, veuve Jean*, 1838, in-4 de 8 pag. et 21 planches, 6 fr.

THIERRY DE MENONVILLE ( ), colon, ancien avocat au Parlement, et alors botaniste de S. M.
— Traité de la culture du nopal, et de l'éducation de la cochenille dans les colonies françaises de l'Amérique; précédé d'un Voyage à Guaxaca, etc., etc. *Au cap Français, veuve Herbault; Paris, Delalain, et Bordeaux, veuve Bergeret* 1787, 2 vol. in-8, avec 4 planches color., 6 fr.

THIERRY DE VILLE-D'AVRAY, alors commissaire général de la maison du roi, au département des meubles de la couronne.
— Dépenses du Garde-meuble de la couronne, pendant les années 1784-88, comparées avec celles des années 1774-78 de l'ancienne administration. 1790, in-fol.
— Rapport fait au roi, en février 1790, de la recette des fonds du Garde-meuble, qui ne sont pas provenus du trésor royal, et de leur emploi, à dater du 5 août 1784. *Paris*, 1790, in-fol.

Voy. aussi Thiéry.

THIERS (l'abbé Jean-Baptiste), docteur en théologie, était curé de Champrond au diocèse de Chartres. L'évêque de Chartres l'obligea de quitter son diocèse, et il fut curé de Vibray en Anjou. Il a été régent de troisième au collége du Plessis. Il naquit à Chartres, en 1636, et mourut à Vibray, le 27 février 1703.
— * Apologie de M. l'abbé de la Trappe (Armand Le Boutilier de Rancé). *Grenoble*, 1694, in-12.

Le plus rare des ouvrages de l'auteur, dit l'abbé Goujet, parce qu'il fut supprimé; on y trouve beaucoup d'anecdotes.

— Avocat (l') des pauvres, qui fait voir l'obligation qu'ont les bénéficiers de faire un bon usage des biens de l'Église, et d'en assister les pauvres. *Paris, Dupuis*, 1676, in-12.
— * Considérations sur la déclaration du roi pour l'établissement des séminaires dans les diocèses où il n'y en a point, donnée à Versailles le 15 décembre 1698. In-12.
— * Consultation faite par un avocat du diocèse de Saintes à son curé, sur la diminution du nombre des fêtes. *Paris*, 1670, in-12; ou *La Rochelle, Blanchet*, 1670, in-4.
— Critique de l'Histoire des flagellants, et justification de l'usage des disciplines volontaires. *Paris, J. de Nully*, 1703, in-12.
— Defensio adversus Jo. Launoii Appendicem ad Dissertationem de auctoritate negantis argumenti. *Parisiis, Leonard*, 1664, in-8.
— De la plus solide, la plus nécessaire, et souvent la plus négligée de toutes les dévotions (qui sont les commandements de Dieu et de l'Église). *Paris, J. de Nully*, 1702, 2 vol. in-12.
— Dissertation sur l'inscription du grand portail de l'église des cordeliers de Reims : Deo homini et beato Francisco, utrique crucifixo. 1670, 1673, in-12.

Publiée sous le pseudonyme du sieur de Saint-Sauveur. Cette Dissertation a été réimprimée à la fin du volume intitulé : la Guerre séraphique, etc. La Haye, de Hondt, 1740, in-12.

— Dissertation sur la sainte larme de Vendôme. *Paris, Thiboust*, 1699, in-12.

— Réponse à la Lettre du P. Mabillon contre cette Dissertation. *Cologne*, 1700, in-12.

— Dissertation sur le lieu où repose présentement le corps de saint Firmin. Sec. édit. *Liége*, 1699, in-12.

— Dissertation sur les porches des églises. *Orléans, Hotot*, 1679, in-12.

— Dissertations ecclésiastiques sur les principaux autels des églises, les jubés, et la clôture du chœur. *Paris, Dezallier*, 1688, in-12.

— Factum pour M. J.-B. Thiers, curé de Champrond, défendeur, contre le chapitre de Chartres, demandeur. In-12.

— Histoire des perruques, où l'on fait voir leur origine, leur usage, leur forme, l'abus et l'irrégularité de celles des ecclésiastiques. *Paris*, 1690, in-12.

— La même Histoire. Nouv. édition. *Avignon, et Paris, Onfroy*, 1777, in-12.

— Observations sur le bréviaire de Cluny. 1702, 2 vol. in-12.

— Retinendâ (de) in Ecclesiasticis libris voce Paraclitus, dissertatio. *Lugduni, Guillimin*, 1669, in-8.

— * Sausse (la) Robert, ou Avis salutaire à messire Jean Robert, grand archidiacre de Chartres. 1678. — La Sausse Robert justifiée (par le même). 1679, in-8.

— Stolâ (de) in archidiaconorum visitationibus gestandâ à Paræcis, Disceptatio, in quâ multà ad archidiaconorum munus, jurisdictionem, ac visitationes altinentia pertractantur. *Parisiis, Dupuis*, 1674, in-12.

— Traité des superstitions qui regardent les sacrements selon l'Écriture sainte, les conciles et les Pères. *Paris, Dezallier et J. de Nully*, 1697-1704, 4 vol. in-8. — *Paris*, 1712, 2 vol. in-8.

Superstitions anciennes et modernes (d'après le P. Lebrun et l'abbé Thiers, avec des remarques par J.-F. Bernard). Amsterdam, J.-F. Bernard, 1733, 2 vol. in-fol.

— * Traité de l'absolution de l'hérésie, où l'on fait voir que le pouvoir d'absoudre de l'hérésie est réservé au pape et aux évêques, à l'exclusion des chapitres et des réguliers. *Lyon, Plaignard*, 1695, in-12.

— Traité de la clôture des religieuses. *Paris, Dezallier*, 1681, in-12.

— * Traité de la dépouille des curés, dans lequel on fait voir que les archidiacres n'ont nul droit sur les meubles des curés décédés. Par un docteur en droit. *Paris, Desprez*, 1683, in-12.

— Traité de l'exposition du saint-sacrement de l'autel. Nouv. édit. *Avignon, et Paris, Onfroy*, 1777, 2 vol. in-12.

La seconde édition parut dès 1677.

— Traité des jeux et divertissements, qui peuvent être permis, ou qui doivent être défendus aux chrétiens. *Paris, Dezallier*, 1686, in-12.

THIERS (Louis-Adolphe), anc. ministre secrétaire d'État, né à Marseille, le 15 avril 1797 : après avoir été élevé au lycée de Marseille, il commença ses études en droit, en 1815, à Aix, où il exerça pendant quelque temps la profession d'avocat près la cour roy. de cette ville; mais, ayant abandonné la judicature, il vint à Paris, et s'adonna au journalisme. La révolution de 1830 le mit en évidence sur la scène politique, et il devint successivement conseiller d'État, député de la ville d'Aix, enfin ministre secrétaire d'État, d'abord au département de l'intérieur, ensuite à celui du commerce et des travaux publics (1), fonctions dans laquelle il déploya de l'habilité, enfin président du conseil des ministres, et membre de l'Académie française. Depuis sa retraite du ministère, M. Thiers est député des Bouches-du-Rhône.

— Discours prononcés par M. Thiers et M. Guizot dans la séance du 20 septembre 1831, sur les interpellations adressées au gouvernement par M. Mauguin, relativement aux affaires étrangères. *Paris, de l'impr. de Pihan Delaforest Morinval*, 1831, in-8 de 32 pag.

— Discours prononcé par M. Thiers, dans la séance du 23 octobre, sur la proposition du général Lamarque. (Extrait du Moniteur). *Paris, de l'impr. de F. Didot*, 1831, in-8 de 16 pages.

— Discours prononcé à la chambre des députés par M. Thiers, ministre du commerce et des travaux publics, dans la discussion du projet de loi sur les associations

(1) Il a été publié sur le ministère de M. Thiers un livre intitulé :

Le ministère de M. Thiers, les chambres et l'opposition de M. Guizot. Par l'auteur de l'Histoire de la Restauration (M. Capefigue). Paris, Dufey, 1836, in-8, 7 fr. 50 c.

(séance du 17 mars 1834). *Paris, de l'impr. d'Éverat*, 1834, in-8 de 16 pag.

— Discours prononcé à la chambre des députés par M. Thiers, ministre de l'intérieur, dans la discussion sur les troubles de Lyon et de Paris (séance du 12 mai). *Clermont-Ferrand, de l'impr. de Vaissière*, 1834, in-8 de 16 pag.

— Discours prononcé dans la séance publique tenue par l'Académie française pour la réception de M. Thiers, le 13 décembre 1834. *Paris, de l'impr. de F. Didot*, 1835, in-4 de 40 pag., 2 fr.

Ce Discours a été imprimé aussi dans le tom. XV du « Livre des Cent-et-un. »

— Discours prononcé par M. Thiers, député des Bouches-du-Rhône, dans la séance du 6 mai 1837. *Paris, de l'impr. de F. Didot*, 1837, in-8 de 24 pag.

M. Thiers a prononcé à la tribune, soit comme député, soit comme ministre, un plus grand nombre de Discours que ceux que nous citons; mais tous n'ont pas été imprimés à part: les autres sont consignés dans le Moniteur et autres journaux.

— Histoire de la révolution française (depuis 1789 jusqu'au 18 brumaire). *Paris, Lecointe et Durey*, 1823-27, 10 vol. in-8, 65 fr.

Les deux premiers volumes de cette Histoire avaient été composés en commun avec M. Bodin; mais M. Thiers ayant plus tard retouché ces deux volumes, dans les éditions postérieures le nom de M. Bodin a disparu de dessus le titre.

Nous tenons d'une personne bien informée que cette Histoire a été composée primitivement sur une moins grande échelle : elle ne forma d'abord que 4 vol. in-18, qui devaient faire partie de la collection des *résumés historiques* publiés par les libraires Lecointe et Durey; mais ces derniers ayant reconnu qu'on pouvait tirer un meilleur parti de ce livre, mirent les quatre volumes in-18 au pilon, et l'Histoire de la révolution reçut de longues amplifications.

Autres éditions :

Sec. édit. Paris, Lecointe, 1828-29, 10 vol. in-8, 70 fr.

IIIe édit. Paris, Lecointe et Pougin, 1832, 10 vol. in-8, 55 fr.

IVe édition, ornée de 100 gravures en taille-douce. Paris, les mêmes, 1833-34, 10 vol. in-8.

V[e]—VIIe édit. Paris, Furne, 1835-36, 1837, 1838, 10 vol. in-8, ornés de 50 gravures, 50 fr.

VIIIe édition. Paris, rue de la Harpe, n° 58, 1838, 4 vol. gr. in-8.

— Law et son système des finances. *Paris*, 1826, in-8 de 50 pag.

Article de l'Encyclopédie progressive, mais dont il y a eu des exemplaires tirés à part.

— Monarchie (la) de 1830. *Paris, Mesnier*, 1831, in-8 de 168 pag., 5 fr.

— Notice sur la vie de mistriss Bellamy, actrice du théâtre de Covent-Garden (1822).

Imprimée en tête des Mémoires de cette actrice, qui font partie d'une « Collection de Mémoires sur l'art dramatique ».

— Pyrénées (les), ou le Midi de la France, pendant les mois de novembre et de décembre 1822. *Paris, Ponthieu*, 1823, in-8, 4 fr.

C'est la réunion d'un certain nombre d'articles fournis par M. Thiers au Constitutionnel. Ce volume a été reproduit en 1828, et de nouveau en 1833, avec de nouveaux frontispices portant : seconde édition.

— Salon de 1822, ou Collection des articles insérés au Constitutionnel, sur l'exposition de cette année. *Paris, Maradan*, 1822, in-8, orné de 5 fig. lithogr.

« Reçu avocat en 1819, ainsi que nous l'avons dit plus haut, M. Thiers obtint quelque succès au barreau, et se fit remarquer par un éloquent mémoire qu'il publia comme défenseur de la partie civile dans une accusation d'enlèvement de mineure. Mais les lettres réclamaient impérieusement M. Thiers : déjà, à vingt-deux ans, un système de philosophie était tout entier dans sa tête. La Société académ. d'Aix avait proposé pour sujet de prix l'*Éloge de Vauvenargues*. M. Thiers concourut; mais la grave assemblée, qui ne sympathisait pas avec les principes du jeune auteur, ne voulut point lui décerner le prix, et ajourna le jugement du concours à l'année suivante. M. Thiers ne se rebuta pas, il soumit de nouveau à ses juges l'éloge malencontreux, et, par un tour de force qui donne une idée de la souplesse de son talent, il y joignit un autre éloge entièrement neuf, qu'il se garda bien d'avouer, et que l'Académie s'empressa de couronner, en accordant une mention honorable à celui qu'elle savait être de M. Thiers. Cette mystification ne mit pas les rieurs du côté de l'Académie, et accrut la réputation du jeune littérateur. Un théâtre plus vaste lui devenait nécessaire; il se rendit à Paris, où son talent devait bientôt le mener à la gloire sans détour. Attaché à la rédaction du Constitutionnel, il y inséra divers articles littéraires extrêmement remarquables, et montra, dans le compte qu'il rendit de l'exposition de 1822, toute la variété de ses études. La collection de ces derniers articles, imprimés en un volume, sous le titre de *Salon de 1822*, restera comme modèle de ce genre de critique. Les *Tablettes historiques*, recueil périodique qui parut en 1823, durent au talent de M. Thiers un succès de vogue qui effraya l'administration Villèle, au point qu'elle ne crut pas payer trop cher le silence d'un tel adversaire, en achetant le journal 100,000 écus. Les articles que l'on doit à la plume de M. Thiers portent le titre de *Bulletin politique*, et dans un cadre qui a quelque rapport avec celui des *Lettres sur Paris*, de M. Étienne, offrent tout ce que l'ironie a de plus caustique, uni à une urbanité toute française. Aussi, un homme de beaucoup d'esprit, M. de Lameth, parlant un jour de ces pages si pleines de sel et de mesure, les plaçait, sans hésiter, au-dessus de tout ce que la presse politique avait mis au jour depuis long-temps, et assurait qu'on y reconnaissait le cachet d'un homme de l'ancienne cour. Qu'on juge de son étonnement, quand on lui apprit que c'était l'œuvre d'un jeune homme de vingt-cinq ans, et de son embarras, quand on lui nomma M. Thiers, historien un peu sévère pour les trente voix de l'assemblée constituante. Dans cette même année (1822), M. Thiers fit un voyage aux Pyrénées, et il en donna au public une relation animée et pittoresque. Mais son plus grand titre de gloire, celui qui le range incontestablement au nombre de nos premiers écrivains, c'est son *Histoire de la révolution française*, véritable monument national, qui a appris aux contemporains à comprendre une époque si diversement appréciée par eux, et qui fait merveilleusement connaître à ceux qui n'y ont point assisté ce drame terrible, dont les fils étaient si embrouillés, et les acteurs si légèrement jugés. Pour se tirer avec succès d'une pareille entreprise, il fallait peut-être, comme M. Thiers, être assez jeune pour n'avoir aucun engagement avec les hommes et les œuvres de la révolution, et pourtant venir à temps pour voir encore debout quelques-uns des héros de cette grande époque; mais il fallait surtout unir à une bonne foi inébranlable, à un ardent amour de la vérité, cette sagacité, cette hauteur de vues qui le distinguent, et qui sont aussi du génie. Ne nous étonnons donc pas si le jeune écrivain montre une sympathie marquée pour les supériorités intellectuelles, s'il adore le génie dans Danton comme dans Mirabeau. Son culte n'est pas exclusif, et la vertu du malheureux Louis XVI n'a trouvé nulle part de plus nobles éloges et une plus sincère admiration. L'ouvrage de M. Thiers se termine au 18 brumaire, et l'on regrette qu'il ne l'ait pas continué : personne plus que lui n'était en état de retracer la vie du maître que la révolution avait donné à la France ». Peu avant la révolution de 1830, M. Thiers fonda, en société avec MM. Arm. Carrel et Mignet, le National, et devint l'un des rudes adversaires des dernières années de la Restauration. Chacun de ces trois écrivains devait être à son tour rédacteur en chef; M. Thiers commença. Lorsque peu de mois après la création de ce journal, furent lancées ces imprudentes ordonnances qui décrétaient le changement de la constitution, la résistance fut aussitôt organisée dans les bureaux du « National », et de là partit cette protestation des journalistes, qui, rédigée par M. Thiers, devint le signal d'un soulèvement général.

THIERSCH (D.-Frédéric), professeur au lycée de Munich, et chef du séminaire philologique de la même ville.

— État (de l') actuel de la Grèce, et des moyens d'arriver à sa restauration. *Leipzig, F.-A. Brockhaus,* 1833, 2 vol. in-8, 16 fr.

— Examen du système perfectionné de conjugaison grecque, ou Indication de quelques rapports du grec avec le sanscrit, par J.-L. BURNOUF; suivi des analyses et extraits du Dévimahatmya, fragment du Mar-Kandéya Pourana, trad. du sanscrit, par E. BURNOUF fils. *Paris, Dondey-Dupré,* 1824, in-8, 1 fr. 50 c.

— Système perfectionné de conjugaisons des verbes grecs, présenté dans une suite de tableaux paradigmatiques. Trad. de l'allem. par S.-M.-C. JOURDAN. *Paris, Thomine et Fortic*, 1821, pet. in-fol., 4 fr.

THIERY. — * Voyage (le) des Muses, allégorie pour madame de Saint-Huberty. *Au Pinde*, 1784, in-8 de 16 pag.

THIERY (Luc-Vincent), anc. avocat, membre de plusieurs anciennes académies, du Lycée des arts et de la Société libre des sciences et arts, à Paris, séant au Louvre; né à Paris, en 1734.

— Almanach du voyageur à Paris, contenant une description de tous les monuments, chefs-d'œuvre des arts, établissements utiles, et autres objets de curiosité. Années 1783, 1784, 1785. *Paris, Hardouin*, 1783-85, 3 vol. in-12.

— Guide (le) des amateurs et des étrangers voyageurs à Paris, ou Description raisonnée de cette ville. 1786, 2 vol. in-12.

— Guide des amateurs, des étrangers et voyageurs aux environs de Paris. 1788, 2 vol. in-12.

— Voyageur (le) à Paris. *Paris, Gatey*, 1790, in-8.

L.-V. Thiéry a été l'éditeur des Comptes rendus de l'administration des finances pendant les onze dernières années du règne de Henri IV, sous le règne de Louis XII, avec des recherches sur l'origine des impôts, sur les revenus et dépenses des rois de France, depuis Philippe-le-Bel jusqu'à Louis XIV; ouvrage posthume de M. MALLET, premier commis de M. Desmarets; et différents Mémoires sur le numéraire et sa valeur, sous les trois règnes ci-dessus désignés (par l'éditeur). Paris, Buisson, 1789, in-4.

THIERY, ou THIERRY ( ) écuyer, médecin.

— Observations de physique et de médecine faites en différents lieux de l'Espagne; on y a joint des Considérations sur la lèpre, la petite vérole et la maladie vénérienne. *Paris,* 1791, 2 vol. in-8.

— * Vie (la) de l'homme respectée et défendue dans ses derniers moments, ou Instructions sur les soins qu'on doit aux morts, et à ceux qui paraissent l'être; sur les funérailles et les sépultures. Ouvrage dédié au roi. *Paris, De Bure fils aîné*, 1787, in-8.

— Vœux d'un patriote sur la médecine en France. *Paris*, *Garnery*, 1789, in-8.

THIERY ou THIERRY ( ), alors avocat à Nanci.

— Discours sur cette question : Est-il des moyens de rendre les Juifs plus heureux et plus utiles en France. 1788, in-8.

On a du même des *Mémoires* dans le journal de Nanci.

THIERY ou THIERRY ( ), alors avocat, peut-être le même que le précédent.

— Despotisme (le) dévoilé, ou Mémoires

de M. H. Mazers de la Tude, détenu pendant 35 ans dans diverses prisons d'État, rédigé sur les pièces originales. *Paris*, 1790, 3 vol. in-12. — Nouvelle édition. 1793, 2 vol. in-8.

— Éloge de J.-J. Rousseau, qui a concouru pour le prix d'éloquence à l'Académie française. 1791, in-8.

THIERY. — Arlequin tailleur, comédie en un acte (en prose) et en vaudevilles. *Paris, au théâtre du vaud.*, août 1798, in-8.

Avec M. Lambert.

— Lettre aux éditeurs du Journal des Débats, à l'occasion des débuts de mesdemoiselles Duchesnois et Georges Weimer. *Londres (et Paris), march de nouv.*, an XI (1803), in-8.

THIERY-PETIT. — Intrigue sur intrigue, ou le Voyage sans succès, comédie en trois actes (en prose), mêlée de chants. *Namur, J.-F. Stapleaux*, 1806, in-8.

THIERY (Jonas), professeur des langues française et allemande, de la tenue des livres de comptes et d'écriture.

— Fleur des langues française et allemande, ou Méthode abrégée, facile et amusante, pour apprendre par principes à écrire et à traduire ces deux langues. Ouvrage adapté aux personnes de tout âge. *Colmar*, 1809, 2 vol. in-12; — *Paris et Strasbourg, Amand Kœnig*, 1810, 2 vol. in-12, 4 fr.

THIERY (P.-J.), officier supérieur du dépôt royal d'étalons de Strasbourg, etc.

— Mémoire sur l'amélioration des chevaux dans les deux départements du Rhin, traitant : 1° de l'origine des chevaux de sang, et de leur utilité, etc. *Strasbourg, de l'imp. de Levrault*, 1835, in-8 de 56 pag.

— Mémoire sur l'amélioration des chevaux en Alsace, par le croisement des races et l'éducation, et particulièrement sur les moyens de les préserver de la cécité. Mémoire couronné par la Société des sciences, agriculture et arts de Strasbourg, dans sa séance publique du 30 juillet 1821, et qui a remporté la médaille d'or décernée par S. A. S. Mgr le duc d'Angoulême. *Strasbourg, de l'impr. de F.-G. Levrault*, 1822, in-4 de 160 pag.

THIÉRY (A.). — Affûts en fer. Observations sur les épreuves faites à La Fère. *Paris, de l'impr. de Dezauche*, 1835, in-8 de 16 pag.

— Application du fer aux constructions de l'artillerie, contenant la description des affûts de campagne, de place et de côte, et des bouches à feu en fer de différents systèmes, exécutés dans les usines de Fourchambault, par ordre de M. le maréchal duc de Dalmatie, ministre de la guerre. *Paris, Anselin*, 1834, in-4, avec cinq planches, 9 fr.

Voy. aussi THIERRY.

THIESSÉ (Léon), littérateur et publiciste; aujourd'hui préfet du département des Deux-Sèvres, membre de la Société d'émulation de Rouen, à l'âge de dix-huit ans; plus tard, secrétaire-perpétuel de la Société philotechnique; né à Rouen, le 9 décembre 1793.

— * Almanach (nouv.) des gourmands, servant de guide dans les moyens de faire excellente chère. Première année. *Paris, Baudouin frères*, 1825, in-18 avec une planche et une carte, 3 fr. 50 c.

Avec M. Hor. Raisson. Ce volume a été publié sous le pseudonyme de A.-B. de PÉRIGORD.

— Art dramatique (de l') et du Théâtre-Français. *Paris, de l'impr. de Rignoux*, 1827, in-8 de 28 pag.

Extrait de la Revue encyclopédique.

— Catacombes de Paris, poëme en un chant. *Paris*, 1815, broch. in-8.

— Considérations sur les nouvelles élections, sur la session de 1820, et sur le danger du système actuel. *Paris, Mongie aîné*, 1820, in-8 de 68 pag.

— * Derniers moments des plus illustres personnages français condamnés à mort pour délits politiques, depuis le commencement de la monarchie jusqu'à nos jours; avec les lettres qu'ils ont écrites dans leurs prisons. Par M***. *Paris, Eymery*, 1818, in-8.

— Discours prononcé par M. Léon Thiessé, secrétaire perpétuel de la société philotechnique, pour l'ouverture de la séance publique du 23 mai 1830. *Paris, de l'impr. de Rignoux*, 1830, in-8 de 16 pag.

— Élégie sur la mort de M. Delille. *Rouen, de l'impr. de Baudry*, 1813, in-8 de 12 p.

Pièce qui partagea, avec celle de M. Delavigne, le prix proposé par le professeur Tissot pour la meilleure élégie sur la mort de Delille.

— Épître à Julie sur l'utilité de la campagne pour les gens de lettres. *Paris, de* l'impr. de *Plassan*, 1820, in-8 de 8 pag.

Extrait des « Lettres normandes ».

— **Essai historique sur la vie et les ouvrages de Malherbe.**

Imprimé en tête de l'édition des Poésies de Malherbe publiée par Baudouin frères (1828, in-8).

— Examen des principes émis par les membres de la majorité et de l'opposition de la chambre des députés pendant la session de 1816. Par L. T. *Paris*, *Lhuillier*, 1817, in-8 de 141 pag.

Ce dernier écrit, signé L. T., fut attribué à M. Lally-Tollandal, dont les initiales sont les mêmes. Son succès fut mérité par une dialectique entraînante, et un style clair, élégant et précis.

— **Manuel des braves, ou Victoires des armées françaises en Allemagne, Espagne, Russie, France-Hollande, en Belgique, en Italie, en Égypte, etc.; dédié aux membres de la Légion d'honneur.** *Paris*, *Plancher* (* *Masson*), 1817 et ann. suiv., 7 vol. in-12 avec une carte, 21 fr.

Avec M. Eugène B*** (Ballent).
Le sixième volume contient un *Aperçu sur la guerre de l'Amérique méridionale;* le septième, la *Biographie de tous les guerriers qui ont été mentionnés dans l'ouvrage.*
Le premier volume a été réimprimé en 1818.

— **Notice historique sur la vie et les ouvrages de J.-F. La Harpe.** *Paris*, *de l'impr. de Fain*, 1827, in-8 de 44 pag.

Cette Notice se trouve aussi imprimée en tête du premier volume de l'édition du Lycée de La Harpe, publiée par Baudouin frères.

— * Observations sur le discours prononcé dans la séance solennelle de rentrée de la cour royale, par M. le premier président, baron de Seguier, ancien capitaine de dragons. *Paris*, *L'Huillier*, 1816, in-8 de 72 pag., 1 fr. 50 c.

— Palais-Royal (le) en miniature. Seconde édit. *Paris*, *Plancher*, 1819, in-18.

— Procès du maréchal de camp baron de Cambronne, précédé d'une Notice historique sur la vie et le caractère de cet officier général. *Paris*, 1816, in-8.

— Rapports de M. Léon Thiessé, préfet, au conseil général des Deux-Sèvres. Sessions de 1835 à 1837. *Niort*, *Morisset*, 1835-37, 3 cahiers in-8 de 160, 100, et 200 pag.

— Résumé de l'histoire de la révolution française. *Paris*, *Lecointe et Durey*, 1826, in-18, 3 fr. 50 c.

— Résumé de l'histoire de Pologne. *Paris*, *Lecointe et Durey*, 1824, in-18, 3 fr.

Volume réimprimé dans la même année.

— Résumé de l'histoire du duché de Normandie. *Paris*, *Lecointe et Durey*, 1825, in-18, 2 fr. 50 c.

Ces petits traités historiques ont obtenu un succès mérité.

— Tribunal (le) secret, tragédie en cinq actes. *Paris*, *Barba*, 1823, in-8, 3 fr.

Quelques belles scènes et un style généralement pur ont balancé pendant douze représentations le défaut qu'on peut reprocher au plan de l'ouvrage.

— Vices (des) de la législation spéciale proposée par le gouvernement pour les journaux et brochures semi-périodiques. *Paris*, *Foulon et Comp.*, 1819, in-8 de 60 pag., 1 fr. 50 c.

On remarque dans cet écrit le même mérite que dans l'*Examen des principes*, *etc.*, cité plus haut.

— Zuleika et Sélim, ou la Vierge d'Abydos, poëme; trad. de l'angl. (1816). Voy. Byron.

C'est le premier ouvrage de Byron qui ait été traduit en France.

Outre les ouvrages et opuscules que nous venons de citer de M. Thiessé, cet écrivain a fourni en 1815, un assez grand nombre d'articles à divers journaux et recueils périodiques, à la Revue encyclopédique, au Diable boiteux (1823), au Constitutionnel et au Mercure.

Bien jeune encore, cet écrivain, également animé par l'amour des lettres et par un noble enthousiasme patriotique, fonda l'ouvrage périodique intitulé : *Lettres normandes*. Le talent du rédacteur, et les sentiments généreux dont il était l'interprète, lui méritèrent un succès de vogue. M. Léon Thiessé, par la justesse de sa critique et la solidité de ses raisonnements, procura à son recueil périodique un grand nombre de lecteurs, à l'époque même où la Minerve jouissait de la faveur universelle.

Comme éditeur, il a publié : 1° les Constitutions françaises, depuis l'origine de la révolution jusques et y compris la charte constitutionnelle et les lois organiques, recueillies et mises par ordre chronologique, etc. Précédées d'un Discours préliminaire sur l'état des Français depuis le commencement de la monarchie française jusqu'à la révolution de 1789, et d'une introduction à chaque constitution sur les événements qui les ont amenées (Paris, Babeuf, 1821, 2 vol. in-18); — 2° la « Collection des meilleurs ouvrages de la langue française », publiée par les frères Baudouin : il est l'auteur d'une grande partie des notices sur les auteurs qui sont en tête des ouvrages; — 3° les Œuvres complètes de Voltaire, édition des frères Baudouin (1829 et ann. suiv.); — 4° Débats de la Convention nationale, ou Analyse complète des séances, avec les noms de tous les membres, pétitionnaires ou personnages qui ont figuré dans cette assemblée; précédée d'une Introduction. Tomes I à V (Paris, Bossange; Baudouin frères, 1828, 5 vol. in-8). L'Introduction est signée Léon Thiessé. Enfin M. Thiessé a été l'un des éditeurs de la Bibliothèque dramatique, dont la publication, entreprise en 1824 par madame Dabo, n'a pas été achevée.

On sait que depuis long-temps M. Thiessé s'occupe d'une traduction en vers du poëme de Lucain, si mal rendu par Brébeuf, et trop peu apprécié en France. Les passages que le nouveau traducteur a lus dans les sociétés savantes dont il est membre, promettent un succès digne du poëte dont la liberté fut la première muse.

THIESSÉ (Nicolas). — Projet de supplique au roi. Nicolas Thiessé, ancien membre du tribunat, à Sa Majesté Louis-Philippe Ier, roi des Français. *Rouen, de l'impr. de Périaux jeune*, 1830, in-8 de 56 pag.

THILENIUS (H.-C.), docteur en médecine et conseiller de cour.

— Description d'Ems et de ses eaux minérales, avec l'instruction nécessaire à ceux qui veulent les prendre. Ouvrage revu, trad. et publié par R. Thilenius, fils de l'auteur. *Darmstadt, Heyer*, 1830, in-8, pap. vélin, 3 fr.

THILLAYE (Nicolas), pompier-mécanicien établi à Rouen; né près de Lizieux, en 1709, mort à Rouen, en 1784.

— Manuel nécessaire à ceux qui achètent la machine pneumatique du sieur Thillaye. *Rouen, Machuel*, 1766, in-12.

Nicolas Thillaye fut un mécanicien distingué dans la construction des pompes à incendie. Il obtint un privilége du roi pour ce genre de construction, sur un rapport favorable que fit l'Académie des sciences, en 1747. Il est auteur d'un *Manuel* imprimé, *sur une machine pneumatique* de sa construction, et sur la marmite économique de Papin, qu'il simplifia.

THILLAYE (Noël-Vincent), mécanicien, fils du précédent; né à Rouen, en 1749, mort au Val de la Haie, en 1802.

— Analyse en général des pompes à incendie, en particulier de celles de Rouen. *Rouen*, 1778.

Page 3 jusqu'à l'alinéa de la page 13 de cette brochure, se lit un Mémoire de la composition de N.-V. Thillaye, en commun avec son père Nicolas, lequel avait été couronné par l'Académie de Copenhague, en 1772. Voici le problème qu'avaient résolu ces deux mécaniciens : « Trouver la meilleure « manière de construire les pompes à incendie, de « sorte que la machine ait non-seulement dans « toutes ses parties une force suffisante, mais en- « core qu'elle soit dans un juste rapport avec les « lois de l'hydraulique, et que les leviers, sur leurs « soutiens, s'adaptent de telle façon aux poids et « aux puissances, qu'elle soit simple, la moins « sujette possible à des réparations, commode à « être transportée et mise en action dans les lieux « les plus étroits ; et, enfin, la plus propre à étein- « dre le plus promptement toutes les sortes d'in- « cendies ».

THILLAYE (Jacques-François-René), frère du précédent, minéralogiste et botaniste; né à Rouen, en 1750. Après avoir étudié la médecine et l'anatomie, il se livra au commerce de l'épicerie et de la droguerie. Ses connaissances le firent admettre à l'Académie des sciences, belles-lettres et arts de Rouen, et à la Société d'histoire naturelle de Paris. Il est mort en 1791.

Les recherches de Thillaye en histoire naturelle ne paraissent pas avoir été le sujet d'aucune publication spéciale ; toutes sont, ou consignées dans les recueils de l'Académie de Rouen, ou conservées dans les archives de ce corps savant. Thillaye présenta, en 1782, à l'Académie dont nous venons de parler, une flore des plantes qui croissent en Normandie, sous le titre de *Flora normanica*. Six mois après, il soumit à la même académie un mémoire ayant pour titre : *Essai analogique des végétaux et des animaux, ou Traité de la génération des plantes*. Cette analogie se manifeste dans les deux règnes par la reproduction qui s'opère au moyen des parties sexuelles. Ce mémoire, accompagné de planches dessinées par Thillaye lui-même, fixa l'attention de l'Académie d'une manière spéciale. Un morceau de spath calcaire, trouvé par hasard dans les environs de Rouen, fournit au naturaliste rouennais, en 1789, la matière d'un Mémoire dont il fit également hommage à l'Académie. Thillaye s'y montre aussi instruit en chimie qu'excellent observateur. Il présenta de plus, cette même année, à l'Académie, un ouvrage important, sous le titre d'*Histoire naturelle* des trois règnes de la côte Sainte-Catherine. Ce naturaliste range cette côte dans la classe des montagnes secondaires ; c'est-à-dire qu'elle est de l'espèce des montagnes par lits ou stratifiées. Ce Mémoire ajouta singulièrement à l'idée avantageuse que l'Académie s'était formée des connaissances de Thillaye ; elle se l'adjoignit en 1791. Thillaye crut ne pouvoir mieux prouver à cette compagnie qu'il méritait le titre d'adjoint dont elle l'avait honoré, qu'en lui présentant un ouvrage de botanique en 3 vol. in-4, orné de plus de mille figures représentant des racines, des feuilles, des fleurs, etc. Les mémoires de Thillaye n'avaient jusqu'à cette époque été lus que dans les séances particulières de l'Académie ; mais, en 1791, cette Société savante jugea sa traduction de la *Description allégorique de la botanique* sous le nom d'une plante digne d'être entendue en séance publique. Dans cette allégorie historique de la science, on place l'âge d'or de la botanique depuis l'année 1683 jusqu'en 1703. Ce fut à cette époque que la botanique fit des progrès rapides et devint florissante en Europe. Après avoir eu ses moments de langueur et d'éclat depuis 1703 jusqu'en 1729, la botanique arrive enfin à l'apogée de sa gloire : c'est l'époque où Charles Linné remplit l'Europe de l'enthousiasme dont il était possédé pour le progrès de cette science, que son génie embrassa tout entière. La réputation de Thillaye s'étant étendue jusque dans la capitale, la Société d'histoire naturelle de Paris s'empressa de l'associer à ses travaux, le 6 de mai 1791. Le savant normand se fit un devoir d'acquitter son tribut académique, en lui envoyant un *Mémoire sur la reproduction des algues et des lichens*. Enfin, Thillaye avait couronné ses travaux en formant chez lui un cabinet d'histoire naturelle, où il plaça méthodiquement des animaux, des minéraux, des végétaux desséchés, dessinés ou coloriés, de sorte qu'il offrit à la science, aussi bien qu'à la curiosité, une espèce de muséum fort intéressant. (GUILBERT, *Biogr. de la Seine-Inférieure*.)

THILLAYE (Jean-Baptiste-Jacques), frère des deux précédents et oncle du suivant, médecin; né à Rouen, le 2 août 1752. Il étudia la chirurgie sous Lecat, et vint à Paris suivre les cours qui se faisaient alors à l'Académie royale de chirurgie. Il y remporta plusieurs prix, et devint le prévôt de l'école pratique. En 1784, il fut reçu membre du Collége et de l'Académie royale de chirurgie. Bientôt cette compagnie lui confia une chaire d'anatomie. A l'époque de l'établissement des nouvelles écoles, Thillaye fut nommé professeur à celle de Paris, et conservateur de ses collections. Le cours dont il fut chargé avait pour objet la description des drogues usuelles en médecine, et celle des instruments de chirurgie; il était aussi chirurgien en chef de l'hôpital Saint-Antoine, et membre de la Société d'histoire naturelle de Paris. Thillaye est mort à Paris, le 5 mars 1822.

— Éléments d'électricité et de galvanisme, trad. de l'angl. et augm. de notes (1816). Voy. Geo. Singer.

—Traité des bandages et appareils. *Paris, Viller*, 1798, in-8. — IIIe édition, revue, corrigée et considérablement augmentée. *Paris*, *Crochard*, 1815, in-8 avec planches, 6 fr. 50 c.

Cet ouvrage utile est le plus complet qui existe sur ce sujet.

Thillaye a fourni des mémoires et dissertations à divers recueils scientifiques; on lui doit surtout un grand nombre de notes, d'observations et de rapports insérés dans les Bulletins de l'ancienne Faculté de médecine. Nous connaissons de lui, indépendamment des ouvrages que nous venons de citer, une *Description d'une singularité du cigne*, dans le Journ. d'hist. naturelle, tome Ier, imprimé en 1792.

THILLAYE (Antoine), neveu du précédent, chimiste, pharmacien interne à l'Hôtel-Dieu de Paris en 1805; né le 2 octobre 1782, à Rouen, mort le 24 mars 1806.

Ant. Thillaye, mort très-jeune, n'a pas eu le temps de beaucoup écrire: on ne connait de lui, imprimé, qu'un *Mémoire* posthume *sur la carbonisation de la tourbe, ou Procédé à l'aide duquel on peut tirer tous les avantages possibles des produits négligés jusqu'à ce jour dans cette opération, exécuté en l'an II de la république*; imprimé dans les Annales de chimie, n° du 31 mai 1806. Ant. Thillaye a laissé un *Mémoire sur l'oxydation et les préparations de mercure, au moyen de son appareil, propre à convertir le gas nitreux en acide nitrique.*

Nous ferons remarquer que, dans cette note empruntée à la Biographie de la Seine-Inférieure, il pourrait bien avoir ici confusion dans les noms: si Ant. Thillaye était né en 1782, il est presque incroyable qu'il ait fait des expériences en l'an II de la république, par conséquent à l'âge de treize ou quatorze ans, et il serait bien plus fort encore d'affirmer d'après M. Guilbert, auteur de la Biographie précitée, que, comme essayeur au bureau de garantie de l'hôtel des monnaies de Rouen, il ait fait des expériences en 1781, un an avant d'être au monde. (Voy. la Biog. de la Seine-Infér., tom. II, pag. 402.)

THILLAYE (L.-J.-S.), fils de J.-B.-J. Thillaye, professeur de chimie, et conservateur des collections de la Faculté de médecine de Paris.

— Catalogue des collections de la Faculté de médecine de Paris. (Premier catalogue.) Matière médicale. *Paris*, *Béchet jeune*, 1829, in-8, 6 fr.

Avec un autre M. Thillayé, frère ou cousin de celui qui est l'objet de cet article.

— Manuel du fabricant de produits chimiques, ou Formules et procédés usuels relatifs aux matières que la chimie fournit aux arts industriels et à la médecine, renfermant la description des principaux ustensiles en usage dans les laboratoires. *Paris*, *Roret*, 1829, 2 vol. in-18 avec 6 pl., 7 fr.

— Manuel du fabricant d'indiennes, renfermant les impressions des laines, des chalis et des soies; précédé de la description botanique et chimique des matières colorantes. *Paris*, *Roret*, 1833, in-18 avec 2 pl., 3 fr. 50 c.

THILO (L.), professeur allemand.

— Louis-Philippe est-il roi des Français légitime? Fragment d'un manuscrit: De la Souveraineté, ses bases et ses bornes. *Breslau*, *Pelz*, 1831, in-8 de 24 pag.

Cet écrit a été publié en même temps en allemand.

THILORIER (Jean-Charles), avant la Révolution et depuis la Restauration avocat au conseil d'État; né vers 1750, mort à Paris, en juin 1818.

— Genèse philosophique, précédée d'une Dissertation sur les pierres tombées du ciel. 1803, in-8.

— Opinion d'un électeur sur les instructions à donner aux députés. *Paris*, *Chaignieau aîné*, 1815, in-8 de 20 pag.

— Système universel, ou de l'Univers et de ses phénomènes considérés comme les effets d'une cause unique; ouvrage dans lequel on a recueilli et mis à la portée du commun des lecteurs ce que la science moderne présente de plus curieux sur la physique, l'astronomie, la chimie, la géologie, etc. *Paris*, *les libr.*; *l'Auteur*, 1815, 4 vol. in-8 avec 5 planches, 25 fr.

On a encore du même des Mémoires sur procès, et entre autres dans les affaires de Cagliostro et de Favras.

D'après une note de M. Beuchot, imprimée dans la Bibliographie de la France, ann. 1826, pag. 720, on serait porté à croire que Thilorier se serait aussi occupé de compositions dramatiques. Voici du reste textuellement la note de M. Beuchot.

Je ne sais si c'est à lui, dit notre bibliographe, que l'on doit: *Électre, tragédie lyrique en trois actes*, *par M. Th.* Paris, Chaignieau aîné, 1808, in-8 de 48 pag. Cette pièce est anonyme; mais Grétry, qui en avait fait la musique et qui en parle, page 356 du tome Ier de ses Mémoires, donne le nom de l'auteur, page 472 du t. III des mêmes Mémoires. Grétry composa sa musique vers 1780; un Thilorier avait composé le poëme en 1779, et depuis il fit un autre opéra intitulé : *Phèdre*. Dans la préface de l'Électre, l'auteur se trahit plusieurs fois : il donne cet opéra comme étant « tout à la fois un « début et un ouvrage posthume. Le jeune poëte « est mort depuis plus de vingt ans; le vieillard « qui lui a succédé a pensé que le poëme d'Électre « était digne de concourir (pour les prix décennaux « qui n'ont point été donnés) avec les opéras qui ont « paru depuis dix ans.... Ce fut en sortant de la ré- « pétition de l'Iphigénie en Tauride, de Gluck, que « je conçus le projet de mettre en opéra le plus ter- « rible des sujets de tragédie. Je m'enfermai pen- « dant un mois.... J'ai fait aussi un opéra de Phè- « dre...., etc., etc. Je voulus faire recevoir le poëme « de Phèdre.... Je perdis toute espérance, et j'aban- « donnai pour toujours une carrière dont une « étrange fatalité semblait me fermer les avenues. »

Cette dernière phrase explique, ce me semble, ajoute M. Beuchot, comment le « jeune poëte était (en 1808) mort depuis plus de vingt ans. » Il était mort à la poésie, c'est-à-dire qu'il y avait renoncé. Or, J.-C. Thilorier, né vers 1750, ayant environ trente ans en 1780, en avait plus de cinquante en 1808. Il peut donc être « tout à la fois.... le jeune homme et le vieillard » dont il est question dans la préface de 1808.

J.-C. Thilorier, lors de l'impression de l'Électre, avait le titre d'avocat au conseil d'État, ce qui expliquerait pourquoi, en concourant, l'auteur a gardé l'anonyme. Le caractère connu de J.-C. Thilorier ne contraste pas avec la forme et les expressions de la préface d'Électre. Malgré cette réunion de probabilités, je n'ose pourtant rien affirmer.

THILORIER. — Lettres adressées à l'Académie des sciences par MM. Barachin et Thilorier (sur leur lampe hydrostatique). *Paris, de l'impr. de veuve Ballard*, 1828, in-8 de 20 pag.

THIMBRUNE-THIEMBROUNE. Voy. le comte de VALENCE.

THIOLLAZ (Claude-François), évêque d'Annecy; né à Chaumont en Savoie.

— * Essai sur la nature de l'autorité souveraine. Par un docteur de Sorbonne. *Lyon, Rusand*, 1816, in-8, 4 fr.

— Harangue prononcée lors de l'intronisation de Mgr Paget sur le siége de Genève, dans la cathédrale d'Annecy, le 21 juin 1787. In-4.

— Mémoire des prévôt, chantre et chanoines de la cathédrale de Saint-Pierre de Genève, résidant à Annecy en Savoie, contre la république de Genève. *Paris*, 1791, in-4.

M. Thiollaz a fourni tous les matériaux de ce Mémoire.

On doit encore à ce prélat des Lettres circulaires relatives à l'administration du diocèse de Genève, etc.

THIOLLET (François), architecte, professeur de dessin au corps royal d'artillerie, membre de la Société libre des beaux-arts, de la Société des antiquaires de l'Ouest, et de quelques autres sociétés artistiques; né à Poitiers, le 23 septembre 1782.

— Antiquités, monuments et vues pittoresques du haut Poitou, dessinées, lithographiées par M. Thiollet, avec un texte historique et descriptif, par MM. les conservateurs des monuments des départements de la Vienne et de la Vendée. *Paris, Leblanc; Guilleminet*, 1823-24, in-fol.

Cet ouvrage devait être composé de quinze livraisons, chacune de 6 planches et de 3 feuilles de texte; mais il n'en a été publié que les deux premières livraisons, formant ensemble 15 planches et 24 pages de texte. Le prix de la livraison avait été fixé à 12 fr.

— Art (l') de lever les plans, du lavis et du nivellement, enseigné en 20 leçons, sans le secours des mathématiques. *Paris, Audin; Urb. Canel*, 1825, in-12 avec 16 planches et un tableau, 7 fr. — IVe édition (refondue entièrement). *Paris, Audin*, 1834, in-8 avec 16 planches, 7 fr. 50 c.

Les deuxième et troisième éditions, déjà refondues, publiées en 1825 et en 1827, sont du format in-12.

— Choix de maisons, édifices et monuments publics et particuliers, construits à Paris et dans les environs, pendant les années 1820 à 1830. *Paris, Bance*, 1830, in-4 de 96 pl., avec texte, 50 fr.

— Description d'un projet de monument érigé à la gloire de Henri IV et de ses fils (Louis XIII, Louis XIV et Louis XV), à élever sur l'emplacement du terre-plein du Pont-Neuf à Paris, avec plan, élévation et détails en grand. *Paris, de l'impr. de Maugeret*, 1814, in-4 de 10 pag., avec un plan.

— Modèles de dessins pour les écoles élémentaires. Application des ordres d'architecture, exemples de charpente, menuiserie, serrurerie, décoration intérieure et extérieure. *Paris, Pintard jeune*, 1836-37, in-fol. de 101 planches, 15 fr.

— Notice sur M. Ogée fils, architecte-voyer de la ville de Nantes, membre correspondant de la Société libre des beaux-arts. In-8 de 8 pag.

Extrait du Journal des artistes.

— Recueil de décorations intérieures, comprenant tout ce qui a rapport à l'ameublement. Serrurerie fondue. *Paris, Bance*, 1832-33, 12 livraisons in-fol., 48 fr.

— Recueil de machines exécutées et employées dans des constructions diverses, dessinées sur une grande échelle, pour servir de modèles dans les écoles de dessin graphique. LX planches dess. et grav. au trait. *Paris, Bance; Mathias*, 1838, in-fol. de 60 pl., 20 fr.

— * Traité d'ornements, divisé en deux parties, contenant, etc., etc. Par T***. *Paris, Engelmann*, 1819, in-fol.

Cet ouvrage devait être composé de huit livraisons, chacune de quatre planches, avec texte; mais il n'en a paru que les deux premières.

Cet artiste, indépendamment des ouvrages que nous venons de citer de lui, a fourni des articles au Journal des artistes, recueil publié par Farcy.

M. Thiollet, sur les plans duquel plusieurs édifices ont été construits à Paris, et, entre autres, le gymnase du colon. Amoros, les monuments funéraires de J.-B. Brès, écrivain, de Reicha, célèbre compositeur de musique, etc., a des portefeuilles riches en projets d'architecture, en ouvrage sur l'art du dessin, et en ouvrages relatifs aux arts et métiers. Un des plus importants sont des *Règles de l'art du dessin*, ouvrage d'une grande étendue, et qui est presque entièrement terminé: cet ouvrage est divisé en sections consacrées à autant de spécialités, telles que: *architecture, composition, construction, etc.* L'artiste a choisi ses modèles chez toutes les nations anciennes et modernes.

Comme éditeur, M. Thiollet a publié, avec M. Ed. Simon, la Collection des exemples les plus estimés des portes monumentales de la Grèce et de l'Italie, par Thomas Leverton Donaldson (1837).

THIOLLIER (H.). — Leçon poétique à la mémoire de M. l'avocat G., fondateur de poésie et de peinture en Savoie. *Chambéri, de l'impr. de Puthod*, 1835, in-8 de 20 pag.

THIOLLIÈRE (J.-C.), alors abbé de Saint-Étienne en Forez, membre de l'ancienne Académie de Lyon.

— * Diversités littéraires. 1766, in-12.

THION (le docteur). — Observations sur l'Acupuncture. *Orléans, de l'impr. de Danicourt-Huet*, 1826, in-8 de 32 pag.

THION DE LA CHAUME (Claude-Esprit), docteur médecin, ancien médecin des hôpitaux militaires, employé dans les expéditions de Mahon et de Gilbratar; correspondant de l'anc. Société royale de Médecine; né à Paris, le 16 janvier 1750, mort à Montpellier, le 28 octobre 1786.

— Essai sur les maladies des Européens dans les pays chauds, et les moyens d'en prévenir les suites; suivi d'un Appendix sur les fièvres intermittentes, et d'un Mémoire qui fait connaître une méthode pour déssaler l'eau de la mer, et prévenir la disette de comestibles dans les navigations de longs cours. Trad. de l'angl. de Jacq. Lind, avec des notes du traducteur. *Paris, Th. Barrois*, 1785, 2 vol. in-12.

De nombreuses notes confirment le texte de ce très-bon ouvrage, donnent des développements utiles aux vérités qu'il renferme, et rectifient parfois les idées de l'auteur original.

— Tableau des maladies vénériennes, suivi de l'exposition des principales méthodes employées jusqu'ici pour les combattre. *Paris*, 1773, in-12. — Nouv. édit. *Paris, astien*, 1776, in-12.

La première édition porte le nom de l'auteur, mais la seconde a été publiée avec les initiales de ses prénom et nom.

On a encore de Thion de la Chaume: 1° *Topographie d'Ajaccio et recherches préliminaires sur l'île de Corse en général.* Ce travail valut à son auteur un prix d'encouragement qui lui fut décerné, en 1782, par la Société royale de médecine; 2° un Mémoire sur la question suivante: *Indiquer quelles sont les maladies qui règnent le plus communément parmi les troupes pendant la saison de l'automne; quels sont les moyens de les prévenir, et quelle est la méthode la plus simple, la plus facile et la moins dispendieuse de les traiter.* (Imprimé dans les Mémoires de la Société royale de médecine pour 1789); 3° *Mémoire sur la maladie épidémique qui a régné dans les vaisseaux, parmi les troupes de France, faisant partie de l'escadre combinée, à leur débarquement à Algésiras.* (Imprimé dans le Journal de médecine militaire, tome II, publié en 178.).

Thion de la Chaume avait adressé à la Correspondance des hôpitaux militaires plusieurs observations intéressantes, entre autres trois sur autant de cas d'épilepsie, l'un produit par la frayeur, l'autre par des vers, et la troisième par une teigne répercutée.

Vicq d'Azyr s'est borné à donner, dans les Mémoires de la Société royale de médecine pour 1789, une simple notice sur Thion de la Chaume. On y apprend qu'à la fin de chaque jour ce médecin écrivait soigneusement ce qu'il avait vu; qu'à la fin de chaque saison, il dressait le tableau des maladies régnantes, et qu'à la fin de chaque année, il rédigeait l'histoire de la constitution médicale dont il avait recueilli les éléments. « Tous les écrits de la Chaume (dit-on dans la même notice), sont le fruit de dix années de recherches. On y reconnaît un marche uniforme et constante, un enchaînement d'idées qui s'appuient et s'expliquent les unes et les autres sans se contrarier jamais. Surtout on aime à voir l'auteur, fortement occupé des objets qu'il a sous les yeux, ne point s'égarer, ne point se distraire, et employer tous les moyens de l'expérience, toutes les ressources de son esprit, à poursuivre les travaux que lui prescrivent son devoir et sa raison».

Le VIe volume du Journal de médecine militaire, publié en 1787, renferme un éloge de Thion de la Chaume, dans lequel on reconnaît la plume élégante de Roussel, qui concourait très-activement à la rédaction de cet ouvrage confié à De Horne.

THIONS (l'abbé Claude). — Guerre (la) du philosophisme contre l'Évangile et la société. *Lyon, Rusand; Paris, Leclère*, 1830, in-8.

THIOUT (Antoine), horloger ordinaire de M. le duc d'Orléans.

— Traité de l'horlogerie théorique et pratique, approuvé par l'Académie royale des sciences. *Paris, Prault*, 1741, 2 vol. in-4, avec planches. — Seconde édition. *Paris* (* *Bachelier*), 1767, 2 vol. in-4 avec 91 planches, 36 fr.

THIPHAINE, ou TIPHAINE. — Répertoire général, par ordre alphabétique, des dispositions législatives, organiques et réglementaires du notariat. Seconde édition. *Paris*, 1809, in-8.

THIRIAUX (J.-B.-Joseph), de Philippeville (Belgique), pharmacien, aide-major de l'hôpital d'Ajaccio.
— Essai sur la topographie physique et médicale de Saint-Antoine de Guagno, département de la Corse, et sur l'analyse de ses eaux thermales sulfureuses. Dissertation présentée et soutenue à la Faculté de médecine de Strasbourg, le 17 août 1829, pour obtenir le grade de docteur en médecine. *Strasbourg, de l'impr. de Levrault*, 1829, in-4 de 32 pag.

THIRIET (Jean-Baptiste), capitaine retraité ; né à Raucourt (Ardennes), le 8 décembre 1786.
— Mort (la) de David, ode. **Paris, Delaunay*, 1832, in-8 de 16 pag., 75 c.

On a du même quelques pièces fugitives.

THIRION (Didier), professeur de rhétorique à Metz, à l'époque de la révolution ; depuis, député du département de la Moselle à la Convention nationale, commissaire du pouvoir exécutif près les tribunaux de Bruges, enfin professeur de littérature latine à l'Académie de Douai, depuis le commencement de ce siècle jusqu'à la Restauration de 1814 ; mort à Metz, sa ville natale, en 1815.
— Opinion dans le procès du roi. 1792, in-8.

THIRION (E.-G.-J.), à Namur, docteur en médecine, en chirurgie et en accouchements; membre correspondant de la Société des sciences médicales et naturelles de Bruxelles; né à Namur.

Ce médecin a publié, dans les Annales de la médecine physiologique, dans la Bibliothèque médicale, dans l'Hygie, et dans le Bulletin médical, recueils publiés tous en Belgique, plusieurs observations intéressantes par la rareté des faits dont elles sont l'objet, entre autres les suivantes ; 1° Extirpation d'une rotule avec guérison par enkylose, fait unique dans son genre ; — 2° une Nécrose du tibia (corps du), suivie de reproduction de cet os ; — 3° Un cas d'anévrisme énorme de l'aorte ascendante ; — 4° Un fait de dystérie unique en son genre ; — 5° Histoire du fongus énorme developpé dans le cerveau ; — 6° un Mémoire sur l'abirritation, les maladies qui en dépendent, etc., etc.

(*Diction. des hommes de lettres, etc., de la Belgique*).

THIRION (Achille), ingénieur civil.
— Système du monde. Précis astronomique. *Paris, Verdière*, 1834, in-plano de 3 feuilles.
— Traité élémentaire d'Astronomie, renfermant un extrait de l'article sur les comètes et un article sur la lune rousse, par M. Arago. *Paris, rue Saint-André-des-Arts*, 1834, in-18 avec 2 pl., 35 c.

Avec M. Ajasson de Grandsagne. Ce Traité fait partie de la Bibliothèque populaire.

THIRIOT, éditeur des Lettres de madame de SÉVIGNÉ (voy. ce nom).

THIROUX (dom Jean), l'un des auteurs de la *Gallia christiana in provincias ecclesiasticas distributa, etc.*

THIROUX (le P. Étienne), pseudon. Voy. le P. LESCALOPIER.

THIROUX, ou TIROUX, de Lille. — * Histoire de Lille et de sa châtellenie. Par le S***. *Lille, Charles-Louis Prévost*, 1730, in-12. — Supplément à l'Histoire de Lille, avec des notes critiques et justificatives. *Lille, le même*, 1732, in-12.

L'auteur écrivait pour vivre. Toute médiocre que puisse être l'Histoire de Lille par Thiroux, elle est encore préférable aux déclamations inconvenantes du chanoine Leclercq de Montlinot, et aux élucubrations romantiques de M. Regnault-Warin.

— * Histoire du monastère de Flines. *Lille*, 1732, in-12.

THIROUX (le P.), jésuite.
— * Direction spirituelle pour servir de règle à tous les chrétiens. *Lyon, Duplain*, 1730, in-8.

Attribué au P. Thiroux. Il y a une analyse de ce livre dans le Mercure de mars 1739, page 504.
Barb.

THIROUX ( ), écuyer, tenant alors, à Paris, l'école brevetée du Pont-aux-Choux,
— Équitation. OEuvres complètes. *Versailles, Jacob*, an VII (1799), 2 vol. in-4.
— Traité d'Équitation d'après les principes de M. Arnofe, ancien professeur. *Paris, Jombert*, 1780-84, 3 vol. in-8.

THIROUX. — * Sur l'éducation nationale et publique; opuscule esquissé par un père riche de six enfants. 1791, 3e année de notre liberté, in-8.

THIROUX (F.). — Guide du garde champêtre, considéré comme agent de police rurale, garde chasse et garde pêche. Ouvrage utile à tous les propriétaires des biens ruraux. *Paris*, *Lecointe et Pougin*, 1831, in-18.

THIROUX. — Instruction théorique et pratique d'artillerie, à l'usage des élèves de l'école militaire de Saint-Cyr. *Paris*, *Gaultier-Laguionie*, 1837, in-8, 6 fr.

THIROUX D'ARCONVILLE (madame). Voy. ARCONVILLE.

THIROUX DE MONDÉSIR, lieutenant-genéral, fils du président Thiroux d'Arconville, et par conséquent de la précédente; mort à Paris, le 7 novembre 1822, âgé de 83 ans.
— * Manuel du dragon, extrait des principales ordonnances relatives aux dragons, et les plus journellement en usage, avec un détail historique sur l'origine de ce corps. Par un officier de dragons. Nouv. édition. *Paris*, *Cellot*, 1781, in-12 de 316 pag.
— Manuel pour le corps de l'infanterie, etc. *Paris*, 1781, in-12.

THIRRIA (E.). — Statistique minéralogique et géologique du département de la Haute-Saône. *Besançon*, *Outhenin-Chalandre*, 1834, in-8 avec 2 cartes, 7 fr.

THIRY, baron d'HOLBACH. V. HOLBACH.

THIRY (Ch.-E.-J.), président du conseil des monnaies, à Bruxelles, membre de l'Académie royale des sciences et belles-lettres de cette ville; correspondant de la Société des sciences, des arts et des lettres du Hainaut.
— Réglement pour la conservation du cadastre en Belgique.

(*Diction. des hommes de lettres, etc., de la Belgique*).

THIS (J.), instituteur. — Traité d'analyse raisonnée des éléments dont se compose le discours, dans lequel se trouvent comprises : 1° toutes les règles des participes expliquées d'une manière intelligible; 2° les règles sur lesquelles les grammairiens anciens et modernes ne sont pas d'un commun accord; 3° des remarques sur plusieurs adjectifs, sur les temps des verbes mal employés et sur quelques locutions vicieuses; 4° la concordance des temps de l'indicatif avec les temps du subjonctif; 5° l'explications des *tous* et des *quelques*. *Colmar*, *J. H. Decker*, 1821, in-12, 1 fr. 50 c.

THOINET (C.-M.). — Grammaire latine sur un plan complet et très-méthodique. *Paris*, *Delalain*; *Lyon*, *Rusand*, 1834, in-12, 1 fr. 75 c.

THOLOMET (J.-H.), maître d'écriture à Tarare.
— Cours des participes français, en une seule règle. *Lyon*, *de l'impr. de Perret*, 1832, in-12 de 48 pag.
— Instituteur (l') sans maître, ou Cours d'orthographe en 48 leçons. *Saint-Etienne*, *l'Auteur*, 1833, in-12.
— Syllabique français. *Lyon*, *de l'impr. de Perret*, 1832, in-12 de 32 pag.

THOLOZAN. Voy. TÉRENCE.

THOLOZAN, ou TOULOUZAN, de Marseille. Voy. TOULOUSAN.

THOLUCK (le docteur A.). — Sermon traduit de l'allemand. *Paris*, *Risler*, 1837, in-8 de 16 pag.

THOMANN (J.-G.), né à Saint-Gall, en Suisse, mort à Paris, le 2 février 1826, âgé d'environ 70 ans.
— Arbitrages (les) français, en 120 tableaux, complétés en 1816. *Paris*, *Pélicier*, 1817, pet. in-4, oblong.

Thomann est auteur d'*Arbitrages anglais* et d'un *Cours d'arithmétique pratique*, deux ouvrages mentionnés sur le titre des Arbitrages français, mais qui sont restés inédits.

THOMAS (le P.), de Jésus, carme espagnol du XVIIe siècle.
— Souffrances (les) de N. S. Jésus-Christ, trad. du portugais par le P. ALLEAUME. *Paris*, *Hérissant*, 1754, 2 vol. in-12.

Traduction très-souvent réimprimée dans le siècle dernier et dans celui-ci. Les éditions les plus récentes sont les suivantes :
Toulouse, Manavit, 1812, 1820, 2 vol. in-12.
Lyon, Périsse frères, et Paris, Méquignon fils aîné, 1821, 2 vol. in-12.
Lyon, Périsse frères, 1828, 1829, 1831, 1834, 1835, 2 vol. in-12.
Lyon et Paris, Rusand, 1828, 2 vol. in-12.
Paris, Méguignon junior, 1834, 2 vol. in-12.
Clermont-Ferrand, Thibaut-Landriot, 1835, 2 vol. in-12. Cette édition fait partie d'une « Bibliothèque du séminariste ».

THOMAS (Artus), sieur d'EMBRY.
— * Description de l'île des Hermaphrodites nouvellement découverte. *Cologne* (*Bruxelles*, *Foppens*), 1724, in-8.

La première édition fut imprimée en 1605, petit in-12, sous le titre suivant : *les Hermaphrodites, ou Ile des hermaphodites nouvellement découverte, avec les mœurs, lois, coutumes et ordonnances des habitants d'icelle*.
C'est un livre hardi, mais bien fait, où, sous le nom de l'*Ile* imaginaire des *hermaphrodites*, on blâmait tous les vices de la cour. Il a été inséré dans le tome IV du Journal de Henri III, édition de 1744, 5 vol. in-8.

THOMAS (Antoine), bourguignon.

— * Apologie du R. P. Honoré, supérieur des missionnaires (capucin), contre les médisants, par M. T. B. *Dijon*, 1679, in-4.

— * Traité de l'immaculée conception de la très-sainte Vierge Marie, trad. de l'espagnol, avec une addition. (1706). Voy. Antist.

THOMAS (le P.), de Paris, capucin missionnaire.

— Méthode pour apprendre les principes de la langue grecque vulgaire. *Paris, Mich. Guignard*, 1709, in-8.

THOMAS (Jean), conseiller au grand Châtelet de Paris.

— * Explication en vers du Cantique des cantiques de Salomon, avec des notes et des passages tirés des SS. PP. *Paris, V. R. Mazières*, 1717, in-12.

THOMAS, docteur de Louvain, pseudonyme. Voy. le P. Merry.

THOMAS, évêque de Sodor.

— Sermons. *Londres*, 1726, in-8.

— Vérités (les) et les devoirs du christianisme, ou Essai d'une instruction pour les Indiens; trad. de l'angl. sur la IVe édition, par Jac. Bourdillon. *Génève, héritiers Cramer, et frères Philbert*, 1744, in-12.

THOMAS (D.), d'abord commissaire de police, ensuite bibliothécaire de la ville de Lyon, vers 1770.

— * Mémoires pour servir à l'histoire de Lyon, pendant la ligue, contenant ce qui s'est passé de plus remarquable dans le Lyonnais, depuis l'année 1568 jusqu'à la fin de 1594. *Lyon, de l'impr. de Boitel*, 1836, in-8 de 64 pag.

Extrait de la Revue du Lyonnais.

— * Précis de l'Histoire de Lyon, depuis 1600 jusqu'à 1643, publié d'après un manuscrit inédit, par A. Péricaud. *Lyon, de l'impr. de Gabr. Rossary*, 1835, in-8 de 16 pag.

C'est une suite aux « Époques remarquables et événements singuliers de la ville de Lyon, depuis sa fondation jusqu'en l'an 1600 », imprimées dans les Almanachs de Lyon, pour les années 1745 et 1746, et qui paraissent avoir pour auteur un M. Thomas, d'abord commissaire de police, ensuite bibliothécaire à Lyon.

THOMAS (l'abbé Alexandre-Claude), docteur en théologie, prêtre chapelain de Saint-Joseph, rue Montmartre; mort le 18 février 1759, âgé de 70 ans.

— * Discours dogmatiques et moraux sur le symbole des apôtres. *Paris, Marc Bordelet*, 1745, in-12.

— * Sacerdoce (le) de la loi nouvelle. *Paris, Berton*, 1750, in-12.

THOMAS (Claude), capucin, anc. définiteur de la province de Lorraine, anc. professeur de théologie; né à Charme, en Lorraine, le 1er mars 1703.

— Totius theologiæ moralis elucubratio. *Nanceii*, 1749, 3 vol. in-8.

— Theologia universa, moralis et scholastica. 1750, 6 vol. in-12.

— Compendium theologiæ universæ ad usum examinandorum. Editio nova. *Argentorati, Leroux*, 1819, in-8.

THOMAS (Loup), ancien jésuite du diocèse d'Auxerre; né au moins de septembre 1719.

— Barometrum, carmen ....

Imprimé avec les Poëmata Didascalica, publ. par Fr. Oudin (1749, 3 vol. in-12).

THOMAS, évêque de Londres.

— Lettre pastorale sur la cause morale des tremblements de terre, trad. en français, par l'abbé Mazéas. *Paris*, 1751, in-8.

THOMAS (Antoine-Léonard), né à Clermont en Auvergne, le 1er octobre 1732, fut d'abord professeur au collége de Beauvais; il fut ensuite attaché, en qualité de secrétaire des affaires étrangères, à M. le duc de Praslin, ministre de ce département. Il eut en octobre 1763 la place de secrétaire interprète du roi auprès des ligues suisses, place qu'il garda jusqu'à sa mort, et que M. le duc de Choiseul lui avait accordé à titre de retraite et comme récompense des services qu'il avait rendu en qualité de secrétaire. Plus tard, il devint le secrétaire ordinaire du duc d'Orléans. L'Académie française ouvrit ses portes à Thomas le 22 janvier 1767, et les académies de Rouen et de Lyon l'admirent au nombre de leurs associés correspondants. Il est mort au château d'Oullins, le 17 septembre 1785.

— * A la mémoire de madame G*** (Geoffrin). *Paris, Moutard*, 1777, in-8 de 22 pages.

Cet opuscule a été réimprimé, en 1812, avec deux éloges de madame Geoffrin, et des Lettres de cette dame. (Voy. l'article Morellet).

— Amphion, acte de ballet. *Paris, Delormel*, 1767, in-4.

— Discours prononcé dans l'Académie

française, le 22 janvier 1767. *Paris*, 1767, in-8.

— Discours prononcés dans l'Académie française, le jeudi 4 mars 1779, à la réception de M. Ducis, secrétaire ordinaire de MONSIEUR (le premier composé par Thomas). *Paris*, *Démonville*, 1777, in-4.

Le second Discours a été prononcé par l'abbé de Radonvilliers, en qualité de directeur.

— Éloge de Maurice, comte de Saxe, qui a remporté le prix de l'Académie française. *Paris*, 1759, in-8.

— Éloge de H.-Fr. d'Aguesseau, chancelier de France, qui a remporté le prix de l'Académie française. *Paris*, *veuve Brunet*, 1760, in-8.

— Éloge de Marc-Aurèle. *Paris*, 176., in-8.

Cet Éloge a été souvent réimprimé. Les éditions postérieures sont les suivantes :
Amsterdam, et Paris, Moutard, 1775, in-8, avec le portrait de Marc-Aurèle, et in-12, sans le portrait.
Paris, Desessarts, an VII (1799), in-12, 1 fr.
Nantes, de l'impr. de Mellinet-Malassis, 1820, in-8.

— Élogio de Marco Aurelio, por THOMAS; seguido de una Disertacion sobre la politica de los Romanos en la religion, por MONTESQUIEU. *Paris*, *de la impr. de Pillet ainé*, 1832, in-18.

— Éloge de René Duguay-Trouin, lieutenant général des armées navales, qui a remporté le prix de l'Académie française. *Paris*, 1761, in-8.

— Éloge de Maximilien de Béthune, duc de Sully, qui a remporté le prix de l'Académie française. *Paris*, *Regnard*, 1763, in-8.

— Éloge de feu Mgr. le Dauphin (Louis) de France. *Paris*, *Regnard*, 1766, in-8.

Réimpr. à Lausanne dans le format in-12.

— Éloge de René Descartes. Discours qui a remporté le prix de l'Académie française, en 1765. *Paris*, *Regnard*, 1765, gr. in-8 de 128 pag.

Quatre des Éloges de Thomas ont été réimprimés dans deux collections, l'une intitulée : « Choix d'éloges couronnés par l'Académie française » (1812, 2 vol. in-8), et l'autre, qui a pour titre : « Choix d'éloges français les plus estimés (Paris, d'Hautel, 1812, 5 vol. in-18).

— Éloges de Marc-Aurèle; de Louis, dauphin de France; de Maurice, comte de Saxe; de Duguay-Trouin; de Sully; de D'Aguesseau et de Descartes. *Paris*, *Aug. Delalain*, 1829, in-12, 3 fr. 50 c.

— Épître au peuple, ouvrage présenté à l'Académie française (qui a reçu l'accessit). *Paris*, 1760, in-8. — Nouv. édit. *Paris*, *de l'impr. de Brasseur ainé*, 1821, in-8 de 8 pages.

— La même Épître. Suivie d'une Lettre au baron *** sur cette épître, par le même auteur. *Paris*, *Hiard*, 1831, in-12 de 24 pages.

Cette épître a été publiée en 1760, sous le nom de Boinvilliers.

— Essai sur le caractère, les mœurs et l'esprit des femmes dans les différents siècles. *Paris*, *Moutard*, 1772, in-8, fig.

Autres éditions :
IIIe édit. Paris, 1773, in-8.
Paris, Desessarts, 1803, in-8, 2 fr. 50 c.
Paris, Persan, 1823, in-8, 2 fr.

— Essai sur les Éloges, ou Histoire de la littérature et de l'éloquence, appliquée à ce genre d'ouvrage. *Paris*, *d'Hautel*, 1812, 2 vol. in-18, 3 fr. 50 c; — ou *Paris*, *Aug. Delalain*, 1829, in-12, 3 fr. 50 c.

L'Essai sur les éloges, publié d'abord dans l'édition des Œuvres de l'auteur, de 1773, a encore été imprimé à la tête de la collection, intitulée : Choix d'éloges couronnés par l'Académie française (1812, 2 vol. in-8).

— Essai sur les éloges, précédé d'un Traité de la langue poétique, et suivi de l'Éloge de Marc-Aurèle. *Toulouse*, *Vieusseux*, 1828, 2 vol. in-12. — Autre édition. *Paris*, *Maire-Nyon*, 1836, 2 vol. in-12, 4 fr.

— * Harangues choisies des historiens latins Salluste, Tite-Live, Tacite et Quinte-Curce, traduction nouvelle. *Paris*, *Nyon*, 1778, 2 vol. in-12.

« J'ignore, dit A.-A. Barbier, sous le n° 7177 de ses Anonymes, si ce Thomas est le célèbre auteur des Éloges, ou son frère, qui a été aussi professeur de l'Université, ou un autre écrivain du même nom; ce qu'il y a de certain, c'est que le traducteur se nommait ainsi, puisque ce nom se lit dans un privilége inséré par Jos. Barbou, à la fin des Pensées de Cicéron, 9e édit., 1787, in-12.

— Jumonville, poëme en IV chants. *Paris*, 1759, in-8.

Il a remporté le prix du Discours à l'Académie française en 1759.

— Lettre à M. Janin pour le jour de la Saint-Jean, sa fête. (En vers). *Vienne*, 1786, in-8.

— * Lettre sur la paix. *Lyon*, 1763, in-8.

— * Mémoire sur la cause des tremblements de terre. *Paris*, *Jombert*, 1758, in-12.

— Ode dédiée à M. de Sechelles, ministre

d'État et contrôleur-général des finances. 1756.

— Ode sur le temps, qui a remporté le prix de l'Académie française en 1762. *Paris*, 1762, in-8.

— OEuvres poétiques de Thomas, contenant Jumonville, poëme en quatre chants, son épître au peuple, ses odes, ses épîtres, etc. Nouv. édit., 1798, in-8. — Autre édition. *Paris*, 1799, 2 vol. in-12.

— * Réflexions philosophiques et littéraires sur le poëme de la « Religion naturelle ». *Paris, Hérissant*, 1756, in-12. — Nouv. édition. *Paris, Desessarts*, 1801, in-8.

Thomas a fourni des pièces à l'Almanach des Muses. Après sa mort on a encore publié : le Vrai ami des hommes, ouvrage posthume, 1796, in-8 ; mais cet ouvrage, impr. comme étant de Thomas, n'est autre que la réimpr. d'un ouvrage publié par Durosoy, sous le même titre, en 1772. L'Histoire de la prison de Custrin et de l'exécution de Catt, en présence de Frédéric II, alors prince de Prusse, imprimé sous le nom de Thomas, est également une supercherie littéraire : le véritable auteur de ce dernier ouvrage est de...

— OEuvres diverses. *Amsterdam, E. Van Harrevelt*, 1762, 2 1764, part. in-8.

— Les mêmes. Nouv. édition, augm. des Éloges de Sully, de Descartes, et autres pièces. *Amsterdam, E. van Harrevelt*, 1765, 2 vol. in-12.

Le second volume a été imprimé à Paris, par Regnard, en 1765.

— Les mêmes. *Amsterdam, le même*, 1767-68, 2 vol. in-12.

— Les mêmes. *Lyon, Périsse frères*, 1773, 2 vol. in-12.

— OEuvres (ses) complètes, augmentées d'un Essai sur les éloges, ou Histoire de la littérature et de l'éloquence appliquées à ce genre d'ouvrages, dans tous les pays et dans tous les siècles. *Paris, Moutard*, 1773, 4 vol. in-8, avec portr., et 4 vol. in-12, sans portr.

Cette édition a été réimprimée l'année suivante à Amsterdam.

— Les mêmes. *Paris*, 1792, 4 vol. in-12.

— Les mêmes. *Paris, Desessarts*, 1802, 7 vol. in-8, dont 2 d'OEuvres posthumes, 24 fr., et sur pap. vélin, 48 fr.

— OEuvres posthumes (publ. par N.-L. Desessarts). *Paris, Desessarts*, 1802, 2 vol. in-8, 7 fr., et 2 vol. in-12, 5 fr.

Formant les 6e et 7e volumes de l'édition précédente.

Ces OEuvres posthumes, qui renferment quelques ouvrages qui ne sont pas de Thomas, sont composées d'un poëme épique sur le czar Pierre Ier, d'une traduction de la satire de Juvénal sur les vœux, et de plusieurs pièces de vers inédites. Dans les Mélanges en prose, on distingue un Traité sur la langue poétique, le rétablissement des morceaux supprimés par la censure dans l'Essai sur les éloges; le Discours prononcé à l'Académie française, lors de la réception de l'archevêque de Toulouse, dont l'impression fut défendue dans le temps par ordre de la Cour ; la Relation de la captivité du grand Frédéric à Custrin, du supplice d'une jeune fille qui passait pour sa maîtresse, et de celui du jeune Katt, son favori, qui fut décapité sous les fenêtres de sa prison ; enfin, la correspondance que Thomas a entretenue avec madame Necker, depuis 1781 jusqu'à sa mort ; celle avec son confrère et son ami Ducis, et avec plusieurs autres personnes célèbres.

— OEuvres complètes. *Paris, A. Belin*, 1819, 4 part. en 2 vol. in-8, 16 fr.

Édition compacte, qui fait partie d'une « Collection des prosateurs français ».

La Notice sur la vie et les ouvrages de Thomas, signée Auguis, est composée de lambeaux de l'Essai sur la vie de Thomas, par Deleyre. Le libraire, à qui plusieurs souscripteurs vinrent se plaindre de ce plagiat, prit le parti de supprimer la Notice fournie par M. Auguis, et en fit faire une autre par M. Villenave. Les exemplaires avec les deux notices sont à préférer. (*Note communiquée par M. Beuchot.*)

— OEuvres complètes; précédées d'une Notice sur la vie et les ouvrages de l'auteur. Par M. de Saint-Surin. *Paris, de l'impr. de F. Didot. — Verdière ; L'Heureux* (*D'Hautel), 1822-23, ou avec de nouveaux titres, 1825, 6 vol. in-8, 30 fr., et sur gr. raisin vélin satiné, cartonnés à la Bradel, 120 fr.

Cette collection renferme : tomes I—III, Essai sur les éloges, les Éloges au nombre de huit ; la Relation de la captivité du grand Frédéric. Tome IV, Essai sur les femmes ; — Mémoire sur les causes des tremblements de terre ; — Discours à l'Acad. française, l'un du 22 janv. 1767, l'autre du 6 sept. 1770 ; — Traité de la langue poétique ; — Réflexions philosophiques et littéraires sur le poëme de la Religion naturelle ; — deux Morceaux de critique littéraire. Tome V, Jumonville, poëme en IV chants ; — le czar Pierre Ier, poëme en IV chants ; — trois Odes : sur le temps, à Hérault de Séchelles, sur les devoirs de la société ; — Traduction de la satire Xe de Juvénal, sur les vœux des hommes. Tome VI, Poésies et Correspondance.

On avait promis, pour accompagner cette édition, une Notice sur la vie et les ouvrages de l'auteur, par M. Garat : mais c'est M. de Saint-Surin, qui, en 1825, a donné cette notice.

—

— * Esprit, Maximes et Principes de Thomas (par Chas). *Paris, Briand*, 1788, in-12.

THOMAS, soldat au régiment du prince Charles.

— * Mauvaise foi du philosophe impie relativement à la divinité de J.-C. *Bruxelles*, 1767, in-8.

— * Parallèle (le) vivant des deux sexes,

par un soldat au régiment des gardes françaises. 1769, in-12.

— * Prééminence (la) du service de France sur celui des autres puissances de l'Europe. *Paris, Saillant et Nyon*, 1769, in-12 de 48 pag.

THOMAS, né à Magnières en Lorraine, mort à Paris, en 1783.

— Almanach des marchands, négociants, commerçants, fabricants, manufacturiers et magasiniers de la France et de l'Europe. 1770 in-8.

On a du même un *Avis sur un établissement de bureaux de correspondance*.... et autres projets.

THOMAS, de Riom. — Discours sur les progrès de la bienfaisance. 1787, in-8.

THOMAS, bâtonnier de l'ordre des avocats de Marseille, membre de l'Académie de la même ville, et député des Bouches-du-Rhône; né à Moustiers (Basses-Alpes).

— Discours de réception à l'Académie de Marseille.

Imprimé dans les Mémoires de cette académie, tome VIII, 1800.

THOMAS (P.), D. M., membre de la Société de médecine de Montpellier.

— Mémoires pour servir à l'histoire naturelle des sangsues. *Paris, Brunot*, 1805, in-8, avec 3 grav., 3 fr.

— Traité de la structure, des fonctions et des maladies du foie, et Recherches sur les propriétés de la bile, etc., trad. de l'angl. (1805). Voy. G. Saunders.

THOMAS (Louis). — Catalogue de plantes suisses. In-8.

— Mémoire abrégé pour servir à l'histoire des pins ou sapins qui croissent en Suisse.

Imprimé dans les Notices d'utilité publique, tome II, page 139. (Lausanne, 1805-07, 2 vol. in 8).

THOMAS. — Iliade (l'), traduction nouvelle (1810). Voy. Homère.

THOMAS. — Moyens de prémunir les Pays-Bas contre la disette, par la culture du blé d'Égypte. 1817, in-8, 60 c.

THOMAS (Robert), médecin anglais, de Salisbury.

— Nouveau Traité de médecine pratique, où se trouvent exposés la classification, les causes, les symptômes, le pronostic et le traitement des maladies de tous les climats; traduit de l'angl. par Hipp. Cloquet. *Paris, Méquignon-Marvis*, 1817, 2 vol. in-8, 14 f.

THOMAS (P.-F.), D. M., ex-chirurgien entretenu de la marine française.

— Essai sur la fièvre jaune d'Amérique, ou Considérations sur les causes, les symptômes, la nature et le traitement de cette maladie, avec l'histoire de l'épidémie de la Nouvelle-Orléans, en 1822, et le résultat de nouvelles recherches d'anatomie pathologique entreprises pour en déterminer le siége. Par P.-F. Thomas. Précédé de Considérations hygiéniques sur la Nouvelle-Orléans, par J.-M. Picornell. *Paris, Baillière*, 1823, in-8, 3 fr.

— Recherches sur le panaris. *Bordeaux, de l'impr. de Lawalle jeune*, 1827, in-8 de 32 pag.

THOMAS, peintre, ex-pensionnaire du roi à l'Académie de France, à Rome.

— Un an à Rome et dans ses environs, recueil de dessins lithographiés, représentant les costumes, les usages, les cérémonies civiles et religieuses des États romains, et généralement tout ce que l'on y voit de remarquable pendant le cours d'une année, dessiné et publié par Thomas. *Paris, l'Auteur*, 1823-27, 12 livraisons pet. in-fol., ensemble de 72 planches color., 144 fr., et sur gr. pap. vélin.....

THOMAS (Hipp.). — Sonnets. *Paris, Delaunay; Ponthieu*, 1824, in-8 de 64 pages.

THOMAS (l'abbé Jean-Baptiste), chanoine à Châlons-sur-Marne, ancien curé de Longeville-les-Metz et d'Ars-sur-Moselle; né à Metz.

— Avis et exercices spirituels avant et après la communion. Nouv. édit., augm. *Paris, Demonville*, 1825, in-18, cart., 30 c.; ou *Épernay, veuve Fievret*, 1826, in-18, 30 c.

— Instruction sur le sacrement de la confirmation, suivi des Avis d'un pasteur à la jeunesse de sa paroisse. Nouv. édition, publ. par l'abbé J.-B. Thomas. *Paris, de l'impr. de Poussielgue-Rusand*, 1829, in-18 de 36 pages.

— Nécessité de la religion, par rapport à la tranquillité des États, à l'ordre des familles, et au bonheur des particuliers; avec des notes. *Paris, rue des Maçons-Sorbonne*, 1838, in-18 de 116 pag., 60 c.

— Nouveau (le) Tobie, ou Instructions d'un pasteur à la jeunesse; précédées d'une visite au Saint-Sacrement. *Briey, Brancias*, 1838, in-18.

La couverture porte : Ve édition.

— Recueil de poésies modernes et morceaux de littérature rares et intéressants. Sec. édition. *Cambrai*, *Chanson*, 1835, in-8, 2 fr. 50 c.

— Résolutions et règlement de vie pour les jeunes gens après leur première communion, également utile pour les personnes d'un âge plus avancé. *Metz, Pierret*, 1812, in-12, 75 c.

— Sages avis d'un pasteur aux enfants qui viennent de faire leur première communion. *Paris, Soc. typogr.*, 1812, in-18 de 18 pag.

THOMAS (le chev.), de Colmar.

— Observations faites à la chambre des députés, sur le projet d'expulser de Paris les distillateurs d'eaux-de-vie de pommes de terre. *Paris*, *de l'impr. de Goetschy*, 1822, in-8 de 24 pag.

THOMAS (Mlle Lucile). — Corsaire (le), poëme, trad. de l'anglais, en vers français (1825). Voy. Byron.

THOMAS (F.), de Troisvèvre, docteur-médecin attaché à l'hospice Beaujon, membre de plusieurs sociétés savantes; né à la Charité (Nièvre), en 1797.

— Division naturelle des tempéraments, tirée de la fonctionomie. *Paris*, *Compère jeune*, 1821, in-8 de 44 pag.

— Physiologie des tempéraments, ou constitutions. Nouvelle doctrine applicable à la médecine pratique, à l'hygiène, à l'histoire naturelle et à la philosophie; précédée d'un examen des diverses théories des tempéraments. *Paris*, *Baillière; l'Auteur*, 1826, in-8, 4 fr. 50 c.

THOMAS, pseudon. Voy. Salgues.

THOMAS (Jean-Pierre), né à Montpellier, le 18 août 1756, mort le 29 juillet 1820.

— Mémoires historiques sur Montpellier et sur le département de l'Hérault. (Ouvrage posthume). *Paris*, *Gabon*, 1827, in-8.

THOMAS (P.-P.-U.), commissaire ordonnateur de marine à l'île Bourbon.

— Essai de statistique de l'île Bourbon, considérée dans sa topographie, sa population, son agriculture, son commerce, etc. Ouvrage couronné en 1828 par l'Académie royale des sciences; suivi d'un projet de colonisation de l'intérieur de cette île. *Paris*, *Selligue; Bachelier*, 1828, 2 vol. in-8, 15 fr.

THOMAS (Jean), maréchal de camp, l'un des braves officiers supérieurs de l'armée de Napoléon, mis en non activité à la restauration; commandant du département de la Creuse, après la révolution de 1830, membre de l'Académie royale de Metz.

— Force (de la) publique en France. *Metz*, 1830, in-8.

THOMAS (Charles), directeur-gérant du journal le « National ».

THOMAS, fabricant de papiers peints.

— Avis et proposition concernant la répartition du fonds créé par le gouvernement pour aider les commerçants et fabricants. *Paris*, *de l'impr. de Lebègue*, 1830, in-4 de 4 pag.

THOMAS (A.). — France (la) et l'Europe en 1833. *Paris*, *Hivert; Dentu*, 1833, in-8 de 208 pag., 5 fr.

— Légitimité, souveraineté populaire, quasi-légitimité. Revue mensuelle. Première livraison. *Paris*, *A. Thomas*, 1833, in-8 de 32 pag.

THOMAS. — Mémoire sur l'affinage de la fonte par la méthode anglaise, et sur les moyens que l'on peut employer en grand, pour diminuer le déchet de cette opération. *Paris*, *Carillan-Gœury*, 1833, in-8 de 60 pages, avec planches, 3 fr.

THOMAS (E.), avocat. — Notice sur le projet d'un pont suspendu vis-à-vis la rue Grand-Pont. *Rouen*, *de l'impr. de Périaux*, 1833, in-8 de 28 pag.

THOMAS (Samuel). — Qu'est-ce que les assemblées mensuelles des missions? *Lausanne*, 1834, br. in-8.

— Rapports (des) du christianisme avec le judaïsme. Dissertation présentée au concours pour la chaire de théologie théorique à Lausanne, en 1834. *Lausanne*, 1834, in-4.

— Réflexions sur la vocation à l'état de missionnaire. *Lausanne*, 1834, in-8.

THOMAS, président de la Société d'émulation de Rouen.

— Discours prononcé par M. Thomas, président de la Société d'émulation de Rouen, lors de la séance publique du 6 juin 1835. *Rouen*, *de l'impr. de Baudry*, 1835, in-8 de 32 pag.

— Opinion de M. Thomas sur le rapport fait à la Société libre d'émulation, le 1er mars 1834, par M. Bertran, au nom d'une commission nommée pour examiner la proposition du 2 janvier. *Rouen*, *de l'impr.*

de Baudry, 1834, in-8 de 24 pages.

Cette proposition était de publier annuellement un recueil des meilleures ouvrages originaux sur l'histoire de la Normandie.

THOMAS (Frédéric). — Plaidoyer en vers, prononcé par M. Frédéric Thomas, gérant de la Patrie, à l'audience de la cour d'assises du 7 juillet 1835. *Toulouse, Escudier*, 1835, in-8 de 8 pag., 50 c.

THOMAS (A.-F.-V.). — Examen de quelques questions sur le commerce des bois de chauffage et des charbons de bois à Paris. *Paris, l'Auteur*, 1834, in-8 de 52 pag., 2 fr.

— Naundorff, ou Mémoire à consulter sur l'intrigue des deux dern. faux Louis XVII; suivi des jugements et condamnations d'Ervagault, sous le Consulat; de Mathurin Bruneau, sous la Restauration; et du baron de Richemont, sous le gouvernement actuel. *Paris, Dentu; Delaunay*, 1836, in-8, 5 fr.

THOMAS (J.-F.-R.). — Quelques observations sur le choléra-morbus, recueillies dans le service du docteur Cauvière, et suivies de quelques propositions sur cette maladie. *Marseille, de l'impr. de Feissat aîné*, 1836, in-8 de 48 pages.

THOMAS (Eugène), archiviste du département de l'Hérault.

— Essai historique et descriptif sur Montpellier, pour servir de guide dans cette ville et dans ses environs. *Montpellier, Castel*, 1836, in-8 de 192 pag., 2 fr. 50 c.

— Recherches sur la position des Celtes-Volces, ou Introduction à la géographie ancienne du département de l'Hérault. *Montpellier, de l'impr. de Martel aîné*, 1836, in-4 de 48 pag., et une carte, 2 fr.

Se trouve aussi dans le n° 3 des Publications de la Société archéologique de Montpellier, 1836, in-4.

THOMAS (Maurice). — Exercices grammaticaux tirés des meilleurs auteurs, adaptés à toutes les grammaires françaises élémentaires, et spécialement aux éléments de la grammaire française de L'Homond. *Nanci, Thomas*, 1836, in-12.

Avec M. Ch. Raybois.

THOMAS. — Discours (son) prononcé sur la tombe de M. Dumas, proviseur du collége de Charlemagne.

Imprimé dans la brochure intitulée : Discours prononcés sur la tombe de M. Dumas, par MM. Belin, etc., 1836, in-8 de 16 pages.

THOMAS A KEMPIS. Voy. Kempis.

THOMAS D'AQUIN (S.). — Charité (de la), ou Explication de la loi de Dieu, trad. pour la première fois du latin, par l'abbé J.-H.-R. Prompsault. *Paris, Jeanthon*, 1836, in-18, 1 fr. 25 c.

THOMAS DE BAZINCOURT (mademoiselle).

— * Abrégé historique et chronologique des figures de la Bible, mis en vers français. *Paris, veuve Ballard*, 1768, in-12.

THOMAS DE MARTIGUES (le P.), capucin.

— * Rélation très-exacte des malheurs que le débordement du Rhône a causés à la ville d'Arles. Par P. T. D. M. C. *Arles*, 1755, in-4.

THOMAS D'ONGLÉE (François-Louis), médecin de l'ancienne Faculté de médecine de Paris; né au Mans.

— Discours prononcé aux écoles de médecine, pour l'ouverture solennelle du cours de chirurgie. *Paris, Didot l'aîné*, 1765, in-4 de 24 pag.

— Rapport au public de quelques abus dont le magnétisme animal a donné lieu. 1785, in-8.

THOMAS DE SAINT-MARS, membre de l'Académie celtique, peut-être le même que M. de Saint-Mars, auteur d'un « Essai d'un dictionnaire d'étymologies gauloises », cité au tome VIII de la France littéraire, page 352.

On trouve de M. Thomas de Saint-Mars, dans le recueil de l'académie dont il était membre, les six dissertations suivantes : Notice sur la cérémonie du chevalier Mallet (tome II, 1808); Notice sur le lac de Grand-Lieu et la cité d'Herbauge (tome V, 1810); De l'exorcisme du diable, à Soissons, et de la fable sur laquelle était fondée cette cérémonie; Des cérémonies usitées au feu de la Saint-Jean, dans le département des Hautes-Pyrénées; De quelques usages superstitieux qui précèdent et accompagnent les mariages; Traditions de l'ancien duché de Retz, sur Gargantua (id., id.).

THOMAS DE TROISVÈVRE. Voy. (ci-dessus) Fr. Thomas.

THOMAS DU FOSSÉ (Pierre), ou plus exactement (Thomas, seigneur du Fossé), de la maison de Port-Royal des Champs.

— * Mémoires de M. Pierre Thomas, écuyer, seigneur du Fossé, contenant l'histoire de sa vie et plusieurs particularités. *Utrecht*, 1739, in-12.

— * Mémoires du sieur Pontis. *Paris, Després*, 1676, 1678; — *Paris, les libr. associés*, 1715, 2 vol. in-12.

La seconde édition a subi plusieurs retranchements.

— * Mémoires pour servir à l'histoire de Port-Royal des Champs. *Utrecht*, 1736, in-12.

Thomas Du Fossé est auteur de plusieurs autres ouvrages publiés vers la fin du XVIIe siècle, et qui n'ont pas été réimprimés depuis. C'est lui, en société avec l'abbé Beaubrun, qui a publié, avec de courtes notes, la traduction de la Bible par Lemaistre de Sacy (Bruxelles, 1699, 3 vol. in-4).

THOMAS DU FOSSÉ (le bar. A.-F.), membre du consistoire, et trésorier de l'église protestante de Rouen.

— * Correspondance entre deux frères sur matière de religion (ouvrage anti-catholique). *Londres*, *Brookes et Earle*, 1787, in-8.

— * Époques des diverses innovations arrivées dans l'Église catholique, apostolique, romaine, soi-disant sainte, toujours une, toujours infaillible, toujours la même. *Sans lieu d'impression, ni nom de libraire*, in-8 de 132 pag.

Signées A.-F.-Th. D.-F.

— Mémoire touchant les meilleurs engrais à employer sur un terrain en grand.....

Lu à la Société libre d'émulation de Rouen.

— * Traité des symboles, ou De l'invariable et perpétuelle foi et croyance des catholiques romains. Par A.-F.-T. D. F. *Imprimé à Genève, sur les cendres de Michel Servet*, 1806, in-8 de 76 pag.

Un abrégé de cette brochure, imprimé à Caen, l'an III de la république française, est intitulé: *Catéchisme des catholiques romains.*

— * Unité de Dieu. In-8 de 116 pag.

Le baron Du Fossé a publié beaucoup d'autres brochures de controverse, écrites dans un esprit protestant, et unitaire, remarquables par leur érudition.

THOMAS-LAVERNÈDE (J.-E.), rédacteur (en société avec M. J.-D. Gergonne) des Annales de mathématiques pures et appliquées (Nîmes, 1811 et ann. suiv., in-4).

THOMAS LEFEVRE (P.). — Odes d'Horace, traduites en vers français, avec le texte en regard et des notes. (Prem. livre). *Paris*, *Hachette*, 1833, in-12, 3 fr. 50 c.

THOMASSIEU DE CURSAY (l'abbé J.-M.-J.), sous-diacre, chanoine honoraire d'Appeigny; né à Paris, le 24 novembre 1705, mort en 1781.

— Anecdotes sur le discernement, l'accueil et la libéralité de Louis XIV, pour les savants. 1761, broch. in-12.

— Anecdotes sur les citoyens vertueux de la ville d'Angers. 1774, in-4.

— * Deux (les) frères angevins. *Paris*, 1761, in-12.

Cité par M. Ersch. Peut-être *les Deux Frères* (Paris, Fétil, 1770), ne sont-ils qu'une réimpression de cet ouvrage.

— Guerrier (le) sans reproche. 1775, in-8

— * Homonymie (l') dans les pièces de théâtre. *Paris*, 1756, in-8.

— * Mémoire sur les savants de la famille de Terrasson, par M. l'abbé de C***. *Trévoux* (*Paris*), 1761, in-12.

Ce Mémoire est précédé d'une Lettre à Jamet le jeune, descendant des Jamet dont Marot parle dans ses poésies. *Barb.*

— * Sable (le) et l'émanché, mémorial raisonné pour les traités du blason. 1770, in-8 de 24 pag.

THOMASSIN (Simon), graveur de la fin du XVIe siècle.

— Recueil des figures, groupes, thermes, fontaines, vases, etc., à Versailles, en français et en latin, italien et flamand. Nouv. édition. *La Haye*, 1723, 2 tomes en un vol. in-4, renfermant 220 planches.

La première édition est d'Amsterdam, P. Mortier, 1595, in-4.

THOMASSIN (le P. Louis), prêtre de l'Oratoire, né à Aix, en Provence, d'une famille illustre dans la robe, le 28 août 1619, entra à l'âge de quatorze ans dans la congrégation des prêtres de l'Oratoire, où il enseigna la théologie pendant plusieurs années, et surtout au séminaire de Saint-Magloire de Paris, de 1654 à 1668. Ses ouvrages font voir qu'il n'était pas moins consommé dans l'étude des belles-lettres et des auteurs profanes, que dans celle de l'histoire sainte, des conciles, de la tradition et de la discipline de l'Église. Il mourut à Paris, au séminaire de Saint-Magloire, le 24 décembre 1695.

— Ancienne et nouvelle discipline de l'Église touchant les bénéfices et les bénéficiers; nouvelle édition, revue, corrigée et augmentée, suivant l'ordre de l'édition latine, avec des augmentations (et une Vie, de l'auteur, par le P. Bougerel). *Paris*, *Fr. Montalant*, 1725, 3 vol. in-fol.

La première édition est de 1678.

Le livre du P. Thomassin ne contient que de l'érudition mal digérée; il faut néanmoins l'avoir, parce que c'est une bonne collection d'autorités. Le P. Loriot, de l'Oratoire, en donna un abrégé en 1702, in-4; mais il ne s'attacha, dans son extrait, qu'à ce qui regardait la morale. D'Héricourt en donna un nouvel abrégé en 1717, in-4: celui-ci contient un extrait exact de tout ce qui est dans l'ouvrage du P. Thomassin, soit sur la morale, soit sur la discipline, soit sur l'histoire ecclésiastique.

— Ancienne et nouvelle discipline de l'Église touchant les bénéfices et les bénéficiers, extraite de la Discipline du R. P. Thomassin, prêtre de l'Oratoire, par un prêtre de la même congrégation (le P. Loriot). *Paris, de Nully*, 1702, in-4.

Des fonctions, des obligations et des biens des dignitaires ecclésiastiques, ou Ancienne et nouvelle discipline de l'Église, touchant les bénéfices et les bénéficiers, extraite de la Discipline du révérend père Thomassin, par un prêtre de l'Oratoire (le P. Loriot), et suivie d'un appendice tiré des ouvrages du comte J. de Maistre, de MM. Collet et Compans, Morin, Jager, Bouvier, Affre, etc. Paris, rue de Vaugirard, n° 60, 1838, 2 vol. in-8, 10 fr.— Cet ouvrage fait partie d'une « Bibliothèque ecclésiastique ».

— Ancienne et nouvelle discipline de l'Église touchant les bénéfices et les bénéficiers, extraite de la Discipline du P. Thomassin, avec des observations sur les libertés de l'Eglise gallicane (par L. d'Héricourt). *Paris, de Nully*, 1717, in-4.

— Dissertationum in Concilia generalia et particularia. Tomus I[us], continens Dissertationes 20 usque ad annum 681. *Parisiis, Societ. typogr.*, 1667, in-4.

— Dogmatum Theologicorum, de Deo, Deiq.. proprietatibus. Tomus I[us]. *Parisiis, Muguet*, 1684, in-fol. — Eorundem, de Verbi Dei Incarnatione. Tomus unicus. *Parisiis, Muguet*, 1680, in-fol.

— Glossarium universale hebraïcum, quo ad hebraïcæ linguæ fontes, linguæ et dialecti penè omnes revocantur : præmissa authoris vitâ. *Parisiis, è typogr. regiâ*, 1697, in-fol.

Ouvrage posthume, publié par le P. Bordes et Barat.

—* Mémoires sur la grâce, où l'on représente les sentiments de saint Augustin, et des autres pères : de saint Thomas, et des autres théologiens, dictés au séminaire de Saint-Magloire, en l'année 1668. *Louvain*, 1668 ; — *Paris, Cramoisy*, 1681, 3 vol. in-12 ; — *Paris*, 1682, in-12.

— Méthode d'étudier et d'enseigner chrétiennement et solidement les lettres humaines par rapport aux Lettres divines et aux Écritures. I-IIIe parties, concernant l'étude des poëtes. *Paris*, 1681-82, 3 part. in-8.

— Méthode (la) d'étudier et d'enseigner chrétiennement et utilement la grammaire ou les langues par rapport à l'Écriture-Sainte, en les réduisant toutes à l'hébreu. *Paris, Roulland*, 1690, 1693, 2 vol. in-8.

Le second volume est composé de deux Glossaires, l'un grec, l'autre latin, réduits à l'hébreu.

— Méthode d'étudier et d'enseigner chrétiennement la philosophie. *Paris*, 1685, in-8.

— Méthode d'étudier et d'enseigner les historiens profanes par rapport à la religion chrétienne et aux Écritures. 1693, 2 vol. in-8.

—Traité de l'aumône, ou du bon usage des biens temporels, tant pour les laïques que pour les ecclésiastiques. *Paris, L. Roulland*, 1695, in-8.

— Traité de l'unité de l'Église, et des moyens que les princes chrétiens ont employés pour y faire rentrer ceux qui en étaient séparés. *Paris*, 1686-88, 2 vol. in-8.

—Traité de la vérité et du mensonge, des jurements et des parjures. *Paris*, 1691, in-8.

— Traité de l'office divin, pour les ecclésiastiques et pour les laïques. *Paris*, 1686, in-8.

— Traité historique et dogmatique des édits, et des autres moyens spirituels et temporels dont on s'est servi dans tous les temps pour établir et pour maintenir l'unité de l'Église catholique. Par le feu P. Thomassin (mis en ordre et publié par le P. Bordes, de l'Oratoire). Avec un Supplément (par le même P. Bordes), pour répondre à divers écrits séditieux des prétendus réformés, etc. *Paris, J. Anisson*, 1703, 3 vol. in-4.

— Traités historiques et dogmatiques sur divers points de la discipline de l'Église et de la morale chrétiennes. *Paris*, 1681-83, 2 vol. in-8.

Le premier volume contient un *Traité des jeûnes de l'Église*, et le second, un *Traité des fêtes*.

—Traité du négoce et de l'usure. *Paris*, 1697, in-8.

THOMASSIN, ingénieur ordinaire du roi.

— Lettre en forme de dissertation sur la découverte de la colonne de Cussy et autres sujets d'antiquités de Bourgogne. *Dijon, Dufay*, 1725, in-12. — Sec. édit., corr. et augm. *Dijon, Arn.-J.-B. Augé* (1725), in-8.

THOMASSIN (le baron Juilly de). Voy. Juilly.

THOMASSIN (Jean-François), ancien chirurgien major du premier régiment des chasseurs à cheval ; d'abord maître en chirurgie à Dôle, ensuite premier chirurgien à l'hôpital militaire à Neufbrisach, enfin chirurgien en chef de l'hôpital de Besançon, correspondant de l'Académie royale de médecine, de l'Institut de France, membre du jury de médecine, et de plusieurs autres académies; né à Rochefort (Jura), en 1750, mort à Besançon, le 25 mars 1828, après avoir parcouru une carrière signalée par quarante ans de services rendus à la chirurgie militaire.

— Description abrégée des muscles, avec la nouvelle nomenclature, rédigée en faveur des commençants, d'après les anatomistes les plus connus. *Besançon, Métoyer aîné; Paris, Levrault*, 1800, in-8 de VI et 96 pag.

— Dissertation sur l'extraction des corps étrangers des plaies, et spécialement de celles faites par armes à feu; avec la description d'un double lithotome propre à l'opération de la taille chez les femmes. *Strasbourg, J.-G. Treuttel*, 1788, in-8.

— Dissertation sur la pustule maligne. *Strasbourg*, 1791, in-8.

— Dissertation sur le charbon malin de Bourgogne, ou la Pustule maligne. Ouvrage couronné par l'Académie de Dijon. *Paris, Didot jeune*, 1780, in-8. — Sec. édit. 1783, in-8.

— Mémoire sur l'abus de l'ensevelissement des morts, par M. Durande, précédé de Réflexions sur quelques propriétés du principe de la vie, et sur le danger des inhumations précipitées. *Strasbourg*, 1789, in-8.

— Observations iatrochirurgicales pleines de remarques curieuses et d'événements singuliers, par Covillard. Sec. édit., avec des additions considérables, par J.-F. Thomassin. *Strasbourg, Arm. Kœnig*, 1791, in-8, 4 fr.

L'ouvrage de Covillard ou Couillard parut pour la première fois à Lyon, en 1639, in-8.

— Observations sur quelques points de la structure de l'œil, relativement à l'extraction d'une cataracte membraneuse, pour servir de réplique et d'éclaircissement à la section huitième des Mémoires et observations de M. Pellier, oculiste, sur les maladies de l'œil. 1783, in-8.

— Remarques théoriques et pratiques sur la pustule maligne, pour servir de réponse à l'Introduction et aux notes du Traité de l'Anthrax de M. Chambon. 1782, in-8.

On a, en outre, de J.-Fr. Thomassin, plusieurs Observations et Mémoires dans l'ancien Journal de médecine, et, entre autres les suivantes : Observations sur le rachitisme; — Observations sur l'usage des vomitifs dans les maladies des femmes grosses; — Observations sur une luxation du poignet avec rupture des ligaments; — Réflexions sur une observation de M. Pellier, au sujet d'une cataracte prétendue chorroïdale (1778); — Remarques sur un dépôt enkisté dans le ventricule (1779).

THOMASSIN (le comte de), de Saint-Omer.

— Mémoire sur le salpêtre.....

Imprimé dans le Recueil des mémoires et pièces sur la formation du salpêtre, publié par l'Académie des sciences en 1788.

THOMASSIN (Michel), directeur de l'enregistrement du Bas-Rhin.

— Considérations générales sur les contributions et sur le système des contraventions. *Strasbourg, J.-B. Pfaehler et Cie*, 1819, in-4 de 24 pages.

— Essai sur les rentes foncières. *Strasbourg, et Paris, Levrault*, 1801, in-8 de 24 pag., 45 c.

THOMASSIN. — * Henri, duc de Bordeaux, ou Choix d'anecdotes sur la vie de ce prince. (Extrait de divers journaux, et brochures publiées chez Dentu). *Paris, de l'impr. de Dentu*, 1832, in-8 de 16 pag. — Sec. édit., ornée des signatures lithographiées de Madame et de ses enfants. *Paris, Dentu*, 1832, in-8 de 24 pag., 30 c., et sur pap. fin, 50 c.

La première édition, tirée à 10,000 exemplaires, dit-on, ne s'est pas vendue; la seconde se vendait au profit des détenus royalistes.

THOMASSIN. — Supériorité (de la) des chemins de béton sur les chemins de fer. *Strasbourg*, 1834, in-8 de 60 pag.

THOMASSIN DE MONTBEL, mort en septembre 1810.

— Diligence (la) philosophique, ou le Moraliste champenois. *Paris, Léopold Collin*, 1808, 2 vol. in-18, 2 fr. 50 c.

— Siége (le) d'Alise, ou la Gaule subjuguée, tragédie en cinq actes, dédiée au grand maître de l'Université impériale. *Paris, Chaumerot; Capelle et Renand; Barba*, 1809, in-8 de 64 pag., 2 fr.

THOMASSY, alors bachelier ès-droit de la Faculté de Paris.

— Nécessité (de la) d'appeler au trône les filles de France, précédée d'un Examen de la loi salique. *Paris, Égron; Dentu; Pillet aîné*, 1820, in-8, 2 fr. 50 c.

— Sensation (de la) qu'a faite en France la mort de Buonaparte, et des écrits publiés à ce sujet. *Paris*, *G.-C. Hubert; A. Égron; Dentu*, *etc.*, 1821, in-8 de 32 pages.

THOMASSY (Raymond), à Paris, membre de la Société de l'histoire de France.
— Essai sur les écrits politiques de Christine de Pisan, suivi d'une Notice littéraire et de pièces inédites. *Paris*, *Debécourt*, 1838, in-8 de 204 pages, 6 fr.
— Monuments de quelques anciens diocèses de Bas-Languedoc, expliqués dans leur histoire et dans leur architecture. Description de la Maguelonne, première partie. *Montpellier*, *Castel; et Paris*, *Techner*, 1836, in-4 de 24 pages, et 6 planches, 6 fr.

Ce cahier fait partie d'un ouvrage plus considérable (voy. l'art. J. Renouvier).

D'après la « Statistique des gens de lettres » de M. Guyot de Fère, M. R. Thomassy a fait une série de travaux relatifs à l'histoire du Bas-Languedoc, objet particulier de ses études archéologiques; il est aussi l'auteur des *Recherches historiques sur l'abbaye de Saint-Guillem-du-Désert*, ouvrage qui a reçu de l'Académie des inscriptions une première mention honorable; et d'un *Examen critique et historique du Dictionnaire de l'Académie, précédé d'une Dissertation sur l'universalité de la langue française au moyen-âge*, deux ouvrage inédits. M. Thomassy est associé aux travaux que prépare M. Augustin Thierry pour la collection des monuments inédits du Tiers-État.

THOMÉ (Charles-Joseph), chanoine de Meaux, licencié en droit canon et civil.
— Lettre à D. Toussaint Duplessis, au sujet de la prétendue vente des reliques de saint Saintin et de saint Fiacre, avec les réponses de ce père. *Paris*, 1747, in-4.
— Lettre aux auteurs de la nouvelle Gaule chrétienne touchant plusieurs abbés et abbesses du diocèse de Meaux, et à D. Duplessis, sur un jugement du connestable de Châtillon et un arrêt du parlement. *Paris*, 1748, in-4.
— Lettre (deuxième) aux auteurs de la nouvelle Gaule chrétienne, touchant la liste des doyens de l'église de Meaux. *Paris*, 1749, in-4.

THOMÉ, négociant, planteur de mûriers, près de Lyon, membre de la Société royale d'agriculture de Lyon; mort en 178..
—Mémoire sur la culture du mûrier blanc, dans lequel on trouve les instructions nécessaires aux jardiniers pour la culture de cet arbre, depuis le semis jusqu'à la cueillette de ses feuilles, avec des Observations sur l'éducation des vers à soie. *Lyon*, *Aimé de la Roche*; et *Paris*, *Despilly*, 1763, in-12.
— * Mémoires sur la manière d'élever les vers à soie et sur la culture du mûrier blanc. *Amsterdam*, et *Paris*, *Vallat-la-Chapelle*, 1767, in-12.

Ces deux ouvrages ont été réimprimés ensemble en 1772, 2 vol. in-8.

— Mémoire sur le mûrier blanc, lu à la Société roy. d'agriculture de Lyon. *Lyon*, *Aimé de la Roche*, 1763, in-8.
— * Mémoires (deux) sur la pratique du semoir. *Lyon*, 1760-1761, in-12.

THOME (Réné), maréchal de camp; mort en 1805.
— * Ensemble (de l'), ou Essai sur les grands principes de l'administration. *Paris*, *Gattey*, 1788, 2 vol. in-8.
— * Lettre à M. Bailly, maire de Paris, par un de ses disciples. *Paris*, 1791, in-8.

THOMÉ (A.), neveu de l'ex-conventionnel Thibaudeau.
— * Vie de David (le peintre). Par A. T. *Paris*, *de l'impr. de Tastu*, 1826, in-8 de 172 pages.

THOMEREL, à Versailles.
— Projet de division de l'Europe en quatre grandes puissances; plan gravé, propre à être mis sous verre, avec le programme d'exécution de ce projet, et diverses descriptions. *Versailles*, *l'Auteur*, 1800, in-4 de 15 pag., 3 fr.

THOMIÈRES, artiste vétérinaire à Nissan.
— Note sur l'inoculation de la clavelée pratiquée en 1820, 21 et 22. *Paris*, *au bur. de la Gazette de santé*, 1823, in-8 de 16 pages.

Avec M. P. Miquel, artiste vétérinaire à Beziers.

THOMIN (Marc), né à Toury, en Bauce; mort le 21 décembre 1752, âgé de 45 ans.
—Instruction sur l'usage des lunettes ou conserves. 1749, in-12.
— Traité d'optique mécanique. 1749, in-8.

THOMIN (Marc-Gervais), de Paris, ingénieur opticien de la reine.
— Lettre en réfutation de l'Opticien. 1758, in-8.

L'ouvrage auquel cette Lettre sert de réfutation est intitulé : l'Opticien, ou Lettre de M. de la Ville, en forme de dissertation, sur les vues courtes. 1758, in-12.

THOMINE, membre de la Société académique du département de la Loire-Inférieure, et alors son président.
—Mémoire sur la pêche de la baleine, considérée comme industrie maritime (nouvelle pour le port de Nantes), lu le 2 juin 1824, en séance générale de la Société académique du département de la Loire-Inférieure. *Nantes, de l'impr. de Mellinet-Malassis*, 1824, in-8 de 44 pag.

THOMINE DESMAZURE, ancien professeur de procédure civile.
— Commentaires sur le code de procédure civile. *Caen, Mancel*, 1832, 2 vol. in-4, 30 fr.
— Traité de la procédure civile, ou Explication méthodique et raisonnée du Code de procédure. *Caen*, 1807, in-8.

THOMMEREL (P.-J.), traducteur et éditeur.
— British poets, or Select specimens of poetry, from Spencer and Shakspeare to W. Scott, Campbell, Th. Moore, Byron, etc., with french explanatory notes. *Paris, Th. Hingray; Baudry*, 1835, in-12, 5 fr.
— British prose-writers, or Select specimens of prose, from queen Elizabeth to W. Scott, Cooper, Wash. Irving, Brougham, O'Connel, etc., with explanatory notes. *Paris, Pourchet*, 1838, in-18, 5 fr.

M. Thommerel a traduit de l'anglais deux romans : les Cœurs d'acier, roman de l'histoire d'Irlande au dernier siècle, par l'auteur du « Désert d'Ohalloran » (1830, 4 vol. in-12), et les Réfugiés, histoire irlandaise, par mistr. Saincglair (1830, 5 vol. in-12).

THOMON (Thomas de), architecte.
— Description accompagnée des plans, coupes et élévations, de plusieurs édifices remarquables, construits depuis le commencement de ce siècle à Saint-Pétersbourg sur ses dessins. *Paris, Nicolle*, 1819, in-4.

THOMPSON, ou THOMSON (Jacques). Voy. Thomson.

THOMPSON (William). — Voyage à Surinam et dans l'intérieur de la Guiane, par le capitaine Stedman (et W. Thompson), trad. de l'angl. par F.-P. Henry. *Paris, F. Buisson*, an VII (1799), 3 vol. in-8, et un Atlas de 44 pl., 28 fr., et avec l'Atlas avant la lettre, 34 fr.

Voy. l'art. Stedman.

— Voyage en Norwège, en Danemark et en Russie, pendant les années 1788-91, par Swinton (et W. Thompson); trad. de l'angl. par P.-F. Henry, suivi d'une Lettre de Richer-Sérizy sur la Russie. *Paris, Bertrand*, 1797, ou, avec de nouveaux titres, 1801, 2 vol. in-8, 6 fr.

THOMPSON (J.). — Ébauches poétiques. *Paris, de l'impr. de Coniam*, 1829, in-8 de 32 pag.

THOMS, l'un des traducteurs des Contes chinois publiés par M. Ab. Rémusat. 1827, 3 vol. in-18.

THOMSON, qu'on écrit souvent en France Thompson (Jacques), poëte anglais.
— Agamemnon, tragédie en cinq actes et en vers, trad. de l'angl. *Paris, Duchesne*, 1780, in-8, 1 fr. 50 c.

—

— Château (le) de l'indolence, poëme en deux chants, suivi de deux autres poëmes, trad. de l'angl., par M. Lemière d'Argy (avec le texte en regard). *Paris, Delaunay*, 1814, in-12, 2 fr. 50 c.

—

— Seasons (the), a poem. A new edit. *Paris, Th. Barrois*, 1785, in-12.
— The same, english and french, *Bordeaux, P. Beaume, and Paris, Brunot-Labbe*, 1810, 2 vol. in-18, 5 fr.
— The same, with the Life of the author; to which are added Hesiod, or the Rise of a Woman and the Hermit, by Parnell; together with Henry and Emma, by Prior. *Bordeaux, P. Beaume, and Paris, Brunot-Labbe*, 1810, in-18, 2 fr. 50 c.
—The same. *Paris, Baudry; Bobée*, 1829, in-32, 2 fr.
— Saisons (les), poëme, trad. de l'angl. (par madame Bontems). *Paris, Chaubert*, 1759, in-8; —*Berlin et Amsterdam*, 1761, in-12; —*Paris, Pissot*, 1779, in-8 de 332 pag., avec figures; — *Londres*, 1788, in-12; — Édition ornée de figures. *Paris, Déterville*, 1795, in-8.

Traduction souvent réimprimée. Les éditions de ce siècle sont les suivantes :
Paris, Billois, 1813, in-18, 2 fr.
Clermont, Landriot, 1815, in-18.
Tulles, de l'impr. de Chirac, 1816, in-12.
Avignon, J.-A. Joly, 1816, in-24, 1 fr.
Paris, Aug. Delalain, 1818, in-18, avec cinq gravures.

— Saisons (les), par Thomson, mise en musique par J. Haydn (en quatre parties).

Mayence, à l'impr. de la mairie, Jean Wirth, s. d., in-8.

Le texte allemand se trouve en regard de la traduction française qui est en prose.

— Épisodes des Saisons de Thomson, l'Hermite de Parnell, et autres pièces choisies de poésies anglaises; traduites en prose, avec le texte à côté. *Paris, Langlois; Malherbé*, an vii (1799), in-8, 2 fr. 50 c.; et sur pap. vélin, 5 fr.

— Épisodes des Saisons de Thomson, les Quatre parties du jour de Pindemonte, et autres pièces choisies, traduites pour la première fois des meilleurs poëtes anglais et italiens. *Paris, Malherbe; Langlois*, an vii (1799), in-8, 2 fr. 50 c., et sur pap. vélin, 5 fr.

— Saisons (les), poëme, trad. nouvelle, précédée d'une Notice sur la vie et les écrits de l'auteur, par J.-P.-F. Deleuze. *Paris, Déterville*, 1801, in-8 de 420 pag., avec fig., 6 fr. — Nouv. édit. *Paris, Levrault, Schall et Comp.*, 1805, in-12 de 400 pages, avec une fig. de Roger, 3 fr.

— Les mêmes, trad. en vers français, par J. Poulin, avec le texte en regard. *Paris, Durand*, 1802, 2 vol. in-8, avec 4 fig.

— Les mêmes, traduction nouvelle, avec des notes, par F.... B***** (Nic. Fremin de Beaumont). *Paris, Le Normant*, 1806, in-8.

— Saisons (les), imitées de Thomson; Héro et Léandre, poëme; Caton, tragédie. *Orléans, de l'impr. de Jacob aîné*; 1818, in-8.

La tragédie a une pagination particulière en quatre feuilles et demie.

—

— Tancrède et Sigismonde, tragédie (en cinq actes), traduction libre (en prose, par La Place). *Sans nom de ville, ni d'impr.*, et sans date, in-12.

C'est vraisemblablement un extrait du Mercure de France, où cette traduction a été imprimée pour la première fois, en janvier 1761.

— Tancrède et Sigismonde, tragédie, trad. (en prose), par M. de Barante.

Traduction imprimée dans le Théâtre anglais, qui fait partie des Chefs-d'œuvre des théâtres étrangers, publ. par Ladvocat.

THOMSON (Robert), professeur de langue anglaise au Prytanée français de Saint-Cyr.

— Campaign (the) of Moscow: an ode, to his most tremendous majesty John Frost, vice-roi of Alexander, emperor of the North, king of Snow, protector of the confederation of ice; mediator in thaws, dissolutions, etc., etc. *Paris, the Author*, 1814, in-8 de 16 pag.

— Fables de La Fontaine, trad. en vers anglais. *Paris, Brochot*, 1805, 2 vol. in-8; ou *Paris, Chenu*, 1806, 2 vol. in-8; — *Paris, Mongie aîné*, 1819, 4 vol in-8, 12 fr.

— Lafontaine in the game of the goose, etc., translated by M. Thomson. *Paris, Demonville*, 1812, une feuille gr. raisin, représentant 63 vignettes coloriées avec explications, 6 fr.

THOMSON (William). — Histoire du règne de Philippe III, roi d'Espagne, par Rob. Watson, continuée par W. Thomson; ouvr. trad. de l'angl. par L.-J.-A. Bonnet. *Paris, Cérioux*, 1809, 3 vol. in-8

THOMSON (Alexandre), docteur en médecine.

— Manuel de médecine pratique, ou Instructions sommaires, relatives à la préservation et au traitement des maladies tant aiguës que chroniques: le tout exposé d'après les nouvelles découvertes dans l'art de guérir. Trad. de l'angl., et augm. d'un livre sur les maladies des femmes grosses et accouchées, d'un autre sur celles des noirs, de plusieurs chapitres et articles faisant partie du corps de l'ouvrage, et de notes très-étendues; par M. Petit-Radel. *Paris, Allut*, 1808, 2 vol. in-8, 9 fr.

— Médecine (la) rendue familière, ou Instructions simples relatives à la préservation et au traitement des maladies; le tout exposé d'après les nouvelles découvertes dans l'art de guérir. Ouvrage théorique et pratique utile à tout jeune praticien, officier de santé, aux chefs de famille qui désirent acquérir quelques notions de médecine pour leur utilité particulière dans les circonstances où ils sont isolés de tout secours. Traduit de l'anglais et augmenté d'un livre sur les maladies des femmes grosses et accouchées; d'un autre sur celles des noirs, et de plusieurs chapitres et articles faisant partie du texte et de notes très-étendues. Par M. Petit-Radel. *Paris*, ..., 1806, 2 vol. in-8, petit texte, de vii, xvi, 370, iv et 366 pag., 10 fr.

THOMSON (Thomas), célèbre chimiste anglais du xixe siècle, professeur de chimie à l'Université royale de Glascow, etc.

— Botanique du droguiste et du négociant en substances exotiques, trad. de l'angl.

par E. Pelouze. *Paris*, *Malher*, 1827, in-12, 4 fr. 50 c.

Faisant partie de la « Bibliothèque industrielle ».

— Principes de la chimie établis par les expériences, ou Essai sur les proportions définies dans la composition des corps; traduction de l'angl., publiée avec l'assentiment de l'auteur. *Paris*, *Crévot*, 1825, 2 vol. in-8, 14 fr.

— Système de chimie, trad. de l'anglais sur la dernière édition de 1807, par Riffault, enrichi d'une Introduction et d'observations par M. Berthollet. *Paris*, *veuve Bernard*, 1809, 9 vol. in-8, avec 300 tables et planches.

— Le même ouvrage, trad. de l'angl. sur la Ve édit., par J. Riffault. *Paris*, *Méquignon-Marvis*, 1818-19, 4 vol. in-8, 34 fr.

— Supplément à la traduction française de la cinquième édition du Système de chimie, par Th. Thomson, présentant ce qui a été fait de nouveau dans cette science, tant en France que dans l'étranger, depuis l'époque (1819) où cette traduction a paru, etc., contenant la traduction de tout ce que, dans une sixième édition publiée à Londres, en 1821, l'auteur anglais a ajouté à son édition précédente. Par J. Riffault. *Paris*, *Méquignon-Marvis*, 1822, in-8, 7 fr. 50 c.

THOMSON (J.). — Traité médico-chirurgical de l'inflammation. Traduit de l'anglais sur la troisième édition; avec des notes par A.-J.-L. Jourdan et F.-G. Boisseau. *Paris*, *Baillière*, 1827, in-8, 9 fr.

THOMSON (Alex.), D. M. de Cambridge.

— A la nation française. Que Dieu venge la Pologne! que la France la secoure. *Paris*, *de l'imp. d'Aug. Mie*, 1831, in-8 de 4 pag.

Extrait de la Tribune.

— Lettre de M. le Dr Thomson, au sujet des débats qui ont eu lieu entre M. Maxime Vernois, interne à la Pitié, et M. Ph. Ricord, chirurgien de l'hôpital du Midi. *Paris*, *de l'imp. de F. Didot*, 1834, in-8 de 16 pag.

— Quelques mots de réponse à M. le docteur Ricord. *Paris*, *de l'imp. de F. Didot*, 1834, in-8 de 16 pag.

— To lord Brougham and throug him to the proprietors of the London university, ransons why the expulsion of Alexander Thomson. M. B. *Paris*, *printed by Mie*, 1831, in-8 de 144 pag.

THORAME (l'abbé de), alors vicaire-général du diocèse de Lizieux et chanoine à Blois.

— Discours sur l'amour de la patrie, prononcé le 18 novembre 1787, dans l'église cathédrale d'Orléans, devant l'assemblée prov. de l'Orléanais. *Orléans*, 1787, in-4.

L'abbé de Thorame a remporté le prix de l'académie d'Amiens pour l'Éloge de M. d'Orléans de La Motte, évêque d'Amiens, en 1786.

THORANNE (de G.). Voy. (aux additions et corrections) Grand Thoranne.

THORE (Jean), médecin en chef de l'hôpital de Dax, membre de plusieurs sociétés savantes; né à Montaut, département des Landes, le 3 octobre 1762, mort le 27 avril 1823.

— Coup-d'œil rapide sur les landes du département de ce nom. 1812.

— Essai d'une Chloris, ou Flore du département des Landes. *Dax*, an II (1793), pet. in-8. — Sec. édit. *Dax*, *Seize*, 1803, in-8, 3 fr. 50 c.

— Promenade sur les côtes du golfe de Gascogne. *Bordeaux*, *Brossier*, 1811, in-8 de 372 pag.

Thore est encore auteur d'un très-bon Mémoire *sur la constitution physique de Dax*, imprimé dans le recueil de Capelle et Villers, tome III, et dans le recueil de la Société de médecine de Paris, t. V; ainsi que de plusieurs *Mémoires*, dans le Bulletin polymatique du Muséum de Bordeaux. *Mah.*, 1823.

THORÉ (T.). — Dictionnaire de phrénologie et de physiognomonie, à l'usage des artistes, des gens du monde; avec gravures sur bois. *Paris*, *rue Neuve-Saint-Marc*, 1836, in-18, 4 fr. 50 c.

M. Thoré fournit des articles à l'Encyclopédie pittoresque ou moderne, et aux journaux le Siècle et l'Artiste.

THOREL (l'abbé Jean-Baptiste), alors curé d'Annoville, proche Fécamp; né à Bouquetat, diocèse de Rouen.

— Essai sur les moyens d'abolir la mendicité dans tous les pays. 1780, in-8.

THOREL (l'abbé), peut-être le même que le précédent.

— * Deux Lettres sur les moyens d'arrêter l'esprit révolutionnaire, et sur l'utilité que les rois peuvent retirer des gens de lettres. Vers 1817, in-8 de 44 pag.

— * Deux mots nécessaires sur la distinction des deux autorités, et la manière différente dont elles viennent de Dieu, où l'on verra ce que c'est que la souveraineté, etc. Petit prospectus. Par l'auteur de l'ouvrage intitulé : « De l'Origine des sociétés ». *Paris*, *Égron*; *Leclère*, 1823, in-8 de 24 pag., 50 c.

— Doctrine des apôtres, unique remède de nos révolutions. *Paris*, *Hivert*; *l'Auteur*, 1827, in-8 de 36 pag.

— Magasin des âmes pieuses et des familles chrétiennes, ou Recueil d'instructions, méditations, réflexions et exhortations courtes, simples et familières, où chacun trouvera, au besoin, de quoi s'édifier lui-même, ou dire aux autres deux mots d'édification. IIIe édit. *Avignon*, *Séguin aîné*, 1831, in-12.

— Origine (de l') des sociétés, et absurdité de la souveraineté des peuples, où l'on verra l'origine certaine des inégalités, des propriétés, des droits, des autorités, des pouvoirs des cités, des lois, des constitutions, de la vie nomade, de la vie sauvage, etc.; où l'on prouvera, contre l'esprit révolutionnaire : 1° que jamais les hommes ne furent égaux en droits; 2° que jamais il n'y eut de pactes sociaux; 3° que jamais la souveraineté ne résida dans le corps des peuples; 4° que c'est Dieu lui-même qui l'a placée en toute propriété dans leurs chefs. (Tome Ier). IIIe édit. *Paris*, *Égron*; *Dentu*; *Nicolle*, 1821, un vol. — Tome II, sur la formation des peuples, où l'on verra : 1° l'histoire très-naturelle de cette formation; 2° l'enchaînement admirable du sacerdoce, de la noblesse, du tiers-état et des différents corps; où l'on prouvera, contre l'esprit révolutionnaire : 1° que le nombre, le mérite et les talents sont des règles fausses; 2° que Dieu nous en a donné de plus solides; 3° que ces règles fausses devaient tout bouleverser; 4° qu'il faut de toute nécessité en revenir à Dieu, si l'on veut sauver le monde. *Paris*, *Égron*; *H. Nicolle*, *etc.*, 1821, un vol. — Tome III, sur la liberté, où l'on verra tout ce qu'il faut pour être vraiment libre, etc. *Paris*, *Égron*; *Leclère*, *etc.*, 1822, un vol. En tout, 3 vol. in-8, 18 fr.

THOREL DE CAMPIGNEULLES (Charles-Claude-Florent de), anc. garde du corps, et trésorier de France de la généralité de Lyon, membre des académies de Lyon, d'Angers, de Villefranche, de Caen, et de celle des Arcades de Rome; né à Montreul-sur-Mer, le 3 octobre 1737, mort en 1809.

— * Abailard (le nouvel), ou Lettres d'un singe au docteur Abadolfs, trad. de l'allemand. *Francfort*, *et Paris*, *Grangé*, 1763, in-12 de 264 pag.

— * Anecdotes morales sur la fatuité, suivies de recherches et de réflexions sur les petits-maîtres. *Anvers*, *et Paris*, *Coustelier*, 1760, in-12.

— * Cléon, rhéteur cyrénéen, ou Apologie d'une partie de l'histoire naturelle; trad. de l'ital. *Amsterdam* (*Paris*), 1750, in-12.

Ouvrage composé par Thorel. On en cite une autre édition, sous le titre de *Cléon*, *ou le Petit-Maître esprit fort*. Genève, 1757, in-12; mais c'est vraisemblablement celle imprimée dans le « Choix littéraire de Genève ». Cet ouvrage a été inséré aussi dans les Contes moraux de madame de Uncy.

— * Dialogues moraux de M. de C***, suivis de l'Histoire d'un baron picard. *Amsterdam*, *et Paris*, *Laur. Prault*, 1768, 2 vol. in-12.

Quelques exemplaires de cet ouvrage portent ce titre : *Dialogue moraux d'un petit-maître philosophe et d'une femme raisonnable*. Londres, 1774, in-12.
Barb.

— * Essais sur différents sujets. 1758, in-12.

— * Essais (nouv.) en différents genres de littérature. *Genève*, 1750; et *Lyon*, 1765, in-12.

— * Temps (le) perdu, ou Histoire de M. de C***. *Paris*, 1756, in-12.

Thorel de Campigneulles fut depuis 1759 jusqu'au mois d'avril 1761, rédacteur d'un Journal des dames, qui a été continué par d'autres jusqu'en 1778. On lui attribue une Suite du roman de Candide.
Biogr. univ.

Il a été l'éditeur de Pièces fugitives de M. de Voltaire, de M. Desmahis, et de quelques autres auteurs, etc. (Genève, et Paris, 1761, in-12).

THOREL DE LA TROUPLINIÈRE (le chevalier), ex-officier de la marine.

— Voyage (nouv.) dans l'intérieur de l'Afrique, ou Relation de l'ambassade anglaise envoyée, en 1820, au royaume d'Ashantée, trad. de l'anglais. (1823). Voy. W. Hutton.

THOREL DE SAINT-MARTIN (Auguste).

— Discours qui a obtenu une médaille de trois cents francs à la séance de la Société d'émulation de Rouen, du 9 juin 1813, sur cette question : Quelle a été l'influence du grand Corneille sur la littérature française et sur le caractère national? *Paris*, *de l'impr. de F. Baudry*, 1813, in-8 de 44 pag.

— Mort (la) d'Alain Blanchard, ou le Siége de Rouen, poëme. *Rouen, de l'impr. de Baudry*, 1815, in-8 de 28 pag.

THORENTIER (le P. Jacques), docteur de Sorbonne, puis prêtre de l'Oratoire, mort en 1713, s'occupa principalement de la direction et de la chaire. On a de lui :

— Bienfaits (les) de Dieu dans l'Eucharistie, et la reconnaissance de l'homme. *Paris*, 1682, in-8.

Ce sont huit sermons sur l'Eucharistie plus solides que brillants.

— Consolations (les) contre les frayeurs de la mort, avec un Exercice pour s'y préparer. *Paris*, 1695, in-12.

— Dissertation sur la pauvreté religieuse. 1726, in-8.

— Usure (l'), expliquée et condamnée par les Écritures saintes et par la tradition. *Paris*, *Jean du Bray*, 1673, in-12.

Cet ouvrage a été publié par l'auteur sous le pseudonyme de Du Tertre, prêtre. Suivant les uns, il est assez bien raisonné; suivant les autres, il est trop sévère. Il suit cependant les anciens principes.

THORILLON (A.-J.), ancien procureur au Châtelet, un des électeurs réunis du 14 juillet 1789, alors administrateur de la municipalité de Paris, et juge de paix de la section des Gobelins, plus tard de la division du Finistère.

— Appel aux chefs qui font griefs du jugement impartial de M. Duclos du Fresnois. *Paris*, *veuve Admaulry*, 1788, in-4.

— Idées sur les impôts publics, qui peuvent à la fois soulager les peuples de plus de la moitié; et les nobles et privilégiés, de plus du quart de ce qu'ils payent, etc., etc. *Paris*, 1791, in-8 de 113 pag.

Cet ouvrage paraît pour la première fois sous le pseudon. de Tho. *Minau de la Mistringue* (Paris, Belin, 1787, in-8). L'édition de 1791 porte le véritable nom de l'auteur.

— Idées sur les lois criminelles, où l'on propose 460 lois nouvelles en place de celles qui existent aujourd'hui, et où l'on traite, entre autres choses, de l'empire des bonnes mœurs publiques pour prévenir les crimes, de la peine de mort, des cas imprévus, des lettres de cachet, des duels, des désertions, de la liberté de la presse, de la confiscation, des erreurs judiciaires, d'une nouvelle manière d'instruire les procès criminels, et de les juger; du conseil et du serment de l'accusé; du préjugé national contre les familles des condamnés; de nouvelles lois pour le commerce, faillites, banqueroutes; pour l'intérêt du prêt d'argent; pour l'action de la femme contre son mari adultère, des témoins nécessaires, de l'égalité des peines, sans distinction de personnes, pour les mêmes crimes; de la juridiction ecclésiastique, etc. *Paris*, *l'Auteur*, 1788, 2 vol. in-8. — Sec. édit. *Paris*, *Moutardier*, an IX (1801), 2 vol. in-8, 7 fr. 50 c.

— Morali-philoso-psychologie des buveurs d'eau minérale aux nouvelles sources de Passy, en mai 1787, où l'on trouve l'histoire merveilleuse de la plus merveilleuse prise de tabac, les amours récompensés, et la perfidie de quelques buveurs punie; divisée par matinées. *Paris*, *Petit*, 1787, in-12.

Publié sous le pseudon. de *Minau de la Mistringue*.

— Plan (nouv.) de finance pour la république française, dérivant d'une seule contribution, d'une caisse nationale viagère et de la justice gratuite. 1799, in-8.

— Réflexions sommaires sur les attributions et l'organisation des justices de paix, et sur les moyens de ne plus les détourner du but de leur institution salutaire et constitutionnelle. 1802, in-8.

THORIN (J.). — Produit (du) des jeux, et des différentes concessions qui en ont été faites; suivi de notes sur les Observations de M. Clément de la Rozière. *Paris*, *Delaunay*; *veuve Favre*, 1818, in-8 de 64 pag.

— Prohibition (de la) et de la tolérance des jeux. Sec. édit. *Paris*, *Delaunay*, *etc.*, 1818, in-8 de 68 pag.

THORIN, de Nantes.

— Anatolie, ou l'Incendie au milieu des montagnes. *Paris*, *Lobjoi*, 1832, 3 vol. in-12, 9 fr.

THORN (William), voyageur anglais.

— Voyage dans l'Inde britannique, contenant l'état actuel de cette contrée, l'histoire de la guerre des Anglais contre Holkar et Scindiah, l'histoire du Shah-Aulum, empereur du Mogol, et la description des mœurs et usage de ce pays; avec des vues sur la possibilité d'une invasion dans l'Inde par une puissance européenne; trad. de l'angl. de W. Thorn et John Macd. Kinneir. *Paris*, *Gide fils*, 1818, in-8, 5 fr.

THORNTON (Robert-John), D. M., membre du collége de la Trinité de Cambridge, professeur de botanique médicinale à l'hospice de Guy, dernier médecin de Mary-Lebone.

— Preuves de l'efficacité de la vaccine, suivies d'une réponse aux objections formées contre la vaccination; contenant l'histoire de cette découverte, de ses progrès, de ses heureux effets; les témoignages publics rendus devant la chambre des communes sur son efficacité; le Discours prononcé à la Société royale Jennérienne en l'honneur du docteur Jenner, par le docteur Lettsom, etc., etc.; précédées de la Description de la petite-vérole, de ses effets meurtriers, de l'inoculation et de ses suites. Traduction littérale de l'anglais, dédiée à S. A. E. Mgr le prince Cambacérès, archi-chancelier de l'Empire, par Jos. Dufour, D. M. *Paris, Chomel*, 1807, in-8 de xl et 214 pag., 3 fr. 50 c.

Cet ouvrage est orné de deux planches coloriées, représentant au naturel les développements successifs des pustules de la vaccine, ainsi que ceux des pustules batardes.

THORNTON (H.). — Recherches sur la nature et les effets du crédit du papier dans la Grande-Bretagne; trad. de l'angl. par Ch. Pictet. *Genève, et Paris, Paschoud*, ..., in-8, 3 fr.

THORNTON (Thomas). — État actuel de la Turquie, ou Description de la constitution politique, civile et religieuse, du gouvernement et des lois de l'empire Othoman, des finances, des établissements militaires de terre et de mer, des sciences, des arts libéraux et mécaniques, des mœurs, des usages et de l'économie domestique des Turcs et autre sujets du Grand-Seigneur; auquel on a ajouté l'état géographique, civil et politique des principautés de la Moldavie et de la Valachie, d'après des observations faites pendant une résidence de quinze ans, tant à Constantinople que dans l'empire turc; trad. de l'angl. par M. de S.... (de Sancé, officier d'artillerie, prisonnier en Angleterre). *Paris, Dentu*, 1812, 2 vol. in-8, 12 fr.

Jourdain a été l'éditeur de cette traduction; il l'a revue sur le texte anglais, et rectifié les mots en langue orientale du texte et des notes.

THORNTON (Henry).—Family prayers. IVth edit. *Paris, Baudry; Amyot*, 1837, in-12, 3 fr.

THORRE (Pascal), pseudonyme.

— Bariolés (les). *Paris, Delongchamps*, 1833, 2 vol. in-8, 15 fr.

— Orme (l') aux loups. *Paris, Delongchamps*, 1833, 2 vol. in-8, 15 fr.—Sec. édit. *Paris, le même*, 1834, 4 vol. in-12, 12 fr.

THORRE (J.-A.), cuisinier.

— Indication (l') des mets, ou Précis de la composition des préparations culinaires modernes, et de leurs qualités alimentaires. *Paris, Hiard*, 1835, in-18.

THORY (L.-F.), mort premier employé de la Bibliothèque royale (départ. des imprimés), vers 1831.

— Dictionnaire grec-français. *Paris, Léop. Collin*, 1807, 2 tom. en un vol. in-8 de 1500 pag., 10 fr.

Avec M. J. Quénon, professeur.

THORY (Claude-Antoine), membre de plusieurs sociétés savantes; né le 26 mai 1759, mort en 1827.

— * Acta Latomorum, ou Chronologie de l'histoire de la franche-maçonnerie française et étrangère, contenant les faits, etc.; la bibliographie des principaux ouvrages publiés sur l'histoire de l'ordre, depuis 1723, avec un supplément, dans lequel se trouvent les statuts de l'ordre civil institué par Charles XIII, roi de Suède, en faveur des francs-maçons; une correspondance de Cagliostro, etc. *Paris, Dufart*, 1815, 2 vol. in-8, 15 fr.

La *Bibliographie historique de la franche-maçonnerie*, qui se trouve à la fin du premier volume, est composée de 414 articles. M. Besuchet (voy. ce nom) en a publié depuis une plus étendue.

— * Annales originis magni Galliarum O∴, ou Histoire de la fondation du grand Orient de France, et des révolutions qui l'ont précédée, accompagnée et suivie jusqu'en 1799, époque de sa réunion à ce corps de la grande loge de France, connue sous le nom de grand Orient de Clermont, ou de l'Arcade de la Pelleterie; avec un appendice contenant les pièces justificatives, plusieurs actes curieux et inédits, ayant rapport à l'histoire de la franc-maçonnerie, des détails sur un grand nombre de rites, et un fragment sur les réunions secrètes des femmes. *Paris, Dufart*, 1813, in-8, avec 3 tableaux et 4 planches en taille-douce, 10 fr.

— Monographie, ou Histoire naturelle du genre groseilles, contenant la description, l'histoire, la culture et les usages de toutes les groseilles connues. *Paris, Dufart*, 1829, in-8, avec un portrait et 24 planch.: en noir, 8 fr., et color. 10 fr.

Ouvrage posthume.

— Prodrome de la monographie des espèces et variétés connues du genre rosier, divisées selon leur ordre naturel, avec la synonymie, les noms vulgaires, un tableau synoptique et deux planches gravées en couleurs. *Paris, de l'impr. de F. Didot.* — *P. Dufart*, 1820, in-12, 6 fr.

— Rosa Candolleana, seu Descriptio novæ speciæi generis rosæ, dedicata Pyr.-Aug. de Candolle à Cl.-Ant. Thory, in prima parisiorum civitatis circumscriptione ædili vicario; addito catalogo inedito rosarum quas Andreas Du Pont in horto suo studiosè colebat anno 1813; cum figurâ æneâ pictâ. *Parisiis, ex typis madame Hérissant-Ledoux*, 1819, in-8 de 20 pag., avec une planche.

— Rosa Redutea, seu Descriptio novæ speciæi generis rosæ; dedicata Petro-Josepho Redouté, eximio florum pictori, à Cl. Ant. Thory, cum figurâ æneâ pictâ. *Parisiis, ex typis madame Hérissant-Ledoux*, 1817, in-8 de 12 pag., avec une pl.

— Roses (les), peintes par J.-P. Redouté, décrites et classées selon leur ordre naturel; par C.-A. Thory. (1817-24). Voy. Redouté.

THOU (le président Jacques-Auguste De), historien et poëte; né en 1553, à Paris, où il est mort, le 17 mai 1617.

— Apologie pour son histoire, trad. du latin. *Amsterdam*, 1705, in-4.

— Crambe, Jon sive Viola, Lilium, Terpsinoë (Jac.-Aug. Thuani, poemata). *Lutetiæ, Rob. Stephanus*, 1609, in-fol. — (Ejusdem) Sparte, 1612, in-4.

— Épistre au Roy, sur la manière de faire rentrer les hérétiques dans l'Église. *Paris, Chevalier*, 1614, in-12.

— Epistola Jacobi Thuani P. Janino. *Delft*, 1717, in-12.

— Hieracosophion, sive de re accipitrariâ libri III, item Epistula ad Ph. Huraltum Chivernium cancellar. *Parisiis, Mam. Patisson*, 1584, in-4, 4 à 6 fr.

Le même imprimeur a donné, en 1587, une édit. in-8 du poëme; elle est ordinairement reliée avec les poésies latines de Scév. de Sainte-Marthe, impr. en même temps.

Ce poëme de De Thou a été traduit en vers italiens par G.-P. Bergantini, sous ce titre: *Il Falconiere di Jac.-Aug. Tuano*, dell esametro latino all' endecasillabo italiano passerito e commentato da G. P. Bergantini, col testo latino, e *l'Uccellatura a vischio di Pietro Angelio Bargeo*. Venezia, Albrizzi, 1735, gr. in-4, fig.

— Et inter rei accipitrariæ scriptores editos à Rigaltio. *Parisiis, Nivelle*, 1612, in-4.

— Historiarum sui temporis libri LVII ab anno 1543 usque ad annô 1574. *Parisiis, Drouart*, 1604-08, 5 vol. in-8.

Quelque édition que l'on ait de l'Histoire de De Thou, il faut y joindre les dix-huit premiers livres imprimés chez Patisson, en 1604, à cause de certains endroits qui ne se rencontrent point dans les autres éditions, et qui en furent retranchés, parce que cette première édition ne plut pas à Rome.

— Earundem, libri cxxv. *Parisiis, Drouart*, 1609, 11 vol. in-12.

Les dix-huit premiers livres furent imprimés pour la première fois, à Paris, par Patisson, en 1604, in-fol. Robert Estienne publia, en 1618, une édition des vingt-six premiers livres, in-fol.

— Earundem, libri cxxxviii, ab anno 1543 usque ad 1607. Accedunt Commentarium de vitâ suâ libri vi. *Aurelianæ, sive Genevæ, Pet. de la Rovière*, 1620, seu 1626, 4 vol. in-fol.

— Earundem, libri cxxxiii, ab anno 1543-1607, etc. *Londini, Sam. Buckley*, 1733 7 vol. in-fol.

Cette édition, la plus belle et la meilleure de cette Histoire estimée, est aussi la seule que l'on recherche: 50 à 66 fr.; gr. pap., 80 à 100 fr.

Il existe quelques exemplaires en très-grand pap., qui sont fort rares: vendu 600 fr. en cuir de Russie, de Limare; 750 fr. (rel. en 16 volumes, mar. r.), Brienne, en 1792; et 350 fr. F. Didot.

Index nominum propriorum virorum, mulierum, populorum, etc., quæ in Historiis Thuani leguntur, et vernacula singulorum Expositio. Genevæ, Pet. Aubert, 1634, seu Ratisponæ, 1696, in-4.

—

Cet important ouvrage donna lieu à la publication de plusieurs écrits pour et contre, et de continuations. Nous donnons ici l'indication de quelques uns d'eux:

1° Omissa in Historiis Thuani, ad annos 1562 et 1563, in-12.

2° De rebus Galliæ, à fine Historiarum Thuani, liber unus. Annor. 1607 et 1608. In-fol.

3° In Jac.-Aug. Thuani Historiarum libros, notationes, auctore Jo. Bapt. Gallo (sive Jo. de Machault, S. J.). Ingolst., 1614, in-4.

4° Sentence de M. le prévost de Paris contre le libelle précédent, du 7 sept. 1614, in-4.

5° Hemerologium ex Historiis Thuani confectum à Joh. Fabricio. Neapoli, N. Vetter, 1617, in-12.

6° Apologie pour M. le président De Thou sur son Histoire. 1620, in-12.

7° Mémoires des choses considérables depuis 1607, où finit l'Histoire de M. De Thou, jusqu'en 1609. Par le sieur d'Espaisses. Paris, 1634, in-8.

8° Thuanus enucleatus, viros illustres resq. notatu dignas exhibens, cum Thuani vitâ, à Gerardo von Stœkken. Helmest., 1656, 2 vol. in-4.

9° Thuanus restitutus, sive Sylloge variorum locorum in Historiâ Thuani hactenus desideratorum. Amstelodami, Boom, 1663, in-12.

10° Thuana, sive Excerpa ex ore J.-Aug. Thuani, per FF. PP. Genevæ, Colomes, 1669, in-8; — Coloniæ-Agrippæ, Scagen, 1691, in-12.

11° Thuani Historia Concilii Tridentini omissa initio libri 32 edita cum Concilii Trident. Anatome ab Heideggaro, 1672, in-8.

12° Thuani voluminum historicum recensio, à Joh. Pet. Titio. Gedani, 1685, in-4.

— Histoire des choses arrivées de son temps, mises en français par Du Ryer. *Paris, A. Courbé*, 1659, 3 vol. in-fol.

Du Ryer n'a traduit que la moitié de l'Histoire de De Thou : après sa mort, Cassandre avait promis d'achever cette traduction, mais il n'en a rien paru.

— Histoire universelle, depuis 1543 jusqu'en 1607, trad. sur l'édition latine de Londres (par l'abbé PRÉVOST, l'abbé DESFONTAINES, l'abbé LE MASCRIER, ADAM, LEBEAU, l'abbé LEDUC et le P. FABRE; avec une nouvelle préface, par GEORGEON), et avec le notes de P. DUPUIS ; précédées des Mémoires de la vie de l'auteur, et de ses Poésies françaises et latines. *Londres* (*Paris*), 1734, 16 vol. in-4.

Édition préférée à la suivante : 36 à 42 fr. ; gr. pap., 48 à 72 fr. ; vendu 82 fr. v. f. F. D. ; 360 fr. m. viol. l. r. (avec les portraits d'Odieuvre) la Vallière ; et 150 fr. seulement, exemplaire semblable, en 1813.

— Histoire universelle, traduite en français sur la nouvelle édition latine de Londres, avec la suite, par Nic. RIGAULT, et augmentée de remarques historiques et critiques de plusieurs savants. *La Haye, H. Scheurleer*, 1740, 11 vol. in-4.

L'abbé Prévost avait traduit le premier volume de l'édition de Hollande, qui forme onze volumes in-4. Ce premier volume parut en 1733 ; les libraires de Hollande ne voulant pas perdre les frais de son impression, y ajoutèrent la traduction de Paris.
L'abbé Desfontaines adopta, pour l'édition de Paris, la traduction du premier volume, faite par l'abbé Prévost. *Barb.*

— Histoire universelle (Abrégé de l') de De Thou, avec des remarques, par RÉMOND DE SAINTE-ALBINE. *La Haye*, 1759, 10 vol. in-12.

— * Jobus sive de Constantiâ libri IV, poetica metaphrasi explicati. *Parisiis, Dion. Duval*, 1587, in-8 ; seu *Lutetiæ, Mamert Patisson*, 1588, in-8.

La Bibliothèque du roi en possède un exemplaire, avec des notes manuscrites de Théodore de Beze et de Grotius.

— Metaphrasis poetica librorum aliquot sacrorum. *Turon., Jamet. Messorii*, 1588, in-8.

— Monumenta litteraria, sive obitus et elogia doctorum virorum ex historiis Jacobi Aug. Thuani, operâ C. B. (Clementis BARKESDALE). *Londini*, 1640, in-4 ; 1671, in-8.

— Éloges (les) des hommes savants, tirés de l'Histoire de M. De Thou, avec des additions, contenant l'abrégé de leur vie, le jugement et le catalogue de leurs ouvrages, par Ant. TEISSIER. IVe édition, revue, corr. et augm., outre un très-grand nombre de nouvelles remarques (par DE LA FAYE), d'un quatrième tome. *Leyde, Th. Haak*, 1715, 4 vol. in-12.

— Pœmata sacra, videlicet : Jobus, sive de Constantiâ, libri IV; — Ecclesiastes, sive de Summo hominis bono, concio ; — Threni Jeremiæ ; — Vaticinia, Joëlis, Amosi, Abdiæ, Jonæ, Habacucci, Haggæi ; — Parabata vinctus, sive Thriumphus Christi, tragœdia, et alia quædam. *Parisiis, Mam. Patisson*, 1599, in-12, 3 à 4 fr.

— Posteritati J.-Aug. THUANI poëmatium, in quo argutias quorumdam importunorum criticorum in ipsius historias propalatas refellit ; opus editum notisque perpetuis illustratum operâ J. Melanchtonis (Jac. PINETON DE CHAMBRUN). *Amstelodami, Dan. Elzevirius*, 1678, pet. in-12, 4 à 6 fr.

— Préface de M. le président De Thou sur la première partie de son histoire, mise en français par le sieur de V. H. *Paris, Lebret*, 1604, in-12.

— Jac.-Aug. Thuani Testamentum. 1616, in-fol.

Biographies de De Thou.

— Thuani Apotheosis, à Dan. Heinsio ; et alia quædam ejusdem in eundem. In-fol.

— Mémoires touchant M. De Thou, où l'on voit ce qui s'est passé de plus particulier durant son ambassade d'Hollande. Par M. D. L. R. *Cologne, Marteau*, 1610, in-12.

— Mémoires de la vie de Jac.-Aug. De Thou, trad. du latin en franç. (de MASSON). *Rotterdam, Leers*, 1711, in-4 ; — et enrichis de portraits et d'une pyramide fort curieuse. *Amsterdam, l'Honoré*, 1713, in-12.

THOU (Mlle Adèle Du). Voy. DU THOU.

THOUESNY (Pierre). — Charmes (les) de l'étude, triomphe et progrès des lumières du peuple français, ou le Sauveur de la France. *Rouen, les princip. libr.; Pavilly ; l'Auteur*, 1834, in-8 de 72 pages.

THOUEZ (l'abbé). — Bon (le) curé, ou Vie de M. Vidal, anc. curé de Préaux. *Carpentras, Devillario Quenin*, 1827, in-18.

THOUIN (André), botaniste; né en février 1747, au Jardin du Roi, où son père était jardinier en chef ; d'abord jardinier de l'établissement où il était né, membre de l'anc. Académie des sciences, et plus tard de la première classe de l'Institut national, section d'économie rurale et vétérinaire; membre du département de Paris, en 1791, nommé en 1794 professeur à la première école normale; en 1795 et 1796, commissaire du gouvernement républicain, en Hollande et en Italie, afin de reconnaître et recueillir, dans ces pays, les objets intéressants pour l'agriculture; professeur de culture au Jardin du Roi, depuis 1806 jusqu'à sa mort; membre d'un grand nombre d'académies ou sociétés savantes, nationales et étrangères (1), et, entre autres, de la Société royale d'agriculture, de la Société linnéenne de Paris, dont il était le président, lorsque la mort le surprit, etc., ce qui est arrivé, le 27 octobre 1824, à l'âge de près de 78 ans.

— Cours de culture et de naturalisation des végétaux, publié par Oscar Leclerc, neveu de l'auteur. *Paris, Déterville; madame Huzard*, 1829, 3 vol. in-8, et un Atlas in-4 de 105 planches gravées, représentant tous les outils, instruments, ustensiles, machines et fabriques diverses, de grande et petite culture, etc., 35 fr.

« Si le but du professeur a été atteint, l'ouvrage que nous citons, reproduction fidèle des leçons qu'il faisait au Muséum d'histoire naturelle, contient la science du cultivateur, présentée avec méthode et concision, et brièvement expliquée par les lois de la végétation. Sans porter, à cet égard, aucun jugement qui pourrait paraître laudatif, nous mettrons les lecteurs à même de connaître la marche du Cours en lui en présentant ici l'analyse sommaire.

L'ouvrage entier se divise en deux parties. La première, précédée d'une introduction, est exclusivement relative à l'histoire de l'agriculture. La seconde réunit, en quatre grandes divisions, 1° les objets divers qui servent à la culture; 2° les travaux et opérations de culture; 3° les récoltes; 4° la naturalisation des végétaux.

S'il est curieux de voir, dans les temps les plus reculés, la prospérité des nations étroitement liée avec celle de l'agriculture, il n'est pas d'une très-grande utilité, pour la pratique de la science, de faire de longues recherches sur les procédés agricoles des anciens; nous avons peu à apprendre d'eux sous ce rapport : l'histoire obscure et imparfaite de l'antiquité laisse trop aux conjectures pour nous devenir d'un grand secours. Mais il n'en est pas de même des temps modernes : mieux instruits de la vérité, nous sommes plus à portée de profiter de ses leçons. Il est d'une utilité réelle d'étudier l'économie rurale des peuples nos contemporains, et le tableau de leur agriculture devient une introduction, on peut dire indispensable au livre qui doit traiter de cette science. En parcourant les contrées européennes nous trouvons des exemples à suivre; si nous traversons les mers pour visiter le reste du monde, nous acquérons des notions importantes sur une foule de végétaux que nous devons connaître pour chercher à nous les procurer; partout, chemin faisant, nous observons l'influence des gouvernements sur l'agriculture, et celle de l'agriculture sur le bien-être et le bonheur des hommes.

Après avoir fait brièvement connaître l'état agricole des diverses parties du monde, Thouin présente un tableau méthodique et raisonné des végétaux indigènes ou naturalisés qui composent les diverses branches de l'agriculture européenne; puis, passant à la seconde partie de son Cours, il étudie d'abord, d'une manière générale, les propriétés diverses des agents et des stimulants de la végétation.

Le premier de ces deux chapitres comprend, en six paragraphes, la terre, l'eau, l'air, les gaz, la lumière et la chaleur. Le second réunit l'électricité et le magnétisme, les calcaires, les cendres végétales, le soufre, le sel marin, l'opium, le chlore, l'ammoniaque, etc.

Le sol arable, qui forme, à lui seul, le troisième chapitre, est successivement considéré, sous le point de vue de sa formation lente par la décomposition naturelle des roches sur lesquelles il repose, de sa composition chimique, des propriétés générales de ses diverses parties constituantes et de leurs proportions plus ou moins favorables dans le mélange, de son épaisseur, de son exposition, de son gisement, de sa couleur, et enfin des climats sous lesquels il est situé. Viennent ensuite deux méthodes d'analyse : l'une, fort simple pour les personnes peu familières avec la chimie; l'autre, plus compliquée, pour celles qui désireront obtenir des résultats d'une exactitude plus rigoureuse.

Dans le quatrième chapitre, on trouve les substances minérales divisés en composés calcaires, siliceux, alumineux, et composés divers; les substances végétales réunies en plusieurs paragraphes relatifs aux différentes parties des végétaux ou à quelques-uns de leurs produits; les substances animales, telles que les animaux eux-mêmes considérés comme engrais, les os, les matières cornées, les lainages, les coquilles et les fumiers; enfin, les substances mixtes, au nombre desquelles se trouvent les terreaux, les terres, les cendres, l'urate, etc., etc. Le premier volume se termine par un Tableau détaillé de tous ceux des outils, des instruments, des ustensiles, des machines et des fabriques employés dans les diverses branches de la culture, et dont les modèles, réunis au Jardin du Roi par M. Thouin, forment, en ce genre, une des collections les plus intéressantes de l'Europe.

Après avoir ainsi étudié les agents et les stimulants de la végétation, le sol arable, les matières organiques et inorganiques, et les instruments aratoires propres à le fertiliser, il était tout naturel de chercher les moyens pratiques d'obtenir et de conserver les productions que nous devons demander à ce même sol.

Pour tirer d'un terrain, aux moindres frais, le plus de produit possible, il faut le clore et savoir l'assoler; il faut connaître les moyens de le travailler, ceux de multiplier, de faire prospérer les végétaux et d'améliorer leurs produits. M. Thouin traite donc d'abord des assolements, des clôtures, des travaux de terrasse, de préparation de terrains, et d'entretien des cultures; puis des semis, des plantations, des arrosements, des marcottes, des greffes, des boutures et de la taille des arbres.

Les récoltes comprennent, en cinq chapitres, les racines, les herbages de cuisine, les fourrages, les fruits et les graines

Enfin, dans l'article naturalisation des végétaux,

(1) On a trouvé à la mort de Thouin, parmi ses papiers, soixante-douze diplômes d'académies ou sociétés savantes; pourtant il mettait fort rarement, en tête de ses ouvrages, d'autre titre que celui de professeur de culture.

on trouve, outre des Vues générales sur l'utilité d'acclimater en France les végétaux exotiques, et plusieurs Tableaux sommaires des connaissances utiles pour y réussir, quatre chapitres ayant pour titre : le premier, Considérations générales sur le globe terrestre ; le second, Observations sur les séries de végétaux qu'il est plus ou moins facile de naturaliser ; le troisième, Moyens de naturalisation dans nos climats ; et le quatrième, Programme d'une ferme expérimentale et normale de culture et de naturalisation.

Nous ne dirons rien de l'importance de ces divers sujets. Cet ouvrage est le fruit des savantes observations et de la longue expérience d'un homme dont le nom seul est une garantie suffisante ».

— Description de l'école d'agriculture pratique du Muséum d'histoire naturelle. *Paris*, 1814, in-4.

Extrait des « Annales du Muséum d'histoire naturelle. ».

— Dictionnaire d'Agriculture et d'Économie rurales. *Paris*, *Agasse*, 1787-1816 ; 6 vol. in-4, 96 fr.

Avec MM. Tessier (voy. ce nom), Fougeroux de Bondaroy, Bosc et Parmentier.

Dans ce Dictionnaire, qui fait partie de l'Encyclopédie méthodique, toute la partie du jardinage est de Thouin.

— Essai sur l'exposition et la division méthodique de l'Économie rurale, etc. *Paris*, *Marchant*, 1805, in-4.

— Mémoire sur la manière d'étudier l'Économie rurale par principes, d'après une méthode simple.

Mémoire qui est inséré dans le premier volume supplémentaire du « Cours d'agriculture » de l'abbé Rozier.

— Monographie des greffes, ou Description technique des diverses sortes de greffes employées pour la multiplication des végétaux. *Paris*, *madame Huzard*, 1821, in-4 de 68 pages, avec 13 planches, 6 fr.

Thouin, en outre, a fourni de nombreux Mémoires relatifs aux principes ou à la pratique de l'agriculture, tant aux recueils des académies et sociétés auxquelles il était affilié, qu'aux publications importantes du commencement de ce siècle, où l'agriculture devait être traitée. Nous parlerons d'abord de ceux qui sont consignés dans les collections académiques.

La première société savante dans laquelle il fut admis paraît être celle d'agriculture de Paris ; il inséra, dans les recueils de cette Société, des *Notices sur la rhubarbe et sur le lin vivace de la Sibérie* ; des *Remarques sur le chanvre de la Chine*, et des *Observations recueillies dans les différents cantons de Paris, sur les diverses branches de l'économie rurale*. Il y publia aussi un *Mémoire sur les avantages de la culture des arbres étrangers pour l'emploi de plusieurs terrains de diverse nature abandonnés comme stériles*.

Thouin entra, en 1786, à l'âge de trente-neuf ans, à l'Académie royale des sciences. Thouin, disent ses biographes, a inséré plusieurs bons Mémoires dans les recueils de l'Académie des sciences : nous ne connaissons que le suivant :

Mémoire sur l'usage du terreau de bruyère dans la culture des arbrisseaux et arbustes étrangers, regardés jusqu'à présent comme délicats dans nos jardins (ann. 1787). Il paraîtrait que, plus tard, Thouin fournit aussi des mémoires et des notices aux Annales de l'agriculture française, fondées par Tessier et Bosc, en l'an IV. Il est auteur de la partie *Agriculture* des Leçons de l'École normale.

Mais, de tous les recueils académiques, celui où l'on trouve le plus de mémoires de Thouin, c'est, sans contredit, dans les « Annales du Muséum d'histoire naturelle ». Voici la liste des mémoires et notices de Thouin qui s'y trouvent : Mémoire sur une école d'arbres fruitiers, établie au Jardin des plantes de Paris (tome Ier, 1802) ; — Notes sur la fructification d'un *jamrosade* dans les serres du Jardin des plantes (id., id.) ; — Annonce d'un envoi de végétaux étrangers, expédié d'Angleterre par M. Woodfort, et notes sur la culture de l'arbre *teck*, qui en faisait partie (tome II, 1803) ; — Description de l'école des plantes d'usage dans l'économie rurale et domestique, établie au Jardin des plantes de Paris (id., id.) ; — Observations sur un envoi de plantes vivantes, et sur la naturalisation et la culture du lin de la Nouvelle-Zélande, qui en faisait partie (id., id.) ; — Mémoire sur la culture des bruyères (id., id.) ; — Note sur la culture des patates et des pommes de terre. Extrait d'une lettre de M. Lormerie, commissaire du gouvernement pour l'agriculture à Philadelphie (tome III, 1804) ; — Notice sur l'introduction des bruyères en Europe, et sur leur culture dans les jardins (id., id.) ; — Mémoire sur la culture du *dahlia*, et sur son usage dans l'ornement des jardins, avec une planche (id., id.) ; — Notice sur les dégâts occasionnés, dans le Jardin du Muséum d'histoire naturelle, par l'ouragan du 6 nivose an XII (tome IV, 1804) ; — Description du jardin de semis du Muséum d'histoire naturelle, de sa culture et de ses usages, en deux parties (tomes V et VI, 1804—1805) ; — Description et usage de plusieurs ustensiles de moderne invention, propres à la culture d'un grand nombre de plantes dans les écoles de botanique, avec 3 pl. (tome VI, 1805) ; — Note sur les effets qu'a produits l'opération de la plaie annulaire sur un pavia à fleur jaune (id., id.) ; — Observations sur l'effet des gelées précoces qui ont eu lieu les 11, 12 et 13 oct. 1805 (tome VII, 1806) ; — Description d'une nouvelle espèce d'arbre à fruit du genre pêcher, nommé pêcher d'Ispahan (*amygdalus persica ispahamensis*) (id., id.) ; — Description de l'école d'agriculture pratique du Muséum d'histoire naturelle, en dix mémoires, imprimés dans les tomes X à XX (1807-13) ; — Mémoire sur une nouvelle sorte de greffe, avec une planche (tome XII, 1808) ; — Mémoire sur une nouvelle sorte de greffe, nommée greffe en arc, et sur les avantages qu'on peut en obtenir, avec une planche (tome XIII, 1809) ; — Mémoire sur une nouvelle sorte de greffe par approche, avec une planche (id., id.) ; — Mémoire sur la greffe par rameaux, dite à orangers, son histoire, sa description, ses usages et ses différentes sortes, avec 6 pl. (tome XIV, 1809) ; — Suite de la description des greffes (tomes XVI et XVII, 1810 et 1811) ; — Histoire d'une nouvelle espèce d'arbre fruitier, étranger à l'Europe, et appartenant au genre du coignassier, avec deux planches (tome XVII) ; — Histoire et description d'une nouvelle espèce de poirier, envoyée du mont Sinaï, avec une planche (*Mémoires du Muséum d'histoire naturelle*, tome Ier, 1815) ; — Mémoire sur la *greffe Banks*, nouvelle sorte, avec une planche (id., id.) ; — Description d'une nouvelle sorte de greffe, nommée *greffe Vilmorin*, avec une pl. (tome II, 1815) ; — Description de la *greffe Jage*, nouvelle sorte, ou Mémoire sur la coïncidence des écorces dans la réussite des greffes, avec une pl. (id., id.) ; — Mémoire sur la *greffe Risso*, avec une pl. (id., id.); — Description de la *greffe Palissy*, avec une pl. (tome III, 1817); — Mémoire sur une prétendue greffe Columelle, avec une pl. (tome IX, 1822); — Description de la greffe Daubanton, avec une pl. (tome X, 1823); — Mémoire sur une plantation à travers les arbres, dite greffe des charlatans, avec une pl. (tome XI, 1824).

Les publications importantes que Thouin a enrichi d'articles relatifs à l'application de la botanique, à l'économie rurale, sont : 1° le Dictionnaire des sc. naturelles, publié par Levrault ; 2° le Nouv. Cours d'agriculture, rédigé sur le plan de celui de Rozier (Paris, Déterville, 1809, 13 vol. in-8, et 1821 à 1823, 16 vol. in-8) ; 3° le Nouveau Dictionnaire d'histoire naturelle appliquée aux arts, publié aussi par Déterville. Thouin est aussi l'un des principaux auteurs des deux volumes complémentaires (tom. XI et XII) du Cours complet d'agriculture, etc., de l'abbé Rozier, publiés en 1805, in-4.

A la nomenclature des ouvrages de Thouin que nous venons de donner, les biographes de ce botaniste ajoutent qu'il fut chargé, pour l'anc. Académie des sciences, de la partie rurale de l'instruction que Louis XVI avait demandée à ce corps savant, afin de guider l'infortuné Lapeyrouse dans son voyage autour du monde, et que le roi voulut remettre lui-même au célèbre navigateur. On relit toujours avec intérêt cette instruction que Thouin semblait avoir rédigée avec un soin particulier. Un ouvrage très-important du même genre, que Thouin publia plus tard, fut une instruction détaillée sur les recherches qui devaient être faites dans les colonies, relativement aux objets qu'il serait possible d'y recueillir, et sur la manière de conserver ces objets, et de les transporter. Personne n'avait fait de plus profondes recherches sur les divers moyens d'acclimater les plantes étrangères.

Thouin avait voyagé, vers 1780, en Auvergne : et ses observations sur cette intéressante contrée sont encore inédites ; dans un âge plus avancé, il fut, en 1795, envoyé en Hollande, en Flandre et en Italie ; il y séjourna plusieurs années.... Il examina avec le plus grand soin tous les procédés de culture particuliers à ces deux pays ; il recueillit une foule de notes intéressantes, dont la réunion forme plusieurs gros vol. manuscrits.... Dans son *Mémoire sur l'arrosement* (impr. ....) il fit connaître toutes les espèces d'irrigations qui sont pratiquées avec tant de succès en Italie.

Thouin était généralement aimé, et les savants l'appréciaient ; aussi plusieurs se sont-ils empressés de rendre des hommages à sa mémoire : il existe cinq ou six Éloges de l'ancien professeur de culture du Jardin du roi. M. Cordier, au nom des professeurs du Muséum d'histoire naturelle, et le baron G. Cuvier, au nom de l'Institut, prononcèrent les discours funèbres aux funérailles de ce patriarche des jardins. Le dernier a aussi prononcé l'Éloge de M. A. Thouin, dans la séance publique de l'Académie des sciences, du 20 juin 1824. On le trouve imprimé dans le Moniteur du 13 août suivant. M. Geoffroy Saint-Hilaire, collègue de Thouin à l'Institut et au Jardin du Roi, lui a consacré une Notice intéressante dans la Revue encyclopédique, tome XXIV, pag. 555 et suiv. M. le baron A.-F. Silvestre a lu à la Société royale d'agriculture, le 10 avril 1825, une Notice biographique sur ce botaniste, laquelle Notice a été imprimée dans le recueil de cette Société pour 1825, et tirée à part, in-8 de 27 pag. Enfin, M. A. Thiébaut de Berneaud a publié aussi un Éloge historique de André Thouin, président de la Société linnéenne de Paris (1825, in-8 de 36 pag.

THOUIN (Gabriel), cultivateur, frère du précédent.

— Plans raisonnés de toutes les espèces de jardins. *Paris*, *Treuttel et Wurtz, etc.*, 1819-20. — IIIe édit. *Paris*, *madame Huzard*, 1828, in-fol. de 58 pag. et 59 pl., en noir, 50 fr. ; color., 100 fr.

Un troisième M. Thouin (J.), frère des deux précédents, a fait insérer, dans le seizième volume des Annales du Muséum d'histoire naturelle, publ. en 1810, un *Mémoire sur l'emploi du mâchefer dans le jardinage*.

THOUNMANN, alors professeur à Halle.

— Description de la Crimée, traduite de l'allemand par Pfeffel et de Rayneval. *Strasbourg*, *J.-G. Treuttel*, 1786, in-8.

THOUREL (Albin), de Montpellier, avocat, habitait Bruxelles en 1827 et 1828, et y travaillait au Manneken, journal qui paraissait dans cette ville ; on le retrouve plus tard habitant de Genève. On a de lui :

— Charlatan (le) et les Osages ; épître à M. Froment, au sujet de son procès avec le colonel Delaunay. *Bruxelles*, *Fréchet*, 1828, in-8, 1 fr. 6 c.

— * Dîner (le) d'adieux, ou les Projets, poëme satirique à deux services et un épilogue. Par A. T., auteur de l'Épître au général La Fayette. *Bruxelles*, *Brohen*, 1827, in-8, 1 fr.

— * Épître au général La Fayette. Par Albin T... *Paris*, *de l'impr. de Plassan*, 1825, in-8 de 16 pag.

— Histoire de Genève, depuis son origine jusqu'à nos jours ; suivie de la Vie des hommes illustres qui y ont pris naissance, ou s'y sont rendus célèbres. Tom. I et II. *Genève*, *l'Auteur ; L. Collin et Comp^ie*, 1832, 2 vol. in-8.

L'ouvrage devait avoir un troisième volume, nous ignorons s'il a paru.

Genève occupe dans l'histoire des peuples une place élevée et hors de toute proportion avec le chiffre de sa population et l'exiguité de son territoire. Cette ville ouvrit ses murs hospitaliers aux victimes de toutes les secousses politiques, elle fut le berceau de la réformation ; on voit tour à tour, dans ses annales, le libéralisme au sein de l'aristocratie, l'esprit de commune toujours luttant contre le despotisme et la féodalité ; des intrigues, des guerres, des révolutions, tout ce qui révèle enfin un peuple né pour la civilisation, l'industrie et la liberté.

Aussi les histoires de Genève ne manquent-elles pas ; mais il est reconnu qu'aucun de leurs auteurs n'a envisagé le sujet d'une manière assez générale ni assez philosophique. En publiant ce nouvel ouvrage, l'auteur s'est proposé de suivre et d'indiquer plus spécialement, au milieu du récit des faits les plus importants et les mieux établis, les progrès des mœurs, de l'industrie, et des institutions civiles, politiques et religieuses. Quant aux détails anecdotiques, ou dépourvus de cette haute influence qui modifie les destinées d'une nation, rive ses fers ou les brise, il les a classés dans les vies des célébrités nationales auxquelles la contemporanéité les rattache.

Cette Histoire de Genève est donc divisée par époques de progrès, et chacune d'elles est terminée par un chapitre contenant l'appréciation des faits qui en ont signalé le cours. Étranger au pays, l'auteur s'est flatté aussi de l'être à tout esprit de coterie, de famille, de classe ou de parti.

—Recueil de chansons politiques et autres. *Bruxelles, Grignon*, 1827, in-32, 32 c.

THOURET (Jacques-Guillaume), homme de loi, avant la révolution; depuis, l'un des membres les plus célèbres de l'Assemblée constituante, et l'un de ses présidents; né à Pont-l'Evêque, en Normandie, en août 1746, mort sur l'échafaud révolutionnaire, le 22 avril 1794.

—Abrégé des révolutions de l'ancien gouvernement français. Ouvrage élémentaire, extrait de l'abbé Dubos et de l'abbé Mably, pour l'éducation de son fils. Édition stéréot. *Paris, P. Didot; F. Didot*, an IX (1801), ou 1818, in-18 de x et 299 pag., 1 fr. 20 c.; sur pap. fin, 2 fr.; sur pap. vélin, 4 fr., et sur gr. pap. vélin, format in-12.

Ouvrage publié par le fils de l'auteur, G.-F.-A. Thouret, mort député du Calvados, en 1832.

« Ce livre n'est pas un chef-d'œuvre, comme on l'a dit; mais c'est un bon modèle d'analyse. En 1817, la censure a acquis et fait briser la planche de cet ouvrage, et en a fait publier une édition prétendue clandestine, tronquée en plusieurs endroits, et notamment dans les quatre dernières pages du livre second des « Observations sur l'histoire de France ».

Autres éditions :

Paris, A. Comte, 1819, in-8.

IIIe édit. Paris, Lheureux, 1821, in-18, 3 fr.

IVe édit. Paris, Ladrange, 1830, in-18, 3 fr.

Les dernières éditions sont augmentées d'une *Notice sur Thouret*, par son fils.

— * Adresse de remercîment présentée au roi par les officiers municipaux de la ville de Rouen en assemblée générale. *Rouen*, 1789, in-8 de 15 pag.

Cette adresse, signée de trente-et un officiers municipaux, a été rédigée par Thouret. *Barb.*

— Analyse des idées principales sur la reconnaissance des droits de l'homme en société et sur les bases de la Constitution. 1789, in-8.

— * Avis des bons Normands à leurs frères tous les bons Français de toutes les provinces et de tous les ordres, sur l'envoi des lettres de convocation aux États-Généraux. *Rouen*, février 1789, in-8 de 55 pag.—Suite de l'Avis des bons Normands, dédiée aux assemblées des bailliages sur la rédaction du cahier des pouvoirs et instructions. (Par le même). *Rouen*, février 1789, in-8 de 60 pag.

— * Cahier des doléances, remontrances et instructions de l'assemblée du tiers-état de la ville de Rouen, destiné à être porté aux états-généraux, en 1789. *Rouen*, mars 1789, in-8 de 56 pag.

— Discours sur le plan du comité de constitution. 1789, in-8.

— Discours à l'Assemblée nationale sur le plan proposé d'aliéner les biens ecclésiastiques aux municipalités, dans la séance du 18 mars 1790. In-8.

— Discours à l'Assemblée nationale en ouvrant la discussion sur la nouvelle organisation du pouvoir judiciaire, séance du 24 mars 1790. In-8.

— Mémoire présenté au roi par les avocats au parlement de Normandie, sur les états-généraux. *Rouen, Soyer*, 1788, in-8 de 15 pag.

Ce Mémoire, signé au nom des avocats, par *Terry*, syndic, et *Legendre*, secrétaire, a été rédigé par J.-G. Thouret.

—* Mémoire que présentent à messieurs les maire et échevins de la ville de Rouen les communautés, corporations et citoyens particuliers de l'ordre du tiers-état de cette ville. *Rouen*, décembre 1788, in-8 de 20 pages.

Les communautés, etc., prient les maire et échevins de se rendre auprès du roi, pour demander, 1° que les députés du tiers-état soient en égalité de nombre avec les députés des deux ordres privilégiés; 2° qu'ils ne puissent être choisis ni parmi les nobles ni parmi les anoblis; 3° que les trois ordres délibèrent en commun, et votent par tête dans l'assemblée des États-Généraux.

Suit un arrêté du 30 novembre, par lequel les maire et échevins adhèrent au vœu exprimé dans ledit Mémoire, et chargent deux commissaires de le porter au pied du trône.

— * Procès-verbal des séances de l'Assemblée provinciale de la généralité de Rouen, en 1787. *Rouen*, 1787, in-4.

— Projet de déclaration des droits de l'homme en société. 1789, in-8.

— * Projet de l'organisation du pouvoir judiciaire, proposé à l'Assemblée nationale par le comité de constitution. *Paris, Baudouin*, 1790, in-8.

— * Rapport du nouveau comité de constitution fait à l'Assemblée nationale, le mardi 29 septembre 1789, sur l'établissement des bases de la représentation personnelle. *Paris, Baudouin*, 1789, in-8 de 24 pag.— Seconde partie du Rapport du nouveau comité de constitution fait à l'Assemblée nationale, le mardi 29 septembre 1789, sur l'établissement des assemblées administratives et des nouvelles municipalités. *Versailles, Baudouin*, 1789, in-8 de 24 pag. — * Réponse du vrai patriote à la Lettre d'un bon Normand prétendu. *Rouen*, 1789, in-8 de 8 pag.

L'auteur réfute une critique anonyme de son *Avis aux bons Normands*.

— Tableaux chronologiques de l'histoire ancienne et moderne, pour l'instruction de mon fils. Première partie, depuis les temps les plus reculés jusqu'à l'ère chrétienne. (Ouvrage posthume, publié par Guill.-Fr.-Ant. Thouret, fils de l'auteur). *Paris, Brissot-Thivars; Delaunay, etc.*, 1821, in-folio oblong de 246 pag., 30 fr.

Cet ouvrage est divisé en trois sections; dans la première il y a autant de colonnes qu'il se trouve de peuples contemporains. La colonne des Romains ne pouvant contenir tous les développements nécessaires, on s'est borné, dans cette colonne, à l'indication des faits remarquables; mais l'histoire des Romains est le sujet de la seconde section, en 23 feuillets ou 46 tableaux. La troisième section se compose de tableaux chronologiques de l'histoire des sciences et des arts chez tous les peuples anciens. L'histoire civile et littéraire des Chinois et des Indiens jusqu'à l'ère vulgaire est comprise dans cette première partie.

La deuxième et dernière partie de l'ouvrage, qui devait comprendre l'*histoire moderne* juqu'à nos jours, n'a pas paru.

Cette première partie a été reproduite, en 1824, sous le titre de *Tableaux chronologiques de l'histoire ancienne*, depuis les temps les plus reculés jusqu'à l'ère chrétienne (Paris, Brissot-Thivars; Dupont, etc.), et en 1825, sous le premier titre (Paris, B. de Courval et comp^e).

— * Vérités philosophiques et patriotiques sur les affaires présentes. 1788, in-8.

La brochure dont il s'agit ici est citée dans l'Introduction du Moniteur; mais M. Thouret fils, mort député, n'était pas certain qu'elle fût de son père.

On a encore de Thouret plusieurs discours et rapports prononcés dans l'Assemblée constituante, outre ceux qui sont déjà cités.

THOURET (Guillaume-François-Antoine), fils du précédent, bibliographe, député du Calvados, et membre de la Société royale des antiquaires de France; né à Rouen, le 16 juin 1782, mort du choléra, à Paris, le 5 juillet 1832.

— Lettre aux électeurs de Pont-l'Évêque pour leur annoncer qu'il se porte candidat à la députation. Paris, le 4 juin 1831. *Paris, de l'impr. de F. Didot*, 1831, in-4 de 2 pag.

Thouret fut élu.

— Discours dans la discussion sur la pairie. Séance du 4 octobre 1831. *Paris, de l'impr. de F. Didot*, 1831, in-8 de 27 pages.

Le Journal de Rouen, de .... septembre 1831, contient une lettre à un électeur de Pont-l'Évêque, dans laquelle le député expose à ses commettants les motifs qui l'ont empêché de donner son adhésion au *Compte-rendu* de l'opposition.

On a encore de Thouret d'excellents articles dans « l'Encyclopédie moderne », publiée par M. Courtin, savoir: *Abjuration* (tom. Ier, p. 46—56); — *Bibliothèque* (tom. IV, pag. 393—415); — *Chevalerie* (t. VI, pag. 483—509); — *Croisades* (tom. IX, pag. 107—137); — *Univers* (tom. XXIII, pag. 255—267); — *Zingares* (tom. XXIV, pag. 237—242). Il a été fait un tirage particulier de l'article *Bibliothèque* (Paris, de l'impr. de Moreau, 1824, in-8 de 24 pag.).

Thouret a aussi publié, comme éditeur, deux ouvrages composés, pour son éducation, par son père: 1° l'Abrégé des révolutions de l'ancien gouvernement français, etc. (1801); 2° les Tableaux chronologiques de l'histoire ancienne et moderne. Première partie (1821). (Voy. l'article précédent).

« Thouret a laissé de nombreux manuscrits contenant des traductions d'ouvrages anglais; un Dictionnaire de la langue française, ou Choix des phrases les plus remarquables prises dans Voltaire, Racine, J.-J. Rousseau, Bernardin de Saint-Pierre, etc.; des études sur la langue grecque; des travaux de jurisprudence, et enfin l'immense travail dont je vais parler plus au long, parce qu'il intéresse particulièrement les amateurs d'histoire littéraire.

« Forcé, en 1814, d'abandonner la carrière de la magistrature, Thouret, pour qui l'occupation était un besoin, dirigea ses travaux vers l'étude spéciale de la bibliographie. Il conçut le projet d'une espèce d'*Encyclopédie bibliographique*, dans laquelle il aurait donné, en forme de dictionnaire, et pour chaque mot de la langue qui ne s'y serait pas refusé, une indication complète de tous les ouvrages à consulter sur la matière indiquée par ce mot. Ainsi, par exemple, à l'article Droit (que je choisis exprès parce qu'il rappelle une science dans laquelle peu de personnes étaient aussi versées que Thouret), il avait rassemblé les titres des écrits les plus estimés ou les plus rares qui traitent de cette science en général, ou qui ne l'envisagent que sous quelques rapports en particulier. Après ces indications préliminaires, viennent des renseignements sur le droit de tous les peuples de l'univers, tant anciens que modernes. Je ne crains point d'affirmer que ce travail, inachevé aux yeux de Thouret, et auquel, en effet, il était à même d'ajouter de nouveaux et précieux documents, est infiniment plus complet, en ce qui concerne le droit étranger, que l'ouvrage de MM. Camus et Dupin. Travailleur consciencieux, Thouret ne voulait admettre dans son Dictionnaire que des renseignements positifs, et ne citer aucun ouvrage dont l'existence ne fût pas certaine. Il s'était, en conséquence, imposé l'obligation d'en relever les titres sur des cartes qu'il avait provisoirement classées par ordre alphabétique de noms d'auteurs » (ou de titres des ouvrages quand les auteurs n'étaient pas nommés sur les livres; mais, en adoptant une méthode vicieuse qui le forçait, pour donner le fac-simile exact des titres, de le faire précéder des articles (l', la, le, les). « Ceux qui ont été assez heureux pour le connaître, et qui savent avec quelle ardeur il se livrait à cette occupation qui lui plaisait, seront les seuls, sans doute, que je n'étonnerai point en disant que le nombre de ces cartes peut, sans exagération, être évalué à plus de cent mille: et ce n'était pour lui qu'un travail préparatoire (1) » M. Henrion, mal informé, a dit, dans

(1) Tout en reconnaissant la justesse d'une grande partie de cette note, nous nous trouvons en contradiction avec son auteur pour le reste. Nous

son « Annuaire biographique » pour 1832-34, que le travail laissé par Thouret ne forme que 30 vol. in-4 : il eut été exact d'ajouter, et une grande masse de cartes, rangées par noms d'auteurs ou par titres de livres, ainsi que nous l'avons dit plus haut.

« C'est avec joie que je m'empresse d'annoncer que ces précieux manuscrits ne seront pas perdus pour les bibliographes. M. de Verlon, cousin et héritier de Thouret, a bien voulu, à ma sollicitation, en faire don à la ville de Paris ».

Note de M. J. Ravenel, *sous-bibliothécaire de la ville, tirée du Journ. de la libr., ann.* 1832, *p.* 607.

THOURET (Michel-Augustin), médecin qui a laissé un beau nom, frère de Jacques-Guillaume, et oncle du précédent; né en 1748, à Pont-l'Évêque, où son père était notaire royal; Thouret fut un des premiers membres de la Société royale de médecine, fondée en 1776; il devint successivement professeur et régent de cette faculté, membre du conseil des hôpitaux militaires, et médecin du département de la police (Comité de salubrité); membre de l'Assemblée constituante; il fut appelé au comité de secours et de mendicité, et prit une part principale à ses mémorables travaux; plus tard; sous le Directoire, il fut nommé directeur de l'École de santé (depuis École et Faculté de médecine) et administrateur des hôpitaux de Paris et du Mont-de-Piété, fonctions dans lesquelles il rendit à la classe malheureuse de très-grands services; membre du Tribunat, et ensuite du Corps législatif. Enfin, lors de l'organisation de l'Université impériale, Thouret en devint conseiller ordinaire, et remplit peu après, comme doyen, les fonctions de vice-recteur près la Faculté de médecine. Thouret était aussi membre de la Société de médecine de Montpellier, et de la Société médicale de Paris. Il est mort au Petit-Meudon, le 19 juin 1810.

— An affectibus soporosis emeticum? *Parisiis*, 1776, in-4.

Affirmative.

— An fracto cranio semper admovenda terebra? *Parisiis*, 1776, in-4.

Négative.

— An post longas de fatigationes, subitò instituta vita deses, periculosa? *Parisiis*, 1775, in-4.

Affirmative.

— An retina primarium visionis organum? *Parisiis*, 1774, in-4.

Affirmative.

—* Application sur l'espèce humaine des expériences faites par Spallanzani, sur quelques animaux, etc. (*Paris, Ch. Pougens*) ...., in-12 de 37 pages. (D. M.).

—* État (de l') actuel de l'École de santé. *Paris*, an VI (1798), in-4.

— Extrait de la Correspondance de la Société royale de médecine de Paris, relative au magnétisme animal, imprimé par ordre du roi. *Paris, de l'impr. royale.— Prault*, 1785, in-4.

— Mémoire sur la compression du cordon ombilical, ou Examen de la doctrine des auteurs sur ce point. *Paris*, 1780, in-12.

Imprimé aussi dans le recueil de la Société roy. de médecine, pour 1780.

— Mémoire sur la nature de la substance du cerveau, et sur la propriété qu'il paraît avoir de se conserver long-temps après toutes les autres parties dans le corps qui se décomposent au sein de la terre; lu le 23 février 1790. *Paris*, 1790, in-12.

Imprimé aussi dans le recueil de la Société roy. de médecine, année 1789.

— Observations et recherches sur l'usage de l'aimant en médecine, ou Mémoire sur le magnétisme animal. *Paris, de l'impr. de Monsieur*, 1783, in-12.

Avec le docteur Andry. Ces Observations ont paru d'abord dans les Mémoires de la Société roy. de médecine, pour l'année 1779.

« Cet ouvrage se compose de deux parties très-distinctes : l'une, en quelque sorte historique, expose les rapports du magnétisme animal, tel qu'il était connu des anciens, avec celui qui est admis par les modernes; l'autre partie contient des réflexions critiques, des doutes sur les preuves qui servent de bases à cette prétendue doctrine. Cependant, quarante ans se sont écoulés depuis la publication de cet écrit, et malgré le prodigieux perfectionnement des sciences physiques, durant cette époque, le magnétisme se réveille; il est vrai que ses partisans, étrangers presque tous aux sciences, sont des hommes subordonnés à l'influence exclu-

---

avons eu plusieurs fois occasion de travailler avec feu Thouret, soit à la Bibliothèque du roi, soit aux bibliothèques particulières, destinées à être vendues, et nous avons reconnu chez lui plutôt une manie de catalographie qu'une véritable passion pour la bibliographie : il travaillait sans plan arrêté, copiant les titres de tout ce qui lui tombait sous la main, précieux et commun, étendu et exigu. Plusieurs personnes l'avaient engagé à ne s'occuper que d'une spécialité, la Jurisprudence, et il était apte à produire un excellent travail sur cette matière; mais il ne voulut point s'y astreindre. Nous doutons très-fort que le travail qu'il a laissé soit alors plus complet dans ses indications de livres de droit, que dans les autres spécialités. Qui trop embrasse, mal étreint.

On trouve une Notice biographique sur G.-Fr.-Ant. Thouret dans le Xe volume des Mémoires de la Société roy. des antiquaires de France.

sive d'une imagination plus ou moins déréglée ; on a cru aussi remarquer qu'ils appartiennent à la classe qui forme d'inutiles vœux pour l'anéantissement de lumières. Au reste, l'ouvrage de Thouret sur le magnétisme, encore fort intéressant aujourd'hui, est écrit avec une érudition aussi exacte qu'étendue, et une dialectique sans sécheresse, qui n'en porte que plus facilement la conviction dans tous les bons esprits. En 1785, parut encore un *Extrait de la Correspondance de la Société royale de médecine, relativement au magnétisme animal*. Des observations bien classées, et des Mémoires envoyés de toutes parts, démontrent la futilité de cette doctrine, et terminent ce qui a été publié sur cet objet pour la Société.

— Rapport sur plusieurs Questions proposées par MM. les académiciens de la commune provisoire de la ville d'Arles, relatives à l'ouverture quelques caveaux, où, en 1720, ont été enterrés des pestiférés. Juillet 1792.

— Rapports sur les exhumations du cimetière et de l'église des Saints-Innocents ; lus dans les séances de la Société royale de médecine, tenues au Louvre, les 5 février et 3 mars 1789. *Paris*, *Ph.-Den. Pierres*, 1789, in-12.

Imprimés aussi la même année dans les Mémoires de la Société roy. de médecine, pour 1789.

Thouret fut le rapporteur d'une suite d'Observations sur la voierie de Montfaucon en particulier, et les voiries considérées en général ; mais le plus remarquable de tous les travaux auxquels il ait été appelé à concourir, fut l'exhumation du cimetière des Innocents.

— Recherches et doutes sur le magnétisme animal. *Paris*, *Prault*, 1784, in-12.

— Suntne habiliores ad artem medicam qui imaginatione præpollent ? *Parisiis*, 1774, in-4.

Négative.

Indépendamment des ouvrages et opuscules que nous venons de citer de Thouret, on a encore de ce professeur les mémoires suivants, imprimés dans le recueil de la Société royale de médecine : 1° Observations sur les vertus de l'aimant (ann. 1776) ; — 2° Réflexions sur le but de la nature de la conformation des os du crâne particulière à l'enfant nouveau-né, ou Mémoire sur un nouvel avantage attribué à cette conformation (ann. 1779) ; — 3° Mémoire sur l'affection particulière de la face à laquelle on a donné le nom de tic douloureux, lu le 5 octobre 1785 (même recueil pour les années 1782 et 1783, publié seulement en 1787) ; — 4° Recherches sur les différents degrés de compression dont la tête du fœtus est susceptible, ou Mémoire sur les moyens de déterminer, d'une manière plus précise qu'on ne l'a fait jusqu'ici, les avantages des différentes méthodes fondées sur cette ressource de la nature dans les accouchements laborieux dépendant de l'état de disproportion (id. pour les ann. 1782 et 1783, mais impr. seulement en 1787) ; — 5° Rapport sur la voirie de Montfaucon, et Supplément à ce Rapport (id. pour 1786, publ. seulement en 1787) ; — 6° Recherches sur la structure des symphyses postérieures du bassin, et sur le mécanisme de leur séparation dans l'accouchement, lu le 2 mars 1784 (id. pour l'ann. 1787, publié seulement dans l'an VI).

On trouve encore du même plusieurs autres mémoires dans le recueil de la Société médicale d'émulation.

Le baron Desgenettes a fourni au tome VII de la Biographie médicale une notice très-intéressante sur la personne et les écrits de Thouret.

THOURET (Victor). — Flâneur (le) douaisien, ou la Fête communale, vaudev. en un acte. *Douai*, *de l'impr. de Wagrez aîné*, 1829, in-8, 75 c.

THOURET (Antony), journaliste de l'opinion républicaine et littérateur ; né à Tarragone, en 1807, de parents français.

— Blanche de Saint-Simon, ou France et Bourgogne. *Paris*, *Ladvocat*, 1835, in-8, 7 fr. 50 c.

Reproduit dans la même année avec des titres portant seconde édition.

— Discours de MM. Thouret et de Genoude devant la cour d'assises de la Seine. *Paris*, *de l'impr. de Casimir*, 1832, in-16 de 16 pag.

— Enfant (l') de Dieu. *Paris*, *Werdet*, 1836, 2 vol. in-8, 15 fr.

— Toussaint le mulâtre. *Paris*, *Levavasseur*, 1834, 2 vol. in-8, 15 fr.

Reproduit en 1835 avec l'indication de seconde édition.

THOURNEYSER. — * Lettre d'un philosophe, dans laquelle on prouve que l'athéisme et le dérèglement des mœurs ne peuvent s'établir dans le système de la nécessité. *Genève*, *Ant. Philibert*, 1751, in-12.

THOURETTE (Claude), avocat au parlement et au bailliage et siége royal de Montfort.

— Coûtumes du comté et bailliage de Montfort-l'Amaury, Gambais, Neauphle-le-Chastel, Saint-Liger en Yveline, enclaves et anciens ressorts d'iceux, avec un Commentaire de Cl. Thourette, donné au public par Claude T., son fils (avocat au même siége). *Paris*, *Ger. Bobin*, 1693, in-8 ; et *Paris*, 1731, in-8.

THOURON (V.). — Counscri (lou) de 1815, eglogo prouvençalo a l'ooucasien doou tour doou reï Louis XVIII. *Paris*, *de l'impr. de Setier*, 1815, in-8 de 8 pag.

THOURRY (le P.), prêtre de la congrégation de l'Oratoire de la maison de Caen, membre de l'Académie des sciences et belles-lettres de la même ville.

— Mémoire qui a remporté le prix proposé par l'académie de Lyon sur cette question : l'Électricité de l'atmosphère a-t-elle quelque influence sur le corps humain, et quels sont les effets de cette influence? 1777, in-8.

Tiré du Journal de physique.

THOURY (A.-C.-C. de). — Réflexions sur l'aménagement des forêts. *Colmar, de l'impr. de veuve Hoffmann*, 1835, in-4 de 12 pag.

THOUVENEL (Pierre), docteur de la Faculté de médecine de Montpellier, agrégé correspondant de la Société royale de médecine de Paris, et du collége des médecins de Nanci, médecin inspecteur des eaux minérales de Lorraine, et intendant de celles de Contrexeville, dans la même province, plus tard, inspecteur-général des eaux minérales de France, avant la Révolution; inspecteur des hôpitaux militaires, en 1784; proto-médecin, en Alsace, en 1785; membre du conseil de santé institué par la direction des hôpitaux militaires, en 1788; sorti de France, en 1790, par suite des événements de la Révolution, il se retira en Italie, et ne rentra en France que sous le consulat. Thouvenel vécut dans une douce obscurité; cependant Napoléon lui rendit son ancienne place d'inspecteur des eaux minérales. A la Restauration, Louis XVIII, qui l'avait connu particulièrement lors de son séjour à Vérone, le nomma son premier médecin consultant: Thouvenel était né, en 1747, en Lorraine, il est mort à Paris, le 28 février 1815, et non le 1er mai de la même année, comme le disent les auteurs de quelques biographies.

— Corpore (de) nutritivo et de nutritione tentamen chymico-medicum. *Piscenis, J. Durest*, 1770, in-4.

— Guerra (la) di dieci anni, raccolta polemico-fisica sull' electrometra galvanico-organica, parte italiana parte francese. *Verona*, 1802, in-8.

—* Mélanges d'histoire naturelle, de physique et de chimie. — Sur l'aérologie et l'électrologie. *Paris, Arthus Bertrand*, 1807, 8 vol. in-8, fig.

Voyez sur cet ouvrage l'avant-dernière note de cet article.

— Mémoire sur les corps muqueux. *Montpellier*, 1770, in-8.

— Mémoire chimique et médical sur les principes et les vertus des eaux minérales de Contrexeville, en Lorraine. *Nanci, Babin, et Paris, Valade*, 1774, in-12.

Ce livre est cité par A.-A. Barbier dans son Dictionnaire des ouvrages anonymes; pourtant Bellepierre de Neuve-Église, en l'annonçant en 1774, dans son Catalogue hebdomadaire, a donné le nom de l'auteur.

Ce mémoire commença la réputation de Thouvenel, et la Société royale de médecine, reconnaissant l'utilité de ce travail, nomma l'auteur son associé, en 1777. Thouvenel mit ces eaux tellement à la mode, qu'une foule de personnes de tous les rangs, et même de grands seigneurs et de petites maîtresses, se rendirent dans un lieu naguère ignoré et pauvre. Bientôt des édifices commodes furent construits, et Thouvenel en fit même bâtir à ses frais, tant il tenait à cœur d'établir et d'étendre la réputation des eaux dont il avait le premier fait connaître les propriétés salutaires.

— Mémoire chimique et médical sur le mécanisme et les produits de la sanguification, qui a remporté le prix de l'Académie impériale de Saint-Péterbourg pour l'an 1776. *Saint-Pétersbourg*, 1777, in-4.

— Mémoire chimique et médical sur la nature, les usages et les effets de l'air et des airs, des aliments et des médicaments relatifs à l'économie animale. Ouvrage qui a remporté le prix double proposé par l'Académie des sciences, inscriptions et belles-lettres de Toulouse pour l'année 1778. *Paris, Didot jeune*, 1780, in-4.

— Mémoire médical et chimique sur les substances animales médicamenteuses, ou réputées telles du règne animal, couronné à Bordeaux, en 1778. *Bordeaux*, 1779, in-4.

— Mémoires de chimie médicale, couronnés dans différentes académies. 1780, in-8.

—* Mémoire physique et médical, montrant les rapports évidents entre les phénomènes de la baguette divinatoire du magnétisme et de l'électricité, avec des éclaircissements sur des objets non moins importants qui y sont relatifs. Par M. T***, D. M. M. *Londres, et Paris, Didot le jeune*, 1781, in-8. — Second Mémoire sur le même sujet. *Londres, et Paris, Didot le jeune*, 1784, in-8.

— Mémoire sur la formation du salpêtre, couronné par l'Académie roy. des sciences.

Imprimé dans le recueil des Mémoires et Pièces sur la formation du salpêtre, publié par l'Académie des sciences, en 1788, in-4.

Thouvenel avait obtenu, en 1784, le grand prix, de 10,000 fr., sur cette question qui avait été proposée par l'Académie des sciences.

— Mémoire sur l'électricité organique et minérographique. *Brescia*, 1790, in-8.

—* Traité sur le climat de l'Italie, considéré sous ses rapports physiques, météorologiques et médicaux. *Vérone, Giulari*, 1797-98, 4 vol. in-8.

Ouvrage estimé et instructif, dans lequel l'auteur

se montre physicien judicieux, médecin profond, et où il ne craint pas d'attaquer avec force les opinions reçues et professées même par les hommes les plus marquants, lorsqu'elles lui paraissaient erronées.

Thouvenel fut le premier Français qui écrivit sur le galvanisme, et publia, dès 1772, à Brescia, un Mémoire à ce sujet : on ne s'occupa en France de cette découverte que quatre ou cinq ans plus tard. Thouvenel remporta le prix que l'académie de Rome avait proposé en 1796 pour le meilleur *Examen des fièvres des marais*, si fréquentes et si meurtrières dans les états du Pape.

« Thouvenel possédait une vaste instruction, mais il manquait d'ordre dans ses idées; ses ouvrages sont en général mal écrits, sans méthode, d'un style obscur, plein de néologismes ; et parfois presque inintelligibles. Ce défaut est surtout frappant dans le *Traité sur le climat d'Italie* et dans les *Mémoires sur l'Aérologie* (voy. plus haut : *Mélangés, etc., etc.*). Ses travaux chimiques ont perdu une grande partie de leur mérite depuis les progrès immenses que la chimie a faits de nos jours ; ses écrits sur l'électrologie sont trop hypothétiques, et trouveront peu de lecteurs dans un siècle où l'on veut des faits bien constatés, et où l'on ne se contente plus de brillantes rêveries. Ce qu'il y a de plus utile dans les ouvrages de Thouvenel, ce sont quelques observations médicales ».

Thouvenel a laissé de nombreux matériaux pour des œuvres posthumes.

THOUVENEL, député de la Meurthe.

— Encore quelques réflexions critiques sur le système politique du ministère. *Nanci, de l'impr. de Dard*, 1832, in-8 de 32 pages.

THOUVENEL DE MÉDOUVILLE (P.-S.), docteur-médecin, alors à Pont-à-Mousson.

— Traité analytique des fièvres contagieuses et sporadiques, simples et compliquées, qui ont régné dans le département de la Meurthe, vers la fin de 1813, et au commencement de 1814, etc. *Pont-à-Mousson, Thiéry père et fils*, juillet 1814, in-8, 6 fr.

THOUVENIN, aumônier de M. le duc de Lorraine.

— Manière (la) de bien mourir, ou Consolations contre les frayeurs de la mort. *Paris, Pépie*, 1707, in-12.

THOUZERY (P.). — Aveugle (l') de Castel-Culier, poëme en trois chants, trad. en français. (1837). Voy. Jasmin.

THOYNARD, ou Toinard (Nicolas).

— Discussion de la suite des remarques nouvelles du P. Bouhours sur la langue française, etc. *Paris, Lucas*, 1693, in-8.

L'auteur a pris dans le privilége le nom de *Villefranc*, et dans l'avertissement il se désigne comme un *abé* (sic) *albigeois*.

— Harmonie, ou Concorde évangélique, contenant la vie de Jésus-Christ selon les quatre évangélistes, suivant la méthode et avec les notes de Nicolas Thoynard, trad. en français (par And. Cramoisy). *Paris, Lamesle*, 1716, in-8.

— Phénomène littéraire, causé par la ressemblance des pensées de deux auteurs (l'abbé de Longuerue et Richard Simon), touchant les antiquités des Chaldéens et des Égyptiens, où l'on voit la fausseté du grand nombre d'années que quelques écrivains, soit anciens, soit modernes, donnent aux observations célestes prétendues faites par ces deux nations (publié par Thoynard). *Paris, André Cramoisy*, 1705, in-4 de 14 pag., et in-8 de 16 pag.

THOYRAS. Voy. Rapin Thoyras.

THUANUS. Voy. J.-A. de Thou.

THUAU-GRANVILLE, journaliste.

Il a été l'un des premiers rédacteurs principaux de la Gazette nationale, ou Moniteur universel, pour lequel il a fait imprimer une Introduction historique, en l'an IV de la république (1796); il fonda ensuite « le Rédacteur », journal qui commença à paraître le 16 frimaire an IV (7 décembre 1795), et qui fut rédigé pendant plusieurs années par Thuau-Granville.

THUCYDIDE, historien grec.

— Historiæ de bello Peloponnesiaco libri VIII, græcè et latine, ad edit. J. Wassi et C.-A. Dukeri accurate expressi, cum varietate lectionis et annotationibus. Studio societatis Bipontinæ. *Biponti* (* *Argentorati et Parisiis, Treuttel et Wurtz*) 1788, 6 vol. in-8, 75 à 90 fr.

Édition correcte et assez élégante, dont il y a des exemplaires tirés sur papier de Hollande, mais qui sont rares.

— Histoire grecque, en grec, accompagnée de la version latine, de variantes de 13 mss, etc., et d'observations, par J.-B. Gail. *Paris, Gail neveu*, 1807, 6 vol. in-8, 15 fr., et 6 vol. in-4, 20 fr.

On joint à ces volumes la traduction française de l'éditeur, et alors cette édition triglotte forme, suivant M. Brunet, 12 volumes, mais, suivant le catalogue de Delalain, seulement neuf. Les exempl. in-4 sont de deux sortes : papier ordinaire et papier vélin. Il existe deux exemplaires sur vélin dans ce dernier format.

Il a été tiré séparément du texte grec de cette édition, 2 vol. in-8, 10 fr.

— Thucydidis Olori F. Historiæ liber primus, græcè : ad fidem codicum mss XIII edidit J.-B. Gail. *Parisiis, Aug. Delalain*, 1814, in-8, 2 fr. 50 c.— Liber secundus. *Parisiis, Aug. Delalain*, 1815, in-8, 2 fr. 50 c.

— Guerre du Péloponèse. Texte grec, avec sommaires français, index et variantes.

Livre Ier. *Paris, Aug. Delalain*, 1821, in-12, 2 fr. 50 c.

— Histoire grecque de Thucydide, trad. en français par J.-B. Gail. Livre premier, grec-français. *Paris, A. Delalain*, 1814, in-8.

— Guerre du Péloponèse. Texte grec, avec sommaires français, et index par V. B. (Bétolaud). Livre second. *Paris, Aug. Delalain*, 1828, in-12, 2 fr.

— Histoire (l') de la guerre du Péloponèse, trad. par N. Perrot d'Ablancourt. *Paris, Michel-Estienne David*, 1714, 1733, 3 vol. in-12, 7 à 9 fr. — Nouv. édit. 1784, 4 vol. in-12.

La première édition est de Paris, Courbé, 1662, in-fol.

— Histoire grecque de Thucydide, trad. en français, et enrichie de notes et de portraits, d'après Barbier, par Ch. Lévesque. *Paris, P.-F. Aubin*, 1795, 4 vol. in-8, 20 à 24 fr., et 4 vol. in-4, 24 à 30 fr.

C'est la seule traduction de cet historien qui ait été distinguée par le jury institué pour les prix décennaux : elle est écrite avec facilité et élégance; les notes qui l'accompagnent sont d'un excellent choix; mais M. Dacier la juge moins exacte que celle de M. Gail, qui convient, au surplus, que le travail de Lévesque lui a été fort utile.

— La même Histoire, trad. du grec par J.-B. Gail, avec des observations historiques et critiques, cartes géographiques et estampes. *Paris, Gail neveu*, 1807, 3 vol. in-8, 14 fr., sur pap. vélin, 24 fr., ou 3 vol. in-4, 18 fr.

— Histoire de la guerre du Péloponèse. Traduction française; par Ambr.-Firmin Didot; avec des observations, par M. de Brussy et Ambr.-Firmin Didot. *Paris, F. Didot*, 1833, 4 vol. in-8, 28 fr., et sur pap. cavalier, 60 fr.

— OEuvres complètes de Thucydide et de Xénophon, avec notices biographiques, par J.-A.-C. Buchon. *Paris, Desrez*, 1836, 2 parties in-8, ou un seul volume, avec un titre portant le millésime de 1837, 10 fr.

Cette édition fait partie du «Panthéon littéraire».

—

— Harangues tirées des principaux historiens grecs, trad. par l'abbé Ath. Auger. *Paris, Nyon l'aîné*, 1788, 2 vol. pet. in-8, 12 fr., sur gr. pap., 24 fr., et 2 vol. in-4 sur pap. vélin, 48 fr.

— Oraison funèbre des guerriers morts pendant la guerre du Péloponèse, prononcée par Périclès. Texte grec, avec sommaires et notes en français. *Paris, Aug. Delalain*, 1830, in-12, 75 c.

THUET (l'abbé). Voy. Tuet.

THUEUX (F.), poëte; né à Boulogne-sur-Mer, où il est mort en 1828.

— Bains (les) de mer, poëme. *Paris, Ladvocat*, 1827, in-8 de 64 pag.

— Discours d'inauguration pour le théâtre de Boulogne. (En vers). *Boulogne, Leroy-Berger*, 1827, in-8 de 16 pag.

— Épître à M. Charles Verjux sur le genre satirique. *Boulogne, Leroy-Berger*, 1826, in-8 de 34 pag.

— Mort (la) de Bisson. *Paris, P. Ledoux*, 1828, in-18 de 36 pag., 1 fr. 50 c.

Thueux consacra bien souvent son talent à chanter le lieu de sa naissance; au milieu des préoccupations du commerce, et malgré l'absence, il ne l'oublia jamais. Le genre de son talent était descriptif; il s'en éloigne quelquefois pour le genre lyrique. La nature, les fleurs, les femmes, les rêveries d'amour, les pensées mélancoliques d'un souvenir : tel était le domaine dont il s'emparait avec bonheur, qu'il décrivait avec grâce, qu'il décorait d'un charme particulier. Les lettres boulonnaises ont fait en lui une perte.

Voy. aussi Le Theux.

THUILLERIES (l'abbé Des). Voyez (tome Ier, et aux corrections) Moulinet des Th.

THUILLIER (le P. René), religieux minime.

— Diarium patrum, fratrum, et sororum ordinis minimorum provinciæ Franciæ, sive Parisiensis, ab anno 1506 ad anno 1700. *Parisiis, Giffart*, 1709, 2 vol. in-4.

— Dissertatio de potestate correctorum localium ordinis minimorum in foro contensioso. *Parisiis, Giffart*, 1697, in-12.

THUILLIER (Charles), docteur en médecine de la Faculté de Paris.

— Observations sur les maladies vénériennes, et sur un remède qui les guérit sûrement et facilement. *Paris*, 1703, in-4.

THUILLIER (dom Vincent), bénédictin de la congrégation de Saint-Maur, savant helléniste et traducteur estimé; né à Couci-le-Château, en 1685, mort en 1736.

— * Histoire de la nouvelle édition de saint Augustin, donnée par les PP. Bénédictins de la congrégation de Saint-Maur. (Composée par dom Thuillier, et publiée avec des notes par l'abbé Goujet). *En France (Paris)*, 1736, in-4.

— Histoire de Polybe, depuis la seconde guerre punique jusqu'à celle de Macédoine, traduite du grec, etc. (1727-30). Voy. Polybe.

— Historia concertationis de auctore libelli de Imitatione Christi, gallicè concinnata à Vicentio Thullero, latinè verò (versa à D. Joanne Hervin, è congreg. S.-Mauri), edita operâ Thomæ Aq. Erhard, è congr. PP. Angelorum custodum. *Augustæ Vindelicorum*, 1726, in-12.

Le morceau historique de D. Vincent Thuillier, dont il est ici question, se trouve dans le premier volume des « Œuvres posthumes de D.-J. Mabillon et de D. Thierri Ruinart ». Paris, 1724, 3 vol. in-4, dont ce bénédictin a été l'éditeur.

— Lettre (première) contre l'appel. *Paris, Giffart*, 1727, in-12. — Seconde Lettre sur le même sujet. *Paris, Giffart*, 1727, in-12.

La seconde Lettre fut réimprimée en 1728 avec des additions, et de nouveau, en 1729, avec de nouvelles additions.

— * Lettre d'un ancien docteur en théologie de la congrégation de Saint-Maur, qui a révoqué son appel à un autre professeur de la même congrégation, qui persiste dans le sien (dom Jean Gomaut). *Paris, Giffart*, 1727, in-12.

Dom Gomaut répondit; dom Thuillier répliqua. On trouve des détails sur cette querelle dans l'Histoire littéraire de la congrégation de Saint-Maur.

THUILLIER (dom Antoine-Vincent), frère du précédent, bénédictin de la congrégation de Saint-Maur; né à Coucy-le-Château, mort dans le XVIIIe siècle.

Sa version latine de l'Histoire ecclésiastique de Fleury, dont il a rectifié les méprises, a contribué à répandre dans l'étranger un des ouvrages qui font honneur à la France.

THUILLIER (l'abbé Pierre), curé de Givry, près de Rethel; né à Reims, le 25 février 1683, mort à Givry, le 1er février 1768.

Il a été l'éditeur de « la Concordance de la géographie des différents âges » (Paris, Étienne, 1764, in-12), et y a mis en tête l'Éloge de l'auteur, l'abbé Pluche, son élève.

THUILLIER (J.-L.), botaniste, mort le 18 décembre 1822.

— Botaniste (le) voyageur aux environs de Paris. *Paris*, 1807, in-12, avec une carte, 4 fr.

— Flore (la) des environs de Paris, ou Distribution méthodique des plantes qui y croissent naturellement, exécutée selon le système de Linnée. *Paris, veuve Desaint*, 1790; ou *Paris, Péronneau*, an VII (1799), in-8, 6 fr.

On croit que Richard, de l'Institut, a eu part à cet ouvrage.
Le catalogue du libraire J.-B. Baillière en cite une édition de 1824, laquelle, si la date n'était pas altérée, n'aurait point été annoncée par le Journal de la librairie; mais c'est tout simplement une reproduction au moyen du nouveau frontispice, ce qui avait déjà eu lieu avant 1824.

THULAUX (A...-C...), né à Nantes, en 1741.

— Libertins (les) dupés, comédie en deux actes, en prose. 1765.

— Pureté (la), ode, et autres poésies. *Nantes*, 1758.

THULIEZ, de Paris. — Jeu de cartes grammatical. *Cambrai, Hurez; Paris, Renouard*, 1824, 48 cartes in-12.

THUMMEL (Maurice-Auguste de), littérateur allemand distingué, conseiller d'État du prince de Cobourg, en 1768, et ensuite son ministre; mort le 20 août 1827, à l'âge de soixante-dix-neuf ans.

— Wilhelmine, poëme héroï-comique, trad. de l'allem. par M. Hubert. *Leipzig*, 1769, in-12; *Vienne*, 1771, in-8.

Ce poëme, distingué par son originalité, devint en Allemagne un des premiers modèles de la prose poétique: cet ouvrage eut en peu de temps un grand nombre d'éditions, et fut traduit dans la plupart des langues de l'Europe.
Thummel est auteur d'un autre ouvrage, fort original, intitulé: l'*Inoculation de l'amour*, d'un *Voyage en Hollande et en France*, et de quelques autres ouvrages qui n'ont pas été traduits en français. Il rassembla, en 1812, toutes ses œuvres, et les publia en 6 volumes.

THUNBERG. — Essais de bâtir sous l'eau, faits à la construction du nouveau bassin ou des nouvelles formes à Carlscrona; trad. du suédois, et publié par J. Fellers. *Stockholm*, 1776, in-4.

THUNBERG (Charles-Pierre), botaniste et voyageur suédois.

— Voyage au Japon, par le cap de Bonne-Espérance, les îles de la Sonde, etc., traduit, rédigé (sur la version anglaise), et augmenté de notes considérables sur la religion, le gouvernement, le commerce, l'industrie et les langues de ces différentes contrées, particulièrement sur le javan et le malais; par MM. L. Langlès et (revu quant à l'histoire naturelle) J.-B. Lamarck. *Paris, de l'impr. de Crapelet. — Dandré*, 1796, 2 vol. in-4; et 4 vol. in-8, avec figures, 12 à 15 fr.

Il y a des exemplaires in-4, papier vélin, 24 à 36 fr.

— Voyage en Afrique et en Asie, principalement au Japon, pendant les années 1770-1779, servant de suite au Voyage de D. Sparmann, trad. du suédois, avec des notes. *Paris*, *Fuchs*, 1794, in-8, 6 fr.

THUNOT (B.), docteur en médecine et en chirurgie, chirurgien en chef de l'hôpital civil de Tournay, professeur à l'école de médecine de cette ville.

On lui doit les observations suivantes, insérées dans l'Encyclographie des sciences médicales, première série : Observations de chirurgie pratique (nº 20) ; — Amputation partielle du pied entre les os du tarse (nº 3).

(*Diction. des hommes de lettres, etc., de la Belgique*).

THUNOT (Eugène). — Mes prisons, mémoires de Silvio Pellico, trad. de l'italien (1836). Voy. Pellico.

M. Thunot a revu et corrigé le Dictionnaire anglais-français et français-anglais, abrégé de Boyer par Salmon (1832).

THURAH (Lauritz de). — Description circonstanciée de la résidence royale et capitale de Copenhague, en danois, allemand et français. *Kiobenhaun*, 1748, gr. in-4, fig., 15 à 20 fr.

— Vitruve (le) danois, qui contient les plans, les élévations et les profils des principaux bâtiments de Danemarck, en danois, allemand et français. *Kiobenhaun*, 1746, 2 vol. in-fol., avec 281 pl.

Le premier volume a 120 pl., et le deuxième 161.

THURANT (Jean-Baptiste), médecin; mort le 11 avril 1771.

— Examen des principaux points de la Réponse à l'argument, etc., contre la petite-vérole. 1768, in-4.

— Mémoire sur le fait de l'inoculation.

On doit aussi au même plusieurs *Dissertations latines*.

THURET (Robert-Étienne). — Chants religieux et mélancoliques. *Rouen*, *Fleury aîné*, 1838, in-18.

THURING, alors général de brigade au service de France.

— Don Juan, opéra, musique de Mozart, arrangé pour la scène française. *Paris*, *Ballard*, 1805, in-8.

— Jugement (le) de Monsalo, vaudeville en un acte. *Paris*, *Barba*, 1802, in-8.

Avec Bonel.

— Siri Brahé, ou les Curieuses, drame historique en trois actes et en prose de Gustave III, roi de Suède, traduit et arrangé pour la scène française. *Paris*, 1803, in-8.

THURMANN (L.). — Juive (la), ou l'Alsace au xivᵉ siècle, roman historique. *Paris*, *Masson*, 1824, 3 vol. in-12, 9 fr.

— Mes Colmariennes, ou le Solitaire des Vosges, roman historique, précédé d'une notice et de notes sur l'Alsace. *Paris*, *Masson*, 1823, 5 vol. in-12, 15 fr.

THURMANN (J.), anc. élève de l'École des mines de Paris.

— Essai sur les soulèvements jurassiques de Porentruy. Description géognostique de la série jurassique et théorie orographique du soulèvement. *Paris et Strasbourg*, *Levrault*, 1832, in-4 de 94 pag., et cinq planches col., 9 fr.

THUROT, capitaine de marine. Voy. Bragelongne.

THUROT (François), philologue et philosophe, né à Issoudun, le 24 mars 1768, successivement élève de l'École des ponts et chaussées, et de l'École normale (en 1794); directeur d'une école des sciences et belles-lettres (vers 1806); adjoint de M. Laromiguière, comme professeur de philosophie à la Faculté des lettres de Paris (1811), professeur de langue et de littérature grecques au collége de France (1814), membre de l'Académie des inscriptions et belles-lettres (1830), et du conseil de perfectionnement près de l'Institut des sourds-muets; mort à Paris, le 16 juillet 1832.

— Apologie de Socrate, d'après Platon et Xénophon, avec des remarques sur le texte grec et la traduction française. *Paris*, *F. Didot*, 1806, in-8, 4 fr.

— Discours sur cette question : Qu'est-ce que la philosophie? prononcé le 5 décembre 1818, pour l'ouverture du cours de philosophie de la faculté des lettres de l'Académie de Paris. *Paris*, *de l'impr. de F. Didot*, 1819, in-4 de 52 pag.

— Entendement (de l') et de la raison : Introduction à l'étude de la philosophie. *Paris*, *Aimé André*, 1830, 2 vol. in-8, 14 fr.

Reproduit en 1833 avec de nouveaux titres, et une Notice sur J.-F. Thurot (par M. Daunou).

En 1831, le 9 août, l'Académie française décerna à M. Thurot, en séance publique, un prix de 6,000 francs, sur la rente annuelle de 10,000 fr. léguée par de Montyon à l'Académie, pour récompenser l'auteur de l'ouvrage qu'elle aura jugé le plus utile aux bonnes mœurs, parmi les publications de l'année précédente, c'est-à-dire, dans cette circonstance, pour l'ouvrage que M. Thurot avait publié en 1830, sous le titre suivant : *De l'Entendement et de la Raison : Introduction à l'étude de la philosophie.*

— Notice sur la vie et les ouvrages de Cabanis. *Paris, F. Didot*, 1827, in-8.

Accompagnant les Œuvres de ce médecin philosophe.

— Œuvres posthumes. Leçons de grammaire et de logique ;—Vie de Reid. *Paris, Hachette*, 1837, in-8, 9 fr.

Ce volume n'a été tiré qu'à 180 exemplaires ; il renferme : 1° un Avertissement de XXXVIII pag. (par M. Daunou) ; 2° des leçons de grammaire générale ; 3° un discours sur l'utilité de l'étude des langues anciennes ; 4° des leçons de logique ; 5° une analyse de la logique de Destutt-Tracy ; 6° la Notice sur la vie et les écrits de Thomas Reid, traduite de l'angl. de Dugald Stewart.

— Rapport fait par M. Thurot, au nom de l'Académie des inscriptions et belles-lettres, sur la nouvelle édition du Thesaurus linguæ græcæ d'Henri Estienne, publiée par MM. Firmin Didot. *Paris*, 1831, in-fol.

Thurot est de plus auteur d'un grand nombre d'articles littéraires et philologiques qui ont été insérés dans la *Décade philosophique*, dans le *Mercure* et dans *la Revue encyclopédique*.

Comme traducteur, on doit à Thurot la publication des ouvrages suivants :

Hermès, ou Recherches philosophiques sur la grammaire universelle, trad. de l'angl. de Harris, avec des remarques et additions (1796, in-8) ; — Vie de Laurent de Médicis, surnommé le Magnifique, trad. de l'anglais, de Roscoe (1799, 2 vol. in-8) ; — la Morale et la Politique d'Aristote, traduites du grec, avec des notes historiques et critiques (Paris, F. Didot, 1823—24, 2 vol. in-8) ;— Manuel d'Épictète et Tableau de Cébès, trad. du grec (en regard du texte grec publié par le doct. Coray, Paris, Eberhart, 1826, in-8) ;—Harangue de Lycurgue contre Léocrate, trad. du grec (en regard du texte grec publié par le doct. Coray, Paris, Eberhart, 1826, in-8) ; — Manuel de l'histoire ancienne, considérée sous le rapport des constitutions, du commerce et des colonies des divers États de l'antiquité, traduit de l'allem. de A.-H. L. Heeren (1827, in-8).

Comme éditeur, Thurot a publié : 1° les Phéniciennes d'Euripide, avec un choix des scholies grecques, et des notes françaises (Paris, F. Didot, 1813, in 8) ; — 2° Gorgias, dialogue de Platon, en grec (Paris, F. Didot, 1815, 1834, in-8) ; — les Œuvres philosophiques de Locke, nouvelle édition, revue, et augm. par l'éditeur (Paris, F. Didot, 1827, 7 vol. in-8). Thurot n'a revu que les six derniers volumes. Le Traité de l'entendement humain contient de plus les notes de Leibnitz ;—4° de l'Éducation des enfants, par Locke, traduction de Coste : nouvelle édition à laquelle Thurot a joint la *Méthode observée pour l'éducation des enfants de France*. Paris, F. Didot, 1827, 2 vol. in-12).

Thurot a été le co-éditeur du Journal de la langue française. (Voy. Domergue).

On a une excellente Notice sur la vie et les ouvrages de Franç. Thurot, par le savant M. Daunou, impr. en tête des Œuvres posthumes de l'ancien professeur du collége de France, et dont il y a quelques exemplaires tirés à part, in-8 de xlix pages.

THURY (de). Voy. Héricart de Thury.

THYARD (Gaspard Pontus, marquis de), membre de l'Académie de Dijon ; né au château de Juilly, près de Semur-en-Auxois (Côte-d'Or), le 26 mars 1723, mort à Semur, le 28 avril 1786.

— * Histoire de Ponthus de Thyard de Bissy (évêque de Châlons-sur-Saône, au XVIe siècle), suivie de la généalogie de cette maison, et de la relation de la campagne de 1664, en Hongrie. *Neufchâtel (Semur)*, 1784, in-8 de 212 pag.

Fr.-L.-Cl. Marin (voy. ce nom) a publié une Notice sur la vie et les ouvrages de Ponthus de Thyard de Bissy (sans nom de ville, ni d'imprimeur), 1786, in-8 de 23 pages, ouvrage très-différent du précédent, que feu Amanton, auteur d'une Notice sur le marq. de Thyard (Dijon, avril 1832, in-8 de 26 pag.), attribue au marq. de Thyard, contre l'opinion de M. Weiss, auteur de la Notice sur ce personnage dans la Biographie universelle. La Notice de feu Amanton est extraite des Mémoires de l'Académie de Dijon.

La Notice de feu Amanton, dont nous venons de parler, établit que le marq. de Thyard est encore auteur des mémoires suivants, imprimés dans le recueil de l'Académie de Dijon : 1° *sur un Mercure*, figure d'environ deux pouces de haut, trouvée vingt ans auparavant dans l'enclos de Saint-Germain d'Auxerre. Par la description qu'il en fait dans son Mémoire, l'auteur prouve que ce Mercure est le Mercure qu'adoraient les Gaulois ; que César trouva son culte établi dans les Gaules avant qu'il les eût soumises à la République romaine ; et que Tacite même regarde ce Mercure comme la seule divinité des Gaulois. Le Mémoire est terminé par des conjectures sur le temps où a été enfoui le temple ou l'idole dont il s'agit a été trouvée. Ce Mémoire curieux et plein d'une érudition de bon goût et de réflexions spirituelles, est imprimé dans le tome II des Mémoires de l'Académie de Dijon (Dijon, 1769—74, gr. in-8), pag. 171—182 ; — 2° quatre *Mémoires sur la bonne chère des anciens* ; morceaux pleins de recherches savantes, non moins remarquables par les pensées philosophiques que l'auteur a eu occasion d'y développer, que par le style sage, correct et approprié au sujet qui a présidé à leur composition. Les deux premiers Mémoires sont imprimés parmi les Mémoires de l'Académie de Dijon : les deux autres sont restés inédits ; 3° des *Poésies* dans l'Almanach des Muses. Il a laissé en manuscrit un espèce d'*Ana*, dont le manuscrit autographe existe à Semur dans le cabinet d'un curieux.

THYARD DE BISSY. Voy. Thiard.

THYM. — Catherine de Marienburg, ou le Triomphe de la vertu, drame en cinq actes. *Vienne, Sammer*, 1808, in-8, 2 fr.

THYREL DE BOISMONT. Voy. de Boismont.

THYRION.—Vie de Frédéric-le-Grand, trad. de l'allem. (1787). Voy. Hammerdorfer.

THYRON (Antoine). — Mirouer (le) et exemple moralle de enfans ingratz pour lesqlz les peres et meres se détruisent pour les augmenter qui en la fin les descongnoissent (mis en rime françoise et par personnaiges. Nouv. édit.). *Aix, de l'impr. de Pontier*, 1836, pet. in-8 de 179 pages, avec 16 gravures sur bois, intercalées dans le texte.

L'édition originale est sans date, in-4, goth. Cette moralité à dix-huit personnages est attribuée à Ant. Thyron. L'abbé de Saint-Léger croyait néanmoins que cet ouvrage était peut-être d'Eustorge de Beaulieu. Voy. le Manuel de M. Brunet.

La réimpression du *Mirouer des enfans ingratz* a été terminée le 12 mars 1836, sur l'exemplaire du duc de La Vallière, qui est aujourd'hui à la Bibliothèque d'Aix (n° 14145), de format petit in-4, maroquin rouge, gothique, sur deux colonnes, sans nom d'imprimeur, de lieu, ni d'auteur, avec signatures A, B, C, D, E, F; en tout 71 pages, dont la justification est de 6 pouces 5 lignes de hauteur, et 4 pouces de largeur. Pour que cette réimpression pût faire suite aux opuscules que MM. Pontier, père et fils, ont publiés pour la continuation de la collection de Caron, il a fallu ne pas tenir compte des deux colonnes ni du format; l'éditeur l'a donc copiée fidèlement lettre à lettre, et, pour ne pas même changer la longueur des pages, il a préféré laisser une page courte que d'y mettre les gravures qui auraient dépassé la justification.

Les gravures, au nombre de seize, ont été confiées aux soins de M. Boutoux, artiste très-distingué de la ville d'Aix, qui ne s'est pas borné à les rendre trait pour trait, mais qu'il a cherché essentiellement à saisir le caractère de la grâce ancienne. Il y a réussi d'une manière remarquable.

Cette réimpression n'a été tirée qu'à 66 exemplaires, savoir : 40 sur pap. ordinaire, à 10 fr.; — 12 sur pap. vélin, à 35 fr. : — 6 sur pap. rose, à 45 fr.; — 6 sur pap. bleu, à 45; — 2 sur pap. vélin, à 200 fr. On a affirmé que les gravures ont été détruites après le tirage.

THYSBAERT.—Table des gravités spécifiques des différentes espèces d'air. *Louvain*, in-8.

THYVON (l'abbé).— Histoires de la conjuration de Catilina contre la république romaine, et de la guerre des Romains contre Jugurtha, trad du lat. (1730). Voy. Salluste.

TIBBINS (J.), maître d'anglais, à Paris.

— Dictionnaire français-anglais et anglais-français, contenant tous les mots généralement adoptés dans les deux langues, rédigé d'après les meilleures autorités. Édition diamant. *Paris, Baudry*, 1833, in-32, 5 fr.

— Éléments de la conversation et phrases familières, en français et en anglais, suivis de règles simples pour traduire les verbes, avec des thèmes, servant d'introduction à la syntaxe anglaise, et propres à faciliter les progrès des commençants et de ceux qui ont déjà une teinture de cette langue. *Paris, de l'impr. de Smith*, 1828, in-12, 3 fr.

Avec M. Nimmo.

— First lessons in english : Premières leçons d'anglais, avec une traduction française interlinéaire et mot à mot; précédées d'un Aperçu des parties du discours. *Paris, A. et W. Galignani*, 1828, in-12. — Sec. édit. *Paris, les mêmes*, 1830, in-12, 3 fr. 50 c.

Avec M. Nimmo.

— French (the) Tyro's stepping stone to english, ou Manuel anglais du jeune Français. Première partie. Grammaire pratique graduée, ouvrage original, avec vocabulaire. *Paris, les Auteurs*, 1837, in-18, 3 fr. 50 c.—Seconde partie. Choix de leçons familières, avec vocabulaire. *Paris, les mêmes*, 1837, in-18, 3 fr. 50 c.

— Learner's first Book (the), ou Premier livre d'anglais, à l'usage des Français qui commencent l'étude de cette langue; en quarante-six leçons et en deux parties; précédées de remarques sur la prononciation, et d'un tableau de la conjugaison des verbes. *Paris, Baudry*, 1834, in-18, 3 fr.

M. Tibbins a en outre revu, avec M. Nimmo, la vingt-unième édition du Dictionnaire anglais-français et français-anglais de Nugent (1828).

TIBERGE (l'abbé), supérieur du séminaire des missions étrangères.

— * Retraite chrétienne sur les vérités du salut. *Paris*, 1704; ou *Paris, Th. Hérissant*, 1742, 2 vol. in-12.

— * Retraite ecclésiastique. *Paris, Delespine*, 1708, 1737, 2 vol. in-12.

— Retraites et Méditations, à l'usage des religieuses et des personnes qui vivent en communauté. *Paris, veuve Mazières*, 1745, in-12.

TIBERGE (l'abbé), pseudon. Voy. Regnier-Destourbets.

TIBORD, ingénieur en chef des ponts et chaussées.

— Mémoire sur le service de la deuxième division du canal à la Loire, du 1er octobre 1823 au 16 mai 1828. *Paris, de l'imp. de Selligue*, 1828, in-4 de 4 pag.

TIBRE (le chev. du), pseudon. Voy. PASERO.

TIBULLE (Albius Tibullus), poëte élégiaque latin, né en 681 de Rome (73 ans avant J.-C.), mort en 735 de Rome (19 ans avant J.-C.).

— CATULLUS, TIBULLUS, PROPERTIUS, ad optimorum exemplarium fidem recensiti (curâ et studio Michaelis BROCHARD). *Lutetiæ-Parisiorum, Coustelier*, 1723, in-4.

— CATULLUS, TIBULLUS et PROPERTIUS pristino nitori restituti (curâ et studio Nicolaï LENGLET DUFRESNOY). *Lutetiæ-Parisiorum, Coustelier*, 1743; seu *Parisiis, Barbou*, 1754, in-12.

— Catulli opera, nec non Tibulli, Propertii cum Galli fragmentis, et Pervigilio veneris. Studiis societatis Bipontinæ. *Biponti* (* *Argentorati et Parisiis, Treuttel et Wurtz*), 1783, in-8, 2 fr. 50 c.

— Albii Tibulli quæ supersunt omnia opera varietate lectionum, novis commentariis, excursibus, imitationibus gallicis, vitâ auctoris et indice absolutissimo instruxit Philipp. Amat. de GOLBÉRY. *Parisiis, N. E. Lemaire*, 1826, in-8, 15 fr.

Cette édition fait partie de la Bibliotheca classica latina, publiée par N.-E. Lemaire.

— Traduction en prose de Catulle, Tibulle et Gallus; par l'auteur des « Soirées helvétiennes ». *Paris, Delalain*, 1771, 2 vol. in-12.

« Masson de Pesay, mestre-de-camps de dragons, chevalier de l'ordre de Saint-Louis, mort en 1777 (auteur des Soirées helvétiennes), s'est fait honneur de cette traduction; mais elle est de M. DAVID, commissaire ordonnateur des guerres, et premier secrétaire de M. le prince de Montbarrey, ministre de la guerre ». (*Note trouvée sur l'exemplaire de Despres de Boissy*).

— Élégies de Tibulle, traduites par l'abbé de LONGCHAMPS. 1776, in-8, 5 à 6 fr.

— Élégies de Tibulle, traduction nouvelle, avec des notes, et les meilleures imitations qui en ont été faites en vers français (par M. le marquis de PASTORET). *Paris, Jombert jeune*, 1783, in-8, 5 à 6 fr.

Il a été tiré quelques exemplaires sur pap. fin d'Annonay.

— Élégies de Tibulle avec des notes (et le texte en regard), suivies des Baisers de Jean SECOND, traduction nouvelle par le comte de MIRABEAU. *Tours, Letourmy*, 1796, et *Paris, Berry*, 1798, 3 vol. in-8, 12 fr.; et sur pap. vélin, 24 fr., et plus cher grand papier vélin; et 3 vol. in-12, 9 fr.

Le troisième volume contient des Contes et Nouvelles.

Lachabeaussière a écrit aux rédacteurs de la Décade philosophique (voy. le n° 79, ou le 28 juin 1796) que cette traduction n'était autre chose, à quelques corrections et additions près, qu'un manuscrit confié par lui au comte de Mirabeau, son ami, vers l'année 1776. Des circonstances particulières les ayant brouillés vers l'an 1781, il n'entendit plus parler de son manuscrit, destiné de sa part à l'oubli.

— Élégies de Tibulle, traduites en vers par C.-L. MOLLEVAULT. *Paris, Arthus-Bertrand*, 1806, in-12, 2 fr. 50 c. — VIe édit., corr. et augm. *Paris, le même*, 1821, in-18, 3 fr.

— Élégies de Tibulle, traduction nouvelle en vers français (avec le texte en regard), par F. de CARONDELET-POTELLES. *Paris, Buisson*, 1807, in-8, avec portrait, 4 fr.

— Élégie (première) de Tibulle, traduite en vers français avec le texte en regard, par C.-L. MATHIEU. *Nanci, de l'impr. de Hæner* (*et se trouve à Paris, chez F. Guitel*), 1814, in-8.

— Élégies de Tibulle, traduction nouvelle en vers français avec le texte en regard, par M. le comte BADERON DE SAINT-GÉNIEZ. *Paris, Dondey-Dupré*, 1814, in-8, 4 fr. — Sec. édit. *Paris, le même*, 1823, in-8, 4 fr.

Cette traduction, que des circonstances politiques n'ont pas permis de faire connaître autant qu'elle le méritait, a cependant été placée par d'excellents critiques au-dessus des autres traductions qui ont été faites de ce poëte. Les journaux du temps se sont accordés pour faire l'éloge de cette brillante production.

— Poésies de Tibulle, traduites en vers français par Ed. CORBIÈRE. *Paris, Brissot-Thivars*, 1829, in-18, 3 fr. 50 c.

— Poésies (les) de Tibulle, trad. en vers français par Valamont (M. J.-J. PORCHAT, de Lausanne). (Avec le texte en regard). *Paris, Pihan Delaforest Morinval; Delaunay*, 1830, in-18.

Pour d'autres éditions et traductions françaises de Tibulle, voy. *Catulle*.

— Tibull. Metrisch übersetzt von KOREFF. *Paris*, 1810, in-4, 7 fr.

—

— Amours (les) de Catulle et de Tibulle, par M. de LA CHAPELLE. *Paris*, 1715, 3 vol. pet. in-12; *La Haye*, 1742, 4 vol. in-12, avec fig., 8 fr.

— Essai sur les Élégies de Tibulle, par M. GUIS. *Paris, veuve Duchesne*, 1779, in-8.

— Tibulli (de) vitâ et carminibus dissevuit Ph. Am. de GOLBÉRY. *Parisiis, Dondey-Dupré*, 1825, in-8.

C'est la Dissertation placée par M. de Golbéry en tête du Tibulle qu'il a soigné pour la Bibliothèque latine de Lemaire.

TIBY (Paul-Alexandre), littérateur, sous-chef au ministère de la marine, anc. inspecteur des écoles primaires du huitième arrondissement de Paris, et membre du conseil de la Société de l'histoire de France; né à Paris, le 28 janvier 1800.

— * Esquisses romantiques, ou Mélanges littéraires, en vers et en prose. Par Paul T. *Paris, Aucher-Éloy*, 1827, in-18.

— * Mémoires d'un jeune prêtre, recueillis et publiés par un laïque. *Paris, Boulland*, 1824, in-12, 3 fr.

— * Notices statistiques sur les colonies françaises, imprimées par ordre de M. le vice-amiral de Rosamel, ministre de la marine et des colonies. Première et deuxième parties : Notice préliminaire; — Martinique; — Guadeloupe; — Bourbon; — Guyanne française. *Paris, de l'impr. roy.*, 1837-38, 2 vol. in-8.

Un avertissement, placé à la tête de la seconde partie, promet une troisième et dernière partie, laquelle comprendra nos établissements dans l'Inde, au Sénégal, à Sainte-Marie de Madagascar, et aux îles Saint-Pierre Miquelon.

M. Théod. Benazet a rendu de cet ouvrage un compte très honorable dans le Journal des Débats, numéros des 3 décembre 1838 et 31 janvier 1839.

On a encore de M. Tiby divers articles dans la Biographie universelle et portative des contemporains, le Dictionnaire de la conversation, l'Encyclopédie pittoresque ou nouvelle, le Bulletin de la Société de l'histoire de France, les Annales maritimes, et autres recueils.

Comme traducteur, M. Tiby a donné de l'anglais les trois traductions suivantes : 1° Fables pour l'instruction et l'amusement de la jeunesse, par DODSLEY (Paris, Collin de Plancy; 1823, in-18, fig.); — 2° Petits Contes à l'usage de la jeunesse (Paris, Parmentier, 1823, in-12, avec cinq figures et un frontispice grav.). Ces deux traductions ont paru sous le nom de madame D'Avot : la première a été reproduite avec une Notice sur Dodsley, par madame de Courval, et on y joint des gravures. — 3° Histoire des croisades entreprises pour la délivrance de la terre sainte, par CH. MILLS, avec des notes (1825—35).

TICKEL, Anglais. — * Abrégé de l'histoire de l'opposition, pendant la dernière séance du parlement; traduit de l'anglais. *Londres*, 1779, in-8.

Ce petit ouvrage ne s'est jamais vendu.

— Cassette (la) verte de M. de Sartine, trouvée chez mademoiselle Duthé. *La Haye*, 1779, in-8 de 71 pag.

C'est vraisemblablement ce même Tickel qui a fourni plusieurs *Essais* au « Spectateur » de Steele, Addisson, etc.

TIECK (Louis), célèbre littérateur allemand, l'un des chefs de l'école romantique.

— * Abbaye (l') de Netley, histoire du moyen âge; trad. de l'allemand par J.-F. FONTALLARD. *Paris, Ledoux*, an IX (1801), 2 vol. in-12, avec 2 fig., 3 fr.

— Contes d'artistes : Shakspeare et ses contemporains. *Paris, Ch. Vimont*, 1832, 4 vol. in-12, 12 fr.

Les faux-titres portent : *Œuvres complètes de Ludwig Tieck*, tom. I à IV.

— Contes lunatiques. I, la Maison des fous; et II, le Vieux de la montagne. *Paris, Ch. Vimont*, 1834, 2 vol. in-12, 6 fr.

Ces deux volumes portent encore pour faux-titres : *Œuvres complètes de Ludwig Tieck*, tom. V et VI.

La traduction de ces six volumes est due à une dame; mais elle a été revue et retouchée par M. H. MARTIN.

— Deux Nouvelles et une pièce, tirées des Œuvres de Ludwig Tieck. *Paris, Théophile Barrois père*, 1829, in-12, 3 fr.

Les deux Nouvelles sont : *Amour et magie*, et *Egbert le blond*; et la pièce, *le Chat botté*, conte d'enfants, en trois actes et en prose.

— Sabbat (le) des sorcières. Chronique de 1459, trad. de l'allem. *Paris, Renduel*, 1833, in-8, 7 fr. 50 c.

— Sternbald, ou le Peintre voyageur, trad. de l'allem., revu et corr. par madame de Montolieu. *Paris, Maccarthy; Masson*, 1822, 2 vol. in-12, 5 fr.

Madame de Montolieu a désavoué cette traduction, dans le Journal de la librairie du 8 mars 1823.

— Une vie de poëte, trad. de l'allemand.

Imprimée dans la troisième série des Matinées suisses (1832).

— Sæmmtliches Werke. *Paris, Tétot gebr.*, 1836-37, 2 vol. in-8, 25 fr.

Édition due aux soins de M. DUBNER.

Les libraires se proposent de publier plus tard un troisième volume qui comprendra non seulement *l'Insurrection des Cévennes*, ouvrage non encore terminé par l'auteur, *le Vieux livre*, mais encore ceux qu'il pourra faire paraître par la suite.

Tieck s'est rendu l'éditeur des Œuvres de quelques écrivains allemands; c'est sur une édition donnée par lui, en société avec Fr. Schlegel, qu'on a réimprimé, à Paris, en 1837, les Œuvres de NOVALIS.

M. Spazier, de Leipzig, a donné, dans les deux premiers numéros de la Revue du Nord (mars et avril 1835), un morceau très curieux sur les détrines littéraires de Tieck, à l'occasion d'un conte intitulé le *Voyage dans le bleu*, conte qui assez d'étendue, et dont il a donné la traduction.

TIEDEMANN (Frédéric), professeur d'anatomie et de physiologie à l'Université de Heidelberg, membre des académies des sciences de Munich et de Berlin, correspondant de l'Institut de France.

— Anatomie du cerveau, contenant l'histoire de son développement dans le fœtus, avec une exposition comparative de sa structure dans les animaux. Trad. de l'allemand, avec un Discours préliminaire sur l'étude de la physiologie en général et sur celle de l'action du cerveau en particulier. Par A.-J.-L. Jourdan. *Paris*, *J.-B. Baillière*, 1823, in-8, avec 14 pl., 7 fr.

« Cette traduction d'un ouvrage d'un des plus célèbres anatomistes de l'Allemagne se fait remarquer par son exactitude et son élégance : les planches qui l'accompagnent, et qui représentent les développements du cerveau dans le fœtus, etc., ont été faites avec le plus grand soin ». (*Journal de physiologie*, par Magendie, juillet 1823).

— Recherches expérimentales, physiologiques et chimiques sur la digestion, considérée dans les quatre classes d'animaux vertébrés; trad. de l'allemand de F. Tiedemann et Léop. Gmelin, par A.-J.-L. Jourdan. *Paris*, *J.-B. Baillière*, 1826-27, 2 vol. in-8, 15 fr.

— Recherches sur la route que prennent diverses substances pour passer de l'estomac et du canal intestinal dans le sang; trad. de l'allem. de F. Tiedemann et Léop. Gmelin, par S. Heller. *Paris*, *Méquignon-Marvis*, 1821, in-8, 2 fr. 50 c.

— Traité complet de physiologie de l'Homme, trad. de l'allem. par A.-J.-L. Jourdan. *Paris*, *J.-B. Baillière*, 1830, 2 vol. in-8, 11 fr.

TIEFFENTHALER (le P. Joseph). — Description historique et géograph. de l'Inde, par Tieffenthaler, publiée par Bernouilly, avec la carte générale de l'Inde, par Rennell. *Berlin*, 1786, in-4.

On joint ordinairement à cet ouvrage, comme second volume, « les Recherches historiques et géographiques sur l'Inde », d'Anquetil-Duperron.

— Géographie de l'Indostan, trad. du latin par Bernouilly. *Berlin*, 1786, in-4, avec 36 planches.

TIELEMANS (François), conseiller à la Cour d'appel de Bruxelles, professeur à l'Université libre de Belgique; né à Bruxelles.

— * Lettre à M. Van Maanen, sur la responsabilité ministérielle. *Bruxelles*, *Coché-Mommens*, 1829, in-8, 1 fr. 57 c.

— Mémoire sur la question de savoir quelle est la responsabilité des imprimeurs quand l'auteur d'un écrit incriminé est connu. *Bruxelles*, 1827.

— Répertoire de l'administration et du droit administratif de la Belgique. Tomes I à III. *Bruxelles*, *Weissenbruck père*, 1836, 3 vol. in-8.

— Sur la responsabilité ministérielle. *Bruxelles*, 1827.

— Sur les délits de la presse d'après le projet du Code pénal présenté aux États-Généraux. *Bruxelles*, 1827.

(*Diction. des hommes de lettres, etc., de la Belgique, etc.*).

TIEYS (J.-L.). — Fastes poétiques de l'histoire de France. *Paris*, *Ch. Gosselin*, 1838, in-8, 6 fr.

Pièces de vers.

TIFAUT DE LA NOUE (Jérôme). — Réflexions philosophiques sur l'impôt, où l'on discute les principes des économistes, et où l'on indique un plan de perception patriotique, accompagné de notes. *Londres*, *et Paris*, *veuve Barrois et fils*, 1775, in-8; ou *Paris*, *Santus fils*, 1786, in-8 de 362 pages.

TIGER (Tenneguy), alors dragon du roi, de la première compagnie.

— Éloge de.... M. le comte de Muy, maréchal de France, chevalier des ordres du roi, ministre et secrétaire d'État au département de la guerre, etc. *Senlis*, *et Paris*, *Moureau*, 1777, in-8.

TIGNY (F.-M.-G. de), naturaliste.

— Histoire naturelle des insectes, composée d'après Réaumur, Geoffroy, de Geer, Roesel, Linnée, Fabricius, et les meilleurs ouvrages qui ont paru sur cette partie, rédigée suivant la méthode d'Olivier. Par MM. Tigny et Alex. Brongniart. *Paris*, *Déterville*, 1799-1802, 10 vol. in-18, ornés de gravures, 20 fr.; sur pap. fin d'Angoulême satiné, avec les gravures color., 36 fr.; et sur pap. vélin, avec les gravures color., cart., 48 f. — IIIe édit., revue, augm. et mise au niveau des connaissances actuelles, par M. F.-E. Guérin. *Paris*, *Roret*, 1828, 10 vol. in-18, avec figures, 24 fr., et avec les fig. color., 39 fr.

Cette *Histoire des insectes* fait partie de l'édition de Buffon, publiée par Castel, avec des suites de divers savants.

TILESIUS, naturaliste.

Nous connaissons de lui, en français, le mémoire suivant ; *Sur le plus petit volcan du globe, c'est-à-dire sur la petite île de Coosima, située dans l'archipel du Japon, près du cap Sangar*, de 13 pages, avec 4 planches, *impr.* dans les Mémoires de l'Acad. de Saint-Pétersbourg, tome X, 1826.

On trouve encore de ce naturaliste, dans le même recueil, des Mémoires écrits en latin.

TILLADET (l'abbé). — Dialogue du douteur et de l'adorateur. *Leipzig*, 1765, in-8.

Cet ecclésiastique a été l'éditeur de « Dissertations sur différents sujets » composées par HUET et par quelques autres savants. (*La Haye*, 1720, 2 vol. in-12).

TILLEMON, pseudon. Voy. de TRALAGE.

TILLEMONT (Sébastien LE NAIN DE), Voy. LE NAIN DE TILLEMONT.

TILLET, citoyen et avocat au Parlement de Bordeaux.

— Chronique bordelaise de G. de LURBE, continuée et augmentée depuis 1620 jusqu'en 1700. *Bordeaux, Simon Boë*, 1703, in-4.

TILLET (   ), de Bordeaux, directeur de la Monnaie, à Troyes, membre de l'Académie royale des sciences; et de la Société d'agriculture de Paris; mort le 20 décembre 1791, âgé de plus de soixante ans.

— Dissertation sur la cause qui corrompt et noircit les grains de bled dans les épis. *Bordeaux*, 1755, in-4. — Suite des expériences relatives à cette Dissertation. *Paris, Briasson*, 1755, in-4.

— Dissertation sur la ductibilité des métaux. *Bordeaux, P. Brun*, 1750, in-4.

— Essai sur la cause qui corrompt et noircit les grains dans les épis, et sur les moyens de prévenir ces accidents. *Bordeaux*, 1755, in-4. — Suite. 1755, in-4.

— Essai sur le rapport des poids étrangers avec le marc de France. Lu à l'assemblée publique de l'Académie roy. des sciences, le 9 avril 1766. *Paris, de l'impr. royale*, 1766, in-4.

— Expériences et observations sur le poids du pain au sortir du four, et sur le réglement par lequel les boulangers sont assujétis à donner aux pains qu'ils exposent en vente un poids fixe et déterminé; lu au comité de boulangerie, le 5 novembre 1781. In-8.

— Histoire d'un insecte qui dévore les grains de l'Angoumois. *Paris, H.-L. Guérin*, 1762, in-12.

Avec Duhamel du Monceau.

— * Observations faites par ordre du roi sur les côtes de Normandie au sujet des effets pernicieux qu'on prétend, dans le pays de Caux, être produits par la fumée du varech, lorsqu'on brûle cette plante pour la réduire en soude; lues à l'Académie des sciences, en 1771. 1772, in-4.

— * Précis des expériences faites à Trianon sur la cause qui corrompt les bleds. 1756, in-8. — Nouv. édit. 1785, in-4.

— Projet d'un tarif propre à servir de règle pour établir la valeur du pain proportionnellement à celle du bled et des farines, avec des observations sur la mouture économique, comme base essentielle de ce tarif, et sur les avantages du commerce des farines par préférence à celui du du bled : extraits des registres de l'académie royale des sciences. 1784.

On a du même quelques autres Mémoires contenus dans le recueil des académies de sciences et d'agriculture.

TILLET (Du). Voy. (tome II et aux Corrections) DU TILLET, et TITON DU TILLET.

TILLEUL (B.). — Deux (les) amours. *Paris, Bousquet*, 1833, 2 vol. in-8, 12 fr.

— Peintre (le), ou une Vie d'artiste. *Paris, Lecointe et Pougin; Corbet*, 1832, 5 vol. in-12, 15 fr.

TILLIER, D.-M., à Fontenay (Vendée).

— * Traité des hydropisies ascite et encophlegmatique qui régnaient dans les marais du département de la Vendée, suivi de quelques observations particulières sur ces maladies, faites dans les pays circonvoisins. *Paris, Croullebois*, an XII (1804), in-8.

TILLIER (P.). — Manuel (petit) pratique d'agriculture, ou Instructions d'un fermier pratiquant les procédés de la culture perfectionnée à ses enfants. *Fontenay, de l'impr. de Petitot*, 1838, in-12 de 88 pages.

TILLOT (Du). Voy. DUTILLOT.

TILLOTSON (John), théologien anglais, sermonaire distingué, et professeur de théologie.

— Discours contre la transubstantation, trad. de l'angl. par J. BARBEYRAC. *Amsterdam, Humbert*, 1726, in-12.

— Excellence (l') de la religion et l'extravagance de l'impiété démontrées, sermon traduit de l'anglais. *Iverdon*, 1704, in-8.
— Nécessité de la fréquente communion, discours, trad. de l'angl. *Amsterdam*, *A. Wolfgang*, 1691, in-8.
— Sermons (XVIII) sur divers textes, prononcés par Tillotson, et traduits de l'angl. par BARBEYRAC. *Amsterdam*, *Lombrail*, 1706-09, 11 vol. in-8.
— Sermons sur diverses matières importantes, trad. de l'angl. par J. BARBEYRAC. *Amsterdam*, 1722, ou 1744, 6 vol. in-8.
— Sermons choisis, trad. de l'angl. par J. BERNARD. *Bâle*, 1738, ou 1768, in-8.

Le volume traduit par J. Bernard fait suite aux six traduits par Barbeyrac.

TILLY, chanoine régulier de l'ordre de Prémontré de l'abbaye de Valsery, docteur en théologie.
— Défense des principaux articles de la foi catholique. *Soissons*, 1748, in-12.

TILLY. — Mémoire sur l'utilité, la nature et l'exploitation du charbon minéral. *Paris*, 1758, in-12.

TILLY (le comte Pierre-Alexandre de), né dans la province du Maine, en 1764. Il était fils aîné de Jacques, marquis de Tilly Premarais, et descendait de l'ancienne famille des Tilly de Normandie, dont on voit le château près de la ville de Caen. Alexandre de Tilly fut reçu à quinze ans page de la reine; il ne sortit des pages que pour entrer, avec un brevet d'officier, dans les dragons de Noailles. Après le 10 août 1792, il émigra, parcourut l'Angleterre, l'Amérique et l'Allemagne, et n'obtint la permission de rentrer en France qu'en 1807. Las d'une longue vie orageuse et dissipée, il se donna la mort à Bruxelles, le 26 décembre 1816.

Écrit encore plus remarquable que ce que le comte de Tilly avait publié jusqu'alors, dit l'éditeur de ses Mémoires, par les avis courageux qu'il donnait à Louis XVI, et par les prédictions effrayantes, mais approfondies, qu'il osait lui faire.

— Lettre à Louis XVI. *Paris*, 1792; *Berlin*, 1794, in-8.
— Lettre à M. Philippe d'Orléans. Broch. in-8.
— Mémoire du comte Alexandre de Tilly, pour servir à l'histoire des mœurs de la fin du dix-huitième siècle. (Ouvrage posthume). *Paris*, *de l'impr. de Le Normant fils*, 1828, 3 vol. in-8, 21 fr. — Sec. édition. *Paris*, *quai Malaquais*, n° 1, 1830, 3 vol. in-8, 21 fr.

Le comte de Tilly écrivit ses Mémoires en Allemagne, pendant son émigration; il les laissa même à Berlin avec sa correspondance, lorsqu'au printemps de 1807, il disparut de cette capitale. Dix-huit ans plus tard, ses Mémoires furent traduits en allemand, sur les manuscrits autographes, et publiés sous ce titre: Memoiren des grafen Alexander von T—; aus den franz. Handschift übers. Mit biograph. Notiz über den grafen v. Tilly. Berlin, 1825, 3 vol. in-12. Ce n'est encore que trois ans plus tard qu'on a donné l'édition française.

— Œuvres mêlées. *Amsterdam*, *et Paris*, *Esprit*, 1785, in-8 de 160 pages. — (Nouv. édition, avec des suppressions, corrections et additions). *Berlin*, 1803, et *Leipzig*, *Sommer*, 1803, 1813, in-8, 4 fr.

La dernière édition contient tous les opuscules politiques et littéraires publiés par l'auteur, de 1785 à 1795. *Beuch.*

— Révolution (de la) française en 1794. *Londres*, 1795, in-8.

Réimpr. dans le volume précédent, édition de Berlin.
Le comte de Tilly a fourni, soit aux *Actes des Apôtres*, soit à la *Feuille du jour*, en 1790 et 1791, des morceaux remarquables par l'énergie du style et la chaleur des opinions: il fit aussi beaucoup de vers, que, suivant une expression de ses Mémoires, *il inhuma dans quelques dépôts périodiques.*
Le comte de Tilly parle souvent, dans ses Mémoires, d'un autre ouvrage de lui, dont il ne donne pas le titre, et que l'éditeur de ses Mémoires n'a pas connu, car il n'en a fait aucune mention dans la Préface qu'il a mise en tête.

TILLY (le comte Henri de). — Ascensions aux cimes de l'Etna et du Mont-Blanc. *Le Mans*, *Pesche*, 1836, in-8 de 108 pages, et une lithographie.

TIMBERLAKE (H.). — Voyages chez les sauvages habitants du nord de l'Amérique, trad. de l'angl. par J.-B.-L.-Jos. BILLECOQ. 1797, in-18.

TIMBOVSKI (G. J.). — Voyage à Peking, à travers la Mongolie, en 1820 et 1821; trad. du russe par M. N*****, revu par M. J.-B. EYRIÈS; publié avec des corrections et des notes, par M. J. KLAPROTH. Ouvrage accompagné d'un Atlas, qui contient toutes les planches de l'original et plusieurs autres inédites. *Paris*, *Dondey-Dupré*, 1827, 2 vol. in-8, avec un Atlas in-4 de 10 planches, 25 fr.; sur pap. vélin, 36 fr.

TIMBRÉ, pseudon. Voy. le comte de SAINT-CHAMONT.

TIMÉE DE LOCRES. — Traité de la

nature et de l'âme du monde, en grec et en français, trad. avec des dissertations, par le marq. d'Argens. *Berlin*, 1763, pet. in-8, 4 à 5 fr. — Nouv. édit. *Paris*, 1796, in-8.

— Ame (l') du monde, avec des remarques, par Batteux. *Paris*, 1768, in-12.

TIMMERMANS (Alexis), officier du génie, professeur ordinaire à l'Université de Gand, membre de l'Académie royale des sciences et belles-lettres de Bruxelles, et de la Société royale des sciences de Lille; né à Bruxelles.

Le Dictionnaire des hommes de lettres, des savants, etc., de la Belgique (1837, in-8), cite de cet académicien les ouvrages suivants, sur lesquels il ne donne pas de renseignements plus précis que ceux qui suivent : 1° Théorie de la figure de la terre; — 2° Théorie mathématique de l'homme et des animaux considérés comme moteurs ou machines; — 3° Recherches sur la forme la plus avantageuse à donner aux ailes des moulins à vent; — 4° Recherches sur la théorie des courbes déduite de la considération de leurs rayons de courbure successifs; — 5° Nouv. Théorie mathématique des pressions et des torsions; — 6° enfin, plusieurs articles insérés dans les Annales belgiques, la Correspondance mathématique de MM. Garnier et Quetelet, les Annales de Nimes, et les Mémoires de la Société royale des sciences de Nimes.

TIMON, curé de Vaves.

— Lettre du curé de Vaves, en réponse à l'appel aux prêtres consciencieux, fait par M. Ledru, fondateur de l'église française de Lives, adressée au même M. Ledru, par l'auteur. *Chartres, de l'impr. de Labalte*, 1833, in-8 de 20 pages.

TIMON, pseudon. Voy. (au Supplément) Cormenin.

TIMONI (Alexandre), pseudonyme.

— Défense des Martyrs de M. F.-A. de Châteaubriand contre les critiques de M. F.-B.-J. Hoffmann. *Florence*, 1835, in-8.

— Épigrammes d'un genre nouveau, précédées et suivies d'une ode. *Paris, de l'impr. de Carpentier-Méricourt*, 1833, in-8.

TIMONY (Antoine). — Dissertation sur l'inoculation de la petite-vérole. 1762, in-4.

— Dissertation sur les bains orientaux. 1762, in-8.

Réimpr. à la suite de la IVe édition de l'Art de nager, etc., par Thevenot (1782).

TIMOUR. — Instituts politiques et militaires de Tamerlan, proprement appelé Timour, écrits par lui-même en mogol, et traduits en français, sur la version persanne d'Abou-Taleb-al-Hosseini, avec la Vie de ce conquérant, d'après les meilleurs auteurs orientaux, des notes et des tables historiques, etc. Par L.-Math. Langlès. *Paris, Née de la Rochelle* (* *Merlin*), 1787, in-8, 5 fr.

C'est ce que Langlès a fait de mieux : son travail a été revu par M. Sylvestre de Sacy.

TIMURVAL (de). — M. Dupont, ou les Inconvénients du luxe et les avantages de la frugalité, avec des remarques. *Amsterdam, et Paris, Couturier*, 1787, gr. in-8, 1 fr. 50 c.

TINANT (L.-A.), botaniste, à Luxembourg, correspondant de la commission de statistique du grand-duché de Luxembourg, et membre de la Société botanique et du bas et moyen Rhin.

— Flore luxembourgeoise, ou Description des plantes phanérogames, recueillies et observées dans le grand-duché de Luxembourg, classées d'après le système sexuel de Linné. *Luxembourg, J.-P. Kuborn* (*et Paris, Const. Potelet*), 1836, in 8 de 512 pages, 8 fr.

TINARD (Aug.). — Guide (le) du voyageur, ou l'Observateur du commerce et des arts. *Toulouse, de l'impr. de Corne*, 1827, in-12.

TINCHANT. — Digestion (de la) et des phénomènes qui se succèdent dans les organes digestifs pendant l'acte de l'assimilation, ou de la nutrition. *Paris, Gabon*, 1824, in-8, 3 fr. 50 c.

— Doctrine nouvelle pour la reproduction de l'homme, suivie du Tableau des variétés de l'espèce humaine. *Paris, Trouvé*, 1822, in-8, 7 fr.

— Oratio inauguralis de anatomia. *Argentorati, Levrault*, 1806, in-4.

TINDAL (Nic.). — Remarques historiques et critiques sur l'histoire d'Angleterre de Rapin de Thoyras, par N. Tindal, et Abrégé historique du Recueil des actes publics d'Angleterre de Rymer, par Rapin de Thoyras. *La Haye, Gosse*, 1723, 2 vol. in-4.

Ces Remarques ont été ajoutées à l'édition de l'Histoire d'Angleterre de Rapin de Thoyras donnée par de Saint Marc (1749, 16 vol. in-4).

On trouve dans le « Recueil philosophique », Londres (Amsterdam), 1770, 2 vol. in-12, un Extrait (fait par le bar. d'Holbach) d'un livre anglais de Tindal, qui a pour titre : *le Christianisme aussi ancien que le monde*.

TINEL (Charles). — Bâtard (le) d'Apollon, poëme satirico-comique. *Clermont-Ferrand, de l'impr. de Vaissière*, 1836, in-8 de 32 pag.

TINGAULT ( ), curé de Coulanges.
— Lettre à M. l'abbé Bossut.

TINGRY (Pierre-François), chimiste, bourgeois de Genève, successivement maître en pharmacie, démonstrateur pour la chimie et l'histoire naturelle, professeur de chimie et d'histoire naturelle minéralogique à l'Académie de Genève, membre de la Société des arts de Genève, de la Société des curieux de la nature de Berlin, correspondant de l'Académie royale de Turin et de la Société royale de médecine de Paris; né à Soissons (Aisne), en 1743, mort à Genève, le 13 février 1821.
— Analyse des eaux de Marclaz. 1774, in-8.
— Analyse des eaux minérales de Drise, près de Carouge en Savoie. *Genève*, 1785, in-8.
— Construction d'un fourneau propre à préserver les doreurs, en petites pièces, des vapeurs. Mémoire couronné par la Société des arts de Genève.

Imprimé dans les Mémoires de la Société des arts de Genève, tome I, et dans le Journal de physique.

— Observations sur la variété des spaths.

Insérées dans les Mémoires de la Société des curieux de la nature.

— Prospectus pour un cours de chimie à l'usage des artistes. 1777, in-4.
— Prospectus pour un cours de chimie théorique et pratique. 1774, in-4.
— Traité théorique et pratique sur l'art de faire et d'appliquer les vernis, sur les différents genres de peinture par impression et en décoration, ainsi que sur les couleurs simples et composées; dédié à la Société établie à Genève, pour l'encouragement des arts, de l'agriculture et du commerce. *Genève, G.-J. Manget; Paris, Fuchs*, 1803, 2 vol. in-8, avec 5 pl. et tableaux, 7 fr. 50 c.

Tingry a fourni plusieurs Mémoires au recueil de la Société des arts de Genève, au Journal de physique. Les Mémoires que Tingry a fourni à ce dernier recueil sont : *sur la composition de l'éther*, tome XXXIII, 1788; — *sur l'acide phosphorique*, tome XXXV, 1789; — *sur la consistance que les huiles acquièrent à la lumière*, tome XLVI et XLVII, 1798; — *sur la phosphorescence des corps, et particulièrement sur les eaux de la mer*, tome LXVII; — *sur la nature du fluide électrique*, dans le même volume. Tingry a fourni d'autres Mémoires aux recueils de la Société des curieux de la nature, et de l'Académie de Turin : on trouve de lui, dans le dernier de ces recueils, trois *Mémoires sur une espèce de schistes qu'on trouve près de Sallenche, qui fournissent le sel amer*. Il y établit que la magnésie n'est pas invitrifiable, et qu'il n'est pas indifférent d'en connaître le vrai point de saturation dans sa préparation. L'Académie de Turin lui donna une médaille d'or pour ces Mémoires, qui ouvraient une nouvelle source de commerce. Tingry remporta aussi la moitié du prix proposé par la Société royale de médecine, sur la question : *Déterminer, par l'analyse chimique, quelle est la nature des remèdes anti-scorbutiques de la famille des crucifères?* 15 février 1785.

On trouve sur Tingry une notice insérée dans l'Histoire littéraire de Genève, par Senebier, t. III, page 256, et dans la Bibliothèque universelle, publiée dans la même ville, tome XVI (1821).

TINSEAU D'AMONDANS (le chevalier), capitaine, puis ingénieur aide de camp du comte d'Artois.
— Nouveau plan de constitution présenté par MM. les émigrés à la nation française, ou Essai sur les deux déclarations du roi faites le 23 juin 1789. *Worms, et Paris*, 1792, in-8.
— Statistical Account of France, compiled from authentic documents. *London*, 1803, in-8.

Tinseau d'Amondans a rédigé le *Précis historique du siége de Toulon*, en 1794, et plusieurs Mémoires en faveur des Bourbons et des émigrés; une brochure contre la Prusse, en 1802; une autre contre Napoléon, en 1803, in-8.

TINOF (P.-C.), poëte russe, au service de S. M. l'empereur de Russie.
— Camp (le) de Vertus, épître en vers (alexandrins). *Troyes, de l'impr. de Gobelet*, 1815, in-8 de 32 pag., 75 c.

TINTHOIN (l'abbé Pierre-François), né à Paris, le 28 février 1751, fut successivement prêtre de la congrégation de l'Oratoire (1774), docteur de la maison et société de Sorbonne, professeur d'Écriture sainte en Sorbonne (1780), chanoine de Saint-Omer (1789); il passa en Angleterre au mois de septembre 1792, et ne rentra en France qu'à l'époque du concordat. Revenu à Paris, en 1802, il fut nommé à la cure des Blancs-Manteaux, qu'il desservit pendant quatre ans. En 1806, le cardinal de Belloy le fit chanoine et grand pénitencier de son église. L'abbé Tinthoin mourut à Paris, dans la nuit du 13 au 14 mai 1826.
— Choix et indication de pieuses lectures à conseiller dans le tribunal de la pénitence. *Paris, Adr. Leclère*, 1814, in-18, 75 c.
— Exhortation à tous les prêtres et fidèles

de l'Église catholique, avec des notes essentielles sur la souveraineté des rois. *Paris*, 1792, in-8 de 57 pages.

C'est une suite à la *Nouvelle Instruction* suivante.

— * Instruction (nouv.) en forme de conférence et de catéchisme, sur l'état actuel du clergé en France, avec un Traité sur le schisme, et des règles de conduite pour les vrais fidèles, par un prédicateur de l'Église catholique. *Paris*, 1791, in-8 de 109 pages.

Il se fit, en peu de temps, six éditions de cet écrit.

On doit à l'abbé Tinthoin plusieurs écrits contre la Constitution civile du clergé, qui l'exposèrent à la persécution.

On trouve une Notice sur cet ecclésiastique dans l'Ami du roi et de la religion, tome XLVIII, pag. 312.

TIOLIER, de Clermont-Ferrand, banquier à Paris.

— Considérations politiques et morales : Vues sur la destinée de Constantinople. *Paris, Lecointe et Durey; Mongie aîné*, 1828, in-8 de 32 pag.

TIPHAIGNE DE LA ROCHE (Charles-François), ou Tiphaine, d'après A.-A. Barbier, médecin de la Faculté de Caen, membre de l'Académie de Rouen; né à Montebourg, diocèse de Coutance, mort dans sa patrie, le 12 août 1774, âgé de quarante-cinq ans.

— * Amilec, ou la Graine d'hommes. 1753, in-12. — Autre édition, sous ce titre : Amilec, ou la Graine d'hommes qui sert à peupler les plantes, par l'A. D. P***. Troisième édition, augmentée, et très-considérablement. *Lunéville, Ch. Eugène*, sans date (1754), 3 part. petit in-12.

— * Amour (l') dévoilé, ou le Système des sympathistes. 1749, in-12.

— * Bigarrures (les) philosophiques. *Amsterdam, Arkstée*, 1759, 2 vol. in-12.

On cite une édition de ce livre, sous le titre suivant :

Les Visions d'Ibrahim, philosophe arabe, ou Essai sur la nature de l'âme; Relation d'un voyage aux Limbes, ou Bigarrures philosophiques. 1779, 2 vol. in-8.

— * Empire (l') des Zaziris sur les humains. *Pékin (Paris)*, 1761, in-12.

— Essai sur l'histoire économique des mers occidentales de France. *Paris, Cl.-J. B. Bauche*, 1760, in-8.

— * Giphantie. *La Haye (Paris)*, 1760, 2 part. in-12.

— Histoire des Galligènes, ou Mémoires de Duncan. *Amsterdam (Paris)*, 1765, 2 part. in-12.

— Questions relatives à l'agriculture et à la nature des plantes. *La Haye*, 1759, in-8.

Cet ouvrage existe aussi sous le titre suivant : *Observations physiques sur l'agriculture, les plantes, les minéraux et végétaux.* La Haye, et Paris, Delalain, 1765, in-12.

—* Sans frein, ou Mon dernier séjour à la campagne. *Amsterdam (Paris)*, 1765, in-12.

Reproduit quelques années après sous ce titre : *la Girouette, ou Sans frein, histoire dont le héros fut l'inconséquence même.* Paris, Humaire, 1770, in-12.

On assure que Tiphaigne a coopéré au journal intitulé le Glaneur français (Paris, 1735—37, 4 vol. in-12).

TIPHAIGNE, docteur-médecin.

— Discours sur un nouvel art de développer la belle nature, et de guérir les difformités au moyen d'exercices aidés par les machines mobiles. 1784, in-12.

TIPHAINE (Michel), de Chartres; mort en 1760.

— Enfants (les), comédie. 1756, in-12.

TIPHAINE, ou THIPHAINE. Voy. Thiphaine.

TIQUET. — Traité de plusieurs beaux secrets très-utiles pour les artistes et les curieux. *La Haye, et Paris, Gibert l'aîné*, 1770, in-4.

TIRABOSCHI (Girolamo), célèbre historien italien du XVIIIe siècle.

— Histoire de la littérature d'Italie, tirée de l'italien, et abrégée par Antoine Landi. *Berne, et Paris, De Bure l'aîné*, 1784, 5 vol. in-4; ou *Paris, Poinçot*, 1786, 5 vol. in-8.

La première édition de l'ouvrage de Tiraboschi parut à Modène, de 1771 à 1782. L'abrégé que nous citons, qui s'étend depuis 1700, est mal écrit, et fourmille de fautes d'impression; il a donc peu d'intérêt aujourd'hui que nous possédons une bonne Histoire de la littérature italienne, par Ginguené, terminé par Salfi, en 14 volumes in-8.

TIRAN (Melchior). Voy. Arm. Domergue.

TIRECONEL, homme de lettres.

— Recueil complet d'expériences sur la loterie de Paris, depuis 1758, époque de sa création. *Paris, l'Auteur*, 1815, in-12 de 24 pag.

TIREGALLE (de). Voy. RIGAUDDE T.

TIRLET (le vicomte), lieutenant-général, né en 1773, général de division (10 janvier 1813), inspecteur-général d'artillerie pour les divisions de Toulouse, Montpellier, Perpignan et Bayonne, à la Restauration; commandant de l'artillerie du 2e corps de l'armée sous les ordres du maréchal Brune, pendant les cents jours; membre du comité central d'artillerie, en 1818; commandant supérieur de l'artillerie de l'armée française, en Espagne, en 1823; vicomte à l'issue de cette expédition; député de la Marne, en 1827, et de nouveau après la Révolution de 1830.

— Observations de M. le lieutenant-général vicomte Tirlet sur la suppression de la dotation accordée aux écoles roy. d'équitation. *Paris, de l'impr. de Dondey-Dupré*, 1828, in-8 de 4 pag.

— Opinion (son) sur les fortifications de Paris. *Paris, de l'impr. de Dezauche*, 1833, in-8 de 16 pag.

— Opinion (son) sur l'effectif des troupes d'artillerie sur le pied de paix. *Paris, de l'impr. de Dézauche*, 1833, in-8 de 8 pages.

— Observations de M. le général Tirlet, député de la Marne, sur le rapport de la commission du budget concernant les dépenses du matériel de l'artillerie. *Paris, de l'impr. Dezauche*, 1835, in-8 de 24 pages.

— Projet d'organisation du personnel des troupes du corps royal d'artillerie. *Paris, de l'impr. de Dondey-Dupré*, 1828, in-8 de 36 pag.

On doit au général Tirlet plusieurs autres *Discours* à la chambre, mais non imprimés, sur les spécialités de l'artillerie et du haras. Une fois cependant M. Tirlet, député, est sorti de sa spécialité pour faire entendre à la chambre un discours mathématique sur les céréales; il fit de l'écon. politique à la Louis XIV, demandant que le tarif de l'importation fut élevé dans l'intérêt des propriétaires.

TIROLI (Franc.). — Véritable (le) Guide des voyageurs en Italie. *Rome, Giunchi*, 1775, in-12.

TIRON (l'abbé), à Bruxelles, ancien professeur de mathématiques.

— Recherches historiques sur le lieu où est né Charlemagne. *Bruxelles, H.-J.-G. François, et Paris, Cherbuliez*, 1838, in-18 de 54 pag., 1 fr.

Les pages 50 à 54 sont remplies par une *Notice sur Éginhard*.

— Tableau indiquant les principaux lieux et villes du monde, leur gisement, leurs heures par rapport à Paris, leur population, leur plus courte distance de Paris et Bruxelles, et leur angle de position sur le globe, par rapport à ces deux villes. *Bruxelles, établissement géograph.*, in-plano d'une feuille.

TIROUX, ou THIROUX, de Lille. Voy. THIROUX.

TIRPENNE (J.-L.). — Cours progressif de paysage : détails pittoresques. *Paris, Tirpenne*, 1835.

TISCHBEIN (H.-Guil.), directeur de l'Académie royale de peinture et de sculpture et du Musée de Naples, député de la Société des antiquités farnésiennes.

— Figures d'Homère dessinées d'après l'antique, avec les explications de Chr. Gottl. Heyne, conseiller privé et de justice de S. M. B. (trad. par Ch.-Fr.-Dom. de VILLERS). *Metz, Collignon; et Paris, Levrault frères*, 1801-06, 6 livraisons gr. in-folio, sur papier grand soleil vélin, 186 fr.

Cette collection, assez bien exécutée, n'a pas été achevée. Le prix de souscription pour chaque livraison était de 36 fr.

— Recueil de gravures, d'après des vases antiques, la plupart d'un ouvrage grec, trouvés dans des tombeaux, dans le royaume des Deux-Siciles, mais principalement dans les environs de Naples, l'an 1789 et 1790, tirées du cabinet de M. le chev. Hamilton, envoyé extraordinaire et plénipotentiaire de S. M. britanique à Naples, avec des observations sur chacun des vases, par l'auteur de cette collection. *Paris, Bénard*, 1803, et ann. suiv., 4 tom. en 2 vol. in-fol. de 248 planches au trait, avec texte explicatif, tirés sur pap. nom de jésus, 108 fr.

Cette édition, dont les gravures ont été calquées sur l'édition de Naples, 1791, a été distribuée par livraisons, chacune de vingt planches, et au prix de 9 fr. Trois livraisons forment un volume.

Le goût des personnes qui cultivent les beaux-arts s'étant porté vers l'étude des monuments de l'antiquité, a fait rechercher, entre autres objets, les dessins des peintures qui sont sur les vases antiques.

Ces peintures font connaître les formes des vêtements des anciens grecs, celles de leurs armures, de leurs meubles et des instruments en usage dans les sacrifices. Les explications que des savants illustres y ont jointes, jettent de nouvelles lumières sur divers traits historiques et mythologiques des anciens temps.

Tous les ouvrages de ce genre ayant été publiés

dans des pays étrangers, coûtent très-cher, et on les obtient difficilement.

Ces motifs déterminèrent à faire une nouvelle édition des sujets peints sur les vases grecs ou étrusques de la collection d'Hamilton, qui a été donnée à Naples par M. Tischbein en 1791.

Cet ouvrage, qui fait suite à la collection connue sous le nom de d'Hancarville, en contribuant à faire connaître les usages des anciens, et leurs coutumes dans la vie privée comme dans les cérémonies publiques, doit intéresser les amateurs de l'antiquité. Le caractère du dessin, la simplicité et la grâce que les peintres grecs ont su répandre dans les attitudes de leurs figures, doit rendre cet ouvrage utile à tous ceux qui cultivent les beaux-arts.

TISSANDIER (Pierre-Louis), homme de loi à Murat, département du Cantal.

— Code sur la contrainte par corps en matière civile et de commerce conformément à la loi du 13 germinal et à celle du 4 floréal an VI (1798). In-8.

— Traité méthodique et complet sur la transmission des biens par successions, donations et testaments, suivant les lois anciennes, intermédiaires et nouvelles. Tom. I. 1805.

— Traité élémentaire, méthodique et complet sur le régime hypothécaire.

— Traité méthodique et complet sur les dispositions gratuites et sur les successions *ab intesta*, conformément à la loi du 4 germinal an VIII. *Paris*, *Garnery*, an IX (1801), in-12, 2 fr.

TISSART (le Pierre), oratorien, l'un des traducteurs latins de Fables choisies de La Fontaine, au nombre de trente. (1738). Voy. LA FONTAINE.

TISSERAND (P.-A.), professseur de mathématiques au collége Louis-le-Grand, ancien élève de l'École polytechnique; né à Torpes (Doubs), en 1786.

— Arithmétique (petite) décimale, conforme au programme de l'Université pour les écoles primaires. IIIe édition. *Paris*, *L. Colas*, 1834, in-12, 1 fr. 75 c.

— Instruction sur le système métrique. *Douai*, *l'Auteur*, 1838, in-18 de 84 pag.

— Livre de lecture (adopté par l'Université).

Cité par M. Guyot de Fère.

— Manuel pour le baccalauréat ès-lettres et ès-sciences, approuvé par l'Université. IIIe édit. *Paris*, *H. Langlois fils*, 1828, in-8.

— Manuel pour les aspirants au baccalauréat ès-lettres, et pour les instituteurs primaires du degré supérieur, contenant les mathématiques et la physique élémentaire; avec des notes sur la géométrie et l'arpentage, etc., une nouvelle théorie des parallèles; suivi du Guide de l'aspirant au baccalauréat ès-lettres, contenant un précis des réponses aux questions de la partie scientifique de ce grade, etc. *Paris*, *Brunot-Labbe*, 1834, in-8, 6 fr.

— Méthode (nouv.) de calcul prompte et facile, contenant toutes les opérations de l'arithmétique sur les nombres entiers et les fractions décimales. *Paris*, *P. Dupont*, 1829, in-12.

— Méthode (nouv.) perfectionnée de lecture, terminée par des notions générales et exactes. *Paris*, *Paul Dupont*, 1829, in-12.

— Méthode (nouv.) pour résoudre les équations de tous les degrés, suivie de réflexions sur la quantité. *Paris*, *l'Auteur*, 1826, in-8 de 60 pag., 2 fr.

— Pétition à la chambre des députés sur l'instruction publique, pour réclamer contre l'abus d'autorité commis par le conseil royal de l'instruction publique et par le ministre de l'instruction publique, en refusant d'exécuter l'ordonnance qui crée à Paris une école normale primaire, et les décisions qui ont nommé M. Tisserant directeur de cette école. *Paris*, *de l'impr. de Dupont*, 1831, in-8 de 176 pag.

— Pétition sur un nouveau plan d'instruction publique, sur la nécessité d'établir des écoles normales dans les départements, et, à Paris, une école centrale destiné à former des directeurs et des instituteurs pour les diverses écoles normales, et sur les entraves que le conseil royal d'instruction publique apporte à la propagation des lumières, présentée aux chambres; suivie d'un Essai sur l'art d'enseigner. *Paris*, *l'Auteur*, 1830, in-8.

— Résumé numérique des équations, etc.

Cité par M. Guyot de Fère.

— Traité d'arithmétique algébrique, contenant toutes les réponses aux questions d'arithmétique et d'algèbre exigées pour le baccalauréat ès-lettres et ès-sciences; précédé du Manuel complet pour les deux grades, et suivi de notes très-étendues sur la résolution des équations de tous les degrés. IIIe édit. *Paris*, *l'Auteur*; *Bachelier*, 1827, in-8, 5 fr.

La première édition parut sous ce titre :

Traité d'arithmétique algébrique selon la méthode d'enseignement mutuel. Paris, 1819, in-8, avec tabl.

La seconde édition, publiée sous le même titre que la troisième, ne contient pas le *Manuel pour les deux grades*, etc.

— Traité élémentaire d'arithmétique décimale, à l'usage des écoles primaires. *Paris, Carilian-Gœury*, 1821, in-12, 1 fr. 75 c.

TISSET (François-Barnabé), mort à Paris, le 29 juin 1814, à l'âge de cinquante-cinq ans.

— Abrégé des principaux événements de la vie de Jésus-Christ, ou le Pot-pourri sacré, à l'usage des fidèles croyants amateurs du Nouveau Testament. *Rome, de l'impr. du Vatican* (*Paris, de l'imp. de Suret*), an VI (1798), in-8 de 32 pag.

— Compte rendu aux Sans-culottes de la république française, par très-haute, très-puissante et très-expéditive dame Guillotine, etc. *Paris*, an II (1793), 2 num. in-8, fig.

— Relation exacte et véritable de tout ce qui vient de se passer à Rome, et découverte d'un grand ouvrage mis à l'index à Rome, par le pape et les inquisiteurs, contenant les noms et portraits d'après nature, des prêtres, nobles et agioteurs de France et d'Europe. An VI (1798), in-8 de 32 pag.

— Tisset au citoyen Fouché de Nantes. 29 thermidor an VII. In-8 de 7 pag.

— Vie politique et privée des sept ministres de la république (MM. Scherer, Lambrecht, Talleyrand, Letourneux, Dondeau, Ramel, Pléville). In-8 de 8 pag.

— Vie privée de Pierre-Gaspard Chaumette, dit Anaxagoras, ex-procureur de la commune de Paris, traduit au tribunal révolutionnaire avec plusieurs de ses complices, présentée aux sans-culottes. *Paris*, an II (1793), in-8 de 8 pag.

— Vie privée du général Buonaparte. *Paris*, an VI (1798), in-8.

Ouvrage qui, dans le temps, fut mis à l'index à Vienne.

On doit au même beaucoup d'autres opuscules d'aussi peu d'importance.

TISSEUIL (le vicomte de), colonel.

— Essai sur la dette publique. *Paris, Kilian*, 1829, in-4 de 50 pag., et 4 tableaux.

— Projet sur les finances de l'État. 1837. *Paris, de l'impr. d'Éverat*, 1837, in-4 de 8 pages.

TISSIER (N.), pharmacien, professeur de chimie à l'École des beaux-arts de Lyon, membre de la Société d'agriculture du département du Rhône, secrétaire-général de la Société de pharmacie de Lyon, etc.

— Discours d'inauguration du cours de chimie de l'École royale des beaux-arts de Lyon, lu dans la salle de chimie, le 1er mai 1819; suivi du Discours d'ouverture du cours de chimie, lu le 2 mai, même année. *Lyon, de l'impr. de Brunet*, 1819, in-8 de 100 pages.

— * Essai sur la théorie des trois éléments, comparée aux éléments de la chimie pneumatique. *Lyon*, an XII (1804), in-8.

Devillers, auteur du « Colosse aux pieds d'argile », et Thenance, auteur du « Forceps non croisé », ont eu part à cet ouvrage, qui n'a pas été mis en vente. Il n'a été distribué qu'aux savants. *Barb.*

— Notice sur l'aurore boréale qui a paru à Lyon, le vendredi 7 janvier 1831, lue à la Société d'agriculture, dans sa séance du 14 du même mois. *Lyon, de l'impr. de Barret*, 1831 in-8 de 8 pages

Extrait des « Archives historiques et statistiques du Rhône ».

— Rapport sur l'eau minérale ferrugineuse de Saint-Georges, à Lyon. *Lyon, de l'impr. d'André Idt*, 1829, in-8 de 28 pages.

Avec M. J.-B. Monfalcon.

TISSON (Émile), capitaine de cavalerie.

— Vérité (la) à tous les partis. *Paris, Delaunay*, 1830, in-8 de 66 pag.

TISSOT (J.-B.), auteur d'une *Lettre sur l'analyse des plantes*, et d'une autre *sur le tœnia*, imprimées dans le Journal helvét. 1743, sept. et oct.

Le quart de ce journal est rempli de discours de morale et de petits vers de société composés par lui. Voy. l'*Histoire littér. de Genève*, par Senebier, tome III, page 225.

TISSOT (Simon-André), docteur en médecine de la Faculté de Montpellier, professeur en médecine à Lausanne, à Pavie, de 1781-83, puis de nouveau à Lausanne; membre de la Société royale de Londres, de la Société médico-physique de Bâle, de la Société économique de Berne; né à Grancy, village près de Lausanne, dans le canton de Vaud, le 20 mars 1728, mort le 13 juin 1797.

— Ad Albertum Hallerum de variolis, apoplexiâ et hydrope, et Observationes de colica saturnina. 1761, et 1765, in-12. *Lovanii*, 1764, in-12.

— Ad illust. Joannum-Georgium Zimmermannum de morbo nigro, scirrhi viscerum, cefaleâ, inoculatione, irritabilitate cum cadaverum sectionibus. *Lausannæ, Chappuis*,

1760, 1765, in-12; — *Lovanii*, 1764, in-12; — 1783, in-8.

— Conseils au peuple sur le traitement du choléra-morbus. *Lyon, les princip. libr.*, 1832, in-8 de 32 pag.

— Avis au peuple sur sa santé. *Lausanne, de l'impr. de J. Zimmerli, aux dépens de F. Grasset, et se trouve à Paris, chez Vincent*, 1761, in-12.

Première édition.

— Le même ouvrage, sous ce titre: Avis au peuple sur sa santé, ou Traité des maladies les plus fréquentes, par M. Tissot; nouvelle édition, augmentée de la description et de la cure de plusieurs maladies, et principalement de celles qui demandent de prompts secours (par A.-G. Le Bègue de Presle). Ouvrage composé en faveur des habitants de la campagne, du peuple des villes, et de tous ceux qui ne peuvent avoir facilement les conseils des médecins. *Paris, P.-Fr. Didot le jeune*, 1762, in-12.

Les additions que M. Le Bègue de Presle a faites à cette édition commencent à la page 420, et finissent à la page 503 inclusivement

— Le même ouvrage. Nouvelle édition, conforme à la deuxième originale, à laquelle on a joint la traduction de la Préface allemande de M. Hirzel, et des notes par M.... *Lyon*, 1763, 2 vol. in-12.

— Le même ouvrage. IIIe édition originale, augmentée par l'auteur. *Paris, P.-Franc. Didot le jeune*, 1767, 2 vol. in-12.

Cette édition renferme deux nouveaux chapitres, l'un sur l'inoculation, l'autre sur les soins qui conviennent aux valétudinaires. Les additions de Lebègue de Presle se trouvent également dans cette édition.

— Avis au peuple sur sa santé, par Tissot, et Instructions importantes au peuple, sur les maladies chroniques, pour servir de suite au premier, par Philippe Fermin. *Paris*, 1768, 4 vol. in-12.

Les Instructions de Fermin (voyez ce nom) ont été aussi imprimées séparément.

Les éditions que nous venons de citer ne sont pas toutes celles qui existent: d'après les auteurs de la Biographie médicale, l'*Avis au peuple sur sa santé* obtint dix éditions en moins de six ans: il fut traduit en sept langues différentes, le fut en allemand par le célèbre Hirzel, de Zurich, et en hollandais par Blicker, médecin non moins célèbre de Rotterdam. Les autres éditions de ce livre que nous connaissons sont les suivantes:

IVe édit. 1769, 2 vol. in-12.

VIe édit. Lausanne, 1775, 2 vol. in-12.

VIIe édit. originale, revue et augm. par l'auteur. Lausanne, Franç. Grasset et comp^{e}, 1777, 2 vol. in-12.

Nanci, 1780, 2 vol. petit in-12.

Paris, 1782, 2 vol. in-12.

Lausanne, 1783, 2 vol. in-12.

Paris, 1785, 2 vol. in-12.

Édition originale, revue, augmentée et avouée par l'auteur. Paris, Delalain jeune, 1786, 2 vol. in-12.

Berne, Soc. typogr., 1787, 2 vol. in-12.

X^{e} édit. originale, revue et augm. par l'auteur. Lausanne, 1789, 2 vol. in-12.

XIe édition originale. Lausanne, 1792, 2 vol. in-12.

Blois, 1795, 2 vol. in-12.

Sur la dixième édition originale, revue et augm. par l'auteur, exactement conférée sur l'édition de Paris de 1782, où l'on a corrigé des fautes très-essentielles. Rouen, veuve Pierre Dumesnil, an III (1795), 2 vol. in-12; 3 fr.

XIIe édition originale. Lausanne, 1799, 2 vol. in-12.

Dernière édition originale, revue, augmentée et avouée par l'auteur. Paris, * veuve Belin; * Le Prieur, 1802, 2 vol. in-12 de XXIV—336 et 370 pag., 3 fr. Ce n'est qu'un nouveau titre que les libraires ont mis à une des éditions précédentes.

Dernière édition originale, augmentée et avouée par l'auteur. Paris, * Méquignon l'aîné, an XI (1803), 2 vol. in-12 de XXIV-336 et 368 pag., 3 fr.

Cet ouvrage est, sans contredit, celui qui a le plus contribué à répandre dans le monde entier le nom de Tissot, encore bien que son *Histoire de la fièvre bilieuse* lui assigne un rang bien plus distingué parmi les médecins.

— Avis sur les maladies épidémiques et contagieuses, comme petite vérole, rougeole, etc. 1772, in-12.

— Dictionnaire des pronostics. *Paris, Vincent*, 1770, in-12.

—Dissertatio de febribus biliosis, seu Historia epidemiæ biliosæ Lausanensis. 1756. *Lausannæ*, 1758, in-8. — Accedit Tentamen de morbis ex manustupratione. *Lovanii*, 1760, in-8; — *Celle*, 1769, in-8; —*Bâle*, 1780, in-12; — *Parisiis, Crochard*, 1813, in-32, 1 fr. 80 c.

On ne trouve pas dans l'édition de Paris le *Tentamen de morbis ex manustupratione*, dont il existe, du reste, une édition française, sous le titre de *l'Onanisme*, très-fréquemment réimprimée en France.

— Dissertation sur les fièvres bilieuses, ou Histoire de l'épidémie bilieuse qui régna à Lausanne en 1755. Traduite du latin, avec quelques additions, par M. M*** (Maur. Mahot). *Paris, Gabon*, an VII (1799), in-12 de 400 pag., 2 fr. 50 c.

— Epistolæ medico-praticæ, auctæ et emend. *Lausannæ, et Parisiis, Cavelier*, 1771, in-8.

— Essai sur les maladies des gens du monde. *Lausanne, Grasset, et Paris, Didot le jeune*, 1770, in-12.—IVe édition. 1773, in-8.

— Essai sur les moyens de perfectionner les études en médecine. *Lausanne, Mourer, et Paris, Didot le jeune*, 1785, in-8.

— Inoculation (l') justifiée, ou Dissertatation pratique et apologétique sur cette méthode. *Lausanne*, 1754, in-12. — Nouv. édition, avec un Essai sur la mue de la voix. *Lausanne, et Paris, Didot le jeune*, 1774, in-12.

— Lettre à M. de Haen, en réponse à ses questions sur l'inoculation.. *Vienne (en Autriche)*, 1759, in-12; — Nouv. édit. *Lausanne*, 1765, 1773, in-12.

— Lettre à M. Hirzel sur le blé et le pain. *Lausanne*, 1779, in-12.

— Lettre à M. Hirzel sur quelques critiques de M. de Haën. *Lausanne*, 1762, in-12.

— Lettre à M. Zimmermann sur l'épidémie courante. *Lausanne*, 1765, in-8.

— Observations et Dissertations de médecine pratique, publiées en forme de lettres, trad. du latin par M. Vicat. *Lausanne*, 1780, 2 vol. in-12, 3 fr.

—

— Onanisme (l'), ou Dissertation sur les maladies produites par la masturbation. *Lausanne*, 1760, 1764, 1766, in-12.

C'est le même ouvrage que le *Tentamen de morbis ex manustupratione ortis*, imprimé dans la même année à la suite de la seconde édition de la *Dissertatio de febribut. biliosis* (voy. plus haut).

Cette version a été réimprimée un grand nombre de fois et l'est encore journellement. Voici l'indication des éditions que nous connaissons :

Paris, 1769, in-12.
— 1772, in-12.
Lausanne, 1778, in-12.
— 1781, in-12.
X^e édition. Ibid., 1791, in-12.
Paris, 1805, in 12.
Nouv. édition, d'après celle in-octavo que M. le professeur Hallé a enrichie de notes. Paris, Allut, 1810, in-12, 1 fr. 75 c.
Coulommiers, André, 1813, 2 vol. in-18.
Paris, Pigoreau, 1817, 1822, in-12.
Avignon, J.-A. Joly, 1817, in-18, 1 fr. 25 c.
Paris, Ledentu, 1819, in-18, 2 fr.
— Gabon, 1819, 1828, in-12, 1 fr. 50 c.
— Béchet jeune, 1823, 1826, in-12, 2 fr.
Avignon, Offray, 1825, in-18.
Édition considérablement augmentée. Paris, Ledentu, 1827, in-12, 1 fr. 50 c.
Édition considérablement augm. Belfort, Clerc, 1835, in-12.

— Le même ouvrage, sous ce titre : Véritable Traité sur les habitudes et plaisirs secrets, ou de l'Onanisme chez les deux sexes, dangers et maladies auxquels s'exposent les personnes qui se livrent à cette funeste passion, ainsi que celles qui usent avec excès des délices de l'amour, avec l'indication des moyens à mettre en usage pour en prévenir et arrêter les suites funestes; par Tissot. Nouv. édition, mise à la portée de tout le monde, et augmentée de plusieurs chapitres intéressants sur le moyen de reconnaître par des signes extérieurs les individus sujets à ces dangereux penchants, et d'en empêcher la continuation. Par C.-T. Morel. *Paris, Terry*, 1830, in-18, 2 fr. 50 c.

— Onanisme (l'). Nouv. édition, annotée d'après les nouvelles observations des docteurs Gottlier, Vogel, Campe, etc., et revue par M. Valentin. *Paris, les march. de nouv.*, 1836, in-16, 3 fr. 50 c.

—

— Sermo inauguralis de Valetudine litteratorum. *Lausannæ*, 1766, in-8.

C'est le discours que prononça Tissot le 9 avril 1766, en prenant possession de la chaire de médecine dans le collége de Lausanne. Ce travail estimable a paru en français sous les titres suivants :

— Avis aux gens de lettres et aux personnes sédentaires sur leur santé, trad. du latin. *Paris, Hérissant fils*, 1767, in-12 de VIII et 119 pag.

Il y a des exemplaires, sans date, qui portent *Paris, Humaire* : ils sont de la même édition, c'est seulement un nouveau titre que ce libraire y a mis. Tissot lui-même a revu cette traduction, et il a approuvé les notes qui y sont ajoutées.

— Le même ouvrage, sous ce titre : De la Santé des gens de lettres. *Lausanne, Franç. Grasset, et Paris, Didot le jeune*, 1768, in-8.

Autres éditions sous le même titre :
Lyon, 1769, in-12.
Lausanne, 1770, in-8; et 1772, in-12.

— Santé (de la) des gens de lettres. Nouv. édition, augm. d'une Notice sur l'auteur et de notes, par F.-G. Boisseau. *Paris, Baillière*, 1825, in-18, 2 fr. 50 c.

—

— Traité de l'épilepsie. *Paris, Didot le jeune*, 1770, in-12.

C'est le troisième volume du *Traité des nerfs et de leurs maladies*. Des motifs particuliers engagèrent Tissot à publier séparément, et la première, cette partie d'un ouvrage qui n'a paru que plus tard.

— Traité des nerfs et de leurs maladies, comprenant le traité de l'épilepsie. *Paris, Didot le jeune, et Théoph. Barrois le jeune*, 1778-80-83, 3 tomes en 6 vol. in-12; — ou *Avignon*, 1800, 4 vol. in-12, 8 fr.

— Traité sur différents objets de médecine, par M. Tissot, ouvrage traduit du latin, avec un Discours préliminaire sur chaque maladie, par M. M***, docteur en médecine. *Paris, Didot le jeune*, 1769, 2 vol. in-12.

C'est la traduction de deux opuscules latins, l'un publié, en 1761, sous le titre de *Alberto Hallero de variolis, etc.*, et l'autre publié, en 1764, sous ce titre : *Joanni-Georgio Zimmermanno de morbo nigro, etc.* (Voy. ci-dessus).

Ces opuscules latins ont été réunis à Lausanne, en 1770, disent les auteurs de la Biographie médicale.

— Ch. Vater de Præsagiis vitæ et mortis iterum auxit. *Pavia*, 1784, in-8.

— Vie de J.-G. Zimmermann, etc. *Lausanne, A. Fischer et Luc Vincent*, 1797, in-8, 1 fr. 50 c.

Tissot, dont les ouvrages ont été plusieurs fois traduits, était aussi traducteur; c'est à ce titre qu'il a publié les trois ouvrages suivants : 1° Dissertation sur les parties sensibles et irritables des animaux, trad. du latin de Haller (1755, in-12); — 2° deux Mémoires sur le mouvement du sang et sur les effets de la saignée. trad. du latin, *du même* (1757, in-12); — 3° Dissertation sur l'utilité de l'amputation des membres, traduite du latin de Bilguer, avec des notes du traducteur (1764, in-12). On trouve de l'exagération dans l'ouvrage original et dans les notes du traducteur.

Tissot a publié, en 1779, à Yverdun, et en trois volumes in 4, le Traité de Morgagni : *De Sedibus et causis morborum per anatomen indagatis*. Cette édition, à la tête de laquelle se trouve un portrait de l'auteur, est estimée surtout pour une préface, dans laquelle Tissot a donné l'histoire de la vie et des ouvrages de Morgagni.

OEUVRES.

— Ouvrages divers, latins et français. *Paris*, 1769 et ann. suiv., 10 vol. in-12.

— OEuvres. *Lausanne*, 1783-95, 15 vol. in-12.

— OEuvres complètes. Nouvelle édition, publiées par M. (Alex.) P. Tissot, précédée d'un Précis historique sur la vie de l'auteur, et accompagné de notes, par J.-N. Hallé. *Paris, Allut*, 1809-13, 11 vol. in-8, 45 fr.

Cette collection est divisée en deux parties, qu'on a pu se procurer séparément, savoir : *OEuvres choisies*, 3 vol., 20 fr., et *OEuvres complètes*, 8 vol., 50 fr., prix primitifs.

Les ouvrages renfermés dans cette collection sont les suivants : Tomes I et II, Avis au peuple sur sa santé;—Des maladies des gens du monde. Tom. III. De la santé des gens de lettres; — l'Onanisme. Ces trois volumes constituent ce que l'éditeur nomme les OEuvres choisies. Tomes IV et V, Observations et Dissertations de médecine pratique, traduites, avec l'approbation de l'auteur, par M. Vicat (savoir : Lettre sur l'inoculation de le petite-vérole;— Lettre à M. Zimmermann, contenant des observations sur la maladie noire, sur le ver plat, sur une céphalée, sur l'inoculation et sur l'irritabilité; — Lettre à M. Albert de Haller, sur la petite-vérole, l'apoplexie et l'hydropisie; — Observations sur la colique de plomb; — Lettre à M. G. Baker, tirée du tome LV des Transactions philosophiques);—Choix de quelques pièces sur le raphania, maladie attribuée ci-devant au seigle ergoté, par M. Vicat; — Dissertation sur l'inutilité de l'amputation des membres, trad. de l'allem de Bilguer, par Tissot;— l'Inoculation justifiée, avec un Essai sur la mue de la voix. Tomes VI—XI, Traité des nerfs et de leurs maladies. Ces huit derniers volumes constituent les OEuvres complètes.

— OEuvres choisies. Nouv. édition, publiée par P. (Alex.) Tissot; précédée d'un Précis historique sur la vie de l'auteur, et accompagnée de notes par J.-N. Hallé. *Paris, Allut*, 1809, 3 vol. in-8, 20 fr.; — ou 1820, 6 vol. in-8.

Ces OEuvres choisies se composent, dans l'édition de 1809, des trois premiers volumes des OEuvres complètes, et dans la reproduction de 1820, des six premiers : le sixième renferme la Description des nerfs, première partie du Traité des nerfs.

TISSOT (François-Louis-Pierre-Auguste) connu aussi sous le nom de Tissot-Grenus anc. commandant d'un corps de troupes et lieutenant-colonel au service de L. H. P. les États-Généraux de Hollande, puis capitaine au service de la république de Genève; né à Lausanne.

—* Cahiers militaires portatifs, contenant la nouvelle idée sur le génie, les remarques et extraits sur une armée, et le service en général. Par M. le colonel. D***. *Genève, J.-A. Nouffer*, 1778, in-4 de 182 pag., avec 11 pl. — Autre édition. *Londres, et La Haye*, 1785, in-8 de 221 pag., et 11 planches.

TISSOT (François-Charles-Rodolphe), docteur en médecine et en chirurgie.

— Dissertation dans laquelle on cherche à déterminer quelle maladie de l'œil on doit entendre sous le nom de staphylome, présentée au concours pour la chaire d'anatomie et de chirurgie.

TISSOT (l'abbé). —* Proses des principales fêtes de l'année, traduites en vers français. *Besançon, J.-F. Couché*, 1788, in-12.

TISSOT (Charles-Louis), auteur dramatique (1).

— Bruits (les) de paix, ou l'Heureuse espérance, comédie en un acte et en prose, mêlée de vaudevilles et d'airs nouveaux. *Paris, cit. Toubon*, 1796, in-8.

Avec Joseph Aude.

— Cadet-Roussel, ou le Café des aveugles, pièce en deux actes qui n'en font qu'un en vers et en prose. Par A... et T..... *Paris, Clément*, 1793, in-8.

Avec Aude.

(1) M. D. Monnier, dans ses « Jurassiens recommandables », page 360, dit quelques mots d'un M. Vincent Tissot, de Dôle, auquel il attribue les pièces de théâtre que nous citons ici. Il pourrait bien avoir erreur dans l'un ou l'autre de ces renseignements, car toutes les pièces de l'auteur de *Cadet-Roussel* portent pour nom d'auteur Charles-Louis Tissot.

On trouve dans cette pièce une tragédie burlesque en un acte, intitulée : *Matapan, ou les Assassinats de l'amour*, qui a été réimprimée à part dans le format in-18.

— Cri (le) de la nature, ou le Fils repentant, comédie en deux actes et en vers, mêlée d'ariettes. *Paris, cit. Toubon*, an III (1795), in-8.

— Georges le taquin, ou le Brasseur de l'île des Cignes, divertissement allégorique mêlé de vaudevilles. *Paris, Barba*, 1803, in-8.

Avec Martainville.

— Madame Angot au sérail de Constantinople, drame, tragédie, farce, pantomime, en trois actes. *Paris, Barba*, 1803, in-8, 1 fr. 50 c.

Avec Aude.

— Mariages inattendus, comédie en un acte, mêlée d'ariettes. *Paris, Barba*, an XIII (1805), in-8.

— On respire, comédie en un acte et en prose, mêlée d'ariettes. *Paris, cit. Toubon*, an III (1795), in-8.

— Salpêtriers (les) républicains, comédie en un acte, et en prose, mêlée de vaudevilles et d'airs nouveaux. *Paris, cit. Toubon*, 1794, in-8.

— Tout pour la liberté, comédie en un acte, mêlée de vaudevilles. *Paris, cit. Toubon*, 1792, in-8.

— Triomphe (le) des armées françaises, pièce héroïque en un acte et en vers. *Paris, Lerouge*, s. d., in-8.

TISSOT (Clément-Joseph), D. M.; né à Ornans, département du Doubs, successivement inspecteur des hôpitaux militaires des armées de Rhin et Moselle, officier de santé en chef des armées de Sambre et Meuse, d'Allemagne, de Mayence et des Grisons, chirurgien-major des troupes légères de France, inspecteur des hôpitaux civils et militaires des 6e et 18e divisions.

— Considérations sur le service des hôpitaux civils et militaires....

Ve volume des Œuvres de l'auteur.

— * Effets du sommeil et de la veille dans le traitement des maladies externes, mémoire couronné par l'Académie de chirurgie, en 1781. *Strasbourg, et Paris, Kœnig*, an VI (1798), in-8 de 140 pages, 2 fr.

A.-A. Barbier, sous le numéro 6542 de ses Anonymes, attribue ce Mémoire à un M. P. Tissot, de Lausanne : d'après notre bibliographe, il en existerait aussi une édition de Besançon, sans date, in-8.

— Essai sur l'éducation physique et morale....

VIIe volume des Œuvres de l'auteur.

— Gymnastique médicinale et chirurgicale, ou Essai sur l'utilité du mouvement et des différents exercices du corps dans la cure des maladies. *Paris, Bastien*, 1780, in-12.

— Influence (de l') des passions de l'âme dans les maladies, et les moyens d'en corriger les mauvais effets; précédée du tableau de l'homme moral considéré sous les différents rapports. *Strasbourg, et Paris, Kœnig*, an VI (1798), in-8, 3 fr.

— Mélanges de médecine, contenant des observations sur les épidémies, sur les maladies des femmes en couche, etc.

VIe volume des Œuvres de l'auteur.

— Mémoire sur les moyens d'améliorer le coucher des malades et des blessés dans les hôpitaux civils et militaires : précédé d'observations préliminaires. *Paris, de l'impr. de Coniam*, 1826, in-8 de 32 pag.

— Observations générales sur le service de santé et l'administration des hôpitaux ambulants et sédentaires des armées françaises. *Lyon*, 1793, in-8.

— Observations sur les causes de la mort des blessés par des armes à feu, dans la journée mémorable du 29 mai 1793, à Lyon, etc. *Lyon*, 1793, in-8. — IIIe édition. *Paris, de l'impr. de Moronval*, 1821, in-8 de 12 pag.

— Œuvres (ses), imprimées par arrêté des représentants du peuple Calès, médecin, et Sévestre, homme de loi, en mission dans les départements du Doubs, de la Haute-Saône, du Jura, de la Côte-d'Or, etc. (formant les 6e et 18e divisions militaires). Tomes I à III. *Besançon, de l'impr. de Briot*, an III (1795), 3 vol. in-8.

Cette collection devait être plus volumineuse, car on trouve dans deux volumes une table générale de sept volumes, ou bien, elle se formait d'ouvrages imprimés à diverses époques, qui se réunissaient au moyen d'un titre collectif. D'après cette table générale, les ouvrages dont elle se formait sont : Tome Ier, Du régime diététique dans la cure des maladies ; — Tome II, Des effets du sommeil et de la veille dans le traitement des maladies ; — Tom. III, De l'influence des passions de l'âme dans les maladies, et des moyens d'en corriger les mauvais effets, précédée du Tableau de l'homme moral, considéré sous différents rapports ; — Tome IV, de la Gymnastique médicinale ; — Tome V, Considérations sur le service des hôpitaux civils et militaires ; — Tome VI, Mélanges de médecine, contenant des observations sur les épidémies, sur les maladies des femmes en couche, etc. Tome VII, Essai sur l'éducation physique et morale.

— Recherches topographiques et médico-militaires faites dans les quartiers de cavalerie établis à Neufchâteau (Vosges), et à Vassy (Haute-Marne), en 1784, 1785, 1786 et 1787. *Paris, de l'impr. de madame Huzard*, 1825, in-8 de 44 pag.; ou 1825, in-8 de 122 pag.

Extrait des Mémoires de médecine, de chirurgie et de pharmacie militaires, qui n'a pas été mis dans le commerce.

— Recueil d'observations sur les abus dans l'ordre des évacuations des malades ou blessés dans l'armée de Rhin et Moselle, dans les départements du Doubs, de la Haute-Saône et du Jura, etc. *Besançon*, 1795, in-8.

— Recueil d'observations sur les causes de l'épidémie régnante dans les hôpitaux militaires et les dépôts des prisonniers de guerre des départements de Saône-et-Loire et de la Côte-d'Or, et sur les moyens d'en arrêter les progrès. *Dijon*, 1794, in-8.

— Régime (du) diététique dans la cure des maladies. *Strasbourg, et Paris, Kœnig*, an VI (1798), in-8, 3 fr.

Vraisemblablement le même traité que celui qui se trouve dans les mémoires sur les sujets proposés pour les prix de l'Académie de chirurgie.

On a encore du même plusieurs mémoires dans les journaux de médecine.

TISSOT (Pierre-François), littérateur, professeur de poésie latine au Collége royal de France, à la mort de Delille, qui l'avait choisi pour son suppléant, dès 1806, membre de l'Académie française et son directeur; né à Versailles, le 10 mai 1768.

— Allégorie (de l'). *Paris, de l'impr. de Lachevardière*, 1824, in-8 de 20 pag.

Extrait de « l'Encyclopédie moderne », publiée par M. Courtin.

— Anciens. *Paris, de l'impr. de Moreau*, 1825, in-8 de 28 pages.

Extrait de « l'Encyclopédie moderne ».

— Bucoliques (les) de VIRGILE, trad. en vers français (avec le texte en regard), accompagnées de remarques sur le texte, et de tous les passages de Théocrite que Virgile a imités. IVe édit., revue et corr. *Paris, Delaunay*, 1822, in-18, sur pap. ordin., 3 fr. 50 c.; et sur pap. vélin, 7 fr.

La première édition de cette traduction a paru sous ce titre :

Églogues de Virgile, traduites en vers français, avec le texte latin, accompagnées de la traduction en vers de plusieurs morceaux de Théocrite, Bion et Moschus, et de l'épisode de Nysus et d'Euryale. Paris, Valard-Jouannet; Fayolle; Th. Barrois, an VIII (1800), vol. in-8 de L et 191 pag., 2 fr. 50 c.

Cette traduction a été insérée dans le Virgile polyglotte publié en 1838.

— Cantate en l'honneur de S. M. le roi de Rome. *Paris, de l'impr. de Doublet*, 1811, in-8.

Réimprimée dans le recueil intitulé : « l'Hymen et la naissance ».

— Chefs-d'œuvre des fabulistes français : Choix de deux cents fables les plus propres à l'instruction de l'enfance, avec une lettre sur les fabulistes français et des notes. *Paris, rue des Filles-Saint-Thomas*, n° 5, 1838, in-16, 1 fr. 25 c.

— Discours prononcés dans la séance publique tenue par l'Académie française pour la réception de M. Tissot. *Paris, de l'impr. de F. Didot*, 1833, in-4 de 48 pag.

— Discours prononcé par M. Tissot, dans la séance publique du 27 août 1835, sur les prix de vertu; suivi d'un livret contenant les récits des actions vertueuses et qui ont obtenu des médailles dans cette même séance. *Paris, de l'impr. de F. Didot*, 1836, in-18 de 54 pag.

— Études sur Virgile, comparé avec tous les poëtes épiques et dramatiques des anciens et des modernes; précédées de considérations préliminaires destinées à servir d'introduction. *Paris, Méquignon-Marvis*, 1825-30, 4 vol. in-8, 36 fr.

Il y a eu des exemplaires tirés sur pap. vélin.

Travail immense et consciencieux qui recommande son auteur à la postérité. Il restera comme le répertoire poétique le plus riche et le plus complet que puissent consulter les professeurs aussi bien que les élèves, aussi long-temps que les hautes études classiques seront en honneur parmi nous.

— Fastes (les) de la gloire, ou les Braves recommandés à la postérité. Par une société de militaires et d'hommes de lettres, sous la direction de M. Tissot. *Paris, Raymond; Ladvocat*, 1818-19, 2 vol. in-8, 12 fr.

— Histoire complète de la révolution française. *Paris, Baudouin*, 1833-36, 6 vol. in-8, ornés de 45 gravures et du portrait de l'auteur, dessiné par Raffet, 30 fr.

Cet ouvrage embrasse depuis 1789 jusqu'à l'érection de l'Empire, en 1804.

Il a paru par livraisons de 5 feuilles. A ces volumes se joint une Collection de gravures et portraits, gravés sur acier, par les premiers artistes de la capitale.

L'auteur de cet ouvrage, appuyant son opinion sur les principes constitutifs du véritable état social, sur les inspirations du bon sens, sur les lumières de la philosophie, sur l'impulsion donnée par le christianisme à l'affranchissement de l'humanité, enfin sur l'étude approfondie de notre histoire nationale, pose en maxime que la révolution française était juste, nécessaire, inévitable. Il la regarde comme un combat de la raison contre l'erreur, du droit contre tous les genres d'usurpation; de la loi contre le despotisme. Ce combat, notre généreuse France l'a livrée non-seulement pour elle-même, mais encore au profit de tous les peuples; sa victoire est leur victoire, et le gage infaillible de leur retour progressif à la liberté, le premier apanage de l'homme.

Dans le cours des siècles, aucune révolution n'a répandu tant de bienfaits à la fois sur un grand peuple, aucune n'a eu et ne pouvait avoir une aussi heureuse influence sur le monde entier. Cependant, cette époque de salut et de régénération est encore mal connue et mal jugée. Convaincu des graves inconvénients de l'ignorance et de l'erreur sur un pareil sujet, M. Tissot a voulu essayer de les détruire. Il a voulu, en la débarrassant de toutes les calomnies, de toutes les fausses accusations accumulées sur elle, faire bien connaître cette révolution à tout le monde, parce que tout le monde est intéressé à la bien connaître. Ses ennemis, pour ne pas rester en désaccord avec l'opinion publique et en lutte avec l'intérêt général, faute si cruellement expiée par ceux qui ont donné le premier exemple; ses amis, pour que la profonde conviction de tout ce qu'elle a produit de généreux, de grand et d'utile à l'humanité, leur fournisse les moyens de réduire au silence les impudents accusateurs qui, en jouissant de ses bienfaits, ne craignent pas de déshonorer l'origine de notre liberté; les chefs de l'État, pour se pénétrer de l'esprit du siècle, qui est l'esprit de la révolution résumée tout entière dans ce peu de paroles où sont écrits leurs devoirs: «Faire le bonheur du peuple»; le peuple enfin, pour se rendre de plus en plus digne et capable de conserver les presents de cette révolution qui lui a donné un champ, une cabane, une famille affranchie, une industrie libre de toute entrave, une patrie, et les droits du citoyen.

L'auteur de cette histoire était depuis long-temps rempli du sujet qu'il devait traiter un jour. Le règne de Louis XVI, la révolution et les divers gouvernements qu'il a créés, la guerre étrangère et la guerre civile déchaînées contre la France, les sociétés populaires et les assemblées nationales, le peuple d'autrefois et le peuple d'aujourd'hui, ont passé tour à tour devant ses yeux attentifs au plus grand des spectacles. Il a beaucoup vu, beaucoup retenu, et conservé jusqu'aux premières et fortes impressions que les hommes et les choses lui ont faites. Aimer, servir la révolution, l'étudier sans cesse comme un livre inépuisable en grandes leçons, voilà l'emploi d'une partie de sa vie; raconter cette révolution qui changera le monde, est un dernier devoir qu'il remplit envers elle. Exempt de passions haineuses, de préventions aveugles et surtout volontaires, ami de la vérité qu'aucun intérêt ne l'invite à dissimuler, calmé par les nombreux orages qu'il a essuyés pendant une tourmente de quarante ans, il s'est efforcé de rendre justice à tous par l'exposé fidèle de leurs opinions et de leurs actes. M. Tissot a eu d'autant moins de peine à suivre ici les inspirations de la conscience, que le bonheur de son sujet lui offre sans cesse l'occasion de préserver d'un ingrat oubli les services rendus à la cause populaire par les plus généreux des hommes, et de faire briller du plus vif éclat le courage civil, le plus difficile, le plus rare des courages, et la vertu la plus nécessaire pour la conquête et la conservation de la liberté.

Cette histoire a évidemment pour but de rallier, au nom de leurs plus chers intérêts, tous les Français aux principes d'une révolution qui est venue affranchir et féconder notre patrie, et fonder le règne des lois.

— Histoire de France, depuis Pharamond jusques et y compris le règne de Louis-Philippe. *Paris, rue des Filles-Saint-Thomas*, n° 5, 1837, in-18, 1 fr. 25 c.

— Joséphine. Ode. *Paris, de l'impr. de J. Tastu*, 1823, in-8 de 8 pag.

Extrait du Mercure du XIXe siècle.

— Leçons et Modèles de littérature française ancienne et moderne [depuis Villehardouin jusqu'à M. de Châteaubriand pour la prose, depuis le sire de Coucy jusqu'à M. de Lamartine pour les vers]. *Paris, L'Henry*, 1835 et ann. suiv., 2 vol. grand in-8 de 744 et 679 pag. à deux colonnes, ornés de plus de 1200 vignettes, portraits, frontispices, culs-de-lampe, et d'un encadrement, 32 fr.

Cet ouvrage a paru par livraisons.

Cet ouvrage, destiné sans aucun doute à être adopté par l'Université, n'est pas une compilation dans le genre de celle de Noël et Laplace: c'est un choix intelligent de morceaux d'élite accompagnés de notices biographiques, de jugements littéraires, de remarques critiques, etc; enfin c'est le résultat de trente années de travaux sérieux, dû au successeur de Delille au collége de France.

On assure pourtant que MM. JUSTRAL et LEGOY sont les véritables auteurs de ce choix; M. Tissot n'aurait fait que diriger ces messieurs.

— Mémoires historiques et militaires sur Carnot, rédigés d'après ses manuscrits, sa correspondance inédite et ses écrits; précédés d'une notice (et suivis d'extraits de lettres et autres documents historiques). *Paris, Baudouin frères*, 1824, in-8, avec portr., 6 fr.

Faisant partie de la «Collection de Mémoires relatifs à la révolution française».

— Notice sur P.-J. de Béranger, et Essai sur ses poésies.

Impr. en tête des Chansons de P.-J. de Béranger, édition de 1829.

— Notice sur la vie et les ouvrages de Delille.

Impr. en tête des OEuvres de Delille, édition de Furne (1832).

— Notice biographique sur le général Foy.

Impr. en tête des Discours du général Foy (1826), et aussi dans la Revue encyclopédique (1826).

— Notice sur la vie et les ouvrages d'Év. Parny.

Imp. en tête des Poésies inédites de Parny (1826, in-18).

— Poésie latine. *Paris (Videcoq)*, 1821, in-8, 5 fr.

Extrait du Journal des cours publics, 1820—21.

— Poésies érotiques. *Paris*, *Delaunay*, 1826, 2 vol. in-18, 8 fr.

L'auteur s'y montre parfois l'heureux émule de Parny, avec lequel il fut autrefois très-lié.

Le premier vol. renferme les poésies de M. Tissot; le second, les Baisers de Jean Second, avec le texte en regard.

— * Précis, ou Histoire abrégée des guerres de la révolution française, depuis 1792 jusqu'à 1815; par une société de militaires, sous la direction de M. Tissot. *Paris*, *Raymond*, 1820-21, 2 vol. in-8, 12 fr.

Le premier volume est de M. Tissot, et le second de M. L.-F. L'Héritier (de l'Ain).

— Réflexions générales sur Napoléon.

Impr. en tête d'une Histoire anonyme de Napoléon (1833, 2 vol. in-8).

— Réponse de P.-F. Tissot, successeur de M. Delille au Collége royal de France, à un article du « Journal de Paris », du 14 février 1821. *Paris*, *de l'impr. de Fain*, 1821, in-8 de 8 pag.

— Souvenirs de la journée du 1er prairial an III, contenant deux écrits de Goujon, son hymne en musique, sa défense, et celle de ses collègues Romme, Bourbotte et Soubrany. 1799, in-12.

— Souvenirs historiques sur la vie et la mort de F. Talma. *Paris*, *Baudouin frères*, 1826, in-8 de 80 pag. et un portrait.

— Tissot (P.-F.) à M. de Puymaurin, membre de la chambre des députés. *Paris*, *de l'impr. de Bailleul*, 1821, in-8 de 4 pages.

— Trois (les) conjurés irlandais, ou l'Ombre d'Emmet. 1804, in-8.

— Trophées des armées françaises, depuis 1792 jusqu'en 1815. *Paris*, *Lefuel*, *etc.*, 1819 et ann. suiv., 6 vol. in-8, avec 60 planches, 72 fr., et sur pap. vélin satiné (tiré à 50 exempl.), 144 fr. — Dix entrées des Français dans les capitales étrangères, 12 fr.

—*Unique (l') et parfait tuileur pour les trente-trois grades de la maçonnerie écossaise, sans aucune exception. Traduit de l'angl., et orné du carré de neuf, etc. *Sans nom de ville* (*Paris*), 1812, in-8 de 80 pag., avec 2 fig. grav.

Cet écrit a été attribué à M. Abraham (voy. ce nom), d'après la dénonciation qui en a été faite par une circulaire imprimée du sup.·. conseil du 33e degré, du 14 septembre 1812. Depuis, on a eu des raisons de croire qu'il est de M. Tissot, homme de lettres et maçon.

Indépendamment des ouvrages et opuscules que nous venons de citer de M. P.-F. Tissot, on doit à cet élégant écrivain un très-grand nombre d'articles dans divers journaux et recueils périodiques littéraires, et, entre autres dans le Constitutionnel, dans la Minerve française (1818—19, 8 vol. in 8), dans le Pilote (1823), dont M. Tissot a été le rédacteur; dans le Mercure du XIXe siècle, fondée en 1823; dans l'Abeille française, fondée en 1825; dans le Dictionnaire de la conversation, etc., etc. M. Tissot est aussi l'un des auteurs des Fastes civils de la France, depuis l'ouverture de l'Assemblée des notables (1821 et ann. suiv.). L'*Introduction* de cet ouvrage est de M. Tissot; elle renferme, en un volume, l'histoire des progrès et des vicissitudes de la liberté dans le monde, depuis le Ve siècle jusqu'à nos jours.

M. Tissot a long-temps partagé, avec un de ses confrères de l'Académie françaises, M. Ch. Nodier, la faveur de la librairie, pour la rédaction de prospectus, de notices, de préfaces ou d'introductions: tout ce qu'il a écrit dans ce genre est innombrable; nous nous bornons à citer la *préface* des Œuvres complètes de Voltaire, de l'édition des frères Baudouin.

TISSOT (Alexandre-Pascal), jurisconsulte, membre de la Société académique des sciences de Paris, de l'Athénée de Vaucluse, de la Société littéraire et agricole de Carpentras, etc.; né à Mornas (Vaucluse), le 5 octobre 1782, mort le 27 mai 1823.

— Code et Novelles de Justinien; Novelles de l'empereur Léon; Fragments de Caïus, d'Ulpien et de Paul; traduction unique faite sur l'édition d'Elzévir, revue par D. Godefroy, et qui, avec la traduction des Institutes de Ferrière, et celle du Dictionnaire de feu Hulot, complète la traduction de tout le corps du droit, etc. *Metz*, *et Paris*, 1807-10, 4 vol. in-4, ou 18 vol. in-12.

Cet ouvrage fait partie d'une grande collection intitulée: « Traduction complète du Corps de droit civil romain, en latin et en français », par MM. Hulot, Berthelot, Bérenger, Tissot, Daubenton, Fieffé - Lacroix, etc., 14 vol. in-4, ou 68 volumes in-12. Les trois premiers volumes du Code avaient paru en 1806, avec un titre différent de celui de 1807.

— Cours complet de politique, ou Exposition des opinions des anciens sur les matières de gouvernement et d'administration publique. Tome Ier (et unique). *Paris*, 1820, in-8.

— Discours prononcé sur la tombe de madame Mme Th. Charlotte de Berneaud. *Paris*, 1819, in-12.

Inséré dans le Voyage à Ermenonville de M. Thiébaut de Berneaud, pag. 254 et suiv.

— Manuel du négociant. *Paris*, 1808 in-4.

— Notes historiques et critiques sur quelques magistratures. *Paris*, 1805.

— Trésor (le) de l'ancienne jurisprudence romaine, ou Collection des fragments qui nous restent du droit romain antérieur à Justinien, contenant : 1° les Fragments de la loi des douze tables; 2° les Fragments de GAÏUS, traduits en français par P.-A. TISSOT; 3° des codes Grégorien et Hermogénien; 4° des Fragments d'ULPIEN; 5° des Sentences de PAUL, aussi traduites en français, par A.-G. DAUBENTON. *Metz, Lamort; et Paris, Goury, rentier*, 1812, in-4, sur pap. ordin., 5 fr.; sur pap. fin, 6 fr., et sur pap. vélin, 9 fr.; ou 2 vol. in-12, pap. ordin., 4 fr. 50 c., et sur pap. fin, 6 fr.

Ce volume se relie avec les Institutes, de la collection intitulée : Corps du droit civil romain, en latin et en français, qu'il complète.

A.-P. Tissot a fourni des articles aux « Tablettes universelles », quand elles étaient rédigées par M. Gouriet. On trouve de lui dans ce recueil : l'Histoire des bibliothèques chez les divers peuples de l'antiquité; — le Testament politique du grand Frédéric; — De l'influence qu'exerça la découverte de l'imprimerie sur la liberté des peuples.

A.-P. Tissot a donné une édition des Œuvres de Tissot le médecin, son parent.

M. Thiébaud de Berneaud, ami de A.-P. Tissot, est auteur d'un Discours prononcé sur sa tombe, dans lequel il indique neuf ouvrages qu'il a laissé en manuscrits, et la plupart terminés.

TISSOT (Joseph-François) le jeune, nommé quelquefois TISSOT DE MORNAS, du lieu de sa naissance, frère du précédent, associé et correspondant de plusieurs sociétés littéraires.

— Pensées. *Paris, les march. de nouv.*, 1810, br. in-12, 1 fr. 25 c.

— Réflexions analytiques sur la déclinabilité et l'indéclinabilité des participes. *Paris, Favre*, 1810, in-8 de 32 pag., 1 fr. — Sec. édit. *Paris, le même*, 1811, in-8 de 38 pag., 1 fr.

— * Ruses (les) des filoux et des escrocs dévoilées, contenant le détail des ruses, finesses, tours industrieux, employés par les filous et escrocs pour faire des dupes, ainsi que les aventures auxquelles leurs friponneries, etc. IVe édition, refondue entièrement, et augm. de plus de moitié. *Paris, Germain-Mathiot*, 1811, 2 vol. in-12, 4 fr. — V^e édition. *Paris, le même*, 1819, 2 vol. in-12, 5 fr.

TISSOT (Joseph-Xavier), médecin à Piolène.

— Manuel médical de famille, ou Remèdes pour les maladies et accidents qui exigent de prompts secours. *Piolène, à la maison de santé*, 1815, in-12 de 48 pag.

TISSOT (Amédée de), poëte et auteur dramatique.

— Albionade (l'), ou Mademoiselle Noblet à Londres, poëme en un chant. Sec. édit. *Paris, de l'impr. de Guyot*, 1822, in-8 de 24 pag.

— Arrie, ou les Victimes de la tyrannie, tragédie en trois actes. *Paris, les princip. libr.*, 1826, in-8.

— Avènement (l') et le sacre de S. M. Charles X. (En vers). *Paris, de l'impr. de Gaultier-Laguionie*, 1825, in-8 de 8 pages.

Tiré à 100 exempl.

— Chant (le) royal, ou Charles X à Reims, poëme. *Paris, Mongie aîné*, 1825, in-8 de 40 pag.

— Chevalier (le) de Villiers, fils de Ninon de Lenclos, opéra en trois actes. *Paris, de l'impr. de Porthmann*, 1817, in-8.

Non représenté. Cette pièce n'a été tirée qu'à 100 exempl.

— Darius, tragédie en cinq actes et en vers. *Paris, Dondey-Dupré*, 1820, in-8, 2 fr. — Sec. édit. *Paris, Guyot*, 1822, in-8.

— Décoromanie (la), comédie en un acte, en vers. *Paris, Barba*, 1823, in-8.

— Deux mots sur les théâtres de Paris. *Paris, Pihan Delaforest*, 1827, in-8 de 44 pag.

— Division de la chambre des députés (suivie de huit quatrains ou épigrammes). *Paris, de l'impr. de la veuve Moreaux*, 1818, in-8 de 8 pages.

— Épigrammes politiques et littéraires. *Paris, de l'impr. de Dondey-Dupré*, 1818, in-8 de 2 pages.

— Épigrammes sur les jésuites, et autres poésies légères. *Paris, de l'impr. de Barbier*, 1828, in-8 de 24 pag.

— Eudoxie, ou la Vengeance d'une femme, tragédie en cinq actes. *Paris, Barba; Ponthieu*, 1823, in-8, 3 fr.

— Feuillets supplémentaires de l'Agenda du gouvernement, suivis d'un examen critique de la charte de 1830. *Paris, Barba*, 1831, in-8 de 160 pag.

— Gémissements (les) de la presse opprimée; pétition à la chambre des pairs. *Paris, de l'impr. de Dondey-Dupré*, 1819, in-8 de 8 pag.

— Inégalité réelle au préjudice des aînés, des partages par portions égales, tels qu'ils sont usités dans les successions, et moyen d'y remédier. Considération nouvelle, présentée aux législateurs de tous les peuples.

Paris, de l'impr. de P. Didot aîné, 1817, in-8 de 16 pag.

— Interdiction perpétuelle du comité du Théâtre-Français, proposée aux autorités compétentes, à tous les gens de goût, et même aux comédiens de la rue de Richelieu. — Un mot sur le congrès. *Paris, de l'impr. de mad. Hérissant-Ledoux*, 1818, in-8 de 16 pag.

— Massacre (le) de la Saint-Barthélemy, tragédie en cinq actes et en vers. *Paris, Ponthieu*, 1823, in-8.

— Médecin (le) libéral, ou les Cadeaux d'un mari, comédie historique en un acte et en vers. *Paris, Delaunay*, 1820, in-8.

Non représentée.

— Minutieux (le), comédie en un acte et en vers. *Paris, Barba*, 1823, in-8.

Sur le titre de l'une de ses pièces, M. A. de Tissot rappelle qu'il est aussi auteur de *Clodius*, opéra; *Mérovée*, trag., et du *Muet par amour*, comédie : aucune de ces pièces ne paraît avoir été imprimé.

— Notice sur l'ordre des Grâces, inventé par M. Amédée de Tissot. *Paris, de l'impr. de Panckoucke*, 1827, in-8 de 8 pag.

— Ode sur le rétablissement de la statue de Henri IV, adressée à S. M. Louis XVIII. *Paris, de l'impr. de la veuve Moreaux*, 1818, in-8 de 8 pag.

— Ode adressée à l'armée française, commandée par S. A. R. Mgr le duc d'Angoulême, sur son triomphe dans la guerre d'Espagne. *Paris, de l'impr. de Tilliard*, 1823, in-8 de 8 pag.

— Ode à l'occasion de la Saint-Charles, jour de la fête du roi. *Paris, de l'impr. de Gaultier-Laguionie*, 1824, in-8 de 4 pag.

— Ode sur l'émigration, adressée à S. M. Charles X. *Paris, de l'impr. de Gaultier-Laguionie*, 1825, in-8 de 8 pag.

— Paris et Londres comparés. *Paris, Ducollet*, 1830, in-8 de 180 pag., 3 fr.

— Tableau dispositif de la session de 1818. *Paris, de l'impr. de Dondey-Dupré*, 1818, in-8 de 32 pag.

— Une Macédoine, ouvrage politique, philosophique et littéraire. *Paris, de l'impr. de madame Jeunehomme*, 1818, in-8 de 32 pag.

On trouve dans cette brochure des fragments de *Henri IV, polydrame en vers de seize syllabes, en cinq actes*, et d'autres des *Juges de province*, ou l'Arrestation de Scudéri, comédie en vers libres de quatorze syllabes, en deux actes.

TISSOT, fils cadet (A.-V.).

On doit à ce M. Tissot les opuscules suivants : *Ta nature n'est pas la nôtre*, 1819, in-4 de 4 pages; — *A S. Exc l'ambassadeur d'Angleterre près la cour de Turin*, 1819, in-4 de 2 pages. Ces deux écrits ont été réimprimés l'année suivante, avec une Lettre au ministre de l'intérieur et de la justice à Turin, 1820, in-8 de 20 pag.; — *Genève la restaurée par les changements politiques en* 1814, 1820, in-4 de 4 pag.; — *De l'espèce dite humaine qui ne veut pas chanter dans les cieux*, Turin, 1er juin 1820. 1820, in-4 de 8 pages.

TISSOT, médecin de Lyon.

— Dissertation sur les fonctions du diaphragme. *Montpellier, impr. de Tournel*, 1823, in-4.

Thèse tirée à 50 exempl. sur pap. vélin, et qui n'a pas été destinée au commerce.

Le sujet traité par M. Tissot l'avait déjà été trois ans auparavant par M. Is. Bourdon, médecin à Paris.

TISSOT (Justin), bachelier ès-lettres.

— Épître à madame la baronne Martenot-Chadelas. Soissons, 26 avril 1824. *Paris, de l'impr. de Tastu*, 1824, in-8 de 8 pag., 75 c.

TISSOT (Claude-Joseph), avocat, docteur ès-lettres, professeur de philosophie.

— Cours élémentaire de philosophie, rédigé d'après le programme officiel de l'examen pour le baccalauréat ès-lettres. *Dijon, Popelain*, 1837, in-8, 6 fr.

— * Influence comparée des dogmes du paganisme et du christianisme sur la morale. Par J. T...t, avocat. *Paris, Bricon*, 1828, in-18, 1 fr. 25 c.

— Parallèle du christianisme et du rationalisme, sous le rapport dogmatique. *Paris, Ad. Leclère; Delaunay*, 1828, in-8.

On doit aussi à M. Cl.-Jos. Tissot les traductions de l'allemand de quelques ouvrages de philosophie, et, entre autres, celle des suivants : Principes métaphysiques de la morale, par Emm. Kant (1830); — Critique de la raison pure; par le même (1835); — Histoire de la philosophie, par H. Ritter (1835); — Morale élémentaire, par Fr.-W. Snell (1838).

TISSOT (Louis-Charles). — Française (la), chant patriotique dédié à S. A. R. Mgr le duc d'Orléans. *Paris, les march. de nouv.*, 1830, in-8 de 8 pag.

TISSOT. — Avis important donné à MM. les spéculateurs sur les opérations qui se font à la Bourse de Paris. *Paris, de l'impr. de Bacquenois*, 1835, in-8 de 12 pages et un tableau.

Avec M. Leroux.

TISSOT-GRENUS. Voy. F.-L.-P.-A. Tissot.

TITE-ANTONIN le pieux. Voy. Rifault.

TITE-LIVE. Voy. Titus-Livius.

TITERCHER. — Grammaire (nouv.) française, pour les écoles primaires. *Lunéville, Creuzat*, 1831, in-12, 75 c.
— Manuscrit ou Exercices de lecture à l'usage des écoles primaires. Sec. édition. *Paris, Roret; Lunéville, Creuzat*, 1834, in-8.

TITLARD (Wilk.). — * Recherches historiques et critiques sur les principales preuves de l'accusation intentée contre Marie Stuart; traduites de l'angl. par le P. Avril, dit l'abbé Mai, ex-jésuite. *Paris, Edme*, 1772, in-12.

TITON DU TILLET (Évrard), commissaire provincial des guerres, anc. capitaine de dragons, et maître d'hôtel de madame la Dauphine, mère du roi; membre de quatorze académies du royaume et de treize académies étrangères; né à Paris, le 16 janvier 1677, mort le 26 décembre, 1762.
— Description du Parnasse français exécuté en bronze, suivie d'une liste alphabétique des poëtes et des musiciens rassemblés sur ce monument. *Paris, Coignard*, 1727, in-12. — Autre édition. *Paris*, 1760, in-fol.
— Essais sur les honneurs et sur les monuments accordés aux savants pendant la suite des siècles. *Paris, Coignard*, 1727, 1734, in-12.
— Parnasse (le) français. *Paris, Coignard*, 1732, in-fol.

Il faut joindre à cet ouvrage trois suppléments, dont le premier a paru en 1743, le deuxième en 1755, le troisième en 1760, et qui forment ensemble un deuxième volume; 10 à 12 fr. les deux volumes.

TITOT, d'Ensisheim. — Mémoire sur la meunerie, et rapport sur ce mémoire fait à la Société...., par son comité de mécanique, suivis du programme des prix mis au concours pour l'amélioration des moulins dans le département du Haut-Rhin. *Mulhausen, de l'impr. de Risler*, 1834, in-8 de 36 pag.

TITOUX (Jean-Louis), clerc tonsuré, neveu du célèbre curé Nicolas Cabrisseau; né à Rethel, le 22 février 1700, mort à Paris, le 16 décembre 1733.

« Son attachement au parti janséniste remplit sa vie de soins et d'amertume. Les écrits polémiques anonymes qu'il a mis au jour ne figurent pas davantage aujourd'hui dans nos bibliothèques que des canons encloués dans un parc d'artillerie ».

(Boullot, *Biogr. ardennaise*).

TITSINGH (Isaac), chef supérieur de la Compagnie hollandaise à Nangasaki, et ambassadeur en Chine; né à Amsterdam, en juin 1740, mort à Paris, en février 1812.
— Cérémonies usitées au Japon, pour les mariages et les funérailles, suivies de détails sur la poudre Dosia, de la préface d'un livre de Confoutzée sur la piété filiale, le tout traduit du japonais par feu M. Titsingh. *Paris, Nepveu*, 1819, in-8, avec un Atlas in-8 oblong de 16 planches, 12 fr.; et avec l'Atlas color., 24 fr.
— Cérémonies usitées au Japon, pour les mariages, les funérailles et les principales fêtes de l'année; suivies d'anecdotes sur la dynastie régnante des souverains de cet empire. Ouvrage traduit du japonais, par feu M. Titsingh....; orné de 24 gravures faites d'après des peintures japonaises. *Paris, Nepveu*, 1821, 3 vol. in-18, 12 fr., et avec les grav. color., 20 fr.
— Mémoires et anecdotes sur la dynastie régnante des Djogouns, souverains du Japon, avec la description des fêtes et cérémonies observées aux différentes époques de l'année à la cour de ces princes, et un Appendice contenant des détails sur la poésie des Japonais, leur manière de diviser l'année; ouvrage orné de planches gravées et coloriées tirées des originaux japonais, par M. Titsingh, publiées avec des notes et des éclaircissements, par M. Abel Rémusat. *Paris, Nepveu*, 1820, 2 vol. in-8, avec 7 planches, 8 fr., et avec les figures coloriés, 12 fr.
— Nipon o daï itsi ran, ou Annales des empereurs du Japon, trad. sur l'original japonais-chinois par Isaac Titsingh, et revues par J. Klaproth. *Paris, et Londres*, 1834, in-4.

Titsing a laissé à la Bibliothèque du roi un ouvrage précieux : c'est une *Encyclopédie japonaise*.

TITUS (Silas), colonel anglais.
— *Code des tyrans. (Nouv. édit.). *Lyon*, 1800, in-12.

Voyez sur ce livre la note du n° 18,351 du Dictionnaire des ouvrages anonymes de Barbier, 2e édition. L'original anglais parut en 1657, in-4, sous le titre de *King no murder, etc.*, et sous le nom de William Allen. Dès l'année suivante, il en parut une traduction française, attribuée à M. de Marigni, gentilhomme de Nevers. Cette traduction a été imprimée sous ce titre : *Traité politique, composé par William Allen, Anglais, et traduit en fran-*

gats, où il est prouvé, par l'exemple de Moïse et par d'autres, tirés hors de l'Écriture, que tuer un tyran, titulo *vel* exercitio, *n'est pas un crime*. Lugduni, 1658, in-12. L'original est dirigé contre Olivier Cromwell, et lui est ironiquement dédié.

TITUS-LIVIUS, historien latin, né en 695 de Rome (cinquante-neuf ans avant J.-C.), mort en 770 de Rome (dix-sept ans depuis J.-C.).

— Titi-Livii Patavini historiarum libri quæ supersunt, cum integris Freinshemii Supplementis, et Tabulis geographicis, ex recensione, et cum notulis Joan. Clerici. *Amstelodami, Wetstein*, 1710, 10 vol. in-8.

— Historiarum libri, ex recens. et cum notis Joan. Clerici. *Parisiis, vidua Brocas*, 1741, 3 vol. in-12.

— Historiarum libri quæ supersunt, cum Supplementis Freinshemii, et notis Domini Crévier. *Parisiis, Quillau*, 1735-42, 6 vol. in-4.

Édition estimée, et qui devient rare : 75 à 90 fr., et plus cher en grand papier.

Il y a plusieurs éditions du Tite-Live de Crévier, en 6 vol. in-12, imprimés pour les classes, et d'un prix ordinaire.

— Historiarum libri, recensuit, et notis ad usum scholarum accomodatis illustravit J.-B.-L. Crevier. *Parisiis, Delalain*, 1819-21, seu 1824, 6 vol. in-12, 21 fr.

En 1820, cette édition a été réimprimée à Paris, par Cosson, pour le compte de Costa-Parva et frères, libraires à Porto, ou peut-être n'a-t-on mis que d'autres titres à cette édition.

— Titi-Livii Patavini historiæ ab urbe condità libri qui supersunt, rec. J.-Nic. Lallemand. *Parisiis, Barbou*, 1775, 7 vol. in-12.

Édition estimée : 48 à 60 fr., et plus cher en pap. fin.

— Fragmentum ex lib. XCI historiarum Titi-Livii, nunc primum eruit ex codice ms. vaticano quomdam palatino.... Paul-Jac. Bruns. Nova editio. *Parisiis*, 1773.

— Fragmentum ex lib. XCI historiarum, trad. en français par J.-E. Hardouin. *Paris, Didot l'aîné*, 1794, in-12.

— Titi-Livii historiarum libri, cum integris Jo. Freinshemii supplementis, et Vita à Jac.-Phil. Tomasino conscripta. Studio societatis Bipontinæ. *Biponti* (* *Argentorati, et Parisiis, Treuttel et Wurtz*) 1784, 13 vol. in-8, 48 fr.

Édition dont il ne reste plus au fonds que quelques exemplaires.

— Titi-Livii Patavini quæ extant omnia opera, ad codices parisinos recensitus cum varietate lectionum et selectis commentariis, item supplementa J. Freinshemii, curante N.-E. Lemaire. *Parisiis, Lemaire*, 1822 et ann. seq., 12 tomes en 13 part., 150 fr.

— Histoire romaine, traduite du latin par N.-Fr. Guérin. *Paris*, 1739, 10 vol. in-12; *La Haye, Néaulme*, 1740-41, 10 vol. in-12.

Traduction faible, si l'on en croit quelques critiques; fidèle, exacte, et même non dépourvue d'élégance, suivant d'autres; mais qui fut assez bien accueillie du public. On ne tarda pas néanmoins à s'apercevoir que cette traduction avait besoin de corrections et d'améliorations. L'édition s'en trouvant épuisée, Cosson entreprit de revoir la traduction de Guérin, et la retoucha en entier.

— La même, de la même traduction, retouchée par M. Cosson, avec les Suppléments de Freinshemius. *Paris, Barbou*, 1769-71, 10 vol. in-12, 25 à 30 fr.; ou 1782, 10 vol. in-12.

Ces éditions sont préférées à celles qui les ont précédées. Les unes et les autres sont épuisées.

— Histoire romaine, traduite en français par l'abbé Brunet, avec les Suppléments de Freinshemius. Première décade. *Paris, Prault père*, 1741-42, 3 vol. in-12.

— Histoire romaine, de Tite-Live, traduction nouvelle, par M. Dureau de la Malle et par M. Noel. (Avec le texte en regard). Suivie d'une Table méthodique et analytique par Callais. *Paris, Michaud*, 1810-12, 15 vol. — Suppléments de Freinshemius, traduction nouvelle, par M. Noel. *Paris, L.-G. Michaud*, 1824, 2 vol. En tout, 17 vol. in-8, avec une carte de l'empire romain, 102 fr., et sur pap. vél., 204 fr.

La mort surprit Dureau de la Malle lorsqu'il n'avait terminé encore que la première décade, les trois premiers livres de la troisième, et les deux premiers de la quatrième. Le complément de cette traduction est dû à M. Noël.

Lors de la publication des deux volumes de Suppléments, le libraire fit paraître, pour l'uniformité, de nouveaux titres pour les quinze premiers volumes, mais sur lesquels on lit à tort : *deuxième édition*.

— Histoire romaine. Trad. nouv., par MM. A.-A.-J. Liez, N.-A. Dubois, V. Verger, Corpet. (Avec le texte en regard). *Paris, Panckoucke*, 1830-35, 17 vol. in-8, 119 fr.

Cette traduction fait partie de la Bibliothèque latine-française publiée par M. Panckoucke.

— Selectæ è Tito-Livio narrationes. *Lug-*

duni, 1776, in-12; *Claramonferrandi*, 1814, in-12.

— Titi-Livii Patavini res memorabiles et narrationes selectæ, inter quas de bellis punicis relatum quidquid ex Livio superest cum notis R. Lallemant. Ad usum scholarum. Nova editio, accuratè emendata. *Parisiis*, *Delalain*, 1805, in-12, 1 fr. 75 c.

Volume réimprimé plusieurs fois par le même libraire, et notamment en 1811, 1824, 1838. La dernière édition a été revue par M. N. Theil, qui y a ajouté des arguments et des notes.

Autres éditions :

Toul, Carez, 1823, in-12.

Lyon, et Paris, Rusand, 1825, in-18, avec une carte, 1 fr. Édition revue par F.-D. Aynès.

Paris, Maire-Nyon, 1826, in-12. Édition augmentée d'un Dictionnaire français-latin.

Toulouse, Vieusseux, 1826, in-12.

Paris, Brunot-Labbe, 1826, in-12.

— Harangues choisies des historiens latins Salluste, Tite-Live, Tacite et Quinte-Curce, traduction nouvelle (par Thomas). *Paris*, *Nyon*, 1778, 2 vol. in-12.

Pour une note sur le traducteur de ces deux volumes, voy. notre article Thomas.

— Morceaux choisis de Tite-Live, et trad. par l'abbé Am.-Laur. Paul; à l'usage des classes supérieures. *Marseille*, 1781, 2 vol. in-12.

— Narrations choisies, avec des réflexions. *Lyon*, 1808, 2 vol. in-12.

— Histoires choisies, tirées de Tite-Live; traduction nouvelle, avec le texte en regard, de l'ouvrage intitulé : Titi-Livii res memorabiles et narrationes selectæ, etc.; par M. P*** (Pannelier), ancien professeur. Contenant les principaux faits de l'histoire romaine jusques y compris la seconde guerre punique. *Paris*, *Delalain*, 1809, 2 vol. in-12, 6 fr. 50 c.

— Narrations choisies de Tite-Live, avec le texte en regard; suivies d'une Dissertation sur le passage du Rhône par Annibal, avec une carte et table géographique; par F.-D. Aynès. *Lyon*, *Rusand*, 1821, 2 vol. in-12, 3 fr. 75 c.

— Procès fait à la congrégation dite des Bacchanales, l'an de Rome 566, 186 avant Jésus-Christ. *Paris*, *Sanson*, 1826, in-32, 30 c. — Sec. édit. *Paris*, *le même*, 1826, in-32, 30 c.

La seconde édition porte le nom de l'auteur, Tite-Live, et celui du traducteur, M. Dupin, avocat.

— Discours (première partie), texte en regard, avec deux traductions, l'une interlinéaire et l'autre correcte; par E. Boutmy. *Paris*, *Mansut*, 1830, in-8, 5 fr.

— Discours choisis, expliqués en français suivant la méthode des colléges par deux traductions, l'une littérale et interlinéaire, avec la construction du latin dans l'ordre naturel des idées; l'autre conforme au génie de la langue française, précédée du texte pur, et accompagnée de notes explicatives, d'après les principes de MM. de Port-Royal, Dumarsais, Beauzée, et des plus grands maîtres, par M. Delaistre. *Paris*, *Aug. Delalain*, 1830, 2 vol. in-12. 11 fr.

TIXEDOR (François-Xavier), juge de la Viguerie de Conflans; né à Prades (Pyrénées Orientales), en 1713, mort en 1778.

— Nouvelle (la) France, ou la France commerçante. *Perpignan*, 1755, 1765, in-12.

— Novæ juris ac judiciariæ tam civiles quam criminales institutiones nunc methodica justineana serie, nunc vario tractatu ordinaæ, non elementarius tantum sed et juris scientiæ consultissimis utilissimæ cum privilegio regis. 1759, 4 vol. in-4.

TIXIER DE LACHAPELLE (J.-B.).

— Institutes de Justinien. Traité des actions. Trad. de Vinius (1829). Voy. Vinius.

TIXIER DE LA CHAPELLE, ancien député.

— Un mot aux électeurs. *Aubusson*, *de l'impr. de Bouyet*, 1830, in-8 de 16 pag.

TOALDO (l'abbé Joseph), astronome et physicien; né près de Vicence (Italie), mort le 11 décembre 1798.

— Essai météorologique sur la véritable influence des astres, des saisons, changements de temps, appliqué aux usages de l'agriculture, de la médecine, de la navigation, etc.; trad. de l'ital. par Jos. Daquin, avec des notes du traducteur. On y a joint la traduction française des Pronostics d'Aratus, traduits du grec en italien. *Chambéri*, *M. F. Gorrin*, 1782, 1784, in-4.

— Mémoire sur les conducteurs pour préserver les édifices de la foudre; trad. de l'ital. par Barbier de Tinan. *Strasbourg*, 1779, in-8.

— Saros (le) météorologique, ou Essai d'un nouveau cycle pour le retour des saisons. In-4.

— Signes (les) des changements de temps, d'après les observations de l'astronome Toaldo, suivis des Pronostics d'Aratus et d'une Dissertation sur les moyens de conjecturer les saisons à venir. Ouvrage utile aux agriculteurs et aux voyageurs. *Paris, Aubry*, ..., in-12, 60 c.

Le P. Toaldo est auteur d'un grand nombre d'ouvrages et de mémoires, mais écrits en latin et en italien, et qui n'ont pas été traduits en français : on en trouve la liste dans toutes les biographies.

TOBIE (F...-C...-B.), commissaire du gouvernement, membre de plusieurs sociétés littéraires; né à Versailles, en 1761.

— * Essai sur l'extirpation du fanatisme. 1793, in-4.

— * Essai sur les moyens d'améliorer le sort de la classe indigente de la société. 1792, in-4.

— * Flatterie (de la) considérée sous ses plus pernicieux rapports. 1800, in-8.

— * Newgate et Tyburn, ou Recueil de procès criminels, traduits de l'angl. (par Tobie). N° I. *Paris, Desenne* (vers 1796), in-12.

TOBIEZEN-DUBY (P. Ancher), numismate suisse du XVIIIe siècle.

— * Histoire métallique de l'Europe, ou Catalogue des médailles modernes qui composent le cabinet de M. Poulhariez, écuyer, négociant de Marseille. *Lyon, Aimé Laroche*, 1767, in-8.

— Recueil général des pièces obsidoniales et de nécessité, gravées dans l'ordre chronologique des événements, avec l'explication dans l'ordre alphabétique des faits historiques qui ont donné lieu à leur fabrication, à la suite desquels se trouvent plusieurs pièces curieuses et intéressantes, sous le titre de Récréations numismatiques. (Ouvrage posthume publié par Michelet d'Ennery). *Paris, d'Houry; De Bure l'aîné*, 1786, gr. in-4, avec 31 planches.

— Traité des monnaies des barons, ou Représentation et explication de toutes les monnaies d'or, d'argent, de billion et de cuivre, qu'ont fait frapper les possesseurs de grands fiefs, pairs, évêques, abbés, chapitres, villes, et autres seigneurs de France; pour servir de complément aux monuments historiques de la France en général et de chacune de ses provinces en particulier. *Paris, de l'imp. roy.*, 1790, 2 vol. gr. in-4, avec 122 planches, 40 à 45 fr.

Les deux derniers ouvrages sont ordinairement vendus ensemble; mais le second est moins commun que le premier, parce qu'une grande partie de l'édition a été détruite. Vendu (les 3 vol. m. r.), 48 fr., Chardin; 50 fr. v. f. de Feltre.

TOBIN (John), auteur dramatique anglais.

— Lune (la) de miel, comédie en cinq actes, traduite (en prose), par M. Ch. Nodier.

Traduction insérée dans le Théâtre anglais qui fait partie des Chefs-d'œuvre des théâtres étrangers, publ. par Ladvocat.

— La même comédie, trad. de l'anglais (par un anonyme). *Paris, r. du Dragon, n.* 20, 1836, in-8.

Cette dernière traduction fait partie du « Théâtre européen ».

TOBIN (W.). — Anatomie de la glande thimus, trad. de l'angl. (1832). Voy. A. Cooper.

TOCCHI (Esprit). — Imperfection (de l') du mode d'essai de l'argent par la coupellation. *Marseille, de l'impr. d'Achard*, 1830, in-8 de 16 pag.

TOCCI (Édouard, ou Gaetan). — Breve memoria statistica delle due Calabrie. *Parigi*, 1806, in-4.

— Œil (l') du spectateur. *Lyon*, 1810, in-8.

TOCHON (Joseph-François), antiquaire, député en 1815, membre de l'Institut et de quelques autres sociétés savantes; né à Anneci, en 1772, mort à Paris, le 19 août 1820.

— Dissertations sur l'époque de la mort d'Antiochus VII, Evergète Sédètes, roi de Syrie, sur deux médailles antiques de ce prince, et sur le passage du deuxième livre des Machabées. *Paris, L.-G. Michaud*, 1816, in-4 de 68 pag., avec une pl., 3 fr. 50 c.

— Dissertation sur l'inscription grecque ΙΑΣΟΝΟΣ ΛΥΚΙΟΝ, et sur les pierres antiques qui servaient de cachet aux médecins oculistes. *Paris, L.-G. Michaud*, 1816, in-4 de 72 pag., avec 3 pl. et une vignette, 4 fr.

— Mémoire sur les médailles de Marinus, frappées à Philippopolis; suivi d'une Notice sur une autre médaille (celle de Jotapianus). *Paris, L.-G. Michaud*, 1817, in-4 de 60 pag., avec 3 pl., 24 fr.

Ce Mémoire et la Notice imprimée à sa suite ont été aussi insérés dans le tome VI des Mémoires de l'Académie royale des inscriptions et belles-lettres (1822).

—Notice sur la médaille de Philippe-Marie Visconti, duc de Milan. *Paris, L.-G. Michaud,* 1816, in-4 de 8 pag., avec une planche, 1 fr. 50 c.

— Recherches historiques et géographiques sur les médailles des nomes ou préfectures de l'Égypte. (Publ. avec une Notice sur la vie et les ouvrages de l'auteur, par J. SAINT-MARTIN). *Paris, de l'impr. roy.—A.-A. Renouard,* 1822, in-4, avec figures, 24 fr.

Ce savant a donné plusieurs articles à la Biographie universelle, entre autres ceux de *Denis de Syracuse* et de *Dioclétien*. (*Beuch.*).

On trouve une Notice sur la vie et les ouvrages de Tochon dans le huitième volume des nouveaux Mémoires de l'Académie des inscriptions et belles-lettres (1827).

TOCNAYE (de la). Voy. de LA TOCNAYE.

TOCQUE. — Recueil (petit) de poésies, acrostiches, chants civiques, lyriques, etc. *Paris*, 1809, in-18.

TOCQUEVILLE (le comte de), pair de France, était maire d'un village aux environs de Versailles, sous le gouvernement impérial. A la première Restauration, en 1814, le roi le nomma préfet de Maine-et-Loire; destitué par Napoléon, durant les cent-jours, il fut nommé par Louis XVIII, à son second retour, à la préfecture de l'Oise. A cette époque, les armées étrangères occupaient la France, et les Prussiens étaient à Senlis. L'un de leurs généraux voulut que le préfet leur remît les registres contenant les signatures de ceux qui s'étaient prononcés pour l'Acte additionnel; ce magistrat s'y refusa avec fermeté, et le général étranger n'osa pas insister. On admira alors M. de Toqueville; on l'accusa ensuite d'avoir provoqué des destitutions, accusations que plus tard on a reconnues injustes. En 1816, il administrait le département de la Côte-d'Or, et se signala de nouveau par un trait qui annonce une belle âme. Par suite des événements politiques, plusieurs personnes se trouvaient soumises à des mesures de haute police; M. de Tocqueville, voyant l'enthousiasme qu'excitait la présence de la duchesse d'Angoulême, les déchargea, par son arrêté du 9 août, de la surveillance qui pesait sur elles. En 1817, il passa à la préfecture de la Moselle, et, en 1821, à celle de la Somme. Il a épousé une fille du président Rosambo, gendre de l'illustre Malesherbes, et il en a eu deux fils.

— Charte (de la) provinciale. *Paris, J.-J. Blaise,* 1829, in-8 de 64 pag.

— Crédit (du) agricole et de ses effets. *Compiègne, de l'impr. de Leradde,* 1838, in-8 de 24 pag.

— Pétition aux deux chambres, relative à madame la duchesse de Berri. *Paris, Dentu,* 1832, in-8 de 16 pag.

TOCQUEVILLE (le comte Alexis de), publiciste, fils du précédent, d'abord avocat à la Cour royale de Paris, fut nommé bientôt après substitut du procureur du roi; mais, n'ayant pas voulu prendre la parole dans l'affaire d'Aguado, il donna sa démission; un peu plus tard le gouvernement le choisit, avec M. Gustave de Beaumont, pour remplir une mission en Amérique; à son retour en France, il vint reprendre sa place parmi les avocats de la Cour royale; mais survint le procès de la baronne de Feuchères, et M. de Tocqueville agit comme il l'avait déjà fait lors du procès de M. Aguado, et se retira; aujourd'hui député de la Manche, élections de mars 1839, et membre de la Société académique de Cherbourg.

— Démocratie (de la) en Amérique. *Paris, Gosselin*, 1835, 2 vol. in-8, 15 fr. — VIe édit. *Paris, le même,* 1837, 2 vol. in-8, avec une carte, 15 fr.

Il y a une édition en 2 volumes in-18, imprimée en 1838, qui porte : cinquième édition. 10 fr. Deux nouveaux volumes doivent paraître dans le courant de cette année.

— Democracia (de la) en la America del norte, traducida de la cuarta edicion por D. A. Sanchez de BUSTAMANTE. *Paris, Lecointe; Rosa,* 1837, 2 vol. in-8, avec une carte, 20 fr.

— Discours prononcé en faveur de M. Louis de Kergorlay, le 9 mars 1833, devant la cour d'assises de Montbrison. *Paris, Dentu,* 1833, in-8 de 16 pag.

— Mémoire sur le paupérisme....

Imprimé dans le premier volume des Mémoires de la Société acad. de Cherbourg (1833).

— Note sur le système pénitentiaire et sur la mission confiée par le ministre de l'intérieur à MM. Gustave de Beaumont et Alexis de Tocqueville. *Paris, de l'imp. de Fournier,* 1831, in-8 de 52 pag.

— Système (du) pénitentiaire aux États-Unis, et de son application en France; suivi d'un appendice, sur les colonies pénales et de notes statistiques. *Paris, Fournier jeune,* 1832, in-8, avec 5 pl., 8 fr. — Sec. édit., entièrement refondue et augm. d'une Introduction. *Paris, Ch.*

Gosselin, 1836, 2 vol. in-8, avec 5 pl., 15 fr.

Avec M. Gustave de Beaumont.

TOCQUEVILLE (le vicomte de). — Lettres aux Normands. Première Lettre. La révolution de 1830. *Cherbourg, Noblet; Valognes, Gomont; Paris, Dentu*, 1832, in-8 de 28 pag., 50 c.—Deuxième Lettre. Madame la duchesse de Berry. *Cherbourg*, 1833, in-8 de 28 pag., 50 c. — Troisième Lettre. Des différents partis politiques. *Paris, Dentu*, 1833, in-8 de 32 pag., 50 c.

TODD (John).—Simples instructions, ou Vérités importantes mises à la portée des enfants. *Paris, Risler*, 1836, in-18.

TODERINI (Jean-Baptiste). — Littérature (de la) des Turcs, trad. de l'italien par Ant. de Cournand. *Paris, Poinçot*, 1789, 3 vol. in-8, 10 fr.

TODIÈRE (L.-Phocion). — Grammaire (nouv.) anglaise méthodique et simplifiée, contenant un traité développé de la prononciation. *Tours, de l'impr. de Mame*, 1834, in-8, 3 fr.

TOEPFER (Rodolphe), écrivain genevois. (Voy. *la Littérature franç. contemp.*).

TOFINO. — Routier espagnol, trad. par L.-S. Baudin. (1828). Voy. L.-S. Baudin.

TOGGIA (François), médecin vétérinaire italien.

— De l'Hydrorachites des agneaux. *Turin*, 1810, in-8.

— Traité analytique de médecine légale vétérinaire, contenant : 1° les Principes généraux de la médecine légale vétérinaire ; 2° un extrait de la Médecine légale vétérinaire de Toggia ; trad. de l'ital. par J.-B.-C. Rodet. *Paris, madame Huzard*, 1626, in-12, avec des tableaux, 4 fr.

Toggia est auteur de plusieurs ouvrages sur l'art vétérinaire : le volume publié par M. Rodet se compose-t-il de la traduction de deux d'entre eux, ou bien seulement de l'extrait de la Médecine légale vétérinaire de l'hippiatriste italien ?

TOILLIEZ (Albert), conducteur des mines à Mons, membre de la Société des sciences, des arts et des lettres du Hainaut.

— Mémoire sur l'introduction et l'établissement des machines à vapeur dans le Hainaut, couronné par la Société des sciences du Hainaut, le 14 mars 1836.

TOINARD (Nic.). Voy. Thoinard.

TOIRAC (Alph.), médecin dentiste, à Paris.

— Mémoire sur les diverses espèces de déviations dont est susceptible la dernière molaire ou dent de sagesse de la mâchoire inférieure, et sur les accidents qui peuvent accompagner sa sortie. *Paris, Éverat*, 1828, in-8 de 24 pages. — Autre édition. *Paris, de l'impr. de Decourchant*, 1829, in-8.

TOIT-MAMBRINI (Du). Voy. Du Toit-Mambrini.

TOLA (A.-F.). — Nuovissima Scelta di prose italiane, tratte da' più celebri autori antichi e moderni, con brevi notizie sopra la vita e gli scritti di ciascheduno, etc. *Parigi, Rey e Gravier*, 1821, 1823, in-12, 4 fr.

TOLAND (John), historien anglais.

— Discours historique sur les causes des innovations et des griefs de religion, redressés par l'électeur palatin. *La Haye*, 1707, in-4.

— Histoire des Druides, des Bardes et des Vacides, trad. de l'angl. (par M.-Ant. Eidous). In-12.

Cet ouvrage, dont il est fait mention dans la France littéraire de 1769, et dans la Bibliothèque historique de France, paraît n'avoir pas été publié, car on ne trouve nulle part la date de son impression. (*Barb.*)

— * Lettres philosophiques sur l'origine des préjugés du dogme de l'immortalité de l'âme, de l'idolâtrie, etc., traduites de l'angl. (par le baron d'Holbach, publiées par Naigeon, avec deux notes de l'éditeur). *Londres* (*Amsterdam, M. M. Rey*), 1768, in-8.

— * Relation des cours de Prusse et de Hanovre, traduite de l'anglais. *La Haye, Johnson*, 1706, in-8.

— Vie de Jacques Harrington, trad. de l'angl. par P.-F. Henry.

Traduction imprimée en tête de celle des Œuvres politiques d'Harrington, due au même (1789, 3 vol. in-8).

TOLET (François), de Paris, maître chirurgien juré à Paris, et chirurgien de l'hôpital de la Charité des hommes, chirurgien et opérateur pour la pierre.

— Traité de la lithotomie, ou de l'Extraction de la pierre hors de la vessie, avec figures. V^e^ édition, augm. *Paris, Muguet*, 1708, in-12.

La première édition est de 1682.

TOLL (le comte Charles), général russe. Voy. (aux Corrections et Additions) Boutourlin.

TOLLABI, pseudon. Voy. Baillot de Saint-Martin.

TOLLARD aîné (C.), docteur en médecine, ancien officier d'infanterie, ancien professeur de botanique à l'hôpital militaire d'instruction de Strasbourg, et depuis secrétaire de la Société d'agriculture de la même ville; membre résident de la société médicale de Paris, de l'Athénée et de plusieurs autres sociétés d'agriculture, savantes, littéraires, etc.
— Traité des végétaux qui composent l'agriculture, contenant les caractères les plus saillants, les différences, qualités et usages de tous les végétaux, notamment des espèces peu connues, et dont la naturalisation présente des avantages; suivi de considérations sur les semis et les plantations, et de l'indication, pour chaque mois, des travaux et semis à faire dans les jardins, les prés, les champs et les bois. Sec. édit. *Paris, l'Auteur; L. Colas*, 1838, in-12, 6 fr.

La première édition est de 1805.
M. Tollard est un des auteurs du Nouveau Dictionnaire d'histoire naturelle, et un des continuateurs du Cours complet d'agriculture, et encore l'un des auteurs du Dictionnaire des sciences médicales (1812 et ann. suiv.).

TOLLARD (Henri), docteur en médecine.
— Manuel de l'herboriste, de l'épicier droguiste et du grainier-pépiniériste-horticulteur. *Paris, Roret*, 1828, 2 vol. in-18, 7 fr.

Avec M. Julia de Fontenelle.

TOLLEMER (A.), prêtre.
— Supremâ (de) in judicando auctoritate. *Valognes, de l'impr. de Gomont*, 1832, in-8 de 18 pag.

Thèse.

TOLLENARE (L.-F. de), de Nantes.
— Discours sur les écrits de M. J.-B. Say, lu à la séance publique de la Société roy. académique de Nantes, du 25 novembre 1832. *Nantes, de l'impr. de Mellinet*, 1833, in-8 de 20 pag.
— Essai sur les entraves que le commerce éprouve en Europe. *Paris, Janet et Cotelle*, 1820, in-8, 6 fr.
— Notes sur la Suisse et l'Italie. *Nantes, Mellinet-Malassis*, 1826, in-8.
— Point d'effet sans cause. *Nantes, Forest*, 1828, in-8 de 36 pag.

Sur les miracles de madame Saint-Amour (inspirée qui disait guérir les malades à l'aide de prières).

— Réduction (de la) de l'intérêt de nos fonds et d'un changement à apporter dans notre système d'amortissement. *Paris, Janet et Cotelle*, 1824, in-8 de 72 pag.

TOLLENS (H.), poëte hollandais.
— Bataves (les) à la Nouvelle-Zemble, poëme (en deux chants), traduit de Tollens, par Aug. Clavareau; suivi d'un choix de traductions de Tollens et de Bilderdick, et de quelques poésies du traducteur. *Bruxelles, H. Tarlier*, 1827, in-18.
— Jour (le) des prières publiques en Néerlande. Vers de M. de Tollens, trad. par un ami de la Hollande (M. Ch. Durand) (2 décembre 1832). *Rotterdam, J.-L.-C. Jacob*, 1832, in-8 de 10 pag., 25 cts. de Holl.

Tiré à 400 exemplaires, dont 50 sur pap. vélin, et 2 sur satin.
Pièce patriotique célèbre, rendue en français avec bonheur. L'original, tiré à 5000 exemplaires, a été épuisé dans l'espace d'un mois.
Outre la traduction que nous annonçons, il en existe plusieurs autres qui ont été inspirées par la dernière guerre entre la Belgique et la Hollande: une en vers français, et qui n'est pas sans mérite, est due à M. Clavareau, déjà connu par des traductions de poëtes classiques hollandais. M. Sanders en a donné une autre en vers anglais; enfin, deux traductions allemandes ont été publiées presque en même temps, l'une à Francfort, l'autre à Arnhem.

TOLLIN (E.). — Sermon sur saint Mathieu, XIII, v. 3-8, prononcé le jour de la confirmation de mes catéchumènes, et publ. au profit de l'école de charité. *Berlin, Logier*, 1830, in-8 de 32 pag.

TOLLIUS (Hermann), philosophe et philologue hollandais, professeur de statistique et de diplomatie à Leyde, en 1809, et plus tard, en 1823, de littérature grecque et latine, membre de l'Institut royal de Hollande, ainsi que de plusieurs académies; né à Bréda, le 28 février 1742, mort à Leyde, en 1822.
— * Mémoire sur les malheurs de la Hollande, et le remède à y apporter, en hollandais et en français. *Anvers*, 1796.

On doit à Tollius plusieurs ouvrages importants, des Mémoires, différents écrits polémiques sur les affaires du temps, et des travaux philologiques, tous écrits, soit en latin, soit en hollandais, mais qui n'ont pas été traduits en français.

TOLLOT (Aimé), D. M.; né à Genève, en 1674, mort en 1751.

— Histoire de la triple génération qui a lieu dans le corps de l'homme, composée par Bianchi; trad. de l'ital. *Amsterdam*, 1741, in-8.

— Poëme sur la recherche de la vérité. Ouvrage posthume.

Imprimé dans le Journal helvétique, février 1759.

TOLLOT (Jean-Baptiste), maître apothicaire; né à Genève, en 1698, mort en 1773.

— Voyage (nouv.) fait au Levant, ès années 1731 et 1732, contenant les descriptions d'Alger, Tunis, Tripoli de Barbarie, Alexandrie en Égypte, Terre-Sainte, Constantinople, etc. *Paris, And. Cailleau*, 1742, in-12 de VI et 354 pag.

On a du même, dans le Journal helvétique, une *Lettre sur l'analyse des plantes*, numéro de septembre 1743, et une autre *sur le tænia*, numéro d'octobre de la même année. Senebier, dans son Histoire littéraire de Genève, dit que le quart du Journal helvétique est rempli de Discours de morale et de petits vers de société composés par cet apothicaire.

TOLLUIRE (A.-S.). — Classification (nouv.) de la jurisprudence française, ou Lexique raisonné des principes du droit public, du droit civil, du droit criminel et du droit commercial; ouvrage destiné à tenir lieu du Répertoire universel de jurisprudence, et en quelque sorte des questions de droit. Par une société de magistrats et de jurisconsultes; publié par MM. A.-S. Tolluire et Leflo. Tome Ier. *Paris, Mongie aîné*, 1820, in-8, 6 fr.

Ce premier volume comprend les deux premières lettres de l'alphabet et la moitié de la troisième.

— Ferrière moderne, ou nouveau Dictionnaire des termes de droit et de pratique, dans lequel la définition de chaque mot est accompagnée des articles des codes, lois, décrets, etc., etc., qui y ont un rapport direct, et de la citation des autres dispositions qui n'ont, avec le mot, qu'un rapport plus éloigné. *Paris, F. Didot* (* *Mansut*), 1824, 2 vol. in-8, 8 fr.

Avec M. J.-B.-E. Boulet.
M. Tolluire a été l'éditeur de la Jurisprudence des cinq codes, par J.-M. Dufour (1820).

TOLMER (L.), anc. artiste et auteur dramatique, connu au théâtre sous le nom de Vallier, et que, par cette raison, on désigne quelquefois sous le nom de Tolmer-Vallier.

— Arlequin calife de Bagdad, ou la Suite d'Arlequin esclave à Bagdad, comédie en prose et en deux actes, mêlée de danses, etc. *Reims, Brigot*, an VIII (1800), in-8.

—* Arlequin esclave à Bagdad, ou le Calife généreux, comédie en un acte, en prose et vaudevilles. Par le cit. L. T. Nouv. édit. *Troyes*, an VII (1799), in-8.

— Étrennes (les) de la nouvelle année, comédie en un acte et en prose, mêlée d'ariettes. *Maestricht, Cavelier*, 1783, in-8.

— Impromptu (l'), ou le Poëte patriote, scène épisodique extraite d'Un peu d'aide fait grand bien. *Tournay, H. Buré*, 1792, in-8.

— Journaliste (le), ou la Fête à l'impromptu, comédie-vaudeville en un acte (et en prose). *Strasbourg, F.-G. Levrault*, 1806, in-8.

— Rosalie et Dorsin, ou les Effets de l'amour, comédie en trois actes (en prose), mêlée de musique. *Reims, Brigot*, an VIII (1800), in-8.

— Tribut (le) du cœur, ou les Fêtes citoyennes, comédie-ballet en un acte, en vers provençaux et français, mêlée de vaudevilles. *Paris, Avignon, frères Bonnet*, 1790, in-8.

Avec Brulot.

— Vétéran (le), nouvel almanach pour 1821, etc., etc; le tout divisé en douze leçons, et rendu, autant que possible, à la portée de tout le monde. Première année. *Strasbourg, l'Auteur; veuve Eck*, 1820, in-4 de 42 pag.

TOLMER (S.-L.-A.). — Cri (le) de l'homme. Ode à la liberté. *Strasbourg, l'Auteur*, 1831, in-8 de 16 pages.

— Derniers moments d'un roi, poëme. *Strasbourg, les march. de nouv.*, 1824, in-8 de 16 pag.

— Méthode (nouv.) pour faciliter la liaison des mots dans la lecture française, et habituer les élèves à ne pas prononcer les lettres muettes. *Mulhouse, Risler; Altkirch, les Auteurs*, 1836, in-8 de 104 pag.

Avec M. J.-A. Huguelin.

TOLOMAS (le P. Charles-Pierre-Xavier), jésuite, membre de l'Académie de Lyon; né à Avignon, le 17 mars 1706, mort en 1763.

— * Discours sur le philosophe Épictète, dédié à quelques philosophes de ce temps. *Paris, Hérissant*, 1760, in-12.

— * Dissertation sur l'hyène, à l'occasion de celle qui a paru dans le Lyonnais, etc., en 1754, 1755, et 1756. *Paris, Chaubert*, 1756, in-12.

— Dissertation sur le café. 1757, in-12.

TOLOSAN (de), intendant du commerce.

— * Mémoire sur le commerce de la France et de ses colonies. *Paris*, 1789, in-4.

Le négociant dont il est parlé dans l'Avertissement se nommait Bécret.

— * Réglement du conseil, précédé de l'explication des différents articles compris dans chacun des chapitres; avec les formules des procédures qu'on y suit, et celles des arrêts ou jugements qui s'y rendent. *Paris, Moutard*, 1786, in-4.

TOLSTOY (J.), officier d'état-major russe.

— Essai biographique et historique sur le feld-maréchal prince de Varsovie, comte Paskewitch d'Érivan. *Paris, Anselin*, 1835, in-8, avec un portr. et une carte, 6 fr.

— * Observations sur la dernière campagne de Turquie. *Paris, de l'impr. de Goëtschy*, 1829, in-8 de 42 pag.

— Quelques pages sur l'Anthologie russe, pour servir de réponse à une critique de cet ouvrage, insérée dans le Journal de Paris, du 2 janvier 1824; suivies d'une fable, trad. du russe. *Paris, de l'impr. de Plassan*, 1824, in-8 de 19 pag.

— * Rectification de quelques légères erreurs de madame la duchesse d'Abrantès. Par un Russe. *Paris, Ledoyen*, 1834, in-8 de 48 pages.

— Réplique à la réponse de M. Magnier aux observations d'un officier d'état-major russe sur la dernière campagne de Turquie. *Paris, Ledoyen*, 1829, in-8 de 40 pag. — Deuxième Réplique à M. Magnier. *Paris, Ledoyen; Pélicier*, 1829, in-8 de 44 pages.

— * Six mois suffisent-ils pour connaître un pays? ou Observations sur l'ouvrage de M. Ancelot, intitulé : « Six mois en Russie ». Par J. T.....y. *Paris, Ledoyen*, 1827, in-8 de 32 pag.

TOLZ (Charl.-God.). — Liberté de la navigation et du commerce. *Leipzig*, 1772, 2 vol. in-8.

TOLYOT DE NURRETEIN (François), docteur en médecine, ancien médecin de l'artillerie de France.

— Observations nouvelles sur la surdité, la cécité, l'épilepsie, l'apoplexie, etc.; suivies d'un nouveau régime propre à ces différentes maladies. *Paris*, an III (1795), in-8.

TOMASHEVSKI (D.-Aug.). — Insuffisance (de l') de la philosophie païenne avant la venue de J.-C., contre Fréret. Discours prononcé à l'ouverture des leçons de théologie, trad. du polonais par Harmand. *Polozk*, 1808, in-8.

TOMASI (Thom. de'), de Pesaro, professeur de belles-lettres à la Minerve, à Rome, et membre de l'Académie des inconnus de Venise.

— Vie (la) de César Borgia, duc de Valentinois, trad. de l'italien. Nouv. édition. *Leyde, Théod. Haak*, 1712, in-12.

La première édition de cette traduction est de Montechiaro, 1671.

— Mémoires pour servir à l'histoire de la vie de César Borgia, duc de Valentinois. Trad. de l'ital. *Amsterdam*, 1739, 2 vol. in-12.

TOMBE (Ch.-Fr.), ancien capitaine-adjoint du génie, employé près de la haute régence à Batavia, chef de bataillon, officier supérieur de l'état-major général de l'armée d'Italie.

— Voyages aux Indes orientales, pendant les années 1802, 1803, 1804, 1805 et 1806, contenant la description du cap de Bonne-Espérance, des îles de France, Bonaparte, Java, Banca et la ville de Batavia; des observations sur le commerce et les productions de ces pays, sur les mœurs et les usages de leurs habitants; la campagne du contre-amiral Linois dans les mers de l'Inde et à la côte de Sumatra; des remarques sur l'attaque et la défense de Colombo, dans l'île de Ceylan, lors de sa reddition aux Anglais; enfin, un vocabulaire des langues française et malaise; avec un atlas composé des cartes marines et militaires, dressées par l'auteur; des planches représentant les costumes et l'armure des habitants de ces contrées, et différentes vues. Ouvrage revu et augmenté de plusieurs notes et éclaircissements, par M. Sonnini. *Paris, Arthus Bertrand*, 1810, 2 vol. in-8, avec atlas, 18 fr.; avec figures et cartes coloriées, 21 fr.; sur pap. vélin, 36 fr.

TOME DE BURGUILLOS. — Rimas

del licendiado Tome de Burguillos. *Paris, de la impr. de Didot aîné*, 1828, in-32, avec une gravure.

TOMBRET (l'abbé H.), curé de Plombières-lès-Dijon.
— Catéchisme développé, ou Instructions familières, dogmatiques et morales, par demandes et par réponses, sur toutes les principales vérités de la Religion chrétienne. *Lyon, Guyot*, 1825, in-12.

TOMEONI (Florido). — Théorie de la musique vocale. *Paris, Pougens*, an VII (1799), in-8.

TOMMASEO (N.). — Alla memoria di Giuseppe de Thomassis. *Parigi, della stamp. di Thomassin*, 1837, in-8 de 24 pages.

Avec M. P. Colleta.

— Duca (il) d'Atene, narrazione. *Parigi, Baudry*, 1837, in-12, 4 fr. 50 c.
— Relations des ambassadeurs vénitiens sur les affaires de France au seizième siècle, recueillies et traduites par N. Tommaseo. *Paris, de l'impr. royale.—F. Didot*, 1838, 2 vol. in-4, 24 fr.

Ces deux volumes font partie de la Collection de documents inédits sur l'histoire de France, publiés par ordre du roi.

— Voce (la) della verità. *Parigi, della stamp. di Pihan Delaforest*, 1835, in-8 de 8 pag.

TOMMASINI (Jacques), célèbre médecin italien, professeur de physiologie à l'université de Parme, plus tard de clinique interne à l'Université de Bologne, etc., etc.
— Exposition précise de la nouvelle doctrine médicale italienne, ou Considérations pathologico-pratiques sur l'inflammation et la fièvre continue; ouvrage dans lequel l'importance des bases de la doctrine du professeur Broussais se trouve confirmée par les principes et la pratique des médecins anciens et modernes les plus célèbres. Trad. de l'ital. par J.-T. L. (Lefebure). *Paris, Béchet jeune*, 1821, in-8, 4 fr. 50 c.
— Précis de la nouvelle doctrine médicale italienne, ou Introduction aux leçons de clinique interne de l'Université de Bologne, pour l'année scolaire 1816-17; suivi du Tableau des résultats obtenus dans la clinique interne de Bologne, dans l'espace de trois années scolaires; trad. de l'italien, avec une préface et des notes, par P.-L. Vanderlinden, D. M. *Paris, Crevot*, 1822, in-8, 3 fr.
— Recherches pathologiques sur la fièvre de Livourne, sur la fièvre jaune d'Amérique, et sur les maladies qui leur sont analogues. Ouvrage trad. de l'italien par A. M. D. D. M. *Paris, Arthus Bertrand*, 1812, in-8, 6 fr.

TOMMASSI (le chevalier). — Introduction à l'étude du droit public et privé.

TONDU DE NANGIS (Jean), notaire royal aux bailliage et comté de Beaumont sur Oise et châtellenie royale de Creil.
— Analyse des eaux minérales de Merlange, près la ville de Montereau Fautyonne. *Paris, veuve Quillau*, 1761, in-12.
— Dissertation démonstrative de la quadrature absolue du cercle, avec figures. *Paris, Hérissant*, 1746, in-12.

TONDU LE BRUN. Voy. Lebrun.

TONDUTI (Pierre-François), seigneur de Saint-Légier, jurisconsulte; né à Avignon.
— De pensionnibus ecclesiasticis. *Lugduni*, 1730, in-fol.

TONE (William-Théobald-Wolfe), fils du fondateur de l'association des « Irlandais unis », qui fut condamné par une cour martiale, à Dublin, à être pendu pour avoir servi dans les armées françaises, comme adjudant-général, contre les Anglais, dans la guerre de l'indépendance de l'Amérique. W.-Th.-W. Tone fit une grande partie de ses études en France, fut d'abord élève du lycée impérial; plus tard, lieutenant de cavalerie, aide-de-camp de M. le baron de Bagneris, maréchal de camp : on le retrouve plus tard colonel d'un régiment d'infanterie mahratte.
— Essai sur la composition de la force armée aux différentes époques de l'histoire, et sur la meilleure organisation à lui donner par le concours des troupes de ligne et des gardes nationales. *Paris, Magimel*, 1814, in-8 de 72 pag., 1 fr. 50 c.
— Etat civil et politique de l'Italie sous la domination des Goths. Mémoire composé sur le sujet donné par la troisième classe de l'Institut pour le prix d'histoire et de littérature ancienne de l'année 1810, etc. Sec. édit. *Paris, de l'impr. de Fain*, 1813, in-4 de 52 pag.

Tiré à 150 exempl., qui n'ont pas été destinés au commerce.

— Voyage chez les Mahrattes. (Ouvrage posthume). Trad. de l'angl. par M. M.-L., et publié avec des notes sur l'histoire, le gouvernement, les mœurs et usages des Mahrattes, rédigées en forme de glossaire, par L. Langlès. *Paris, Éverat; Nepveu*, 1820, in-18, 3 fr.

Formant le tome VI d'une « Collection portative de voyages ».

TONIN L.... — Lampiade (la), ou les Chutes. Poëme héroï-comique. *Paris, de l'impr. de madame Huzard*, 1821, in-8 de 16 pag.

TONNELLÉ, médecin, à Tours.

— Fièvres (des) puerpérales observées à la maternité pendant l'année 1829, dans le service de M. Desormeaux; des différents moyens employés pour les combattre, et spécialement des saignées locales et générales, des vomitifs et des mercuriaux. *Paris, de l'impr. de Migneret*, 1830, in-8 de 140 pages.

— Mémoire sur les maladies des sinus veineux de la dure-mère. *Paris, J.-B. Baillière*, 1829, in-8, 2 fr. 50 c.

Extr. du Journal hebdom. de médecine.

TONNELIER (J.), membre de la Société d'histoire naturelle et philomatique de Paris, conservateur du cabinet de minéralogie de l'École des mines.

— * Notice sur la vie et les ouvrages de M. Ricard (extraite du Journ. de Paris). (1803), in-12.

Traducteur du premier et du second Voyage de Pallas dans les gouvernements méridionaux de l'empire de Russie, publiés en 1807 et en 1811. Tonnellier a aussi donné des *Mémoires* au Journal des mines.

TONTI (le chev. de), gouverneur du fort Saint-Louis, aux Islinois.

— * Relations de la Louisiane et du fleuve Missisipi. *Amsterdam, Bernard*, 1720, in-12.

TOOKE (William), ecclésiastique anglais, membre de la Société royale de Londres, de l'Académie impériale des sciences, et de la Société libre d'économie de Saint-Pétersbourg; mort en novembre 1820.

— Histoire de l'empire de Russie, sous le règne de Catherine II, et à la fin du XVIIIe siècle, trad. de l'anglais sur la deuxième édition, par M. S....., avec les corrections de M. Imirnove, et revue par M. Leclerc, ancien capitaine au service de France. *Paris, Maradan*, 1801, et 1806, 6 tomes in-8, 27 fr.

On a tiré de l'édition de 1801 quelques exemplaires sur grand raisin vélin, 90 fr.

— Histoire moderne de Russie, traduite de l'angl. (par l'abbé Bassinet). *Paris, Maradan*, an XI (1802), 6 vol. in-8.

Ce doit être par erreur que, sur le frontispice de cet ouvrage, l'auteur y est nommé Horne-Took. Nous suivons l'autorité du *Biographical Dictionary of the living authors of Great-Britain*, etc.

TOPART (Jean-Baptiste), cultivateur à Ablain-Saint-Mazaire.

— Système du monde, où les lois du niveau et de l'aplomb sont respectées, précédé des reproches du niveau et de l'aplomb au célèbre Copernic, et suivi de l'approbation du système de ce grand homme. *Arras, veuve Bocquet*, 1835, in-8 de 16 pag.

TOPFER (Henry-Auguste). — Combinateur (le) analytique, ou Théorie des dimensions. *Leipzig*, 1793, in-8.

TOPIN ( ), notaire à Ham.

— Table raisonnée du Journal de Paris pour les années 1789, 1790. *Paris*, 1791, in-4.

TOPIN (Hipp.), ex-professeur au collége d'Aix.

— Forêt (la). (En vers). *Aix, de l'impr. de Pontier*, 1831, in-8 de 8 pag.

— Mélanges littéraires, en prose et en vers. *Aix, de l'impr. de Pontier*, 1836, in-8 de 32 pag.

— Pièces diverses, en prose et en vers. *Aix, de l'imp. de Pontier*, 1829, 1831, in-8 de 16 pag.

TORCHET DE BOISMÊLÉ. Voyez Boismêlé.

TORCHON-DESMARAIS (François), né à Paris, le 8 janvier 1736, profès chez les Mathurins, le 29 juin 1756, docteur de Sorbonne, le 22 juillet 1766, chanoine régulier de la Sainte-Trinité, dits Mathurins, prieur-curé de Regniowez, près de Rocroi, en 1770, il établit un petit séminaire dans ce village, où il mourut vers 1810.

— Incrédulité (l'), ode; dédiée à Mgr le comte de Provence. *Paris, Desprez*, 1771, in-8, fig.

— Jérémie, poëme sacré en IV chants, avec sa prière et sa lettre aux captifs prêts à partir pour Babylone; dédié à Madame.

Ouvrage orné de sept gravures. *Paris, Desprez*, 1771, in-8 de 126 pag., fig.; — ou *Ypres, Walvein*, 1774, in-8.

— * Portrait du solitaire des Ardennes, précédé d'un entretien avec ses fleurs. *Aux Ardennes (Charleville)*, 1789, in-8 de 44 pages.

— Projet pour le parachèvement du Louvre. *Paris, Prudhomme*, 1800, in-8.

On a encore de cet ecclésiastique quelques *pièces fugitives* dans le Mercure et autres feuilles périodiques, ainsi que quatre autres *pièces concernant la révolution*, imprimées à Mézières, chez Trécourt, en 1791, in-8 et in-4.

Bouillot, *Biogr. ardennaise*.

TORCIA (Michel), Napolitain.

— État de la navigation nationale sur toute la côte orientale du royaume de Naples. 1784, in-8.

— * Relation de la dernière éruption du Vésuve, arrivée au mois d'août 1779, en italien et en français. *Naples, Raimondi*, 1779, in-12.

TORCY (le marq. de). Voy. Colbert marq. de Torcy.

TORCY (François de), prêtre de la doctrine chrétienne, de la maison de Vitry, devint successivement recteur du collége de Saint-Omer, supérieur du séminaire de la Marne, et vicaire-général de Reims. Il adopta les principes de la révolution avec sagesse, mérita, par ses vertus et sa tolérance, l'estime générale, et chercha, par ses actions, ainsi que par ses ouvrages, à reconcilier les partis. Son savoir le fit appeler aux conciles tenus à Paris, en 1797 et 1801, et il mourut en 1806, dans une obscurité qu'il avait toujours recherchée.

— Accord des institutions républicaines avec les règles de l'Église.

— Éclaircissements sur la constitution civile du clergé de France. 1790, in-8. — Sec. édit. *Paris*, 1791, in-8.

— Église (l') gallicane vengée de toute accusation de schisme et préjugés légitimes de schismes contre ceux qui l'en accusent. Sermons prêchés les 9 et 29 janvier 1792. In-8.

— Vrais principes sur le mariage, ou Lettres à un curé du département de la Marne, en réponse à différentes questions sur la loi concernant les naissances, les mariages, les décès, et sur la loi du divorce. 1793, in-8.

TORDEUX (A.-J.), pharmacien, membre de la Société d'émulation de Cambrai.

— Essai sur la rosée et sur diverses phénomènes qui ont des rapports avec elle, trad. de l'angl. (1817). Voy. W.-C. Wells.

— Notice historique sur le T employé à la construction des hautes cheminées d'usines. *Lille, Lesne-Daloin*, 1838, in-8 de 16 pag., avec 2 pl.

M. Tordeux a fourni plusieurs morceaux au recueil des Mémoires de la Société d'émulation de Cambrai; nous connaissons de lui, entre autres, un Rapport sur le concours d'agriculture (1822).

TORDEUX (Émile), d'Avesnes.

— Notice sur les monnaies anciennes, en 1832. *Cambrai, de l'impr. de Lesne-Daloin*, 1835, in-8 de 12 pages.

TORÉE (Olof), aumonier de la compagnie suédoise des Indes orientales.

— Voyage à Surate, à la Chine, etc., depuis le 1er avril 1750 jusqu'au 26 juin 1752, publié par Linnœus; traduit du suédois par Dom. de Blackford. *Milan*, 1771, in-12.

TOREINX (F.-R. de), pseudon. Voy. E. Ronteix.

TORELLI (le comte Joseph), premier aide-de-camp colonel du maréchal de Mailly, et chevalier de l'ordre royal de Pologne.

— * Réflexions d'un militaire sur le serment proposé aux officiers de l'armée française, avec cette épigraphe : « Sanabimur si modò separemur à cœtu ». *Mons*, juillet 1791. — Sec. édit. (*Neuwied*), 1792, in-8.

Un seul exemplaire connu de la première édition, envoyé par l'auteur à l'abbé Chapt de Rastignac, massacré le 2 septembre 1792, apprend les détails suivants, d'après une note qui se trouve en tête.

« Cette brochure est du comte Jos. Torelli : elle fut composée au château de Marly, près de nous, dans l'appartement de feu M. de Vergennes, que Louis XVI lui avait donné. Cette brochure fut faite d'après les intentions du roi, communiquées à M. de Latour-du-Pin, ancien ministre de la guerre ».

« Le but était de combattre l'effet des opinions imprimées de MM. de Cazalès, du marquis de Bouthillier et de l'abbé Royou, dans son Ami du roi, du 16 juin 1791; opinions énoncées d'après le désir de la reine, tendant à faire prêter serment aux troupes *contre le roi*, pour mieux masquer la fuite à Varennes..... Question traitée avec des principes d'honneur, logique pure, style digne d'éloges ». (Note communiquée par M. de Guemadeuc, ancien maître des requêtes). *Barb.*

TORELLI (G.). — Élégie de Thomas Gray, sur un cimetière de campagne, trad. en vers italiens (1812). Voy. Th. Gray.

TORENO (le comte de), grand d'Espagne, et membre des cortès, de 1812 et de 1820.

— Histoire du soulèvement, de la guerre et de la révolution d'Espagne (traduite de l'espagnol, par M. L. VIARDOT). *Paris, Paulin*, 1835-38, 5 vol. in-8, 37 fr. 50 c.

— La même, en espagnol. *Paris, Baudry*, 1836-38, 3 vol. in-8, 18 fr.

— Noticia de los principales sucesos ocurridos en el gobierno de España, desde el momento de la insurreccion en 1808, hasta la disolucion de las cortes ordinarias en 1814. Por un Español residente en Paris. *Paris, de la impr. de Rougeron*, 1820, in-8 de 80 pag.

— Aperçu des révolutions survenues dans le gouvernement d'Espagne de 1808 à 1814, trad. par M. DUNOYER.

Traduction de l'écrit précédent imprimée à la tête de celle de l'ouvrage de Jos. PACCHIO, intitulé : *Six mois en Espagne* (1822).

TORLACHON (Marie-Vincent). Voy. le P. ELISÉE.

TORNÉ (Pierre-Anastase), né à Tarbes, le 21 janvier 1727, entra chez les prêtres de la doctrine chrétienne, et professa la philosophie dans leur collége de Toulouse; mais il quitta bientôt les doctrinaires pour se consacrer à la chaire. Ayant prêché à Versailles le carême de 1764, il obtint du ministre de la feuille des bénéfices, un canonicat à Orléans et un prieuré. Le roi de Pologne, Stanislas, le nomma en même temps son aumônier, et l'Académie de Nanci l'admit au nombre de ses membres. A l'époque de la Révolution, dont il avait embrassé les principes, il fut nommé archevêque constitutionnel de Bourges. Dans les orages qui s'élevèrent contre la religion, il publia des écrits qui étaient plus d'un philosophe que d'un prêtre. Il quitta Bourges, et alla mourir dans sa patrie, le 1er janvier 1797.

— Discours qui a remporté le prix de l'Académie de Pau. 1754.

— Discours sur les grandes mesures nécessaires pour sauver la patrie. 1792, in-8.

— * Esprit (l') des cahiers présentés aux États-Généraux de l'an 1789, augmenté de vues nouvelles, par L. T. 1789, 2 vol. in-8.

M. Barbier, en attribuant cet ouvrage à l'abbé Torné, ne cite pas le fait comme certain. Meusel, bibliographe allemand, l'a attribué à M. Target, sans être pertinemment convaincu qu'il soit de ce dernier.

— Leçons élémentaires de calcul et de géométrie. *Paris*, 1754, 1757, in-8.

Ces Leçons eurent de la vogue dans leur temps, parce qu'il y a de la clarté.

— Oraison funèbre de Louis XV. *Tarbes, Roquemaurel*, 1774, in-4.

— * Résumé général, ou Extrait des cahiers des pouvoirs, instructions....., remis par les divers bailliages.... à leurs députés aux États-Généraux. 1789, 3 vol. in-8.

— Sermons prêchés devant le roi pendant le carême de 1764. *Paris, Saillant*, 1765, 3 vol. in-12.

Ces Sermons sont écrits d'un style maniéré, tantôt lâches et toujours froids. L'orateur y semble méconnaître le ton convenable aux sujets qu'il traite.

TORNIELLI. — Annales sacrées (ses). *Lucques, Venturini; et Paris, Despilly*, 1763, 4 vol. in-fol.

TORO (J.-B.). — Cartouches nouvellement inventées. In-fol.

TOROMBERT (Charles-Louis-Honoré), avocat à la Cour royale de Lyon, associé correspondant de l'Académie de Dijon, membre de l'Académie royale des sciences, belles-lettres et arts de Lyon, et du Cercle littéraire de cette ville, ainsi que de plusieurs autres sociétés savantes; né le 17 décembre 1787, à Belmond, près de Belley (Ain), où il est mort, le 8 mai 1829.

— Discours sur la dignité de l'homme. *Lyon, et Paris*, 1823, in-8.

Prononcé lors de la réception de l'auteur à l'Académie de Lyon, dans la séance publique du 27 août 1823.

— Éloge historique de M. Vouty de la Tour, ancien conseiller au parlement de Dijon, prononcé à l'Académie de Lyon, en séance publique, le 29 mai 1826. *Lyon, de l'impr. de Perrin*, 1826, in-8 de 40 pag.

M. Vouty de la Tour était conseiller au parlement de Dijon à l'époque de la Révolution; il avait été pourvu de cet office, et reçu à la Cour en 1783; il est mort premier président à la cour royale de Lyon.

— Exposition des principes et de la classification des sciences dans l'ordre des études ou de la synthèse. Dédiée à MM. les élèves de l'École de droit. *Paris, Am. Costes et compe*, 1821, in-8 de 132 pag., avec un tableau in-plano.

Le tableau présente trois grandes divisions :

I, *Rapports inorganiques*, II, *Rapports organiques*, III, *Rapports moraux*.

— Ode sur le retour des Bourbons et de la paix. *Lyon*, 1814, in-8.

— * Plaidoyer en faveur des peuples, prononcé à la barre de la sainte-alliance. *Paris*, *Baudouin frères*, 1825, in-8 de 29 pag.

— Principes du droit politique mis en opposition avec le Coutrat social de J.-J. Rousseau, avec la réfutation du chapitre intitulé : De la religion civile, par M. Lanjuinais; suivis du texte entier du Contrat social. *Paris*, *Rey et Gravier*; *Aimé-André*, 1825, in-8°, 7 fr.

Torombert a laissé en portefeuille, outre quelques *poésies légères*, un *Éloge de Poivre*, couronné par l'Académie de Lyon, en 1819; un *Essai sur la condition des femmes dans la société, suivant les différents âges de la civilisation*, morceau lu à l'Académie de Lyon, en séance publique, le 10 juillet 1828 : un *Mémoire sur la peine de mort*, et quelques autres dissertations sur des sujets appartenant aussi à la politique ou à la philosophie.

On trouve une Notice sur Torombert dans les Archives historiques et statistiques du département du Rhône, n° 55 (mai 1829), pag. 76.

TORQUEMADA (Alphonse), grand inquisiteur d'Espagne, pseudon. Voy. DELISLE DE SALES.

TORRE (de la). — Mémoires contenant l'histoire des négociations secrètes des cours de l'Europe pour le partage des royaumes de l'Espagne, etc. *Londres*, 1749, 2 vol. in-8.

— Mémoires et négociations secrètes de diverses cours de l'Europe dans les temps des deux traités de partage d'Espagne. *La Haye*, *Moetjens*, 1725, 5 vol. in-8; ou 1735, 2 tomes en un vol. in-12.

— Mémoires et négociations secrètes de Ferdinand Bonaventure, comte d'Harrach, contenant ce qui s'est passé de plus secret et de plus remarquable pendant le dernier règne de Charles II, depuis l'année 1695 jusqu'au traité du partage. *La Haye*, *Husson*, 1720, 2 vol. in-12; *La Haye*, *Moetjens*, 1735, 2 vol. in-12.

TORRE (le P. J.-M. della), professeur de physique à l'Académie de Naples.

— Histoire et phénomènes du Vésuve, trad. de l'ital. par l'abbé PETON. *Paris*, *Th. Hérissant*, 1760, in-12.

TORRE (Francisco de la), poëte espagnol.

— Poesias escogidas de Fray Luis de Leon, Francisco de la Torre, Bernardeau de Balbnena, y otros varios. *Paris*, *de la impr. de Smith*, 1823, in-18, 3 fr. 50 c.

TORRE (D. Damazo Gutierrez de la), chevalier de l'ordre de Sant-Iago.

— Exposicion de sus conducta politica, en el tiempo de la dominacion francesa en España, a los senores de la junta de sequestros. *Paris*, *de la impr. de Rougeron*, 1816, in-8 de 56 pag.

Écrit qui n'a pas été destiné au commerce : il a été imprimé une seconde fois à Paris, dans la même année, in-8 de 60 pag. (à 125 exempl.).

TORRÈS ( ), médecin de M. le duc d'Orléans.

— Lettre sur la méthode de guérir les maladies vénériennes. *Paris*, 1753, in-12.

TORRÈS (le R. P. J.-Raymond-Joseph de). — Exercices de dévotion. *Paris*, *de l'impr. de Smith*, 1829, in-18.

— Moyen pour réciter le très-saint rosaire de Notre-Dame avec dévotion et fruit, selon l'usage de la confrérie du rosaire, établie et érigée dans l'église paroissiale de la ville de Cayes. *Rouen*, *de l'impr. de Baudry*, 1829, in-18 de 36 pag.

TORRES-NAHARRO (Bartolome). — Yménée, comédie en cinq journées, trad. de l'espagnol, en prose, par LA BEAUMELLE.

Traduction imprimée dans les Chefs-d'œuvre des théâtres étrangers, publ. par Ladvocat.

TORRES-VILLANOEL (le doct. Diego de). — Suenos morales, visiones y visitas de Torres, con don Fr. de Quevedo, por Madrid. *Leon*, *Cormon y Blanc*, 1821, in-18, 4 fr.

TORS (Le). Voy. LE TORS.

TORT (Bernard). — Observations sur la situation financière de la France, et sur les moyens d'établir le crédit public par celui des particuliers. *Paris*, *Migneret*, 1816, in-4 de 36 pag.

Voy. aussi LE TORT.

TORTEBAT (François), peintre du roi au XVIIe siècle.

— Abrégé d'anatomie accommodée aux arts de peinture et de sculpture, par PILLES. (Nouv. édit). *Paris*, *J. Mariette*, 1733, in-fol.; ou 1760, in-fol.

La première édition est de Paris, 1668.

Ouvrage réimprimé dans ce siècle-ci, sous le titre suivant :

Traité d'anatomie accommodée aux arts de peinture et de sculpture. Nouv. édition. Paris, Jean, 1826, in-fol., avec planches, 6 fr.

TORTEL (P.). — Manuel du service régimentaire de l'artillerie en garnison. *Strasbourg*, *Levrault*, 1833, in-12, 4 fr.

TORTI (F.). — Terapeutica specialis ad febres periodicas perniciosas. Nova editio, curantibus TOMBEUR et BRIXHE. *Liége, et Paris, J.-B. Baillière*, 1821, 2 vol. in-8, 16 fr.

La première édition de ce livre estimé est de Francfort et Leipzig, 1756, pet. in-4. Ce livre était devenu difficile à trouver.

TOSCAN (G.-L.-George), bibliothécaire du Muséum national d'histoire naturelle, membre de la Société des sciences et Académie de Grenoble, sa patrie; né en 1756.

— Ami (l') de la nature, ou Choix d'observations sur divers objets de la nature et de l'art, suivi d'un Catalogue de tous les animaux qui se trouvent actuellement dans la ménagerie. *Paris*, *l'Auteur*; *Maradan*; *Donnier*, 1800, in-8 de XII et 308 pages, avec deux gravures, 3 fr.

— * Histoire du lion du Muséum national et de son chien. *Paris*, an III (1795), in-8.

— Mémoire sur l'utilité de l'établissement d'une bibliothèque au Jardin des plantes, 1793.

— * Musique (de la) et de Nephté, aux mânes de l'abbé Arnaud. *Paris*, *de l'impr. de Monsieur*, 1790, in-8 de 28 pag.

— Voyage dans les Deux-Siciles et dans quelques parties des Apennins, trad. de l'ital. (1796). Voy. SPALLANZANI.

M. Toscan, en outre, a fourni des articles à la Décade philosophique (1794—1807) : ses articles sont signés G. T.

TOSCAN (F.), alors juge au tribunal de première instance de Turin.

— Aperçu sur les procès d'ordre, par l'exposé des motifs sur la question de savoir : si le juge commissaire dans le procès-verbal de convocation qu'il est chargé de dresser par l'article 955 du code de procédure, peut faire des discussions sur le fond des demandes des créanciers produisans. *Turin*, *de l'impr. d'Appiano*, 1812, in-8, 5 fr.

— Description abrégée des ci-devant royaumes et provinces composant le royaume d'Espagne et celui de Portugal. Par M. T... *Paris*, *Dondey-Dupré*, s. d. in-8. (D. M).

TOSELLI (le P.), éditeur des ouvrages italiens, français et latins du cardinal GERDIL, 1784 à 1791, 6 vol. in-4.

TOSQUINET, à Namur, docteur en médecine, adjoint à l'hôpital militaire de Namur.

Il est auteur d'un mémoire intitulé : *Observations propres à démontrer l'utilité de l'application permanente des sangsues dans les plaies de tête* (impr. dans l'Encyclographie des sciences médicales, 2e série, nº 6).

TOSSA-LEBRUN. Voy. LEBRUN-TOSSA.

TOTT (le baron François de), d'origine hongroise; né à Chamigny, auprès de la Ferté-sous-Jouarre, le 17 août 1733, successivement secrétaire d'ambassade de France à Constantinople, et chargé de missions dans la petite Tartarie et la Crimée; inspecteur-général des consulats sur les côtes méridionales de la Méditerranée, en 1776; devenu maréchal de camp, en 1781, Tott commanda la ville de Douai pendant les deux ou trois années qui précédèrent la révolution; mais, en 1790, la garnison ayant formé un projet qu'il voulut déjouer, s'insurgea et menaça de la mettre à la lanterne. Il échappa à ce péril, vint à Paris, fut en Suisse, et enfin se retira en Hongrie, où il mourut, en 1793.

— Mémoires sur les Turcs et les Tartares. *Amsterdam*, 1784, 4 vol. in-8; — ou *Paris*, 1785, 2 vol. in-4, fig., 15 à 24 fr., et plus cher sur pap. de Hollande; — et *Maestricht*, *Dufour*, 1786, 3 part. in-12, 6 fr.

Ces mémoires auraient satisfait davantage si l'auteur avait évité une assez forte nuance de charlatanisme, s'il y avait indiqué la date de tant de faits dont le récit n'est pas exempt chez lui de confusion; mais enfin, ce fut lui qui, le premier, à l'égard des coutumes politiques et privées des Osmanlis, opposa des notions exactes et impartiales aux préventions invétérées de l'Occident. Les Savary, les Anquetil du Perron, les Volney, qui depuis ne contribuèrent pas moins à ébranler ces mêmes préjugés, n'ont pu encore les détruire dans beaucoup d'esprits.

Peyssonel ayant critiqué Tott dans un écrit intitulé : « Lettre de M. de Peyssonel, contenant quelques observations relatives aux Mémoires du baron de Tott » (Amsterdam, 1785, in-8), fut réfuté lui-même par Ruffin. La seconde édition des Mémoires, 1788, 2 vol. in 4, contient cette Réponse à la critique de Peyssonel.

TOTT (Claire de). — Pauline de Vergies, ou Lettres de madame de Staincis. *Paris*, *Belin*, an VII (1799), 3 vol. in-12, 4 fr. 50 c.

TOTTOLA (Andréa). — Ultimo (l') giorno di Pompei, dramma per musica in due atti (ital. e francese). *Parigi*, *Roullet*, 1830, in-8.

TOTTOLA (Leone). — Mosè in Egitto,

dramma. *Parigi, della stamp. di Pihan Delaforest (M.)*, 1832, in-8.

TOUBEAU (Jean), ancien prévôt des marchands de la ville de Bourges.

— Institutes du droit consulaire, ou Jurisprudence des marchands. *Bourges, et Paris, Gosselin*, 1700, 2 vol. in-4.

La première édition est de Bourges, 1682, in-4. Toubeau (Jean et François), père et fils, imprimeurs-libraires, se sont distingués dans leur profession par leurs lumières et leur probité; Jean fut prévôt des marchands de la ville de Bourges. Ils composèrent ensemble l'ouvrage dont il s'agit ici. Cet ouvrage est rempli de recherches plus curieuses qu'utiles, et quelques notions sur la législation et la jurisprudence commerciales y sont noyées dans une masse de citations étrangères au sujet.

TOUBOULIC (P.), de Brest.

— Projet d'un palais de l'industrie. *Brest, de l'impr. d'Anner*, 1832, in-4 de 16 pag., et un tableau.

— Scolégigraphie, ou Méthode prompte et économique pour le perfectionnement et pour l'enseignement simultané de la lecture et de l'écriture, applicable à l'étude préliminaire de l'arithmétique, de la grammaire, de la géographie, du dessin, de l'histoire sacrée. *Brest, l'Auteur; Égasse*, 1817, in-8 de 28 pag.

TOUCAS (H.). — Arithmétique (l') rendue facile au moyen de l'algèbre mixte. Ouvrage renfermant, outre le développement des principes de calcul, huit cents problèmes nouveaux, immédiatement suivis de leurs solutions raisonnées. *Lyon, Périsse frères*, 1831, in-8.

— Algèbre (l') rigoureusement réduite aux besoins de l'arithmétique, démontrée en dix leçons; suivies d'une série de 250 problèmes entièrement nouveaux, avec leurs solutions raisonnées. *Lyon, Périsse frères*, 1832, in-8.

TOUCHALEAUME, sous-secrétaire de MM. de l'hôtel de ville d'Angers.

— Méthode (la) de toiser les bâtiments, les vides et déplois, suivant l'ancien usage d'Angers. La Mesure des héritages de la province. L'Essai du pain. Le calcul du prix de la livre, suivant l'évaluation de la police d'Angers. *Angers, Hernault*, 1700, in-8.

TOUCHARD (Prosper), de Mont-Louis.

— Aperçu général des précautions prises en France avant l'inhumation des citoyens morts, réforme que l'humanité réclame. *Tours, de l'impr. de Placé*, 1833, in-8.

A la suite de cet écrit se trouve : *De la vaccine, des préjugés qui empêchent sa propagation, et des moyens propres à détruire ces préjugés.* — Le tout a 32 pages.

— Flueurs (des) en général; des causes qui les produisent et qui les entretiennent; du traitement le plus efficace pour les guérir; notions suivies de quinze observations variées et récentes, prises dans ma pratique. *Tours, Mame*, 1836, in-4 de 36 pages.

TOUCHARD (madame R.-H.-V.). — Remède contre la rage, avec des considérations sur les causes et le signe de cette maladie; ce que c'est que le virus rabique, et quand il doit recevoir cette qualification. *Paris, l'Auteur; madame Lévi*, 1831, in-8 de 64 pag., 2 fr.

— Soirées (les) de Rosebelle, ou Jolies histoires rapportées par une bonne mère pour former le cœur de ses enfants. *Paris, madame Touchard*, 1821, in-12, 2 fr. 50 c.

TOUCHARD (Th.). — Scène patriotique (en prose, mêlée de vaudevilles). *Bruxelles, sans nom d'impr.*, 1830, in-18.

TOUCHARD-LAFOSSE (G.), journaliste, historien et romancier, commissaire des guerres, de 1809 à 1815; né à La Châtre (Sarthe), le 5 août 1780.

— Amours (les) d'un poëte aux XVIIIe et XIXe siècles. *Paris, Lachapelle*, 1835, 2 vol. in-8, 15 fr.

Avec M. Dulonquet.

— * Art (l') de s'enrichir par des œuvres dramatiques, ou Moyens éprouvés de composer, de faire recevoir et faire réussir les pièces de théâtre. *Paris, Barba*, 1817, in-8 de 180 pag., 2 fr. 50 c.

— Bosquet (le) de Romainville. Confidences du roi. *Paris, Lachapelle*, 1833, 2 vol. in-8, 15 fr.

— Caporal (le) Werner et le général Garnison, histoires militaires de la jeune et de la vieille armées. *Paris, Ch. Lachapelle*, 1839, 2 vol. in-8, 15 fr.

Avec M. Théod. Lustière.

— * Chroniques pittoresques et critiques de l'Œil de Bœuf, des petits appartements de la cour, et des salons de Paris, sous Louis XIV, la régence, Louis XV et Louis XVI, publiées par madame la comtesse douairière de B***. *Paris, Leroux et Barba fils*, 1829-32, 8 vol. in-8, 60 fr.

— Chroniques des Tuileries et du Luxembourg. Physiologie des cours modernes. *Paris, Lachapelle*, 1837-38, 4 vol. in-8, 30 fr.

— * Dictionnaire chronologique et raisonné des découvertes, inventions, innovations, perfectionnements, observations nouvelles et importations, en France, dans les sciences, la littérature, les arts, l'agriculture, le commerce et l'industrie, de 1789 à 1820; comprenant aussi, 1° des aperçus historiques sur les institutions fondées dans cet espace de temps; 2° de l'indication des décorations, mentions honorables, primes d'encouragement, médailles et autres récompenses nationales qui ont été décernées pour les différents genres de succès; 3° les revendications relatives aux objets découverts, inventés, perfectionnés ou importés. Ouvrage rédigé d'après les notices des savants, des littérateurs, des artistes, des agronomes et des commerçants les plus distingués. *Paris, Colas*, 1822-25, 17 vol. in-8, 105 fr.

Les titres de ce Dictionnaire portent qu'il a été publié par *une société de gens de lettres*; mais cette société ne s'est composée que de M. Touchard-Lafosse, seul, ou à peu près.

— Habit (l') de chambellan, ou les Jeux de la fortune. *Paris, Lugan*, 1826, 4 vol. in-12, 12 fr.

— Histoire de Charles XIV (Jean Bernadotte), roi de Suède et de Norwège. *Paris, Gustave Barba*, 1838, 3 vol. in-8, avec un portrait, 22 fr. 50 c.

— Histoire de Paris, composée sur un nouveau plan. *Paris, Krabbe*, 1833-34, 5 vol. in-8, avec fig., 20 fr.

— Histoire des environs de Paris, dans un rayon de 30 à 40 lieues. *Paris, Krabbe*, 1835, 4 vol. in-8, avec fig., 16 fr.

— Homme (l') du peuple. *Paris, Leroux*, 1829, 5 vol. in-12, 15 fr.

— Jean Ango. Histoire du seizième siècle. *Paris, Dumont*, 1835, 2 vol. in-8, 15 fr.

— Jolies (les) filles. *Paris, Lachapelle*, 1834, 2 vol. in-8, 15 fr.

Avec M. E.-L.-B. de Lamothe-Langon.

— Lettre à M. le maréchal comte Gérard sur l'organisation du département de la guerre et de l'armée. *Paris, Lemoine*, 1830, in-8 de 32 pag.

— Lutin (le) couleur de feu, ou Mes tablettes d'une année. Mœurs, politique, réputations, en 1818 et 1819. Sec. édit., revue et corr. *Paris, Mongie jeune*, 1821, in-12, 2 fr. 50 c.

La première édition, publiée l'année précédente, est anonyme.

— Marionnettes (les) politiques. Mœurs contemporaines. *Paris, Eugène Renduel*, 1829, 4 vol. in-12, 12 fr.

— Marthe la Livonienne, histoire russe. *Paris, Lachapelle*, 1836, 2 vol. in-8, 15 fr.

— Mémoires d'un frotteur sur la cour de Louis XVIII et de Charles X, revus par son fils l'avocat, et rédigés par G. Touchard-Lafosse. *Paris, Ch. Lachapelle*, 1839, 2 vol. in-8, 15 fr.

— Pont (le) des soupirs. Épisode de la cour du Louvre, sous Louis XIII. *Paris, Gustave Barba*, 1832, 2 vol. in-8, 15 fr.

— Poule (la) aux œufs d'or, ou l'Amour et la fortune, comédie-féerie en un acte (et en prose), mêlée de vaudevilles. *Paris, Fages*, 1823, in-8.

Avec M. Varez. Cette pièce a été imprimée sous le nom de M. Saint-Félix.

Il paraît que ce vaudeville n'est pas le seul de M. Touchard-Lafosse qui ait été joué avec succès à Paris; mais les titres des autres ne sont pas venus à notre connaissance, ensorte que nous ne savons pas s'ils ont été imprimés.

— Précis de l'Histoire de Napoléon, du Consulat et de l'Empire, avec les réflexions de Napoléon lui-même sur les principaux événements et les personnages les plus importants de cette époque; suivi d'un examen politique et littéraire des ouvrages qui se rattachent le plus immédiatement à l'histoire de Napoléon. *Paris, Thoisnier-Desplaces*, 1825, in-8, 9 fr.

Avec M. J.-J. Saint-Amant.

— Pudeur (la) et l'Opéra. *Paris, Lachapelle*, 1833, 2 vol. in-8, 15 fr., et 4 vol. in-12, 12 fr.

— * Réverbères (les). Chroniques de nuit du vieux et du nouveau Paris. Publiées par la comtesse douairière de B***, auteur des « Chroniques de l'Œil de Bœuf ». *Paris, Lachapelle*, 1833-34, 6 vol. in-8, 45 fr.

— Révolution (la), l'Empire et la Restauration, ou Cent soixante-dix-huit anecdotes historiques, dans lesquelles apparaissent, pour des faits peu connus, deux cent vingt-un contemporains français et étrangers. *Paris, rue Hautefeuille, n.* 20, 1828, in-8, 4 fr.

— Rodolphe, ou A moi la fortune. Mœurs

d'hier. *Paris*, *Lachapelle*, 1837, 2 vol. in-8, 15 fr.

— Roi (le) de la révolution, histoire trouvée sur les bords du Gange. *Paris*, *Dumont*, 1831, in-8, 7 fr. 50 c.

Histoire allégorique.

— Souvenirs d'un demi-siècle. Vie publique. Vie intime. Mouvement littéraire. Portraits. 1789-1836. *Paris*, *Dumont*, 1836, 6 vol. in-8, 45 fr.

Mémoires de l'auteur.

On doit aussi à cet écrivain un grand nombre de brochures soulevant diverses questions de morale, de politique ou de littérature; leur intérêt ayant passé avec les circonstances qui les avaient fait naître, nous n'en donnerons point la nomenclature; nous devons citer toutefois : *Un mot sur l'ancien personnel de l'armée*; *Lettre à M. le marq. de Latour-Maubourg sur les droits des anciens officiers*; et *Lettre à M. le maréchal Gérard sur l'organisation du département de la guerre et de l'armée.* Ces publications, dans lesquelles l'auteur a signalé les menées intrigantes de la bureaucratie militaire, ont ameuté contre lui toutes les puissances satellites de la rue Saint-Dominique : il eut fallu du talent pour réfuter sa critique, on s'est contenté de le calomnier; on lui a dénié, en droits chèrements acquis, l'équivalent de ce qu'il avait émis en bonnes vérités. Mais les vérités sont restées, les calomnies n'ont pu altérer une réputation honorable, et M. Touchard-Lafosse s'est fort bien passé du grade de sous-intendant militaire.

On doit encore à M. Touchard-Lafosse une *Notice sur Demoustier*, impr. à la tête d'une édition de ses Lettres à Émilie (1834). Nous connaissons aussi de cet écrivain *la Femme du brigand*, nouvelle, imprimée dans le tome XI du Salmigondis.

La manière de M. Touchard-Lafosse est nerveuse, colorée dans les compositions historiques; fine, malicieuse, ingénieusement critique dans le roman; et partout il sait captiver le lecteur par un plan tracé nettement, une action conduite avec régularité, un intérêt vif et soutenu. Aussi ses ouvrages sont-ils recherchés par toutes les classes de lecteurs. En littérature, M. Touchard-Lafosse se montre l'ennemi de ces déplorables coteries qui ralentissent le vol de cette première des gloires actuelles de notre belle patrie. Romantique avec les classiques immobiles, cet écrivain blâme leur résistance au progrès; classique avec les novateurs frénétiques, il condamne leurs excès, leurs abus, mais plus particulièrement l'insultante exclusion de leur école.

M. Touchard-Lafosse débuta en littérature par faire du journalisme. Vers la fin de 1807, il fonda, à Bourges, un journal, qui, sous le titre de *Propagateur*, devint bientôt l'une des meilleures publications périodiques des départements. Lorsqu'en 1815, après avoir quitté le service militaire, M. Touchard-Lafosse se consacra à la culture des lettres, ce furent d'abord les journaux qui occupèrent sa plume; mais il ne s'est jamais associé qu'à la rédaction de ceux qui proclamaient des opinions patriotiques et populaires. Il écrivit d'abord dans le Journal du commerce, le Courrier des spectacles, la Nouveauté, la Réunion et le Journal de Paris, au temps de sa carrière libérale. En 1826, il était le rédacteur en chef de « l'Écho du soir », qui, pendant six mois, occupa le premier rang parmi les feuilles spirituelles, troupes légères de l'opposition qui procédaient par un badinage incisif ou le raisonnement se faisait jovial et piquant pour devenir plus facilement persuasif. En 1829, on remarqua des articles de M. Touchard-Lafosse, signés le Solitaire du Puy-de-Dôme, dans « l'Album national », excellent journal qui, comme « l'Écho du soir », expira sous la grosse artillerie des procès de tendance et des lois fiscales. En 1832, M. Touchard-Lafosse fonda à Nevers un journal d'opposition, intitulé « la Sentinelle de la Nièvre... » Au centre de la planète Dupin..... l'entreprise était hardie... La rédaction, composée de patriotes éprouvés, en face des séductions, marcha droit et ferme vers son but; mais l'imprimeur-gérant, dépendant par sa position de la préfecture, en subit l'influence.... Ce journal n'eut qu'une courte existence.

On trouve une Notice sur M. Touchard-Lafosse dans la Biographie des hommes du jour, par MM. G. Sarrut et B. Saint-Edme, tome IIe, prem. partie, pag. 145—50.

TOUCHE, pharmacien, à Paris, l'un des rédacteurs de la Gazette de santé.

TOUCHE (La). — Voy. LATOUCHE.

TOUCHEBOEUF-CLERMONT (le vicomte de). — Mille et unième calomnie de la Contemporaine. *Paris*, *de l'impr. d'Éverat*, 1834, in-8 de 108 pag.

TOUCHIMBERT (la comtesse de). (Voy. *la Littér. franç. contemp.*).

TOUCHY, ancien avocat, ex-professeur d'histoire et de géographie physique, professeur d'histoire naturelle, et directeur du cabinet de la ville de Montpellier, membre des sociétés des sciences, belles-lettres et agriculture de cette ville, et de l'Académie celtique.

— Ode, en idiôme languedocien, à S. M. Napoléon-le-Grand, etc. *Montpellier*, *Renaud*, 1808, in-8 de 20 pag.

Cette pièce se trouve souvent jointe aux Opuscules de l'auteur, quoiqu'elle ne doive pas être considérée comme en faisant partie.

— Opuscules d'histoire naturelle et de littérature. *Montpellier*, *Renaud*, 1808, 2 vol. in-8, de viij, 88 et 100 pag.

Ces deux volumes se composent : 1° d'un *Mémoire sur la voix des oiseaux*, lu à l'assemblée publique de la Société royale des sciences de Montpellier, tenue devant les États de Languedoc, en l'année 1783; — 2° d'un *Discours sur l'agriculture*, prononcé dans une fête rurale, au nom de la Société d'agriculture du département de l'Hérault; — 3° d'un premier *Mémoire pour servir à la description du département de l'Hérault*; — 4° *Sur le rouleau à battre les grains*, lu à la Société d'agriculture; — 5° *Rapport sur les carrières de l'Hérault*, lu à la même société; — 6° *Discours d'ouverture d'un cours d'histoire naturelle*, ayant pour objet d'établir que l'histoire naturelle est préférable à la Fable pour les instructions morales qu'on donne à la jeunesse; — 7° *Sur les expressions figurées, et des emblèmes pris chez les oiseaux.*

TOUGARD (Jér.-François), d'abord

juge d'instruction au Hâvre, de 1812 à 1816, et avocat à la Cour royale de Rouen; né au Havre, le 30 septembre 1781.

— Guide des jurés. *Paris, Baudouin frères*, 1827, in-8 de 92 pag., 2 fr.

Ce petit traité doit être le vade-mecum de tous ceux que leurs droits et nos lois appellent à l'exercice des importantes fonctions de juré. Tous les journaux en ont rendu le compte le plus avantageux.

— Mémoire lu à la Société libre d'émulation de Rouen sur l'abolition de la peine de mort infligée aux faux monnoyeurs en matière d'or et d'argent. *Rouen, Frère; Paris, Baudouin frères*, 1828, in-8 de 16 pages.

Ce Mémoire fait l'objet d'une pétition adressée aux deux Chambres.

— Notice historique et biographique sur M. d'Ornay, membre de la Société libre d'émulation de Rouen. *Rouen, de l'impr. de Baudry*, 1835, in-8 de 20 pag.

— Soirées littéraires, ou Cours de littérature comparée, à l'usage des gens du monde, improvisé par M. Charles Durand, recueilli par M. Tougard (qui y a ajouté des notes). *Rouen, Périaux jeune*, 1828, in-8.

— Vices (des) et des abus de l'instruction criminelle en France, et des moyens d'y remédier. *Rouen, Frère; Renault, et Paris, Brissot-Thivars*, 1820, in-8 de 164 pages.

Cet ouvrage, inspiré par la philantrophie la plus pure, est écrit avec sagesse : il renferme les saines doctrines de Beccaria, sur les délits et les peines. Les erreurs et les abus inséparables de la législation actuelle y sont signalés avec énergie, mais avec modération; les remèdes et les améliorations y sont indiqués avec autant de prudence que de sagacité. Il est honorable pour l'auteur d'avoir en partie contribué, par son travail, à la réforme de l'article 351 du Code d'instruction, ordonnée par la loi du 24 mai 1821. Le système du jury, adopté depuis peu par la loi du 2 mai, y est également proposé.

En 1826, M. Tougard est devenu le rédacteur en chef du journal littéraire « le Neustrien ». La Revue encyclopédique, dans son cahier du mois d'août 1827, page 476, en parle dans les termes les plus honorables. Lévée, *Biogr. du Hâvre*.

TOUL (le P. Benoist de), capucin de la province de Lorraine. Voy. P. Benoit.

TOULIN (Pierre), de Châteauroux.
— Heure (l') du berger, poëme en quatre chants. *Paris, F. Didot*, 1807, in-12.

TOULLIER (Charles-Bonaventure-M.), l'un des jurisconsultes français les plus célèbres du XIXe siècle, naquit à Rennes (Ille-et-Vilaine), vers l'année 1760. Reçu avocat le 8 aout 1775, il se destina de bonne heure à l'enseignement de la jurisprudence, et, dès avant la révolution, il était agrégé à la faculté de droit de sa ville natale. Il y fut naturellement nommé professeur lors du rétablissement des écoles, en 1803, et bientôt il en devint doyen. Ces fonctions du décanat, dues à son mérite non moins qu'à l'ancienneté de ses services, furent plus tard pour lui l'occasion d'une disgrâce vivement sentie, et forment même dans sa vie le seul événement marquant qu'ait offert à l'attention publique une carrière d'ailleurs heureuse et tranquille. En 1815, après la seconde restauration, Toullier, déjà très-honorablement connu de la France par la publication des premiers volumes de son Cours de droit civil, et cher à ses compatriotes, qui trouvaient en lui l'un des ornements de leur pays, eut le malheur d'exciter quelques-unes de ces haines qui croissent facilement dans les temps de divisions politiques, et qui s'attaquent de préférence aux hommes distingués. Il était connu pour avoir des opinions libérales ; et, quoique la maturité de son âge, comme celle de son esprit, ne permissent pas de voir en lui un ennemi du nouvel ordre de choses, le gouvernement d'alors, rendu doublement soupçonneux par des revers récents et par la conscience de l'antipathie nationale, eut le tort d'accueillir les préventions qu'on chercha à lui inspirer contre le savant professeur. Ni les envieux ne manquèrent pas pour exploiter cette disposition, ni les prétextes ne leur firent pas faute pour motiver les rigueurs du pouvoir. On prétendit que, dans une leçon publique, Toullier avait professé des principes hostiles à la dynastie rétablie, et propre à lui aliéner le cœur de la jeunesse. Il a constamment démenti cette accusation avec énergie, et l'a signalée comme une calomnie indigne. Cependant elle suffit près du ministère pour amener la révocation de ses fonctions de doyen, et probablement elles lui eussent fait perdre celles même de professeur, si ces dernières n'eussent été inamovibles. Un peu auparavant, une injustice semblable avait frappé également le doyen de la Faculté de Dijon, M. Proudhon, le célèbre auteur du « Traité de l'usufruit ». Mais celle-là n'avait pu s'accomplir entièrement, grâce à la courageuse résistance des confrères du professeur dijonnais, qui tous refusèrent d'accepter sa place. Toullier fut moins heureux : et l'un de ses anciens élèves, que le sort destinait bientôt à une plus haute fortune, M. Corbière, qui fut depuis ministre de l'intérieur, se hâta de lui succéder. Quoi qu'il en soit, cet évènement, dont Toullier fut très-péniblement affecté, et qu'il raconte avec beaucoup d'amertume dans l'une des préfaces de sa première édition, eut réellement pour lui des suites avantageuses. C'est, en effet, à partir de ce moment que l'on voit son ouvrage s'améliorer progressivement, et parvenir enfin à ce degré de mérite qui lui a valu une si grande popularité. Toullier est mort, dans sa ville natale, le 19 septembre 1835, bâtonnier de l'ordre des avocats de la même ville.

— Consultation de plusieurs anciens avocats de Rennes, sur la validité des mariages contractés par les émigrés français avant leur retour et le rétablissement dans leurs droits civils. Ouvrage qui peut servir de supplément ou d'appendice, à ce que dit le rédacteur (M. Toullier) sur la mort civile et sur le mariage, dans le premier volume de son ouvrage sur le Code civil, dont il paraît sept volumes. *Paris, B. Warée*, 1817, in-8 de 58 pages, 1 fr. 25 c.

Cette Consultation, signée de six avocats, a été rédigée par Toullier.

— Droit (le) civil français, suivant l'ordre du Code Napoléon; ouvrage dans lequel on a tâché de réunir la théorie à la pratique. *Paris*, *Nève*; *Warée oncle*, 1811-31, 14 vol. in-8.

Voici comme a été publiée l'édition originale de ce célèbre ouvrage : de 1811 à 1818 ont paru les huit premiers volumes. En tête du huitième volume est une préface intéressante, même pour les personnes qui n'étudient pas le droit. Deux ans plus tard a paru un *Supplément à la première édition des huit premiers volumes du Droit civil français*. Paris, B. Warée oncle, 1820, un fort vol. in-8. Puis de 1821 à 1823 ont été publiés les tomes IX-XI. Le dernier volume est terminé par une *Table générale et alphabétique des matières contenues dans les onze volumes*, table paginée de 493 à 664. Puis encore, de 1826 à 1831, les tomes XII à XIV, contenant le Contrat de mariage, terminé par une table des trois volumes. Paris, Warée oncle. Telle est, croyons nous, la publication originale du livre de M. Toullier.

De nouvelles éditions sont devenues nécessaires par suite de l'immense succès qu'a obtenu ce livre, mais si nous devons nous en rapporter au Journal de la librairie, il n'y en a eu que pour un certain nombre de volumes, à mesure qu'ils venaient à s'épuiser. Ainsi, l'annonce de la seconde édition, en 1820, dans le journal dont nous venons de parler, n'indique que les tomes I à III, et VI; de la troisième édition on ne trouve aucune annonce dans le Journal de la librairie, et lorsque, en 1824, l'ouvrage était déjà parvenu à douze volumes, nous trouvons l'annonce de la quatrième édition, Paris, Warée oncle, et Warée fils aîné, mais des volumes I—IV et VI à IX seulement et non du tout. Nous avons eu sous les yeux un des dix exemplaires imprimés sur papier vélin, de cette quatrième édition, la dernière revue par l'auteur : les douze premiers volumes portent la date de 1824, mais il y a lieu de penser que plusieurs titres ont été réimprimés pour l'uniformité de ces exemplaires, précieux à cause qu'ils n'ont été tirés qu'à très-petit nombre, ainsi que nous venons de le dire. Cette édition porte pour titre : *le Droit civil français*.... IVe édition, revue et corrigée. On y a joint deux tables, l'une générale et alphabétique des matières contenues dans les onze volumes; l'autre, des articles des cinq codes qui y sont traités. Ces tables sont dues à M. Morel, qui a succédé à M. Toullier dans la chaire de droit civil à la Faculté de Rennes.

— Le même ouvrage. Cinquième édition. *Paris*, *J. Renouard*, 1837, 14 vol. in-8, 134 fr. — Tome XV. Table alphabétique et analytique des matières, conçue et rédigée sous les yeux de l'auteur par M. Martin Jouault. *Paris*, *le même*, 1834, in-8, 6 fr.

Les premiers volumes, contenant le commentaire des deux premiers livres du Code civil, sont assez faibles; non qu'ils ne renferment des décisions sûres, mais ils manquent en général de développement; trop peu de questions y sont abordées; les discussions y ont trop peu d'étendue; et trop souvent le traité ne présente qu'une paraphrase, ou même qu'une simple reproduction du texte. L'allure de l'ouvrage change visiblement à compter de l'époque correspondant à la disgrace de l'auteur : sa manière s'élargit; les proportions de son livre s'accroissent. Cet agrandissement est déjà très-sensible dans les traités des *successions* et des *donations* : et il devient surtout frappant dans celui des *obligations*. Telle est même la dimension de ce dernier, qu'elle semble dépasser la mesure qui lui était assignée par la nature de l'ouvrage dont il fait partie, et convenir plus à un commentaire isolé, qu'à l'une des divisions d'un cours de droit. Mais, quelle que soit l'opinion que des censeurs méticuleux aient pu prendre de cette espèce de défaut de proportion, c'est là une imperfection bien légère en comparaison des avantages qui en résultent. Le sujet est traité avec une abondance, une profondeur, qui n'inspirent aux vrais amis de la science, et même aux hommes de pratique, si besogneux d'instruction, qu'un seul regret : celui de ne pas avoir vu l'auteur achever sur ce plan la carrière qu'il s'était aussi heureusement élargie. Cette œuvre importante et pénible paraît, en effet, avoir épuisé ses forces paternelles. Le traité du *contrat de mariage*, qui vient ensuite, est bien loin d'offrir la même richesse d'enseignement, et se renferme dans des bornes bien autrement étroites. Il est vrai que l'âge commençait à alourdir la main qui l'écrivait, et, sentant apparemment qu'elle devenait tardive sous ce poids, l'auteur a posé sa plume avant que le public lui eut fait entendre le *solve senescentem*. Toullier n'a donc exécuté que la moitié de son projet; et il n'a expliqué que la moité, à peu près, du Code civil : et l'on ne songe pas, sans une véritable peine, qu'au nombre des titres que les années lui ont empêché d'aborder, se trouve celui des *hypothèques*, qui aurait tant besoin d'être enfin manié par un homme supérieur : Toullier eût été cet homme (1).

(1) Deux jurisconsultes, M. Troplong, aujourd'hui conseiller à la Cour royale de cassation, et

Son rang est depuis long-temps fixé parmi les jurisconsultes. Il occupe incontestablement la première place entre ceux qui ont écrit sur l'ensemble de notre nouveau droit civil; et la doit à une érudition, trop rare aujourd'hui, et à une étendue d'esprit remarquable. Il n'égale pas M. Prudhon pour la constante solidité des discussions, et moins encore trouverait-on chez lui cette netteté de sens et cette infaillibilité de doctrine qui caractérisent si heureusement Pothier; mais, sous d'autres rapports, il les surpasse l'un et l'autre. Il s'élève davantage, il sait plus agrandir son sujet, et nourrit mieux la pensée de hautes considérations. Il observe d'ailleurs une obéissance moins servile à la loi, et sait se permettre de la critiquer à propos. D'ailleurs, il est peut-être le seul des commentateurs en crédit qui ait osé ou pu faire quelquefois de la législation comparée. On trouve de temps en temps des citations anglaises tirées de Blackstone; et, pour quiconque connaît les habitudes routinières et rétrécies de nos jurisconsultes appliqués (car les théoriciens sont sans autorité au palais), c'est là une chose inouïe. Enfin, son style ne manque ni de facilité, ni même d'une certaine élégance; malheureusement il devient trop souvent lâche et diffus. Cette prolixité dans la forme et le fond, quelque penchant au paradoxe, sont les seuls reproches graves que paraissent mériter ses ouvrages. Du reste, ils jouissent d'une haute estime près des tribunaux; et l'on dit même qu'en plusieurs cours royales, ils sont consultés comme oracles. Leur mérite et leur réputation n'ont attiré sur leur auteur les faveurs d'aucun gouvernement; et la décoration de la légion-d'honneur, maintenant assez insignifiante, a été le seul témoignage de bienveillance accordé par le pouvoir à ses vieux ans.

Voici le jugement que, dans son édition des Lettres sur la profession d'avocat, de Camus, M. Dupin aîné porte de Toullier et de son ouvrage :

« M. Toullier est le *Pothier moderne*; même clarté, même méthode, même profondeur que le jurisconsulte d'Orléans. On ne parle pas des œuvres posthumes de Pothier, qui ne sont que des ébauches restées imparfaites, mais de ses meilleurs traités, de son Traité des obligations, par exemple, regardé jusqu'ici comme un chef-d'œuvre de droit et de raison, et que M. Toullier est parvenu à surpasser. Peut-être qu'il n'eut pas traité cette matière avec autant de supériorité, si Pothier ne l'eut pas précédé; mais du moins on doit lui rendre cette justice, qu'il a très-habilement profité de cet avantage, et que son ouvrage est, sans contredit, le plus parfait de tous ceux qui, jusqu'à présent, ont paru sur le Code civil ».

Il existe de cet ouvrage deux traductions, l'une allemande, imprimée à Francfort; l'autre italienne, imprimée à Naples.

Les Belges ont publié trois contrefaçons de l'ouvrage de Toullier. Une en 1829, en 13 vol. in 8, à laquelle ils ont donné le titre de troisième; une autre en 1830, 7 vol. grand in-8 qui ont été publiés en 28 livraisons. Voici le titre de cette dernière: *le Droit civil, etc., nouvelle édition, mise en rapport avec la législation et la jurisprudence du royaume des Pays-Bas, et contenant article par article, les changements, modifications et dispositions nouvelles adoptés par le code belge.* Enfin, la troisième contrefaçon a été publiée en 1834, 14 vol. in 8.

La publication de cet ouvrage a donné lieu aux critiques suivantes :

1° Dissertation sur l'article 585 du Code civil, et réfutation de la doctrine de M. Toullier sur une question née de cet article. Par M. Le Guevel, Rennes, Vatar, 1819, in-8 de 64 pag.

2° Annotations critiques sur la doctrine de M. Toullier, dans son Traité du droit civil français, suivant l'ordre du Code; recueillies sur les cinq premiers volumes contenant la matière des premier et deuxième livres et les titres Ier et IIe du IIIe livre du Code civil. Par M. P. J. Spinnael, avocat à la cour supérieure de justice, à Bruxelles. Gand, G. de Busscher, et Lille, Wanackère père, 1824, in-8 de v et 193 pag. —Annotations, etc. Recueillies sur les volumes six à onze, contenant la matière du titre III du IIIe livre du Code civil. Par le même. Gand, Debusscher et fils; et Lille, Wanackère père, 1825, in-8, de v et 147 pag., 3 fr. 50 c.

3° Lettres adressées à M. Toullier, docteur et professeur en droit à Rennes, sur quelques erreurs énoncées dans le tome XII du Cours du droit français, relatives à la communauté des époux. Par M. Le Guevel. Paris, madame Levy, 1828, in-8 de 64 pag. — Une première Lettre de M. Le Guevel avoit déjà paru l'année précédente, in-8 de 16 pag.

Ces Lettres de M. Le Guevel et de judicieuses observations que M. Demante avait insérées dans la « Thémis » sur la doctrine parfois étrange de M. Toullier quant au mariage, ont été réunies et publiées sous le titre d'*Appendice au tome XII du Droit civil français*, par M. Toullier. Bruxelles, veuve Stapleaux, 1828, in 8.

— Droit (le) civil français, suivant l'ordre du Code. Ouvrage dans lequel on a tâché de réunir la théorie à la pratique. T. XVI. Continuation (art. 1582 et suiv.), par J.-B. Duvergier, avocat, sur les notes de feu Carré. *Paris, J. Renouard*, 1835, in-8, 10 fr.

TOULON (le P. M.). Voy. J.-J. Manget.

TOULON (Gabriel de). Voy. le P. Gabriel de Sainte-Claire.

TOULONGEON (le comte François-Emmanuel de), ancien maréchal de camp, membre de l'Assemblée constituante, et plus tard du Corps législatif, membre de l'Institut, d'abord de la classe des sciences morales et politiques, puis ensuite de celle de littérature ancienne; né au château de Champlitte, département de la Haute-Saône, en 1748, mort le 23 décembre 1812.

— Commentaires (les) de César, trad. du latin, avec cartes et notes militaires sur le texte (1813). Voy. César.

— * Eloge véridique de François-Apolline

M. J.-B. Duvergier, avocat, publie concurremment des suites au travail de Toullier. Le premier a déjà fait paraître : 1° le traité de la *vente*, ou Commentaire du titre 6 du livre III du Code civil (1834, 2 vol. in-8); 2° les traités des *privilèges et hypothèques*, ou Commentaire du titre 18 du livre III du Code civil (1833, 4 vol. in-8). Ces deux ouvrages sont déjà à leur troisième édition. 3° le traité de la *prescription*, ou Commentaire du titre 20 du livre III du Code civil (1835, 2 vol. in-8). M. Duvergier n'a encore publié que le volume cité à la fin de la notice de Toullier.

de Guibert. Par un ami. *Paris*, *Lejay*, 1790, in-8.

Réimpr., avec des corrections, à la tête du Voyage de Guibert en Allemagne (Paris, 1803, 2 vol. in-8).

— Éloge historique de A.-G. Camus, membre de l'Institut. *Paris*, *Baudouin*, 1806, in-8 de 44 pag.

—* Esprit (l') public. 1797, cinq numéros in-8. — Sec. édit. 1802, in-8.

—Histoire de France, depuis la révolution de 1789, écrite d'après les mémoires et manuscrits contemporains, recueillis dans les dépôts civils et militaires. Nouv. édition. *Paris*, *de l'impr. de Didot le jeune*. — *Treuttel et Wurtz*, 1801-10, 7 vol. in-8, avec cartes et plans, 45 fr., ou 4 vol. in-4, avec cartes et plans, 66 fr.

Il en a été tiré un très-petit nombre d'exemplaires sur papier vélin, de l'un et l'autre format.

La première édition est de Strasbourg et Paris, Treuttel et Wurtz, s. d., 2 vol. in-8.

D'autres histoires de ce même temps ont fait presque oublier celle-là; mais elle serait encore bonne à consulter, particulièrement à cause de l'exactitude de la plupart des faits militaires.

— * Manuel du Muséum Napoléon, contenant une description analytique et raisonnée, avec une gravure au trait de chaque tableau, tous classés par écoles et œuvres des grands maîtres. Par F.-E. T. *Paris*, *Treuttel et Wurtz*, an XI (1802-08), 10 livraisons in-8.

Les neuf premières livraisons, qui ont paru de 1802 à 1808, contiennent l'œuvre de Poussin, de Raphaël, de Rubens, du Dominiquin, de Van Dick, Van Ostade et Gérad Dow, du Titien, de Lebrun, de Paul Véronèse, de Vernet. La dixième livraison, qui y a été jointe, se compose de la Galerie de saint Bruno, par Lesueur, analysée par L. B. F.

— * Manuel révolutionnaire, ou Pensées morales sur l'état politique des peuples en révolution. An IV (1796), in-8; ou *Paris*, *Dupont*, an X (1802), in-8.

On a traduit en allemand ce petit ouvrage, moins méthodique qu'ingénieux, mais qui seul montrerait que si l'auteur ne se laissa pas entraîner par les esprits exagérés d'aucun parti, c'est parce qu'il observait avec pénétration les hommes et les choses.

— * Principes naturels et constitutifs des Assemblées nationales. *Besançon*, 1788, in-8.

— Rapport sur les questions relatives aux cérémonies funéraires et aux lieux de sépultures. Jugement porté par l'Institut et proclamation du prix. *Paris*, *Bailleul*; *Debray*, an IX (1801), in-4 de 22 pages, 75 c.

Avec MM. Hallé, Desessarts, Revellière-Lépeaux, Leblond et Camus.

— * Recherches historiques et philosophiques sur l'amour et sur le plaisir, poëme par **** (M. de Toulongeon), M. D. L. I. D. F. (membre de l'Institut impér. de France). *Paris*, *Dentu*, 1807, in-8.

Ce n'est qu'un petit poëme, en trois chants, qui répond assez peu au titre, et dans lequel il n'y a guère de remarquable que l'agrément de plusieurs détails.

Nous connaissons encore de Toulongeon, imprimés dans les Mémoires de l'Institut, classe des sciences morales et politiques, les deux Mémoires suivants : De l'influence du régime diététique d'une nation sur son état politique (tom. IV, 1803); De l'usage du numéraire dans un grand État (id., id.). Ce Mémoire renferme des plans bons à connaître, mais qui, vraisemblablement, ne seront jamais suivis. On cite plusieurs autres Mémoires de Toulongeon, mais qui ne paraissent pas avoir été imprimés : Sur le danger pour la salubrité publique d'établir des usines sur les petites rivières; de l'Esprit public; Sur le destin des Anciens, communiqué à l'Institut; ainsi que les morceaux suivants : sur la Civilisation des peuples; sur la Manière d'amener la liberté individuelle dans un gouvernement représentatif; sur la Mémoire; sur l'Esprit; sur l'Analyse des sensations; sur l'Établissement des colonies nouvelles; Sur les différentes manières d'écrire l'Histoire, particulièrement celle des contemporains, et sur la nécessité de n'y pas négliger la peinture des caractères, ou les détails, sans lesquels les causes des événements resteraient inconnus. Toulongeon avait entrepris, en 1797, un journal in-8, intitulé : *Esprit public*, dont l'objet spécial était de mettre un terme aux anciennes divisions; mais il n'en a paru que six numéros : les partis n'étaient pas disposés aux concessions mutuelles que demandait l'auteur. Il a fait aussi un Traité des comètes, un Mémoire sur les aérostats, des traductions en vers du troisième chant de l'Iliade et de la quatrième satire de Perse, un Voyage à Berlin, etc.

On a imprimé les deux Discours prononcés dans le cimetière de Montmartre, sur la tombe de Toulongeon, au moment de ses obsèques, par MM. Dupont de Nemours et Quatremère de Quincy.

On trouve une Notice sur Toulongeon, par M. Dacier, dans les Nouv. Mémoires de l'Académie des inscriptions (tome V, 1821), et le recueil de l'Académie de Besançon (1831) contient une Notice historique sur sa vie et ses ouvrages.

TOULONGEON (madame Emmanuel de), femme du précédent.

— * Lettres de la Vendée, écrites en fructidor an III jusqu'au mois de nivôse an IV, trait historique. Par M. E. T***. *Paris*, *Treuttel et Wurtz*, an IX (1801), 2 vol. in-12, fig., 3 fr.

TOULOT, agent de vivres.

— Vues générales sur la nécessité de faire des achats de grains à l'étranger, pour parer à l'insuffisance de la récolte de 1816. *Dijon*, *de l'impr. de Frantin*, 1817, in-8 de 12 pag.

TOULOTTE (E.-L.-J.), ancien chef

de division de l'instruction publique à la préfecture du Nord, anc. sous-préfet.

— Cour (la) et la ville, Paris et Coblentz, ou l'Ancien régime et le nouveau, considérés sous l'influence des hommes illustres, et des femmes célèbres par leur conduite, leurs doctrines et leurs écrits, depuis Charles IX, Henri IV et Louis XIV jusqu'à Napoléon, Louis XVIII, et Charles X. *Paris*, *Coste*, 1828, 2 vol. in-8, 14 fr.

— * Dominicain (le), ou les Crimes de l'intolérance et les effets du célibat religieux, par T......e. *Paris*, *Pigoreau*, 1803, 4 vol. in-12, 7 fr. 50 c.

— * Eugénie, ou la Sainte par amour, nouvelle historique, précédée d'une Notice sur l'auteur; par T......e, auteur du « Dominicain, ou les Crimes de l'intolérance et les effets du célibat religieux ». *Lille*, *Toulotte*, *et Paris*, *veuve Lepetit*, 1809, in-12, 2 fr.

— * Exposé d'une décision extraordinaire, rendue par la régie des droits-réunis, qui exile un citoyen français, pour un écrit prétendu séditieux. *Paris*, 1822, in-8 de 59 pag.

Publié sous le pseudonyme de *Civique de Gastine*. *Barb.*

— Histoire abrégée des empereurs romains, grecs, russes et français.....

Citée par Debray.

— Histoire abrégée des empereurs, depuis César jusqu'à Constantin. *Paris*, *Guillaume*, 1824, 2 vol. in-12, 4 fr.

— Histoire de la barbarie et des lois du moyen âge, de la civilisation et des mœurs des anciens, comparées à celles des modernes, de l'Église et des gouvernements; des conciles et des assemblées nationales chez différents peuples, et particulièrement en France et en Angleterre. *Paris*, *Dureuil*, 1829, 3 vol. in-8, 18 fr.

Avec M. Théod. Riva.

— Histoire philosophique des empereurs, depuis César jusqu'à Constantin, ou Comparaison de leurs institutions, des événements de leurs siècles et de l'état du genre humain sous le paganisme, avec la civilisation des temps modernes. *Paris*, *Thomine et Fortic*, 1822, 3 vol. in-8, 15 fr., et sur pap. vélin, 30 fr.

Reproduite en 1829 avec de nouveaux titres, portant : seconde édition.

— Homme (l') blanc des rochers, ou Loganie et Délia. *Paris*, *Eug. Renduel*, 1828, 4 vol. in-12, 12 fr.

— Parti (le) prêtre, considéré comme ennemi de la religion, des rois et de toute publicité. *Paris*, *A. Coste*, 1828, in-8 de 32 pag., 1 fr.

Comme éditeur, M. Toulotte a donné la seconde édition, augmentée, de la Grammaire française de Roy (1810).

TOULOUBRE. Voy. La Touloubre.

TOULOUZAN, appelé aussi Toulouzan de Saint-Martin, professeur d'histoire au collége royal de Marseille, perdit sa chaire par suite de la publicité donnée à la singulière algarade de l'abbé Éliçagaray, qui prêchait sérieusement sur la nécessité d'éteindre les lumières devant les hommes chargés de les répandre. L'estime et la considération publique vengèrent M. Toulouzan, et l'autorité universitaire souleva l'indignation générale par une mesure qui tendait à réhabiliter son inspecteur aux dépens d'un professeur honorable. Depuis cette époque, M. Toulouzan s'est livré exclusivement aux travaux littéraires et aux études historiques. Nous connaissons de lui :

— Ami (l') du bien, journal consacré à la morale chrétienne et aux progrès des lettres, des sciences et des arts. *Marseille*, *cours Julien*, avril 1826-27, 3 vol. in-8.

— Annales provençales d'agriculture pratique et d'économie rurale. *Marseille*, *Camoin*, juillet 1827-30, 4 vol. in-8.

— Essai sur la diplomatie, manuscrit d'un philhellène publié par M. Toulouzan. *Marseille*, *Feissat*; *Paris*, *Firmin Didot*, 1830, in-8, 7 fr. 50 c.

— Essai sur l'histoire de la nature. *Paris*, *Arthus-Bertrand*, 1815, 3 vol. in-8, 20 fr.

Avec M. Gavoty.

— Ile (de l') Sainte-Hélène et de Bonaparte, essai contenant la Description et la statistique de l'île Sainte-Hélène, un Précis historique sur la navigation de la mer Atlantique, des Vues commerciales et politiques sur cette colonie, et des Réflexions sur le sort futur de Bonaparte. *Paris*, *Le Normant*, 1815, in-8 de 52 pag., 1 fr. 25 c.

— * Itinéraire maritime d'Antonin. (*Marseille*, s. d.), in-8.

Cet opuscule est formé de la réunion de huit

articles qui avaient paru dans le journal « *l'Ami du bien* ».

— * Mémoires et Rapports de la commission chargée par M. le maire de Marseille de surveiller les fouilles du bassin de carérage, et de recueillir les objets d'antiquité. *Marseille, de l'impr. de Feissat*, 1831, in-8 de 52 pag.

Cette brochure est signée : *le Secrétaire de la commission*, TOULOUZAN. C'est le véritable et seul auteur de ces Mémoires. (*Note de M. Demanne*).

—Précis de chronologie ancienne. Tome Ier. *Marseille, Feissat; Paris, Hachette*, 1835, in-8, 6 fr.

Il doit y avoir un second volume.

M. Toulouzan a été l'un des principaux, et des indiscrets disent même le principal rédacteur de la belle « Statistique du département des Bouches-du-Rhône », publiée sous le nom du comte de Villeneuve, préfet de ce département; il a été aussi l'un des rédacteurs de « l'Hermès marseillais ».

TOUPOT DE BÉVEAUX, ex-député de la Haute-Marne.

— Opinion (son), sur l'article 3 du projet de loi relatif à la police des journaux et autres écrits périodiques. *Paris, Baudouin fils*, 1822, in-8 de 4 pag.

— Opinion de M. Toupot de Béveaux, député de la Haute-Marne, sur le budget des dépenses de 1830. *Paris, de l'impr. de Tastu*, 1829, in-8 de 24 pag.

— Opinion de M. Toupot de Béveaux, député de la Haute-Marne, sur la révision de l'article 23 de la Charte. *Paris, de l'impr. de Dupont*, 1831, in-8 de 4 pag.

TOUQUET, d'abord officier supérieur, plus tard, libraire-éditeur à Paris.

—Affaire de l'Évangile, réponse au réquisitoire de M. l'avocat du roi. *Paris, de l'impr. de Boucher*, 1826, in-8 de 8 pag.

— Défense de l'Évangile. *Paris, Touquet*, 1826, in-8 de 12 pag.

La Défense fut prononcée par M. Touquet devant le tribunal de première instance de la Seine.

—Lettre de M. Touquet, éditeur de la Charte constitutionnelle, etc., etc., etc., à S. G. Mgr l'évêque de Troyes, Ét.-Ant. de Boulogne, archevêque élu de Vienne, en réponse à son Instruction pastorale contre les éditions des Œuvres complètes de Voltaire et de Rousseau (publiées par le même Touquet.). *Paris, Touquet*, 1821, in-8 de 48 pag.

Cette Lettre a obtenu quatre autres éditions dans la même année.

— Pétition aux deux chambres, sur la censure des journaux. *Paris, Touquet*, 1821, in-8 de 8 pag.

— Souscription pour l'érection d'un monument à la mémoire de Voltaire et de J.-J. Rousseau. *Paris, de l'impr. de Laurens aîné*, 1822, in-12 de 4 pag.

En 1823, M. Garnery lança un Précis sur M. Touquet, in-4 de 8 pages; presque aussitôt le dernier en fit faire de nouvelles éditions, avec des notes et des pièces justificatives : ces réimpressions forment 64 pages. A cet écrit M. Touquet donna une suite par les deux suivants :

Précis par et pour l'ex-colonel Touquet, libraire-éditeur, contre MM. Garnery, ex-fondeur, Tenré, libraire, et Laurens aîné, imprimeur. Paris, de l'imprimerie de Bailleul, 1823, in-4 de 16 pages. — Produit au délibéré par et pour l'ex-colonel Touquet, libraire-éditeur, contre MM. Garnery et Danel, négociants. Paris, de l'impr. de David, 1823, in-4 de 8 pages.

TOURAINE (l'abbé Michel), curé de Margency, près Paris.

— Démonstration invincible et surprenante, qui montre qu'il a été fait deux fausses corrections du calendrier Julien, depuis qu'il est en usage. *Paris, Huguier*, 1711, in-12.

— Traité des instructions du calendrier universel et perpétuel, qui démontre la juste et naturelle durée des révolutions du soleil et de la lune. *Paris, veuve Vaugon*, 1705, in-12.

Il existe un *Abrégé* de ces instructions. Paris, Langlois, 1690, in-12.

TOURASSE. — Essai sur les bateaux à vapeur appliqués à la navigation intérieure et maritime de l'Europe. *Paris, Malher et comp^ie^*, 1828, in-4 avec 8 planches, 10 fr.

Avec M. F.-N. Mellet.

TOURDES (J.), docteur en médecine de l'Université de Montpellier; médecin en chef de l'armée des Grisons; plus tard, professeur de pathologie interne et d'hygiène à l'École de médecine de Strasbourg.

— Discours prononcé à la distribution des prix de l'hôpital militaire d'instruction de Strasbourg, le 2 décembre 1828. *Strasbourg, de l'impr. de Levrault*, 1829, in-8 de 20 pages.

— Esquisse d'un système de nosologie fondé sur la physiologie et la thérapeutique, pour servir de suite au plan de l'enseignement de l'école de médecine de Strasbourg. 1802, in-8.

— Expériences sur la circulation dans l'universalité du système vasculaire; sur les phénomènes de la circulation languissante;

sur les mouvements du sang indépendants de l'action du cœur; sur la pulsation des artères, par SPALLANZANI; ouvrage traduit de l'italien, avec des notes, et précédé d'une Esquisse de la vie littéraire de l'auteur. *Paris, Maradan*, 1799, in-8, 4 fr.

— Lettre sur les médicaments administrés à l'extérieur de la peau dans les maladies. *Pavie*, 1798, in-8.

— Manuel du physiologiste, ou Propositions fondamentales de la science de l'économie animale. *Metz*, 1797, in-8.

— Notice sur la vie littéraire de Spallanzani, avec un sonnet de l'abbé Césarotti; des remarques sur l'observation et l'expérience, la circulation du sang, la force d'irritabilité, l'influence du cœur sur le cerveau, la vitalité du système nerveux et sanguin, la digestion, etc. *Paris*, 1799. —Seconde édition, corrigée et augmentée. *Milan, et Paris, Delance*, 1800, pet. in-8 de 183 pag., 1 fr.

M. Tourdes, en outre, a fourni des articles au Dictionnaire des sciences médicales.

TOUREL (Joseph). — Ainsi a parlé Dieu, par la voix des prophètes : Rendez justice et faites la charité; quand vous ferez ce que je vous dis, mon secours sera près de vous. *Paris, de l'impr. de Setier*, 1826, in-4 de 2 pag.

TOURET. Voy. TOURRET.

TOURETTE. — Application sur l'espèce humaine des expériences faites par Spallanzani sur quelques animaux, relativement à la fécondation artificielle des germes. *Paris, Pougens*, an XI (1803), in-12 de 37 pag., 50 c.

TOURLET (René), né à Amboise, le 7 juin 1757, abandonna l'exercice de la médecine pour se livrer exclusivement aux lettres, et particulièrement à l'étude de la langue grecque. On lui doit les traductions suivantes :

1° Guerre de Troie, depuis la mort d'Hector jusqu'à la ruine de cette ville, poëme en douze chants, par QUINTUS, de Smyrne, etc. (Paris, Lesguillez, an IX (1800), 2 vol. in 8, frontisp. gravé). Une nouvelle édition est disposée par le traducteur avec des augmentations importantes.

2° Traduction complète des Odes de PINDARE, en regard du texte grec, avec des notes, etc. (Paris, veuve Agasse, 1818, 2 vol. in-8).

3° OEuvres complètes de l'empereur JULIEN, traduites pour la première fois, du grec en français, et accompagnées d'arguments et de notes, et précédées d'un abrégé historique et critique de sa vie. (Paris, l'auteur, 1821, 3 vol. in-8).

Depuis 1810, M. Tourlet, savant aussi modeste qu'il est obligeant, a un emploi et son logement aux Archives du royaume. Il est l'un des plus anciens collaborateurs du Moniteur (depuis 1799), et il a fourni des articles de littérature à presque tous les autres journaux et écrits périodiques, et notamment aux Annales littéraires, au Magasin encyclopédique, etc. Il a en portefeuille divers ouvrages, dont un très-piquant sur la doctrine de Pythagore et sur les sciences morales de la haute antiquité.

(*Note communiquée par feu M. Lerouge*).

La Biographie universelle et portative des contemporains dit, en parlant de la coopération de M. Tourlet au Moniteur : « Les nombreux articles, soit de mathématiques, de médecine et de physiologie, soit d'histoire et de littérature ancienne ou moderne, qui figurent sous son nom, et qu'indiquent les tables de ce journal, ne sont pas les moins remarquables par la clarté et la pureté du style, une critique raisonnée et judicieuse, et la stricte impartialité qui distingue cet écrivain, dans tous les sujets qu'il traite, avec la même mesure de sagesse, de connaissance et de raison. Outre les analyses médicales des ouvrages de ses confrères Dumas, de Montpellier, et Petit, de Lyon, on n'a pas oublié des Notices sur le mesmérisme, et sur le spiritualiste Claude Saint-Martin, où notre savant appréciateur, sans se laisser aller aux illusions de l'imagination, discutait les aperçus et les faits avec une grande justesse de raisonnement. C'est avec une égale sagacité qu'il rend compte des principaux ouvrages littéraires. On ne citera ici que les articles où il analyse avec étendue la traduction de la « Géographie de Strabon », par MM. Coray, Gosselin, Du Theil, Letronne, et la traduction ainsi que l'édition latine du livre célèbre « De Imitatione Christi », restitué par M. Gence à son véritable auteur, le pieux Gerson ».

M. Tourlet est aussi l'un des auteurs du «Tableau historique et pittoresque de Paris, depuis les Gaulois jusqu'à nos jours », publié sous le nom de M. B. Saint-Victor (1808-12, 3 vol. in-4).

TOURN (Daniel). — Lettre à son père, sur les motifs de son retour à la religion catholique. *Lyon, de l'impr. de Rusand*, 1826, in-8 de 32 pag.

TOURNADOUR-DALBAY (J.-B.), maître de pension.

— Ode au roi des Français. *Paris, de l'impr. d'Herhan*, 1837, in-8 de 16 pag., ou 1837, in-8 de 8 pag.

TOURNAL (A.), de Paris.—Conseils sur la prosodie, ou Préceptes de la lecture pour la langue française. (En vers). Troisième édition, revue, corr. et augmentée. *Metz, de l'impr. de Verronnais*, 1826, in-8 de 16 pag.

TOURNAL (J.-C.), pharmacien chimiste à Narbonne.

— Mémoire sur la découverte d'un nouveau mode de tannage par l'emploi d'un végétal non encore en usage dans les fabriques de cuirs. *Narbonne, F. Caillard*, 1825, in-8 de 64 pag.

— Mémoire sur la constitution géognostique du bassin et des environs de Narbonne. *Montpellier, de l'impr. de Martel jeune*, 1826, in-8 de 16 pag.

TOURNATORIS, facteur d'instruments.
— Art (l') musical relatif à l'accord du piano, suivi de deux sonnets, de trois stances, et de l'art de faire la conquête des belles. *Paris, l'Auteur, rue de l'Éperon-Saint-André-des-Arts, n.* 11, sans date (1810), in-8 de 16 pages, 75 c.

TOURNAY ( ), auteur dramatique.
— Abbé (l') Pellegrin, ou la Manufacture de vers, vaudeville en un acte. *Paris, madame Masson*, 1801, in-8, 1 fr. 50 c.

Avec M. Audras.

— Arlequin, tyran domestique, enfantillage en un acte, mêlé de vaudevilles. *Paris, madame Masson*, 1805, in-8, 1 fr. 20 c.

Avec MM. Désaugiers et Francis (bar. d'Allarde).

— * Avant-postes (les), ou l'Armistice, vaudeville anecdotique en un acte. *Paris, Chollet*, an IX (1801), in-8.

Avec MM. Audras et Vial.

— Congé (le), ou la Fête du vieux soldat, divertissement en un acte et en prose, mêlé de vaudevilles, à l'occasion de la paix. *Paris, madame Masson*, 1802, in-8.

Avec M. Vial.

— Marmontel, comédie en un acte, en prose, mêlée de vaudevilles. *Paris, madame Masson*, 1802, in-8.

Avec MM. Armand Gouffé et Vieillard.

—* M. Seringa, ou la Fleur des apothicaires, parade en un acte et en prose, mêlée de vaudevilles, par les auteurs de « Cri-cri » (MM. A. Gouffé et Geo. Duval) et T*** (Tournay). *Seringapatam, et Paris, madame Cavanagh*, an XI (1803), in-8.
— M. Vautour, ou le Propriétaire sous le scellé, vaudeville en un acte. *Paris, madame Masson*, 1807, in-8.

Avec MM. Désaugiers et Geo. Duval.

— Vieux (le) chasseur, comédie en trois actes, mêlée de vaudevilles. *Paris, Barba*, 1806, ou 1821, in-8, 2 fr.

Avec MM. Francis (baron d'Allarde) et Désaugiers.

TOURNEFORT (Joseph PITTON DE), savant botaniste, professeur de botanique au Jardin du roi, membre de l'Académie des sciences, docteur en médecine de la Faculté de Paris; né à Aix, en Provence, le 5 juin 1656, mort le 28 novembre 1708.
— Éléments de botanique, ou Méthode pour connaître les plantes. *Paris, de l'impr. royale*, 1694, 3 vol. in-8, avec 451 planches.
— Le même ouvrage. Édition augmentée de tous les suppléments donnés par A. de Jussieu, et d'additions considérables, etc., par N. JOLYCLERC. *Lyon, Bruyset, et Paris*, 1797, 4 vol., et 2 vol. in-4 de planches, en renfermant ensemble 489, 30 fr.
— Abrégé des Éléments de botanique. *Avignon, Dom. Séguin*, 1749, in-12.
— Histoire des plantes qui naissent aux environs de Paris, avec leurs usages dans la médecine. *Paris, de l'impr. royale*, 1698, in-12.
— La même. Édition revue et augmentée par Bernard de JUSSIEU. *Paris, J. Musier*, 1725, et 1741, 2 vol. in-12.
— Institutiones rei herbariæ, sive Elementa botanices, ex gallico latinè versa ab auctore, et aucta. Editio altera. *Parisiis, typ. regiâ*, 1700, 3 vol. in-4, avec 476 planches. — Corollarium harum Institutionum rei herbariæ in quo plantæ 1356.... in regionibus orientalibus observatæ, recensentur, et ad genera sua revocantur. *Parisiis, ex typogr. regiâ*, 1703, in-4, avec 13 planches.
— Choix des plantes du Corollaire des Instituts de Tournefort, publié d'après son herbier, par R. DESFONTAINES. *Paris*, 1808, in-4, avec 74 pl.

Impr. aussi dans les « Annales du Muséum d'histoire naturelle ».

— Institutiones rei herbariæ, ed. III, appendicibus aucta ab Ant. de JUSSIEU. *Lugduni*, 1719, 3 vol. in-4, 25 à 30 fr.

Édition la plus complète, mais peu recherchée à cause de la médiocrité des épreuves des figures.

— Institutions de botanique de Tournefort, trad. du latin par N. JOLYCLERC. *Lyon*, 1797, 6 vol. in-8.

Traduction peu estimée : les planches qui l'accompagnent sont celles des éditions latines.

— Optimâ (de) methodo instituendâ in re herbariâ ad sapientem virum G. Sherardum..... epistola, in quâ respondetur

Dissertationi D. Raii de variis plantarum methodis. *Parisiis*, 1697, in-8.

— Relation d'un voyage du Levant, fait par ordre du roi, contenant l'histoire ancienne et moderne de plusieurs îles de l'Archipel, les plans des villes et des lieux les plus considérables, et enrichie de descriptions et de figures de plantes, d'animaux, et d'observations singulières touchant l'histoire naturelle, *Paris, de l'impr. royale*, 1717, 2 vol. in-4, 40 fr.; — *Lyon, Anisson*, 1717, 3 vol. in-8, 24 fr.; — *Amsterdam*, 1718, 2 vol. in-4.

De longs extraits de cet ouvrage ont été imprimés dans celui intitulé :

Nouveaux Voyages dans l'Archipel, le continent de la Grèce, la Thrace, à Constantinople, sur le détroit des Dardanelles, la mer de Marmara, l'Hellespont, les côtes méridionales de la mer Noire, dans l'Anatolie et la Troade, extrait des voyageurs les plus modernes et les plus accrédités; contenant ce qu'il y a de plus remarquable, de plus utile et de mieux avéré dans les pays où les voyageurs ont pénétré; les mœurs des habitants, la religion, les usages, arts et sciences, commerce, manufactures. Paris; Moutardier, an VIII (1800), 3 tomes in-8, avec grav. et cartes, 12 fr.

— Réponse de J.-B. Chomel (Tournefort), à deux Lettres de Philibert Collet sur la botanique. *Paris*, 1696, in-12.

Les Lettres de Collet avaient paru l'année précédente, in-8.

— Schola botanica, sive Catalogus plantarum quas ab aliquot annis in horti regii Parisiensis studiosis indigitavit J. Pitton Tournefort.... huic indici additus est P. Hermanni Paradisi batavi prodromus. Edente Sherardo. *Amstelodami*, 1689, in-12.

Extrait des leçons de Tournefort, recueilli et publié par des élèves.

— Traité de la matière médicale, ou l'Histoire et l'usage des médicaments et leur analyse chimique. Ouvrage posthume de M. Tournefort, mis au jour par M. Besnier, D. M. P. *Paris, d'Houry*, 1717, 2 vol. in-12.

Cet ouvrage, qui ne fut publié en français qu'après la mort de l'auteur, l'avait déjà été en anglais, traduit d'après ses leçons (Londres, 1708, et 1716, in-8).

Une partie de cet ouvrage a été reproduite dans celui-ci : Matière médicale, extraite des meilleurs auteurs, et principalement du Traité des médicaments de M. de Tournefort, et des Leçons de M. Ferrein, par M. *** (Andry), Paris, Debure fils, 1770, 3 vol. in-12.

On doit encore à Tournefort les dissertations suivantes insérées dans les Mémoires de l'Académie des sciences, de 1692 à 1707 : 1° Description d'un champignon extraordinaire (1692); — 2° Réflexions physiques sur la production des champignons (1692); — 3° Conjectures sur les usages des vaisseaux dans certaines plantes (1692); — 4° Observations physiques touchant les muscles de certaines plantes (1693); — 5° Histoire des tamarins (1699); — 6° Observations sur les plantes qui naissent dans le fond de la mer (1700); — 7° Comparaison des analyses de la soie, du sel ammoniac et de la corne de cerf (1700); — 8° Description du persicaria orientalis, nicotianæ folio, calice florum purpureo (1703); — 9° Description de deux espèces de chamæ rhododendros, observées sur les côtes de la mer Noire (1704); — 10° Établissement de quelques genres de plantes, tels que le morsus ranæ, menispermum, chrysanthemoïdes, chamæbuxus, camphorata, et le ficoïdes (1705); — 11° Description de l'œillet de la Chine (1705); — 12° Observations sur les maladies des plantes (1705); — 13° Suite de l'établissement de quelques nouveaux genres de plantes, tels que le piment royal, l'orobanchoïdes ternatea, luffa, diervilla, chelone, valentia, lavatera, methonica; conysoïdes, et le solanoïdes (1706); — 14° Observations sur la naissance et sur la culture du champignon (1707).

TOURNELY (H.), nom sous lequel deux écrivains se sont cachés. Voy. La Fosse et Cl.-L. Montagne.

TOURNELLE (A. de), architecte. Voy. Detournelle.

TOURNEMINE (le P. René-Joseph de), savant jésuite; né à Rennes, en 1661, d'une des plus anciennes familles de Bretagne; mort à Paris, le 16 mai 1739.

Le P. de Tournemine travailla long-temps aux « Mémoires pour servir à l'histoire des sciences et des beaux-arts, ou Journal de Trévoux » (1701 et ann. suiv.), et fut lié avec les savants de l'Europe. La plupart de ceux de Paris le regardaient comme leur oracle. Tout était de son ressort, Écriture-Sainte, théologie, belles-lettres, antiquité sacrée et profane, critique, éloquence, poésie même. Il était d'un caractère fort communicatif, surtout à l'égard des étrangers; mais ses confrères l'accusaient d'être vain, fier, rempli de prétentions; elles lui venaient, dit-on, de son vaste savoir et de sa haute naissance. Il se plaignait quelquefois d'être confondu avec le simple religieux. Montesquieu, ayant eu à se plaindre de lui, ne s'en vengea qu'en demandant : « Qu'est-ce que le P. Tournemine? je ne le connais pas ». On a de lui : 1° un très-grand nombre de *Dissertations* savantes répandues dans le « Journal de Trévoux », entre autres, le *Projet d'un ouvrage sur l'origine des fables* (nov. et décembre 1702, février 1703); — 2° une *Épître à M. le prince de Dombes, sur ce qu'il commençait à lire les Commentaires de César*, imprimée dans le tome II du nouv. Choix de pièces de poésies (1715, in-12); — 3° une excellente édition de Menochius, avec un recueil de traités rares sur l'Écriture-Sainte, et de Dissertations de l'éditeur (Paris, 1719, 2 vol. in-fol.); — 4° une édition de l'Histoire des Juifs, de Prideaux (Paris, 1726, 6 vol. in-12); 5° un *Panégyrique de saint Louis, roi de France* (Paris, 1733, in-4); — 6° un Éloge de l'abbé Morvan de Bellegarde, imprimé dans le Mercure, novembre 1735; — 7° *la Défense du grand Corneille*, en vers français, dans l'édition de 1738 des Œuvres diverses de ce poëte; — 8° *Dissertation sur le fameux passage de l'historien Josèphe touchant Jésus-Christ*, imprimée par les soins de l'évêque Lefranc de Pompignan, dans le Mercure, août 1739; — 9° un traité, manuscrit, intitulé : *Douze impossibilités du système du P. Hardouin, proposées à l'auteur de ce système en 1702*. On rapporte que Tournemine, encore fort jeune, envisagea d'un coup-d'œil les conséquences dangereuses qu'on pouvait tirer des opinions singulières de son confrère. N'ayant pu, ajoute-t-on, engager, par ses raisons, le P. Hardouin à abandonner ce système, il se jeta à ses pieds, et le conjura, tout en larmes, d'y renoncer. Enfin, n'en pouvant rien obtenir, il lui jura que si jamais ce système était donné au public, il le combattrait de toutes ses forces, et il a tenu parole dans ses *Douze impossibilités*, etc.

Miorcec, *Note sur les écriv. de la Bretagne*.

TOURNEMINE (de), député du département du Cantal à la chambre de 1815.

On a de lui plusieurs *discours* et *opinions* à la chambre : l'une de ces dernières a été insérée dans la brochure intitulée : « Opinions sur la loi de haute police », par MM. le comte Lanjuinais, pair de France, Tournemine, Royer-Collard, Levoyer d'Argenson, de Serre, le baron Pasquier, tous cinq députés. Paris, Plancher, 1815, in-8 de 32 pag., brochure réimprimée dans la même année ; — une autre opinion, sur un projet de loi relatif à des mesures de sûreté générale, prononcée dans la séance du 23 octobre 1815. Paris, de l'impr. de L.-G. Michaud, 1816, in-8 de 16 pages.

TOURNEMINE, ancien jurisconsulte, greffier de la section civile de la Cour de cassation.

Rédacteur, avec M. Dalloz, du Journal des audiences de la Cour de cassation (1822 à 1824), recueil qui a pris, en 1825, le titre de Jurisprudence générale du royaume.

TOURNEMINE (P.), auteur dramatique.

— A dix-sept ans, drame en quatre actes. *Paris, Laisné; Margain*, 1836, in-8, 40 c.

— A la queue. Impromptu mêlé de couplets. *Paris, de l'impr. de Mevrel*, 1837, in-8.

— Château (le) d'Hutteldorf, vaudeville en un acte. *Paris, Barba*, 1836, in-8, 1 fr. 50 c.

— Cinq (les) couverts, coméd.-vaudeville en un acte. *Paris, Barba; Marchant*, 1834, in-8, 1 fr. 50 c.

— Clarisse, ou la Femme et la maîtresse, drame en trois actes et en six tableaux. *Paris, Bezou*, 1829, in-8.

Avec M. Anicet Bourgeois.

— Curé (le) Mérino, drame en cinq actes. *Paris, de l'impr. de Dondey-Dupré*, 1834, in-8, 30 c.

Avec MM. de Mallian et Bernard.

— École (l') des servantes, comédie-vaudeville en un acte. *Paris, Michaud*, 1837, in-8, 20 c.

Avec M. G. Devieu.

— Enfant (l') de giberne, drame mêlé de chants, en quatre actes. (Épisode de la guerre d'Autriche. 1809). *Paris, Barba; Delloye*, 1839, in-8, impr. à 2 colonnes, 60 c.

Avec M. Poujol. Cette pièce fait partie de « la France dramatique ».

— Femmes (les) libres, folie-vaudeville en trois actes. *Paris, Michaud*, 1838, in-8, 40 c.

— Louis XIII, ou la Conspiration de Cinq-Mars, drame historique en cinq actes. *Paris, Marchand; Barba*, 1833, in-8, 2 fr.

Avec M. Merville.

— Maison (la) du bon Dieu, comédie-vaudeville en un acte. *Paris, Nobis*, 1836, in-8.

— Monsieur Benoît, ou les Deux idées, folie-vaudeville en un acte. *Paris, Marchant*, 1832, in-8, 1 fr. 50 c.

Avec M. Cogniard.

— Noce (la) du boulanger, folie-vaudeville en un acte. *Paris, Marchant; Barba*, 1833, in-8, 1 fr. 50 c.

— Oncle (l') et le neveu, ou les Noms supposés, comédie-vaudeville en un acte. *Paris, Bezou; Quoy*, 1826, in-8.

— Oui et non, comédie-vaudeville en deux actes. *Paris, Barba; Marchant*, 1835, in-8, 2 fr.

Avec M. A. Barrière.

— Petit (le) tambour, tableau en un acte. *Paris, Duvernois*, 1829, in-8, 1 fr. 50 c.

Avec Hippolyte L...

— Retour (le) au département, pièce en un acte, mêlée de couplets. *Paris, Duvernois*, 1826, in-8, 1 fr. 50 c.

Avec M. Édouard D.....

— Révolte (la) des coucous, vaudeville criti-comico-fantastique. *Paris, E. Michaud*, 1838, in-8, 20 c.

— Savetier (le) et l'apothicaire, folie-vaudeville en un acte. *Paris, Marchant; Barba*, 1833, in-8, 1 fr. 50 c.

Avec MM. P.-J. Charrin et E. Décour.

— Servante (la) du curé, tableau-vaudeville en un acte. *Paris, Marchant, Barba*, 1835, in-8, 1 fr. 50 c.

— Soupers lyriques, publ. par P. Tne. IVe année. 1822-23. *Paris, Tiger*, 1823, in-18, 1 fr.

— Soldat (le) de la république, drame historique en deux actes. *Paris, Marchant*, 1835, in-8, 1 fr.
— Treize à table, ou Un pique-nique, collation accompagnée de couplets, en un acte. *Paris, Nobis*, 1837, in-8, 20 c.

Avec M. Gérau (Hypp. Auger).

— Un coup d'épée, comédie-vaudeville en deux actes. *Paris, Michaud*, 1837, in-8, 40 c.
— Une partie de dominos, pièce en un acte, mêlée de chants. *Paris, Michaud*, 1837, in-8, 20 c.
— Une peur, folie-vaudeville en un acte. *Paris, Jules Laisné; Morain*, 1836, in-8, 30 c.

TOURNER. Voy. TURNER.

TOURNEUR (L.), de la Rochelle.
— Essai de littérature. *Bressuire, Baudry*, 1837, in-8 de 36 pag.

C'est un recueil de morceaux en prose et en vers.

— Théâtre et Poésies. *Poitiers, de l'impr. de Saurin*, 1838, broch. in-8.

La pièce de théâtre est intitulée : *Une erreur*, comédie en un acte et en vers.

TOURNEUX (Eug.). — Chants et prières, poésies. *Paris, Dessessart*, 1838, in-12, 4 fr.

Avec M. Ch. de Maricourt.

TOURNEY (E.). — Méthode (nouv.) d'aménagement et d'exploitation des forêts, suivie de la troisième édition de la nouvelle Méthode de semis, de plantation et d'aménagement. *Paris, l'Auteur*, 1832, in-18, 2 fr.
— Méthode (nouv.) de semis, de plantations et d'aménagements des bois. *Paris, l'Auteur; madame Huzard*, 1828, in-18, 1 fr. — Sec. édit., augm. d'un tableau synoptique d'aménagement centenaire. *Paris, madame Huzard; l'Auteur*, 1830, in-18, 1 fr.
— Tableau synoptique et statistique de la population actuelle des départements de la France, comparée avec celle du département du Nord. *Paris, l'Auteur*, 1832, une feuille in-plano.

TOURNIAIRE (Balthazar). — Sacrorum bibliorum concordantiæ. *Avenione*, 1786, 2 vol. in-4.

TOURNIER (dom), bénédictin, professeur de mathématiques au collége de Sorèze, puis religieux de la Trappe; mort à Lyon, vers 1806, presque octogénaire.
— * Pasteur (le) catholique aux chrétiens du dix-huitième siècle. *Paris, Arthus-Bertrand*, 1807, in-18, 1 fr. 25 c.

Ce catéchisme fut désapprouvé par les vicaires généraux de Paris. *Barb.*

TOURNIER (S.), avocat.
— Exemplum tractatûs de justitia universali, etc.; trad. en franç., avec des notes (1825). Voy. BACON.
— Motifs du Code civil, extraits textuellement des discours, rapports et opinions prononcés au Corps Législatif et au Tribunat, lors de la discussion du code civil, avec des notes, etc.; précédés de règles sur l'interprétation des lois. Première partie. Livres I et II du Code civil. *Paris, A. Bavoux*, 1825, in-8, 5 fr. 50 c.

Le titre collectif de cette publication devait être : *Motifs des Codes, conférés avec le droit romain.*

TOURNIER (le lieutenant-colonel).
— Vérité (la) sortant du puits. Mémoire justificatif de la conduite de M. le lieutenant-colonel Tournier, à l'occasion du procès de M. Berryer fils, et pouvant servir à l'histoire de la conjuration de la duchesse de Berri. *Paris, Delaunay*, 1833, in-8 de 64 pag., 2 fr.

TOURNILHON (Hector), soldat au 3e régiment de la garde, en 1824, plus tard officier au 7e régiment de ligne.
— Aux vainqueurs du Trocadero. Chanson. *Rouen, de l'impr. de Périaux père*, 1824, in-8 de 8 pag.
— Bluettes littéraires et poétiques. *Dunkerque, de l'impr. de Drouillard*, 1838, in-8 de 92 pag.

Tiré à vingt exemplaires. Cet opuscule contient des morceaux, les uns en prose, les autres en vers.

— Jeanne d'Arc à Orléans : dithyrambe. *Orléans, de l'impr. de Jacob*, 1828, in-32 de 32 pag.
— Ode sur la mort de Louis XVIII, roi de France. *Paris, Boucher*, 1824, in-8 de 8 pag.
— Petite Mosaïque, ou nouvelles Bluettes en prose et en vers. *Dunkerque, de l'impr. de Drouillard*, 1839, in-8 de 100 pag.

Tiré à 50 exempl.

TOURNOIS (François). — Dénonciation aux chambres d'un vol de deux milliards, opéré de 1808 à 1815, au détriment des particuliers et de l'État. *Paris*,

TOURNON (Ch.-Thom. MAILLARD, cardinal de). Voy. MAILLARD.

TOURNON, appelé quelquefois TOURNON DE LA CHAPELLE, membre de l'Académie d'Arras.
— Histoire de Mlle de Sirval, ou le Triomphe du sentiment. *Paris*, 1788, 2 vol. in-12.
— Nouvelle Méthode pour apprendre les principes de la langue française, à l'usage des jeunes personnes et des maisons religieuses. *Paris, l'Auteur; Nyon*, 1785-87, 2 part in-12.
— Promenades (les) de Clarisse et du marquis de Volzi, ou nouvelle Méthode pour apprendre les principes de la langue et de l'orthographe française, à l'usage des dames. *Paris, l'Auteur; Couturier*, 1784-87, 12 cah. in-12.

Quelques-uns des premiers cahiers ont été réimprimés en 1785.

TOURNON (Alexandre), écrivain politique; mort sur l'échafaud révolutionnaire, le 22 messidor an II (10 juillet 1794).
— * Idées préliminaires sur la constitution du peuple français. (1793).

Imprimées à la tête d'une édition de la Constitution française, précédée du Rapport de Hérault de Séchelles.

— Moyens de rendre parfaitement propres les rues de Paris. *Paris, madame veuve Lesclapart*, 1789, in-8.
— Révolutions de Paris, dédiées à la nation. 1789, in-8.
— * Vie (la) et les Mémoires de Pilâtre de Rosier, écrits par lui-même et publiés par M. T***. *Paris, Belin*, 1786, in-12.

TOURNON (Dominique-Jérôme), né à Toulon, occupa long-temps le poste honorable de médecin en chef des hôpitaux militaires de Bayonne et de Bruxelles. Il fut aussi professeur à l'école de chirurgie de Toulouse, et s'est fait connaître comme un praticien distingué. Tournon était membre de la Société médicale de Bordeaux, secrétaire du Lycée de Toulouse et de la Société rurale du département de Vaucluse.
— Flore de Toulouse, ou Description des plantes qui croissent aux environs de cette ville. *Toulouse, Bellegarigue*, 1811, in-8 de 24 feuilles.
— Liste chronologique des ouvrages des médecins et chirurgiens, et de ceux qui ont exercé l'art de guérir dans cette ville, avec des annotations et l'Éloge de Pierre Desault. *Bordeaux*, 1799, in-8.

On doit aussi à ce médecin plusieurs *Mémoires* insérés dans les journaux de médecine.

Le docteur J. Tournon a été l'éditeur du « Recueil des ouvrages lus dans la séance publique du Lycée de Toulouse, le 30 germinal an IX ». (Toulouse, 1801, in-8), et de la Traduction des Œuvres médicales d'HIPPOCRATE, par le docteur GARDEIL (1801).

TOURNON (le comte Philippe-Camille-Casimir-Marcellin de), d'abord préfet de Rome, de 1810 à 1814, plus tard, préfet du Rhône, du 9 janvier 1822 au 22 janvier 1823, enfin pair de France, membre de la Société roy. d'agriculture; né à Apt, en Provence, le 24 juin 1778, mort au château de Génébard, en Charollais, le 18 juin 1833.
— Études statistiques sur Rome et la partie occidentale des États romains; contenant une Description topographique et des recherches sur la population, l'agriculture, les manufactures, le commerce, le gouvernement, les établissements publics, et une Notice sur les travaux exécutés par l'administration française. *Paris, Treuttel et Wurtz*, 1831, 2 vol. in-8, avec un Atlas, 20 fr.
— Opinion (son) sur le projet de loi destiné à remplacer l'art. 23 de la charte constitutionnelle (séance du 27 décembre 1831). *Paris, de l'impr. de Fournier*, 1832, in-8 de 20 pag.
— Opinion (son) sur la résolution de la chambre des députés, relative au bannissement de la branche aînée des Bourbons (séance du 13 janvier 1832). *Paris, de l'impr. de Fournier*, 1832, in-8 de 4 pages.
— Opinion (son) sur la résolution de la chambre des députés, relative à l'abrogation de la loi du 19 janvier 1816 (séance du 21 février 1832). *Paris, de l'impr. de Fournier*, 1832, in-8 de 12 pag.
— Chambre des pairs. Opinion du comte de Tournon sur le divorce *Paris, de l'impr. de Fournier*, 1832, in-8 de 28 pages.

TOURNYER, membre de la Société d'agriculture et ancien professeur de physique et de mathématiques à Amiens.
— Théorie et avantage du nouveau système métrique, ou Comparaison raisonnée des mesures et poids anciens du département de la Somme avec les mesures et poids métriques, etc. *Amiens*, 1802, in-4.

TOURON (le P. Antoine), dominicain; né à Graulhe, diocèse de Castres, en septembre 1686, mort le 2 septembre 1775.

— Amérique (l') chrétienne.....

— Histoire des hommes illustres de l'ordre de Saint-Dominique. *Paris*, *Babuty*, 1743-49, 6 vol. in-4.

— Histoire générale de l'Amérique, depuis sa découverte. *Paris*, *Hérissant*, 1768-69, 14 vol. in-12.

— Main (la) de Dieu sur les incrédules, ou Histoire abrégée des Israélites souvent infidèles et autant de fois punis. *Paris*, 1756, 2 vol. in-12.

— Parallèle de l'incrédule et du vrai fidèle. *Paris*, 1758, in-12.

— Providence (de la). Traité historique, dogmatique et moral, avec un discours préliminaire contre l'incrédulité et l'irréligion. *Paris*, 1752, in-12.

— * Vérité (la) vengée en faveur de saint Thomas, par saint Thomas même. (1762), in-12 de 69 pag.

—Vie (la) et l'esprit de saint Charles Borromée. *Paris*, *Boutard*, 1761, un vol. in-4; ou 3 vol. in-12.

—Vie (la) de saint Dominique de Guzman, fondateur des frères prêcheurs, avec l'histoire abrégée de ses premiers disciples. *Paris*, *Gissey*, 1739, in-4.

— Vie (la) de saint Thomas d'Aquin. avec un exposé de sa doctrine et de ses ouvrages. *Paris*, *Gissey*, 1737, in-4.

TOURON. — Art (l') du comédien, vu dans ses principes. *Amsterdam*, 1782, in-12.

Le libraire de Paris, Cailleau, a rafraichi, en 1785, le titre de cet ouvrage.
Touron a eu part à la rédaction du Mercure national, ou Journal d'État et du citoyen (1789-91).

TOURREIL (Jacques de), jurisconsulte, membre de l'Académie royale des médailles et inscriptions, et de l'Académie française, en février 1692.

— * Essais de jurisprudence. *Paris*, *Coignard*, 1694, in-12.

— Philippiques de Démosthène, trad. du grec, avec des remarques. *Paris*, *Barbin*, 1701, in-4.

— Œuvres (ses), contenant la traduction de plusieurs ouvrages de Demosthène (précédées d'une préface composée par l'abbé Massieu). *Paris*, *Brunet*, 1721, 2 vol. in-4 et 4 vol. in-12.

— Œuvres de jurisprudence. *Paris*, 1721, 2 vol. in-4.

Tourreil est l'un des auteurs des explications historiques des « Médailles sur les principaux événements du règne de Louis-le-Grand ». (1702, in-fol).

On trouve deux des Lettres de Tourreil dans le volume intitulé : Lettres tirées de la correspondance du cardinal Quirini. (1833, in-8).

TOURREIL, ex-chef de comptabilité des finances dans le gouvernement des îles Ioniennes.

— Situation des finances, suivant le système adopté par le ministère des finances et celui opposé à ce ministère. *Paris*, *les princip. libr.*, 1825, in-4 de 32 pag.

TOURRET (Gaspard), auteur dramatique, plus connu au théâtre sous le nom d'*Amédée*; né à Moulins (Allier), le 16 août 1787.

— Acteurs (les) par hasard, ou la Comédie au jardin, comédie en un acte et en prose. *Paris*, *Duvernois*, 1827, in-8, 1 fr. 50 c.

Avec M. Décour. M. Tourret s'est caché sous le nom d'Amédée.

— * Actrice (l') en voyage, vaudeville en un acte. *Paris*, *Barba*, 1822, in-8, 1 fr. 50 c.

Avec M. Leblanc de Ferrière.

— Demoiselle (la) de boutique, ou le premier Début, comédie-vaudeville en trois actes, et en cinq tableaux (en prose). *Paris*, *Quoy*, 1828, in-8, 2 fr.

Avec MM. Mélesville et Carmouche. M. Tourret a encore caché sa coopération sous le nom d'Amédée.

— Deux (les) Étudiants, ou le Portrait de mon oncle, comédie en un acte et en vers. *Paris*, *Pollet*, 1821, in-8, 1 fr. 50 c.

Avec M. Jouslin de Lasalle. M. Tourret s'est caché sous le nom d'*Amédée*.

— Femmes (les) et le secret, comédie en un acte, mêlée de couplets. *Paris*, *Quoy*, 1823, in-8, 1 fr. 50 c.

Avec M. La Fontaine.

— Gulliver.

Avec M. Jouslin de Lasalle.

— M. Bontemps, ou la Belle-mère et la bru, comédie en un acte (en prose), mêlée de couplets. *Paris*, *J.-N. Barba*, 1836, in-8, 1 fr. 50 c.

Avec M. Décour.

—Saint-Louis (la) au boulevard, à-propo

mêlé de couplets. *Paris*, *Quoy*, 1824, in-8, 1 fr.

Avec M. Jouslin de Lasalle.

— Trois femmes, ou les Bonnes amies, vaudeville en un acte. *Paris*, *J.-N. Barba*, 1835, in-8, 1 fr. 50 c.

Avec MM. Décour et Tardif.

— Vendanges (les) de Bagnolet, folie en un acte (en prose, mêlée de vaudevilles). *Paris*, *Duvernois*, 1822, in-8, 1 fr. 50 c.

Avec M. Maréchalle.

TOURRETTE (Amédée), membre de la Société des sciences, agriculture et arts du département du Bas-Rhin.

— Discours sur les Juifs d'Alsace. *Strasbourg*, *de l'impr. de Levrault*, 1825, in-8 de 40 pag.

—Biographie. Extrait d'un voyage au banc de la Roche (département du Bas-Rhin), et visite au pasteur Oberlin, ministre protestant de cette vallée, lu à la séance de la Société, le 23 juillet 1824; suivi d'une Notice sur quelques curés catholiques de l'Alsace. *Strasbourg*, *de l'impr. de Levrault*, 1824, in-8 de 20 pag.

— * Pasteur (le) Oberlin, ou le Banc de la Roche : Souvenir d'Alsace de Mlle Félicie T***. Publié par M. Am. T***. *Strasbourg*, *de l'impr. de Heitz*, 1824, in-12 de 48 pag., plus le portrait d'Oberlin.

TOURRON (J.). — Précis de la vie de Mgr Charles-François Daviau Dubois de Sanzai, archevêque de Bordeaux; suivi d'un Discours de ce prélat sur le triomphe de la Croix. *Montpellier*, *Aug. Seguin*, 1829, in-8 de 60 pag.

TOURTE-CHERBULIEZ (madame Marie), fille de M. Abr. Cherbuliez, libraire à Genève, et frère du libraire du même nom, établi à Paris; né à Genève, vers 1796.

— Annette Gervais. *Paris*, *Cherbuliez*, 1834, in-12, fig., 3 fr. 50 c.

— Contes et récits pour la jeunesse. Première série. *Paris*, *Cherbuliez*, 1836, 2 vol. in-12, 7 fr. 50 c.

Cette première série renferme six morceaux : 1° Antonio; — 2° une Traversée; — 3° Biographies de Davidson et de sir Humphrey Davy; — 4° Une belle action, ou deux parties; — 5° la petite Ambitieuse; — 6° les Magiciens véritables.

— Forster, ou la Manie de l'indépendance, etc.; trad. de l'angl. (1821). Voy. Edgeworth (miss).

— Journal d'Amélie, ou Dix-huit mois de la vie d'une jeune fille. Scènes de famille. *Paris*, *Cherbuliez*, 1833, 2 vol. in-12, 7 fr. 50 c.

— Présent d'étrennes. *Genève*, *et Paris*, *Cherbuliez*, 1832, in-12, 2 fr. 50 c.

TOURTECHOT-GRANGER, voyageur français; né à Dijon, mort près de Bassora, en 1734.

— Relation d'un voyage fait en Égypte par le sieur Granger en 1730, où l'on voit ce qu'il y a de plus remarquable, particulièrement sur l'histoire naturelle. *Paris*, 1745, in-12.

On trouve de Tourtechot, dans le recueil de l'Académie des sciences, des Observations du thermomètre faites en Syrie, etc., pendant l'année 1736 (1738, mémoire, page 483); Observations faites à Bagdad, en 1737 (1747, mém., page 479).

TOURTELLE (Étienne), professeur d'hygiène à l'école spéciale de médecine de Strasbourg, membre de plusieurs sociétés savantes; né à Besançon, le 17 février 1756, mort à Strasbourg, le 10 mai 1801.

— Éléments d'hygiène, ou de l'Influence des choses physiques et morales sur l'homme, et des moyens de conserver la santé. *Strasbourg*, *et Paris*, 1796-97, 2 vol. in-8. — Sec. édition, corr., augm. et précédée d'une Notice historique sur la vie et les ouvrages de l'auteur. *Strasbourg*, *et Paris*, *Levrault frères*, 1802, 2 vol. in-8, 10 fr.

— Le même ouvrage. IVe édition, corr. et augm. de notes et d'additions; par J. Bricheteau. *Paris*, *Rémond*, 1823, 2 vol. in-8, 12 fr.

— Le même ouvrage, de la même édition, sous ce titre : Encyclopédie médicale, ou nouvelle Médecine domestique, mise à la portée de tout le monde. Nouvelle édition. *Paris*, *Philippe*, 1830, in-8.

— Éléments de matière médicale, ouvrage posthume, publié par Briot. *Paris*, *et Strasbourg*, *Levrault*, 1803, in-8, 4 fr.

— Éléments de médecine théorique et pratique. Seconde édition. *Paris*, *et Strasbourg*, *Levrault*, *Schœll et comp^ie*, 1805, 3 vol. in-8, 13 fr. 50 c.

La première édition est de 1799, Strasbourg et Paris, 3 vol. in-8.

— Histoire philosophique de la médecine, depuis son origine jusqu'au commencement du dix-huitième siècle. (Ouvr. posthume). *Paris et Strasbourg*, *Levrault*, 1804, 2 vol. in-8, 10 fr.

— Œuvres posthumes, publ. par Briot.

Paris, et *Strasbourg*, *Levrault*, 1803, in-8.

TOURTELLE (Marie), D. M., préparateur en chef de chimie, de pharmacie et de physique à la Faculté de médecine de l'Académie de Strasbourg, membre de plusieurs sociétés savantes.
— Traité d'hygiène publique. *Strasbourg*, *L. Eck*, 1812, 2 vol. in-8, 10 fr.

TOURTEREL, garde du corps, ingénieur et géographe de S. M.
— Dissertation sur le choix des projets donnés pour joindre les deux mers par un canal en Bourgogne. *Dijon*, *Defay*, 1728, in-8.
— Projet d'une route pour les troupes, depuis Saint-Amour jusqu'à Lyon, en passant par la Bresse. *Paris*, *Knapen*, 1728, in-fol.

TOURTILLE SAUGRIN (Anne-Élisabeth). Voy. madame RENARD.

TOURTON (Louis), banquier.
— Au public, Louis Tourton, en réponse au duc de Rovigo. *Paris*, *de l'impr. de Goëtschy*, 1828, in-8 de 32 pag.
— Réponse à l'écrit intitulé : Précis présenté à la Cour royale, chambre d'accusation, par le sieur Gabr.-Jul. Ouvrard. *Paris*, *de l'impr. de J. Didot aîné*, 1825, in-4 de 32 pag.

TOURVIELLE (Marie-Gaston). — Chant de gloire et de foi, ou l'Afrique conquise. Poëme. Hommage au malheur. La Vierge et la foi. Lamartine. Talleyrand. Souvenirs. *Paris*, *l'Auteur*; *Hivert*, 1836, in-8, 6 fr. 50 c.

TOURVILLE (le maréchal de). Voy. l'abbé MARGON.

TOURY. — Cours de mnémotechnie. *Paris*, *Chaumerot*, 1833, in-8 de 112 pages, 7 fr.

Avec M. Martin.

TOURY. — Méthode analogique de musique. Traité complet de solfége. Nouveau système d'enseignement, suivi du plain-chant, enseigné en deux leçons. *Paris*, *Savart*, 1838, in-4, 25 fr.

TOUSARD ( ), alors chef de brigade du génie.
— Réflexions d'un Français sur la conduite que vient de tenir l'Angleterre. 1803, in-8.

TOUSART (Joan.-Ant.). — Diplomata pontificia et regia ordini regulari et hospitali S. Spiritus Monspeliensi concessa, etc. *Parisiis*, 1723, 2 tomes en un vol. in-fol.

TOUSEZ (Léon), acteur du théâtre des Variétés; mort à l'hospice des aliénés de Charenton.
— Atelier (l') de peinture, tableau vaudeville en un acte (et en prose). *Paris*, *Bezou*, 1823, in-8, 1 fr. 50 c.

Avec M. Sewrin. Tousez est désigné sur la pièce sous le nom de Léon.

— Chevalier (le) d'honneur, comédie en un acte, mêlée de couplets. *Paris*, *madame Huet*; *Barba*, 1823, in-8, 1 fr. 50 c.
— Lithographe (le), ou les Scènes populaires, vaudeville en un acte. *Paris*, *madame Huet*; *Barba*, 1823, in-8, 1 fr. 50 c.

Avec M. Sewrin.

— Point (le) d'honneur, vaudeville en un acte, tiré des Contes de M. Adrien de Sarrasin. *Paris*, *Duvernois*, 1825, in-8, 1 fr. 50 c.

Avec MM. Benjamin (Antier) et Belle, qui sont seuls nommés sur le titre de la pièce.

— Sapho, poëme élégiaque. Sec. édition. *Paris*, *veuve Duminil-Lesueur*, 1812, in-8 de 12 pag., 60 c.

Il est auteur des remarques et commentaires qui suivent « les Gendarmes, poëme en deux chants », publié sous le nom de l'acteur comique Odry (1820).

TOUSEZ (Alcide), frère du précédent, acteur du théâtre du Palais-Royal.
— Vie (la) de Napoléon racontée dans une fête de village. Scène épisodique (en prose et en vaudevilles). *Paris*, *Marchant*, 1834, in-8 de 8 pag., 15 c.

TOUSSAIN. — Manuel (nouveau) du pêcheur à la ligne, aux filets, et autres instruments, contenant, etc. *Paris*, *rue du Battoir*, n. 3, 1838, in-18, 60 c.

TOUSSAINCT (le baron Charles de), ancien chef d'escadron, ex-commissaire-général de police en Illyrie, ex-agent-général du ministère des affaires étrangères en Illyrie, etc., etc.
— Système (le) des finances mis à la portée de tout le monde. *Paris*, *Dentu*; *Delaunay*; *etc*, 1816, in-18 de 24 pag.

TOUSSAINT (dom Georges), bénédictin de la congrégation de Saint-Vannes, en 1754; né à Saint-Dié, en Lorraine.

— Traité dogmatique et moral sur le sacrement de mariage. 1739, 2 vol. in-8.

TOUSSAINT (Dan.). — Vrai (le) guidon d'un homme chrétien. Méditation sur la mort. In-8.

TOUSSAINT (François-Vincent), professeur de belles-lettres et membre de l'Académie de Berlin (depuis 1765), auparavant avocat au parlement de Paris, puis gazetier à Bruxelles; né à Paris, en 1715, mort à Berlin, en 1772.

— Discours sur le fruit des bonnes études. *Berlin*, in-8.

—* Éclaircissement sur les mœurs, par l'auteur des « Mœurs ». (*Amsterdam*), 1762, in-12.

— * Essai sur le rachat des rentes et redevances. *Londres*, 1751, in-8 de 51 pag.

— * Histoire des passions, ou Aventures du chevalier Shroop; trad. de l'angl. *La Haye*, *Néaulme*, 1751, 2 vol. in-12.

M. M. Rey réimprima cet ouvrage à Amsterdam, en 1751, sous le titre simple d'*Histoire des passions*. Il déclare, dans un court avertissement, avoir appris que l'auteur des « Mœurs » venait de le publier à Paris, où l'on ne croyait nullement que cette histoire eût été traduite de l'anglais.

— Hymni in laudem B. Parisii. In-8.

— Mœurs (les) (par Panage, mot tiré du grec, répondant à celui de Toussaint). *Amsterdam*, 1748, 1755, trois part. in-8, — ou *Amsterdam*, *la Compie*, 1760, 1763, in-12. — Nouv. édition, revue et corr. *Berlin*, 1767, 1771, 3 part. pet. in-12.

Souvent réimprimé.

Cet ouvrage, a donné lieu à plusieurs critiques : les plus remarquables sont les suivantes :

Réflexions critiques sur le livre intitulé : « les Mœurs ». Par l'abbé Jér. Richard. Paris, 1748, in-12.

Extrait critique, ou Réfutation du livre des « Mœurs ». (Par l'abbé Nonnote). Paris, veuve Bordelet, 1757, in-12 de 95 pag.

— * Réponse des auteurs du Journal étranger à la feuille des Nouvelles ecclésiastiques, du 3 juillet 1754. *Paris*, 1754, in-12 de 9 pages.

Toussaint a coopéré à la rédaction du « Journal étranger » (Paris, 1754 et ann. suiv.), et à celle du « Journal littéraire », qui a paru à Berlin, de 1772 à 1776. Il continua, à dater de juillet 1756, les Observations sur l'histoire naturelle, sur la physique et sur la peinture, commencées par Gautier d'Agoty, en 1752. C'est ce recueil qui a donné à l'abbé Rosier l'idée de son « Journal de physique ».

Il a fourni les articles de jurisprudence pour les deux premiers volumes de l'Encyclopédie et plusieurs Mémoires dans le recueil de l'Académie de Berlin. On trouve son éloge dans ce recueil, année 1775.

Les Mémoires de Toussaint que nous avons trouvés consignés dans le recueil de l'Académie de Berlin, sont au nombre de sept, savoir :

1° Des inductions qu'on peut tirer du langage d'une nation par rapport à sa culture et à ses mœurs (ann. 1765);

2° Discours sur les avantages de la vertu (ann. 1766);

3° Discours sur la sensibilité pour autrui (ann. 1762);

4° De la bienfaisance considérée en tant qu'agissante (ann. 1768);

5° Qu'il faut combiner ensemble les lettres et la philosophie (ann. 1769);

6° Discours sur la médisance;

7° Discours où l'on se propose de prouver qu'il y a des circonstances dans lesquelles on peut parler au désavantage d'autrui, sans être censé médire (ann. 1770).

On doit à Toussaint, outre les ouvrages que nous venons de citer, plusieurs traductions de l'angl. et de l'allem. Ces traductions sont les suivantes : 1° (en société avec Diderot et Eidous), le Dictionnaire de médecine (1746, 6 vol. in-fol.); — 2° des additions à la traduction (par de Puisieux) de la Grammaire géographique de Gordon (1745); — 3° la Vie et les aventures du petit Pompée, par Fr. Coventry (1752); — 4° le tome III de l'Histoire du monde sacré et profane, de Sam. Schuckford (1752); — 5° l'Histoire et les aventures de sir W. Pickle, par Smollett (1753); — 6° un Recueil d'actes et de pièces concernant le commerce de divers pays de l'Europe. N° 1. (1754); — 7° Extraits des Œuvres de Gellert, contenant ses apologues, ses fables et ses histoires, trad. de l'allem. (1768, 2 vol. in-12).

TOUSSAINT (J.), licencié en théologie de la Faculté de Paris, agrégé à l'ancienne Université pour les chaires de philosophie, etc.

— Plan d'éducation publique, ou Essai sur la nécessité et les moyens de réunir l'éducation à l'instruction publique, présenté au gouvernement. 1802, in-8.

TOUSSAINT (Claude-Jacques), architecte, anc. contrôleur des bâtiments de la couronne; né à Paris, en 1786.

— Manuel d'architecture, ou Traité de l'art de bâtir, contenant les principes généraux de cet art, la géométrie appliquée, l'analyse des matériaux employés dans la construction, les lois des bâtiments, les prix courants des travaux. *Paris*, *Roret*, 1827, 1832, 1837, 2 vol. in-18, avec planches, 7 fr.

— Manuel du maçon-plâtrier, du carreleur, du couvreur et du paveur. *Paris*, *Roret*, 1834, in-18, avec planches, 3 fr.

— Memento des architectes et ingénieurs, et des personnes qui font bâtir. *Paris*; *l'Auteur*; *Carilian-Gœury*, 1825-38, huit parties en 3 vol. in-8, et Atlas de près de 200 pl., 60 fr.

Cet ouvrage comprend les détails pour établir les prix courants de tous les travaux ; théorie de construction ; outils et machines : lois des bâtiments civils et ruraux ; ordonnances forestières ; législation sur la garantie, les hypothèques, le voisinage, les moulins et rivières, les manufactures, plantations, etc. ; droit de voirie et d'entrées, analyse des matières premières ; tableaux de réductions ; géométrie ; les cinq ordres, exemples de bâtiments, monuments et jardins ; modèles de devis, procès-verbaux, et autres actes du ressort des architectes, des entrepreneurs et des experts ; partie contentieuse du bâtiment, inventions modernes ; abrégé de statistique et de dynamique appliquées à la construction et aux jardins, etc., etc. Dans cet important travail, qu'une marche toujours méthodique, et un style clair et facile rendent agréable à lire, l'auteur s'appuie de tous ceux qui l'ont précédé, et qui ont traité la partie si abstraite du contentieux de l'architecture : il profite de ce qu'ils ont de bon, fait ressortir les nombreuses contradictions dans lesquelles ils sont tombés ; et présente des résultats simples et à la portée de tout le monde. Cet ouvrage, très-différent du *Traité de géométrie et d'architecture* de l'auteur, prouvent évidemment que M. Toussaint possède également bien la théorie et la pratique de son art.

On a extrait de ces trois volumes l'ouvrage suivant :

Code de la propriété, ou Traité complet des bâtiments, des forêts, des chemins, des plantations, des mines et des carrières, et des eaux, contenant l'analyse raisonnée des lois, ordonnances et décisions judiciaires, relatives aux biens particuliers, communaux et domaniaux, etc. ; appuyé des arrêts des cours royales et de cassation. Paris, Félix ; Carilian-Gœury, 1832, 2 vol. in-8, 15 fr.

— Projet de l'église de Saint-Henri, à ériger sur l'emplacement de l'ancien Opéra de Paris, présenté au roi, avec le plan et l'élévation du monument. *Paris, F. Didot*, 1822, in-4 de 12 pag., avec une planche grav., 2 fr.

— Traité de géométrie et d'architecture théorique et pratique simplifiée. *Paris, de l'impr. de Hocquet.— l'Auteur ; F. Didot*, 1811-12, 4 vol. in-4, avec 100 planches, 110 *fr.*

C'est le résumé des principes exposés par l'auteur dans l'École pratique d'architecture qu'il avait fondée : cet ouvrage, recherché, embrasse toutes les parties de l'art et de la construction. M. Toussaint s'est particulièrement attaché à être simple et méthodique, aussi son traité est-il devenu classique, et a-t-il été surnommé, à juste titre, par un de nos architectes les plus célèbres, « l'Encyclopédie de l'architecture ».

TOUSSAINT (François), docteur en médecine, de la Faculté de Strasbourg, né à Saint-Nicolas (Meurthe).

— Description d'une gastro-entérite épidémique qui s'est développée dans la ville de Saint-Nicolas, pendant les mois de juillet et août 1826. *Nanci, de l'impr. de Bachot*, 1826, in-8 de 44 pag.

— Description du choléra-morbus épidémique qui s'est manifesté dans les villes de Saint-Nicolas et de Rosières, et dans les communes de Tonnay, Barthecourt, etc. ; suivie de considérations topographiques sur ces communes. *Saint-Nicolas, Trenel ; l'Auteur*, 1835, in-8 de 124 pag.

— Sur la version du fœtus par la tête ; dissertation... soutenue... le lundi 23 juin 1817, etc. *Strasbourg, de l'impr. de Levrault*, 1817, in-8 de 32 pag.

TOUSSAINT (N.-J.-B.). — Essai sur la manière dont les sensations se transforment en idées, ou De la connexion nécessaire des idées et des signes. *Paris, Delaunay*, 1824, in-8 de 48 pag.

Réponse à l'article de M. le comte Lanjuinais, inséré dans la 64e livraison de la Revue encyclopédique, sur l'Idée, etc., du même auteur.

— Idée générale d'un cours de droit naturel. *Paris, de l'impr. de Lachevardière*, 1824, in-8 de 8 pag.

— Idée générale d'un cours de philosophie. *Paris, de l'impr. de Marchant-Dubreuil*, 1824, in-8 de 4 pages.

— Nécessité (de la) des signes pour la formation des idées et de divers sujets de philosophie morale. *Stuttgard, Cotta*, 1827, in-8, 5 fr.

— Notice sur l'idée. *Paris, de l'impr. de Lachevardière*, 1824, in-8 de 16 pag.

— Pensée (de la). *Paris, Carpentier-Méricourt ; Johanneau*, 1835, in-8, 7 fr.

TOUSSAINT, graveur calligraphe.

— Méthode complète d'écriture cursive, dite anglaise. *Metz, de l'impr. de Dosquet*, 1828, in-4 de 16 pag. et 16 planches.

TOUSSAINT (B.-M.). — Mémoire sur un nouveau mode de perception des droits sur les boissons, ou Moyens de conserver cet impôt et son administration actuelle, en gênant le moins possible la circulation ; précédé d'une Notice sur l'état des vignobles de la Moselle. *Paris, de l'impr. de Guiraudet*, 1831, in-8 de 32 pag.

TOUSSAINT, de Belgique.

— A M. Enfantin, rue Monsigny, n° 6. *Paris, de l'impr. de Lachevardière*, 1832, in-8 de 8 pag.

TOUSSAINT. — Indicateur complet de la ville de Caen. Guide des étrangers, contenant les adresses de tous les habitants, et précédé d'une Notice historique sur Caen et sur ses monuments. *Caen, Avonde*, 1835, in-18.

TOUSSAINT. — Manuel (nouv.) du pêcheur, contenant des instructions sur les diverses pêches, sur les étangs, les lois et ordonnances, etc. *Paris, madame Huzard*, 1836, in-18, avec 6 planches, 2 fr. 50 c.

TOUSSAINT CASSEGRAIN. Voy. CASSEGRAIN.

TOUSSAINT-DEPENNE (J.), de Lot-et-Garonne.

— Martyre (le) de Mgr l'archevêque de Bordeaux, ou le Triomphe du héros chrétien, poëme. *Bordeaux, veuve Cavazza; Paris, Pillet aîné*, 1826, in-8 de 32 pag. et une grav.

TOUSSAINT DE SAINT-LUC (le P.). Voy. T. LE BIGOT.

TOUSSAINT-DUPLESSIS (dom). Voy. T. DUPLESSIS.

TOUSSARD (J.-P). — Traité de mécanique, ou Notions élémentaires sur les lois du mouvement. *Paris, H. Bossange*, 1828, in-18, avec 2 planches, 1 fr.

Le faux-titre porte : « Encyclopédie élémentaire des sciences et des arts ».

TOUSSENEL (Théod.), professeur d'histoire, et traducteur.

M. Toussenel a traduit de l'allemand Wilhelm Meister de Gœthe (1829), et une partie des Œuvres de E.-T.-A. HOFFMANN (1830) : il est un des rédacteurs des feuilletons du Temps.

TOUSSIN (Alexandre). — Amélioration des laines. Copie de la pétition adressée à la chambre des députés sur le droit d'octroi relatif aux moutons. *Rouen, de l'impr. de Périaux*, 1829, in-8 de 8 pag.

TOUSTAIN (dom Charles-François), bénédictin de la congrégation de Saint-Maur; né au Repas, diocèse de Séez, en 1700, mort le 1er juillet 1754.

— Autorité (de l') des miracles....

— * Traité (nouv.) de diplomatique. *Paris*, 1750-65, 6 vol. in-4.

Avec dom Tassin (voy. ce nom).

— Très-humbles remontrances au chapitre général de 1733....

— * Vérité (la) persécutée par l'erreur, ou Recueil des divers ouvrages des S. P. sur les grandes persécutions de l'Église, pour prémunir les fidèles contre la séduction et la violence des novateurs. *La Haye, Vanlom*, 1733, 2 vol. in-12.

TOUSTAIN jeune. — Dévouement (le) filial, comédie-anecdotique en un acte (et en prose), mêlée de vaudevilles. *Paris, Dondey-Dupré*, an XII (1804), in-8.

Avec M. Simon.

TOUSTAIN (Claude-Alexandre), marquis d'ESCRENNES, lieutenant-général des armées du roi; né au château d'Escrennes, en Beauce, membre de l'ancienne Société d'agriculture d'Orléans.

On a de lui plusieurs *Mémoires* adressés à la Société d'agriculture d'Orléans.

TOUSTAINT (Charles-François), marquis de LIMÉSY, seigneur de Fortebosc, ancien officier au régiment de Champagne, membre de la Société d'agriculture de Rouen; né à Rouen, en 1728.

— Mémoire sur les fêtes.

— Mémoire sur les plantations.

— * Zinzolin, jeu frivole et moral. *Amsterdam*, 1769, in-12.

Diderot attribue cet ouvrage à Luneau de Bois-Germain. Voy. le Supplément à ses Œuvres, t. VI, Paris, 1819, in-8, pag. 274.

On a encore du même plusieurs *Mémoires* dans les recueils de la Société d'agriculture de Rouen, dont il était membre.

TOUSTAINT DE RICHEBOURG (Gaspard-François), alors lieutenant du tribunal des maréchaux de France; né à Aubevoye, près Gaillon, au diocèse d'Évreux, le 22 février 1716.

— Dissertation sur les grands sénéchaux de Normandie....

— Mémoire pour servir à l'histoire de l'Échiquier, ou parlement ambulatoire de Normandie, couronné à l'Académie de Rouen. 1766, in-8.

— Mémoire sur la Pucelle d'Orléans....

— Recherches généalogiques et historiques de la noblesse de Normandie....

— Recherches généalogiques et historiques de Normandie....

TOUSTAIN DE RICHEBOURG (le vicomte Charles-Gaspard), fils du précédent, ancien officier supérieur au service de France, ancien commissaire des États de Bretagne, associé des académies de Rouen, Caen, etc., correspondant de la Société patriotique bretonne, chevalier dans la langue germanique, inspecteur de l'ordre chapitral d'ancienne noblesse, commandeur honoraire et inspecteur de l'ordre académique et militaire de Saint-Philippe; né à Pithiviers en Gatinais, le 7 juillet 1746, mort en avril 1797.

— Aventures (les) d'Alcime, roman pastoral-héroïque; suivies de l'Histoire d'Hya-

cinthe, féerie morale, et de quelques poésies fugitives. *Londres, et Paris, Valade*, 1778, in-12.
— Discours en vers sur la gloire....
— Éclaircissement à l'amiable entre la noblesse et le tiers-état. *Paris, les march. de nouv.*, 1789, in-8.
— * Essai sur l'histoire de Neustrie, ou de Normandie, depuis Jules-César jusqu'à Philippe-Auguste, suivi d'une Esquisse historique de la province, de 1204 à 1788. *Paris, Desenne*, 1789, 2 vol. in-12.
— * Essai sur l'Histoire de Normandie, par un page du roi. *Amsterdam, et Rouen, Machuel*, 1766, in-12.

Première édition de l'ouvrage précédent.

— Lettre (sa) à M. l'abbé Brisard, sur la conservation des trois ordres, et destruction de leur rivalité. *Paris, Desenne*, 1789, in-8.
— Lettre à M. Retif de la Bretonne.
— * Lettres de Théotime le philanthrope à madame la comtesse de B*** (de Beauharnais), sur quelques objets de littérature et de morale. *Londres, et Paris, Cailleau*, 1789, in-8.
— * Lettre d'un Français sur l'Histoire de France de Velly.....
— Lettre sur les affaires de l'Inde.....
— Mémoire présenté et déposé aux États de Bretagne sur les corvées et autres vues du bien public.....
— Mémoire sur l'équitation et les exercices militaires. 177.
— * Mes rêves. *Amsterdam (Bruxelles)*, 1772, in-12.
— Morale de Moïse, pour servir de suite à la Collection des moralistes anciens. *Rome, et Paris, Lamy*, 1784, in-12; 1785, in-24.
— * Morale des rois, puisée dans l'éloge du père du peuple, pour servir de suite à la Collection des moralistes, par le rédacteur de la « Morale de Moïse ». 1785, in-8.
— Note sur J.-B. Fiera.

Imprimée dans le Magasin encyclopédique, Ire année, 1795, tom. III, page 90.

— * Offrande aux Français de quelques actes de notoriété, de conservation, de prévoyance et de résignation, renfermant beaucoup de particularités intéressantes, non-seulement pour les gentilshommes de l'Europe, mais pour tous les hommes vivant en société, etc., etc. *Paris, Belin*, 1791, in-8.
— Opuscule héroïque et moral. 178..
— * Opuscule sans titre. 178., in-8.
— Opuscules concernant les titres de sa maison. *Rennes*, 1782, in-8.
— * Précis historique, moral et politique sur la noblesse française. *Amsterdam, M. Rey*, 1777, in-12.
— * Précis historique sur le comte de Lanoue de Vair, par un major de cavalerie. *Rennes*, 1782, in-8.

Réimprimé dans le Journal militaire. Paris, Valleyre, 1784, in-12, tom. Ier, pag. 361 et suiv.

— * Pro aris et focis (Mémoire ou Canevas d'un projet à proposer aux États de Bretagne pour le paiement de la corvée). *Philadelphie d'Armorique, et non d'Amérique (France)*, 1776, in-12.
— * Projet sur la suppresssion de la mendicité. 1772, in-4.
— * Réalités des figures de la Bible. *Paris, Le Clerc*, 1797, in-8.
— Réglement ou État de l'ordre de Limbourg ou du Mérite. 1784, in-8.
— Réglement ou État des chevaliers de l'ordre chapitral d'ancienne noblesse. 1784, in-8.
— * Sur les troubles d'une célèbre monarchie. 1790, in-8.
— Temple (le) de la guerre, poëme.....
— * Vie (la) du comte de Chabo, lieutenant-général des armées du roi, écrite sur ses journaux et ses correspondances militaires. *Londres, et Paris, Guillot*, 1782, in-12 de 92 pag.

On a encore du vicomte Toustain de Richebourg plusieurs morceaux de poésie, de littérature, d'histoire, de politique, lus à diverses académies, ou insérés dans plusieurs journaux, de 1776 à 1777; plusieurs Mémoires sur la culture, le commerce des dissertations, des extraits insérés dans différents journaux.

TOUSTAIN DE RICHEBOURG (le vicomte Charles-Gaspard de), colonel.
— A monsieur le chevalier Alexandre Drudes de la Tour et de Campagnolles, dont j'ai l'honneur d'être le confrère en patriotisme royaliste et chrétien comme en l'ordre royal et militaire de Saint-Louis. *Paris, Adr. Leclère; Petit*, 1819, in-8 de 32 pages.
— Idées civiques concernant quelques beautés, défauts, erreurs, errata, corrections, théories et pratiques de plusieurs États; coïncidences, productions, circonstances, opérations, et de quelques principes, essais ou systèmes, tant accueillis que repoussés, tant admis que rejetés,

dans plusieurs États et gouvernements représentatifs, et dans plusieurs chambres. *Au Havre, Chapelle*, 1832, in-8 de 36 pages.

— Livre nouveau. *Paris, Adr. Leclère; Petit; et Rouen, Mari*, 1818, in-8 de 32 pages.

— Scie d'Harfleur, extrait d'une réponse du colonel vicomte de Toustain de Richebourg, à la question de plusieurs de ses concitoyens du Hâvre et d'Harfleur. *Le Hâvre, de l'impr. de Faure*, 1824, in-8 de 24 pages.

— * Sur la scie d'Harfleur. *Au Havre, de l'impr. de Faure*, 1825, in-8 de 32 pages.

— * Vues d'un Français sur les preuves de noblesse, et, par occasion, sur divers objets religieux, politiques, moraux, civils et militaires, tels que le clergé, les deux chambres, la force armée, quelques livres, variétés, etc., avec deux épigraphes tirées de l'Écriture sainte, selon le latin de la vulgate. *Paris, Adr. Leclère; Petit; et Rouen, Frère; Renault*, 1816, in-8 de 320 pag., 4 fr.—Éclaircissements, corrections et table du livre précédent. *Paris, et Rouen, les mêmes*, 1817, in-8 de 64 pag.

TOUTAIN (l'abbé), prêtre, docteur en médecine.

— Discours sur les droits de la royauté et sur les prérogatives des monarques établies par la raison et la religion, et sur les funestes causes et les affreux résultats de la révolte des sujets contre leurs princes légitimes. *Rouen, de l'impr. de Périaux père*, 1823, in-8 de 24 pag.

TOUTANT DES GUIBERTS.—Voyageur (le) véridique. 1754, in-12.

TOUVENOT, bibliothécaire de l'ordre des avocats.

— * Catalogue des livres de la bibliothèque de MM. les avocats au parlement de Paris (vers 1788), 2 vol. in-8, avec la table des auteurs.

L'impression de ce Catalogue se terminait probablement au commencement de la Révolution de 1789. On n'a pas eu le temps d'imprimer le frontispice.

Un avertissement de douze pages contient l'histoire de la bibliothèque, qui était très-bien composée, et le détail des soins qui ont été donnés à l'impression de ce Catalogue par M. Touvenot, successeur de M. Drouet, et par MM. de Varicourt et Beaucousin, anciens avocats.

La bibliothèque actuelle de la Cour de cassation contient une grande partie de l'ancienne bibliothèque des avocats. *Barb.*

TOUZAC (de), alors ingénieur géographe du roi.

— Traité de la défense intérieure et extérieure des redoutes, avec la méthode de les construire, tant en plaine qu'au sommet et au pied des montagnes; enfin entre le sommet et le pied des montagnes, et dans les vallons. *Paris, Hérissant*, 1762, in-8, fig. — Nouv. édit. *Paris, Jombert*, 1777, 1785, in-8 avec 5 planches.

TOUZET. — Clytemnestre, tragédie en cinq actes et en vers. *Paris, Le Normant*; 1806; ou *Paris, Kœnig*, 1809, in-8.

TOUZET, D. M. — Essai sur l'inspiration de l'oxygène, considérée comme préservatif et curatif du choléra-morbus et de quelques autres maladies. *Paris, Béchet jeune; l'Auteur*, 1832, in-8 de 64 pag.

TOVAZZI (Déodati de). Voy. Déodati de T.

TOWNLAY ou TOWNLEY (Jean), officier au service de France; né à Townley, en 1697, mort en 1782.

— Hudibras, poëme, écrit dans le temps des troubles d'Angleterre, trad. en vers français. (1757). Voy. Butler.

TOWNLEY (le rév. James). — Salon (le) dans la cuisine. (High life below stairs). Farce en deux actes, trad. de l'angl., avec le texte en regard. *Paris, Lance*, 1834, in-18, 1 fr. 50 c.

Cette pièce fait partie du Robertson's English theatre.

TOWNSEND (Joseph), alors recteur de Powsey et With.

— Voyage en Espagne, fait dans les années 1786 et 1787, contenant la description des mœurs et usages des peuples de ce pays; le tableau de l'agriculture, du commerce, des manufactures, de la population, des taxes et revenus de cette contrée, et de ses diverses institutions; trad. de l'angl. sur la deuxième édition, par J.-P. Pictet-Mallet, de Genève, avec Atlas in-8 de 22 planches. *Paris, Dentu*, 1809, 3 vol. in-8, et Atlas, 30 fr.; et sur pap. vélin, 60 fr.

TOWNSON (Robert). — Voyage en Hongrie, fait en 1797; précédé d'une Description de la ville de Vienne et des jardins impériaux de Schœnbrun. Trad. de l'angl. par A. de Cantwell (et Théoph. Mandar). *Paris*, *Poignée*, 1799, ou *Paris*, *Dentu*, 1803, 3 vol. in-8, accompagnés de la carte générale de la Hongrie et de 18 planches, 15 fr., et sur pap. vélin, 24 fr.

TOZETTI (le doct. Jean Targioni).
— Voyage minéralogique, philosophique et historique en Toscane, pendant l'automne de l'année 1742; traduit de l'italien. *Paris*, *La Villette*, 1791, 2 vol. in-8, 8 fr. — Autre édition. 1802, 2 vol. in-8.

La première partie de cet ouvrage contient la description des collines et des montagnes de Pise; et la seconde, celle des collines et des montagnes du territoire de Volterra.

TRABAUD, maître de mathématiques; né à Calian, diocèse de Fréjus.
— Abrégé des Principes sur le mouvement et l'équilibre. 1744, in-8, 4 à 5 fr.
— Mouvement (le) de la lumière, ou premiers Principes d'optique. *Paris*, 1753, in-8, avec planches, 4 à 5 fr.
— Mouvement (le) des corps célestes. In-8.
— Mouvement (le) des corps terrestres, considéré dans les machines et dans les corps naturels. *Paris*, 1753, in-8, 4 à 5 fr.
— * Principes sur le mouvement et l'équilibre. *Paris*, 1741, 2 vol. in-4.

Le nom de l'auteur se trouve en tête de l'édition abrégée, de Paris, 1744, in-8.

— Principes sur le mouvement et l'équilibre, pour servir d'introduction au mécanisme et à la physique. *Paris*, 1741, in-4.
— Édition revue et augm. *Paris*, *Desaint*, 1743, in-8.
— Traité élémentaire de géométrie astronomique, naturelle et politique. In-8, avec tabl., 5 à 6 fr.

TRABCZYNSKI (l'abbé). — Grammaire de la langue polonaise, à l'usage des Français. 1778, in-8.

TRABOUILLET (l'abbé), chanoine de Meaux. Voy. le P. Simplicien.

TRACY (Bernard Destutt de), théatin; né au château de Parai-le-Frési, à quatre lieues de Moulins, en Bourbonnais, le 25 août 1720, mort à Paris, le 14 août 1786.
— Conférences, ou Exhortations à l'usage des maisons religieuses. *Paris*, *Tillard*, 1765, in-12 de 500 pag. — Sec. édition. *Paris*, *Ch.-P. Berton*, 1784, in-12 de 465 pag.
— Conférences, ou Exhortations sur les devoirs des ecclésiastiques. *Paris*, *Ch.-P. Berton*, 1768, in-12.
— Panégyrique de la baronne de Chantal. 1753.
— Remarques sur l'établissement des Théatins en France, etc. 1755.
— Remarques sur les constitutions et statuts de la congrégation des clercs réguliers théatins. 1756.
— Retraite (nouv.) à l'usage de toutes les communautés religieuses. 1782, in-12.
— Traité des devoirs de la vie chrétienne, dédié à M. le Dauphin. *Paris*, *Tilliard*, 1770, 2 vol. in-12.
— Vie de saint Bruno, fondateur des Chartreux, avec diverses remarques sur le même ordre. *Paris*, *Ch.-P. Berton*, 1786, in-12.
— Vie de saint Gaëtan de Thienne, instituteur des Théatins et des autres saints de la même congrégation, avec des remarques historiques sur l'établissement des Théatins en France. *Paris*, *Lottin*, 1774, in-12.

TRACY (le comte Ant.-L.-Cl. Destutt de). Voy. Destutt de T.

TRACY (Victor), député de l'Allier.
— Discours (son) dans la discussion du budget des affaires étrangères, prononcé dans la séance du 9 juin 1829. *Paris*, *de l'impr. de Lachevardière*, 1829, in-8 de 16 pages.
— Discours (son) dans la séance du mardi 12 avril 1831, contre l'art. 81 de la loi électorale. *Paris*, *de l'impr. de Duverger*, 1831, in-8 de 8 pag.

TRAIT (l'abbé). — * Histoire de la réunion de la Bretagne à la France, où l'on trouve des anecdotes sur la princesse Anne, fille de François II, dernier roi de Bretagne, épouse des rois Charles VIII et Louis XII. *Paris*, *Durand*, 1764, 2 vol. in-12.

TRAITTEUR (le chev. G. de), colonel du corps des ingénieurs à Saint-Pétersbourg.
— Collection de plans et vues perspectives des nouveaux ponts projetés et construits sur la nouvelle chaussée de Moscou, pen-

dant les années 1821 et 1822. *Saint-Pétersbourg*, 1829, gr. in-fol. sur pap. vélin, avec 12 planches lithographiées, 52 fr.

— Plans, profils, vues perspectives et détails du pont de bateaux de Saint-Isaac, exécuté sur la grande Neva, à Saint-Pétersbourg, en 1820, d'après les projets du lieutenant-général A. de Bétancourt. *Saint-Pétersbourg*, 1829, gr. in-fol. de 8 pl. lithogr. sur pap. vélin, 18 fr.

TRAJAN (l'empereur). Voy. PLINE le jeune.

TRALAGE (J.-Nic. de). Voy. C.-L. THIBOUST.

TRALLES. — Pensées sur l'existence et sur l'immatérialité de l'âme. *Vienne*, 1776, in-8.

TREMBLAY (Louis), ou TREMBLAY. Voy. TREMBLAY.

TRAMBLY, de Mâcon. — * Œnologie (l'), poëme didactique en quatre chants, par M. T...., de Mâcon. *Châlons-sur-Saône*, 1820, in-12.

TRANBLAY (P.-F.). — Art (l') égyptien, considéré dans toutes ses productions, temples, palais, colonnes, obélisques, colosses, statues, figurines, pierres gravées, peintures et manuscrits, réduits géométriquement; publiés d'après les recherches des voyageurs, les monuments originaux, ou des dessins inédits. *Paris*, *l'Auteur*; *F. Didot*, 1833-35, in-fol.

Cet ouvrage avait été promis en six livraisons; mais il n'en a paru que trois, composées chacune de 6 planches. Prix de la livraison, sur pap. fin, 20 fr., et sur pap. vélin, 30 fr.

TRANCHANT DE LAVERNE (Léger-Marie-Philippe), anc. officier de dragons; né en Franche-Comté, mort à Paris, le 26 avril 1815.

— Annibal fugitif, roman historique. *Paris*, *Léopold Collin*, 1808, 2 vol. in-12, 3 fr.

— Art (l') militaire chez les nations les plus célèbres de l'antiquité et des temps modernes, analysé et comparé; ou Recherche de la vraie théorie de la guerre et des principes essentiels de l'institution militaire. *Paris*, *Cordier et Legras*, 1805, in-8, 5 fr.

— Calomniateur (le), drame en quatre actes, et en prose, travaillé sur la pièce allemande du prés. KOTZEBUE. *Paris*, *Hugelet*, an X (1802), in-8.

— Dissipateur (le), drame en quatre actes et en prose, imité de l'allemand, de KOTZEBUE. *Paris*, *Hugelet*, an X (1802), in-8.

— * Esprit du système de guerre moderne, trad. de l'allem. (1803). Voy. H.-G. de BULOW.

— * Grotte (la) de Westbury, ou Matilde et Valcourt. *Paris*, *Xhrouet*, 1809, 2 vol. in-12.

L'auteur donne ce roman comme une traduction de l'anglais par madame de Cérenville, traductrice des Barons de Fleming; de Walther de Monbarry, de Potemkin, etc., etc. *Barb.*

— Histoire du feld-maréchal Souwaroff, liée à celle de son temps, avec des considérations sur les principaux événements politiques et militaires auxquels la Russie a pris part pendant le XVIIIe siècle. *Paris*, *Desenne*, 1809, in-8, 6 fr.

—Lettre à M. Charles Villers, relativement à son « Essai sur l'esprit et l'influence de la Réformation de Luther », qui a été couronné dans la séance publique de l'Institut national.... *Paris*, *Henrichs*, an XII (1804), in-8, 1 fr. 25 c.

— Traité de la grande tactique prussienne, etc., trad. de l'allem. (1808). Voy. C.-F. de LINDENAU.

— Vie du prince Potemkin, feld-maréchal au service de Russie, sous le règne de Catherine II, rédigée d'après les meilleurs ouvrages français et allemands, qui ont paru sur la Russie à cette époque. *Paris*, *Nicolle*, 1808, in-8.

Réimprimée dans la même année. Barbier présente cet ouvrage comme étant de madame de Cérenville, morte en 1808, mais revu et publié par Tranchant de Laverne.

— Voyage d'un observateur de la nature et de l'homme dans les montagnes du canton de Fribourg, et dans diverses parties du pays de Vaud, en 1793. *Paris*, *Levrault*, *Schœll et comp^e*, an XII (1804), in-8, 3 fr. 50 c.

On lui doit encore : *Théorie de la pure religion morale, considérée dans ses rapports avec le pur christianisme, par Ph.-M. Kant, ouvrage trad. de l'allemand, et augmenté d'éclaircissements et de considérations générales sur la philosophie critique*, insérée dans le Conservateur, tome II, page 92—226, sous le pseudonyme de Huldiger.

Il a laissé une *Histoire générale de l'art militaire moderne en Europe, depuis le seizième siècle, ou depuis l'introduction des armes à feu dans les armées jusqu'à nos jours* : il était à la veille d'en publier la première partie lorsque la mort l'a enlevé.

La traduction de la « Vie du comte de Munich », qui a été attribuée à Laverne, est de Bourgoing.

Beuch.

TRANCHARD (A.-B.), anc. avocat alors notaire royal à Charly-sur-Marne.,

— Coup-d'œil de finances de 311 millions 125 mille francs, ou Exposé de la situation actuelle du notariat, de l'arpentage et de l'enregistrement au fisc, à l'intérêt général et à celui des familles, et vues susceptibles d'amélioration dont ces parties de l'administration publique sont susceptibles. N° Ier. *Paris*, *Dondey-Dupré*, 1818, in-4 de 56 pag.

TRANCHÈRE DE CHATEAUNEUF.

—Quelques (de) monuments qui existent, et des travaux publics qui s'exécutent dans le département de la Gironde. *Bordeaux, de l'impr. de Brossier,* 1829, in-8 de 48 pages.

TRANNOY (Pierre-Amable-Jean-Baptiste), médecin; né à Amiens, en 1772, successivement chirurgien-major d'un bataillon de réquisitionnaires de sa ville natale; chirurgien en second de l'Hôtel-Dieu d'Amiens; professeur d'histoire naturelle à l'école centrale de la Somme, chaire qu'il occupa avec distinction jusqu'à la suppression de cette école; docteur en médecine de la Faculté de Paris; professeur de l'école communale de botanique d'Amiens, médecin des épidémies pour les arrondissements d'Amiens et de Dourlens, en 1814.

— Catalogue de botanique, suivant le système de Linné....

— Notice historique sur le jardin de botanique de l'école communale d'Amiens....

— Sur le pronostic des affections sympathiques de l'œil dans les maladies aiguës....

Thèse pour le doctorat de l'auteur, et qui lui attira tous les suffrages.

— Tableau synoptique de l'organe des plantes. In-8.

Ce travail est estimé des savants : l'auteur, par cette publication, jeta les bases d'une nouvelle classification générique qu'il s'était proposé de publier plus tard.

Traité élémentaire des maladies épidémiques ou populaires. *Amiens*, *Ledien Canda*, 1819, in-8, avec pl., 10 fr.

Cette production, fruit de l'observation, de l'étude, et d'une sage pratique, fut mentionnée honorablement dans plusieurs journaux de médecine et dans divers procès-verbaux de sociétés savantes, et valut successivement à l'auteur le titre de membre associé du Comité médical, de l'Athénée de médecine, de la Société de médecine pratique, de la Faculté royale académique des sciences de Paris, et des sociétés royales de Lyon et de Bordeaux.

En qualité de médecin des pauvres, M. Trannoy a inséré, dans les journaux, diverses observations accueillies avec intérêt, et surtout celle où, par des expériences sur les animaux, il démontra que l sucre n'était pas l'antidote de l'empoisonnement par le vert-de-gris, comme l'avait avancé M. Gallet.

Enfin le docteur Trannoy est auteur d'un Mémoire en réponse à ces questions, proposées par l'Académie des sciences, arts et belles-lettres de Rouen : « Est-il prouvé par des observations exactes qu'il existe des fièvres par infection, sans cependant être contagieuses ? en admettant l'existence de ces fièvres, quelles sont les principales causes qui donnent lieu à leur développement et à leur propagation ? Quels sont les moyens propres à les prévenir, ou en arrêter les progrès ? « Ce Mémoire a fixé l'attention des médecins observateurs, qui reconnaissent que les fièvres les plus simples, par suite de la malpropreté, l'encombrement des malades dans des endroits où l'air circule peu, produisent des symptôme d'adynamie et d'ataxie d'où résultent des émanations morbifiques. M. Trannoy, guidé par un zèle louable, rédige en chef, depuis 1820, dans le Journal de la Somme, un bulletin qui présente chaque mois la concordance de l'état atmosphérique avec les maladies qui se sont manifestées le mois précédent à Amiens et aux environs. Ces bulletins sont justement appréciés, et ont obtenu les éloges des plus célèbres médecins du royaume.

TRANQUILLE (le P.), capucin. Voy. OSMONT DU SELLIER.

TRANSÉE (Joach. de), pseud. Voy. Bog.-Phil. CHEMNITZ.

TRANSON (Abel), ancien élève de l'École polytechnique, et ancien saint-simonien.

— Religion saint-simonienne. Affranchissement des femmes. Prédications du 1er janvier 1832. *Paris, rue Monsigny, n.* 6, 1832, in-8 de 12 pag.

— Simple écrit d'Abel Transon aux saints-simoniens. *Paris, de l'impr. d'Éverat*, 1832, in-8 de 32 pag.

Explique la cause de sa séparation d'avec le père Enfantin.

— Théorie sociétaire de Charles Fourier, ou Art d'établir en tous pays des associations domestiques-agricoles de quatre à cinq cents personnes : Exposition succincte. *Paris, au bureau du Phalanstère*, 1832, in-8 de 64 pag.

Extrait de la Revue encyclopédique.

TRANT (Patrice), docteur en médecine de la Faculté de Paris, membre de l'Académie des sciences; mort en 1736.

Trant a traduit en français : Connubia florum latino carmine demonstrata. (1728). Voy. DE LACROIX.

TRAPANI (Domingo-Gian), professeur de langue espagnole.

— Alger tel qu'il est, ou Tableau statistique, moral et politique de cette régence. *Paris, Fayolle*, 1830, in-8 de 108 pag., et une planche, 3 fr.

— Dictionnaire (nouv.) français-espagnol et espagnol-français, avec la nouvelle orthographe de l'académie espagnole, rédigé d'après Gattel, Capmany, Nunez de Taboada, Boiste, Laveaux, etc.; augm. de mots nouveaux, définitions et acceptions recueillis dans les écrivains français et espagnols les plus estimés, et omis par les dictionnaires faits jusqu'à ce jour; suivi d'un Dictionnaire géographique, établi d'après la division actuelle du globe. *Paris, A. Thoisnier-Desplaces; H. Seguin*, 1826, 2 vol. in-8, 30 fr.

Avec M. de Rosily, et revu par M. Ch. Nodier, qui est l'auteur de la préface.

— Dictionnaire français-espagnol et espagnol-français, composé sur le Dictionnaire de l'Académie et les meilleurs. Édition diamant. *Paris, Baudry*, 1838, in-32, 6 fr.

TRAPPÉ (le baron de), membre associé de la Société littéraire de Bruxelles.

— Essais littéraires. *Bruxelles, de l'impr. d'Ad. Stapleaux*, 1806, in-12 de 272 pag.

— Suite d'Essais littéraires. *Paris, de l'impr. du même*, 1806, in-12 de 263 pag.

Le premier volume renferme de courts essais en tous genres, et, entre autres, une pièce en vers intitulée: *Essai sur la Saint-Barthélemy* (pag. 25—30). Le second volume est composé: 1° d'un *Essai sur la Fronde*, poëme en trois chants et en vers; 2° d'*Agénor et Zélie*, essai dramatique en trois actes et en prose; 3° de *la Tapisserie de Matilde* (nouvelle); 4° de *Pélage, ou la Monarchie espagnole* (nouvelle); 5° enfin, de *Mélanges* (en prose et en vers).

— Productions diverses, mises en ordre, etc. *Liége*, 1819, 3 vol. in-12, 6 fr.

Ces trois volumes, selon toute vraisemblance, se composent de la réunion des *Essais* et des *Variétés* de l'auteur.

— * Réponse aux doutes d'un philosophe, par M. de T..... *Namur, Gérard*, 1824, br. in-8.

— Variétés en prose et en vers. *Bruxelles, de l'impr. d'Ad. Stapleaux*, 1808, in-12 de III et 191 pag.

Parmi les pièces en vers renfermées dans ce volume, on remarque plusieurs imitations d'Homère, de Virgile, de Milton, etc. Les morceaux en prose qui terminent le volume ont, pour la plupart, la philosophie et la morale pour objet, et, entre autres, sur le deuil, la liberté de la presse, la religion naturelle, des pensées; on y trouve aussi un espèce de poëme en prose, intitulé: *Jérusalem rebâtie*; une nouvelle (en lettres) qui a pour titre: Amélie, ou les Dangers d'un premier amour.

TRASTOURS, ancien élève de l'École normale.

— Algèbre (l') enseignée en seize leçons. *Paris, au Palais-Royal; Audin*, 1826, in-12, 2 fr. 50 c.

TRAULLÉ, officier supérieur en retraite, membre de la Société des sciences naturelles.

Cité comme écrivain par M. Guyot de Fère, dans sa Statistique des gens de lettres; nous ne connaissons pourtant aucun ouvrage de M. Traullé, à moins qu'il n'ait fourni des Mémoires au recueil de la Société dont il est membre.

TRAUNPAUR (Alphonse-Henry), chevalier d'ORPHANIE, anc. capitaine au service d'Autriche, membre de plusieurs sociétés de Vienne; né à Bruxelles, en 1734.

— * Délassements d'un vétéran des armées autrichiennes. *Vienne*, 1784, 3 vol. in-8.

Recueil qui comprend, indépendamment des cinq opuscules que l'auteur avait publiés antérieurement une pièce intitulée: *le Portefeuille perdu d'un prince, qui en avait grand besoin*, et plusieurs autres morceaux.

— * Épître d'un Maroquin à sa belle, pendant son séjour à Vienne. (En vers). *Vienne*, 1784, in-8.

— * Épître en vers au prince Ypsilandi, hospodar de la Moldavie. *Vienne*, 1788, in-8.

Cet opuscule, imprimé postérieurement après les *Délassements* de l'auteur, est le seul de ceux que nous citons ici qui n'y ait pas été inséré.

— Essais poétiques d'un ancien militaire. *Vienne*, 1783, in-8.

Publiés sous le nom de Paturneau, anagramme du nom de l'auteur.

— * Excursion à Esterhaz, et Description de ce Versailles de la Hongrie; pièce mêlée en prose et en vers. *Vienne*, 1784, in-8.

— * Ombre (l') de Palingène aux trois quarts de ses amis. *Vienne*, 1785, in-8.

— * Palais (le) du prince Auersperg à Vienne, et le Temple de Flore qu'on y voit. (En prose). *Vienne*, 1784, in-8.

— * Tribut en vers au prince de Salm. *Vienne*, 1784, in-8.

Traunpaur avait composé un *Dictionnaire militaire, historique, étymologique, chronologique et critique*, à l'usage des jeunes officiers, qu'il songeait à faire imprimer; mais la censure de Vienne n'ayant pas voulu laisser passer les articles *discipline militaire* et *subordination*, découragé, il jeta tout son manuscrit au feu. Quelques extraits en ont pourtant été traduits en allemand, et imprimés dans la Wiener Realzeitung der Künste und Wissenschaften, en 1773 et 1774.

Cet écrivain a aussi publié quelques ouvrages en allemand, et, entre autres, une traduction du

Grondeur, comédie de Palaprat (Presbourg, 1768, in-8), et trente-six Lettres sur la Gallice, ou Remarques d'un homme impartial qui n'a séjourné qu'une couple de mois dans ce royaume (Vienne et Leipzig, 1787, in-8). (MEUSEL, Allemagne savante).

TRAUTMANSDORF (le comte de). — Fragments pour servir à l'histoire des événements qui se sont passés aux Pays-Bas depuis la fin de 1787 jusqu'en 1789. *Amsterdam, Gabr. Dufour*, 1792, in-8.

TRAUTMANSDORF (Thadée de). — Tolérance (de la) ecclésiastique et civile, ouvrage traduit du latin (par PAON SAINT-SIMON). *Paris*, 1796, in-8.

TRAVANEC (madame de). — Premier recueil de romances et chansons. Paroles et musique. 1796.

TRAVAULT l'aîné. — Maître André, ou le Perruquier auteur tragique, vaudeville en un acte (en prose). *Paris, Fages*, 1805, in-8.

Avec M. L. Leconte.

TRAVENOL (Louis), de Paris.
— Arrêt du conseil d'État d'Apollon, rendu en faveur de l'orchestre de l'Opéra, contre le nommé J.-J. Rousseau, copiste de musique, etc. *Paris*, 1754, in-12.

Contre la Lettre sur la musique française, par J.-J. Rousseau. 1753, in-8.

— Catéchisme des Francs-Maçons, dédié au beau sexe. *Jérusalem, et Limoges, P. Mortier*, 5440, depuis le déluge (1740), pet. in-12.

Publié sous le pseudonyme de Léonard Gabanon.
Cet ouvrage a obtenu d'autres éditions sous les titres suivants :
1° Désolation (la) des entrepreneurs modernes du temple de Jérusalem, ou le nouveau Catéchisme des francs-maçons, dédié au beau sexe, par Léon. Gabanon. Jérusalem, P. Mortier, 5440 depuis le déluge (1744), gr. in-12.
2° Nouveau Catéchisme des francs-maçons, dédié au beau sexe. IIIe édition. Jérusalem, P. Mortier, 5440 depuis le déluge (vers 1748), in-12.

— * Entrepreneurs (les) entrepris, ou Complainte d'un musicien opprimé par ses camarades, en vers et en prose. 1758, in-8.
— * Épître chagrine du chevalier Pompon à la Babiole contre le bon goût, ou Apologie de Sémiramis, tragédie de M. de Voltaire. 1748, in-12 de 24 pag.
— * Étrennes salutaires aux riches voluptueux et aux dévots trop économes. *Amsterdam, et Paris, Dufour*, 1766, in-8.
— * Galerie (la) de l'Académie royale de musique, contenant les portraits en vers des principaux sujets qui la composent en la présente année 1754, dédiée à J.-J. Rousseau, de Genève. *Paris*, 1754, in-8.
— Histoire du théâtre de l'Opéra en France, depuis son établissement jusqu'à présent (compilée par Travenol, et publ. par Durey de Noinville). *Paris, Duchesne*, 1753, in-8. — Sec. édit., sous le titre d'Histoire de l'Académie roy. de musique. 1757, 2 vol. in-8.
— * Lettre critique de M. le chevalier *** à l'auteur du « Catéchisme des Francs-Maçons », avec un brevet de calotte accordé en faveur de tous les zélés membres de leur société. *Tyr, Marcel Louveteau, rue de l'Échelle, à l'Étoile flamboyante, avec privilège du roi Hiram*, in-12 de 38 pages.
— * Œuvres mêlées du sieur ***, ouvrage en vers et en prose, etc. *Amsterdam*, 1775, in-8.
— * Requête en vers d'un auteur de l'Opéra, au prévôt des marchands. 1758, in-12.
— * Voltairiana, ou Éloges amphigouriques de Fr.-M. Arouet de Voltaire (recueil satirique, publ. par Travenol et Mannory). *Paris*, 1748, in-8.

TRAVERS (l'abbé Nicolas), savant théologien et historien ; né à Nantes, en 1686, mort en octobre 1750.
— Catalogue des princes et comtes, seigneurs de Nantes, depuis les Romains jusqu'en 1750, avec la date de l'entrée de plusieurs de ces princes dans ladite église de Nantes. *Nantes, Verger*, 1750, in-12.
— * Consultation sur la juridiction et approbation nécessaires pour confesser. 1734, in-4.

L'auteur publia en 1736 une Défense de cette Consultation contre un mandement de l'archevêque Languet, contre un ouvrage du père Bernard d'Arras, et contre la censure de quatre-vingt-six docteurs de Paris.

— * Dissertation sur les monnaies de Bretagne, par un prêtre du diocèse de Nantes. *Nantes* (vers 1750), in-8.
— Dissertation sur Volianus ou Bouljanus, divinité des Namnetes. *Nantes*, 1723.

Imprimée aussi dans les Mémoires de littérature et d'histoire du P. Desmolets, en 1738, tome V.

— Histoire abrégée des évêques de Nantes, où les faits les plus singuliers de l'histoire de l'Église, de la ville et du comté de Nantes, sont rapportés.

Imprimée dans le tome VIII des Mémoires de littérature et d'histoire du P. Desmolets.

— Histoire civile, politique et religieuse de la ville et du comté de Nantes, imprimée pour la première fois sur le manuscrit original appartenant à la Bibliothèque publique de la ville de Nantes, sous la direction de M. Aug. SAVAGNER. *Nantes, Forest; Paris, Pezron*, 1836 et ann. suiv., 3 vol. in-4.

Ces trois volumes ont été promis en quarante-deux livraisons, à 1 fr. 25 c. Dix-neuf livraisons paraissaient en 1838. Les quinze premières forment le premier volume.

— * Pouvoirs (les) légitimes du premier et du second ordre dans l'administration des sacrements. *En France*, 1744, in-4.

Cette consultation fut encore censurée par la faculté de théologie de Nantes, et la censure imprimée chez Querro.

— Vie de Litoin, curé de Saint-Saturnin de Nantes. 1729, in-12.

M. Miorcec de Kerdanet, dans ses « Notices sur les écrivains de la Bretagne », cite encore de l'abbé Travers : *Codex Ecclesiæ nannetensis; Acta ecclesiæ nannetensis; Spicilegium nannetense; Synodium nannetense.*

La Bibliothèque publique de Nantes possède le manuscrit d'un ouvrage important de l'abbé Travers : c'est un *Traité des conciles de la métropole de Tours*, formant 5 vol. in-fol.

TRAVERS (Benjamin), chirurgien de l'hôpital Saint-Thomas de Londres, et membre de la Société médico-chirurgicale.

— OEuvres chirurgicales d'Astley COOPER, président de la Société médico-chirurgicale de Londres, et chirurgien de l'hôpital de Guy; et de Benj. TRAVERS... Traduites de l'angl. sur la deuxième édition, par G. BERTRAND. *Paris, madame Seignot*, 1822, 3 vol. in-8, avec 22 planches gravées, 14 fr.

TRAVERS (Charles). — Lettre à M. Casimir Périer, ministre secrétaire d'État au département de l'intérieur, président du conseil, sur le cri de « Vive la république! » *Paris, de l'impr. de Le Normant fils*, 1831, in-8 de 24 pag.

— Preuves de la simplicité de la grammaire anglaise. *Paris, de l'impr. de Le Normant fils*, 1833, in-8 de 28 pages.

TRAVERS (Julien). — Avenir (de l') de la littérature française. *Falaise, de l'impr. de Brée*, 1837, in-8 de 96 pag., 3 fr.

— Deuil. Poésies dédiées à la mémoire de Pélagie Castel du Boulay. *Falaise, de l'impr. de Brée l'aîné*, 1837, in-18.

Feue Pélagie Castel du Boulay était la femme de l'auteur.

— Dionysii Catonis disticha de moribus ad filium, in gallicos versus translata, quibus accessit, ad explanandas questiones, de auctore et ejus doctrina morali dissertatio. *Falaise, de l'impr. de Brée*, 1837, in-8 de 68 pag., 3 fr.

Thèse.

— Vaux (les) de Vire édits et inédits d'Olivier BASSELIN et de Jean LEHOUX, poëtes virois, avec un discours préliminaire, choix de notes et variantes des précédents éditeurs, notes nouvelles et glossaire. *Paris, Lance*, 1833, in-18, 3 fr.

TRAVERS (A. de). — Juive (la) de Pantin, folie-vaudeville en un acte et en vers, imitée d'un opéra très-sérieux. *Lyon, Gabr. Rossary*, 1836, in-8.

TRAVERS D'ORTEINSTEIN, ou TRAVERSE (le baron Jean-Victor), brigadier des armées du roi de France, capitaine au régiment des gardes suisses; né dans le pays des Grisons, mort à Paris, le 3 septembre 1776.

— Étude militaire, pour servir d'introduction méthodique à l'Art de la guerre. Nouv. édition. *Paris*, 1758, in-12. — Supplément à cet ouvrage. *Ibid.*, 1758, in-12.

— Extrait du Traité de l'art de la Guerre, de M. le maréchal de PUYSÉGUR, avec des observations et des réflexions. *Bâle*, 1755, 2 vol. in-12.

— Plan et élévation du projet de la nouvelle église de Sainte-Geneviève de Paris, sur les dessins de M. Soufflot. 1758, in-4.

— Plan général de l'église de Sainte-Geneviève et de ses environs, sur les dessins de M. Souflot. 1758, in-4.

TRAVERSAY (de). — Astronomie mise à la portée de tout le monde. 1792, in-8, fig.

— Éléments de minéralogie, suivant la méthode de Daubenton. 1800, in-8.

TRAVERSIER (Jean-Claude), né à Paris, le 27 novembre 1742.

— Enfant (l') roi et l'enfant sujet, stances à l'occasion de la naissance du roi de Rome. *Paris, de l'impr. de Poulet*, 1811, in-4.

— Lucinde à Dorilas, épître en vers.
— Panthée, tragédie en cinq actes et en vers. *Amsterdam, et Paris, Dufour*, 1766, in-8.
— Soldat (le) venu à propos, drame en vers libres, avec un prologue, représenté en 1765 au collége royal de la Flèche.
— Triomphe (le) de Mathurin, opéra comique, joué en société.

Il a fait quelques autres pièces de théâtre, qui ne paraissent pas avoir été imprimées.

TRAVIÈS (Édouard). — Galerie ornithologique (1836). Voy. Alcide d'ORBIGNY.

TRAYTORRENS. — * Traduction libre (en vers) d'un manuscrit trouvé entre Corcelles et Payerne. Br. in-8.

TRÉBONIUS RUFINUS, sénateur, ancien duumvir de la ville de Vienne (Isère) sous les Romains. Voy. MERMET aîné.

TRÉBOUL (J.-B.-N.-R.), architecte. — Mémoire sur les avantages de l'emploi du mastic bitumineux, ou goudron minéral. *Dijon, Noellat*, 1823, in-8 de 40 pag., 75 c.

TRÉBRA (de). — Observations sur l'intérieur des montagnes, trad. de l'allemand de TREBRA, avec un Plan de minéralogie de M. de WELTHEIM, un discours et des notes de M. le baron Fréd. de DIETRICH. *Paris, de l'impr. de Monsieur*, 1787, in-fol., orné de belles cartes et de figures coloriées, 30 à 36 fr.

Le traducteur a mis en tête de cet ouvrage, auquel il a joint un savant commentaire, une longue préface, qui est remplie de vues neuves sur la géographie physique, et la traduction d'un plan d'une histoire générale de la minéralogie de Weltheim.

TRÉBUCHET, ancien officier de la reine, et membre de l'Acad. d'Auxerre, sa patrie.
— Lettre à messieurs les auteurs du Journal des savants, sur le passage de Vénus. *Bouillon*, 1763, in-12.
— * Lettre à M. Mercier (abbé de Saint-Léger), bibliothécaire de Sainte-Geneviève. 1765, in-12.
— * Lettre d'un ancien officier de la reine, à tous les Français, sur les spectacles. *Sans nom de ville, ni d'imprimeur*, 1759, in-12.
— Supplément à la page 15 de la préface de l'Astronomie de la Lande. 1765, in-12.

TREBUCHET (Anne-Marie-Joseph), chef du secrétariat-général de la préfecture de la Loire-Inférieure, anc. préfet en Espagne; né en 1780 à Nantes, où il est mort en 1828.
— * Notice sur Anne de Bretagne, reine de France. *Nantes, de l'impr. de Mellinet-Malassis*, 1822, in-4 de 24 pag., plus un feuillet, sur l'un des côtés duquel le *fac simile* gravé en bois, de seize signatures (de 1397 à 1470).

Opuscule réimprimé avec le nom de l'auteur sous le titre suivant :

Anne de Bretagne, reine de Bretagne, avec des notes sur plusieurs monuments de Nantes et de la Bretagne. Nantes, de l'impr. de Mellinet-Malassis, 1822, in-8 de 80 pages.

Dans cette dernière édition, les fac-simile sont placés dans le corps de l'ouvrage.

Trebuchet a fourni un certain nombre d'articles au « Lycée armoricain », qui paraissait à Nantes : il a laissé plusieurs travaux importants sur la localité de sa patrie.

TREBUCHET (Adolphe), fils du précédent, avocat, chef du bureau des établissements sanitaires à la préfecture de police de Paris, et membre du conseil de salubrité; né à Nantes, le 11 décembre 1801.
— Code administratif des établissements dangereux, insalubres ou incommodes. *Paris, Béchet*, 1832, in-8, 5 fr.
— Dictionnaire (nouv.) de police, ou Recueil analytique et raisonné des lois, ordonnances, règlements et instructions concernant la police judiciaire et administrative de France; précédé d'une Introduction historique sur la police, depuis son origine jusqu'à nos jours. *Paris, Béchet jeune*, 1834-35, 2 vol. in-8, 14 fr.

Avec MM. Elouin, anc. magistrat, et E. Labat, archiviste de la préfecture de police.

— Jurisprudence de la médecine, de la chirurgie et de la pharmacie en France, comprenant la médecine légale, la police médicale, la responsabilité des médecins, chirurgiens, pharmaciens, etc., l'exposé et la discussion des lois, ordonnances, règlements et instructions concernant l'art de guérir, appuyée des jugements des cours et tribunaux. *Paris, J.-B. Baillière*, 1834, un fort vol. in-8, 9 fr.

Avec M. Labat.

M. A. Trébuchet est aussi l'un des rédacteurs du Dictionnaire de l'industrie manufacturière, commerciale et agricole, où il a déjà inséré un grand nombre d'articles, de droit administratif principalement.

On imprime dans ce moment de M. A. Trebuchet un *Dictionnaire d'administration usuelle*, qui formera 2 vol. in-8.

TRÉBUCHET (E.), avocat. — Guerre

aux abus, hommage à la probité, à la justice, l'humanité; essais de poésie. *Paris*, *A. Dupont*, 1826, in-8 de 92 pag.

TRÉBUCHET (Michel de).— Examen analytique des Landes d'Arles. Question d'économie industrielle. *Paris*, *de l'impr. de Delaguette*, 1835, in-8 de 16 pag.

Cet écrit, annoncé dans le Journal de la librairie, sous le numéro 3693, de 1835, sous le nom de M. Trebuchet, pourrait bien être de M. Michel de Taucher, d'Arles.

TRÉBUTIEN (Guillaume-Stanislas), philologue et orientaliste, membre de la Société asiatique de Paris; né à Fresney-le-Puceux, près de Caen, le 9 octobre 1800.

On doit à M. Trébutien la publication des ouvrages suivants;

1° Contes extraits du Thouthi Nameh, trad. du persan. Paris, Dondey-Dupré, 1826, in-8, grand jesus vélin, de 80 pages, 10 fr. Tiré à 50 exemplaires.

2° Contes inédits des Mille et une nuits, extraits de l'original arabe par M. Joseph de Hammer, trad. en français. Paris, Dondey-Dupré, 1828, 3 vol. in-8, 21 fr.

3° Une nouvelle édition des Recherches et antiquités de la province de Neustrie, de Charles de Bourgueville (1833).

4° Dit (le) de ménage. Pièce en vers du quatorzième siècle, publiée pour la première fois d'après le manuscrit de la Bibliothèque royale (1835).

5° Un dit d'aventures. Pièce burlesque et satirique du XIIIe siècle, publiée, pour la première fois, d'après le manuscrit de la Bibliothèque roy. (1835).

6° Pas (le) Salhadin. Pièce historique en vers, relative aux croisades, publiée pour la première fois d'après le manuscrit de la Bibliothèque du roi (1836).

7° Roman (le) de Robert le Diable, en vers du treizième siècle, publié pour la première fois d'après le manuscrit de la Bibliothèque du roi (1837).

8° Dit (le) des trois pommes. Légende en vers du XIVe siècle, publiée pour la première fois d'après le manuscrit de la bibliothèque du roi (1837).

Une biographie dit que M. Trébutien s'occupait, en 1829, de la traduction du poëme persan de « Youssouf et Zuleikha », par le célèbre Djami, et qui est regardé comme le chef-d'œuvre de la poésie orientale : cette traduction ne paraît pas avoir été imprimée jusqu'à ce jour.

TRECHARD, inventeur du chassis ou rideau de tôle et mur de refend, exécuté à l'Odéon.

— Perfectionnement des secours contre les incendies, contenant les dispositions à établir dans la capitale pour le salut des citoyens, la sécurité des châteaux royaux, de l'Académie royale de musique, et autres edifices publics; ouvrage approuvé de l'Institut et de la Société d'encouragement, présenté au roi. *Paris*, *l'Auteur*, 1820, in-4 de 32 pag.

TRÉCIGNY (madame de), chanoinesse, vivait dans le XVIIIe siècle. Elle a composé quelques pièces fugitives, adressées, sous le nom de « la bergère Annette », à M. de la Louptière. Ce dernier les inséra dans le recueil de poésies dont il est auteur.

TRÉCOURT ( ), docteur en médecine, ancien chirurgien major de Rocroy, et échevin de cette ville, correspondant de l'Académie de chirurgie de Paris et du collége royal de Nanci; né vers 1716 à Cambrai, où il est mort vers 1785.

— Apologie des eaux minérales de Saint-Amand. *Cambrai*, *Berthoud*, 1775, in-12.

—* État de la médecine et de la chirurgie de France. 1773, in-8.

— Mémoires et observations de chirurgie. *Bouillon et Paris*, 1770, in-12.

— Observations sur une maladie singulière qui régna à l'hôpital de Rocroi, en 1746.

Imprimées dans le Journal encycl., janv. 1746, tome Ier, prem. partie, pag. 97 à 99.

— Réflexions médico-chirurgicales. *Bouillon et Paris*, 1773, in-12.

TRÉCOURT (J.-B.), ancien consul dans le Levant.

— Poésies sacrées, suivies de réflexions historiques et morales sur les fêtes instituées par l'Église, et sur le saint sacrifice de la messe. *Paris*, *de l'impr. de Beaucé-Rusand*, 1824, in-8. — Sec. édit. *Paris*, *rue Neuve-Saint-Augustin*, *n.* 6, 1826, in-12, 3 fr.

TREDGOLD (Thomas), ingénieur civil anglais.

— Essai pratique sur la force du fer coulé et d'autres métaux, destiné à l'usage des ingénieurs, des maîtres de forges, des architectes, des fondeurs, et de ceux qui s'occupent de la construction des machines, des bâtiments, etc., contenant les règles pratiques, des tables et des exemples, le tout fondé sur une suite d'expériences nouvelles; et une table étendue des propriétés des divers matériaux; trad. de l'angl. sur la deuxième édition, par T. Duverne, anc. officier de la marine royale. *Paris*, *Bachelier*, 1825, in-8, avec 3 planches, 6 fr.

— Principes de l'art de chauffer et d'aérer les édifices publics, les maisons d'habitation, les manufactures, les hôpitaux, les serres, et de construire les foyers, les chaudières, les appareils pour la vapeur, les grilles, les étuves; démontrés par le calcul, et appliqués à la pratique, avec des remarques sur la nature de la chaleur et de la lumière, et plusieurs tables utiles dans la pratique ; trad. de l'angl., sur la deuxième édition, par T. Duverne. *Paris, Bachelier*, 1825, in-8, avec 6 pl., 7 fr.

— Traité des machines à vapeur, et de leur application à la navigation, aux mines, aux manufactures, etc., comprenant l'histoire de l'invention et des perfectionnements successifs de ces machines, l'exposé de leur théorie, et des proportions les plus convenables de leurs diverses parties, accompagné d'un grand nombre de tableaux synoptiques, contenant les résultats les plus utiles pour la pratique. Trad. de l'angl., avec des notes et des additions, par F.-N. Mellet. *Paris, Bachelier*, 1828, in-4, et Atlas de 24 planches, 30 fr.—Sec. édit., rev., corr. et augm. d'une section sur les machines locomotives. *Paris, Bachelier*, 1837, in-4, avec un Atlas, 38 fr.

Cet ouvrage est divisé en dix sections.

La première section contient l'histoire des perfectionnements progressifs des machines à vapeur, depuis l'époque de la première proposition du marquis de Worcester jusqu'aux derniers degrés de perfectionnement obtenus de nos jours.

La deuxième section présente l'analyse de la nature de la vapeur d'eau et des autres vapeurs, les lois de leur combinaison avec la chaleur ; celles de leur force élastique, de leur densité et de leur puissance dynamique comparée ; les principes et les modes de calcul de leur vitesse, des pertes de force par le refroidissement, etc.

La troisième section traite des lois de la combustion et du pouvoir calorique des diverses espèces de combustibles ; des proportions des foyers et cheminées pour chaudières à vapeur, ainsi que des précautions propres à en garantir la sûreté et l'efficacité ; on y trouvera une discussion complète sur la nature et l'emploi des appareils de sûreté, suivie de l'exposition des lois relatives à la condensation de la vapeur.

La quatrième section est consacrée à l'évaluation de la puissance produite par une quantité donnée de vapeur, et aux diverses modes de la réaliser. Cette exposition est présentée à la fois sous un point de vue élémentaire et sous la forme scientifique ; un article traite spécialement des imperfections théoriques des machines rotatives. Viennent ensuite les différents modes d'appliquer la force de la vapeur, avec la classification des machines qui en résulte. La section se termine par la recherche de la vitesse et des proportions qui donnent le maximum d'effet dans les machines, et par l'exposition de la nature et du service des pompes à air, ainsi que de la perte de force qu'occasionne leur jeu.

La cinquième section traite de la construction des diverses variétés de machines sans condenseur. Ces machines sont toutes à haute pression, et l'on a développé pour chacune d'elles les causes de pertes d'effet, les moyens d'employer la vapeur avec le plus d'avantage, et enfin les méthodes pour calculer leur puissance dynamique et les proportions de leurs parties.

Dans la sixième section, on traite de la même manière de la construction, des proportions, de la puissance et des résultats économiques des machines à condenseur.

C'est pour la premièrs fois que, dans ces deux sections, on a non-seulement exposé, mais réduit à une mesure précise, toutes ces petites causes qui affectent l'action de la vapeur, et cette évaluation paraît faite de façon à devenir très-utile, tant à ceux qui veulent appliquer qu'à ceux qui veulent perfectionner les machines à vapeur.

La septième section est destinée à l'examen des proportions et de la construction des parties des machines ; telles que robinets, soupapes, tiroirs, pistons, boîtes à étoupes, etc. : au divers modes du jeu des soupapes et régulateurs, à la description des différents moyens pour maintenir dans une direction rectiligne la tige des pistons, et enfin à des recherches sur les mouvements de la manivelle. On a ajouté quelques règles pratiques pour établir la force de résistance qui convient aux diverses parties des machines, et particulièrement aux chaudières de différentes formes.

La huitième section traite : 1° des modes de régulariser le jeu des machines à vapeur, soit par des volans, soit à l'aide de contre-poids ; 2° des moyens de régler la force des machines par des soupapes, des régulateurs ou des modérateurs ; 3° des procédés pour déterminer l'état de l'intensité des forces des machines, ainsi que des méthodes pour mesurer leur effet dynamique ; 4° la manière de manœuvrer les machines à vapeur.

La neuvième section expose les applications de la force de la vapeur à l'élévation des eaux, à l'épuisement des mines et à l'extraction des minerais ; au mouvement des machines des manufactures et de l'agriculture, et enfin au transport par le roulage sur les chemins de fer.

La dixième section est consacrée à la navigation par la vapeur ; elle contient des recherches sur la stabilité des navires, sur la résistance qu'ils éprouvent à se mouvoir dans les fluides, sur les moyens de les faire marcher, et sur les proportions à établir entre la puissance motrice et les effets désirés. Ces recherches sont nécessairement neuves ; car la théorie de la résistance des fluides, jusqu'ici enseignée dans les écoles, est erronée et inapplicable. L'auteur a donc tâché d'exposer ses propres méthodes, plutôt sous un point de vue élémentaire que sous une forme rigoureusement scientifique, se réservant de présenter, dans un ouvrage séparé, le développement de ses idées sur cette branche importante de la science.

Les tableaux qui terminent l'ouvrage ne seront pas sans utilité pour la pratique ; les planches sont accompagnées de légendes qui en rendent l'intelligence facile, et qui renvoient aux endroits de l'ouvrage qu'elles ont pour but d'éclaircir.

Le principal but de l'auteur a été de conduire le lecteur dans l'étude des principes des machines à vapeur, et de lui fournir, non-seulement les matériaux de cette étude, mais encore les méthodes de raisonnement, en les variant suffisamment pour le mettre en état de résoudre tous les cas nouveaux qui pourraient se présenter.

— Traité pratique sur les chemins de fer et sur les voitures destinées à les parcourir, principes d'après lesquels on peut évaluer leur force, leurs préparations, et la dépense annuelle qu'ils nécessitent, etc. ; trad. de l'angl. par T. Duverne. *Paris, Bachelier*, 1826, in-8, avec 4 pl., 5 fr.

TREDIAKOFSKY (Vassili). — Discours prononcé à l'Académie des sciences de Saint-Pétersbourg, à la première séance des membres nommés pour travailler à la perfection de la langue russe. *Saint-Pétersbourg*, 1735, in-4.

TRÉDOS (René). — Avènement (l') de Charles X, récit épique qui a concouru pour le prix proposé par la Société des bonnes-lettres. *Perpignan, de l'impr. de Mlle Tastu*, 1825, in-8 de 16 pag.

— Bouquet (le) monarchique. Recueil de poésies diverses consacrées aux Bourbons. *Strasbourg, Février; Paris, A. Dupont*, 1828, in-8 de 112 pag.

— Loisirs poétiques. *Paris, A. Dupont*, 1828, in-12.

Ce volume renferme un hommage à Molière, vers récités sur le théâtre de Strasbourg.

— Parisiennes (les), ou le Sacrifice aux Grecs, nouvelle historique en vers. *Paris, Ponthieu*, 1826, in-8 de 16 pag.

— Puissance (de la) et des effets de la liberté légale, et du gouvernement représentatif, ou Paris en juillet et août 1830. *Paris, Levavasseur; Delaunay*, 1830, in-8 de 88 pag.

— Triomphe (le) des lis, ou les Français en Espagne, poëme en deux chants; suivi de l'Émigré, romance. *Perpignan, de l'impr. de Mlle Tastu*, 1824, in-8.

TREHAW (P.-L.). — Traitement (nouv.) des hémorrhagies utérines qui suivent l'accouchement, par la compression de l'aorte ventrale; mémoire lu à l'Académie des sciences, le 3 novembre 1828. *Paris, Compère*, 1829, in-8 de 32 pag., 1 fr. 50 c.

TREILHARD (le comte Jean-Baptiste), anc. ministre d'État, d'abord avocat au parlement de Paris (depuis 1761), et inspecteur-général du domaine de la couronne; à la Révolution il devint successivement député du tiers-état de Paris aux États-Généraux, et ensuite député du département de Seine-et-Oise à l'Assemblée constituante et à la Convention nationale; membre du conseil des Cinq-cents, sorti le 5 mars 1797, membre du tribunal de cassation, depuis septembre 1797, et nommé en même temps ministre plénipotentiaire pour traiter de la paix avec l'Angleterre, en septembre 1797, et avec l'empire allemand, en décembre de la même année, directeur, conseiller et ministre d'État, comte de l'Empire, etc., etc. né à Limoges, en 1747, mort le 1er mai 1810.

— Constitution civile du clergé. 1791.

— Discours qui fait connaître l'esprit, la lettre et l'importance du nouveau système des hypothèques.

Réimpr. à la tête du Dictionnaire général des droits d'enregistrement, de timbre, etc., de MM. L. Roland et Trouillet (1822).

— Mémoire pour l'archevêque de Paris contre les officiers de l'hôtel de ville de Paris, les receveurs généraux du domaine, M. le procureur général, etc., sur cette question : L'emplacement de l'hôtel de Soissons et de ses dépendances est-il dans la censive de M. l'archevêque? 1779, in-4.

Le comte Treilhard a eu part au Traité des droits annexés en France à chaque dignité, etc.; il a prononcé plusieurs *discours* et *opinions*, et il a fait plusieurs rapports à la Convention nationale, qui ont été imprimés; plusieurs autres rapports au conseil d'État sous le Consulat et l'Empire.

En 1810, Napoléon, qui avait désigné le comte Treilhard pour l'ouverture de la session du Corps-Législatif, lui confia spécialement la défense du nouveau Code pénal et du plan d'organisation de l'administration judiciaire, toutes choses auxquelles Treilhard avait pris une part active dans le conseil d'état.

TREILLE, négociant et fournisseur des armées.

—*Recueil élémentaire de franc-maçonnerie adonhiramite, contenant l'ouverture et la clôture des loges des trois premiers grades, les réceptions, etc. — Nouv. édition, corrigée et augmentée d'une infinité de demandes, etc.; dédiée aux francs-maçons instruits, par un chevalier de tous les ordres maç. *Jérusalem*, an 5803 de la v. lum., 3 part. in-12.

Ce n'est qu'une copie rectifiée de l'ouvrage de L. Guillemin de Saint-Victor.

TREILLE (A.), D. M. — Choléra-morbus. Observations adressées à M. le rédacteur des Annales de médecine physiologique. *Paris, Mlle Delaunay*, 1832, in-8 de 16 p.

Extrait des Annales de la médecine physiologique, recueil auquel ce docteur a fourni d'autres articles.

— Conversations sur le choléra-morbus observé à Paris, en 1831 et 1832. *Paris, Mlle Delaunay*, 1832, in-8 de 116 p.

— Quelques Réflexions sur les principaux abus en médecine. *Auch, veuve Duprat*, 1823, in-8 de 68 pages.

TREILLE (J.-F.-B. Maurice). — Mémoires sur les maladies dites cancéreuses de la matrice, où sont combattues les opinions des partisans de l'amputation et de la cautérisation du col utérus cancéreux. Premier Mémoire. *Paris, Germer Baillière*, 1837, in-8 de 96 pag., 2 fr.

TREITSCHKE (F.). — Maison (la) des orphelins, drame lyrique en deux actes, trad. de l'allem. (   ). Voy. F. Mot...

TRÉLAT (Ulysse), médecin et écrivain politique, né en 1798, à Montargis (Loiret), où son père était notaire. M. Trélat commença ses études médicales à l'âge de quinze ans, et devint successivement aide-major à l'hôpital militaire de Metz, de 1813 à 1814, médecin interne de l'hospice de Charenton, docteur en médecine de la Faculté de Paris, professeur d'hygiène à l'Athénée de Paris. Presque aussitôt la seconde Restauration, M. Trélat fut le fondateur et l'associé de plusieurs sociétés secrètes, qui avaient pour but de renverser de vive force le gouvernement que l'étranger nous avait imposé : c'est ainsi qu'il fut l'un des premiers membres de la société maçonique des « Amis de la vérité », l'un des sept fondateurs de la charbonnerie française, l'un de ceux de la société « Aide-toi, le Ciel t'aidera », en 1827, et l'un des membres influents de la société des Amis des peuples. Après la révolution de juillet, M. Trélat, qui avait combattu dans les rangs populaires, fut élu capitaine de la batterie d'artillerie de Paris, batterie qui, comme on sait, ne tarda pas à être dissoute. Depuis lors, l'opinion républicaine très-avancée de M. Trélat l'a compromis plusieurs fois près du gouvernement, et cet écrivain a fini par être frappé de trois ans de prison et de 11,000 francs d'amende.

— Constitution (de la) du corps des médecins et de l'enseignement médical ; des réformes qu'elle devrait subir dans l'intérêt de la science et de la morale publique ; examen des questions adressées, à cet effet, par S. Exc. le ministre de l'intérieur à l'Académie royale de médecine. *Paris, Villeret*, 1828, in-8 de 84 pag., 2 fr.

— Discours de M. Trélat, prononcé devant la chambre des pairs, le 1er juin 1835. *Paris, Pagnerre*, 1835, in-8 de 16 pag.

— Notice biographique sur Buonarotti. *Épinal, Cabasse*, 1838, in-8 de 16 pag., 30 c.

— Précis élémentaire d'hygiène. *Paris, Raymond*, 1825, in-12, avec un tableau, 2 fr.

Avec M. Buchez. Ce volume fait partie de la Bibliothèque du XIXe siècle. Il a été reproduit sous le titre suivant :

Éléments d'hygiène, ou Manuel de santé pour toutes les conditions et pour tous les âges. Paris, Delaforest, 1826, in-12.

— Procès des quinze. Défense du citoyen Trélat devant la cour d'assises du département de la Seine. *Paris, de l'impr. de Mie*, 1832, in-8 de 16 pag.

En 1832, M. Trélat quitta Paris, et fut à Clermont-Ferrand, où il prit la direction du « Patriote du Puy-de-Dôme », qu'il a rédigé, comme rédacteur en chef, avec un remarquable talent pendant trois années consécutives (de 1832 à 1835), sans cesse en butte aux poursuites du parquet, mais constamment soutenu par les sympathies populaires, et par les acquittements du jury.

On trouve une Notice sur M. Ul. Trélat dans la Biographie des hommes du jour, de MM. G. Sarrut et B. Saint-Edme, tom. Ier, prem. part., p. 144.

TRELAWNEY. — Mémoires d'un cadet de famille, trad. de l'angl. par M. FLORAN. *Paris, Dumont*, 1832-33, 3 vol. in-8, 22 fr. 50 c. — IIIe édition. *Paris, le même*, 1834, 3 vol. in-8, 20 fr.

Il en existe une édition en anglais, publiée par Baudry.

TRELEDNAM (Grégoire), mathématicien.

— Messager (le) boiteux d'Alger, pour 1837. *Belfort, Clerc*, 1836, in-8 de 48 pag., et une planche.

TRÉLIS (Jean-Julien), ancien bibliothécaire, conservateur des cabinets d'antiques et d'histoire naturelle de la ville de Nîmes, secrétaire perpétuel de l'Académie royale du Gard, et membre de celle de Lyon, naquit à Alais, le 23 octobre 1757. Formé par son père, qui possédait de vastes connaissances, il fut envoyé à Paris, où il se lia avec les hommes les plus remarquables de l'époque. La révolution ayant interrompu ses occupations littéraires, il se distingua par une grande intégrité dans les emplois publics, dont il fut chargé par ses compatriotes. Accusé de fédéralisme, il fut forcé de se réfugier en Suisse, où il composa un poëme descriptif sur les beautés des Alpes. Rentré dans ses foyers, il se livra exclusivement à son goût pour la bibliographie, science qu'il professa avec distinction jusqu'en 1815. Obligé de se soustraire aux persécutions exercées contre les protestants, il se fixa à Lyon, où l'académie de cette ville voulut l'avoir au nombre de ses associés, et il est mort secrétaire perpétuel de cette académie, le 24 juin 1831.

— Notices des travaux de l'Académie du Gard, pendant les années 1809 et 1810. *Nîmes, V. Belle*, 1812, in-8, 4 fr.

— * Satires de l'Arioste, trad. de l'italien. (1829). Voy. ARIOSTE.

Parmi les productions de Trélis, qu'on ne cite pourtant pas comme ayant été imprimées, on remarque un poëme en quatre chants, *Sur les progrès de l'esprit humain dans le dix-huitième siècle*, des versions poétiques de l'Essai sur la critique de Pope, du Prométhée d'Eschyle, de l'Antigone et des Trachyniennes de Sophocle.

M. Pichard a prononcé l'éloge de Trélis à l'Académie de Lyon, et cet éloge a été imprimé (Lyon, 1833, in-8).

TRÉMADEURE (Mlle Sophie ULLIAC), fille du colonel de génie Henri Ulliac, née à Lorient (Morbihan), le 19 avril 1794, avait environ vingt-deux ans lorsqu'elle débuta dans la littérature; ses essais furent des traductions de quelques-uns des romans du fécond Aug. Lafontaine : elles parurent sous le voile de l'anonyme, de 1816 à 1819. A cette époque, notre engouement pour les romans psycologiques d'Aug. Lafontaine faisait place à celui des romans historiques de Walter Scott, qui commençaient alors à s'infiltrer dans nos goûts; néanmoins, les traductions de mademoiselle Ulliac, justement recommables par leur fidélité et leur élégance furent bien accueillies du public, à qui Lafontaine avait fait passer autrefois tant d'instants agréables. Cet heureux début encouragea mademoiselle Ulliac; elle se hasarda à donner, de 1821 à 1825, quelques romans de sa composition, et dont quelques-uns furent distingués de cette foule d'éphemères qui paraissent et meurent chaque jour. Ne cultivant la littérature que par goût, et paraissant avoir même un très-grand éloignement pour le titre de femme auteur, mademoiselle Ulliac s'est refusée à ce que ses romans fussent publiés sous son nom, et ils ont paru sous le pseudonyme de Mlle *S. U. Dudrezène*. Après la publication de ces romans, Mlle Ulliac donna à ses études littéraires un but plus élevé et plus utile à la société : l'instruction, l'éducation de la jeunesse l'occupèrent exclusivement : c'est grâce à cette nouvelle direction donnée à ses études qu'on doit à cette demoiselle la publication d'une série d'ouvrages de morale et de pédagogie qui ont obtenu de brillants succès, et dont plusieurs ont été couronnés. Mlle Ulliac est la seconde Bretonne qui, dans ce siècle, ait parcouru la même carrière avec distinction : madame Delafaye-Bréhier l'avait devancée, mais ne s'est pas acquis une réputation plus brillante. Un critique a dit que « les livres de mademoi« selle Ulliac ont comme un parfum de sa« gesse et de morale. Son style attrayant » ne convient pas moins aux grandes per« sonnes qu'aux enfants ». On a de cette demoiselle :

I. OUVRAGES ORIGINAUX.

1°. *Romans.*

—Armoricaines (les). (Nouvelles en prose). *Paris, Raynal et Pesron*, 1832-33, 2 vol. in-8, 15 fr.

Ces deux volumes renferment six nouvelles, dont cinq avaient paru précédemment dans le « Lycée armoricain », savoir : *la Bague de erin*; —*l'Épreuve*; —*Pascaline*; —*Lena et Arvin*; —*Trois mois à Paris*. La nouvelle inédite, qui a pour titre *Édie*, a été honorée du nom de poëme.

—Eliska, ou les Français en pays conquis. Épisode de l'Histoire contemporaine. *Paris, Raynal; Pesron*, 1832, 5 vol. in-12, 15 fr.

—Forêt (la) de Woronetz. *Paris, G.-C. Hubert*, 1821, 4 vol. in-12, 10 fr.

— Henry, ou l'Homme silencieux. *Paris, Boulland*, 1824, 4 vol. in-12, 12 fr.

Cet ouvrage eut un brillant succès.

—Oiseleur (l'). *Paris, Boulland*, 1825, 3 vol. in-12, 9 fr.

— Une artiste, nouvelle.

Imprimée dans le tome V des Heures du soir : Livre des femmes, volume publié en 1833. Cette nouvelle avait été précédemment publiée par le « Lycée armoricain », sous le titre de *Mina*.

Les divers ouvrages que nous venons de citer ont été publiés sous le pseudonyme de mademoiselle *S. U Dudrezène*.

— Virago (la). (Imitation de l'allemand). *Paris, Raynal et Pesron*, 1832, 4 vol. in-12, 12 fr.

Publié sous le pseudonyme de M. H. de Châteaulin, anc. colonel. Sous ce même pseudonyme, mademoiselle Ulliac a aussi publié la traduction d'un roman d'Aug. Lafontaine (voyez à la fin de cette notice).

2° *Morale et Pédagogie.*

— Alsaciens (les), ou Six semaines de vacances, ouvrage à l'usage de la jeunesse. *Paris, Eymery, Fruger et comp.*, 1829, 2 vol. in-12, avec 8 grav., 6 fr.

— * Beauté morale des jeunes femmes. (Traits historiques). *Paris, Lefuel; Delaunay*, 1829, in-18, orné de 8 grav., 8 fr.

— Contes aux jeunes agronomes. Ouvrage instructif et moral. *Paris, Boulland*, 1818; —VIe édition. *Paris, Didier*, 1839, in-12, avec 4 grav, 3 fr. 50 c.

Cet ouvrage démontre à la jeunesse que le bonheur n'est pas dans le succès du monde, dans les rêves de l'ambition, mais que nous les trouvons en nous-mêmes dans l'exercice de nos facultés et de la bienfaisance. Ces contes donnent aux enfants des notions curieuses sur les travaux du jardinage et des champs, sur cette vie laborieuse et pénible de ceux qui fournissent à quelques-uns des besoins du luxe, comme à ceux de la vie la plus commune.

Les contes qui composent ce volume ont été imprimés séparément sous les titres suivants : *Adèle, ou la petite Fermière*; — *Adolphe, ou le petit Laboureur*; — *Eugène, ou le petit Vigneron*; — *Gustave, ou le petit Jardinier*. Prix de chaque petit volume, orné de quatre jolies figures, broch., 1 fr. 20 c.

— Contes aux jeunes artistes. *Paris, Didier*, 1836, in-12, avec 4 grav., 4 fr.

Ce volume est déjà parvenu à sa quatrième édition.

Le but moral de cet ouvrage est de prouver que nous avons tous en nous des ressources pour lutter contre l'infortune; mais que nous ne parvenons à la vaincre que lorsque nous savons sacrifier à l'amour de nos devoirs la passion de la gloire. — Nos jeunes artistes se créent une existence à eux et à leur famille par leur persévérance dans le travail et par l'oubli de ce qui pourrait flatter seulement leur amour-propre. Les enfants trouveront dans ces contes des notions exactes et intéressantes sur les beaux-arts.

On a imprimé séparément les quatre contes que renferme ce volume, sous les titres suivants : *Emmeline, ou la jeune Musicienne*; — *Léon, ou le jeune Graveur*; — *Prosper, ou le jeune Sculpteur*; — *Valérie, ou la jeune Artiste*. Prix de chaque petit volume, orné de quatre jolies gravures, broch., 1 fr. 20 c.

— Contes aux jeunes naturalistes. Les Animaux domestiques. *Paris*, *Didier*, 1836, in-12, avec 4 grav., 3 fr. 50 c.

Ce volume renferme trois contes qui ont pour objet l'histoire naturelle des animaux domestiques.

Il ne contient que ce qu'il faut de science pour en faire un livre utile, et il offre des scènes assez gaies pour en faire un livre amusant, un vrai livre de veillées de familles, que les enfants sont heureux de rapporter en prix à la maison, et dont les parents entendent avec plaisir la lecture.

Les trois contes qui forment ce volume ont été imprimés à part, sous les titres suivants : *Manette*, ou la Vache noire; — *Jacquot*, ou la Basse-cour de ma tante; — *Pyramide*, ou le Cheval du lancier. Prix de chaque petit volume, orné de quatre jolies gravures, 1 fr. 20 c.

— Dimanches (les) du vieux Daniel. Ouvrage amusant et moral, à l'usage de la jeunesse. *Paris*, *Pesron*, 1833, 2 vol. in-18, sur pap. fin, avec 4 gravures, 2 fr. 50 c.

— Émilie, ou la jeune Fille auteur : ouvrage dédié aux jeunes personnes. *Paris*, *Didier*, 1836, in-12, avec 4 grav., 3 fr. 50 c.

Ce livre jouit de tout l'attrait des ouvrages d'imagination, des leçons de morale d'une grande importance, surtout à l'époque où nous vivons, et il est conçu de manière à exciter dans l'esprit des jeunes personnes des réflexions salutaires sur les dangers de cette renommée à laquelle toutes les femmes semblent croire qu'il est de leur devoir de se dévouer aujourd'hui, tandis qu'au contraire, l'obscurité doit être à la fois leur partage et leur refuge.

— * Encyclopédie du premier âge, ou petits Dialogues sur tous les objets d'un usage journalier qui peuvent frapper davantage la vue ou les autres sens des enfants. *Paris*, *mademoiselle Dés. Eymery*, 1834, in-18, avec 3 grav., 1 fr. 50 c.

Volume faisant partie d'une Bibliothèque d'éducation.

— Étienne et Valentin, ou Mensonge et probité. (Ouvrage couronné par la Société de patronage pour les jeunes libérés), suivis de l'Histoire de Jean-Marie. (Ouvrage couronné par la Société de l'instruction élémentaire). *Paris*, *Didier*, 1838, in-12, orné de quatre jolies gravures, 3 fr. 50 c.

L'auteur s'est attaché, dans cet ouvrage, à montrer comment le mensonge conduit par une pente insensible au vice et à la misère; tandis qu'au contraire la probité, qui comprend la loyauté, la véracité, mérite à celui qui ne s'en écarte dans aucune circonstance de la vie, l'estime, la considération générale, d'où découle une prospérité réelle et constante. Cet ouvrage important, pour la haute question de morale qui en fait le fond, est intéressant, amusant même par la forme. L'auteur y fait peu de réflexions, parce qu'il en ressort naturellement du sujet; il les laisse venir à l'esprit de ses jeunes lecteurs, ce qui est la meilleure manière de les leur rendre profitables.

Couronné en 1837 par la Société de patronage pour les jeunes libérés. Le concours était ouvert depuis deux ans; deux fois il s'était fermé, quoique un grand nombre d'ouvrages eussent été envoyés sans que la Société ait trouvé qu'il y eut lieu à décerner le prix. En 1838, la Société pour l'instruction élémentaire a décerné à l'auteur une médaille d'argent, en adoptant le livre pour ses écoles. Dans cette même année, le comité central de la ville de Paris l'a adopté pour les écoles de garçons.

— Histoire de Jean-Marie. *Paris*, *Pesron*, 1833, in-18, 30 c., avec une grav., 60 c.; et sur pap. fin des Vosges, 75 c.—*Paris*, *Didier*, 1836, in-18, avec une gravure, 1 fr. 20 c.

Ouvrage couronné par la Société pour l'instruction élémentaire, le 19 mai 1833, adopté par le conseil royal de l'instruction publique, et par le comité central de la ville de Paris.

Ce petit ouvrage a été réimprimé en 1838, à la suite d'*Étienne et Valentin*, du même auteur. (Voy. ci-dessus).

— Histoire de petit Jacques, et relation de son voyage à l'île de Madagascar, imitée de l'anglais. *Paris*, *Moutardier*, 1827, 3 vol. in-18, avec grav., 6 fr.

Reproduit, sans réimpression, en 1835, avec de nouveaux titres, qui portent seconde : édition.

Les treize premiers chapitres de cet ouvrage sont une imitation de *the little Jack*, de Thomas Day; tout le reste est de la composition de mademoiselle Ulliac.

— Institutrice (l'), histoire morale. *Paris*, *Pesron*, 1835, in-12, avec 4 grav., 3 fr.

— Jeunes (les) naturalistes, ou Entretiens sur l'histoire naturelle. *Paris*, *Didier*, 1838, 2 vol. in-12, ornés de 32 jolies vignettes, 8 fr., et avec les vignettes color. avec le plus grand soin, 14 fr.

Ce joli ouvrage renferme un aperçu des trois règnes de la nature, et le récit des résultats les plus curieux et les plus certains dus aux recherches des hommes qui ont fait faire aux sciences naturelles tant de progrès, depuis un siècle surtout.

L'auteur a évité l'appareil scientifique, mais il n'a pas repoussé toute science. Il s'attache au contraire à familiariser ses jeunes lecteurs avec la classification, avec la nomenclature, et à leur en montrer les avantages. Cet ouvrage, qui contient beaucoup de faits et de phénomènes curieux, et pour la plupart peu connus, parce qu'ils sont épars dans des livres que les savants lisent seuls, offre donc au jeune âge de l'amusement, une instruction réelle, et aux parents la facilité de guider eux-mêmes leurs enfants dans des études attrayantes, que chacun peut faire soit par l'observation, soit par la lecture des livres. Les leçons d'une saine morale se mêlent à celles de l'instruction. L'auteur a déjà fait ses preuves en ce genre, et a prouvé qu'on peut faire marcher de front l'éducation et l'enseignement.

On a tiré de cet ouvrage les huit petits volumes suivants : les Quadrupèdes ; — les Oiseaux ; — les Reptiles et les Poissons ; — les Coquillages ; — les Insectes ; — les Animaux-plantes ; — les Végétaux ; — les Minéraux. Prix de chaque volume, orné de quatre jolies gravures, broché, 1 fr. 20 c. Ces huit volumes forment un petit Cours d'histoire naturelle, aussi amusant qu'instructif.

— Laideur et beauté. Histoire morale, à l'usage des jeunes personnes. *Paris*, *Pesron*, 1833, in-12, sur pap. fin, avec 4 gravures, 2 fr. 50 c.

— Petit (le) bossu et la famille du sabotier. Livre de lecture courante, pour les enfants et les adultes. *Paris*, *Louis Colas*, 1833, 1839 in-12, 1 fr. — Le même, *Paris*, *Pesron*, 1833, 2 vol. in-18, sur pap. ordin., 80 c. ; sur pap. fin des Vosges, avec 4 vign. en noir, 1 fr. 25 c., et sur pap. vélin, avec les vign. color., 2 fr. ; 1834, in-12, avec 2 grav., 3 fr.

La Société pour l'instruction élémentaire a décerné à cet ouvrage, dans sa séance générale du 19 mai 1833, le prix extraordinaire de mille francs, proposé pour le premier bon livre de lecture courante, en 1834, l'Académie française lui décerna l'un des prix Monthyon ; en cette année il fut adopté par le comité central de la ville de Paris pour les écoles de garçons et de filles. Ce livre est une petite encyclopédie des connaissances et de l'industrie humaine : il appartient au domaine public ; aussi a-t-il été souvent et partout réimprimé. Les éditions publiées par le libr. Pesron, en un vol. in-12, et 2 vol. in-18, sont les seules qui aient été faites sous les yeux de l'auteur : elles portent sa signature.

— * Petit (le) Conteur d'anecdotes. *Paris*, *Marcilly*, 1830, in-48 de 96 pag., avec fig.

— Pierre (la) de touche. *Paris*, *Pesron*, 1835, in-8, 7 fr. 50 c. ; ou 1835, 2 vol. in-12, avec 4 grav., 6 fr.

Il ne faut pas confondre ce livre avec celui publié sous le même titre, en 1836, chez le libraire Levavasseur. Ce dernier ouvrage, qui a paru sous le voile de l'anonyme, en 2 vol. in-8, est un roman attribué généralement à madame la marquise d'Épinay : cette dame appartenant à l'école de la célèbre Geo. Sand, on doit penser combien doivent différer ces deux productions portant le même titre.

L'ouvrage de mademoiselle Ulliac a remporté en 1834 la médaille d'honneur au concours extraordinaire ouvert par la Société pour l'instruction élémentaire ; en 1838, il a été adopté par le comité central de la ville de Paris, comme livre de lecture courante pour les écoles d'adultes.

— Souvenirs du grand-papa, suite des Dimanches du vieux Daniel. *Paris*, *Pesron*, 1834, 2 vol. in-18, avec 4 grav., 2 fr.

— * Talisman (le). *Paris*, *Malliez aîné*, 1832, in-18.

Livre qui n'a point été annoncé par le Journal de la librairie.

— Vendanges (les). Ouvrage à l'usage de la jeunesse. *Paris*, *Boulland*, 1830, in-18, avec une grav. ; ou *Paris*, *Didier*, 1834, in-18, avec 3 gravure, 1 fr. 20 c.

3°. *Articles de journaux et de recueils périodiques.*

Sous le voile de l'anonyme, et sous différents pseudonymes, Mlle Ulliac donné un grand nombre d'articles aux journaux et recueils périodiques suivants : d'abord au Mercure du XIXe siècle, ensuite au Voleur, au Breton, publié à Nantes ; au Journal de Paris, à l'Écho du Monde savant, au Journal des Femmes, au Lycée armoricain, au Conseiller des Femmes, au Citateur féminin, etc., etc. Si les bornes restreintes de notre travail ne nous permettent pas de donner la nomenclature complète des articles fournis par mademoiselle Ulliac aux journaux que nous venons de citer, au moins donnerons-nous l'indication des plus remarquables, et ce sont : 1° une coopération très-active et gratuite au Lycée armoricain, de 1819 à 1830 ; — 2° *les Illusions du cœur*, extrait des Mémoires (inédits) d'une femme auteur (dans le Voleur du 25 avril 1830) ; — 3° *un Naturaliste* ; — 4° *la Sylphide* ; — 5° *les Atcroa-fantaisia* ; — 6° *Laissez faire* ; — 7° *les Mirmidons* ; — 8° *une Vision apocalyptique* ; — 9° *du Magnétisme pratique* ; — 10° une suite de *Lettres sur l'industrie* ; — 11° des *Polémiques* ; — 12° des *comptes rendus d'ouvrages scientifiques* ; — 13° *un Passe-temps de garnison* ; — 14° *un Type de foi* ; — 15° *Marie Schoning*, etc., etc. (tous ces morceaux dans le Journal des Femmes, fondé par madame Fanny Richomme, en 1832, et continué jusqu'en 1835) ; — 16° des *Lettres parisiennes* sur les salles d'asile pour l'enfance, sur le magnétisme, sur la méthode polonaise, etc., etc. (dans le Breton, 10 mai 1833) ; — 17° *Des femmes, et de leur véritable émancipation* ; — 18° *Des femmes, et de leurs conditions diverses dans la société* (dans le Conseiller des Femmes, Lyon, Boitel, numéros des 7 et 14 décembre 1833) ; — 19° deux articles sur la Philosophie positive (dans le Journal de Paris, numéros des 5 et 25 janvier 1834) ; — 20° *le Portefeuille, histoire populaire* (dans le même journal, numéros des 24 et 25 novembre de la même année) ; — 21° des *Leçons d'histoire naturelle* (dans le Journal des Jeunes personnes, depuis août 1835 jusqu'à ce jour). Ces leçons, goûtées des jeunes personnes et des parents, ont pour but de répandre le goût des sciences naturelles, et paraissent l'avoir déjà atteint, si l'on en juge par les demandes de livres d'études adressées au directeur. 22° *L'Anniversaire* (dans le Citateur féminin, en mai et juin de 1835). Enfin, en 1835, mademoiselle Ulliac concourut très-activement à la propagation de la méthode polonaise pour l'enseignement de la chronologie et de l'histoire, et elle peut revendiquer l'honneur d'avoir participé à en doter la France ; elle se donna beaucoup de soins pour en opérer la publication, et elle se chargea de la rédaction de la méthode. Si M. Jazwinsky n'a point dit dans sa préface ce qu'il doit à mademoiselle Ulliac, c'est qu'elle s'y est formellement opposée.

Nous connaissons encore de cette demoiselle une *Notice sur madame Dubois*, imprimée dans la Biographie des femmes auteurs contemporaines, publiée par M. de Montferrand, t. Ier, pag. 118.

II. TRADUCTIONS.

Outre les ouvrages que nous venons de citer, on doit aussi à mademoiselle de Trémadeure la traduction, de l'allemand et de l'anglais, des neuf ouvrages suivants : 1° la petite Harpiste, par Aug. LAFONTAINE (1815, 2 vol in-12) ;—2° le Portefeuille vert, etc., par CAMPE (1819, in-12) ;— 3° Agnès et Bertha, etc. (1818, 2 vol. in-12) ; — 4° la Comtesse de Kiburg (1818, 3 vol. in-12);—5° Rodolphe et Marie (1819, 4 vol. in 12) Ces trois derniers romans sont trad. d'Aug. LAFONTAINE. 6° Frédéric Brack (1822, 6 vol. in-12) ; et 7° l'Autocrate de village (1828, 4 vol. in-12), deux romans trad. de J.-G. MULLER. Les quatre premières traductions sont anonymes ; les trois autres ont paru sous le pseudon. de mademoiselle *S. U. Dudrezène*. — 8° Lettres de mistr. Hester CHAPONE (1829, 2 vol. in-32); — 9° Conseils d'une mère à sa fille, par mistr. PENNINGTON (1829) : — 10° la grande Dame et Villageois, roman trad. de l'allem. d'Aug. LAFONTAINE (1829). Cette traduction a été publiée par son auteur sous le pseudonyme de M. H. de Châteaulin ; — 11° Esquisse de l'origine et des résultats des associations de femmes pour la réforme des prisons en Angleterre ; traduit de l'anglais (de mistriss FRY) (1829, in-8). Mademoiselle Ulliac ayant été chargée par le ministre de l'intérieur de la mission spéciale de visiter une maison centrale, de s'informer des besoins matériels et moraux des détenus, et ayant reçu à cet effet les mêmes pouvoirs que les inspecteurs généraux, a pu placer à la suite de l'ouvrage de mistriss Fry, l'ange des prisonniers, des notes utiles à l'humanité, à la société, et qui font de ce livre, un manuel complet approprié à la France.

—

Mademoiselle Ulliac a aussi donné ses soins à une réimpression des Contes orientaux et des Anecdotes orientales de F. BLANCHET, précédés d'une *Notice historique sur Blanchet*, d'un avant-propos, et accompagnés de notes par l'éditeur (1829).

Le libraire de mademoiselle Ulliac a d'elle sous presse, pour paraître dans le courant de cette année (1839), un ouvrage élémentaire intitulé : *les jeunes Savants, ou Entretiens sur l'astronomie, sur la physique et sur la chimie*, devant former un gros volume in-12 ou 3 vol. in-18, et des *Mémoires d'un jeune pasteur*, 2 vol. in-8.

TREMBICKA (madame Françoise), née de Corry.

— Dernier (le) des Gibelins. *Paris, Lecointe et Pougin; Mercklein*, 1834, in-8, 7 fr. 50 c.

TREMBECKI (Stan.). — Sophiowska, poëme polonais, trad. en vers français, par le comte LAGARDE. *Vienne, de l'impr. de Strauss*, 1815, in-4, avec 6 fig. au bistre, 84 fr.

Trembecki, qui est considéré comme l'Homère polonais, ayant entrepris, à l'âge de soixante-dix ans, de composer un poëme sur un jardin magnifique que le comte Potocki avait consacré, sous le nom de Sophiowska, à la femme qu'il avait tant aimée : le comte de Lagarde entreprit de traduire ce poëme en vers français : il y réussit autant que cela était possible. Cet ouvrage est accompagné de notes savantes, de recherches sur l'origine des peuples slaves. Les gravures qui ornent le volume sont exécutées par les plus habiles artistes de Vienne.

TREMBLAY (Denis-Joseph), professeur de mathém. au collége de Beauvais.

— Calcul (le) décimal rendu facile. *Paris, Volland*, 1812, broch. in-12, 50 c.

— Développement général du globe terrestre. IIIe édition, augmentée des distances de Paris aux principales villes de l'univers, des longitudes, latitudes de ces villes, etc. *Paris, Pélicier*, 1803, une feuille grand-raisin, 60 c.

— * Livre (le) des enfants, ou Méthode facile et sure pour enseigner en très-peu de temps à lire et à prononcer le français, par D.-J. T. *Beauvais, Desjardins, et Paris, Barbou*, 1802, in-12.

— Livret (le) des enfants. *Beauvais, Desjardins*, 1802, 1806, in-12.

Extrait de l'ouvrage précédent.

— Tableau de comparaison des anciennes mesures de tout genre du département de l'Oise, avec les mesures républicaines. *Paris, Volland*, 1800, in-8, 60 c. — Autre édition, avec les nouvelles mesures. VIe édition, revue et augmentée. *Senlis, Régnier ; Beauvais, l'Auteur*, 1834, in-12.

M. D. J. Tremblay a donné de nouvelles éditions, augmentées du Manuel du marchand de bois, de L. Tremblay, son frère. (Voy. l'art. suivant).

TREMBLAY (L.), le jeune.

— Manuel du marchand de bois, ou Tarif général pour la réduction de toutes sortes de bois carrés, d'échantillon, bâtards, ou en grume ; avec plusieurs autres tarifs également utiles. Par L. TREMBLAY le jeune. IVe édition, augm. par D.-J. TREMBLAY, professeur de mathématiques au collége de Beauvais, de la réduction de toutes les grosseurs, longueurs et produits, en nouvelles mesures; et de divers tarifs, tant pour le bois de chauffage que pour la réduction des chevilles, etc., etc. *Beauvais, Tremblay; Desjardins; et Paris, Volland*, ( ), in-12, 2 fr. — VIIIe édition. *Paris, Lecointe et Durey*, 1824, in-8, 2 fr. 50 c.

La première édition, publiée par L. Tremblay, est de l'an V (1797).

TREMBLAY (Victor).—Manuel (nouv.) complet du moraliste, ou Pensées et maximes instructives, pour tous les ages de la vie, recueillies des meilleurs auteurs, tant anciens que modernes. *Paris, Roret ; Beauvais, Tremblay*, 1837, 2 vol. in-18, 5 fr.

— Souvenirs poétiques, ou Pensées et maximes instructives pour tous les âges de la vie. *Tremblay, Beauvais, et Paris*, 1815, in-16.

TREMBLAY (Du). Voy. DU TREMBLAY.

TREMBLAYE (le chev. de la). Voy. LA TREMBLAYE.

TREMBLEY (Jean), avocat, élève de Ch. Bonnet, membre des académies roy. des sciences de Berlin et de Saint-Pétersbourg, correspondant de l'Académie roy. des sciences de Paris.

— Considérations sur l'état présent du christianisme. *Paris, Gabriel Dufour*, 1809, in-8, 6 fr.

— Essai sur la trigonométrie sphérique. *Neufchâtel*, 1783, in-8.

— * Essai sur les préjugés, et principalement de la nature et de l'influence des préjugés philosophiques. *Neufchâtel et Genève*, 1790, in-8.

Ouvrage attribué à cet écrivain. *Barb.*

— Exposition de quelques points de la doctrine des principes de Lambert. *La Haye*, 1780, in-8.

— * Mémoire pour servir à l'histoire de la vie et des ouvrages de Ch. Bonnet. *Berne*, 1795, in-8.

— Mémoire sur la curiosité. ....

Impr. dans le recueil de l'Académie de Berlin, ann. 1775.

— Mémoire sur la faculté de sentir et sur celle de connaître (pour lequel il obtint l'accessit sur cette question). *Berlin*, 1776, in-8.

— Mémoire sur l'utilité de la psychologie, pour la perfection de l'éducation et du gouvernement, couronné à Harlem, en 1778.

Imprimé, en 1782, dans le recueil de la Société qui a couronné ce Mémoire.

— Recherches sur les intégrales premières des équations aux différences partielles du second degré et du troisième à trois variables.

Mémoire de 54 pages, inséré dans le tome XV des Nova Acta acad. scientiarum imper. Petropolitanæ (1806), et réimpr. dans le tome IV du recueil de l'Acad. des sciences de Saint-Pétersbourg (nouv. série), 1813.

— Theses de Generatione. 1767, in-4.

On a encore de ce savant beaucoup d'observations astronomiques dans les Mémoires de l'Académie de Petersbourg, dans ceux des savants étrangers de l'Académie des sciences de Paris, dans les Éphémérides de Berlin, sous son nom et celui de M. Mallet, le professeur d'astronomie.

(Voy. l'Histoire littéraire de Genève, par Senebier, tome III, 205—07).

Les Mémoires fournis par J. Trembley au recueil de l'Académie de Berlin présentent assez d'intérêt pour que nos lecteurs ne trouvent pas superflu que nous en donnions ici la nomenclature.

1° Examen du paradoxe analytique;

2° Réflexions sur l'usage des méthodes d'approximation dans l'intégration des équations différentielles (ann. 1786—87);

3° Recherches sur les multiplicateurs des équations différentielles du premier degré (ann. 1790—et 1791);

4° Recherches sur les intégrales particulières des équations différentielles (ann. 1792—93);

5° Recherches sur les équations différentielles linéaires du second degré;

6° Recherches sur une question relative au calcul des probabilités;

7° Recherches sur les fractions continues (ann. 1794—95);

8° Essai sur cette question: Quelles sont les lumières qu'il importe le plus aux hommes d'acquérir, et quels sont les sentiments qu'on doit surtout chercher à leur imprimer; en trois mémoires (ann. 1794 à 1797);

9° Réflexions sur les phénomènes de la composition et de la décomposition de l'eau, et sur les conséquences qu'on en a déduites, en deux mémoires (ann. 1796—97);

10° Recherches sur la mortalité de la petite-vérole;

11° Recherches sur les équations différentielles non linéaires du second degré;

12° Examen d'un passage de Macrobe (ann. 1796);

13° Observations sur le problème des trajectoires;

14° Essai sur la manière de trouver le terme général des séries récurrentes;

15° Observations sur une discussion relative à la chronologie ancienne (ann, 1797);

16° Analyse de quelques expériences faites sur la dilatation des fluides élastiques (ann. 1768);

17° Observations sur le cours des rivières et des torrents; en trois mémoires (ann. 1795, 1798, 1799 et 1800);

18° Observations sur les séries qui expriment la valeur des sinus et cosinus d'arcs multiples;

19° Observations sur une discussion relative à la théorie de la résistance de milieux;

20° Observations sur l'analyse du diophante (ann. 1798);

21° Observations sur le calcul intégral aux différences finies;

22° Observations sur l'attraction et l'équilibre des sphéroïdes;

23° Observations sur les calculs relatifs à la durée des mariages et au nombre des époux subsistants;

24° Observations sur le problème de la précession des équinoxes;

25° Observations sur un passage du dialogue de Platon, intitulé Menon (ann. 1799 et 1800);

26° Observations sur la théorie du son, et sur les principes du mouvement des fluides;

27° Observations sur la méthode de prendre les milieux entre les observations;

28° Observations sur les méthodes employées pour le calcul de l'orbite des comètes, avec une pl. (ann. 1801);

29° Observations sur le développement des fractions qui renferment des sinus et des cosinus d'arcs multiples;

30° Observation sur le calcul d'un jeu de hasard (ann. 1802);

31° Observations sur les méthodes d'approximation;

32° Observations sur la philosophie des poëtes, premier mémoire (ann. 1803);

33° Observations sur le grand problème isopérimètre, premier mémoire;

34° Éclaircissement relatif au mémoire sur la mortalité de la petite vérole, qui se trouve dans le volume de 1796;

35° Observations sur quelques points de chronologie grecque (ann. 1804).

TREMBLEY (Abraham), fils du précédent; né à Genève, le 3 septembre 1710, membre du grand conseil de la république, de la Société royale de Londres, correspondant de l'Académie royale de Paris; mort en 1784.

— Essai sur la vérité, la liberté, le souverain et le bonheur. 1776, in-8.

— Instructions d'un père à ses enfants sur la nature et sur la religion. *Neufchâtel*, 1755, 2 vol. in-8; — *Genève*, 1775, 2 vol. in-8, 6 fr; et *Neufchâtel*, 1779, 6 vol. in-8.

— Instructions d'un père à ses enfants sur la religion naturelle et révélée. *Genève*, 1779, 3 vol. in-8, 12 fr.

— Instructions d'un père à ses enfants sur le principe de la vertu et du bonheur. *Genève*, 1782, in-8, 3 fr.

— Mémoire historique sur la vie et les écrits d'Abrah. Trembley.

— Mémoires pour servir à l'histoire d'un genre de polypes d'eau douce à bras, en forme de cornes. *Leyde*, 1744, in-4.

On a encore du même plusieurs *Mémoires* dans les Philos. Transact., ann. 1743 et suiv., et dans les Mémoires de l'Académie de Paris. Les Mémoires fournis par Trembley aux Transactions philosophiques sont les suivants: Mémoire, ou nouvelles Découvertes sur les polypes (janv. 1743); — Lettre sur une lumière observée dans du mercure renfermé dans un globe de verre électrisé (n° 478): — Observations sur diverses espèces d'insectes de la classe des polypes (n° 484); — Relation d'un tremblement de terre arrivé à Brigues (tome XLIX): — Relation d'un tremblement de terre arrivé à Maestricht (ibid.); — Extrait d'un ouvrage sur l'histoire naturelle de la mer Adriatique (ibid.); — Remarques sur les pierres de Nassau et de Trèves ressemblant aux basaltes de la chaussée des Géants (ibid.).

(Voy. l'Histoire littéraire de Genève par Senebier, tome III, page 179—92).

TREMBLEY (Jean-Pierre), citoyen et avocat de Genève.

— Errata de l'échange de la réélection examinée en 1780. Août 1780, in-8.

— Frontenex. Juin 1786, in-8.

— Représentation au M. C. des deux cents, du vendredi 15 novembre, jour de la nomination du procureur général, et du lundi 2 décembre 1765; suivie d'une lettre du même à un de ses concitoyens. In-8.

— * Tombeau de la réélection (datée de Frontenex, du 10 octobre 1780). *Genève*, 1780, in-8.

TREMBLEY, premier syndic à Genève.

— Compte rendu par le conseil d'État de son administration pendant l'année 1821, au conseil représentatif, lu dans la séance du 28 décembre 1821. *Genève*, 1822.

TREMBLEY (Louis). — * Dissertation sur le prêt à intérêt, et des lois dites contre l'usure. *Genève*, 1829, in-8.

TREMBLEY SARRAZIN. — Deux moyens de nous concilier par nous-mêmes, adressés à tous les citoyens et bourgeois, etc.

TREMEAU (Th.-Ph.), alors bachelier en droit.

—Traité élémentaire du droit civil romain, destiné à MM. les étudiants en droit. *Paris, Durand*, 1815, in-12, 2 fr. 25 c.

TRÉMEAU (François), imprimeur du roi, ancien chef de bureau de l'intérieur à la préfecture de la Charente.

— Tarifs servant à convertir les mesures générales de superficie, de longueur, de capacité et de pesanteur, anciennement en usage dans le département de la Charente, en mesures nouvelles analogues, suivis des prix comparatifs entre ces différentes mesures, rédigés sur un nouveau plan, et mis à la portée de toutes les personnes qui, peu versées dans le système décimal, desirent connaître sur-le-champ, et sans le moindre travail, le rapport qui existe entre les mesures et poids. On y a joint un Tableau comparatif des pièces de 3 livres, 6 livres, 24 et 48 livres, en francs. *Angoulême, Trémeau*, 1822, in-8 de 24 pag.

TRÉMERY (F.), professeur de langues et de comptabilité, à Paris.

—Écriture (l') expédiée, enseignée en peu de leçons, d'après un nouveau procédé. *Paris, l'Auteur; Audin*, 1826, demi-in-8 oblong, avec planches, 2 fr.

— Manuel complet du teneur de livres, ou l'Art de tenir les livres en peu de leçons par des moyens prompts et faciles, etc. *Paris, Roret*, 1829, in-18, 3 fr. — Seconde édition, revue, corr. et augm. *Paris, le même*, 1833, in-18, 3 fr. — Nouv. (4°) édition. *Paris, le même*, 1837, in-18, 3 fr.

— Manuel (nouv.) complémentaire d'arithmétique, ou Recueil de problèmes nouveaux, appliqués au commerce, à la banque, etc. La deuxième partie renferme la solution raisonnée des problèmes. *Paris, Roret*, 1835, in-18, 1 fr. 75 c.

—Manuel de calligraphie, trad. de l'angl. (1828). Voy. Carstairs.

—Manuel du jeune orthographiste, ou Cours théorique et pratique d'orthographe, contenant des règles neuves ou peu connues sur le redoublement des consonnes, sur les diverses manières de représenter les sons ressemblant de la langue française, et un traité de ponctuation; suivi d'un traité des participes et d'un recueil d'exercices. *Paris*, *Caillot*, 1817, in-12, 2 fr. — Autre édition. *Paris*, *Roret*, 1832, in-18, 2 fr. 50 c.

— Méthode de Carstairs, dite américaine, trad. de l'angl. (1828). Voy. Carstairs.

C'est le même ouvrage que le Manuel de calligraphie.

— Réponse critique à la brochure publiée par M. A.-S. Julien, relativement à la traduction de la méthode anglaise de M. Carstairs. *Paris*, *Roret*; *Trémery*, 1828, in-8 de 8 pag., 25 c.

— Vocabulaire des termes de commerce, ou Principes de la tenue des livres à partie double, renfermant, etc. *Paris*, *Babeuf*, 1820, in-8 de 48 pag. — IIIe édition, augmentée d'un Cours théorique et pratique de tenue des livres à partie simple. *Paris*, *l'Auteur*, 1827, in-8, 3 fr.

TREMISOT, à Paris, l'un des collaborateurs de l'Isographie des hommes célèbres, membre de la Société de l'histoire de France.

TREMOLLIÈRES, ancien président du tribunal de première instance de Besançon.

— *France (la) secourant les incendiés de Salins. Épître en vers. *Besançon*, *Ch. Deis*, 1827, in-8 de 11 pages.

TREMTSUCK (C.-A.). — Machines (des) à vapeur, de leur origine, de leur construction, de leur force, des moyens de les faire fonctionner, des mesures de sûreté à prendre pour éviter les accidents. *Bordeaux*, *Teycheney*, 1836, in-8, avec 4 pl., 5 fr.

TRENCHARD (J.).—Esprit du clergé, ou le Christianisme primitif vengé des entreprises et des excès de nos prêtres modernes; trad. de l'angl. (de J. Trenchard et de Th. Gordon, et refait en partie par le baron d'Holbach). *Londres* (*Amsterdam*, *M. M. Rey*), 1767, 2 vol. in-8.

Ce livre a été traduit et corrigé par le baron d'Holbach, et ensuite par Naigeon l'aîné, qui l'a *athéisé* le plus possible. *Barb.*

— Intolérance (l') convaincue de crime et de folie, ouvrage traduit de l'anglais (de « l'Independent Whig » de Gordon et Trenchard, par le baron d'Holbach).

Traduction imprimée à la suite de celle de l'ouvrage de Crellius (voy. ce nom), intitulé: De la tolérance dans la Religion, etc., édition de 1769, qui a été retouchée et rectifiée dans beaucoup d'endroits, par Naigeon.

Le traducteur de ces deux ouvrages a publié, comme étant des mêmes auteurs, un livre intitulé: « la Contagion sacrée »; mais ce dernier est bien de la composition du baron d'Holbach.

TRENCK (Frédéric, baron de); né à Kœnigsberg, le 16 février 1726, d'une famille dont les ancêtres remontaient jusqu'au temps où l'ordre teutonique convertit les Borusses pour rester maîtres de leur pays. Venu à Paris, à la fin de 1791, il fut, en 1794, compromis dans la conspiration des prisons, et envoyé à la mort, le 25 juillet.

— Examen politique et critique de l'Histoire secrète de la cour de Berlin.

L'auteur s'attache surtout à réfuter les calomnies de Mirabeau contre plusieurs souverains du Nord, et son style a été très-approuvé de La Harpe.

— Vie (la) de Frédéric, baron de Trenck, écrite par lui-même; trad. de l'allemand (par le baron de Bock). *Paris*, *Belin*, 1788, in-8. — Sec. édition, revue et corr. *Metz*, *Lamort*; *et Paris*, *Belin*, 1788, 2 vol. in-12.

La première édition de cette traduction est anonyme.

— Vie (la) de Frédéric, baron de Trenck, traduite de l'allem. par M. Le Tourneur; dans laquelle sont rétablis tous les passages supprimés dans l'édition de Metz. *Paris*, *Buisson*, 1788, 3 vol. in-12, fig.

— Mémoires de Frédéric, baron de Trenck, trad. par lui-même, sur l'original allemand, augmentés d'un tiers, et revus sur la traduction par M. de***. *Strasbourg*, *J.-G. Treuttel*, *et Paris*, *Onfroy*, 1788, 3 vol. in-8, enrichis du portrait de l'auteur et de neuf belles gravures.

TRENEUIL (Joseph), poëte élégiaque, conservateur de la Bibliothèque de l'Arsenal; né à Cahors, le 27 juin 1763, mort à Paris, le 5 mars 1817.

— Martyre (le) de Louis XVI, et la Captivité de Pie VI, poëmes élégiaques. *Paris*, *F. Didot*, 1815, in-8 de 88 pages, 2 fr.

Ces deux pièces ont eu une seconde édition dans la même année; elles ont été depuis réimprimées dans les *Poëmes élégiaques* de l'auteur.

— Nuit du vingt janvier....

— Orpheline (l') du Temple, élégie. *Paris*, *F. Didot*, 1814, in-8 de 32 pag.

Réimpr. dans les *Poëmes élégiaques*.

— Poëmes élégiaques, précédés d'un Discours sur l'élégie historique. *Paris*, *F. Didot*, 1817, in-8, 5 fr., et sur pap. vélin, 10 fr.

On estime beaucoup le *Discours sur l'élégie historique*, qui sert d'introduction à ce volume.

On trouve dans ce recueil : les Tombeaux de Saint-Denis, la Princesse Amélie, l'Orpheline du Temple, et le Martyre de Louis XVI, etc.

— Les mêmes. Nouv. édition, augm. d'une Notice sur l'auteur (par M. AMAR) et de plusieurs pièces inédites. *Paris*, *F. Didot*; *Bossange père*, 1824, in-8, fig., 6 fr.

On trouve dans cette édition des pièces inédites jusqu'alors : l'*Épître sur la mode*, l'*Esclavage des nègres*, petit poëme dans lequel l'auteur s'est élevé au-dessus de la perfection qu'exigent les concours académiques.

— Princesse (la) Amélie, ou l'Héroïsme de la piété fraternelle, élégie. *Paris*, 1811, in-8, 1 fr. 50 c. — IIIe édition. *Paris*, *Michaud*, ..., in-8.

Réimpr. dans les *Poëmes élégiaques*.

— Tombeaux (les) de Saint-Denis, ou les Autels expiatoires, poëme élégiaque. VIe édition. *Paris*, *de l'impr. de F. Didot*, 1814, in-8 de 64 pag.

La première édition est de 1806. Cet opuscule a été réimprimé dans les *Poëmes élégiaques*.

On doit encore à Jos. Treneuil, *la Fête nuptiale* (à l'occasion du mariage de Napoléon), 1810, in-4, et une *Ode sur la naissance du roi de Rome*, 1811, in-4 : ces deux pièces ont été réimprimées dans le recueil intitulé : l'Hymen et la Naissance. *Beuch.*

Nul n'a contesté les qualités estimables de Treneuil comme poëte; mais un faible qu'il avait les gâtait un peu : c'était une avidité de succès poétiques, qui le portait même à rechercher les louanges avec la chaleur et l'indiscrétion méridionales. On ne saurait oublier le trait suivant, tout en regrettant que la Garonne ne passe qu'à douze lieues de Cahors. Sachant que « la Gazette de France » devait insérer un article qui le concernait, Treneuil trouva, sans se nommer, un prétexte pour en aller corriger l'épreuve; et comme il n'y vit que des éloges modérés, il eut soin d'en changer fortement les expressions.

Quelques personnes affirment que Treneuil a eu part aux Satires toulousaines, publiées en 1804 (voy. l'art. Tajau).

TRENQUALYE (J.), chanoine, vicaire-général de Digne.

— Providence (la) faisant tout pour le bonheur des hommes. *Paris*, *Adr. Leclère*, 1816, in-12, 2 fr. 50 c.

TRÉPAGNE (l'abbé René), de Menerville, curé de Surêne et de Puteaux.

— Amusements (les) de M. le duc de Bretagne, dauphin, avec le Discours sur sa mort, et autres petites pièces. *Paris*, *Guill. Cavelier*, 1712, in-12.

— Réflexions morales sur les Métamorphoses d'Ovide, en distiques français. 1730, in-4.

TREPAN (Félix). — Fanfreluches politiques. *Paris*, *de l'impr. de Dupont*, 1833, in-18 de 36 pag.

Tirés à 100 exempl., qui ne furent pas mis dans le commerce.

TRÉSAGUET, inspecteur-général des ponts et chaussées; mort à Paris, en 1794.

— Mémoire sur la construction et l'entretien des chemins de la généralité de Limoges. (Mém. posth.). *Paris*, *de l'impr. de Fain*, 1832, in-8 de 16 pag.

Extrait des Annales des ponts et chaussées.

TRESSAN (Louis-Élisabeth de LAVERGNE, marquis de BROUSSIN, comte de), lieutenant-général des armées du roi, commandant des villes du comté de Bitsch, dans la Lorraine allemande (à Nanci), membre de l'Académie des sciences et de l'Académie française, et de l'Académie de Nanci, de la Société royale de Londres, de l'Académie royale de Berlin, de celle d'Édimbourg, etc., etc.; né le 4 novembre 1705, mort le 31 octobre 1783.

— Corps d'extraits de romans de chevalerie. *Paris*, *Pissot*, 1782, 4 vol. in-12.

— Discours à l'occasion de la dédicace de la statue du roi Louis XV, érigée à Nanci. 1755, in-4.

— Discours de réception à l'Académie française. 1781, in-4.

— Éloge de M. de Maupertuis. *Nanci*, 1760, in-8.

— Éloge du maréchal de Muy. 1778, in-8.

—*Éloge de feu M. Bernard de Fontenelle. 1783, in-8 de 37 pag.

— Épître à mademoiselle Gaussin....

— Essai sur le fluide électrique, considéré comme agent universel. *Paris*, *Buisson*, 1786, 2 vol. in-8.

— * Histoire du chevalier du Soleil, de son frère Rosiclair et de leurs descendants, traduction libre; avec la conclusion tirée du « Roman des romans » du sieur du Verdier. *Amsterdam*, *et Paris*, *Pissot*, 1780, 2 vol. in-12.

Ouvrage qui n'a pas été inséré dans les Œuvres du comte de Tressan.

— Mémoire (sur un nain) envoyé à l'Académie des sciences. 1760.

— OEuvres diverses. *Paris*, *Cellot*, 1776, in-8.

— Portrait historique de Stanislas-le-Bienfaisant. *Nanci*, 1767, in-8.

— Relation de la dédicace de la statue pédestre du roi Louis XV, érigée par le roi Stanislas dans Nanci, avec un discours. *Nanci*, 1762, in-12.

Le comte de Tressan a eu part à la Bibliothèque univ. des romans (1775-89), et a donné plusieurs pièces en vers dans l'Almanach des muses.

Il a, en outre, donné une traduction libre d'Amadis des Gaules (1779, 2 vol. in-12);—de Roland furieux, poëme héroïque d'Arioste (1787, 4 vol. in-12); — et une autre de Roland l'amoureux, de Bojardo.

Comme éditeur, le comte de Tressan a publié les romans de chevalerie suivants : 1° l'Histoire de Gerard de Nevers et de la belle Euriante, sa mie;—l'Histoire du petit Jehan de Saintré et de la Dame des belles Cousines, extraite de la vieille chronique de ce nom; — l'Histoire de Huon de Bordeaux; —l'Histoire de Tristan de Léonais et de la reine Iseult.

— OEuvres (ses) choisies (édition dirigée par Garnier). *Paris*, *Cuchet*, 1787 et ann. suiv., 12 vol. in-8, fig.

— OEuvres posthumes. *Évreux*, *Ancelle*, 1815, 12 vol. in-8.

—OEuvres complètes, précédées d'une Notice sur sa vie et ses ouvrages, par M. Campenon, de l'Académie française (ou plutôt par M. J.-E. Martin). Édition revue, corrigée et accompagnée de notes, de sommaires et d'une table; ornée de gravures, d'après les dessins de M. Colin. *Paris, de l'impr. de F. Didot. — Nepveu; Aimé André*, 1822-23, 10 vol. in-8, ornés de 13 planches, dont un portrait et un fac-simile; sur pap. fin d'Annonay, 80 fr.; sur carré vélin d'Annonay, 130 fr., et sur gr. pap. vélin, plus cher.

Cette édition, qui est la plus complète des OEuvres de cet auteur, avait été annoncée comme devant avoir douze volumes.

Néanmoins elle est plus complète que celles qui ont paru jusqu'à ce jour. Elle offre de plus que l'édition de 1787, l'éloge de Fontenelle, qui est le dernier ouvrage de l'auteur; quelques pièces inédites, les discours ou extraits de discours prononcés dans l'Académie française pour la réception de M. Tressan et pour celle de son successeur; le roman de Robert-le-Brave, par l'abbé de Tressan, que les éditeurs n'ont pas cru indigne de l'honneur d'être placé à la suite du Petit Jehan de Saintré et de Gérard de Nevers, d'autant plus qu'il se rapproche par le sujet de ceux que le comte de Tressan aimait à traiter.

Cette collection est ainsi composée :

Tomes I et II, *Amadis de Gaule*, en v livres, précédé de la Notice sur M. de Tressan et ses ouvrages;

Tomes III et IV, *Extraits des romans de chevalerie* (1° Tristan de Léonais, fils de Méliadus; 2° Artbus de Bretagne; 3° Flores et Blanche-Fleur; 4° Cléomades et Claremonde; 5° Extrait du roman de la Rose, précédé d'une courte *Dissertation sur l'état de la littérature française sous les règnes de Louis VI, Louis VII, Philippe-Auguste, Louis VIII, Saint-Louis, Philippe-le-Hardi, et Philippe-le-Bel*; 6° Pierre de Provence et la belle Maguelone, fille du roi de Naples; la Fleur des batailles, ou Histoire des hauts faits de Doolin de Mayence; de Geoffroy son fils, duc de Mayence et de Danemarck, l'un des douze pairs et preux de la cour de Charlemagne; et du duc et preux Mervin, fils d'Ogier le Danois; 8° Guérin de Montglave; 9° Huon de Bordeaux; 10° Don Ursino le Navarin, et dona Inès d'Oviedo; 11° Roland l'amoureux, imité et abrégé de Boyardo).

Tomes V—VII, *Roland le furieux*, traduit d'Arioste.

Tome VIII, *le Petit Jehan de Saintré*; — *Gérard de Nevers*;—*Histoire de Rigda et de Regner Lodbrog*, roi de Danemarck, contemporain de Charles-Martel et de Pépin; précédée de *Recherches sur l'origine des romans inventés avant l'ère chrétienne, et avant que l'Europe fut policée*; — Histoire de Robert, surnommé le Brave (par l'abbé de Tressan).

Tome IX, *Zélie, ou l'Ingénue*; — *Réflexions sommaires sur l'esprit*.

Tome X, *OEuvres diverses* (renfermant quatre Discours, l'Éloge de Maupertuis, le Portrait historique de Stanislas-le-Bienfaisant, l'Éloge de Fontenelle, des poésies et des lettres).

TRESSAN (l'abbé de), fils du précédent, né en Amérique, en 1749, émigra de France en Angleterre à l'époque de la révolution, et mourut en juillet 1809.

— Chevalier (le) Robert, ou Histoire de Robert, surnommé le Brave, ouvrage posthume. *Saint-Pétersbourg*, 179., in-8. — Seconde édition, revue, corr. et augmentée de plusieurs morceaux inédits du même auteur, d'un Discours adressé au comte de Tressan par l'abbé Delille, ornée d'une gravure et d'une romance mise en musique. *Paris*, *Giguet*, an IX (1801), in-8, 3 fr.; ou *Paris*, *les libr. assoc.*, an IX (1801), in-18 de 180 pag., 1 fr. 80 c.

Ouvrage présenté comme un livre posthume du comte de Tressan : Il a été inséré dans ses OEuvres, édition de 1822—23.

— Mythologie (la) comparée avec l'Histoire; suivie de Recherches sur l'ancienne religion des habitants du Nord. Ouvrage adopté par l'université. VIIIe édition. *Paris*, *Dufour et d'Ocagne*, 1826, 2 vol. in-12, ornés de 16 planches en taille-douce, représentant 75 sujets, 6 fr. — *Lyon*, *Rusand*, 1830, 2 vol. in-12.

La première édition est de 1796, 2 vol. in-8. Il existe des éditions plus récentes dans ce format, sur beau pap. d'Angoulême (8 fr.), et sur pap. vélin (16 fr.).

— * Rose Summers, ou les Dangers de l'imprévoyance; trad. librement de l'angl. (1809).

— Sermons de Blair, trad. de l'angl. (1807). Voy. Blair.

TRESSÉOL. Voy. Roubaud de T.

TRESSIGNIEZ, vétérinaire de l'arrondissement de Douai, etc.
— Résumé analytique des différents rapports des vétérinaires commissionnés par l'administration dans le département du Nord, sur les maladies qui ont régné sur les chevaux pendant les années 1820 et 1821, ainsi qu'une Notice sur la maladie épizootique qui a régné sur les bêtes à cornes dans l'arrondissement de Douai, pendant les années 1814 et 1815, rédigé suivant les ordres de M. le comte de Murat, préfet du Nord. *Lille, Danel*, 1822, in-8 de 16 pag.

TRESVAUX (l'abbé), réviseur et augmentateur d'une nouvelle édition des Vies des saints de Bretagne, par Guy-Alexis Lobineau (1836), et aussi réviseur d'une Vie du vénérable serviteur de Dieu Barthélemy Holtzauser, trad. de l'ital. (1836).

TREUENTHAL. — Feuilles (les) de palmier, contes orientaux, trad. de l'allem. (1836). Voy. Herder.

TREUIL, professeur à l'école militaire de Saint-Cyr.
— Éléments d'arithmétique complémentaire, ou Méthode nouvelle, par laquelle, à l'aide des compléments d'arithmétique, on exécute toutes les opérations de calculs. *Paris, Grimbert; Bossange*, 1822, in-8, 2 fr.

Avec M. Berthevin, sous le nom de qui la seconde édition a paru.

— Essais de mathématiques, contenant quelques détails sur l'arithmétique, l'algèbre, la géométrie et la statistique. *Paris, veuve Courcier*, 1818, in-8, avec une planche, 2 fr.

TREUL (du). Voy. Du Treul.

TREUSSART (le général). — Mémoire sur les mortiers hydrauliques et sur les mortiers ordinaires. *Paris, Carilian-Gœury; Anselin*, 1829, in-4 d'environ 230 pag., avec une planche, 12 fr.

TREUTTEL, conseiller de la cour.
— Vie de Frédéric II, roi de Prusse. Accompagnée d'un grand nombre de remarques, pièces justificatives et anecdotes, dont la plupart n'ont point encore été publiées. *Strasbourg, J.-G. Treuttel; Paris, et Genève*, 1787, 4 vol. in-12.

Une dédicace au prince Maximilien Joseph est signée Treuttel : est-ce comme auteur, ou comme libraire éditeur ?

TREUVÉ (l'abbé Simon-Michel), prêtre, docteur en théologie, depuis théologal de Meaux sous Bossuet ; mort à Paris, le 22 février 1730, à soixante-dix-sept ans, avait resté cinq ans dans la congrégation de la doctrine chrétienne ; il en sortit en 1673, et fut ensuite vicaire de la paroisse de Saint-Jacques du Haut-Pas, à Paris. Quelque temps après, Bossuet l'attira à Meaux, et lui donna la théologale et un canonicat de son église, qu'il posséda pendant vingt-deux ans. Mais le cardinal de Bissy, ayant eu des preuves que Treuvé était flagellant, même à l'égard des religieuses, ses pénitentes, l'obligea de sortir de son diocèse. Ce chanoine et théologal était un grand partisan de MM. de Port-Royal, et très-opposé à la bulle *Unigenitus*. Il avait exercé le ministère de la prédication.
— Devoir (le) des pasteurs, en ce qui regarde l'instruction de leur peuple. *Châlons*, 1699, in-12.
— * Directeur (le) spirituel pour ceux qui n'en ont point. *Paris, Josset*, 1690, 1696, in-12.

Souvent réimprimé.

— * Discours de piété pour l'octave du saint-sacrement. *Paris*, 1695, in-12. — * Discours de piété pour les dimanches et fêtes de l'Avent. *Lyon, Bacheleu*, 1697, in-12.

Il y a dans ces deux volumes, outre quelques sermons de morale, plusieurs panégyriques des saints, et un discours que l'auteur prononça à Meaux pour l'anniversaire du sacre de Bossuet, évêque de ce diocèse, où il établit l'obligation des pasteurs envers les peuples, et les devoirs des peuples envers les pasteurs.

— * Histoire de M. Duhamel, docteur de Sorbonne et curé de Saint-Méry. *Sans nom de lieu, ni d'impr.*, ni année.

Cet ouvrage a été composé en 1690. Voy. le « Dictionnaire historique des auteurs ecclésiastiques », Lyon, veuve Bessiat, 1767, 4 vol. in-8, au mot Treuvé.

— Instruction sur les dispositions qu'on doit apporter aux sacrements de pénitence et d'eucharistie. *Paris, Desprez*, 1676, in-12.

Souvent réimprimée.
C'est cet ecclésiastique qui a mis en ordre et augmenté le Dictionnaire des cas de conscience, par de Lamet et Fromageau.

Le Catalogue manuscrit de la Bibliothèque du roi attribue à l'abbé Trevvé une traduction nouvelle des Confessions de saint Augustin abrégées, où l'on n'a mis que ce qui est le plus touchant et le plus à la portée de tout le monde (Paris, 1703, petit in-12, souvent réimprimé : elle est aussi attribuée à d'autres (voy. notre article saint Augustin).

TREVERN. Voy. Le Pappe De T.

TREVET (l'abbé), curé de Gonnecourt dans le vicariat de Pontoise.
— Dissertation pour maintenir l'unité de Marie-Madelaine, Marie, sœur de Marthe, et la femme pécheresse. *Paris, Sevestre; Barbou*, 1713, in-4.
— * Réfutation d'un libelle imprimé l'an 1676, qui a pour titre : « Prescriptions touchant la conception de Notre-Dame » (par J. de Launoy). *Rouen, Maurry*, 1709, in-4.

TREVET (G.), de Caen. — Notes sur les bonbons coloriés par des substances vénéneuses. *Paris, de l'impr. de Courcier*, 1831, in-8 de 20 pag.

TRÉVIGNO (Fernand). — Avis désintéressé sur les derniers écrits publiés par les cours de Vienne et de Madrid, au sujet de la guerre présente (ou quatre pièces traduites de l'italien de Fernand Trévigno; les deux premières par l'abbé Le Mascrier, et les deux autres par Louis-Fr.-Jos. de La Barre). (*Paris*), 1735, in-4.

TRÉVILLE (de Calouin, chev. de); né à Castelnaudary, en Languedoc.
— Exposition de la doctrine de saint Thomas sur le tyrannicide. 1764, in-12.

TREY (Auguste de). — Sermon sur le jubilé de la réformation de l'illustre république de Genève, prononcé à Berne, le 21 août 1735. *Genève*, 1735, in-4.
— Sermons sur les devoirs des juges. *Genève*, 1727, in-8.

TREYERAN (J.-A.) le jeune. — Parallèle des diverses méthodes proposées pour l'extraction des calculs vesicaux par l'appareil latéral, et description d'un nouveau procédé, présenté et soutenu à l'École de médecine de Paris. *Paris, Méquignon l'aîné*, 1802, in-8.

TREYSSAT DE VERGY. — * Lettres (deux) de l'auteur « des Usages », contre d'Éon de Beaumont. *Genève* (*Paris*), 1763, in-12.
— * Usages (les), par M. Tr. D. V. *Genève* (*Paris*), 1762, 2 vol. in-12.

TREZEL (le colonel). — Notice sur le Ghilan et le Mazenderan.

Imprimée, en 1821, à la suite du Voyage en Arménie et en Perse, de M. P. Amédée Jaubert.

TRIAL. — Retour (le) desiré, fête en deux actes (et en prose), mêlée d'ariettes. *Potsdam, Ch.-Chr. Horvath*, 1784, in-8.

TRIAL-LATOUR. — Parvenus (les) d'aujourd'hui, ou le Véritable ami, comédie en trois actes et en prose. *Le Hâvre, Faure*, 1797, in-8.

TRIANON (Henri). — Examen critique du salon de 1833. *Paris, Delaunay*, 1833, in-8 de 192 pag., 3 fr. 50 c.

Avec M. Alfred Annet.

— Sous les rideaux. Contes du soir. *Paris, Belin*, 1833, in-8, avec une gravure, 7 fr. 50 c.

Avec M. Ed. Thierry.

TRIAU, ancien gendarme. — * Rêve (le) d'un homme de bien, adressé aux illustres représentants de la nation française. Par M. Tri.., anc. gendarme. 1789, in-8.

TRIBOLET, docteur en théologie de la Faculté de Paris, abbé de Saint-Étienne d'Antin, missionnaire zèlé en Languedoc et dans les Cévennes; mort vers 1708.
—*Lettres instructives et historiques sur la divinité de J..C., sur la vérité de l'Église catholique, etc. *Dijon, A. du Fay*, 1709, in-12.

TRIBOU (Auguste), commerçant à Cambrai, archiviste et membre de la Société d'émulation de la même ville.
— Recherches historiques sur les anciennes monnaies des souverains, prélats et seigneurs du Cambrésis, avec les médailles et jetons dont cette province a été l'objet. Ouvrage couronné par la Société d'émulation de Cambrai. *Cambrai, F. Berthoud*, 1824, in-8, avec un cah. de onze pl.

Imprimé aussi dans les Mémoires de la Société d'émulation de Cambrai, ann. 1823, avec des Remarques et Observations de M. Leglay à la suite.

Cet ouvrage devait renfermer quarante planches, dont l'auteur possédait les dessins dès 1828, nous ignorons si depuis elles ont été publiées, ou si M. Tribou les a réservées pour une seconde édition, augmentée, de son livre, qu'il se proposait de donner au public.

Un premier Essai de M. Tribou sur le même sujet avait obtenu de la Société d'émulation de Cambrai le second prix d'histoire locale; mais il ne paraît pas avoir été imprimé.

TRIBOUT (Louis-Charles), artiste vétérinaire, et membre de la Société d'agriculture, arts et commerce du département de la Moselle; né à Montagny-lès-Metz, vers 1742.

— Mémoire sur le traitement des maladies épizootiques les plus communes dans le département de la Moselle, et sur les prairies naturelles et artificielles. *Metz, B. Antoine*, 1807, in-8 de 82 pag.

Ce petit ouvrage est un extrait compilé de la partie hygiénique du livre de Bourgélat et des traités de Paulet et Vicq-d'Azyr sur les maladies épizootiques.

Tribout, en outre, a fourni plusieurs *Observations* au premier volume du recueil des Mémoires de la Société libre d'agriculture de Metz (1801—03).

TRICALET (Pierre-Joseph), prêtre et docteur en théologie en l'université de Besançon, directeur du séminaire de Saint-Nicolas-du-Chardonnet; né à Dôle, le 30 mars 1696, mort à Villejuif, le 31 octobre 1761.

— * Abrégé de la « Pratique de la perfection chrétienne », tiré des OEuvres de RODRIGUEZ. *Paris, Guérin et Delatour*, 1761, 2 vol. in-12.

Souvent réimprimé. (Voy. RODRIGUEZ).

— * Abrégé du « Traité de l'amour de Dieu », de saint François de Sales. *Paris, Guérin et Delatour*, 1756, in-12.

— Année spirituelle, contenant, pour chaque jour, tous les exercices qui peuvent nourrir la piété d'une âme chrétienne. *Paris, Lottin*, 1760, 3 vol. gr. in-12, in-12 ordinaire et petit in-12. — Nouv. édition. *Vienne en Autriche, Trattner*, 1771, 3 vol. in-8. — Autre édition. *Lyon*, 1812, 3 vol. in-12, et *Clermont, Landriot*, 1813, 3 vol. in-12.

Une édition récente a été imprimée, précédée d'une Notice sur l'auteur. Lille, Lefort, ..., 3 vol. in-12, 6 fr.

— Bibliothèque portative des Pères de l'Église, qui renferme l'histoire abrégée de leur vie, l'analyse de leurs principaux écrits, etc, avec leurs plus belles sentences (par l'abbé TRICALET), avec l'éloge de l'auteur, par l'abbé GOUJET, en tête du neuvième volume. *Paris, Lottin*, 1758-62, 9 vol. in-8. — Nouv. édition, revue, corr. et augm., par Laurent-Étienne RONDET. *Paris, Onfroy*, 1787, 8 vol. in-8.

— Livre (le) du chrétien, dans lequel se trouve tout ce que le chrétien doit savoir par rapport à la religion. Ouvrage posthume. *Paris*, 1762, in-12; — ou *Paris, Société catholique des bons livres*, 1827, in-12.

— Motifs (les) de crédibilité rapprochés dans une courte exposition. *Paris, Panckoucke*, 1763, 2 vol. in-12.

— * Précis historique de la vie de J. C., de sa doctrine, de ses miracles et de l'établissement de son Église. *Paris, Lottin*, 1760, et 1777, in-12.

TRICAUD (l'abbé Anthelme de), prieur de Belmont.

— * Campagnes de M. le prince Eugène en Hongrie, et des généraux vénitiens dans la Morée, pendant les années 1716 et 1717. *Lyon, Th. Amaulry*, 1718, 2 vol. in-12.

— * Essais de littérature pour la connaissance des livres, depuis le mois de juillet 1702 jusqu'au mois de juillet 1704. *Paris, Moreau et Ribou*, 1702-04, 4 vol. in-12.

Pelhestre, bibliothécaire du grand couvent des Cordeliers de Paris, publia, en 1703, des « Remarques critiques » sur ces Essais, brochure in-12 de 92 pages.

L'abbé Faydit publia aussi un « Supplément des Essais », etc., 1703 et 1704, 5 part. in-12.

Le P. Baizé fait observer, dans le Catalogue de la doctrine chrétienne, qu'il y a réellement quelques-uns de ces suppléments qui sont de l'abbé Faydit : mais les autres, moins vifs, plus modérés, sont de l'abbé Tricaud lui-même.

— * Histoire de la révolte des Catalans et du siége de Barcelonne. *Lyon*, 1715, in-12.

— * Histoire des Dauphins français et des princesses qui ont porté en France la qualité de Dauphine. *Paris, P. Prault*, 1713, in-12.

— * Journal littéraire. *Soleurre, Joseph le Romain*, 1705, in-8, avec une table générale des matières.

Avec l'abbé Hugo.

Ce Journal commence au mois de janvier, et finit au mois de décembre : c'est donc à tort que l'abbé de Claustre dit, dans sa « Notice abrégée des journaux littéraires », que ce journal fut arrêté après le septième mois.

— * Lettre à madame la comtesse ...., ou Contre-critique des auteurs de ce temps. *Paris*, 1704, in-12.

— * Lettre critique sur les ouvrages du temps, ou Gazette littéraire à madame la comtesse D. M. Par M. L. D. B. *Paris, Grou*, 1703, in-12.

Les initiales L. D. B. signifient l'abbé de Belmont.

— Pièces fugitives d'histoire et de littérature anciennes et modernes, avec les Nouvelles historiques de France et des pays étrangers sur les ouvrages du temps, et les nouvelles découvertes dans les arts et les sciences; pour servir à l'histoire anecdote des gens de lettres. *Paris*, 1704-1706, 5 parties in-12.

Les trois premières parties ont paru en 1704 chez Jean Cot, et les deux dernières en 1706 chez P. Giffart. La dédicace, en tête du premier volume, est signée D. P., et le privilége des trois premières parties est accordé au sieur Flachat de Saint-Sauveur, et celui des quatrième et cinquième au sieur d'Aiglemont.

La quatrième partie, de 99 pages, est rarissime, parce qu'elle fut supprimée dès qu'elle parut.

Elle renferme: 1° Lettre au P. Fronteau sur l'ancien usage de se saluer à table et de s'exciter à boire, avec des remarques curieuses sur la sainte Eucharistie; 2° du même, *De l'origine des paroisses, et de l'obligation d'y assister*; 3° *Critique sur la vie de saint Castor*, évêque d'Apt (par de Saint-Quentin); 4° *Dissertation critique sur les Albices et les Albiciens*, ancien peuple de Provence, pour servir d'éclaircissement à plusieurs endroits de l'histoire de Pline, mal entendus par ses commentateurs (par de Saint-Quentin).

Cette quatrième partie n'est dans aucune de nos bibliothèques publiques de Paris. L'abbé Bouillot l'a vue dans la cabinet curieux de M. Pons, de Verdun. A.-A. Barbier en possédait un exemplaire.

Bernard, dans ses Nouvelles de la république des lettres, juillet 1704, page 109, dit de cet ouvrage: « On voit depuis peu une brochure in-12, en forme « de journal, qui a pour titre: « Pièces fugitives ». « Cette brochure parle des ouvrages anciens et « modernes. Quelques-uns ont attribué cet ouvrage « à l'auteur des « Essais de littérature (l'abbé Anthelme de TRICAUD, alors jeune bachelier de Sor-« bonne); mais ceux qui savent mieux la carte du « pays littéraire l'attribuent à un garçon libraire, « qui a demeuré autrefois chez Anisson, et qui, « faute de pratique dans sa profession, s'occupe à « écrire présentement ».

On lit dans « l'Histoire des ouvrage des savants », pas Basnage, mars 1705, page 132, « Que l'auteur « s'appelle M. Du Perrier; que ce livre est assez « curieux, et contient des choses assez particu-« lières ».

On voit, au surplus, dans le tome XII, fol. 95, du Catalogue manuscrit de la bibliothèque de la Doctrine chrétienne, rédigé par le P. Baizé, mort en 1746: Ce Du Perrier était garçon libraire chez Anisson, et il a eu réellement quelque part à ce Journal; mais le principal auteur était l'abbé Tricaud, ainsi qu'on l'a su d'un témoin très sûr. C'est le même qui a donné les *Pièces fugitives* et les *Essais de littérature*, dit expressément l'abbé Faydit, Supplément de ces Essais, page 57 et ailleurs.

Le P. Baizé ajoute qu'il n'a paru que quatre parties de ce recueil. Il ne connaissait point la cinquième.

Du reste, le Journal de Trévoux, octobre 1705, p. 1818, dit que ces *Pièces fugitives recommençaient à paraître*, et qu'on se proposait d'en donner un nouveau tome de deux mois en deux mois, ce qu'on ne peut concilier avec ce que les mêmes journalistes avancent, février 1712, pag. 224, que *l'an 1704 a vu naître et finir ce Recueil, et dont il n'a paru que quatre volumes.*

L'abbé Tricaud a avoué lui-même avoir coopéré aux trois premières parties du recueil de « Pièces fugitives », dans une lettre datée de Paris, le 27 mars 1705. Voici comment il s'exprime dans cette lettre, imprimée page 173 du Journal littéraire (composé par lui, en société avec le P. Hugo, prémontré), Soleure, 1705, in-12: « A l'égard des *Pièces fugitives*, j'y avais, je vous l'avoue, quelque part; mais les méchantes pièces que l'on y introduisit à mon insu, me firent perdre l'envie d'y donner désormais mes soins, avant qu'une lettre de cachet ne m'eut éloigné de Paris.

De tous ces éclaircissements, on doit conclure que le nom de Flachat-Saint-Sauveur est un masque sous lequel se sont cachés Du Perrier et l'abbé Tricaud, en mettant au jour les trois premières parties des *Pièces fugitives*; il est encore permis d'inférer que le nom de d'Aiglemont est peut-être aussi un nom supposé sous lequel Du Perrier a continué, après la retraite de l'abbé Tricaud, de publier les quatrième et cinquième parties de ces mêmes *Pièces fugitives*.

(Note tirée de Barbier, qui déclare en devoir une partie à l'abbé Bouillot).

— * Relation de la mort du feu pape (Innocent XIII), et du conclave assemblé pour l'élection de Benoît XIII, son successeur. *Nanci*, *Cusson* (*Lyon*), 1724, in-12.

— * Remarques critiques sur la nouvelle édition du Dictionnaire historique de Moréry, donnée en 1704 (par l'abbé TRICAUD et le P. Alexis GAUDIN). *Paris*, *Mazières*, 1706, in-12. — Nouv. édition (précédée d'un long avertissement, par BAYLE). *Rotterdam*, 1706, in-8.

Vaultier a été l'éditeur du Moréry de 1704.

Ces Remarques ont été insérées dans l'édition du Dictionnaire historique et critique de Bayle, publié en 1740.

Jacques Édouard, désigné comme auteur par La Monnoye, n'y a eu aucune part: c'était un simple garçon imprimeur.

Prosper Marchand se trompe aussi en attribuant cette critique au P. Ange.

L'abbé Tricaud a eu beaucoup de part au quatrième volume du « Nouveau Recueil de pièces fugitives et d'histoire littéraire, publié par Chancey (1717, in-12). Il a été l'éditeur de l'Abrégé de l'histoire des savants anciens et modernes, etc., de dom Alexis GAUDIN (1708, in-12).

(*Article tiré du Diction. des ouvr. anon.*, *de Barbier*).

TRICOT (Laurent), maître ès-arts et de pension à l'Université de Paris; mort le 10 décembre 1778.

— Nouvelle Méthode de la langue latine, plus claire et plus détaillée, à l'usage des colléges de l'Université de Paris. *Paris*, *Aumont*, 1754, in-12.

Ouvrage très-souvent réimprimé dans le siècle dernier, et, entre autres fois, en 1776. Les éditions de ce siècle sont celles de

Metz, Collignon, 1805, in-12.
Paris, Delalain, 1824, in-12, 1 fr. 25 c.

— Rudiments de la langue latine. *Paris*, *Aumont*, 1756, in-12. — Autres éditions. *Amiens*, 1804, in-12; et *Rouen*, *Mégard*, 1811, in-12.

Autre ouvrage très-souvent réimprimé.

Tricot a fourni des pièces à l'Almanach des Muses,

TRICOT, alors secrétaire d'ambassade à Turin.
— Discours sur l'Histoire. *Paris, veuve Valade*, 1786, in-8.

TRICOTEL (C.-F.). — Esquisses de quelques scènes de l'intérieur de la Bourse, pendant les journées des 28, 29, 30 et 31 juillet dernier. *Paris, l'Auteur*, 1830, in-8 de 16 pages. 75 c.

Se vendait au profit des blessés.

TRIDON. — Chanson. *Paris, de l'impr. de Setier*, 1827, in-8 de 2 pag.
— Pensée d'un Français sur la mort du général Foy. *Paris, de l'impr. de Bellemain*, 1827, in-8 de 8 pag.

Ces huit pages renferment, en outre, une chanson signée Tridon.

TRIDON (madame C.), née Sattler.
— Album de Prague. Livraisons I-IV. *Paris, Boblet*, 1835, in-fol. de 8 planches, avec texte, 24 fr., et sur pap. de Chine, 32 fr.

TRIE, alors substitut du procureur-général près le tribunal civil de Marseille.
— Tables générales et absolument nouvelles de tous les titres qui composent le corps du droit romain et français, suivant l'édition de Contius, comparée avec celles de Den. Godefroi, et rangée dans un ordre plus méthodique et plus lumineux, avec la traduction en français, et la manière usitée de citer les titres par abréviation. *Marseille, madame Mine*, 1811, in-12, 4 fr.

TRIEST (l'abbé). — Souvenirs de première communion. *Paris, Poussielgue-Rusand; Périsse*, 1838, in-32.

TRIGAN (l'abbé Charles), docteur de Sorbonne, curé de Digoville, près Valognes; né à Quierville, près Cherbourg, le 20 août 1696, mort le 11 février 1764.
— * Histoire ecclésiastique de la province de Normandie. *Caen, Poisson*, 1759-61, 4 vol. in-4.
— * Vie (la) et les vertus de messire P.-Ant. Paté, prêtre, bachelier en théologie, curé de Cherbourg, et doyen de la Hague, décédé en odeur de sainteté; où se trouve recueillie l'histoire abrégée de plusieurs autres personnages recommandables en piété, etc. *Coutances, Fauvel*, 1747, in-8.

TRIGANT, avocat de Bordeaux.
— * Ami (l') des Femmes. 1771, in-12.

TRIGANT-GAUTIER (J.-P.), notaire et électeur à Laroche-Chalais, arrondissement de Riberac (Dordogne), ancien officier de marine.
— Cause célèbre. *Bordeaux, de l'impr. de Lawalle jeune*, 1822, in-4.

Un quatrième cahier a paru en 1822 : il contient un Parallèle de la conduite de M. Vigeant de Bigaleau et des syndics de ses créanciers avec celle de l'auteur de cet écrit, pendant les événements qui ont suivi l'arrêt de la cour royale de Bordeaux, qui réintégra le premier dans la propriété de ses biens. In-4 de 20 pages.

— Coup (le) de grâce, ou Des faits appuyés sur la vérité, en réponse au dernier écrit de Desgraviers, soi-disant médecin. *Bordeaux, de l'impr. de Peletingeas*, 1832, in-8 de 24 pag.
— Discours prononcé à l'assemblée générale des notaires du cinquième arrondissement de la Dordogne, etc. *Bordeaux, impr. de Lawalle jeune*, 1819, in-8 de 16 pages.
— Élection municipale de La Rochechalais (Dordogne), ou une Macédoine. *Bordeaux, de l'impr. de Peletingeas*, 1832, in-8 de 32 pag.
— Projet de navigation pour la rivière de Dronne, depuis Riberac jusqu'à la Fourchée sous Coutras. *Bordeaux, de l'impr. de Lawalle*, 1821, in-8 de 24 pag.
— Quelques Réflexions sur les articles insérés par M. Henri Fonfrède, dans les numéros 5034, 5035 et 5036 de l'Indicateur, sous les dates des 28, 29 et 30 décembre 1828, au sujet de l'ouvrage sur les routes, publié par le baron d'Haussez. *Bordeaux, de l'impr. de Peletingeas*, 1829, in-8 de 28 pag. — Dernières Réflexions sur les quatre articles relatifs aux travaux publics, qu'a publiés M. Henri Fonfrède, dans l'Indicateur, les 28, 29 et 30 décembre 1828 et 4 janvier 1829. *Bordeaux, de l'impr. de Peletingeas*, 1829, in-8 de 32 pag.
— Vieille (la) noblesse et la roture, suivi d'un Avis aux électeurs. *Bordeaux, Lawalle jeune*, 1820, in-8 de 24 pages, 75 c.

TRIGER. — Cours de géognosie appliquée aux arts et à l'agriculture. *Le Mans, Pesche*, 1835, in-12.
— M. Triger à MM. les membres de l'Académie des sciences. *Paris, de l'impr. de Dupont*, 1834, in-4 de 8 pag.

TRIGORY (J.-F.), employé à la direction générale des ponts et chaussées.
— Noé, poëme en XII chants, traduit de l'allem. (Chant Ier). 1817. Voy. BODMER.

TRIGOUT. — Notice sur l'emploi de la pomme de terre, adressée à tous les fabricants de fécule, brasseurs, distillateurs, etc. *Paris, l'Auteur*, 1833, in-8 de 8 pages.

TRILLE-LABARRE, professeur et compositeur de musique.
— Recueil pour la guitare, ou Leçons graduellement faites pour perfectionner les écoliers qui ne chantent pas. Œuv. VIII. 1791.

TRILLO (Camille), pseudon. Voy. LE SUIRE.

TRIMMER (miss Sarah). — Easy lessons for young children. *Paris, printed by Stone*, 1811, in-24.
— Fabulous histories, designed for the instruction of children, respecting their treatment of animals. A new edit. *Paris, Th. Barrois son*, 1817, 2 vol. in-18, 3 fr.
— Histoires fabuleuses destinées à l'éducation des enfants dans ce qui regarde leur conduite envers les animaux, trad. de l'angl. par M. D. D. S. G. (J.-Jos.-Alex. DAVID DE SAINT-GEORGE). *Genève, Dufart*, 1789, 2 vol. in-12.
— Histoire des Rouge-Gorges, trad. de l'anglais par J.-J.-A. DAVID DE SAINT-GEORGE.
— Introduction familière à la connaissance de la nature, traduction libre de l'anglais (par BERQUIN). *Paris, au bureau de l'Ami des enfants*, 1784, 2 part. in-12; et 1796, 2 vol. in-18, fig.

Réimprimée dans les différentes éditions des Œuvres du traducteur.

— Introduction à la connaissance de la nature, trad. de l'angl. par Nic. HAMEL. 1800, in-12.
— Introduction à la connaissance de la nature et à la lecture de l'Écriture-Sainte; trad. de l'angl. sur la treizième édition, par C. GROS, auteur et éditeur de plusieurs ouvrages d'éducation. *Londres, G. et W. B. Wittaker*, 1810, in-18, 2 sh.
— Abrégé d'histoire naturelle, trad. de l'angl. par M. GERSON HESSE. *Paris, rue de Seine, n.* 21, 1827, 2 vol. in-18, avec grav., 3 fr. — *Toul, Carez*, 1828, 2 vol. in-18.
— Serie (new) of Tales for youth, to which are added some interesting Tales from popular authors. *Paris, Truchy*, 1836, in-18, 2 fr.
— Simple Tales for youth, to which are prefixed little Stories selected by J. STEPHENS. *Paris, Truchy*, 1830, in-18, 2 fr.

TRINCANO ( ), anc. ingénieur extraordinaire du roi pour les princes étrangers, professeur de mathématiques et de fortifications à l'École militaire, de la compagnie des chevau-légers de la garde ordinaire du roi, etc., etc., associé de l'ancienne Académie d'Angers et du Musée de Paris; né à Besançon.
— Discours sur les fortifications. 1755, in-4.
— Éléments de fortifications, de l'attaque et de la défense des places. *Paris, Musier*, 1768, in-8. — Nouv. édit. *Paris; Cellot; Jombert jeune; Royez*, 1786, 2 vol. in-8, avec planches, 12 fr.
— Traité complet d'arithmétique, à l'usage de l'École militaire, de la compagnie des chevau-légers de la garde ordinaire du roi, des pages de la chambre de S. M., de ceux de la reine, de Monsieur, et de ceux de Mgr le comte et de madame la comtesse d'Artois. *Paris, Cellot; Musier*, 1781, in-8, 5 fr.

Trincano a remporté le prix des arts à Besançon, en 1754.

TRINITÉ (Jules), de Blois.
— Mes rêves, ou Essais poétiques. *Blois, de l'impr. de Lebissonnais*, 1837, in-8 de 80 pag.

TRINQUELAGUE (Charles-François), avant la Révolution, avocat à Nîmes; sous le gouvernement impérial, avocat général à la Cour royale séante dans la même ville; après la Restauration, il fut successivement député du Gard, en 1815, et de nouveau en 1816; procureur-général de la Cour royale de Pau, et sous-secrétaire d'État au département de la justice (il perdit cette dernière place au changement de ministère de 1817); conseiller d'État en service ordinaire, conseiller à la Cour de cassation, conseiller d'État en service extraordinaire, le 19 avril 1817, et premier président à la Cour royale de Nîmes, en 1825, et l'année suivante à celle de Montpellier; né le 29 décembre 1747.
— Discours prononcé à la rentrée de la Cour royale de Montpellier, le 6 novembre 1826. *Montpellier, Aug. Seguin*, 1826, in-8 de 14 pag.
— Éloge d'Esprit Fléchier, évêque de Nîmes, discours qui a remporté le prix de l'Académie de Nîmes, en 1776. *Nîmes*,

P. Beaume et Buchel; et Paris, les march. de nouv., 1777, in-8.

— Opinion sur le titre VI du projet de loi relatif au recrutement de l'armée, prononcée dans la séance du 4 février 1818. *Paris, de l'impr. de Le Normant*, 1818, in-8 de 16 pag.

TRINQUIER (Victor). — Anatomie pratique du corps humain. Ouvrage divisé en deux parties : la première comprenant les principales régions chirurgicales; la seconde, représentant les opérations qui s'y rattachent, telles que les ligatures, amputations, désarticulations. *Paris, Deville-Cavelin; et Montpellier*, 1834, in-fol. de 32 pag., et 11 planches.

— Observations cliniques sur les difformités de la taille et des membres. *Paris, Deville-Cavelin*, 1833, in-8, avec Atlas de 40 pl., 20 fr.

Avec M. Delpech.

— Système complet de médecine légale, également utile aux médecins, aux avocats, jurés, administrateurs, etc. Tome Ier. Médecine judiciaire. *Paris, Germer-Baillière; et Montpellier, Castel*, 1836-38, 2 part. in-4, 13 fr. 50 c.

De concert avec M. Rousset, M. V. Trinquier a fondé un recueil médical intitulé : *Journal des sciences médicales de Montpellier* : le premier numéro de ce recueil porte la date du 15 janvier 1834. Il devait en paraître deux numéros par mois ; nous ignorons s'il en a été publié plus que le premier.

TRINIUS (C.), médecin russe. Voy. LIBOSCHITZ.

TRIOEN (Louis-François-Bernard), avocat à la Cour d'appel de Bruxelles; né à Neuve-Église (Flandre occidentale).

— Essais sur les abus de l'agiotage....

On doit aussi à cet avocat plusieurs feuilletons sur l'astronomie, la géologie, la botanique, et l'histoire naturelle.

TRIOULLIER, notaire à Ardes (Puy-de-Dôme).

— Mémoire sur la responsabilité des notaires en second, présenté à la chambre des députés, le 20 mars 1834. *Issoire, de l'impr. de Fabre*, 1834, in-8 de 12 pag.

TRIPIER oncle, médecin; né à Évaux (Creuze).

— Épître au roi sur la prise de Constantine. *Paris, de l'impr. de Fain*, 1838, in-8 de 4 pag.

— Sur le désastre de Constantine. Chant. *Paris, de l'impr. de Fain*, 1837, in-8 de 4 pages.

TRIPIER (J.). — Dissertation sur le lac de Paladru et sur la ville d'Ars, engloutie par ce lac, dans l'ancienne province du Dauphiné, aujourd'hui département de l'Isère, arrondissement de la Tour-du-Pin, canton de Virieu. *Grenoble, de l'impr. de Baratier*, 1834, in-8 de 36 pages.

TRIPIER LEFRANC (Claude-François), très-agréable littérateur, employé de 1776 à 1814, soit au ministère des finances, soit à celui de l'intérieur, était parvenu, par son travail opiniâtre et son assiduité, à être chef de division; né à Versailles, le 24 août 1760.

— Histoire d'un chien mauvais sujet, etc. *Paris, Nepveu*, 1824, in-8 oblong.

Ce conte parut d'abord dans le Cirque olympique ou Exercices de M. Franconi.

— Jeux (les) des jeunes garçons, représentés en vingt-cinq gravures, avec l'explication de chaque jeu, accompagnés de fables nouvelles. *Paris*, 1811, in-8 obl.

— Plaisirs et peines, ou les Travers d'une jolie femme; trad. de l'angl. *Paris, Tavernier*, 1801, 2 vol. in-12.

On trouve des *contes*, des *fables* et des *chansons* de M. Tripier-Lefranc dans les recueils du temps, tels que le Panthéon littéraire, les Étrennes lyriques, les Étrennes de Polymnie, l'Almanach des Muses, et le Chansonnier des Grâces. Malgré les prières de ses amis et les instances réitérées des personnes qui ont entendu l'auteur lire ces fables et ces contes dans les salons de la capitale les plus renommés pour la délicatesse du goût, et aux séances publiques de la Société des belles-lettres, M. Lefranc se refusa toujours et se refuse maintenant encore à les réunir en un corps d'ouvrage. « Sa touche, dit une biographie imprimée en 1800, est vraiment en poésie ce qu'est en peinture celle de Téniers, et de Callot; ses fables sont plutot des contes que des fables, et cette manière, qui n'est qu'à lui, le tera lire malgré la réputation de tous les fabulistes qui l'ont précédé ». Comme Vigée, M. Lefranc excella dans la lecture à haute voix, comme Vigée cependant il n'eut jamais besoin d'avoir recours à l'art pour faire applaudir ses ouvrages.

M. Lefranc a, dit-on, en portefeuille quelques comédies, une traduction en vers de MARTIAL, un choix nombreux de contes et de fables, et des épigrammes contenues en trente-quatres livres.

TRIPPAULT, sieur de Linières, lieutenant particulier civil et criminel au siége royal de Neufville.

— Discovrs dv siége d'Attila, roy des Huns, dit le fleav de Diev, devant la ville d'Orléans, en l'an quatre cent cinquante-cinq, dédié à Messievrs les maires et échevins de la ville d'Orléans. *Chartres, de l'impr. de Garnier*, 1832, in-8 de 16 pages.

Réimpression due aux soins de M. P. Alex. Gratet Duplessis.

La première édition a été imprimée dans la même ville, en 1576, in-4.

TRIPPIER (Barthelémy), ancien contrôleur des contributions directes.

— Mémoire en forme de pétition sur les élections de la Mayenne en 1820, présenté à la chambre des députés. *Paris, Bousquet et Bataille*, 1821, in-8 de 32 pag.

TRIQUET (le R. P. André), de la compagnie de Jésus.

— Vie admirable de la très-illustre princesse sainte Aldegonde, vierge évangélique, miroir des vertus, patronne de Maubeuge. VIIIe édition, augm. du testament inédit de cette sainte, et du récit de diverses translations de son précieux corps; avec notes, par A. Estienne. *Maubeuge, Lévecque*, 1837, in-12.

TRIQUET (C.). — Vieille (la) fille, comédie en cinq actes et en vers. *Paris, Brigithe Mathé, et Nîmes, Pouchon*, 1806, in-8.

TRISSINO. — Italia (l') liberata da' Goti, riveduta e corretta per l'abbate Antonini. *Parigi, Couret*, 1729, 3 vol. in-8.

TRISTAN (Jules de), naturaliste.

Nous connaissons de ce naturaliste trois Mémoires imprimés dans les recueils du Muséum d'histoire naturelle, et qui sont: 1° Mémoire sur quelques insectes crustacés trouvés sur les côtes du Poitou, avec une pl. (Annales, tom. XIII, 1809); — Mémoire sur le genre *Pinus*, de Linné (tom. XVI, 1810); — 3° Histoire des développements de quelques gemmes bulbifères, et principalement de celles du colchique, avec 3 planches (Mémoires, tom. X, 1823).

TRISTAN (le comte Jean de), membre de la Société philomatique de Paris.

— Rapport au nom de la commission nommée pour l'examen d'une nouvelle méthode de greffer les ligneux, désignée sous le nom générique d'écusson-greffe. *Nantes, de l'impr. de Mellinet*, 1830, in-8 de 8 pages.

— Recherches sur quelques effluves terrestres. *Paris, Bachelier; Rey et Gravier*, 1826, in-8, avec une planche, 6 fr.

TRISTAN (madame Flora). (Voy. au Suppl.) madame Chazal.

TRISTAN L'HERMITE (Fr.), poëte dramatique du XVIIe siècle.

— Mariane, tragédie du sieur Tristan l'Hermite, remise au théâtre (par J.-B. Rousseau). 1731, in-12.

Réimpr. en 1734.

L'édition donnée par Tristan est de 1635.

Cette pièce paraît être la seule de cet auteur qui ait été réimprimée dans ces deux derniers siècles.

TRISTAO DA CUNHA PORTUGAL.

— Fabulista da mocidade, o Fabulas selectas d'Esope, La Fontaine, Florian, Stassart, Lemonnier, Iriarte, Samaniego, etc., traduzidas por Tristao da Cunha Portugal. *Pariz, Aillaud*, 1837, in-8, avec 24 gravures, 8 fr.

— Orthographia da lingua portugueza, ensinada en quinze liço et pelo systema de Madureira. *Pariz, Aillaud*, 1837, in-12, 8 fr.

TRIVIÉ (le marquis de), dit Wicardel de Fleury.

— Anecdotes de l'abdicationdu roi de Sardaigne Victor Amédée II. 1753, in-8.

Publié sous le nom du marquis de Fleury.

Voyez la préface du petit volume intitulé: « la Politique des deux partis, La Haye », 1734, in-18, ou Recueil de pièces traduites de l'anglais (de Bolingbroke et des frères Walpole). On y a joint l'opuscule dont il s'agit ici, sous le titre d'Histoire de l'abdication de Victor-Amédée.

Barbier en cite plusieurs éditions séparées sous ce dernier titre: sans indication de lieu, 1733; Turin, 1734, et Londres, 1782, in-8.

TROBRIAND (Denis de).—Une Aventure de négrier. *Le Hâvre, Morlent*, 1830, in-12 de 24 pag.

TROCARD (G.-J.). — Album religieux. Première livraison, mars 1837. *Bordeaux, Constant*, 1837, in-4 de 4 pages, avec 2 lithographies, 1 fr. 75 c.

Il devait paraître une livraison par mois.

TROCCON (J.-A.), docteur en médecine de la Faculté de Paris, etc.

— Abrégé de pathologie, extrait des meilleurs ouvrages, et d'après les leçons orales des professeurs de la Faculté de Paris; précédé d'un Coup-d'œil sur les généralités de l'art. *Paris, Méquignon-Marvis; l'Auteur*, 1817, in-8, accompagné de deux tableaux et 2 planches, 6 fr.

TROCHE (N.-M.). — Notice historique sur les inhumations provisoires faites sur la place du marché des Innocents, devant la colonnade du Louvre, etc., offrant le récit véritable et détaillé des circonstances qui ont précédé, accompagné et suivi ces inhumations. *Paris, Delaunay; Postel*, 1837, in-8 de 40 pag., 2 fr.

TROCHEREAU DE LA BERLIÈRE (Jean-Arnold), traducteur, membre de l'ancienne Académie de Rouen; né à Paris, en 1718.

Nous connaissons de Trochereau les trois traductions suivantes, empruntées à la littérature angloise: 1° Choix de différents morceaux de poésie (1749, in-12);—2° la Spectatrice (trad. d'Eliz. HAYWOOD), 1751, 2 vol. in-12; — 3° Histoire naturelle du thé, avec des observations sur ses qualités médicales, trad. de J. COAKLEY (1773, in-12).

TROCHU (J.-L.), cultivateur.

— Considérations sur l'impôt du sel et les moyens de le réduire ou de le remplacer. *Paris, de l'impr. de madame Huzard*, 1831, in-4 de 8 pag.

TROGNON (Auguste), ancien élève de l'École normale et agrégé au Collége royal de Louis-le-Grand, aujourd'hui professeur d'histoire.

— Discours d'ouverture du deuxième semestre du Cours d'histoire moderne. *Paris, Delestre-Boulage*, 18 avril 1822, in-8, 1 fr.

— Éloge de Rollin : Discours qui a obtenu une mention honorable sous le n° VI au concours de l'Académie française. *Paris, de l'impr. de Fain*, 1818, in-8 de 40 pages.

— Études sur l'histoire de France, et sur quelques points de l'histoire moderne. *Paris, Joubert*, 1836, in-8, 7 fr.

C'est un recueil d'articles qui avaient déjà paru dans divers journaux.

— Fragments d'histoire de France.

Impr. dans le dernier volume de la Collection des Mémoires relatifs à l'histoire de France, publiée par M. Guizot; ce morceau devait primitivement faire partie de l'Introduction à cette collection que M. Guizot s'était proposé de publier.

— Manuscrits de l'ancienne abbaye de Saint-Julien, à Brioude: Histoire du franc Harderad et de la vierge Aurélia, légende du VIIe siècle, et le Livre des gestes du roi Childebert III, chronique du VIIIe siècle, retrouvées et traduites par un amateur d'antiquités françaises. *Paris, Brière*, 1824, 2 vol. in-12, 6 fr.

Le succès qu'ont obtenus et qu'obtiennent les romans de W. Scott fait que partout on a cherché à imiter son genre. Il nous semble fort que ces *manuscrits* sont une nouvelle imitation. M. Trognon ne les publie que comme éditeur. Si l'on en croyait une lettre, en tête de la première partie, ils auraient été trouvés en 1800 par un certain Ant.-Mar.-Phil. F....as, habitant du canton de Vich, dont la lettre est signée.

— Résumé de l'Histoire d'Italie. Première partie : Lombardie. *Paris, Lecointe et Durey*, 1824, in-18. — Seconde édition. *Paris, le même*, 1825, in-18, 2 fr. 50 c.

La première édition est anonyme.

— Tableau sommaire pour servir à l'enseignement de l'histoire moderne. Ouvrage autorisé par le conseil royal de l'instruction publique. Sec. édit. *Paris, L. Colas*, 1822, in-8.

Avec M. Desmichels.

On doit aussi à M. Aug. Trognon, comme traducteur, les Dernières Lettres de Jacopo Ortis, traduit de l'italien de FOSCOLO (1819). Cette traduction est anonyme. Il a eu part à la traduction des Chefs-d'œuvre des théâtres étrangers, publiés par Ladvocat. Les pièces qu'il a traduites pour ce recueil sont : Arminius, tragédie de PINDEMONTE; — C. Gracchus, tragédie de MONTI; — le Comte de Carmagnole, tragédie de MANZONI; — Françoise de Remini, tragédie de SILVIO-PELLICO; — Ricciarda, tragédie d'Ugo FOSCOLO. Ces cinq pièces forment dans ladite collection le volume intitulé : « Théâtre italien moderne ». De concert avec son frère Alphonse, il a traduit pour la Bibliothèque latine-française, publiée par Panckoucke, l'Histoire d'Alexandre le Grand par QUINTE-CURCE (1828).

M. Trognon a revu et corrigé, pour la « Collection des romanciers grecs et latins », publiée par le libraire Corréard, l'Histoire éthiopique d'Héliodore, ou les Amours de Théagène et Chariclée, de la traduction d'Amyot (1823), et traduit pour la même collection des Amours de Rhodante et Dosiclès, par Théod. PRODROME, suivie de l'Eubéenne, par Dion CHRYSOSTÔME (1823).

TROGNON (Alph.). — Annuaire français, ou Journal de l'année 1825, contenant un compte rendu, jour par jour, des événements politiques, discussions législatives, etc., etc., terminé par un tableau des variations mensuelles du cours de la rente. *Paris, Hubert*, 1826, in-18, 5 fr. — Seconde année. *Paris, le même*, 1827, in-18, 5 fr.

M. Alph. Trognon a eu part à la traduction de divers auteurs qui font partie de la Bibliothèque latine-française, publiée par Panckoucke, et ces auteurs sont : 1° QUINTE-CURCE (1828), trad. en société avec son frère Auguste; — 2° CLAUDIEN (1830), en société avec M. Heguin de Gerle; — 3° HORACE (1832); — 4° SÉNÈQUE le philosophe (1832), et MARTIAL (1834). On lui doit aussi la traduction de l'italien de huit pièces d'ALFIERI, qui font partie du Théâtre italien inséré dans le Répertoire des théâtres étrangers, in-18, publié par Brissot-Thivars.

TROGUE POMPÉE, historien latin.

— Histoire universelle, réduite en abrégé par Justin; traduction nouvelle, avec des remarques, par M. D. L. M. (Louis FERRIER DE LA MARTINIÈRE). Nouv. édition, par M. l'abbé A.... de Port-Royal (Louis FERRIER DE LA MARTINIÈRE). 1708, 2 vol. in-12.

La première édition est de 1693.

— Histoire universelle de Justin, extraite

de Trogue Pompée, traduction nouvelle, par MM. Jules Pierrot et E. Boitard. *Paris, Panckoucke*, 1827, in-8, 7 fr.

Cette édition fait partie de la Bibliothèque latine-française, publiée par M. Panckoucke.

TROÏL (Uno de), évêque de Linkœping.

— Lettres sur l'Islande, trad. du suédois, par Lindblom. *Paris, Didot jeune*, 1781, in-8, avec fig. et cartes.

TROISVÈVRES (Th.). Voy. Thomas, de Troisvèvres.

TROJA (Michel). — De Novorum Ossium in integris aut maximis ob morbos deperditionibus regeneratione experimenta. *Parisiis, A. Didot*, 1775, in-8.

Traduction d'un célèbre ouvrage italien.

TROJA D'ASSIGNY, Voy. Troya.

TROLLIET (L.-F.), docteur en médecine, professeur de médecine clinique à l'Hôtel-Dieu de Lyon, etc., doyen des médecins de cet hospice, membre de la Société royale d'agriculture de Lyon, etc.

— Compte rendu des observations faites à l'Hôtel-Dieu de Lyon pendant trois années, depuis le 1er octobre 1819 jusqu'au 1er octobre 1822, par les médecins de cet hôpital; lu en séance publique, le 15 janvier 1823. *Lyon, de l'impr. de Durand*, 1825, in-8 de 80 pages.

— Compte rendu des observations faites à l'Hôtel-Dieu de Lyon; du 1er octobre 1822 au 1er octobre 1824, lu en séance publique le 4 mai 1825. *Lyon, de l'impr. de Durand et Perrin*, 1825, in-8.

— Discours d'ouverture du cours d'anatomie appliquée à la peinture et à la sculpture. *Lyon, Ballanche père*, 1811, in-8 de 68 pag.

— Discours sur l'histoire de l'agriculture, histoire naturelle et arts utiles de Lyon, le 3 septembre 1832. *Lyon, de l'impr. de Barret*, 1833, in-8 de 16 pag.

— Examen critique du rapport de l'Académie royale de médecine sur les documents de M. Chervin, relatifs à la fièvre jaune; lu à la Société de médecine de Lyon, le 16 novembre 1829, et imprimé par ordre de cette Société. *Lyon, Louis Babeuf*, 1830, in-8 de 44 pages.

— Lettres historiques sur la révolution de Lyon, ou Une semaine de 1830. *Lyon, Targe*, 1830, in-8.

— Mémoire sur les paragrêles, lu dans la séance du 20 mai 1825, de la Société roy. d'agriculture de Lyon, qui en a ordonné l'impression. *Lyon, Mercier*, 1825, in-8 de 16 pag.

— Notice sur les paragrêles, imprimée par l'ordre de la Société d'agriculture du département du Rhône. *Lyon, de l'impr. de Brunet*, 1827, in-8 de 8 pag.

Extrait du Précurseur.

— Observations et Recherches d'analyses pathologiques sur la rage. (Première et deuxième parties). *Lyon, de l'impr. de Kindelem*, 1819, in-8 de 184 pag.

— Plantation (de la) des arbres fruitiers. *Lyon, de l'impr. de Barret*, 1833, in-8 de 16 pages.

Cette notice se trouve aussi à la suite de l'ouvrage intitulé : De la taille des arbres fruitiers, édition de 1832.

— Rapport sur le choléra-morbus de Paris, présenté à M. le maire et au conseil municipal de Lyon. *Lyon, Louis Babeuf*, 1832, in-8 de 160 feuilles.

Avec MM. Polinière et Bottex.

— Traité (nouv.) de la rage. Observations cliniques, recherches d'anatomie pathologique, et doctrine de cette maladie. *Lyon, et Paris, Méquignon-Marvis*, 1820, in-8, 4 fr. 50 c.

Les deux premières parties de cet ouvrage avaient déjà été publiées l'année précédente sous le titre d'*Observations, etc.* (Voy. ci-dessus).

TROLLOPE (Mistriss), femme auteur anglaise distinguée du XIXe siècle.

— Belgium and western Germany in 1833. *Paris, Baudry*, 1834, 2 vol. in-12, 7 fr. 50 c.

— Belgique (la) et l'ouest de l'Allemagne en 1833; trad. de l'angl. par Mlle A. Sobry. *Paris, Fournier jeune*, 1834, 2 vol. in-8, 15 fr.

—

— Domestic manners of the Americans. IVth edition. *Paris, Baudry*, 1832, 2 vol. in-12, 7 fr. 50 c.

— Mœurs domestiques des Américains. Ouvrage traduit sur la quatrième édition (par A.-J.-B. Defauconpret). *Paris, Charles Gosselin*, 1832, 2 vol. in-8, 15 fr.

— Costumbres familiares de los Americanos del norte. Trad. por don Juan Floran. *Paris, Lecointe*, 1836, 2 vol. in-12, 16 fr.

—

— Life (the) and adventures of Jonathan.

Jefferson Whitlaw, or Scenes on the Mississipi. *Paris, Galignani*, 1836, in-8.— *Paris, Baudry*, 1834, in-8, 5 fr.

— Paris and the Parisians in 1835. *Paris, Galignani*, 1836, 2 vol. in-12, 7 fr. 50 c.

Les exemplaires, au nom du libraire Baudry, et avec la même date, sont de la même édition.

— Paris et les Parisiens en 1835. (Traduit de l'angl. par M.-J. COHEN). *Paris, Fournier*, 1836, 3 vol. in-8, 21 fr.

— Vienna and the Austrians, with some account of a journey throught Swabia, Bavaria, the Tyrol and Salzbourg. *Paris, Baudry; Amyot*, 1838, 2 vol. in-12, 7 fr. 50 c.

— Vienne et les Autrichiens. Trad. par Achille de M*** (MORISSEAU). *Paris, Fournier jeune*, 1838, 3 vol. in-8, 22 fr. 50 c.

On a inséré, dans le tome II du « Salmigondis », la traduction d'une nouvelle de mistriss Trollope, intitulée : *Un mariage par les Petites Affiches.*

TROMELIN (le comte de), lieutenant-général.

— Itinéraire de Morée, ou Description des routes de cette péninsule ; trad. de l'angl. (1828). Voy. W. GELL.

— Mémoire apologétique au sujet des divers combats auxquels il a assisté dans l'Inde, sous les ordres de M. de Suffren. In-4.

— * Observations sur les routes qui conduisent du Danube à Constantinople, à travers le Balkan ou Mont-Hæmus. *Paris, Pélicier et Chatet*, 1828, in-8 de 36 pag.

Le comte de Tromelin, en outre, a fourni des articles au Spectateur militaire.

TROMLITZ (A. de). — Prêche (le) et la messe. Roman chronique des guerres de religion pendant le XVIe siècle. Par A. de TROMLITZ et P. L'HÉRITIER. *Paris, J.-P. Roret*, 1834, 2 vol. in-8, 15 fr.

Les exemplaires portant aux frontispices : *seule édition complète*. Paris, Lecointe et Pougin, 1835, sont de la même édition.

On trouve une ou plusieurs nouvelles de Tromlitz dans les « Matinées de Brienz », trad. de l'allem. (1832, 4 vol. in-12).

TROMSDORFF, professeur de chimie et de pharmacie à l'Université d'Erfurt.

— Art (l') de formuler, selon les règles de la chimie pharmaceutique, ou petit Dictionnaire manuel et portatif, à l'usage des médecins praticiens, chirurgiens et apothicaires, qui veulent dans les recettes éviter les fautes contre la chimie pharmaceutique; trad. de l'allem. sur la deuxième édition, augmentée et corrigée, par B. DUTILLEUL, médecin à Lille. *Lille*, * *Vanackère*, an X (1801), in-12, 2 fr. 50 c.

— École (l') du pharmacien, ou Tableaux synoptiques de pharmacie, à l'usage des étudiants et des personnes qui se préparent à subir leur examen ; trad. de l'allemand, avec des notes, par P.-X. LESCHEVIN. *Paris, à l'impr. bibliogr.*, 1807, in-8, 3 fr. 50 c.

— Exposition des acides, alkalis, terres et métaux, de leurs combinaisons en sels, et de leurs affinités électives, en douze tableaux ; trad. de l'allem. par P.-X. LESCHEVIN. *Dijon, Frantin, et Paris, A.-A. Renouard*, 1802, in-fol., 5 fr.

TROMPETTE. — Plagiaire (le) géographique, scientifique, historique et utile. *Lyon, de l'impr. de Boursy*, 1837, in-12 de 80 pag.—*Marseille, Trompette*, 1837, in-12.

L'édition de Marseille est anonyme.

— Revue universelle du globe terrestre, et le triomphe de la civilisation. *Châlons, de l'impr. de Boniez-Lambert*, 1832, in-12 de 24 pag.

TRONC DE CODOLET (Palamède).

— * Fourberies (lei) dau siècle, ou lou Troumpo qu po, comedio en tres actes (et en vers). *A Coulogno, aquo de Jaque Marteou*, 1757, in-8.

TRONC DE CODOLET (F.-X.). — Désordres (les) de l'anarchie, ou la Révolution de France sous la tyrannie des Assemblées constituante et législative, de la Convention nationale et de la faction de Robespierre, avec des notes et une Épître à madame la comtesse de Gruel-Grignan. *Aix, de l'impr. de Mouret*, 1814, in-8 de 44 pag.

TRONCHAY (Michel), mort en 1733.

— * Histoire abrégée de l'abbaye de Port-Royal. *Paris*, 1710, in-12.

Réimprimée en tête des Mémoires de Fontaine, Cologne, 1738, 2 vol. in-12.

— * Idée de la vie et de l'esprit de M. Le Nain de Tillemont. *Nanci*, 1706, in-12.

TRONCHIN (François), avocat, membre du conseil des deux cents, conseiller d'État; né à Genève, en 1704, mort en 1781.

— Catalogue raisonné de son cabinet de tableaux. 1765....

Tronchin avait formé deux cabinets de tableaux précieux : le premier passa dans la collection de l'impératrice de Russie; le second a excité longtemps chez lui l'admiration des curieux.

Tronchin publia en 1765 le Catalogue raisonné de son premier cabinet; il a donné le Catalogue du second en 1780.

— * Marie Stuart, tragédie. *Paris, Prault*, 1735, in-8.

Imprimée aussi dans l'ouvrage de l'auteur, intitulé : « Mes Récréations dramatiques ».

— Mes Récréations dramatiques. *Genève*, *J.-P. Bonnet*, 1779-84, 5 vol. in-8; — *Genève*, 1789, 4 vol. in-8.

Ce recueil renferme vingt tragédies : sur ce nombre dix sont de P. Corneille, retouchées par Tronchin, une de Rotrou, et une autre de Du Ryer, également retouchées. Les huit tragédies qui appartiennent en propre à Tronchin, sont : *les Comnènes, Coriolan, Cornélie, mère des Gracques; les Deux Andronics; Louis I, prince de Condé; Marie Stuart; la Princesse du Portugal*, et *Terentia*.

TRONCHIN (Jean-Robert), alors procureur général des deux cents à Genève.

— Discours (deux) sur l'esprit de parti. *Neufchâtel*, 1764, in-12.

— * Lettres écrites de la campagne (contre J.-J. Rousseau). *Genève*, 1763, in-8 et in-12.

— * Lettres populaires, où l'on examine la « Réponse (de d'Ivernois) aux Lettres de la campagne ». (1765), in-8.

TRONCHIN (Théodore), fils du précédent, docteur en médecine de Leyde, de Genève et de Montpellier, homme qui s'est rendu célèbre dans la pratique de son art, et à qui nous devons l'introduction de l'inoculation en France, en 1762. Tronchin était né à Genève, en 1709, il mourut à Paris, en 1781. Ses connaissances et ses belles qualités le firent successivement décorer des titres de noble de Parme et de Plaisance, premier médecin de l'infant d'Espagne Don Ferdinand, duc de Parme, et de M. le duc d'Orléans; ancien inspecteur des hôpitaux et du collége des médecins d'Amsterdam; ancien professeur de médecine à Genève, agrégé au collége des professeurs de l'Université de Montpellier, associé étranger de l'Académie royale de chirurgie de Paris, membre de la Société royale de Londres, des académies de Berlin, de Stockholm, d'Édimbourg, etc.

— Colicâ (de) pictorum. *Genevæ*, 1757; — *Amstelodami*, 1758, in-4; — Nova editio. *Iena*, 1771, in-8, 3 fr.

— Dissertatio de clitoride. *Lugduni-Batav.*, 1736, in-4.

— Dissertatio medica de Nympha. In-4 et in-8.

— Lettre sur la maladie de madame la Dauphine, et procès-verbal de l'ouverture du corps de cette princesse. In-8.

Tronchin a fourni des observations aux Mémoires de l'Académie de chirurgie de Paris, et, entre autres, les deux suivantes, imprimées dans le tome V de ce recueil : *Observation sur la cure d'une ophthalmie*, et *Observation sur des hernies épiploïques internes*, et plusieurs morceaux dans l'Encyclopédie. Il a laissé des manuscrits sur plusieurs maladies. Voyez son éloge par Condorcet dans les Mémoires de l'Académie des sciences, 1782; un autre dans le Journal de Paris, 1782.

Tronchin donna une édition des Œuvres de Baillou, en 1762, et il y joignit une préface, qui est une espèce de censure de la médecine.

TRONCHIN DU BREUIL (Jean), né en 1640, mort en 1721.

— * Dialogues sur les matières du temps, concernant la religion, etc. *Amsterdam* (*Paris*), 1700, in-12.

— * Gazette française (commencée en 1691), par Jean Tronchin du Breuil, et continuée par ses fils. *Amsterdam*, 1691-1762, in-4.

Cette collection, qui eut dans son temps la plus grande célébrité, forme plus de soixante volumes.

— * Lettres sur les affaires du temps. *Amsterdam*, *Henri Desbordes*, 1688-90, 3 vol. in-4 et in-12.

— * Relation de la campagne de Flandre et du siége de Namur en 1695. *La Haye*, 1696, in-fol.

L'exemplaire de Meerman, vendu en 1824, contenait ces mots, d'une main contemporaine : « Par « M. Doph, quartier-maître général, et après géné« ral des dragons ». Il est probable que Tronchin du Breuil a mis en ordre et rédigé les notes communiquées par l'officier Doph.

— * Relation du voyage de S. M. Britannique (Guillaume III) en Hollande, l'an 1691, et de la réception qui lui a été faite. *La Haye*, 1692, in-fol.

— * Remarques sur la Lettre pastorale de M. l'archevêque de Paris, aux nouveaux réunis de son diocèse, avec une préface. *Amsterdam* (*Paris*), 1700, in-12.

On doit à Tronchin du Breuil quelques autres écrits politiques, aussi bien oubliés aujourd'hui que ceux que nous venons de citer.

De Limiers a fait un Éloge de Tronchin du Breuil, lequel a été imprimé dans le Journal des savants, édition de Hollande, décembre 1721 : on ne le trouve pas dans l'édition de Paris, du même recueil.

TRONCHON (N.), cultivateur, à Fosse-Martin (Oise), député de l'Oise, en 1817 et 1818.

— Considérations sur le gouvernement re

présentatif et sur les élections. *Paris, Delaunay*, 1822, in-8 de 112 pag.

— Considérations sur les élections. *Paris, Delaunay*, 1817, in-8 de 44 pag.

— Lettre (sa) à ses commettants. *Paris, de l'impr. de Fain*, 1819, in-8 de 16 pag..

— Opinion (son) sur le projet de loi relatif à la liberté de la presse, prononcée dans la séance du 18 décembre 1817. *Paris, Delaunay*, 1818, in-8 de 20 pag.

— Opinion sur le rapport de la commission, relatif à l'admission des députés, prononcée le 8 janvier 1818. (Session de 1817). *Paris, Delaunay*, 1818, in-8 de 16 pag.

— Opinion (son) sur la prorogation du sursis à accorder aux émigrés débiteurs contre leurs créanciers : séance du comité secret du 31 mars 1818. *Paris, de l'impr. de Fain*, 1818, in-8 de 16 pages. — Seconde Opinion sur le même sujet, séance du 9 avril 1818. *Paris, de l'impr. du même*, 1818, in-8 de 16 pages.

— Opinion (son) sur l'amendement de la commission des finances, qui a pour objet de faire intervenir les propriétaires les plus imposés d'une commune, lorsque le conseil municipal se propose de voter une imposition additionnelle non autorisée par la loi; prononcée dans la séance du 14 avril 1818. *Paris, de l'impr. de Fain*, 1818, in-8 de 16 pag.

TRONCIN (J.-P.), D. M.

— Art (l') de se préserver et de se guérir radicalement de la syphilis, des dartres et de toutes les maladies contagieuses qui ont pour cause un sang âcre et vicié. *Paris, l'Auteur*, 1837, in-8 de 180 pag., 2 fr. 50 c.

— Extinction (de l') de la maladie vénérienne, traitement préservatif et curatif. *Paris, l'Auteur*, 1834, in-8, 2 fr.

— Langage de Flore, ou nouvelle Manière de communiquer ses pensées sans se voir, sans se parler et sans s'écrire. *Paris, l'Auteur; Janet*, 1821, in-8, avec 2 pl., 10 fr.

TRONÇON DU COUDRAY. Voy. TRONSON.

TRONET (H.). — Mariage (le) du ci-devant jeune homme, comédie en un acte et en vers. *Paris, Barba*, 1820, in-8, 1 fr. 25 c.

Avec MM. de Rougemont et Maréchalle.

TRONSON (Louis), troisième supérieur du séminaire Saint-Sulpice; né en 1662, mort le 26 février 1700.

— Entretiens et Méditations ecclésiastiques. (Nouv. édit.). *Lyon, et Paris, Rusand*, 1826, in-12. — Édit. revue, corr., augm. et mise dans un meilleur ordre, par MM. de Saint-Sulpice. *Lyon, et Paris, Rusand*, 1827, in-12, 2 fr. 25 c.

— * Examens particuliers sur divers sujets propres aux ecclésiastiques, et à toutes les personnes qui veulent s'avancer dans la perfection chrétienne. Par un prêtre du clergé. IVe édition. *Lyon, Declaustre*, 1700, 2 vol. in-12; *Paris, Deshayes*, 1725, in-12; — *Lyon, Bruyset-Ponthus*, 1770, in-12.

La première édition parut à Lyon en 1690. Cet ouvrage a été très-souvent réimprimé dans le siècle dernier, ainsi que dans celui-ci.

Les éditions de ce siècle sont celles-ci :

Marseille, Mossy, 1810, 2 vol. in-12.

Toulouse, Douladoure, 1813, 2 vol. in-12.

Lyon, Betiend, 1817, 2 vol. in-12.

Lyon, Savy, 1821, 2 vol. in-12.

Édition revue, corr., augmentée, et mise dans un nouvel ordre. Paris, Beaucé-Rusand, 1823, in-8 et in-12.

Lyon, Rusand, 1824, in-12, 2 fr. 25 c.

Avignon, Chambeau, 1824, 2 vol. in-12.

Paris, Gauthier frères, 1826, 2 vol. in-12.

Poitiers, Barbier, 1831, in-12, 2 fr.

Avignon, Seguin aîné, 1834, 1837, in-12.

Besançon, et Paris, Gauthier, 1835, in-12, 2 fr. 25 c.

Toutes ces éditions sont imprimées avec le nom de l'auteur : les titres de quelques-unes indiquent que l'ouvrage a été revu et corrigé (après la mort de Tronson) par Emery, autre supérieur du séminaire Saint-Sulpice. L'édition de Poitiers est présentée comme ayant été soignée par MM. de Saint-Sulpice.

— Forma cleri, pars prima, de SS Cleri statu ejusque diversis ordinibus; 2° de præcipuis Cleri virtutibus; 3° de Vitiis clero contrariis. *Parisiis, de Bresche*, 1669, in-12.

— Eadem. Editio nova. Quatuor postremas partes nunc primum complectens. *Parisiis, Ant. Deshayes*, 1727, in-4.

— Forma cleri secundum exemplar quod ecclesiæ sanctisque patribus à Christo, Domini summo sacerdote, monstratum est. Editio nova. *Parisiis, Méquignon junior*, 1822, 3 vol. in-12, 6 fr. — Editio nova nunc demùm quam plurimis mendis expurgata. *Parisiis, Beaucé-Rusand*, 1824, 3 vol. in-8, et 3 vol. in-12, 6 fr.

— Manuel du séminariste, ou Entretiens sur la manière de sanctifier ses principales actions; suivis de plusieurs autres opuscules. Ouvrage posthume. *Paris, Méquignon junior*, 1823, 2 vol. in-12, 5 fr.

Ouvrage réimprimé sous le titre suivant :

Manuel du séminariste, ou Entretiens sur les principales obligations de la vie chrétienne et de la vie ec-

clésiastique. Seconde édit., revue et corrigée d'après le manuscrit original, et augmentée d'un Catalogue de livres choisis pour une bibliothèque. Lyon, Rusand, 1831, 2 vol. in-12.

—Retraite ecclésiastique, suivie de Méditations sur l'humilité. *Lyon, et Paris, Beaucé-Rusand*, 1823, in-12, 2 fr. 50 c.

— Traité de l'obéissance. (Ouvrage posthume et inédit). *Lyon, et Paris, Rusand*, 1822, in-12, 2 fr. 50 c.

Tronson avait aussi donné une édition revue de l'Esprit directeur des âmes, par Olier; c'est sur cette édition que l'ouvrage est encore réimprimé aujourd'hui.

TRONSON (N.-G.). — Défenseur (le) à la justice de paix, ou Dictionnaire de jurisprudence à la portée de tout le monde. *Paris, Blanchard*, 1825, in-12, 3 fr.

TRONSON DU COUDRAY (Charles), chef de brigade d'artillerie, correspondant de l'Académie des sciences; né à Reims, en 1738, mort noyé en 1778, en Amérique.

— * Artillerie (l') nouvelle, ou Examen des changements faits dans l'artillerie française, depuis 1765. Par M.***, ci-devant lieutenant au corps royal d'artillerie. *Amsterdam, et Paris*, 1772, in-8 de VII et 232 pag. — *Amsterdam*, 1782, in-8. — Autre édition. 1790, in-8.

La publication de cet ouvrage donna lieu à une controverse, dans laquelle parurent, entre autres, les deux écrits suivants :

Lettre en réponse aux Observations sur un ouvrage attribué à feu M. de Valière, etc., et à un livre intitulé: Artillerie nouvelle. Amsterdam, 1772, in-8. — *Réponse de l'auteur de l'*Essai sur l'usage de l'artillerie dans la guerre de campagne, et dans celle des siéges (M. du Puget), *à l'auteur d'un livre intitulé :* Artillerie nouvelle. (Paris, 1773), in-8. Tronson du Coudray réplique par un écrit cité plus bas sous le titre de Réponse.

— Discussion de l'ordre profond et de l'ordre mince, ou Examen des systèmes de MM. Mesnil Durand et de Maizeroy, comparés avec l'ordre à trois de hauteur. *Amsterdam, et Paris, Ruault*, 1776, in-8.

— Discussions nouvelles des changements faits dans l'artillerie, depuis 1765, en réponse à M. de Saint-Auban.

— * État (l') actuel de la querelle sur l'artillerie. *Amsterdam et Paris*, 1777, in-8.

— Expériences (nouvelles) et Observations sur le fer, relativement à ce que M. de Buffon a dit de ce métal, dans l'Introduction à l'Histoire des minéraux, qu'il vient de publier. *Upsal, et Paris, Ruault*, 1775, in-8.

— * Lettre de M.***, capitaine au corps de l'artillerie, à M. ***, sur un passage de l'Introduction à l'Histoire des minéraux de M. Buffon, relatif à une opération du nouveau système d'artillerie sur les anciens boulets. Sans date (vers 1775), in-8.

— * Lettres d'un officier d'artillerie à un officier-général, sur les questions qui agitent l'artillerie relativement aux changements qui y ont été faits depuis 1764. *Amsterdam, Arkstée et Merkus (Paris)*, 1774, in-8.

Cet ouvrage a été reconnu par Tronson du Coudray, dans sa *Discussion nouvelle*. Saint-Auban nous apprend, page 161 du « Mémoire sur les nouveaux systèmes », édition de 1776, que l'édition de ces Lettres, adressée à la veuve Duchesne, à Paris, en 1773, ayant été saisie, on en fit paraître une autre édition (celle que j'ai décrite), dans laquelle on avait changé seulement la page première.

— Mémoire sur la manière dont on extrait en Corse le fer de la mine de l'Elbe; d'où l'on déduit une comparaison de la méthode catalane en général avec celle qui se pratique dans nos forges. *Upsal, et Paris, Ruault*, 1774, in-8, fig.

Cet ouvrage a été reproduit sous le titre suivant : Mémoire sur les forges catalanes comparées avec les forges à hauts fourneaux. Paris, Ruault, 1775, in-8.

— Mémoire sur la meilleure méthode d'extraire et de raffiner le salpêtre. *Upsal, et Paris, Ruault*, 1774, in-8. — Nouv. édition. 1790, in-8, 2 fr.

— * Observations sur un ouvrage attribué à feu M. de Valière, intitulé : « Traité de la défense des places par les contre-mines, avec des réflexions ». *La Haye*, 1770, in-8.

— * Ordre (l') profond et l'Ordre mince, considérés par rapport aux effets de l'artillerie. *Paris, Ruault*, 1776, in-8.

— * Réponse aux Observations faites sur le livre intitulé : « Artillerie nouvelle », pour les articles relatifs à l'exécution des fontes. *Paris*, 1774, in-8.

— * Réponse de l'auteur de l'ouvrage intitulé : « l'Ordre profond », à la critique de cet ouvrage, insérée dans le cahier du Journal des sciences et des beaux-arts (par Joly de Maizeroy). *Paris*, 1776, in-8.

Tronson du Coudray a traité, contradictoirement avec M. de Saint-Auban et M. de Buffon, quelques objets polémiques sur l'art du mineur, insérés dans l'ouvrage périodique de l'abbé Rozier.

TRONSON DU COUDRAY (Guillaume-Alexandre), né à Reims, le 18 novembre 1750, fut un des avocats au parlement les plus distingués ; député de Seine-et-Oise au conseil des Cinq-Cents, il fut nommé secrétaire de cette législation, le 10 mai 1797. Compromis dans l'affaire du 18 fructidor, il fut déporté à Cayenne, et mourut presque aussitôt son arrivée à Sinnamari.

— Instructions rédigées pour ses enfants et ses concitoyens. 1798, in-8.

Tronson avait rédigé ces Instructions qu'à son lit de mort il remit à son ami, M. Barbé-Marbois, qui lui ferma les yeux. On a prétendu que ces Instructions avaient été perdues, mais M. de Marbois les a rapportées en France, et remises à la famille de Tronson, qui les a fait imprimer : c'est le code de l'honnête homme et du bon citoyen.

— Œuvres (ses) choisies, précédées d'une Notice biographique, par M. Édouard Blanc. *Paris*, *Pélicier*, 1829, in-8.

Extraites du tome X des « Annales du barreau français ». Ces Œuvres choisies contiennent six Mémoires de Tronson du Coudray.

On doit à cet avocat un plus grand nombre de plaidoyers et de mémoires que ce volume n'en renferme : leur attrait n'a pas disparu avec les circonstances qui les ont fait naître.

TROPLONG, d'abord avocat-général, puis président à la Cour royale de Nanci, aujourd'hui conseiller à la Cour de cassation.

— Droit (le) civil expliqué, etc., etc. De la Vente, ou Commentaire du titre VI du livre III du Code civil. *Paris*, *Hingray*; *Nanci*, *Grimblot*, 1834, 2 vol. in-8, 18 fr.

— IIIe édition, entièrement conforme à la première et à la seconde. *Paris*, *Hingray*, 1837, 2 vol. in-8, 18 fr.

— Droit (le) civil, expliqué suivant l'ordre des articles du Code, depuis et y compris le titre de la vente : Des Priviléges et Hypothèques, ou Commentaire du titre XVIII du livre III du Code civil, *Paris*, *Hingray*; *Nanci*, *Grimblot*, 1833, 4 vol. in-8. — IIIe édit. *Paris*, *Ch. Hingray*, 1838, 4 vol. in-8, 36 fr.

— Droit (le) civil expliqué, etc., etc. De la Prescription, ou Commentaire du titre XX du livre III du Code civil. *Paris*, *Hingray*, 1835, 2 vol. in-8, 18 fr.

Ces trois ouvrages forment une continuation à celui de Toullier (voy. ce nom).

— Souveraineté (de la) des ducs de Lorraine sur le Barrois mouvant, et de l'inaliénabilité de leurs domaines dans cette partie de leurs États, ou Plaidoyer prononcé devant la première chambre de la Cour royale de Nanci, dans la cause entre M. le préfet de la Meuse et M. Vendières. *Nanci*, *George Grimblot*; *Paris*, *Treuttel et Wurtz*, 1832, in-8 de 220 pages.

TROTET (Philémon). — Art (l') de bien enseigner à lire, fondé sur l'usage et sur les principes des plus savants grammairiens. *Paris*, *Nyon*, 1734, in-12.

TROTHER. — Art (l') de fertiliser les terres, et de préserver de la gelée, commodément et à peu de frais, les arbres et arbrisseaux, les vignes, etc., méthode d'éducation nationale et particulière. *Paris*, 1773, 3 vol. in-8.

TROTIER (dom), bénédictin, prieur de l'abbaye de Saint-Jacut.

— Conversion de M. et de Mad. de la Garaye. *Rennes*, 1757, in-18.

C'est aussi sur les Mémoires du P. Trotier que le P. J.-Fr. de La Marre composa la Vie de madame la comtesse de Pontbriand, née Marie-Angélique-Silvie de la Garaye.

TROTTE (Gabriel). — Anniversaire de la rentrée de Louis XVIII et de tous nos Bourbons en France, le 3 mai 1814, et le 8 juillet 1815 : chants joyeux sur la résurrection générale, dans toute l'Europe, de tous les braves et des mœurs. *Paris*, *de l'impr. de Le Normant*, 1817, in-8 de 32 pages.

TROTTI DE LA CHETARDIE. Voy. La Chetardie.

TROTTIER, avocat et docteur agrégé à Angers.

— Collecteur (le), ou Manière de faire en France, et partout ailleurs, régulièrement et à peu de frais, et suivant une exacte proportion, avec les propriétés, richesses, valeurs et facultés de chaque généralité, élection et paroisse, et d'un chacun, la répartition, division, subdivision, assiette et perception des impôts, etc. *Paris*, *Jorry*, 1775, in-8.

— Principes des coutumes d'Anjou et du Maine, avec le texte de ces deux coutumes. *Paris*, *Durand*, 1783, 2 vol. in-12.

TROTTIER (René). — Découverte des principes d'astronomie avec démonstration de l'absurdité de tous les systèmes astronomiques publiés et enseignés jusqu'à présent. *Paris*, *Nyon le jeune*, 1784, in-8.

TROTZ (Michel-Abraham), de Varsovie.

— Nouv. Dictionnaire polonais, allemand

et français, revu et corrigé par A. Moszczenski. IVe édition. *Leipzig*, *Gleditsch*, 1822, 3 vol. in-8, 24 fr.

La première édition est de 1764. Une édition plus récente avait déja été imprimée à Leipzig, en 1803, 4 vol. in-8.

TROUILLET. — Aristarchie (l'), ou le Meilleur des gouvernements. *Paris, Bohaire; Delaunay*, 1835, in-18.
— Histoire ancienne. *Paris*, *Debécourt; Gaume frères*, 1836, in-18, 1 fr.
— Histoire de France. *Paris*, *Debécourt; Gaume*, 1837, 2 vol. in-18, 2 fr.
— Histoire de la Grèce. *Paris*, *Périsse*, 1835, in-18, 1 fr.
— Histoire du moyen âge. *Paris*, *Debécourt; Gaume frères*, 1836, in-18, 1 fr.
— Histoire romaine. *Paris*, *Debécourt; Gaume frères*, 1836, 2 vol. in-18, 2 fr.
— Histoire sainte. *Paris*, *Périsse frères*, 1835, in-18, 1 fr. 50 c.

TROUILLET (Edme), receveur d'enregistrement.
— Dictionnaire de l'enregistrement, des hypothèques et des domaines, contenant le texte des lois et les décisions judiciaires et administratives concernant l'enregistrement, le timbre, les droits de greffe, les hypothèques, le notariat, les patentes, les mesures métriques, les amendes de fol appel, les qualifications abolies et les ventes mobilières. *Paris*, *Videcoq; et Angers*, *l'Auteur*, 1835, in-4, 22 fr.
— Dictionnaire général des droits d'enregistrement, de timbre et greffe, des hypothèques et des domaines, de comptabilité, des contraventions et de la manutention, etc. IVe édition. *Paris*, *Nève; et Bourges*, 1829, in-4, 22 fr.

Avec M. Roland, alors inspecteur-contrôleur des recettes de l'enregistrement.

TROUILLOT (le père Ange), religieux à Picpus; né en Lorraine.
— Nouvelle Histoire de Notre-Dame de Sion en Lorraine, avec une pratique de dévotion pour ce pélerinage. 1775, in-12.

TROUPENAS (E.), marchand de musique à Paris.
— Essai sur la théorie de la musique, déduite du principe métaphysique sur lequel se fonde la réalité de cette science. Première lettre à M. le rédacteur de la Revue musicale. *Sans lieu d'impression*, et sans date (1832), in-12 de 8 pag. — Seconde Lettre à M. le rédacteur de la Revue musicale. *Sans lieu d'impr.*, et sans date (1832), in-12 de 12 pag.

TROUSSEAU (Armand), professeur agrégé à la Faculté de médecine de Paris, médecin de l'hôpital Saint-Antoine.
— Atlas du Dictionnaire de médecine et de chirurgie vétérinaires (de M. Hurtrel d'Arboval). *Paris*, *J.-B. Baillière*, 1828, gr. in-folio de 30 planches gravées, dont 15 color., 42 fr.

Avec M. Leblanc.

— Principaux (des) aliments envisagés sous le rapport de l'hygiène. Thèse. *Paris*, *de l'impr. de Locquin*, 1838, in-4 de 132 pages.
— Table analytique du « Traité des maladies chirurgicales, par M. le baron Boyer. *Paris*, *Béchet jeune*, 1828, in-8, 3 fr. 50 c.
— Traité de thérapeutique et de matière médicale. *Paris*, *Béchet jeune*, 1836-37, 3 vol. in-8, 20 fr.

Avec M. H. Pidoux.

— Traité pratique de la phthisie laryngée, de la laryngite chronique, et des maladies de la voix. Ouvrage couronné par l'Académie royale de médecine. *Paris*, *J.-B. Baillière*, 1837, in-8, avec 9 planches, 7 fr. 50 c. et; avec les planches coloriées, 12 fr.

Avec M. H. Belloc.

On trouve quelques observations du docteur Trousseau dans l'ouvrage publié sous le titre suivant :

Documents recueillis par MM. Chervin, Louis et Trousseau, membres de la commission médicale française, envoyée à Gibraltar pour observer l'épidémie de 1828, etc. (1832, 2 vol. in-8). Voy. ce titre aux Ouvrages anonymes. M. Trousseau est, en outre, l'un des rédacteurs du « Journal des connaissances médico-chirurgicales » (1833) : on lui doit aussi un travail sur la *trachéotomie dans la période extrême du croup*.

TROUSSEL, alors avocat au parlement de Toulouse.
— Éléments du droit, ou Traduction du premier livre du Digeste; avec des notes historiques sur le droit romain et sur le droit français. *Avignon*, *et Paris*, *Dehansy le jeune*, 1771, 2 vol. in-12.
— Plaidoyers (deux) sur la validité d'un mariage protestant. *Nîmes*, 1774, in-8.

TROUSSEL (M... E... Berard), né à Grenoble, en 1770, mort le 12 février 1807.
— Histoire de la fièvre qui a régné épidémiquement à Grenoble pendant les quatre premiers mois de l'an VIII. *Grenoble*, 1800, in-8, 1 fr. 50 c.

TROUSSEL (J.-F.-A.), appelé aussi TROUSSEL-DELVINCOURT, D. M. de la Faculté de Paris.

—Des premiers Secours à administrer dans les maladies et accidents qui menacent promptement la vie. *Paris, Béchet jeune*, 1823, in-8, 3 fr. 50 c.

— Mémoire sur le mal de gorge des enfants, connu sous le nom de croup. *Paris, Croullebois*, 1820, in-8 de 16 pag., 1 fr.; —ou *Paris, de l'impr. de Crapelet.-Croullebois*, 1822, in-8 de 48 pages, 1 fr.

TROUTET (C.-F.-V.), instituteur.

— Cours (nouv.) de participes. Deuxième édition, revue avec beaucoup de soin, et augmentée d'un modèle gradué d'analyse grammaticale. *Dôle, Joly*, 1825, in-12.

— Exercices (nouv.) français sur l'orthographe, la syntaxe et la ponctuation, tirés de nos meilleurs auteurs, et distribués dans l'ordre des règles de la grammaire de C.-F.-V. Troutet. *Dôle, de l'impr. de Joly*, 1827, in-12, 75 c.

— Grammaire (la nouv.) de la jeunesse, sur le plan le plus méthodique, avec de nombreux exercices d'orthographe, de syntaxe et de ponctuation, tirés de nos meilleurs auteurs, et rangés selon l'ordre des règles. *Dôle, Joly*, 1827, in-12, 75 c.

— Leçons d'application sur le français, composées de pensées choisies, tirées de nos bons auteurs. *Dôle, de l'impr. de Joly*, 1830, in-12, 75 c.

— Leçons élémentaires de français, tirées de nos meilleurs auteurs, confirmées par des pensées choisies. *Dôle, de l'impr. de Joly*, 1831, in-12.

— Système légal des poids et mesures mis en rapport avec les anciennes mesures en usage dans les départements du Jura, du Doubs et de la Haute-Saône. *Arbois, Javel*, 1838, in-18, 40 c.

TROUVÉ (le baron Claude-Joseph), de Chalonne en Maine et Loire, né le 24 septembre 1768: successivement secrétaire général du Directoire exécutif, pendant quelques jours, en 1795; secrétaire de légation française à Naples; puis chargé d'affaires à la cour de Naples; nommé ambassadeur près la république Cisalpine, en février 1798; ministre plénipotentiaire près S. A. R. le duc de Wirtemberg, en 1799; membre du Tribunat en 1800 jusqu'en 1803; préfet depuis 1803 jusqu'à la fin de 1817; éditeur responsable et l'un des écrivains du « Conservateur», 1819 et 1820; imprimeur à Paris, de 1821 à 1829; la même année maître des requêtes au conseil d'État, et enfin chef de la division des beaux-arts au ministère de l'intérieur.

— Essai historique sur les états-généraux de la province de Languedoc. *Paris, F. Didot*, 1818-19, 2 vol. in-4, avec carte et planches, 24 fr.

Le second volume a paru sous ce titre *États de Languedoc et département de l'Aude.*

— Pausanias, tragédie en cinq actes et en vers (représentée en 1795, sur le théâtre Feydeau, par les comédiens français, à leur sortie de prison). *Carcassonne, Gabr. Gareng*, 1810, in-8.

Le baron Trouvé fut chargé, de 1794 à 1797, de la rédaction principale du Moniteur.

Il a fourni des *poésies* dans le Moniteur, l'Almanach des Muses, et autres journaux, et de nombreux articles de politique et de critique au Conservateur, aux « Annales de la littérature et des arts », et aux journaux l'Europe et la France.

TROUVÉ. — Mémoire sur la topographie médicale du nouvel Hôtel-Dieu de Caen, établi dans l'abbaye de la sainte Trinité, fondée en 1066, par Mathilde, femme de Guillaume, duc de Normandie *Caen*, 1826, in-8, 2 fr.

TROY (Dominique). — Précis historique du choléra-morbus, ou Précautions à prendre contre ce terrible fléau. *Besançon, de l'impr. d'Outhenin-Chalandre*, 1832, in-8 de 64 pag.

TROYA D'ASSIGNY (Louis), prêtre de Grenoble; mort au mois d'octobre 1772, âgé d'environ 76 ans.

— * Catéchisme historique et dogmatique sur les contestations qui divisent l'Église. *La Haye*, 1729, et 1752, 5 vol. in-12; et *Nanci*, 1752, 5 vol. in-12.

Avec l'abbé Fourquevaux.

— * Catéchisme historique et dogmatique, etc. (Suite du). *Utrecht*, 1751, 2 vol. in-12.

Il existe une autre suite du même ouvrage, intitulée : Suite du Catéchisme historique, etc., tom. III, IV et V. Nanci (Toulouse), 1768, 3 vol. in-12. Cette nouvelle suite est de l'abbé de FOURQUEVAUX, auteur des deux premiers volumes, dont il existe une nouvelle édition, revue, corrigée et augmentée (par Louis-Pâris VAQUIER). Nanci (Utrecht), 1736, 2 vol. in-12.

Il y a des exemplaires de la Suite par l'abbé Troya d'Assigny, qui portent pour titre :

Vraie (la) Doctrine de l'Église, au sujet des abus qui se sont introduits dans son sein : ou Suite du Catéchisme historique et dogmatique. Utrecht, 1751.

— * Dénonciation faite à tous les évêques de l'Église de France, par le corps des pasteurs et autres ecclésiastiques du second ordre, des jésuites et de leur doctrine. *Amsterdam*, 1727, in-4.

— * Dissertation sur le caractère essentiel à toute loi de l'Église en matière de doctrine, etc. *Sans nom de lieu*, et sans date (*Grenoble*, 1755), in-12.

— * Fin (la) du chrétien, ou Traité dogmatique et moral sur le petit nombre des élus, en trois parties (ou refonte faite, avec augmentation par l'abbé Troya d'Assigny, de « la Science du salut », ouvrage d'Olivier Desbords des Doires, dit d'Amelincourt), *Avignon* (*Paris*), 1751, 3 vol. in-12.

— Plan de la Religion expliquée et démontrée dans ses points fondamentaux : Suite du traité intitulé : S. Augustin contre l'incrédulité. *Paris*, 1757, in-12.

— * Saint Augustin contre l'incrédulité, avec le plan de la Religion (tiré de la « Cité de Dieu »). *Paris*, *Lottin*, 1754, 2 vol. in-12.

— * Traité dogmatique et moral de l'espérance chrétienne. *Avignon* (*Paris*), 1753, 1755, 3 vol. in-12.

L'abbé Troya d'Assigny a été l'un des principaux auteurs des Nouvelles ecclésiastiques, ou Mémoires pour servir à l'histoire de la constitution *Unigenitus*, journal qui commença à paraître en 1713.

Comme traducteur, l'abbé Troya d'Assigny a publié le Discours de saint Grégoire de Nazianze contre Julien l'apostat, trad. du grec (1735, in-12), et le Discours, de ce même Père de l'Église, sur l'excellence du sacerdoce (1747, 2 vol. in-12) Ces deux traductions sont anonymes.

TROYES (madame de). — * Contes et Nouvelles, imités de l'angl. (1831). Voy. ce titre aux Ouvrages anonymes.

TROYON (Henri). — Arithmétique complète et raisonnée, avec un cours de géométrie pratique, et le rapport des poids et mesures vaudois comparés avec ceux des principales villes de commerce. *Lausanne*, 1823, in-18.

TRUBLET (l'abbé Nicolas-Charles-Joseph), littérateur distingué, trésorier de l'église de Nantes, et ensuite archidiacre et chanoine de Saint-Malo ; membre de l'Académie française et de celle de Berlin ; né en 1697, à Saint-Malo, d'une des plus anciennes familles bourgeoises de cette ville. L'abbé Trublet fut attaché pendant quelque temps au cardinal de Tencin, et il fit avec lui le voyage de Rome ; mais il revint bientôt à Paris, où il vécut jusque vers 1767 ; il se retira ensuite à Saint-Malo, où il mourut au mois de mars 1770.

— Discours prononcé dans l'Académie française, pour la réception de l'abbé Trublet. *Paris*, 1761, in-4.

— Essais de morale et de littérature. 1735, 2 vol. in-12. — VIe édition. *Paris*, *Briasson*, 1768, 4 vol. in-12.

Ces Essais sont remplis de réflexions vraies, solides, profondes, et toujours bien exprimées. Il en est un très-grand nombre de fines et de délicates, qui annoncent un bon littérateur, et un critique habile. Le style de l'abbé Trublet est correct, pur, attachant ; mais quelquefois monotone. Le plus grand défaut qu'on puisse reprocher à l'abbé Trublet, c'est d'appuyer trop long-temps sur une même pensée, de la retourner en trop de façons différentes : défaut qui prouve au moins l'injustice des traits lancés contre sa stérilité et son peu d'imagination.

Montesquieu disait que cet ouvrage était le « premier livre du second ordre ». Voltaire ne l'a pas jugé avec autant d'impartialité, car c'est à l'occasion de ces Essais que Voltaire inséra, dans son « Pauvre diable », ces vers satiriques, connus de tout le monde :

L'abbé Trublet alors avait la rage
D'être à Paris un petit personnage.
Au peu d'esprit que le bonhomme avait,
L'esprit d'autrui, par supplément, servait.
Il entassait adage sur adage ;
Il compilait, compilait, compilait !...
On le voyait sans cesse écrire, écrire
Ce qu'il avait jadis entendu dire ;
Et nous lassait sans jamais se lasser.

Mais, comme l'observe judicieusement Sabatier dans ses Trois siècles de la littérature française : « Si la réputation des littérateurs estimables dépendait du caprice ou du ressentiment d'un esprit « satirique, aucun mérite ne serait à l'épreuve d'une « épigramme ingénieusement tournée, et les railleurs deviendraient eux-mêmes victimes des armes « qu'ils auraient aiguisées contre leurs ennemis ; » mais le vrai talent triomphe toujours de ces injustes attaques ».

Il serait injuste de juger l'abbé Trublet d'après des plaisanteries semblables à celle de Voltaire. L'abbé Trublet n'est point un de ces littérateurs médiocres que la satire soit en droit de décréditer.

— Lettre à madame..... sur M. Houdard de la Motte. 1732, in-8.

— Lettre (seconde) d'un ami à un ami, au sujet des Hollandais. 1748.

— Mémoires sur les ouvrages et la vie de MM. de Fontenelle et de la Motte. *Amsterdam*, *M. Mich. Rey*, 1759, in-12.

Des *Réflexions sur Télémaque*, insérées dans le Mercure, dès juin 1717, avaient fait connaître l'abbé Trublet de la Motte et de Fontenelle.

On a reproché à l'abbé Trublet d'avoir parlé trop souvent de Fontenelle, et d'avoir poussé l'enthousiasme trop loin à l'égard de ses ouvrages. Il est vrai qu'il eût dû être plus modéré ; mais il faut distinguer les égarements du goût de ceux des sentiments : Fontenelle fut toujours son ami, après avoir été son maître. Si un excès peut être pardonnable, et même glorieux, c'est celui de la reconnaissance.

— Panégyriques des saints ; suivis de Réflexions sur l'éloquence en général, et sur celle de la chaire en particulier. *Paris*,

Briasson, 1755, in-12. — Sec. édition, augmentée de plusieurs analyses d'ouvrages d'éloquence. *Paris*, 1764, 2 vol. in-12.

Languissamment écrits, mais précédés de *Réflexions sur l'éloquence*, pleines de choses bien vues et finement rendues. Dans la deuxième édition, de 1764, l'auteur a ajouté divers extraits de livres d'éloquence.

— Pensées (ses) choisies sur l'Incrédulité, publiées par Henri-L. Goetten. *Celle*, 1737, in-8.

— Réflexions sur l'éloquence en général, et sur celle de la chaire en particulier. *Paris*, 1762, in-12.

L'abbé Trublet, en outre, a travaillé au Journal des savants depuis l'année 1736 jusqu'au 11 avril 1739, et au Journal chrétien, pendant les années 1758—60.

Il a publié, comme éditeur, en société avec l'abbé Seguy, la seconde édition de l'Introduction à la connaissance de l'esprit humain, etc., du marq. de Vauvenargues (1747, in-12), et, seul, l'Essai sur la formation des corps organisés, par de Maupertuis (1754, in-12).

TRUBLET. — Histoire de la campagne de l'Inde par l'escadre française, sous les ordres de M. le bailli du Suffren, de 1781 à 1783. *Rennes, veuve Bruté*, 1802, in-8.

TRUCHET (Michel de), membre de l'Académie de Marseille; né à Arles.

— Cansouns prouvençales escapades d'oou sopount vo lesirs de meste Miqueou de Truchet. *Paris*, *Moreau*, 1827, in-18, avec une gravure.

— Mémoire sur la nécessité d'étendre la culture du tabac en France, pour éviter l'exportation du numéraire; et sur l'examen analytique des tabacs français, d'après lequel on peut avoir l'assurance de trouver en eux les qualités nécessaires à la bonne fabrication. *Paris*, *de l'impr. de madame Huzard*, 1816, in-8 de 88 pag.

— Mémoire sur un nouveau procédé pour opérer la dessiccation du tabac en feuille; lu à la Société d'agriculture du département de la Seine, le 2 janvier 1811. *Paris, de l'impr. de madame Huzard*, 1811, in-8 de 16 pag.

— Pastressou (la) vo leis escooufestrès, comediou en un acte et en vers provençaous d'oou dialecté d'Arles. *Paris*, *les march. de nouv.*, 1824, in-8.

— Recherches sur les causes du choléra-morbus, ou Lettres d'un père à son fils, sur cette épidémie. *Arles*, *D. Garcin*, 1832, in-8 de 100 pag.

Les Lettres sont au nombre de douze.

— Rusou (la) innocentou, vaudevillou provençaou, répresenta dins leis festous fachès en Arlè, à l'oucasioun d'oou couronnement de Charlé X. *Marseille*, *impr. de Gœtschy*, 1825, in-8, 50 c.

— Traité complet de l'insecte Kermès, considéré sous un rapport nouveau, relativement aux circonstances de sa vie, à sa conservation, à sa propagation, et aux moyens de le rendre propre à remplacer la cochenille des îles. Sec. édit. *Paris*, *de l'impr. de Lebel*, 1825, in-8 de 101 pag., avec une planche.

Voyez aussi l'article Mich. de Truchet.

TRUCHON, alors avocat au parlement; né à Auxerre.

—Mémoire du chapitre primatial de Lyon, contenant ses motifs de ne point admettre la nouvelle liturgie. 1776, in-4.

— Traité des immunités ecclésiastiques...

Imprimé dans le Répertoire de jurisprudence.

TRUCHY BASOUCHE (J.-B.), de l'Yonne.

—Cadastre (du) et de son amélioration, et des différents systèmes qu'on lui a opposés. *Paris*, *Delaunay*, 1818, in-8.

— Considérations sur le retour de Napoléon, ou Examen de tout ce qui s'est passé à Paris du 6 au 20 mars 1815. *Paris*, *Delaunay*; *Plancher*, 1815, in-8 de 68 pag.

— Encore un mot sur l'arpentage cadastral de la France, dans l'intérêt de tous les propriétaires, et dans celui de l'opération. *Sens*, *de l'impr. de Tarbé*, 1827, in-8 de 80 pag. — Supplément (à Encore un mot sur l'arpentage cadastral). *Sens*, *de l'impr. de Tarbé*, 1827, in-8 de 12 pages.

— Mémoire sur le cadastre et sur sa conservation perpétuelle. *Gap*, *de l'impr. d'Allier*, 1837, in-8 de 160 pag.

— Quelques mots sur la Corse, et sur la nécessité d'y établir un bon cadastre. *Gap*, *de l'impr. d'Allier*, 1837, in-8 de 32 pag.

TRUCHSÉS WALDBOURG (le comte).

— Voyage de Napoléon Buonaparte de Fontainebleau à Fréjus, du 17 au 29 avril 1814; trad. de l'allemand. *Neufchâtel*, 1815, in-8.

TRUDAINE DE LA SABLIÈRE.

Il a traduit de l'anglais un recueil de pièces qu'il a publié sous le titre du Fédéraliste, ou Collection de quelques écrits en faveur de la constitution américaine, par MM. Hamilton, Madisson et Gay. Paris, Buisson, 1792, 2 vol. in-8.

TRUDON, prêtre, directeur du collége de Provins.

— Nouvel (le) Écolier vertueux, ou Éloge funèbre et historique de François-Alexis Dalbanne, élève au collége de Provins. *Paris, Laurens jeune*, 1809, in-12, 1 fr. 25 c.

TRUEBA Y COSIO (Telesforo de). — Espagne (l') romantique. Contes de l'histoire d'Espagne, trad. par Ch.-A. Defauconpret. *Paris, Ch. Gosselin*, 1832, 3 vol. in-8, 22 fr. 50 c.
— Gomez Arias, ou les Maures des Alpujarras, roman historique espagnol, trad. par l'auteur d'Olésia (madame Ch. Gosselin). *Paris, Ch. Gosselin*, 1829, 4 vol. in-12, 12 fr.

TRUFANILLES (D. Inigo-Pedro). — — École (l') buissonnière, ou Georgino et Pédrillo, trad. de l'espagnol, par Jérôme Lasouche. *Paris, Caillot*, 1805, 2 vol. in-12, 3 fr.; ou 1820, 2 vol. in-18.

TRUFFER (Jean), du département de la Manche; né en 1746.
— Harangues de Cicéron contre Verrès, intitulées : Des statues et des supplices, trad. du latin (1808). Voy. Cicéron.
— Politique générale : résumé sommaire des principes de Cicéron sur la meilleure forme de gouvernement. *Paris, de l'impr. de Rignoux*, 1824, in-8 de 8 pag.

Extrait de la Revue encyclopédique tiré à cinquante exemplaires.

TRUMPER (André-D.), doct. en médecine, en chirurgie et en accouchements, à Bruxelles.
— Manuel de physiologie de l'Homme. *Bruxelles, Tircher*, 1829, in-18 de 473 pages, 4 fr.

Ce médecin a fourni des *Mémoires*, et des *Observations* à plusieurs des recueils consacrés aux sciences médicales qui se publient en Belgique, nous citerons, entre autres, les suivants : 1° Mémoire sur l'emploi des sangsues dans les maladies, présenté à la Société des sciences médicales et naturelles de Bruxelles, le 5 avril (inséré dans la Bibliothèque médicale nationale et étrangère, tome Ier, 1824, pages 249 à 288); — 2° Observation d'une tumeur sanguine occupant la grande lèvre gauche (dans la Bibl. médicale, tome II, page 106); — 3° Observation d'une entérite sur un enfant, etc. (dans le même volume, page 108); — 4° Observation d'un accouchement (même volume, page 109); — 5° Observations d'hydrophobie (même recueil, tome V, page 181); — 6° Affection chirurgicale grave, etc. (insérée dans l'Observateur médical belge, tom. Ier, page 57, 1834).

TRUSSON. — Instruction sur la combustion des végétaux, la fabrication du salin de la cendre gravelée, et sur la manière de saturer les eaux salpêtrées. *Tours, Aug. Vauquier*, an III (1795), in-4.

TRY. — Clôture (la) du théâtre de la rue de Tournon, pièce en un acte (en prose), et en vaudevilles. *Paris, de l'imp. du théâtre de la rue de Tournon*, 1796, in-16.

Avec M. Alboy.

TSARPHATI. — Quatrième Lettre d'un Israélite français, à ses co-réligionnaires sur les changements importants qu'a subis l'almanach israélite de 5584, approuvé par M. le grand rabbin, président du consistoire central. *Paris, de l'imp. de Béraud*, 1823, in-8 de 16 pag.
— Huitième Lettre d'un Israélite français à ses co-réligionnaires, sur la religion des riches au dix-neuvième siècle, en forme de dialogue, entre un riche et un autre israélite. *Paris, de l'impr. d'Urtubie*, 1836, in-8 de 32 pag., 75 c. — Neuvième Lettre, sur la tolérance de l'Église et sur la tolérance de la Synagogue comparées, et sur le système de M. Munck. *Paris, de l'impr. d'Urtubie*, 1837, in-8 de 32 pag., 75 c.

Nous ignorons dans quel recueil ont été imprimées les six autres lettres.

— Projet de règlement concernant la circoncision, suivi d'observations sur une lettre pastorale du grand rabbin de Metz, et sur un écrit de M. Lazare (aîné). *Paris, de l'impr. de Béraud*, 1821, in-8 de 32 pages.

TSCHAGGENY (B.). — Arbitrages (les) mis à la portée de tout le monde, ou Moyens simples de calculer les arbitrages de change de la France avec les principales places de l'Europe, accompagnés d'un Répertoire de vingt-six tableaux d'arbitrages, leurs règles conjointes, et les règles réduites à trois nombres, par nombres fixes, présentant des arbitrages tout faits; précédé des Observations nécessaires et des Explications propres à rendre tous les calculs d'arbitrages faciles, avec différentes notes utiles dans ces opérations. *Paris, Belin*, 1815, in-4, 4 fr.
— Arbitrages (les) simplifiés au *nec plus ultrà* de la perfection, ou Moyens les plus faciles pour découvrir d'un coup-d'œil les résultats des arbitrages les plus compliqués, par l'indication des exposants, des nombres, des chances qui se présentent

tous sous les yeux du calculateur, avec les moyens d'opérer, qui se réduisent à une addition et une soustraction. Accompagnés d'une Carte des exposants, d'un Répertoire de vingt-six tableaux d'arbitrages, de la tare avec les principales places de l'étranger, etc., de vingt-six autres tableaux présentant les monnaies réelles, les poids et mesures de chaque place en rapport avec celles de la France, et les usages, échéances, et jour de grâce de ces places, et précédés de l'Indication des moyens de calculer les arbitrages, de l'usage de la carte des exposants, et de la méthode pour les augmenter. *Paris, de l'impr. de Crapelet.* —*Ledoux et Tenré,* 1817, in-4, avec deux tableaux, 6 fr.

— Calculs simples et accélérés des intérêts et des rentes. *Paris, boulevard Poissonnière,* n. 25, 1817, 1829, in-plano d'une feuille.

— Clef (la) des réductions des prix de toutes espèces de marchandises de l'univers; ouvrage, etc. Accompagné des règles nécessaires qui ont servi pour créer cet ouvrage, des rapports des poids, des mesures, des monnaies, des changes étrangers réduits au pair, et de quantité de notes utiles pour faciliter les opérations. *Paris, l'Auteur,* 1823, in-8 de 88 pag.

— Guide (le) de tous les commerces. *Paris, l'Auteur,* 1818, une feuille in-plano, 3 fr. 50 c.

— Guide (le) des fabricants en matières d'or, d'argent et autres métaux. *Paris, Bouché; Peytieux,* 1824, in-4.

— Méthode simplifiée de tenue de livres à parties triples, mise à la portée de tout le monde. *Marseille, de l'impr. de Griolet,* 1834, in-fol. plano de 2 feuilles.

— Tableau des moyens de l'accélération très-simple des calculs généraux, etc. *Paris, l'Auteur,* 1820, in-8, 3 fr.

— Traité du commerce de la France avec l'Europe, ou Essais théoriques sur les opérations réunies en marchandises et en banque. *Paris, Ledoux et Tenré,* 1817, in-8, 7 fr.

TSCHARNER (Vincent-Bernard), patricien de Berne, membre du conseil souverain des Deux-Cents de cette république et bailli d'Aubonne; né à Berne, en 1728, mort en 1778.

— Alpes (les), poëme de Haller, traduction, avec une Description physique des Alpes. Dernière édition. *Berne,* 1794, in-4.

Tscharner a aussi traduit de l'allem. les Poésies de Haller (Zurich, 1752, in-12).

— Dictionnaire historique, politique et géographique de la Suisse, contenant une description de ce qu'il y a de plus remarquable dans les cantons suisses et dans les États de leurs alliés, la constitution politique de ces États, leur histoire, etc., etc., ou Recueil des morceaux fournis à l'Encyclopédie d'Yverdon (par Tscharner et Haller fils aîné). *Neufchâtel,* 1775, 2 vol. in-8. — Nouvelle édition, augmentée (par P.-H. Mallet). *Genève, Barde,* 1788, 3 vol. in-8.

— Éloge de M. Alb. Haller, lu dans l'assemblée publique de la Société économique de Berne. *Berne,* 1778, 1780, in-8.

V.-B. Tscharner est auteur de plusieurs écrits allemands. Il a été l'entrepreneur et coopérateur de l'Estratto de la letteratura europea. Il a fourni beaucoup d'articles à plusieurs recueils, et principalement aux Mémoires de la Société économique de Berne, où l'on trouve des notices sur sa vie. (Voy. Nouv. Mém., tome II).

TSCHARNER (Bern.-Fréd.). — Gouvernement (du) de Berne. *En Suisse,* 1793, in-8.

On a attribué ce livre à Bernard-Frédéric Tscharner. Ersch, dans son premier Supplément à la « France littéraire », Hambourg, 1802, in-8, dit qu'on l'attribue aussi à un habitant du canton de Léman, qu'il ne nomme pas.

TSCHARNER (Adorne de). — Mémoire et observations sur la préparation et les effets thérapeutiques des pilules ferrugineuses propres à combattre les affections chlorotiques. *Paris, Baillière,* 1839, in-8 de 16 pag.

TSCHIFFELI (Jean-Rodolphe), secrétaire du consistoire suprême de Berne, sa patrie, fondateur et vice-président de la Société économique de Berne; né le 21 décembre 1716, mort à Berne, le 15 janvier 1780.

— Art (l') de fertiliser les terres, ou Observations sur les prairies artificielles, et sur l'usage du plâtre employé comme engrais (par Jean-Rodolphe Tschiffeli, et autres). *En Suisse, et à Lyon, chez les frères Périsse,* 1779, in-8 de 48 pag.

Cette brochure forme le n° I d'une espèce de recueil périodique qui a paru sous ce titre : *Des moyens d'augmenter et de conserver son revenu* (par une société d'agriculteurs suisses). Chaque numéro de ce recueil se vendait séparément.

— Lettres sur la nourriture des bestiaux à l'étable, et sur la composition et les grands avantages de l'engrais suisse; suivies d'un Mémoire sur le treffle. *Berne*, 1775, in-8. — Nouv. édition. *Paris*, *Marchant*, 1805, in-12 de 68 pag., 1 fr. 50 c. — Autre édition. *Paris*, *madame Huzard*, 1817, in-8, 1 fr. 50 c.

— Mémoire sur la culture du millet d'Afrique, appelé par les botanistes *gorghum* ou *milium nigrum*. *Iverdun*, 1767.

Tschiffeli a fourni des Mémoires dans le recueil de la Société économique de Berne.

TSCHOUÏKEVITCH (P. de). — Réflexions sur la guerre de 1812. *Saint-Pétersbourg*, *et Brunswick*, *Pluchart*, 1814, in-8, 2 fr. 50 c.

TSCHUDY (le baron Théodore-Henri de), (1) connu en littérature sous le nom de chevalier de *Luzy*, pseudonyme qu'il prit pour voyager, et sous celui de comte de *Puttelange*, fils aîné d'un conseiller-chevalier d'honneur au parlement de Metz, est né dans cette ville vers 1724. Il fut pourvu très-jeune d'une place de conseiller au même siége qu'occupait son père, mais il obtint la permission de voyager. Il se rendit en Italie, pays que bientôt sa légèreté et son inconséquence le forcèrent de quitter précipitamment. Il se rendit en Russie, ou le besoin le força d'entrer dans la troupe de comédiens de l'impératrice Élisabeth. Les talents de Tschudy et la facilité avec laquelle il parlait plusieurs langues, l'ayant fait connaître d'Ivan Schouwalow, ce favori lui fit quitter le théâtre, se l'attacha en qualité de secrétaire intime, sous le nom du comte de Puttelange, et lui obtint, en même temps, le secrétariat de l'Académie de Moscou. La publication du « Caméléon littéraire », ayant fait connaître le baron de Tschudy d'une manière avantageuse dans la capitale de la Russie, il obtint la charge de gouverneur des pages de l'impératrice. Mais bientôt les faveurs dont il jouissait, et plus encore sa qualité de Français, lui firent de puissants ennemis qui le forcèrent de quitter la Russie, et le poursuivirent jusqu'en France. A son arrivée à Paris, il fut envoyé à la Bastille; où il fut enfermé long-temps. Mis en liberté par la sollicitation de l'impératrice Élisabeth, le baron de Tschudy retourna dans sa ville natale, et y parut uniquement occupé de maçonnerie. Il retourna ensuite à Paris, où il mourut, le 28 mai 1769, âgé d'environ quarante-cinq ans. C'était un homme très-aimable, très-spirituel, très-léger, mais d'une instruction fort médiocre.

(1) Cette famille, originaire du canton de Glaris, en Suisse, a joui, pendant quatre siècles, d'une belle illustration. Son arbre généalogique, fécondé par un génie héréditaire, a produit une infinité d'heureux fruits, et nous voyons le nom de Tschudy figurer avec éclat dans les annales de la guerre, de la magistrature, de la chaire, des sciences et de la littérature. Au commencement du XVIe siècle, Valentin Tschudy, le type des théologiens latitudinaires, compose une histoire de la réformation du canton de Glaris, et prêche la tolérance et l'amour du prochain, lorsque de toutes parts le sang coulait au nom d'un Dieu de paix; Gilles Tschudy, diplomate et littérateur, s'immortalise par sa conduite sage dans les troubles religieux de l'époque, et par ses immenses travaux sur l'histoire; dans le siècle suivant; Dominique Tschudy, bénédictin, se livre à des recherches curieuses sur l'histoire de son ordre et sur les grands hommes qui l'ont illustré; Jean-Henri Tschudy publie un nombre considérable d'ouvrages sur l'histoire de la Suisse, etc.; et d'autres membres de la même famille, en acceptant l'héritage glorieux de leurs ancêtres, continuent à soutenir l'éclat de leur berceau. Les émigrations, alors fréquentes, amenèrent à Metz, vers le milieu du XVIe siècle, une branche de cette famille, et bientôt le nom des Tschudy n'acquit pas moins d'illustration sur les rives de la Moselle que dans les montagnes de la Suisse ».

BÉGIN, *Biogr. de la Moselle*.

— * Caméléon (le) littéraire, par l'auteur du « Philosophe au Parnasse ». *Impr. à Saint-Pétersbourg*, 1755, pet. in-8 de 275 pag., contenant douze numéros.

Voyez les Mémoires secrets de Duclos sur les règnes de Louis XIV et de Louis XV, et le Journal de Verdun, mai 1755, pag. 380.

— Écossais (l') de Saint-André d'Écosse, contenant le développement total de l'art royal de la franche-maçonnerie. (Ouvr. posthume). 1780, in-12.

L'auteur avait légué son manuscrit aux archives du conseil des chevaliers de l'Orient, *mais a condition de ne pas le faire imprimer*. Le conseil n'eut aucun égard à la condition.

— * Étoile (l') flamboyante, ou la Société des francs-maçons considérée sous tous les aspects. *Francfort*, *et Paris*, *Boudet*, 1766, 2 vol. in-12.

Ouvrage réimprimé plusieurs fois. *Barb.*

Il a été composé en société avec Bardou-Duhamel, membre de l'ancienne Académie royale de Metz.

— Étrenne au Pape, ou les Francs-maçons vengés, réponse à la bulle du pape Benoît XIV, lancée l'an 1751. *La Haye*, *Saurel*, 1752, in-8.

Publié sous le nom du chev. de Lussy. *Barb.*

— Folle (la) sensée, ou Histoire de mademoiselle F***, dédiée à madame la marquise de V...., par le chev. D. L. (de Lussy). *Londres*, 1752, in-8.

Cet ouvrage devait avoir une suite qui n'a point été donnée. *Barb.*

— * Philosophe (le) au Parnasse français, ou le Moraliste enjoué; lettres du chevalier de L** et de M. de M**, dédiées au comte Chevaloff (Iv. Schouwalow). *Amsterdam, Buyn*, 1754, in-8.

L'épître dédicatoire est signée de Lussy. C'est le masque sous lequel se cachait le baron de Tschudy lors de son arrivée en Russie.

Cette correspondance est remplie de citations tirées de nos poëtes.

A.-A. Barbier (Supplément à la Correspondance de Grimm, page 382) dit que ce journal, imprimé à Amsterdam, 1754, in-8, en douze numéros, contenait treize lettres, et que c'est problement de cet ouvrage que Duclos a voulu parler dans ses « Mémoires », en le désignant sous le titre de *Parnasse français*. « J'ai sous les yeux, dit M. Bégin (Biogr. de la Moselle, art. Tschudy), ce journal réuni en un volume. Parmi les lettres qui le composent, trois sont de M. de M***, deux n'ont pas de signature.

— * Vatican (le) vengé, apologie ironique pour servir de pendant à « l'Étrenne au Pape, ou Lettre d'un père à son fils, à l'occasion de la bulle de Benoît XIV, avec les notes et commentaires, par le chevalier de L. *La Haye, Van Cleef*, 1752, in-8.

Duclos assure que Tschudy est encore auteur de quelques romans.

A.-A. Barbier a donné une Notice sur le baron de Tschudy dans le Supplément à la Correspondance de Grimm, publié par lui. On en trouve une autre dans la Biographie des francs-maçons, par M. Besuchet; enfin, une troisième dans la Biographie de la Moselle, par M. Bégin : c'est de cette dernière que nous avons tiré la nôtre.

M. Bégin, dans sa notice, attribue au baron de Tschudy le roman obscène intitulé : *Thérèse philosophe*; d'après ce biographe, c'est le seul roman qu'il sache être de lui. Barbier, sous le n° 17810 de son Dictionnaire des anonymes, donne un autre auteur à ce livre : le fameux auteur de Justine, Juliette, et autres obscénités, l'attribuait au marquis d'Argens; mais le savant bibliographe abbé Sépher l'a présenté comme étant d'un M. de Montigny, commissaire des guerres, qui a été huit mois à la Bastille, à cause de cet ouvrage. Barbier a adopté cette version.

TSCHUDY (le baron Jean-Baptiste-Louis-Théodore de), naturaliste et littérateur, cousin-germain et beau-frère du précédent; né à Metz, le 15 août 1734. Tschudy fut d'abord chevalier de Saint-Louis et capitaine au régiment suisse de Jenner. A la mort de son père, Claude-Henri Tschudy, magistrat distingué, il devint chef de la noblesse messine, bailli de Metz, en 1760 (fonctions dont il se démit en 1774), conseiller du roi, etc.; académicien titulaire de l'Académie royale des sciences et arts de Metz, en 1761. Après 1774, le baron de Tschudy fut choisi par le prince, évêque de Liége, pour ministre et son chargé d'affaires à la cour de Versailles. Il mourut le 7 mars 1784.

— * Danaïdes (les), tragédie lyrique en cinq actes (et en vers libres). *Paris, Delormel*, 1784, in-4.

Avec le bailli du Roullet.

— La même, remise en quatre actes (par Désaugiers aîné). *Paris, Roullet*, 1817, in-8.

Cette pièce est imitée de l'italien, de Cassabigi.

— * Écho et Narcisse, opéra en trois actes et en vers libres. (*Paris*), *Delormel*, 1779, in-4.

Il existe une autre édition sous ce titre : *Écho et Narcisse*, drame lyrique en trois actes, avec un prologue et des changements (Paris), P. De Lormel, 1780, in-4.

— Écho et Narcisse, opéra (réduit en deux actes par MM. Berton et Beaunier). *Paris, Ballard*, 1806, in-8.

— Lettre (sa) à M. Duquesnoy, chanoine régulier et curé de Vouxey, en Lorraine; précédé de la relation des encouragements que ce digne pasteur a donnés à l'agriculture; suivie d'une Ode à sa louange (en 41 strophes). *Larisse, et Metz, Jos. Antoine*, 1774, in-4.

— Nature (la) sauvage et la nature cultivée. *Metz*, 1777, in-8.

— Traité des arbres résineux, cornifères, extrait et traduit de l'anglais de Miller, avec des notes. *Metz*, 1768, in-8.

— Transplantation (de la), de la naturalisation et du perfectionnement des végétaux. *Londres, et Paris, Mich. Lambert, et P.-F. Didot*, 1778, in-8.

— * Vénus dans la vallée de Tempé, ode. *Larisse et Metz*, 1773, in-8.

— Vœux (les) d'un citoyen, ode au roi, avec un morceau de poésie champêtre. *Londres, et Paris*, 1775, in-4 de 16 pages.

Le baron de Tschudy, en outre, a fourni des articles de botanique à l'Encyclopédie d'Yverdun, et à celle de Genève.

Il est aussi l'auteur de plusieurs morceaux de poésie; tels que des *odes*, des *épîtres*, *etc.*, insérés dans différents recueils. M. Bégin a placé à la fin de la notice, qu'il a consacrée à cet écrivain dans sa Biographie de la Moselle (tome IV, page 344 à 361), une *Épître à mes concitoyens*, en cent vers.

La Notice de M. Bégin sur le baron de Tschudy, est pleine d'intérêt. Elle fait connaître les ouvrages de cet écrivain qui n'ont pas été imprimés, tels que Mémoires, lus à l'Académie de Metz, poésies, etc.

TSCHUDY (le baron Jean-Joseph-Charles-Richard), fils du précédent, bourgeois de Glaris, ancien officier général, correspondant de la Société roy. et centrale d'agriculture de Paris; né à Metz, le 3 avril 1764; mort le 14 août 1822, à l'âge de cinquante-huit ans.
— Essai sur la greffe de l'herbe, des plantes et des arbres. *Metz*, *Antoine*, 1819, in-8 de 64 pages, avec une planche, 1 fr.

Le baron de Tschudy a laissé inédits plusieurs Observations et Mémoires dont on trouve l'indication dans la Notice que M. Bégin a consacrée à cet agronome dans la Biographie de la Moselle, tome IV, pag. 361—66.

TSCHUDY (le baron de).—Testament moral et chrétien. 1789, in-8.

TSCHUDY (Chr.). — Discours sur la ville de Saint-Galles. *Saint-Galles*, *Huber et comp^ie*, 1813, in-12, 1 fr.

TSEU-SSE. — Invariable (l') milieu, ouvrage moral de TSEU-SSE, en chinois et en mandchou, avec une version littérale latine, une traduction française, et des notes; précédé d'une Notice sur les quatre livres moraux communément attribués à Confucius; par M. Abel RÉMUSAT. *Paris*, *Dondey-Dupré*, 1817, in-4, 15 fr.

TUAM (de), archevêque.
— Religion (la) de saint Paul, trad. de l'angl. *Genève*, 1724, in-8.

TUBERO (Orasius), pseudon. Voy. LA MOTHE LE VAYER.

TUBERVILLE. Voy. NEEDHAM.

TUBEUF, pseudon. Voy. l'abbé de GOURNÉ.

TUCÉ (V. de). — Vieux (le) quartier du greffier. *Le Mans*, *de l'impr. de Monnoyer*, 1837, in-4 de 24 pag.

C'est un mémoire aux conseillers municipaux du Mans.

TUCKER (Josias). — Questions importantes sur le commerce à l'occasion des oppositions au dernier bill de naturalisation, trad. de l'angl. (avec un Avertissement et des notes, par TURGOT). *Londres*, *Flecther Gyles*, 1755, in-12.

TUDÈLE (Rabbi-Benjamin de). — Voyages en Europe, en Asie, en Afrique, depuis l'Espagne jusqu'à la Chine, où l'on verra plusieurs choses remarquables concernant l'histoire et la géographie des Juifs au XIIIe siècle; trad. de l'hébreu, avec des notes et dissertations historiques et critiques sur ces Voyages. Par P.-Phil. BARATHIER. *Amsterdam*, 1734, 2 vol. in-12, figures.

TUDÈLE (Benjamin de), fils de Jonas.
— Voyage autour du monde, commencé en 1573, trad. de l'hébreu en latin, puis en français, publié par P. BERGERON. *La Haye*, 1735, in-4.

TUDESQ fils, docteur en médecine de l'université de Montpellier, et alors médecin en chef de l'hôpital militaire de la ville de Cette, etc.
— Traité de l'insertion de la petite-vérole, ou l'Inoculation réduite à l'état de simplicité qu'elle exige pour être infailliblement salutaire. *Montpellier*, 1787, in-8.

TUDOT (Edmond). — Description de tous les moyens de dessiner sur pierre, avec l'étude des causes qui peuvent empêcher la réussite de l'impression des dessins. *Paris*, *Arthus Bertrand*, 1833, in-18, 2 fr. — Seconde édition, sous le titre de Traité de lithographie, ou Description, etc., etc., *Paris*, *Carilian-Gœury*, 1833, in-18, 2 fr.
— Éléments du dessin industriel. *Paris*, *Carilian-Gœury*, 1838, in-18, avec 5 planches, 2 fr.
— Principes du dessin des beaux-arts, pour sa plus utile application. *Paris*, *Carilian-Gœury*, 1839, in-18, avec 8 planches, 3 fr.

TUECH (J.), pharmacien à Nîmes.
—Examen critique de la lettre de M. Plaindoux père à un de ses collègues. *Nîmes*, *l'Auteur*; *Gaude*, 1826, in-8 de 40 pages.
— Réfutation de l'opinion du sieur Plaindoux père sur l'empoisonnement de M. F. *Nîmes*, *de l'imp. de Gaude*, 1826, in-8 de 16 pag.

TUERLINCKK, à Malines, amateur d'histoire naturelle.

Il est auteur, en société avec M. Vanbeneden, professeur à l'Université de Louvain, d'une Flore des environs d'Anvers, et d'une liste des mollusques des environs de Malines, insérées dans le Dictionnaire géographique de la province d'Anvers, par le docteur Meisser.

TUET (l'abbé Jean-Charles-François), alors chanoine de Sens, et ancien professeur d'humanités au collége de cette ville; né à Ham, en Picardie, en 1742.

—*Éléments de poésie latine, où les règles ont pour exemple des vers qui renferment un trait ingénieux ou une pensée morale, et sont tirés des meilleurs auteurs, à l'usage des commençants, etc. *Sens, Hardouin-Tarbé, et Paris, Gogué et Née de la Rochelle*, 1778, in-12.

Première édition d'un livre fréquemment réimprimé; les autres sont les suivantes :
Sens, Tarbé, et Paris, Gogué et Née de la Rochelle, 1783, in-12.
Paris, Barbou, Nyon, an IX (1801), petit in-8 de 96 pages.
V^e^ édition. Paris, Delalain, 1811, in-12.
Lyon et Paris, Périsse frères, 1826, in-12.

— * Guide (le) des humanistes, ou premiers Principes de goût, développés par des remarques sur les plus beaux vers de Virgile, et autres bons poëtes latins et français. *Paris, Gogué*, 1780, in-12.

Première édition d'un livre encore plus fréquemment réimprimé que le précédent.
Autres éditions :
Paris, Barbou, 1801, in 12.
— A. Delalain, 1810, in-12.
— Madame Aumont, veuve Nyon, 1813, in-12.
Éditions augmentées des Élémens de poésie latine. Paris, Delalain, 1818, 1822, 1835, in-12.
Autre édition, avec les Éléments de poésie latine. Lyon, et Paris, Rusand, 1823, in-12.
Paris, Maire-Nyon, 1824, in-12.
Autre édition, avec les Éléments de poésie latine. Lyon, et Paris, Périsse frères, 1826, in-12.
Paris, Belin-Mandar, 1827, in-12.

— * Matinées sénonaises, ou Proverbes français, suivis de leur origine, de leur rapport avec ceux des langues anciennes et modernes, de l'emploi qu'on en fait en poésie et en prose; de quelques traits d'histoire, mots saillants et usages anciens, etc. *Paris, Née de la Rochelle*, 1789, in-8.

Il existe des exemplaires qui portent le titre de *Proverbes français*, et la date de l'an III.

— * Projet sur l'usage que l'on peut faire des livres nationaux. 1790, in-8.

TUET (l'abbé Esprit-Claude), prêtre du diocèse de Noyon, alors premier vicaire de Saint-Médard, à Paris, licencié en droit canonique (1).

— Manuel propre à MM. les curés, vicaires et ecclésiastiques chargés de la partie des mariages, pour se mettre à l'abri de la rigueur des lois, et se conduire conformément aux ordonnances du royaume, etc., etc. *Paris, l'Auteur*, 1785, in-8. — Seconde édition, revue, corr. et principalement augmentée des empêchements dirimants. *Paris, l'Auteur; Sorin*, 1786, in-8.
— Supplément. 1787, in-8.

— Moyens convenables aux personnes chrétiennes pour passer saintement le temps de l'Avent; avec l'explication des O, et des méditations sur les évangiles de ce temps. *Paris, Berton*, 1780, in-12.

— Moyens d'arriver à la perfection chrétienne, convenables aux personnes du monde. *Paris, Berton*, 1778, in-18.

— Oraison funèbre de M. Christ. de Beaumont, comte de Lyon, archevêque de Paris, duc de Saint-Cloud, pair de France, commandeur de l'ordre du Saint-Esprit, proviseur de Sorbonne, etc. *La Haye, et Paris, l'Auteur; Berton*, 1782, in-8.

(1) Ersch présente cet ecclésiastique comme le neveu du précédent; cependant, sur tous les ouvrages de l'anc. vicaire de Saint Médard, le nom de leur auteur est toujours écrit *Thuet*.

TUFFET (l'abbé), ancien officier au corps royal du génie, prêtre, chanoine honoraire de Valence, chevalier des ordres militaires de Saint-Louis et du Phénix, aumônier en 1818 du premier régiment des grenadiers à cheval de la garde royale.

— Esprit (l') de l'Imitation de Jésus-Christ. *Paris, Gaume frères*, 1834, in-8, 1 fr. 25 c.

— Esprit (l') des Pères de l'Église, ou petit Dictionnaire de maximes religieuses, tirées des saintes Écritures, etc. *Paris, Louvard; veuve Nyon*, 1819, in-12, 4 fr.

— Manuel de méditation, contenant un grand nombre de pensées sur presque tous les sujets qui en sont susceptibles. *Paris, Louvard; madame Aumont, veuve Nyon*, 1818, in-12, 4 fr.

— Soldat (le) chrétien, dialogues entre un aumônier et un vieux soldat. Suivis d'Exercices spirituels convenables à l'état militaire. *Paris, Nicolle*, 1821, in-12, 4 fr.

TULLOCH (madame). — Mémoire d'une jeune dame, fille du major Tulloch, et sœur de la marquise de Stacpoole et de miss Anne Tulloch, aujourd'hui comtesse de Toqueville, contenant le récit de ses injustes souffrances, depuis l'année 1819 jusqu'à l'époque actuelle, écrit par elle-même. *Paris, P. Ledoux*, 1827, in-8 de 72 pag.

TULLY (Florent-Guillaume), docteur en médecine, médecin extraordinaire de S. A. royale le prince Charles-Édouard Stuart, correspondant de l'Académie roy. des sciences de Paris.
— * Essai sur les maladies de Dunkerque. *Dunkerque*, 1760, in-12.

TULLY (Jules-Henry de), vaudevilliste, adjoint au commissaire du roi à la Monnaie de Paris, ex-membre de la Société lyrique, connue sous le nom de « Soupers de Momus »; né à Paris, le 1er mai 1798.
— Amour (l') et l'homéopathie, vaudev. en deux actes. *Paris*, *Barba*, *etc.*, 1836, in-8, 50 c.

Avec MM. Adolphe Jadin et Alphonse (Salin). M. de Tully ne s'est fait connaître que sous le prénom de Henry, qui est le mien.

— Chemin (le) de fer de Saint-Germain. A-propos vaudeville en un acte. *Paris*, *Marchant*, 1837, in-8.

Avec M. A. Salvat. M. de Tully a caché sa coopération sous les prénoms de Charles Henri.

— Dames (les) Martin, ou le Mari, la femme et la veuve, comédie-vaudeville en un acte (et en prose). *Paris*, *Const. Letellier*, 1823, in-8.

Avec MM. Lafontaine et Belle.

— Exilé (l'), vaudeville en deux actes (et en prose). *Paris*, *Duvernois*, 1825, in-8.

Avec MM. Achille Dartois et Théod. Anne.

— Fils (le) du colonel, drame en un acte, mêlé de couplets. *Paris*, *Barba*, 1831, in-8, 1 fr. 50 c.

Avec M. Duvert. M. de Tully s'est caché sous le prénom de Henry.

— Humoriste (l'), boutade en un acte (et en prose), mêlée de couplets. *Paris*, *Bezou*, 1829, in-8.

Avec MM. Dupeuty et Fulgence de Bury.

— Mari (le) par intérim, comédie-vaudeville en un acte. *Paris*, *Quoy*, 1827, in-8, 1 fr. 50 c.

Avec MM. Fulgence (de Bury) et (Nombret) Saint-Laurent.

— M. Rossignol, ou le Prétendu de province, vaudeville en un acte. *Paris*, *Quoy*, 1828, in-8, 1 fr. 50 c.

Avec MM. Duvert et Lafontaine.

— Orpheline (l') et l'héritière, comédie-vaudeville en deux actes. *Paris*, *Barba*, 1827, in-8.

Avec M. Th. Anne.

— Singe (le) et l'adjoint, folie-vaudeville en un acte. *Paris*, *Barba*, 1833, in-8, 1 fr. 50 c.

Avec M. Duvert.

— Zizine, ou l'École de déclamation, vaudeville en un acte. *Paris*, *Marchant*, 1837, in-8.

Avec M. de Léris.
M. De Tully a encore caché sa coopération à ces deux dernières pièces sous le prénom de Henry.
Cet écrivain, en outre, a été l'un des rédacteurs de « la Psyché ». On a aussi de lui des chansons imprimées dans les recueils annuels des « Soupers de Momus ».

TULLY (madame la baronne).
— Louisa, ou la petite Mendiante; suivie d'Éveline. *Paris*, *Eymery*, 1828, in-12, avec 4 grav., 3 fr.

TUMAR. — Fables et Poésies diverses. *Copenhague*, *Bonnier*, ..., in-12, 4 fr.

TUNE (de). Voy. De Tune.

TUPPUTI (Dominique), patricien de Plaisance, membre de plusieurs sociétés savantes.
— Mémoire sur la nature du cotonnier, et moyens de la naturalisation en France, suivi d'observations sur le porc-épic, et précédé d'une Lettre philosophique sur la dégénération des animaux. *Paris*, 1800, in-8.
— Recueil d'opuscules, contenant un Mémoire sur la manière dont on cultive le cotonier dans le royaume de Naples, et les moyens de le naturaliser en France; deux Lettres sur la dégénération des animaux, avec des portraits en taille-douce de Jumart, et des Observations sur le porc-épic. *Paris*, *Debray*, 1807, in-8, 3 fr.
— Réflexions succinctes sur l'état de l'agriculture, et de quelques autres parties de l'administration dans le royaume de Naples sous Ferdinand IV. Sec. édit. *Paris*, 1807, in-8.

TUR fils, de Nîmes. — Observations relatives à l'exportation de quelques produits des manufactures françaises en Italie. *Nîmes*, *de l'imp. de Durand-Belle*, 1832, in-8 de 24 pag.

TURBAT, procureur du roi près le tribunal civil de Sainte-Ménéhould.

— Discours prononcé par M. Turbat, procureur du roi près le tribunal civil de Sainte-Ménéhould (audience du 3 novembre 1830). *Sainte-Ménéhould, de l'impr. de Poignée-Darnaud*, 1831, in-8 de 16 pag.

TURBEN (François), ancien secrétaire de légation de S. M. Impériale, membre de la Société royale des belles-lettres et arts de Lorraine, de l'Académie de Caen, et de la Société patriotique bretonne; né à Paris, le 25 décembre 1723, mort le 23 novembre 1803.

— Almanach récréatif et ingénieux.....

— * Faveurs (les) du sommeil, histoire (prétendue) traduite d'un fragment grec d'Aristenète. *Londres* (*Paris*), 1746, in-12.

— * Idées d'un citoyen sur l'éducation de la jeunesse. *Paris, Desaint*, 1762, in-8.

— * Songes (les) du printemps. 174., in-12.

— * Vers sur la mort de Montesquieu. 1755, in-4 et in-12.

On doit encore à Turben, comme traducteur, la publication d'un Discours de Paoli aux Corses sur l'entreprise des Français, et de l'Essai sur les moyens de rétablir les sciences et les lettres en Portugal, etc., de L.-Ant. Verney (1762, in-12). Il a été l'un des trois éditeurs du Conservateur (Paris, 1756—61, 38 vol. in-12).

TURBILLY (le marq.). Voy. Menon.

TURBRI (F.-L.-H.). — Abrégé du Dictionnaire de musique de Rousseau. *Toulouse, de l'impr. de Bellegarigue*, 1821, in-18.

TURC. — Observations sur l'inoculation du claveau aux bêtes à laine. *Aix, de l'impr. de F. Guigue*, 1829, in-8 de 12 pages.

TURCHI (Adéodat), capucin, plus tard évêque de Parme.

— Homélies sur la liberté, l'égalité et la philosophie moderne, trad. de l'italien, avec le texte en regard, par l'auteur du « Fervent ecclésiastique » (M. l'abbé de Lasausse). *Paris, et Lyon, Rusand*, 1816, in-12.

— Sermon sur la sanctification du jubilé de l'année sainte 1776; trad. de l'italien. *Paris, Adrien Leclère*, 1826, in-18.

TURCK (Léopold-A.), D. M.

— Précis du mode d'action des eaux minérales de Plombières dans le traitement des maladies chroniques. *Plombières, Hérissé*, 1828, in-8 de 84 pages. — Seconde édition, sous le titre de : « Du mode d'action des eaux minéro-thermales de Plombières. *Plombières, Hérissé*, 1834, in-8 de 212 pag. — Troisième édition. *Paris, Baillière*, 1838, in-8, 3 fr. 50 c.

TURCK (S.-A.), D. M., frère du précédent, docteur en médecine de la Faculté de Strasbourg, anc. professeur de chimie industrielle à Nanci, membre de la Société d'émulation des Vosges.

— Note sur une nouvelle théorie de la goutte, lue à l'Académie royale de médecine, avec une réponse à M. Forget. *Paris, de l'impr. de Moquet*, 1835, in-8 de 32 pages.

— Traité de la goutte et des maladies goutteuses. *Paris, Béchet jeune; Nanci, Vidard*, 1837, in-8, 8 fr.

TURCKHEIM (le baron Jean de), né à Strasbourg, d'une ancienne famille alsacienne, remplit, avant la révolution, les premières fonctions municipales dans sa ville natale. Député de cette ville à l'Assemblée constituante, il s'y borna au rôle de défenseur des intérêts locaux de ses concitoyens. Forcé, sous le régime de la terreur, de quitter sa patrie, il se retira sur la rive droite du Rhin, où il avait des propriétés. De Turckheim devint ensuite plénipotentiaire de plusieurs princes allemands près la diète du cercle de Franconie. Plus tard, il représenta, en qualité de ministre près la diète germanique, le grand-duc de Hesse-Darmstadt; enfin, depuis la pacification générale, il fut envoyé à Rome, avec M. Schmitz de Grollembourg, au nom des princes protestants, pour négocier un concordat avec le Saint-Siége; affaire difficile que le baron de Turckheim ne réussit point à conclure. Ce diplomate est décédé le 28 janvier 1824, dans sa terre d'Altorf, près d'Etenheim, dans le grand-duché de Bade.

— * Histoire généalogique de la maison souveraine de Hesse, depuis les temps les plus reculés jusqu'à nos jours. *Strasbourg, de l'impr. de Levrault*, 1819, 2 vol. in-8.

— Jure (de) legislatorio Merovæorum et Carolingorum Galliæ regum circa sacra. *Argentorati, H. Heitzius*, 1772, in-4.

— Tablettes généalogiques des illustres maisons des ducs de Zaehringen, margraves et grands-ducs de Bade. *Darmstadt*, 1810, in-8, 4 fr. 50 c.

Le baron de Turckheim a laissé en Allemagne une honorable réputation comme publiciste : on lui doit plusieurs savants ouvrages.

(Notice tirée de l'Annuaire nécrolog. de M. Mahul, ann. 1825).

TURCKHEIM (F. de) fils, membre du conseil général du département et de la chambre du commerce de Strasbourg.

— Bienfaits (les) du monopole des tabacs en Alsace. *Strasbourg, de l'impr. de Levrault*, 1819, in-8 de 28 pag.

C'est une réponse à l'article du Moniteur du 19 février. Le titre est ironique.

TURENNE (le vicomte de), maréchal de France, sous Louis XIV.

— Collection des Lettres et Mémoires, depuis 1627 jusqu'en 1675, trouvés dans les portefeuilles du maréchal de Turenne, pour servir de preuves et d'éclaircissements à une partie de l'histoire de Louis XIV. (Publiée par le comte de Grimoard). *Paris, Nyon l'aîné*, 1782, 2 vol. in-fol., 50 fr.

— Mémoires (ses). *Paris, Garnier*, 1735, in-4.

TURGAN (L.-A.-F.). — Essai sur la fabrication du fer blanc et du fer noir ou tôle, d'après les procédés employés à la manufacture du Pont-Saint-Ours, près Nevers. *Paris, Rondonneau*, an IX (1801), in-8, 1 fr. 20 c.

TURGOT (Anne-Robert-Jacques), baron de l'Aulne, ministre d'État sous Louis XVI, de 1774 à 1776, d'abord au département de la marine, et ensuite à celui des finances; auparavant prieur de Sorbonne, intendant de la généralité de Limoges, conseiller au parlement; membre honoraire de l'Académie des inscriptions et belles-lettres; né à Paris, le 10 mai 1727, mort le 18 mars 1781.

— Conciliateur (le), ou Lettres d'un ecclésiastique à un magistrat (sur les affaires), (par Turgot et Loménie de Brienne). *Rome*, 1754. — Nouv. édition (publiée par Naigeon, avec le nom de Turgot et un avis de l'éditeur), 1788. — Troisième édition (publiée par Dupont, de Nemours, avec un avertissement). *Paris, Dupont de Nemours*, 1791, in-8, de 134 pag.

— Lettre à M. Necker. In-12.

— Lettre au doct. Price sur les législations américaines.....

Réimprimée en 1815 à la suite d'une Opinion de Mirabeau (voy. ce nom) sur la noblesse ancienne et moderne, etc.

— * Lettres sur les émeutes populaires occasionnées par la cherté des grains. 1768, in-12.

Une note manuscrite attribue cet ouvrage à Turgot. Barbier considère ce renseignement comme douteux.

— Lettres sur les grains, écrites à Terray. 1788, in-8 de 134 pag.

— Mémoire qui contient les principes de l'administration politique sur la propriété des carrières et des mines, et sur les règles de leur exploitation. 1790, in-8.

— Mémoire sur le prêt à intérêt et sur le commerce des fers. 1789, in-8.

Réimprimé dans la « Défense de l'usure », de Jérémie Bentham (1827).

— Michel et Michau, poëme satirique.

Ouvrage cité par Debray dans ses « Tablettes des écrivains français », mais qui n'a pas été inséré dans les Œuvres de Turgot.

— * Réflexions sur la formation et la distribution des richesses. Novembre 1766, in-12. — Nouv. édition, avec le nom de l'auteur. 1788, in-8.

La première édition est tirée des Éphémerides du citoyen.

C'est dans cet ouvrage que le célèbre Adam Smith a puisé tout son mérite sans que les Français aient réclamé.

— * Sur les finances, œuvre posthume de Pierre André, etc. 177..

Autre écrit que nous n'avons pas trouvé dans les Œuvres de Turgot.

— * Trente-sept (les) vérités opposées aux Trente-sept impiétés de Bélisaire, censurées par la Sorbonne. Par un bachelier ubiquiste. *Paris*, 1767, in-4 et in-8.

Réimprimé de format in-12, avec les pièces relatives à Bélisaire.

Cet ouvrage, qui est une fine plaisanterie, a été pris pour une censure de la Sorbonne par M. Eberhard, dans son Examen de la Doctrine, touchant le salut des païens.

Plusieurs écrits de Turgot ont été insérés dans divers ouvrages; ainsi l'on trouve de lui quelques *Mémoires* politiques, imprimés dans l'ouvrage intitulé « la Politique de tous les cabinets de l'Europe pendant les règnes de Louis XV et de Louis XVI », ouvrage de Favier, réimprimé plusieurs fois dans ce siècle, par les soins du comte L.-Ph. de Ségur; des *Réflexions rédigées en 1776 à l'occasion d'un Mémoire de M. de Vergennes, sur la manière dont la France et l'Espagne devaient envisager les suites de la querelle entre la Grande-Bretagne et ses colonies*, imprimées avec les Recherches historiques et politiques sur les États-Unis de l'Amérique septentrionale, de MAZZÉI (1788, 4 vol. in-8), et réimpr. séparément en 1817 (Paris, in-8 de 16 pag.). Enfin, Turgot a eu quelque part à la « Théorie de l'intérêt de l'argent, etc., de l'abbé GOUTTE (1780, in-12).

Comme traducteur, on doit à cet ancien ministre les traductions suivantes : 1° Questions importantes sur le commerce, à l'occasion des oppositions au dernier bill de naturalisation, trad. de l'angl. de Jos. TUCKER (1755, in-12) ; — 2° (en société avec Huber) : la Mort d'Abel, poëme trad. de l'allem. de GESSNER (1761, 1775, in-12) ; — 3° des Fragments de poésies lyriques, trad. de l'anglais de MACPHERSON, impr. dans le tome Ier des Variétés littéraires, publiées par l'abbé Arnaud et Suard ; — 4° Didon, poëme en vers métriques examètres, trad. de VIRGILE (1774, in-4).

— **Œuvres (ses) complètes, précédées et accompagnées de Mémoires et de notes sur sa vie, son administration, et ses ouvrages, par DUPONT, de Nemours.** *Paris, de l'impr. de Belin*, 1808-11, 9 vol. in-8, 45 fr.

Cette collection renferme une suite d'ouvrages de genres bien différents. Voici du reste l'indication de ce qui la compose :

Tome Ier. Mémoires sur la vie, l'administration et les ouvrages de M. Turgot, ministre d'État, divisés en deux parties, dont la première contient sa jeunesse, son administration dans la généralité de Limoges, et son ministère à la marine, et la seconde partie, contenant son ministère aux finances et sa retraite. Sec. édition.

Tome II. Lettre à M. l'abbé de Cicé, depuis évêque d'Auxerre sur le papier suppléé à la monnaie ; — Discours de M. Turgot, alors prieur de Sorbonne, pour l'ouverture et la clôture des sorboniques de l'année 1750 ; — deux Discours sur les avantages que l'établissement du christianisme a procuré au genre humain, prononcés le 3 juillet et 11 décembre 1750 ; — Lettre à M. de Buffon sur sa Théorie de la terre ; — Remarques critiques sur les Réflexions philosophiques de M. de Maupertuis sur l'origine des langues (avec les Réflexions de Maupertuis en regard) ; — Plans et projets d'ouvrages qui ont occupé M. Turgot pendant le loisir de ses autres études, lorsqu'il était en Sorbonne, ou peu après lorsqu'il en a été sorti (Idées générales sur la géographie politique ; Esquisse d'un Plan pour la géographie politique ; Mappemondes politiques ; Plan des Discours sur l'histoire universelle) ; — Lettres sur la tolérance, au nombre de deux ; — le Conciliateur, ou Lettres d'un ecclésiastique à un magistrat sur les droits des citoyens à jouir de la tolérance civile pour leurs opinions religieuses ; sur celui du clergé de repousser par toute la puissance ecclésiastique les erreurs qu'il désapprouve ; et sur les devoirs du prince à l'un et à l'autre égard.

Tome III. — Articles de Turgot dans l'Encyclopédie (Étymologie, Existence, Expansibilité, Foires et Marchés, Fondation et Fondations) ; — Valeurs et Monnaies ; — Pensées diverses ; — Sur les économistes ; — Lettre de M. Turgot à M. Marmontel ; — Éloge de M. de Gournay ; — Observations géologiques ; — Lettre à M. de Voltaire.

Tome IV. *Travaux divers concernant les impositions* : Déclaration concernant la taille tarifiée dans la généralité de Limoges ; — Lettre circulaire aux commissaires des tailles ; — Avis sur l'état de la généralité de Limoges relativement à l'imposition de la taille, pour 1762 ; — Lettre au contrôleur-général de Lyon pour refuser l'intendance de Lyon, en exposant les motifs de ce refus ; — Mémoire sur les doubles emplois des tailles entre les généralités de Limoges et de la Rochelle ; — Projet d'arrêt du conseil joint à ce mémoire ; — Projet d'un impôt territorial ; — Projet d'édit du roi, portant abonnement des vingtièmes, avec un Règlement pour la répartition ; — Observations de M. Turgot sur ce projet : — Plan d'un Mémoire sur les impositions en général, sur l'imposition territoriale en particulier, et sur le projet du cadastre ; — Lettre à M. de Laverdy, sur la repartition des vingtièmes ; — trois Avis sur l'imposition de la taille de la généralité de Limoges, pour les années 1763, 1765 et 1766 ; — Mémoire sur la surcharge des impositions qu'éprouvait la généralité de Limoges, dans lequel l'auteur traite incidemment de la grande et de la petite culture, adressé au conseil d'état en 1766 ; — Programmes de la Société d'agriculture de Limoges ; — Observations sur le Mémoire couronné relatif aux effets de l'impôt indirect ; — Observation sur l'autre Mémoire, dont l'auteur croyait l'impôt indirect préférable à l'impôt direct ; — Suppressions des corvées ; — Lettre à M. le contrôleur-général sur la corvée pour le passage des troupes ; — Lettre de M. Turgot aux officiers de police de la généralité sur le commerce des grains ; — Mémoire adressé au conseil d'État, sur la législation relative à l'exploitation des mines et carrières.

Tome V. Réflexions sur la formation et la distribution des richesses ; — Observations sur les points dans lesquels Smith est d'accord avec la théorie de M. Turgot, et sur ceux dans lesquels il s'en est écarté (par l'éditeur, DUPONT, de Nemours) ; — Questions sur la Chine, adressées à MM. Ko et Yang ; — Lettre de M. Turgot à M. Trudaine, sur les encouragements demandés pour une manufacture ; et en général sur ceux que l'on peut leur accorder, comme sur ceux qu'on doit leur refuser ; suivie de la Réponse de M. Trudaine et d'une Réplique de M. Turgot ; — trois Avis sur l'imposition de la taille de la généralité de Limoges, pour les années 1768, 1769 et 1770 ; — Lettre de M. Turgot à M. le contrôleur-général, sur les améliorations à faire par tout le royaume dans le transport des équipages des troupes, et dans les étapes ; — Mémoire sur les prêts d'argent ; — Addition à ce Mémoire sur la nécessité et le prix du crédit ; — Lettre circulaire à MM. les curés de la généralité de Limoges, sur les pertes de bestiaux, sur les modérations de contributions, sur la forme à suivre pour les obtenir, sur les récompenses pour la destruction des loups ; — Travaux relatifs à la disette de l'année 1770. On trouve dans le volume suivant une suite à ces Travaux, ainsi qu'un Compte rendu des opérations relatives aux disettes de 1770 et 1771. — Assemblées et bureaux de charité.

Tome VI. Diverses ordonnances, arrêts, et pièces d'administration ; — Lettres sur la liberté du commerce des grains : ces Lettres sont au nombre de sept ; — des Lettres à divers sur des actes administratifs ; — sur l'Extension de la liberté du commerce des colonies ; Lettre à M....., maire de Rochefort ; — Lettre à M. le marquis de Monteynard, ministre de la guerre, sur la milice.

Tomes VII et VIII. Lettres et Mémoires au Roi ; Arrêts du conseil d'État, recueil d'actes du ministère de Turgot.

Tome IX. Littérature : Traductions en vers : de la Prière universelle de POPE, de celle de CLÉANTHE, philosophe stoïcien ; — de longs fragments des Géorgiques de VIRGILE, avec le texte en regard ; — de Didon, poëme de VIRGILE, en trois chants, formant le IVe livre de l'Énéide, avec le texte en regard ; — d'Odes d'HORACE ; — de la première Élégie de TIBULLE ; — des Fragments de l'Essai sur l'homme, de Pope. Ouvrages en prose : Lettre aux auteurs du Journal étranger sur les poésies erses ; — la Mort d'Abel, trad. de l'allemand de Gessner ; — Éclaircissements sur la versification allemande, et sur la nature de la prose mesurée dans laquelle sont écrits les ouvrages poétiques de M. Gessner, en deux parties ; — Lettre à madame de Graffigny, sur ses « Lettres péruviennes » ; — A M. de C. sur le livre de « l'Esprit » ; — les Trente-sept vérités opposées aux trente-sept impiétés de Bélisaire ; — Commencement de l'Histoire du jansénisme et du molinisme. Mélanges scientifiques : Premières opérations tendant à régler les mesures et les poids par un étalon physique, inaltérable et toujours facile à vérifier ; — Lettres de M. Turgot (au nombre de trois) à MM. Messier, de Sartine, et l'intendant de Bordeaux ; — deux Lettres au doct. Josias Tucker, la dernière sur le commerce des grains ; — Lettre au doct. Price, sur les constitutions des États-Unis d'Amérique ; — Comparaison de l'impôt sur le revenu des propriétaires, et de l'impôt sur les consommations, commencement d'un Mémoire composé par Turgot pour B. Franklin ; — Mémoire sur la gomme élastique ; — Mémoire sur le voyage du capitaine Cook.

La majeure partie des écrits composant cette collection est précédée soit de préfaces, soit d'avertissements de M. Dupont de Nemours, éditeur.

Il existe, sous le nom de Turgot un volume intitulé : Des Administrations provinciales, Mémoire présenté au roi par Turgot (mais composé par Dupont, de Nemours), suivi des Observations d'un républicain (J.-P. Brissot). Lausanne, 1788, in-8. On trouve des exemplaires de cet ouvrage qui sont intitulés :

Œuvres posthumes de Turgot, ou Mémoire sur les administrations provinciales, mis en parallèle avec celui de M. Necker ; suivi d'une Lettre sur ce plan et des Observations d'un républicain sur ce Mémoire. Lausanne, 1788, in-8.

Boncerf (voy. ce nom) a aussi publié, sous le nom de Turgot, un écrit intitulé : « Les Inconvénients des droits féodaux », 1789, in-8. On trouve en tête de cette édition un Discours préliminaire sur la vie et les écrits de Turgot, par le marquis de ***.

TURGOT (Étienne-François), marquis de Cousmont, connu sous le nom du chevalier Turgot, deuxième fils du prévôt des marchands, Michel-Étienne Turgot, et frère du ministre de Louis XVI, né à Paris, le 16 juin 1721, fut successivement chevalier de Malte, l'un des fondateurs de la Société d'agriculture, et associé libre de cette Société, en 1762 ; brigadier des armées du roi, en 1764, plus tard, gouverneur de Cayenne ; il mourut le 21 octobre 1789.

— * Mémoire instructif sur la manière de rassembler, de préparer, de conserver et d'envoyer les diverses curiosités d'histoire naturelle. *Lyon*, 1758, in-8, avec 25 figures.

— * Essai sur les arbres d'ornement, les arbrisseaux et les arbustes de pleine terre ; trad. de l'angl. (1778). Voy. Miller.

Outre les deux ouvrages que nous venons de citer du chevalier Turgot, on a de lui : I, dans le Recueil de l'Académie des sciences :

1° Description d'une aurore boréale, observée à Lanteuil, 1768 ;

2° Observations sur le froid rigoureux de l'hiver de 1767 à 1768 ;

3° Observations sur une espèce de résine élastique de l'île de France, à peu près semblable à celle de Cayenne, 1769.

II. Dans les Comptes rendus de la Société d'agriculture :

4° Mémoire sur les bleds que l'on cultive dans quelques parties de la Basse-Normandie ;

5° Mémoire sur les arbres résineux, 1786 ;

6° Mémoire sur les dégâts que font dans les plantations les habitants des campagnes, 1787 ;

7° Observations sur les orangers hermaphrodites, 1787 ;

« Surtout, disait Turgot en mourant, que l'on ne fasse pas mon éloge ! » Broussonnet se fit un devoir de lui désobéir, et l'éloge du chevalier de Turgot, par ce savant, se trouve dans les « Comptes rendus de la Société d'agriculture, trimestre d'automne, 1789.

TURGY (Louis-François de), né à Paris, le 18 juillet 1763, officier de bouche de la famille royale, et qui la suivit au Temple, où il eut l'occasion de lui rendre de nombreux services. Louis XVIII, en montant sur le trône, accorda à Turgy des lettres de noblesse, et le nomma officier de la Légion d'honneur ; la duchesse d'Angoulême lui confia les fonctions de son premier valet de chambre et d'huissier de son cabinet, qu'il a exercées jusqu'à sa mort, arrivée le 4 juin 1823.

On a de Surgy des *Fragments historiques sur la captivité de la famille royale à la tour du Temple*, recueillis pendant son service du 13 août 1792 au 13 octobre 1793, imprimés pages 341 à 383 de la troisième édition des « Mémoires historiques sur Louis XVII », par M. Eckard. Paris, Nicolle, 1818, in-8.

M. Mahul a donné, dans son Annuaire nécrologique pour 1823, une Notice sur Surgy, p. 281-86.

TURINAZ DU CHATELLARD (J.-J.).

— Conseils au peuple sur le choléra-morbus oriental. *Paris, de l'impr. de Dentu*, 1831, in-16 de 16 pages.

— Essai médico-philosophique. *Doullens, de l'impr. de Quinquenpoix*, 1829, in-8 de 16 pag.

TURLES (Camille), médecin.

— Esprit (de l') de système en médecine. *Montpellier, Gabon*, 1822, in-8.

— Tableau historique des littératures anciennes et modernes, considérées en elles-mêmes et dans leurs rapports avec le climat, la religion, les mœurs et les institutions sociales. *Paris, rue du Jardinet-Saint-André, n. 8*, 1827, in-32, 3 fr. 50 c.

Ce volume fait partie de « l'Encyclopédie portative ».

— Vie (la) idéale, ou Développements poétiques de l'âme. (En prose). *Paris, Ladvocat*, 1825, in-8, 5 fr.

Reproduit sans réimpression, en 1831, avec un nouveau frontispice portant : *la Vie idéale, ou Peinture des émotions à vingt ans.* Paris, Delaunay, 1831, in-8, 4 fr.

TURLIN, alors avocat au parlement de Paris.

— Extrait des discours qui ont concouru pour le prix que l'Académie de Lyon a adjugé sur cette question : Les voyages peuvent-ils être considérés comme un moyen de perfectionner l'éducation? *Lyon, Aimé de la Roche*, 1786, in-8.

TURLOT (François-Claude), naquit à Dijon, le 25 janvier 1745, d'une famille honorable de magistrats. Il embrassa l'état ecclésiastique. Dans sa jeunesse, il avait été chargé par le roi Louis XVI de l'éducation de l'abbé de Bourbon, l'un des fils naturels de Louis XV. Il perdit cet élève à Naples, en 1787, où il l'avait conduit dans le cours des voyages qui devaient compléter son éducation. Ce fut un coup douloureux pour lui, et, trente ans après, il exprimait encore ses regrets d'une manière touchante, dans ses »Études sur la théorie de l'avenir». A la suite de cette éducation, si malheureusement terminée, l'abbé Turlot fut nommé aumônier de madame Victoire, bientôt après vicaire-général du diocèse de Nanci, et pourvu d'un bénéfice. La Révolution lui enleva tous ses biens : il soutint cette perte avec fermeté, se consola par l'étude, la composition d'ouvrages utiles, et l'accomplissement de ses devoirs, dans une place modeste, mais conforme à ses goûts, qu'il avait obtenue à la bibliothèque du roi, en 1796. Il est mort âgé de près de quatre-vingts ans, le 21 décembre 1824.

—Abailard et Héloïse, avec un Aperçu du XIIe siècle, comparé sous tous les rapports avec le siècle actuel, et une vue de Paris, tel qu'il était alors. *Paris, de l'impr de Didot l'aîné. — Janet et Cotelle*, 1822, in-8, orné de 3 dess. lithogr., 6 fr.

— * Études sur la théorie de l'avenir, ou Considérations sur les merveilles et les mystères de la nature, relativement aux futures destinées de l'Homme. *Paris, Maradan*, 1810, 2 vol. in-8, 9 fr.

L'auteur y développe dans un style pur et souvent élégant, des idées douces, consolantes et religieuses sur l'avenir de l'Homme. Ses théories sont quelquefois abstraites, paradoxales, mais habituellement revêtues d'une forme agréable, et semées d'anecdotes et de traits d'esprit ou de sentiment.

— Instruction (de l'), ouvrage destiné à compléter les connaissances acquises dans les colléges et les maisons d'éducation. *Paris, de l'impr. roy.— Maradan*, 1816, in-12. — Sec. édition. *Paris, le même*, 1819, in-12, 3 fr.

Réimprimé à Mons, en 1825, dans le format in-8.

Un Discours préliminaire, d'une étendue considérable, trace l'analyse de nos connaissances, et le fil qui les attache et les unit. Le reste du volume est rempli par une bibliographie universelle, mais choisie, qui n'est pas sans intérêt, mais où l'on regrette de rencontrer des inexactitudes.

TURMANN (J.). Voy. THURMANN.

TURMEAU (J.-B.), auteur dramatique.

— C'est le jour du baptême, ou la Double fête, à-propos vaudeville en un acte. *Marseille, Camoin frères*, 1821, in-8.

— Grenadiers (les) marseillais, ou Une heure de corps de garde, vaudeville en un acte. *Marseille, Camoin frères*, 1821, in-8.

— Pavillon (le) des lis, ou la Journée du baptême, vaudeville en un acte. *Marseille, Camoin frères*, 1821, in-8.

TURMEAU DE LA MORANDIÈRE, écuyer, membre de la Société royale d'agriculture de la généralité d'Orléans et de celle de Soissons.

— * Appel des étrangers dans nos colonies. *Cayenne, et Paris, Dessain junior*, 1763, in-12.

— * Police sur les mendiants, les vagabonds, les joueurs. *Paris, Dessain junior*, 1764, in-12.

— Principes politiques sur le rappel des protestants en France. *Paris, Valleyre fils; Dessain junior*, 1764, 2 parties en un vol. in-12.

Sur un exemplaire *ex dono auctoris*, l'auteur avait ajouté, à la liste de ses titres, ces mots : *et associé a celle de Soissons*; il avait de plus posé, sur le verso du faux-titre, la note suivante, écrite tout entière de sa main, et que je crois utile de transcrire littéralement : « Les éloges pompeux que j'ai faits de quelques-uns de nos demi-dieux dans ce traité et dans les autres ouvrages politiques que j'ai fait imprimer, comme dans les matières secrètes sur lesquelles ils m'ont consulté, ne doivent pas être pris pour de basses adulations. Ce sont, au contraire, pour la plupart, des contre-vérités ou des censures mesurées pour rappeler à la vertu et au travail ceux qui s'en sont écartés : je suppose souvent aux gens en place des vues bienfaisantes et des talents qu'ils n'ont pas : c'est quelquefois le vrai moyen de les engager à les acquérir.

« Fasse le ciel que ce remède honnête opère sur eux et sur leurs successeurs l'effet salutaire que j'en attends, comme citoyen, pour le bonheur de la France, pour la gloire du roi et pour la leur.— 1er nov. 1764 ».

Barbier cite cet ouvrage comme anonyme; la seconde partie l'est seule; dans l'exemplaire que j'ai sous les yeux; il y a, sans doute, des exemplaires qui le sont complètement.

Note communiquée par feu Gust. Fallot.

TURMÉNIE (l'abbé), chanoine, l'un des rédacteurs du journal « les Actes des apôtres » (novembre 1789 jusqu'au mois d'octobre 1791).

TURNBULL (R.-J.).— Visite à la prison de Philadelphie, ou Énoncé exact de la sage administration qui a lieu dans les divers départements de cette maison; ouvrage où l'on trouve l'histoire successive de la réformation des lois pénales de la Pensylvanie, avec des observations sur l'impolitique et l'injustice des peines capitales, en forme de lettres à un ami. Traduit de l'angl., et augmenté d'un plan qui en offre les différentes parties, par le D. PETIT-RADEL. *Paris, Gabon; Fuchs; Desenne*, an VIII (1800), in-8 de XI et 44 pages, 1 fr.

TURNBULL (John).— Voyage autour du monde, en 1800, 1801, 1803 et 1804, par John TURNBULL, dans lequel l'auteur a visité les îles principales de l'océan Pacifique et les établissements des Anglais dans la Nouvelle-Galle méridionale, suivi d'un Extrait du Voyage de James GRANT à la Nouvelle-Hollande, exécuté par ordre de S. M. britannique, dans les années 1800, 1801 et 1802; trad. de l'angl., par A.-J.-N. LALLEMANT, l'un des secrétaires de la marine, membre de la Société française d'Afrique, instituée à Marseille, et traducteur de plusieurs relations de voyages. *Paris, Xhronet*, 1807, in-8 de ij-476 pag., 5 fr.

TURNER (Daniel). — * Dissertation pratique sur les maladies vénériennes, trad. de l'angl. (par P. LASSUS). *Paris, Didot le jeune*, 1767, 2 vol. in-12.

— Traité des maladies de la peau, trad. de l'angl. (par BOYER DE PRÉBANDIER). *Paris, Barrois*, 1743, 2 vol. in-12.

TURNER. — Dictionary french and german, and german and french. *Leipzig*, ..., in-12.

— Grammaire (nouv.) anglaise à l'usage des Français. *Paris*, 1809, in-8. — Sec. édition, avec des notes et un tableau des prépositions anglaises, par A. BONIFACE. *Paris*, *Th. Barrois*, 1816, in-8, 4 fr.

TURNER (Samuel).—Voyages au Thibet, faits en 1774, 1784 et 1785; trad. de l'angl. par J.-P. PARRAUD et J.-B. BILLECOQ. *Paris, Hautbout*, 1797, in-18, avec fig., 3 fr.

— Ambassade au Thibet et au Boutan, contenant des détails très-curieux sur les mœurs, la religion, les productions et le commerce du Thibet, du Boutan et des États voisins, et une Notice sur les événements qui s'y sont passés jusqu'en 1793, par Samuel TURNER; trad. de l'angl. avec des notes par J. CASTÉRA. *Paris, Buisson*, 1800, 2 vol. in-8, et Atlas in-4 sur gr. raisin, contenant 15 planches, 12 fr., et sur pap. vélin, 24 fr.

TURNER (R.). — Éléments de cosmographie, ou Introduction à la Géographie universelle, exposés dans une suite de lettres adressées à une jeune élève; trad. de l'angl., sur la neuvième édition. Par D.-F. DONNANT. *Paris, Genets jeune*, 1803, in-12, orné de sept cartes, d'une nouvelle montre géographique, et de quatre tableaux, 3 fr.; ou *Paris, mad. Aumont, veuve Nyon*, 1822, in-12, 3 fr.

Ces Éléments contiennent la description de la figure, des mouvements et des dimensions de la terre; les causes des différentes saisons de l'année suivant le climat; les grandes divisions du globe en terre, eau, etc.; la situation, étendue des républiques, royaumes, etc.; un aperçu du gouvernement, des costumes, de la religion des différents peuples, et une courte notice sur les souverains régnants. La population de la France par département; leur distance de Paris; leur commerce, etc., etc.; et la table chronologique des événements, découvertes les plus remarquables.

—Éléments de géographie, trad. de l'angl., sur la neuvième édition, par D.-F. DONNANT. *Paris, Genest*, 1803, in-12.

— Manuel des classes, ou Introduction aux sciences et aux arts; trad. de l'angl., sur la huitième édition, par Louis (c'est-à-dire D.-F. DONNANT). *Paris, Duponcet*, 1803, in-12, 1 fr. 50 c.

TURNER COOKE (C.). — Observations sur l'efficacité de la graine de moutarde blanche, trad. de l'anglais (en allemand) *Paris, Didier*, 1829, in-8 de 64 pages.

— Observations sur l'efficacité de la graine de moutarde blanche; traduites de la cinquième édition anglaise. *Paris, Didier*, 1829, in-8 de 96 pag.

— Osservazioni su l'efficacia del seme-di senapa bianca. Trad. dell' inglese. *Parigi, Didier*, 1829, in-8.

TUROT (Joseph), né en Champagne, était secrétaire-général de la police sous Fouché, à l'époque du 18 brumaire, et prit une part active aux événements de ce jour. Il travaillait alors à la « Gazette de France », dont il avait la propriété, qu'il vendit ensuite à M. Bellemare, depuis commissaire de police. Après avoir perdu sa place, Turot entra dans une entreprise de fournitures pour l'armée d'Allemagne, fut impliqué dans des accusations relatives à cette entreprise, et traduit, en 1806, par ordre de Napoléon, devant un conseil de guerre, qui l'acquitta. Revenu à Paris, il y resta sans emploi jusqu'aux Cent-jours, que le duc d'Otrante le nomma lieutenant-général de police dans le département du Nord. Turot est mort, à Paris, le 18 mars 1825.

— De l'Opposition et de la liberté de la presse. 1799, in-8.

Turot a publié d'autres brochures anonymes.

TUROWSKI (Léopold). — Poesye. *Mont-de-Marsan, de l'impr. de Leclercq*, 1834, in-8 de 82 pages.

TURPETIN, employé à la recette générale de l'Orne.

— * Essai historique sur la puissance temporelle des papes, trad. de l'ital. (1810). Voy. GUICHARDIN.

TURPIN, archevêque de Reims, pair de France.

— Chronique de Turpin. *Paris, Sylvestre*, 1835, in-4 de 72 pag.

Tiré à 120 exempl., en caractères gothiques, titre rouge et noir, et imprimé, selon toute apparence, sur l'édition de Paris, 1527, in-4.

TURPIN, archevêque, pseudon. Voy. DU SILLET.

TURPIN, moine de Saint-Denis. Voy. FOURNIER DE PESCAY.

TURPIN (le R. P. Thomas). — Comitum travanensium seu terrensium modo S. Pauli ad Thenam a primo ad postremum. Annales historici. *Duaci, Dorbaix*, 1731, in-8.

TURPIN (François-René), auteur d'un assez grand nombre de compilations historiques et biographiques, ancien professeur en l'Université de Caen; né en 1709, à Caen, mort à Paris, en septembre 1799.

— Cyrus, tragédie en cinq actes, précédée d'un Discours sur la littérature. *Paris, Costard*, 1773, gr. in-8, fig.

— Fastes (les), ou Tableau historique de la marine française, dès la fondation de la monarchie jusqu'à nos jours. Première partie. *Paris, Belin*, 1784, in-4.

— France (la) illustre, ou le Plutarque français, contenant les éloges historiques des généraux et grands capitaines, des ministres d'État et des principaux magistrats de la nation française, enrichie de leurs portraits. *Paris, Deslauriers*, 1778, 52 cah., formant 4 vol. in-4, avec 48 portr., ou 13 tomes en 7 vol. in-12.

Turpin, dit La Harpe, n'est ni Plutarque, ni Français.

— Histoire de la vie de Mahomet, législateur de l'Arabie. *Paris, Costard*, 1773, 2 vol. in-12; — 1780, 3 vol. in-12.

— Histoire de l'Alcoran, où l'on découvre le système religieux et politique du faux prophète, et les sources où il a puisé sa législation. *Londres, et Paris, De Hansy*, 1775, 2 vol. in-12.

— Histoire de Louis de Gonzague, duc de Nevers, pair de France, contenant les principaux événements de la Ligue, sous les règnes de François II, Charles IX, Henri III et Henri IV. *Paris*, 1789, in-12.

— Histoire des hommes publics tirés du tiers état, avec un Discours sur les avantages et les abus de la noblesse. *Paris*, 1789, 2 vol. in-8.

On trouve en tête du tome II un *Éloge historique de Chevert*.

— Histoire des révolutions d'Angleterre, pous servir de suite à celle du père d'Orléans. Tomes I et II (de 1688 à 1747). *Paris, l'Auteur; Leclerc*, 1786, 2 vol. in-12.

— Histoire du gouvernement des anciennes républiques, où l'on découvre la cause de leur élévation et de leur dépérissement. *Paris, De Hansy*, 1769, in-12.

Cet ouvrage est une traduction de l'anglais d'Édouard-Wortley de *Montague*, que Barbier, sous le numéro 8026 de son Dictionnaire des ouvrages anonymes, attribue à mademoiselle *Le Grai d'Ourxigné*, et qui aurait été retouchée par Turpin. Mais voici ce qu'on lit dans la Biographie de la Seine-Inférieure, par Guilbert, à l'article de mademoiselle Le Geai d'Ourxigné :

« La traduction qu'elle fit dans notre langue d'un ouvrage d'un seigneur anglais sur les anciennes républiques, fournit la preuve qu'elle s'adonna de préférence au genre sérieux. Notre compatriote n'ayant pas cru devoir s'écarter de l'original, il en résultat que sa traduction présentait un intérêt trop borné. L'auteur, en rapprochant les vices et les avantages de la constitution de la Grande-Bretagne des événements arrivés à Sparte, Athènes, Thèbes, Rome et Carthage, n'avait écrit que pour sa patrie. Un peu de réflexion eût dû faire prévoir à mademoiselle d'Ourxigné qu'un ouvrage de cette nature serait peu lu en France ».

« Turpin le sentit depuis, et il généralisa cette production historique de manière à la rendre propre à tous les temps et à toutes les nations. Il la publia, en 1769, format in-12, sous ce titre : *Histoire du gouvernement des anciennes républiques, où l'on découvre les causes de leur élévation et de leur dépérissement.* Cette nouvelle version de l'original anglais a fait dire, dans le Supplément de la « France littéraire », que la traduction de mademoiselle d'Ourxigné avait été retouchée par Turpin ».

— Histoire naturelle et civile du royaume de Siam, et des révolutions qui ont bouleversé cet empire, jusqu'en 1770, sur les manuscrits qui ont été communiqués par l'évêque de Tabraca, vicaire apostolique de Siam, et autres missionnaires de ce royaume. *Paris, veuve Regnard et Demonville*, 1771, 2 vol. in-12.

Ouvrage supprimé par arrêt du conseil.

— Histoire universelle, imitée de l'anglais, contenant l'histoire du monde, depuis sa création jusqu'à la naissance des empires. Tomes I—IV. *Paris, Bleuet*, 1770-71, 4 vol. in-12.

— Lettre à M. Helvétius....

— Ode en l'honneur de l'immaculée conception, qui a remporté le prix à Caen, en 1731.

Imprimée dans le Mercure de France, juillet 1773.

— Ode en l'honneur de l'immaculée conception, qui a remporté le prix à Caen, en 1736.

— Tableau historique de la marine française, depuis la fondation de la monarchie jusqu'à nos jours. *Paris, Esprit*, 1778, in-4 de 68 pag.

— Tableau historique de quatre grands hommes exposés au salon du Louvre. 1781, ou 1783, in-12.

— Vie de Louis de Bourbon, deuxième du nom, prince de Condé. *Paris, Knapen*, 1767, 2 vol. in-12.

Cette biographie forme les tomes XXIV et XXV des « Vies des hommes illustres de la France », par d'Aubigny et Pérau.

— Vies des hommes illustres de la France, continuées par M. Turpin. Tome XXVI, contenant les Vies de Charles et de César de Choiseul, du Plessis-Praslin, maréchaux de France. *Amsterdam, et Paris, Knapen*, 1768, in-12.

— * Voyage à Ceilan, ou les Philosophes voyageurs. *Amsterdam, et Paris, De Hansy*, 1770, 2 part. in-12.

Publié sous le masque de Henriquès Pangrapho, maître ès arts de l'Université de Salamanque.

Cet ouvrage paraît avoir été non pas réimprimé, mais reproduit sous le titre des *Philosophes aventuriers*. Par M. T***. Amsterdam, et Paris, Belin, 1780, 2 vol. in-12.

« Il s'en faut de beaucoup que Turpin soit dépourvu de talents : il y avait en lui le germe d'un écrivain à la fois poëte et penseur; mais la nécessité de travailler vite l'empêcha de se développer : son style, qui eut été brillant et animé, semble déclamatoire et lourd ; des idées qui eussent été profondes et neuves, ne sont que des paradoxes, sans preuves comme sans liaisons ; enfin les documents sur lesquels il s'appuie ne sont pas choisis avec discernement. Aussi, malgré les éloges emphatiques de Sabatier de Castres, et l'approbation de Gilbert, Turpin est-il moins connu que les Crevier et les Vely, auxquels il est supérieur. Peut-être la faiblesse qu'il eut de se laisser comprendre comme homme de parti dans les rangs des antiphilosophes, malgré l'appui généreux d'Helvétius, fut-elle en partie la cause du peu de célébrité qui lui procurèrent ses nombreux ouvrages. Cependant il recherchait la faveur des grands. Ni ses nobles protecteurs, ni les libraires ne le mirent au-dessus du besoin, et il mourut dans l'indigence».

TURPIN (dom Antoine), bénédictin de Saint-Germain-des-Prés.

— * Manuel religieux. 1783, in-12.

Il a travaillé à l'Histoire de Berry et au recueil des chartres et diplômes du royaume.

TURPIN fils. — Double histoire, ou les deux Inès, nouvelle espagnole. *Paris, Michaud frères*, 1813, 2 vol. in-12, 3 fr.

TURPIN (Pierre-Jean-François), botaniste, membre de l'Acad. des sciences; né à Vire (Calvados), le 11 mars 1775.

— Esquisse d'organographie végétale.

Imprimée avec les Œuvres d'histoire naturelle de Gœthe (1837).

— Flore médicale décrite par MM. Chaumeton, Poiret, Chamberet, peinte par madame E. P.... (Ern. Panckoucke) et par J.-P. Turpin. *Paris, Panckoucke*, 1814-20, 137 livraisons formant 8 vol. in-8, composés de 428 planches coloriées, 214 fr.

— Flore parisienne, contenant la description des plantes qui croissent naturellement aux environs de Paris; ouvrage orné de figures et disposé selon le système sexuel. *Paris, Schœll*, 1808-13, in-4.

Avec M. Poiteau.

Il n'a été publié que neuf livraisons de cette Flore, renfermant en tout 68 planches. (Voy. l'art Poiteau).

— Icones selectæ plantarum quas in Systemate universale ex herbariis Parisiensibus, præsertim ex Lessertiano, descripsit A.-P. de Candolle, ex archetypis speciminibus à P.-J.-F. Turpin delineatæ et editæ a Benj. de Lessert. *Parisiis, Treuttel et Wurtz*, 1820-21, gr. in-4, avec 200 pl., 70 fr.; pap. vélin, 100 fr.; et gr. in-fol., sur pap. vélin superfin, 140 fr.

— Leçons de Flore : Cours complet de botanique, Explication de tous les systèmes, introduction à l'étude des plantes, par J.-L.-F. Poiret; suivis d'une Iconographie végétale en 56 planches coloriées, offrant près de 1000 objets, par J.-P.-F. Turpin. *Paris, Panckoucke*, 1819, 17 livr. in-8, formant 3 vol. in-8, 34 fr., ou 3 vol. in-4, pap. vélin (tiré à 25 exemplaires), 204 fr., et sur format in-fol. (tiré à 10 exemp..), 340 fr.

Il existe de cet ouvrage une édition classique ou compacte en un vol. in-8, dont le prix est de 5 fr.

— Mémoire sur l'organisation intérieure et extérieure des tubercules du solanum tuberosum et de l'helianthus tuberosus. *Paris*, 1828, in-4 avec 5 pl., 5 fr.

— Observations sur quelques végétaux microscopiques, et sur le rôle important que leurs analogues jouent dans la formation et l'accroissement du tissu cellulaire; lues à l'Académie des sciences de l'Institut, en sa séance du 12 juin 1824. *Paris, de l'impr. de Belin*, 1827, in-4 de 50 pag.

Extrait des Annales du Muséum d'histoire naturelle.

Nous connaissons encore de M. Turpin, insérés dans les Annales et les Mémoires du Muséum d'histoire naturelle, les Mémoires suivants :

I. Dans les *Annales* : 1° Description d'une nouvelle espèce de *Thouinia*, avec 2 pl. (tom. V, 1804); 2° Observations sur les *Rhus aromaticum* et *suaveolens*, avec une pl. (id., id.); — 3° *Castella*. Polygamie monœcie, *Lin.*, avec une pl. (Nouv. genre de plantes, dédié à Castel, auteur du poëme sur les plantes). (Tome VII, 1806); — 4° Mémoire sur l'organe par lequel le fluide fécondant peut s'introduire dans l'ovale des végétaux, avec une pl. (Id., id.); — 5° *Cypsela*, nouveau genre de la famille des portulacées, avec une pl. (Id., id.). — II. Dans les *Mémoires* : Lettre à M. le bar. de Beauvois, relative à sa Notice préliminaire sur les palmiers, insérée dans la première livraison du premier volume des Éphémérides des sciences naturelles, avec une pl. (tome III, 1817); — Mémoire sur l'inflorescence des graminées et des cypérées, comparée avec celle des autres végétaux sexifères, suivi de quelques Observations sur les disques, avec 2 pl. (tome V, 1819); — Organographie végétale. Observations sur quelques végétaux microscopiques, et sur le rôle important que leurs analogues jouent dans la formation et l'accroissement du tissu cellulaire, avec une pl. (tome XIV, 1827). Il a été tiré à part des exemplaires de presque tous ces Mémoires.

M. Turpin a fourni aussi des articles au Dictionnaire des sciences naturelles, et a été, en société avec M. A. Poiteau, l'éditeur de la nouvelle édition du Traité des arbres fruitiers de Duhamel du Monceau.

Depuis plus de trente-deux ans, M. Turpin se livre à l'étude des phénomènes de l'organisation et de la vie des végétaux, et il a cherché, non-seulement à découvrir les lois qui régissent ces phénomènes, mais encore il a montré, dans plusieurs mémoires, la plupart présentés à l'Académie des sciences, l'heureuse application que les cultivateurs pourraient faire des principes dont il a offert le développement.

M. Turpin s'occupe d'une *Pathologie végétale.*

TURPIN DE CRISSÉ (le comte Lancelot de), maréchal de camp, inspecteur général de cavalerie et de dragons, membre des académies de Berlin et de Nanci; né à Héronville, en Beauce, en 1709, mort à Paris, en 1799.

— * Amusements philologiques et littéraires de deux amis (le comte de Turpin et Castillon). *Paris, Prault*, 1754. — Sec. édition, augmentée. *Paris, Desaint*, 1756, in-12.

— Commentaires (les) de César, trad. du latin, avec des notes historiques, critiques et militaires (1785). Voy. César.

— Commentaires sur les institutions militaires de Végèce. *Montargis, Lequatre*, 1779, 3 vol. in-4. — Seconde édition, revue, corr. et augm. *Paris, Nyon l'aîné*, 1783, 2 vol. in-4, avec 20 planches, 20 à 24 fr.

Il existe de l'édition de 1783 des exemplaires sur gr. papier.

— Commentaires sur les Mémoires de Montécuculli. *Paris, Desaint*, 1769, 3 vol. in-4, avec 43 figures de plans et batailles, 30 à 36 fr.; ou 1770, 3 vol. in-8, fig., 20 à 24 fr.

Nous trouvons porté sur le catalogue des libraires Anselin et Gaultier Laguionie une édition de cet ouvrage, qui porte pour titre : *Commentaires, observations et notes sur les Mémoires de Montécucullì.* Amsterdam, et Leipzig, ..., 3 vol. in-12, avec 42 planches.

Montécuculli part des éléments les plus simples, pour s'élever par degrés aux principes les plus sublimes de l'art de la guerre.

Le premier chapitre de son premier livre sert d'introduction aux suivants.

Le second traite des préparatifs, en cinq articles différents, intitulés : des hommes; — de l'artillerie; — des munitions; — des bagages; — de l'argent.

Le sujet du troisième chapitre est la disposition, divisée par l'auteur en universelle et particulière. — Il la considère aussi et l'établit relativement aux forces respectives, à la situation des pays ou localités, et aux circonstances, enfin, qui doivent faire pencher pour l'offensive et la défensive.

Le quatrième chapitre : des opérations où il faut de la résolution, du secret, de la vitesse; — des marches; — des campements; — des combats; — ce qui forme autant d'articles.

Dans le cinquième chapitre, il parle de la construction, de l'attaque et de la défense des forteresses; et le sixième est consacré aux combats en campagne, que Montécuculli partage en combats particuliers et en batailles.

Le deuxième livre, qui a les mêmes divisions que le premier, n'est qu'une application des maximes contenues dans ce premier livre, à la guerre qu'on peut faire contre les Turcs en Hongrie.

Dans le troisième et dernier livre l'auteur fait voir combien lui a été utile et lui a procuré de gloire l'usage constant qu'il a fait de ses principes dans ses campagnes en Hongrie, contre les Turcs, de 1661 à 1664, époque où il a gagné la célèbre bataille de Saint Gothard, etc.

Il faut donc conclure que les Mémoires de Montécuculli, si utilement commentés, éclaircis et même étendus dans plusieurs endroits par Turpin de Crissé, forment un corps de doctrine aussi complet que méthodique, en ce sens que la première partie de cet ouvrage contient les éléments purement abstraits de la science militaire, dont il donne, dans la seconde, une théorie fondée sur une hypothèse, et qu'il applique dans la troisième à des faits.

Il existe des Commentaires sur ces Commentaires, avec des Anecdotes relatives à l'histoire militaire du siècle présent, et des Remarques sur Guibert et autres écrivains anciens et modernes. Par M. de W. G. K. A Saint-Marino, Roturier, 1777, 3 vol. in-8.

— Essai sur l'art de la guerre. *Paris, Prault*, 1754, 2 vol. in-4 fig., 24 à 30 fr.

Ce célèbre contemporain de Guibert cherche ici à établir une armée dans toutes les positions et dans tous les pays où elle peut se trouver dans le cours d'une campagne, en fournissant les moyens de la défendre et de l'attaquer.

Il décrit donc, dans les 15 chapitres de son premier livre, toutes les opérations d'une campagne, depuis les plus petites jusques aux plus grandes, à l'exception des siéges; et il donne ensuite les moyens d'exécuter ces opérations dans quelque pays que ce soit.

Le deuxième livre trace, en 11 chapitres, les précautions qu'il y a prendre pour attaquer l'ennemi dans toutes ces mêmes opérations.

Dans le troisième livre, composé de 13 chapitres, il s'occupe des cantonnements et des quartiers, ainsi que des manœuvres qui y ont rapport.

L'attaque des quartiers ou cantonnements des ennemis, est l'objet du quatrième livre, qui a six chapitres.

Dans le cinquième livre, enfin, il traite de la petite guerre, en exaltant l'utilité et l'usage des troupes légères.

L'auteur ne manque jamais d'accompagner de réflexions solides le récit des plus grandes opérations de la guerre, et celui des manœuvres pratiquées par les plus célèbres généraux anciens et modernes.

— * Lettres sur l'éducation. *Paris, Bauche*, 1762, 2 vol. in-12.

Je trouve dans cet ouvrage, dit Barbier, sous le n° 10,429 de ses Anonymes, le style du comte de Turpin, à qui une note manuscrite le donne, plutôt que celui de Pesselier, qui en est cité pour auteur dans la France littéraire de 1769.

TURPIN DE CRISSÉ (la comtesse).

Elle est l'un des quatre auteurs de la « Journée de l'amour, ou Heures de Cythère (Gnide, 1776, in-8); c'est par les soins de cette dame qu'ont été publiées les OEuvres complètes de M. l'abbé de Voisenon (Paris, 1781, 5 vol. in 8).

TURPIN DE CRISSÉ (le comte Lancelot-Théodore), fils des deux précédents, membre honoraire de l'Académie des beaux-arts; né à Paris, en 1781.

— Souvenirs du golfe de Naples. *Paris, l'Auteur*, 1828, in-fol., avec 39 planches, sur pap. vélin, 160 fr.; sur pap. de Chine, lettre noire, 200 fr.; sur pap. vélin, lettre au trait, 320 fr.; sur pap. de Chine, lettre au trait, 400 fr.

— Souvenirs du vieux Paris: Exemples d'architecture de temps et de styles divers, par M. le comte T. TURPIN DE CRISSÉ, avec des Notices historiques ou descriptives, par madame la princesse de Craon, madame la comtesse de Meulan, et par MM. de Beauchesne, Castellan, de Clarac, de Courchamps, de Laporte, de Lasalle, de Pastoret, Quatremère de Quincy, Raoul-Rochette, de Rességuier, Révoil, Du Sommerard et de Vimeux. *Paris, de l'impr. de Duverger*, 1835, in-fol. de 96 pages et 30 planches. — Sec. édition, intitulée: Souvenirs du vieux Paris: Exemples d'architecture de temps et de styles divers: trente vues dessinées d'après nature par le comte T. TURPIN DE CRISSÉ, avec des notes historiques et descriptives, par madame la princesse de Craon, etc. *Paris, Veith et Hauser*, 1837, in-fol. de 42 pag. et 30 planches, 40 fr., sur pap. vélin, 50 fr., et avec les planch. color., 100 fr.

TURQUETY (Edouard), poëte catholique; né vers 1801, à Rennes, d'un père qui a été long-temps notaire dans cette ville.

— A M. de La Mennais. (Stances). *Rennes, Molliex; Paris, Debécourt*, 1838, in-8 de 16 pages.

— Amour et foi. *Paris, Delaunay; Chamerot*, 1833, in-8, 8 fr. — Sec. édition, augmentée de quatre nouvelles pièces. *Paris, Debécourt; Delaunay*, 1834, in-8, 7 fr. 50 c.

— Au profit des pauvres: Pitié pour eux! *Nantes, de l'impr. de Mellinet*, 1838, in-8 de 4 pag., 50 c.

— Esquisses poétiques. *Paris, Delangle*, 1829, in-18, 4 fr.

— Poésie catholique. *Paris, Delaunay; Debécourt*, 1836, in-8, 7 fr. 50 c.

TURRAULT DE ROCHECORBON. — Épreuve (l') de l'amour, comédie en trois actes et en prose. *Tours, de l'impr. de Goisbault Debbreton*, 1827, in-8.

TURREAU DE GARAMBOUVILLE (le baron Louis-Marie), lieutenant-général, l'un des officiers généraux les plus distingués au temps de la République et de l'Empire; né à Évreux, en 1756, était capitaine quand la révolution éclata, et général de division avant 1793; cette année, il fut chargé du commandement en chef de l'armée de l'Ouest, et fut depuis, successivement commandant militaire du Piémont, ministre plénipotentiaire de France aux États-Unis d'Amérique, de 1804 à 1810; commandant de la 21e division militaire de 1811 à 1813, enfin, employé de nouveau à la grande armée, de 1812 jusqu'au moment de l'invasion. Il commandait le duché de Wurtzbourg, à l'époque de la Restauration. Le général Turreau est mort à Conches, le 15 décembre 1816.

— Aperçu sur la situation politique des États-Unis d'Amérique. *Paris, F. Didot*, 1815, in-8 de 152 pag., 2 fr. 50 c.

— Mémoires pour servir à l'histoire de la guerre de la Vendée; ouvrage dans lequel sont rapportés les principaux événements de cette guerre, depuis son origine jusqu'au 1er floréal de l'an II (1795), in-8. — II. édit. *Paris, F. Didot*, 1815, in-8, 3 fr, (IIIe édit.). *Paris, Baudouin frères*, 1824, in-8.

La dernière édition fait partie de la *Collection des Mémoires relatifs à la révolution française.*

TURREL (A.), avocat à la Cour royale de Paris.

— Essai patriotique. (En vers). *Paris, les march. de nouv.*, 1831, in-8 de 48 pag., 75 c.

— Huit (le) avril 1826 : Promenade au Luxembourg. (En vers). *Paris, Ponthieu*, 1826, in-8 de 16 pag., 1 fr. 50 c.

TURRETINI (Michel), fils de Jean, nommé professeur de langues orientales; né à Genève, en 1646, mort en 1721.

— Catéchisme familier pour ceux qui commencent. In-12.

— Croix (la) des jugements de Dieu. In-8.

— Sermons (deux) sur l'utilité des afflictions. In-8.

TURRETINI (Samuel), fils du précédent; né à Genève, en octobre 1688, pasteur en 1716, professeur de langues orientales en 1718, et de théologie en 1719, mort en 1727.

— Préservatif contre le fanatisme, ou Réfutation des prétendus inspirés de ce siècle, trad. du latin, par J.-T. L. C. (Jacq.-Théod. Le Clerc). *Genève, Duvillard*, 1723, in-8. — Supplément au Préservatif contre le fanatisme. 1723, in-8.

Samuel Turretini a eu part aussi à la version de la sainte Bible par les pasteurs et professeurs de Genève (Genève, 1805, in-fol., et 3 vol. in-8).

TURRETINI (Jean-Alphonse), fils de François, mort en 1687, savant théologien protestant; né à Genève, en août 1671, fut reçu au saint ministère en 1694; il entra, peu de temps après, dans la compagnie des pasteurs. En 1697, on lui donna la chaire de professeur d'histoire ecclésiastique. En 1705, il fut fait professeur de théologie, et il mourut en 1737. Turretini était membre de l'Académie de Berlin, et de la Société pour la propagation de la foi.

— Abrégé de l'histoire ecclésiastique, depuis la naissance de J.-C. jusqu'à l'an 1700, trad. du latin, avec des notes. *Neufchâtel*, 1765, 2 vol. in-8.

L'original est de 1736.

— Défense de la Dissertation de M. Turretini sur les articles fondamentaux de la religion, contre une brochure intitulée : Lettre de M. T. C. (c'est-à-dire de M. Théodore Crinsoz, qu'on appelle ordinairement M. de Bionnens). *Genève*, 1727, in-4.

— Sermon sur la loi de la liberté. 1734, in-4.

— Sermon sur le jubilé de la réformation de Zurich. 1719, in-4.

— Sermon sur le jubilé de la réformation de la république de Berne. *Genève*, 1728, in-4.

— Sermon sur le jubilé de la réformation de Genève. 1736, in-4.

— Sermon sur l'inconvénient du jeu. 1727, in-4.

— Sermons sur la charité. 1697, in-4.

— Traité de la vérité de la religion chrétienne, tiré en partie du latin de J.-A. Turretin (par Jacob Vernet). *Genève, H.-A. Gosse*, 1740, 4 vol. in-4; ou 1747, 4 vol. in-8.

Les Dissertations de Turretini sont au nombre de douze, qui ont été publiées réunies, en 1737, en un vol. in-4.

« Les thèses de Turretini sur la vérité de la religion chrétienne sont des chefs-d'œuvre ; elles renferment, de la manière la plus lumineuse, tout ce qu'on a dit et pensé d'important sur cette matière ; elles la présentent avec intérêt, et, si elles n'expriment pas scrupuleusement tout ce qu'on peut penser sur ce vaste sujet, elles ont le grand mérite de le faire trouver d'abord à celui qui les lit avec attention. Cet ouvrage est généralement fort estimé, et on a même imposé avec raison aux professeurs de théologie à Zurich l'obligation de le prendre pour le texte de leurs leçons ».

Jac. Vernet, l'auteur et le traducteur du volume que nous venons de citer, a publié successivement neuf autres volumes sur le même sujet.

Turretini a eu part à la version de la sainte Bible par les pasteurs et professeurs de Genève, publiée en 1805.

L'on a de Turretini un assez grand nombre d'ouvrages et de dissertations, mais tous écrits en latin et imprimés hors de France : leur nomenclature n'entre pas dans le plan de notre livre. (Voy. l'Histoire litt. de Genève, tom. III, pag. 11 et 12).

Les œuvres de ce savant ont été publiées sous le titre d'Opera Turretini, tria priora volumina complectentia, 1737, 3 vol. in-4. On a imprimé, après la mort de Turretini : 1° *Commentarius theoretico-practicus in Epistolas ad Thessalonicenses*, Basilæ, 1739, in-8 ; — 2° *Commentarius theoretico-practicus in Epistolas ad Romanos*. Genevæ, 1741, in-8. Il serait à souhaiter, dit Senebier, dans son Histoire littéraire de Genève, que quelqu'un publiât l'excellent Commentaire latin que Turretini avait fait sur les chapitres V—VII de l'Évangile de N. S. J. C., selon saint Mathieu ;—3° *De S. Scripturæ interpretatione tractatus bipartitus restitutus et auctus per Gul. Teller*, Berolini, 1766, in-12.

TURSELIN (le P. Horace), jésuite italien ; né à Rome.

— Historiarum ab origine Mundi, ad annum chr. 1630, epitome, libri X. Nova editio. *Parisiis*, *vid. Cl. Thiboust*, 1712 ; seu *Parisiis*, *Barbou*, 1726, in-12.

La première édition paraît être celle de Paris, Soly, 1631, in-8. Ce livre a été réimprimé plusieurs fois avec des continuations.

— Eadem, auctior, perducta ad an. 1642, cum brevibus notis. *Ultrajecti*, *Vande Water*, 1703, 1710, in-8.

— Histoire universelle, trad. du latin, avec des notes, par D. M. L. (l'abbé LAGNEAU). *Paris*, *Simart*, 1706, 3 vol. in-12 ; — Nouv. édition, augmentée d'une continuation jusqu'en 1700. *Paris*, 1757, 4 vol. in-12.

Il en existe une traduction antérieure, due à J. TOURNET, qui augmenta l'original de deux nouveaux livres. Paris, 1622, 1633, in-8.

TUSSAC (F.-R. de). — * Cri (le) des colons, par l'auteur de la Flore des Antilles. *Paris*, 1810, in-8.

— Flore des Antilles, ou Histoire générale botanique, rurale et économique des végétaux indigènes des Antilles, et des exotiques qu'on est parvenu à y naturaliser, décrits d'après nature, selon le système sexuel de Linnée et la méthode naturelle de Jussieu, avec planches dessinées, gravées et coloriées. *Paris*, *l'Auteur*, 1808-27, 4 vol. in-folio, sur papier jésus vélin.

L'ouvrage a été publié en livraisons de 4 et 5 planches, avec texte. Le nombre total des planches est de

Cette Flore n'a été imprimée qu'à 150 exemplaires.

Le prix d'origine de chaque livraison était de 30 fr.

M. de Tussac a fourni des articles de botanique au Dictionnaire des sciences naturelles.

TUTUNDJU-OGLOU-MOUSTAFA-AGA, pseudon. Voy. SENKOUSKY.

TUVASCHE. Voy. BASTON.

TWAMLEY, l'un des auteurs de « l'Art de faire le beurre et les meilleurs fromages ». Deuxième édition (1833, in-8).

TWENT (A.-C.), capitaine de vaisseau.

— Dictionnaire de marine, ou Collection de mots et termes techniques hollandais, traduits en français et en anglais, à l'usage des marins et employés. En hollandais, français et anglais. *Amsterdam*, 1813, in-8 de 192 pages.

TWINING (Henri). — Voyage en Norwège et en Suède. *Paris*, *Delaunay*, 1836, in-8, avec 18 grav., 10 fr.

TWISS (Richard), voyageur anglais.

— Voyage en Irlande, contenant des observations sur la situation, l'étendue du pays, le climat, le sol, les productions des trois règnes de la nature, les rivières, les baies, les ports, les antiquités, le gouvernement, les troubles, les révolutions, le caractère, les mœurs, les coutumes, le commerce, les manufactures, les sciences, la distance des principales villes, etc., etc., etc. Trad. de l'angl. par Ch. MILLON. *Paris*, *Prudhomme*, an VI (1798), in-8, avec gravure et carte générale de l'Irlande, 3 fr. 50 c.

— Voyage en Portugal et en Espagne, trad. de l'anglais. *Berne*, *Société typogr.*, 1776, in-8.

TYARD. Voy. THYARD.

TYMOGUE (de), pseudonyme. Voy. Edme GUYOT.

TYMOWSKI (Cantorbery), nonce polonais.

— Pologne (la), la Russie et l'Europe, discours prononcé le 29 novembre, jour anniversaire de l'insurrection nationale polonaise. *Paris, Baudouin*, 1836, in-8 de 40 pag., 1 fr.

TYNNA (de la). Voy. LATYNNA.

TYRAT (J.). — Manuel (nouveau) complet et méthodique des aspirants au baccalauréat ès-sciences, d'après le nouveau programme; rédigé spécialement pour l'usage des jeunes gens qui se destinent à l'étude de la médecine. *Paris, J. Delalain*, 1837, in-18, avec 15 pl., 5 fr.

TYRIOT. — Lettre à M. l'abbé Nadal. In-12.

TYRODE (le P. Claude), dominicain; né en Franche-Comté, en 1691.

— Instructions et prières sur les O de l'avent. 1755, in-12.

TYRTÉE, poëte lyrique grec.

— Tyrtée et ONESANDRE, publiés en grec par CORAY, avec la traduction française. *Paris*, 1822, in-8.

Pour d'autres éditions grecques de Tyrtée, voy. l'art. ANACRÉON.

— Tyrtée, traduit en vers français par M. POINSINET DE SIVRY. *Nanci, Antoine*, 1758, in-12.

— Muses grecques, ou Traduction en vers français de Tyrtée, etc. *Paris*, 1771, in-8.

— Laconiennes, ou Chants guerriers de Tyrtée, trad. du grec en français, par HAUTÔME, et suivis de plusieurs imitations en vers, par P. *Paris, Brunot-Labbe; Maire-Nyon*, 1826, in-12, 1 fr. 50 c.

— Chants (les) de Tyrtée, trad. en vers français par Firmin DIDOT. *Paris, de l'impr. de F. Didot*, 1826, in-12.

Le texte est en regard de la traduction.

— Chants (les) de Tyrtée et de CALLINUS, trad. en vers français, par Firmin DIDOT. *Paris, de l'impr. de F. Didot*, 1827, in-fol. de 36 pages.

Tirés à 100, et non destinés au commerce. Le texte est en regard.

— Messéniennes (les), chants militaires de Tyrtée, trad. en vers français, par F. DIDOT. *Paris, de l'impr. de A.-F. Didot*, 1831, in-8 de 16 pag.

Le grec est à la suite de la traduction.

Dès 1800, M. F. Didot avait publié un premier chant, traduit en vers français, avec le texte servant de specimen d'un nouveau caractère grec, in-4.

— Chants de Tyrtée. *Poitiers, de l'impr. de Saurin*, 1838, in-18.

Cette traduction est de M. P.-A. MAZURE; elle se trouve à la suite des Odes de Pindare, trad. par le même (1832).

— Poésies militaires de l'antiquité, ou CALLINUS et Tyrtée, traduction nouvelle polyglotte, par Aug.-Alex. BARON. *Bruxelles, Meline*, 1835, in-8.

Pour d'autres traductions de TYRTÉE, voy. l'art. ANACRÉON.

— Cantici (i), di Tirteo tradotti ed illustrati da Luigi LAMBERTI (græcè et italice). *Parigi, ed Argentina, Treuttel*, 1801, in-8.

— Cantici (i) di Tirteo, tradotti dal greco in italiano, da Luigi LAMBERTI. — Les Chants de Tyrtée, trad. de l'italien en français, par Bertrand BARRÈRE. *Paris, Renouard*, 1801, in-12 de 23 pages.

TYRTÉE, pseudonyme (de M. TASTET), auteur dramatique.

— Amant (l') en gage, vaudev. en un acte. *Paris, Leclaire*, 1832, in-8.

Avec M. Laurencin (Chapelle).

— Réputation (la) d'une femme, mélodrame en trois actes et dix tableaux, tiré des « Contes de l'atelier. » *Paris, Dondey-Dupré*, 1832, in-8.

TYSSOT DE PATOT (Simon), professeur de mathématiques à Deventer.

— Lettres (ses). *Amsterdam, Matth. Roguet*, 1727, 2 vol. in-12.

— Œuvres poétiques. *Amsterdam, Mich.-Ch. Lecène*, 1727, 2 vol. in-12.

— *Vie (la), les aventures et le voyage de Groenland, du R. P. cordelier, Pierre de Mesange. *Amsterdam, Roger*, 1720, 2 vol. in-12.

— Voyages et aventures de Jacques Massé. *Bourdeaux, l'Aveugle; Cologne*, 1710, in-8 et in-12.

TYTLER (W.). Voy. TITLARD.

TZITCHAGOFF (l'amiral). — * Relation du passage de la Bérézina, par un officier présent à l'affaire (écrite d'abord en anglais, et traduite en français par un anonyme). 1814, in-8.

TZSCHIRNER (Henri-Théophile), mort le 17 février 1828.

— Conversion de familles catholiques romaines, dans le grand-duché de Bade, au christianisme évangélique, événement exposé et accompagné de considérations ; ouvrage traduit de l'allemand, et enrichi de notes par un catholique éclectique. *Liége, J. Desoer*, 1825, in-8, 2 fr.

— Lettres sur la religion et la politique, adressées à M. l'abbé de La Mennais, M. le vicomte de Châteaubriand et M. le comte de Montlosier, par H.-Th. Tzschirner, publiées après la mort de l'auteur. *Strasbourg, Treuttel et Wurtz; Paris, Mesnier*, 1829, in-8 de 184 pag., 4 fr.

— Protestantisme et catholicisme considérés sous le rapport politique ; trad. de l'allemand, avec de notes, par Ch. Ricou. *Darmstadt, C.-W. Leske*, 1823, in-8.

U.

UBAGHS (l'abbé Gérard-Casimir), à Louvain, prêtre du diocèse de Liége, ancien professeur de philosophie au séminaire épiscopal de Liége; actuellement professeur ordinaire de philosophie à l'Université catholique, doyen de la Faculté de philosophie et de lettres, membre suppléant du jury d'examen; né à Fauquemont.

— Précis de logique élémentaire. *Louvain*, 1836, in-8.

On doit à ce professeur trois Traités élémentaires de philosophie, écrits en latin, et imprimés à Louvain en 1835.

UGGERI. — Journées pittoresques des édifices de Rome ancienne. Français et italien. *Rome*, 1800, 4 vol. in-4.

UGTVOGT, pseudon. Voy. L. de Beausobre.

UHR (Charles). — Solidité (la) des rentes de Naples. *Paris*, *Delaforest*; *Mongie*, 1829, in-8 de 28 pag., 1 fr. 50 c.

ULIN DE LA PONNERAYE. Voy. La Ponneraye.

ULLIAC TREMADEURE. Voy. Tremadeure.

ULLMAN (Jos.-Dan.). — De dissolvenda unius renuntiatione societate. *Argentorati*, 1740, in-8.

ULLOA (don Bernard de). — Rétablissement des manufactures et du commerce d'Espagne, trad. de l'espagnol par M. Plumard de Dangeul. *Amsterdam* (*Paris*, *Étienne*), 1753, in-12.

ULLOA (don Antoine), mathématicien, marin, voyageur et administrateur espagnol du dix-huitième siècle, chef d'escadre.

— Mémoires philosophiques, historiques et physiques, concernant la découverte de l'Amérique, ses anciens habitants, etc., les produits, etc., par don Ulloa, avec des Observations et additions sur toutes les matières dont il est parlé dans l'ouvrage; trad. de l'espagnol (par Lefebvre de Villebrune). *Paris*, *Buisson*, 1787, 2 vol. in-8.

— Observation de l'éclipse de soleil du 24 juin 1778, etc., trad. de l'espagnol, par Aug. Darquier de Pelle-Poix. *Toulouse*, 1780, in-8 de 66 pag.

Tirée à petit nombre, mais réimprimée presque en entier, dans le Journal de physique d'avril 1780.

— Voyage historique de l'Amérique méridionale, fait par ordre du roi d'Espagne, par don George Juan et don Ant. de Ulloa; trad. de l'espagnol (par de Mauvillon). *Amsterdam*, 1752, 2 vol. in-4, fig., 20 à 24 fr.

ULPIEN. — Regularum liber singularis.

Impr. dans le Juris civilis Ecloga, edente A.-J.-L. Jourdan, 1822, et 1832.

— Fragments d'Ulpien, trad. du latin par A.-G. Daubenton.

Traduction insérée dans la collection intitulée : « le Trésor de l'ancienne jurisprudence romaine ».

— Traduction des titres VI et VII des fragments d'Ulpien, et des titres des Pandectes *De Jure dotium* et *De Donationibus inter virum et uxorem*, avec des notes abondantes, contenant l'explication de tous les principes et de toutes les difficultés propres à la matière. Par un avocat, auditeur du cours des Pandectes. *Paris*, *Fromont-Pernet*, 1839, in-8 de 116 pag., 2 fr. 25 c.

ULRIC (mademoiselle). — Folle (la) enchère, comédie en un acte et en prose. 1771.

UMINSKI. — Jeneral Uminski do wspoltowarzyszoz broni. *Paris*, *de l'impr. de Pinard*, 1832, in-8 de 4 pag.

UMONS (d'). — Voy. Micoud d'U.

UNCY (mademoiselle). — Contes moraux. *Paris*, *Vincent*, 1762-63, 4 vol. in-12; — ou *Rouen*, 1769, 4 vol. in-12.

UNDERWOOD (Michael), D. M., membre du collége royal des médecins de Londres.
— Traité des maladies des enfants, par UNDERWOOD, auquel on a joint des Observations pratiques d'ARMSTRONG, D. M., premier médecin de l'hôpital des pauvres enfants de Londres, et celles de plusieurs autres médecins; trad. de l'angl. (par LEFÈBRE DE VILLEBRUNE. *Paris*, *Th. Barrois le jeune*, 1786, in-12.
— Le même ouvrage, entièrement refondu, complété et mis sur un nouveau plan, par Eusèbe de SALLE, avec des notes de M. JADELOT, et un Discours préliminaire, contenant l'exposition de la nouvelle séméiologie-physiognomonique. *Paris*, *et Montpellier*, *Gabon et comp*e, 1823, 2 vol. in-8, 9 fr.
— Traité sur les ulcères des jambes, précédé de remarques en forme d'introduction, sur le procédé de l'ulcération et l'origine du pus louable; suivi d'une méthode heureuse de traiter certaines humeurs scrofuleuses, les ulcères des mamelons, les crevasses du sein, et les abcès laiteux. Par M. UNDERWOOD. On y a joint la méthode d'ELSE, de traiter les ulcères des jambes; trad. de l'angl. (par LEFEBVRE DE VILLEBRUNE). *Paris*, *Th. Barrois le jeune*, 1784, in-12.

UNGER (madame). — * Marie Muller, trad. de l'allemand, par Adeline de COLBERT. *Paris*, *Renard*, 1803, 2 vol. in-12, avec grav., 2 fr. 50 c.

UNIENVILLE (le baron d'). — Statistique de l'île Maurice et de ses dépendances, suivie d'une Notice historique sur cette colonie, et d'un Essai sur l'île de Madagascar. Orné de 74 tableaux, dressés avec le plus grand soin pour l'intelligence du texte. *Paris*, *Gust. Barba*, 1839, 3 vol. in-8, 22 fr. 50 c.

UNION (le chev. de l'), pseudon. Voy. JUBÉ.

UNKNOWN (J.-B.), pseudon.
— * Échappées à un adolescent romanesque. *Paris*, *Levavasseur*, 1830, in-8 de 120 pag., 2 fr.

UNZER (J.-C.), auteur dramatique allemand.

Friedel et Bonneville ont donné dans leur Théâtre allemand la traduction de deux pièces de Unzer : *Diego et Léonor*, tragédie en cinq actes, et *la Nouvelle Emma*, comédie en trois actes.

URANELT DE LEUZE, pseudon. Voy. P.-M. LAURENT.

URANO (C.-M.). — Histoire de Christophe Colomb, etc., trad. de l'ital. (1824). Voy. BOSSI.

URBAIN (César-Nestor-Néoptolème), né à Namur, en 1802, après avoir achevé sa première éducation littéraire dans les colléges de Paris, il étudia seul les mathétiques, et fut admis à l'École polytechnique, d'où il sortit pour entrer à l'École royale des mines. Plus tard, s'étant affilié aux sociétés secrètes, il quitta Paris, où il se livrait à des exploitations industrielles, pour se rendre en Belgique, et y fut, comme ingénieur, chargé par la compagnie dite du Luxembourg, qui le prit ensuite pour son chimiste, de reconnaître les richesses minéralogiques du grand-duché de ce nom; plus tard, M. Urbain fut professeur de chimie générale et appliquée. Rentré en France peu de temps après, M. Urbain accepta la place d'ingénieur aux mines de Baïgorry (Hautes-Pyrénées), fut ensuite à Bayonne, en octobre 1830, pour faciliter la rentrée des réfugiés espagnols dans leur patrie, et vint à Paris à la fin de la même année pour se consacrer tout entier aux sciences.
— Art (l') dramatique et les subventions théâtrales, vus de province. Lettre à MM. Fulchiron et Liadières, membres de la chambre des députés. *Paris*, *au bureau de la France départementale*, 1836, in-18.
— Institutions (des) de prévoyances, et particulièrement des assurances. *Paris*, *rue Monsigny*, *n.* 6, 1838, in-8 de 80 pages.
— Introduction à l'étude de l'économie politique. *Paris*, *Bossange père*, 1833, in-8, 3 fr. 50 c.

Dans ce petit volume, l'auteur a fait sentir la nécessité d'asseoir désormais les théories économiques sur des bases semblables à celles des sciences positives. Cet ouvrage se recommande par une certaine richesse de style, des pensées neuves, un esprit éminemment philosophique et une consciencieuse probité de raisonnement.

— Opinion (l'). *Bayonne*, 1830, broch. in-8.

Cet opuscule, publié par l'auteur à l'époque où il s'était attaché à l'expédition des réfugiés espagnols, disposa en faveur de ces derniers la population de Bayonne, et facilita leur entrée en Espagne, malgré les efforts contraires du ministère français.

Outre les écrits que nous venons de citer de M. Urbain, cet écrivain s'est encore fait connaître par sa coopération à la rédaction de plusieurs journaux, parmi lesquels nous citerons « le Bulletin universel », de Férussac, dont il a dirigé la cinquième section, et le journal « le Temps », dans lequel il a inséré des articles remarquables sur un grand nombre de questions économiques : entre ces derniers, on a distingué un fort beau travail sur le sytème des assurances contre l'incendie. M. Urbain est aujourd'hui le rédacteur du recueil qui paraît sous le titre de la France départementale.

Comme membre de l'association polytechnique, M. Urbain a, après 1830, professé publiquement à Paris les sciences appliquées aux arts du dessin. On a remarqué dans ce cours une *Théorie des effets en peinture*, qui mériterait d'être publiée.

(*Biogr. univ. et port. des contemp.*).

URBAIN (P.-J.-Auguste). — Tableaux pittoresques de l'Inde, trad. de l'anglais. (1833-35). Voy. H. CAUNTER.

URBAN (le marq. FORTIA D'). Voy. FORTIA D'U.

URBAN (L.-J.). — Indicateur général des journaux politiques et littéraires de la capitale de l'Empire français, le Moniteur, la Gazette de France, le Journal de l'Empire, le Journal de Paris, depuis le 1er janvier jusqu'au 1er avril 1812. *Bruxelles, de l'impr. de Braeckenier,* 1812, in-fol. de 14 pag.

URBAN (G. d'). — Routier des côtes du Portugal, trad. du portugais (1836). Voy. M.-M. FRANZINI.

URBIN (d'), directeur des contributions directes du Loiret.
— Essai sur la théorie de l'impôt indirect, en réponse aux diverses pétitions adressées aux chambres contre l'impôt sur les vins. *Paris*, *Tourneux ; madame Huzard,* 1830, in-8 de 100 pages.
— Projet d'un droit unique d'inventaire sur les vins, examiné dans l'intérêt du trésor, des propriétaires et du commerce. *Paris*, *Tourneux,* 1830, in-8 de 20 pag.

URBINGANTIER (le marquis d'). — Vérité (la) toute nue, ou Une grande question mise à la portée de tout le monde. *Paris*, *de l'impr. de Migneret.*, 1830, in-8 de 8 pag.

URCLÉ (d'). — Vœux d'un électeur. *Paris*, *de l'impr. de Selligue*, 1830, in-8 de 40 pag.

URCULLU (José de). — Catecismo de aritmetica comercial. *Avignon*, *Seguin aîné*, 1839, in-18.
— Catecismo de retorica. *Paris*, *Lecointe et Lasserre,* 1837, in-18.

URDOS (d'). — * Mémoire touchant les pépinières. 1783, in-8.

URE (Andrew), D. M. anglais, professeur de l'institution andersonienne, etc.
— Dictionnaire de chimie, sur le plan de celui de Nicholson, présentant les principes de cette science dans son état actuel, et ses applications aux phénomènes de la nature, à la médecine, à la minéralogie, à l'agriculture et aux manufactures. Trad. de l'angl. sur l'édition de 1821, par J. RIFFAULT. *Paris*, *Leblanc*, 1822-24, 4 vol. in-8, avec planches, 30 fr.
— Philosophie des manufactures, ou Économie industrielle de la fabrication du coton, de la laine, du lin et de la soie, avec la description des diverses machines employées dans les ateliers anglais. Traduit sous les yeux de l'auteur, et augm. d'un chapitre inédit sur l'industrie cotonnière française. *Paris*, *Mathias*, 1836, 2 vol. in-12, 12 fr.

UREGEON (l'abbé Denis), alors curé de Salmonville la Sauvage, diocèse de Rouen, membre des académies de Clermont et de Rouen, juge de celle de l'immaculée conception.
— Dictionnaire des règles de la composition latine, à l'usage des enfants. 1763, in-8.
— Rudiment des enfants. 1762, in-12.

URFÉ (Honoré d'), écrivain du commencement du XVIIe siècle.
— Astrée (l') de Mre Honoré d'Urfé, pastorale allégorique, avec la clef : nouvelle édition (publiée par l'abbé SOUCHAY), où, sans toucher ni au fonds ni aux épisodes, on s'est contenté de corriger le langage et d'abréger les conversations. *Paris*, *P. Witte et Didot*, 1733, 10 vol. in-12, avec figures.

La première édition de l'Astrée est de Paris, 1612, in-4, première et deuxième parties.
Cette édition parut sous ce titre :

L'Astrée, ou plusieurs Histoires, et sous personnes de bergers et d'autres sont déduits. plusieurs effets de l'honnête amitié.

C'est le premier de nos romans où les règles ont été observées. Sa réputation s'est soutenue plus d'un siècle, quoiqu'il ne soit pas sans quelques défauts. Mais où est le livre qui n'en a point? L'auteur y rapporte, sous des noms feints ou empruntés, de véritables histoires de son temps. Il n'y a pas oublié la sienne, qui est assez singulière. D'Urfé n'avait fait que les quatre premiers volumes, le cinquième fut achevé par Baro, qui avait été attaché à d'Urfé.

L'*Astrée* d'Urfé a été plusieurs fois réimprimée dans le cours du XVIIe siècle. Les éditions que nous connaissons sont celles de Paris, 1618, 4 vol. in-8. Ibid., 1624, 1631, 1632, 1633, 1637, 5 vol. in-8. — Dernière édition, enrichie de figures de Michel Lasne, Rouen, 1647, 5 vol.; — et 1659, 5 vol. in-8. L'édition de 1733 n'est pas la meilleure, celles de de 1637 et 1647 sont plus estimées des amateurs.

Il existe une traduction italienne de ce roman, par Oratio Persiani, Venezia, 1637, in-4.

Il existe une suite à ce roman sous le titre suivant :

Astrée (l') de Mre Honoré d'Urfé, cinquième et sixième partie (ou continuation de ce roman par de Borstel). Paris, Rob. Fouet, 1626, 2 vol. in-8.

Cette continuation, ouvrage médiocre, est moins estimée que le livre de d'Urfé.

On a fait une critique du roman de d'Urfé sous ce titre : le Berger extravagant, où, parmi des fantaisies amoureuses, on voit les impertinences des romans et de la poësie, avec des remarques (par Charles Sorel). Paris, 1627, 3 vol. in-8. Elle existe aussi sous ce titre : l'Anti-Roman, ou l'Histoire du berger Lysis, accompagnée de ses remarques; par Jean de la Lande (Charles Sorel). Paris, 1633, 1653, 2 vol. in-8.

Ce livre a obtenu les honneurs de plusieurs éditions. C'est une espèce de critique du roman de l'Astrée. Il y a des endroits passables parmi beaucoup d'autres qui sont très mauvais. Le livre n'a pas laissé d'être recherché de quelques personnes, parce qu'il est de Charles Sorel; mais il n'a fait tort en rien à l'Astrée de d'Urfé.

Le titre du roman de d'Urfé a été emprunté par quelques écrivains : ainsi, nous avons l'Astrée, Paris, 1678, in 12; — Nouvelle Astrée, dédiée à S. A. R. Madame. Amsterdam, 1713, in-12. C'est un bon abrégé de l'Astrée de d'Urfé, et qui, selon Contant d'Orville, aurait été fait par l'abbé de Choisy; — la Nouvelle Astrée, ou les Aventures romantiques du temps passé, traditions recueillies et publiées par Ch.-Fr.-Phil. Masson. Metz, 1805, 2 vol. in-12.

M. Bernard, jeune typographe, employé à l'imprimerie royale, et à qui l'on doit une « Histoire du Forez », en 2 vol. in-8, doit publier très-prochainement, en un volume in-8, des Études historiques et biographiques sur les d'Urfé, lesquelles renferment un assez bon nombre de pièces peu ou point connues d'Honoré. Ce volume s'imprime aux frais du gouvernement.

URHERSIGARRIS (Lor.). — Examen critique du Manuel de la langue basque. *Bayonne*, *Cluzeaux*; *Mauléon*; *Daguerre fils*, 1827, in-8 de 32 pag.

On a publié, en réponse à cet Examen :

Plauto poligloto, o sea hablando libremente hebreo, cantabro, celtico, islandès, hungaro, etc., seguido de una respueta à la impugnacion del Manual de la langua basca..... por Lor. Urhersigarris. Toulouse, de l'impr. de J.-M. Douladoure, 1829, in-12 de 24 pag.

URIBALD, pseudon. Voy. Fournel.

URIGNAULT, ou Vrignault, docteur en médecine de la Faculté de Montpellier. — Nouvelles recherches sur l'économie animale. *Paris*, *Didot le jeune*, 1782, in-8.

URIOT (Joseph), né à Nanci, en 1713, fut d'abord acteur à Bayreuth, vint ensuite à Stuttgard, en 1759, où il fut professeur d'histoire, bibliothécaire et lecteur du duc de Wurtemberg, en 1763, et plus tard, en 1772, professeur de langue française et de dramaturgie à l'Académie militaire de Stuttgard. Uriot est mort le 18 octobre 1778.

— Amour (l') fraternel, opéra-ballet allégorique à l'arrivée de S. A. S. monseigneur le prince Frédéric de Wirtemberg et de S. A. R. madame la princesse, son épouse (en deux actes et en vers libres). (*Stuttgard*), *Cotta*, 1775, in-4.

Meusel, dans son Allemagne littéraire, dit qu'on doit à Uriot beaucoup d'*opéras-allégoriques*, et des pièces détachées, en vers et en prose.

— * Description de l'Académie Caroline de Stuttgard, librement traduite en français de l'original allemand, composé par M. Batz. *Stuttgard*, 1784, in-8.

— Description des fêtes données pendant quatorze jours, à l'occasion du jour de naissance de S. A. S. Mgr. le duc régnant de Wurtemberg, le 11 février 1763. *Stuttgard*, 1763, in-8.

— Description des fêtes données à l'occasion du jour de naissance de S. A. R. Mgr. le duc régnant de Wurtemberg, le 11 février 1764. *Stuttgard*, 1764, in-8.

— Discours sur la richesse et les avantages du duché de Wurtemberg. *Stuttgard*, 1770, in-4.

— * Lettre de M. U*** à madame la comtesse de M***, à Erlangen. 1766, in-8.

— * Lettres sur la franche-maçonnerie. *Francfort*, 1742, 1746; — *La Haye*, 1743; — *Stuttgard*, 1769, in-8.

— * Vérité (la) telle qu'elle est contre « la Pure Vérité » (de Maubert), par une Société d'honnêtes gens, instruits de tout ce qui regarde la cour et les états de Wurtemberg. *Stuttgard*, 1765, in-8.

Lors de la polémique entre Maubert et Uriot, il parut encore un écrit intitulé :

Lettres wirtembergeoises, ou la Vérité sans fard opposée à la pure vérité, et à la vérité telle qu'elle est. Vraibourg, 1766, in-8.

— *Voyages d'Emmanuel Crespel dans le Canada, avec la Relation de son naufrage, en revenant en France. *Francfort*, 1784, in-8.

Uriot, en outre, a eu part au Dictionnaire des langues allemande et française de C.-Schwan.

URQUHART (P.), secrétaire d'ambassade à Constantinople.

— Turquie (la), ses ressources, son organisation municipale, son commerce; suivis de Considérations sur l'état du commerce anglais dans le Levant. Trad. de l'anglais par X. Raymond. Ouvrage précédé d'une Introduction, par M. G. D. E. (Gust. d'Eichtal), ex-membre du bureau d'économie politique à Athènes. *Paris*, *Arthus Bertrand*, 1836, 2 vol. in-8, 16 fr.

L'Introduction de M. d'Eichtal a été imprimé aussi à part sous ce titre :

Les Deux Mondes. Servant d'introduction à l'ouvrage de M. Urquhart : « la Turquie et ses ressources ». Publié avec l'autorisation de l'auteur. Leipzig, F.-A. Brockhaus, 1837, in-8 de 335 pag., avec une carte.

URRE (le général d'), de Bazas (Gironde).

— *Essai sur la constitution et l'organisation des armées françaises; suivi d'un projet sur les haras. An VIII (1800), in-4.

URSIN (Pierre-François-Marie), littérateur, membre correspondant de la Société philotechnique et de la Société linnéenne de Paris, membre de la Société académique de Nantes; né à Nantes, en 1785, y commença ses études, qu'il acheva au collége de Pont-le-Voy (Loir-et-Cher), supprimé depuis peu. Il vint à Paris, vers 1803, pour y étudier la langue grecque et la jurisprudence, et s'y fit recevoir avocat. Accueilli avec bienveillance dans les sociétés que fréquentaient Ducis, Bernardin de Saint-Pierre, Sainte-Croix, Ginguené, La Porte du Theil et Bitaubé, il eut, pendant huit ans, l'avantage de puiser dans leurs conversations et leurs conseils le goût de l'étude et surtout des langues anciennes. M. Ursin fut rappelé à Nantes, en 1811, pour y occuper une place de juge-assesseur au tribunal des douanes. La suppression de ce tribunal, en 1814, le rendit aux douceurs de la vie privée. Cette heureuse indépendance lui laissa tout le loisir de cultiver les lettres en amateur éclairé. M. Ursin offre l'assemblage assez rare de l'érudition et du goût; les recherches pénibles et approfondies auxquelles il s'est livré, n'ont pas nui à son talent poétique. On a de lui :

— Dernier (le) sacrifice humain. Poëme. *Paris*, *Ponthieu*; *Delaunay*, 1824, in-8 de 56 pages.

Le sujet de cette épopée aussi intéressante que morale, est le triomphe du christianisme sur les restes du culte sanguinaire des Druides. On a reproché à l'auteur de n'avoir pas terminé son poëme à la mort du héros principal. Il a voulu, sans doute, en compléter le cadre par la tradition sur la fondation de l'abbaye du Mont-Saint-Michel.

— Discours prononcé à la séance publique de la Société académique (de Nantes), par Ursin, président. *Nantes*, *de l'impr. de Mellinet-Malassis*, 1828, in-8 de 36 pages.

Le sujet de ce discours, aussi bien pensé que bien écrit, est neuf et piquant. L'auteur y traite de l'antiquité et du caractère des monuments littéraires de l'Armorique, et examine leur influence sur la littérature moderne, et principalement sur le genre romantique.

— Épître à Molière. *Paris*, *Dentu*, 1817, in-8 de 16 pag.

Accueillie favorablement, cette épître a obtenu l'honneur d'être traduite en plusieurs langues, et notamment en grec-moderne, par M. Nicolo-Poulo.

— Fragments d'Homère (et entre autres la Ceinture de Vénus), traduits en vers français. *Paris*, 1807, in-8.

Extraits du « Moniteur », de la même année.

— Noces (les) de Thétis et de Pelée, poëme de Catulle, traduit en vers français, avec le texte latin. *Paris*, 1809, in-8.

— Recherches sur l'individualité dans le règne végétal. *Nantes*, *de l'impr. de Mellinet-Malassis*, 1828, in-8 de 16 pages.

Extraites du « Lycée armoricain ».

— Recherches sur les anciens peuples et sur les antiquités du département de la Loire-Inférieure. *Paris*, *de l'impr. de Mellinet-Malassis*; 1820, in-8 de 4 pag.

Avec M. Athenas.

— Sur l'origine des peuples de l'Armorique et du pays de Galles. *Nantes*, *de l'impr. de Mellinet-Malassis*, 1825, in-8 de 20 pag.

Extrait du *Lycée armoricain*.

— Sur les plus anciennes colonies établies

en Italie, et sur la religion primitive des fondateurs de Rome. *Nantes, de l'impr. de Mellinet-Malassis*, 1825, in-8 de 40 pages.

Extrait du « Lycée armoricain ».

Les trois morceaux tirés du Lycée armoricain que nous citons dans cette Notice ne sont pas les seuls dont M. Ursin ait enrichi ce recueil; mais ce sont les seuls qui, à notre connaissance, aient été tirés à part.

— Voyage à Vichi et promenade en Auvergne (en vers et en prose). *Nantes, de l'impr. de Vict. Mangin*, 1819, in-8 de 40 pages.

Ce voyage se fait lire avec plaisir, même après celui de Chapelle et de Bachaumont, et il a un mérite de plus, c'est qu'il instruit en amusant.

M. Ursin a en portefeuille une tragédie intitulée *Charles-Martel*, et deux comédies en cinq actes et en vers : *l'Homme aux paradoxes* et *l'Épicurien*.

(*Biog. univers. et port. des contemp.*)

URSIN BARBAY, architecte-géomètre, ancien arpenteur royal.

— Traité élémentaire sur l'astronomie, la géographie et la géométrie, sphères et globes de verre; suivi de tableaux, cartes et dessins nécessaires à l'explication de ce traité. *Paris, Dentu*, 1817, in-8 de 56 pag., avec 4 planches, 2 fr. 50 c.

URSINS (Anne-Marie de La Trémoille, princesse des), femme célèbre dans les dernières années du règne de Louis XIV; morte à Rome, le 5 décembre 1722, âgée de 80 ans.

— Lettres inédites de madame la princesse des Ursins, précédées d'une Notice biographique sur madame des Ursins, par Léopold Collin. *Paris, Léopold Collin*, 1806, in-12, 2 fr. 50 c.

— Lettres inédites de madame de Maintenon et de madame la princesse des Ursins. *Paris, Bossange frères*, 1826, 4 vol. in-8, 28 fr.

Voy. sur ces Lettres l'article Maintenon.

URSON (d'). — Coutume d'Anjou, mise en nouvel ordre, par d'Urson, et corrigée par Chevraye. *Château-Gontier*, 1733, in-12.

URTIN (Aristide). — Observations sur les communautés religieuses non autorisées, et sur la prohibition dont elles sont frappées pour recevoir des libéralités testamentaires. *Valence, de l'impr. d'Aurel*, 1835, in-4 de 36 pages.

URTIS, avocat. — Nécessité du maintien de la peine de mort, tant pour les crimes politiques que pour les crimes privés. *Paris, Levavasseur*, 1831, in-8, 6 fr.

URTUBIE (Théod.-Bernard-Simon, dit le chevalier d'), général d'artillerie (1), puis commandant de l'artillerie de la dix-septième division militaire jusqu'en août 1797; plus tard, lorsque son âge et ses infirmités l'obligèrent de prendre sa retraite, administrateur de la caisse d'amortissement; né à La Fère (Aisne), mort en 1807.

— * Petit (le) Manuel de l'artilleur, ou Instruction par demandes et par réponses sur plusieurs objets d'artillerie; par M. le chev. ***. *Bastia, Bastini*, 1785, in-12.

— Le même ouvrage, sous ce titre : Manuel de l'artilleur, contenant tous les objets dont la connaissance est nécessaire aux officiers et sous-officiers de l'artillerie, suivant l'approbation de Gribeauval. Ve édition, totalement revue et augmentée de deux chapitres sur l'artillerie à cheval, et sur les manœuvres des pièces de campagne avec l'infanterie, et entièrement refondue quant à la partie chimique. *Paris*, an III (1795), in-8, avec 14 pl., 5 fr.

Le *Manuel de l'artillerie*, qu'on doit au général d'Urtubie, est le premier ouvrage de ce genre qui ait paru : il réunit sur-le-champ tous les suffrages, et devint le livre indispensable de tout officier d'artillerie. Si « l'Aide-Mémoire » du général Gassendi a depuis été préféré, c'est par une raison qui n'ôte rien au mérite du Manuel. A mesure qu'un art se perfectionne, les derniers écrits qui en traitent doivent nécessairement l'emporter sur les premiers, par cela seul qu'ils en présentent l'état actuel. La primauté n'en reste pas moins à celui qui n'a été devancé par personne, et dont le livre a servi de modèle à de plus récents.

Heureux qui les premiers marchent dans la carrière!

URVILLE (J. d'). Voy. Dumont d'Urville.

USANNAZ (A.). Voy. Vsannaz.

USLAR (le général). — Sur l'incursion du major Schill dans le royaume de Westphalie. *Bruxelles*, 1809, br. in-8.

USSÉ (madame d'), vécut dans le XVIIIe siècle. Elle est auteur de quelques *vers* de société, insérés dans les « Amusements du cœur et de l'esprit ».

(1) Le chevalier d'Urtubie avait un frère (Louis-Jean-Charles) aussi général d'artillerie, mort en 1809, mais de qui l'on ne connaît aucun écrit.

USSIÈRES (H. d'). — Cyrus et Milto, ou la République. *Genève*, 1796, in-8.

USSIEUX (Louis d'), homme de lettres, membre du Conseil des Anciens, plus tard membre du conseil général du département d'Eure-et-Loir, membre de l'Académie de Montauban et de la Société d'agriculture de Paris; né à Angoulême, mort le 21 août 1805, âgé de 59 ans.

— Berthold, prince de Moravie, anecdote historique. *Paris*, *Costard*, 1773, in-8.

Cette anecdote forme aussi le n° 3 du tome Ier d'une suite du *Décaméron français*.

— Décaméron (le) français, ou Anecdotes historiques et amusantes. *Paris*, *Edme*, 1772, in-8, sur gr. pap., avec figures; ou *Amsterdam*, *Van Harevelt*, 1776, 2 vol. in-12.

Ersch dit, par erreur, que cet ouvrage a paru de 1772 à 1782 par numéros, et que la collection forme 5 vol. in-8 : cela eut été juste s'il avait ajouté : avec les *Nouvelles françaises*.

La plupart des bibliographes, trompés par le titre de cet ouvrage, attribuent à d'Ussieux une traduction du Décaméron de Boccace.

— * Endymion, conte comique, suivi du Jugement de Pâris (imitations de WIELAND). In-8 de 52 pages.

— * Gabrielle de Passy, parodie de Gabrielle de Vergi. *Paris*, *veuve Duchesne*, 1777, in-8.

Avec Imbert.

— Grâces (les), poëme imité de l'allemand (de WIELAND). *Copenhague*, 1771, in-8.

— Héros (les) français, ou le Siége de Saint-Jean-de-Lône, drame héroïque en trois actes, en prose; suivi d'un précis historique sur cet événement. *Amsterdam*, *et Paris*, *Le Jay*, 1773, in-8, fig.

Cette pièce fut représenté en 1780, au Théâtre-Français, mais avec très-peu de succès, malgré le brillant spectacle qu'offrait le dernier acte ; et elle n'a pas été reprise.

— * Histoire abrégée de la découverte et de la conquête des Indes par les Portugais. *Bouillon*, *et Paris*, *Fétil*, 1771, in-12.

— Histoire de la littérature française, depuis les temps les plus reculés jusqu'à nos jours, avec un Tableau du progrès de la monarchie. Tomes I et II. *Paris*, *Edme*, 1772, 2 vol. in-12.

Avec Bastide l'aîné. Cet ouvrage devait avoir 16 volumes.

— Nouvelles espagnoles, traduites de différents auteurs. *Madrid* (*Paris*, *Ruault*), 1772, 2 vol. in-12.

— Nouvelles françaises. *Amsterdam*, *et Paris*, *Nyon l'aîné*, 1775-1784, 3 vol. in-12, ornés de gravures et de vignettes.

Chaque volume renferme cinq nouvelles.

Ces *Nouvelles*, qui font suite au *Décaméron français*, ont paru en quinze numéros détachés. Le prix de chaque numéro était de 2 fr. 40 c.

Ces deux recueils, ornés d'estampes et de vignettes très-bien exécutées, sont encore recherchés par les amateurs de belles impressions.

— Nouvelles et Anecdotes historiques. *Paris*, *rue Saint-Jean-de-Beauvais*, 1774, gr. in-8, orné de belles gravures.

Outre les ouvrages que nous venons de citer de d'Ussieux, on a de lui des articles dans le Journal de Paris, dont il fut, en 1777, l'un des fondateurs et des premiers rédacteurs : il a aussi donné plusieurs *Mémoires* au recueil de la Société d'agriculture, et l'article *vigne* au tome X du Cours complet d'agriculture de Rozier (1800). On trouve de lui des *notes* dans la nouvelle édition du Théâtre d'Agriculture d'Olivier de Serres et dans le Traité sur l'art de faire le vin, 1801, 2 vol. in-8.

Comme traducteur, on lui doit la publication des ouvrages suivants : 1° le Nouveau don Quichotte, imité de l'allem. de WIELAND (1770, in-12). Cette traduction, qui a paru sous le voile de l'anonyme, est attribuée par quelques personnes à madame d'Ussieux ; — 2° Roland furieux, de l'ARIOSTE, traduction nouvelle (1775, 4 vol. in-8); — 3° (en société avec divers auteurs : l'Histoire universelle, depuis le commencement du monde jusqu'à présent, trad. de l'anglais (1779—89, 126 vol. in-8).

Il a été aussi l'un des éditeurs de la Collection universelle des Mémoires particuliers relatifs à l'histoire de France (1785 à 1790, 67 vol. in-8), et (en société avec Du Chesnoy, son beau-père) de la petite Bibliothèque des dames.

USSY (le comte d'). Voy. COURTIN D'USSY.

USTARIZ (Don H.). — Théorie et pratique du commerce et de la marine, traduction libre de l'espagnol par VÉRON DE FORBONNAIS. *Paris*, 1753, in-4, ou 2 vol. in-12.

USTERI (Paul). — Discours sur le projet d'arrêté de la diète contre l'abus de la publicité en matière de politique intérieure, prononcé dans l'assemblée du grand conseil du canton de Zurich, le 19 juin 1828, trad. de l'allemand par M. P. *Genève* (*Paris*), 1828, in-8.

— Manuel du droit public de la Suisse, contenant le nouveau pacte fédéral, les actes y relatifs, et les constitutions des vingt-deux cantons qui composent actuellement la confédération suisse, accompagné de notes statistiques et autres, par Usteri. (En allemand et en français). Sec. édition. *Aarau*, 1821, 3 vol. in-12.

Ce Manuel, composé en grande partie de pièces et documents officiels, est indispensable pour ceux qui désirent se faire une idée exacte de l'organisation politique de la Suisse. L'auteur des notes, M. Usteri, est un des premiers magistrats du canton de Zurich, il se distingue autant par ses lumières que par son amour de la liberté et son courage moral.

— Motifs de l'amendement à la loi sur la presse (dans le canton de Genève). In-8.

USUARD (d'). — Martyrologe, publié sur le manuscrit autographe de l'abbaye Saint-Germain-des-Prés, par Dom Jacq. Bouillart, avec notes. *Paris*, 1718, in-4.

UTEHT-FRIEDEL (madame). Voy. Friedel.

UTINET (M.-F.). — Sainte (la) alliance des rois et celle des peuples, ou Régénération politique de l'Europe, ode, suivie de l'Ère nouvelle, cantate. *Lyon, madame Durval*, 1830, in-8 de 16 pag., 75 c.

UTRUY (le baron d'), général.

— Mon histoire, ou l'Homme aux trois noms. *Paris, Tardieu-Denesle*, 1814, 3 vol. in-12, 7 fr. 50 c.

— * Recueil des lettres d'un ressuscité à tous ceux qui ont eu une grande influence dans la politique et le gouvernement de la France, depuis 1788 jusqu'à ce jour, et à ceux qui en ont et doivent avoir encore. Par L. B. D. *Paris, Poulet*, 1814, in-8 de 52 pag.

UYTWERF, libraire hollandais. Voy. Richardson.

UZANNE. — Un cœur de mère, ou les Rivales, comédie-vaudeville en deux actes (et en prose). *Paris, de l'impr. de Dondey-Dupré*, 1836, in-8.

Avec M. Fournier.

FIN DU NEUVIÈME VOLUME.

www.ingramcontent.com/pod-product-compliance
Lightning Source LLC
LaVergne TN
LVHW010519100826
845148LV00001B/48

* 9 7 8 2 0 1 2 5 6 0 8 7 1 *